O novo espírito
do capitalismo

O novo espírito do capitalismo

Luc Boltanski e Ève Chiapello

Tradução
IVONE C. BENEDETTI

Revisão técnica
BRASÍLIO SALLUM JR.

Esta obra foi publicada originalmente em francês com o título
LE NOUVEL ESPRIT DU CAPITALISME
por Editions Gallimard, Paris
Copyright © Editions Gallimard, 1999
Copyright © 2009, Editora WMF Martins Fontes Ltda.,
São Paulo, para a presente edição.

Liberté • Égalité • Fraternité
RÉPUBLIQUE FRANÇAISE

"Cet ouvrage, publié dans le cadre de l'Année de la France au Brésil et du Programme d'Aide à la Publication Carlos Drummond de Andrade, bénéficie du soutien du Ministère français des Affaires Etrangères.
« França.Br 2009 » l'Année de la France au Brésil (21 avril – 15 novembre) est organisée:
En France : par le Commissariat général français, le Ministère des Affaires étrangères et européennes, le Ministère de la Culture et de la Communication et Culturesfrance.
Au Brésil : par le Commissariat général brésilien, le Ministère de la Culture et le Ministère des Relations Extérieures."

"Este livro, publicado no âmbito do Ano da França no Brasil e do programa de apoio à publicação Carlos Drummond de Andrade, contou com o apoio do Ministério francês das Relações Exteriores.
'França.Br 2009' Ano da França no Brasil (21 de abril a 15 de novembro) é organizado:
No Brasil: pelo Comissariado geral brasileiro, pelo Ministério da Cultura e pelo Ministério das Relações Exteriores.
Na França: pelo Comissariado geral francês, pelo Ministério das Relações exteriores e europeias, pelo Ministério da Cultura e da Comunicação e por Culturesfrance."

«Ouvrage publié avec le soutien du Centre national du livre – ministère français chargé de la culture.»
"Obra publicada com apoio do Centro nacional do livro – ministério francês da cultura."

1ª edição 2009
2ª edição 2020

Tradução IVONE C. BENEDETTI

Revisão técnica Brasílio Sallum Jr.
Acompanhamento editorial Luzia Aparecida dos Santos
Revisões Renato da Rocha Carlos e Maria Regina Ribeiro Machado
Produção gráfica Geraldo Alves
Paginação Studio 3 Desenvolvimento Editorial
Capa Erik Plácido

Dados Internacionais de Catalogação na Publicação (CIP)
(Câmara Brasileira do Livro, SP, Brasil)

Boltanski, Luc
 O novo espírito do capitalismo / Luc Boltanski e Ève Chiapello ; tradução Ivone C. Benedetti ; revisão técnica Brasílio Sallum Jr. – 2ª ed. – São Paulo : Editora WMF Martins Fontes, 2020.

 Título original: Le Nouvel esprit du capitalisme.
 Bibliografia.
 ISBN 978-65-86016-15-4

 1. Capitalismo – Aspectos sociais I. Chiapello, Éve. II. Sallum Junior, Brasilio. III. Título.

20-37948   CDD-306.342

Índices para catálogo sistemático:
1. Capitalismo : Sociologia   306.342

Cibele Maria Dias – Bibliotecária – CRB-8/9427

Todos os direitos desta edição reservados à
Editora WMF Martins Fontes Ltda.
*Rua Prof. Laerte Ramos de Carvalho, 133 01325-030 São Paulo SP Brasil
Tel. (11) 3293.8150 e-mail: info@wmfmartinsfontes.com.br
http://www.wmfmartinsfontes.com.br*

Para Ariane
Para Guy

ÍNDICE

Agradecimentos 13
Prólogo 19
   Um capitalismo regenerado e uma situação social degradada 20
   A ameaça ao modelo de sociedade do pós-guerra e a perplexidade ideológica 25

INTRODUÇÃO GERAL
O espírito do capitalismo e o papel da crítica   31

1. O espírito do capitalismo 35
   Uma definição mínima do capitalismo 35
   A necessidade de um espírito para o capitalismo 38
   De que é feito o espírito do capitalismo 43
   Os diferentes estados históricos do espírito do capitalismo 49
   Origem das justificações incorporadas no espírito do capitalismo ... 52
   As cidades como pontos de apoio normativos para construir justificações .. 55
   O espírito do capitalismo legitima e restringe o processo de acumulação . 58

2. O capitalismo e seus críticos 61
   Efeitos da crítica sobre o espírito do capitalismo 62
   Provas de força e provas legítimas 65
   O papel da crítica na dinâmica das provas 67
   Formas históricas da crítica ao capitalismo 71
   Incompletude da crítica 76
   Modificações do espírito do capitalismo que independem da crítica ... 78

PRIMEIRA PARTE
Emergência de uma nova configuração ideológica 81

I. O DISCURSO EMPRESARIAL DOS ANOS 90 83

1. Fontes de informação sobre o espírito do capitalismo 83
   A literatura da gestão empresarial como normatividade do capitalismo 83
   Sobre os textos centrados na mobilização dos executivos 89

2. Evolução da problemática da gestão empresarial dos anos 60 aos anos 90 91
   Anos 60: em defesa da administração por objetivos 91
   Anos 90: rumo ao modelo de rede de empresas 98

3. Mudança nas formas de mobilização 117
   Anos 60: estímulo ao progresso, certeza nas carreiras 117
   Anos 90: realização pessoal graças à multiplicidade de projetos 121

Conclusão: A nova gestão empresarial respondendo a críticas 129

II. FORMAÇÃO DA CIDADE POR PROJETOS 133

1. A cidade por projetos 138
   Princípio de julgamento e hierarquia dos seres na cidade por projetos ... 139
   Formas de justiça da cidade por projetos 154
   Antropologia e naturalidade da cidade por projetos 160

2. Originalidade da cidade por projetos 162
   Em relação à cidade inspirada 162
   Em relação à cidade mercantil 163
   Em relação à cidade da fama 166
   Em relação à cidade doméstica 167
   Em relação à cidade industrial 170
   Especificação do corpus *dos anos 90 pela cidade por projetos* 171

3. Generalização da representação em rede 174
   Proliferação dos trabalhos sobre redes 174
   A rede: do ilegítimo ao legítimo 177
   Observações sobre a origem dos trabalhos acerca das redes 179
   Naturalização das redes nas ciências sociais 186

Conclusão: Mudanças provocadas pelo novo espírito do capitalismo no plano moral 189

Mudança da relação com o dinheiro e as propriedades 189
Mudança da relação com o trabalho 192

SEGUNDA PARTE
Transformações do capitalismo e desarmamento da crítica 195

III. 1968, CRISE E RENOVAÇÃO DO CAPITALISMO 197

1. Anos críticos 199
   Associação entre crítica social e crítica estética 199
   Desorganização da produção 203
   Reivindicações 206

2. Reações e respostas às críticas 209
   Primeira resposta em termos de crítica social 211
   Segunda resposta em termos de crítica estética 218
   A geração 68 no poder: os socialistas e a flexibilidade 230

Conclusão: Papel da crítica na renovação do capitalismo 234

IV. DESCONSTRUÇÃO DO MUNDO DO TRABALHO 239

1. Extensão das transformações em pauta 240
   Mudanças da organização interna do trabalho 240
   Transformações do tecido produtivo 242

2. Transformações do trabalho 247
   Precarização do emprego 247
   Dualização dos assalariados 254
   Resultado de um processo de seleção/exclusão 258
   Redução da proteção aos trabalhadores e retrocesso social 270
   Aumento da intensidade do trabalho sem mudança do salário 272
   Repasse dos custos trabalhistas para o Estado 280

V. ENFRAQUECIMENTO DAS DEFESAS DO MUNDO DO TRABALHO 285

1. Dessindicalização 286
   Amplitude da dessindicalização 287
   Repressão aos sindicatos 292
   Reestruturações como fonte da dessindicalização 295
   Como a nova gestão empresarial se livrou dos sindicatos 298

    A ambiguidade paralisante dos novos dispositivos 300
    Efeitos não previstos dos avanços legislativos 303
    O sindicalismo como vítima quase conivente da crítica estética 306
    O funcionamento sindical desfavorável à sindicalização 309

2. Questionamento das classes sociais 311
    Representação da sociedade como conjunto de classes sociais no âmbito de um Estado-nação 312
    Crise do modelo das classes sociais 316
    Papel dos deslocamentos do capitalismo no processo de desconstrução das classes sociais 318
    Efeito do questionamento das classes sociais sobre a crítica 329
    Efeito da descategorização sobre as provas do trabalho 332

3. Efeitos dos deslocamentos do capitalismo sobre as provas regulamentadas 333
    Papel da categorização na orientação das provas para a justiça 334
    Deslocamentos e descategorização: da prova de grandeza à prova de força .. 339
    Identificação das novas provas e reconstituição de categorias de julgamento 342

Conclusão: O fim da crítica? 344

TERCEIRA PARTE
O novo espírito do capitalismo e as novas formas da crítica 349

VI. Renascimento da crítica social 351

1. O despertar da crítica social: da exclusão à exploração 353
    Das classes sociais à exclusão 353
    Ação humanitária 356
    Novos movimentos sociais 358
    Dificuldades da exclusão como conceito crítico 361
    Atitudes egoístas num mundo conexionista 363
    Exploração num mundo em rede 369
    A exploração das pessoas imóveis pelas móveis em momentos de prova .. 375

2. Rumo a dispositivos conexionistas de justiça? 383
    Elementos de uma gramática geral da exploração 383
    Condições para a instauração da cidade por projetos 387
    Visão de conjunto das propostas para reduzir a exploração conexionista 392

Novos quadros para recensear as contribuições 394
Rumo a regras mais justas de remuneração 397
Rumo à igualdade das chances de mobilidade 405

Conclusão: O lugar do direito 414

VII. À PROVA DA CRÍTICA ESTÉTICA 417

1. Manifestações de uma inquietação 419
   A anomia num mundo conexionista 419
   Indicadores de anomia hoje 421

2. Que libertação? 423
   A libertação oferecida pelo primeiro espírito do capitalismo 424
   Crítica ao capitalismo como fator de libertação 426
   Do segundo espírito do capitalismo à sua forma atual 428
   Autorrealização imposta e novas formas de opressão 429
   Os dois sentidos de "libertação" de que se vale o capitalismo em sua cooptação 434

3. Que autenticidade? 440
   Crítica à inautenticidade associada ao segundo espírito do capitalismo: uma crítica à massificação 440
   Mercantilização da diferença como resposta do capitalismo 444
   Fracassos da mercadização da autenticidade e retorno da inquietação ... 445
   Suspeita sobre os objetos: o exemplo dos produtos ecológicos 450
   Uma nova demanda de autenticidade: a crítica ao fabricado 452

4. Neutralização da crítica à inautenticidade e seus efeitos perturbadores 454
   Desqualificação da busca de autenticidade 456
   A inquietação sobre as relações: entre a amizade e os negócios 459
   A nova gestão empresarial e as denúncias de manipulação 462
   Ser alguém e ser flexível 466
   A cidade por projetos e a redefinição do mercantilizável 468

Conclusão: Resgate da crítica estética? 472
   Garantias no trabalho como fator de libertação 474
   Limitação do campo do mercado 477

CONCLUSÃO
A força da crítica 479

1. Axiomática do modelo de mudança 481
2. Etapas da mudança do espírito do capitalismo 489
   A crítica em regime de acordo sobre as provas importantes 489
   Tensão das provas regulamentadas sob efeito da crítica 492
   Deslocamentos e esquivas às provas regulamentadas 496
   Os deslocamentos encontram seus primeiros elementos de legitimidade ao tirar partido dos diferenciais entre as forças críticas 501
   Neutralização da crítica às provas regulamentadas sob o efeito dos deslocamentos 504
   Retomada da acumulação e reestruturação do capitalismo 508
   Efeitos destruidores dos deslocamentos e riscos criados para o próprio capitalismo 508
   Papel da crítica na identificação dos perigos 513
   Retomada da crítica 515
   Construção de novos dispositivos de justiça 518
   Formação das cidades 519

POST-SCRIPTUM
A sociologia contra os fatalismos 525

APÊNDICES 535

Anexo 1 – Características dos textos de gestão empresarial utilizados ... 537
Anexo 2 – Lista dos textos-fonte dos *corpora* de gestão empresarial.... 539
Anexo 3 – Imagem estatística global dos textos de gestão empresarial.. 543
Anexo 4 – Presença relativa das diferentes "cidades" nos dois *corpora* ... 550

Notas 555
Bibliografia 653
Índice dos nomes próprios 679
Índice remissivo 691

AGRADECIMENTOS

Esta obra pôde ser levada a termo graças à participação e ao apoio de numerosas pessoas que, de diversas maneiras, contribuíram com seu tempo, seus conhecimentos e sua atenção, quando não também com a amizade – não menos necessária à realização de um programa de longo prazo –, a afeição ou, sobretudo no que tange aos mais próximos, com uma incansável resistência. A todos consignamos aqui os nossos agradecimentos.

Para a preparação desta obra contamos com o respaldo financeiro do grupo HEC e da fundação HEC, bem como com o apoio de Gilles Laurent, então diretor de pesquisas, e de Bernard Ramanantsoa, diretor-geral do grupo HEC, bem como dos subsídios do grupo de sociologia política e moral (EHESS-CNRS), com especial destaque para a ajuda inestimável oferecida pela secretária do grupo, Danielle Burre.

Sem o auxílio de Sophie Montant, não teríamos levado a bom termo, pelo menos dentro de prazos razoáveis, o trabalho difícil e não raro ingrato de constituir os *corpora* de textos de gestão empresarial e em preparar em computador os arquivos destinados à operação por meio do aplicativo Prospero@, cujo manejo os seus criadores – Francis Chateauraynaud e Jean-Pierre Charriaud – nos ensinaram com grande competência.

Yves-Marie Abraham, sociólogo e doutorando do HEC, e Marie-Noëlle Godet, engenheira do CNRS (GSPM), ajudaram-nos a completar a documentação, o primeiro compilando dados estatísticos, a segunda analisando as notícias políticas e sindicais dos anos 70 e 80.

A versão final deste livro é produto de um trabalho longo e cansativo de clarificação, depuração e também destilação, com o objetivo de passar de um manuscrito quase intransportável para um objeto que, apesar de não ser exatamente aerodinâmico, fosse pelo menos mais manejável. Este trabalho deve muito às discussões mantidas com pessoas próximas, em especial com Laurent Thévenot e com nossos diferentes leitores: Francis Chateauraynaud, Bruno Latour, Cyril Lemieux e Peter Wagner leram fragmentos ou versões intermediárias, contribuindo com críticas vivazes. Agradecemos. Isabelle Baszanger, Thomas Benatouïl, Alain Desrosières e François Eymard-Duvernay encarregaram-se da tarefa ingrata de ler tudo e propor aclaramentos, emendas e complementos. Élisabeth Claverie, ao longo de toda a redação deste livro, contemplou-nos com suas observações pertinentes e com seu apoio afetivo. Mas o acompanhamento mais constante decerto nos foi dado por Lydie Chiapello e Guy Talbourdet, que leram várias vezes o manuscrito sem esmorecimento da vigilância. A versão final contém a marca de sua sagacidade.

Apresentamos juntos e submetemos à prova grande número de temas desenvolvidos neste livro em diferentes seminários, especialmente no seminário "Ordens e classes", dirigido por Robert Descimon na EHESS (onde as críticas implacáveis, mas perspicazes, de P.-A. Rosental nos estimularam), e no seminário "Os mundos possíveis", organizado na École normale supérieure por Thomas Bénatouïl e Elie During. Tiramos grande proveito da contribuição do seminário semanal dirigido por Luc Boltanski na EHESS. A possibilidade que tivemos de assim submeter à discussão diferentes estágios de elaboração deste trabalho constituiu inestimável vantagem. Também foram muito proveitosos os trabalhos apresentados nesse seminário por doutorandos ou pesquisadores pertencentes a outras instituições. Foram de grande utilidade as observações e exposições de Yves-Marie Abraham (sobre os mercados financeiros), Thomas Bénatouïl (sobre a relação entre sociologia pragmática e sociologia crítica), Damien de Blic (sobre os escândalos financeiros), Damien Cartron (sobre as técnicas de supervisão direta do trabalho), Sabine Chalvon-Demersay (sobre as representações atuais da família), Julien Coupat (sobre o situacionismo), Emmanuel Didier (sobre a formação da noção de exclusão), Claude Didry (sobre os planos sociais), Pascal Duret (sobre a prova esportiva), Arnaud Esquerre (sobre a noção de manipulação), François Eymard-Duvernay e Emmanuelle Marchal (sobre os métodos de recrutamento), Francis Ginsbourger e Francis Bruggeman (sobre as contraperícias realizadas a pedido de comitês de empresa), Christophe Hélou (sobre a resistência ao controle), Jacques Hoarau (sobre Marx e a moral), Dominique Linhardt e Didier Torny (sobre a rastreabilidade num mundo em rede), Thomas Périlleux (sobre a reorganização de uma manufatura de armas), Claudie Sanquer (sobre avaliações de competências), Isabelle Saporta e Éric Doidy (sobre os novos movimentos sociais), David Stark (sobre a recombinação em rede do tecido econômico húngaro). A todos os nossos agradecimentos pela contribuição, bem como aos outros participantes daqueles seminários, cujas observações e críticas nos foram também muito úteis.

Também fomos beneficiados por entrevistas com Alain Desrosières, Jean-David Fermanian, Baudouin Seys e Maryvonne Lemaire no INSEE.

Finalmente, devemos agradecer a nosso editor, Éric Vigne, a confiança que depositou em nós e a inflexibilidade demonstrada na poda de trechos de pura erudição, notas inúteis ou digressões supérfluas. Este livro, na forma como é apresentado hoje ao público, deve-lhe muito.

Para terminar, cabe-nos admitir que, escrevendo quase cada página deste livro, não pudemos deixar de nos perguntar o que pensaria sobre ele Albert Hirschman, cuja obra, mais que qualquer outra, nos acompanhou por todo esse longo trajeto. Por isso, é justo que esta obra lhe seja dedicada. Que ele encontre nestas páginas, que alcançam algumas centenas, uma homenagem ao papel insubstituível que desempenhou na formação das disposições, não só intelectuais, que nos guiaram durante todo este trabalho: na qualidade de pesquisador, pelos conceitos que introduziu na análise socioeconômica, em especial pela importância que, há muito, vem atribuindo à crítica e, na qualidade de ser humano, pelo exemplo que tem dado.

Já conhecemos, já tocamos um mundo (quando crianças, dele participamos) em que todo aquele que se confinasse na pobreza estava pelo menos garantido na pobreza. Era uma espécie de contrato tácito entre o homem e o destino, contrato que o destino nunca deixara de honrar antes da inauguração dos tempos modernos. Estava acertado que quem se entregasse à fantasia e ao arbitrário, quem criasse um jogo ou quisesse escapar à pobreza arriscaria tudo. Jogando, podia perder. Mas quem não jogasse não poderia perder. Ninguém podia desconfiar que chegaria um tempo, já iminente, precisamente o tempo moderno, no qual quem não jogasse perderia sempre e com mais certeza do que quem jogasse.

C. Péguy,
L'argent

PRÓLOGO

Este livro – cujo projeto foi concebido no início de 1995 – nasceu da preocupação, comum a numerosos observadores, provocada pela coexistência entre a degradação da situação econômica e social de um número crescente de pessoas e um capitalismo em plena expansão e profundamente transformado. Essa preocupação foi recrudescida pelo estado da crítica social – à qual a sociologia, sua vizinha, raramente fica indiferente –, que nunca pareceu tão desarmada no último século como durante os últimos quinze anos, seja por manifestar uma indignação que não oferecia propostas alternativas, seja (na maioria das vezes) por ter simplesmente desistido de denunciar uma situação cujo caráter problemático – é o mínimo que se pode dizer – não podia escapar-lhe, como se, tacitamente, admitisse sua fatalidade.

Sob muitos aspectos, vivemos hoje uma situação inversa à do fim dos anos 60 e início dos 70. Naquela época, o capitalismo experimentava uma redução de crescimento e rentabilidade, ligada, pelo menos segundo análises regulacionistas, à diminuição dos ganhos de produtividade associada à alta contínua dos salários reais, que prosseguia no mesmo ritmo de antes[1]. A crítica, por sua vez, estava no auge, como mostraram os acontecimentos de maio de 1968, que associaram, ao mesmo tempo, uma crítica social de feição marxista clássica e reivindicações de um tipo muito diferente, com apelos à criatividade, ao prazer, ao poder da imaginação, à liberação referente a todas as dimensões da existência, à destruição da "sociedade de consumo" etc. O ambiente macroeconômico era de uma sociedade de pleno emprego, e seus dirigentes não paravam de lembrar que ela estava "voltada para o progresso"; nela, as pessoas mantinham a esperança numa vida melhor para os filhos e desenvolvia-se a reivindicação – sustentada pela denúncia das desigualdades nas chances de acesso ao sistema escolar – de uma ascensão social franqueada a todos, por intermédio de uma escola democratizada, de cunho republicano.

As questões que deram origem a este livro nasceram da guinada quase completa da situação e das pequenas resistências críticas que, afinal de contas, foram opostas a essa evolução. Quisemos compreender com mais detalhes – para além dos efeitos de neutralização da crítica gerado por um poder de esquerda[2] – por que a crítica não estava "ligada" na situação, como ela foi impotente para compreender a evolução que estava ocorrendo, por que sumiu repentinamente no fim dos anos 70, deixando o campo livre para a reorganização do capitalismo durante quase duas décadas, restringindo-se, na melhor das hipóteses, ao papel pouco glorioso, embora necessário, de registro das crescentes dificuldades do corpo social, e, para terminar, por que numerosos integrantes dos movimentos de 68 se sentiram à vontade na nova sociedade a ponto de se tornarem seus porta-vozes e de levá-la a essa transformação.

Mas, antes de abordarmos o tipo de resposta que demos a essas indagações, não nos parece inútil traçar neste preâmbulo – tomando por base indicadores macroeconômicos ou estatísticos – um rápido quadro do contexto, no mínimo cheio de contrastes, que serve de fundo não só a nossas análises, mas também ao questionamento (para não dizer à consternação) que, ao longo destes quatro anos, estimulou nosso trabalho.

Um capitalismo regenerado e uma situação social degradada

Contrariando o recurso frequente ao tópico da "crise", regularmente invocado desde 1973, ainda que em contextos muito diferentes, consideramos que os últimos vinte anos foram marcados por um capitalismo florescente. Durante esse período, o capital teve múltiplas oportunidades de investimento, com oferta de taxas de lucro frequentemente mais elevadas que em épocas anteriores. Esses anos foram favoráveis a todos os que dispunham de uma poupança (um capital), em vista do retorno da renda, desaparecida durante a grande depressão dos anos 30 e impossibilitada de se restabelecer nas décadas seguintes, devido à inflação.

Sem dúvida, o crescimento se manteve desacelerado[3], mas os rendimentos do capital se elevaram. A taxa de margem[4] das empresas não individuais, que diminuíra muito nos anos 60 e 70 (- 2,9 pontos de 1959 a 1973, - 7,8 pontos de 1973 a 1981), foi restabelecida nos anos 80 (+ 10 pontos de 1981 a 1989) e mantém-se desde então (- 0,1 ponto de 1989 a 1995). De 1984 a 1994 o PIB em francos constantes de 1994 aumentou 23,3%. As contribuições sociais cresceram nas mesmas proporções (+ 24,3%), mas não os salários líquidos (+ 9,5%). Durante os mesmos dez anos, os rendimentos da propriedade (aluguéis, dividendos, mais-valias realizadas) aumentavam 61,1% e os lucros não distribuídos[5], 178,9%. Taddei e Coriat (1993), retomando as evoluções das taxas de margens das empresas e lembrando a evolução descendente do percentual de imposto das empresas (passagem de 50% para 42% em 1988 e depois para 34% em 1992, mas com nova subida para 41,1% em 1997), assim como a estagnação das taxas de contribuições sociais patronais desde 1987, mostram que a França, no início dos anos 90, apresenta taxas de rendimento do capital em forte alta, relativamente ao início dos anos 80. As finanças das empresas francesas – segundo esses dois autores – estão em grande parte restauradas sob o efeito de um sistema tributário aliviado e de uma distribuição lucro-salários muito mais favorável às empresas.

Os operadores financeiros, no mesmo período, recobraram "uma liberdade de ação que não tinham desde 1929 e às vezes até mesmo desde o século XIX" (Chesnais, 1994, p. 15). A desregulamentação dos mercados financeiros, sua descompartimentação, a falta de intermediação e a criação de "novos produtos financeiros" multiplicaram as possibilidades de lucros puramente especulativos, por meio dos quais o capital cresce sem passar por um investimento em atividades produtivas. Os chamados "anos críticos", portanto, são marcados pelo fato de que, a partir de então, a rentabilidade do capital é melhor nas aplicações financeiras do que em aplicações na indústria (que, aliás, sofre por causa do custo do dinheiro). Assistimos ao aumento do poder de certos operadores, como os fundos de pensão, que havia muito tempo eram detentores bastante estáveis de lotes de ações, mas ganharam notoriedade com as transformações dos mercados (seus meios são consideráveis), e seu comportamento se transformou, alinhando-se com "o modelo do ganho de lucro financeiro em estado puro" (Chesnais, 1994, p. 222). A liquidez concentrada nas mãos dos fundos mútuos de investimento (SICAV), das companhias de seguro e dos fundos de pensão é tal, que é inegável a sua capacidade de influenciar os mercados no sentido de seus interesses[6]. Essa evolução da esfera financeira é inseparável da evolução das empresas registradas em bolsa, que estão submetidas aos mesmos imperativos de rentabilidade dos mercados; empresas que, por sua vez, obtêm uma parte cada vez maior de seus lucros por meio de transações puramente financeiras. Entre 1983 e 1993, a capitalização da Bolsa de Paris (número de títulos multiplicados por seu preço) passou de 225 para 2 700 bilhões de francos para ações e de 1000 a 3 900 bilhões de francos para obrigações (Fremeaux, 1995).

As empresas multinacionais também saíram ganhando desses anos de reestruturação do capitalismo mundial. A desaceleração da economia mundial há trinta anos não as afetou realmente, sua participação no PIB mundial (ele mesmo em alta) não deixou de aumentar, de 17% em meados da década de 60 para mais de 30% em 1995 (Clairmont, 1997). Considera-se que elas controlam dois terços do comércio internacional, metade do qual, mais ou menos, é constituída por exportações dentro de grupos[7], entre matrizes e filiais ou entre duas filiais de um mesmo grupo. Sua participação nos custos de "Pesquisa e Desenvolvimento" certamente é ainda maior. Seu desenvolvimento há dez anos tem sido garantido principalmente por fusões e aquisições realizadas no mundo inteiro, acelerando o processo de concentração e de constituição de oligopólios mundiais. Um dos fenômenos mais marcantes desde os anos 80, sobretudo depois de 1985, é o crescimento do "Investimento direto no exterior" (IDE) que se diferencia da troca internacional de bens e serviços pelo fato de haver transferência de direitos patrimoniais e tomada de poder local. Mas, apesar de o impacto das multinacionais ser um fenômeno econômico de grande importância, quase nenhum estudo lhes é dedicado. A Conferência das Nações Unidas para as sociedades transnacionais (UNCTNC) foi dissolvida no início de 1993 a pedido do governo dos Estados Unidos. Uma parte dos titulares foi transferida para a CNUCED em Genebra, com um programa de trabalho muito reduzido (Chesnais, 1994, p. 53). Enquanto de 200 a 500 empresas, cuja lista corresponde mais ou menos à apresentada pela revista *Fortune* a cada ano, dominam a economia mundial, a definição imposta aos pesquisadores daquilo que é uma empresa multinacional não deixou de ser flexibilizada, para afogar num oceano de empresas o punhado de firmas superpoderosas que não sofreu com a crise[8].

Por fim, a reestruturação do capitalismo ao longo das duas últimas décadas, que, como vimos, ocorreu em torno dos mercados financeiros e dos movimentos de fusão-aquisição das multinacionais num contexto de políticas governamentais favoráveis em matéria fiscal, social e salarial, também foi acompanhada por fortes incentivos ao aumento da flexibilização do trabalho. As possibilidades de contratação temporária, uso de mão de obra substituta e horários flexíveis, bem como a redução dos custos de demissão desenvolveram-se amplamente no conjunto dos países da OCDE, cerceando aos poucos os dispositivos de proteção instaurados durante um século de luta social. Paralelamente, as novas tecnologias de comunicação, encabeçadas pela telemática, possibilitaram gerar encomendas em tempo real em nível planetário, conferindo meios para uma reatividade mundial até então desconhecida. Foi um modelo completo de gestão da grande empresa que se transformou sob esse impulso, para dar origem a uma maneira renovada de obter lucros.

O capitalismo mundial, entendido como a possibilidade de fazer o capital frutificar por meio do investimento ou da aplicação econômica, portanto, vai muito bem. Quanto às sociedades – para retomar a separação entre o social e o econômico, com a qual vivemos há mais de um século[9] –, não vão nada bem. Os dados aqui são muito mais conhecidos, a começar pela curva do desemprego na França: 3% da população ativa em 1973, 6,5% em 1979, cerca de 12% hoje em dia. Em fevereiro de 1998, contava-se pouco mais de 3 milhões de desempregados no sentido da categoria 1 da ANPE[10], que está longe dar conta de todos os que procuram emprego e são conhecidos pela ANPE e tampouco engloba os desempregados dispensados da procura de emprego por motivo de idade, os que estão para se aposentar, os beneficiários de cursos de formação profissional ou de contratos precários de tipo CES ou similares. O número de pessoas "privadas de emprego", portanto, deve ser estimado em 5 milhões em 1995[11] contra 2,45 em 1981 (Cerc-association, 1997 a). A situação média da Europa não é muito melhor[12]. Os Estados Unidos apresentam índices menores de desemprego, mas, enquanto na França os assalariados conservaram até certo ponto o poder aquisitivo, lá este foi bastante degradado. Enquanto o PIB americano por habitante cresceu 36% entre 1973 e meados de 1995, a hora de trabalho do pessoal sem cargo de direção, que constitui a maioria dos empregos, baixou 14%. No fim do século, nos Estados Unidos, o salário real dos trabalhadores (sem cargo de direção) terá voltado ao que era cinquenta anos antes, ao passo que o PIB terá mais que dobrado durante o mesmo período (Thurow, 1997). Em toda a zona OCDE assiste-se a um nivelamento por baixo das remunerações. Em países como a França, onde os políticos procuraram manter o poder aquisitivo do salário mínimo, os índices de desemprego aumentaram regularmente e a degradação das condições de vida afetaram prioritariamente os desempregados e o número sempre crescente dos trabalhadores em tempo parcial (15,6% dos ativos ocupados em 1995, contra 12,7% em 1992 e 9,2% em 1982). Entre estes últimos, 40% gostariam de trabalhar mais. O emprego dos que têm trabalho também é muito mais precário. O número dos "empregos atípicos" (CDD, aprendizes, temporários, estagiários remunerados, contratos de trabalho subsidiados e CES no funcionalismo público) dobrou entre 1985 e 1995[13].

Embora o número de famílias abaixo do limiar de pobreza[14] tenha decrescido (de 10,4% das famílias em 1984 para 9,9% em 1994), a estrutura da população afetada evoluiu muito. A pobreza afeta cada vez menos idosos e cada vez mais pessoas em idade ativa. A evolução da população protegida pelas alocações sociais mínimas (Cerc-association, 1997 b) é um bom reflexo das modificações do perfil da pobreza: essa população passou de 3 milhões de pessoas (2,3 milhões de famílias) no fim de 1970 para cerca de 6 milhões no fim de 1995 (ou seja, 3,3 milhões de famílias). O número médio de pessoas beneficiadas por família passou progressivamente de 1,3 para 1,8, visto que a participação de casais e famílias aumentou. As alocações mínimas destinadas a desempregados (Alocação de solidariedade específica) e o Rendimento Mínimo de Inclusão (RMI)[15] explicam a maior parte desse aumento, enquanto o número de beneficiários do salário mínimo velhice era dividido por 2 entre 1984 e 1994 com a chegada à aposentadoria de faixas etárias que haviam pagado contribuições sociais durante toda a vida ativa. No entanto, deve-se ressaltar que o esforço despendido não acompanhou o aumento do número de beneficiários: 1% do PIB lhes é dedicado em 1995, tal como em 1982 (ao passo que, de 1970 a 1982, passara-se de 0,3% a 1%). Em porcentagem de gastos com proteção social, a parte dedicada às alocações mínimas em 1995 chega a ser inferior à de 1982[16].

O conjunto dessa evolução (empobrecimento da população em idade ativa, crescimento regular do número de desempregados e da precariedade do trabalho, estagnação dos rendimentos do trabalho) concomitante ao crescimento dos proventos que só beneficiam uma pequena parcela da população se traduz no fato de que as desigualdades na distribuição da renda voltaram a aumentar na França a partir da segunda metade dos anos 80, movimento que, no entanto, começou antes dessa data nos outros países[17].

Essas mudanças na situação econômica das famílias foram acompanhadas por uma série de dificuldades que se concentraram sobretudo em certas periferias (formação de guetos, criação de fato de zonas de não direito em favor de atividades mafiosas, desenvolvimento da violência por parte de pessoas cada vez mais jovens, dificuldade de integração das populações oriundas da imigração) e por fenômenos marcantes – porque muito visíveis – na vida cotidiana dos habitantes das grandes cidades como, por exemplo, o aumento da mendicância e dos "sem-teto"[18], frequentemente jovens que, em número nada desprezível, são dotados de um nível de qualificação que deveria dar-lhes acesso ao emprego. Essa irrupção da miséria no espaço público desempenha papel importante na nova representação comum da sociedade francesa. Essas situações extremas, embora ainda só afetem diretamente um número relativamente reduzido de pessoas, acentuam o sentimento de insegurança de todos aqueles que se veem sob a ameaça da perda do emprego, seja para si mesmos, seja para um de seus familiares – cônjuge ou filhos em especial –, ou seja, no fim das contas, de uma grande fração da população ativa.

A família, durante esses mesmos anos de deterioração social, passou por uma evolução cujos efeitos ainda estamos longe de dimensionar (Sullerot, 1997). Ela se tornou uma instituição muito mais móvel e frágil, adicionando uma precariedade suplementar àquela do emprego e ao sentimento de insegurança[19]. Essa evolução é, decerto, em parte independente da evolução do capitalismo, se bem que a procura de flexibilidade máxima nas empresas esteja em harmonia com a desvalorização da família como fator de rigidez temporal e geográfica, de modo que, como veremos adiante, esquemas ideológicos similares são mobilizados para justificar a adaptabilidade nas relações de trabalho e a mobilidade na vida afetiva. O fato é que as mudanças ocorridas na esfera econômica e na esfera da vida privada estão suficientemente sintonizadas para que o mundo familiar se mostre cada vez menos capaz de funcionar como um escudo de proteção, em especial para garantir aos filhos posições equivalentes às dos pais, sem que a escola, para a qual fora maciçamente transferido o trabalho de continuidade cultural a partir dos anos 60, esteja em condições de realizar as esperanças que nela foram depositadas.

A ameaça ao modelo de sociedade do pós-guerra e a perplexidade ideológica

Essas mudanças põem em risco o compromisso estabelecido no pós-guerra em torno do tema da ascensão das "classes médias" e dos "executivos", que constituíra uma saída aceitável para as preocupações da pequena burguesia. Pequenos proprietários e autônomos empobrecidos ou mesmo arruinados pela crise de 1929, burocratas de nível intermediário ameaçados pelo desemprego, membros das categorias sociais médias assustados pela ascensão do comunismo (cujas greves de 1936 tornaram a ameaça tangível), foram muitos a ver no fascismo, durante a segunda metade dos anos 30, a única salvação contra os excessos do liberalismo. O desenvolvimento do papel do Estado depois da Segunda Guerra Mundial e o advento da grande empresa lhes ofereceram novas possibilidades de viver "burguesmente", compatíveis com o cunho salarial crescente da economia.

Sabe-se que, até a metade do período entre guerras, mais ou menos, o salário raramente era o recurso único ou mesmo principal dos membros da burguesia. Eles também eram beneficiados por substanciais rendimentos patrimoniais, e o dinheiro que recebiam pelo fato de pertencerem a uma organização não era considerado um "salário": os termos "salário" e "assalariado" eram reservados na prática aos operários. Aqueles patrimônios, compostos sobretudo de bens imobiliários, mas também, de modo crescente entre as duas guerras, de valores mobiliários (rendas, obrigações), vão sendo aos poucos achatados, de início pela desvalorização da moeda nos anos 20, depois pela crise dos anos 30. Os engenheiros e, com eles, frações cada vez mais extensas da burguesia, entram então na esfera do salariato, o que corresponde a uma baixa importante no nível de vida até a implantação, no pós-guerra, de uma nova organização dos recursos econômicos. Esta acarretou um novo estilo de vida para as profissões de nível superior, apoiadas em novos dispositivos de garantia, não mais patrimoniais, porém sociais: regime de aposentadoria dos executivos, importância crescente dos diplomas na determinação dos salários e das carreiras, promoção regular nas carreiras ao longo da vida (que facilita o acesso ao crédito), sistemas de seguro social reforçados por fundos mútuos, estabilidade dos proventos salariais pela institucionalização de processos de revisão dos salários em função da evolução passada dos preços ao consumidor, quase garantia do emprego em grandes organizações que asseguravam a seus executivos "planos de carreira" e ofereciam serviços sociais (refeitórios, cooperativas, colônias de férias, clubes esportivos) (Boltanski, 1982, pp. 113-20). Surgiu assim uma nova possibilidade de viver "burguesmente", dessa vez em regime salarial.

Sem se beneficiarem no mesmo grau de dispositivos que haviam sido inspirados pela preocupação de favorecer seu acesso ao consumo, integrá-las melhor no ciclo econômico e afastá-las do comunismo, as classes populares, durante o mesmo período, assistiam a um aumento regular do seu poder aquisitivo e – sobretudo a partir dos anos 60 – das chances de escolarização de seus filhos no ensino secundário.

Elementos essenciais desse compromisso – a saber, diploma, carreira e aposentadoria – foram abalados ao longo dos últimos vinte anos. Os efeitos dessas mudanças foram deplorados, é verdade, mas não modificaram realmente a certeza das elites dirigentes de que eram resultado de uma imperiosa necessidade, enquanto só afetavam os membros mais frágeis das classes populares – mulheres, imigrantes, deficientes ou jovens sem qualificação (os que "ficaram por conta do progresso" nos anos 70; os indivíduos incapazes de "adaptar-se" ao endurecimento da concorrência internacional nos anos 80[20]). Em compensação, foram considerados alarmantes quando a própria burguesia foi atingida, nos anos 90.

O aumento do desemprego dos portadores de diploma superior e dos executivos tornou-se evidente, ainda que sem termo de comparação com o dos menos privilegiados. Por outro lado, embora continuem oferecendo perspectivas de carreira a seus quadros considerados mais talentosos, as empresas agora se abstêm de oferecer garantias de longo prazo. São testemunhos disso o desemprego e as aposentadorias antecipadas das pessoas com mais de 55 anos, que é um dos aspectos marcantes do desemprego à francesa. As garantias oferecidas pelos diplomas, embora continuem constituindo um bom seguro contra o desemprego, foram também alvo de acusação diante da constatação de que, com o mesmo diploma, na maioria das vezes os jovens têm acesso a posições inferiores às atingidas pelos mais velhos quando tinham a mesma idade, frequentemente ao cabo de uma série de empregos precários que agora marca o ingresso das novas gerações na vida ativa. Aos receios ligados ao emprego vieram somar-se preocupações referentes ao nível das aposentadorias que serão pagas.

Como o acesso a condições de vida exemplificadas pela burguesia constituiu, desde o século XIX, um dos maiores estímulos para tornar suportável o esforço exigido das outras classes, é geral o efeito desmoralizador dessa nova ordem das coisas – que repercute na mídia em forma de reportagens, romances, filmes, novelas. Uma das manifestações mais evidentes disso é o aumento do ceticismo quanto à capacidade das instituições do capitalismo – quer se trate de organizações internacionais como a OCDE, o FMI ou o Banco Mundial, das multinacionais ou dos mercados financeiros – em manter para as gerações atualmente escolarizadas o nível econômico de vida e, de modo mais geral, o estilo de vida de seus pais. Esse aumento do ceticismo foi acompanhado, especialmente nos últimos três anos, por uma demanda social crescente de pensamento crítico capaz de dar forma a essa preocupação difusa e mesmo de fornecer, no mínimo, instrumentos para a sua inteligibilidade e, no melhor dos casos, uma orientação para a ação, ou seja, nesse caso, uma esperança.

Ora, é forçoso constatar que a crença no progresso (associada ao capitalismo desde o início do século XIX, mas com formas variáveis), que desde os anos 50 constituíra o credo das classes médias, quer estas se afirmassem à esquerda ou à direita, não encontrou sucedâneo afora o lembrete pouco estimulante "das duras leis da economia", logo estigmatizado com a designação de "pensamento único". Ao mesmo tempo, as antigas ideologias críticas antissistêmicas, para retomar o vocabulário de Immanuel Wallerstein, fracassavam em sua função de desestabilização da ordem capitalista e deixavam de se mostrar como portadoras de alternativas críveis.

A perplexidade ideológica foi, assim, um dos traços mais manifestos destas últimas décadas, marcadas pela decomposição das representações associadas ao compromisso socioeconômico instaurado depois da guerra, sem que surgisse nenhum pensamento crítico em condições de acompanhar as mudanças em curso, em parte – como veremos melhor adiante – porque os únicos recursos críticos mobilizáveis tinham sido constituídos para denunciar o tipo de sociedade que atingiu o apogeu na transição dos anos 60 para os anos 70, ou seja, precisamente, logo antes de ter início a grande transformação cujos efeitos se fazem sentir hoje com toda a força. Os dispositivos críticos disponíveis não oferecem por ora nenhuma alternativa de envergadura. Só restam a indignação em estado bruto, o trabalho humanitário, o sofrimento como espetáculo e, sobretudo desde as greves de dezembro de 1995, ações centradas em causas específicas (moradia, estrangeiros em situação irregular etc.) que, para adquirirem a amplitude de representações mais adequadas, carecem de modelos de análise renovados e de utopia social.

Embora, a curto prazo, o capitalismo vá muito bem, já que suas forças conseguiram se libertar em alguns anos de grande parte dos entraves acumulados ao longo do século passado, ele poderia ser também conduzido a uma daquelas crises potencialmente mortais que já enfrentou. E nada garante que, desta vez, a crise dê origem (a que custo?) a um "mundo melhor", como ocorreu com os países desenvolvidos nas décadas que se seguiram à Segunda Guerra Mundial. Sem falar dos efeitos sistêmicos da liberação ilimitada da esfera financeira, que começam a preocupar até os responsáveis pelas instituições capitalistas, parece-nos pouco duvidoso que o capitalismo venha a deparar com dificuldades cada vez maiores no plano ideológico – ao qual esta obra é principalmente dedicada –, caso não volte a dar razões de esperança a todos aqueles cujo empenho é necessário ao funcionamento do sistema como um todo. Nos anos seguintes à guerra, o capitalismo precisou transformar-se para responder à preocupação e à força reivindicatória de gerações da burguesia e da pequena burguesia, cuja esperança de mobilidade ascendente (sustentada pela poupança ou pela redução da natalidade[21]) ou de conservação das vantagens conquistadas havia sido desenganada. É evidente que está ameaçado todo sistema social que deixe de satisfazer as classes que ele supostamente deve servir com prioridade (ou seja, no caso do capitalismo, a burguesia), quaisquer que sejam as razões pelas quais ele não consiga fazê-lo, razões que não são todas controláveis pelos atores que têm ou acreditam ter o poder.

*

Ao escrevermos esta obra, o nosso objetivo não foi tanto propor soluções para corrigir as características mais chocantes da situação do trabalho de hoje em dia nem somar a nossa voz aos que a denunciam – tarefas estas, aliás, úteis –, quanto compreender o enfraquecimento da crítica ao longo dos últimos quinze anos e seu corolário, ou seja, o fatalismo atualmente dominante, quer as mudanças recentes sejam apresentadas como mutações inevitáveis, mas benéficas a longo prazo, quer como resultado de injunções sistêmicas com efeitos cada vez mais desastrosos, sem que se possa prever uma mudança tendencial.

As instâncias políticas de esquerda, mas também de direita, assim como os sindicatos e os intelectuais, que tendem a influir sobre os processos econômicos, criando condições para uma vida humana melhor, não tendo levado a bom termo o trabalho de análise consistente em compreender por que não puderam impedir uma reestruturação do capitalismo tão custosa em termos humanos, tendo até, em várias ocasiões, favorecido – voluntária ou involuntariamente – essa tendência, hoje não têm outra alternativa senão optar entre duas posições, insatisfatórias de nosso ponto de vista: por um lado, a utopia do retorno a um passado idealizado (com nacionalizações, economia pouco internacionalizada, projeto de solidariedade social, planificação estatal e sindicatos fortes); por outro, o acompanhamento muitas vezes entusiástico das transformações tecnológicas, econômicas e sociais (que abrem a França para o mundo, concretizam uma sociedade mais liberal e tolerante, multiplicam as possibilidades de realização pessoal e ampliam cada vez mais os limites da condição humana). Nenhuma dessas duas posições possibilita resistir realmente aos desgastes ocasionados pelas novas formas assumidas pelas atividades econômicas: a primeira, porque é cega para aquilo que torna o neocapitalismo sedutor para grande número de pessoas e por subestimar a ruptura realizada; a segunda, porque minimiza seus efeitos destrutivos. Ainda que polemizando entre si, têm o efeito comum de difundir um sentimento de impotência e, ao imporem uma problemática dominante (crítica do neoliberalismo *versus* balanço em geral positivo da globalização), fechar o campo de possibilidades.

Nossa ambição foi reforçar a resistência ao fatalismo, mas sem encorajar o fechamento num passadismo saudoso, e suscitar no leitor uma mudança de *disposição*, ajudando-o a considerar de outro modo os problemas do tempo, sob outro enquadramento, ou seja, como processos sobre os quais é possível ter controle. Parece-nos útil, para tanto, abrir a caixa-preta dos últimos trinta anos e olhar o modo como os homens fazem sua história. Voltando para o momento em que as coisas se decidem e mostrando que elas poderiam ter enveredado por direção diferente, a história constitui o instrumento por excelência da *desnaturalização* do social e está de mãos dadas com a crítica.

Procuramos, por um lado, descrever uma conjuntura única, na qual o capitalismo pôde livrar-se de certo número de entraves ligados a seu modo de acumulação anterior e às reivindicações de justiça que provocara e, por outro lado, tomando por base esse período histórico, estabelecer um modelo da mudança de valores da qual dependem ao mesmo tempo o sucesso e o caráter tolerável do capitalismo, pretendendo uma validade mais geral.

Assim, revisitamos a chamada evolução inelutável dos últimos trinta anos, evidenciando os problemas que os empresários devem ter enfrentado, especialmente em decorrência da elevação, sem precedentes desde o pós-guerra, do nível de crítica, as tentativas que fizeram para enfrentar essas dificuldades ou delas escapar, o papel das propostas e das análises oriundas da crítica nas soluções que escolheram ou conseguiram aplicar. Ao longo deste trabalho, também se evidenciaram as oportunidades perdidas, por parte daqueles que deveriam ter sido mais vigilantes quanto aos riscos induzidos por tais transformações, oportunidades de resistir a certas micromudanças prenhes de consequências, especialmente por não terem visto que a "cooptação–implementação" pelo capitalismo de algumas de suas propostas devia levá-los necessariamente a reinvestir em análise e a avançar, por sua vez.

Nesse sentido, nossa intenção não era apenas sociológica, voltada para o conhecimento, mas também orientada para o despertar da ação política entendida como formulação e aplicação de um propósito coletivo em termos de modo de vida. Embora nem toda ação seja possível a qualquer momento, nada será possível enquanto forem esquecidas a especificidade e a legitimidade do domínio próprio da ação (Arendt, 1983) – entendida como escolha orientada por valores em conjunturas únicas, portanto incertas, cujas consequências são parcialmente imprevisíveis –, o que favorece a introversão, satisfeita ou aterrorizada, otimista ou catastrofista, na matriz acolhedora dos determinismos, sejam estes apresentados como sociais, econômicos ou biológicos. Essa é também a razão pela qual não procuramos dissimular, sob um cientificismo de fachada, nossas opções e nossas aversões, nem separar com uma fronteira (outrora chamada "epistemológica") intransponível os "juízos de fato" e os "juízos de valor". Pois, como ensinava Max Weber, sem o recurso de um "ponto de vista" que implique valores, como seria possível selecionar, no fluxo intrincado daquilo que ocorre, o que merece ser ressaltado, analisado, descrito?

INTRODUÇÃO GERAL

*O espírito do capitalismo
e o papel da crítica*

Esta obra tem como objeto *as mudanças ideológicas que acompanharam as recentes transformações do capitalismo*. Propõe uma interpretação do movimento que vai dos anos que se seguem aos acontecimentos de maio de 1968, durante os quais a crítica ao capitalismo se expressa alto e bom som, aos anos 80, quando, no silêncio da crítica, as formas de organização sobre as quais repousa o funcionamento do capitalismo se modificam profundamente, até a busca hesitante de novas bases críticas na segunda metade da década de 1990. Esta obra não é apenas descritiva. Ela também pretende, através desse exemplo histórico, propor um quadro teórico mais geral para compreender o modo como se modificam as ideologias associadas às atividades econômicas, contanto que se dê ao termo ideologia não o sentido redutor – que tantas vezes lhe foi dado pela vulgarização marxista – de discurso moralizador voltado a velar interesses materiais e incessantemente desmentido pelas práticas, mas sim o sentido – desenvolvido, por exemplo, na obra de Louis Dumont – de conjunto de crenças compartilhadas, inscritas em instituições, implicadas em ações e, portanto, ancoradas na realidade.

Talvez sejamos criticados por termos abordado uma mudança global a partir de um exemplo local: o da França dos últimos trinta anos. Evidentemente, não acreditamos que o caso da França, em si, possa resumir todas as transformações do capitalismo. Mas, parecendo-nos nada convincentes as aproximações e os quadros gerais esboçados pela maioria dos discursos sobre a globalização, esperamos estabelecer o modelo de mudança apresentado aqui com base em análises de ordem pragmática, ou seja, capazes de levar em conta os modos como as pessoas se engajam na ação, suas justificativas e o sentido que elas atribuem a seus atos. Ora, tal esforço, essencialmente por razões de tempo e meios, é irrealizável na prática, tanto em escala global quanto continental, tamanho é o peso que as tradições e as conjunturas políticas nacionais continuam tendo na orientação das práticas econômicas e das formas ideológicas de expressão que as acompanham. Provavelmente, essa é a razão pela qual as abordagens globais são muitas vezes levadas a atribuir importância preponderante a fatores explicativos – habitualmente de ordem tecnológica, macroeconômica ou demográfica –, tratados como forças exteriores aos homens e às nações, que padeceriam seus efeitos do mesmo modo como se enfrenta uma tempestade. Para esse neodarwinismo histórico, as "mutações" se nos imporiam tal como se impõem às espécies: a nós compete a adaptação ou a morte. Mas os homens não apenas padecem os efeitos da história, eles a fazem e nós queremos vê-los em ação.

Não pretendemos que aquilo que ocorreu na França seja exemplo para o restante do mundo, nem que os modelos por nós estabelecidos a partir da situação francesa tenham validade universal, tais como se apresentam. No entanto, temos boas razões para pensar que processos bastante semelhantes marcaram a evolução das ideologias que acompanharam a reestruturação do capitalismo nos outros países desenvolvidos, segundo modalidades que, em cada caso, decorrem das especificidades da história política e social que somente análises regionais detalhadas permitiriam esclarecer com precisão suficiente.

Procuramos elucidar *as relações que se instauram entre o capitalismo e seus críticos*, de tal modo que pudéssemos interpretar alguns dos fenômenos que afetaram a esfera ideológica durante as últimas décadas: enfraquecimento da crítica, simultâneo à forte reestruturação do capitalismo, cujas consequências sociais, porém, não podiam passar despercebidas; novo entusiasmo pela empresa privada, orquestrado pelos governos socialistas, durante os anos 80 e o esmorecimento depressivo dos anos 90; dificuldades encontradas hoje pelos esforços de reconstituir a crítica sobre novas bases e seu poder mobilizador por ora bastante fraco, embora não faltem motivos de indignação; transformação profunda do discurso empresarial e das justificações da evolução do capitalismo desde meados dos anos 70; emergência de novas representações da sociedade, de modos inéditos de pôr pessoas e coisas à prova e, assim, de novas maneiras de ter sucesso ou fracassar.

Para realizar esse trabalho, rapidamente se nos impôs a noção *espírito do capitalismo*, pois, como veremos, ela permite articular os dois conceitos centrais sobre os quais repousam nossas análises – o de *capitalismo* e o de *crítica* – numa relação dinâmica. Apresentamos abaixo esses diferentes conceitos nos quais se fundamenta nossa construção, bem como os mecanismos do modelo que elaboramos para dar conta das transformações ideológicas em relação ao capitalismo durante os últimos trinta anos, mas que nos parece ter um alcance mais amplo do que apenas o estudo da situação francesa recente.

1. O ESPÍRITO DO CAPITALISMO

Uma definição mínima do capitalismo

Entre as diferentes caracterizações do capitalismo (ou, frequentemente hoje, dos capitalismos) feitas no último século e meio, escolheremos uma fórmula mínima que enfatiza *a exigência de acumulação ilimitada do capital por meios formalmente pacíficos*. Trata-se de repor perpetuamente em jogo o capital no circuito econômico com o objetivo de extrair lucro, ou seja, aumentar o capital que será, novamente, reinvestido, sendo esta a principal marca do capitalismo, aquilo que lhe confere a dinâmica e a força de transformação que fascinaram seus observadores, mesmo os mais hostis.

O acúmulo do capital não consiste num amontoamento de riquezas – ou seja, de objetos desejados por seu valor de uso, por sua função ostentatória ou como signos de poder. As formas concretas da riqueza (imobiliária, bens de capital, mercadorias, moeda etc.) não têm interesse em si e, por sua falta de liquidez, podem até constituir obstáculo ao único objetivo que importa realmente: a transformação permanente do capital, de equipamentos e aquisições diversas (matérias-primas, componentes, serviços...) em produção, de produção em moeda e de moeda em novos investimentos (Heilbroner, 1986).

Essa dissociação entre capital e formas materiais de riqueza lhe confere um caráter realmente abstrato que vai contribuir para perpetuar a acumulação. Uma vez que o enriquecimento é avaliado em termos contábeis, sendo o lucro acumulado num período calculado como a diferença entre dois balanços de duas épocas diferentes[1], não existe nenhum limite, nenhuma saciedade possível[2] como ocorre, ao contrário, quando a riqueza é orientada para necessidades de consumo, inclusive o luxo.

Certamente há outra razão para o caráter insaciável do processo capitalista, ressaltada por Heilbroner (1986, pp. 47 ss.). Como o capital é constantemente reinvestido e só pode crescer circulando, a capacidade que o capitalista tem de recuperar sua aplicação aumentada pelo lucro está perpetuamente ameaçada, em especial pelos atos dos outros capitalistas com os quais ele disputa o poder de compra dos consumidores. Essa dinâmica cria uma inquietação permanente e dá ao capitalista um poderoso motivo de autoconservação para continuar infindavelmente o processo de acumulação.

A rivalidade entre operadores que procuram obter lucro, porém, não gera necessariamente um mercado no sentido clássico, no qual o conflito entre uma multiplicidade de agentes que tomam decisões descentralizadas tem como desfecho a transação que faz aparecer um preço de equilíbrio. O capitalismo, na definição mínima aqui considerada, deve ser distinguido da autorregulação mercantil baseada em convenções e instituições, especialmente jurídicas e estatais, que visam a garantir a igualdade de forças entre operadores (concorrência pura e perfeita), a transparência, a simetria de informações, um banco central garantidor de uma taxa de câmbio inalterável para a moeda de crédito etc. Sem dúvida o capitalismo se apoia em transações e contratos, mas esses contratos podem dar sustentação apenas a arranjos discretos em benefício das partes ou comportar apenas cláusulas *ad hoc*, sem publicidade nem concorrência.

Na esteira de Fernand Braudel, faremos uma distinção entre capitalismo e economia de mercado. Por um lado, a economia de mercado constituiu-se "passo a passo" e é anterior ao aparecimento da norma de acumulação ilimitada do capitalismo (Braudel, 1979, *Les Jeux de l'échange* [*Os jogos das trocas*], p. 263). Por outro lado, a acumulação capitalista só se dobra à regulação do mercado quando lhes são fechados caminhos mais diretos para o lucro, de tal modo que o reconhecimento dos poderes benfazejos do mercado e a aceitação das regras e injunções das quais depende seu funcionamento "harmonioso" (livre-comércio, proibição de cartéis e monopólios etc.) podem ser considerados uma forma de autolimitação do capitalismo[3].

O capitalista, no âmbito da definição mínima de capitalismo que utilizamos, é, teoricamente, qualquer um que possua um excedente e o invista para extrair um lucro que venha a aumentar o excedente inicial. O exemplo típico disso é o acionista que aplica seu dinheiro numa empresa e fica à espera de uma remuneração, mas o investimento não assume necessariamente essa forma jurídica – pensemos, por exemplo, no investimento em locação de imóveis ou na compra de bônus do Tesouro. O pequeno aplicador, o poupador que não quer que seu "dinheiro fique parado" mas "dê cria" – como diz a linguagem popular –, pertence, portanto, ao grupo dos capitalistas tanto quanto os grandes proprietários, que costumam ser mais facilmente imaginados com essa designação. Em sua extensão mais ampla, o grupo capitalista reúne, pois, o conjunto dos detentores de um patrimônio rentável[4], grupo que constitui, porém, apenas uma minoria, desde que seja ultrapassado certo limiar de poupança: embora isso seja difícil calcular, em vista das estatísticas existentes, pode-se acreditar que ele representa apenas 20% das famílias na França, apesar de se tratar de um dos países mais ricos do mundo[5]. Em escala mundial, essa porcentagem deve ser bem menor.

Neste ensaio, porém, reservaremos prioritariamente a designação de "capitalistas" aos principais atores responsáveis pela acumulação e pelo crescimento do capital, aqueles que exercem pressão diretamente sobre as empresas para que estas produzam lucros máximos. Evidentemente, seu número é muito mais reduzido. Seu grupo é formado não só por grandes acionistas, pessoas físicas capazes de influir sobre a marcha dos negócios apenas em virtude de seu peso, mas também por pessoas jurídicas (representadas por alguns indivíduos influentes – dirigentes empresariais de primeira plana) que possuem ou controlam, por meio de seus atos, as maiores parcelas do capital mundial (*holdings* e multinacionais – inclusive bancárias – por meio de filiais e participações, ou fundos de investimento, fundos de pensão). Sendo eles grandes proprietários, diretores assalariados de grandes empresas, administradores de fundos ou grandes acionistas, sua influência sobre o processo capitalista, sobre as práticas empresariais e sobre as taxas de lucros obtidas é indubitável, diferentemente dos pequenos investidores mencionados acima. Mesmo formando uma população que apresenta grandes desigualdades patrimoniais, mas com uma situação média muito favorável, eles merecem o nome de capitalistas, uma vez que assumem a responsabilidade de exigir a maximização de lucros e repassam essa exigência para as pessoas, físicas ou jurídicas, sobre as quais exercem poder de controle. Deixando de lado por ora a questão das injunções sistêmicas que pesam sobre o capitalista, deixando de indagar, em especial, se os diretores de empresa podem deixar de se submeter às regras do capitalismo, consideraremos apenas que se submetem, e que seus atos são em grande parte guiados pela busca de lucros substanciais para seu próprio capital ou para o capital que lhes é confiado[6].

Também caracterizaremos o capitalismo pelo trabalho assalariado. Marx, assim como Weber, põe essa forma de organização do trabalho no centro de sua definição do capitalismo. Consideraremos o trabalho assalariado independentemente das formas jurídicas contratuais que ele pode assumir: o que importa é que uma parte da população que não possui capital ou o possui em pequena quantidade, para a qual o sistema não é naturalmente orientado, extrai rendimentos da venda de sua força de trabalho (e não da venda dos produtos de seu trabalho), pois não dispõe de meios de produção e, para trabalhar, depende das decisões daqueles que os possuem (pois, em virtude do direito de propriedade, estes últimos podem recusar-lhe o uso de tais meios); enfim, que essa parcela lhes cede, no âmbito da relação salarial e em troca de remuneração, todo o direito de propriedade sobre o resultado de seu esforço, estando certo de que ele reverte totalmente para os donos do capital[7]. Uma segunda característica importante do trabalho assalariado é que o trabalhador é teoricamente livre para recusar-se a trabalhar nas condições propostas pelo capitalista, assim como este tem a liberdade de não propor emprego nas condições demandadas pelo trabalhador, de tal modo que essa relação, embora desigual no sentido de que o trabalhador não pode sobreviver muito tempo sem trabalhar, distingue-se muito do trabalho forçado ou da escravidão e sempre incorpora, por isso, certa parcela de submissão voluntária.

O trabalho assalariado em escala francesa, assim como em escala mundial, não parou de se desenvolver ao longo de toda a história do capitalismo, de tal modo que hoje ele atinge uma porcentagem da população ativa nunca antes atingida[8]. Por um lado, ele aos poucos substituiu o trabalho por conta própria, encabeçado historicamente pela agricultura[9]; por outro lado, a própria população ativa aumentou muito, devido ao ingresso das mulheres no trabalho assalariado, exercido por elas em número crescente fora do lar[10].

A necessidade de um espírito para o capitalismo

O capitalismo, sob muitos aspectos, é um sistema absurdo: os assalariados perderam a propriedade do resultado de seu trabalho e a possibilidade de levar uma vida ativa fora da subordinação. Quanto aos capitalistas, estão presos a um processo infindável e insaciável, totalmente abstrato e dissociado da satisfação de necessidades de consumo, mesmo que supérfluas. Para esses dois tipos de protagonistas, a inserção no processo capitalista carece de justificações.

Ora, a acumulação capitalista, embora ocorra em graus desiguais conforme o caminho do lucro pelo qual se enverede (em maior grau, por exemplo, para auferir benefícios industriais do que para obter lucros mercantis ou financeiros), exige a mobilização de um número imenso de pessoas cujas chances de lucro são pequenas (especialmente quando seu capital de partida é medíocre ou inexistente), e para cada uma delas é atribuída uma responsabilidade ínfima, em todo caso difícil de avaliar, no processo global de acumulação, de tal modo que elas não são particularmente motivadas a empenhar-se nas práticas capitalistas, quando não lhes são hostis.

Algumas pessoas poderão mencionar a motivação material para a participação, mais evidente, aliás, para o assalariado que precisa de seu salário para viver do que para o grande proprietário cuja atividade, ultrapassado certo nível, não está mais ligada à satisfação de necessidades pessoais. Mas essa motivação, por si só, mostra-se bem pouco estimulante. Os psicólogos do trabalho têm evidenciado com regularidade a insuficiência de remuneração para provocar o empenho e aguçar o entusiasmo no cumprimento das tarefas; o salário constitui, no máximo, um motivo para ficar num emprego, mas não para empenhar-se.

Do mesmo modo, para que seja vencida a hostilidade ou a indiferença desses atores, a coerção é insuficiente, sobretudo quando o empenho exigido pressupõe adesão ativa, iniciativas e sacrifícios livremente assumidos, como aquilo que, cada vez mais, se espera não só dos executivos, mas do conjunto dos assalariados. Assim, a hipótese do "empenho forçado", crescente diante da ameaça da fome e do desemprego, já não nos parece muito realista. Pois, embora seja provável que as fábricas "escravagistas" ainda existentes no mundo não venham a desaparecer em futuro próximo, parece difícil contar unicamente com essa forma de incentivo ao trabalho, no mínimo porque a maioria dos novos modos de obter lucro e das novas profissões inventadas durante os últimos trinta anos, que geram hoje uma parte significativa dos lucros mundiais, enfatizou aquilo que em recursos humanos se chama de "envolvimento do pessoal".

A qualidade do compromisso que se pode esperar depende, antes, dos argumentos alegáveis para valorizar não só os benefícios que a participação nos processos capitalistas pode propiciar individualmente, como também as vantagens coletivas, definidas em termos de bem comum, com que ela contribui para todos. Chamamos de espírito do capitalismo *a ideologia que justifica o engajamento no capitalismo.*

Atualmente, ele está passando por uma grande crise, manifestada pela perplexidade e pelo ceticismo social crescente, de tal modo que a salvaguarda do processo de acumulação, ameaçado pelo estrangulamento de suas justificações numa argumentação mínima em termos de submissão necessária às leis da economia, supõe a formação de um novo conjunto ideológico mais mobilizador. Isso vale pelo menos para os países desenvolvidos que, situados no centro do processo de acumulação, esperam continuar sendo os principais fornecedores de pessoal qualificado, cujo envolvimento positivo é necessário. O capitalismo precisa ter condições de dar a essas pessoas a garantia de uma segurança mínima em verdadeiros santuários – onde é possível viver, formar família, criar filhos etc. –, tais como os bairros residenciais dos centros econômicos do hemisfério norte, vitrines do sucesso do capitalismo para os adventícios das regiões periféricas e, por isso mesmo, elemento crucial na mobilização ideológica mundial de todas as forças produtivas.

Em Max Weber, o "espírito do capitalismo"[11] remete ao conjunto dos motivos éticos que, embora estranhos em sua finalidade à lógica capitalista, inspiram os empresários em suas ações favoráveis à acumulação do capital. Em vista do caráter singular e até transgressivo dos modos de comportamento exigidos pelo capitalismo em relação às formas de vida constatadas na maioria das sociedades humanas[12], ele foi levado a defender a ideia de que a emergência do capitalismo supusera a instauração de uma nova relação moral entre os homens e seu trabalho, determinada por uma vocação, de tal forma que cada um, independentemente de seu interesse e de suas qualidades intrínsecas, pudesse dedicar-se a ele com firmeza e regularidade. Segundo M. Weber, foi com a Reforma que se impôs a crença de que o dever é cumprido em primeiro lugar pelo exercício de um ofício no mundo, nas atividades temporais, em oposição à vida religiosa fora do mundo, privilegiada pelo *éthos* católico. Essa nova concepção, na aurora do capitalismo, teria possibilitado esquivar-se à questão das finalidades do esforço no trabalho (enriquecimento sem fim) e assim superar o problema do empenho proposto pelas novas práticas econômicas. A concepção do trabalho como *Beruf* – vocação religiosa que exige cumprimento – servia de ponto de apoio normativo para os comerciantes e os empreendedores do capitalismo nascente, dando-lhes boas razões – "motivação psicológica", como diz M. Weber (1964, p. 108) – para entregar-se sem descanso e conscienciosamente à sua tarefa, para empreender a racionalização implacável de seus negócios, indissociavelmente ligada à busca de um lucro máximo, para perseguirem o ganho, sinal de sucesso no cumprimento da vocação[13]. Ela também lhes servia porque os operários compenetrados da mesma ideia mostravam-se dóceis, trabalhadores incansáveis e – convencidos de que o homem deve cumprir seu dever onde quer que a providência o tenha colocado – não procuravam questionar a situação que se lhes oferecia.

Deixaremos de lado a importante controvérsia pós-weberiana, essencialmente relativa à questão da influência efetiva do protestantismo sobre o desenvolvimento do capitalismo e, de modo mais geral, das crenças religiosas sobre as práticas econômicas, para considerarmos, da posição weberiana, sobretudo a ideia de que as pessoas precisam de poderosas razões morais para aliar-se ao capitalismo[14].

Albert Hirschman (1980) reformula a indagação weberiana ("como uma atividade no máximo tolerada pela moral pôde transformar-se em vocação no sentido de Benjamin Franklin") da seguinte maneira: "Como explicar que, em determinado momento da época moderna, se tenha chegado a considerar honrosas atividades lucrativas como o comércio e o banco, ao passo que tinham sido reprovadas e amaldiçoadas durante séculos, por nelas se ver a encarnação da cupidez, do amor ao ganho e da avareza?" (p. 13). Mas, em vez de recorrer a *móveis psicológicos* e à busca, por novas elites, de um meio de garantir a sua *salvação pessoal*, A. Hirschman menciona motivos que teriam, em primeiro lugar, afetado a esfera política antes de tocar a economia. As atividades lucrativas teriam sido valorizadas pelas elites, no século XVIII, devido às *vantagens sociopolíticas* que delas eram esperadas. Na interpretação de A. Hirschman, o pensamento laico do Iluminismo justifica as atividades lucrativas como um bem comum para a sociedade. A. Hirschman mostra também como a emergência de práticas em harmonia com o desenvolvimento do capitalismo foi interpretada como algo compatível com o abrandamento dos costumes e o aperfeiçoamento do modo de governo. Em vista da incapacidade da moral religiosa para coibir as paixões humanas, da impotência da razão para governar os homens e da dificuldade de submeter as paixões por meio da pura repressão, restava a solução que consistia em utilizar uma paixão para compensar as outras. Assim, o lucro, que até então encabeçava a ordem das desordens, obteve o privilégio de ser eleito paixão inofensiva sobre a qual passou a recair o encargo de subjugar as paixões ofensivas[15].

Os trabalhos de Weber insistiam na necessidade de o capitalismo apresentar razões individuais, ao passo que os de Hirschman lançam luzem sobre as justificações em termos de bem comum. Quanto a nós, retomamos essas duas dimensões, inserindo o termo justificação numa acepção que possibilite abarcar ao mesmo tempo as justificações individuais (aquilo em que uma pessoa encontra motivos para empenhar-se na empresa capitalista) e as justificações gerais (em que sentido o empenho na empresa capitalista serve ao bem comum).

A questão das justificações morais do capitalismo não é pertinente historicamente apenas para esclarecer suas origens ou, em nossos dias, para compreender melhor as modalidades de conversão ao capitalismo por parte dos povos da periferia (países em desenvolvimento e ex-países socialistas). Ela também é de extrema importância nos países ocidentais como a França, cuja população se encontra integrada, em grau nunca igualado no passado, ao cosmos capitalista. De fato, as injunções sistêmicas que pesam sobre os atores não bastam, por si sós, para suscitar o seu empenho[16]. A injunção deve ser interiorizada e justificada, e esse, aliás, foi o papel que a sociologia tradicionalmente atribuiu à socialização e às ideologias. Participando da reprodução da ordem social, elas têm como efeito permitir que as pessoas não achem insuportável o seu universo cotidiano, o que constitui uma das condições para que um mundo seja duradouro. Se o capitalismo não só sobreviveu – contrariando os prognósticos que regularmente anunciaram sua derrocada –, como também não parou de ampliar o seu império, foi porque pôde apoiar-se em certo número de representações – capazes de guiar a ação – e de justificações compartilhadas, que o apresentam como ordem aceitável e até desejável, a única possível, ou a melhor das ordens possíveis. Essas justificações devem basear-se em argumentos suficientemente robustos para serem aceitos como pacíficos por um número bastante grande de pessoas, de tal modo que seja possível conter ou superar o desespero ou o niilismo que a ordem capitalista também não para de inspirar, não só aos que são por ela oprimidos, mas também, às vezes, aos que têm a incumbência de mantê-la e de transmitir seus valores por meio da educação.

O espírito do capitalismo é justamente o conjunto de crenças associadas à ordem capitalista que contribuem para justificar e sustentar essa ordem, legitimando os modos de ação e as disposições coerentes com ela. Essas justificações, sejam elas gerais ou práticas, locais ou globais, expressas em termos de virtude ou em termos de justiça, dão respaldo ao cumprimento de tarefas mais ou menos penosas e, de modo mais geral, à adesão a um estilo de vida, em sentido favorável à ordem capitalista. Nesse caso, pode-se falar *de ideologia dominante,* contanto que se renuncie a ver nela apenas um subterfúgio dos dominadores para garantir o consentimento dos dominados e que se reconheça que a maioria dos participantes no processo, tanto os fortes como os fracos, apoia-se nos mesmos esquemas para representar o funcionamento, as vantagens e as servidões da ordem na qual estão mergulhados[17].

Se, na tradição weberiana, pusermos no cerne de nossas análises as ideologias nas quais se baseia o capitalismo, daremos à noção de espírito do capitalismo um uso discrepante em relação a seus usos canônicos. Isto porque, em Weber, a noção de espírito tem lugar numa análise dos "tipos de condutas racionais práticas", das "incitações práticas à ação[18]" que, constitutivos de um novo *éthos,* possibilitaram a ruptura com as práticas tradicionais, a generalização da disposição para o calculismo, a suspensão das condenações morais ao lucro e a arrancada do processo de acumulação ilimitada. Como não temos a ambição de explicar a gênese do capitalismo, mas de compreender em que condições ele pode ainda hoje angariar os atores necessários à formação dos lucros, nossa ótica será diferente. Deixaremos de lado os posicionamentos perante o mundo necessários à participação no capitalismo como cosmos – adequação meios-fins, racionalidade prática, aptidão para o cálculo, autonomização das atividades econômicas, relação instrumental com a natureza etc., bem como as justificações mais gerais do capitalismo, principalmente produzidas pela ciência econômica, que mencionaremos adiante. Estas dizem respeito hoje – pelo menos entre os atores empresariais no mundo ocidental – às competências comuns que, em harmonia com injunções institucionais que se impõem de algum modo de fora para dentro, são constantemente reproduzidas por meio dos processos de socialização familiares e escolares. Constituem a base ideológica a partir da qual se podem observar variações históricas, ainda que não se possa excluir a possibilidade de que a transformação do espírito do capitalismo implique às vezes a metamorfose de alguns de seus aspectos mais duradouros. *Nosso propósito é o estudo das variações observadas, e não a descrição exaustiva de todos os constituintes do espírito do capitalismo.* Isso nos levará a separar a categoria espírito do capitalismo dos conteúdos substanciais, em termos de *éthos*, que estão ligados a ela em Weber, para tratá-la como uma forma que pode ser preenchida de maneiras diversas em diferentes momentos da evolução dos modos de organização das empresas e dos processos de obtenção de lucro capitalista. Poderemos assim procurar integrar num mesmo âmbito diversas expressões históricas do espírito do capitalismo e formular indagações sobre sua mudança. Enfatizaremos o modo como deve ser traçada uma existência em harmonia com as exigências da acumulação, para que grande número de atores considere que vale a pena vivê-la.

No entanto, ao longo desse percurso histórico, permaneceremos fiéis ao método do tipo ideal weberiano, sistematizando e ressaltando o que nos parece específico de uma época em oposição às épocas precedentes, dando mais importância às variações que às constâncias, mas sem ignorar as características mais estáveis do capitalismo.

Assim, a persistência do capitalismo, como modo de coordenação dos atos e como mundo vivenciado, não pode ser entendida sem a consideração das ideologias que, justificando-o e conferindo-lhe sentido, contribuem para suscitar a boa vontade daqueles sobre os quais ele repousa, para obter seu engajamento, inclusive quando – como ocorre nos países desenvolvidos – a ordem na qual eles estão inseridos parece basear-se quase totalmente em dispositivos que lhe são congruentes.

De que é feito o espírito do capitalismo

Em se tratando de alinhar razões para pleitear em favor do capitalismo, logo se apresenta um candidato: nada mais, nada menos que a ciência econômica. Acaso não foi na ciência econômica e, em particular, em suas correntes dominantes – clássicas e neoclássicas – que os responsáveis pelas instituições do capitalismo foram buscar justificações, a partir da primeira metade do século XIX até nossos dias? A força dos argumentos que nela encontravam decorria precisamente do fato de que estes se apresentavam como não ideológicos e não diretamente ditados por motivos morais, ainda que incorporassem a referência a resultados finais globalmente conformes com um ideal de justiça para os melhores e de bem-estar para a maioria. O desenvolvimento da ciência econômica, quer se trate da economia clássica ou do marxismo, contribuiu – conforme mostrou L. Dumont (1977) – para erigir uma representação do mundo que era radicalmente nova em relação ao pensamento tradicional e marcava "a separação radical entre os aspectos econômicos do tecido social e sua construção em domínio autônomo" (p. 15). Essa concepção permite dar corpo à crença de que a economia constitui uma esfera autônoma, independente da ideologia e da moral, e que obedece a leis positivas, deixando-se de lado o fato de que mesmo essa convicção já era produto de um trabalho ideológico, e que ela só pudera constituir-se incorporando – e depois encobrindo com o discurso científico – justificações segundo as quais as leis positivas da economia estão a serviço do bem comum[19].

Especialmente a concepção de que a busca do interesse individual serve ao interesse geral foi objeto de um enorme trabalho, incessantemente retomado e aprofundado ao longo de toda a história da economia clássica. Essa dissociação entre moral e economia e a incorporação à economia (no bojo desse processo) de uma moral consequencialista[20], baseada no cálculo das utilidades, propiciaram caução moral às atividades econômicas pelo único fato de serem lucrativas[21]. Se nos for permitido um resumo rápido, mas capaz de explicitar um pouco melhor o desenrolar da história das teorias econômicas que nos interessa aqui, pode-se dizer que a incorporação do utilitarismo à economia possibilitou considerar como ponto pacífico que "tudo o que é benéfico ao indivíduo é benéfico à sociedade. Por analogia, tudo o que engendra um lucro (portanto, serve para o capitalismo) também serve para a sociedade" (Heilbroner, 1985, p. 95). Nessa perspectiva, só o crescimento das riquezas, seja qual for o seu beneficiário, é considerado critério do bem comum[22]. Em seus usos cotidianos e nos discursos públicos dos principais atores responsáveis pela exegese dos atos econômicos – dirigentes empresariais, políticos, jornalistas etc. – essa cartilha possibilita associar, de maneira ao mesmo tempo estrita e suficientemente vaga, lucro individual (ou local) e benefício global, para evitar a exigência de justificação das ações que concorrem para a acumulação. Ela considera ponto pacífico que o custo moral específico (entregar-se à paixão do ganho), mas dificilmente quantificável, da instauração em uma sociedade aquisitiva (custo que ainda preocupava Adam Smith) é amplamente contrabalançado pelas vantagens quantificáveis (bens materiais, saúde...) da acumulação. Também possibilita afirmar que o crescimento global de riquezas, seja qual for seu beneficiário, é um critério de bem comum, conforme reflete cotidianamente o fato de se mensurar a saúde das empresas de determinado país pela sua taxa de lucro, seu nível de atividade e de crescimento como critério de medida do bem-estar social[23]. Esse imenso trabalho social realizado para instaurar o progresso material individual como um – se não o – critério do bem-estar social permitiu que o capitalismo conquistasse uma legitimidade sem precedentes, pois assim se tornavam legítimos ao mesmo tempo seus propósitos e seus móbeis.

Os trabalhos da ciência econômica também possibilitam afirmar que, entre duas organizações econômicas diferentes orientadas para o bem-estar material, a organização capitalista é a mais eficaz. A liberdade de empreender e a propriedade privada dos meios de produção introduzem no sistema a concorrência ou um risco de concorrência. Ora, esta, a partir do momento em que existe, mesmo sem precisar ser pura e perfeita, é o meio mais seguro para que os clientes sejam beneficiados pelo melhor serviço ao menor custo. Por isso, embora orientados para a acumulação do capital, os capitalistas se sentem obrigados a satisfazer os consumidores para atingir seus fins. É assim que, por extensão, a empresa privada concorrencial continua sendo considerada mais eficaz e eficiente do que a organização não lucrativa (mas isso tem o preço não mencionado de transformar o amante de arte, o cidadão, o estudante, a criança em relação a seus professores, o beneficiário da ajuda social... em consumidor), e a privatização e a mercantilização máxima de todos os serviços mostram-se como as melhores soluções do ponto de vista social, pois reduzem o desperdício de recursos e obrigam a antecipar-se às expectativas dos clientes[24].

Aos tópicos da utilidade, do bem-estar global e do progresso, mobilizáveis de modo quase imutável há dois séculos, à justificação em termos de eficácia sem igual na oferta bens e serviços é preciso acrescentar, evidentemente, a referência aos poderes libertadores do capitalismo e à liberdade política como efeito colateral da liberdade econômica. Os tipos de argumento apresentados aqui fazem menção à libertação constituída pelo sistema salarial em comparação com a servidão, ao espaço de liberdade permitido pela propriedade privada ou mesmo ao fato de que, na época moderna, nunca existiram liberdades políticas, a não ser de modo episódico, em nenhum país franca e fundamentalmente anticapitalista, ainda que nem todos os países capitalistas as conheçam[25].

Evidentemente, seria pouco realista não incluir no espírito do capitalismo seus três pilares justificativos fundamentais: progresso material, eficácia e eficiência na satisfação das necessidades, modo de organização social favorável ao exercício das liberdades econômicas e compatível com regimes políticos liberais.

Mas, precisamente, por terem caráter muito genérico e serem estáveis no tempo, essas razões[26] não nos parecem suficientes para engajar as pessoas comuns nas circunstâncias concretas da vida, particularmente da vida no trabalho, tampouco para lhes dar recursos argumentativos que lhes permitam enfrentar as denúncias concretas ou as críticas que possam ser-lhes pessoalmente endereçadas. Não se pode afirmar que este ou aquele assalariado se alegre realmente com o fato de que seu trabalho sirva para aumentar o PIB da nação, possibilite a melhoria do bem-estar dos consumidores ou faça parte de um sistema que dá espaço indubitável à liberdade de empreender, vender e comprar; isto porque, no mínimo, ele a muito custo estabelece relações entre esses benefícios gerais e as condições de vida e trabalho, dele e dos que lhe são próximos. A não ser que ele tenha enriquecido diretamente tirando partido das possibilidades da livre empresa – o que só é reservado a uma minoria – ou que, graças ao trabalho livremente escolhido, tenha alcançado uma posição financeira suficiente para aproveitar plenamente as possibilidades de consumo oferecidas pelo capitalismo, faltam muitas mediações para que a proposta de engajamento possa alimentar sua imaginação[27] e encarnar-se nos feitos e atos da vida cotidiana.

Em relação àquilo que – parafraseando M. Weber – poderíamos chamar de capitalismo de cátedra, que do alto repisa o dogma liberal, as expressões do espírito do capitalismo que nos interessam aqui devem ser incorporadas em descrições suficientemente ricas e detalhadas, bem como comportar um número suficiente de pontos de apoio para *sensibilizar*, como se diz, aqueles aos quais elas se dirigem, ou seja, para ao mesmo tempo ir ao encontro de sua experiência moral da vida cotidiana e lhes propor modelos de ação que eles possam adotar. Veremos como o discurso da gestão empresarial, que pretende ser ao mesmo tempo formal e histórico, global e situado, misturando preceitos gerais e exemplos paradigmáticos, constitui hoje a forma por excelência na qual o espírito do capitalismo é incorporado e oferecido como algo que deve ser compartilhado.

Esse discurso é dirigido prioritariamente aos executivos, cuja adesão ao capitalismo é especialmente indispensável para o funcionamento das empresas e para a formação do lucro, mas cujo engajamento, em vista do alto nível exigido, não pode ser obtido pela coerção pura e simples; eles, menos submetidos às necessidades do que os operários, podem opor resistência passiva, engajar-se com restrições e até minar a ordem capitalista criticando-a de seu interior. Também existe o risco de que os filhos da burguesia, que constituem o viveiro quase natural de recrutamento desses quadros, *deser-*

tem, segundo expressão de A. Hirschman (1972), dirigindo-se para profissões menos integradas no jogo capitalista (profissões liberais, artes e ciências, serviços públicos), ou mesmo que se retirem parcialmente do mercado de trabalho, sobretudo por disporem de recursos diversificados (escolares, patrimoniais e sociais).

Portanto, é, em primeiro lugar, em vista desses executivos, ou futuros executivos, que o capitalismo deve completar seu aparato justificativo. Ainda que, no curso ordinário da vida profissional, estes, na maioria, sejam convencidos a aderir ao sistema capitalista devido a injunções financeiras (medo do desemprego, sobretudo se endividados ou com responsabilidade familiar) ou a dispositivos clássicos de sanções ou recompensas (dinheiro, vantagens diversas, esperanças de carreira...), é de acreditar que as exigências de justificação se mostrem especialmente desenvolvidas nos períodos (como o atual) marcados tanto por forte crescimento numérico da categoria – com a chegada às empresas de numerosos jovens oriundos do sistema escolar, pouco motivados e em busca de incitações normativas[28] – quanto por profundas evoluções, que obrigam executivos experientes a reciclar-se, o que lhes será facilitado, se puderem dar sentido às mudanças de orientação que lhes são impostas e vivê-las segundo modalidades de livre escolha.

Sendo ao mesmo tempo assalariados e porta-vozes do capitalismo, especialmente em comparação com outros membros das empresas, os executivos, pela posição que ocupam, são alvos preferenciais de críticas – em particular por parte de seus subordinados –, estando muitas vezes dispostos a dar-lhes ouvido. Eles não podem satisfazer-se unicamente com vantagens materiais e devem também dispor de argumentos para justificar sua posição e, de modo mais geral, os procedimentos de seleção de que são produto ou que eles mesmos põem em prática. Uma das justificações obrigatórias diz respeito à manutenção de uma distância culturalmente tolerável entre sua própria condição e a dos trabalhadores que lhes são subalternos (como mostram, por exemplo, na virada dos anos 70, as resistências de grande número de jovens engenheiros formados em grandes escolas, de modo mais permissivo que as gerações anteriores, a comandar operários sem qualificação, encarregados de tarefas muito repetitivas e submetidos a severa disciplina em fábrica).

As justificações do capitalismo que nos interessarão aqui, portanto, não serão tanto as mencionadas acima, que os capitalistas ou os economistas acadêmicos podem ser levados a desenvolver para os de fora, em especial para os políticos, e sim as justificações destinadas prioritariamente aos executivos e engenheiros. Ora, as justificações em termos de bem comum, de que eles precisam, devem apoiar-se em espaços locais de cálculo para serem eficazes. Seus juízos recaem primeiro sobre a empresa em que trabalham e ao grau com que as decisões tomadas em seu nome são defensáveis em termos de consequências sobre o bem comum dos assalariados que ela emprega; segundo, recaem sobre o bem comum da coletividade geográfica e política na qual a empresa está inserida. Ao contrário dos dogmas liberais, essas justificações localizadas estão sujeitas a mudanças porque as preocupações expressas em termos de justiça devem ser associadas a práticas ligadas a estados históricos do capitalismo e a maneiras de obter lucro específicas de uma época; ao mesmo tempo, devem provocar disposições para a ação e dar garantias de que as ações realizadas são moralmente aceitáveis. Assim, o espírito do capitalismo manifesta-se indissociavelmente, em cada momento, nas evidências com que os executivos têm quanto às "boas" ações que devem ser realizadas para a obtenção do lucro e quanto à legitimidade dessas ações.

Além das justificações em termos de bem comum, necessárias para responder à crítica e explicar-se perante os outros, os executivos, em especial os jovens, também precisam, tal como os empresários weberianos, de motivos pessoais para o engajamento. Para valer a pena esse engajamento, para que ele seja atraente, o capitalismo precisa ser-lhes apresentado em atividades que, em comparação com as oportunidades alternativas, possam ser qualificadas de "estimulantes", ou seja, de modo muito geral, capazes de oferecer, ainda que de maneiras diferentes em diferentes épocas, possibilidades de autorrealização e espaços de liberdade de ação.

No entanto, como veremos melhor adiante, essa expectativa de *autonomia* depara com outra exigência, com a qual frequentemente entra em relação de tensão, que corresponde dessa vez à expectativa de *garantias*. O capitalismo precisa conseguir inspirar nos dirigentes empresariais a confiança na possibilidade de auferir do bem-estar prometido benefícios duradouros para si mesmos (de modo no mínimo tão duradouro, se não mais, do que o das situações sociais alternativas às quais eles renunciaram) e assegurar para seus filhos o acesso a posições que lhes permitam conservar os mesmos privilégios.

O espírito do capitalismo próprio a cada época deve assim oferecer, em termos historicamente variáveis, recursos para diminuir a preocupação provocada pelas três questões seguintes:

– Em que o engajamento nos processos de acumulação capitalista é fonte de entusiasmo, inclusive para aqueles que não serão necessariamente os primeiros beneficiários dos lucros realizados?

– Em que medida aqueles que se empenham no cosmos capitalista podem ter certeza de garantias mínimas para si e para seus filhos?

– Como justificar, em termos de bem comum, a participação na empresa capitalista e defender, contra as acusações de injustiça, o modo como ela é dinamizada e gerida?

Os diferentes estados históricos do espírito do capitalismo

As mudanças do espírito do capitalismo que se esboçam atualmente, mudanças às quais este livro é dedicado, sem dúvida não são as primeiras. Além da espécie de reconstituição arqueológica do *éthos* que inspirou o capitalismo original, encontrada na obra de Weber, possuímos pelo menos duas descrições estilizadas ou tipificadas do espírito do capitalismo. Cada uma delas especifica os diferentes componentes citados acima e indica, para o seu tempo, qual foi a grande aventura dinamizadora representada pelo capitalismo, que sólidas fundações para a construção do futuro e que respostas para as expectativas de uma sociedade justa ele parecia conter em si. Essas diferentes combinações entre autonomia, proteção e bem comum serão rememoradas agora de modo muito esquemático.

A primeira descrição, empreendida em fins do século XIX – tanto na ficção quanto nas ciências sociais propriamente ditas –, centra-se na pessoa do burguês empreendedor e na descrição dos valores burgueses. A figura do empreendedor, do capitão de indústria, do conquistador (Sombart, 1928, p. 55) concentra os elementos heroicos da situação[29], com a tônica no jogo, na especulação, no risco, na inovação. Em escala maior, em termos de categorias mais numerosas, a aventura capitalista encarna-se na libertação, sobretudo espacial ou geográfica, possibilitada pelo desenvolvimento dos meios de comunicação e do trabalho assalariado, o que permite que os jovens se emancipem das comunidades locais, da ligação à terra e do arraigamento familiar, que fujam da cidadezinha, do gueto e das formas tradicionais de dependência pessoal. Em contrapartida, a figura do burguês e a moral burguesa contribuem com os elementos de segurança numa combinação original que associava a disposições econômicas inovadoras (avareza ou parcimônia, espírito poupador, tendência a racionalizar a vida cotidiana em todos os seus aspectos, desenvolvimento de habilidades contábeis, de cálculo e previsão) posicionamentos domésticos tradicionais: importância atribuída à família, à linhagem, ao patrimônio, à castidade das moças (para evitar casamentos desvantajosos e dilapidação do capital); caráter familiar ou patriarcal das relações mantidas com os empregados (Braudel, 1979, pp. 526-7) – o que será denunciado como paternalismo –, cujas formas de subordinação permanecem amplamente pessoais, em firmas geralmente pequenas; papel atribuído à caridade para aliviar o sofrimento dos pobres (Procacchi, 1993). Quanto às justificações que tinham em vista uma generalidade maior e remetiam a construtos do bem comum, estão menos ligadas à referência ao liberalismo econômico, ao mercado[30] ou à economia acadêmica, cuja difusão ainda era bastante limitada, e mais à crença no progresso, no futuro, na ciência, na técnica, nos benefícios da indústria. Lança-se mão de um utilitarismo vulgar para justificar os sacrifícios exigidos pela marcha do progresso. É exatamente esse amálgama de disposições e valores diferentes e até incompatíveis (sede de lucro e moralismo, avareza e caridade, cientificismo e tradicionalismo familiar), no princípio da divisão dos burgueses consigo mesmos, de que fala François Furet (1995, pp. 19-35), que constitui a base daquilo que será denunciado com mais unanimidade e persistência no espírito burguês: a hipocrisia.

Uma segunda caracterização do espírito do capitalismo tem pleno desenvolvimento entre os anos 30 e 60. A tônica aí recai menos sobre o empresário individual e mais sobre a organização. Centrada no desenvolvimento, no início do século XX, da grande empresa industrial centralizada e burocratizada, fascinada pelo gigantismo, essa caracterização tem como figura heroica o diretor[31] que, diferentemente do acionista que procura aumentar sua riqueza pessoal, é habitado pela vontade de aumentar ilimitadamente o tamanho da firma que ele dirige, com o fim de desenvolver uma produção de massa, baseada em economias de escala, na padronização dos produtos, na organização racional do trabalho e em novas técnicas de ampliação dos mercados (marketing). São muito "estimulantes" para os jovens diplomados as oportunidades oferecidas pelas organizações, no sentido de atingir posições de poder a partir das quais se possa mudar o mundo e – no caso da maioria – de obter a libertação de necessidades e a realização de desejos graças à produção em massa e a seu corolário, o consumo de massa.

Nessa versão, a dimensão "garantia" é assegurada pela racionalização e planificação de longo prazo – tarefa prioritária dos dirigentes – e, principalmente, pelo próprio gigantismo das organizações que constituem ambientes protetores capazes de oferecer não só perspectivas de carreira, mas também infraestrutura para a vida cotidiana (moradias funcionais, centros recreacionais, organismos formadores) com base no modelo do exército (tipo de organização cujo paradigma foi constituído pela IBM nos anos 50-60).

Quanto à referência a um bem comum, é feita não só por meio da composição com um ideal de ordem industrial encarnada pelos engenheiros – crença no progresso, esperanças na ciência e na técnica, na produtividade e na eficácia –, mais pregnante ainda que na versão anterior, mas também com um ideal que pode ser qualificado de cívico no sentido de enfatizar a solidariedade institucional, e a socialização da produção, da distribuição e do consumo, bem como a colaboração entre as grandes empresas e o Estado com o objetivo de alcançar a justiça social. A existência de dirigentes assalariados e o desenvolvimento de categorias de técnicos, "organizadores", a constituição na França da categoria dos *cadres* (Boltanski, 1982), a multiplicação de proprietários constituídos por pessoas jurídicas, em vez de pessoas físicas, ou os limites impostos à propriedade da empresa, especialmente com o desenvolvimento de direitos dos assalariados e a existência de regras burocráticas que restrinjam as prerrogativas patronais em matéria de gerenciamento do pessoal, todas essas são coisas interpretadas como indícios de uma mudança profunda no capitalismo, mudança marcada pela atenuação da luta de classes, pela dissociação entre propriedade do capital e controle empresarial, transferido para a "tecnoestrutura" (Galbraith, 1952, 1968), e como sinais do aparecimento de um capitalismo novo, animado por um espírito de justiça social. Teremos regularmente oportunidade de voltar às especificidades deste "segundo" espírito do capitalismo.

As mudanças do espírito do capitalismo acompanham, assim, modificações profundas das condições de vida e trabalho, bem como das expectativas dos trabalhadores – para si ou para seus filhos –, trabalhadores que, nas empresas, têm seu papel no processo de acumulação capitalista, mas não são seus beneficiários privilegiados. Hoje, as garantias conferidas pelos diplomas superiores diminuíram, as aposentadorias estão ameaçadas e as carreiras já não são asseguradas. O poder de mobilização do "segundo espírito" é questionado, ao mesmo tempo que as formas de acumulação se transformaram de novo, profundamente.

Uma das evoluções ideológicas da situação atual, que pode ser considerada provável por se apoiar nas capacidades de sobrevivência do sistema e ficar circunscrita a remanejamentos no âmbito do regime do capital – cujas saídas praticáveis, após o fim da ilusão comunista, não estão por enquanto nem sequer esboçadas –, seria (se seguirmos a nossa análise) a formação, nos países desenvolvidos, de um espírito do capitalismo mais mobilizador (portanto também mais orientado para a justiça e o bem-estar social), dentro de uma visão de tentativa de remobilização dos trabalhadores e, no mínimo, da classe média.

O "primeiro" espírito do capitalismo, associado, como se viu, à figura do burguês, estava sintonizado com as formas do capitalismo essencialmente familiar de uma época em que o gigantismo ainda não era buscado, salvo em raríssimos casos. Os proprietários e patrões eram conhecidos pessoalmente por seus empregados; o destino e a vida da empresa estavam fortemente associados aos destinos de uma família. Por sua vez, o "segundo" espírito, que se organiza em torno da figura central do diretor (ou dirigente assalariado) e dos executivos, está ligado a um capitalismo de empresas já bastante considerável para que seu elemento central seja a burocratização e a utilização de um quadro de supervisores cada vez mais qualificados por diploma universitário. Mas só algumas delas (a minoria) podem ser qualificadas como multinacionais. O quadro de acionistas tornou-se mais anônimo, enquanto numerosas empresas se desvincularam do nome e do destino de determinada família. O "terceiro" espírito deverá ser isomorfo a um capitalismo "globalizado", que põe em prática novas tecnologias, apenas para citar os dois aspectos mais frequentemente mencionados na qualificação do capitalismo de hoje.

As modalidades de saída da crise ideológica, que começaram a ser aplicadas na segunda metade dos anos 30, quando da desaceleração do primeiro espírito, não podiam ser previstas. O mesmo ocorre com a crise que vivemos atualmente. A necessidade de voltar a dar sentido ao processo de acumulação e de associá-lo a exigências de justiça social choca-se principalmente com a tensão entre o interesse coletivo dos capitalistas como classe e seus interesses particulares como operadores atomizados em concorrência num mercado (Wallerstein, 1985, p. 17). Nenhum operador do mercado quer ser o primeiro a oferecer "vida digna" àqueles que ele emprega, pois os custos de produção seriam assim aumentados, e ele ficaria em desvantagem perante a concorrência que o opõe a seus pares. Em contrapartida, é interesse da classe capitalista em seu conjunto que as práticas gerais, especialmente em relação aos executivos, possibilitem conservar a adesão daqueles dos quais depende a obtenção do lucro. Pode-se assim pensar que a formação de um terceiro espírito do capitalismo e sua encarnação em dispositivos dependerão em grande medida do interesse apresentado para as multinacionais – hoje dominantes – pela manutenção de uma zona pacificada no centro do sistema-mundo, zona na qual seja possível sustentar um viveiro de executivos, onde eles possam formar-se, criar filhos e sentir-se seguros.

Origem das justificações incorporadas no espírito do capitalismo

Já lembramos a importância que tem, para o capitalismo, a possibilidade de apoiar-se num aparato justificativo adaptado às formas concretas assumidas pela acumulação do capital em determinada época, o que significa que o espírito do capitalismo incorpora outros esquemas, que não os herdados da teoria econômica. Estes últimos, embora permitam – afora qualquer especificação histórica[32] – defender o próprio princípio de acumulação, já não possuem poder mobilizador suficiente.

Mas o capitalismo não pode encontrar em si mesmo nenhum recurso para fundamentar motivos de engajamento e, em especial, para formular argumentos orientados para a exigência de justiça. O capitalismo é, provavelmente, a única, ou pelo menos a principal, forma histórica ordenadora de práticas coletivas perfeitamente desvinculada da esfera moral, no sentido de encontrar sua finalidade em si mesma (a acumulação do capital como fim em si), e não por referência não só ao bem comum, mas também aos interesses de um ser coletivo, tal como povo, Estado, classe social. A justificação do capitalismo, portanto, supõe referência a construtos de outra ordem, da qual derivam exigências completamente diferentes daquelas impostas pela busca do lucro.

Para manter seu poder de mobilização, o capitalismo, portanto, deve obter recursos fora de si mesmo, nas crenças que, em determinado momento, têm importante poder de persuasão, nas ideologias marcantes, inclusive nas que lhe são hostis, inseridas no contexto cultural em que ele evolui. O espírito que sustenta o processo de acumulação, em dado momento da história, está assim impregnado pelas produções culturais que lhe são contemporâneas e foram desenvolvidas para fins que, na maioria das vezes, diferem completamente dos que visam a justificar o capitalismo[33].

Confrontado com a exigência de justificação, o capitalismo mobiliza um "desde-sempre", cuja legitimidade é garantida, à qual ele dará formulação nova, associando-o à exigência de acumulação do capital. Portanto, seria inútil procurar separar nitidamente os construtos ideológicos impuros, destinados a servir a acumulação capitalista, das ideias puras, livres de compromissos, ideias que dessem ensejo a criticar essa acumulação; e, frequentemente, na denúncia e na justificação daquilo que é denunciado, empregam-se os mesmos paradigmas.

Podemos comparar o processo pelo qual se incorporam ao capitalismo ideias que lhe eram inicialmente estranhas, e até hostis, ao processo de aculturação descrito por Dumont (1991) quando este mostra como a ideologia moderna dominante do individualismo se difunde, forjando composições com as culturas preexistentes. Do encontro e do conflito dos dois conjuntos de ideias-valores nascem representações novas que são "uma espécie de síntese, [...] radical em maior ou menor grau, algo como uma liga de duas espécies de ideias e de valores, das quais umas, de inspiração holista, são autóctones e outras são tomadas de empréstimo à configuração individualista predominante" (Dumont, 1991, p. 29). Um efeito notável dessa aculturação é então que "não só as representações individualistas não se diluem nem se desvanecem nas combinações em que entram, mas, ao contrário, extraem, nessas associações com seus contrários, por um lado uma adaptabilidade superior e, por outro, uma força aumentada" (*id.* p. 30). Se transpusermos essa análise para o estudo do capitalismo (cujo princípio de acumulação, aliás, está aliado à modernidade individualista), veremos que o espírito que o anima possui duas faces: uma "voltada para dentro", como diz Dumont, ou seja, aqui o processo de acumulação legitimado, e outra orientada para as ideologias com que ele se impregnou, ideologias que lhe dão precisamente aquilo que o capitalismo não pode oferecer: razões para participar do processo de acumulação ancoradas na realidade cotidiana e diretamente relacionadas com os valores e as preocupações daqueles que convém engajar[34].

Na análise de Louis Dumont, os membros de uma cultura holista, confrontados à cultura individualista, veem-se em xeque e sentem necessidade de defender-se, justificar-se, perante aquilo que se lhes mostra como uma crítica e um questionamento de sua identidade. Mas, sob outros aspectos, eles podem mostrar-se atraídos pelos novos valores e pelas perspectivas de libertação individual e de igualdade, oferecidas por tais valores. É desse processo de sedução-resistência-busca de autojustificação que nascem as novas representações de composição.

Podem ser feitas as mesmas observações a propósito do espírito do capitalismo. Este último transforma-se para atender à necessidade de justificação das pessoas comprometidas em dado momento no processo de acumulação capitalista, mas cujos valores e representações, recebidos como herança cultural, ainda estão associados a formas anteriores de acumulação, à sociedade tradicional no caso do nascimento do "primeiro espírito" ou a um espírito precedente, no caso da passagem para os espíritos seguintes do capitalismo. O alvo será tornar sedutoras para tais pessoas as novas formas de acumulação (a dimensão *estimulante* de todo espírito), ao mesmo tempo que são levadas em conta as necessidades que tais pessoas têm de autojustificar-se (tomando como apoio a referência a um bem comum) e são construídas defesas contra aquilo que, nos novos dispositivos capitalistas, elas percebem como coisas capazes de ameaçar a sobrevivência de sua identidade social (a dimensão "garantias").

Por vários motivos, o "segundo espírito" do capitalismo, edificado simultaneamente ao estabelecimento da supremacia da grande empresa industrial, contém em si características que não teriam sido renegadas nem pelo comunismo nem pelo fascismo, embora estes fossem os movimentos críticos ao capitalismo mais poderosos na época em que esse "segundo espírito" começou a instaurar-se (Polanyi, 1983). O dirigismo econômico, aspiração comum, será implementado pelo Estado-providência e por seus órgãos de planificação. Dispositivos de controle regular de distribuição do valor agregado entre o capital e o trabalho são implantados com a contabilidade nacional (Desrosières, 1993, p. 383), o que é coerente com as análises marxistas. O funcionamento hierárquico em vigor nas grandes empresas planificadas, por sua vez, conservará durante muito tempo a marca de uma composição com os valores domésticos tradicionais, o que só podia tranquilizar a reação tradicionalista: respeito e deferência contra proteção e ajuda fazem parte do contrato hierárquico em suas formas tradicionais, bem mais do que a troca entre salário e trabalho, que expressa o modelo liberal anglo-saxão de pensar a relação de emprego. Assim, o princípio de acumulação ilimitada encontrou pontos de convergência com os inimigos, e a composição daí resultante garantiu sobrevivência ao capitalismo, ao oferecer a populações reticentes oportunidade de engajar-se nele com mais entusiasmo.

As cidades como pontos de apoio normativos para construir justificações

As organizações sociais, uma vez submetidas ao imperativo de justificação, tendem a incorporar a referência a um tipo de convenção muito geral, orientada para um bem comum, com pretensão a validade universal, modelizadas pelo conceito de *cidade* (Boltanski, Thévenot, 1991). O capitalismo não constitui exceção a essa regra. O que chamamos de espírito do capitalismo contém necessariamente, pelo menos nos seus aspectos orientados para a justiça, referência a tais convenções. Isso equivale a dizer também que o espírito do capitalismo, considerado de um ponto de vista pragmático, supõe a referência a dois níveis lógicos diferentes. O primeiro encerra um actante capaz de ações que concorram para a realização do lucro, enquanto o segundo contém um actante que, dotado de um grau de reflexividade superior, julga os atos do primeiro em nome de princípios universais. Esses dois actantes remetem, evidentemente, a um mesmo ator descrito como capaz de engajar-se em operações altamente generalizadoras. Sem essa competência, ser-lhe-ia impossível entender as críticas feitas ao capitalismo, como algo orientado para a busca do lucro, e forjar justificações para contestar tais críticas.

Em vista do caráter fundamental do conceito de cidade nesta obra, nos voltaremos agora, com mais pormenores, ao trabalho em que foi apresentado o modelo de cidades. O conceito de cidade é orientado para a questão da justiça. Visa modelizar os tipos de operações a que os atores se dedicam, durante as polêmicas que os opõem, quando confrontados ao imperativo de justificação. Essa exigência de justificação está indissociavelmente ligada à possibilidade de crítica. A justificação é necessária para respaldar a crítica ou para responder à crítica quando ela denuncia o caráter injusto de uma situação.

Para qualificarmos aquilo que se deve entender aqui por justiça e para termos a possibilidade de comparar, por meio de uma mesma noção, polêmicas aparentemente muito diferentes, diremos que as polêmicas orientadas para a justiça sempre têm por objeto a ordem das *grandezas* na situação dada.

Para levarmos à compreensão do que entendemos por ordem de grandeza, tomaremos um exemplo trivial, a saber, o problema de distribuir os alimentos entre as pessoas presentes a uma refeição. A questão da ordem cronológica na qual o prato é apresentado aos convivas não pode ser evitada e deve ser regrada publicamente. A menos que se neutralize o significado dessa ordem por meio da introdução de uma regra que ajuste a ordem cronológica à ordem espacial (cada um se serve por conta própria, "sem cerimônia"), a ordem cronológica do serviço presta-se a ser interpretada como uma ordem regida pela etiqueta em função de uma grandeza relativa das pessoas, como quando são servidos primeiro os idosos e por último as crianças. Mas a realização dessa ordem pode apresentar problemas espinhosos e dar ensejo a contestações, quando vários princípios diferentes de ordem são opostos. Para que a cena se desenrole harmoniosamente, portanto, é preciso que os convivas estejam de acordo quanto à grandeza relativa das pessoas valorizadas pela ordem do serviço[35]. Ora, esse acordo sobre a ordem das grandezas supõe um acordo mais fundamental sobre um *princípio de equivalência* em relação ao qual pode ser estabelecida a grandeza relativa dos seres dados. Mesmo que não se traga à baila explicitamente o princípio de equivalência, este deve estar suficientemente claro e presente na mente de todos para que o episódio possa desenrolar-se com naturalidade. Esses princípios de equivalência são designados pelos termos *princípios superiores comuns*, extraídos de Rousseau.

Esses princípios de grandeza não podem emergir de um arranjo local e contingente. Sua legitimidade depende da sua robustez, ou seja, de sua validade num número *a priori* ilimitado de situações particulares que ponham frente a frente seres com propriedades diversas. Essa é a razão pela qual os princípios de equivalência que têm pretensão à legitimidade, em uma sociedade e em dado momento, estão orientados, por algum tipo de construto, para uma validade universal.

Embora, numa sociedade e em dado momento, exista uma pluralidade de grandezas legítimas, seu número não é ilimitado. Foram identificadas seis lógicas de justificação, seis "cidades", na sociedade contemporânea.

Para definir essas grandezas, no trabalho que aqui nos serve de respaldo procedeu-se a uma série de vaivéns entre dois tipos de fontes. Por um lado, dados empíricos colhidos por um trabalho de campo sobre conflitos e discussões que, fornecendo um *corpus* de argumentos e de dispositivos de situações, guiavam a intuição para o *tipo* de justificação frequentemente posto em prática na vida cotidiana. Por outro lado, construtos que, tendo sido objeto de uma elaboração sistemática na filosofia política, possuem um nível elevado de coerência lógica que os torna capazes de ser proveitosos na tarefa de modelização da competência comum[36].

Na *cidade inspirada*, a grandeza é a grandeza do santo que ascende a um estado de graça ou do artista que recebe inspiração. Ela se revela no próprio corpo preparado pela ascese, cujas manifestações inspiradas (santidade, criatividade, senso artístico, autenticidade...) constituem a forma privilegiada de expressão. Na *cidade doméstica*, a grandeza das pessoas depende de sua posição hierárquica numa cadeia de dependências pessoais. Numa *fórmula* de subordinação estabelecida com base num modelo doméstico, o vínculo político entre os seres é concebido como uma generalização do vínculo de geração que conjuga tradição e proximidade. O "grande" é o mais velho, o ancestral, o pai, a quem se deve respeito e fidelidade, aquele que concede proteção e apoio. Na *cidade da fama*, a grandeza só depende da opinião alheia, ou seja, do número de pessoas que concedem crédito e estima. O "grande" da *cidade cívica* é o representante de um coletivo cuja vontade geral ele exprime. Na *cidade mercantil*, o "grande" é aquele que enriquece pondo no mercado concorrencial mercadorias muito desejadas que passam com sucesso pela prova de mercado. Na *cidade industrial*, a grandeza se baseia na eficácia e determina uma escala de capacidades profissionais.

O segundo espírito do capitalismo, quando faz referência ao bem comum, invoca justificações que repousam num compromisso entre a cidade industrial e a cidade cívica (e, em segundo lugar, a cidade doméstica), ao passo que o primeiro espírito respaldava-se principalmente num compromisso entre justificações domésticas e justificações mercantis.

Também precisaremos identificar as convenções com vocação universal e os modos de referência ao bem comum que são tomados de empréstimo pelo terceiro espírito do capitalismo atualmente em formação. Ora, como veremos, os novos discursos justificativos do capitalismo são imperfeitamente traduzidos pelas seis cidades já identificadas. Para descrever o "resíduo", ininterpretável na linguagem das cidades já existentes, fomos levados a modelizar uma sétima cidade, que possibilite criar equivalências e justificar posições relativas de grandeza num mundo em rede. Diferentemente do trabalho mencionado acima, porém, não nos baseamos num texto maior de filosofia política para realizar a sistematização dos argumentos utilizados[37], e sim num *corpus* de textos de gestão empresarial dos anos 90, que, pelo fato de serem destinados a executivos, constituem um receptáculo particularmente evidente do novo espírito do capitalismo; também nos baseamos na análise de diferentes propostas concretas feitas hoje para melhorar a justiça social na França. De fato, somos contemporâneos de um intenso trabalho, do qual participam ativamente as ciências sociais, de reconstrução de um modelo de sociedade que ao mesmo tempo pretende ser realista – ou seja, ajustado à experiência que as pessoas têm do mundo social no qual estão mergulhadas, bem como compatível com certo número de lugares-comuns considerados (com ou sem razão) pacíficos (as empresas precisam de flexibilidade, o sistema distributivo de aposentadorias não poderá durar muito como está, o desemprego dos não qualificados é de longo prazo...) – e possui um caráter normativo no sentido de se orientar para a melhoria da justiça.

Portanto, precisaremos mostrar, ao mesmo tempo, como o novo espírito do capitalismo aponta para princípios de equivalência até agora inusitados, mas também por meio de qual processo de aculturação de temas e de construções já presentes no ambiente ideológico, provenientes em especial dos discursos críticos que lhe são dirigidos, ele se estrutura e consolida progressivamente, por tentativa e erro, até o ponto de formar uma configuração ideológica nova.

O espírito do capitalismo legitima e restringe o processo de acumulação

Vimos que, para conseguir engajar as pessoas indispensáveis à busca da acumulação, o capitalismo devia incorporar um espírito capaz de oferecer perspectivas sedutoras e estimulantes de vida, oferecendo ao mesmo tempo garantias de segurança e razões morais para se fazer o que se faz. Este amálgama heterogêneo de motivos e razões se mostra variável no tempo, segundo as expectativas das pessoas que caiba mobilizar, segundo as esperanças com que elas cresceram e em função das formas assumidas pela acumulação em diferentes épocas. O espírito do capitalismo deve atender a uma exigência de autojustificação, especialmente para resistir à crítica anticapitalista, o que implica uma referência a convenções de validade geral quanto àquilo que é justo ou injusto.

Convém explicitar, neste estágio da análise, que o espírito do capitalismo, não consistindo apenas em demonstração de boas intenções, "pudores espiritualistas" ou "superestrutura" – como suporia uma abordagem marxista das ideologias –, na verdade desempenha papel central no processo capitalista a que ele serve, ao lhe impor injunções. Isto porque as justificações que possibilitam mobilizar os participantes entravam a acumulação. Levando-se a sério as justificações apresentadas, nem todo lucro é legítimo, nem todo enriquecimento é justo, nem toda acumulação, mesmo grande e rápida, é lícita. Max Weber já se empenhava em mostrar como o capitalismo, assim entravado, se distinguia nitidamente da paixão pelo ouro, quando a esta as pessoas se entregam de modo desbragado, afirmando que ele tinha, precisamente, como característica específica a moderação racional desse impulso[38].

A interiorização de certo espírito do capitalismo por parte dos atores, portanto, impõe ao processo de acumulação injunções que não são puramente formais e lhe conferem um âmbito específico. O espírito do capitalismo, assim, fornece ao mesmo tempo uma justificação do capitalismo (em oposição aos questionamentos pretensamente radicais) e um ponto de apoio crítico que possibilita denunciar a distância existente entre as formas concretas de acumulação e as concepções normativas da ordem social.

A justificação das formas de consumação histórica do capitalismo, para ser levada a sério diante das numerosas críticas de que o capitalismo é objeto, também deve submeter-se a provas de realidade. Para passar na prova, a justificação do capitalismo deve apoiar-se em dispositivos, ou seja, em conglomerados de objetos, regras, convenções (entre os quais o direito pode ser uma expressão de nível nacional) que, não se restringindo à busca do lucro, estejam orientados para a justiça. Assim, o segundo espírito do capitalismo era indissociável dos dispositivos de gerenciamento das carreiras nas grandes empresas, da instauração da aposentadoria distributiva e da ampliação a um número de situações cada vez maior da forma jurídica do contrato de trabalho assalariado, de tal modo que os trabalhadores pudessem ser beneficiados pelas vantagens incorporadas naquela condição (Gaudu, 1997). Sem esses dispositivos, ninguém poderia acreditar realmente nas promessas do segundo espírito.

As injunções que o espírito do capitalismo impõe ao capitalismo, portanto, são exercidas por duas vias. Por um lado, a interiorização das justificações pelos atores do capitalismo introduz a possibilidade de uma autocrítica e favorece a autocensura e a autoeliminação das práticas não conformes, no próprio âmbito do processo de acumulação. Por outro lado, a instauração de *dispositivos injuntivos,* mas em condições de dar crédito ao espírito do capitalismo, possibilita a criação de provas de realidade e de oferecer, assim, demonstrações tangíveis para responder às denúncias.

Daremos dois exemplos, adequados a nosso objeto, da maneira como a referência a exigências expressas em termos de bem comum (a uma cidade, segundo o modelo que utilizamos) é capaz de impor injunções ao processo de acumulação. Numa cidade mercantil, em primeiro lugar, o lucro só é válido e a ordem oriunda da confrontação entre pessoas diferentes que buscam o lucro só será justa se a prova mercantil atender a injunções estritas de igualdade de oportunidades, de tal modo que o sucesso possa ser atribuído ao mérito –, ou seja, à capacidade de aproveitar as oportunidades dadas pelo mercado e ao poder de atração exercido pelos bens e serviços propostos –, e não à pura relação de forças. Entre essas injunções, pode-se citar em primeiro lugar tudo o que garante a concorrência – tal como a ausência de posição dominante, trustes e cartéis, a transparência da informação e a ausência de grandes disparidades na disponibilidade de capital antes da prova, o que justifica, por exemplo, a taxação das heranças. Portanto, é somente em certas condições muito limitativas que a prova mercantil pode ser considerada legítima. No entanto, não só a observância dessas condições não dá nenhuma contribuição específica para a formação do lucro, como, ao contrário, pode freá-lo. Seria possível fazer observações semelhantes a respeito do modo como a referência a uma *cidade industrial* possibilita justificar as formas de produção capitalistas, impondo-lhes injunções que não derivem diretamente das exigências imediatas da acumulação. Tais são, por exemplo, a planificação em prazo maior ou menor, a formação de reserva de recursos para o futuro, as medidas destinadas a reduzir os riscos ou a evitar o desperdício.

Levando a sério os efeitos da justificação do capitalismo com referência a um bem comum, nos desfaremos tanto das abordagens críticas, que só consideram real a tendência do capitalismo à acumulação ilimitada a qualquer preço e por qualquer meio, para as quais as ideologias têm a única função de ocultar a realidade das relações de forças econômicas que sempre vencem em qualquer situação, quanto das abordagens apologéticas, que, confundindo os pontos de apoio normativos e a realidade, ignoram os imperativos de lucro e de acumulação e põem no cerne do capitalismo as exigências de justiça às quais ele se vê confrontado.

Essas duas posições não são estranhas à ambiguidade do qualificativo "legítimo" com seus dois derivados: legitimação e legitimidade. No primeiro caso, faz-se da legitimação uma operação pura de velamento *a posteriori* que convém desvelar para cair na realidade. No segundo, têm-se em mira a pertinência comunicacional dos argumentos e o rigor jurídico dos procedimentos, mas sem que se indague sobre as condições de cumprimento das provas de realidade às quais os grandes – num mundo capitalista, os ricos – devem a grandeza quando ela é considerada legítima. A noção de espírito do capitalismo, tal como o definimos, nos permite desde já superar a oposição (que dominou boa parte da sociologia e da filosofia dos últimos trinta anos – pelo menos no que se refere aos trabalhos de intersecção entre social e político – entre teorias, frequentemente inspiradas em Nietzche e em Marx, que na sociedade só viram violência, relações de forças, exploração, dominação e conflitos de interesses[39], e, por outro lado, teorias que, inspirando-se mais em filosofias políticas contratualistas, enfatizaram as formas do debate democrático e as condições de justiça social[40]. Nas obras provenientes da primeira corrente, a descrição do mundo parece tenebrosa demais para ser verdadeira. Um tal mundo não seria viável por muito tempo. Mas nas obras vinculadas à segunda, o mundo social (convém admitir) é um pouco róseo demais para ser digno de crédito. A primeira orientação teórica frequentemente trata do capitalismo, mas sem ver nele uma dimensão normativa. A segunda leva em conta exigências morais que derivam de uma ordem legítima, mas, subestimando a importância dos interesses e das relações de forças, tende a ignorar a especificidade do capitalismo, cujos contornos se embotam ao se fundirem no entrelaçado das convenções nas quais sempre repousa a ordem social.

2. O CAPITALISMO E SEUS CRÍTICOS

A noção de espírito do capitalismo também nos possibilita associar numa mesma dinâmica a evolução do capitalismo e as críticas que lhe são feitas. Em nosso construto, atribuiremos à crítica um papel de impulsor das mudanças do espírito do capitalismo.

Embora o capitalismo não possa prescindir de uma orientação para o bem comum, da qual seja possível extrair motivos de engajamento, sua indiferença normativa não permite que o espírito do capitalismo seja gerado apenas a partir de seus próprios recursos; assim, ele precisa de seus inimigos, daqueles que ele indigna, daqueles que se lhe opõem, para encontrar os pontos de apoio morais que lhe faltam e incorporar dispositivos de justiça que, sem isso, ele não teria nenhuma razão para considerar pertinentes. O sistema capitalista revelou-se infinitamente mais robusto do que acreditavam seus detratores, Marx em primeiro lugar, mas isso também ocorreu porque ele encontrou em seus críticos mesmos os caminhos para a sobrevivência. Acaso a nova ordem capitalista oriunda da Segunda Guerra Mundial não terá, por exemplo, em comum com o fascismo e o comunismo o fato de atribuir grande importância ao Estado e certo dirigismo econômico? Foi, provavelmente, essa capacidade surpreendente de sobrevivência graças à assimilação de parte da crítica que contribuiu para desarmar as forças anticapitalistas, com a consequência paradoxal, nos períodos em que o capitalismo parece triunfante (como ocorre atualmente), da manifestação de uma fragilidade que se mostra precisamente quando os concorrentes reais desapareceram.

O próprio conceito de crítica, aliás, escapa à polarização teórica entre as interpretações em termos de relações de forças ou de relações legítimas. A propósito, a ideia de crítica só ganha sentido num diferencial entre um estado de coisas desejável e um estado de coisas real. Para dar à crítica o lugar que lhe cabe no mundo social, é preciso renunciar a conformar a justiça à força ou a deixar-se cegar pela exigência de justiça a ponto de ignorar as relações de forças. Para ser válida, a crítica deve estar em condições de justificar-se, ou seja, de esclarecer os pontos de apoio normativos que a fundamentam, especialmente quando confrontada com as justificações que aqueles que são objeto da crítica dão de suas respectivas ações. Portanto, ela não deixa de fazer referência à justiça – pois, se a justiça é um engodo, de que vale criticar?[41]... Mas, por outro lado, a crítica põe em cena um mundo no qual a exigência de justiça é transgredida ininterruptamente. Ela revela a hipocrisia das pretensões morais que dissimulam a realidade das relações de forças, da exploração e da dominação.

Efeitos da crítica sobre o espírito do capitalismo

O impacto da crítica sobre o espírito do capitalismo parece ser, potencialmente pelo menos, de três ordens.

Em primeiro lugar, ela tem condições de *deslegitimar os espíritos anteriores e subtrair-lhes a eficácia*. Daniel Bell (1979) afirma, assim, que o capitalismo americano deparou com grandes dificuldades no fim dos anos 60 devido a uma tensão crescente entre modalidades laboriosas derivadas do ascetismo protestante, nas quais ele continuava a basear-se, e, por outro lado, o desenvolvimento de um modo de vida baseado no gozo imediato do consumo, estimulado pelo crédito e pela produção em massa, modo de vida que os assalariados das empresas capitalistas eram estimulados a adotar. O hedonismo materialista da sociedade de consumo, segundo essa análise, choca-se de frente, ou seja, critica os valores de labor e poupança que supostamente sustentam (pelo menos de modo implícito) a laboriosidade, solapando assim as modalidades de engajamento associadas à forma do espírito do capitalismo então dominante, que acaba assim parcialmente deslegitimada. Segue-se uma desmobilização importante dos assalariados, resultado da transformação de suas expectativas e aspirações.

O segundo efeito da crítica é que, opondo-se ao processo capitalista, ela coage aqueles que são seus porta-vozes a justificá-lo em termos do bem comum. E, quanto mais virulenta e convincente se mostrar a crítica para um grande número de pessoas, mais as justificações dadas como troco deverão estar associadas a dispositivos confiáveis, que garantam uma *melhora efetiva em termos de justiça*. Se os porta-vozes dos movimentos sociais, em resposta a suas reivindicações, se limitarem a declarações superficiais não seguidas de ações concretas – palavras vazias, como se diz –, se a expressão de bons sentimentos for suficiente para acalmar a indignação, não haverá nenhuma razão para a melhoria dos dispositivos que supostamente tornam a acumulação capitalista mais condizente com o bem comum. E, quando o capitalismo é obrigado a responder efetivamente às questões levantadas pela crítica, para procurar apaziguá-la e conservar a adesão de suas tropas, que poderão dar ouvidos às denúncias, *ele incorpora, nessa operação, uma parte dos valores em nome dos quais era criticado*. O efeito dinâmico da crítica sobre o espírito do capitalismo passa aí pelo reforço das justificações e dos dispositivos associados que, sem pôr em xeque o próprio princípio de acumulação e a exigência de lucro, dá parcialmente satisfação à crítica e integra ao capitalismo injunções correspondentes às questões que mais preocupavam seus detratores. O preço que a crítica deve pagar por ter sido ouvida, pelo menos parcialmente, é ver que uma parte dos valores por ela mobilizados para opor-se à forma assumida pelo processo de acumulação foi posta a serviço dessa mesma acumulação, segundo o processo de aculturação mencionado acima.

Um último tipo de impacto possível da crítica repousa numa análise muito menos otimista no que se refere às reações do capitalismo. Isto porque se pode supor que, em certas condições, ele pode *escapar à exigência de reforço dos dispositivos de justiça social* tornando-se mais dificilmente decifrável, "embaralhando as cartas". Segundo essa possibilidade, a resposta dada à crítica não leva à instauração de dispositivos mais justos, mas sim à transformação dos modos de realização do lucro, de tal maneira que o mundo passa a ficar momentaneamente desorganizado em relação aos referenciais anteriores e num estado de grande ilegibilidade. Em face de novos ordenamentos cujo aparecimento não foi previsto, sendo difícil dizer se eles são mais ou menos favoráveis aos assalariados do que eram os dispositivos sociais anteriores, a crítica fica desarmada durante algum tempo. O velho mundo que ela denunciava desapareceu, mas não se sabe o que dizer sobre o novo. A crítica age aí como aguilhão para acelerar a transformação dos modos de produção, que entrarão em tensão com as expectativas dos assalariados configuradas com base em processos anteriores, o que provocará uma recomposição ideológica destinada a mostrar que o mundo do trabalho sempre tem um "sentido".

Seremos levados a mencionar esses três tipos de efeito para explicar as transformações do espírito do capitalismo durante os últimos trinta anos.

O modelo de mudança que utilizaremos baseia-se num jogo de três termos. O primeiro representa a crítica e pode ser definido em função daquilo que ela denuncia (uma vez que os objetos de denúncia, como veremos, são bastante diversificados no caso do capitalismo) e de sua virulência. O segundo corresponde ao capitalismo do modo como é caracterizado pelos dispositivos de organização do trabalho e pelas maneiras de obter lucro, associados a determinada época. O terceiro também corresponde ao capitalismo, mas desta vez na medida em que ele integra dispositivos que visam a manter uma distância tolerável entre os meios utilizados para gerar lucros (segundo termo) e as exigências de justiça que se apoiam em convenções consideradas como legítimas. Cada um dos polos dessa oposição de três termos pode evoluir: a crítica pode mudar de objeto, perder ou ganhar virulência; o capitalismo pode conservar ou mudar seus dispositivos de acumulação; também pode melhorá-los no sentido de maior justiça, ou desmantelar as garantias oferecidas até então.

Uma crítica que se esgota, seja vencida ou perca virulência possibilita que o capitalismo afrouxe seus dispositivos de justiça e modifique impunemente seus processos de produção. A crítica que ganha virulência e credibilidade obriga o capitalismo a reforçar seus dispositivos de justiça, a menos que, ao contrário – se o ambiente político e tecnológico o permitir –, acabe constituindo uma incitação para desfazer as regras do jogo, transformando-se.

A mudança dos dispositivos de acumulação capitalista tem o efeito de desarmar temporariamente a crítica, mas também tem grandes probabilidades de, a médio prazo, conduzir à reformulação de um novo espírito do capitalismo a fim de restabelecer o envolvimento dos assalariados que, nesse movimento, perderam os referenciais aos quais se apegavam para terem controle sobre seu trabalho. Tampouco é impossível que uma transformação das regras do jogo capitalista modifique as expectativas dos assalariados e que estas, em contrapartida, solapem os dispositivos de acumulação – como no caso analisado por D. Bell (1979).

Por outro lado, a implantação de dispositivos que garantam mais justiça aplaca a crítica, no que se refere a objetos de reivindicações até então feitas, mas também pode levá-la a deslocar-se para outros problemas, num movimento acompanhado, na maioria das vezes, por uma diminuição da vigilância sobre os antigos pontos de contestação, abrindo assim novas possibilidades para que o capitalismo mude as regras do jogo, provocando uma degradação das vantagens obtidas, com o resultado, a médio prazo, de um renascimento da crítica.

No cerne desse jogo de três termos, funcionando como mecanismo de registro, caixa de ressonância e crisol onde se formam novas composições, encontra-se o espírito do capitalismo, renegociado, posto em xeque ou mesmo aniquilado antes de uma nova emergência pela transformação dos dispositivos orientados para o lucro e para a justiça, bem como pela metamorfose contínua das necessidades de justificação sob o fogo da crítica. O estudo do espírito do capitalismo e de sua evolução é, assim, um ponto de entrada muito pertinente para a análise da dinâmica conjunta do capitalismo e de suas críticas, que se situam no cerne deste trabalho.

Uma noção nos ajudará a articular os três termos, capitalismo, espírito do capitalismo e crítica: a noção de *prova*, que constitui, ademais, um excelente instrumento para integrar num mesmo âmbito, sem reducionismo, as exigências de justiça e as relações de forças.

Provas de força e provas legítimas

A noção de prova rompe com uma concepção estritamente determinista do social, quer esta se baseie na onipotência das estruturas, quer (numa óptica culturalista) na dominação de normas interiorizadas. Ela enfatiza a incerteza presente em graus diversos nas situações da vida social[42], na perspectiva da ação.

Para nosso projeto, a noção de prova apresenta a vantagem de nos possibilitar circular com os mesmos instrumentos teóricos das relações de forças às ordens legítimas. A prova é sempre prova de força, ou seja, o acontecimento durante o qual os seres, medindo-se (imagine-se uma queda de braço entre duas pessoas ou o confronto entre um pescador e a truta que procura escapar), revelam aquilo de que são capazes e até, mais profundamente, aquilo de que são feitos. Mas, quando a situação estiver sujeita a injunções justificativas, quando os protagonistas julgarem que essas injunções são realmente respeitadas, essa prova de força será considerada legítima.

Diremos, no primeiro caso (prova de força), que, no fim da prova, a revelação dos poderes se traduz pela determinação de certo grau de *força* e, no segundo (prova legítima), por um juízo sobre a *grandeza* respectiva das pessoas. Enquanto a atribuição de uma força define um estado de coisas sem nenhum colorido moral, a atribuição de uma grandeza supõe um juízo referente não só à força respectiva dos seres em questão, mas também ao caráter justo da ordem revelada pela prova.

A passagem da prova de força à prova de grandeza legítima supõe um trabalho social de identificação e qualificação dos diferentes tipos de forças que precisam ser distinguidos e separados uns dos outros. De fato, para ser apreciável em termos de justiça, uma prova deve, em primeiro lugar, ser especificada, ser prova de *algo,* disto ou daquilo, ser uma corrida ou uma prova de latim, e não ser indeterminada, aberta a um confronto entre seres considerados numa relação qualquer, pondo em ação uma força qualquer (o que poderia ser uma das caracterizações possíveis da violência). Se aquilo que é posto à prova não for previamente qualificado, a prova será julgada pouco consistente, pouco confiável, e seus resultados serão contestáveis. Assim, enquanto na lógica da prova de *força* as *forças* se encontram, se compõem e se movimentam sem outro limite que não a resistência de outras forças, a prova de grandeza só é válida (justa) se puser em jogo forças de mesma natureza. Não se pode usar a arte para interpelar a força do dinheiro, nem usar o dinheiro para interpelar a força da reputação ou da inteligência etc. Para ser não só forte, mas também grande, é preciso empregar a força de natureza conveniente à prova à qual se é submetido. Garantir a justiça de uma prova é, pois, formalizá-la e verificar sua execução, para prevenir que ela seja parasitada por forças exteriores.

Numa sociedade em que um grande número de provas é submetido às injunções que definem a prova legítima, a força dos fortes é diminuída porque a tensão entre as provas tende a obstar as possibilidades daqueles que, dispondo de forças diversificadas, mas pouco especificadas, podem movimentá-las, confundi-las, intercambiá-las, estendê-las apenas em função das necessidades estratégicas da situação. Não é aceito, por exemplo, que alguém pague os críticos literários e seja visto como um grande escritor inspirado, ou que se torne chefe de gabinete por ser primo do ministro. É preciso renunciar a vencer por qualquer meio.

O fato é que a prova de força e a prova legítima não devem ser concebidas como oposições descontínuas. Existe entre ambas um *continuum,* de tal modo que as provas podem ser julgadas mais justas ou menos justas e sempre é possível desvendar a ação de forças subjacentes que venham a poluir uma prova que se pretenda legítima (como se vê, por exemplo, na evidenciação das vantagens e desvantagens sociais que pesam sobre os resultados das provas escolares, sem que os examinadores as levem em conta explicitamente).

A noção de prova nos põe no cerne da perspectiva sociológica, em que uma das interrogações mais insistentes – que nenhuma teoria conseguiu evitar – se refere aos processos de seleção por meio dos quais se efetua a distribuição diferencial das pessoas entre posições dotadas de valor desigual e ao caráter mais justo ou menos justo dessa distribuição (é aí que a sociologia depara com as questões da filosofia política). Ela também apresenta a vantagem de possibilitar mudanças de escala, conforme se tomem por objeto de análise situações de provas consideradas em sua singularidade, no curso de interações tratadas como acontecimentos únicos (certa troca de palavras entre um candidato e um recrutador) – cujo tratamento lembra procedimentos da microssociologia –, ou conforme nos atenhamos a descrever classes de provas relativamente estabilizadas, de um modo que, a partir da perspectiva de uma sociologia da ação, reate os elos com as interrogações clássicas da macrossociologia. A noção de prova, portanto, possibilita o deslocamento entre o micro e o macro no sentido de orientar tanto para dispositivos setoriais ou situações singulares quanto para organizações sociais, pois as grandes tendências de seleção social repousam, em última análise, na natureza das provas que uma sociedade reconhece em determinado momento. Assim, não é exagerado considerar que se pode definir uma sociedade (ou um estado de sociedade) pela natureza das provas que ela adota e por meio das quais se efetua a seleção social das pessoas, bem como pelos conflitos referentes ao caráter mais justo ou menos justo dessas provas.

Crítica e prova estão estreitamente ligadas. A crítica conduz à prova por colocar em xeque a ordem existente e fazer a suspeita recair sobre o estado de grandeza dos seres em questão. Mas a prova – especialmente quando encerra pretensão à legitimidade – expõe-se à crítica que desvenda as injustiças suscitadas pela ação das forças ocultas.

O impacto da crítica sobre o capitalismo ocorre por meio dos efeitos que ela exerce sobre as provas centrais do capitalismo. É o que ocorre, por exemplo, com as provas das quais depende a distribuição entre salários e lucros, em certo estado do direito do trabalho e do direito das sociedades que elas devem respeitar; ou também, por exemplo, é o que ocorre com as provas de recrutamento, que dão acesso a posições consideradas mais favoráveis ou menos favoráveis.

O papel da crítica na dinâmica das provas

Pode-se considerar que existem duas maneiras de criticar as provas.

A primeira é uma visão *corretiva*: a crítica desvenda aquilo que, nas provas em causa, transgride a justiça e, em especial, as forças que alguns dos protagonistas mobilizam à revelia dos outros, o que lhes angaria uma vantagem imerecida. O objetivo da crítica, nesse caso, é melhorar a justiça da prova – diríamos *tensioná-la* –, elevar seu nível de convencionalização, desenvolver seu enquadramento regulamentar ou jurídico. As provas regulamentadas, como, por exemplo, eleições políticas, exames escolares, provas esportivas e negociações paritárias entre parceiros sociais, são resultado desse trabalho de depuração de justiça, cujo objetivo é só deixar passar as forças consideradas coerentes com a qualificação da prova. Mas essas provas também são perpetuamente passíveis de melhoria, portanto de crítica. O trabalho de depuração, de fato, é infindável, porque as relações nas quais as pessoas podem ser apreendidas são ontologicamente em número ilimitado[43].

Um segundo modo de criticar as provas pode ser qualificado de *radical*. Nesse caso, o alvo já não é corrigir as condições da prova para torná-la mais justa, e sim eliminá-la e, eventualmente, substituí-la por outra. No primeiro caso, a crítica leva a sério os critérios que a prova deve atender e mostra que sua realização, em certo número de aspectos, se afasta de sua definição ou, digamos, de seu conceito, contribuindo para torná-la mais condizente com as pretensões que ela deveria satisfazer. No segundo caso, o que se contesta é a validade da prova, aquilo que, propriamente, condiciona sua existência. A partir desta segunda posição crítica, a crítica que tem em vista corrigir a prova será muitas vezes criticada como *reformista*, por oposição a uma crítica radical que se tenha afirmado historicamente como *revolucionária*.

Em relação ao modelo das economias da grandeza (Boltanski, Thévenot, 1991) no qual nos respaldamos aqui, a crítica corretiva é aquela que leva a sério a cidade em referência à qual a prova é construída. De alguma maneira, trata-se de uma crítica interna à cidade. Inversamente, a crítica radical é aquela que se faz em nome de outros princípios, referentes a outra cidade, e não daqueles sobre os quais a prova, em sua definição correntemente aceita, pretende fundamentar seus juízos.

Mencionaremos de início o possível destino de uma crítica corretiva com visão reformista. Uma vez que as provas criticadas têm pretensão à legitimidade (de tal modo que têm como justificação as mesmas posições normativas invocadas pela crítica), não é possível que aqueles sobre os quais recai o ônus de controlar sua realização prática ignorem eternamente as observações de que tais provas são alvo e, para continuarem legítimas, devem incorporar uma resposta à crítica. Essa resposta pode consistir em mostrar que a crítica se engana (então é preciso demonstrar de modo convincente) ou em enriquecer o controle da prova e depurá-la de tal modo que ela se torne mais condizente com o modelo de justiça que respalda os juízos com pretensão à legitimidade. É o que ocorre, por exemplo, quando, em decorrência de denúncias, torna-se anônimo um exame que não o era, ou quando se proíbe a divulgação de informações anteriores a operações de Bolsa (uso indevido de informações privilegiadas).

Mas também existe outra reação possível perante a crítica corretiva de uma prova; esta não consiste em atender a requisitos, mas em tentar evitá-la. A probabilidade é de que essa atitude seja adotada, por um lado, por certos beneficiários da prova que veem suas chances diminuírem porque a crítica revelou que seu sucesso foi alcançado de maneira ilegítima; por outro lado, pode ser adotada por organizadores da prova ou por aqueles sobre os quais recai prioritariamente o custo de sua organização[44]: estes considerariam que o incremento esperado na justiça (portanto, na legitimidade) não compensa o custo mais elevado da prova (reforço de controles, precauções, refinamento dos critérios de julgamento), ou que, independentemente da vantagem esperada sob o aspecto justiça, o seu custo se tornou proibitivo.

Certo número de atores pode, assim, ter interesse na redução da importância atribuída à prova, na sua marginalização, sobretudo se ficar claro que é difícil pôr termo ao trabalho da crítica, cujas investidas obrigam a tensionar incessantemente a prova e a aumentar seu custo. Em vez de questionar frontalmente as provas regulamentadas – o que seria custoso demais, especialmente em termos de legitimidade –, eles são então levados a buscar novos caminhos para os lucros, realizando *deslocamentos**, locais, múltiplos, de pequena amplitude e pouco visíveis. Esses deslocamentos podem ser geográficos (transferência para regiões em que a mão de obra seja barata e o direito do trabalho esteja pouco desenvolvido ou seja pouco respeitado), se, por exemplo, as empresas não quiserem melhorar a distribuição salários-lucro no sentido exigido pela crítica (mas poderíamos fazer as mesmas observações em relação às novas exigências em matéria de meio ambiente). Também pode tratar-se de modificação dos critérios de sucesso na empresa, para escapar aos procedimentos associados ao gerenciamento das carreiras, ou de eliminação das provas formais nos recrutamentos (resoluções de casos por escrito, testes psicotécnicos), consideradas excessivamente custosas. Esses deslocamentos, que modificam os percursos de provas[45], têm como efeito reduzir os custos associados à manutenção das provas sob tensão e melhorar os lucros daqueles que podem empregar recursos diversos e se veem libertos dos entraves que até então limitavam

---

* A palavra original é *déplacement*, que engloba um conjunto amplo de significados, conforme se depreende da explicação dos autores (pp. 185-6); segundo eles, foram extraídas "da psicanálise noções como 'força' ou 'deslocamento' (de que nós mesmos nos valemos, mas articulando-as com as noções de bem comum e de justiça)". Por isso, foi mantida a tradução "deslocamento" para *déplacement*, consagrada já em psicanálise. (N. da T.)

os usos que podiam fazer de suas forças. Numa sociedade capitalista, como os fortes são, principalmente, os donos do capital (tendo a história mostrado regularmente que, sem entraves legislativos e regulamentares, eles tendem a usar seu poder econômico para conquistar posições dominantes em todos os setores e a deixar para os assalariados apenas a porção devida do valor agregado obtido), evidentemente na maioria das vezes é o lado do lucro que sai ganhando nesses microdeslocamentos.

Esse modo de reação à crítica, por meio de deslocamentos, também tem o efeito de desarmá-la temporariamente, apresentando-lhe um mundo que ela já não sabe interpretar. A crítica e os aparatos críticos associados a um estado anterior do espírito do capitalismo de fato têm pouco controle das novas provas, que não foram objeto de um trabalho de reconhecimento, institucionalização e codificação. Pois uma das primeiras tarefas da crítica é justamente identificar as provas mais importantes em dada sociedade, esclarecer ou incentivar os protagonistas a esclarecer os princípios subjacentes a essas provas, para em seguida poder proceder a uma crítica corretiva ou radical, reformista ou revolucionária, segundo as opções e as estratégias daqueles que a fazem.

Como resultado da grande quantidade de microdeslocamentos que levam a esquivar-se localmente das provas mais custosas ou das mais atacadas pela crítica, a acumulação capitalista vê-se parcialmente liberta dos entraves que lhe eram impostos pelas injunções do bem comum. Mas, ao mesmo tempo, ela também se vê despojada das justificações que a tornavam desejável para grande número de atores, a não ser que essa reestruturação de provas se harmonize com temas relativos a uma crítica radical que, também em nome do bem comum, mas invocando valores diferentes, tenha em vista eliminar as antigas provas. Um deslocamento desse tipo perde legitimidade segundo os antigos princípios, mas pode apoiar-se nos princípios de legitimidade brandidos por outro setor da crítica. A não ser que se saia totalmente do regime capitalista, o único destino possível da crítica radical (a manter-se a postura oposicionista obstinada e inarredável, facilmente qualificada de "irrealista" por seus detratores) é ser ela utilizada como fonte de ideias e legitimidade para se sair do âmbito excessivamente normatizado e, para certos atores, excessivamente custoso, herdado de um estado anterior do capitalismo.

Assim, é possível considerar *situações nas quais o conjunto da crítica se vê desarmada* por um mesmo movimento: uma, qualificada aqui como corretiva (o que não significa que ela se conceba necessariamente como reformista), porque as provas às quais ela estava ajustada desaparecem ou caem em desuso; a outra, que chamamos radical (o que não significa ser ela apenas adotada por aqueles que se qualificam como "revolucionários") porque a evolução das ideias dominantes caminha num sentido por ela reivindicado e porque ela se acha parcialmente satisfeita. Como veremos a seguir, foi uma situação desse tipo que, a nosso ver, caracterizou a França dos anos 80.

No entanto, tal situação não parece destinada a perdurar, pois a reestruturação do capitalismo cria novos problemas, novas desigualdades e novas injustiças, não por ser ele injusto intrinsecamente e por natureza, mas porque a questão da justiça não é pertinente no âmbito em que ele atua – a norma de acumulação do capital é amoral – salvo se a crítica o obrigar a justificar-se e a fiscalizar-se.

Progressivamente se reconstituem esquemas de interpretação que possibilitam dar sentido a essas transformações e favorecem novas investidas da crítica, facilitando a identificação das novas modalidades problemáticas da acumulação. A retomada da crítica conduz à formação de novos pontos de apoio normativos com os quais o capitalismo deve compor. Essa composição afirma-se na expressão de uma nova forma de espírito do capitalismo que, tal como aqueles que o precederam, comporta exigências de justiça.

O nascimento de um novo espírito do capitalismo, portanto, ocorre em dois tempos, ainda que aqui não se tenha uma distinção analítica, visto que as duas fases se interseccionam em grande parte. Assistimos num primeiro momento ao esboço de um esquema de interpretação geral dos novos dispositivos, à instauração de uma nova cosmologia que possibilite identificar e deduzir algumas regras elementares de comportamento. Num segundo momento, esse esquema *vai depurar-se no sentido de alcançar maior justiça;* estabelecidos os seus princípios de organização, a crítica reformista se esforçará por tornar as novas provas identificadas mais rigorosas.

Formas históricas da crítica ao capitalismo

Para interpretar a conjuntura histórica sobre a qual versa nosso trabalho, precisamos agora definir com mais precisão o conteúdo das críticas feitas ao capitalismo, pois só é possível compreender em profundidade a orientação de determinado movimento do capitalismo e o sentido das transformações que afetam seu espírito se considerarmos o tipo de crítica ao qual ele foi e está sendo exposto. A necessidade de dar justificações ao capitalismo e de mostrá-lo com um aspecto atraente não seria tão premente se o capitalismo não estivesse enfrentando, desde as origens, forças críticas de grande amplitude. O anticapitalismo é tão antigo quanto o capitalismo. "Acompanha-o como sombra ao longo de todo o seu desenvolvimento.

Sem querer incidir em paradoxos, pode-se afirmar que, para a história, o anticapitalismo é a expressão mais importante do capitalismo" (Baechler, 1995, vol. 2, p. 268).

Sem retomar em pormenores a história das críticas de que o capitalismo é objeto – tarefa que ultrapassaria muito o âmbito desta obra –, para compreendermos a formação do novo espírito do capitalismo é preciso lembrar as principais linhas de força, aliás bastante perenes desde a primeira metade do século XIX, sobre as quais foram construídas as principais formas do anticapitalismo.

A formulação de uma crítica supõe, preliminarmente, uma experiência desagradável que suscite a queixa, quer ela seja vivenciada pessoalmente pelo crítico, quer este se comova com a sorte de outrem (Chiapello, 1998). A isso damos aqui o nome de fonte de *indignação*. Sem esse primeiro impulso emotivo, quase sentimental, nenhuma crítica consegue alçar voo. Em contrapartida, há grande distância entre o espetáculo do sofrimento e a crítica articulada; o crítico precisa de um respaldo teórico e de uma retórica argumentativa para dar voz ao sofrimento individual e traduzi-lo em termos que façam referência ao bem comum (Boltanski, 1990; 1993). É por isso que existem realmente dois níveis na expressão de uma crítica: um nível primário, da esfera das emoções, que é impossível calar e sempre está pronto a inflamar-se desde que se apresentem novas situações que forcem a indignação, e um nível secundário, reflexivo, teórico e argumentativo, que possibilita sustentar a luta ideológica, mas pressupõe recurso a conceitos e esquemas que permitam vincular as situações históricas que se pretendam submeter à crítica a valores passíveis de universalização. Quando falamos de desarmamento da crítica, fazemos referência a este segundo nível. Sabendo que o trabalho da crítica consiste em traduzir indignações no âmbito de teorias críticas e depois em dar-lhes voz (o que, aliás, supõe outras condições que não examinaremos aqui), compreende-se por que, mesmo quando as forças críticas parecem em total decomposição, a capacidade de indignar-se pode permanecer intacta. Ela está presente sobretudo nos jovens, que não passaram ainda pela experiência do fechamento do campo das possibilidades, constitutiva do envelhecimento, podendo formar o substrato a partir do qual seja possível o restabelecimento da crítica. Aí reside a garantia de um trabalho crítico sempre renovado.

Desde sua formação, ainda que o capitalismo tenha mudado, sua "natureza" (Heilbroner, 1986) não se transformou radicalmente, de tal modo que as fontes de indignação que alimentaram continuamente sua crítica permaneceram mais ou menos as mesmas ao longo dos dois últimos séculos. Elas são essencialmente de quatro ordens:

a) o capitalismo como fonte de *desencanto* e de *inautenticidade* dos objetos, das pessoas, dos sentimentos e, de modo mais geral, do tipo de vida que lhe está associado;

b) o capitalismo como fonte de *opressão*, porque, por um lado, se opõe à liberdade, à autonomia e à criatividade dos seres humanos que, sob seu império, estão submetidos à dominação do mercado como força impessoal que fixa os preços e designa os homens e produtos-serviços desejáveis ou não, e, por outro lado, devido às formas de subordinação da condição salarial (disciplina empresarial, supervisão intermediária dos chefes e comando por regulamentos e procedimentos);

c) o capitalismo como fonte de *miséria* para os trabalhadores e de *desigualdades* com uma amplitude desconhecida no passado;

d) o capitalismo como fonte de *oportunismo* e *egoísmo* que, favorecendo apenas os interesses particulares, revela-se destruidor dos vínculos sociais e das solidariedades comunitárias, em particular das solidariedades mínimas entre ricos e pobres.

Uma das dificuldades do trabalho crítico consiste em ser quase impossível unificar esses diferentes motivos de indignação e integrá-los num quadro coerente, de tal modo que a maioria das teorias críticas privilegia um eixo em detrimento dos outros, desenvolvendo sua argumentação em função dele. Assim, a ênfase recai ora sobre as dimensões industriais do capitalismo (crítica à padronização dos bens, à técnica, à destruição da natureza e dos modos autênticos de vida, à disciplina numa fábrica e à burocracia) – de tal modo que as mesmas críticas podem prolongar-se numa denúncia do socialismo real –, ora sobre suas dimensões mercantis (crítica à dominação impessoal do mercado e à onipotência do dinheiro que cria uma equivalência entre todas as coisas e transforma em mercadoria os seres mais sagrados, as obras de arte e sobretudo os seres humanos, que submete a política ao processo de mercantilização, que se torna objeto de marketing e publicidade como qualquer outro produto). Do mesmo modo, as referências normativas mobilizadas para dar conta da indignação são diferenciadas e até dificilmente compatíveis. Enquanto a crítica ao egoísmo e ao desencanto muitas vezes é acompanhada pela saudade das sociedades tradicionais ou estratificadas, especialmente por suas dimensões comunitárias, a indignação diante da opressão e da miséria numa sociedade rica respalda-se em valores de liberdade e igualdade, valores que, embora estranhos ao princípio de acumulação ilimitada que caracteriza o capitalismo, estiveram historicamente associados à ascensão da burguesia e ao desenvolvimento do capitalismo[46].

Por isso, os porta-vozes desses diversos motivos de indignação, que adotaram pontos de apoio normativos, foram grupos de atores diferentes, ainda que seja possível muitas vezes encontrá-los associados numa mesma conjuntura histórica. Assim, é possível distinguir a *crítica estética* e a *crítica social*⁴⁷.

A primeira, que se enraíza na invenção de um modo de vida boêmio (Siegel, 1986), inspira-se principalmente nas duas primeiras fontes de indignação, cujo ligeiro esboço fizemos acima: por um lado, o desencanto e a inautenticidade, e, por outro, a opressão, que caracterizam o mundo burguês associado à ascensão do capitalismo. Essa crítica assevera a perda de sentido e, em especial, a perda do sentido do belo e do grandioso, decorrente da padronização e da mercantilização generalizadas, características que atingem não só os objetos cotidianos, mas também as obras de arte (mercantilismo cultural da burguesia) e os seres humanos. Ela insiste no intuito objetivo do capitalismo e da sociedade burguesa de arregimentar, dominar e submeter os seres humanos a um trabalho prescrito em vista do lucro, mas invocando hipocritamente a moral, à qual ela opõe a liberdade do artista, sua rejeição à contaminação da estética pela ética, a recusa a qualquer forma de sujeição no tempo e no espaço e, em suas expressões extremas, a qualquer espécie de trabalho.

A crítica estética baseia-se numa oposição (cuja configuração exemplar se encontra em Baudelaire) entre apego e desapego, estabilidade e mobilidade. Por um lado, burgueses, proprietários de terras, fábricas e mulheres, enraizados no ter, obnubilados pela conservação dos bens, perpetuamente preocupados com a reprodução, a exploração e o aumento desses bens e por isso condenados à previdência meticulosa, à gestão racional do espaço e do tempo e à busca quase obsessiva da produção pela produção; por outro lado, intelectuais e artistas livres de vínculos, cujo modelo – o *dândi* –, constituído em meados do século XIX, via a ausência de produção (exceto a sua própria produção) e a cultura da incerteza como ideais insuperáveis (Coblence, 1986)⁴⁸.

A segunda crítica, inspirada nos socialistas e, mais tarde, nos marxistas, faz referência mais às últimas duas fontes de indignação que identificamos: o egoísmo dos interesses particulares na sociedade burguesa e a miséria crescente das classes populares numa sociedade que conta com riquezas sem precedentes, mistério que encontrará explicação nas teorias da exploração do homem pelo homem⁴⁹. Respaldando-se na moral e, frequentemente, numa temática de inspiração cristã, a crítica social rejeita, às vezes com violência, o imoralismo ou o neutralismo moral, o individualismo e até mesmo o egoísmo ou o egotismo dos artistas⁵⁰.

Recorrendo a fontes ideológicas e emocionais diferentes, as quatro temáticas da indignação, cujos grandes traços acabamos de lembrar, não são diretamente compatíveis e, segundo as conjunturas históricas, podem encontrar-se associadas, muitas vezes à custa de um mal-entendido facilmente denunciável como incoerente, ou, ao contrário, podem entrar em tensão.

Um exemplo do amálgama é dado pela crítica intelectual na França do pós-guerra, no modo como ela se expressa numa revista como *Les Temps modernes*, preocupada em manter-se à frente de todas as lutas e, assim, conciliar o obreirismo e o moralismo do partido comunista com a libertinagem aristocrática da vanguarda artística. Nesse caso, a crítica essencialmente econômica que denuncia a exploração burguesa da classe operária apresenta-se associada a uma crítica aos costumes, que estigmatiza o caráter opressivo e a hipocrisia da moral burguesa, especialmente no âmbito da sexualidade, e a uma crítica estética que desvaloriza o sibaritismo de uma burguesia que tem gostos acadêmicos. A insistência na *transgressão* (cujo símbolo obrigatório foi a figura de Sade no início dos anos 40 e meados dos anos 60, mobilizado por grande número de escritores da esquerda não comunista[51]) servia de intermediário entre esses diferentes temas, aliás, não sem mal-entendidos ou conflitos quando a transgressão sexual ou estética, à qual os intelectuais e os artistas eram especialmente afeitos, se chocava com o moralismo e o classicismo estético das elites operárias. Operários sequestrando patrões, homossexuais beijando-se em público ou artistas expondo objetos triviais, transpostos de seu contexto habitual para uma galeria ou um museu, tais coisas não seriam, no fundo, metamorfoses de uma mesma *transgressão* à ordem burguesa?

Mas, em outras conjunturas políticas, as diferentes tradições críticas do capitalismo podem facilmente divergir, entrar em tensão e até opor-se violentamente. Assim, enquanto a crítica ao individualismo e seu corolário comunitário podem facilmente deixar-se arrastar para derivações fascistas (como se verá em muitos exemplos nos intelectuais dos anos 30), a crítica à opressão pode induzir imperceptivelmente à aceitação, pelo menos tácita, do liberalismo aqueles para quem ela constitui um ponto de ataque preponderante, como ocorreu, nos anos 80, com grande número de intelectuais provenientes da ultraesquerda que, reconhecendo com justiça no sovietismo uma outra forma de alienação e transformando a luta contra o totalitarismo em seu principal combate, não viram a chegada ou não reconheceram o novo predomínio liberal do mundo ocidental.

Cada uma dessas duas críticas pode considerar-se mais *radical* que a outra em termos de posicionamento perante a modernidade do Iluminismo (em nome do qual o capitalismo fala assim como fala em nome da democracia), mas sob aspectos diferentes.

A crítica estética, embora compartilhando o individualismo com a modernidade, apresenta-se como contestação radical dos valores e das opções básicas do capitalismo (Chiapello, 1998): como recusa ao desencanto nascido dos processos de racionalização e mercantilização do mundo, inerentes ao capitalismo, ela pressupõe a interrupção ou a supressão desses fatores e implica, portanto, uma saída do regime do capital. A crítica social, por sua vez, procura resolver antes de tudo o problema das desigualdades e da miséria, desfazendo o jogo dos interesses individuais. Embora possam parecer radicais, certas soluções para esse problema não pressupõem a cessação da produção industrial, da invenção de novos artefatos, do enriquecimento da nação e do progresso material, constituindo, pois, uma rejeição menos total aos moldes e às opções do capitalismo.

Contudo, apesar da inclinação dominante de cada uma dessas duas críticas, ora para a reforma, ora para a saída do regime capitalista, deve-se notar que cada uma delas possui uma vertente modernista e uma vertente antimodernista. A tensão entre a crítica radical à modernidade, que conduz a "contestar seu tempo sem dele participar", e uma crítica modernista, que pode levar a "participar de seu tempo sem o contestar", constitui por isso uma constante dos movimentos críticos[52]. A crítica estética é antimodernista quando insiste no desencanto e modernista quando se preocupa com a libertação. Enraizando-se nos valores liberais oriundos do espírito do Iluminismo, ela denuncia a mentira de uma ordem que só finge cumprir o projeto moderno de libertação para traí-lo melhor: em vez de liberar as potencialidades humanas de autonomia, autogestão e criatividade, essa ordem exclui as pessoas da direção de seus próprios negócios, submete os seres humanos à dominação de racionalidades instrumentais e os mantém presos numa "gaiola de ferro"[53]; apesar de exigir a participação ativa dos produtores, o capitalismo não deixa de negá-la e destruí-la[54]. A crítica social tem um cunho mais modernista quando insiste nas desigualdades, e antimodernista quando, apegando-se à falta de solidariedade, constrói-se como uma crítica ao individualismo.

Incompletude da crítica

Essas características das tradições críticas do capitalismo e a impossibilidade de construir uma crítica total e perfeitamente articulada que se baseie equitativamente nas quatro fontes de indignação por nós identificadas explicam a ambiguidade intrínseca da crítica que sempre compartilha "alguma coisa" com aquilo que ela procura criticar – mesmo no que se refere aos movimentos mais radicais. Isso decorre do simples fato de que as próprias referências normativas que lhe dão respaldo estão parcialmente inseridas no mundo[55]. Mas as mesmas razões explicam a falibilidade da crítica que, por exemplo, pode olhar passivamente o mundo evoluir para uma situação que se mostrará desastrosa, ou então observar com um olhar favorável as mudanças em curso durante dado momento, porque elas provocam uma melhoria em um ponto importante que motivava a indignação, sem ver que, ao mesmo tempo, a situação se degrada em outro aspecto e – especialmente no período que aqui nos interessa – que o capitalismo evoluiu no sentido de uma redução das formas mais antigas de opressão, porém à custa do fortalecimento das desigualdades, detectado com atraso.

A dialética do capitalismo e de seus críticos mostra-se, por isso, necessariamente infindável, desde que se permaneça dentro do regime capitalista, o que parece ser a eventualidade mais provável a médio prazo. A crítica, parcialmente ouvida e integrada em certos aspectos, parcialmente evitada ou contrariada em outros, precisa movimentar-se e forjar novas armas incessantemente, retomando sempre as suas análises para permanecer o mais próxima possível das propriedades que caracterizam o capitalismo de seu tempo. Em muitos aspectos, tem-se aí uma forma sofisticada do suplício de Sísifo, a que estão fadados todos aqueles que não se satisfazem com dado estado social e acreditam que os homens devam procurar melhorar a sociedade na qual vivem – o que é em si uma concepção recente (Hirschman, 1984). Mas os efeitos da crítica são reais. A pedra sobe realmente a ladeira, ainda que sempre haja o risco de descer por outro caminho cuja orientação depende, na maioria das vezes, do modo como a pedra subiu[56]. Por outro lado, mesmo chegando a admitir uma interpretação pessimista da dinâmica do capitalismo e de suas críticas, segundo a qual, afinal de contas, "o capitalismo – na qualidade de fonte de indignação – sempre se sai bem", encontraremos consolo nesta observação extraída da obra de K. Polanyi: "Por que a vitória final de uma tendência deveria ser considerada capaz de provar a ineficácia dos esforços destinados a desacelerar seu progresso? E por que não ver que foi precisamente naquilo que obtiveram (ou seja, a desaceleração do ritmo de mudança) que tais medidas atingiram seu objetivo? Nessa perspectiva, o que é ineficaz para deter uma evolução não é completamente ineficaz. Muitas vezes o ritmo da mudança não tem menos importância do que sua direção; mas, embora seja frequente que esta não dependa de nossa vontade, pode muito bem acontecer que de nós dependa o ritmo no qual possibilitaremos que a mudança ocorra" (Polanyi, 1983, pp. 63-4).

Mesmo reconhecendo a eficácia indubitável da crítica, não abordaremos diretamente neste livro a questão – desenvolvida pela ciência política e pela história social – das condições das quais depende o grau de eficácia da crítica em situações históricas determinadas[57]. Embora não ignoremos o conjunto de fatores dos quais dependem a virulência e a eficácia da crítica, ficamos centrados sobretudo em sua dimensão propriamente ideológica, ou seja, no modo segundo o qual se realiza a formulação da indignação e da denúncia de uma transgressão ao bem comum. Essa escolha nos expõe ao risco de sermos acusados de só nos interessarmos pelos "discursos", com exclusão daquilo que seria "real", mas põe a tônica numa parte essencial do trabalho da crítica, que é a codificação "daquilo que não funciona" e a procura das causas para essa situação, com o objetivo de caminhar para soluções. Trata-se, ademais, do nível pertinente de análise num estudo dedicado ao espírito do capitalismo. Assim, quando mencionamos o desarmamento da crítica, trata-se de um desarmamento ideológico (a crítica já não sabe o que dizer), e não de um desarmamento físico (ela saberia o que dizer, mas não pode dizer, não consegue fazer-se ouvir).

Modificações do espírito do capitalismo que independem da crítica

Resta-nos dissipar uma última ambiguidade quanto à dinâmica do espírito do capitalismo. Consideramos a crítica um de seus motores mais poderosos. Obrigando o capitalismo a se justificar, a crítica o obriga a reforçar os dispositivos de justiça que ele comporta e a referir-se a certos tipos de bens comuns, a serviço dos quais ele diz estar. Mas também vimos que o impacto da crítica pode ser indireto ao incitar o capitalismo a "deslocar-se" mais depressa, ou seja, a transformar a natureza das provas fundamentais de sua ordem, para escapar à crítica de que é alvo. O espírito do capitalismo aí só seria atingido pela repercussão de mudanças que de início só incidiram sobre o capitalismo.

Mas, embora as modificações do capitalismo sejam também uma das fontes importantes de modificação de seu espírito, devemos reconhecer que nem todos os seus deslocamentos devem ser relacionados com a crítica. A própria dinâmica do capitalismo está apenas parcialmente ligada à crítica, pelo menos à crítica no sentido em que a entendemos até agora, que supõe dar voz (*voice* na conceituação de A. Hischmann, 1972). Para explicar a dinâmica do capitalismo, conviria acrescentar o impacto da crítica de tipo fuga (*Exit,* em Hirschman), ou seja, da concorrência. A crítica *Exit,* que é a recusa da compra por parte do consumidor ou do cliente em sentido amplo, recusa de ser contratado por parte do assalariado potencial, ou recusa de serviço por parte do prestador autônomo etc. É uma crítica à qual o capitalismo aceita com mais facilidade submeter-se, embora ele também procure, nesse caso, escapar aos entraves que ela provoca, por exemplo constituindo monopólios ou cartéis, de tal maneira que acaba ignorando os intuitos de deserção, que então deixam de ter como se exprimir. A rivalidade que a concorrência mantém entre os capitalistas obriga-os a buscar incessantemente vantagens sobre seus concorrentes, por meio da inovação tecnológica, da busca de novos produtos ou serviços, da melhora dos já existentes e da modificação dos modos de organização do trabalho, de tal modo que encontramos aí uma das causas de mudança perpétua do capitalismo, segundo o processo de "destruição criativa", descrito por Schumpeter.

A eficácia da crítica *Voice,* que se traduz no endurecimento e na insistência das provas, bem como na baixa dos lucros, sem modificação do restante, não é, portanto, a única razão dos deslocamentos do capitalismo, ainda que em certas épocas ela possa desempenhar papel crucial. O impacto da crítica *voice* sobre os lucros é real, mas os deslocamentos do capitalismo estão relacionados com todas as oportunidades que apareçam de aumentar os ganhos, e a solução mais vantajosa em dado momento nem sempre é recuperar as vantagens concedidas algum tempo antes. Em contrapartida, a pressão constante da concorrência e a observação angustiada dos movimentos estratégicos que ocorrem em seus mercados são um forte aguilhão para a procura incessante de novos modos de agir por parte dos dirigentes empresariais, de tal modo que a concorrência será alegada como justificação mínima das transformações do capitalismo, por razões válidas, mas pouco aceitáveis por parte daqueles que se engajam no processo capitalista, pois ela os transforma em joguetes.

Definidos os principais instrumentos de nossa pesquisa, podemos dar início à descrição das modificações do espírito do capitalismo ao longo dos últimos trinta anos, em suas relações com as críticas dirigidas ao processo de acumulação durante esse período.

PRIMEIRA PARTE

Emergência de uma nova configuração ideológica

I

O DISCURSO EMPRESARIAL
DOS ANOS 90

Propomos aqui evidenciar a profunda transformação do espírito do capitalismo durante os últimos trinta anos: abandono dos traços ideológicos específicos que caracterizavam seu segundo estado e o advento de uma nova representação da empresa e do processo econômico. Esta tem o intuito de fornecer àqueles cujo engajamento é muito necessário à ampliação do capitalismo – sucessores dos executivos – evidências sobre as "boas ações" que devem ser realizadas (bem diferentes, como veremos, das recomendações feitas durante os anos 60), discurso de legitimação dessas ações, perspectivas estimulantes de autorrealização, possibilidade de projeção num futuro remodelado em função das novas regras do jogo e sugestão de novas vias de continuidade para os filhos da burguesia e de ascensão social para os outros.

1. FONTES DE INFORMAÇÃO SOBRE O ESPÍRITO DO CAPITALISMO

A literatura da gestão empresarial como normatividade do capitalismo

Para levar a termo este projeto, utilizaremos a literatura da gestão empresarial destinada a executivos[1]. Essa literatura, cujo objetivo principal é informar os executivos sobre as últimas inovações em matéria de gestão empresarial e direção de pessoal, apresenta-se como um dos principais espaços de inscrição do espírito do capitalismo.

Na qualidade de ideologia dominante, o espírito do capitalismo tem, em princípio, a capacidade de permear o conjunto das representações mentais próprias de determinada época, de infiltrar-se nos discursos políticos e sindicais, de fornecer representações legítimas e esquemas de pensamento a jornalistas e pesquisadores, de tal modo que sua presença é ao mesmo tempo difusa e geral. Entre todas as suas manifestações possíveis, escolhemos a literatura de gestão empresarial como suporte capaz de dar acesso mais direto às representações associadas ao espírito do capitalismo de uma época. Nessa literatura, por outro lado, limitamo-nos aos textos não técnicos orientados para a proposta de novos dispositivos globais de gestão empresarial, capazes de inspirar todas as funções da empresa. Portanto, descartamos a literatura especializada que trata, por exemplo, somente de marketing, gerenciamento de produção ou contabilidade, para nos atermos àquilo que se poderia chamar de "gestão empresarial geral", cuja fronteira com a disciplina da política e da estratégia empresarial, por um lado, e com o gerenciamento de recursos humanos, por outro, às vezes é muito tênue.

A exemplo do espírito do capitalismo que apresenta duas faces, uma voltada para a acumulação do capital, e a outra para princípios de legitimação, a literatura de gestão empresarial pode ser lida em dois planos diferentes. Nela se verá, sem dúvida, o receptáculo dos novos métodos de obter lucro, das novas recomendações feitas aos gerentes, para a criação de empresas mais eficazes e competitivas. Mas a literatura da gestão empresarial não é puramente técnica. Não é feita apenas de receitas práticas que visem a melhorar o rendimento das organizações, tal como se aumenta o desempenho de uma máquina. Ela comporta ao mesmo tempo um forte tom moral, no mínimo por se tratar de uma literatura normativa que diz aquilo que deve ser, e não o que é, a tal ponto que temos o direito de indagar sobre o realismo dessa literatura e, por conseguinte, sobre o crédito que lhe pode ser dado no sentido de se saber o que ocorre "realmente" nas empresas. E é verdade que, embora habitualmente alimentados por numerosos exemplos e apoiados em estudos de caso, os textos de gestão empresarial não podem ocupar o lugar do material de pesquisa, quer se trate de monografias de empresas ou de levantamentos estatísticos. Eles não têm nenhuma pretensão de esgotar o assunto. Sua orientação não é a constatação, mas a prescrição. Nos moldes dos livros edificantes ou dos manuais de instrução moral, eles praticam *o exemplum,* selecionam os casos segundo sua virtude demonstrativa – o que deve ser feito *versus* o que não deve ser feito – e só levam em conta os aspectos da realidade que corroborem a orientação que desejam incentivar. Mas é precisamente por constituírem um dos principais veículos de difusão e vulgarização de modelos normativos no mundo das empresas que eles podem nos interessar aqui.

Sendo literatura pública, destinada a obter adesão aos preceitos expostos e engajamento de grande número de atores – em primeiro lugar, dos executivos cujo zelo e convicção são determinantes para a boa marcha das empresas –, a literatura de gestão empresarial não pode ser unicamente orientada para a busca do lucro. Também deve justificar o modo como ele é obtido, dar aos executivos argumentos para que eles resistam às críticas que não deixarão de surgir quando procurarem pôr em prática as recomendações dadas, e para que respondam às exigências de justificação com as quais serão defrontados perante seus subordinados ou em outras arenas sociais das quais participem. A literatura de gestão empresarial, portanto, deve mostrar no que o modo prescrito de obter lucro pode ser atraente, interessante, estimulante, inovador ou meritório. Ela não pode se deter nos motivos e nos estímulos econômicos. Deve respaldar-se em visões normativas que levem em conta não só as aspirações pessoais a garantias e à autonomia, mas também o modo como essas aspirações podem ser vinculadas a uma orientação mais geral para o bem comum. Sem isso, não seria possível entender por que a transmissão de modos operatórios voltados para a organização das empresas em certos autores é exaltada por um estilo lírico e até heroico, ou apoiada por referências numerosas e heteróclitas a fontes nobres e antigas, tais como o budismo, a Bíblia, Platão ou a filosofia moral contemporânea (Habermas, em especial).

Também importa ao nosso tema lembrar que o nascimento da gestão empresarial acompanhou, no início do século[2], o surgimento desse novo corpo social de diretores e administradores assalariados (designados mais tarde com o termo executivo ou, na França, *cadre*), ao qual é progressivamente transferido o gerenciamento operacional das grandes empresas, já que os proprietários se confinavam ao papel de acionistas, salvo quando também se tornavam executivos dirigentes assalariados (Chandler, 1988). Assim, a gestão empresarial destinou-se desde a origem àqueles que, depois da crise dos anos 30, se tornariam os novos heróis da economia e os principais destinatários do segundo espírito do capitalismo. A gestão empresarial, que se apresenta como sistematização e inscrição de práticas forjadas no âmbito das empresas em regras de conduta de caráter geral, foi permitindo aos poucos a profissionalização dos cargos executivos. Henri Fayol, considerado um dos fundadores da disciplina, desejava criar uma "doutrina administrativa" que possibilitasse, por um lado, afirmar que a gestão empresarial era uma profissão, com suas regras próprias, consumando assim a ruptura com uma direção cuja legitimidade decorria da propriedade, e, por outro lado, abrir caminho para um ensino profissional. Não é de surpreender que os executivos tenham reconhecido suas próprias aspirações nesse elogio à profissão e à competência (contra a legitimidade do patrimônio, que era a referência do primeiro espírito do capitalismo), bem como na importância atribuída à educação. O segundo espírito do capitalismo, portanto, encontra sua expressão mais natural na literatura de gestão empresarial. Pode-se, por conseguinte, considerar que ela também registrará suas modificações e a evolução rumo a outras representações, ou, no mínimo, que ela será eco da decomposição do espírito ao qual servia como veículo principal.

Nossa escolha, aliás, apresenta continuidade com as de Werner Sombart ou Max Weber. Sombart (1928) refere-se aos livros de Leon Battista Alberti (que ele considera o grande exemplo do burguês do Quattrocento) sobre o "governo da família"[3], enquanto Weber (1964) apresenta uma "primeira sinalização" do espírito do capitalismo ao citar os escritos de Benjamin Franklin ("Dicas importantes para quem quer ficar rico", "Conselho a um jovem negociante"[4], "Memórias"). Esses textos da literatura de gestão empresarial que utilizamos têm em comum o fato de pertencerem a um mesmo gênero literário: o das obras de conselhos e edificação relativas à condução dos negócios (ou à economia familiar).

As escolhas de Weber e Sombart também se explicam pela repercussão que tiveram as obras por eles utilizadas, o que nos remete hoje à questão do efeito da literatura de gestão empresarial sobre as práticas. Mesmo estando claro que o realismo não é a principal característica dos textos estudados – já que seu propósito é dizer o que deve ser, e não o que é –, não é ocioso saber em que medida eles são lidos, exercem influência e têm capacidade, por isso, de agir sobre a prática no sentido pretendido por seus autores, sem o que não poderiam constituir um objeto adequado ao estudo da implantação de uma nova ideologia dominante. Seria preciso então, para um bom trabalho, conhecer os índices de difusão, leitura e utilização no ensino dos textos em questão, mas, na falta de fonte institucional, essa seria uma tarefa extremamente pesada. Contornamos essa dificuldade escolhendo não um número limitado de textos, como nossos ilustres predecessores, mas constituindo os *corpora* de autores muito mais numerosos e oferecendo um panorama representativo dos textos de determinada época. Outrossim, a leitura desses textos revela grande homogeneidade dos discursos e, para cada época considerada, uma organização geral em torno de um número limitado de temas, a tal ponto que se pode perguntar, diante da pequena variação dos textos, se a sua abundância se justifica. Esse é, provavelmente, o melhor indício de seu caráter ideológico com vocação dominante. Suas ideias são retomadas, repetidas, traduzidas com exemplos variados, passam de um suporte para outro com grande rapidez (de uma revista de gestão empresarial para outra, de um autor ou de um editor para outro, da literatura de gestão empresarial para a imprensa profissional para executivos, do texto escrito para o ensino e para os programas radiofônicos especializados), de tal modo que é grande a dificuldade para se atribuir a paternidade desses conjuntos retóricos a certos autores. Suas diferenças, frequentemente mínimas, têm o resultado de oferecer a diversos atores pontos de apoio diferentes para que eles possam captar as orientações que se busca transmitir e com elas se identificar. Como ocorre com todo conjunto textual de destino performático, sobretudo quando o número e a diversidade das pessoas que se procura convencer são elevados, a variação sobre alguns temas obrigatórios constitui uma das condições da eficácia na transmissão de uma mensagem que só pode ser difundida modulando-se.

Portanto, constituímos dois *corpora* que comportam cerca de sessenta textos cada um, o primeiro dos quais foi publicado nos anos 60 (1959-69) e o segundo, nos anos 90 (1989-94); no todo ou em parte, eles tratam da questão dos executivos, ainda que estes possam ser designados de modos diversos (gerente, diretor, chefe, dirigente...). Esses dois *corpora* possibilitam depreender uma representação típica daquilo que é recomendado às empresas em cada um dos dois períodos considerados, no que se refere ao tipo de executivo que deve ser empregado, ao melhor tratamento que lhes deve ser aplicado e à natureza dos trabalhos que convém solicitar-lhes. O Anexo 1 apresenta as características dos textos analisados; o Anexo 2, a bibliografia dos *corpora*. Os *corpora* assim constituídos (mais de mil páginas) foram tratados em dois tempos. Num primeiro tempo, foram submetidos a uma análise clássica baseada numa leitura extensiva visando à primeira identificação das preocupações dos autores, das suas soluções para os problemas da época, da representação feita das formas herdadas do passado que eles declaravam obsoletas, e dos diferentes argumentos apresentados para obterem a conversão de seus leitores. Num segundo tempo, usamos o aplicativo de análise Prospero@ (cf. Anexo 3) para confirmar nossas hipóteses e validar, por meio de indicadores específicos presentes no conjunto dos textos, que nossa análise realmente refletia um estado geral do *corpus* (e não um viés pessoal relativo a certos temas que nos expusesse ao risco de aumentar sua importância) e, por conseguinte, um estado geral da literatura de gestão empresarial nos anos em questão.

A opção foi essencialmente comparativa. A ênfase recaiu nas diferenças entre os dois *corpora*, enquanto as constantes chamaram menos nossa atenção[5]. Louis Dumont (1977) observava que o método comparativo é o mais eficaz quando se trata de estudar ideologias, em especial quando elas são as ideologias do mundo no qual o analista está mergulhado, cujos elementos de relevo são dificilmente identificáveis sem um ponto de comparação externo. Aqui, a exterioridade será fornecida pelo recuo histórico.

Além disso, a imagem que os textos dos anos 60 dão de sua época é bem diferente daquilo que sobre eles dizem os textos dos anos 90. Também nesse caso, não se deve exigir desse tipo de literatura um panorama ponderado do passado, pois seu objetivo é propor melhorias, portanto romper uma parte dos dispositivos provenientes de práticas firmadas. Ela seleciona e, com isso, amplifica os fatores contra os quais se insurge, silenciando sobre características que podem ser mais constantes e não menos importantes.

Analisar uma mudança em andamento, e sob certos aspectos ainda embrionária, é expor-se à acusação de ingenuidade e até cumplicidade com seu objeto. É verdade que a profecia, em suas formas modernas – evolucionismo social, previsão, prospectiva, futurologia – frequentemente constituiu um poderoso instrumento de mobilização e ação, levando à realização do que se pressagia (*self fulfilling prophecy*), ou, no caso de certas profecias catastróficas, a sustentar uma oposição reacionária a reformas (Hirschman, 1991). Dessa óptica, desvenda-se o caráter "ideológico" (no sentido de ilusão e até de embuste) de uma análise da mudança na qual aqueles que a fazem simplesmente confundiriam seus desejos ou angústias com a realidade. É muitas vezes na descrição estatística da realidade que se apoiam as versões positivistas dessa contestação. A descrição da mudança assentaria numa ilusão que consiste em tomar a parte pelo todo e extrapolar a partir de casos intencionalmente selecionados e não representativos, para impor a visão de um futuro que não é em nada confirmado por um estudo empírico sério da realidade presente.

Talvez nos objetem que aquilo que descreveremos com base na literatura de gestão empresarial amplifica de modo abusivo características que só marginalmente afetam o funcionamento das empresas. No entanto, a série de indicadores reunidos no capítulo IV mostra que a instauração dos dispositivos descritos na literatura já é considerável. Outrossim, vê-se também que não dispomos de todos os dados estatísticos que seriam necessários para evidenciar as mudanças pertinentes. O aparato da descrição estatística baseia-se em equivalências homólogas às equivalências utilizadas pelas provas regulamentadas das quais dependia, essencialmente, a seleção social no estado anterior. Ele não constitui, portanto, por algum tipo de construção, o instrumento mais adequado para registrar e contabilizar as novas formas de provas, sobretudo quando elas se estabelecem progressivamente sob o efeito de microdeslocamentos.

Além disso, seria possível acumular os exemplos históricos de descrições de mudanças sobre as quais não se pode dizer, *a posteriori,* que eram desprovidas de fundamento, ainda que tivessem sido respaldadas em indícios fragmentários e minoritários, o que dava razões para desacreditá-las em nome do realismo dos fatos. Assim, como mostrou P. Ansart, Proudhon, porta-voz dos artesãos – amplamente majoritários na França de meados do século XIX –, tinha razão, estatisticamente falando, contra Marx, cuja utopia do proletariado parecia fundamentada em situações que, na época, não eram predominantes (Ansart, 1969). Criticando P. Laslett, quando ele diminuía o papel desempenhado pela Companhia Inglesa das Índias Orientais e pelo Banco da Inglaterra antes do início do século XVIII, Fernand Braudel assim escreve: "Já conhecemos o raciocínio e a toada: toda vez que se compara o volume de uma atividade de ponta ao volume considerável da economia de conjunto, a massa absorve a exceção na regra, a ponto de anulá-la. Não estou convencido. Os fatos importantes são aqueles que têm consequências, e é bom pensar duas vezes quando essas consequências são a modernidade da economia, o futuro 'modelo' dos 'negócios', a formação acelerada do capital e a aurora da colonização" (Braudel, 1979, vol. 2, p. 540).

Um dos elementos marcantes da literatura de gestão empresarial, quando a lemos para extrair as ideias-tipo do espírito do capitalismo nas duas épocas, é a preocupação permanente de mobilização e motivação do pessoal, sobretudo dos executivos. "Como dar sentido ao trabalho na empresa?" é uma das perguntas centrais que preocupam as duas gerações, ainda que sob aspectos diferentes. Esse fato importante acaba por nos confortar na escolha das fontes para a identificação das transformações do espírito do capitalismo.

Sobre os textos centrados na mobilização dos executivos

Nos anos 60, o que preocupa nossos autores é a motivação dos executivos, ao passo que nos anos 90 a maneira de engajar os executivos passa a ser tratada apenas como um caso particular dos problemas suscitados pela mobilização geral de todos os empregados.

Nos anos 60 os motivos de preocupação quanto ao envolvimento dos executivos são variados. Pergunta-se como angariar para o capitalismo os melhores rebentos da burguesia: os dirigentes das Business Schools, por exemplo, ficam preocupados quando "constatam a pouca atração exercida pelos negócios sobre as elites", como afirma Marvin Bower, diretor-presidente da McKinsey e ex-presidente da Harvard Business School (Bower, 1968 ©)*. Deseja-se assim obter deles um envolvimento positivo sem falha[a] ou evitar

---

* Todas as citações extraídas de um dos dois *corpora* serão seguidas pelo sinal ©, para distingui-las de outras fontes bibliográficas.

a "Você pode comprar o tempo de um homem, você pode comprar sua presença física em um lugar, você pode até mesmo comprar certo número de movimentos musculares por hora ou por dia, mas não pode comprar a lealdade, a dedicação de corações e mentes. Essas coisas precisam ser ganhas" – explica Fernand Borne (1966 ©).

que os homens "de talento" ou "de grande valor" se demitam, indo para outras empresas que satisfaçam mais as suas aspirações. A maior parte dos textos de gestão empresarial que tratam dos executivos nos anos 60 tenta encontrar soluções para o envolvimento desse pessoal que constitui "o valor das empresas". Menciona-se que suas aspirações não estão sendo satisfeitas[a], que eles "esperam mais do trabalho", que, "através do trabalho, desejam desempenhar um papel útil na sociedade, desenvolver-se, progredir", e que "a questão é saber se as empresas, com seu estilo tradicional de direção, atendem corretamente a essas aspirações, e se os executivos têm a sensação de poderem ter sucesso na vida, e não de desperdiçá-la" (Froissart, 1969 ©). A presença maciça nos textos da época de trabalhos sobre a motivação da escola de relações humanas (com autores cultuados, como Maslow, Herzberg e McClelland) reflete essa preocupação geral.

Trinta anos depois, parece que os problemas pouco mudaram ("uma organização sempre está competindo por seu recurso mais essencial: indivíduos qualificados e informados" [Drucker, 1993 ©]), mas os problemas de mobilização foram amplificados pela prática das demissões e das reestruturações dolorosas para o pessoal[b, c].

Nas duas épocas, reconhece-se que o lucro não é um objetivo muito mobilizador[d]. Os executivos primeiramente, nos anos 60, e depois o conjunto do pessoal nos anos 90, desejam ter "verdadeiras razões" para engajar-se. "Para que o mundo dos negócios atraia indivíduos de elite e os transforme em executivos produtivos, cada dirigente precisa provar que sua empresa contribui realmente com alguma coisa para a sociedade em seu conjunto, e que o objetivo dos negócios não é unicamente ganhar dinheiro" – é o que se pode ler em 1968 em Bower (©). Em 1990 constata-se que, "ao contrário das gerações anteriores, [as pessoas] acham que o salário, por si só, é uma compensação muito magra se não tiverem a impressão de que seu trabalho contribui para o bem-estar geral" (Waterman [1990] ©). Por isso a

---

a "O papel que eles desejam desempenhar vai muito além do que o papel que lhes é proposto [...]. Essa defasagem de fato, talvez esse atraso entre o protesto e a aspiração, essa ambiguidade e essa defasagem parecem explicar o desconforto de sua situação presente [...]. Daí provêm as dificuldades atualmente encontradas pelas direções: os executivos são um problema [...]" (Aumont, 1963 ©).

b "A busca da redução de efetivos por meio de ganhos de produtividade, o *outsourcing*, o uso de mão de obra de outros mercados levam à fragmentação social dos atores econômicos e ao risco de ruptura da relação socioafetiva tradicional entre a empresa e seus assalariados" (HEC, 1994 ©).

c "Essas estratégias, se aplicadas sem bom senso e sem preocupação com as consequências para o pessoal e para a organização, não produzirão o aumento dos lucros, em especial se os assalariados restringirem seus esforços por temor de perder o emprego ou para resistirem à mudança" (Moss Kanter, 1992 ©).

d "Não é ponto pacífico, por exemplo, que o pessoal conceba o lucro como o objetivo legítimo da organização" (Blake e Mouton, 1969 ©).

empresa deve "tornar-se um lugar de construção de sentido, de finalidades compartilhadas, em que cada um possa ao mesmo tempo desenvolver a autonomia pessoal e contribuir para o projeto coletivo" (Genelot, 1992 ©), pois, "como dizia Jean Giono,'o essencial não é viver, é ter uma razão para viver'. Mas acrescentava:'e isso não é fácil'" (Bellenger, 1992 ©).

Dar sentido ao sistema assalariado e espírito ao capitalismo constitui, pois, importante preocupação dos autores da gestão empresarial. Agora examinaremos quais foram as propostas feitas em cada época para dar-lhe resposta.

2. EVOLUÇÃO DA PROBLEMÁTICA DA GESTÃO EMPRESARIAL DOS ANOS 60 AOS ANOS 90

Para evidenciar as transformações do espírito do capitalismo ao longo dos últimos trinta anos, abordaremos sucessivamente, para cada época, os seguintes pontos: a) Que indagações se fazem os autores? Estas refletem o modo como os problemas são abordados e analisados em determinada época e o que está implícito e subjacente *a priori*. b) Que respostas e soluções são dadas? c) O que é rejeitado da situação tratada? A imposição de uma nova norma de gestão empresarial quase sempre é acompanhada pela crítica a um estado anterior do capitalismo e a uma maneira anterior de obter lucro, que devem ser abandonados para dar lugar a um novo modelo. Veremos, assim, que os textos de gestão empresarial dos anos 60 criticam, explícita ou implicitamente, o capitalismo familiar, enquanto os textos dos anos 90 têm como principal alvo de contraste as grandes organizações hierarquizadas e planificadas. A crítica às práticas e aos hábitos antigos, apresentados como ultrapassados, é o modo como se dá a relação entre passado e presente nessa literatura sem memória.

Anos 60: em defesa da administração por objetivos

Na literatura de gestão empresarial dos anos 60 são abordados dois problemas prioritariamente: por um lado, o problema representado pela *grande insatisfação dos executivos* e, por outro, as *dificuldades de gestão associadas ao gigantismo das empresas*.

Os executivos, que – conforme é repisado o tempo todo – constituem o valor da empresa, não estão felizes restritos aos papéis que desempenham: em primeiro lugar, o de especialista técnico – o executivo típico, na época, é, acima de tudo, engenheiro – e, em segundo lugar, o de representante da direção, transmitindo as ordens de cima e trazendo para cima os problemas de baixo. Sua aspiração é compartilhar o poder de decisão, ter mais autonomia, compreender as políticas de direção, ter informações sobre a marcha dos negócios. Esse tema está presente em numerosos textos dos anos 60[a, b].

A história que nos contam faz referência ao aparecimento dos executivos como um novo corpo social que acompanha o crescimento das empresas. A separação entre propriedade e direção era, na época, um verdadeiro lugar comum, mas ainda se sente a necessidade de fazer-lhe referência, ao passo que trinta anos depois esse tema estará totalmente ausente – também porque o desejo de desligar-se do capitalismo familiar estará satisfeito, e já não haverá a necessidade de definir essa categoria ainda relativamente nova na França do pós-guerra, que são os diretores assalariados tomando por base de comparação o dirigente-proprietário.

Os executivos, nos anos 60, têm a sensação de encarnar a modernidade, mas se sentem sufocados – sobretudo os jovens mais graduados – em estruturas que cresceram sem que houvesse mudança no tipo centralizado e quase autocrático de administração que caracteriza a pequena e média empresa. Os dirigentes limitaram-se a acrescentar níveis hierárquicos para acompanhar o crescimento, sem delegarem uma única parcela de poder. Essa análise explica por que a reivindicação de autonomia dos executivos é frequentemente acompanhada por uma descrição dos efeitos perversos das grandes máquinas burocráticas[c, d].

Além disso, a grande empresa dá medo. Ela se apresenta como um enclave ameaçador das liberdades no seio dos países democráticos. Enquan-

---

a "Reconhecidos em seu papel de elemento de união na área técnica, os executivos exigem muito mais [...] sentem-se imersos demais num contexto rígido; têm a impressão de terem sido arregimentados e de estarem asfixiados [...] queixam-se frequentemente da exiguidade do espaço que lhes dão para as iniciativas; têm dificuldades para aceitar o fato de não serem alvo de grande confiança" (Aumont, 1963 ©).

b "Os executivos têm maiores aspirações à 'cogestão'. [...] Sofrem por não 'conhecerem mais as situações a partir das quais são fixados os objetivos' e por não terem 'mais contatos reais com o patrão'. [...] Acreditam que a autoridade destes [seus chefes] pode continuar intacta e até ser reforçada se, em vez de agirem sigilosamente, tiverem como provocar nos subordinados, na maior medida possível, 'atos livres que concorram para a execução das decisões tomadas na cúpula'" (Bloch-Lainé, 1963 ©).

c "Na grande empresa, o chefe só tem contato com os chefes de departamento, mas não tem contato com os executantes: suas ordens seguem o caminho hierárquico, transmitidas e retransmitidas grande número de vezes, desnaturadas às vezes nessas transmissões e sempre retardadas. Como as iniciativas individuais não são toleradas, as ordens de cima precisam ser numerosas e detalhadas: é o reino do papel [...]. A atitude do pessoal torna-se passiva [...]. O indivíduo já não passa de engrenagem num conjunto anônimo, não submetido a pessoas, mas a regulamentos" (Borne, 1966 ©).

d "O gigantismo sempre enseja um enorme formalismo nas relações, desde as fórmulas regulamentares até os formulários, usados em abundância. Chega a ocorrer que em certos departamentos que o indivíduo deixe de ser conhecido, passando a ser representado e manipulado somente pelas perfurações cifradas e codificadas de um retângulo de cartolina. [...] Nesse estágio, evidentemente, ele tem muita dificuldade para enxergar o objetivo final da empresa" (Colin, 1964 ©).

to o reinado da pequena empresa podia configurar-se como o reinado da liberdade, os observadores se interrogam sobre os efeitos da burocratização como valor distintivo do Ocidente em oposição ao bloco comunista[a]. Desse ponto de vista, a empresa capitalista parece comungar dos mesmos inconvenientes da empresa coletivizada ou fascista[b, c].

As soluções para essas dificuldades chamam-se *descentralização, meritocracia* e *administração por objetivos*. A batalha travada pelos autores dos anos 60 tem o objetivo essencial de impor essas novas modalidades de gestão. Para poder dar aos executivos a autonomia à qual eles aspiram e descentralizar a decisão de maneira capaz de limitar os inconvenientes do gigantismo burocrático – pois a decisão será então tomada perto daqueles que são por ela envolvidos –, a administração por objetivos apresenta-se como um dispositivo particularmente eficaz. A cada executivo é concedida alguma autonomia, mas esta continua bem enquadrada: por um lado, pelas descrições de cargos, que possibilitam especificar com detalhes as margens da autonomia concedida; por outro, pela fixação, para cada um, de um objetivo coerente com a política geral da empresa. O executivo passará a ser julgado com base na realização desse objetivo, ou seja, com base no maior ou menor sucesso de sua atividade, e não com base na flexibilidade de sua espinha dorsal. Ele ganhará certa autonomia na organização, terá meios à sua disposição e será controlado, não em cada uma de suas decisões, mas pelo resultado global. Graças a esse engenhoso dispositivo, os patrões mantêm o controle, ao mesmo tempo que realizam as reformas julgadas necessárias pelos organizadores. Os executivos ganham autonomia, e as empresas podem tirar proveito de uma força de trabalho mais motivada[d].

---

a "A dimensão de nossas empresas aumentou tanto, que a limitação das liberdades individuais se tornou assunto de interesse nacional. Como diz John Gardner: 'Todos têm razão de se preocuparem com as restrições novas e sutis que as grandes organizações impõem ao indivíduo. Uma sociedade moderna caracteriza-se, necessariamente, por uma organização complexa. Não há escolha. Por isso, precisamos defender-nos ao máximo dessas consideráveis coerções'" (Bower, 1968 ©).

b "Mas todos esses meios não passarão de 'técnicas' sem grande efeito, se não forem animados por um espírito 'democrático' dos dirigentes. Esse problema grave, aliás, apresenta-se tanto na empresa de tipo coletivista quanto na empresa capitalista" (Borne, 1966 ©).

c "Essas mentalidades financeiras, mecânicas, produtivistas foram reproduzidas sob doutrinas diferentes, por regimes políticos diferentes. Não preciso lembrar-lhes o nacional-socialismo, nem remetê-los ao stakhanovismo, para que os senhores reconheçam, em Berlim ou em Moscou, o que Detroit, com Ford, já havia ensinado" (Devaux, 1959 ©).

d "Provavelmente nenhum dirigente trabalha com tanto empenho e eficácia quanto aquele que dirige seu próprio negócio. É preciso dar mostras de entusiasmo e determinação. [...] Ele conta o resultado, não conta o esforço. O problema da grande empresa, portanto, é criar condições de trabalho nas quais o executivo seja, o máximo possível, seu próprio patrão. As melhores empresas conseguem fazer isso pondo cada executivo numa situação tal que ele seja plenamente responsável por seus atos e seus resultados" (Bower, 1968 ©).

A administração por objetivos apresenta também a vantagem de expor critérios claros e confiáveis para a avaliação dos desempenhos nos quais poderá basear-se a política de carreiras. A promoção será dada àqueles que atingirem os objetivos, ou seja, que forem eficientes, e não com base em "critérios subjetivos", julgados mais injustos. A literatura sobre gestão empresarial dos anos 60 quer acabar com a arbitrariedade humana na gestão empresarial, o que não pode deixar de motivar os executivos, que se sentirão tratados com justiça[a].

A extensão assumida em seguida pela administração por objetivos nas grandes empresas e a abundância de detalhes e conselhos práticos dados pelos autores em gestão empresarial mostram que as representações estilizadas e os modelos de excelência que figuram na literatura de gestão empresarial não são redutíveis a uma ideologia, no sentido de simples discurso superficial que vise a apresentar sob novas luzes (por exemplo, para satisfazer as expectativas de um novo público) um modo de organização e administração cuja reprodução idêntica se dissimule. A nova norma de gestão empresarial acompanha um conjunto de medidas que tem em vista implantar novos dispositivos empresariais que, apesar de não se imporem (no momento em que os textos são escritos) de modo tão geral quanto afirmam certos autores, vão sendo implantados em graus diversos num número suficientemente grande de empresas, numa ruptura bastante expressiva com os antigos hábitos para tornar necessário esse intenso trabalho de explicação e justificação. O espírito do capitalismo expresso nessa literatura está, pois, numa relação dialética com dispositivos cuja instauração ele acompanha e cuja possibilidade garante.

Os modelos e os estilos de funcionamento que servem de *contraponto* nos anos 60 pertencem todos, em graus diversos, à *lógica do "mundo doméstico"*. Rejeita-se o valor atribuído a "julgamentos pessoais", porta aberta para o nepotismo, nas decisões referentes às promoções, dando-se valor ao "julgamento impessoal" com base em resultados[b,c]. Os novos sistemas de ava-

---

[a] "O sistema de recompensas deve contribuir para criar uma ordem racional na empresa, ao garantir que a sorte da pessoa eficiente será diferente da sorte da pessoa ineficiente. Essa diferença de tratamento desempenha um papel fundamental para suscitar e manter o esforço tendente à boa gestão e a motivação para administrar bem" (Gelinier, 1966 ©).

[b] "De fato, com demasiada frequência, os julgamentos dessa natureza refletem a ideia que se tem sobre alguém bem mais do que a apreciação de seus resultados; e o ponto fraco dessa fórmula reside na falta de critérios de desempenho associados às responsabilidades do cargo. [...] Os executivos [abominam] o fato de sua remuneração derivar da opinião que seus superiores tenham sobre eles. Eles começam suspeitando de favoritismos e acabam solicitando que seus resultados sejam avaliados segundo critérios mais tangíveis e objetivos quantitativos plausíveis e fidedignos" (Patton e Starcher, 1965 ©).

[c] "A avaliação do potencial é muito vulnerável ao efeito 'halo', quando o patrão, às vezes de modo inconsciente, superestima as qualidades de um empregado com o qual tem muito em comum ou simplesmente porque o considera 'um amigo de todas as horas'" (Humble, 1969 ©).

liação também se caracterizam por acabar com a promoção por antiguidade, que só recompensa a fidelidade – valor doméstico por excelência –, mas não a eficiência, bem como de reduzir o papel, injusto, das relações sociais no sucesso de carreira[a].

Aliás, é nesses temas que a discussão do "caso francês" se torna mais específica. A eliminação dos comportamentos vinculados a uma lógica doméstica é tarefa urgente na velha Europa, especialmente na França, ainda impregnada por um passado feudal de alianças e privilégios. Por toda parte se encontram resquícios do Antigo Regime, e, seguindo o exemplo dos Estados Unidos, que tiveram a sorte de nunca terem sido submetidos por esse tipo de regime e de terem sido constituídos já de início como sociedade de iguais, é urgente dar-lhe o golpe de misericórdia. A adoção dos métodos americanos, mais democráticos, mas também mais eficazes, é também sentida na França como uma questão de sobrevivência, pois o poder dos Estados Unidos é tal, que os autores franceses têm medo de não conseguirem resistir a uma invasão econômica (atingir a "eficiência americana", mas "sem colonização" [Froissart, 1969 ©]. Ver também a obra de Jean-Jacques Servan-Schreiber [1967 ©], *O desafio americano,* inteiramente dedicada a esse tema)[b, c, d].

Nos anos 60, a valorização do mérito se intensificou entre os mais convictos críticos do diploma por ele proporcionar vantagens para a vida inteira[e]. É forçoso constatar que pelos menos nesse ponto os reformistas da época fracassaram, pois a crítica caminhou até nossos dias quase sem mudanças.

---

a "Na França, um certo conservadorismo pautou, durante muito tempo, o ritmo das promoções por coisas como antiguidade, fidelidade e – cabe dizer – relações sociais (nas quais o nascimento e as opiniões de classe valem mais do que o caráter)" (Bleton, 1967 ©).

b "É o que explica a diferença de atitude entre trabalhadores europeus e trabalhadores americanos. Numa sociedade jovem como a dos Estados Unidos, o peso das tradições e os privilégios 'hereditários' são menores do que na Europa; [...] Numa sociedade envelhecida como a Europa, as barreiras sociais são grandes; a permanência dos privilégios, mais intensa; e a oposição entre as classes, mais profunda" (De Woot, 1968 ©).

c "Nesse nível se observa, na maioria das sociedades tradicionais, a tendência [...] a classificar as pessoas em categorias estáveis (castas sociais ou de elite), a venerar a estabilidade, a vincular a sorte de cada pessoa às suas características consideradas essenciais, mais do que à sua adaptação prática a uma ação eficaz" (Gelinier, 1966 ©).

d "Na maioria das empresas americanas, a autonomia de ação é maior do que nas europeias. Talvez porque, como dizia Crawford Greenewalt, nossos métodos em negócios encarnem o espírito da Revolução Americana, do modo como ele é enunciado na Declaração de Independência e na Constituição. Seja como for, a prática de negócios na Europa é tal que a direção baixa diretrizes mais detalhadas e exerce um controle mais cerrado" (Bower, 1968 ©).

e "Vimos que, carecendo de critérios objetivos para apreciar as aptidões dos executivos e sendo obrigados a recorrer à intuição sobre o valor pessoal dos indivíduos, os patrões atribuem importância excessiva aos diplomas, como se o fato de ter passado um dia num exame fosse prova irrefutável da capacidade de ocupar postos elevados na hierarquia" (Froissart, 1969 ©).

Ainda que esse ponto nem sempre seja tratado de modo muito explícito na literatura de gestão empresarial, a legitimação dos executivos tem como reverso negativo a deslegitimação do patronato tradicional, a crítica à mesquinharia, ao autoritarismo e à irresponsabilidade que demonstram. São especialmente denegridos os pequenos patrões, acusados de abusar de seu direito de propriedade, de confundir os interesses da empresa com os da família, instalando seus integrantes incapazes em postos de responsabilidade[a], e de pôr em perigo não só a sua própria firma como a sociedade inteira por ignorarem as técnicas modernas de administração das organizações e de comercialização dos produtos. Essa operação de separação simbólica entre executivos assalariados, por um lado, e patrões patrimoniais, por outro – condizente com a difusão de teorias de administração que opõem diretores a proprietários –, fora, aliás, apresentada desde as origens da categoria, quando, depois das greves de 1936, os primeiros sindicatos de quadros gerenciais, oriundos das associações de engenheiros, foram obrigados a excluir os patrões de suas fileiras e reconhecer a validade de uma distinção até então sem pertinência para eles. A literatura de gestão empresarial dos anos 60 acompanha, assim, a passagem de uma burguesia patrimonial centrada na empresa pessoal para uma burguesia de dirigentes assalariados, portadores de diploma superior e integrados a grandes administrações públicas ou privadas (Boltanski, 1982).

A comparação com os anos 90 nos permite tornar mais preciso esse esboço. O projeto dos anos 60 orienta-se para a maior liberdade dos executivos e para a flexibilização da burocracia oriunda da centralização e da integração crescente de empresas cada vez maiores. O projeto dos anos 90 se apresentará, aliás, como um prolongamento desse movimento, ao retomar os temas da luta antiburocrática e pela autonomia. Portanto, os anos 60 se mostram respeitosos perante o "ofício de chefe". A emancipação dos executivos ocorre sobre o fundo de uma hierarquia que não é questionada. Recomenda-se que ela seja esclarecida[b], que não lhe seja acrescentado um ex-

---

[a] "Seria possível caricaturar da seguinte maneira o mau *curriculum* de certos filhos de patrões: pouco estudo, pois o pai acha que seu próprio caso demonstra que o estudo não serve para muita coisa; terminado o serviço militar, o filho volta para a empresa do papai e dedica dois anos a um *tour* pelos departamentos, três meses em cada departamento para ver (como turista) o que acontece por lá, sem assumir responsabilidades; depois confiam-lhe uma tarefa funcional de contornos maldefinidos (organização, controle de administração) ou, o que é pior, o pai o instala em sua sala para que ele fique diretamente ligado aos problemas de direção (quando falta ao jovem experiência básica prévia); como suas funções de assessor da direção pouco competente lhe deixa tempo livre, ele é encarregado de diferentes tarefas de representação da empresa e finalmente, aos 35 anos, a não ser que sua personalidade seja muito forte, ele está mais deformado que formado" (Gelinier, 1963 ©).

[b] "[É preciso] Determinar as relações hierárquicas entre os diferentes postos. Assim, cada pessoa saberá quem é seu chefe e quais são os seus subordinados; conhecerá a natureza e a extensão de sua autoridade e da autoridade à qual ela está submetida" (Bower, 1968 ©).

cesso de símbolos retrógrados[a] de dominação, que se evite passar por cima dos subordinados, dirigindo-se diretamente às suas equipes[b] mas sem nunca eliminar ou transgredir a hierarquia. Ao contrário, ela deve ser fundamentada no mérito e na responsabilidade, ganhando nova legitimidade e perdendo os vínculos domésticos que a tornam ineficaz e injusta.

Também se deve notar que o projeto dos anos 60 foi realizado em grande parte, visto que nos textos da época, que lemos, ainda se encontram frequentemente formas de deferência e expressões de autoridade pertencentes ao mundo doméstico, mas que depois desapareceram da literatura de gestão empresarial. As dificuldades da desvinculação em relação ao mundo doméstico, inclusive naqueles que são porta-vozes da transformação, mostram, mais uma vez, a ancoragem da literatura de gestão empresarial numa realidade em que é preciso modificar as formas (e não só manipular os signos) e conferem sinceridade aos autores quando estes expressam o intuito reformista, pois na herança doméstica eles selecionam com cautela (de modo mais ou menos inconsciente) aquilo que convém conservar, aquilo a que eles continuam ligados e aquilo que é importante rejeitar.

Assim, por exemplo, Octave Gelinier (1963 ©), futuro diretor-geral da empresa de consultoria Cegos, onde atua como formador e engenheiro consultor desde 1947, liberal convicto e incansável defensor, na França, da administração por objetivos, dedica várias páginas à espinhosa questão da "demissão dos executivos". No final, devemos concluir que cabe demitir um executivo, mesmo competente e eficiente, que tenha cometido malversações, por menores que elas sejam, e que, em compensação, é injusto demitir um "velho colaborador que se tornou ineficiente"[c]. Aí estão duas violações ao princípio de eficiência, uma em nome da moral, outra em nome da fidelidade, que ele não teve dificuldade em dissimular depois, ao mencionar os riscos de desmotivação dos outros executivos da empresa e, por conseguinte, fazendo referência à obrigação de eficiência: o argumento retórico segundo o qual "a ética compensa", que alcançará grande sucesso com o movimento da ética nos negócios dos anos 90 (no qual, aliás, o mes-

---

a "A posição ocupada no organograma indica suficientemente o nível hierárquico, sem símbolos inúteis como as diferenças na mobília das salas. Minimizar esses símbolos não é eliminar a noção de nível hierárquico, inerente à empresa pelo fato de certas funções serem mais essenciais do que outras para o cumprimento dos objetivos ou pelo fato de certas pessoas contribuírem mais do que outras para fixar esses objetivos" (Hughes, 1969 ©).

b "O chefe, depois de definir as atribuições e os poderes de seus subordinados, não deve intrometer-se nas áreas delegadas" (Hugonnier, 1964 ©).

c "Demitir pura e simplesmente o velho colaborador, que, moralmente, é um dos fundadores da empresa, descartá-lo como ferramenta que ficou inútil, é cometer uma má ação que provocará, entre os executivos, um clima desastroso de insegurança: portanto, é inaceitável" (Gelinier, 1963 ©).

mo Octave Gelinier terá participação muito ativa) é um modo indireto, frequentemente utilizado nos textos de gestão empresarial, de introduzir referências morais sem parecer contrariar a exigência de lucro. O que data fortemente esse texto de Gelinier não é a natureza dos dilemas presentes, cuja atualidade continua intacta, mas o fato de ele lhes dedicar várias páginas. A demissão dos executivos, que ainda é problema para esse autor, aparece globalmente, na literatura sobre gestão empresarial da atualidade, como muito mais legítima: as "grandes reestruturações" dos anos 80, depois do choque que causaram, acabaram por levar a admitir as demissões como atos administrativos "normais", e, se o desemprego dos executivos está presente no *corpus* dos anos 90, a questão da demissão, em compensação, é omitida.

Outro sinal da grande presença do mundo doméstico naqueles mesmos que lutam para livrar-se dele se encontra em Louis Allen (1964) que permeia a sua defesa da descentralização com observações destinadas a manter o poder na direção. Assim, um diretor inspira, incentiva, mas pode, com igual legitimidade, ser levado a recorrer à força, e deve-se evitar que os executivos acreditem que podem decidir e comentar tudo só pelo fato de se permitir que eles "participem[a]".

Anos 90: rumo ao modelo de rede de empresas

As questões que se apresentam para os autores dos anos 90 mostram-se diferentes e idênticas, de acordo com o aspecto considerado. São idênticas por retomarem o gancho da crítica à burocracia dos anos 60, levando-a ao extremo: a hierarquia é uma forma de coordenação que deve ser banida por basear-se na dominação; dessa vez não se trata apenas de libertar os executivos, mas todos os assalariados. São diferentes porque se tornam fundamentais alguns motivos novos, como a pressão concorrencial e as exigências dos clientes.

A *rejeição à hierarquia*, nos anos 90 (que, na esteira dos economistas de custos de transação, caracteriza a "organização funcional" [*hierarchy*], distinguindo-a do "mercado"), é mais impressionante porque os leitores dos autores em questão são essencialmente constituídos por executivos de grandes

---

a "Não crie esperanças! Nem todas as decisões implicam participação. Se sua equipe não puder dar uma contribuição lógica e razoável, não lhe pergunte quais são suas ideias. As pessoas solicitadas nesse sentido frequentemente concluem daí que suas propostas serão automaticamente aceitas e concretizadas. Não crie esperanças vãs. Explique claramente até onde pode chegar, isso não será inútil" (Allen, 1964 ©).

grupos e de multinacionais, que, apesar de todos os esforços, dificilmente prescindirão de hierarquias. Os motivos alegados para justificar essa carga anti-hierárquica muitas vezes são de ordem moral e fazem parte de uma recusa mais geral às relações dominantes-dominados[a]. Também estão relacionados com uma evolução inelutável da sociedade: os seres humanos já não querem ser comandados nem comandar[b]. A elevação geral do nível educacional explica, para outros, por que a hierarquia se transformou num modo de organização superado[c].

Embora a hierarquia seja o alvo favorito, também ocorrem ataques à planificação, considerada rígida e baseada em dados quantitativos frios, que não expressam a "verdadeira realidade", e a todas as instâncias associadas à autoridade (patrões, chefes, ordens etc.). Às vezes são utilizadas comparações desagradáveis com o exército, comportando, de preferência, referências aos suboficiais – objetos que servem de contraponto, símbolos dos pequenos chefes autoritários –, ao passo que, nos anos 60, a metáfora militar (a propósito, bastante rara) tendia mais ao oficial a serviço de seu país, segundo uma temática muito corrente nos anos 30-50 (ver, por exemplo, G. Lamirand, *Le rôle sociale de l'ingénieur* [O papel social do engenheiro], calcado no *Rôle sociale de l'officier* [Papel social do oficial], de Lyautey). Não sendo, em momento algum, apenas críticos, os autores de gestão empresarial dos anos 90 imaginam – como veremos melhor adiante – grande número de novas formas de organização que se afastam ao máximo dos princípios hierárquicos e prometem igualdade formal e respeito às liberdades individuais.

Outro traço marcante dos anos 90 é que o tema da concorrência e o da mudança permanente e cada vez mais rápida das tecnologias – já presentes nos anos 60 – ganham uma amplitude sem precedentes, e em praticamente todos os textos se encontram conselhos para a implantação dessa

---

a "O organograma e a hierarquia piramidal [...] designam aqueles que sabem, aqueles que podem e aqueles que devem 'gerir', em oposição àqueles que não sabem e não podem. Mesmo com a maior boa vontade do mundo, nessas condições, entre as duas categorias de pessoas, só pode ocorrer uma relação desprezadores-desprezados, pois aqueles que 'não sabem e não podem' são, já de saída, inferiorizados e infantilizados" (Aktouf, 1989 ©).

b "A evolução irresistível rumo à liberdade de escolha em todos os campos alimenta, com o individualismo crescente, a exigência e a possibilidade de autonomia pessoal. O tempo dos chefes autoritários passou. Não só os subordinados já não aceitam a autoridade, como também os próprios superiores estão sendo cada vez menos capazes de assumi-la, no próprio momento em que se teria mais necessidade de disciplina para ficar à altura da complexidade das exigências do ambiente" (Crozier, 1989 ©).

c "Sendo constituída por especialistas 'eruditos', a organização moderna deve ser uma organização de iguais, de colegas, de associados. Nenhum conhecimento é predominante, cada conhecimento é julgado segundo sua contribuição para a obra comum, e não segundo uma pretensa superioridade inerente à função. Disso resulta que a organização moderna não pode ser uma organização de patrões e subordinados, mas uma equipe organizada" (Drucker, 1993 ©).

organização flexível e inventiva que saberá "surfar" sobre todas as "ondas", adaptar-se a todas as transformações, ter sempre um pessoal a par dos conhecimentos mais recentes e estar permanentemente à frente dos concorrentes em termos tecnológicos. Nos anos 60, embora o objetivo fosse flexibilizar a burocracia, evitava-se questionar seus princípios básicos, como, por exemplo, a unidade de comando, tão prezada por Fayol. Nos anos 90, a subversão do princípio hierárquico remete mais a um *big-bang*, segundo expressão do velho guru Peter Drucker que, depois de ter sido, nos anos 60, um defensor muito acatado da administração por objetivos, agora pretende deixar as organizações "sem pé nem cabeça". Outra figura de proa da literatura gerencial, Rosabeth Moss Kanter, explica que agora é preciso "ensinar os gigantes (as multinacionais) a dançar" (título original de seu *bestseller When the Giants Learn to Dance* [Moss Kanter, 1992 ©]).

Essa atenção obsessiva à adaptação, à mudança, à "flexibilidade" assenta numa série de fenômenos que marcaram profundamente a partir do fim dos anos 70, e que os autores reintroduziram, sem mais exame, no tema da concorrência exacerbada. No entanto, é importante rememorá-los, pois são constitutivos da representação do mundo que nossos autores veiculam.

A gestão empresarial dos anos 60 considera pacífica a representação do mundo que se pode esquematizar do seguinte modo: por um lado, o mundo livre e capitalista – a Europa ocidental e os Estados Unidos, estando os outros países em grande parte ausentes da representação – e, por outro, os países socialistas de economia planificada. No mundo livre, a dominação americana é esmagadora, e a Europa mal está saindo de uma reconstrução que ela só pôde concluir tão depressa graças à ajuda americana. Assim, excluindo-se o texto de Jean-Jacques Servan-Schreiber, no qual figura uma previsão sobre o desenvolvimento econômico de todos os países do mundo na aurora do ano 2000[a], não se encontra no *corpus* dos anos 60 nenhuma menção a países da África, da América Latina ou da Ásia (nem mesmo o Japão): a França é o primeiro país citado, com 51 menções (o que não deve surpreender, em vista da natureza do *corpus*), sendo seguida por: Estados Unidos, com 19 menções, Alemanha (5), União Soviética (3) e Itália (3). Os outros países citados só aparecem uma vez.

---

[a] "Farão parte das sociedades pós-industriais as seguintes nações. Por ordem: Estados Unidos, Japão, Canadá, Escandinávia. É só. Farão parte das sociedades industriais avançadas, com possibilidade de um dia se tornarem pós-industriais, as seguintes nações, ou grupos de nações: Europa ocidental, União Soviética, Israel, Alemanha oriental, Polônia, Tchecoslováquia, Austrália, Nova Zelândia. Chegarão ao estado de sociedades de consumo as seguintes nações: México, Argentina, Venezuela, Chile, Colômbia, Coréia do Sul, Malásia, Formosa e os outros países da Europa. O resto do mundo – China, Índia, quase toda a América do Sul, o conjunto do mundo árabe e a África negra – ainda não terá atingido a fase industrial" (Servan-Schreiber, 1967 ©).

As coisas são diferentes nos anos 90. Encontram-se, no novo mapa-múndi, os "velhos países capitalistas" enfrentando a emergência de um terceiro polo capitalista na Ásia, com o Japão em primeiro lugar – cujo sucesso na penetração no mercado americano provocou um verdadeiro choque e alimentou grande quantidade de mudanças administrativas –, seguido pelos quatro dragões (Taiwan, Coreia do Sul, Cingapura e Hong Kong), e em meados dos anos 80 achava-se que durante muito tempo eles seriam os únicos emergentes. Durante os anos 90 se somarão os países do Terceiro Mundo (em nosso *corpus* são poucos os seus vestígios, pois este se detém em 1994), que abandonaram a política de desenvolvimento com substituição das importações, adotando a política de concorrência dos países desenvolvidos e a política de exportação, à semelhança daquilo que constituiu o sucesso do Japão e dos quatro dragões (primeiro na Ásia, em seguida na América Latina e, depois da queda do muro de Berlim, nos ex-países comunistas, aparentemente convertidos ao capitalismo); a África continuou não figurando na representação dominante. Assim, no *corpus* dos anos 90, a África negra e a América Latina também continuam ausentes (uma única menção ao Brasil). A Ásia, em compensação, entra em massa, com 24 menções (14 das quais para o Japão), e os países da Europa ocidental estão mais presentes: Alemanha (13), Itália (6), Suíça (5), Espanha, Irlanda, Suécia (3), enquanto os outros países são citados uma única vez. A França, com 82 menções, e os Estados Unidos, com 24, também fortaleceram sua presença. A União Soviética (ou os países dela oriundos) e os ex-países do Leste desapareceram. A evolução das menções dos países nos dois *corpora* dá uma boa medida da "globalização" (bem relativa) na representação que os autores fazem da gestão empresarial.

Os participantes ativos do jogo capitalista da concorrência deixarão de ser – conforme dizem – algumas centenas de milhões de pessoas e logo passarão a ser vários bilhões (Thurow, 1997). Com essa ideia na cabeça, os autores dos países desenvolvidos transformam a concorrência em ponto de grande importância de sua argumentação, principalmente porque a desaceleração do crescimento dos últimos vinte e cinco anos e o aumento do número de desempregados reforçam a convicção de que o desenvolvimento econômico se tornou mais difícil, e a luta econômica, impiedosa.

Os progressos incessantes da informática, da imagem e do som (do "virtual"), por outro lado, são frequentemente citados e constituem os exemplos típicos que deverão servir de molde a todas as evoluções tecnológicas.

Os dispositivos propostos pelos autores dos anos 90 para fazer face às questões identificadas formam um impressionante amontoado de inovações administrativas, que podemos tentar articular em torno de algumas ideias-chave: empresas *enxutas* a trabalharem *em rede* com uma multidão de participantes, uma organização do trabalho em equipe, ou *por projetos**, orientada para a satisfação do cliente, e uma mobilização geral dos trabalhadores graças às *visões* de seus líderes.

A expressão francesa *entreprise maigre* [empresa magra] foi calcada na expressão *lean production* [produção enxuta], inventada no início dos anos 90 para reunir o conjunto dos novos métodos de produção, em parte extraídos da observação das empresas japonesas, a Toyota em especial (Womack *et alii* 1992), entre os quais podem ser citados princípios organizacionais como *just-in-time*, qualidade total, processo de melhoramento contínuo (Kaizen), equipes autônomas de produção e uma série de instrumentos destinados a implementá-los, como os círculos de controle de qualidade, que constituem o mais antigo dos instrumentos popularizados no Ocidente, a garantia da qualidade dos fornecedores, SMED, TPM, KanBan, 5S, propostas de melhoria etc[6]. A empresa enxuta, "leve", "sem adiposidades", perdeu a maioria dos escalões hierárquicos, ficando com apenas três a cinco e desempregando camadas hierárquicas inteiras[a]. Ela também se desfez de grande número de funções e tarefas, terceirizando tudo o que não fizesse parte do cerne de sua atividade[b]; às vezes essa terceirização foi assumida por ex-assalariados que montaram sua própria empresa (*spin-off*). Os investimentos são feitos cada vez mais em colaboração com outras empresas, por meio de "alianças estratégicas" e "*joint ventures*[c]", de tal modo que a imagem típica da empresa moderna hoje em dia é de um núcleo enxuto rodeado

---

* A expressão *par projet*, segundo declaração dos autores (ver p. 136), foi extraída da expressão francesa *organisation par projet*, que corresponde ao inglês *matrix organization*, traduzido entre nós como *organização matricial*. Em vista das explicações apresentadas pelos autores naquela mesma página e nas notas referentes, optamos pela tradução *por projetos*.

a "Existe todo um arsenal de técnicas destinadas a enxugar as estruturas hierárquicas. A mais utilizada é 'o achatamento da pirâmide' (*de-layering*), que acarreta a supressão pura e simples de uma ou de várias camadas hierárquicas. Encontra-se também, frequentemente em paralelo com a primeira medida, um aumento da amplitude de controle (*increasing the span of control*), que equivale a pôr mais pessoas sob a direção de um número menor de executivos, indo da proporção tradicional de 1 executivo para 6 a 10 empregados para uma proporção considerada aceitável hoje, que é de 1 executivo para 20 ou mesmo 30 empregados" (Aubrey, 1993 ©).

b "Elas [as empresas] recorrem a prestadores de serviços externos, ficando apenas com a administração das atividades que não tenham relação distante com sua atividade principal. Transformam alguns de seus setores em prestadores de serviços que entram em competição no mercado. Essas modificações possibilitam fazer mais com menos, ao reduzirem as equipes de administração e ao reduzirem os custos fixos" (Moss Kanter, 1992 ©).

c "Algumas empresas se transformam quase de ponta a ponta: compram de fornecedores externos serviços que antes encontravam em sua própria organização; constituem alianças estratégicas e parcerias fornecedores-clientes que introduzem relações externas no âmago da empresa" (Moss Kanter, 1991 ©).

por uma miríade de fornecedores, serviços terceirizados, prestadores de serviços e trabalhadores temporários que possibilitam variar os efetivos segundo a atividade, empresas coligadas. Fala-se então em rede de empresas[a].

Os próprios trabalhadores – conforme nos dizem – devem ser organizados em pequenas equipes pluridisciplinares (pois elas são mais competentes, flexíveis, inventivas e autônomas do que as seções especializadas dos anos 60), cujo verdadeiro patrão é o cliente[b], tendo um coordenador, mas não um chefe[c].

O processo de transformação da antiga organização para fazê-la coincidir com esse modelo chama-se reengenharia (*reengineering*) (Hammer e Champy, 1993 ©). Além disso, as equipes não são compostas apenas de pessoal permanente da empresa. Nelas se encontram fornecedores, clientes, consultores, especialistas externos. E os membros de uma mesma equipe não funcionam obrigatoriamente juntos do ponto de vista físico, pois os progressos nas telecomunicações lhes permitem trabalhar a distância[d]. O trabalho aí também se dá *em rede*, pois as fronteiras da empresa se tornam indistintas, visto que a organização parece feita apenas de um acúmulo de vínculos contratuais de duração maior ou menor. O desenvolvimento dos produtos novos graças à engenharia simultânea (Midler [1993 ©] fala de engenharia "concorrente") é o exemplo típico da equipe ideal, inovadora por definição, múltipla, aberta para fora e focalizada nos desejos do cliente. As equipes são o lugar da autogestão e do autocontrole.

Em virtude desses novos dispositivos, o princípio hierárquico é desmontado, e as organizações se tornam *flexíveis, inovadoras* e muito *competentes*.

---

    a "As organizações evoluem para um modelo constituído por três séries de elementos: um núcleo central permanente, formado por pessoal administrativo e pessoas com especialidades consideradas estratégicas (não delegáveis exteriormente), uma rede de organizações, e não uma hierarquia tradicional, e uma série de subsistemas fornecedores satélites (empresas, ou indivíduos trabalhando a distância), com garantia variável de atividade (e emprego)" (HEC, 1994 ©).

    b "O organograma da empresa será invertido: os clientes ficarão no vértice dessa pirâmide invertida; abaixo ficará o pessoal em contato com a clientela; mais abaixo, estará a direção, cujo papel é trabalhar para o pessoal da primeira linha" (Tapscott e Caston, 1994 ©).

    c "As equipes de ação de processo, formadas de várias pessoas ou de uma só, não têm necessidade de patrões, mas sim de treinadores. [...] Os patrões tradicionais definem e distribuem o trabalho. As próprias equipes se encarregam disso. Os patrões tradicionais supervisionam, fiscalizam, controlam e verificam o trabalho à medida que ele passa de um posto de trabalho para outro. As próprias equipes se encarregam disso. Os patrões tradicionais quase não têm lugar num ambiente reconfigurado" (Hammer e Champy, 1993 ©).

    d "As tecnologias informáticas e telemáticas separam o lugar e o momento de produção em relação às atividades de suporte, preparação e *back office*. Por isso cada vez menos se trabalhará 'no escritório'. Trabalhar permanentemente na fábrica será apenas um caso-limite. Também nela, a herança da era industrial e das tecnologias não tem razão para se instaurar definitivamente. Muitos executivos, representantes, agentes de manutenção e treinadores trabalharão longe do empregador. Está chegando a empresa 'virtual'" (Morin, 1994 ©).

Também se considera que a rede de organizações (graças à qual foi possível livrar-se de uma hierarquia custosa, que funcionava apenas como "intermediária" para a direção e não contribuía com nenhum "valor agregado ao cliente") é capaz de oferecer, em relação à organização hierárquica integrada, a vantagem econômica associada à especialização. A grande empresa integrada apresenta um conjunto muito amplo de funções. Ela não pode melhorar o desempenho em todos os setores ao mesmo tempo. Portanto, só deve conservar em seu interior as funções nas quais possua vantagem competitiva – sua atividade estratégica – e subcontratar para as outras funções, repassando-as a pessoas ou organizações que tenham mais condições de otimizá-las, mantendo com estas vínculos estreitos e duradouros, de tal modo que seja possível negociar continuamente as especificações e exercer controle sobre a produção (por exemplo, por meio da presença regular de pessoas pertencentes à empresa junto ao subcontratado). A circulação mais rápida de informações e inovações, possibilitada pela especialização, deve ser proveitosa para todos. De fato, enquanto, na grande firma integrada, cada departamento só trabalha para a empresa da qual é uma célula, a empresa, quando subcontrata (pelo menos quando não está submetida a uma única empresa), deve resolver os vários problemas apresentados pelas necessidades de diferentes clientes; isso, exercendo efeito de aprendizagem e transferência de informações entre firmas distintas e eventualmente concorrentes, aumenta o nível geral de informações e habilidades. Essas análises, de modo geral, põem em primeiro plano a importância da informação como fonte de produtividade e lucro. Portanto, elas se apresentam como altamente ajustadas a um mundo econômico no qual o valor agregado já não encontra sua fonte principal na exploração de recursos geograficamente situados (como minas ou terras muito ricas), nem na exploração de uma mão de obra fixa, mas na capacidade de tirar proveito dos conhecimentos mais diversificados, de interpretá-los e combiná-los, de criar ou de pôr em circulação inovações e, mais geralmente, de "manipular símbolos", segundo expressão de Reich (1993).

Mas falta resolver o problema espinhoso da direção, pois nossos autores não renunciam à ideia de que ainda existem empresas. Elas não se diluem totalmente na rede. Desenvolvem estratégias de luta concorrencial que as opõe às outras multinacionais (nos mercados nos quais elas não colaboram). Portanto, é preciso orientar todos esses seres *autogeridos* e *criativos*, nos quais se baseia agora o desempenho, numa direção ditada apenas por alguns, mas sem voltar aos "chefes hierárquicos" de antigamente. É então que entram em cena os *líderes* e suas *visões*. A visão tem as mesmas virtudes do espírito do capitalismo, pois ela garante o engajamento dos trabalhadores sem recorrer à força, mas dando sentido ao trabalho de cada um[a, b].

Graças a esse *sentido* compartilhado, ao qual todos aderem, cada um sabe aquilo que deve fazer sem que ninguém precise mandar. Imprime-se com firmeza uma direção, sem ser preciso recorrer a ordens, e o pessoal pode continuar a autogerir-se. Nada lhe é imposto, pois ele adere ao projeto. O ponto fundamental desse dispositivo é o *líder*, precisamente aquele que sabe ter uma *visão*, transmiti-la e obter adesão dos outros[c, d]. Provavelmente esse é o ponto mais fraco dos novos dispositivos, pois tudo recai nos ombros de um ser excepcional que nem sempre sabemos formar ou mesmo recrutar, sobretudo em quantidades suficientes, pois todas as empresas precisam dele. De modo mais geral, a nova gestão empresarial está povoada de seres excepcionais: competentes para numerosas tarefas, aperfeiçoando-se continuamente, adaptáveis, capazes de autogerir-se e de trabalhar com pessoas muito diferentes. E, no final, nos dizem pouca coisa sobre a contribuição das empresas para o desenvolvimento dessa categoria de trabalhadores: as organizações vão tornar-se "capacitantes", a organização das competências vai tornar-se ponto essencial, e novas profissões são criadas, como a do *coach*, cujo papel é propiciar acompanhamento personalizado, que possibilite a cada um o desenvolvimento de todo o seu potencial. Na versão que se esforça mais por designar uma posição institucional para os *coaches*, estes são responsáveis pelo treinamento[e].

Em vista do conjunto das reformas propostas pelos autores de gestão empresarial, não admira que o executivo, tal como era concebido nos anos 60, comece a perder terreno. O próprio termo *cadre*, na França, que pressupõe hierarquia e *status*, passa a ser rejeitado. Os *cadres* passam a ser vistos como agentes da burocracia que precisa ser destruída. Nesses discursos, o *status* do

---

a "As visões mais ricas e mobilizadoras são as que têm sentido, que respondem a aspirações" (Bellenger, 1992 ©).

b "A visão confere sentido; ela aponta para o futuro; transcende os objetivos de curto prazo, inserindo-os num todo. Entusiasmadora, a visão é não só uma missão, mas também um poderoso ímã. Assim como os grandes desafios, a visão desperta a capacidade coletiva" (Crozier e Sérieyx, orgs., 1994 ©).

c "O líder é nomeado pelo grupo, é aquele com o qual, consciente ou inconscientemente, todos se identificam. Graças à sua influência, à sua arte de visão e às suas orientações, ele cria uma corrente que incita cada um à superação, à confiança e à iniciativa" (Cruellas, 1993 ©).

d "Os bons líderes sabem estimular os outros com a pujança e o entusiasmo de sua visão, dando aos outros a ideia de que estão fazendo algo de importante e de que podem ficar orgulhosos de seu trabalho" (Moss Kanter, 1991 ©).

e "Todas as formas de treinamento mencionadas acima devem ser geridas, e um serviço de formação dependente de um departamento do pessoal não cumpre essa tarefa. Assim, uma população restrita de gestores realizará os processos de treinamento úteis à empresa. É tarefa desses gestores-formadores: o acompanhamento do desenvolvimento dos empregados" (Aubrey, 1993 ©).

executivo é tratado, de modo explícito ou – na maioria das vezes – implícito, como um arcaísmo cuja rigidez freia as evoluções em andamento[a].

A comparação do termo "*cadre*" nos dois *corpora* dá destaque às evoluções dos últimos trinta anos. Nos anos 60, os executivos, muitíssimo valorizados, são os principais atores do progresso. Na literatura de gestão empresarial dos anos 90, a referência aos executivos está mais associada à crítica de uma categoria considerada obsoleta. A palavra "*cadre*" tem como contexto todos os termos que, usados de modo depreciativo, servem para caracterizar as antigas formas organizacionais consideradas ultrapassadas. Trata-se de termos que expressam rigidez, estabilidade, mas também cálculo e busca de domínio do futuro (tais como: estrutura, funções, carreira, direção, planos, objetivos) e, em segundo lugar, termos que fazem referência à hierarquia, ao poder estatutário definido como autoritarismo, à docilidade (hierarquia, estatuto, exército, subalternos). Além disso, enquanto nos anos 60 o termo "*cadre*" é objeto de um uso bastante amplo e vago para indicar um princípio de unidade que transcenderia as divisões hierárquicas, associando quadros dirigentes ou diretores e quadros médios ou supervisão, a literatura dos anos 90 só fala de "*cadre*" para designar o pessoal intermediário e subalterno (comparados aos suboficiais no exército) e chega até a – sacrilégio impensável no período anterior – associar numa mesma enumeração *cadres*, contramestres, técnicos, pessoal administrativo e mesmo operários.

Para substituir o vocábulo "*cadre*" assiste-se ao aparecimento do vocábulo "*manager*" (gerente), transferido agora diretamente para o francês e sem tradução. O "*manager*" é de aparecimento relativamente recente na língua francesa. Nos anos 60, designava sobretudo o executivo americano e, nos outros casos, era traduzido por *cadre*, diretor ou organizador, figurando raramente desse modo nos textos. Nos anos 80 o termo "*manager*" difunde-se e assume na França o sentido atual. Empregado primeiramente para qualificar os executivos que atuavam na direção geral das grandes empresas (em oposição à massa dos executivos comuns), na virada dos anos 80-90 começa a ser utilizado para designar todos aqueles que demonstrem excelência no gerenciamento de equipes, no tratamento com as pessoas, em opo-

---

[a] "A noção de quadro de executivos como uma população específica e à parte na organização do trabalho já não tem utilidade. Não há nenhuma justificação para manter o *status* de executivo na França. Na maioria dos países desenvolvidos já não existe um *status* desse tipo. Existem muitas empresas no hexágono nas quais o número de executivos é de mais da metade do efetivo e em algumas atinge até 80%. Está claro que nessas empresas os executivos não são pagos para ditar a maneira como os outros devem trabalhar. Muitas vezes eles nem sequer comandam ninguém, pois muitos deles são constituídos por secretárias, contabilistas e técnicos" (Aubrey, 1993 ©).

sição aos engenheiros, mais voltados para a técnica. Do mesmo modo, a gestão empresarial (*management*) contrapõe-se a "administração", tal como a realização eficiente das capacidades presentes nos seres humanos se distingue do tratamento racional de objetos e números. Os autores franceses dos anos 90, assim, utilizam o termo *manager* em oposição ao termo *cadre* para demarcar as qualidades das pessoas mais ajustadas ao estado atual do capitalismo e ao ambiente feito de "incertezas" e "complexidade" no qual estão imersas as empresas. Os *managers* não procuram dirigir nem dar ordens; não esperam ordens da direção para aplicá-las. Entenderam que esses papéis estão superados. Tornam-se então "animadores de equipe" (*animateurs d'équipe*), "catalisadores" (*catalysateurs*), "visionários" (*visionnaires*), "*coaches*" (*coachs*), "inspiradores" (*donneurs de souffle*). O "inspirador" é uma personagem própria de Hervé Sérieyx (©). Tal como outros autores dos anos 90, que carecem de vocabulário para designar o novo herói da empresa, ele foi levado a forjar uma expressão bem *sui generis*. Rosabeth Moss Kanter, por sua vez, fala dos "atletas da empresa[a]"; Meryem Le Saget, de "*manager* intuitivo"; Lionel Bellenger, de "*pros*" (profissionais qualificados). Outras designações, como *coach*, animador ou "parteiro", são usadas por vários autores.

Como já não podem se apoiar na legitimidade hierárquica, nem manipular as esperanças de carreiras, como no passado – pois, com a redução da altura das pirâmides, existem muito menos oportunidades de "subir" dentro da empresa –, e como precisam pôr para trabalhar em seus projetos todas as espécies de pessoas sobre as quais têm pouco poder formal, os gerentes de projetos só podem impor-se pelas "competências" e pelo "carisma", circunscrever os atores graças à eficácia de sua "rede de relações pessoais", que lhes propicia informações e auxílio; precisam mobilizar as energias pelo poder de sua "visão" e pelas suas qualidades de "parteiros" do "talento" alheio e de seres capazes de desenvolver potenciais. É de suas qualidades pessoais que eles extraem a autoridade que os transforma em "líderes", e não de uma posição estatutária qualquer. Aliás, eles recusam os "símbolos do poder" (tais como: grande número de secretárias, elevador e restaurante privativos, salas suntuosas). A autoridade que adquirem sobre suas equipes está ligada à "confiança" que lhes é depositada, graças às suas qualidades de "comunicação" e "atenção" que se manifestam no contado direto com os outros.

---

[a] "Nem sequer contamos com o vocabulário necessário para falar dessas novas relações. Os termos 'superiores' e 'subordinados' parecem pouco precisos, e até as palavras 'patrão' e 'empregados' implicam uma noção de controle e direitos que, na verdade, os gestores nem sempre têm" (Moss Kanter, 1991 ©).

De fato, os gerentes de projeto se distinguem dos executivos segundo a mesma oposição que há entre intuição criativa e a fria racionalidade calculadora e administrativa, recobrando-se assim uma temática que, em formas múltiplas, está presente desde meados do século XIX em grande número de oposições taxionômicas, quer se trate, por exemplo, das formas de inteligência (lado esquerdo/lado direito do cérebro)[a], quer da oposição entre os sexos[b], entre grupos sociais (artistas/engenheiros ou financistas; Chiapello, 1998) e até entre países (França em oposição à Alemanha no século XIX; [Boltanski, 1975], os países latinos em oposição aos países anglo-saxônicos de hoje etc.). Os gerentes de projeto são "intuitivos", "humanistas", "inspirados", "visionários", "generalistas" (em oposição à especialização estrita), "criativos". O mundo do *manager* opõe-se ao mundo do *cadre*, tal como o reticular ao categorial. O *manager* é o homem das redes. Tem como qualidade principal a mobilidade, a capacidade de deslocar-se sem se deixar prender pelas fronteiras – quer elas sejam geográficas, quer derivem de filiações profissionais ou culturais –, por distâncias hierárquicas, por diferenças de *status*, papel, origem e grupo; tem a capacidade de estabelecer contato pessoal com outros atores, frequentemente muito distantes em termos sociais ou espaciais.

Além do gerente de projeto [*manager*] (na França, "chefe de projeto", "coordenador de equipe" ou, segundo designação mais antiga, "responsável pelo centro de lucro"), viu-se que certos autores também identificam outra personagem, o *"coach"* (quando o gerente de projeto não está encarregado também dessa função), cuja tarefa é desenvolver as competências e o potencial dos membros da organização. Mas também se encontra uma terceira figura marcante na gestão empresarial dos anos 90: a do "especialista técnico". Este último é necessário porque possui a informação em questões de inovação e os conhecimentos especializados que é preciso dominar para se entrar na concorrência tecnológica. Ele pode trabalhar dentro da empresa – pesquisador em tempo integral, por exemplo, ou ser especialista funcional dos sistemas informáticos ou de controle de gestão. Também pode ser externo, pertencer a um escritório, a um centro de pes-

---

a "Os melhores desempenhos, em termos de estratégia, parecem estar nas pessoas que, por natureza, usam o lado direito do cérebro, que utilizam um processo de tomada de decisão chamado 'integrado', ou seja, que põem em jogo de um modo equilibrado os dois hemisférios do cérebro" (Sicard, 1994 ©).

b "Pede-se aos responsáveis que sejam eficientes, empreendedores e audaciosos; espera-se que decidam, realizem seus objetivos, verifiquem os resultados e tenham sucesso. Essas são qualidades masculinas, dinâmicas. Mas o mundo evolui rapidamente. A empresa deve antecipar-se, identificar mudanças, adaptar-se. Para isso, precisa de outro registro de competências: atenção aos outros, intuição, observação, comunicação, participação do pessoal, criatividade, senso de obrigação, motivação... São, acima de tudo, qualidades de abertura e receptividade" (Le Saget, 1994 ©).

quisas independente ou a uma universidade, sendo consultado sobre pontos específicos. Não se exige que dirija equipes, pois esse é o papel do gerente de projeto. Para que cada um possa desenvolver o talento que lhe é próprio da maneira mais produtiva – o gerente de projeto na mobilização das pessoas e o especialista no desempenho técnico –, os autores de gestão empresarial consumam a ruptura entre os dois perfis, ao passo que nos anos 60 esperava-se poder fazer de todo engenheiro competente um gerente de projeto, graças a um bom "sistema de administração" (bom planejamento e bom processo de fixação de metas[a]).

Embora, dentro dos conhecimentos técnicos úteis à direção de uma empresa, a gestão empresarial, no que se refere ao controle e ao domínio do fator humano, seja equivalente àquilo que representam as ciências da engenharia para as máquinas e as coisas, cabe evidenciar o fato de que a nova gestão empresarial ainda é gestão empresarial, no sentido em que acabamos de defini-la, ou seja, no sentido de continuar a encerrar dispositivos de controle, ainda que de natureza diferente dos dispositivos associados ao segundo espírito do capitalismo.

De fato, pode-se considerar a história da gestão empresarial como a história da sofisticação permanente dos meios de dominar aquilo que ocorre na empresa e em seu ambiente. Se, em Taylor e Fayol, considerados os fundadores da gestão empresarial como disciplina, os seres humanos são o ponto principal de aplicação dos controles (o par homem-máquina em Taylor, organização geral em Fayol), mais tarde, a vontade de domínio, com certas subdisciplinas da gestão empresarial, se estenderá para além do controle das máquinas e do pessoal. Com a estratégia empresarial, desenvolveu-se o domínio dos mercados e da concorrência; com o marketing, o domínio do circuito de distribuição, dos clientes e de seus comportamentos aquisitivos; com a gestão de compras, o controle dos fornecedores; com as relações públicas, o da imprensa e dos poderes políticos. Do mesmo modo, no pessoal, cada categoria passou a ser alvo de dispositivos específicos: o taylorismo foi inventado para controlar os operários, e a administração por objetivos, para enquadrar os executivos; hoje em dia, os dispositivos da "governança corporativa" (*corporate governance*) destinam-se ao controle dos mais altos dirigentes das grandes empresas.

---

a "Tradicionalmente, o jovem engenheiro, ao longo de sua carreira, podia prever promoções sucessivas, como chefe de seção, chefe de departamento e talvez até diretor [...]. Assim se expressa o reconhecimento do mérito e esse é o símbolo do sucesso. [...] Um bom especialista não se torna necessariamente um bom gestor. [...] Algumas empresas de altíssimo desempenho adotam, pois, uma outra medida, que consiste em distinguir uma trajetória profissional própria aos especialistas e outra própria aos generalistas, na qual se baseia a gestão de pessoas (*people management*)" (Landier, 1991 ©).

Na continuidade dessa história, devemos nos perguntar quais são as *modalidades de controle encerradas na nova gestão empresarial*. Essa questão é fundamental, pois na empresa os executivos são os agentes que exercem as tarefas de controle sobre os dispositivos técnicos, sobre a venda e sobre os outros assalariados, sendo essa função primordial para a obtenção de lucros. Outrossim, a história das práticas de gestão empresarial está muitas vezes ligada ao aparecimento de novos problemas de controle, às vezes provocados pelo surgimento de novos tipos de atores cujo trabalho exige uma mudança de métodos: não se controlam executivos como se controlam operários; nem os operários que passaram por treinamento como operários provenientes de contingentes de imigração, de origem rural etc.

Os autores dos anos 90, assim como seus predecessores, põem a questão do controle no âmago de suas preocupações. Um de seus problemas principais é o de controlar a "empresa liberada" (segundo expressão de Tom Peters, 1993 ©), feita de equipes autogeridas e trabalhando em rede, sem unidade de tempo nem de lugar. Não existe uma infinidade de soluções para "controlar o incontrolável": a única solução é, de fato, que as pessoas se autocontrolem – o que consiste em deslocar a coerção externa dos dispositivos organizacionais para a interioridade das pessoas –, e que as forças de controle por elas exercidas sejam coerentes com um projeto geral da empresa (Chiapello, 1996, 1997). Isso explica a importância atribuída a noções como "envolvimento do pessoal" ou de "motivações intrínsecas", que são motivações ligadas ao desejo e ao prazer de realizar o trabalho, e não a um sistema qualquer de punições-recompensas impingido de fora para dentro, só capaz de gerar "motivações extrínsecas[a]". Aliás, os autores dos anos 90 desconfiam da palavra "motivação", que conota uma forma de controle que eles se esforçam por rejeitar, dando preferência à palavra "mobilização", que remete à tentativa de motivação que supostamente evita qualquer manipulação[b].

A cultura e os valores da empresa, o projeto da empresa, a visão do líder, a capacidade do dirigente empresarial de "compartilhar seu sonho" são meios auxiliares que devem favorecer a convergência dos autocontro-

---

a "O *manager* do futuro não 'motiva' seus colaboradores. Com sua atenção diária, ele desperta a motivação intrínseca deles, aquela que cada um tem no fundo de si, que é feita do desejo de compreender, evoluir e dar sentido à vida" (Le Saget, 1994 ©).

b "O líder não deve motivar, mas mobilizar. Segundo Omar Aktouf, contar com a motivação é continuar aceitando a ideia de que os empregados e os trabalhadores são 'objetos' maleáveis à vontade, incapazes de inspirar-se em si mesmos. A motivação é um conceito infantilizador que não exerce nenhuma influência sobre as pessoas de alta escolaridade. Quando mobilizados, os empregados se motivam por si mesmos" (Crozier e Sérieyx, orgs., 1994 ©).

les individuais, controles exercidos por cada um sobre si mesmo, de modo voluntário, tendo todos mais probabilidade de permanecer coerentes entre si, visto que são inspirados por uma mesma fonte original.

A insistência no cliente por parte dos autores de gestão empresarial nos anos 90 é um modo de levar os leitores a admitir que a satisfação dos clientes deve ser um valor supremo, de observância obrigatória ("o cliente manda"). Esse dogma apresenta duas vantagens: por um lado, a de orientar o autocontrole num sentido favorável ao lucro, pois em economia concorrencial a capacidade diferencial de uma empresa para satisfazer seus clientes é fator essencial de sucesso; por outro, tem a vantagem de transferir para os clientes uma parte do controle exercido pela hierarquia nos anos 60.

Assim, esquematizando, podem-se ver as características mais marcantes da evolução da gestão empresarial nos últimos trinta anos na passagem do controle para o autocontrole e no *outsourcing* dos custos de controle, outrora assumidos pela organização à custa de assalariados e clientes. Por que assentar o controle numa hierarquia de executivos, que são caros porque subordinam sua própria adesão à estabilidade de uma carreira, se é possível levar os assalariados a autocontrolar-se? Desse ponto de vista, os executivos hierárquicos não passam de trabalhadores improdutivos. Assim, associados à redução do número de níveis hierárquicos, os novos dispositivos visam a aumentar a autonomia das pessoas e das equipes, de tal modo que elas sejam levadas a assumir uma parte das tarefas de controle antes assumidas pelos escalões superiores ou pelos departamentos técnico-consultivos. A evolução é muito marcante no que se refere às fábricas que foram caracterizadas, mais do que qualquer outro lugar da empresa, pela organização tayloriana que pressupõe separação entre concepção, controle e execução. Trata-se de um dos princípios mais importantes derrubados pelo toyotismo que, nos anos 80, serviu de ponto de apoio para rejeitar a herança do fordismo e "pensar ao inverso" – segundo expressão de B. Coriat (1991) – os métodos de produção. Os operários, que passam a ser chamados de *operadores*, vão sendo aos poucos encarregados do controle de qualidade e de certas operações de manutenção.

O crescimento da automação e da robótica, ademais, elevou consideravelmente os déficits provocados pelos custos de inatividade de máquinas e equipamentos industriais frequentemente mais caros que a mão de obra que os opera e, sobretudo, cujos custos não são variáveis. Conforme explica Michel Aglietta (1998), o novo modo de regulação que substituiu a regulação fordiana associada ao segundo espírito do capitalismo baseia-se no aumento da produtividade dos investimentos. "O fordismo sobrecarregava o capital [...], mas os ganhos de produtividade do trabalho eram suficientemente grandes para manter a taxa de lucro. Essa lógica topou com limites a partir do fim dos anos 60, quando a progressão da renda salarial foi mais rápida que a da produtividade, desencadeando um processo inflacionário. O progresso técnico posto em ação para solucionar esses problemas teve em mira a economia do capital fixo – ou constante. Isso possibilitou retomar a produtividade do capital em dados globais" (p. 147). Em termos administrativos, isso se traduz especialmente pela busca da utilização máxima dos meios técnicos, vinte e quatro horas por dia, com um mínimo de inatividade e de avarias de peças, visto que estas constituem desperdício não só de material e de mão de obra, mas também de tempo-máquina. Portanto, passa a ser crucial formar os operadores, para que eles possam garantir uma manutenção de emergência, prever e diagnosticar avarias e recorrer rapidamente aos técnicos em caso de necessidade. A responsabilização dos operários quanto à "boa saúde" das máquinas tornou-se então economicamente importante.

Também há um esforço para organizá-los em "equipes autônomas" responsáveis pelo conjunto de uma produção em termos de quantidade e qualidade. Os níveis de qualificação exigidos, por isso, são nitidamente mais elevados para os que ingressam no mercado de trabalho – muitas vezes se exige curso profissional –, e os programas internos de formação tentam fazer os veteranos evoluir, demitindo-se os que são julgados incapazes de acompanhar a evolução, podendo, por conseguinte, ser declarados "inadaptáveis" (os critérios de julgamento dizem respeito ao domínio insuficiente da expressão escrita e oral ou à pequena capacidade de iniciativa e autonomia). Considera-se que os operários ganham com essas mudanças organizacionais, que ficam menos "alienados" do que antes, pois se tornam integralmente responsáveis por certas produções, que seu trabalho é "enriquecido", que eles se libertam dos pequenos chefes autoritários e têm mais facilidade para obter adaptações que facilitem o cumprimento de suas tarefas.

O uso de recursos externos para grande número de funções, seja por meio da subcontratação, seja pela autonomização de setores das grandes empresas, que passam a ser tratados como centros autônomos de lucro e entram em concorrência com o exterior, possibilitou substituir o controle hierárquico por um *controle de tipo mercantil,* menos diretamente associado ao par dominante-dominado, rejeitado pelos autores contemporâneos, pois parece remeter a uma relação contratualmente livre entre duas partes formalmente iguais. A situação de concorrência substituiu o controle do trabalho realizado pelos diretores dessas unidades, que, em contrapartida, podem basear-se nas exigências dos clientes para exercerem um controle que já não parece vir deles, mas do mercado. Nas fábricas, a supressão dos estoques, dispositivo central do toyotismo, além de reduzir as despesas de estocagem, tem o efeito importante de fazer a pressão da demanda incidir diretamente sobre o setor de produção. A produção deve ser realizada no momento em que o cliente pede, na quantidade e na qualidade que ele espera. Torna-se impossível dissimular erros, falhas e avarias, pois tais coisas não podem ser remedidas recorrendo-se às reservas. As menores falhas provocam a interrupção da produção, tornando-se, portanto, visíveis. A supressão dos estoques põe os problemas à mostra e obriga a resolvê-los, pois o cliente está esperando. O controle é então exercido pela transmissão do pedido do cliente ao qual todos devem atender, executivos e não executivos, como uma única equipe unida na adversidade. A planificação, que pertence aos dispositivos de controle dos anos 60, já não é utilizada de modo tão rígido e por prazo tão longo como antes. Utilizada a curto e médio prazo, permite essencialmente implementar capacidades nas quais o volume e a qualidade do que é produzido poderão variar de acordo com a demanda dos clientes, pois o alvo é, acima de tudo, atender os pedidos quando estes chegam, donde a maior insistência dos autores na reatividade e na flexibilidade organizacional do que na planificação, pois só aquelas podem satisfazer às novas especificações.

Com o declínio do controle hierárquico por supervisores, assiste-se, na literatura de gestão empresarial (assim como, aliás, em microeconomia), ao fortalecimento do tema da *confiança*. A confiança é o que une os membros de uma equipe. A empresa a seu líder[a], o *coach* àquele que ele acompanha[b], um parceiro ao outro de uma aliança estratégica[c]. A confiança é sinal de que a situação está sob controle, pois ela só é depositada em alguém que, sabidamente, não abusará, que é previsível, que faz o que diz e diz o que faz[d].

---

a "Para que a mobilização em torno de uma visão possa ser efetiva, o líder também deve absolutamente inspirar confiança" (Crozier e Sérieyx, orgs., 1994 ©).

b "É preciso que haja capacidade de autonomia, assim como capacidade de amizade. Acompanhar uma pessoa é estar às vezes bastante próximo dela para interessar-se por sua história e bastante distante para lhe deixar um espaço de liberdade: só ela escolhe ser ajudada, e essa ajuda deve ser construída sobre um verdadeiro clima de confiança" (Aubrey, 1990 ©).

c "As estratégias que visam a fazer mais com menos dão maior valor à confiança do que as práticas das empresas tradicionais. A colaboração, os *joint ventures*, as parcerias entre empregados e empresa, assim como as múltiplas formas de aliança estratégica, implicam confiança. Sem confiança, a comunicação da informação estratégica ou o compartilhamento de recursos essenciais seria impossível. Mas esses mesmos parceiros precisam poder contar um com o outro, ter certeza de que ninguém abusará deles" (Moss Kanter, 1992 ©).

d "Os indivíduos estão cada vez mais céticos. Percebem os discursos pelo que são: intenções [...]. Essa desconfiança crescente, porém, obriga os patrões a ser exemplares, mas também a ser constantes e coerentes nos mínimos detalhes da ação cotidiana. A confiança só é conquistada a esse preço" (Crozier e Sérieyx, orgs., 1994 ©).

A nova gestão empresarial insiste muito no fato de que é preciso desenvolver esse tipo de relação, que cada um deve ser digno de confiança e afastar dos negócios aqueles que a traem. A confiança, na verdade, é o outro nome do autocontrole, pois designa uma relação segura, um momento em que não existe nenhum outro dispositivo, senão a palavra dada e o contrato moral. Além disso, ela é moralmente qualificada, ao passo que o controle por um terceiro não passa de expressão de uma relação de dominação[a].

A referência à confiança sugere, enfim, que os novos modos de organização não resultam apenas do fortalecimento da esfera mercantil na empresa. É verdade que o contrato assume cada vez mais o lugar da hierarquia, mas nem sempre se trata do contrato mercantil clássico. O contrato de venda de bens, aliás, é um dos mais simples e padronizados com que os juristas precisam lidar, e estes geralmente são concordes em considerar que o desenvolvimento do contratualismo ou daquilo que eles frequentemente chamam de "sociedade contratual" não é redutível à expansão da sociedade mercantil. Enquanto a transação puramente mercantil é tópica e ignora o tempo, a criação de redes de colaboração e trocas supõe a instauração de relações entre os parceiros que, apesar de não estabilizadas por planos ou regulamentos, possuem um caráter relativamente duradouro. Pois, embora mais flexível e reativa, a empresa não renunciou a ser grande e poderosa. Aliás, nunca o foi tanto quanto hoje. As grandes empresas não se dissolveram em um conjunto de contratos mercantis firmados entre pequenas unidades em concorrência num mercado atomizado puro e perfeito (ainda que sempre seja possível modelizar qualquer ordenamento organizacional na forma de rede de contratos). Para que a grande empresa conserve uma forma identificável e tenha poder associado a seu nome, certos elos devem permanecer mais duráveis que outros, sem terem, necessariamente, a rigidez de relações hierárquicas instituídas. A solução imaginada pelos autores de gestão empresarial consiste, por um lado, em flexibilizar e tornar mais leves os dispositivos institucionais, sempre suspeitos de encerrar a ameaça de retorno à rigidez, e, por outro lado, em conferir papel importante às relações pessoais e à confiança, no âmago dos dispositivos econômicos, de tal modo que se torne possível a coordenação entre os diferentes recursos que contribuem para a formação do valor agregado. Conforme repetido há dez anos por vultosa literatura, estimulada pela teoria dos custos de transação, numa referência a Williamson (1985), a rede constitui uma forma específica entre a hierarquia e o mercado (Powell, 1990).

---

a "A relação de forças deixa de ter vigência quando se trata de obter adesão, de criar um sentimento de satisfação e confiança no outro" (Aktouf, 1989 ©).

As soluções propostas pela literatura de gestão empresarial dos anos 90 às duas questões que mais a preocupam – por um lado, o antiautoritarismo; por outro, a obsessão pela flexibilidade e pela reatividade – estão comodamente reunidas pelos autores na *metáfora da rede,* mobilizada em todos os tipos de contexto, quer se trate da generalização do trabalho "em rede" por parte de equipes autônomas sem unidade de lugar nem de tempo (ou seja, em parte a distância, com parceiros internos ou externos à empresa, com membros estáveis em tempo integral e outros em tempo parcial e/ou *ad hoc*), quer do desenvolvimento de relações de parceria em que a confiança desempenha papel importante (alianças estratégicas), quer da análise das possibilidades de trabalho a distância oferecidas pelas "redes informáticas" ou também da instauração de "redes de empresas", como no caso dos "distritos industriais", que, especialmente com o exemplo recorrente em socioeconomia do trabalho e na nova gestão empresarial da "terceira Itália" estudada por A. Bagnasco, serviram de modelo para generalizar a possibilidade de desenvolvimento econômico baseado em modos de relação parcialmente geográficos, administrativos e políticos e parcialmente pessoais (Piore, Sabel, 1984; Benko, Lipietz, orgs., 1992[a]).

Para promover essas novas formas organizacionais, os autores, tal como nos anos 60, também precisam criticar e deslegitimar certos aspectos das organizações contemporâneas, consideradas obsoletas do ponto de vista da eficiência e superadas do ponto de vista das relações humanas. Mas a crítica já não se orienta dessa vez para ordenamentos acusados de transpor o universo doméstico para o espaço da empresa. Recai no tipo de organização preconizada no período anterior para estabelecer uma separação radical entre, de um lado, o mundo privado da família e das relações pessoais e, de outro, o mundo das relações profissionais e do trabalho. Nos anos 60, essa separação destinava-se a tornar prevalecente apenas o critério da competência no sucesso profissional, a tal ponto, aliás, que certos autores se preocupavam com o equilíbrio entre o tempo dedicado à família e ao repouso e o tempo passado no trabalho. Nos anos 90, os autores de gestão empresarial se insurgem contra essa separação, julgada mutiladora no sentido de separar aspectos indissociáveis da vida, desumana por não deixar espaço algum para a afetividade e ao mesmo tempo ineficaz por con-

---

[a] "A pequena cidade de Prato, a alguns quilômetros de Florença, ainda hoje é a capital mundial da fabricação do tecido de lã cardada [...]. A eficiência do sistema, em termos de competitividade e reatividade, baseia-se na rede existente entre múltiplas oficinas artesanais. Essa rede é garantida pela União industrial de Prato – que gere especialmente o sistema informático que possibilita saber a qualquer momento quais são as capacidades de produção disponíveis –, pelo banco local – que garante a redistribuição dos recursos financeiros – e pelo controle dos fabricantes de máquinas cardadoras" (Landier, 1991 ©).

trariar a flexibilidade e inibir as competências múltiplas que devem ser postas em ação para aprender-se a "viver em rede"[a, b].

Para qualificar as grandes organizações impessoais herdadas do período anterior, a gestão empresarial dos anos 90 apropria-se de um termo oriundo da sociologia weberiana, mas popularizado nos anos 40-60 pela crítica trotskista ao aparato estatal nos regimes totalitários: *burocracia*, com a conotação de autoritarismo e arbitrariedade, violência impessoal e cega de monstros frios, mas também ineficiência e desperdício de recursos. A burocracia não só é desumana, como também não é rentável. A luta travada nos anos 90, portanto, tem por objeto *eliminar* em grande parte o *modelo empresarial forjado no período anterior*, por um lado deslegitimando a hierarquia, a planificação, a autoridade formal, o taylorismo, o *status* de executivo e as carreiras vitalícias numa mesma firma[c] e, por outro lado, reintroduzindo critérios de pessoalidade e o uso de relações pessoais que tinham sido esvaziadas. Nem por isso se trata de uma tentativa de retorno ao primeiro espírito do capitalismo, pois as empresas estão maiores do que nunca, os gerentes de projeto são profissionais, e não pequenos proprietários, e a vida laboral se insere em redes, e não num âmbito doméstico.

Como dissemos no início deste capítulo, utilizamos um aplicativo para análise textual, a fim de compararmos de maneira sistemática os dois *corpora*. No Anexo 3, encontra-se uma apresentação desse trabalho, que valida estatisticamente a interpretação que acabamos de fazer do conteúdo dos dois *corpora* de textos.

Depois de detectarmos preocupações, projetos, esperanças e inimigos nos quais se concentra a literatura de gestão empresarial dos anos 60 e do

---

a "A vida profissional constitui o domínio da racionalidade por excelência; distingue-se da vida privada, que constitui o domínio da afetividade, da busca de sentido, da expressão de valores pessoais; entre esses dois aspectos da existência existe um compartimento estanque. [...] Toda e qualquer consideração de elementos pessoais no julgamento feito pela empresa é *a priori* vista como um risco de usurpação à vida privada. Está claro que semelhante esquema [...] hoje está totalmente obsoleto. A elaboração de uma visão do futuro da empresa, a concepção de estratégias, a coordenação de equipes de trabalho, a criação de uma rede de relações exigem qualidades que vão muito além da competência técnica pura e simples e mobilizam a personalidade inteira" (Landier, 1991 ©).

b "Exige que renunciemos à divisão entre o profissional e o pessoal, entre o racional e a intuição, entre o natural e o artificial, entre o cérebro e o coração" (Sérieyx, 1993 ©).

c "Se a organização do futuro comportar apenas alguns níveis hierárquicos, três a quatro, por exemplo, em vez de uma dezena, restarão poucos escalões para serem galgados pelo candidato à promoção. O progresso na carreira deverá ocorrer mais em direção lateral do que vertical: aceitando-se novos domínios de atividade ou um outro tipo de responsabilidade; portanto, mais por capacitação e ampliação da experiência do que por acesso a um nível mais elevado. Aliás, as evoluções desse tipo não se traduzirão sistematicamente por aumento da remuneração. Para cada tempo, regras diferentes do jogo. Como a trajetória não está traçada, comandar bem a própria carreira nesse mundo novo significará ser ator de sua própria evolução, tomar nas mãos o próprio futuro, pois ninguém mais poderá fazer isso" (Le Saget, 1994 ©).

início dos anos 90, resta-nos ainda verificar em que medida esses *corpora* ideológicos encerram realmente duas expressões diferentes do espírito do capitalismo. Para tanto, precisamos examinar se as propostas apresentadas oferecem àqueles de quem o capitalismo precisa, àqueles que esses textos devem convencer uma série de argumentos capazes de mobilizá-los, e não apenas uma lista das "boas ações" que devem ser realizadas para obter lucro para a empresa. Cabe lembrar que, para satisfazerem os requisitos do teste ao qual são submetidos, esses textos devem apresentar o engajamento na reforma como uma aventura pessoalmente estimulante, mostrar que as medidas propostas são justificáveis em relação ao bem comum e explicar de que modo elas propiciarão alguma forma de garantia para aqueles que se engajarem e para seus filhos.

3. MUDANÇA NAS FORMAS DE MOBILIZAÇÃO

Anos 60: estímulo ao progresso, certeza nas carreiras

A *dimensão atraente* da gestão empresarial dos anos 60 consiste no projeto de descentralização e na autonomia proposta aos executivos. Estes finalmente poderão utilizar os meios que estão à sua disposição como bem entenderem e só serão controlados com base nos resultados. E aqueles que, graças a esse dispositivo, forem identificados como responsáveis eficientes terão oportunidades de carreira e subirão na hierarquia.

O novo sistema será mais *justo*, portanto mais bem orientado para o bem de todos, pelo fato de que na empresa as pessoas serão julgadas com base em critérios objetivos, pondo-se fim a nepotismos, benesses, padrinhos, avaliações subjetivas. Em relação ao conjunto da sociedade, a "gestão empresarial racional" proposta, tornando as empresas mais eficientes, serve ao progresso econômico e social, visto que os dois termos não estavam dissociados na época[a]. Esse é um dos traços essenciais do espírito do capitalismo dos anos 60. A empresa está no cerne do projeto de sociedade, e todos estão concordes em conferir-lhe papel eminente quanto ao bem-estar geral, não só devido às riquezas econômicas que ela gera, mas também devido

---

[a] "O homem não é apenas um animal produtivo. O trabalho deve propiciar-lhe cada vez mais realização na vida, à medida que a dominação da natureza vai criando novos bens: a elevação contínua do nível de vida deve pôr essas riquezas aumentadas ao alcance de faixas cada vez maiores da população... Essa necessidade de melhoria das condições físicas, morais e sociais da vida humana fora do trabalho agora é sentida em todos os ambientes" (Borne, 1966 ©).

ao modo como organiza o trabalho e à natureza das oportunidades que oferece[a]. Alguns textos dos anos 60 mostram com muita clareza que o papel confiado à empresa no progresso social está diretamente ligado à crítica marxista, então muito presente, e à sombra projetada pelos países comunistas sobre o "mundo livre". Não se pode encontrar ilustração melhor do impacto da crítica sobre o capitalismo e da incorporação parcial de suas reivindicações no espírito de uma época[b]. A lembrança ainda recente dos regimes fascistas, aliada à sobrevivência de ditaduras na Europa, é outro motivo para exortar as empresas a atender às aspirações das pessoas e desviá-las das tentações totalitaristas[c]. A gestão empresarial, portanto, é legítima porque serve à democracia. A generalização do uso de critérios racionais na vida das empresas, que caracteriza o projeto dos anos 60, é apresentada como o melhor escudo para rechaçar os assaltos irracionais que ameaçam as liberdades[d]. Para a gestão empresarial dos anos 60, a associação entre razão e liberdade, em oposição à paixão e barbárie, não requer demonstração.

Os anos 90 voltarão a essa ideia, para contestá-la: por se querer racionalizar cada vez mais a marcha das empresas, criaram-se máquinas desumanas. O que é "próprio do homem" mudou de natureza: a razão nos anos 60 *versus* sentimentos, emoção, criatividade nos anos 90. Os fenômenos irracionais que se desejavam erradicar, apesar de tudo, conseguiram tomar posse da máquina, de tal modo que a burocracia se mostra como o pior dos sistemas.

No que se refere agora às *demandas de garantias,* a gestão empresarial dos anos 60 conta com a vantagem propiciada pelas grandes organizações

---

a "Desempenhando um papel essencial no âmago do fenômeno da industrialização, nossas empresas constituem cada vez mais um ambiente humano do qual depende a autorrealização daqueles que nela trabalham. Sem perderem um de seus objetivos econômicos e sociais, elas devem ajudar seus membros a desempenhar no mundo de hoje o papel pessoal livremente escolhido que lhes cabe" (Paul Huvelin. P-DG dos Estabelecimentos Kléber-Colombes, citado por Drancourt, 1964 ©).

b "Esses fatos levam a pensar que [...] para sobreviver – e, afinal, o que está em jogo na liberdade vale a pena – as empresas privadas deverão tornar-se cada vez mais democráticas na difusão de seus capitais e cada vez mais preocupadas em promover mais justiça e verdadeira liberdade entre aqueles que ela emprega" (Devaux, 1959 ©).

c "Se quisermos que o progresso social caminhe de braços dados com o progresso material, é preciso que os espíritos se elevem ao mesmo tempo que melhoram as condições de existência. É preciso aprender a viver. São os países totalitaristas os primeiros interessados na organização do lazer. O movimento aparece na Itália, depois na URSS, depois no III Reich, com a organização *Kraft durch Freude (Força pela Alegria)*" (Borne, 1966 ©).

d "Alguns críticos hoje se preocupam com os progressos da gestão empresarial, temendo que as sociedades democráticas se tornem 'excessivamente geridas'. A verdade é exatamente o contrário. A verdadeira ameaça para a sociedade democrática vem da fraqueza da gestão empresarial. [...] A suborganização, a subgestão de uma sociedade não são respeito à liberdade. Isso é simplesmente deixar que outras forças, não as da razão, modelem a realidade" (McNamara citado *in* Servan-Schreiber, 1967 ©).

quando dá certeza de carreira aos executivos. Esse dispositivo está perfeitamente ajustado às diferentes questões que se apresentam então para os organizadores. Ele pode ser justificado do ponto de vista da justiça (as carreiras são meritocráticas e oferecem chances de desenvolvimento a todos) e do domínio do futuro (permite que as empresas vinculem a si os elementos de valor de que precisam). As obras sobre gestão empresarial da época estão cheias de conselhos sobre o modo de prevenir-se contra o risco de haver falta de executivos: planejamento das necessidades, recrutamentos preventivos e estabelecimento de perfis de carreiras que possibilitem ir levando os iniciantes gradualmente ao nível de competência dos postos que exigem grandes responsabilidades[a, b]. As carreiras motivam os executivos que se sentem reconhecidos em sua capacidade. A possibilidade de mudar de posto alguém que não trabalhe direito é mencionada, mas nunca se menciona a demissão (exceto para aqueles que tenham cometido malversações).

A carreira, que comporta a certeza de aumentos regulares do salário, constitui também um modo de redistribuição entre gerações, pois os jovens executivos são mal pagos na idade em que apresentam melhor desempenho, mas recuperam no fim da carreira as vantagens que deram à empresa, quando o salário é mais elevado, ao mesmo tempo que sua competência tende a tornar-se obsoleta. Essa organização do ciclo de vida tem como corolário o desenvolvimento do crédito – crédito imobiliário e crédito ao consumo – necessário para financiar os investimentos no início da vida familiar, crédito que com certeza se poderá reembolsar, graças à progressão da renda. A dimensão meritocrática, porém, é conservada no sentido de que os mais eficientes terão aumentos de renda superiores à média. Assim se conciliam segurança e rivalidade[c]. O futuro é radioso.

A difusão da teoria das necessidades de Abraham Maslow, que postula uma hierarquia das necessidades humanas, de tal forma que não é possível satisfazer certas necessidades se outras, de nível inferior, não estiverem satisfeitas, apresenta como evidência a crença de que as necessidades de garantia de emprego são essenciais, pois se situam na base da pirâmide,

---

a "A rotatividade dos empregos [...] possibilita estabelecer um plano de carreira que preveja as experiências capazes de possibilitar que um executivo amplie seus conhecimentos e aptidões" (Humble, 1969 ©).

b "A promoção do trabalho possibilita que o assalariado tenha acesso a funções mais delicadas e mais bem remuneradas: ela deve permitir que cada um, segundo suas capacidades, alcance suas chances na vida. Para a empresa, portanto, a promoção interna é ao mesmo tempo necessidade econômica e moral" (Borne, 1966 ©).

c "O desenvolvimento da carreira nas empresas é essencial porque, se o salário deve responder à virtude da justiça, o desenvolvimento da carreira responde à esperança, e não há sociedade humana equilibrada sem esperança" (Devaux, 1959 ©).

logo depois das necessidades fisiológicas, como comer ou dormir. A partir do momento em que se tem em vista manipular as necessidades de realização dos executivos por meio da administração por objetivos, fica evidente que esse objetivo não poderá ser atingido sem a oferta de garantias[a].

A garantia de emprego, então, faz parte da definição implícita, mas admitida por todos, do contrato de trabalho. Ela é um dos argumentos fundamentais da defesa do capitalismo, a tal ponto que alguns autores rejeitam a pretensão anticapitalista de confiar a direção das empresas aos trabalhadores, argumentando que eles correriam o risco de perder a garantia que lhes é concedida como compensação pela subordinação[b].

O último dispositivo de garantia com o qual os autores de gestão empresarial contam nada mais é que o Estado-providência, considerado complemento necessário à vida dos negócios[c]. O *corpus* dos anos 60, portanto, nos apresenta várias defesas da eficácia das políticas públicas e da importância fundamental do Estado[d]. Servan-Schreiber (1967 ©) procurará promover o princípio de uma economia moderna baseada, por um lado, em empresas que utilizem as técnicas da gestão empresarial (americana) mais recente e, por outro, num Estado que pratica um planejamento flexível[e]. As empresas produzem riquezas, forjam o progresso técnico, e o Estado faz que

---

[a] "A primeira necessidade para realizar-se e ter sucesso na vida é um mínimo de garantias, de tal modo que a mente não fique totalmente absorvida pela preocupação com o amanhã e assim seja possível dedicar-se inteiramente ao trabalho. Pode-se dizer que a maioria das empresas francesas oferece alto nível de garantia aos executivos, no sentido de que o risco de ser demitido e ficar sem trabalho é mínimo; não faz parte das tradições demitir um executivo, salvo em casos excepcionais de malversação grave" (Froissart, 1969 ©).

[b] "Enfim, o argumento determinante contra a transferência total ou parcial da autoridade na empresa para os sindicatos é que essa operação comporta uma transformação do contrato de serviços em contrato de associação. Isso não deixa de comportar grandes inconvenientes. Supõe a aceitação de riscos graves: perda de capitais e perda de emprego sem contrapartida, caso o negócio passe por dificuldades. Sem dúvida, o assalariado pode perder o emprego em caso de fechamento da empresa. Mas, ao contrário do sócio, é beneficiado por garantias legais ou convencionais, como aviso prévio e, na maioria dos casos, indenização e seguro-desemprego" (Malterre, 1969 ©).

[c] "[A necessidade de] garantias [...] foi resolvida, pelo menos em parte, na maioria dos países desenvolvidos por meio de um sistema mais ou menos aperfeiçoado de seguridade social. [...] Ele modificou consideravelmente – alguns até dizem revolucionou – a vida cotidiana, fazendo desaparecer da vida dos que trabalham a miséria e a angústia que eram consequências das adversidades da sorte" (Borne, 1966 ©).

[d] "A partir de certo nível de desenvolvimento técnico, fica claro para a opinião pública que existem meios para garantir o direito ao trabalho e certa massa de rendimentos. [...] É cada vez menos admissível que os empregados de setores que passam por progressos rápidos sejam os únicos beneficiários do progresso, quer se trate de salários ou de garantias de qualquer natureza (doença, aposentadoria etc.). O mesmo se diga sobre o direito ao trabalho" (Armand e Drancourt, 1961 ©).

[e] "É óbvio que há sempre composições difíceis entre a liberdade dos atores privados e a estratégia do Estado. Mas a crença num antagonismo de princípio entre os dois termos é desmentida pela experiência" (Servan-Schreiber, 1967 ©).

cada um se beneficie dessas melhorias. A divisão dos papéis é clara, e o Estado não é contestado. Entre nossos autores, somente Octave Gelinier se mostra um tanto crítico, preocupando-se com a liberdade que o Estado dá às empresas. Mas sua proposta é que, por um lado, o Estado promova o reinado da concorrência entre as empresas, acabe com os monopólios e com os protecionismos, mas, por outro, fique com a responsabilidade de oferecer o indispensável complemento em termos de garantia de que os trabalhadores precisam, mas que as empresas não podem oferecer integralmente.

Assim, os textos dos anos 60 são eco das grandes preocupações com a garantia de emprego, pois há uma complementação entre a empresa, que só demite excepcionalmente e propicia carreiras vitalícias, e o Estado, que oferece garantia contra outros tipos de risco e contra o desemprego em caso de fechamento da empresa. Nos anos 90, ao contrário, assiste-se a um questionamento dessas duas garantias *simultâneas*, o que apresenta uma característica paradoxal, pois seria de acreditar que o enfraquecimento de um desses dois dispositivos acarretasse o aumento da intervenção do outro. Pode-se aventar a hipótese de que os autores têm em mente as dificuldades financeiras do Estado-providência, o que os impede de voltar-se para essa solução pronta. A apologia da mudança, do risco e da mobilidade substitui então a valorização da ideia de garantia.

Como veremos agora, esse é decerto um dos pontos mais frágeis do novo espírito do capitalismo, ainda que os autores de gestão empresarial não careçam de imaginação para encontrar certas formas de garantia, compatíveis com a exigência de flexibilidade, hoje dominante.

Anos 90: realização pessoal graças à multiplicidade de projetos

Antes de abordar o modo como são tratadas as questões relativas às garantias no *corpus* dos anos 90, examinaremos as propostas da nova gestão empresarial que supostamente entusiasmam aqueles cujo engajamento convém estimular, bem como as justificações dadas em termos do bem comum.

Como já ocorria nos anos 60, um dos principais *atrativos* das propostas formuladas nos anos 90 é a oferta de certa libertação. Mas já não se trata de obter apenas a liberdade vigiada da administração por objetivos, aliás acessível apenas aos executivos. No novo universo, tudo é possível, pois as novas palavras de ordem são criatividade, reatividade e flexibilidade[a]. Ninguém

---

[a] "Para ser eficiente, a empresa deve contar cada vez mais com a capacidade de iniciativa de cada um dos assalariados que ela emprega. Recorrer à iniciativa é recorrer à autonomia e à liberdade" (Landier, 1991 ©).

mais está limitado pela seção à qual pertence nem totalmente submetido à autoridade de um chefe, pois todas as fronteiras podem ser transpostas pela virtude dos projetos. Lemaire (1994 ©) tem o sonho de eliminar totalmente os chefes[a], introduzindo um princípio de simetria que possibilite que o responsável por um projeto tenha como colaborador básico o coordenador de outro projeto do qual ele não passa de simples participante. Com as novas organizações, a prisão burocrática explode; trabalha-se com gente do outro lado do mundo, com outras empresas, com outras culturas. A descoberta e o enriquecimento podem ser permanentes. E as novas "relações eletrônicas" a distância mostram-se até mais sinceras e livres do que eram as relações frente a frente[b].

Outra dimensão sedutora da nova gestão empresarial é a proposta de desenvolvimento pessoal. As novas organizações supostamente necessitarão de todas as capacidades humanas, que poderão assim desenvolver-se plenamente[c]. Os "*coachs*" acompanharão as pessoas nessa empreitada e tudo será posto em ação para que elas se conheçam melhor e descubram aquilo de que são capazes[d]. O novo modelo propõe uma "verdadeira autonomia", segundo nos dizem, baseada num autoconhecimento e na realização pessoal, e não a falsa autonomia, delimitada pela trajetória da carreira, por definições de função e por sistemas de punições-recompensas propostos nos anos 60[e].

Cabe lembrar, para terminar, que os autores dos anos 90 também confiam aos líderes e ao seu poder de visão a incumbência de fazer os seres humanos elevar-se. O que teoricamente também atrai na nova gestão empresarial é a perspectiva de trabalhar para um projeto interessante, que "valha a

---

a "A única maneira de não ficar sujeito a esses conflitos é não ter superior hierárquico" (Lemaire, 1994 ©).

b "Os nômades eletrônicos, livres dos símbolos do poder e do'conformismo social', expressam-se com mais liberdade por meio de rede do que frente a frente" (Ettighoffer, 1992 ©).

c "Por mais essencial que seja, a administração constitui um campo rústico, da alçada apenas da racionalidade; portanto, ela é facilmente comunicável por um formador; mas dar movimento e vida a uma organização é coisa que põe em jogo o olhar, a audição, a vontade de ampliar seu próprio campo de consciência, a capacidade de empatia, a imaginação, a aptidão para mudar de lógica, coragem nas escolhas e na ação. [...] A administração trata do que é seguro, a liderança enfrenta o que é indefinido" (Sérieyx, 1993 ©).

d "Através de um questionamento pode-se – deve-se, segundo Sócrates – ajudar os outros a descobrir os valores e as verdades que estão neles" (Aubrey, 1990 ©).

e "A busca de promoção é alimentada pela ilusão de autonomia que ela parece possibilitar. A descoberta da ilusão reforça a necessidade de dominar por compensação, o que reforça ainda mais a busca de promoção. Existe aí um círculo vicioso, ou um'jogo sem fim' do poder, descrito por Simone Weil. É sempre no nível inferior que se acredita na liberdade invejável do nível superior da organização e, quanto mais se sobe, mais esse objetivo desejável se afasta" (Orgogozo e Sérieyx, 1989 ©).

pena", coordenado por uma pessoa "excepcional", cujo "sonho vai ser compartilhado". E, como a literatura de gestão empresarial exorta todos e, em primeiro lugar, os executivos, a ser esses "líderes carismáticos" e "visionários" que dão sentido à vida das pessoas, a proposta implícita é que aqueles aos quais são feitas essas propostas, os leitores, poderiam perfeitamente ser – por que não? – aqueles que, com a ajuda de suas empresas, realizarão seus sonhos e os compartilharão com outros.

Para responder a críticas que põem em causa o caráter injusto do capitalismo, viu-se que a gestão empresarial dos anos 60 insistia, em nível empresarial, na dimensão meritocrática dos dispositivos propostos e, em nível mais global, na necessidade de uma gestão econômica sadia para defender a democracia e o "mundo livre" e estimular o progresso social. O crescimento econômico supostamente associado ao progresso social e a aliança entre capitalismo e democracia estão entre as justificações mais estáveis do capitalismo, como lembrávamos na introdução. Mas também observávamos que essas justificações muito gerais, por si sós, são insuficientes para legitimar ações situadas, sem o apoio de elementos de prova que apontem para uma *justiça local*, retomando os termos de J. Elster (1992). Aliás, no contexto do segundo espírito do capitalismo, o que a meritocracia baseada na avaliação dos resultados oferecia era precisamente a possibilidade de enraizar os grandes princípios em dispositivos ajustados às propriedades específicas das empresas nas quais eles estavam inseridos.

Nos anos 90, sempre são mobilizados os argumentos mais clássicos invocados para defender o capitalismo. Entre eles, o tema das liberdades é, evidentemente, o mais presente. A ele se associa outro argumento, não menos tradicional, que consiste em ressaltar que a empresa está a serviço dos consumidores (sempre foi mais legítimo dizer que a empresa serve os clientes, e não que enriquece os proprietários). Essa generalização é muito fácil nos anos 90, em vista da focalização no cliente proposta pelos novos dispositivos. Em compensação, o tema do progresso econômico, terceira justificação clássica, está menos presente, provavelmente porque a maioria dos autores de gestão empresarial de nossa época não se sente à vontade para mencioná-lo, em vista do aumento do desemprego. Esse tema, portanto, é absorvido pelo da sobrevivência numa situação de concorrência exacerbada (as transformações propostas são justificadas pela necessidade), o que constitui realmente uma justificação, embora um tanto fraca para engajar as pessoas e provocar entusiasmo.

Falta-nos especificar quais são as formas de justiça local apresentadas pelos autores contemporâneos, sem as quais a adesão às mudanças atuais do capitalismo poderia ser insuficiente. Nos anos 60, tinha-se em mente retribuir cada um segundo seus resultados ou sua eficiência. Os anos 90, em contrapartida, valorizam aqueles que sabem trabalhar em projetos, seja como líder, seja como simples colaborador. As pessoas de valor, nessa óptica, são as que conseguem trabalhar com gente muito diferente, que se mostram abertas e flexíveis sempre que se trate de mudar de projeto e que conseguem adaptar-se permanentemente a novas circunstâncias[a].

Esse modo de avaliar as pessoas, expresso na maioria dos textos dos anos 90, distingue-se nitidamente dos preceitos de justiça formulados nos períodos anteriores, mas continua bem pouco convincente, devido a seu caráter ainda impreciso e à indefinição que envolve a maneira como se poderia chegar a provas convincentes. Nossa hipótese é de que estamos aqui assistindo à *emergência de um novo sentido comum de justiça*, que, com o tempo, poderia ser codificado segundo a arquitetura das cidades políticas como ela foi descrita em *De la justification* [Da justificação] (Boltanski, Thévenot, 1991), cujas linhas gerais lembrávamos na introdução. Para que os julgamentos correspondentes a essa nova expressão do sentido da justiça possam ser explicitados e refletir-se nas provas que pretendam ter validade geral, faltaria um desenvolvimento gramatical baseado numa antropologia e numa filosofia política claramente enunciadas (como ocorreu, por exemplo, com a ordem mercantil, cuja sintaxe pode ser depreendida da leitura de Adam Smith, ou com a ordem industrial, baseada num princípio de eficiência – fundamental nas justificações dos anos 60 – que foi claramente formulada em Saint-Simon). A esse trabalho de explicitação e gramaticalização das formas de julgamento correspondentes ao sentido de justiça encerrado na nova gestão empresarial dedicaremos o próximo capítulo, trazendo à tona essa nova forma de abordagem dos textos de nosso *corpus*. Batizamos essa nova "cidade" de *cidade por projetos*, como referência ao mundo flexível constituído por projetos múltiplos dirigidos por pessoas autônomas, cujo quadro é esboçado pelos autores de gestão empresarial.

A questão da oferta de *garantias*, contida nos textos contemporâneos de gestão empresarial, nos expõe a outras dificuldades, em primeiro lugar porque tais garantias não constituem um valor dominante nos anos 90, em que são associadas a coisas denunciadas com insistência, como *status*, hierarquia e burocracia, ao contrário do que pudemos observar no período anterior.

---

[a] "No futuro, quem souber dominar a maior variedade de situações profissionais e se integrar sem reivindicações em equipes de configurações diversas terá vantagem incontestável em seu progresso profissional" (Le Saget, 1994 ©).

O autor mais combativo, nesse aspecto, é Bob Aubrey, que lembra que a pirâmide de Maslow é uma falsa lei científica[a]. Rosabeth Moss Kanter, mais preocupada com o desinteresse pela garantia de emprego, põe na balança a diminuição da segurança futura e o aumento de liberdade, esperando que o estímulo provocado pelo aumento da autonomia seja mais forte do que o medo do amanhã[b].

Os autores de gestão empresarial também sabem que, sem novas formas de garantia, suas propostas não tentarão muita gente[c]. A primeira dificuldade que precisam resolver é propor algo em lugar das carreiras hierárquicas cuja importância se viu no segundo espírito do capitalismo. A sugestão é substituí-las pela sucessão de projetos. As pessoas não farão carreira, mas passarão de um projeto a outro, pois o sucesso em dado projeto lhes possibilitará acesso a outros projetos mais interessantes. Como cada projeto dá oportunidade de conhecer novas pessoas, há possibilidade de ser apreciado pelos outros e, assim, poder ser chamado para outro negócio. Cada projeto, diferente, novo e inovador por definição, apresenta-se como uma oportunidade de aprender e enriquecer competências que se tornam trunfos na busca de outros contratos[d].

---

[a] "As organizações devem hoje assimilar a nova realidade, tratando cada assalariado como uma empresa. Essa mudança impõe o abandono de certo número de suposições que dominaram a sociedade industrial, a primeira das quais é que o indivíduo está em busca de garantia de emprego, ideia nascida nos anos cinquenta da célebre 'pirâmide das necessidades' de Abraham Maslow, que apresentava como princípio que é preciso satisfazer as necessidades fundamentais antes de pensar em autorrealização. Ora, não só essa tese é discutível no plano teórico (como explicar que alguém ponha em risco a garantia de emprego para tornar-se artista ou para lançar-se numa nova carreira?), como também a interpretação dada a ela no âmbito da gestão empresarial – a empresa deve oferecer primeiro garantias e só depois autorrealização – pouco se justifica" (Aubrey, 1994 ©).

[b] "Essa evolução implica pouca garantia de emprego e sobrecarga de trabalho, mas, ao mesmo tempo, faz surgir um espaço que suscita entusiasmo e dá ao pessoal a possibilidade de agir como empresários dentro das empresas onde trabalham" (Moss Kanter, 1992 ©).

[c] "Os princípios pós-industriais que defini claramente têm o lado bom e o mau. O lado bom é multiplicar as oportunidades, dar ao pessoal possibilidades de desenvolver ideias, de realizar projetos estimulantes e de ser remunerado em função das contribuições reais. Também do lado bom, esses princípios incentivam as colaborações entre funções diversas, unidades de produção e empresas. Os lucros que a empresa extrai desses princípios são a diminuição dos custos fixos e a ampliação de seu poder e seu alcance. Mas, pelo lado ruim, essas estratégias podem provocar desemprego, em vez de possibilidade de agir; rivalidades, em vez de trabalho em equipe; e um vaivém de ativos e lucros, em vez de compromissos a longo prazo. Essas estratégias, se aplicadas sem bom senso e sem preocupação com as consequências para o pessoal e a organização, não produzirão aumento de lucros, sobretudo se os assalariados restringirem seus esforços por medo de perderem o emprego ou para resistirem à mudança" (Moss Kanter, 1992 ©).

[d] "A carreira pós-industrial é uma corrida incessante de um projeto a outro. O valor agregado em cada projeto é sinal do sucesso obtido em cada um deles. [...] Todas as pessoas dependem de seus recursos bem mais do que dos destinos desta ou daquela empresa empregadora. Os que só conhecem a arte de galgar uma hierarquia ficam à deriva. Os rendimentos flutuam; variam de um ano para outro,

A noção fundamental dessa concepção da vida laboral é a de *empregabilidade*, que designa a capacidade de que as pessoas precisam ser dotadas para que se recorra a elas nos projetos. A passagem de um projeto para outro é a oportunidade de aumentar a própria empregabilidade. Esta é o capital pessoal que cada um deve gerir, constituído pela soma de suas competências mobilizáveis. Considera-se que uma empresa oferece certa forma de garantia quando, em vez de evitar demissões e prometer carreiras, ela não destrói a empregabilidade de seus assalariados, mas, ao contrário, a desenvolve[a]. Assim, os autores dos anos 90 têm realmente algumas soluções para o problema da garantia, mas ainda falta às suas propostas uma instrumentalização comparável à oferecida pela literatura administrativa dos executivos dos anos 60, que explicava com detalhes como recrutar, avaliar e desenvolver os empregados. Nos textos que lemos, encontram-se poucos dispositivos para avaliar a empregabilidade ou verificar se ela está crescendo, em vez de decrescer. Uma explicação otimista é que os textos dos anos 60 apresentam uma formulação relativamente tardia do segundo espírito do capitalismo numa época em que ele está amplamente implantado, ao passo que os textos dos anos 90 estão associados a um novo espírito do capitalismo que está nascendo, que não atingiu sua formulação mais mobilizadora.

Outro risco, de natureza bem nova, gerado pelas organizações flexíveis, está na maior facilidade de os atores da empresa agirem de forma personalista, em interesse próprio, sem levar em conta aqueles sem os quais sua ação não poderia ter sido coroada de sucesso. A rejeição de instrumentações, regulamentos e procedimentos, a revalorização dos aspectos afetivos e relacionais contra os quais tinham lutado os organizadores dos anos 60 abrem um campo mais vasto que no passado a atitudes desse tipo. Esses maus comportamentos assumem a forma de oportunismo relacional que aproveita todas as conexões, real ou virtualmente úteis, às quais dá acesso a participação nos dispositivos da vida cotidiana (dispositivos da empresa, estágios, relações de estudo, de amizade, familiares, amorosas), desviando-os no sentido de obter proveito pessoal. Num mundo "sem frontei-

---

em vez de progredirem regularmente ao longo do tempo. Os riscos e a incerteza são regra. Mas a produtividade não é afetada por isso; ao contrário, é beneficiada pela qualidade profissional e pela necessidade de aumentar a reputação, que se tornaram a melhor garantia de emprego, mesmo que a serviço de um único empregador. Cada um deve criar um acervo de aptidões, pois as empresas já não dão certeza de garantia de emprego. Não é impossível que o conjunto da população ganhe competências novas" (Moss Kanter, 1992 ©).

a "Não se pode assegurar garantia de emprego. Em contrapartida, a empresa pode garantir 'a empregabilidade', ou seja, um nível de competência e flexibilidade que possibilite a cada indivíduo encontrar um novo emprego dentro ou fora da empresa" (Aubrey, 1993 ©).

ras", em que a empresa é "explodida", "virtual", "pós-moderna", em que as coerções hierárquicas estão muito atenuadas e a instituição já não manifesta sua presença através de signos tangíveis e, especialmente, através de uma simbólica do poder, como será garantida a lealdade do gerente de projeto à sua equipe e ao centro de lucro frequentemente distante de que depende?

Do mesmo modo, o que garante que a integridade das pessoas será respeitada num contexto em que se pede que canalizem todas as suas capacidades para as empresas, inclusive as mais pessoais; não só competências técnicas, mas também criatividade, senso de amizade, emotividade etc. A introdução do "*coach*", que funciona como psicólogo a serviço da empresa, embora encarregado de ajudar as pessoas a desenvolver-se, pode ser sentida por alguns como um perigo de invasão da vida pessoal pela empresa. Está claro, pois, que, para ser realmente convincente aos olhos dos interessados, a nova gestão empresarial deve comportar um mínimo de dispositivos que tenham em vista dominar esses riscos que constituem outras formas de atentado à segurança pessoal. Os autores de gestão empresarial mostram-se tão conscientes desses riscos, que chegam a mencioná-los, em especial quando abordam a questão do "*coaching*", mas logo o descartam, ressaltando que não é qualquer um que pode ser "*coach*", e que quem desempenhar esse papel deverá ter qualidades pessoais que não lhe permitam violentar nem oprimir as pessoas com quem trabalha, de acordo com uma atitude ética parecida com a da psicanálise[a, b].

De maneira geral, os dispositivos da nova gestão empresarial precisam ser manejados por pessoas cujo comportamento dê mostras de alto nível de preocupação ética. O recente desenvolvimento da "ética dos negócios", como disciplina específica da gestão empresarial, deve ser correlacionado a essas preocupações. Desencadeada pelos casos de corrupção para obtenção de mercados públicos, sobretudo no exterior, essa corrente de reflexão é testemunho das dificuldades para se exercer algum controle sobre as ações das pessoas distantes, problema multiplicado pela generalização dos novos dispositivos flexíveis, pois doravante um número imenso de assalariados é obrigado a deslocar-se e desempenhar atividades "em rede", tornando-se menos controláveis. A segurança dos trabalhadores, tal como a segurança da empresa, também nesse caso só pode ser garantida por uma forma de autocontrole que supõe a interiorização de regras de comporta-

---

a "Sua atitude é fundamentalmente afetiva, oblativa: ele cria elos duradouros, seus colaboradores são seres em desenvolvimento" (Cruellas, 1993 ©).

b "Gestor de um processo que, sem dúvida, é um processo educativo, o *coach* empenha-se por cuidar dos diferentes estágios da autonomia à qual o seu acompanhamento deve conduzir" (Lenhardt, 1992 ©).

mento que preservem a integridade das pessoas e evitem que sua contribuição deixe de ser reconhecida. Reencontramos aí o tema da confiança que mencionamos ao tratarmos das novas formas de controle[a].

Para enfrentar essas preocupações, os autores de gestão empresarial apresentam o efeito regulador dos mecanismos de reputação (que também são encontrados na modelização microeconômica): os atores do mundo dos negócios se policiarão e farão questão de não trabalhar com aqueles que não tenham respeitado as regras éticas elementares. Os efeitos da reputação desempenham aí papel primordial, pois, por um lado, estão no cerne da empregabilidade – a boa reputação é o melhor meio de estar sempre empregado – e, por outro, possibilitam exercer pressões normalizadoras muito eficazes, visto que as pessoas com as quais se faz negócio podem esforçar-se por destruir a reputação de alguém em caso de comportamentos julgados prejudiciais[b]. O que continua problemático nessas propostas é que a reputação também pode se tornar refém de razões menos nobres e sofrer um desvio em proveito dos mais fortes. Mas essa hipótese, que, para ser levada a sério, pressupõe uma mente perversa, não é considerada pelos autores de gestão empresarial, que são mais dados ao otimismo.

A capacidade de mobilização contida no novo espírito do capitalismo que se manifesta na literatura de gestão empresarial dos anos 90 parece-nos, afinal, medíocre. É verdade que as propostas feitas têm em vista desenhar um mundo no qual a vida seria realmente muito estimulante, mas são deficientes do ponto de vista da justiça, por suporem a referência a um novo sistema de valores que está apenas esboçado. Quanto às garantias oferecidas, embora não careçam de ideias, falta-lhes instrumentalização. "Empregabilidade", "ética pessoal" e "o risco de transformar a reputação em refém" ainda não encontraram – pelo menos na literatura de gestão empresarial – tradução muito sólida em termos de dispositivos. É inegável que as pessoas mais ajustadas ao novo mundo e mais capazes de tirar proveito dele não

---

a "O atleta da empresa respeita as mais elevadas exigências éticas. Embora sempre tenha gozado de grande importância dos pontos de vista social e moral, a ética profissional hoje é necessidade. [...] A confiança exigida por cada uma dessas novas estratégias baseia-se na convenção tácita de que cada uma das partes se submeterá à ética e levará em consideração as necessidades, os interesses e as preocupações de todos os parceiros" (Moss Kanter, 1992 ©).

b "Deve-se observar, porém, que os indivíduos gananciosos frequentemente são solitários. Quando procuram integrar-se num grupo, logo são identificados e rejeitados. Cumpre saber que as redes têm sua própria 'polícia' invisível, capaz de destruir aproveitadores e usurários: 'os ex-colegas de escola, os colegas do exército, os associados ao clube de bridge... ou os vizinhos de mesa em casamentos logo percebem aqueles que estão ali só para aproveitar'. Ótimo. Isto porque as redes se preocupam com sua imagem. Quanto melhor for essa imagem, mais eficiente será a a influência da rede na vida econômica e nas relações" (Bellenger, 1992 ©).

deveriam padecer de tais carências e, por conseguinte, engajar-se com entusiasmo na reforma. A dificuldade será convencer massas maiores de pessoas, especialmente aquelas que não possuem recursos muito diversificados nem um crédito muito elevado em termos de reputação, ou que, por diferentes razões, tenham limitadas possibilidades de mobilidade e por isso aspirem a uma vida mais protegida, ainda que possa ser julgada menos apaixonante segundo os novos critérios.

CONCLUSÃO:
A NOVA GESTÃO EMPRESARIAL RESPONDENDO A CRÍTICAS

A literatura de gestão empresarial dos anos 90 contém ideais, propostas de organização humana, modos de ordenamento dos objetos e formas de garantia que são de natureza tão diferente daquilo que se encontra na literatura de gestão empresarial dos anos 60 que é difícil não reconhecer que o capitalismo mudou muito de espírito ao longo dos últimos trinta anos, ainda que a nova configuração não possua a força mobilizadora à qual a figura anterior conseguira chegar, pelo fato de estar incompleta no plano da justiça e das garantias.

Em vista da afirmação acima, de que as críticas às quais está exposto o capitalismo constituem um dos elementos determinantes da formação do espírito do capitalismo próprio de uma época (as mudanças nesse campo baseiam-se, na maioria das vezes, na satisfação de certas críticas, quer se trate de críticas reformistas em vista de melhorar os dispositivos existentes, quer de críticas radicais que exijam uma transformação das provas), procuraremos agora identificar as reivindicações que o novo espírito é capaz de satisfazer. Em todos os casos, para conseguir implantar-se ele precisa encontrar apoios bastante amplos e, para tanto, oferecer satisfações diferentes, por natureza, das satisfações propostas pelo espírito anterior, caso contrário a mudança seria vista de modo puramente negativo. Portanto, ele precisa estar em condições de responder a alguma exigência não atendida no período anterior, durante o qual ela era realmente formulada, acima de tudo na retórica da crítica. A identificação, feita na introdução, das quatro fontes de indignação às quais recorrem os críticos do capitalismo, vai ajudar-nos a identificar as reivindicações satisfeitas pelo novo espírito. Parece-nos, assim, bem evidente que a nova gestão empresarial pretende responder às demandas de autenticidade e liberdade, feitas historicamente em conjunto por aquilo que denominamos "crítica estética", deixando de lado as questões do egoísmo e das desigualdades tradicionalmente associadas na "crítica social".

O novo questionamento das formas até então dominantes de controle hierárquico e a concessão de maior margem de liberdade são apresentados na literatura de gestão empresarial, mas frequentemente também pelos sociólogos do trabalho, como resposta às demandas de autonomia provindas de assalariados mais qualificados que em média ficaram mais tempo no sistema de ensino (a parcela de executivos autodidatas decresce, por exemplo, nos anos 80) e, especialmente, dos jovens executivos, engenheiros e técnicos que, formados num ambiente familiar e escolar mais permissivo, têm dificuldade para suportar a disciplina da empresa e o controle dos chefes e se rebelam contra o autoritarismo quando a ele submetidos, e também rejeitam exercê-lo sobre subordinados.

Não é difícil reconhecer aí um eco das denúncias anti-hierárquicas e das aspirações à autonomia, que foram expressas com veemência no fim dos anos 60 e nos anos 70. Essa filiação, aliás, é reivindicada por alguns especialistas que, nos anos 80, contribuíram para a implementação de dispositivos da nova gestão empresarial. Oriundos da esquerda, sobretudo do movimento de autogestão, ressaltavam a continuidade entre seus engajamentos da juventude e as atividades por eles desenvolvidas nas empresas, após a guinada política de 1983, visando tornar mais atraentes as condições de trabalho, melhorar a produtividade, desenvolver a qualidade e aumentar os lucros. Assim, por exemplo, as qualidades que, nesse novo espírito, são penhores de sucesso – autonomia, espontaneidade, mobilidade, capacidade rizomática, polivalência (em oposição à especialização estrita da antiga divisão do trabalho), comunicabilidade, abertura para os outros e para as novidades, disponibilidade, criatividade, intuição visionária, sensibilidade para as diferenças, capacidade de dar atenção à vivência alheia, aceitação de múltiplas experiências, atração pelo informal e busca de contatos interpessoais – são diretamente extraídas do repertório de maio de 68[7]. Mas esses temas, associados nos textos do movimento de maio a uma crítica radical do capitalismo (especialmente à crítica à exploração) e ao anúncio de seu fim iminente, encontram-se, na literatura da nova gestão empresarial, até certo ponto autonomizados, transformados em objetivos que valem por si mesmos e são postos a serviço das forças cuja destruição eles pretendiam apressar. A crítica à divisão do trabalho, à hierarquia e à supervisão, ou seja, ao modo como o capitalismo industrial aliena a liberdade, está assim desvinculada da crítica à alienação mercantil, à opressão pelas forças impessoais do mercado, que, no entanto, quase sempre a acompanha nos textos contestadores dos anos 70.

É possível fazer observações semelhantes em relação à crítica ao desencanto, à inautenticidade da vida cotidiana no cosmos capitalista. A tônica da nova gestão empresarial na capacidade de conviver, nas relações humanas autênticas (em oposição ao formalismo burocrático) constitui, na ordem da organização da produção, uma resposta às críticas que denunciavam a alienação no trabalho e a mecanização das relações humanas. O refluxo da burocracia e de seu projeto de erradicar tudo o que não seja "racional", ou seja, formalizável e calculável, deveria – conforme se dizia – possibilitar um retorno a funcionamentos "mais humanos", em que as pessoas pudessem deixar que emoções, intuição e criatividade desabrochassem. A nova gestão empresarial acaso não propõe que cada um deixe de ser instrumento e passe a "concretizar suas aspirações profundas e realizar-se?" (Le Saget, 1994 ©).

De modo mais geral, pondo-se a tônica na polivalência, na flexibilidade de emprego, na capacidade de adaptar-se a novas funções, em oposição ao domínio de uma habilidade, em qualificações adquiridas, na capacidade de assumir compromissos e comunicar-se, nas qualidades relacionais, a nova gestão empresarial volta-se para aquilo que se denomina, com frequência cada vez maior, "saber-ser", em oposição ao "saber" e ao "saber-fazer". Como os recrutamentos se baseiam em avaliações das qualidades mais genéricas da pessoa – as que valem também para justificar as uniões na vida privada, sejam elas da ordem da amizade ou das afeições –, e não em qualificações objetivadas, torna-se difícil estabelecer a distinção entre a operação que consiste em contratar colaboradores para realizar determinada tarefa e a operação que consiste em acolher seres humanos por motivos de simpatia pessoal. Essas orientações da nova gestão empresarial muitas vezes são apresentadas – conforme vimos – como um esforço para orientar o mundo do trabalho num sentido "mais humano". Mas elas podem, em contrapartida, dar origem a novos riscos de exploração, como teremos oportunidade de desenvolver adiante. Por ora, cabe observar apenas que, entre esses novos dispositivos, mostram-se bastante ambíguos nesse aspecto os que são justificados não só pela diminuição dos custos salariais e pelos ganhos de produtividade que propiciam, mas também pela intenção de romper com as formas taylorizadas de trabalho – consideradas desumanas com justiça (enriquecimento das tarefas, melhorias das condições de trabalho). A taylorização do trabalho consiste em tratar os seres humanos como máquinas. Mas o caráter rudimentar dos métodos empregados, precisamente por tenderem à robotização dos homens, não possibilita pôr diretamente, a serviço da busca de lucros, as propriedades mais humanas dos seres humanos: afetos, senso moral, honra, capacidade inventiva. Inversamente, os novos dispositivos, que exigem engajamento maior e se respaldam numa ergonomia mais sofisticada, integrando as contribuições da psicologia pós-behaviorista e das ciências cognitivas, justamente por serem mais humanos penetram com mais profundidade no íntimo das pessoas que – como se espera – devem "doar-se" – conforme se diz – ao trabalho, possibilitando a instrumentalização dos seres humanos naquilo que eles têm de propriamente humano.

Outra forma de reação ao tema do desencanto tem em vista dar uma resposta às críticas à inautenticidade da vida cotidiana – perda de originalidade, destruição da espontaneidade e da incerteza, generalização do calculismo, desejo de domínio total, proliferação do estereotipado (em oposição ao vivo), transformação das coisas em produto ou espetáculo –, críticas que se enraízam de preferência na esfera do consumo e denunciam as necessidades pré-fabricadas, o domínio da publicidade e do marketing, "a degradação dos valores humanos assumidos pelos mecanismos de troca" (Vaneigem, 1967, p. 81), o reinado do quantitativo (em oposição à qualidade), a padronização dos bens na produção em massa, a dominação da aparência, a tirania do *status*, a enxurrada de objetos inúteis, feios, efêmeros etc. A resposta do capitalismo a essa variante moderna da crítica estética consistirá, por um lado, em procurar desenvolver a produção e a comercialização de bens incessantemente renovados (a famosa exigência de inovação contínua da gestão empresarial), que, em vista da novidade e da pequena difusão no momento do lançamento, aplacam temporariamente as angústias vinculadas à massificação. Por outro lado, a insistência no serviço personalizado ao cliente, na importância à atenção dada a seus desejos, no desenvolvimento de relações individualizadas[8] tem em vista introduzir na produção capitalista o "autêntico" na forma do "personalizado". Essa mesma preocupação de aproximar-se ao máximo dos desejos pessoais, em escala mais ampla, inspira a passagem da produção de massa para uma produção em pequenas séries de alguma variedade cada vez maior de bens, a "produção flexível" característica da "segunda guinada industrial" (Piore, Sabel, 1984).

A nova gestão empresarial, portanto, dá algumas respostas à crítica ao desencanto, ao conduzir a uma produção de coisas ajustadas à demanda, personalizadas e capazes de satisfazer "verdadeiras necessidades", bem como ao propor modos de organização mais pessoais e humanos. Da mesma maneira, satisfaz as exigências de liberação do domínio da burocracia, associadas à crítica ao segundo espírito do capitalismo. Essas duas dimensões contribuem para conferir-lhe relevo e atrativos, exatamente no momento em que ele se mostra bastante desarmado no plano das garantias e quando está baseado numa forma de justiça que, apresentando características que podem parecer muito específicas, continua ainda em grande parte implícita. O próximo capítulo é dedicado à explicitação desta última.

II

FORMAÇÃO DA CIDADE POR PROJETOS

Os textos de gestão empresarial dos anos 90 nos passam a imagem de um mundo amplamente reorganizado em relação ao mundo dos anos 60. O movimento foi desenhando-se aos poucos, à medida que ocorriam inovações organizacionais, invenções técnicas e modalidades administrativas que se sucederam a partir dos anos 80. Uns após outros, todos os dispositivos oriundos do segundo espírito do capitalismo foram questionados, modificados, transformados, suprimidos, substituídos, de tal modo que a necessidade de dotar-se de nova representação geral do mundo econômico manifestou-se com insistência. Os textos que estudamos apresentam-se, nesse ponto, como tentativas de unir numa visão de conjunto o acúmulo das micromodificações ocorridas durante mais de uma década.

Chega um momento em que se torna muito difícil para os atores da empresa continuar trabalhando, projetando o futuro, tendo como base uma imagem caleidoscópica da vida dos negócios e das formas de sucesso econômico, feita de um composto de questionamentos e de dispositivos parcelares. Os que dirigem as empresas, os que os aconselham e aqueles que formam os quadros chamados a colaborar com eles (ou a substituí-los) têm necessidade de poder recorrer a evidências simples que tornem o mundo interpretável. Os jovens executivos, em especial, sentem necessidade de identificar de modo claro as novas formas de sucesso e as novas regras do jogo do mundo econômico para saber como orientar e preparar os filhos. Essa exigência de inteligibilidade exerce forte pressão no sentido da explicitação e da formalização crescente das regras de conduta que, em contrapartida, orientam a ação. As pessoas tendem a adaptar-se a essas novas regras emergentes, no mínimo porque elas dão sentido àquilo que de outro modo pareceria apenas proliferação arbitrária de dispositivos circunstanciais e conveniências locais.

Certamente é o termo "rede" que, como sugeríamos no capítulo anterior, é o mais utilizado para interligar elementos aliás muito díspares; isso é feito não só na literatura de gestão empresarial, mas também, por exemplo, em microeconomia e sociologia[1]. O fenômeno é tão maciço na literatura de gestão empresarial, que pode provocar, como reação, efeitos de distanciamento, tal como se vê no caso do "prospectivista" Alvin Toffler (1991 ©), um dos autores de nosso *corpus* que, constatando o entusiasmo sem precedentes pela forma reticular, em vias de tornar-se a nova *one best way*, opõe-lhe a proliferação de formas, recomendando-a.

O termo "rede", fazia pouco, estava associado às redes técnicas de distribuição (água, eletricidade etc.), cujo uso se estendia à distribuição de outros bens (redes bancárias, por exemplo), ou a organizações de caráter oculto (redes de resistência), com conotação negativa na maioria das vezes (redes de traficantes), visto que seus membros eram acusados de buscar, por meio desse modo de associação, vantagens e lucros ilícitos, obtidos sem a passagem pelas mediações meritocráticas correntes, graças a benesses (franco-maçons) e às vezes com o recurso a meios francamente ilegais (máfia). A recuperação do termo rede foi favorecida por uma conjunção histórica especial, marcada notadamente pelo desenvolvimento das redes informáticas que abriram possibilidades de trabalho e colaboração a distância, mas em tempo real, e pela busca nas ciências sociais (cf. *infra*) de conceitos capazes de identificar estruturas pouco ou nada hierárquicas, flexíveis e não limitadas por fronteiras traçadas *a priori*. Conceito já existente, ligado a ideias, tecnologias e pesquisas contemporâneas, associado a um vocabulário específico, a modelos de causalidade e a modelizações matemáticas, construído para representar uma alternativa aos algoritmos hierárquicos, foi naturalmente mobilizado pelo capitalismo. Divulgado em trabalhos universitários no ramo de economia e sociologia do trabalho – disciplinas que contribuem para dar fundamentos teóricos à gestão empresarial –, ele deveria, quase necessariamente, permear a literatura destinada aos executivos, por nós estudada. É assim que, em cada época, as formas capitalistas de produção chegam à representação mobilizando conceitos e instrumentos desenvolvidos inicialmente de maneira em grande parte autônoma no campo teórico ou no da pesquisa científica mais fundamental – neurologia e informática hoje em dia –, como ocorreu, outrora, com noções como as de sistema, estrutura, tecnoestrutura, energia, entropia, evolução, dinâmica e crescimento exponencial (Bourdieu, Boltanski, 1976).

A vida social não é mais apresentada na forma de uma série de direitos e deveres em relação à comunidade familiar ampliada, como num mundo doméstico; nem na forma de assalariados inseridos num conjunto hierárquico cujos degraus é possível galgar, no qual transcorre toda a carreira e a atividade profissional fica nitidamente separada da vida privada, como num mundo industrial. Num mundo reticular, a atividade profissional passa a ser feita de uma multiplicidade de encontros e conexões temporárias, mas reativáveis, em grupos diversos, realizados em distâncias sociais, profissionais, geográficas e culturais eventualmente muito grandes. O *projeto* é a oportunidade e o pretexto para a conexão. Ele reúne temporariamente pessoas muito diferentes e apresenta-se como um *segmento de rede fortemente ativado* durante um período relativamente curto, mas que permite criar laços mais duradouros, que permanecerão adormecidos, mas sempre disponíveis. Os projetos possibilitam a produção e a acumulação num mundo que, se fosse puramente conexionista, conheceria apenas fluxos, sem que coisa alguma pudesse estabilizar-se, acumular-se ou ganhar forma: tudo seria carregado pela corrente incessante dos contatos estabelecidos, que, em vista de sua capacidade de comunicar tudo com tudo, distribuem e dissolvem incessantemente aquilo que cai em suas malhas. O projeto é precisamente um amontoado de conexões ativas capazes de dar origem a formas, ou seja, dar existência a objetos e sujeitos, estabilizando e tornando irreversíveis os laços. Portanto, é um *bolsão de acumulação* temporário que, sendo criador de valor, dá fundamento à exigência de ampliar a rede, favorecendo conexões.

Novos princípios orientados para o sucesso acompanham o estabelecimento desse mundo e constitui-se um novo sistema de valores no qual as pessoas poderão apoiar-se para fazer julgamentos, distinguir entre comportamentos adequados e outros que levam à exclusão, avaliar qualidades e atitudes que até então não haviam sido propriamente identificadas, legitimar novas posições de poder e selecionar aqueles que serão beneficiados por ele.

Empenhamo-nos em trazer à tona esse novo sistema de valores, selecionando na literatura de gestão empresarial tudo o que nos parecesse específico e inédito, especialmente por oposição aos valores dominantes dos anos 60. Com o objetivo de dar relevo a essa nova forma e depreender seu caráter sistemático, nós a codificamos utilizando a gramática das cidades apresentada em *De la justification* (Boltanski, Thévenot, 1991), o que nos levou a construir uma sétima cidade, a *cidade por projetos,* cujo esboço será encontrado adiante. Evidentemente, os textos dos anos 90 estão longe de encerrar apenas a retórica do projeto. Neles se encontra a referência – embora em graus bem diferentes – a outras lógicas de ação, sejam elas, por exemplo, mercantis, industriais ou orientadas para a fama. Mas, em conformidade com o método do tipo ideal, nós nos esforçamos por extrair dos textos mais recentes de gestão empresarial aquilo que mais marcava a sua singularidade, sem insistirmos em características mais familiares, como, por exemplo, aquelas que, sempre presentes, remetiam a uma lógica industrial.

Optamos por dar ao novo aparato justificativo que nos parece atualmente em formação a denominação "cidade por projetos" por algumas razões que convém explicitar, pois a expressão pode parecer difícil de manejar e pouco clara. Na verdade, foi calcada numa denominação frequente em literatura de gestão empresarial: a *organisation par projet* (organização matricial). Esta alude a uma empresa cuja estrutura é constituída por grande número de projetos que associam pessoas variadas, algumas das quais participam de vários projetos. Como é da própria natureza desse tipo de projeto a existência de um início e de um fim, os projetos se sucedem e se substituem, recompondo, ao sabor das prioridades e das necessidades, os grupos ou equipes de trabalho. Por analogia, poderemos falar de estrutura social por projetos ou de organização geral da sociedade por projetos[2].

Ademais, o termo que designa a cidade que codifica as formas às quais a justiça deve adaptar-se num mundo reticular não poderia limitar-se a fazer referência direta à "rede" – como ocorreria se tivéssemos falado, por exemplo, de "cidade conexionista" ou de "cidade reticular" –, pois deve pesar certo número de injunções sobre o funcionamento da rede para que esta possa ser qualificada de justa, no sentido de as grandezas relativas atribuídas aos seres se mostrarem fundamentadas e legítimas. Para tanto, é preciso que haja a possibilidade de identificar provas durante as quais os seres sejam medidos segundo critérios que estabeleçam equivalência entre eles. Ora, veremos que nesse mundo tais provas são, por excelência, os momentos que marcam o fim de um projeto, quando as pessoas estão em busca de novo contrato e sua capacidade de reintegrar-se em novo projeto constitui um dos sinais mais palpáveis de grandeza.

A equidade na distribuição das grandezas, em função das contribuições, também supõe, em dado momento, o fechamento da lista dos seres implicados. Ora, num mundo em rede não é possível fechamento algum. A rede estende-se e modifica-se incessantemente, de tal modo que não existe princípio pertinente para deter, em dado momento, a lista daqueles entre os quais seja possível estabelecer uma balança de justiça. Segue-se que, num mundo construído de um modo que o submeta inteiramente a uma lógica de rede, a questão da justiça não tem por que ser formulada, pois os pequenos (que, como veremos, podem com razão, em tal quadro, ser qualificados *de excluídos*) tendem a desaparecer sem deixar vestígio. Não só nenhum equipamento possibilita estabelecer as equivalências das quais o estabelecimento de uma balança de justiça não pode prescindir, mas falta até mesmo a copresença num mesmo espaço, que, por simples aproximação, possibilita questionar a relação entre a miséria de uns e a felicidade de outros.

Essa é a razão pela qual a rede não pode constituir, por si só, o suporte de uma cidade. No que se refere à rede, a própria noção de bem comum é problemática, pois, como o fato de se pertencer ou não à rede está em grande parte indeterminado, ignora-se *entre que pessoas* um "bem" poderia ser posto em "comum" e, por isso mesmo, *entre que pessoas* se poderia estabelecer uma balança de justiça. Realmente, nenhuma exigência de justiça pode prescindir completamente de unidades concebidas com base em alguma metáfora espacial (de unidades representáveis), dentro das quais possa ser avaliada a pretensão das pessoas a terem acesso aos bens materiais ou simbólicos em função do valor relativo destes. A noção de "projeto", no sentido em que o entendemos aqui, pode então ser compreendida como a formação de um pacto entre exigências que se apresentam *a priori* como antagonistas: as decorrentes da representação em rede e as inerentes ao propósito de dotar-se de uma forma que possibilite formular juízos e gerar ordens justificadas. Sobre o tecido sem costuras da rede, os projetos desenham uma miríade de miniespaços de cálculo, em cujo interior é possível engendrar e justificar ordens.

Enfim, conforme veremos, ainda neste capítulo, ao procurarmos os apoios que essas novas representações reticulares do mundo possam ter encontrado nos recentes desenvolvimentos da filosofia política, a ontologia da rede foi em grande parte estabelecida de tal modo que libertasse os seres humanos das injunções de justificação que as metafísicas impunham à ação em dois níveis – um ocupado por seres dispersos, o outro por convenções que permitissem compará-los por equivalência, portanto submetê-los a julgamentos – que caracterizam as filosofias políticas do bem comum do qual derivou o conceito de cidade. Contra esses construtos em dois níveis, a rede se apresenta como um "plano de imanência", segundo expressão de G. Deleuze, no qual a prova é inteiramente definida como "prova de força" ou simplesmente "composição de relação", ou ainda como "encontro", com o objetivo de economizar alças de reflexividade que passem por algum juízo moral[3]. Por essa razão, tal noção compósita de "projeto" que está ganhando espaço no senso comum dos membros de nossa sociedade comporta empréstimos provenientes de pelo menos duas famílias de paradigmas diferentes: os paradigmas da rede e os paradigmas que, enfatizando a comunicação e a relação, comportam uma exigência de reflexividade e convergência para um juízo comum, como, por exemplo, em Habermas, por intermédio de intercâmbios regulados por uma razão comunicacional.

A cidade por projetos apresenta-se, assim, como um sistema de injunções que pesam sobre um mundo em rede, incitando a só formar elos e estender suas ramificações respeitando princípios da ação justificável, próprios aos projetos. Os projetos são um entrave à circulação absoluta, pois exigem certo engajamento, embora temporário e parcial, e pressupõem, por parte dos outros participantes, um controle das qualidades que cada um põe em prática. Como sugerimos na introdução desta obra, a referência à justiça supõe que as forças sejam entravadas de tal modo que a relação de forças possa ser redefinida como relação de grandezas. As cidades apresentam-se então como formas coercitivas que limitam as possibilidades de ação em certo mundo cuja lógica elas abraçam e também legitimam. A cidade por projetos não é exceção. Ela coage a rede para submetê-la a uma forma de justiça que, no entanto, salvaguarde o seu teor e valorize as qualidades do fazedor de rede, o que nenhuma das cidades já estabelecidas tinha condições de fazer.

1. A CIDADE POR PROJETOS

Essa cidade baseia-se na atividade de *medição* posta em prática na formação das redes, de tal modo que ela seja dotada de valor próprio, independentemente dos objetivos buscados ou das propriedades substanciais das entidades entre as quais a mediação se efetua. Nessa perspectiva, a mediação é em si um valor, ou melhor, no quadro conceitual aqui empregado, uma *grandeza* específica da qual é capaz de prevalecer-se todo e qualquer ator quando "estabelece relações", "cria elos" e contribui assim para "tecer redes".

Mas é preciso esclarecer. Aventar a hipótese de que assistimos à formação de uma nova cidade para a qual as provas importantes teriam relação com o estabelecimento ou afrouxamento dos laços num mundo em rede não significa, evidentemente, que a criação de redes constitua uma novidade radical, como sugerem às vezes os textos que lhes são dedicados, cuja proliferação atual contribui precisamente para instalar o mundo em relação ao qual uma tal cidade poderia ser pertinente. Nossa posição é diferente. A formação de redes mais extensas ou menos extensas não é uma realidade nova, assim como não era nova a atividade mercantil na época em que Adam Smith escreveu *A riqueza das nações*. Mas foi preciso esperar o último terço do século XX para que a atividade de mediação e a arte de tecer e utilizar os elos mais diversos e distantes se tornasse autônoma, separada de outras formas de atividade que até então a abrangiam, passando a ser identificada e valorizada por si mesma. É esse processo que nos parece constituir uma novidade digna de atenção.

Tentaremos agora esboçar um quadro abrangente e sem distanciamento crítico da cidade por projetos, como se nela penetrássemos com a determinação e a naturalidade esperadas daqueles a quem essas novas exigências normativas fossem apresentadas como exemplo. A arquitetura da "cidade por projetos" é ilustrada majoritariamente por excertos de nosso *corpus* dos anos 90 e, secundariamente, por outros trabalhos de ciências sociais que se valem da metáfora da rede. Nós a apresentaremos em três tempos. a) O primeiro tempo é dedicado à evidenciação do princípio de equivalência que possibilita ordenar as coisas e as pessoas e formular um juízo sobre sua qualidade de "grandes" ou "pequenas". b) O segundo está centrado nas formas de justiça postas em prática na cidade por projetos e refere-se, portanto, às condições que devem ser satisfeitas para que a hierarquia dos estados, segundo o princípio de equivalência estabelecido em (a), seja transmudada numa ordem justificável. c) O terceiro tempo de nossa exposição versa sobre o enraizamento da cidade por projetos numa definição da natureza: natureza da sociedade, a fim de conferir vocação universal à cidade; depois, natureza humana, especificação indispensável para fundamentar a potencialidade igual de todos os seres humanos a ascender à grandeza correspondente à lógica dessa cidade e, portanto, precondição de realização da justiça no mundo que lhe corresponde.

Princípio de julgamento e hierarquia dos seres na cidade por projetos

O <princípio superior comum*>, de acordo com a gramática de que nos valemos, é o princípio segundo o qual os atos, as coisas e as pessoas são julgados em dada cidade. Na cidade in-

---

* Nesta seção, colocamos entre colchetes angulares os conceitos gramaticais oriundos de *De la justification* e em itálico os termos-chave que descrevem a cidade por projetos.

dustrial, por exemplo, o princípio superior comum é a eficiência. Ele representa a convenção que constitui a equivalência entre os seres, no sentido em que se pode dizer, por exemplo: "do ponto de vista da eficiência, X equivale a Y". Do mesmo modo, valendo-se dessa mesma convenção, pode-se dizer que "Z é maior ou menor que X". Assim, a identificação do princípio superior comum de uma cidade nos conduz diretamente ao <estado de grande> – sendo o grande o que encarna em alto grau os valores da *cidade* – e ao <estado de pequeno>, definido pela carência da qualidade de grande. A <decadência da cidade>, tal como o <estado de pequeno>, remete a situações em que os comportamentos são inadequados em função dos valores da cidade, mas, sobretudo, faz referência a configurações de conjunto que, mesmo falando em nome da grandeza considerada, malogram em aspectos tão essenciais, que não encarnam nada além de uma grandeza pervertida. Enquanto o <estado de pequeno> da nova cidade refere-se aos comportamentos inadequados (individuais) num mundo de projetos, a <decadência da cidade> diz respeito mais a formas rizomáticas inadequadas, a "redes incorretas".

A descrição daquilo que importa nesse mundo apoia-se, além disso, em categorias de coisas – <repertório de objetos e dispositivos> –, de seres humanos – <repertório de sujeitos> –, ou de verbos – <relações naturais entre os seres> –, designando figuras, objetos e modos de relação, próprios a uma dada forma de grandeza. Cada uma das esferas de valores tende assim a abarcar um vocabulário específico que remete às categorias que encarnam especialmente a grandeza, segundo os critérios da cidade. A presença dessas categorias de coisas, seres, qualidades ou ações numa argumentação é índice do registro justificativo no qual se situa o locutor. Desse modo, aquele que esteja instalado num mundo "industrial" será facilmente levado a mobilizar a referência a "instrumentos", "métodos", "medidas" ou "procedimentos", a mencionar "engenheiros" e "especialistas" e a pôr entre as ações dignas de realização as que consistem em "controlar" ou "organizar". Em contrapartida, seria incongruente se ele mencionasse os "líderes de opinião" ou os "assessores de imprensa", que são personagens do mundo da fama; a "cortesia" e as "boas maneiras", que são dispositivos domésticos; se usasse os verbos "sonhar" e "imaginar", que apontam para a grandeza inspirada. Possibilitando a inserção da cidade em situações concretas e dando corpo, de alguma maneira, à hierarquia de valores medida pelo <princípio superior comum>, apresentamos essas diferentes categorias de palavras na mesma seção.

Numa cidade por projetos, o equivalente geral, aquilo pelo que se mede a grandeza das pessoas e das coisas, é a *atividade*. Mas, ao contrário do que se verifica na cidade industrial, em que atividade se confunde com trabalho, e ativos são, por excelência, aqueles que dispõem de trabalho assalariado, estável e produtivo, na cidade por projetos a atividade supera as oposições entre trabalho e não trabalho, estável e instável, trabalho assalariado e não assalariado, ações motivadas por interesse e filantropia, entre aquilo que é avaliável em termos de produtividade e aquilo que, não sendo mensurável, escapa a toda e qualquer avaliação contábil.

<small>*Atividade, Projetos, Ampliação da rede, proliferação de elos,* <Princípio superior comum></small>

Os autores de gestão empresarial retomam a ideia lançada por seu confrade inglês Charles Handy, na obra *The Age of Unreason* [A era da irracionalidade], em que "propõe substituir a noção tradicional de emprego pelo conceito de portfólio de atividades que cada um administra por conta própria. São enumeradas pelo menos cinco categorias de trabalho: trabalho assalariado, remunerado de acordo com o tempo a ele dedicado; trabalho liberal, remunerado de acordo com os resultados obtidos; trabalho doméstico, de governo e manutenção de uma casa; trabalho filantrópico, exercido em prol de associações beneficentes, da coletividade, de amigos, da família e de vizinhos; trabalho educativo, que possibilita aprender, formar-se, ler e cultivar-se"[4] (Aubrey, 1994 ©). A proposta é evitar a dependência de uma única categoria, especialmente da primeira, porque, depois dos quarenta anos, são numerosos os que precisam refazer totalmente seu portfólio. Portanto, é imprescindível o desenvolvimento "em paralelo de todas as categorias do portfólio": "O trabalho recompensado por honorários, graças à multiplicidade de clientes, oferece certa garantia de atividade; o trabalho de autoformação contribui para melhorar as chances de continuar em atividade; e o trabalho filantrópico possibilita criar redes sociais fora do trabalho, participar ativamente da evolução rumo a um mundo melhor e transmitir sabedoria a outrem" (Aubrey, 1994 ©).

A atividade tem em vista gerar *projetos* ou integrar-se em projetos iniciados por outros. Mas, como o projeto não tem existência fora do *encontro* (pois, não se inscrevendo de forma definitiva numa instituição ou num ambiente, ele se apresenta em ação, em andamento, e não na forma do existente desde sempre), a atividade por excelência consiste em inserir-se em *redes* e em explorá-las para romper o isolamento e ter chances de encontrar pessoas ou de relacionar-se com coisas cuja proximidade é capaz de gerar um projeto.

A atividade manifesta-se na multiplicidade dos projetos *de todas as ordens* que podem ser conduzidos concomitantemente e que, de qualquer modo, devem ser desenvolvidos sucessivamente, visto que, nessa lógica, o projeto constitui um dispositivo transitório. A vida é concebida como uma *sucessão* de projetos, válidos sobretudo por serem diferentes uns dos outros. A qualificação desses projetos segundo categorias pertinentes nas outras cidades (tais como familiares, afetivos, educativos, artísticos, religiosos, políticos, caritativos...) e, principalmente, sua classificação de acordo com a distinção entre o que é da alçada do lazer e o que está relacionado ao trabalho, na lógica dessa cidade, não é o que importa, a não ser de modo muito secundário. O que importa é desenvolver atividades, ou seja, nunca estar sem projetos, sem ideias, ter sempre algo em vista, em preparação, com outras pessoas cujo encontro foi ensejado pela vontade de fazer alguma coisa.

Quando se engaja num projeto, cada um sabe que a empresa com a qual vai contribuir está destinada a viver por tempo limitado, que ela não só pode como deve terminar. O horizonte de um fim inevitável e desejável, portanto, acompanha o *engajamento* sem afetar o entusiasmo. Essa é a razão pela qual o engajamento é concebido como voluntário. Ter a opção de não se engajar em dado projeto, portanto poder escolher os seus projetos, é uma das condições para o funcionamento harmonioso da cidade, e essa condição é garantida pela pluriatividade que cada um desenvolve. Além disso, o conhecimento do fim é acompanhado pela esperança de que um projeto novo suceda àquele que termina, de que ele já esteja em gestação no tecido dos elos estabelecidos no presente, mesmo que ainda se ignore a forma que assumirá, de tal modo que a tensão entre o engajamento exigido e o resultado anunciado mostra-se superável.

Tudo pode ascender à dignidade de *projeto,* inclusive as empresas hostis ao capitalismo. Ao se descrever toda e qualquer realização com uma gramática nominal, que é a gramática do projeto, apagam-se as diferenças entre um projeto capitalista e uma realização banal (clube de lazer). Mascaram-se o capitalismo e a crítica anticapitalista; por trás do termo projeto é possível equiparar coisas muito diferentes: abrir fábrica nova, fechar fábrica, criar um projeto de reengenharia ou montar uma peça de teatro; sempre se trata de projetos e do mesmo heroísmo. Esse é um dos modos pelos quais a cidade por projetos pode seduzir as forças hostis ao capitalismo, propondo uma gramática que o supere, gramática de que elas se valerão, por sua vez, para descrever sua própria atividade, permanecendo cegas para o fato de que também o capitalismo pode nela se infiltrar.

É exatamente por ser uma forma transitória que o projeto se ajusta a um mundo em rede: a *sucessão de projetos, multiplicando as conexões* e provocando a *proliferação de seus elos,* tem como efeito *ampliar as redes.*

A ampliação da rede é a própria vida, enquanto a sua não ampliação é equiparada à morte: "a rede tende espontaneamente a desenvolver-se, mas está constantemente ameaçada pelos riscos de esclerose ou degenerescência interna, capazes de redundar na morte – que pode consistir na sua transformação em uma organização piramidal" (Landier, 1991 ©). Aquele que, não tendo projeto, deixa de explorar as redes está ameaçado de *exclusão,* ou seja, de morte num universo reticular. Corre o risco de não mais ter como se inserir em projetos e deixar de existir. O *desenvolvimento pessoal* e da *empregabilidade* ("ser ator de sua própria evolução, tomar o futuro nas mãos" [L. Saget, 1994 ©]), projeto pessoal de longo prazo que está por trás de todos os outros, já não será realizado.

Num mundo conexionista, portanto, os seres têm como preocupação natural o desejo de *conectar-se* com os outros, *de relacionar-se,* de estabelecer *elos,* para não ficarem *isolados.* Para que isso dê certo, precisam *depositar e inspirar confiança,* saber *comunicar-se, discutir* livremente e também ser capazes de *ajustar-se* aos outros e às situações, de acordo com o que elas exigem deles, sem serem freados pela timidez, pela rigidez ou pela desconfiança. É a esse preço que podem *coordenar-se* em dispositivos e projetos.

Conexão
<Relações naturais entre os seres>

Conectar-se,
Comunicar-se,
Coordenar-se,
Ajustar-se aos outros,
Depositar confiança

Saber *engajar-se* num projeto, envolver-se plenamente, essa é a marca do <estado de grande>. Para engajar-se, é preciso ser capaz *de entusiasmar-se;* além disso, como o projeto é um pro-

Empenhado,
Cativante, Móvel
<Estado de grande>

<small>Entusiasta, Envolvido, Flexível, Adaptável, Polivalente, Em evolução, Empregável, Autônomo, Não prescrito, Sabe engajar os outros, Sabe ouvir, Tolerante, Dá empregabilidade</small>

cesso complexo e incerto, que não pode ser contido nos limites de contratos, sempre incompletos, é preciso saber *depositar confiança* naqueles com quem são tecidos elos destinados a evoluir concomitantemente ao desenvolvimento do projeto. Mas, como os projetos, por natureza, são temporários, a aptidão para desligar-se de um projeto e ficar *disponível* para novos elos conta tanto quanto a capacidade de engajamento. Mesmo no auge do engajamento, do entusiasmo, do envolvimento num projeto, aquele que se sente à vontade num mundo em rede continua "*reativo, móvel,* física e intelectualmente" (HEC, 1994 ©), disposto à mudança e capaz de novos investimentos, de tal modo que multiplique "sua capacidade de resposta a um mundo em movimento" (Crozier, Sérieyx, 1994 ©).

Ao invés de ficar ligado a um ofício ou preso a uma qualificação, o grande se revela *adaptável, flexível,* capaz de oscilar de uma situação para outra muito diferente e ajustar-se a ela; mostra-se *polivalente,* capaz de mudar de atividade ou de instrumentos, segundo a natureza da relação na qual entra, com os outros ou com os objetos. Exatamente essa *adaptabilidade* e essa *polivalência* o tornam *empregável,* ou seja, no universo da empresa, em condições de inserir-se num novo projeto.

A flexibilidade e a adaptabilidade são aí qualidades não associadas à docilidade. O grande num mundo conexionista é ativo e *autônomo.* Ele é "líder de si mesmo, líder em suas relações passadas e futuras, líder em suas redes" (Sérieyx, 1993 ©). O grande da cidade por projetos toma a iniciativa dos compromissos e sabe *assumir riscos* para conectar-se, estabelecer contatos sempre novos e cheios de possibilidades: "Assim, a ideia de elo mostra-se aos profissionais mais como um veio, filão por explorar, ao modo de um minerador de ouro. Nunca se sabe totalmente o que há no fim, e às vezes é preciso voltar atrás, abandonar tudo no meio do trajeto, ir olhar em outro lugar" (Bellenger, 1992 ©). Sempre à espreita, o grande não se deixa enlear por planos rígidos cujas consequências poderiam fazê-lo perder a oportunidade de conexões interessantes. Planos e estratégias diminuiriam suas capacidades de ação local (Leifer, 1988). Mas ele sabe tirar proveito de cada situação naquilo que ela tem de singular (White, 1992). Pelas mesmas razões, ele se mostra espontâneo, em oposição ao estrategista, cujas manobras são excessivamente visíveis e causam medo.

Ele sabe identificar as boas *fontes de informação* ("ser um *radar*" [Bellenger, 1992 ©]) e fazer uma triagem entre as conexões ricas em potencialidades novas e as que conduzem à rotina de elos já estabelecidos. Ele é capaz de otimizar o uso que faz de seu recurso mais raro, o tempo, escolhendo com discernimento as relações e, principalmente, evitando conectar-se a pessoas que, ocupando posições próximas, podem apenas passar-lhe informações e elos redundantes: "A que se dedicar, visto que não se pode fazer tudo? Eis uma pergunta que os profissionais conhecem bem" (Bellenger, 1992 ©).

O grande nessa cidade é um "saqueador de ideias" (Sérieyx, 1993 ©). Para tanto, ele precisa ter *intuição, talento* (no sentido em que se fala de talento de um artista). Ele "varre com o olhar o mundo que o cerca em busca de sinais inéditos" (Sicard, 1994 ©) e sabe prever, pressentir, farejar os elos que merecem ser estabelecidos.

Isso significa que, num mundo em rede, existe uma correlação entre a importância do capital social e a do capital de informação. A informação é, ao mesmo tempo, resultado e condição da multiplicação de conexões, de tal modo que as desigualdades de informações são cumulativas. Para conseguir encontrar as boas conexões, é preciso que essa informação seja integrada numa representação do universo que será explorado. Mas, num mundo em rede, não pode tratar-se de uma representação globalizadora (*représentation de surplomb*). As representações úteis são locais, singulares, circunstanciais, mobilizáveis uma a uma, ligadas a um modo de conhecimento associado à *experiência pessoal*.

Mas o grande da cidade por projetos não se limita a identificar conexões. Ele também precisa mostrar-se capaz de estabelecer-se nelas, forjando elos tão duráveis quanto for necessário. Ora, como o elo pressupõe a participação de pelo menos duas pessoas, ele não pode ser rejeitado, mas, ao contrário, chamar a atenção, granjear a simpatia dos outros; *interessá-los* (Callon, 1993). Para esse fim, ele não deve se mostrar tímido nem – o que dá na mesma – ser orgulhoso a ponto de não dar os primeiros passos, para não incorrer no risco de uma recusa. Escreve a outras pessoas para manifestar-lhes sua admiração e pedir-lhes conselhos ou um encontro. Considera que toda pessoa é contatável, e que todo contato é possível e natural, tratando em pé de igualdade conhecidos e desconhecidos. Tende a ignorar as diferenças entre esferas separadas, por exemplo, as dos universos privados, profissionais, da mídia etc. O mundo, para ele, é uma rede de conexões potenciais. Em termos de elos, tudo se equivale.

O grande da cidade por projetos não é o homem de lugar nenhum. À vontade onde quer que esteja, também sabe ser local. De fato, como a rede não tem representação de relevo, nela as ações sempre estão incrustadas na contingência de uma situação presente (Granovetter, 1973; 1985). Para adaptar-se às situações que se lhe apresentem e manter algo de estranho, que o torna interessante, o homem conexionista apoia-se em suas qualidades *comunicacionais,* em seu temperamento *convivial,* em seu espírito *aberto* e *curioso*. Mas também sabe *dar-se como pessoa,* estar à disposição quando convém, onde convém, valorizar sua *presença* em relações pessoais, frente a frente: está sempre disponível, de humor estável, seguro de si sem arrogância, familiar sem excesso, solícito, tendo mais que oferecer do que esperar. Sem pedir ou procurar, os outros lhe trazem as informações de que ele precisa (Padgett, Ansell, 1993). Ele sabe ouvir, responder de modo pertinente, servir de eco, fazer as perguntas corretas. Conforme desenvolve Bellenger (1992 ©), ele possui "uma estratégia de condução das relações, uma espécie de *automonitoramento* que redunda na habilidade de produzir indícios capazes de *facilitar os contatos*". Ele sabe *"prestar atenção nos outros* para detectar os indícios que lhe permitirão intervir com discernimento em situações de incerteza", possui "a habilidade para controlar e *modificar a autoapresentação,* chegando até à capacidade de improvisar afinadamente e até de 'mentir sem hesitar', desde que isso seja julgado necessário", bem como "a vontade e a capacidade de ajustar suas próprias ações sem dificuldade, a fim de *adaptar-se a pessoas diferentes"*. Os grandes, ganhando maestria no automonitoramento, sabem julgar "com mais lucidez os estados emocionais dos outros e, por sua vez, são percebidos como mais *amistosos, abertos,* menos preocupados, menos ansiosos, menos nervosos em suas relações". No fundo, eles têm *"jeito* [...], essa habilidade de comportar-se em sociedade, ligar-se, agir de tal modo que obtenha aquilo que [se] deseja" (Bellenger, 1992 ©). Também têm "charme", no sentido de escaparem às representações estereotipadas que as pessoas poderiam ter a respeito deles, antes de os conhecerem (Lemieux, 1997). O grande torna manifesto (sem que isso possa ser atribuído a coisas como estratégia ou cálculo) que não é redutível às propriedades estatutárias que o definem em seu currículo; frente a frente, é uma verdadeira pessoa, no sentido de que, em vez de cumprir mecanicamente seu papel social – como quem executa um programa –, ele sabe manter certa distância em relação a esse papel e até fugir um pouco a ele, o que o torna atraente.

Mas essas qualidades não bastam para definir o estado de grande, pois podem ser postas em prática com oportunismo, numa estratégia puramente individualista de alcançar o sucesso. O grande, na lógica da cidade, não é apenas aquele que se esmera na valorização dos recursos específicos vinculados a um mundo, mas também aquele que põe a serviço do bem comum as capacidades reveladas na prova. Isso significa que, na cidade por projetos, o grande não é somente aquele que sabe engajar-se, mas também aquele que é *capaz de engajar os outros,* de obter envolvimento, de tornar desejável o ato de segui-lo, porque inspira *confiança,* é *carismático,* sua *visão* produz entusiasmo, qualidades estas que fazem dele o animador de uma equipe que ele não dirige de modo autoritário, mas pondo-se à *escuta* dos outros, com *tolerância,* reconhecendo e *respeitando as diferenças*[5]. Não se trata de chefe (hierárquico), mas de integrador, facilitador, *inspirador,* congregador de energias, *impulsionador de vida,* sentido e autonomia.

A equipe confia nele, porque ele se mostra como *conector, transmissor,* que não guarda para si só as informações ou os contatos pescados nas redes, mas os redistribui pelos membros da equipe. "O gerente de projetos do futuro deve assegurar-se de que a informação está sendo compartilhada, de que ela está irrigando bem a empresa" (Le Saget, 1994 ©).

Em tal contexto, cada um pode "melhorar cada vez mais sua empregabilidade, por meio tanto de suas competências técnicas quanto de suas capacidades de trabalho em equipe, mesmo e sobretudo quando essas equipes são flexíveis, neuronais, raramente compostas pelos mesmos indivíduos" (Lemaire, 1994 ©). O chefe de projeto, assim, *dá empregabilidade* e desenvolve para os outros "no interior da empresa uma rede de relações pessoais com as quais todos poderão contar nas dificuldades imprevistas" (Landier, 1991 ©). Desse modo, pode ser garantida "a empregabilidade, ou seja, um nível de competência e flexibilidade que possibilita a cada indivíduo encontrar um novo emprego dentro ou fora da empresa" (Aubrey, 1993 ©); a empregabilidade é, por isso, "aquilo que a empresa dá como compensação aos indivíduos que por ela se responsabilizam" (Aubrey, 1994 ©).

Embora todos os seres sejam dotados da capacidade de relacionar-se e constituir uma malha numa rede, alguns realizam essa potencialidade de modo exemplar. É o caso, em geral, de todos os que, desempenhando papel ativo na expansão e na *animação* das redes, agem como *mediadores*, sejam eles qualificados de *strategic brokers* aptos a "estabelecer intercâmbios estratégicos fora da hierarquia e das fronteiras" (Aubrey, 1994 ©), de *parceiros de terceiro tipo* (Archier *et alii*, 1989 ©) ou de *marginal sécant* (marginal-secante). Eles dominam a arte da conciliação dos contrários, sabendo reunir e pôr em comunicação pessoas muito diferentes.

Tais são, em primeiro lugar, os *chefes de projetos*, os *gerentes de projetos* (em oposição aos antigos executivos), mas também os *coaches*, que *despertam* e acompanham o desenvolvimento dos gerentes de projeto, praticando "a arte de dar vida às mentes" (Aubrey, 1990 ©). Tais são também os *clientes, fornecedores e subcontratados*, quando entram em *relações de parceria*.

Esses *inovadores* têm como modelos os cientistas e, sobretudo, os artistas. "A formação de redes informais é a modalidade de organização preferida por escritores, pesquisadores científicos e músicos que circulam em domínios nos quais o saber é altamente especializado, criativo e personalizado" (Aubrey, 1990 ©). O *gerente de projetos intuitivo* (Le Saget, 1992 ©), tal como o artista, "caminha ao lado da *desordem*", vive "na permanente atitude de alerta e dúvida" (Vincent, 1990 ©) e "à vontade na *imprecisão*" (Archier *et alii*, 1989).

Mas o gerente intuitivo, inspirador e o *coach* não constituem os únicos modelos de excelência. Vimos no capítulo anterior que se mantém também outra figura, que é a do *especialista*, cuja "liderança" "se baseia na competência e na inteligência" (Arpin, 1994 ©), "num saber altamente especializado, criativo e personalizado" (Aubrey, 1994 ©). O especialista também é um grande da cidade por projetos porque sua competência, indispensável, não é feita de saberes padronizados, mas de conhecimentos pessoais e incorporados; é produto da experiência passada, ou seja, das múltiplas conexões, especialmente com outros detentores de saberes específicos, que foram formadas ao longo de

---

Mediador,
Gerente de projeto
<Repertório
dos sujeitos>

Coach,
Especialista,
Cliente, Fornecedor,
Inovador

projetos anteriores, que ele tem na memória. Para *prescindir* dele, seria preciso ter condições de refazer o percurso que ele fez. Consulta-se o especialista. Mas seu retrato é menos heroico que o do *gerente de projetos* porque ele é considerado menos *adaptável*. O gerente de projetos é precisamente aquele que se mostra capaz de estabelecer o elo entre zonas de especialidades muito diferentes.

O ponto comum entre todos esses seres exemplares é que eles têm condições de estabelecer elos prenhes de oportunidades, que possibilitarão grande ampliação da rede e são definidos, em grande parte, pela *distância* que superam. Nem todos os elos valem a pena. A grandeza de uma conexão depende do grau com que ela ativou uma *mediação* capaz de suprimir uma distância. Ao fazer isso, o criador do elo fica na situação temporária de passagem obrigatória (Callon, 1993), pois todos aqueles que quiserem transpor as fronteiras que ele conseguiu superar deverão passar por ele, durante algum tempo. Os elos mais interessantes consistem, frequentemente, na travessia de zonas nas quais as mediações eram raras ou inexistentes (*buracos estruturais*, no vocabulário de R. Burt, 1992 a).

Essa distância, cuja supressão ou reabsorção define a qualidade dos elos estabelecidos, pode ser mencionada de diferentes modos: em termos *temporais* (quando se reativam conexões antigas e enfraquecidas); *em termos espaciais,* sempre que ocorre coordenação em tempo real com seres distantes no espaço, especialmente aproveitando-se os meios modernos de comunicação (internet) ("portanto, será preciso começar por esquecer a noção de distância geográfica" [Tapscott, Caston, 1994 ©]), como se vê no exemplo do "laboratório global" não localizado, que possibilita aos pesquisadores de uma mesma disciplina, dispersos pelo mundo, colaborar em conjunto para a solução de um mesmo problema[6]; e sobretudo, *em termos institucionais ou sociais*, quando se estabelece uma passagem entre seres próximos no tempo e no espaço, mas até então separados por fronteiras que os isolavam, constituídas por instituições, disciplinas, domínios ou, na linguagem de P. Bourdieu, campos. As modalidades segundo as quais uma distância é transposta definem diferentes modos de ser grande. Assim, enquanto o especialista é rico principalmente em elos do primeiro tipo (temporais) ou do segundo (espaciais), o *gerente de projeto*, ou *inspirador*, é ótimo no estabelecimento de conexões entre domínios ou campos: põe para trabalhar juntas pessoas de disciplinas ou de atividades diferentes, ligadas a diversos departamentos, instituições ou empresas, aproximando, por exemplo, dois especialistas que tenham experiência, mas em domínios distintos.

Num mundo em rede, em que as conexões, quanto mais imprevisíveis e longínquas, têm mais probabilidades de ser lucrativas, *o habitus* de classe, no qual se baseia a convergência espontânea dos gostos (Bourdieu, 1979) nas ordens sociais com dominante doméstica, já não é suporte suficiente da intuição, do faro (Erickson, 1996). O grande, ao contrário, é aquele que estabelece elos entre seres, não apenas afastados entre si, situados em universos diferentes, mas também distantes de seu meio de origem e do círculo de suas relações imediatas. Essa é a razão pela qual o capitalismo que incorpora justificações conexionistas aceita – ao contrário da antiga sociedade burguesa – aqueles que devem a um percurso de vida relativamente errático, pelo menos na juventude, um capital de experiências e um conhecimento de vários mundos que lhes conferem grande adaptabilidade.

O julgamento feito sobre a qualidade de um elo não leva em conta apenas a distância que ele possibilitou transpor, ou seja, sua probabilidade *ex-ante* (os elos pouco prováveis seriam mais valorizados que os elos muito prováveis), mas também o grau em que o elo se mostrou proveitoso, depois de estabelecido *(ex-post)*, no sentido de ter tido como resultado a repolarização e a ampliação da rede, provocando a emergência de novos elos. Pode-se, assim, distinguir: a) elos muito prováveis e pouco proveitosos, como os que se estabelecem entre os membros de uma mesma *panelinha* na qual as conexões são densas, ao alcance de todos, mas desenham um conjunto fechado em si mesmo; b) elos muito prováveis, mas proveitosos no sentido de abrirem para o exterior, tais como os estabelecidos por vulgarizadores ou jornalistas; c) elos muito pouco prováveis, mas também muito pouco proveitosos, tais como os estabelecidos pelo inovador incompreendido ou, pior, pelo excêntrico ou louco que, não encontrando ninguém que o siga, é impotente para criar uma passagem obrigatória; e d) elos ao mesmo tempo pouco prováveis e muito proveitosos, que constituem a grandeza do inovador ou do *gerente de projeto* audacioso.

Num mundo em que a principal operação é o estabelecimento de conexões, é normal encontrar grande presença de novas tecnologias de comunicação baseadas na *informática (internet, interfaces...)*. As propriedades de nosso *corpus*, composto unicamente de textos de gestão empresarial, certamente ensejam uma super-representação de instrumentos de dimensão industrial em detrimento de objetos mais familiares de criação de relações (tais como cartões de visita ou cadernos de endereços) que, numerosos no mundo doméstico, em outros contextos são reinterpretados no sentido de ganharem espaço no mundo conexionista da cidade por projetos.

Podem-se fazer as mesmas observações sobre os dispositivos, aqui de cunho primordialmente empresarial *(terceirização, especialização flexível, outsourcing, unidades autônomas, franquias)*, que caracterizam a empresa *pós-moderna, pós-fordista, "submetida à reengenharia", matricial* etc.

A linguagem usada na descrição do mundo conexionista é levada para duas direções opostas. De um lado, para uma temática da ação sem sujeito, em que o único ser que conta é a rede na qual o que passa é da ordem anônima do *isso*, da *auto-organização* ("a organização aumenta sua capacidade de auto-organização" [Crozier, Sérieyx, 1994 ©]); por outro lado, para um neopersonalismo que não enfatiza o sistema, mas os seres humanos em busca de um *sentido*. Esta segunda orientação é dominante porque nela repousa, em grande parte, a dimensão normativa, *ética*, da cidade por projetos. Daí a importância do papel atribuído às relações *frente a frente*, à *responsabilização*, à *confiança*, às *situações vivenciadas juntos*, a *palavra dada* (que equivale a todos os contratos), à *ajuda mútua*, à *cooperação*, no estabelecimento de *parcerias*, na montagem dos *projetos*, na construção das *redes*: "a confiança se instaura, com o tempo, através da consolidação de comportamentos de compreensão recíproca, ao longo de um processo de aprendizagem" (Weiss, 1994 ©). Como o que mais importa é *intangível, impalpável, informal* – termos que qualificam tanto as *relações* quanto as *regras do jogo* "que vão sendo inventadas gradualmente" –, os dispositivos organizacionais mais idôneos são também *interpessoais*[7]. Essas duas dimensões, sistêmica e personalista, estão fortemente imbricadas em numerosos textos.

A generalidade da forma rizomática é expressa por meio de diferentes metáforas que ou fazem referência, de modo clássico,

Todos os instrumentos de conexão
<Repertório de objetos e dispositivos>

Tecnologias novas, Relações informais, Relações de confiança, Parceria, Acordos, Alianças, Terceirização, Redes de empresas, Empresas em rede, Malha, Laço, Sinapses, Neurônios, Projetos à formação de uma trama (*malha, laço, nós*) ou a dispositivos pelos quais circulem fluidos (*fluxo, oleoduto, canal, linhas elétricas*) ou, de modo mais moderno, à biologia do cérebro (*sinapses, neurônios...*). Este último registro é muito utilizado para enfatizar a autonomia e até o desejo de formar redes, mais forte que a dos seres que nela estão mergulhados, cujas propriedades são então descritas na linguagem da *auto-organização*, da *autorregulação*, da morfogênese *espontânea*.

O projeto, finalmente, é o dispositivo central da cidade que leva seu nome. Ele "dispõe da unidade de tempo, mas não da unidade de lugar, deve otimizar os recursos internos, estabelecer um paralelo entre eles e os recursos externos e utilizar da melhor maneira os especialistas organizados em estruturas de rede" (HEC, 1994 ©).

<Não engajável
<Estado de pequeno>

Inadaptável, Não inspira confiança, Autoritário, Rígido, Intolerante, Imóvel, Local, Enraizado, Apegado, *Status* (tem), Garantia de emprego (prefere a)>

Numa cidade por projetos, pequeno é aquele que não *pode ser engajado*, que não é *engajável* num projeto ou que se mostra incapaz de *mudar* de projeto. Diferentes motivos de não engajamento delineiam pequenos de diferentes tipos.

Como a *confiança* e as *qualidades relacionais* constituem o cimento dos projetos, não é engajável aquele que não sabe *depositar confiança* nos outros ou aquele em quem não se pode depositar confiança, por não dar aquilo que se espera dele, ou por não divulgar a informação que tem e atuar de modo personalista, o que é uma forma de desonestidade (oportunismo). A regra fundamental é "a reciprocidade: as melhores vontades esmorecem caso não recebam nada em troca do que dão. Quem guardar para si uma informação que pareça útil a outros é um mata-rede" (Orgogozo, 1991 ©).

Pequeno também é aquele que não sabe *se comunicar*, porque é *fechado* ou ainda tem *ideias atrasadas*, é *autoritário* e *intolerante*, o que o torna *incapaz de estabelecer composições*. Assemelha-se a todos "os 'cactos' de escritório, carrancudos, individualistas [que] se fecham em si mesmos, nunca saem, não participam da confraternização de fim de ano, fogem dos coquetéis, voltam para o hotel correndo e se plantam na frente da tevê, são uns 'mata-redes' absolutos" (Bellenger, 1992 ©).

A *rigidez*, antônimo de *flexibilidade*, que nesse mundo constitui o principal defeito dos pequenos, pode ter diferentes origens. Pode derivar do *apego* a um projeto, que é impossível largar quando surge um projeto novo, ou também do apego a um lugar que, tornando *imóvel* e *enraizando* no *local,* encerra o pequeno no círculo dos elos já formados e o impede de estabelecer novas conexões. A rigidez também pode ter origem na preferência pela *garantia de emprego,* mesmo à custa da autonomia.

Assim, numa cidade por projetos, quem tem *status* é aquele que não é *móvel.* Quem tem *status* sabe o que pode esperar da vida: quais são seus deveres (o que se espera dele) e seus direitos (o que ele espera dos outros). Enquanto as desvantagens associadas ao *status* decorrem, sobretudo, dos *limites* que ele impõe às atividades das pessoas, na lógica da cidade por projetos desconfia-se que as vantagens do *status* dissimulam injustiças pois, atravancando a dinâmica do projeto e instalando as pessoas na *continuidade,* elas possibilitam evitar as provas por excelência que constituem os momentos de passagem de um projeto a outro.

A cidade decai quando a rede deixa de ser ampliada e, fechando-se em si mesma, é proveitosa a alguns, mas já não serve ao bem comum.

> Fechamento da rede
> <Decadência da cidade>
>
> Corrupção, Privilégios, Apadrinhamento, Máfias

É o que ocorre quando o criador de rede guarda informações para si, tece suas conexões em segredo, sem conhecimento de sua equipe, a fim de não redistribuir os elos que estabeleceu e conservar os benefícios para si mesmo, evitando que outros possam aproveitá-los sem passar por ele ("a função mais importante de adaptação de uma rede consiste em absorver e redistribuir a informação" [Landier, 1991 ©]).

Esses comportamentos monopolísticos logo conduzem ao fechamento da rede em si mesma, tanto porque a atividade do criador de rede, que age sozinho, sem conhecimento dos outros, logo é limitada por sua disponibilidade de tempo, quanto porque, conservando as conexões só para si, ele não é incitado a constituir outras, ao contrário do grande mediador da cidade por projetos, que, redistribuindo seus elos para pô-los a serviço do bem comum, deve encontrar novos contatos incessantemente e assim ampliar a rede, a fim de conservar uma vantagem comparativa da qual depende sua grandeza.

As redes fechadas possibilitam favorecimentos. As provas de conexões são falseadas: trata-se de "redes de privilégios"[8] que favorecem o "apadrinhamento"[9], que beneficiam acima de tudo os membros de corporações fechadas em si mesmas em detrimento de outros mais dotados de qualidades conexionistas. É o que ocorre com as grandes corporações: "Pois as grandes corporações são hoje antirredes, por exercerem autoridade sobre seus membros com o fim de servirem a objetivos específicos da própria corporação" (Bellenger, 1992 ©).

Além disso, as redes fechadas, que desistem de ampliar-se e são desviadas para o proveito exclusivo daqueles "que estão nela", são perigosas: "Seria errôneo acreditar que toda e qualquer rede favoreça automaticamente a empresa e o desenvolvimento, conforme mostram claramente os acontecimentos dramáticos que marcam as tentativas da Itália para reestruturar sua economia corroída pelas redes de corrupção. É importante desvencilhar-se das redes de 'apadrinhamento', burocracia ou corrupção que obstruem o caminho do progresso" (Aubrey, 1994 ©).

Formas de justiça da cidade por projetos

Os elementos de gramática que acabamos de expor elucidam o princípio de equivalência no qual se baseia a cidade por projetos e o modo como ele pode ser posto em prática para qualificar pessoas e coisas e definir estados de grande ou pequeno. Mas também sabemos que, para ser robusta perante as críticas respaldadas no sentido de justiça, essa ordem específica deve ser orientada para o bem comum e submeter-se a certo número de injunções. Já vimos que o grande é não só polivalente, engajado e móvel, mas também permite que outros se beneficiem dessas qualidades, ao se esforçar por fazer que a empregabilidade deles progrida enquanto desenvolve a sua: ele não guarda para si aquilo que obtém com suas conexões, de tal modo que a boa rede continua aberta e se amplia continuamente para maior proveito de todos. A <relação de grandeza> torna clara justamente a natureza das relações entre grandes e pequenos, em especial o modo como o <estado de grande>, ao contribuir para o bem comum, contém o <estado de pequeno>. Por exemplo, na cidade cívica, é pela representação política que o grande, eleito por sufrágio universal, representa todos os pequenos.

<small>Redistribuição das conexões <Relação de grandeza></small>

A relação entre grandes e pequenos é justa quando, em troca da confiança que os pequenos lhes concedem e de seu zelo no engajamento em projetos, os grandes valorizam os menores, a fim de aumentarem a empregabilidade deles, ou seja, a capacidade de se inserirem em outro projeto, depois de terminado aquele. Terminar um projeto sem preocupação com o que será daqueles que dele participaram não é digno de um grande. "Em lugar do contrato clássico, que oferecia garantia de emprego, promoção e formação, agora convém estabelecer um acordo que crie o sentimento de pertencer, que ajude o indivíduo a preservar sua 'empregabilidade' ou o valor de seu trabalho, explorando as diferentes oportunidades para aprender no trabalho" (Aubrey, 1994 ©).

Pôr em contato, Redistribuir a informação, Inserir em redes, Dar empregabilidade

Para isso, os grandes devem redistribuir os bens raros aos quais têm acesso, ou seja, em primeiro lugar a informação ("eliminar os ferrolhos que limitam o acesso de todos à informação" [Le Saget, 1994 ©]) e a inserção em redes "cuja função coletiva é sustentar e enriquecer a missão de cada membro" (Aubrey, 1990 ©). Eles devem fazer "que os indivíduos fiquem conhecidos fora de seu próprio departamento, inserindo-os em redes organizacionais e profissionais" (Moss Kanter, 1991 ©).

De modo mais geral, os grandes devem insuflar nos outros seu próprio dinamismo e despertá-los para si mesmos, liberando "seu gosto de pensar e agir com o próprio talento", "transformando colaboradores em autores" (Sérieyx, 1993 ©) e ajudando-os a tornar públicos os seus resultados para aumentar sua reputação.

Resta elucidar dois elementos essenciais para a implantação da justiça num mundo rizomático, aquilo que a gramática por nós utilizada chama de <fórmula de investimento> e de <prova-modelo>.

A <fórmula de investimento> é condição primordial de equilíbrio da cidade, pois, ligando o acesso ao <estado de grande> a um sacrifício, ela faz que os benefícios sejam "contrabalançados" por encargos. A grandeza propicia benefícios à pessoa que ascende a esse estado, mas o sentido comum de justiça também postula que "não se pode ganhar em todas as frentes", que o acesso à grandeza é "merecido" por sacrifícios específicos que, ademais, se espargiram sobre todos, ou, com palavras mais simples, foram úteis ao conjunto da sociedade. Então, é justo que quem mereceu tanto e fez tanto pelo bem comum seja reconhecido como grande e goze as vantagens associadas a esse estado.

Numa cidade por projetos, o acesso ao estado de grande pressupõe o sacrifício de tudo o que possa entravar a disponibi-

Adaptabilidade

<Fórmula de investimento>

Leveza, Flexibilidade, Tolerância, Locação

lidade, ou seja, a capacidade a engajar-se em projeto novo. O grande renuncia a ter apenas um projeto que dure toda a vida (uma vocação, uma profissão, um casamento etc.). Ele é móvel. Nada deve obstar seus deslocamentos. É um "nômade" (Deleuze, Guattari, 1980). Nesse sentido, todos os sacrifícios aceitos têm o efeito de aumentar a leveza dos seres – das pessoas, mas também das coisas –, de tal modo que favoreça seu novo encaixe em cada novo projeto. Assim, as organizações, para serem "enxutas" (*lean production*), devem "recorrer a serviços externos" e "tirar proveito da estreita cooperação com os fornecedores" (Moss Kanter, 1992 ©).

A exigência de leveza pressupõe, em primeiro lugar, renúncia à estabilidade, ao enraizamento, ao apego ao local, à garantia oferecida por elos estabelecidos desde longa data. Em termos de elos, investir é largar a presa e pegar a sombra: não se fechar em elos preestabelecidos e ficar disponível para tentar novas conexões que podem fracassar. Sabendo que o tempo é limitado, convém arranjar tempo para estabelecer elos com pessoas e universos diferentes, em vez de ficar limitado ao mesmo círculo: "Ser esse profissional é revisar sua acessibilidade de modo quase estratégico. Tempo não se inventa; logo, é preciso fazer escolhas e ousar tomar decisões. Os seus encontros são gerenciados como leite no fogo" (Bellenger, 1992 ©). A extensão da rede, portanto, exige que se renuncie à amizade, ou melhor, que, em se tratando de avaliar a qualidade de um elo, se renuncie a fazer distinção entre relações desinteressadas de amizade e relações profissionais ou úteis. "Uma rede está sempre baseada em relações interpessoais fortes, situadas além do trabalho propriamente dito. [...] Segundo o caso, essa confiança pode assentar nas situações vividas em conjunto no passado, no fato de se pertencer à mesma instituição, na existência de um objetivo ou de um projeto comum, em relações de amizade ou de estima mútua, até mesmo apenas na cumplicidade resultante do fato de estar ligado à mesma rede telemática" (Landier, 1991 ©). Assim, sobre as "redes sociais e familiares" pode-se dizer que "esse capital representa as relações que, além de satisfações no plano humano, oferecem um possível aporte à empresa em questão" (Aubrey, 1994 ©). Mas, embora a conexão com membros da família ampliada (comparada a uma rede) possa mostrar-se proveitosa, a família restrita, ao contrário – como o grupo dos "velhos camaradas" ou a batota dos "vizinhos de escritório" –, mantém o apego a conexões antigas e superadas, constituindo por isso um peso, uma desvantagem.

O "grande" da cidade por projetos também é *leve* porque está liberto do peso de suas próprias paixões e de seus valores; aberto às diferenças (ao contrário das personalidades rígidas, absolutistas, apegadas à defesa de valores universais). Pelas mesmas razões, ele não é crítico (salvo para defender a tolerância e a diferença). Nada deve sobrepor-se ao imperativo de ajustamento nem enlear seus movimentos. Não há outra determinação, senão as que advêm da situação e das conexões nas quais ele está e que o definem inteiramente (Burt, 1980). A tolerância necessária para ajustar-se aos outros pode também ser expressa na linguagem da emancipação em relação à "moral burguesa". O homem leve aprendeu com a psicanálise e, de modo mais geral, com a difusão das "interpretações da suspeita" (Ricoeur, 1965, pp. 40-4) que é preciso saber libertar-se do moralismo, lançando a suspeição sobre os motivos ocultos dos esforços de moralização e reconhecendo a validade da ambivalência. Os numerosos instrumentos de origem analítica, integrados na cidade por projetos, visam assim a desenvolver o realismo: servem para olhar a realidade de frente, inclusive – ou principalmente – a realidade do desejo, tratado como um dado entre outros, mas também para reconhecer, no mesmo ato, os limites que a realidade impõe ao desejo. Por isso num mundo em rede é realista ser ambivalente (em oposição ao chefe univalente do mundo hierárquico), porque as situações que precisam ser enfrentadas também são complexas e incertas.

Segundo o mesmo princípio de eliminação de tudo o que possa ser entrave à mobilidade, o homem leve não deve apegar-se a um patrimônio, que tolhe e sobrecarrega, devendo preferir a propriedade de outras fórmulas que dão acesso ao gozo dos objetos, tais como a locação. A distância em relação à propriedade, nesse caso, não é resultado de desprezo ascético pelos bens materiais, dos quais é totalmente lícito dispor e gozar, mas simples resultado da necessidade de tornar-se leve para deslocar-se com mais facilidade.

Pelas mesmas razões, o homem conexionista também tende a não se deixar prender pelas instituições, com todos os tipos de obrigação que isso implica, e a não se deixar enredar num tecido de responsabilidades com os outros ou com organizações das quais se encarregaria. Essa é a razão pela qual ele prefere renunciar ao poder oficial em proveito de formas de poder em rede (Friedkin, 1993), livres de injunções de vigilância, supervisão, representação, respeito às regras estatais que regem o uso dos bens e a direção de seres humanos. Deixa isso por conta dos outros. Pois prefere a autonomia à garantia de emprego.

O "grande" da cidade por projetos renuncia também a exercer alguma forma de dominação sobre os outros, prevalecendo-se de propriedades estatutárias ou hierárquicas que lhe dariam reconhecimento fácil. Sua autoridade só depende da competência. Ele não impõe regras ou objetivos, mas admite discutir suas posições (princípio de tolerância).

Subjacente a essas diferentes formas de renúncia, há um sacrifício mais fundamental: o da personalidade no sentido de uma maneira de ser que se manifestaria em atitudes e condutas semelhantes, quaisquer que sejam as circunstâncias. "A imagem do camaleão é tentadora para descrever o profissional que sabe conduzir suas relações com o fito de caminhar mais facilmente em direção aos outros. [...] a adaptabilidade é exatamente a chave de acesso ao espírito rede (há esforços para concordar em dar o primeiro passo)" (Bellenger, 1992 ©). O homem leve sacrifica certa interioridade e fidelidade a si mesmo, para ajustar-se melhor às pessoas com as quais entra em contato e às situações, sempre mutáveis, em que é induzido a agir (o que também supõe renúncia aos excessos do calculismo, em benefício de uma racionalidade limitada).

O homem leve, então, só pode enraizar-se em si mesmo ("a empresa de si") – única instância dotada de certa permanência num mundo complexo, incerto e móvel. No entanto, a ipseidade que se atribui não é resultado de uma dotação preexistente, nem mesmo resultado de uma trajetória ou de uma experiência. Deriva da constelação das conexões estabelecidas. Cada um só é ele mesmo pelos elos que o constituem.

As <provas-modelo> também são necessárias à realização das exigências de justiça e à sua inserção na trama das relações cotidianas. São situações em que se revela com mais nitidez a grandeza das pessoas e das coisas. Qualquer desacordo sobre uma grandeza reivindicada só pode ser resolvido pela passagem de uma prova para a qual os julgamentos possam convergir, devendo, por isso, ser consideravelmente pura, ou seja, orientada tão somente para a mensuração da grandeza e dela somente, o que pressupõe o afastamento de qualquer risco de poluição por grandezas referentes a mundos alternativos. A prova produz a demonstração da grandeza. Deve atender às demandas de renovação, pois, em decorrência da capacidade formalmente dada a todos de ascender aos estados de grande e da não vinculação definitiva dos estados de grandeza às pessoas (o que contradiria a existência de uma humanidade comum), as pessoas devem poder ter condições de revelar suas mudanças de estado e obter o reconhecimento delas.

O <modo de expressão do juízo>, por sua vez, caracteriza a maneira – diferente em cada cidade – de se marcar a sanção da prova. A <forma da evidência> é a modalidade de conhecimento próprio ao mundo considerado. Essas categorias visam a discernir as qualidades e os atos das pessoas que participem de uma prova. Fulano será julgado grande se fizer tal coisa; e pequeno, se manifestar tal comportamento.

Não se pode julgar alguém por um único projeto, porque a grandeza das pessoas se manifesta na prova-modelo que, como já sabemos, consiste na passagem de um projeto a outro. É quando um projeto termina que as passagens obrigatórias se revelam, realizando-se uma avaliação, positiva para aqueles que, tendo aumentado sua reputação ao longo do projeto do qual estão saindo, conseguem inserir-se num projeto novo; ao contrário, pode ser negativa quando a incapacidade de manter ou desenvolver elos e coordenar-se com outros produz o fracasso do postulante. De fato, o elo é um capital que não pertence àquele que dele usufrui. Sempre pode ser subtraído unilateralmente, a título de punição, por aquele com quem ele foi criado.

Fim de um projeto e começo de outro <Prova-modelo>

Se for verdade que o momento da passagem de um projeto para outro constitui a prova por excelência, na lógica de uma cidade por projetos, quanto mais curtos, numerosos e mutáveis forem os projetos, mais comprobatório (portanto, mais justo) será o mundo.

Uma pessoa será apreciada se outras desejarem travar conhecimento com ela, encontrá-la, recorrer a ela ou trabalhar com ela. Aqueles dos quais nada há que esperar são evitados, mantidos a distância ou, simplesmente, ignorados. Uma das particularidades

Ser chamado a participar <Expressão do julgamento e formas da evidência>

Inserir, Fazer participar, Falar de, Evitar, manter a distância, Ignorar, Rejeitar, Excluir

das formas em rede é que, ao contrário do que ocorre nos conjuntos definidos por uma inserção de ordem espacial num território (nações, comunidades etc.), de ordem temporal numa história (linhagem) ou de ordem jurídica numa instituição (administrações, igrejas...), aqueles que são depreciados perdem a visibilidade e, de certa maneira, a existência, pois, na lógica desse mundo, a própria existência é um atributo relacional: cada ser – e as pessoas humanas tanto quanto as outras – existe em maior ou menor grau segundo o número e o valor das conexões que passam por ele.

Essa é a razão pela qual esse mundo não conhece outras reprovações além da rejeição ou da exclusão, que, privando a pessoa de seus elos ("desafiliação", na linguagem de R. Castel [1995]), a rechaça para as bordas da rede, onde as conexões são raras e sem valor. É excluído aquele que depende dos outros, mas de quem ninguém mais depende, aquele que não é desejado por ninguém, que já não é procurado e convidado, aquele que, embora continue com a agenda cheia de nomes, desapareceu da agenda dos outros.

Segue-se que, em tal mundo, os dispositivos de justiça são essencialmente preventivos. Devem prever a possibilidade da queda, tomando apoio em indicadores preditivos.

Antropologia e naturalidade da cidade por projetos

É essencial a questão da ancoragem de uma cidade numa definição da natureza. Em primeiro lugar, em termos de justiça, é importante que todos os homens tenham a capacidade de elevar-se aos estados superiores, e só uma definição da natureza humana garante que toda a humanidade compartilhe essa capacidade. A <dignidade das pessoas> remete a essa dimensão em cada cidade; ela é aquilo que constitui a igualdade e aponta para as propriedades humanas naturais que dão a todos as mesmas oportunidades de tornar-se grandes, desde que façam o que é preciso, sobretudo os sacrifícios associados (cf. <fórmula de investimento>).

Necessidade de ligar-se <Dignidade das pessoas>

Todos os operadores ativos de uma rede podem ascender aos estados superiores, porque todos têm a capacidade de se ligar a outros. O desejo de conectar-se é uma propriedade fundamental da natureza humana. Nessa antropologia, todas as mulheres e todos as homens são seres de contato e relação: "o vínculo não é resultado de um processo libidinoso ou de aprendizagem"; "corresponde a uma tendência primária, a necessidade do outro, mais forte que a fome, mais precoce que a sexualidade" (Sellenger, 1992 ©). Essa necessidade de conexão tão universal é a razão pela qual todos podem inserir-se em redes e adquirir empregabilidade. Nenhum deles está excluído *a priori*.

Além disso, o funcionamento em rede satisfaz à característica bem humana de querer *ao mesmo tempo* estar livre e comprometido: "Todos assumimos compromissos. Eles podem usurpar nossa liberdade de agir autonomamente, mas em contrapartida dão sentido à nossa vida e a nosso trabalho." Nosso "profundo desejo de autonomia e independência" está "aliado a uma convicção também profunda de que a vida só tem sentido quando a compartilhamos com outros" (Waterman, 1990 ©). Sem essa dualidade radical que cada um traz em si, a série de engajamentos e desengajamentos que a cidade por projetos supõe se mostraria propriamente desumana.

Toda cidade supõe também a designação na natureza (ou seja, na "realidade") de uma forma ideal na qual os estados são distribuídos de maneira equitativa. Para ser mobilizada na vida cotidiana, inspirar a ação ou alimentar justificações, a lógica de uma cidade deve encarnar-se em exemplos-tipo que a ponham ao alcance das pessoas. No caso da cidade por projetos, a <figura harmoniosa da ordem natural>, evidentemente, é a rede, ou melhor, todas as redes que existiram eternamente na vida dos homens.

A forma mais natural é a rede. Ela se impõe aos seres, sejam eles humanos ou não, à revelia dos atores: "A organização em rede não é coisa nova, sempre existiu, tal como a prosa que Monsieur Jourdain compunha sem saber" (Landier, 1991 ©).

Trata-se também de uma forma de organização totalmente universal: "O exemplo da Rota da Seda" ensina "que as redes são organizações "primitivas" e universais. Família, amigos, ex-colegas de escola, membros de todas as associações às quais pertençamos são redes em torno de cada um de nós" (Aubrey, 1990 ©).

Todos os seres e todas as sociedades têm redes, "que estamos acostumados a considerar como vias informais de informação e influência. As feministas denunciam uma 'rede de machões'

A rede

<Figura harmoniosa da ordem natural>

[...]. Os homossexuais têm suas redes, bastante influentes em setores como a moda ou a decoração. As minorias étnicas possuem algumas muito poderosas – por exemplo, as dos imigrantes chineses no Sudoeste da Ásia, de judeus na Europa e na América, dos oriundos das Antilhas Ocidentais na Grã-Bretanha. Do mesmo modo, os grupos transplantados tendem a constituir suas próprias redes de comunicação: nova-iorquinos no Texas, a chamada máfia da Georgia, que se instalou em Washington durante a presidência de Jimmy Carter, os ucranianos que 'fecharam' com Leonid Brejnev em Moscou. Em suma, essas ligações informais surgem de numerosas formas em praticamente todas as sociedades complexas, e a estas se somam redes mais claramente estruturadas, como as dos francos-maçons, dos mórmons ou dos membros da organização católica Opus Dei" (Toffler, 1991 ©).

Mas antes a organização em redes era suspeita na empresa e marcada pelo selo da clandestinidade; porém chegou a hora de sua reabilitação: "na empresa tradicional ela apresentava um caráter oficioso, se não clandestino, e era julgada subversiva para a organização hierárquica oficial. Tratava-se, por exemplo, de operários que procuravam ardis para reduzir a dureza de seu trabalho. [...] A rede informal, portanto, era dirigida contra a hierarquia, e o objetivo era defender-se de decisões sentidas como irracionais ou injustas. Tais relações constituíam o território da ação sindical. A expressão 'gestão empresarial em rede', por outro lado, surgiu bem recentemente" (Landier, 1991 ©).

A cidade por projetos que acabamos de descrever possibilita dar destaque às linhas de força da justificação num mundo concebido em rede. Procuramos captar com ela as novas formas de justiça que não podiam ser contidas pelas cidades já existentes, mas que apareciam nos textos de gestão empresarial dos anos 90.

Certificamo-nos agora de que a cidade por projetos constitui, realmente, uma forma específica, e não um meio-termo instável entre cidades já existentes, confrontando-a rapidamente com outras formações normativas cuja descrição é dada em *De la justification* e, em particular, às que parecem mais próximas, ou seja, a cidade mercantil e a cidade doméstica.

2. ORIGINALIDADE DA CIDADE POR PROJETOS

Em relação à cidade inspirada

A cidade por projetos tem em comum com a cidade inspirada a importância dada à criatividade e à inovação (como demonstra, por exemplo, o uso feito do paradigma da rede nas correntes dominantes da sociologia da inovação). Do mesmo modo, essas duas cidades enfatizam a singularidade dos seres e das coisas, cujo valor é constituído exatamente pela diferença (e não pela capacidade de fundir-se em formas coletivas, como ocorre, por exemplo, na cidade cívica e na cidade industrial). Mas essas semelhanças são superficiais e até enganosas. Isto porque, enquanto na cidade inspirada as pessoas são criativas quando separadas das outras, recolhidas de alguma maneira em si mesmas, em sua interioridade – único lugar autêntico a partir do qual elas podem entrar em relação direta com uma fonte de inspiração transcendente (o sobrenatural) ou enterrada nas profundezas (o inconsciente) –, na cidade por projetos a criatividade é função do número e da qualidade dos elos. Aliás, ela depende da *recombinação* (Stark, 1996), mais que da invenção *ex nihilo,* e assume facilmente uma forma "distribuída" (assim como se fala "de inteligência distribuída"), visto que a carga da inovação é repartida entre atores diferentes, de modo que, no âmbito dessa cidade, não seria cabível procurar especificar demais a responsabilidade de cada um no processo de inovação ou, o que é pior, reivindicar uma originalidade radical e acusar os outros de "plágio".

Em relação à cidade mercantil

Alguns modelos em rede foram desenvolvidos há cerca de vinte anos no âmbito da microeconomia clássica para enfrentar, especialmente, as vicissitudes dos mercados e dar conta de transações mercantis em situações caracterizadas por forte assimetria de informações, nas quais a qualidade dos bens (por exemplo, carros usados) ou dos serviços (por exemplo, prestados por advogados) não pode ser conhecida *a priori,* sendo, por conseguinte, duvidosa para o comprador, que só poderá prová-la depois da compra (Akerlof, 1970, 1984; Karpik, 1989). Nesses casos, é importante que se estabeleça uma relação de confiança entre vendedor e comprador, em que este deposita *confiança* no vendedor – que, por sua vez, deve conhecer a verdadeira qualidade dos bens que oferece –, para não ser enganado naquilo que adquire. A arma do comprador para obrigar o vendedor a ser digno de confiança é a *reputação,* sobre a qual ele pode agir. No final, o fluxo de negócios confluirá para os vendedores que tenham boa reputação, ou seja, nos casos em que a confiança depositada, regularmente posta à prova, é também regularmente confirmada. Com base nessas pesquisas, é possível depreender, sob diferentes aspectos, as especificidades de um mundo em rede, ao qual se aplica a cidade por projetos, em relação ao ideal de um mundo mercantil.

O primeiro aspecto é o do tempo. Enquanto a transação puramente mercantil é tópica e ignora o tempo, a rede de colaborações e intercâmbios pressupõe a instauração de relações entre os parceiros que, apesar de não estabilizadas por planos ou regulamentos, possuem caráter relativamente duradouro. Dois parceiros (um fornecedor e seu cliente) que funcionem em rede podem, assim, pensar em investir juntos, o que não é pertinente num mundo mercantil.

Um segundo aspecto é o da transparência. Enquanto se supõe o mercado transparente para que os preços possam formar-se, as redes só podem ser conhecidas uma a uma. Ninguém tem condições de abarcá-las. Elas não são reguladas pela projeção de uma equivalência geral. Cada conexão, assim como as transações nela realizadas, tem caráter local. Numa rede regulada pela cidade por projetos, a informação, mesmo circulando de um ponto a outro sem cessar, só é acessível no momento das conexões. A informação não está disponível para todos no mesmo instante em sua totalidade, tal como no ideal de informação pura e perfeita que permite estabelecer igualdade entre todos os participantes de um mercado. Aliás, é essa característica que torna as redes tão vulneráveis às práticas estratégicas que consistem em reter a informação, em não a deixar circular, para dela extrair uma vantagem indevida, segundo os valores da cidade por projetos[10].

O terceiro aspecto, que deriva dos dois primeiros, refere-se às relações pessoais. Enquanto o mercado funciona de modo anônimo, ou com relações pessoais reduzidas ao mínimo e a distância (as relações pessoais estreitas, duradouras e locais, numa lógica mercantil, são equiparáveis a uma *conspiração contra o bem público,* segundo os próprios termos de Adam Smith [1982, pp. 232-3], entravando o funcionamento do mercado), a exploração da forma rede pressupõe a capacidade de estabelecer e estabilizar relações de interdependência e confiança a longo prazo.

As relações desse tipo apresentam diferentes vantagens que têm em comum fundamentar-se na utilização de uma informação fina e aberta, em vez de só conhecer uma informação mínima sobre os preços e, quando existem padrões, sobre a qualidade, como ocorre com o mercado. Veja-se, por exemplo, a confiança como *Leitmotiv* dos defensores da rede. A confiança pode ser descrita como o esteio de uma informação tópica e específica, dificilmente verificável (ou inverificável quando se tratar de promessa), por meio de uma informação tácita e difusa, ligada a uma apreciação sincrética da pessoa, a experiências passadas ou ao efeito da reputação. Um dos principais interesses das relações de confiança em contraposição às relações mercantis consiste – como vimos – no fato de permitirem a troca de bens e serviços difíceis de formatar num contrato que tenha em vista um nível aceitável de completude. Elas também são fonte de dois outros tipos de vantagem. O primeiro é a possibilidade de compartilhar ou trocar uma informação fina que, sendo simples "diz que diz" sem valor se destacada do suporte humano, só pode circular de pessoa para pessoa porque somente é crível e interpretável à luz do saber implícito mobilizado por aquele que a recebe em relação à pessoa daquele que a comunica. O segundo é a possibilidade de limitar a busca de ganhos tópicos e puramente egoístas por meio do compartilhamento de soluções (desde que haja contrapartida) que permitam uma adaptação mais rápida às mudanças que afetam as tecnologias ou os mercados (Uzzi, 1996).

Um quarto aspecto diz respeito à qualificação dos produtos que cabem nas transações. Enquanto no mundo mercantil o produto é desvinculado das pessoas e estabilizado por convenções ou padrões que garantam sua qualidade – esse é o papel das marcas (Eymard-Duvernay, 1989) –, no mundo conexionista o produto, que circula precariamente separado das pessoas, é transformado pela relação. Num mundo mercantil, a transação assiste à formação de um preço, mas não modifica as qualidades do produto nem as dos agentes da oferta e da demanda que preexistem ao contato. No mundo conexionista, ao contrário, os elos são úteis e enriquecedores quando têm o poder de modificar os seres que entram em contato[11]. Isso vale especialmente, claro, para o trabalho, cuja autonomização em relação às pessoas constitui a ficção jurídica essencial na qual se baseia o funcionamento do mercado de trabalho. Para que se possa falar de mercado no qual se forma o preço do trabalho em contato com a oferta e a demanda, é preciso que, por um lado, as qualificações do trabalho proposto pelas pessoas e, por outro, as qualificações dos postos de trabalho que elas possam ocupar estejam estabilizadas e previamente definidas, independentemente umas das outras. Ao contrário, numa organização em rede, as qualidades das pessoas e as qualidades dos empregos se definem mutuamente na relação (o que F. Eymard-Duvernay e E. Marchal [1997] chamam de "competência negociada"). Mas, em tal configuração, já não se pode tratar o trabalho como mercadoria destacável da pessoa daquele que o exerce.

É principalmente mudando suas informações que a conexão modifica os seres que entram em contato. A transmissão de informações desempenha papel essencial no estabelecimento do elo em todos os setores em que o valor agregado é de ordem cognitiva, como ocorre, por exemplo, com a pesquisa científica[12]. Cada um dos parceiros pode esperar ter acesso à informação que o outro possui, seja passando-lhe informações, seja (caso a relação seja assimétrica) obtendo a informação sem contrapartida, em troca – se assim se pode dizer – da própria conexão; além disso, os menores apresentam aos maiores, espontaneamente, a informação que lhes será útil, para tornar-se interessantes, ou seja, para serem notados e identificados e para que os maiores vejam interesse em ficar em contato com eles. A informação obtida pela conexão também pode versar sobre os seres entre os quais se estabelece um elo. A relação modifica a informação que cada um dos parceiros possui sobre o outro e, assim, pode modificar a representação que tem dele. É a tal processo evolutivo que se faz referência quando se fala de ganhar (ou perder) a confiança de alguém, o que, por via de consequência, abre ou fecha o acesso a recursos (usos de bens ou de serviços, créditos, reputações).

Segue-se que, num mundo conexionista, os produtos (e, especialmente, os que não têm suporte material) não são claramente identificados e nitidamente destacados das pessoas – ao contrário do que ocorre na troca mercantil. Compreende-se então que pode transcorrer muito tempo até se saber se a relação é vantajosa ou custosa, simétrica ou assimétrica. Ninguém sabe já de saída o que vai ganhar ou perder na relação (mesmo em termos de tempo). As formas de cálculo peculiares ao mundo mercantil encontram aqui os seus limites.

Esse conjunto de características específicas do mundo conexionista é um freio oposto ao funcionamento harmonioso da concorrência, princípio superior comum da cidade mercantil. Mas sem concorrência garantida nenhuma justiça mercantil é possível. Mas os defensores do mundo em rede não têm em alto apreço esse valor fundamental da cidade mercantil e dão preferência a uma "coopetição" segundo o neologismo cunhado há pouco tempo para designar a relação composta por um misto de cooperação e de competição[13].

O mundo conexionista distingue-se, pois, do mundo mercantil e exige dispositivos de justificação diferentes. Essa constatação enseja certa reserva em relação às interpretações que descrevem as recentes mudanças como simples fortalecimento do liberalismo econômico. De fato, em certo número de casos, parece que a ação dos que têm sucesso num mundo em rede está relativamente livre das provas mercantis. Poderia até ocorrer que suas empresas, seus *projetos*, fossem alvo de sanções mercantis negativas e, por conseguinte, fracassassem no plano estritamente mercantil, sem que esses malogros afetassem sua grandeza ou a reputação que adquiriram.

Em relação à cidade da fama

À primeira vista, o mundo no qual se insere a cidade por projetos parece ter muitos pontos comuns com o mundo da fama. Conforme ressalta

R. Burt (1992 a), a extensão das relações num mundo conexionista também é proveitosa por permitir o aumento da reputação daquele que as trava, aquele que, não podendo estar em todo lugar ao mesmo tempo, precisa contar com outras pessoas que falem dele, pronunciem seu nome na hora certa (por exemplo, quando da implementação de um novo projeto), em arenas das quais esteja ausente. Para existir nesse mundo, precisa existir na memória (que em grande medida se concentra no nome) e nos hábitos daqueles que podem "recorrer a ele".

Mas o mundo em rede da cidade por projetos não tem a transparência que constitui uma das dimensões do mundo da fama. Nele, cada elo é estabelecido independentemente dos outros, sem visibilidade, sem que exista um ponto a partir do qual a quantidade de elos acumulados possa ser avaliada do mesmo modo como, por exemplo, se avalia a popularidade de um político ou de um artista de televisão por meio de pesquisas de opinião.

Enquanto o mundo da fama está hoje associado primordialmente à comunicação de massa, o da cidade por projetos privilegia a comunicação pessoal, no *tête-à-tête* ou no pequeno grupo. As reputações passam boca a boca, mais do que pelo estardalhaço da mídia[14]: o *lobbying* substitui as campanhas publicitárias[15]. Pode até ocorrer que o mundo da fama sofra acusações, a partir das posições normativas favoráveis às redes, devido a seu caráter assimétrico: as celebridades ignoram os pequenos que as admiram, ao passo que, na cidade por projetos, os grandes "sabem ouvir"[16].

Em relação à cidade doméstica

Considerada de modo superficial, a cidade por projetos parece ter muitos traços em comum com a cidade doméstica, a tal ponto que se pode perguntar se ela simplesmente não constitui sua forma atual. De fato, há nos dois casos uma forte ênfase nas relações pessoais, face a face, na confiança, em especial durante relações de trabalho.

A celebração das vantagens da organização familiar, aliás, não está ausente dos textos dos autores de gestão empresarial dos anos 90, que nela veem a primeira fonte de construção das redes: "se é possível criar elos em nome da amizade, do trabalho e da fraternidade, estes pertencem primordialmente à ordem do parentesco. Para viver profissionalmente, mais vale um universo familiar bem estruturado. Pois a família constitui uma primeira rede, menos fora de moda do que se pensa; ao contrário, em plena mutação" (Bellenger, 1992 ©). Alvin Toffler (1991 ©) chega a prever um grande retorno da organização familiar ao mundo dos negócios, mas não na forma "ultrapassada" da pequena empresa independente. Ao contrário, as organizações familiares, segundo ele, deveriam desenvolver-se no próprio âmago da grande empresa ou em estreita colaboração com ela: "É certo que, na economia do futuro, as empresas muito grandes dependerão mais do que no passado de uma vasta infraestrutura de fornecedores de pequeno porte, mas com grande eficiência e flexibilidade – dos quais muitos serão constituídos por empresas familiares. A ressurreição atual dos pequenos estabelecimentos, frequentemente familiares, traz consigo uma ideologia, uma ética e um sistema de informações profundamente antiburocráticos."

Mas essa aparente semelhança não resiste a um exame mais preciso do modo como os elos se formam num mundo doméstico e num mundo conexionista. A cidade doméstica apresenta formas de controle, gratificação e punição muito diferentes dos propostos pela cidade por projetos.

No mundo doméstico, as relações pessoais são definidas previamente em grande parte segundo as propriedades atribuídas às pessoas e, em especial, em função do lugar ocupado na hierarquia da família ou da posição da família na comunidade. Os elos, afetados por um custo de acesso elevado, são duradouros e raramente eletivos (assim, o casamento é em parte prescrito). As relações, por outro lado, são alvo de um controle comunitário possibilitado pela presença concomitante das pessoas num mesmo espaço do qual lhes é muito difícil escapar, visto que é na comunidade, definida pela proximidade espacial, e não em sua individualidade, que se situam os recursos de que elas precisam para serem o que são ou simplesmente sobreviver (Claverie, Lamaison, 1982). O enraizamento comunitário e a presença local desempenham um papel nada desprezível nas provas de grandeza. Por esse motivo, os elos no trabalho são amplamente controlados por meio dos elos de fora do trabalho e, em especial, por elos familiares, como se vê, por exemplo, no caso da aprendizagem. O mestre da aprendizagem não é simplesmente um substituto do pai no lugar de trabalho. Ele também extrai sua autoridade da possibilidade que se lhe oferece de recorrer à família do aprendiz para reforçar suas próprias sanções (Urlacher, 1984). Num mundo doméstico, é elevado o nível de informação que cada um possui sobre os outros[17], apesar de tal universo não estar submetido à exigência de transparência (como ocorre, no mundo cívico, em relação ao espaço público). A divulgação daquilo que cada um sabe dos outros não pode ocorrer livremente (a não ser na forma de mexericos), e o transporte da informação, tal como os deslocamentos, é controlado e subordinado às relações hierárquicas. Assim, por exemplo, no sistema de patronato universitário, como o que funcionou na França até meados do século XX, de dominante amplamente doméstica, os alunos ficam vinculados ao professor durante o período, frequentemente longo, durante o qual preparam o doutorado de Estado, sem poderem publicar livremente, deslocar-se à vontade ou pôr informações em circulação entre diferentes centros de poder intelectual (Bourdieu, Boltanski, Maldidier, 1971). Esse nível elevado de controle social e de dependência pessoal tem como contrapartida garantir certa segurança aos subordinados, uma vez que a fidelidade aos superiores pressupõe a lealdade dos superiores para com eles.

O mundo da cidade por projetos opõe-se ao mundo doméstico em todos os traços e nos diferentes aspectos que acabamos de lembrar. Em primeiro lugar, as relações não são prescritas, o que não deixa de ser ressaltado pelos autores de gestão empresarial, em contraposição à restrição das liberdades do modelo familiar: "os saudosistas da família de outrora omitem os limites que esta impunha de fato ao espaço autônomo e à liberdade de escolha do indivíduo, bem como as poucas possibilidades que havia de sair do âmbito das origens familiares" (Aubrey, 1994 ©).

Num mundo em rede, cada um procura estabelecer os elos que o interessam com pessoas de sua escolha. As relações são "eletivas, inclusive as que não se referem diretamente ao mundo do trabalho, mas à esfera familiar" (Chalvon-Demersay, 1996). Além do mais, o caráter longínquo e relativamente imprevisível do contato é exatamente o que aumenta seu valor. Os elos sem interesse são os estabelecidos no interior do grupo estreito de conhecimentos (elos fortes no sentido de M. Granovetter, 1973), ao passo que os elos interessantes são os estabelecidos com pessoas ou objetos novos, distanciados por vários níveis de mediações. A distância espacial não é pertinente. Não existe nada semelhante a um território no qual os deslocamentos possam ser controlados. A circulação das informações é dificilmente dominável. Ninguém abarca toda a rede, que se torna mais ou menos opaca para todo aquele que se afaste dos traçados contatados.

Enfim, diferentemente do que se observa num mundo doméstico, a mobilidade e a instabilidade são elementos muito importantes daquilo que constitui o estofo de uma pessoa e uma das condições fundamentais de acesso à grandeza. Segue-se que as relações pessoais ganham grande importância, mas nem por isso é possível ter garantias da fidelidade daqueles com quem os elos são estabelecidos. Estes são não apenas livres para deslocar-se, mas também são incitados pela própria lógica da rede a criar outros elos, com outras pessoas ou outros dispositivos.

Pode-se até aventar a hipótese de que a formação do mundo conexionista ao qual se aplica a cidade por projetos foi correlativa da desagregação do mundo doméstico, cuja forma de grandeza específica, ao longo dos últimos vinte anos, foi descartada da maioria das situações da vida social e, em especial, da vida profissional, para só continuar valendo no campo limitado das relações familiares propriamente ditas. Isso significa que, embora a cidade por projetos extraia do mundo doméstico uma parte do vocabulário por meio do qual ela se descreve (relações pessoais, confiança, face a face...), certas ações ou dispositivos que têm o mesmo nome nos dois casos (amizade, afinidades, jantares) têm natureza muito diferente. A manutenção e mesmo a revalorização de um modo de ser doméstico (contra a impessoalidade das relações industriais e, sobretudo, contra a coerção regulamentar do mundo cívico) na verdade foram acompanhadas pelo empobrecimento dos modos de controle, gratificação e sanção associados à cidade doméstica, cujas fórmulas de investimento (fidelidade, emprego vitalício, garantia de emprego, dependência) se tornaram inaceitáveis para os diferentes atores, por diferentes razões.

Em relação à cidade industrial

A sedução exercida sobre os autores de gestão empresarial dos anos 90 pelo modelo de rede se deve em grande medida ao fato de ele se opor ao mundo excessivamente "industrial" dos anos 60. No mundo industrial, as pessoas são consideradas apenas à proporção que preenchem certas funções e ocupam certos postos preexistentes numa estrutura organizacional planejada em escritórios especializados. São julgadas com base em seu caráter funcional, ou seja, na eficiência com que mantêm o emprego. As relações de trabalho são prescritas pela estrutura, e o mesmo ocorre, em grande medida, com métodos determinados por regulamentos e procedimento.

Num mundo conexionista, as pessoas são incitadas a deslocar-se, a estabelecer pessoalmente os elos que utilizam no trabalho (elos que, por definição, não podem ser preestabelecidos) e a desconfiar de qualquer estrutura e de qualquer posto previamente traçado, que possam vir a encerrá-las num universo demasiado conhecido. A flexibilidade e a capacidade de adaptar-se e aprender incessantemente tornam-se seus principais trunfos, mais importante que as especialidades técnicas (os saberes mudam tão depressa) e sua experiência. Portanto, os elementos ligados à personalidade, as qualidades comunicativas, de atenção e abertura para as diferenças contam mais do que a eficiência medida pela capacidade de atingir objetivos previamente definidos. Os métodos de trabalho são elaborados em função de necessidades sempre mutáveis; as pessoas se auto-organizam, inventam regras tópicas, que não podem ser abarcadas e racionalizadas globalmente por um eventual escritório de organização[18].

As análises acima incitam a pensar que o que chamamos de cidade por projetos constitui realmente um modo de justificação original, cuja arquitetura assenta num mundo de objetos e dispositivos cuja configuração é relativamente recente. Também podemos verificá-lo mostrando, por meio do aplicativo de análise textual Prospero, que a cidade por projetos especifica bem o *corpus* dos anos 90.

Especificação do corpus *dos anos 90 pela cidade por projetos*

Entramos no dispositivo interpretativo no qual o aplicativo dá acesso às gramáticas dos seis mundos identificados anteriormente (inspirado, doméstico, da fama, cívico, industrial, mercantil), bem como na da cidade por projetos. Na forma informatizada, as gramáticas são representadas por grupos ou categorias de palavras associadas a um mundo ou a outro. Em seguida, é possível comparar os dois *corpora* no aspecto da presença ou da ausência das diferentes categorias. A presença de uma cidade será dimensionada aqui pela soma de todas as ocorrências em dado *corpus* dos membros da categoria criada para representá-la (cf. tabela 1).

Tabela 1
Presença dos sete mundos em cada corpus

Anos 60		Anos 90	
Lógica industrial	6764	Lógica industrial	4972
Lógica doméstica	2033	Lógica de rede	3996
Lógica mercantil	1841	Lógica mercantil	2207
Lógica cívica	1216	Lógica doméstica	1404
Lógica de rede	1114	Lógica inspirada	1366
Lógica inspirada	774	Lógica cívica	793
Lógica da fama	479	Lógica da fama	768

A primeira constatação, que não deve surpreender, em vista da natureza de nossos dois *corpora* (cujo objeto é a melhoria da organização do trabalho), é que a lógica industrial é dominante nas duas épocas (ainda que as referências geralmente sejam positivas nos anos 60 e frequentemente críticas nos anos 90). Mas essa preeminência quase não tem rival nos anos 60 (cf. relação entre o número de ocorrências do mundo industrial e o imediatamente seguinte nos dois casos), ao passo que é relativizada nos anos 90 pelo lugar ocupado pelos seres da cidade por projetos (cujos efetivos são quase duas vezes mais numerosos que os referentes à lógica situada em segundo lugar nos anos 60). Enquanto a segunda lógica dos anos 90, em ordem de importância, é a lógica de rede, nos anos 60 essa posição é ocupada pela lógica doméstica, o que tenderia a confirmar a hipótese de substituição, ou melhor, de absorção da lógica doméstica pela lógica conexionista. A manutenção da lógica mercantil em terceiro lugar, embora com um número de ocorrências ligeiramente superior, é mais um indicador a sugerir que as mudanças que afetaram o mundo do trabalho nos últimos trinta anos têm menos afinidade com a ascensão ao poder de dispositivos de mercado do que com uma reorganização que se autodefine em referência às redes, o que tende a invalidar as análises que visam a reduzir as tendências atuais do espírito do capitalismo apenas à extensão das justificações mercantis.

Outros dois fenômenos devem ser ressaltados: por um lado, o apagamento do mundo cívico nos anos 90, que preferimos vincular à importante associação existente nos discursos dos anos 60 e desaparecida depois entre a ação das empresas e a do Estado; por outro lado, o aumento do poder da cidade inspirada, que deve ser relacionado com a ênfase dada nos anos 90 à inovação, ao risco, à procura permanente de soluções novas e às qualidades fortemente pessoais. O Anexo 4 apresenta um complemento de análise da presença relativa dos diferentes registros justificativos nos dois *corpora*.

Assim, o programa de análise textual que usamos possibilita elucidar uma transformação importante, ocorrida durante os últimos trinta anos, dos registros de justificação nos quais se respalda a literatura de gestão empresarial, bem como a ascensão ao primeiríssimo lugar da lógica de rede, enquanto ocorriam outros movimentos de menor amplitude: redistribuição das referências mercantis (cf. Anexo 4), recuo importante da referência doméstica, desaparecimento da lógica cívica, substituída pela lógica inspirada. A cidade por projetos, que, a nosso ver, é a base das justificações tópicas utilizadas para novos dispositivos, além das justificações teóricas mais clássicas do capitalismo, também descreve o que diferencia os anos 90 dos anos 60, pois o aparecimento do registro que lhe corresponde mostra-se como o fenômeno mais marcante quando se utiliza a grade de análise das cidades. Isso, portanto, tende a confirmar a hipótese de que o construto que extraímos dos textos de gestão empresarial representa bem, em forma estilizada e concentrada, aquilo que marca de maneira original o novo espírito do capitalismo.

Certamente a lista das palavras utilizadas pelo aplicativo para inventariar as manifestações da cidade por projetos compreende numerosos termos novos que não eram absolutamente usuais na literatura de gestão empresarial dos anos 60, correspondendo precisamente aos novos dispositivos, tais como "aliança", "parceria", *coaching* etc. Mas essa observação não invalida nossos resultados, pois toda mudança de importância traz consigo um novo vocabulário e novos modos de pensar. E um dos papéis do analista é extrair o que é novo em dada situação. As cidades não se desenvolveram todas nas mesmas épocas e, assim como houve um tempo em que não existiam as noções de "objetivos", "planificação", "organograma" e "otimização", que marcam a grandeza industrial, houve uma em que a rede não poderia em caso algum pretender servir de modelo geral para a organização das empresas.

Pois um dos aspectos mais marcantes da emergência desse novo sistema de valores, cujas primeiras indicações procuramos dar, aplicando a textos recentes de gestão empresarial uma grade utilizada antes para descrever os mundos associados às cidades, é que esse fenômeno não se limita em nada ao campo da gestão nem à esfera das empresas. Diferentes indícios sugerem, ao contrário, que a metáfora da rede tende progressivamente a comportar uma nova representação geral das sociedades. Assim, a problemática do elo, da relação, do contato, da ruptura, da perda, do isolamento, da separação como prelúdio para a instauração de novos elos, para a formação de novos projetos, e a insistência na tensão perpetuamente reativada entre exigência de autonomia e desejo de garantia, também estão no cerne das atuais mudanças da vida pessoal, das relações de amizade e, sobretudo, familiares, conforme analisadas nos recentes trabalhos de sociologia da família (Théry, 1994), mas também – o que talvez seja mais pertinente para nosso propósito – descritos nas telenovelas que, pela variante imaginativa, põe esse tópico em ação de alguma maneira, fazendo-o girar suas diferentes facetas (Chalvon-Demersay, 1996). O envolvimento da imaginação (tal como se desenvolve nas ficções romanescas, cinematográficas ou televisivas) pelo *social*, na forma de dramas, tensões, complexos ou dilemas associados à questão das classes e das origens sociais, que marcou os anos 60 e 70 e decerto estavam em harmonia com a sensibilidade de gerações que conheceram forte mobilidade social, tende assim a ser hoje substituído pelo foco na questão do elo – entendido como sempre problemático, frágil, sendo feito ou refeito – e numa representação do mundo vivenciado em termos de conexão e desconexão, inclusão e exclusão, confinamento em coletividades fechadas em si mesmas ("seitas") ou abertura para um mundo perigoso, de encontros, solidariedades, perdas e, finalmente, solidão.

3. GENERALIZAÇÃO DA REPRESENTAÇÃO EM REDE

Só pode surpreender o caráter proteiforme e heterogêneo das referências mobilizáveis a partir de numerosos campos de pesquisa e reflexão, na construção de uma nova moral cotidiana. Apresentamos abaixo um apanhado do grande amálgama conceitual que tal formação pressupõe.

Proliferação dos trabalhos sobre redes

O gênero da ordem conexionista, cuja configuração esboçamos, não constitui uma formação de algum modo *sui generis,* que só ganhasse sentido por referência a uma evolução interna da literatura destinada às empresas.

Uma vista-d'olhos, mesmo rápida, em certas correntes muito ativas destes últimos vinte anos, tanto em filosofia quanto em ciências sociais (que, sob certos aspectos, hoje exercem funções outrora destinadas à filosofia política), é suficiente para convencer do contrário. A noção de rede que, mais ou menos até os anos 70, era de uso relativamente especializado ou secundário, começou a partir daí a ser alvo de grande atenção, encontrando-se hoje no cerne de um número elevado e, aliás, bem diversificado, de trabalhos teóricos ou empíricos ligados a várias disciplinas, a ponto de os realizadores dessas exposições não hesitarem em falar de um novo paradigma (Burt, 1980; Callon, 1993; Degenne, Forsé, 1994; Wasserman, Faust, 1994). Além disso, a facilidade com que se difundiu a referência às redes, a velocidade de difusão das pesquisas especializadas e os novos empregos que ensejaram tornam arriscada qualquer tentativa de traçar uma linha divisória nítida entre um uso "científico" e um uso "ideológico" dos temas reticulares[19].

No entanto, embora um grande número de termos ou noções retirados dos textos de gestão empresarial em que domina a lógica de rede tenha homólogo nos textos das ciências humanas, em nosso *corpus* as referências diretas a esses trabalhos são bastante raras e concentradas na pluma de alguns autores que associam a gestão empresarial em rede a três temas: primeiramente, o da comunicação (representado por referências a Habermas, Bateson e Watzlawick); em segundo lugar, o da complexidade (J. P. Dupuy, E. Morin); em terceiro, o da desordem, do caos e da auto-organização (representado por referências a Prigogine, Stengers, Atlan, Heisenberg, Hofstadter e Varela[20]). Como regra geral, os autores de nosso *corpus* citam sobretudo outros autores de gestão empresarial e, aliás, se citam frequentemente uns aos outros, o que é coerente com a existência da gestão empresarial como disciplina específica[21].

Sob outros aspectos, nos escritos dos principais autores dos quais extraímos o plano da cidade por projetos encontram-se vestígios de uma leitura feita nos anos 70 das obras de Ivan Illich, cuja tônica no antiautoritarismo, na crítica à centralização, na importância atribuída à autonomia e àquilo que se poderia chamar, com certo anacronismo, de auto-organização, bem como no humanismo tecnológico – pôr o instrumento a serviço dos homens, e não o inverso –, será retomada na temática da cidade por projetos. O fato é que Ivan Illich não é absolutamente citado pelos autores de gestão empresarial, pelo menos em seus textos (o que não exclui o reconhecimento, em entrevistas orais, de uma dívida ou de um amor de juventude), porque o grau ao qual ele levou a crítica à sociedade industrial, à mercantilização e ao poder do capital simplesmente não é compatível com as tarefas da gestão empresarial[22].

Mas é preciso procurar outra fonte para desenhar a intersecção entre a literatura de gestão empresarial e a literatura das ciências da natureza ou das ciências sociais capazes de respaldar uma representação do mundo baseada numa gramática mínima do elo, ou seja, para compor conjuntos nos quais figurem ao mesmo tempo textos de gestão empresarial (em especial, alguns dos textos nos quais nos apoiamos para modelizar a cidade por projetos) e textos frequentemente citados nos trabalhos publicados em revistas de ciências sociais. As obras que nos interessarão aqui têm por alvo, numa óptica mais generalista, fazer o grande público compreender que, para decifrar o mundo no qual estamos entrando, seja qual for o campo considerado, é necessário recorrer à noção de rede. Vejamos, por exemplo, *La Planète relationnelle* [O planeta relacional], publicado em 1995 por dois consultores (A. Bressand e C. Distler) que, oriundos de grandes escolas (o primeiro, da Polytechnique e a segunda, da École normale supérieure), fazem um trabalho de mediação entre os espaços acadêmicos e os das empresas. Encontra-se, assim, nessa obra referência: 1) à gestão das redes de empresas – especialmente a grande número de textos de gestão empresarial incluídos no nosso *corpus* (G. Archier, H. Sérieyx, A. Taffler etc.); 2) a clássicos da comunicação (M. McLuhan, R. Debray); 3) a economistas da informação (por exemplo, A. Chandler, O. Williamson, J. Tirole); 4) a trabalhos sobre o ciberspaço, o virtual, a "cultura internet" e, de modo mais geral, a informática (S. Papert, S. Turkle, M. Cronin); 5) às teorias da auto-organização (J.-P. Dupuy, F. Varela); 6) a trabalhos que se vinculam à sociologia americana de análise das redes (R. Eccles, R. Nollan, M. Granovetter); 7) à nova sociologia das ciências e das técnicas (B. Latour, M. Serres[23]).

O caráter bastante heterogêneo dessas referências não é de surpreender. Na formação das cidades, a aproximação por equivalência de uma multiplicidade de objetos que podiam ser até então percebidos como pertencentes a esferas ou lógicas diferentes é acompanhada por um intenso trabalho coletivo de estabelecimento de coerências para expor as virtualidades de um mundo, pôr à prova a sua consistência moral e testar sua compatibilidade com exigências de justiça, de tal modo que a ação nesse mundo possa ser julgada legítima.

Não vale a pena insistir, por ser óbvio, no modo como o desenvolvimento considerável dos dispositivos técnicos de comunicação e de transporte foi capaz de estimular a imaginação conexionista. Seu efeito principal foi tornar tangível para todos um fenômeno que, em si mesmo, não é novo: a maneira como os elos e as injunções derivadas do fato de se pertencer a um território (inclusive os territórios nacionais) sofrem a concorrência dos elos estabelecidos a distância. Hoje é lugar-comum dizer que a comunicação a distância em tempo real, mais do que as facilidades de transporte, tende a diminuir a importância das solidariedades de vizinhança, em relação a elos decorrentes de afinidades desespacializadas[24], segundo, por exemplo, o paradigma do pesquisador científico conectado a pessoas que compartilham seus interesses nos quatro cantos do mundo, mas sem relação nenhuma com seus colegas que ocupam escritórios vizinhos ao seu. De modo mais geral, o desenvolvimento da mídia e, sobretudo, da informática nos locais de trabalho deu existência concreta à noção abstrata de rede a grande número de assalariados. A acumulação de mudanças propriamente técnicas, conjugada à redução perceptível e regular de seu custo de utilização, contribuiu para atenuar as fronteiras entre unidades. Associada a certas responsabilidades políticas evidentes quanto à desregulamentação[25] ou à ausência de legislação[26], ela também tornou caducos inúmeros protecionismos legais obtidos à custa de demorados e penosos esforços, abrindo assim o espaço das conexões possíveis e dando um impulso sem precedente às atividades de criação de redes e ao trabalho teórico de redefinição dos elos sociais e, de modo mais profundo, de criação de uma nova antropologia não fundamentada numa propensão universal a trocar objetos (como, por exemplo, no caso da cidade mercantil), mas numa propensão – descrita como não menos universal – a estabelecer elos.

A rede: do ilegítimo ao legítimo

O estabelecimento de uma cidade por projetos, ao imprimir à forma rede uma exigência de justiça, a constitui enquanto forma política legítima. Essa operação de legitimação se observa sempre que a instauração de uma nova cidade dá destaque a um modo de ver e fazer o mundo que até então estava absorvido em outras formas e não identificado como tal, ou era criticado. No caso em pauta, ela se mostra mais notória porque, pouco antes, o termo rede só era alvo de referências não críticas em usos ainda próximos de seus significados técnicos (rede elétrica ou rede telefônica).

Assim, na literatura de gestão empresarial dos anos 60, quando a palavra ainda é rara (21 ocorrências no *corpus* dos anos 60, contra 450 no *corpus* dos anos 90), a referência à rede aparece em trechos que dizem respeito à comunicação[27], essencialmente para aludir a relações verticais e horizontais dentro da empresa[28], portanto num sentido totalmente diferente daquele que hoje lhe é dado, quando a rede está associada à ideia de transgressão de todas as fronteiras, em especial das fronteiras da empresa e dos canais de comunicação e subordinação presentes nos organogramas. A palavra rede também é usada nos anos 60 para aludir às coerções, visto que as malhas são equiparadas às malhas de uma rede de pesca que amarra o indivíduo, e não para representar uma atividade de conexão: assim, os franceses "se protegeram dos'outros'por meio de uma rede complicada de leis" (Servan-Schreiber, 1967 ©); os executivos estão presos a "redes de obrigações" (*Gabrysiak et alii*, 1968 ©); a burocracia "mantém toda uma rede de autoridade, dependência e subordinação" (De Woot, 1968 ©). Do mesmo modo, para fundamentar em fatos a avaliação negativa de uma pessoa, é preciso "fechar em torno do interessado a rede das políticas, dos objetivos, dos programas e dos orçamentos que ele não soube realizar" (Gelinier, 1963 ©). O uso minoritário e mais próximo do sentido atual consiste em empregar a palavra para diferenciar a dimensão informal da vida nas empresas da estrutura formal[29]. Mas então os autores se mostram embaraçados quando precisam avaliar negativa ou positivamente o fenômeno, pois para uma parte deles o surgimento de processos não controlados pela estrutura é um problema de gestão empresarial, mas, por outro lado, os autores são sensíveis ao apoio que as relações informais muitas vezes oferecem.

Uma pesquisa dos usos da palavra rede em dicionários das décadas anteriores mostra também que, até os anos 80, o termo, quando servia para designar organizações humanas, era quase sempre usado para qualificar pejorativamente formas de elos clandestinos, ilegítimos ou ilegais. Na prática, só constituem exceção as "redes de resistência", que tinham a particularidade de ser ilegais (em relação a Vichy e às autoridades de ocupação), portanto clandestinas, e, ao mesmo tempo, legítimas. Mas, como se vê também nesse caso, ao contrário do que se observa hoje, a rede está sempre associada ao segredo, em oposição à transparência das relações públicas com caráter legal. Por fim, ao contrário do bando – associação de malfeitores –, fechado em si mesmo, a rede não é opaca apenas em relação ao exterior, mas também ao interior, pois aqueles que nela estão implicados ignoram a identidade de todos os outros. A rede alude, assim, à conspiração ou àquilo que Rousseau, no *Contrato social,* chama de facção, para designar as formas de associações particulares contrárias ao interesse geral. Nessa acepção essencialmente pejorativa, a rede podia designar traficantes (armas, drogas, objetos roubados, trabalho escravo), ilegítimos e ilegais, ou também conjuntos de pessoas que, mesmo dispersas no espaço e misturadas a outras populações, mantêm, em segredo, elos peculiares e se ajudam mutuamente, em detrimento dos outros, sem que suas ações tenham necessariamente caráter ilegal (o termo máfia, frequentemente associado ao termo rede, serve de intermediário entre essas duas variantes).

Encontra-se também, numa obra recente (*Les Bonnes Fréquentations, histoire secrète des réseaux d'influence*), escrita por dois jornalistas (Coignard, Guichard, 1997), esse uso envelhecido da referência à rede. O livro, que se apresenta como uma "história secreta das redes", tem em vista revelar "as solidariedades ocultas" que "se agitam em torno do poder do dinheiro e do saber". Aliás, os autores se dão o trabalho de, na introdução, desvincular-se da nova concepção positiva de redes desenvolvida na literatura de gestão empresarial[30]: "Essa deliciosa redescoberta do coletivo caloroso e acolhedor restitui uma imagem um tanto idílica das redes" (p. 10). Em compensação, para nossos dois autores, as redes não são "*lobbies* porque ultrapassam a estrita aliança conjuntural de interesses", nem "estruturas associativas, porque evitam escrupulosamente qualquer institucionalização", e sim elos "fluidos" em vista da "ajuda mútua", da "influência", do "dinheiro", do "poder", estabelecidos entre pessoas que se reconhecem, sem que os outros saibam, pelo fato de possuírem uma mesma qualidade original, não ressaltada na vida pública. A lista das redes das quais os dois autores tratam dá uma boa ideia dos grupos tradicionalmente suspeitos de servir a interesses ocultos em detrimento do bem público. O critério que os une pode ser regional, especialmente quando provenientes de regiões periféricas ou pobres (corsos, oriundos de Corrèze, da Savoia, da Bretanha, da Auvergne, pp. 23-49), étnico, religioso ou associativo (judeus, pp. 67-9; protestantes, pp. 79-86; franco-maçons, pp. 163-74; católicos, pp. 327-55), sexual (homossexuais, pp. 53-60), político (velhos trotskistas, pp. 146-52; os *anciens d'Occident*, pp. 152-61), financeiro (redes em torno do grupo Lazard, pp. 213-5), administrativo (tecnocratas, pp. 216-7), intelectual (pp. 235-50), ou mundano (pp. 109-15).

O uso do termo rede, em sociologia, durante os últimos vinte anos, sofreu as mesmas mudanças de conotação verificadas em seus usos ordinários. A rede, utilizada nos anos 60 sobretudo para desvendar os privilégios (especialmente na instituição escolar e no mercado de trabalho) que as pessoas favorecidas pela origem social podiam explorar discretamente, é hoje em dia posta em ação com a neutralidade da ferramenta ou mesmo apresentada, pelo menos implicitamente, como uma forma social mais eficiente e justa do que as relações formais de base criteriológica, permitindo a inserção progressiva e negociada no emprego. A sociologia, assim, dá sua contribuição para a deslegitimação das convenções baseadas num meio-termo entre a cidade cívica e a cidade industrial e para a legitimação da cidade por projetos.

Mas não podemos realmente entender a razão pela qual a metáfora da rede foi eleita para representar o mundo em vias de emergir e sua legitimação, se nos limitarmos a registrar sua compatibilidade com o desenvolvimento dos novos instrumentos técnicos de conexões, transporte e comunicação ou sua concomitância com a proliferação de conceitos associados em outros campos. Também é importante mostrar, através de um esboço rápido das origens da noção de rede, que ela mesma foi construída para combater concepções associadas ao antigo mundo. É portanto bastante natural que ela tenha sido posta a serviço de sua transformação.

Observações sobre a origem dos trabalhos acerca das redes

As correntes que contribuíram para o desenvolvimento do paradigma da rede durante os últimos trinta anos são tão numerosas e fervilhantes, que é impossível descrever sua história, o que já exigiria um livro. Podemos, em contrapartida, apresentar algumas linhas mestras.

A formação do paradigma da rede está ligada, de modo muito geral, ao interesse crescente pelas *propriedades relacionais* (e pelas ontologias relacionais), em oposição às propriedades substancialmente ligadas a seres que elas definiriam em si. A esse viés central, comum a abordagens decorrentes de disciplinas diferentes que podem se apresentar como bastante diversas, se tomadas em seu valor nominal, vieram depois somar-se outras representações (a ponto, aliás, de encobri-lo e obscurecê-lo). Elas se fundamentam, por exemplo, na persistência, desde o século XIX, de uma concepção organicista da sociedade como corpo vivo irrigado por fluxos, sejam eles materiais (vias de comunicação ou sistemas de distribuição das fontes de energia), sejam imateriais (fluxos financeiros ou fluxos de informações, correntes de difusão simbólica) (Parrochia, 1993); ou também se fundamentam no desenvolvimento (propiciado por programas de computador que possibilitam automatizar a configuração das relações em forma de gráficos) das técnicas sociométricas criadas em psicologia social, especialmente por J. L. Moreno (1934, 1947), nos anos 1930-40, para descrever com diagramas ("sociogramas") o modo como os indivíduos, dentro de pequenos grupos, são conectados por fluxos orientados de comunicação[31]. Esta última corrente, especialmente, garantirá o sucesso das análises de rede, primeiramente em antropologia social[32], depois em sociologia e história, campo em que sua utilização apresenta problemas particulares, dos quais trataremos em breve. Pode-se tomar como último exemplo a formação, nos últimos vinte anos, no âmbito das ciências cognitivas que procuram aproximar a informática e a biologia cerebral, modelos de inteligência distribuída de tipo conexionista buscando conceber dispositivos teóricos para simular a inteligência sem recorrer a algoritmos hierárquicos[33].

Se é que se pode estabelecer um paralelo entre uma orientação epistemológica comum (ou seja, da valorização das propriedades relacionais em detrimento das propriedades vinculadas aos seres) e as manifestações muito diversas do interesse pelas redes, verifica-se que os caminhos que levaram à formação desse paradigma adotaram traçados diferentes nos países anglo-saxônicos, especialmente Estados Unidos, e na França.

Na França, o interesse das ciências humanas pelas representações em rede surgiu durante os anos 60, a partir da filosofia e, especialmente, a partir das iniciativas filosóficas que contribuíram para renovar a filosofia das ciências, rejeitando a fronteira, instaurada pelas epistemologias dominantes, entre as atividades científicas e outros tipos de práticas do conhecimento, para levar essa disciplina a caminhos não reducionistas.

A referência às redes foi associada à busca de modalidades de totalização capazes de alterar o mínimo possível a singularidade das relações identificadas e dos seres que elas conectam, em oposição às atitudes reducionistas que totalizam encaixando seres e relações em tipos, classes e estruturas originais, de tal modo a reuni-los em grupos passíveis de tornar-se objeto de cálculo. As abordagens baseadas na representação em redes mantêm, assim, uma relação complexa com o estruturalismo. Com este, elas têm em comum a ênfase dada às propriedades relacionais, e não às substâncias: sabe-se que o jogo de xadrez, desde Saussure, constitui a metáfora por excelência da abordagem estrutural, porque nele cada lance, ao movimentar uma peça, modifica o valor posicional de todas as outras peças do jogo. Mas, ao contrário do estruturalismo, que assume como projeto a tarefa de identificar as estruturas originais a partir das quais ocorrem as transformações, saindo assim "à cata da 'estrutura lógica do mundo'" (Descombes, 1989, p. 169[34]), a abordagem pelas redes recorre a um empirismo radical. Em vez de supor um mundo organizado segundo estruturas básicas (ainda que ocultas, devendo ser reveladas por um trabalho científico de redução aos constituintes elementares), ela concebe um mundo no qual, potencialmente, tudo remete a tudo; um mundo, frequentemente concebido como "fluido, contínuo, caótico" (*id.*, p. 170), em que tudo pode conectar-se com tudo, podendo ser, portanto, abordado sem reducionismo apriorístico. O recurso à noção de rede resulta, assim, da ambição de propor formulações e modelos bem gerais, capazes de associar quaisquer gêneros de seres, sem necessariamente especificar sua natureza, que é tratada como uma propriedade emergente da própria rede. No entanto, esse mundo reticular não é apresentado como um caos. A análise deve poder identificar nele relações mais estáveis que outras, caminhos preferenciais, interligações.

Mas, conforme explicita Michel Serres (1968), isso exige que se tome por apoio um esquema que possibilite compreender o modo como essa conectividade generalizada pode realizar-se. Nele, esse esquema é o da "comunicação", "lugar eletivo da inovação" (Serres, 1972, p. 128), que possibilita "enfrentar o desafio do múltiplo" (Parrochia, 1993, p. 59), fornecendo instrumentos de totalização capazes de incorporar a sensibilidade nas diferenças. A referência à comunicação aqui está claramente associada, já de saída, ao projeto de substituir ontologias essencialistas por espaços abertos, sem fronteiras, centros nem pontos fixos, nos quais os seres são constituídos pelas relações nas quais entram e modificam-se ao sabor de fluxos, transferências, trocas, permutas e deslocamentos, que nesse espaço são os acontecimentos pertinentes[35]. A primazia ontológica conferida ao evento da conexão sobre os seres inter-relacionados é muito mais radical do que nas versões americanas do paradigma das redes que examinaremos em seguida. O momento da conexão (o "encontro" em G. Deleuze [1981]) é o momento em que se constitui a identidade dos seres que estabelecem certa relação. Portanto, nada nesse mundo é *a priori* redutível a nada mais, de um ponto de vista que seria o de um observador externo, pois a redução (um elemento assimila, traduz e expressa outro com o qual entra em contato) é precisamente a operação pela qual se criam e estabilizam os elos no interior da rede. Descrever a rede é observar e relacionar essas operações de redução que, no espaço aberto das interconexões, criam irreversibilidades relativas.

O tipo de descrição completamente original possibilitada por essa nova linguagem contribuiu nos anos 80 para renovar a sociologia, na qual ela penetrou por intermédio da nova sociologia das ciências desenvolvida por B. Latour e M. Callon. Nessa corrente, as representações em termos de redes são exploradas para superar a separação entre aquilo que era da alçada da "ciência" propriamente dita (considerada "objetiva") e o que seria da ordem de seus "usos sociais" (pondo em jogo interesses que viriam corromper essa suposta "objetividade"), separação que dominara até então a sociologia das ciências[36].

Mas o mesmo filosofema também foi empregado em orientações menos específicas. Pelo menos na França, nos anos seguintes a maio de 1968, ele foi posto a serviço de uma crítica (especialmente em G. Deleuze) ao "sujeito" – definido com referência à consciência de si e a uma essência que poderia ser outra coisa que não vestígio das relações nas quais ele entrou ao sabor de deslocamentos – e também de uma crítica de tudo o que era denunciável como "ponto fixo", remissível, por exemplo, ao Estado, à família, às Igrejas e, mais geralmente, a todas as instituições, bem como aos mestres (do pensamento), às burocracias, às tradições (porque elas estão voltadas para uma origem tratada como ponto fixo) e às escatologias, religiosas ou políticas, porque tornam os seres dependentes de uma essência projetada no futuro. Durante os anos 70, essa crítica orientou-se quase naturalmente para o capitalismo que, nessa denúncia, se confundiu com a família burguesa e com o Estado, na qualidade de mundos fechados, fixados e enrijecidos, quer pelo apego à tradição (família), quer pelo juridicismo e pela burocracia (Estado), quer pelo cálculo e pela planificação (empresa), em oposição à mobilidade e à fluidez dos "nômades", capazes de circular em redes abertas, a expensas de múltiplas metamorfoses[37]. Mas, por outro lado, ela também permitia livrar-se das separações rígidas entre ordens, esferas, campos, classes, aparatos, instâncias etc. que na época, especialmente nas versões sociológicas do estruturalismo marxista, tinham assumido a forma de hipóstases sacralizadas cujo questionamento tinha o cunho de blasfêmia[38].

Ao fazer isso, em parte sem saber, essa crítica se prestava também à interpretação em termos de libertação não só em relação a fidelidades pessoais e institucionais (então vivenciadas como servidões sem fundamento, que caracterizavam a antiga ordem doméstica em vias de marginalização), mas também em relação a todas as "hierarquias" e a todos os "aparatos", ou seja, "aparato estatal" e "aparatos" que, tais como os "aparatos sindicais", tinham contribuído para a formação do direito do trabalho, para o reconhecimento das classes sociais e para o processo que devia conduzir à sua representação no Estado[39].

Nos textos anglo-saxões, as concepções do mundo (e não só da sociedade) baseadas em lógicas de rede vinculam-se ao pragmatismo e ao empirismo radical. Nesse caso também, é primordial saber como se estabelece a relação entre elementos dados como diferentes e separados (em vez de serem unificados *a priori* por um observador que estabelecesse uma equivalência entre eles e lhes impusesse categorias predefinidas), questão esta que orienta a atenção para o lado dos processos de comunicação. Ela conduz a que se represente o mundo na forma de malhas de "signos", cada um dos quais capaz de refletir e figurar os outros, segundo a posição que lhe seja própria (e não a partir de uma visão de conjunto que não figure em tal modelo). Daí a importância, aliás frequentemente implícita, da semiótica, inventada por C. S. Peirce, na formação de uma representação do mundo concebido como rede. De fato, em Peirce, o signo não é apenas posto em relação com um objeto (como na relação diádica significado-significante). Ele também deve ser interpretado para ter sentido (mais ou menos como uma palavra é definida num dicionário por meio de uma paráfrase composta por outros termos cuja definição, por sua vez, pode ser buscada, e assim por diante). Essa concepção triádica do signo (signo, objeto, interpretante) possibilita representar o mundo, pois ele pode ser investido de uma significação, tal como uma "rede" de contornos indefinidos, constituída por uma multiplicidade de traduções, pois "o signo só é signo desde que possa traduzir-se em outro signo no qual esteja mais plenamente desenvolvido" (Ducrot, Schaeffer, 1995, pp. 180-1). O interpretante, portanto, desempenha papel de tradutor ou mediador, permitindo que a rede se amplie, conectando seres que, não fosse isso, ficariam isolados e, assim, desprovidos de significação. A rede possibilita então pensar objetos entre a "forma cristalizada", definida por ligações estáveis, mas fechadas (representáveis sob o conceito de estruturas), e o "informe caótico", no qual nenhum elo permite passar várias vezes pelo mesmo caminho de um elemento a outro.

É principalmente nas correntes sociológicas americanas, ligadas diretamente ao pragmatismo (como a escola de Chicago ou o interacionismo simbólico), que essa problemática penetrará no campo das ciências sociais. Sem recorrer, na maioria das vezes, à metodologia das redes, essas duas correntes apresentam um arcabouço no qual as análises em termos de rede virão inserir-se sem dificuldade porque, de certo modo, ele as pressupõe e atrai. As propriedades desse arcabouço que nos interessam aqui são essencialmente de três ordens: por um lado, a possibilidade de estabelecer elos de causalidade entre elementos muito variados (cuja singularidade é respeitada), que coexistem num mesmo espaço ("a ecologia social" de Park); por outro lado, a preocupação de perceber processos situados entre aquilo que pode ser discernido por uma abordagem puramente individualista, criticada pelo seu atomismo, e, em contraposição, por uma abordagem institucional focalizada nas organizações mais formais e nos fenômenos macrossociais; finalmente, o desejo de partir das interações em pequenos grupos, concebidas essencialmente (segundo a perspectiva inaugurada por G. H. Mead) como atividades de comunicação através das quais as pessoas constroem seu próprio "si" e produzem significações em sua ação na vida social, definida por sua natureza simbólica. Nessa lógica, as pessoas são indissociavelmente "atores" que desempenham ações e "intérpretes" que elaboram significações sociais, passando uns aos outros "signos" que são a forma assumida pela ação quando presa nos fluxos de relações aos quais se busca dar sentido. Nessa óptica, as propriedades aparentemente mais estáveis dos indivíduos – como o sexo ou a profissão, por exemplo – também são signos, objeto de interpretações na interação. Em vez de tratá-los como propriedades substanciais, convém, pois, considerá-los como propriedades relacionais: é na interação em que são interpretadas que essas qualidades são investidas de significações que, dependendo da relação, variam quando se passa de uma relação a outra. Portanto, não é possível definir os indivíduos, como nos construtos de inspiração estruturalista, por um feixe de propriedades que derivariam mecanicamente do fato de pertencerem a grupos, instituições, organizações etc.

A radicalização dessas posições conduz, nos anos 1960-70, a dois caminhos diferentes. O primeiro – cuja expressão mais acabada é a etnometodologia, que não nos diz respeito diretamente aqui – consistirá em pôr toda a tônica nos processos de interpretação pelos quais os atores procuram dar sentido às realizações sociais durante o próprio curso da ação. Ela tropeça no problema da totalização, pois o próprio significado das palavras de que depende o trabalho de interpretação é indexado por estas situações que são, por construção, totalmente singulares. A segunda consistirá também em renunciar à ideia de que existiriam propriedades estáveis das pessoas (individuais ou coletivas) que permitiriam a totalização. Mas, em vez de se centrar no trabalho de interpretação na interação, ela se dedicará – reelaborando a velha sociometria de Moreno e utilizando uma linguagem derivada da utilizada na teoria dos gráficos – a reconstituir dispositivos de totalização atendo-se exclusivamente às relações numa rede aberta, por construção, ainda que o objetivo de totalização pressuponha interromper em dado momento a lista das relações consideradas. Nessa perspectiva, os indivíduos são sempre menos pertinentes que as relações que os ligam[40]. Eles podem ser tratados como "nós" na intersecção dos feixes de relações, de tal modo que há a possibilidade de fazer com que esses espaços vazios sejam ocupados por seres muito diferentes.

Sem dúvida, ao lado dos trabalhos de M. Granovetter (1973), os trabalhos de H. White e sua equipe desempenharam papel preponderante no desenvolvimento dessa corrente, ao proporem algoritmos passíveis de tratamento automatizado para a construção das redes de relações numa escala muito maior do que a de Moreno, cujos trabalhos giravam em torno de pequenos grupos. A inovação não era apenas tecnológica. Também visava a emancipar a sociologia das "velhas" noções de "categorias", "grupos" e "classes" que, apresentadas como válidas para as antigas sociedades por estamentos, já não convinham para as sociedades abertas, móveis (liberais) nas quais o "acaso" desempenha papel preponderante[41]. A revolução metodológica anunciada continha em germe, pois, a promessa de libertação em relação às "antigas" instituições fechadas em suas fronteiras, organizações "rígidas" que comportavam registros de "papéis" e *status* fixados de uma vez por todas, instituições essas tratadas como coercitivas e superadas. Essa orientação, tal como ocorreu com as versões mais radicais do paradigma, devia conduzir a que não mais se considerassem as propriedades dos elementos entre os quais se estabelecesse uma relação (ou seja, pessoas, cuja qualidade, como por exemplo a de mulher, negro, jovem, operário etc., já não fosse tratada como pertinente), levando em conta somente propriedades relacionais, ou seja, de número, frequência e direção das conexões.

Faz apenas cerca de dez anos que a sociologia americana das redes se implantou solidamente na França, por intermédio de pesquisas que giraram primeiramente em torno da sociabilidade (por exemplo, Forsé, 1994), seguindo caminhos que não cruzam, na maioria dos casos, os caminhos pelos quais o paradigma da rede se difundiu a partir das correntes da filosofia francesa dos anos 60-70, que mencionamos rapidamente, até a nova sociologia das ciências e das técnicas.

Ainda que possamos (como tentamos) vê-las como derivadas de esquemas, que, afinal, estão bastante próximos – e percebe-se claramente como eles podem ser mobilizados para empreender uma deslegitimação do mundo associado ao segundo espírito do capitalismo com suas burocracias, seus Estados, suas famílias burguesas e suas classes sociais, em proveito de um novo mundo reticular para cujo sentido o terceiro espírito do capitalismo contribui –, encontramo-nos realmente diante de duas "escolas", cuja intersecção se revelaria limitada, se não inexistente, ao avaliarmos a frequência dos contatos pessoais em seminários, colóquios etc., ou das citações.

Por que não utilizamos um desses textos fundadores para depreender os traços de uma ordem baseada na construção da rede, seguindo a metodologia experimentada em *De la justification,* que vai dos textos canônicos aos manuais de aplicação prática? Porque, pelo que sabemos, não existe obra mestra que tenha por objetivo estabelecer a possibilidade de um mundo harmonioso e justo baseado na rede. O tipo de ordem conexionista, cuja configuração esboçamos, não foi objeto – assim como as ordens domésticas, cívicas ou mercantis, por exemplo – de uma elaboração sistemática na tradição da filosofia política. A razão disso certamente é que as correntes contemporâneas nas quais se desenvolveu o conceito de rede elaboraram-se precisamente contra os construtos metafísicos nos quais se baseavam as filosofias políticas do bem comum (aproveitadas em *De la justification* para estabelecer a técnica arquitetônica das cidades) e, no que se refere a algumas, como filosofias da imanência, com o objetivo de evitar, contornar ou endogeneizar a posição ocupada por uma instância moral da qual pudessem derivar juízos legítimos referentes à justiça. Tal é a razão pela qual essas filosofias – como veremos adiante – extraíram da psicanálise noções como "força" ou "deslocamento" (de que nós mesmos nos valemos mas articulando-as com as noções de bem comum e de justiça), com o objetivo de absorver o espaço da metafísica política ocidental, de dois níveis, num "plano de imanência", como diz G. Deleuze.

Essa também é a razão pela qual as tentativas de conciliar as representações em rede com preocupações expressas em termos morais, comportando uma referência à justiça, portanto mais próximas daquilo que chamamos de cidade por projetos, constituíram-se como implantes nos tópicos reticulares dos elementos provenientes de correntes totalmente diferentes. Essas correntes, enfatizando também a comunicação, reelaboravam em novos termos uma problemática do sujeito, apresentada por intermédio de uma pragmática, e – retomando uma herança kantiana que as ontologias reticulares haviam esvaziado – assumiam como tarefa, de modo mais ou menos explícito, a retomada da possibilidade de juízos formulados em termos de verdade e/ou correção moral[42].

Naturalização das redes nas ciências sociais

A contribuição que as ciências sociais dão à descrição de um mundo conexionista dotado da coerência e da imediatez "natural" – mundo no qual a ação pode ser justificada quando inscrita em projetos – conduz às suas capacidades de naturalização, derivadas da concepção de ciência que elas adotam. Pois dizer do que o mundo é feito, em última análise, é sempre conferir-lhe uma natureza. O efeito de naturalização, evidentemente, é muito forte nas disciplinas que, visando interligar biologia e sociedade, derivam o elo social do seu enraizamento na ordem *dos viventes*; também é forte nas disciplinas que constroem sua representação da sociedade sobre o fundamento de uma metáfora fisiológica: não na diferenciação celular, como no antigo organicismo, mas, hoje, na metáfora neuronal com suas redes e fluxos. Mas o efeito de naturalização ocorre também em paradigmas menos duros, sobretudo quando instrumentalizados por uma tecnologia específica. Assim, a ambição (presente no programa forte da sociologia das redes) de descrever todos os processos sociais levando em conta apenas o número, a forma e a orientação das conexões (independentemente de qualquer característica atribuída àqueles entre os quais esses elos se estabelecem, ou de qualquer especificação do regime no qual tais elos se formam ou da lógica na qual podem ser justificados) tem em vista, num espírito reducionista, dar às ciências sociais uma base realmente científica, fazendo-as assentar na análise de componentes básicos, as conexões, que constituiriam o "cimento" (como diz J. Elster em outro contexto) das sociedades.

O desejo de fazer uma sociologia realmente científica com fundamento na análise de rede manifestou-se de dois modos diferentes. Pode-se qualificar esquematicamente a primeira de *historicista* e a segunda de *naturalista*.

A primeira abordagem, historicista, consistiu em defender a ideia de que as análises de redes seriam, sobretudo, adequadas para descrever as sociedades contemporâneas porque o desenvolvimento das atividades de criação de redes seria característica dessas sociedades. Esse primeiro ponto de vista parece ser adotado por White, Boorman e Breiger (1976).

Mas, com o desenvolvimento de tecnologias específicas, aplicáveis a qualquer objeto, e com a formação de uma verdadeira escola, a análise de redes foi sendo cada vez mais utilizada para rever e reinterpretar dados históricos segundo uma abordagem que qualificaremos de naturalista. Em lugar das explicações anteriores, por exemplo, em termos de conflitos de classes, grupos e culturas políticas, de trocas simbólicas, essas novas descrições apresentam análises que têm em vista descrever transformações históricas levando em conta apenas a estrutura das redes. É típica, nesse aspecto, a interpretação dada, com base em dados anteriores, por John Padget e Christopher Ansell (1993), para a ascensão dos Medici em Florença, entre 1400 e 1434: em oposição a interpretações anteriores, que aludem à ascensão de grupos novos e aos conflitos de classes, eles enfatizam a maneira como Cosimo de Medici consegue colocar-se na intersecção de diferentes redes cujos buracos estruturais ele explora judiciosamente. Pode-se também ler Fernand Braudel, ressaltando que, ao descrever a origem e as causas do capitalismo, ele não enfatizou a concorrência e o mercado, e sim as redes sociais que servem de suporte para o comércio longínquo[43].

Do ponto de vista da elaboração de uma cidade por projetos, cada uma dessas duas posições apresenta vantagens e desvantagens: a primeira, historicista, é boa por enfatizar a novidade do mundo em rede e a adequação da descrição das redes com o mundo atual, o mundo no qual vivemos e que procuramos compreender. Coaduna-se bem com a afirmação (que acompanha a descrição de um mundo conexionista) de que essa forma seria característica do mundo que se edifica diante de nossos olhos. Mas a segunda, naturalista, tem a vantagem de assentar mais solidamente a forma rede na naturalidade do mundo.

Os pesquisadores ativos nessas correntes poderiam responder que os debates sobre as redes não versam sobre o mundo, mas sobre os modos de descrição. Que se trata, portanto, de debates puramente metodológicos. Mas, além de não se poder fazer uma dissociação entre a validade da descrição e as propriedades do objeto descrito, as críticas que eles fazem às abordagens categoriais tendem a servir de fundamento para a representação de um mundo cujo sentido só se revela àqueles que compreenderam que a rede constitui sua armação principal.

No entanto, a tensão entre a posição historicista (a rede é a forma que convém a nosso tempo) e a posição naturalista (a rede é a textura constitutiva de todo o mundo social e até de toda a natureza) pode ser atenuada admitindo-se que, na ordem do conhecimento, a organização reticular constitui a forma mais bem ajustada à visão global que o mundo está assumindo do ponto de vista de uma cidade baseada numa lógica conexionista. Tomando-se o exemplo da cidade mercantil, primeiro foi preciso que o mercado se instalasse no âmago de uma filosofia política no fim do século XVIII, para que as dimensões mercantis das sociedades do passado pudessem ser percebidas como tais, ou seja, com o vocabulário e os conceitos da cidade mercantil. Da mesma maneira, a rede talvez constitua uma boa forma para descrever o modo como os banqueiros de Londres ou de Amsterdam realizavam, segundo F. Braudel, mais-valias muito superiores às oportunidades oferecidas pelos mercados locais, mas estes últimos não descreviam suas próprias ações com base na forma da rede e, sobretudo, não recorriam à rede nem ao projeto para emitir juízos de valor ou formular justificações.

A abordagem historicista e a naturalista cometem o mesmo erro, que consiste em crer que os estados de coisas e os modos de descrição poderiam ser tratados independentemente das posições normativas a partir das quais pode ser emitido um juízo de valor sobre os acontecimentos. Consideraremos que, se algo de novo surgiu sob o aspecto de que tratamos aqui, foi exatamente a formação de um modo de julgamento que, tomando como dado que o mundo é uma rede (e não, por exemplo, um sistema, uma estrutura, um mercado, uma comunidade), oferece pontos de apoio para apreciar e ordenar o valor relativo dos seres em tal mundo.

CONCLUSÃO:
MUDANÇAS PROVOCADAS PELO NOVO ESPÍRITO DO CAPITALISMO NO PLANO MORAL

O desenvolvimento daquilo que chamamos de mundo conexionista e a formação progressiva de uma cidade por projetos que o submete à exigência de justiça constituem os principais pontos de apoio normativos nos quais se respalda o novo espírito do capitalismo. Como a cidade por projetos está agora amplamente desenvolvida, é possível prolongar a comparação entre o novo espírito do capitalismo e os espíritos que o precederam, tentando depreender suas diferenças no plano moral. Enquanto o primeiro espírito do capitalismo dava valor a uma moral da poupança, e o segundo, a uma moral do trabalho e da competência, o novo espírito é marcado por uma mudança tanto da relação com o dinheiro quanto da relação com o trabalho.

Mudança da relação com o dinheiro e com as propriedades

Na forma do espírito do capitalismo que dominou o século XIX e o primeiro terço do século XX, a poupança constituía a principal via de acesso ao mundo do capital e o instrumento da promoção social. Em grande medida, era por meio da inculcação de uma moral da poupança que se transmitiam os valores de autocontrole, comedimento, restrição, labor, regularidade, perseverança e estabilidade, apreciados nas empresas.

Num mundo em rede, o senso de poupança não desapareceu, mas se aplica a outro tipo de bem. Conforme previsto por G. Becker há mais de trinta anos (1965) a principal raridade em nossas sociedades, pelo menos nas categorias não confrontadas com a necessidade imediata, como a dos executivos, não diz respeito aos bens materiais, mas ao tempo. Poupar, nesse mundo, é, em primeiro lugar, mostrar-se ávaro de tempo e judicioso naquilo a que ele é dedicado. Evidentemente, isso vale sobretudo para o tempo dedicado aos outros: não perder tempo é reservá-lo para estabelecer e manter conexões mais lucrativas, ou seja, as mais improváveis ou as mais longínquas, em vez de desperdiçá-lo na relação com pessoas próximas ou com pessoas cujo trato propicia unicamente prazer de ordem afetiva ou lúdica. Mas a boa administração do tempo livre também significa (e as duas coisas estão frequentemente juntas) acesso à informação e acesso ao dinheiro. Não devemos ser pródigos com nosso tempo nem guardá-lo para nós mesmos – economizá-lo para nada –, mas dedicá-lo à busca de informações sobre os bons projetos e, caso tenha sido constituída uma poupança de tempo, esta não deve ser desperdiçada inutilmente, mas ser posta de reserva para oportunidades que permitam investi-la em novo projeto, repentino, mas potencialmente interessante. O tempo constitui o recurso básico para conectar os atores que controlam o acesso ao dinheiro, do que depende o orçamento do projeto. Mas, como o tempo não é recurso estocável, esse tipo de poupança não pode ficar parado e deve ser reinvestido permanentemente. A necessidade de pôr para trabalhar o recurso de que dependemos, que também vale para o dinheiro, nesse caso se torna mais crucial por seu caráter pessoal. A gestão de uma poupança pode ser feita por outros, mas cada um deve gerir pessoalmente o investimento de seu tempo.

De forma mais geral, num mundo em rede, a relação cotidiana com o dinheiro e com a propriedade afasta-se dos hábitos burgueses em sua definição tradicional, mas também das formas novas de relação com a propriedade que, nos anos 40, caracterizaram a ascensão de uma elite de dirigentes empresariais diplomados, competentes e assalariados, que foram integrados a grandes burocracias. Os modos de atividade mais bem ajustados a um mundo conexionista marcam de fato uma guinada na história do capitalismo porque contribuem para pôr em ação a definição ocidental da propriedade, à qual K. Washida (1995) dedicou um artigo notável no qual se inspiram as observações abaixo.

A constituição do grupo de dirigentes fora marcada por um primeiro estilhaçamento de diferentes componentes encerrados na noção de propriedade que consistia numa disjunção entre propriedade e poder. A proprietários, frequentemente muito numerosos e com poder fraco ou inexistente, opõem-se então diretores que não são proprietários daquilo sobre o que seu poder é exercido. Em certa medida, pode-se ver nessa disjunção a base da formação de uma das principais concepções modernas do poder (e de sua crítica), o poder burocrático (que, uma vez definido, evidentemente pode ser identificado em outras sociedades e em outras épocas), como poder em estado puro, no sentido de estar podado dos componentes que lhe advinham de sua associação com a propriedade (por exemplo, a riqueza ou o gozo pessoal dos bens desse mundo). Mas o poder, tomado nesse sentido, conservava um componente essencial da propriedade, cuja análise, encontrada em Hegel, foi popularizada por Marx: assim como o possuidor é possuído por sua posse⁴⁴, o poderoso está sob a dependência daquilo sobre o que seu poder é exercido. Daí as duas tentações que visam a desembaraçar-se das coerções da posse ou do poder, a do poder absoluto e a do despojamento radical.

No entanto existe uma terceira possibilidade, cujo desenvolvimento atual é notável: a locação ou o empréstimo. A locação isola um terceiro componente da propriedade que é a *disponibilidade*, plena mas temporária. Ora, é exatamente com esse componente e apenas com ele que convém preocupar-se num mundo conexionista. Ao proprietário dominado pelas coisas que possui, ao diretor dependente dos objetos cuja reprodução ele garante, opõe-se uma outra opção que privilegia as coisas tomadas de empréstimo, das quais as pessoas dispõem como querem durante o tempo que lhes convém. Assim está isolado, na relação da propriedade com os objetos, o componente correspondente ao modo de ser no mundo da cidade por projetos, o da disponibilidade, sem as coerções da propriedade nem as do poder. O homem ajustado a um mundo conexionista preferirá, por exemplo, alugar a residência principal, pois ele é levado a mudar-se frequentemente, ou mesmo a alugar os carros que utiliza. É nisso, especialmente, que o homem leve da cidade por projetos se distingue da figura tradicional do burguês, sempre associado ao pesadume, ao peso (nas caricaturas ele é sempre gordo). A locação é a forma que convém ao projeto, à *instalação* para uma operação temporária. De fato, em vista do caráter relativamente imprevisível dos projetos lucrativos, é difícil prever o tipo de ativo de que se poderá precisar. Portanto, é racional, em vez da posse plena e integral, dar preferência ao acesso fácil e temporário a recursos emprestados, utilizados ou gastos no contexto de um projeto, mantendo-se uma flexibilidade suficiente para restituí-los no momento necessário.

Mas esse modo de relação com a propriedade não se limita ao mundo dos objetos. Vale também para o campo da informação, em que a melhor estratégia consiste em tomar de empréstimo os elementos que poderão entrar em recombinações, mas sem transformar-se em proprietário exclusivo dos conjuntos aos quais eles pertencem. Sob certos aspectos, os direitos intelectuais podem ser tratados como contratos de locação. As questões principais se referem então à forma que a informação deve assumir para ter as características de um bem, ou seja, ser objeto de uma identificação e, por conseguinte, de uma proteção, de tal modo que o empréstimo só seja possível passando pela locação. Isso supõe, por um lado, uma forma ou outra de objetivação (sabe-se que as ideias, que são bens comuns, só podem, como tais, ser protegidas se forem objetivadas numa patente, numa técnica, numa obra); por outro lado, uma definição do nível a partir do qual a proteção é dada (como se vê, por exemplo, no direito autoral, que limita as dimensões das citações autorizadas).

Isso significa que a antropologia subjacente à cidade por projetos ignora a posse? Ao contrário, ela leva ao ponto extremo um elemento que esteve na origem da concepção liberal da propriedade: o homem conexionista é proprietário de si mesmo, não segundo um direito natural, mas no sentido de ser produto de seu próprio trabalho sobre si mesmo. O aparecimento da cidade por projetos é, assim, concomitante a outra característica marcante, associada à mudança atual das concepções da propriedade e, especialmente, da propriedade que temos sobre o corpo, o nosso ou o alheio (por exemplo no caso dos transplantes de órgãos): grande crescimento das indústrias que cuidam da autoimagem, desde a moda, a saúde, a dietética e a cosmética, até a indústria do *desenvolvimento pessoal* em plena expansão, que, como vimos, acompanhou a reorganização das empresas com o aparecimento de novas profissões, como a do *coach*. Nessa lógica, a propriedade está dissociada da responsabilidade em relação a outrem (que também constituía uma injunção no caso do poder burocrático, sem falar da propriedade patrimonial tradicional), para ser inteiramente definida como uma responsabilidade em relação a si mesmo: cada um, sendo produtor de si mesmo, é responsável por seu corpo, sua imagem, seu sucesso, seu destino.

Mudança da relação com o trabalho

Conforme ressalta insistentemente Max Weber, a formação do capitalismo foi acompanhada por uma separação crescente entre a esfera doméstica e a esfera profissional, tanto no plano dos modos de subordinação quanto no dos métodos contábeis em casa e na empresa. A separação entre entidade doméstica e empresa, na ordem da propriedade e do patronato, é corolária da separação entre a pessoa do trabalhador e a força de trabalho que ele vende no mercado, no que se refere aos assalariados. Esses dois movimentos, que para numerosos observadores contribuíam para definir a própria essência do capitalismo, culminaram na instauração de um capitalismo de grandes empresas burocratizadas, dirigidas por assalariados competentes e diplomados, distintos dos proprietários. Quanto ao segundo espírito do capitalismo, a separação entre vida privada e vida profissional, entre família e escritório ou fábrica, entre opiniões pessoais e competências profissionais, separação consignada no direito em diferentes formas (por exemplo, na forma de delito de abuso de bem social, que visa a proteger o patrimônio da empresa do desvio de fundos para proveito direto dos proprietários) parece coisa indiscutível, se não de fato, pelo menos em princípio. Testemunho disso é o fato de que, nesse período, numerosas críticas feitas ao capitalismo (em especial por pessoas portadoras de diploma superior) versam precisamente sobre o desrespeito a essa distinção, como ocorreu, por exemplo, quando os patrões eram criticados por favorecerem parentes, confundir os interesses da empresa com os da família, ou de levar em conta, nas contratações ou em suas avaliações, a vida privada dos empregados, a moralidade atribuída à vida familiar ou sexual deles, ou até mesmo suas opiniões políticas.

Num mundo conexionista, a distinção entre vida privada e vida profissional tende a desvanecer-se sob o efeito de duas mesclas: por um lado, entre as qualidades da pessoa e as propriedades de sua força de trabalho (indissociavelmente misturadas na noção de *competência*); por outro lado, entre a posse pessoal – em primeiro plano, a posse de si mesmo – e a propriedade social, consignada na organização. Torna-se então difícil fazer a distinção entre o tempo da vida privada e o tempo da vida profissional, entre jantares com amigos e jantares de negócios, entre elos afetivos e relações úteis etc. (cf. capítulo VII).

O desvanecimento da separação entre vida privada e vida profissional é acompanhado por uma mudança nas condições e no ritmo de trabalho, bem como no modo de remuneração. O executivo assalariado de tempo integral, que ocupava emprego estável numa grande empresa, que encarna o segundo espírito do capitalismo, é substituído pelo colaborador intermitente, cuja atividade pode ser remunerada de diferentes maneiras: salários, honorários, direitos autorais, *royalties* sobre patentes etc., o que tende a atenuar a diferença entre rendimentos do capital e rendimentos do trabalho.

Ao mesmo tempo, foi afetada toda a moral do trabalho ou, como disse M. Weber, da *labuta*, que havia impregnado sob formas diferentes o espírito do capitalismo. Associada ao ascetismo racional no primeiro estado do capitalismo, e depois à responsabilidade e ao saber em meados do século XX, ela tende a dar lugar à valorização da *atividade*, sem que a atividade pessoal ou mesmo lúdica seja nitidamente distinguida da atividade profissional. Fazer alguma coisa, mexer-se, mudar são coisas valorizadas em relação à estabilidade, frequentemente considerada como sinônimo de inação.

A transformação da moral cotidiana no que se refere ao dinheiro, ao trabalho, aos bens e à relação consigo, pressuposta no novo espírito do capitalismo se tomarmos a sério a nova forma de normatividade subjacente a ele, à qual dedicamos este capítulo, não é, portanto, da ordem da organização ou da simples modificação à margem. Estamos realmente diante de uma mudança profunda, e não da continuação do tipo de normatividade que impregnou o segundo espírito do capitalismo, com modificações parciais de fachada.

O enigma que precisamos resolver agora é a razão pela qual tal mudança pareceu ocorrer sem encontrar uma forte hostilidade. *A priori* é dificilmente concebível que uma mudança tão importante de normatividade não tenha provocado nenhuma luta, nenhuma crítica, nenhuma reação de grande amplitude. Se deixarmos de lado a exclusão, que – por ser concebida como desafiliação, ou seja, como desconexão (surgida no início dos anos 90 mas, pelo menos até recentemente, pouco associada aos novos dispositivos do capitalismo) –, é de fato uma denúncia do novo mundo conexionista, é forçoso constatar que o novo mundo instalou-se sem estardalhaço, como se tivesse sido encoberto pela desaceleração do crescimento e pelo aumento do desemprego que nenhuma política pública conseguia debelar. A crítica, tão desarvorada quanto as políticas, não soube analisar a mudança para além da evidenciação dos novos sofrimentos sociais. Ao contrário, aqueles que estavam na vanguarda da crítica nos anos 70 se mostraram como promotores da transformação. O próximo capítulo é dedicado à história da implantação desse novo mundo e aos papéis – ativos em certos aspectos e passivos em outros – desempenhados pela crítica durante os anos em que ele emergiu e se estabeleceu.

SEGUNDA PARTE

*Transformações do capitalismo
e desarmamento da crítica*

III

1968, CRISE E RENOVAÇÃO DO CAPITALISMO

Como se formaram o novo espírito do capitalismo e a cidade por projetos na qual esse espírito obtém justificações em termos de justiça? Procuraremos uma resposta a essa pergunta partindo da dinâmica do espírito do capitalismo no sentido de ter ela a crítica como motor. Mostraremos como as contestações que o capitalismo precisou enfrentar no fim dos anos 60 e nos anos 70 provocaram uma transformação de seu funcionamento e de seus dispositivos, seja por intermédio de uma resposta frontal à crítica com o fito de aplacá-la, reconhecendo sua validade, seja por tentativas de esquiva e transformação, para escapar ser dar-lhes resposta. De modo mais complicado, como mostraremos, o fato de evitar certo tipo de crítica muitas vezes ocorre à custa da satisfação a críticas de outra natureza, de tal modo que os autores da contestação podem sentir-se desorientados e até se aliar a um capitalismo que pretendiam combater algum tempo antes. Um de nossos objetivos será também compreender como a mobilização social de grande envergadura que conduz a crítica no fim dos anos 60 e nos anos 70 pôde desaparecer em alguns anos, no início dos anos 80, sem crise importante.

Realmente, só podemos ficar surpreendidos diante do contraste entre a década 68-78 e a década 85-95. Primeiro período: movimento social ofensivo que extrapola em grande parte os limites da classe operária; sindicalismo muito ativo; referências onipresentes às classes sociais, inclusive no discurso político, no dos sociólogos e, de modo mais geral, dos intelectuais que desenvolvem interpretações do mundo social em termos de relações de forças e veem violência por todo lado; distribuição do valor agregado no sentido de favorecer os assalariados, que também se beneficiam de uma legislação que aumenta suas garantias; e, paralelamente, diminuição da qualidade dos produtos e baixa nos ganhos de produtividade, imputáveis, pelo menos em parte, à incapacidade do patronato, dos dirigentes e da gestão empresarial para controlar a força de trabalho.

Segundo período: movimento social que praticamente só se manifesta na forma de ajuda humanitária; sindicalismo desorientado, que perdeu a iniciativa de ação; desaparecimento quase total da referência às classes sociais (inclusive no discurso sociológico) e, primordialmente, à classe operária, cuja representação já não está garantida, a tal ponto que analistas sociais de renome podem afirmar sem rir que ela já não existe; precarização crescente da condição salarial; aumento das desigualdades de renda e distribuição do valor agregado novamente favorável ao capital; volta do controle à força do trabalho, marcada por grande diminuição dos conflitos e das greves, por um recuo nas faltas ao trabalho e na rotatividade, bem como pela melhoria na qualidade dos bens manufaturados.

A ordem reina em todo lugar. Parece finalmente atingido o que havia sido o principal objetivo da ação política na Europa a partir da primeira crise da modernidade no fim do século XIX (Wagner, 1996): a construção de uma ordem política na qual a economia capitalista pudesse ganhar impulso sem deparar com resistências fortes demais nem provocar violências em demasia. E isso foi feito sem necessidade de composição com classes sociais representadas em nível político, como ocorrera na solução negociada entre o fim dos anos 30 e o início dos anos 50.

Como tal mudança pôde realizar-se num lapso de tempo tão curto? É difícil responder a essa pergunta, uma vez que o período considerado não é marcado por nenhuma ruptura política nítida – como teria ocorrido, por exemplo, se tivesse havido mudança de poder político com orientação autoritária (do tipo golpe de Estado militar com interdição de sindicatos e prisão de militantes) ou por alguma guinada ultraliberal (como ocorreu com o thatcherismo na Grã-Bretanha) – mas, ao contrário, por relativa continuidade, propiciada sobretudo pela ascensão ao poder dos socialistas, em 1981, que parece prosseguir e enraizar politicamente o movimento de maio de 68. Também não é possível citar acontecimentos econômicos bem delimitados e de grande importância, como ocorreu, por exemplo, com o *crash* de Wall Street em 1929, e o termo "crise", usado para designar os anos que se seguiram ao primeiro choque do petróleo, será impróprio se procurarmos aplicá-lo (como às vezes ocorre) ao conjunto de um período marcado, ao contrário, por uma formidável reestruturação do capitalismo.

Nossa interpretação leva a sério a revolta de maio de 68 e suas consequências (em vez de enfatizar os aspectos simbólicos daquilo que grande número de comentadores tratou como um "psicodrama") e nele veremos um fenômeno importante sob dois aspectos opostos. Por um lado, embora não se trate de uma revolução, no sentido de dar ensejo a uma tomada do poder político, trata-se pelo menos de uma crise profunda que põe em perigo o funcionamento do capitalismo, sendo, em todo caso, assim interpretada pelas instâncias nacionais (como o CNPF) ou internacionais (como a OCDE) encarregadas de garantir a defesa deste. Mas, por outro lado, recuperando uma parte dos temas de contestação expressos durante os acontecimentos de maio, o capitalismo desarmará a crítica, voltará a tomar a iniciativa e a encontrar um dinamismo novo. A história dos anos pós-68 comprova mais uma vez que as relações entre setor econômico e social – para retomar categorias consagradas – não se reduzem ao domínio do primeiro sobre o segundo, mas, ao inverso, o capitalismo é obrigado a propor formas de engajamento compatíveis com o estado do mundo social no qual está incorporado e com as aspirações dos seus membros que consigam expressar-se com mais força.

1. ANOS CRÍTICOS

Os conflitos que marcam o ano 1968 em todo o mundo são expressão de uma elevação muito importante do nível de crítica às sociedades ocidentais. As formas de organização capitalista e o funcionamento das empresas, em especial, são o alvo dos contestadores, e, como mostraremos, essa crítica não é apenas verbal, mas vem acompanhada por ações que, em proporção nada desprezível, provocam a desorganização da produção. Pode-se encontrar um indicador grosseiro do nível de crítica, pelo menos no que se refere ao trabalho, na estatística do número de jornadas de greve, que é de 4 milhões em média durante os anos 1971–75. Comparativamente, esse número ficará abaixo de meio milhão em 1992.

Associação entre crítica social e crítica estética

Uma das características importantes do período que envolve maio de 68 é que a crítica se desenvolveu a partir das quatro fontes de indignação que identificamos na Introdução, estando as duas primeiras no cerne daquilo que podemos chamar *crítica estética,* enquanto as duas últimas caracterizam a *crítica social.* A associação entre esses dois tipos de crítica (cuja compatibilidade, como vimos, não é óbvia) é frequente nos movimentos revolucionários da segunda metade do século XIX e da primeira metade do século XX, particularmente na França. Mas a crítica estética, que até então desempenhara papel relativamente marginal porque os seus representantes – intelectuais e artistas – eram pouco numerosos e praticamente não desempenhavam nenhum papel na esfera da produção, é colocada no âmago da contestação pelo movimento de maio. A crise francesa de maio possui caráter de revolta estudantil e de revolta operária. A revolta dos estudantes e dos jovens intelectuais de fato estendeu-se a executivos ou engenheiros recém-saídos do sistema universitário e serviu de gatilho para uma revolta operária de grande amplitude (Schnapp, Vidal-Naquet, 1988).

Os operários, mobilizados contra as ameaças de que se viam alvo, sobretudo os assalariados dos setores tradicionais (minas, estaleiros, siderurgia), em vista das reestruturações e das modernizações do aparato de produção empreendidas nos anos 60, falarão a linguagem da *exploração capitalista*, da "luta contra o poder dos monopólios" e do *egoísmo* de uma "oligarquia" que "confisca os frutos do progresso", na tradição da crítica social (citada por Bénéton, Touchard, 1970). A revolta operária pode, assim, ser interpretada como resultado da política econômica implementada desde a subida dos gaullistas ao poder e como "resposta à exclusão prolongada dos operários dos benefícios do crescimento e da distribuição desigual dos custos de crescimento suportados pelas diferentes categorias" (Howell, 1992, p. 61). O relatório patronal de 1971 sobre o problema dos operários semiqualificados reconhecerá, aliás, o caráter excepcional da situação francesa quanto às desigualdades de salários de que são vítimas os operários franceses[1].

Os estudantes (e os jovens assalariados recém-saídos das universidades ou das *grandes écoles*), cujo número aumentara em proporções consideráveis durante a década anterior, marcada pela explosão universitária (o número de estudantes matriculados nas faculdades quase quintuplicou entre 1946 e 1971, passando de 123.313 para 596.141[2]), com degradação concomitante de suas condições e diminuição de suas esperanças de ter acesso a empregos autônomos e criativos[3], passam a fazer uma crítica da *alienação* que retoma os principais temas da crítica estética (já presentes nos Estados Unidos, no movimento *hippie*): por um lado, o desencanto, a inatenticidade, a "miséria da vida cotidiana", a desumanização do mundo sob o império da tecnicização e da tecnocratização; por outro, perda da autonomia[4], falta de criatividade e diferentes formas de opressão do mundo moderno. Testemunho disso, na esfera da família, é a importância das reivindicações que têm por objetivo a libertação em relação às formas tradicionais de controle doméstico ("organização patriarcal"), ou seja, em primeiro lugar a liberação das mulheres e a emancipação dos jovens. Na esfera do trabalho e da produção, que nos interessa mais diretamente aqui, predomina a denúncia ao "poder hierarquizado", ao paternalismo, ao autoritarismo, aos horários impostos, às tarefas prescritas, à separação tayloriana entre concepção e execução e, de modo mais geral, à divisão do trabalho[5], com o contraponto positivo das exigências de autonomia e autogestão, bem como a promessa de liberação ilimitada da criatividade humana.

As formas de expressão dessa crítica serão frequentemente inspiradas no repertório da festa e do jogo (Épistémon, 1968), da "liberdade de expressão" (de Certeau, 1968) e do surrealismo (Willener, 1970). É interpretada pelos comentadores como "irrupção da juventude" (E. Morin), expressão "de um desejo de viver, exprimir-se e ser livre" (J.-M. Domenach citado em Bénéton, Touchard, 1970), "exigência espiritual" (Clavel), "rejeição à autoridade" (Mendel), contestação da família burguesa e, de modo mais geral, de formas domésticas de subordinação.

Esses temas, que renovam a velha crítica estética, traduzindo-a numa linguagem inspirada em Marx, Freud e Nietzsche, bem como no surrealismo, foram desenvolvidos nas pequenas vanguardas políticas e artísticas a partir dos anos 50 (pensemos, em especial, no *Socialismo ou barbárie* e na *Internacional situacionista*[6]), bem antes de explodir na revolta estudantil de maio de 68, que lhes dará difusão sem igual, impensável dez anos antes. Eles vêm atender às expectativas e preocupações das novas gerações de estudantes e executivos, dando uma resposta à defasagem entre suas aspirações à liberdade intelectual e as formas de organização do trabalho às quais precisam submeter-se para integrar-se socialmente[7].

No entanto, devemos abster-nos de enfatizar as divergências entre a contestação estudantil e as formas de protesto que se manifestam nas empresas. Temas presentes nas duas críticas – crítica social e crítica estética – são desenvolvidos conjuntamente no mundo da produção, em especial por técnicos, executivos ou engenheiros das indústrias de ponta e pela CFDT* que, em sua concorrência com a CGT**, bem implantada entre os operários especializados e qualificados, procura mobilizar ao mesmo tempo os trabalhadores intelectuais e os semiqualificados.

No contexto das empresas dos anos 70, as duas críticas se expressam sobretudo na forma de exigência de garantias (no que se refere à crítica social) e de autonomia (no que se refere à crítica estética).

O movimento crítico, pelo menos nos aspectos diretamente referentes ao trabalho, questiona dois tipos de partilha. O primeiro diz respeito ao poder, em especial a partilha do poder legítimo de julgar. Quem tem o direito de julgar quem? Em nome de que critérios? Quem deve ordenar e quem

---

* Confederação Francesa Democrática do Trabalho. (N. da T.)
** Confederação Geral do Trabalho. (N. da T.)

obedecer? Isto incide sobre a maioria das provas que envolvem a faculdade de julgar e decidir no trabalho, especialmente de decidir por outrem. Manifesta-se no questionamento ao comando e à hierarquia, bem como pela expressão de uma exigência de autonomia na tradição da crítica estética.

A segunda partilha diz respeito à distribuição dos riscos, mais precisamente das vicissitudes da carreira, direta ou indiretamente ligadas à evolução dos mercados. O movimento crítico tem em vista aumentar as garantias dos assalariados, em primeiro lugar daqueles que, não possuindo poupança nem patrimônio, são muito vulneráveis aos efeitos sofridos pelo sistema produtivo em decorrência de mudanças conjunturais ou de modos de consumo. Aplica-se especialmente às provas que envolvem o tempo e, de modo mais particular, que definem o gênero e o grau de vinculação entre presente, passado e futuro: por exemplo, nos casos em que há acordo para subordinar a ocupação de certo tipo de posto à obtenção de certo título escolar, para tornar mensal a remuneração, para calcular uma aposentadoria ou para definir um nível de indenização por desemprego. A construção de ligações intertemporais estáveis (se tenho este título, terei direito àquele posto; se ocupo este posto durante tantos anos, terei direito a tal aposentadoria) deve garantir a continuidade da pessoa entre um estado atual e estados virtuais. Como no trabalho as pessoas são eminentemente variáveis (elas envelhecem, suas capacidades diminuem ou, ao contrário, aumentam com a experiência adquirida), essa operação só pode ser realizada estabilizando-se a identidade por meio de instrumentos categoriais (visto que uma categoria inclui, por definição, vários indivíduos, de modo coletivo), portanto, garantindo-se às pessoas um *status* que depende da sua vinculação a uma categoria. O fato de contestar o caráter justo da prova adquire sentido diferente quando a situação é de uma prova de desempenho ou uma prova de *status*. No primeiro caso, "não é justo" significa que a retribuição relativa ou a ordem das grandezas não é condizente com o desempenho relativo. No segundo, "não é justo" significa que a pessoa não foi tratada de acordo com o seu *status* (houve rebaixamento, privilégio etc.). Aliás, fala-se com mais facilidade de "justiça" no primeiro caso e de "justiça social" no segundo.

O modo como se separam, por um lado, as provas referentes ao poder e à distribuição da capacidade de emitir juízos legítimos e, por outro, as provas referentes às garantias e à distribuição dos riscos de origem mercantil afeta a prova capitalista por excelência, que é a prova do lucro. No que se refere às primeiras, o aumento da demanda de autonomia, da recusa à obediência, da rebelião em todas as suas formas desorganiza a produção e tem reflexos sobre a produtividade do trabalho. No que se refere às segundas, uma proteção dos assalariados contra os riscos do mercado tem como efeito aumentar a vulnerabilidade das empresas às flutuações do mercado e aumentar o custo do trabalho.

As demandas de autonomia e garantia, originalmente provenientes de fontes diferentes, convergem nos anos seguintes a maio de 68 e frequentemente são feitas pelos mesmos atores. Por um lado, nos setores de maior proteção, nos quais as necessidades de pessoal de qualificação média ou muito elevada é grande, é evidente que as demandas de autonomia podem manifestar-se com mais força, ou seja, nos departamentos de estudos ou pesquisa, ensino ou formação, ligados ao setor público, às empresas estatais ou a grandes empresas de ponta, onde se percebe que a CFDT está bem implantada. Por outro lado, aqueles que não dispõem de um *status* frequentemente acompanham suas reivindicações de autonomia com reivindicações equivalentes de proteção. Os jovens portadores de diploma universitário, que, contra aquilo que chamam "proletarização" de seus postos, exigem trabalho mais autônomo, interessante, criativo e responsável, nem por isso pensam em deixar de ser assalariados. Querem mais autonomia, porém no âmbito das grandes organizações capazes de oferecer-lhes garantias de emprego e carreira.

A conjunção desses dois tipos de crítica – tendo em vista mais autonomia e mais garantias – constitui um problema. De fato as críticas ao fato de que julgar por outrem tem caráter injusto, a contestação ao comando e a reivindicação de autonomia levam a enfatizar provas de desempenho individual (as pessoas devem ser tão autônomas quanto o permitir a sua capacidade); ao contrário, as críticas que versam sobre a distribuição desigual do risco imposto pelo mercado, exigindo o fortalecimento das garantias, levam a provas que põem em jogo o *status*. Valorizar, de modo simultâneo e radical, esses dois tipos de exigência pode facilmente levar a reivindicar um mundo sem provas – pelo menos sem provas profissionais no sentido habitual – que tem características comuns com o estágio comunista em Marx (que, como se sabe, supunha uma sociedade de abundância): em tal mundo, seriam dadas garantias a produtores perfeitamente autônomos, cuja avaliação por um terceiro nunca seria legítima (como se vê, por exemplo, na reivindicação do salário estudantil e da eliminação dos exames).

Desorganização da produção

Em maio de 1971 ocorre em Paris, sob a égide da OCDE, uma reunião de "especialistas patronais" com participantes de diferentes países da Europa Ocidental, dos Estados Unidos e do Japão. Seu relator é o professor R. W. Revans, conselheiro da Fundação belga Indústria/Universidade (OCDE, 1972). Esse grupo de estudo é suscitado pelo "fenômeno de degradação que caracteriza hoje o comportamento dos trabalhadores", pela "radicalização das atitudes" e pelo "relaxamento das motivações na indústria" (pp. 11-2). As "economias industriais [...] passam por uma revolução" que "ultrapassa todas as fronteiras culturais" e, surgindo simultaneamente no conjunto dos países da OCDE, "não se limita apenas aos trabalhadores", mas também "influi sobre as concepções e as reações dos executivos" (p. 17). Essa "revolução" manifesta-se especialmente por meio de um "desafio à autoridade" (p. 18). Segundo o relatório, ela está presente "mesmo nas nações em que a ética protestante se expressou com maior vigor moral e maior sucesso material" (como, por exemplo, a Alemanha, os Países Baixos, a Grã-Bretanha e os Estados Unidos, onde alguns jovens "chegam frequentemente a preferir a pobreza ou a mendicidade ao trabalho em fábricas"). A crise do capitalismo é particularmente viva na "França industrial" que "debate interminavelmente a necessidade de construir uma sociedade 'sem classe, sem hierarquia, sem autoridade e sem regulamentação'", e na Itália, país onde "os conflitos industriais e o mal-estar social conjugam constantemente seus efeitos" e onde os "pequenos detalhes de progresso técnico nos locais de trabalho [...] provocam conflitos de uma violência desproporcional às suas causas" (p. 20). Nesses dois países, mas também na Alemanha, "a autoridade estabelecida foi atacada de maneira organizada e deliberada, chegando-se às vezes à violência física caracterizada" (p. 23).

A crise de que falam esses "especialistas patronais" não é imaginária, e suas preocupações são fundamentadas. O nível elevadíssimo do número de jornadas de greve dá apenas uma pequena ideia de um movimento de protesto que se expressa também no endurecimento dos conflitos, frequentemente acompanhados de violência e também, ou sobretudo, numa guerrilha cotidiana no local de trabalho[8]. Embora as greves nacionais por categorias profissionais se mantenham dentro da legalidade, o mesmo não ocorre com greves de empresas, "em que é frequente o recurso a ações ilegais e até a ações violentas", o que manifesta nítida ruptura com o período anterior[9]. Em seu trabalho sobre 123 conflitos do ano de 1971, Claude Durand e Pierre Dubois encontram: em 32% dos casos, violências verbais (ameaças de violência, ofensas, ridicularização da direção); em 25%, piquetes agressivos (impedindo a entrada dos assalariados no local de trabalho); em 20%, ocupações; em 20%, violências físicas contra o patrão, os executivos, os supervisores, sequestros ou escaramuças deliberadas com a polícia. O recurso a uma forma ou outra de "ilegalidade grave" ocorre em metade das greves. A participação na ação ilegal envolve cerca de um terço dos trabalhadores (Durand, Dubois, 1975, pp. 221-2).

As greves e os conflitos abertos não são os únicos indicadores de uma crise que se manifesta em múltiplas formas na vida cotidiana das empresas: faltas e rotatividade que, em numerosas empresas, atingem "nível preocupante para a normalidade de seu funcionamento", coisas que denotam "fuga da situação de trabalho"; "qualidade do trabalho e do serviço" que "é cada vez mais afetada pelo desinteresse dos trabalhadores" provocando "problemas de atrasos e congestionamento" e levando as empresas a incluir em seus custos o relativo aos "refugos e produtos defeituosos ligados à degradação da qualidade do trabalho, os desperdícios de matérias-primas e os custos sociais do clima de descontentamento"; "as operações tartaruga mantêm as dimensões que sempre tiveram" e "os casos de sabotagem não são raros"; "constituiu-se um poder operário nas empresas para controlar o rendimento das máquinas", e os assalariados apresentam "uma espécie de resistência passiva que se exprime de diferentes formas", tais como "resistências dos operários à cronometragem, pressões pessoais sobre o grupo para não ultrapassar as normas, lentidão deliberada do ritmo de trabalho, recusa a aplicar os procedimentos operacionais prescritos". O mesmo autor, um dos melhores observadores da desorganização do trabalho nos anos 70, insiste na "crise de autoridade" e na "contestação das hierarquias" que agravam "as tensões internas das fábricas e dos escritórios" e levam ao "risco de paralisia" das "grandes unidades de produção" onde "os jovens operários tornaram certas fábricas incontroláveis pelos supervisores" e onde os "assalariados mensais" – escriturários, datilógrafos, ... – se revoltam contra "os ritmos de produção", "as vexações", "a grosseria dos contramestres" (Durand, 1978, pp. 7-8 e 69-81).

A extensão dessas formas de resistência tem consequências diretas e indiretas sobre os custos de produção: por um lado – escreve Benjamin Coriat –, podemos imputar-lhe, pelo menos em parte, a "dificuldade de garantir o prosseguimento dos ganhos da produtividade do trabalho durante o período" (cf. também Pastré, 1983); por outro lado, as direções empresariais procuram voltar a controlar seu pessoal, "sobrecarregando seus quadros de supervisão e controle", o que aumenta consideravelmente os custos de controle não diretamente produtivos. "Aparecem rapidamente novas categorias de controladores, retocadores, revisores, reparadores etc. Por isso, as oficinas de conserto, dentro das próprias unidades de fabricação, precisam rever o número crescente de produtos com testes e reparações diversas, antes mesmo que eles sejam entregues ao público" (Coriat, 1979, pp. 197 e 218).

Reivindicações

Três temáticas de reivindicação, associadas a três grupos sociais diferentes, mas estreitamente ligados nos comentários, chamam mais a atenção dos socioeconomistas do trabalho: recusa de trabalhar entre os *jovens*, greve e crise dos semiqualificados, enfim, reivindicações que, especialmente entre os *executivos*, expressam exigência de autonomia, demanda de participação maior no controle da empresa ou, nas formas mais radicais, de autogestão.

A recusa a trabalhar, entre os *jovens*, a "alergia ao trabalho", segundo expressão de Jean Rousselet (Rousselet, 1974), é objeto de numerosos comentários: os jovens já não querem trabalhar, não querem, principalmente, trabalhar na indústria e são numerosos os que escolhem o caminho da "marginalização". Em 1975, o Centro de Estudos do Emprego (CEE), recentemente criado, dedica um caderno àquilo que os autores chamam de "marginalismo" (Balazs, Mathey, 1975, pp. 265-411). O número de jovens com menos de vinte e cinco anos que têm uma atividade marginal, ocasional, é calculado por Jean Rousselet em torno de 600 mil a 800 mil em 1975. O fato de não estarem inseridos numa profissão e num trabalho regular não é atribuído à raridade de empregos pelos especialistas da juventude, interrogados na pesquisa do CEE, e sim a uma forma de evitar voluntariamente o trabalho assalariado, à procura de um "outro modo de vida", de condições de trabalho que ofereçam maior flexibilidade de horários e ritmo, de "esquemas" transitórios que possibilitem manter "um comportamento desvinculado, distanciado em relação ao trabalho", ser autônomos, livres, sem se submeter à autoridade de um chefe. Os autores da pesquisa do CEE observam com razão que as "atividades marginais" citadas pelos "especialistas da juventude" interrogados não diferem fundamentalmente em conteúdo dos empregos oferecidos aos jovens no mercado de trabalho (como, por exemplo, os empregos não qualificados do setor terciário). O que faz a diferença é o caráter irregular e transitório das chamadas atividades "marginais", e só pode ser surpreendente a semelhança entre as atitudes dos jovens acusados, no início dos anos 70, de demonstrar "recusa ao trabalho" e as atitudes que, na segunda metade dos anos 80, serão louvadas por se considerar que manifestavam um espírito de desembaraço e flexibilidade na procura de "pequenos serviços"[10].

O início dos anos 70 é marcado por uma série de greves duras e longas: entre os mais notáveis daqueles conflitos, podem-se mencionar: Rhodiaceta em 1967, Ferodo em 1970, Leclerc-Fougères (nestes dois últimos conflitos, a direção foi sequestrada), Sommer-Sedan, Batignolles, Moulinex em 1971, greves dos operários semiqualificados da Renault em Le Mans e Sandouville, de 1969 a 1972, as greves dos bancos de 1971 a 1974, "os Lip*" em 1973, a Radiotechnique em 1974. Em certo número de casos, a iniciativa cabe aos *operários semiqualificados* (O.S.)[11], e não aos operários qualificados ou aos altamente especializados, que no entanto tinham vinculações sindicais mais fortes e antigas. Surgem então, "na ponta das lutas sociais", "trabalhadores imigrantes, operários semiqualificados de empresas automobilísticas, operárias não qualificadas das indústrias eletrônica e têxtil, funcionárias de bancos e seguradoras, funcionárias dos cheques postais, encarregados dos centros de triagem postal, vendedoras de hipermercados" (Durand, 1978, p. 7). O papel desempenhado nesses conflitos pelos jovens operários não qualificados, como ocorreu no Oeste, recém-urbanizados, como veremos, às vezes leva numerosos comentadores – sociólogos do trabalho ou "especialistas patronais" – a ver nas greves de trabalhadores semiqualificados a expressão modificada de uma recusa às condições de trabalho e às formas de autoridade que prevalecem nas indústrias de produtos em série ou nos serviços muito padronizados.

Conforme mostrou Olivier Pastré (1983), os anos 60 e o início dos anos 70 são marcados, na França, pela aceleração do processo de racionalização do trabalho e de taylorização, acompanhado pelo aumento do tamanho das empresas e pela maior concentração do capital. Ora, enquanto nos anos 50 a racionalização do trabalho fora acompanhada por importantes ganhos de produtividade, a relação se inverte nos anos 70, caracterizados ao mesmo tempo pelo "prosseguimento do movimento de taylorização" e pela "grande queda dos ganhos de produtividade[12]". Para explicar essa relação paradoxal, O. Pastré menciona a "crise do trabalho" dos anos 70, cujo dimensionamento ele procura fazer por meio de certo número de indicadores quantitativos, sobretudo número de faltas e grau de rotatividade, que aumentam em proporções variáveis, mas sempre grandes, nos principais países industrializados entre meados dos anos 60 e meados dos anos 70. Sem dispor de séries estatísticas, o autor acumula os índices de um aumento não menor em outras manifestações da crise do trabalho, tais como operação tartaruga, boicotes ou até sabotagem. Esse fenômeno, longe de afetar unicamente os operários que trabalhavam na linha de montagem – o que não bastaria para lhe conferir valor explicativo suficiente, pois eles são minoritários, apesar do aumento da taylorização durante o período –, afe-

---

* Do nome de Fred Lip, presidente de uma fábrica de relógios, cuja falência foi provocada pela intervenção de uma multinacional suíça. Os operários assumem a fabricação e a venda dos relógios da empresa, cujo produto é distribuído igualitariamente entre todos. (N. da T.)

ta, conforme mostra o estudo, a maioria das categorias de jovens assalariados, inclusive os "colarinhos brancos", empregados de escritório, técnicos ou executivos.

A "degradação da qualidade do trabalho", segundo diz O. Pastré, está ligada "à melhoria da qualidade dos trabalhadores que ocorreu simultaneamente". Assim como numerosos comentadores dessa crise, pertencentes sobretudo aos meios patronais, o autor vê no aumento do nível educacional, concomitante ao desenvolvimento da taylorização, a principal razão da "recusa ao trabalho", visto que a elevação das aspirações criada pela elevação do nível educacional entra em tensão com a generalização da divisão do trabalho.

O questionamento das formas de autoridade até então predominantes nas empresas, que constitui um dos princípios de interpretação das greves dos operários semiqualificados, é, em compensação, explícito nos *engenheiros e técnicos* que aderem à onda de protestos do início dos anos 70. Uma minoria de *executivos* participa do movimento: parece tratar-se essencialmente de executivos jovens e com curso superior, ainda próximos dos estudantes, tais como jovens engenheiros dos centros de pesquisa ou de empresas de ponta de setores de alta tecnologia (aeronáutica, eletrônica etc.) (Dulong, 1971). Mas, mesmo minoritários, o simples fato de se rebelarem abertamente, de se sindicalizarem e de exprimirem sua solidariedade com os operários constitui um indício muito preocupante para as direções das empresas. A própria existência da categoria dos executivos, embora muito heterogênea sob vários aspectos, acaso não expressaria a ruptura com o mundo operário e a solidariedade com as direções empresariais por parte do pessoal encarregado da concepção de produtos e da supervisão?

Entre os executivos, duas exigências são bastante nítidas. Em primeiro lugar, garantias. Estas estão ligadas, especialmente entre os pequenos executivos autodidatas, ao temor do desemprego e da perda de *status* em consequência das reestruturações e fusões de meados dos anos 60. A expressão desses temores é manifesta sobretudo nos executivos filiados à CGT, que são maioria entre os de primeiro escalão, os promovidos e os autodidatas (Maurice Cornu, 1970). Entre os executivos portadores de diploma superior, em especial entre os jovens filiados à CFDT, a dimensão garantia expressa-se principalmente em preocupações com o futuro, que se somam à questão das perspectivas de carreira, muito importante no discurso estudantil. Está ligada ao temor da desvalorização do diploma, resultante do aumento do número de diplomados durante o período; também está ligada ao tema (associado ao da "nova classe operária") da proletarização de estudantes e executivos.

A segunda reivindicação feita pelos engenheiros e executivos – muito mais insistente do que a de garantias – diz respeito à autonomia. Essa reivindicação, aliás, não é realmente uma novidade, visto que os executivos já tinham tomado a dianteira sobre os outros assalariados na reivindicação de autonomia. A literatura de gestão empresarial do fim dos anos 60 que estudamos já propunha soluções, com a implantação generalizada da Administração por objetivos. O que é novo nas reivindicações dos anos 70 é a contestação ao próprio princípio hierárquico, que podia se mostrar muito preocupante ao agitar aqueles que são sua encarnação nas empresas, bem como a extensão da reivindicação de autonomia para além dos quadros de direção em todas as profissões exercidas por pessoal de nível superior. Nas versões mais radicais, as exigências podem chegar ao ponto da reivindicação do controle "democrático" da empresa.

Na CFDT, a exigência de autogestão e democracia na empresa desempenhou papel fundamental no engajamento dos executivos no movimento dos anos 70[13]. Além disso, ela era acompanhada por uma crítica às formas tradicionais de representação ("A existência de comissões operárias nas fábricas faz que os representantes do pessoal deixem de ter razão de ser") e do sindicalismo clássico ("Não se pode pedir democracia na empresa, se os próprios sindicatos não são democráticos") (CFDT, 1969). As propostas de autogestão da CFDT, apesar de totalmente inaceitáveis para o patronato, inspirarão, alguns anos depois, a renovação dos métodos de gestão empresarial.

2. REAÇÕES E RESPOSTAS ÀS CRÍTICAS

Num primeiro momento, os patrões (membros ativos do CNPF, dirigentes das grandes empresas), unidos ao governo Chaban-Delmas, interpretarão a crise *nos termos da crítica social* e procurarão pacificá-la negociando com as centrais sindicais em nível nacional em torno das vantagens salariais ou de garantias, sem cederem em nada nos pontos que, tal como as exigências de autonomia ou criatividade, se vinculam mais à crítica estética. A gestão da crise será colocada no terreno das relações industriais entre patronato-Estado-sindicatos, no qual foram sendo progressivamente codificadas e instituídas provas de força a partir dos anos 30, assumindo assim a forma de provas legítimas. Outrossim, serão ignoradas ou combatidas as exigências para as quais não existe nenhuma estrutura instituída (autogestão, relações de poder, respeito à dignidade das pessoas etc.).

Num segundo momento, diante daquilo que, para os patrões, caracteriza o fracasso dessa estratégia (que se mostrou cara e não resultou na cessação da contestação e no controle do comportamento no trabalho por parte da direção e dos sindicatos: a desorganização da produção não diminuiu perceptivelmente), as parcelas inovadoras do patronato adotarão uma nova interpretação da crise e dela decorrerá uma segunda estratégia. Eles compreenderão a crise *nos termos da crítica estética,* como revolta contra condições escravizadoras de trabalho e contra as formas tradicionais de autoridade. Não esperarão o retorno à paz social por obra das centrais sindicais, pararão de negociar vantagens sociais com elas e, ao contrário, tratarão de contorná-las em nível local e na situação de trabalho.

Mas a ordem de resposta às duas críticas (crítica social primeiro, crítica estética depois) não decorre apenas de uma evolução das reflexões e da conveniência patronal; decorre também da transformação da própria crítica. Isto porque, em fins dos anos 60 e no início dos anos 70, a crítica social, em sua forma mais clássica feita pelo movimento operário (cf. onda de adesão à CGT no outono de 1968), mas também na forma de ativismo de extrema esquerda trotskista e maoísta, é revigorada a tal ponto que oculta a crítica estética, apesar de estar mais presente nos acontecimentos de maio. Esta última terá sua revanche na segunda metade dos anos 70, quando a crítica social parece esgotar-se. Esse período é efetivamente marcado pelo florescimento de grande variedade de "novos movimentos sociais[14]" (feministas, homossexuais, ecologistas e antinucleares), pela dominação progressiva na esquerda das ideias de sua parcela não comunista autogestionária e, ao longo dos anos 80, por uma crítica muito severa ao comunismo, ao qual são aplicadas, sem oposição das mesmas resistências observadas nos anos 50 ou 60, as categorias de análise do totalitarismo (Furet, 1995, p. 95[15]). Em vista da associação especialmente forte na França entre a crítica social e o movimento comunista, o descrédito deste último foi acompanhado por uma deserção da crítica, temporária mas real, do terreno econômico. Sob o fogo da crítica estética, a empresa viu-se reduzida à função de instituição opressiva, tanto quanto o Estado, o exército, a escola ou a família, e o combate antiburocrático pela autonomia no trabalho ganhou precedência em relação às preocupações com igualdade econômica e garantias aos mais necessitados. Como se dizia então, as reivindicações "qualitativas" pareceram mais essenciais e também mais revolucionárias que as reivindicações "quantitativas", por atacarem as próprias formas da acumulação capitalista.

Desenvolvemos agora com mais pormenores a história das duas respostas do capitalismo às críticas de 1968. As ações referentes à primeira resposta são majoritárias nos acordos de Grenelle em 1973, mas vão além disso. A segunda resposta, cujos efeitos são observados sobretudo a partir de 1975, está em gestação em certos grupos patronais já em 1971 (data da publicação do relatório do CNPF sobre os operários semiqualificados, que já demonstra uma reflexão bastante elaborada sobre a organização e as condições do trabalho).

Primeira resposta em termos de crítica social

A primeira resposta tem como característica não sair das soluções propostas pelo segundo espírito do capitalismo. Ela constitui uma tentativa de melhorar as garantias dos trabalhadores e as fontes de motivação, sendo estas reduzidas a questões de remuneração às quais o patronato cede com mais facilidade, visto que o contexto inflacionário possibilita recuperar rapidamente o que foi dado. Trata-se de obter de novo um nível aceitável de motivação para o trabalho, mas sem sair das soluções habitualmente utilizadas nem ceder às exigências de transformação do próprio trabalho.

A desorganização da produção, a ruptura das rotinas de trabalho, o questionamento das formas disciplinares em vigor nas empresas, que se baseavam em grande parte numa composição entre lógica industrial (horários fixos, mensuração do desempenho etc.) e lógica doméstica (supervisão, respeito à hierarquia, à autoridade dos mais velhos etc.), tiveram como resultado o crescimento considerável do número e da intensidade das provas no local de trabalho, inclusive de caráter emocional. Mas, como se enraizavam em conflitos de um tipo novo (por exemplo, frequentemente em brigas pessoais com um chefe hierárquico) e envolviam situações que até então não haviam sido julgadas suficientemente problemáticas para justificarem um nível elevado de formalização e controle, essas provas dificilmente tinham uma solução aceitável em termos de procedimentos, quer na negociação local, quer na mobilização, por exemplo, dos representantes do pessoal ou das representações sindicais. No entanto, em vista dos riscos de degradação crescente que situações tão incertas comportavam, coisa que exigia resposta rápida, os atores que tinham maior domínio da situação, ou seja, os representantes das organizações patronais e os representantes das grandes centrais sindicais, entraram em acordo para absorver a grande quantidade de provas locais, de difícil interpretação, sem soluções evidentes e frequentemente nos limites da violência, no espaço de provas identificadas, reconhecidas, instituídas e juridicamente enquadradas.

A *iniciativa* aí cabe sem dúvida *aos sindicatos*, preocupados em obter resultados tangíveis e cumulativos, o que era mais fácil no caso das reivindicações antigas, na época chamadas de "quantitativas". Enquanto os conflitos locais tinham, frequentemente, a característica de não serem desencadeados por iniciativa dos sindicatos (que iam a reboque dos movimentos nascidos nas bases) e de surgirem de litígios que às vezes tinham caráter individual (rebelião a um contramestre julgado arbitrário", por exemplo), o trabalho de transformação e tradução realizado em pleno movimento pelos sindicatos acarretava o surgimento de reivindicações "econômicas" que interessavam aos sindicatos tanto por poderem ser ampliadas para termos estatutários ou a várias categorias quanto por serem consideradas negociáveis pelo patronato, tais como reajustes de salários, concessão de regime mensal e de recuperação das categorias baixas (Durand, 1979). Essa atitude estava estreitamente ligada aos acordos de Grenelle (maio de 68), que, no entanto, não tinham posto fim à greve em curto prazo e haviam sido rejeitados pela base, que os achava justamente "quantitativos demais"[16]. Conforme mostram Durand e Dubois (1975), a preferência por reivindicações "qualitativas" novas deu ensejo a um lento trabalho de construção por parte das centrais sindicais. Enquanto essas reivindicações são estatisticamente minoritárias nos motivos oficiais da greve, os conflitos desencadeados em seu nome atraem mais interesse da imprensa sindical e geral. Trata-se de aprender a identificar essas "novas demandas" e de avançá-las nos conflitos, em vez de traduzi-las (e desnaturá-las) em reivindicações salariais, mas esse aprendizado é lento, e a maioria dos motivos de insatisfação é absorvida em questões econômicas.

O modo como os sindicatos entendiam a crise, na prática, orientando provas locais, confusas, carregadas de emoções, veiculando uma multiplicidade de queixas para provas dotadas de um grau mais elevado de formalização e generalidade, referentes prioritariamente aos salários, em certa medida atendia às *expectativas do patronato,* pelo menos de sua parcela mais esclarecida, que via a concessão de vantagens econômicas e até a institucionalização da relação com os sindicatos como um mal menor. É verdade que em 1968 a França apresenta uma face muito diferente diante dos outros países ocidentais (Estados Unidos, Grã-Bretanha ou Alemanha, em especial), com um sindicalismo assalariado muito dividido, em suma desunido, pequena prática de negociação com o patronato – seja em nível nacional, setorial ou empresarial –, acordos que pouco se aprofundam na vida das empresas, na maioria das vezes assinados sob pressão do Estado. O patronato francês, portanto, podia pensar que o fortalecimento de um dos mais fracos sistemas de relações industriais do Ocidente não seria muito perigoso.

A atitude dos patrões em relação aos sindicatos e a disposição para a negociação, porém, são diferentes no patronato tradicional – que, como sempre, bloqueia a ação sindical e, sobretudo, o reconhecimento da representação sindical na empresa, obtida pelos Acordos de Grenelle – e no patronato "progressista", majoritário na equipe dirigente do CNPF depois de 1969 (Bunel, Saglio, 1980). Assim como os defensores da "nova sociedade", J. Chaban-Delmas e, principalmente, J. Delors, bem como os sociólogos do trabalho próximos à CFDT, esses patrões interpretam as formas assumidas pela crise de maio nas empresas e a agitação que se seguiu como resultado da insuficiente institucionalização das relações sociais patronato/sindicato e da ausência de práticas de negociação em nível de empresa (Dubois, 1978). Sindicatos poderosos, mas razoáveis, que tenham bom controle das bases e, sem eliminarem os conflitos sociais, possibilitem a instauração das provas institucionalizadas de resolução em todos os níveis, são considerados elementos importantes da paz social e do progresso econômico[17].

Essa política, em nível empresarial, chocava-se com a hostilidade de grande número de empresários e também com a fraqueza dos sindicatos, cujo enraizamento local sempre fora combatido (exceto no setor público e nas grandes empresas estatais) e cujos delegados só contavam com proteção legal desde os acordos de Grenelle. A "nova sociedade", portanto, orientou-se mais para a negociação de acordos com as grandes centrais sindicais em nível nacional, o que, paradoxalmente, mas na continuidade da história das relações industriais à francesa, fortalecia o papel do Estado nas relações profissionais, ao passo que J. Delors desejava instituir negociações regulares em nível empresarial, a fim de descomprometer o Estado e despolitizar as relações patronato/sindicato (Howell, 1992, p. 85). A conversão do patronato à negociação assenta em duas convicções. A primeira é que os sindicatos, no plano de suas instâncias nacionais, são mais responsáveis, mais confiáveis, mais "sérios" que as bases operárias ou mesmo que as representações empresariais[18]. O receio de ver os sindicatos superados pelas bases é permanente[19]. Convém, pois, fortalecer as instâncias nacionais, firmando com elas acordos coletivos. A segunda é que as manifestações selvagens do novo espírito libertário, as múltiplas formas de contestação da autoridade e da hierarquia, as exigências de autonomia e controle democrático da empresa e, mais geralmente, os preocupantes sintomas de "recusa do trabalho", em especial entre os jovens, sejam pacificados por concessões salariais e, sobretudo, por medidas que fortaleçam a estabilidade e as garantias, ou seja, por acordos que garantam um *estatuto* aos assalariados na empresa. O CNPF vê então no "diálogo permanente com os parceiros sociais" e na instauração de uma "política paritária" o meio – conforme declara, em 1971, François Ceyrac[20] – "de unir num mesmo objetivo a expansão econômica e a promoção dos seres humanos" e de preservar, contra seus detratores, o desenvolvimento econômico de tipo capitalista

(Durand, Dubois, 1975, p. 180). Elabora-se assim um "modelo de sociedade" que terá tradução política na "nova sociedade" de Jacques Chaban-Delmas e Jacques Delors, que visa sustentar o esforço de industrialização (o objetivo é um crescimento do PNB de 6% ao ano) num quadro de livre-comércio, "reforçando a coesão da empresa" com uma política social respaldada em medidas que abrangessem todas as categorias. Essa política comporta elevação dos baixos salários, redução das disparidades salariais, gestão planificada do pessoal, formação permanente, desenvolvimento de equipamentos coletivos etc.

Essa estratégia de negociação dos poderes públicos e do patronato estava subordinada à política econômica da época (Durand, Dubois, 1975, pp. 187 ss.) e correspondia também àquilo que podia ser ajustado num contexto ainda não marcado pela "crise" que tem início em 1974 (econômica, dessa vez, e não de governabilidade, como a de 1968). Com a abertura das fronteiras decorrente da entrada da França no Mercado Comum, a tônica recaía, sem dúvida, na industrialização – objetivo prioritário do VI Plano Econômico – e na competitividade das empresas – resultado da adoção de técnicas novas, de concentrações e reorganizações internas. Era preciso evitar os sobressaltos sociais que teriam prejudicado o conjunto do sistema, ceder prioritariamente naquilo que favorecesse essa política (melhoria da qualidade da mão de obra por meio da formação permanente e do regime de remuneração mensal, que revaloriza a condição operária e possibilita atrair pessoal de melhor qualidade; os dispositivos de participação dos assalariados nos lucros visavam a fazê-los colaborar com as estratégias de expansão) e, em contrapartida, segurar o freio em outros pontos (idade de aposentadoria, num quadro de carência de mão de obra, direito sindical na empresa, que põe em xeque a autoridade não compartilhada[21]). Além disso, a conjuntura econômica favorável (forte aumento da produção, inflação próxima à dos parceiros comerciais, pleno emprego, equilíbrio cambial) possibilitava concessões suplementares à evolução do salário mínimo de crescimento (SMIC) e do poder aquisitivo. A situação de inflação, acentuada a partir de 1968, também era apropriada à negociação, pois é mais fácil "ceder" nos salários quando é possível aumentar os preços.

A "grande política contratual" redunda na *assinatura de grande número de acordos* coletivos de âmbito nacional, dando ensejo à promulgação de leis e decretos e prosseguindo com negociações contratuais em nível setorial e profissional. Aumentará em proporção considerável as garantias dos assalariados e contribuirá para instaurar um novo regime do trabalho assalariado. Entre esses acordos, que implicam 5 a 9 milhões de assalariados, pode-se lembrar, em especial: acordo nacional coletivo em torno da garantia de emprego, que obrigava as categoriais profissionais a criar comissões regionais (1969); quatro semanas de férias remuneradas (1969); criação do SMIC (1970); declaração comum sobre o regime mensal de remuneração (1970); acordo sobre as indenizações diárias de maternidade (1970); acordo nacional coletivo sobre o direito à formação permanente (firmado, em 1970, sob pressão de Jacques Delors); adendo regulamentador do acordo sobre formação e aperfeiçoamento profissional (1971); lei sobre a jornada máxima de trabalho (1971); acordo sobre pré-aposentadorias e garantias de recursos para atribuição de 70% do salário anterior aos trabalhadores que tivessem adquirido esse direito (1972); lei sobre a participação dos imigrantes em eleições de suas categorias profissionais (1972); lei sobre aumento de penalidades em caso de transgressão ao direito do trabalho (1972); lei que proíbe o trabalho clandestino (1972); a lei de generalização das aposentadorias complementares (1972); acordo de garantia em caso de regulamento judiciário (1973); acordo de seguro-desemprego com indenização total (90% do salário bruto) durante um ano (Jobert, 1974).

Os principais sindicatos participam dessa política de composição, ainda que a CGT e a CFDT permaneçam numa lógica de luta de classes e só vejam nessa política uma etapa rumo à saída do capitalismo, como demonstra o fato de rejeitarem qualquer lei ou acordo "que vincule a melhoria da vida dos trabalhadores à prosperidade do sistema capitalista" (Durand, Dubois, 1975, p. 183). Não se deve subestimar a importância desses acordos (como fez a maioria dos movimentos esquerdistas dos anos 70 que, no espírito do fatalismo pessimista, viam neles apenas um ardil da razão capitalista). Os anos que se seguiram a maio de 68, na França, são marcados pelo mais importante avanço social desde a *Libération*. Os acordos firmados, as leis e os decretos promulgados durante esse período já podem servir de ponto de apoio convencional para pôr em discussão a justiça das provas trabalhistas de que depende a acumulação capitalista. Os modos de obter lucro, na maioria das vezes, podem ser criticados não só como injustos, mas também como ilegais. O fato de as garantias ou proteções assim adquiridas estarem frequentemente vinculadas a categorias ou serem estatutárias impede que o patronato se valha em demasia das diferenças individuais para criar concorrência entre os assalariados[22]. Enquanto o acesso ao estatuto está realmente subordinado a uma prova, o caráter categorial do acordo diminui o nível de incerteza e cria situações de estabilidade tais que "cada ser contemplado pelo acordo considera *a priori* que os outros seres estão na situação esperada e não lhes exige prova" (segundo a formulação de Chateauraynaud, 1991, pp. 166-7). O negativo disso é aquilo que ainda não se chama "flexibilidade" mas, por exemplo, "fluidez da mão de obra", que, inversamente, faz recair sobre os indivíduos as incertezas de que o estatuto os protege.

Os acordos firmados nos anos 1968-73 modificam a distribuição do valor agregado em proveito dos assalariados[23] e aumentam suas garantias em proporções consideráveis. Desse modo, credenciam e realizam uma primeira definição da crise do capitalismo em termos de reivindicação de maior justiça social, ou seja, de vantagens concedidas não a indivíduos, em função de seus méritos, mas a coletividades tomando como referência sua contribuição global para a produção do valor agregado. Como bem expressa J. Delors num livro-entrevista de 1974, a justiça social, no sentido em que esse termo é entendido durante aquele período, distingue-se nitidamente da retribuição justificada por desempenhos individuais, rejeitada com o nome de meritocracia[24]. Ao contrário desta última, que divide – pois ordena as pessoas de acordo com o seu nível de competência –, sendo por definição instável – pois a prova do desempenho, para ser legítima, precisa ser reversível –, ocorre justiça social quando as vantagens são obtidas coletivamente e quando são garantidas, protegidas contra contestações por um estatuto baseado num texto legal.

Mas, no período de que tratamos, essas vantagens, essas "conquistas" foram obtidas à custa da manutenção do *status quo* em termos de poder na empresa e em termos de autonomia.

Isto porque o patronato temia menos a prova de força com os sindicatos em nível nacional em torno da questão salarial do que a desorganização da produção e a perda progressiva do controle dentro da fábrica e da empresa. O exemplo do maio disfarçado na Itália servia de parâmetro negativo e advertência. Os conflitos das fábricas da Fiat, em Mirafiori, constituíam um exemplo bastante preocupante. Durante aqueles conflitos, em 1969, criou-se o "movimento dos representantes" – com suas assembleias, representantes e conselhos de fábrica –, que se estenderá para uma centena de empresas e, no início da década de 70, conseguirá apoderar-se de grande parte do controle das modalidades de trabalho na Fiat: controle de horas extras, atribuições, transferências, promoções por categorias (para contrapor-se às promoções individuais e às divisões que elas provocam entre os assalariados) etc. (Sofri, 1974; Bénot 1977, pp. 162-6; Santilli, 1987).

O patronato, através do CNPF, demonstra forte oposição a qualquer partilha do poder ao nível de empresa. Essa oposição se manterá durante todo o período e se manifestará tanto no conflito dos "Lip", em 1973[25], quanto, dois anos depois, por ocasião do relatório Sudreau sobre a reforma da empresa. São particularmente criticadas as propostas de atribuir "a cada assalariado um direito de expressão individual e coletiva" e de "integrar representantes dos assalariados, com voto deliberativo, nos conselhos de administração e nos conselhos de supervisão" (Weber, 1987, p. 226). A oposição do patronato a tudo o que lembrasse autogestão, mesmo vagamente, também é manifesta no caso dos executivos e engenheiros, cujas reivindicações de autonomia, porém, na maioria das vezes não têm o caráter radical dos conselhos operários.

No fim da década de 60 e início da de 70, o CNPF, que, ao lado dos diretores de grandes empresas cuja voz se expressa sobretudo por intermédio do Centro dos Jovens Dirigentes, também conta com grande número de donos de pequenas e médias empresas, responde à crise de autoridade em termos tradicionais e vê em qualquer exigência de controle uma "ingerência perigosa e intolerável", condenada em nome das "leis naturais da economia". A central patronal reproduz assim, em 1968, as suas próprias posições de antes da crise, como demonstra, por exemplo, a declaração comum oriunda da assembleia geral do CNPF de janeiro de 1965: "Em matéria de administração das empresas, a autoridade não pode ser compartilhada; a experiência mostra constantemente que qualquer outra fórmula leva à impotência. É a presença de uma pessoa responsável à testa da empresa que possibilita exercer a autoridade de modo mais humano e garantir o diálogo necessário com os assalariados" (citado em Willener, Gadjos e Benguigui, 1969, p. 15). Em 21 de maio de 1968, os escritórios do CNPF são ocupados por um grupo de executivos. Em 22 de maio, o CNPF publica uma declaração que condena a greve e repete os temas anteriores. Nessa declaração, o CNPF expressa principalmente suas reservas em relação à "participação", palavra de ordem do gaullismo de esquerda, proposta pelo governo para enfrentar a crise: "A participação na empresa só poderá ser fator de eficiência se for baseada no fortalecimento das estruturas, e não em sua destruição; no respeito à hierarquia, cuja autoridade ela não deve solapar". Escreve Catherine Gadjos: "Enquanto em todos os lugares se fala em flexibilizar as estruturas existentes, o CNPF fala de fortalecer as antigas estruturas; enquanto em todo lugar se questiona a autoridade dos que têm o comando nas mãos, o CNPF solicita o fortalecimento da hierarquia, medidas para garantir o exercício dessa autoridade, cuja razão de ser se encontraria nos 'dados econômicos que se impõem à empresa' ou em 'leis econômicas naturais'" (Willener, Gadjos, Benguigui, 1969, pp. 15-6). A reivindicação de participação será de fato retraduzida nos termos de participação dos assalariados nos lucros e de desenvolvimento de um acionariado constituído por assalariados. Em vez de conceder poder no local de trabalho, preferiu-se compartilhar a condição de acionista no plano financeiro[26].

Segunda resposta em termos de crítica estética

O primeiro choque do petróleo e a recessão de 1974-75 aceleraram o questionamento da "grande política contratual". O patronato elaborou outra política social e realizou uma série de transformações. Essas mudanças, respaldadas numa segunda interpretação da crise do capitalismo prevalacente na segunda metade da década de 70, já não foram postas em prática por *iniciativa* dos sindicatos, mas das *parcelas avançadas do patronato* e, especialmente, da Entreprise et Progrès*, que levam a sério os pareceres de "peritos", consultores, especialistas em relações humanas e sociólogos, entendendo que nem tudo deve ser rejeitado nas "ideias de 68".

De acordo com essa segunda interpretação, que fora formulada em fins da década de 60, especialmente pelos sociólogos do trabalho, a crise do capitalismo não tem como fundamento a reivindicação de salários mais elevados, muito menos a exigência de garantias maiores no emprego. Ela é expressão de uma *revolta contra as condições de trabalho,* em especial contra o taylorismo. O interesse pelas condições de trabalho, a crítica ao trabalho em linha de montagem, a consciência da relação existente entre satisfação no trabalho e realização de tarefas mais complexas, executadas de modo mais autônomo, constituem temas surgidos já em 1970-71 na literatura patronal, como pistas que devem ser exploradas para enfrentar a contestação da autoridade e, sobretudo, prevenir revoltas futuras (Durand, Dubois, 1975, p. 365), visto que as greves dos operários semiqualificados daqueles anos se mostravam como fatores desencadeantes dessa reflexão.

Mas a explicação pela recusa ao taylorismo, fácil de aceitar no caso dos semiqualificados, não era suficiente para entender por que aquela revolta só então se manifestava, nem para explicar a importância da crise e sua extensão às categorias de assalariados, muito mais numerosas, que não trabalhavam em linha de montagem. Essa revolta foi interpretada então por vários observadores como resultado do encontro casual de duas séries causais independentes: desenvolvimento da racionalização do trabalho e, no mesmo período, mas por razões diferentes, grande elevação do nível de escolaridade. Essas duas evoluções criavam a coexistência entre um trabalho cada vez mais desqualificado, cuja qualidade se degradava cada vez mais, e trabalhadores cada vez mais qualificados, cuja qualidade era bem maior do que no passado. Segundo essa interpretação, disso decorria, em especial entre os jovens, um sentimento de *frustração,* uma vez que suas aspirações

---

* Associação criada em 1970, que reunia cerca de cem dirigentes empresariais.

não eram realizadas pois a prova do trabalho não lhes permitia apresentar um desempenho capaz de ressaltar suas capacidades e dar demonstrações de suas competências[27].

Essa segunda interpretação encerrava potencialmente uma mudança de perspectiva analítica que só se manifestaria plenamente nos anos 80: a passagem de uma representação das relações sociais em termos de coletividades cujas relações equitativas decorrem da justiça social para uma representação individualizante associada à exigência de justiça, mas dessa vez no sentido meritocrático de retribuição diferenciada por contribuições singulares e desempenhos individuais (Ehrenberg, 1991).

O novo modo de interpretar a crise não emanava diretamente dos atores em cena, patrões locais, diretores de fábricas ou assalariados e representantes sindicais[28]. A ênfase posta nas condições de trabalho é, na verdade, resultado de uma reflexão feita pelos especialistas do trabalho – inspetores do trabalho[29] ou sociólogos do trabalho. Só depois disso as centrais sindicais, em sua tarefa de construção de "novas reivindicações", retomaram esse tema; o mesmo ocorreu com as organizações patronais inovadoras. Ele será transformado pelo CNPF em *slogan* amplamente difundido por importante campanha de imprensa e retomado pelos porta-vozes políticos da maioria nos anos 1973-76. A melhoria das condições de trabalho e o enriquecimento das tarefas, palavras de ordem lançadas no fim de 1973, constituirão importantes temas durante a presidência de V. Giscard d'Estaing[30].

As causas e as razões dessa mudança de reação são múltiplas. Além da recessão de 1974-75, que, diminuindo o faturamento e as margens de lucro, funciona como um revelador que lança luzes sobre os custos da política adotada a partir de 1968, cabe mencionar dois outros conjuntos de fatores referentes, respectivamente, ao patronato e às forças críticas. Quanto ao patronato, como se verá, está claro que é de seu interesse mudar de política; quanto à crítica, sua evolução peculiar na segunda metade dos anos 70, em parte desvinculada daquilo que ocorre nas empresas, a leva a modificar os alvos de contestação e os motivos de vigilância.

A "grande política contratual", observada a partir de 1968, mostrou-se relativamente custosa para o patronato. Testemunho disso é a mudança, durante o período, da divisão salários/lucros do valor agregado a favor dos assalariados. O custo decorre, primeiro, dos aumentos de salário. Mas, enquanto no período anterior (1945-65) os aumentos de salário tinham acompanhado os ganhos de produtividade (segundo os princípios de uma política keynesiana que visava a não reproduzir os erros dos anos 1920-30, durante os quais os grandes ganhos de produtividade não se tinham refletido nos salários, o que contribuíra para precipitar a crise), constata-se na

França e nos outros países desenvolvidos, a partir do início dos anos 70, uma redução perceptível dos ganhos de produtividade. Na segunda metade da década de 70, os relatórios periódicos do CERC mostram, assim, que o poder aquisitivo dos assalariados ultrapassava os progressos da produtividade, e que a divisão dos rendimentos prejudicava a remuneração do capital (Jobert, Théret, 1994). As vantagens adquiridas em termos de garantias comportavam também um custo importante, correspondente à maior socialização dos riscos e à extensão da responsabilidade da empresa em termos de assumir as consequências da falta de garantia de emprego.

Mas o principal problema para o patronato era que a "grande política contratual", apesar de seu custo, não tinha dado os resultados esperados. Não tinha devolvido a paz social nem interrompido o processo de desorganização da produção. Por um lado, as grandes centrais sindicais, mesmo negociando importantes acordos nacionais, mostravam-se reticentes quando se tratava de contribuir para estabelecer novas formas contratuais de relações profissionais que a política social da "nova sociedade" queria instaurar, adotando sempre como objetivo a realização do socialismo, embora o termo evidentemente tivesse sentidos diferentes para a CGT e para a CFDT. Por outro lado, na prática, as greves espontâneas, cujo controle os sindicatos não conseguiam obter, proliferavam a tal ponto que, como escreveu J.-M. Clerc em plena efervescência, com base nos relatórios cotidianos de inspetores do trabalho, "pode-se falar de um novo tipo de conflito, que se caracteriza principalmente por ser inopinado, desconcertante durante todo o seu desenvolvimento, portanto imprevisível". O mesmo autor assinala o recrudescimento das respostas patronais, com "reações cada vez mais duras" que comportam o recurso frequente ao *lockout* (Clerc, 1973). Algo diferente para recuperar o controle das empresas se mostrava duplamente necessário: por um lado, porque o trabalho estava permanentemente desorganizado; por outro, porque os custos decorrentes dessa desorganização eram muito elevados, provavelmente mais elevados que os das novas vantagens conquistadas.

Encontra-se no artigo de Olivier Pastré (1983, pp. 66-9) uma tentativa de dimensionar, a partir de indicadores díspares, os custos acarretados por faltas, atrasos, rotatividade, operação tartaruga, boicotes, produtividade inferior à norma, greves e críticas, reclamações ou paralisações temporárias no local de trabalho. Apoiando-se em fontes diversas (Commissariat du Plan, Relatório Heilbroner da Inspeção Geral das Finanças, números fornecidos pela Union des Industries et Métiers de la Métallurgie (UIMM), um estudo de A. Hopwood datado de 1979), esse autor conclui que a consideração desses custos obriga a duplicar ou triplicar o custo salarial, ou ainda, segundo outras estimativas, que eles representam 8,5% a 10,6% do faturamento da empresa, ou seja, cerca de 60 bilhões de francos, correspondentes a quase 4% do PIB. Aos custos imputáveis à desorganização do trabalho é preciso acrescentar o aumento dos custos de controle, dificilmente dimensionáveis mas decerto altos.

O interesse do patronato pelas condições de trabalho decorre, além disso, de uma análise simples e realista: as tarefas repetitivas, sem responsabilidade nem autonomia, a cronometragem e a Organização Científica do Trabalho já não convêm a uma mão de obra jovem e altamente escolarizada. Além da revolta dos jovens, já mencionada, nesses anos de pleno emprego, o patronato teme carecer de mão de obra, visto que os jovens franceses se recusam a realizar os trabalhos mais pesados e ingratos, sendo necessário recorrer cada vez mais à mão de obra de imigrantes. Ora, o patronato, assim como os responsáveis políticos, considera a possibilidade de diminuição ou cessação da imigração[31]. Essa questão está claramente exposta num relatório do CNPF de novembro de 1971 sobre "O problema dos operários semiqualificados". O autor parte da ideia de que "não é descabido prever que em alguns anos haja trabalhos para os quais já não se encontrará ninguém". De fato, há realmente a possibilidade de recorrer a mulheres, cuja "adaptação natural a tarefas repetitivas e simples" é superior à dos homens (p. 3). Mas, no caso das mulheres, depara-se com "a prevenção dos supervisores que consideram que o emprego do pessoal feminino, sobretudo em vista do número de faltas, é excessivamente custoso". "Alguém pensou – retorquiu o autor desse relatório – que um cálculo econômico mais bem elaborado por certo mostraria que a mão de obra estrangeira, às vezes muito grosseira, é infinitamente mais custosa se forem levados em consideração as dificuldades de adaptação, os retoques exigidos pela qualidade do trabalho e a irregularidade do rendimento?" (p. 11).

Se nada se puder esperar dos sindicatos, que não conseguem canalizar os descontentamentos, recusam a "colaboração de classes" e incentivam a assinatura de acordos caros, a solução será evitá-los e eliminar a sua intermediação. A nova política social – declara François Ceyrac em 1978 durante uma entrevista com jornalistas econômicos – não deve "acumular novas vantagens sociais [...] mas reformar as estruturas para dar maior flexibilidade e liberdade à empresa" (citado por Weber, 1987, p. 233).

O CNPF chama essa nova política de "gestão concorrencial do progresso social". O termo "concorrencial" não faz referência ao crescimento da concorrência entre empresas nem à possibilidade de pôr os assalariados em concorrência uns com os outros, mas à concorrência que as direções empresariais devem manter com os sindicatos para recuperar a iniciativa social. As empresas devem "gerir o social" e encarregar-se das "aspirações" e "reivindicações" dos assalariados. No nível das empresas, a hierarquia, especialmente o quadro de mestres e contramestres, deve procurar compreender e, na medida do possível, satisfazer e até prevenir as reivindicações individuais dos assalariados, para deixar aos sindicatos apenas as reivindicações coletivas (Weber, 1987, pp. 232-7). Essa mudança de política social consistia em "retirar o controle da força de trabalho dos sindicatos e transferi-lo para a gestão empresarial" (Howell, 1992, p. 116). Os esforços de construção de um sistema forte de relações industriais, pautado pelo dos parceiros comerciais da França, não terão durado muito tempo, e o patronato francês voltou rapidamente a seus hábitos ancestrais de independência e autoridade não compartilhada. Os mais modernistas consideravam até que esse fechamento ensejaria maior criatividade, pois cada um se sentiria livre para fazer experiências em sua empresa, ao passo que o temor de sofrer a imposição de medidas nas negociações coletivas incitam os responsáveis a ser muito pouco inovadores nos acordos nacionais. No fim da década de 70, a mesma equipe de direção do CNPF que promovera as negociações nacionais confessava que tinha se enganado: "Agora compreendemos que era preciso renunciar às utopias antigas e admitir que é impossível entrar em acordo com os sindicatos sobre uma definição da finalidade da empresa" (Yvon Chotard, citado por Bunel, Saglio, 1980).

Essa nova política mostrava-se condizente também com a evolução da reflexão feita em organismos internacionais de coordenação econômica e política. Assim, por exemplo, a Comissão Trilateral, que expressa as posições das organizações financeiras e das multinacionais na busca de promover a internacionalização do capital (Sklar, 1980, p. 73), em seu relatório de 1975, mostrava-se favorável à colaboração com "líderes sindicais responsáveis" com "real autoridade sobre seus membros" (p. 7). Num novo relatório, publicado em 1978, os redatores optam pelo desenvolvimento de formas de participação direta no local de trabalho: "A consideração da ineficiência da administração autoritária e das limitações dos sistemas representativos levou a elaborar aquilo que o professor Trist chama de 'democracia no trabalho (*work-linked democracy*)'. O cerne dessa abordagem consiste em substituir a gestão empresarial autoritária por 'grupos de trabalho semiautônomos, responsabilizados pela organização do trabalho confiado ao grupo. Os gerentes, em todos os níveis, tornam-se essencialmente exemplos, conselheiros técnicos e, melhor ainda, líderes democráticos, em vez de ditadores. Os princípios da democracia no trabalho podem ser facilmente aplicados nas organizações e, de fato, o método é frequentemente aplicado no nível mais elevado da hierarquia administrativa. É o que ocorre no Japão, com o método *ringi seido* de tomadas de decisão" (Roberts, Okamoto, Lodge, 1981, p. 231).

Tal modificação da estratégia, porém, não teria sido possível sem *uma modificação concomitante das próprias forças críticas,* embora por razões em grande parte independentes. O enfraquecimento da CGT na segunda metade dos anos 70, com o fechamento de grande número de instalações industriais nas quais ela estava bem implantada, sem compensação por uma progressão equivalente nas novas atividades do setor terciário, teve como resultado a diminuição da intensidade da pressão crítica sobre os chamados temas reivindicativos "quantitativos", aos quais a CGT estava mais vinculada do que a CFDT, bem como a liberação do espaço de discussão sobre as "reivindicações qualitativas", no exato momento em que o próprio patronato começava a achar que seu interesse era deslocar a questão social para o problema das condições de trabalho. Essa mudança de orientação era favorecida pelo declínio concomitante do PCF, cuja lenta erosão eleitoral em proveito do PS, durante o período, ainda não mostra até onde chegará[32]. Enfrentando, ao mesmo tempo, a crítica leninista da ultraesquerda que o acusava de revisionismo e a intensificação da denúncia, por parte de outros horizontes do movimento esquerdista, de seu passado stalinista e de seu compromisso ininterrupto com o PCUS[33] – desde a liquidação da primavera de Praga até a invasão do Afeganistão –, o PC, dilacerado por conflitos internos entre "ortodoxos" e "reformadores" (os que eram chamados então de "eurocomunistas"), oscilava entre posições incompatíveis. Num dia, desistia da "ditadura do proletariado" a favor da "união do povo da França", para procurar no dia seguinte manter sua identidade revolucionária, multiplicando ataques ao partido socialista, ao qual se ligara em 1972 pela assinatura do Programa Comum, de acordo com uma linha política que fazia da "união" "um combate que deve beneficiar o PCF em seu esforço pela conquista do poder" (Courtois, Lazar, 1995, p. 353). Os anos do Programa Comum (1972-77) não foram ruins para o PC: ele tirou proveito da onda de contestações iniciada pelos esquerdistas, apresentando-se como mais sério e mais razoável do que os "grupelhos irresponsáveis" (o que, além disso, lhe possibilitou compensar os fracassos e as ambiguidades de sua estratégia em maio de 68[34]). Ele ganhou novos membros e conservou grande parte de seu eleitorado, mas a incoerência de seus posicionamentos políticos teve o efeito de desorientar grande número de militantes que, menos dirigidos do que no passado e também sensíveis à crítica às instituições totalitárias, distanciavam-se cada vez mais dos valores comunistas oficiais e de um partido que continuava stalinista até o fim.

A ruptura da união da esquerda por iniciativa do PC, em 1977 – que o PS imputava à rigidez do PC (sob a influência de Moscou, que via com bons olhos a presidência de V. Giscard d'Estaing e não desejava uma vitória da esquerda), e o PC atribuía a um desvio de direita do PS, destinado a desfazer a aliança sem incorrer na responsabilidade pela ruptura –, provocará a derrota da esquerda nas eleições legislativas de 1978; essa derrota será integralmente atribuída à atitude intransigente do PCF e acelerará sua queda. A partir de 1980, a decomposição interna do partido foi evidente[35]. Os sindicatos que estavam ligados à união de esquerda foram profundamente abalados por isso. A unidade de ação da CGT e da CFDT é rompida em 1979, sobretudo porque a CGT defende alto e bom som a intervenção soviética no Afeganistão. A CFDT adota então uma estratégia centrista, abandonando o engajamento político para dedicar-se exclusivamente às reivindicações sindicais. A disputa entre as formações de esquerda e o fortalecimento das ideias de autogestão, contra um partido comunista que se suicidava, consagra uma transformação da sensibilidade crítica sobre as questões do trabalho. Na mesma época apareceu uma onda contestadora de novo tipo, na qual a rejeição ao totalitarismo ocupa o primeiro plano. Como ela também era sensível à crítica estética ao capitalismo, com suas exigências de liberação (sobretudo sexual) e de vida realmente "autêntica" (movimentos feministas, homossexuais, antinucleares e ecologistas), ocorrerá uma aliança entre essas tendências e as novas forças dominantes da esquerda. A transformação na qual as empresas trabalhavam, que redundaria na formação de novas formas "diretas" de expressão e representação dos assalariados (círculos de qualidade, grupos de expressão etc.), também recebeu benefícios da crítica às hierarquias desenvolvida principalmente pela CFDT, dos trabalhos de sociólogos ligados ao movimento de autogestão[36] e das experiências esquerdistas de representação direta dirigidas ao mesmo tempo contra o patronato e os sindicatos instituídos.

Será no plano das condições de trabalho que essa nova política se afirmará. A atenção dada à melhoria das condições de trabalho, ao "enriquecimento das tarefas" ou aos horários flexíveis terá o efeito, por um lado, de ganhar a adesão de uma parte dos assalariados, ao apresentar vantagens personalizadas que as ações coletivas não podiam oferecer, e, por outro, de devolver a iniciativa ao patronato, ao individualizar as condições de trabalho e as retribuições[37].

Mas a inovação consistirá principalmente em reconhecer a validade da exigência de autonomia e mesmo considerá-la um valor absolutamente fundamental da nova ordem industrial, não só a favor daqueles que a exigiam – engenheiros e executivos de nível superior das grandes empresas –, mas também a favor daqueles que não a exigiam, pelo menos explicitamente, ou seja, os operários que haviam travado o essencial das lutas sociais dos dez últimos anos. As medidas que tinham em vista dar maiores garantias aos assalariados foram substituídas por medidas que visavam a tornar mais leve o controle hierárquico e a levar em consideração os "potenciais" individuais. *Por uma inversão política, as garantias foram de algum modo trocadas pela autonomia.* A luta contra os sindicatos e a concessão de maior autonomia e vantagens individualizadas são feitas com os mesmos meios, ou seja, mudando a organização do trabalho e modificando os processos produtivos, o que afeta a própria estrutura das empresas e tem como efeito desmantelar as unidades organizacionais (empresas, estabelecimentos, seções, departamentos) e as categorias de pessoal (grupos profissionais, ocupantes de um mesmo tipo de cargo, classes sociais), ou seja, o conjunto das coletividades nas quais se apoiavam as instâncias críticas e, em especial, os sindicatos. Como ocorre com a interpretação da reivindicação de autonomia estudantil por Edgar Faure, a autonomia é aí entendida ao mesmo tempo no sentido de autonomia das pessoas (com controle hierárquico menos direto no trabalho) e autonomia das organizações (seções tratadas como unidades independentes e como centros de lucro autônomos, ou desenvolvimento da terceirização)[38]. O mundo do trabalho a partir de então conhece apenas instâncias individuais conectadas em rede.

A volta ao controle das empresas, objetivo essencial do patronato na época, não foi obtida com o aumento do poder da hierarquia, com o crescimento das linhas hierárquicas e com o número de instrumentos contábeis ou de diretrizes burocráticas, e sim graças a uma ruptura com os modos de controle anteriores à endogeneização das reivindicações de autonomia e de responsabilidade até então consideradas subversivas. É possível esquematizar essa mudança, considerando que ela consistiu em substituir o *controle pelo autocontrole* e assim transferir para fora os custos elevadíssimos do controle, repassando o peso da organização para os assalariados. A capacidade de manifestar qualidades de autonomia e de responsabilidade constituiu uma das novas provas que permitiram afastar-se ao mesmo tempo dos operários contestadores e dos pequenos chefes autoritários que o novo modo de controle, baseado essencialmente no autocontrole, tornava inúteis.

A série de mudanças na organização e a classificação das tarefas também deviam possibilitar que o trabalho se tornasse mais atraente, para que uma mão de obra jovem, francesa e escolarizada pudesse adaptar-se.

Encontra-se um inventário das modificações realizadas numa série de textos que são testemunho de um intenso trabalho de reflexão feito pelos "especialistas patronais" e da grande quantidade de experimentações nas empresas.

Les 4ᵉˢ Assises nationales des entreprises, d'octobre 1977 [IV Congresso Nacional de Empresas, outubro de 1977], apresenta, na forma de fichas, várias centenas de "inovações" realizadas nas empresas de médio ou grande porte durante a década; marca, se assim se pode dizer, a primeira manifestação pública de grande amplitude do espírito de 68 no mundo do patronato. François Ceyrac, em seu prefácio, esboça uma interpretação liberal (para a qual Michel Crozier tinha aberto caminhos já em 1970[39]) das críticas esquerdistas dirigidas tanto à rigidez da planificação de ordem industrial quanto às formas hierárquicas do mundo doméstico: a "realidade das empresas" é "diversificada, móvel, diferenciada, [...] rebelde por natureza a fórmulas de organização rígidas e abstratas, a esquemas preestabelecidos", e a empresa é o lugar privilegiado da "inovação social, imaginação criadora, livre iniciativa". Os dois volumes polpudos são divididos em seis capítulos (comunicação na empresa, formação, melhoria das condições de trabalho, organização do tempo de trabalho, papel da supervisão, avaliação da gestão social).

Assim, por exemplo, no capítulo sobre *"melhoria das condições de trabalho"*, encontra-se uma experiência realizada numa empresa metalúrgica de Rouen a partir de 1974, de supressão do trabalho em linha de montagem de terminais eletrônicos, de tal modo que "se dá maior autonomia a cada um" (p. 327), ou também a instalação de "módulos de montagem" na Peugeot a partir de 1973, acompanhada pela "modificação das estruturas hierárquicas para diminuir o número de escalões de comando e aumentar a autonomia em fábrica" (p. 329). Uma empresa de ventiladores industriais explica como conseguiu "devolver à fábrica em más condições técnicas e socialmente instável o gosto pelo progresso técnico num clima social melhor" constituindo "grupos de trabalho" animados por um consultor externo.

O capítulo referente à *organização do tempo de trabalho* é especialmente rico, o que demonstra o caráter totalmente estratégico dos horários, ao mesmo tempo para seduzir os assalariados – apesar das ressalvas sindicais – e abrir caminho para uma maior flexibilidade. Nesse capítulo encontram-se numerosas experiências com horários variáveis, trabalho em tempo parcial, "semana flexível", escalonamento de férias, "planejamento do fim de carreira" etc. Uma empresa de eletrônica, com 650 empregados, apresenta uma experiência de "horário livre e equipes autônomas"; um laboratório farmacêutico, uma experiência de horários flexíveis, realizada já em 1973; a direção do pessoal de uma grande loja de departamentos explica como foi desenvolvido o trabalho em tempo parcial; uma companhia de seguros, a organização de sistemas de "pré-aposentadoria e demissão voluntária em fim de carreira" (CNPF, 1977).

O relatório do CNPF sobre os operários semiqualificados de 1971 já propunha modificações importantes quanto à própria organização do trabalho, mas não dispunha de tantos exemplos de experimentações bem-sucedidas quanto em 1977, remetendo-se a "uma abordagem empírica [...] e experimental, ou seja, dedicando-se à apreciação dos resultados, ao questionamento das tentativas, a retrocessos, se necessário" (p. 25).

O relatório destaca em primeiro lugar a necessidade *da flexibilização de horários*: "A jornada de trabalho deverá ter sempre certa flexibilidade e esse é praticamente o único meio de ajustar a produção ao mercado". É preciso caminhar para "horários de trabalho flexíveis, ou seja, que admitam certas diferenças para uma parte do pessoal [...]. Esses sistemas flexíveis de horário, além de poderem facilitar o recrutamento, têm a vantagem de dar àqueles que são por eles beneficiados um sentimento de liberdade e autonomia que atende a um desejo cada vez mais profundo". O autor preconiza ademais o desenvolvimento do trabalho em tempo parcial, especialmente para as mães de família (p. 14).

Em seguida ele incita os responsáveis empresariais a envidar esforços quanto às *condições de segurança:* "A ênfase dada nos últimos anos aos problemas de segurança (a propósito do trânsito viário) e de poluição sensibilizará cada vez mais os trabalhadores da indústria para a maneira como os problemas serão resolvidos no local de trabalho. Os dirigentes empresariais serão alvo de pressões cada vez mais fortes para a melhoria das condições de trabalho, de segurança e saúde. De fato – acrescenta o autor desse relatório – as soluções tendem a melhorar a produção de tal maneira, que é de perguntar às vezes por que não foram adotadas mais cedo" (p. 16).

O essencial da inovação refere-se finalmente à *reestruturação dos cargos.* É preciso "criar uma situação na qual o trabalhador seja intrinsecamente motivado pelo trabalho que realiza", dando "ao operário um conjunto de tarefas que incluam elementos de responsabilidade e participação. Isso ocorrerá quando as funções de ajuste, controle e manutenção do material, bem como aperfeiçoamento dos métodos, se somarem às tarefas específicas de execução".

Essa reestruturação exige "*uma nova concepção do papel da supervisão funcional,* em que os mestres e contramestres desempenharão menos a função de chefe e mais de conselheiros junto a grupos autônomos chamados a participar da fabricação de uma parte do produto acabado". Os principais obstáculos à difusão dessa inovação virão – prediz o relator – dos supervisores, cujo comportamento será preciso modificar por meio do "método do trabalho em grupo" (p. 20). De fato, "a evolução dos métodos de comando é uma condição indispensável para modificar a imagem da indústria" (p. 22). Os executivos poderão "propor um problema e pedir soluções ao pessoal". A última fase, que é ainda amplamente teórica, consiste na identificação dos problemas pelos próprios assalariados, que discutem as soluções possíveis e depois chegam a decisões comuns" (p. 24). Para chegar a tais resultados, o melhor "talvez seja criar um clima inteiramente novo, baseado em normas novas". A melhor maneira de conseguir isso é "construir uma nova fábrica, com um novo pessoal e um novo grupo de executivos dispostos a pôr em prática novos sistemas de gestão nesse ambiente virgem. Construída a nova fábrica, todos os esforços se voltarão para a criação de equipes de trabalhadores mais eficientes" (p. 21).

Encontram-se, finalmente, propostas semelhantes no relatório dos *"especialistas patronais" da OCDE (1972)* já citado, com maior insistência ainda na crise de autoridade e na necessidade de desenvolver para tanto responsabilidade, autonomia e criatividade. "O critério adotado para dimensionar o sucesso individual – diz o relatório – baseia-se cada vez menos na competência técnica, insistindo-se mais na *aptidão permanente para adquirir novas qualificações e realizar novas tarefas:* assim, a maturidade social se expressará pela imaginação criadora, e não mais pelo domínio de um ofício secular" (p. 23). "A maioria das ideias que inspiraram essas discussões – acrescenta o relator – supunha *um papel mais ativo por parte dos trabalhadores* em todos os níveis, seja em fábrica, seja por parte dos executivos subalternos, na concepção, na organização e no controle de seu trabalho" (p. 25). Segue-se o exemplo de uma empresa japonesa que precisou lutar – não contra "a anarquia", mas "contra seu contrário, a hiperorganização e a rigidez das estruturas". Para "conseguir que cada um se interesse por seu trabalho" a empresa organizou "pequenos grupos de trabalho que gozam de grande autonomia e são organizados de tal maneira que possibilitam a seus membros o aperfeiçoamento de suas qualificações individuais e sociais no trabalho cotidiano" (p. 32).

Por ocasião dessa reflexão sobre as condições de trabalho, a partir de 1971, pensou-se e experimentou-se a maioria dos dispositivos cuja difusão, generalizada durante a segunda metade dos anos 80, seria acompanhada pelo aumento da flexibilidade e do papel dos sindicatos, como veremos nos próximos capítulos.

Essa estratégia (e nesse sentido a palavra é imprópria[40]) foi conduzida sem plano de conjunto e sem questionar frontalmente e em bloco as principais "conquistas sociais" do período anterior – o que poderia provocar reações violentas. A desregulamentação dos anos 80 e a redução das garantia dos assalariados, cada vez mais ameaçados de precariedade, não foram resultado de uma "desregulamentação" brusca (Gaudu, 1996), o que teria ocorrido se a maioria das medidas adotadas no início dos anos 70 tivesse sido simplesmente revogada. A retomada do controle das empresas foi obtida por intermédio de várias medidas parciais ou locais, de "inovações" (na linguagem dos consultores), que se coordenavam entre si pelo método de tentativa e erro e, de maneira geral, agindo por meio de uma série de deslocamentos de ordem morfológica (relocações, desenvolvimento das subcontratações, por exemplo), organizacional (*just-in-time*, polivalência ou também diminuição da extensão das linhas hierárquicas) ou jurídica (utilização, por exemplo, de âmbitos contratuais mais flexíveis em questões salariais, aumento da importância dada ao direito comercial em relação ao direito do trabalho). Entre esses deslocamentos figura a passagem da "justiça social" para a "justiça". Esses múltiplos deslocamentos transformaram a natureza do que estava em jogo, do terreno no qual ocorriam as provas, das características das pessoas que neles se defrontavam, das formas de seleção delas resultantes, ou seja, da sociedade inteira, sem golpe de Estado, revolução, estrépito nem medidas legislativas de grande envergadura, quase sem debates, pelo menos retrospectivamente, sem debate à altura da transformação que ocorria[41].

As múltiplas transformações iniciadas durante os anos 70 foram coordenadas, reunidas e rotuladas durante a década seguinte num vocábulo único: *flexibilidade*. A flexibilidade, que é em primeiro lugar possibilidade de as empresas adaptarem sem demora seu aparato produtivo (em especial o nível de emprego) às evoluções da demanda, também será associada ao movimento rumo à maior autonomia no trabalho, sinônimo de adaptação mais rápida do terreno às circunstâncias locais, sem que fossem esperadas as ordens de uma burocracia ineficiente. O termo é adotado ao mesmo tempo pela gestão empresarial, pelo patronato e por certos socioeconomistas do trabalho oriundos do esquerdismo (como B. Coriat), que, abandonando a postura crítica adotada até então, agem como se a necessidade de uma "flexibilidade qualificada de dinâmica", vista como "nova forma de totalização", se impusesse como coisa indiscutível (Chateauraynaud, 1991, pp. 149-52). A flexibilidade passou então a fazer parte – durante uns dez anos, ou seja, até o reaparecimento de um movimento crítico de grande amplitude no fim de 1995 – de um discurso que se enrijecerá com o tempo e dará às evoluções dos últimos vinte anos um caráter ao mesmo tempo impessoal e fatalista, em conformidade com uma visão organicista ou darwiniana da história. Esse processo sem sujeito, desejado por ninguém, seria resultado de um reflexo coletivo de adaptação a uma situação, cujas causas, exteriores, se teriam imposto a atores, ou melhor, a "estruturas" condenadas a transformar-se ou desaparecer. Choques do petróleo, globalização, abertura dos mercados, aumento do poder dos novos países industrializados, novas tecnologias, mudança dos hábitos de consumo, diversificação da demanda, rapidez crescente do ciclo de vida dos produtos: tudo isso teria provocado um crescimento exponencial das incertezas de todos os tipos, condenando à decadência inelutável os sistemas industriais pesados e rígidos, herdados da era tayloriana, com suas concentrações operárias, suas chaminés fumegantes e poluentes, seus sindicatos e seus Estados-providência. Desapareceu então dos comentários gerais sobre a evolução da sociedade aquilo que parecia evidente a grande número de analistas na segunda metade dos anos 70, ou seja, o modo como as mudanças da organização do trabalho e da condição salarial possibilitaram inverter um equilíbrio do poder relativamente desfavorável ao patronato no início do período e elevar o nível de controle do trabalho sem aumentar nas mesmas proporções os custos de supervisão[42].

Paradoxalmente, o consenso sobre a flexibilidade foi favorecido pela subida dos socialistas ao poder e pelo ingresso de novos especialistas econômicos no governo; estes, por um lado, implementaram uma integração entre a demanda de flexibilidade e temas oriundos da esquerda e da extrema esquerda e, por outro, aumentaram a legitimidade das reivindicações patronais, dando-lhes a caução dos setores de ponta da ciência econômica. Terminaremos, portanto, o levantamento das respostas do capitalismo às críticas de 1968 com uma rápida visão dos anos 80, que foram os anos da implantação extensiva da "segunda resposta", em parte graças ao apoio dos defensores da crítica estética de 68, que viam na evolução em curso um progresso indubitável em relação ao mundo opressivo dos anos 60.

A geração 68 no poder: os socialistas e a flexibilidade

Não resta nenhuma dúvida de que se assistiu a um crescimento rápido da flexibilidade e, correlativamente, da precarização da mão de obra depois da subida dos socialistas ao poder (que tinham sido eleitos com base num programa que dava espaço importante à proteção da legislação do trabalho). Para isso contribuem em especial o abandono da indexação dos salários com base nos preços, principalmente do salário mínimo, e a possibilidade de um "reajuste" de fim de ano, dependendo das negociações empresa por empresa e da "situação efetiva da firma". Paradoxalmente, o desmantelamento das manifestações coletivas que se desenvolveram sobretudo no governo Fabius, depois da virada de 1983, se respaldará nas medidas legislativas postas em prática, durante o primeiro governo socialista, pelo Ministro do Trabalho Jean Auroux, com o propósito contrário de "reunificar a coletividade de trabalho". Para tomarmos outro exemplo, os regulamentos de 1982 que tinham em vista limitar os contratos de trabalho atípicos, definindo os casos nos quais eles poderiam ser autorizados, tiveram o efeito de conferir-lhes uma espécie de reconhecimento oficial. Mais profundamente, as importantes leis Auroux de 1982-83 (um terço do código do trabalho foi então reescrito), que visavam a fortalecer o papel dos sindicatos, dando-lhes reconhecimento oficial no local de trabalho, tiveram como resultado imprevisto e certamente alheio à vontade de seus promotores (num primeiro momento não percebido pelo patronato que lhes é muito hostil) favorecer a precarização e a individualização das condições de trabalho, transferindo as negociações para o nível da empresa. As leis Auroux, ao atribuírem poderes consultivos ao comitê de empresa e ao tornarem obrigatória a realização de negociações anuais em nível de empresa, tiveram o efeito não desejado de destruir o caráter até então centralizado do sistema de relações industriais. Entre 1982 e 1986, o número de acordos firmados em nível de categoria diminui pela metade, ao passo que o número de acordos firmados em nível de empresa mais que dobrou (Howell, 1992). Ora, os sindicatos, relativamente poderosos nas instâncias nacionais de negociação, eram com frequência muito fracos localmente, característica que se exacerbava à medida que se ia do setor público ou estatal para as grandes empresas e, sobretudo, as pequenas e médias. A direita, voltando ao poder em 1986, deu prosseguimento à obra dos socialistas em matéria de desregulamentação, sobretudo com a introdução, pelo novo Ministro do Trabalho, Philippe Séguin, de facilidades suplementares para a organização do tempo de trabalho e a eliminação da autorização administrativa de demissão, medida cuja eficácia, aliás, foi mais simbólica do que real, em vista do caráter limitadíssimo dos obstáculos que esse dispositivo opunha às demissões[43]. Desenvolveremos essas diferentes questões nos dois próximos capítulos.

Esse apoio dado paradoxalmente pela esquerda, então no governo, a um movimento que redundava na diminuição das garantias dos assalariados e na amputação do poder dos sindicatos, seus tradicionais aliados, explica-se em primeiro lugar pelas circunstâncias econômicas e sociais da França dos anos 80. Reconhecendo a insuficiência das políticas sociais em relação ao desemprego num contexto de elevação contínua de candidatos a empregos e precisando enfrentar a impossibilidade de contratação pelo próprio Estado, o que teria agravado o déficit orçamentário, os políticos se acostumam pouco a pouco à ideia de que só as empresas podem resolver o problema, criando empregos. Logicamente, não podendo obrigar as empresas a fazê-lo, o governo deu ouvidos às reivindicações dos empresários, segundo os quais, para empregar, precisariam de maior flexibilidade[44]. As dificuldades de emprego no mesmo período limitavam o poder de negociação dos sindicatos, que tinham menos certeza da mobilização de suas bases. A inversão da relação de forças patrões/sindicatos estava, assim, inserida na situação econômica.

Mas essa análise negligencia o papel das *novas elites conquistadas pela crítica estética*, que desconfiavam da velha crítica social, excessivamente associada ao comunismo na França. É fato que a política de flexibilidade não foi adotada apenas em desespero de causa, mas também encontrou numerosos defensores no próprio âmago do poder de esquerda.

Entre 1981 e 1983, numerosos militantes de esquerda ou de extrema-esquerda, sindicalistas autodidatas ou, na maioria das vezes, estatísticos, sociólogos e economistas formados nas universidades e nas grandes escolas, ingressaram em postos oficiais do Estado ou em coletividades públicas: gabinetes ministeriais, departamentos técnicos dependentes do Ministério do Trabalho, comissões técnicas, postos do Commissariat au Plan, gabinetes de prefeitos de grandes cidades, laboratórios vinculados por contratos indefinidamente renovados com instâncias regionais... Uma grande parte desses novos especialistas em socioeconomia do trabalho acompanhara a guinada centrista da CFDT em 1978, ou seja, a passagem de uma política ofensiva (sobretudo na utilização máxima das leis existentes e do direito para ampliar o campo das reivindicações), que havia caracterizado os anos 70, para uma política de negociações, acordos contratuais, composições realistas, seu objetivo principal. A mudança de atitude da CFDT também incidia sobre o remanejamento dos horários de trabalho, que podia ser objeto de negociações locais, em troca da redução da jornada de trabalho[45].

Participando então dos negócios e próximos do poder político, aqueles especialistas de esquerda integraram à sua cultura, de modo notavelmente rápido, as reivindicações patronais, em especial os imperativos de flexibilidade. Além da mudança de atitude que acompanha frequentemente a passagem de uma posição crítica para um posto de responsabilidade – amiúde descrita pelos atores como uma prova de realidade –, é preciso levar em conta, para entender essa conversão, o modo como temas e posturas da esquerda contestadora puderam ser reinterpretados no sentido de se tornarem compatíveis com as novas exigências da gestão empresarial. Isso vale, especialmente, para o tema esquerdista da autogestão, que, sendo fundamental desde os anos 50 nas frações da extrema esquerda mais opostas ao partido comunista e ao estatismo (sobretudo entre os trotskistas, que tomavam a Iugoslávia como modelo), mas também ao caráter desumano do taylorismo, fora maciçamente adotado pela nova esquerda, pela CFDT e pelo PSU. Ora, no início dos anos 80, as expectativas na autogestão puderam, pelo menos em parte, ser voltadas para a flexibilidade, para a descentralização das relações industriais, para as novas formas de gestão empresarial, quando o Japão substituiu a China no imaginário ocidental como modelo de humanismo do Extremo Oriente, no qual era possível apoiar-se para atenuar a desumanidade das sociedades industriais ocidentais[46].

Mas essa transferência de competências do esquerdismo para a gestão empresarial não se limitou aos departamentos técnicos associados à definição das políticas sociais do governo. Também atingiu as empresas. Os *novos consultores,* que na segunda metade dos anos 80 instauram os dispositivos locais de expressão, muitas vezes participaram de modo ativo, nos anos de estudo, da efervescência que se seguiu a maio de 68. Ao se profissionalizarem, às vezes depois de um percurso muito acidentado, eles investiram nos cargos a serviço de empresas uma competência específica, não adquirida na forma de aprendizado técnico, e sim na vida que haviam levado. Seu valor profissional é sustentado por sua pessoa, pelas suas experiências, naquilo que elas tinham de mais pessoal e até de mais íntimo, no que se refere àqueles para os quais o engajamento espiritual sobrepujara o engajamento político (Virno, 1991)[47]. Tinham se tornado peritos na crítica foucaultiana ao poder, na denúncia à usurpação sindical, na rejeição ao autoritarismo em todas as suas formas, sobretudo na dos pequenos chefes, e, inversamente, na exaltação humanista às possibilidades extraordinárias ocultas em cada pessoa (desde que cada pessoa fosse alvo de consideração e pudesse se expressar), na valorização do face a face, da relação pessoal e do intercâmbio individual, bem como na adoção de uma atitude de abertura, otimismo e confiança em face das incertezas, sempre benéficas, da existência.

Finalmente, cabe mencionar a ascensão de outro grupo de especialistas, cujo perfil é diferente do perfil dos antigos participantes do movimento de 68, mas cujo acesso a posições dominantes na administração e nos círculos próximos ao poder político possibilitou a guinada socialista de 1983-84 e a instauração da política de desinflação competitiva. Conforme observam B. Jobert e B. Théret (1994), a segunda metade dos anos 70 fora marcada pelo ingresso de uma nova elite político-administrativa, oriunda da École nationale d'administration (ENA), da Polythecnique e da École nationale de la Statistique et de l'Administration (ENSAE), pronta a substituir a antiga "comunidade dos planejadores" que, em torno de Claude Gruson, dominara o Commissariat du Plan e o Institut National de la Statistique et des Études Économiques (INSEE), especialmente a Diretoria de Previsão, durante os anos 50 e 60. Esse grupo, formado por economistas de alto nível, baseava a legitimidade de sua perícia na sua reconhecida autoridade no campo internacional da econometria e da microeconomia, dominado pelas universidades anglo-saxônicas. A partir de meados dos anos 80 – marcados pelo declínio do Commissariat du Plan, transformado em departamento técnico com missões duvidosas –, eles assumem a Diretoria de Previsão, modificam profundamente a orientação da formação na ENSAE e passam a ter influência preponderante sobre a Diretoria de Orçamento no Ministério das Finanças e, de modo mais geral, concentram em suas mãos a maioria dos centros estatais de consultoria econômica (com a notável exceção do Centre d'étude des revenues et des coûts (CERC)) e, em vista da ausência quase total de centros de consultoria independentes do Estado (ligados, por exemplo, aos sindicatos, como ocorre na Alemanha), monopolizam a informação e o diagnóstico econômico. Prova dessa mudança, por exemplo, é a relativa marginalização, em termos de poder e prestígio, dentro do INSEE, dos departamentos encarregados de pesquisas estatísticas em favor da econometria e da microeconomia teórica. O abandono da política keynesiana do primeiro ministério Mauroy (também marcada pela influência dos planejadores dos anos 60), que se seguiu à forte alta das taxas de juros americanas, à fuga dos capitais e à degradação brusca da balança de pagamentos em 1982, dá a esse grupo a oportunidade de promover uma outra imagem da ação econômica do Estado. Enquanto os planejadores enfatizavam a função redistributiva do Estado e o seu papel de árbitro entre os grupos sociais, as novas elites econômicas eram concordes em "diminuir ao máximo a intervenção pública" e "realizar uma racionalização rigorosa de sua ação para torná-la compatível com o mercado" (Jobert, Théret, 1994, p. 45).

CONCLUSÃO:
PAPEL DA CRÍTICA NA RENOVAÇÃO DO CAPITALISMO

A história dos anos que se seguiram aos acontecimentos de maio de 68 mostra os efeitos reais, às vezes paradoxais, da crítica sobre o capitalismo.

A primeira resposta patronal à crise de governabilidade foi, digamos, tradicional. Consistiu em conceder vantagens em termos de salários e garantias, concordando em negociar com os sindicatos de assalariados, utilizando a fórmula das relações industriais para aplacar a luta de classes – o que também significava reconhecer sua realidade. Ao fazê-lo, o patronato apenas utilizava as regras do jogo estabelecidas em consequência das grandes greves de 1936, que propunham uma saída para a crise por meio da negociação com os sindicatos sob pressão do Estado.

Centrando-se principalmente na questão das desigualdades econômicas e das garantias daqueles que só têm a força de trabalho para sobreviver, essa primeira reação apresenta-se como uma resposta à crítica social e uma tentativa de silenciá-la, dando-lhe satisfação. É forçoso constatar que os avanços sociais desses anos foram bem reais, e que a crítica, portanto, foi eficaz.

No entanto, também está claro que os grandes custos induzidos por esses avanços sociais, combinados a uma situação econômica mais difícil, motivou os empresários a buscar novas soluções, principalmente porque o nível da crítica que precisavam enfrentar não parecia diminuir, apesar das concessões feitas. Foi então implantada, aos poucos, uma série de inovações na organização do trabalho, cujo objetivo era atender a uma outra série de reivindicações e evitar os sindicatos que, como era evidente, não conseguiam canalizá-las e frequentemente eram ultrapassados por elas. Os novos modos de agir, que se apresentam como um acúmulo de microevoluções e microdeslocamentos, têm como efeito tornar caducos na prática muitos dispositivos do direito do trabalho, que apesar disso não foram revogados. Essa evolução foi em grande parte favorecida por uma parcela importante dos contestadores da época que eram sensíveis sobretudo aos temas da crítica estética, ou seja, à opressão cotidiana e à esterilização dos poderes criativos e singulares de cada um, produzida pela sociedade industrial e burguesa. A transformação das modalidades do trabalho realizou-se assim, em grande parte, para responder às suas aspirações, e eles a ajudaram pessoalmente, principalmente após a ascensão da esquerda ao poder nos anos 80. Também aí nunca é demais ressaltar o fato de que a crítica foi eficaz.

Mas, correlativamente, eram retomadas conquistas do período anterior no plano das garantias e dos salários, não de maneira frontal, mas por meio de novos dispositivos, muito menos controlados e menos protetores do que o antigo contrato em tempo integral e de duração indeterminada, norma de referência nos anos 60. As garantias foram trocadas pela autonomia, abrindo caminho para um novo espírito do capitalismo que louvava as virtudes da mobilidade e da adaptabilidade, ao passo que o anterior se preocupava bem mais com garantias do que com liberdade.

Os deslocamentos realizados pelo capitalismo possibilitaram-lhe escapar às injunções que haviam sido criadas aos poucos como resposta à crítica social; esses deslocamentos foram possíveis sem grandes resistências porque pareciam dar satisfações a reivindicações oriundas de outra corrente crítica.

A posição central do PCF na promoção da crítica social francesa também deve explicar a incrível diminuição de vigilância sobre seus assuntos prediletos enquanto ocorriam esses deslocamentos. A insistência da esquerda não comunista nos temas da crítica estética talvez não tivesse sido tanta sem a monopolização do tema da luta de classes pelo PCF. Aqueles que queriam construir uma esquerda diferente, apesar de não serem convencidos pelo PCF, que se obstinava a permanecer ligado ao modelo soviético, não podiam realmente atacar os comunistas de frente, devido à posição de força que estes mantinham no seio da classe operária e ao fato de serem ou de terem sido seus irmãos de luta contra o capitalismo[48]. Portanto, o desejo de inventar um outro modelo de sociedade e organização, diferente do modelo proposto pelos comunistas, levou a esquerda a mobilizar outras vertentes críticas e a deixar a crítica social por conta do PCF e da CGT. A crítica social acompanhará assim o comunismo francês em sua queda, e ninguém ou quase ninguém se erguerá a curto prazo para reanimá-la, temendo demais (tanto à direita quanto à esquerda) parecer estar tentando reacender o vigor de um partido do qual a maioria queria livrar-se. Essa deserção do terreno social por grande parte da crítica e sua ocupação por um movimento considerado cada vez mais arcaico e desqualificado certamente facilitaram a retomada, nesse terreno, daquilo que havia sido concedido no *front* da crítica estética.

O fato de, paralelamente, se ter alcançado sucesso no plano da crítica estética, com o deslocamento do *front* de contestação para questões de costumes ou problemas de natureza ecológica, também contribuiu para mascarar a falta de interesse por instâncias às quais décadas de conflitos haviam conferido uma espécie de autoridade legítima, pois o nível de contestação geralmente continuava elevado. O fato de a crítica ter mudado para terrenos novos não parecia perigoso para os avanços obtidos no antigo *front*.

A transformação do capitalismo e o surgimento de um novo conjunto de valores destinado a justificá-lo podem então ser esclarecidos de outro modo, e não por um discurso sobre a adaptação inexorável às novas condições da concorrência. Uma análise das críticas com as quais ele é confrontado – críticas que têm maior ou menor virulência dependendo da época, maior ou menor foco em certos temas, com desprezo de outros, ou sofrem injunções internas maiores ou menores em vista de sua própria história –, associada à busca das soluções que foram dadas para silenciá-las sem sair formalmente das regras do jogo democrático, também nos ensina sobre as características da mudança[49].

Nossa constatação do papel da crítica na melhoria, mas também nos deslocamentos e nas transformações do capitalismo, nem sempre no sentido de progresso do bem-estar social, leva-nos a ressaltar as insuficiências da atividade crítica, bem como a incrível maleabilidade do processo capitalista, que é capaz de permear sociedades de aspirações muito diferentes ao longo do tempo (mas também no espaço, ainda que esse não seja nosso objeto) e de cooptar as ideias daqueles que eram seus inimigos na fase anterior[50].

Assim, o segundo espírito do capitalismo, surgido no rescaldo da crise dos anos 30 e submetido à crítica dos partidos de massa, comunista e socialista, constituíra-se mais como reação às críticas que denunciavam o egoísmo dos interesses privados e a exploração dos trabalhadores. Demonstrava um entusiasmo modernista a favor das organizações integradas e planificadas, preocupadas com a justiça social. Formado em contato com a crítica social, inspirou a composição entre os valores cívicos do coletivo e as exigências industriais, subjacentes à instauração do Estado-providência.

Ao contrário, opondo-se ao capitalismo social planificado e controlado pelo Estado – tratado como obsoleto, tacanho e coercitivo – e alinhando-se com a crítica estética (autonomia e criatividade), o novo espírito do capitalismo vai tomando forma progressivamente no rescaldo da crise dos anos 60-70 e assume a tarefa de revalorizar o capitalismo. Dando as costas às reivindicações sociais que haviam dominado a primeira metade dos anos 70, o novo espírito abre-se para as críticas que denunciavam então a mecanização do mundo (sociedade pós-industrial contra sociedade industrial), a destruição das formas de vida favoráveis à realização das potencialidades propriamente humanas, em especial, da criatividade, ressaltando o caráter insuportável dos modos de opressão que, sem necessariamente derivar em linha direta do capitalismo histórico, tinham sido aproveitados pelos dispositivos capitalistas de organização do trabalho.

Adaptando esses temas reivindicativos à descrição de uma nova modalidade de fazer lucro (modalidade liberada e até mesmo libertária) que, como se diz, também é capaz de permitir a autorrealização e a realização das aspirações mais pessoais, o novo espírito, nos primeiros tempos de sua formulação, pôde ser entendido como uma superação do capitalismo, mas também como uma superação do anticapitalismo.

A presença em seu âmago dos temas da emancipação, e da livre associação entre criadores aproximados por uma mesma paixão e reunidos em pé de igualdade na busca de um mesmo projeto, distingue-o do simples retorno ao liberalismo, depois do parêntese das formações planificadoras oriundas da crise dos anos 30, quer se tratasse do fascismo ou do Estado-providência (essas soluções "planificadoras" haviam adotado como ideal o controle do capitalismo pelo Estado e até a sua incorporação no Estado, com o objetivo de progresso e de justiça social). O novo espírito do capitalismo, pelo menos nos primeiros anos de sua formação, não enfatizou aquilo que constitui o cerne do liberalismo econômico histórico, em especial a exigência de concorrência num mercado autossuficiente entre indivíduos separados, cujas ações fossem unicamente coordenadas pelos preços, mas, ao contrário, enfatizou a necessidade de inventar outros modos de coordenação e, para tanto, de desenvolver modos de vincular-se aos outros incorporados nas relações sociais ordinárias, mas até então ignoradas pelo liberalismo, baseadas na proximidade, na afinidade eletiva, na confiança mútua e até num passado comum de militante ou rebelde.

Do mesmo modo, a relação com o Estado não é a relação do liberalismo. Embora esse novo espírito do capitalismo tenha em comum com o liberalismo um antiestatismo virulento, esse antiestatismo tem origem na crítica ao Estado desenvolvido pela ultraesquerda nos anos 60-70 que, partindo da denúncia do compromisso entre capitalismo e Estado (o "capitalismo monopolista de Estado"), ao realizar sua junção com a crítica ao Estado socialista nos países do "socialismo real", elaborara uma crítica radical ao Estado como aparato de dominação e opressão, na qualidade de detentor do "monopólio da violência legítima" (exército, polícia, justiça etc.), bem como da "violência simbólica" exercida pelos "aparatos ideológicos do Estado", ou seja, em primeiro lugar a Escola, mas também todas as instituições culturais então em pleno desenvolvimento. Enunciada numa retórica libertária, a crítica ao Estado dos anos 70 podia não reconhecer sua proximidade com o liberalismo: ela era de algum modo liberal sem saber. Por isso, a adesão à denúncia virulenta ao Estado não supunha, necessariamente, renúncia às vantagens do Estado-providência, consideradas direitos adquiridos. A crítica ao Estado (assim como a crítica à burocracia sindical, sob outros aspectos) era uma das mediações pelas quais se expressavam a rejeição ao segundo espírito do capitalismo e a esperança, não formulada como tal, de uma formação original que reconciliasse os contrários: um capitalismo esquerdista.

A sequência de nossa análise consistirá em explorar mais a fundo as mutações do capitalismo durante a segunda metade dos anos 70 e, principalmente, dos anos 80, procurando entender o que foi desfeito durante esses deslocamentos e como o foi, a fim de voltar a subir, mais uma vez, o rochedo de Sísifo e renovar a crítica que, como mostramos, nunca pode realmente cantar vitória. Os dois próximos capítulos, portanto, são dedicados aos efeitos socialmente negativos da transformação do capitalismo durante os últimos vinte anos, deixando claro que não ignoramos as contribuições reais em termos de autonomia no trabalho e da abertura de uma possibilidade para que um maior número de pessoas utilize capacidades mais numerosas.

IV

DESCONSTRUÇÃO DO MUNDO DO TRABALHO

Quais foram os efeitos dos deslocamentos realizados durante o período em estudo? Pode-se dizer que eles possibilitaram reorientar a distribuição salários/lucro do valor agregado a favor dos donos de capitais[1] e recuperar a ordem na produção. A recuperação do controle das empresas foi favorecida pela cooperação de assalariados tratados separadamente, como indivíduos capazes de apresentar desempenhos diferentes e desiguais; estes, graças a um misto de vantagens diferenciais e medo do desemprego, foram induzidos a assumir, livre e plenamente, as tarefas que lhes eram prescritas. A maioria dos deslocamentos, assim, contribuiu para devolver a iniciativa ao capital e à gestão empresarial. O objetivo continua sendo, claro, obter a colaboração dos assalariados para a realização do lucro capitalista. Mas, enquanto no período anterior esse resultado fora buscado (especialmente sob pressão do movimento operário) por intermédio da integração coletiva e política dos trabalhadores na ordem social e por meio de uma forma do espírito do capitalismo que unia o progresso econômico e tecnológico a uma visão de justiça social, agora ele pode ser atingido com o desenvolvimento de um projeto de autorrealização que vincula, por um lado, culto ao desempenho individual e exaltação da mobilidade e, por outro, concepções reticulares do vínculo social. No entanto, essa evolução foi acompanhada por forte degradação da situação econômica, da estabilidade profissional e da posição social (em comparação com as gerações mais velhas) de numerosas pessoas, em especial daqueles que estavam chegando ao mercado de trabalho.

Por isso, depois de procurarmos distinguir a amplitude das transformações ocorridas nas empresas, examinaremos neste capítulo os diferentes caminhos pelos quais essas mudanças agiram sobre o mundo do trabalho para criar as dificuldades que hoje conhecemos. Os efeitos que podem ser julgados positivos, se tomarmos como referência, por exemplo, a crítica ao taylorismo e à produção em massa dos anos 1930-70, foram evidenciados na análise dos argumentos desenvolvidos para provocar a mobilização dos trabalhadores no novo espírito do capitalismo (cf. capítulo I).

1. EXTENSÃO DAS TRANSFORMAÇÕES EM PAUTA

Um dos eixos principais da nova estratégia das empresas, como vimos, foi o grande crescimento daquilo que, a partir dos anos 80, foi chamado de *flexibilidade*, que possibilitou transferir para os assalariados e também para subcontratados e outros prestadores de serviços o peso das incertezas do mercado. Ela se decompõe em *flexibilidade interna*, baseada na transformação profunda da organização do trabalho e das técnicas utilizadas (polivalência, autocontrole, desenvolvimento da autonomia etc.), e *flexibilidade externa*, que supõe uma chamada organização do trabalho em rede, na qual empresas "enxutas" encontram os recursos de que carecem por meio de abundante subcontratação e de uma mão de obra maleável em termos de emprego (empregos precários, temporários, trabalho autônomo), de horários ou de jornada do trabalho (tempo parcial, horários variáveis) (Bué, 1989). Estudaremos sucessivamente a amplitude dos deslocamentos nestas duas frentes: organização interna do trabalho e recomposição do panorama produtivo entre empresas.

Mudanças da organização interna do trabalho

A interpretação da crise do capitalismo como crise do taylorismo, conforme vimos, provocou já no início dos anos 70 um certo número de iniciativas patronais de mudança na organização do trabalho. Essas mudanças prosseguiram e se aceleraram durante os anos 80. Embora seja provável que os dispositivos e as práticas não evoluam com tanta rapidez quanto supõem as obras de gestão empresarial que figuram em nosso *corpus* (especialmente no que se refere à importância do princípio hierárquico e à capacidade de pôr em ação a participação e a expressão dos assalariados), são abundantes as experiências e as iniciativas (Linhart, 1993). Mas, tal como ocorreu com a introdução do taylorismo na França e com a difusão da linha de montagem – que, em termos de momento e ritmo, sempre foram objeto de grandes debates entre os historiadores do trabalho –, não é fácil avaliar a amplitude dessas mudanças, que afetaram as empresas de maneira desigual, segundo suas dimensões e seus setores de atividade.

Assim, as pequenas empresas frequentemente continuam pré-taylorianas, enquanto as indústrias de porte médio podem procurar compensar o atraso introduzindo métodos de organização racional do trabalho de tipo tayloriano, que, no entanto, já são questionados ou modificados nas grandes empresas durante o mesmo período (de Coninck, 1991, p. 28).

Segundo Danièle Linhart (1993), é principalmente nas indústrias de base (fabricantes de cimento, petroquímica, siderurgia etc.) que ocorrem as principais rupturas em relação ao taylorismo: "Encontram-se exemplos de organização capacitante em que são ativados grupos polivalentes com base na ampliação do campo e do nível de competências, englobando-se funções realmente técnicas" (p. 69). Outros setores, como o de vestuário e construção, seriam marcados, ao contrário, pelo fortalecimento da taylorização. Mas a tendência dominante seria mais a da reprodução das organizações taylorianas anteriores: "A fábrica não é realmente revalorizada em seu papel, e em grande parte se mantêm como eram a separação entre concepção e organização do trabalho, por um lado, e sua execução, por outro; o campo de intervenção profissional dos operadores não se amplia significativamente" (p. 70). No entanto, nesses casos se observa certo número de evoluções, tais como "atribuição aos operadores de fabricação de tarefas de um primeiro nível de manutenção e controle de qualidade" (p. 70), bem como "a proliferação das fórmulas participativas, tais como círculos de qualidade, grupos de intercâmbio e progresso" (p. 71).

Os números disponíveis de fato mostram um panorama contrastante. Em abono daqueles que enfatizam o prosseguimento ou a manutenção da taylorização, podemos ressaltar que o trabalho em linha de montagem não diminuiu e até se expande para além dos 40-45 anos, faixa etária na qual era até então pouco comum. Rígidas restrições, incorporadas às máquinas, afetam também uma proporção crescente de operários, e certos setores, como os frigoríficos, foram marcados por rápida mecanização (Aquain *et alii*, 1994, p. 87). Por outro lado, a taylorização progrediu no setor de serviços.

Também não faltam dados que indiquem uma transformação de grande amplitude em outros aspectos da organização do trabalho. Como sinal de maior *autonomia* dos assalariados, destacamos a evolução dos horários de trabalho até 1991[2]. Os horários fixos (mesmos horários todos os dias) também estão em declínio: atingiam 65% dos assalariados em 1978; 59% em 1984; 52% em 1991[3]; e essa evolução deve ser creditada inteiramente à progressão dos horários livres e personalizados que passam de 16% em 1984 para 23% em 1991. Essa liberação dos horários atingiu todas as categorias sociais e profissionais, mas foi mais ampla para as pessoas situadas em grau hierárquico mais elevado: os horários livres ou personalizados só progridem 4% (de 6% para 10%) entre os operários de 1984 a 1991, enquanto os executivos são 13% mais beneficiados (de 44% para 57%); as profissões intermediárias, 8% a mais (de 24% para 32%); e os funcionários de escritório, 6% a mais (de 13% para 19%). No que se refere ao desenvolvimento da *polivalência* operária, a proporção de operários que realizam tarefas de manutenção e controle de qualidade passou, respectivamente, de 56% para 66% e de 41% para 58% entre 1987 e 1993 (Cézard, Vinck, 1996, p. 224). A *formação permanente* também progrediu: em 1989, metade das empresas enviou um assalariado para a formação, contra um terço em 1977 (Jansolin, 1992).

A pesquisa realizada por Thomas Coutrot (1996, p. 210) possibilita estimar que, em 1992, cerca de 20% dos estabelecimentos implantaram amplas inovações organizacionais associadas ao terceiro espírito do capitalismo, o que já não constitui um fenômeno marginal: 23% estavam organizados em *just-in-time*[4]; 34% utilizavam círculos de qualidade; 27% tinham eliminado um nível hierárquico; 11% aplicavam normas de qualidade de tipo ISO[5] e outros grupos autônomos. Contudo, trata-se apenas de médias, visto que certos setores foram muito atingidos por certas técnicas e menos por outras[6]. *Globalmente, 61% dos estabelecimentos adotaram pelo menos uma inovação organizacional, e 20% adotaram três ou mais (id., p. 211).* Como as inovações são adotadas em maior proporção pelos grandes estabelecimentos, a porcentagem de assalariados direta ou indiretamente atingidos por essas reorganizações é mais elevada do que indicam os números acima. Além disso, pode-se supor que desde 1992 cresceram o índice de penetração dessas "inovações" e seu impacto sobre as empresas[7].

Cumpre ressaltar agora, além das mudanças do trabalho dentro dos estabelecimentos, que acabamos de mencionar, a amplitude dos deslocamentos referentes ao tecido produtivo. Este foi profundamente reestruturado sob o impacto das medidas de *outsourcing*, redução do porte dos estabelecimentos, filialização*, concentração em setores nos quais se procura obter vantagem sobre a concorrência.

Transformações do tecido produtivo

O desenvolvimento da terceirização foi considerável, passando de 5,1% da receita bruta industrial em 1974 para 8,9% em 1991, mantendo-se

---

* Consiste na criação de uma filial encarregada das atividades não lucrativas, que admite funcionários com salários mais baixos e menores encargos sociais. (N. da T.)

esse nível a partir daí (INSEE, 1998 b⁸). Mesmo assim, trata-se apenas de terceirização direta das vendas, por meio da qual o terceirizador confia a realização total ou parcial de um produto que ele venderá e cujas especificações ele determina. Portanto, é preciso distinguir isso das outras compras feitas de fornecedores de peças, subconjuntos ou serviços (de segurança, alimentação etc.). Somente uma pesquisa recente do Ministério da Indústria junto a empresas de indústria manufatureira com mais de 20 empregados procurou dimensionar a "subcontratação total" para fazer um levantamento da sua evolução desde a simples modelagem (a partir de material fornecido pelo terceirizador) até "parcerias industriais"⁹. Os números são então mais elevados, pois se obtém um volume total de subcontratações da ordem de 21% da produção industrial (Hannoun, 1996). Com o desenvolvimento de relações de subcontratação mais estritas e duradouras, as empresas procuram reduzir o número de interlocutores, de tal forma que se assiste a uma organização da subcontratação em vários níveis: as grandes empresas recorrem a subcontratados de primeiro nível, que subcontratam empresas de segundo nível, e assim por diante. Quanto mais complexo o produto final, mais longa é a cadeia. A subcontratação, assim, dá origem a redes muito ramificadas, que muitas vezes envolvem centenas de empresas.

O trabalho temporário também passou por grande crescimento, tornando esse setor um dos maiores criadores de empregos. A taxa de recurso ao trabalho temporário, ou seja, o número de postos ocupados por temporários em comparação com o total dos postos, em 1997, é de 5,1% na construção e de 4,3% na indústria, mas de apenas 0,9% no setor terciário, que prefere recorrer a contratos de duração determinada ou de tempo parcial para obter flexibilidade. Sabendo-se que cerca de 85% das tarefas referem-se a empregos de operários, as taxas de recurso a esse tipo de emprego são, portanto, muito mais elevadas (Jourdain, 1999).

O crescimento dos serviços ao consumidor é fato relevante nos últimos anos. Em 1990, eles "pesavam" mais ou menos como a indústria manufatureira, tanto em valor agregado quanto em número de empregados, ao passo que vinte anos antes representavam metade disso. Entre eles, foram os serviços prestados a empresas que puxaram o crescimento desse setor: em 1990, envolvem 21% dos empregos no setor terciário, contra 14% em 1975; em 1970, o setor doméstico consumia aproximadamente os mesmos serviços que as empresas, ao passo que estas últimas consomem 50% a mais em 1990. Além do caso do trabalho temporário já mencionado, outra parte importante dos serviços em vias de crescimento é resultante da subcontratação de funções braçais (limpeza, segurança, lavagem de roupa, alimentação, transporte etc.), constituindo portanto transferências de atividades da indústria para os serviços, e não atividades realmente novas, com exceção talvez de uma parte da alimentação no local de trabalho, cujas necessidades se desenvolveram (Bricout, 1992; Lacroix, 1992). O serviço de faxina é também um dos raros trabalhos operários não qualificados que teve crescimento contínuo (+ 3,2% ao ano entre 1982 e 1990) (Chenu, 1993). Em 1978, as empresas de limpeza dominavam 25% do mercado, e o restante consistia em "autolimpeza". Em 1988, elas contavam com 40% (Trogan, 1992), e essa parcela continuou aumentando a partir de então. Duas outras categorias de serviços tiram proveito da tendência de *outsourcing*: "trabalhos intelectuais" (consultoria, estudos, pesquisa, serviços de informática, assistência jurídica e contábil etc.), que substituem parcialmente equipes internas e possibilitam que o cliente seja beneficiado por uma forte concentração de conhecimentos especializados; serviços de *locação* de bens, que liberam as empresas do peso de imobilizações ou constituem uma nova fonte de financiamento (a locação de longo prazo cresce 7% ao ano, e as atividades de *leasing*, 10% ao ano no período 1970-90) (Lacroix, 1992).

Esse movimento geral de *outsourcing* contribui para explicar a participação crescente dos pequenos negócios na oferta de empregos. Invertendo uma tendência secular ao crescimento do porte das empresas, a participação das pequenas e médias empresas na oferta de empregos aumentou a partir de meados dos anos 70. Os estabelecimentos com mais de 500 assalariados ocupavam 21% da mão de obra no fim de 1975, contra 11% em 1996. Os estabelecimentos com menos de 10 assalariados, em contrapartida, passaram de 18% para 26% no mesmo período (Marchand, 1999). Foram criadas várias empresas sem empregados, ou seja, empresas que implicavam apenas o trabalho de seu proprietário, o que explica grande parte do aumento do número de empresas (elas representam metade dos 2 milhões de empresas recenseadas), especialmente no setor da construção civil, no qual a tendência foi transformar os assalariados em subempreiteiros (Pommier, 1992). O emprego industrial, que perdeu globalmente um milhão de pessoas entre 1980 e 1989, diminuiu principalmente nas empresas com mais de 500 empregados (- 40%), ao passo que nas empresas com 20 a 499 empregados ele baixou apenas 10%. Em 1989, as indústrias de porte médio e pequeno concentravam 51% dos empregos contra 42% em 1980 (Crosnier, 1992).

Mas essa diminuição geral do porte das empresas oculta a importância crescente dos grupos no tecido produtivo, de tal modo que essa redução é apenas aparente e leva a situar em estruturas jurídicas distintas empregos que antes estavam agrupados. Na verdade, assistimos ao nascimento de novas estruturas empresariais mais próximas da rede do que da grande empresa da era industrial. O número de grupos, assim, passou de 1.300 no fim de 1980 para 6.700 no fim de 1995; o número de empresas controladas passou de 9.200 para 44.700, o que representa apenas 2% dos 2 milhões de empresas, porém metade dos assalariados, mais de 60% do valor agregado, três quartos do imobilizado físico e 87% dos capitais próprios. Os grupos com mais de 10.000 pessoas, cujo número variou menos no período, passando de 73 para 84, também aumentaram o número de suas filiais, que passa de 40 em 1980 para 125 em 1995, enquanto o número médio de empregados de cada uma delas regredia de 310 para 210. Esses grandes grupos, sozinhos, representam um quarto da mão de obra, metade dos capitais fixos e metade dos lucros operacionais brutos. Na verdade, nas pequenas e médias empresas, um terço dos empregos depende de algum grupo (Vergeau, Chabanas, 1997). Portanto, a menor concentração do tecido produtivo é apenas aparente, visto que deixa de existir quando a questão é formulada em termos de grupos[10]. Por outro lado, em todos os setores aumentou a fatia de mercado que cabe ao líder, passando em média de 16% para 22% de 1980 a 1987 (Amar, Bricout, 1992). Essa reestruturação geral foi acompanhada pela modificação dos leques de atividades, pois cada grupo se concentra em algumas atividades nas quais tenta ter posição forte no mercado, comprando de novos grupos de serviços aquilo que não faz parte de sua atividade estratégica. Assim, os grupos perderam 13% de seu efetivo em atividades que desapareceram ou foram transferidas, 11% nas atividades mantidas, aumentando-se o efetivo em 17% por meio de atividades novas para os grupos, entre 1980 e 1987 (Thollon-Pommerol, 1992).

A participação dos grupos é variável, segundo os setores. Parece pequena na construção civil, nos serviços ao consumidor e no comércio, contribuindo com apenas 30% do valor agregado[11]. No entanto, esses setores passaram por forte concentração nos últimos anos. No setor de construção civil e obras públicas, a participação dos quatro primeiros grupos no total da produção do setor já passara de 11 para 20% entre 1980 e 1987 (Amar, Bricout, 1992), enquanto, na outra extremidade da escala, multiplicava-se o número de pedreiros autônomos, contabilizados como empresas sem assalariados. No caso do setor do comércio, o desenvolvimento dos hipermercados é um fenômeno importante que afeta o pequeno comércio independente[12], que se organizou para resistir, formando redes – aliás, à semelhança de certas redes de supermercados, como a Leclerc e a Intermarché –, compartilhando de uma central de compras, uma marca comercial e investimentos não físicos de tipo publicitário. As formações de redes também se assemelham a uma forma de concentração, mas é quase impossível detectá-la nas estatísticas nacionais, a não ser que se façam estudos setoriais especificamente destinados a reconstituí-las[13]. O estudo pioneiro feito em 1995 pela divisão Comércio do INSEE sobre o comércio de vestuários possibilita avaliar que o comércio especializado em vestuário "realmente" independente é responsável por apenas 31% do volume de vendas, o que põe em xeque a ideia da pequena concentração do setor, principalmente porque as funções exercidas pelas cabeças de redes de grandes lojas especializadas (responsáveis por 34% das vendas) muitas vezes são tão extensas (decoração de lojas, formação dos varejistas, determinação de preços de venda "sugeridos", publicidade de uma etiqueta ou de uma marca, acompanhamento informatizado de vendas, compras, estoque, introdução de produto no catálogo e/ou criação de novo produto, fabricação ou terceirização de fabricação, controle de qualidade de produtos), que as redes realmente quase podem ser consideradas como empresas (Lemaire, 1996). A parcela de mercado dos autônomos, bem como a das feiras e dos mercados, está em baixa num mercado estagnado, enquanto a progressão das redes é a mais forte dos diferentes canais de distribuição (Philippe, 1998). As redes também são frequentes no setor de "serviços a particulares": lavanderias, tinturarias, salões de cabeleireiro, corretagem imobiliária, hotelaria, locação de automóveis, *fast-food* etc., o que, em caso de estudo específico, levaria a considerar o setor um pouco mais concentrado do que se mostra através da observação apenas do porte das empresas ou da presença ostensiva de grupos.

A convergência entre esses diferentes índices possibilita estimar que a influência de conjuntos econômicos coordenados de grande envergadura (grandes empresas, grupos, criação de redes de independentes, parcerias empresariais, alianças estratégicas etc.) está mais forte do que nunca no tecido produtivo francês, apesar da aparente importância crescente das pequenas e médias empresas. Por esse motivo, descrever o neocapitalismo como um desenvolvimento da economia de mercado leva a passar ao largo desse fenômeno importante: o fortalecimento do poder das grandes empresas ou similares, com a conformação paulatina de todos os mercados a oligopólios, em que as unidades maiores competem entre si em nível mundial e estendem suas implantações e suas redes de parcerias além-fronteiras. Ora, uma economia de mercado no sentido dos defensores do liberalismo, que a veem como protótipo do funcionamento eficiente, pressuporia, ao contrário, uma verdadeira multiplicação de empresas independentes de porte médio. A imagem da rede empregada pelos autores de gestão empresarial parece mais ajustada ao novo jogo: grupos mais numerosos, constituídos por maior quantidade de unidades menores, recorrendo a subcontratados não obrigatoriamente mais numerosos para cada uma delas, porém mais integrados à marcha da empresa-líder e em setores mais diversificados, visto que o desenvolvimento de formas em rede possibilita conjugar flexibilidade e posição forte nos mercados.

Os efeitos dessas novas práticas de organização do trabalho e de organização das empresas sobre a condição salarial raramente são estudados. Os números mais acessíveis, referentes por exemplo aos empregos precários, são relacionados com o número de empregos (assim, sabe-se que em março de 1995 um assalariado em cada 11 está empregado em formas empregatícias "particulares" [Belloc, Lagarenne, 1996]) ou então na categoria socioprofissional (os operários são mais precários que os executivos), mas é menos frequente que se apontem os setores, os portes dos estabelecimentos em questão e a evolução das práticas, o que equivale a dizer que os analistas que trabalham com estatísticas nacionais não associam sistematicamente a precariedade a práticas empresariais, e que esta, portanto, é facilmente apresentada como uma fatalidade decorrente do ofício, da idade, da classe ou da formação. Isso se deve especialmente ao fato de que, tanto no INSEE quanto nos ministérios, as empresas e o trabalho não são estudados pelos mesmos departamentos, e os estatísticos também têm grandes dificuldades para obter imagens representativas das novas estruturas empresariais e de mercado[14]. Nosso objetivo na sequência desta exposição será, ao contrário, tentar constituir esse vínculo entre os deslocamentos realizados nas organizações desde os anos 70 e a evolução da condição salarial.

2. TRANSFORMAÇÕES DO TRABALHO

A prática de deslocamentos acima descrita redundou em primeiro lugar na precarização do emprego.

Precarização do emprego

Devemos ao artigo de Thomas Coutrot (1996), já citado, a tentativa de interligar as "inovações organizacionais" à política de emprego das organizações em questão. Assim, ele verifica que a adoção de inovações está aliada a uma "maior seletividade na gestão do pessoal": 23% dos estabelecimentos mais inovadores demitiram e recrutaram simultaneamente pessoal de uma mesma categoria, contra 16% do conjunto dos estabelecimentos. No entanto, a taxa de rotatividade que mede a renovação do pessoal em percentual do efetivo total, analisada pelo autor como resultado de maior ou menor vontade de fidelização por parte do empregador, mostra-se menor nos estabelecimentos inovadores, com exceção daqueles que praticam o *just-in-time*. Uma maneira de resolver a contradição aparente entre essas duas tendências é aventar a hipótese de que esses "estabelecimentos inovadores" funcionam com um grupo permanente de trabalhadores precários que coexiste com um pessoal em relação ao qual são empregadas políticas de fidelização.

Os deslocamentos destinados a conferir maior flexibilidade externa às empresas redundaram, para toda uma faixa da população, no desenvolvimento da precariedade associada à natureza do emprego (temporário, contrato por tempo determinado, tempo parcial ou variável), ou à sua posição nas empresas subcontratadas, que são as que mais sofrem as variações conjunturais e que são, aliás, grandes utilizadoras de trabalho precário por essa mesma razão. Essa precarização, porém, não é incompatível, por exemplo, com o aumento das despesas de formação para aqueles que não estão submetidos a essa insegurança.

A prática atual, que consiste em ocupar empregos fixos recorrendo apenas a um número "mínimo possível" de pessoas e em utilizar "trabalho externo" como complemento possibilitou, paralelamente ao desenvolvimento da terceirização, o desenvolvimento do *trabalho temporário:* os estabelecimentos de trabalho temporário passaram de 600 em 1968 para 1.500 em 1980 (Caire, 1981) e para 4.883 em 1996 (INSEE, 1998 b). Em 1997, ano durante o qual o volume de atividade dos temporários aumentou 23%, foi feita uma contagem de 1.438.000 pessoas que realizaram pelo menos um trabalho temporário, o que representa o equivalente a 359.000 empregos em tempo integral (Jourdain, 1999). A empresa de trabalho temporário Adecco tornou-se em 1997 o primeiro empregador privado da França.

De modo geral, as *formas de empregos temporários* se desenvolveram de maneira considerável na segunda metade da década de 80: o conjunto de temporários, estagiários e contratados por prazo determinado passa de cerca de 500.000 em 1978 para cerca de 1.200.000 em 1989 (Aquain *et alii*, 1994). Em março de 1995, eles eram mais de 1.600.000, ou seja, um pouco menos de 9% dos assalariados (Belloc, Lagarenne, 1996). Esse número aumentou mais em 1997. Contratando essencialmente por tempo limitado, os empregadores criam uma reserva de mão de obra "móvel": em 1992, os contratos por prazo determinado representam cerca de 8% da mão de obra assalariada, ou seja, cerca de duas vezes mais do que em 1985. Em caso de reversão da conjuntura, as empresas podem apoiar-se nessa maior flexibilidade "externa": já em 1991, elas renovam cerca de 20% de seu pessoal, contra 12% de meados da década de 80 (Goux, Maurin, 1993).

O *tempo parcial,* fenômeno 82% feminino, também é uma forma de precariedade quando imposto – o que ocorre com 54% dos homens e 37% das mulheres que trabalham em tempo parcial em 1995[15]. Ele se desenvolveu muito (9,2% dos ativos em 1982; 15,6% em 1995) durante os últimos anos (Bisault *et alii,* 1996). E, como uma parte dos contratos temporários também é por tempo parcial, as duas fragilidades se somam[16]. O tempo parcial é um instrumento essencial de flexibilidade. Ele possibilita aumentar a presença de pessoal nas horas de maior atividade, sendo, portanto, mais frequente nas atividades do setor de serviços, que não são estocáveis. É preciso oferecer o serviço quando o cliente o quer e é impossível eliminar as flutuações da carga de trabalho. Por isso, é muito corrente nos serviços domésticos, quer se trate de empregadas ou de babás. Também é muito desenvolvido para o pessoal da limpeza de escritórios, que só pode trabalhar fora das horas de expediente, nas atividades de alimentação e no comércio, pelas mesmas razões. "A busca de maior flexibilidade e de maior produtividade levou as empresas a generalizar os contratos breves de trabalho, inferiores ao meio período. Assim, elas ajustam da melhor maneira possível o volume de horas trabalhadas às variações da carga de trabalho. Em períodos de pouca atividade, esses contratos breves bastam para atender à demanda. Em períodos de pico, as empresas recorrem às horas complementares, que, ao contrário das horas extras, não são pagas com tarifas majoradas" (Bisault *et alii,* 1996, pp. 227-8).

A utilização de horários de trabalho para criar flexibilidade não passa obrigatoriamente pelo tempo parcial. O mecanismo também pode funcionar em sentido inverso e passar pelo crescimento da carga de trabalho além do horário legal. Assim, enquanto encurtava para alguns (a parcela de pessoas que trabalhavam menos de 6 horas por dia passou de 7,8% em 1984 para 9,3% em 1991), a jornada de trabalho aumentava para outros (a parcela dos que trabalhavam mais de 10 horas, no mesmo período, passou de 17,9% para 20,4%[17]). Do mesmo modo, a parcela dos que trabalham 5 dias por semana está em baixa, e em alta a dos que trabalham menos de 5 dias ou mais de 5 dias.

G. Lyon-Caen mostrou, já em 1980, que a proliferação de trabalhadores precários era resultado das novas estratégias das empresas. Estas se articulam em torno de dois pontos: uma nova política de contratação que possibilita ao empregador "ficar de mãos desatadas" e uma nova "política de estrutura empresarial" tal que o empregador, por exemplo ao subcontratar a mão de obra, pode "ocultar que é empregador". Além da multiplicação das "transferências de empregos" e da subcontratação, essas estratégias passam pela utilização de possibilidades oferecidas pelo direito societário, de tal modo que é possível evitar as coerções do direito do trabalho[18], e se criam novas maneiras de evitar a "forma de emprego normal" (ou seja, segundo a definição do autor, emprego com contrato por prazo indeterminado em tempo integral num local de trabalho identificado e estável, com possibilidade de carreira, cobertura dos riscos sociais e presença sindical no local de trabalho). Ele analisa em pormenores a série de procedimentos que permitem chegar a tal resultado:

a) o empregador "esforça-se por limitar de antemão os seus contratos no tempo", o que tem a vantagem de "dispensá-lo de pagar indenizações por rescisão";

b) o empregador procura pagar apenas um salário "intermitente", o que permite o trabalho ocasional (pelo tempo alocado), tornando cada vez mais difícil "a distinção entre autônomo e assalariado";

c) o empregador pode tirar vantagem das possibilidades oferecidas por novas situações jurídicas (estágios, contratos tipo "emprego-formação" etc.), nos quais ele é ao mesmo tempo empregador e formador;

d) o empregador pode recorrer a agências de emprego temporário. A legislação dessas empresas, "concebida na origem para substituir trabalhadores ausentes" (lei de 1972), é manipulada do seguinte modo: a lei francesa (ao contrário da lei alemã) permite pagar os temporários apenas durante a duração do trabalho (e não entre dois trabalhos); o temporário recebe uma indenização de precariedade; dessa maneira, mesmo que o tempo de seu trabalho seja superior a seis meses, ele fica privado do direito a aviso prévio. Os temporários, assim, constituem "uma mão de obra móvel, barata, sem vantagens sociais, convencionais ou estatutárias, que possibilita às empresas diminuir o número de seus assalariados titulares";

e) o empregador recorre à filialização, à "prestação de serviços" e à "subcontratação", ou "disponibilização de pessoal", o que lhe dá oportunidade de colocar seu pessoal "fora da empresa". Algumas grandes empresas, além disso, induzem à criação de empresas prestadoras de serviços, com as quais elas firmarão contratos para empréstimos de assalariados individuais ou de equipes; essas empresas funcionam, na verdade, como suas próprias empresas de trabalho temporário, o que constitui um modo dissimulado de locação ilícita de mão de obra (delito de *marchandage*, ou comércio de mão de obra) (de Maillard *et alii*, 1979).

Armelle Gorgeu e René Mathieu (1995; 1996) apresentam uma descrição exemplar de algumas práticas novas numa monografia sobre os novos estabelecimentos de fábricas de autopeças na proximidade de indústrias automobilísticas. Trata-se de unidades de produção criadas entre 1988 e 1994 e implantadas nas proximidades das unidades de montagem, para servi-las com mais facilidade em regime de *just-in-time*. Esses estabelecimentos realizam operações de montagem e acabamento antes executados nas montadoras e entregam um produto completo (linha de escapamento, conjunto de assentos, para-choques equipados com faróis, painel com diferentes instrumentos incorporados). Muitas vezes dedicados inteiramente à montadora-cliente próxima, esses estabelecimentos, embora pertencentes a grupos jurídica e financeiramente independentes, na verdade são *anexos* das montadoras. Nascidos por ocasião do movimento de terceirização (as compras representam a partir de então 65% a 75% do custo de produção de um veículo), eles possibilitaram que as montadoras reduzissem o número de empregos não qualificados em suas dependências, terceirizando-os[19], e que aumentassem as exigências para além daquilo que poderiam impor à sua própria mão de obra (Gorgeu, Mathieu, 1995, p. 55). O emprego nesses novos estabelecimentos caracteriza-se por altíssimo contingente de pessoal precário (temporários e contratados por prazo determinado). Em certos períodos do ano e em certos estabelecimentos, a proporção de temporários pode atingir 55%. "No ano, a porcentagem de pessoal precário em relação ao contratado por prazo indeterminado oscila entre 10% e 30% no conjunto das unidades criadas[20]. [...] A utilização de temporários quase em caráter permanente é uma das características essenciais da maioria dos estabelecimentos estudados" (p. 72). Pois, na medida do possível, são as mesmas pessoas que trabalham todos os dias em regime temporário, visto que as empresas tomam o cuidado de não se desfazer dos elementos mais competentes. A utilização do trabalhador temporário não é apenas um dispositivo que possibilita enfrentar as variações de volume nas encomendas das montadoras. Funciona também como dispositivo de seleção e de exercer pressão. "Os estabelecimentos implantados há vários anos, quando podem contratar operários de produção em regime de prazo indeterminado, seja por terem perspectivas de desenvolvimento, seja porque o número de empregos precários é grande demais em relação ao pessoal contratado por prazo indeterminado, sempre 'efetivam' temporários presentes há muito tempo, ou ex-temporários que eles conhecem bem e chamam de volta." "Entre o trabalho temporário e a efetivação pode intercalar-se um trabalho por prazo determinado ou um 'contrato de qualificação'. Assim, o período de experiência dos 'melhores temporários' frequentemente é muito longo" (p. 74). Durante todo o tempo do trabalho precário, o temporário precisa dar mostras de empenho pelo trabalho permanente. Assim, dissimulada por trás dos imperativos de flexibilidade, também se observa uma evolução das práticas de contratação, com clara preferência por contratações precárias.

O relato que Grégoire Philonenko faz dos anos que passou no Carrefour sugere que a terceirização da indústria automobilística não tem o monopólio dessas práticas. O balanço social da filial de Montreuil onde ele trabalhava mostrava em 31 de dezembro de 1991, ou seja, dez meses depois da abertura, uma rotatividade de 100% (ou seja, 349 pessoas presentes para 692 contratações); as demissões dividiam-se da seguinte maneira: por iniciativa do empregador, 34; por iniciativa do empregado, 121; por término de contrato ou de período de experiência, 184. O autor analisa esses números como vontade deliberada de pressionar, e não como sinal de incompetência dos serviços responsáveis pelo recrutamento. As pessoas contratadas empenham-se de corpo e alma na esperança de ser promovidas, mas a maioria será dispensada com diferentes pretextos; grande parte é induzida a pedir demissão, de tal modo que, por um lado, o emprego é efetivamente precário e, por outro, esses dispositivos servem de instrumento de seleção dos raros "eleitos" que serão promovidos ou contratados por prazo indeterminado (Philonenko, Guienne, 1997, pp. 98-119).

As estatísticas disponíveis mostram que essas práticas se difundiram além dos dois casos citados acima, que poderiam parecer muito específicos. Entre os novos contratados no mês de março de 1995 (ou seja, aqueles que nessa data estão no emprego há menos de um ano), 19% estão em regime de prazo determinado (13% em 1990); 8% são temporários (5% em 1990); 10% estão em regime de contrato subvencionado (7% em 1990). Entre 1990 e 1994, a parcela de contratos por prazo indeterminado diminuiu 9 pontos (de 53% para 44%), e a de contratos por período parcial aumentou 10 pontos (de 29% para 39%) (Lagarenne, Marchal, 1995; Belloc, Lagarenne, 1996).

No âmbito das políticas de emprego justificadas pelo intuito de reduzir o desemprego, os poderes públicos, mesmo descartando as formas mais radicais de desregulamentação preconizadas por alguns (eliminação do SMIC, por exemplo), enveredaram pelo caminho da flexibilização do trabalho desde o fim da década de 70: "Eliminação do controle administrativo do emprego; retração da lei com aumento da convencionalização (sobretudo em questões de jornada de trabalho); facilidades para a revisão (para baixo) dos direitos individuais e coletivos dos assalariados; redução da representação do pessoal (delegação única); multiplicação de transgressões ao princípio do emprego com prazo indeterminado; incentivo ao trabalho em período parcial[21] ou intermitente[22]; presunção de não salariato (lei Madelin)" (Supiot, 1997, p. 231). Em 1982, as reformas feitas nos regimes do contrato por prazo determinado e de trabalho temporário tinham em vista reduzir o recurso a essas formas que eram com razão acusadas de marginalizar aqueles que as ocupavam e de não ser compatíveis com o projeto de democratização contido nas leis Auroux. Mas a "política governamental voltou-se progressivamente para uma doutrina menos hostil à contratação precária: no quadro legislativo imutável de 1982, alguns textos regulamentares ampliaram as possibilidades do recorrer ao contrato de prazo determinado e depois a lei de 25 de julho de 1985 aumentou deliberadamente os casos de recurso a essa forma de trabalho precário, bem como ao trabalho temporário" (Lyon-Caen, Jeammaud, 1986, p. 37[23]).

A essas evoluções inspiradas pela "crítica liberal", que vê "no direito *do* trabalho o principal obstáculo ao respeito pelo direito *ao* trabalho", somaram-se medidas de inspiração bem diferentes que, ao contrário, tinham em vista intervir no mercado de trabalho: medidas de subvenção do emprego que facilitavam em parte a flexibilização, pois os empregos subvencionados constituem "o protótipo do trabalho barato e pouco protegido" (Supiot, 1997, p. 231); medidas de redução da demanda de emprego com pré-aposentadorias que facilitam a demissão de trabalhadores idosos. O "tratamento social do desemprego" e as medidas de acompanhamento das reestruturações também tiveram o efeito não previsto de limpar a imagem das empresas: "Elas abrem caminho para táticas eficazes a partir do momento em que garantem uma espécie de imunidade para decisões de eliminação de empregos" (Lyon-Caen, Jeammaud, 1986, p. 33). Não temos aqui nenhum intuito de lançar mão do argumento reacionário do "efeito perverso" (cuja análise crítica foi feita por A. Hirschman [1991]), segundo a qual o reformismo de nada serviria, pois as reformas teriam efeitos imprevistos e "perversos" que conduziriam a uma situação mais grave do que a que se tinha antes que as medidas fossem tomadas. A sincera preocupação do legislador com o emprego não deve ser destruída e, a não ser que se faça ficção política, não se pode saber o que teria acontecido se tais intervenções não tivessem ocorrido. No entanto, é forçoso constatar que, por um lado, elas caucionaram e facilitaram certas práticas de exclusão e precarização adotadas pelas empresas e, por outro, serviram de registro da evolução da relação de forças no mercado de trabalho.

Mas a precarização de certos empregos não é a única consequência que se pode extrair dos deslocamentos realizados, desde que se admita ver seus efeitos sobre a estrutura social em seu conjunto. Ela também levou à dualização dos assalariados e à fragmentação do mercado de trabalho, com a formação de dois mercados: por um lado, uma mão de obra estável, qualificada, beneficiada por um nível salarial relativamente elevado e na maioria das vezes sindicalizada nas grandes empresas; por outro, uma mão de obra instável, pouco qualificada, mal remunerada e pouco protegida nas pequenas empresas prestadoras de serviços subsidiários (Berger, Piore, 1980).

Além disso, a concentração em certas populações de desvantagens prolongadas, engendradas por essa precarização, acelerou os processos de exclusão.

Dualização do assalariados

As novas práticas das empresas conjugam seus efeitos para diversificar ao extremo a condição salarial, inclusive entre o pessoal empregado num mesmo local, cujos membros podem estar ligados a um grande número de empregadores e ser geridos segundo regras diferentes em termos de salário, horários etc.

O primeiro trabalho que trouxe à tona os efeitos de fragmentação associados ao desenvolvimento da subcontratação e dos empregos precários foi o artigo histórico de Jacques Magaud (1975). Ele toma o exemplo de um estabelecimento cujos 500 assalariados estão ligados a dez empregadores diferentes: o pessoal do escritório depende diretamente de uma associação interempresarial (*groupement d'intérêt économique*); o pessoal da manutenção, de uma empresa de serviços; os assalariados da linha de montagem, da empresa propriamente dita; o pessoal do refeitório, de uma empresa especializada em alimentação; os guardas, de uma empresa de segurança; a faxina é feita por uma empresa especializada; 35 pessoas estão ligadas a duas firmas de emprego temporário; seis executivos são pagos por um grupo importante, com o qual a empresa firmou acordos financeiros... O autor mostra que essa situação é recente, pois os 400 assalariados da empresa, dez anos antes, eram pagos por um único empregador, e passaram de uma situação para outra "imperceptivelmente", sem que "ninguém percebesse nada".

Com base num trabalho de J. Broda, referente à região de Fos-sur-Mer, em meados dos anos 70, G. Caire faz as seguintes distinções, de acordo com variações na natureza do vínculo salarial e da qualidade do empregador: a) trabalhadores alocados permanentemente por empresas de prestação de serviços; b) trabalhadores alocados temporariamente por um estabelecimento terceirista num estabelecimento terceirizador; c) trabalhadores temporários alocados por agências de emprego temporário; d) trabalhadores contratados por prazo limitado diretamente pelo estabelecimento. J. Freyssinet mostra que, na mesma região de Solmer em Fos, no fim dos anos 70, identificam-se menos de 223 empresas distintas (Caire, 1981).

"O *outsourcing* da mão de obra" propicia assim "a coexistência, num mesmo estabelecimento, de um mosaico de pessoas às quais se aplicam tantos estatutos quantas são as empresas representadas no local de trabalho"; isso ocorre "a despeito da identidade de condições de trabalho, a despeito da semelhança das qualificações profissionais e das tarefas executadas, bem como a despeito da unicidade do poder de direção real" (de Maillard *et alii*, 1979).

Aos poucos, as situações mais favoráveis (contrato por prazo indeterminado na grande empresa) parecem reservadas aos assalariados dotados de alguma qualificação relativamente rara ou investidos de responsabilidades especiais. Às outras categorias de assalariados corresponderá uma situação mais precária (temporária, contratação por prazo determinado) ou menos favorável (assalariados de empresas terceiristas ou de filiais) (Broudic, Espinasse, 1980).

Assim, no estudo de A. Gorgeu e R. Mathieu (1995), certo número de postos ocupados por operários são considerados "estratégicos", pois deles depende a satisfação do cliente em termos de qualidade e prazos (os postos de pintor nas indústrias de transformação de materiais plásticos, por exemplo). Esses empregos são ocupados por um pessoal em regime de prazo indeterminado, e a empresa sempre conta com substitutos. As pessoas que os ocupam são mais bem classificadas e remuneradas do que as outras, que devem contentar-se com o SMIC e com contratos temporários, na melhor das hipóteses renovados com regularidade.

As políticas públicas de determinação das categorias elegíveis para o benefício dos empregos subvencionados, que procuram interferir nas "filas de espera" (tempo médio para se encontrar um emprego) para ajudar as categorias mais afetadas pelas dificuldades, contribuem para esse fenômeno de fragmentação do mercado de trabalho, ao diferenciarem "candidatos a emprego aos quais são atribuídos valores legais maiores ou menores, de acordo com idade, sexo, qualificação ou tempo de desemprego" (Supiot, 1997, p. 231). De modo mais amplo, visto que as políticas de flexibilização e intervenção no mercado de trabalho foram concomitantes a um "fortalecimento contínuo dos direitos associados ao contrato de trabalho 'típico' (formação, férias especiais, recolocação etc.)", a evolução do direito do trabalho levou a uma profunda "dualização do salariato, entre aqueles que têm emprego verdadeiro e aqueles que são conduzidos ao trabalho-mercadoria e à assistência" (*id.*, p. 232)[24]. Segundo análise de Alain Supiot, o novo direito do trabalho "institui vários mercados de trabalho: o dos executivos dirigentes que acumulam as vantagens do trabalho assalariado e as da função patronal; o dos assalariados comuns (prazo indeterminado, jornada integral), beneficiados pelo princípio da integralidade do estatuto salarial; o dos empregos precários (prazo determinado, regime temporário), que de direito ou de fato são privados dos direitos ligados à presença duradoura na empresa (formação, representação etc.); e o dos empregos subvencionados (mercado de inserção). Ademais, essa compartimentação se autoalimenta, visto que as empresas hesitam em fazer os assalariados passar de uma categoria para outra, e os assalariados se mostram cautelosos para mudar de emprego e se expor ao risco de perder as vantagens do contrato por prazo indeterminado ou da grande empresa"[25].

C. Dejour (1998) chega a mencionar situações extremas, às vezes em total transgressão ao direito do trabalho: algumas empresas subcontratadas, que cumprem tarefas outrora executadas por assalariados integrados, estariam contratando trabalhadores estrangeiros sem permissão de permanência ou de trabalho, trabalhadores com problemas de saúde, sem a qualificação necessária ou que não falam francês. Pode tratar-se, por exemplo, de empresas do setor de construções e obras públicas, de empresas que realizam trabalhos de manutenção em centrais nucleares ou em indústrias químicas, ou então de empresas de limpeza. "A terceirização em cascata leva à constituição de uma 'reserva' de trabalhadores fadados à precariedade constante, à má remuneração e a uma flexibilidade alucinante do emprego, que os obriga a correr de uma empresa para outra, de um canteiro de obras para outro, a morar em locais improvisados, em barracas próximas à empresa, em trailers etc." "Esses trabalhadores, no contato com o pessoal efetivo da empresa encarregada da vigilância e do controle dos trabalhos, provocam desconfiança, aversão e até condenação moral" (pp. 114-5). O processo de discriminação social se soma ao da discriminação do emprego, aprisionando ainda mais esses trabalhadores na "armadilha da pobreza".

Mesmo não chegando a considerar essas condições extremas como representativas de todas as situações de precariedade, não se pode deixar de constatar o acúmulo de desvantagens daqueles que entram no mercado de trabalho já menos munidos em termos de qualificação. Os operários não qualificados são, assim, os mais afetados pelo desemprego e pela precariedade do emprego. Quando conseguem acesso a um emprego estável, geralmente é ao cabo de um percurso de precariedade que durou vários anos, no qual se encadearam trabalhos temporários, contratos de qualificação ou de prazo determinado. A situação não é muito mais fácil para os outros operários e trabalhadores em geral. Como uma vida tão difícil e angustiante poderá deixar de afetar a saúde física e psicológica e de prejudicar sua capacidade produtiva? Como poderá dar-lhes oportunidade de desenvolver sua qualificação, se eles têm menos acesso que os outros assalariados a programas de formação, se lhes são confiados com menos frequência aparelhos de tecnologia nova, se as tarefas que executam não favorecem o acúmulo de competências?[26] Como poderá dar-lhes a chance de formar uma família que lhes dê amparo visto que seu futuro é dos mais incertos, e que, mesmo quando têm trabalho estável, as empresas não lhes permitem conviver com a família[27] ou não se preocupam com o seu futuro?[28] Como poderão ter mais projetos de longo prazo numa empresa onde não podem fazer projetos de curto prazo (Sennet, 1998, p. 26)? O percurso que eles precisam fazer os predispõe, pelas ciladas e dificuldades que se acumulam, a nunca conseguir sair de sua condição, mas, ao contrário, a afundar cada vez mais nela, e às vezes chegar até a exclusão. Os números apresentados por B. Belloc e C. Lagarenne (1996) respaldam a ideia de que está cada vez mais difícil sair da situação precária. Em 1990, 43% dos titulares de um emprego por prazo determinado no ano anterior tinham conseguido obter um emprego por prazo indeterminado. Em 1995, esse índice caíra para 33%. Em 1990, 30% dos temporários do ano anterior tinham obtido um emprego por prazo indeterminado, e 11%, um por prazo determinado; respectivamente, esses números não são maiores que 27% e 9% em 1995. Para os estagiários e os contratos subvencionados a degradação é maior: 29% eram beneficiados por um contrato por prazo indeterminado um ano depois, em 1990, contra 15% em 1995. Na verdade, esses contratos substituíram contratos por prazo determinado nas ocupações menos qualificadas e talvez tenham reforçado, conforme teme Alain Supiot, a estigmatização e as dificuldades para cada um sair de seu "segmento"[29].

As preocupações com o desenvolvimento da empregabilidade dos trabalhadores, que repercute na gestão empresarial, afinal dizem respeito acima de tudo àqueles que têm possibilidade de acesso a empregos mais bem remunerados e mais protegidos (por prazo indeterminado nas grandes empresas). Sua importância maior nos processos produtivos e, mais simplesmente, sua presença contínua na organização incentivam os responsáveis a preocupar-se com seu futuro na empresa e até fora dela, oferecendo-lhes formação ou aumentando sua polivalência. Mas esses esforços reais ocultam uma realidade muito menos sedutora para todos os que são relegados à margem, aqueles que só aparecem de modo fugaz nos locais de trabalho ou nas horas em que os outros não estão presentes, ou então aqueles que estão sob a responsabilidade de um terceirista que não tem, necessariamente, condições de oferecer as mesmas oportunidades que a empresa principal oferece. Os discursos e os esforços que giram em torno da empregabilidade mascaram, portanto, ao mesmo tempo, a exclusão de fato dos "inempregáveis". As inovações gerenciais e a literatura que estudamos têm como destinatários principais os executivos das grandes empresas multinacionais, persistindo a possibilidade para estes últimos de satisfazer seu senso de justiça concentrando-se em "seus" empregados, cujo potencial tentarão desenvolver, esforçando-se até para não os demitir. Mas, para evitar demitir, eles também evitarão recrutar as pessoas mais "intercambiáveis", para não lhes darem "falsas esperanças", para não as enganar quanto às regras do jogo, em especial quanto ao fato de que, amanhã, talvez, já não serão necessárias. Terminado o contrato temporário, elas irão embora, a empresa terá respeitado seu contrato e não terá abusado delas. Essa situação, que em muitos aspectos também se mostra como resultado de uma decisão economicamente racional – pois possibilita evitar os custos e as inconveniências do rompimento do contrato por prazo indeterminado –, é muito menos problemática do que a situação que consiste em demitir. Portanto, pode-se acreditar que o desenvolvimento dos empregos precários também constitui uma proteção psicológica para os executivos que, de outro modo, deveriam cometer ações muito mais traumáticas para si mesmos, como sabem por já as terem vivido. O fato de o acesso a situações mais estáveis e à formação ter ficado consideravelmente mais difícil também é resultado de dois imperativos morais: o de continuar oferecendo chances àqueles que são aceitos e estão "dentro" e o de não dar falsas esperanças àqueles que são necessários apenas de vez em quando e estão "fora". Tal como ocorria com iniciativas públicas para ajudar certas categorias de desempregados, o desejo dos executivos de oferecer empregabilidade pode também contribuir para reforçar a dualização do salariato.

No entanto, nossa hipótese sobre os comportamentos atuais dos dirigentes empresariais que contribuem para dualizar o salariato supõe empresas "esvaziadas" de seu pessoal menos produtivo e menos "adaptável", depois de mais de vinte anos de reformas e reestruturações, pessoal que é relegado aos mercados precários de trabalho e neles se mantém. É o que queremos mostrar agora.

Resultado de um processo de seleção/exclusão

A maldição que parece abater-se sobre as populações menos qualificadas e reforçar-se ao longo do tempo é resultado de um processo de seleção/exclusão em ação há mais de vinte anos, cuja fonte se encontra nas novas práticas empresariais de gestão do pessoal. Pouco a pouco, foram sendo "exteriorizados" e "precarizados" os menos competentes, os mais frágeis física ou psiquicamente, os menos maleáveis, o que, por um processo cumulativo bem conhecido, só podia reforçar suas desvantagens na corrida pelo emprego. Sabemos que aqueles que estão "fora" só podem participar de maneira esporádica, mas falta mostrar que eles não são apenas impedidos de entrar. Além disso, num primeiro momento, eles foram postos para fora.

Neste ponto da análise, é preciso esclarecer nossa posição sobre a questão de saber a quem cabe a responsabilidade por esse fenômeno. O questionamento das práticas empresariais conduz rapidamente à acusação daqueles que as põem em prática, acima de tudo os executivos e os dirigentes[30]. No entanto, é impossível dizer que o resultado foi planejado, premeditado e desejado com o intuito de excluir do emprego estável e até do acesso à empregabilidade certo número de pessoas, que já estariam menos armadas de saída. O mais provável é que os processos de exclusão que descreveremos estejam emergindo agora ao cabo de um acúmulo de micromodificações, de microdeslocamentos, para os quais colaborou uma carrada de boas intenções, que muitas vezes acreditavam estar fazendo o bem. Certamente é possível mencionar aqueles que organizaram os planos sociais, mas estes últimos frequentemente atuavam num contexto de grandes dificuldades econômicas de suas empresas: sacrificando certos empregos, eles podiam acreditar que salvavam outros, e no período de ascensão do desemprego era menos evidente do que hoje que, apesar dos dramas pessoais que provocavam, as demissões marcavam o ingresso numa precariedade de emprego quase indubitável[31]. Mas também é preciso levar em conta aqueles que, no governo, favoreceram a saída dos mais idosos ou criaram subempregos subvencionados; aqueles que não reempregaram ou só empregaram em caráter precário para escapar às injunções do contrato por prazo indeterminado, no momento em que eram apresentados outros dispositivos mais flexíveis para não terem a ilusão de que não pairavam mais ameaças sobre os empregos não qualificados ou para não precisarem demitir; aqueles que ofereceram as duas formações que podiam atribuir no ano aos assalariados que delas extrairiam maior proveito; aqueles que preferiram recorrer à terceirização menos cara e mais eficiente para melhorar o desempenho de suas empresas; aqueles que negociaram a redução da jornada de trabalho em troca da flexibilização dos horários e dos dias trabalhados; aqueles que, trabalhando em seções de recrutamento, cuidaram do afluxo de currículos fazendo uma primeira triagem rápida com base em critérios como idade ou diplomas, ou que, desejando satisfazer seus clientes, só lhes apresentaram homens brancos para a ocupação do posto de trabalho, transgredindo assim as leis antidiscriminação (Eymard-Duvernay, Marchal, 1997; Bessy, 1997). Todos, ainda que não seja possível imputar-lhes um propósito perverso, contribuíram, cada um à sua maneira e sob a injunção de forças que se lhes apresentavam como "exteriores", para o crescimento do desemprego e da precariedade no trabalho. No entanto, o resultado aí está: as novas práticas empresariais, com seus efeitos cumulativos há quase vinte anos, fragmentaram, sim, o salariato e dualizaram a sociedade francesa.

Ocorreu uma vasta empreitada de seleção dos assalariados, possibilitada pelos novos dispositivos organizacionais, apesar de nunca ter sido premeditada, muito menos planejada como tal.

No entanto, era previsível uma evolução nesse sentido já no início da década de 70. J.-M. Clerc escreve da seguinte maneira, no artigo já citado sobre os conflitos sociais em 1970 e 1971, com base em relatórios feitos por inspetores do trabalho: "Somente alguns observadores prognosticaram que as empresas compensariam esse esforço aumentando a rentabilidade e as exigências na seleção da mão de obra, aumentando assim o número de 'inaproveitáveis', desempregados, por terem idade demais ou por terem alguma ligeira deficiência. Há poucos anos, as empresas, em número muito maior do que se pensa em geral, conservavam os trabalhadores de 'rendimento' medíocre e às vezes os empregavam; eram frequentes as preocupações humanitárias nos chefes do pessoal. É provável que as empresas possam se permitir cada vez menos tais preocupações, que elas preferem despejar sobre o Estado. Algumas indústrias empregam exclusivamente moças ou mulheres de 16 a 30 anos, visto que sua acuidade visual, ou sua destreza manual, pioram depois dessa idade. Não estaremos caminhando, nos anos vindouros, para um aumento do número dos 'inaproveitáveis', classificados entre os deficientes simplesmente porque seu 'rendimento' é menor que o dos jovens? Muitas informações nos levam a temê-lo, e isso pode tornar-se um problema grave em futuro próximo" (Clerc, 1973).

Pôr em evidência o processo de seleção que foi possibilitando aos poucos excluir do emprego estável os menos qualificados, os menos "adaptáveis" (no sentido de parecerem capazes de executar apenas um número reduzido de serviços) e os menos ajustados aos novos modos de organização do trabalho possibilita colocar uma primeira baliza na busca de políticas de luta contra a exclusão, pondo às claras a miríade de ações parcelares que alimentam o processo com que lidamos. É impossível imputar a responsabilidade de tal processo a um único sujeito maquiavélico, mas tampouco se pode encará-lo como resultado de uma "mutação" que se impusesse por si mesma, de fora para dentro, à vontade dos homens condenados a "adaptar-se" ou desaparecer. Esse darwinismo social implica uma interpretação um tanto mecanicista do fenômeno. Globalização, exposição à concorrência mundial, destruição dos bolsões protegidos de emprego onde se "enfurnavam" os trabalhadores incompetentes determinam supostamente um processo de seleção, chamado de "natural", portanto sem "selecionador", que atinge não só empresas, mas também pessoas. De acordo com essas interpretações darwinianas, os mais "aptos" (e até os mais bem dotados geneticamente) aproveitam as oportunidades, enquanto os menos aptos, os mais frágeis, são excluídos do mundo econômico.

Como explicar que a probabilidade da precariedade e eventualmente da exclusão social seja diferente de acordo com os atributos da pessoa (Paugam, 1993), a não ser por um processo de seleção que, não sendo nada cego, não reserva o mesmo destino a todos? Certamente se pode alegar o fato de haver menos empregos não qualificados do que trabalhadores não qualificados, mas esse argumento, por se basear numa lógica "de mercado"[32], já não funciona quando a característica das pessoas precarizadas é sexual (haveria menos "empregos-para-mulheres" do que mulheres?), etária (menos "empregos-para-quem-tem-mais-de-50-anos" do que pessoas com mais de 50 anos), habitacional (menos "empregos-para-quem-mora-nas-cidades" do que pessoas que moram em cidades) ou de nacionalidade (menos "empregos-para-descendentes-de-imigrantes-não CEE" do que filhos de imigrantes não-CEE). Na verdade, assim como é de acreditar na preferência dada a um homem, a uma pessoa de 25 a 40 anos, ou a alguém de ascendência francesa, excluindo-se, portanto, na mesma decisão, uma mulher, um trabalhador mais idoso ou mais jovem, um filho de imigrante argelino, é também de crer que tenham sido eliminados empregos não qualificados para limitar os recrutamentos de não qualificados que é mais difícil fazer evoluir, mudar de posto, adaptar-se a novas funções[33], preferindo-se recrutar para os postos restantes pessoas comparativamente superqualificadas. Numa situação em que "não há emprego para todos[34]", são sempre os mesmos os não selecionados, o que só pode aumentar suas deficiências e criar barreiras cada vez mais difíceis de transpor entre os diferentes "segmentos" do salariato.

As vias de seleção são múltiplas, a começar pelas *demissões coletivas*, cujo caráter maciço parece contrariar a ideia de seleção pessoal, assalariado por assalariado. Quando se fecha uma fábrica, de fato todos os empregos são eliminados, e não apenas os ocupados pelos "menos empregáveis" – seria possível objetar. Mas a distinção entre demissão coletiva por motivo econômico e demissão individual por motivo pessoal não é tão clara nem tão fácil de determinar quanto poderia parecer. Em primeiro lugar, em caso de demissão coletiva, o empregador precisa definir os critérios adotados para estabelecer a ordem das demissões. Ora, esses critérios (encargos familiares, antiguidade, qualidades profissionais, cabeça de família, características sociais que tornam difícil a recolocação etc.) fazem referência "ao indivíduo como *pessoa*, e não apenas como assalariado". Outrossim, quando o emprego passa por uma transformação ou é eliminado por motivos técnicos (relacionados a motivos econômicos), sendo substituído por outro emprego, o acesso à formação e a avaliação durante a formação constituem filtros de seleção pessoal, e a discussão incidirá nas aptidões do interessado. É então muito difícil quem julga conseguir separar "motivo inerente e motivo não inerente à pessoa do assalariado" (Favennec-Hery, 1992). Apesar das cláusulas de não discriminação às quais supostamente estão submetidas (aliás, regularmente transgredidas pelas medidas de incentivo à saída dos que têm mais de cinquenta anos), as demissões coletivas foram assim praticamente equivalentes a uma soma de demissões por motivos pessoais. Por outro lado, o fato é que as diferenças de destino, muito tênues no momento da saída (todos os empregos são suprimidos), podem ter provocado diversificação muito grande dos destinos futuros. Primeiramente saíram das empresas ameaçadas, antes das demissões coletivas, quando havia apenas boatos, aqueles que tinham maiores chances de encontrar trabalho em outro lugar, para os quais o custo da mudança era menor ou menos arriscado, seja por terem competências específicas, seja por poderem ter acesso a redes social e espacialmente mais extensas, seja simplesmente por estarem menos enraizados (solteiros *versus* casados, locatários *versus* proprietários etc.). Sabe-se, outrossim, que aqueles que foram afetados por demissões coletivas têm chances desiguais de encontrar trabalho, pois uma segunda exclusão, dessa vez na *admissão*, faz uma triagem das pessoas com base em critérios (sobretudo de idade, sexo, nacionalidade – especialmente se for do Magret – sobrenome...) e em função de sua capacidade para empenhar-se e tirar vantagem dos múltiplos dispositivos (acompanhamento do plano social, formação etc.) que lhes são propostos e funcionam como outros tantos dispositivos de seleção.

Verificou-se que a operação que consiste em redesenhar o perfil da empresa e *exteriorizar* certas funções também é uma ocasião para *relegar os empregos não qualificados a um* status *menos vantajoso*, atribuindo sua responsabilidade a terceiristas ou enquadrando-os em contratos precários. A análise fina das transformações do trabalho operário possibilita mostrar que estas não se reduzem à perda de cerca de um milhão de empregos desde 1975 e às reduções maciças de emprego nos setores que tradicionalmente empregavam muito[35]. Realmente, observa-se que os progressos da automatização provocaram forte retração de certos tipos de atividade, como ajustadores, montadores e funileiros, enquanto se criavam paralelamente ofícios de mecânicos especializados na manutenção de máquinas (Chenu, 1993). Mas a única causa dessas mudanças não é o progresso técnico, e seria pouco racional, em termos de competitividade nacional de médio prazo, querer freá-lo. A transferência de empregos não qualificados para países com menor salário também desempenhou papel de primeira importância. De fato, a partir do fim da década de 60, as grandes empresas dão início a um movimento de relocação de segmentos de produção e de busca de terceirização em países nos quais o nível dos salários e a capacidade de defesa coletiva dos assalariados são menores do que nos grandes países desenvolvidos. Os estudos disponíveis[36] mostram que o crescimento do comércio internacional tende a destruir empregos não qualificados e a criar empregos qualificados nos países desenvolvidos. Embora, no final, a perda de empregos não seja considerável (visto que alguns estudos indicam até que o saldo é positivo para a França, levando-se em conta todos os efeitos induzidos[37]) e não afete todos os setores nas mesmas proporções (os setores de confecção, calçados e montagem de produtos eletrônicos são os primeiros afetados), o fato é que isso se traduziu na clara eliminação de empregos não qualificados na França. Também nesse caso é difícil lamentar a mudança geral para empregos mais qualificados, mas a verdade é que esse movimento, ao liberar grande massa de trabalhadores, transformou a relação de forças com os empregadores no que se refere a trabalhos menos qualificados, o que possibilitou impor àqueles que os assumiam condições contratuais mais difíceis[38] e facilitou a recomposição do panorama do emprego operário em torno de situações menos vantajosas[39]. De fato, o emprego operário não desapareceu, visto que uma parte dele não é relocável, como ocorre com os serviços de limpeza, alimentação, manuseio de materiais em hipermercados, indústrias para as quais a proximidade do cliente final é indispensável etc., mas, de modo geral, transferiu-se para os serviços, para empregos codificados como "não braçais" nas nomenclaturas[40] e para empresas menores, em virtude das medidas de terceirização. Ora, essa evolução geral do emprego operário contribuiu para precarizá-lo fortemente: os operários, assim como os empregados do setor terciário ou das pequenas estruturas, são, na verdade, mais precários que os da indústria ou das grandes estruturas[41]. Por outro lado, além do caso do *outsourcing* integral de certas funções (limpeza, segurança), numerosos recursos terceirizados ou confiados a trabalhadores temporários tiveram como objetivo eliminar das grandes empresas os trabalhos mais pesados e menos qualificados, que constituíam fontes de conflitos e problemas na administração da mão de obra. Francis Ginsbourger (1998) cita o caso da fábrica Solmer em Fos-sur-Mer, que entregava sistematicamente trabalhos perigosos à Somafer, frequentemente qualificada no local como "matadouro". Do mesmo modo, durante uma greve, em novembro de 1974, os operários da base do alto-forno, que reivindicavam revisão das classificações e, sobretudo, extinção da categoria de braçal, obtiveram ganho de causa, mas as funções correspondentes foram simplesmente confiadas a empresas externas (pp. 46-8).

A seleção também ocorre pelo *acesso à formação*, que é principalmente proposta àqueles cujas disposições são consideradas suficientemente promissoras para justificar o investimento (Goux, Maurin, 1997 b). Encontram-se as mesmas desigualdades no acesso a novas tecnologias.

Mencionaremos, por fim, como última instância de seleção, os *novos dispositivos*, em especial os *grupos locais de expressão*, mas também os *estágios* e as formações, que possibilitam pôr as pessoas à prova e selecioná-las em função de suas capacidades para atuar nas situações de trabalho disponíveis. A maneira como os atores se comportam nessas instâncias revela sua boa vontade e sua capacidade para integrar-se na nova organização do trabalho. Manifestam-se diante de todos e sob os olhares da supervisão disposições íntimas como capacidade para transmitir saberes, espírito de equipe, zelo, inventividade ou empenho. O envolvimento dos trabalhadores temporários nessas instâncias é, assim, um bom indicador que permite identificar aqueles que, havendo possibilidade, merecerão tornar-se permanentes (Gorgeu, Mathieu, 1995, p. 57).

Evidentemente, como já indicamos, *o estado do mercado de trabalho* e a pressão do desemprego favorecem muito a seleção dos melhores, pois a escolha está com as empresas. Assim, no estudo de Gorgeu e Mathieu (1995), as fábricas são instaladas em polos industriais que possibilitam "triagens", imposição de exigências na definição dos perfis, com percentuais de seleção de 3 a 5% em relação ao número de candidatos[42]. Além disso, *o crescimento geral do nível de formação* facilitou o acesso a uma mão de obra qualificada e competente. A partir da segunda metade dos anos 70, as grandes firmas, por exemplo, mesmo quando preenchem setores de ponta, já não precisam "estocar" em viveiros jovens executivos, engenheiros ou técnicos qualificados, prometendo-lhes carreira – como ainda ocorria em meados dos anos 60 –, para tê-los à mão e roubá-los à concorrência. Tendo-se tornado abundantes, os jovens executivos oferecem seus serviços num amplo mercado no qual podem ser recrutados, ou se empregam em empresas menores, que oferecem menos proteção, exatamente quando o nível de qualidade dessa categoria é superior ao que era no passado[43]. Além disso, uma vez que o número de empregos qualificados não aumentava tão depressa quanto o número de diplomados, estes tenderam a conformar-se com empregos menos qualificados que agravavam a situação dos menos municiados em termos de qualificação, degradando mais sua posição na relação de forças com os empregadores. Surge então com agudez a questão dos critérios que orientam a seleção.

A seleção segundo critérios de *idade, nacionalidade* e *sexo* é a mais documentada. No plano histórico, a seleção dos empregáveis no âmbito dos "planos sociais" ou de demissões econômicas afetou primeiramente os assalariados *com mais de 50 anos* e foi facilitada pela implantação de sistemas de pré-aposentadorias e incentivos à demissão voluntária, ao longo das décadas de 70 e 80[44]. Ao contrário das regras que prevaleciam no tipo de capitalismo associado ao "segundo espírito", a antiguidade tornou-se um fator mais de precariedade do que de garantia. A transformação das práticas de remuneração em função da faixa etária contribuiu para criar entre as gerações uma concorrência que não existia no período anterior, caracterizada, por um lado, pelo aumento das remunerações ao longo da carreira, grande no início e menor depois, e, por outro lado, pela contratação das novas gerações mais escolarizadas com salários superiores aos das pessoas mais velhas, de tal modo que os assalariados de 40 anos eram mais bem pagos do que os de 50 anos, enquanto estes últimos recebiam mais do que antes. Hoje, em compensação, embora as remunerações continuem aumentando ao longo da carreira, os salários iniciais recuaram, enquanto o nível de escolaridade superior continua progredindo, de tal modo que o assalariado de 50 anos se torna excessivamente caro, e o jovem, mais barato do que nunca, donde a tentação de desfazer-se do antigo para não degradar seu posto – prática corrente no Japão, mas não na França. Além disso, essas práticas alimentam forte hostilidade entre gerações, visto que os jovens somam à força da idade a energia decorrente da vontade de provar que são mais competentes e de reparar as injustiças que lhes são feitas[45] (Gollac, 1998; Baudelot, Gollac, 1997). Tal evolução se explica em parte pela redução da parcela relativa distribuída aos assalariados, que já não possibilita dar simultaneamente aumentos durante a carreira e aumentos a jovens gerações: constituiu menor esforço privilegiar aqueles que já estavam dentro do sistema econômico, com a contrapartida de rejeitá-los aos 50 anos de idade e rebaixar os salários dos ingressantes. Alguns estudos, aliás, mostram o papel fundamental das novas gerações na progressão das novas formas de organização (de Coninek, 1991).

O segundo alvo prioritário foram os *trabalhadores imigrantes*. No setor automobilístico, que os arregimentara maciçamente de 1965 a 1973, as reorganizações do fim dos anos 70 e do início dos anos 80 são associadas a novas políticas de emprego que, combinando incentivo à demissão voluntária e contratações, provocam uma redução maciça dos imigrantes (e dos semiqualificados), bem como o recrutamento dos jovens escolarizados (Merckling, 1986), considerados em melhores condições para enfrentar as novas formas de provas no trabalho, que exigem capacidades de iniciativa (em casos de avarias), polivalência, ajuste a diferentes programas de fabricação e comunicabilidade[46]. A maioria dos setores industriais parece de fato ter privilegiado a mão de obra nacional: "A concentração da mão de obra estrangeira nos setores em dificuldade não basta para explicar o desaparecimento de cerca de 100.000 empregos não qualificados e 20.000 empregos qualificados entre 1982 e 1990: se em cada setor e em cada nível de qualificação a diminuição tivesse sido a mesma para franceses e estrangeiros, estes últimos teriam perdido metade a menos de empregos (60.000 não qualificados; 10.000 qualificados). Em outras palavras, a extinção de empregos provocou diminuição da oferta muito mais rápida para os estrangeiros do que para os nacionais" (Echardour, Maurin, 1993, p. 506[47]).

A discriminação *sexual* tem características diferentes da exclusão direta do emprego, uma vez que esse período se caracteriza pelo ingresso de numerosas mulheres no mercado de trabalho, conforme demonstra o aumento da taxa de atividade feminina entre 25 e 50 anos, que passa de 74% para quase 79% entre 1990 e 1998 (Marchand, 1999, p. 104). Instaurou-se entre os sexos, como se pôde observar entre as gerações, uma nova forma de competição entre assalariados, visto que os empregadores se apoiam na busca de tempo parcial das mulheres para generalizar contratos de subemprego que depois se tornam norma em certos ofícios. Além disso, as mulheres sofrem grandes discriminações no momento da contratação[48].

Além dos critérios bem conhecidos, pode-se aventar a hipótese de que a seleção também ocorreu, em grande medida, em função das *qualidades médico-psicológicas* das pessoas (cuja distribuição, aliás, não é independente de qualidades ou situações mais facilmente objetiváveis, tais como a posição hierárquica, a idade, o nível educacional etc.). Ou seja, em primeiro lugar, o *estado de saúde*. Alguns estudos feitos com desempregados de longo tempo elucidaram que, em numerosos casos, na origem de seu afastamento do mercado de trabalho estava um acidente ou uma doença profissional; esse princípio de seleção entra em jogo principalmente entre os operários menos qualificados[49]. No estudo do CERC (Paugam, 1993), "Precariedade e risco de exclusão", o percentual de pessoas que consideram "ruim" o seu próprio estado de saúde é de 4,4% da amostra, mas de 10,3% das desempregadas há mais de dois anos e de 5,9% das desempregadas há menos de dois anos. Por outro lado, as pessoas que têm estado de saúde "ruim" ou "insatisfatório", embora não muito numerosas entre os que têm emprego "instável" (o que supõe recrutamento recente), são, em compensação, bem mais numerosas entre as que afirmam ocupar um emprego "estável ameaçado", ou seja, segundo a definição da categoria, entre aquelas que acreditam que perderão o emprego dentro de dois anos.

Provavelmente mais amplos, porém mais difíceis de calcular, foram os efeitos da *seleção psicológica*. Esta afetou primordialmente aqueles cujas disposições eram menos condizentes com os novos dispositivos locais de negociação, sobretudo os "*adversários de ontem*": por um lado, os executivos subalternos, os pequenos chefes, frequentemente envelhecidos, cujo autoritarismo inveterado justificou o descarte (por demissão ou pré-aposentadoria), aliás desejável devido à diminuição dos escalões hierárquicos e às medidas de rejuvenescimento das pirâmides etárias; por outro, os assalariados (frequentemente sindicalizados) que, por volta de maio de 68, haviam desenvolvido uma cultura crítica nas empresas e investido muito na militância política. Na pesquisa de A. Gorgeu e R. Mathieu (1995), não são selecionadas as pessoas que moram em cidades consideradas "contestadoras", as que trabalharam em empresas conhecidas por seus salários elevados, por seus conflitos frequentes ou por forte implantação da CGT. A mão de obra jovem e rural, sem experiência industrial, é preferida por sua presumida docilidade. A escolha do lugar de instalação da fábrica, aliás, leva em conta esses diferentes critérios. Para C. Dejours (1998), a exclusão dos trabalhadores idosos, aliás, decorre do mesmo princípio que consiste em descartar as fontes de contestação[50].

Mas outras disposições (em parte vinculadas ao nível de instrução), como *competências relacionais* e *aptidão para a comunicação*, também influíram na seleção. Os novos dispositivos de trabalho exigem dos assalariados acesso suficiente à cultura escrita (para ler instruções e redigir pequenos relatórios[51]), e as formas de coletivização das competências (grupos de progressos, círculos de qualidade) exigem capacidades discursivas suficientes para a apresentação de um relatório oral em público. Enfim, os modos transversais de coordenação (equipes, projetos etc.) conferem grande peso não só ao domínio propriamente linguístico, mas também a qualidades que seriam consideradas mais "pessoais", mais nitidamente ligadas ao "caráter" da pessoa, tais como abertura, autocontrole, disponibilidade, bom humor ou calma, que não eram tão valorizadas na antiga cultura do trabalho. São utilizadas técnicas de psicologia empresarial (entrevista, grafologia etc.) para detectar essas disposições nos candidatos ao emprego, não só no que se refere aos candidatos a empregos de executivos, como também a empregos de operários (cf. caso citado por Gorgeu e Mathieu, 1995, p. 81): a capacidade de ajustar-se a situações de contato direto com outras pessoas durante a entrevista psicológica já constitui uma prova por si mesma.

As *capacidades de empenho e adaptação,* avaliáveis pelos mesmos dispositivos, também serviram de critérios de seleção. Essas capacidades, essenciais numa lógica de "flexibilidade" que supõe séries de engajamentos e desengajamentos em tarefas variadas e em empregos diferentes, exigem a seleção de pessoas que saibam mostrar-se maleáveis. Um dos interlocutores de A. Gorgeu e R. Mathieu (1995) especifica assim as qualidades de um bom candidato a recrutamento: "Capacidade de compartilhar e comunicar-se; nada de esconder defeitos, de dar cano em clientes; aceita ocupar até mesmo um posto menos qualificado no interesse imediato da empresa. Faz trabalho suplementar, mesmo depois do expediente; concorda em trabalhar em sábado pela manhã, se necessário; tem flexibilidade mental" (p. 54). Assim, por exemplo, numa empresa de fabricação de aparelhos de soldagem, estudada por Christian Bessy, as demissões por razões econômicas, numerosas na segunda metade dos anos 80, ocorreram com base numa seleção que tinha como principais critérios "o empenho pessoal dos assalariados" e "a polivalência" (Bessy, 1994). O papel atribuído à posse de diplomas, que nunca foi tão importante, ao que parece (Poulet, 1996) – diplomas de formação geral exigidos de trabalhadores braçais –, pode ser explicado (além das competências técnicas que eles certificam às vezes) pelo fato de que pressupõem uma capacidade mínima para empenhar-se numa tarefa, para levar a bom termo um projeto em determinado período, ou seja, para prosseguir os estudos até obtenção de um diploma e mostrar-se suficientemente maleável para adaptar-se às normas de avaliação dos examinadores[52].

Os assalariados pouco *móveis*, especialmente mães de família, são muito frágeis. Podem ser obrigados a pedir demissão após modificações compulsórias, mudanças de horários, ou simplesmente devido à suspensão do transporte (Linhart, Maruani, 1982).

No trabalho dedicado à reorganização de uma indústria de armamentos, Thomas Perilleux (1997) faz uma análise muito precisa das formas de seleção que acompanharam a transição da antiga oficina – um salão onde trabalhavam 800 mulheres na operação das máquinas – para a nova oficina, composta por um *pool* de máquinas polivalentes com comandos digitais. Nesse processo, que se estendeu por cerca de cinco anos, o efetivo da empresa passou de 10.000 para 1.400 assalariados. As operárias foram demitidas, e os "operadores" que passaram a trabalhar na nova fábrica são todos ex-ajustadores. Os níveis hierárquicos foram reduzidos de 9 para 4. A nova organização deve possibilitar "o envolvimento" e a "responsabilização" dos "operadores". Para o ingresso na nova fábrica criam-se provas que personalizam a seleção. A seleção é feita com base em um exame técnico e em um teste no *Assessment Center*, a serviço da contratação da empresa. O exame técnico versa sobre conhecimentos de matemática, desenho e máquinas. O teste psicológico analisa o comportamento em grupo. Deve verificar "a aptidão para trabalhar em equipe, transmitir conhecimentos, ter espírito de análise e síntese, estar apto a assimilar novos conhecimentos". Essas provas têm em vista apreender a maleabilidade dos operadores, sua capacidade de participação, mas também de "atuar sem envolvimento emocional", de "estar aberto para os outros", "evitando a irritabilidade". Os critérios anteriores de seleção e promoção, tais como os critérios de antiguidade, são denunciados e formalmente abandonados. Surgem novos critérios: autonomia, comunicação, maleabilidade, abertura para os outros. A seleção a partir desses novos critérios produz efeitos irreversíveis de exclusão da organização, sobretudo com numerosas aposentadorias antecipadas.

A lista dos critérios utilizados no caso já citado dos recrutamentos que acompanharam a abertura de uma nova fábrica terceirista nas proximidades de uma montadora de automóveis também é esclarecedora. Além da primeira triagem com base em critérios de idade, sexo, escolaridade e lugar de moradia, os candidatos passavam por testes psicotécnicos destinados a avaliar adaptabilidade, agilidade, memória, capacidade de enxergar bem as cores, e de passar da teoria à prática. Uma entrevista com um psicólogo tinha o objetivo, depois, de avaliar no candidato a motivação fina, o equilíbrio emocional e, principalmente, a capacidade de resistir ao estresse decorrente do *just-in-time*, da polivalência, bem como a aptidão para o trabalho em equipe e o senso de responsabilidade. O conjunto dos candidatos aceitos era posto à prova em situação de trabalho "normal" durante a fase de experiência que durava sete semanas, prefigurando o eventual contrato por prazo indeterminado (Gorgeu, Mathieu, 1995, pp. 81-2).

Assim, vinte anos de seleção sistemática, ao longo dos quais foram descartados a cada oportunidade de seleção os menos "móveis", "os menos adaptáveis", os menos "diplomados", os "velhos demais", os "jovens demais", os "originários" do Norte da África, da África negra etc., levaram-nos à atual situação, marcada, como vimos, pela dualização cada vez mais nítida das situações de trabalho entre os que se beneficiam de certa segurança – ainda que esta possa ser posta em xeque pelo fechamento do estabelecimento ou pela redução de efetivos – e aqueles que, condenados à precariedade e a salários medíocres, assistem à diminuição cada vez mais acentuada das suas possibilidades de obter um emprego regular, sendo impelidos ao desespero e à violência[53]. Essa dualização crescente, que contribui para dividir os assalariados – os que ocupam um posto estável, frequentemente apresentados aos "precários" como "privilegiados", podem ver no trabalho precário uma espécie de concorrência desleal cujo efeito se exerce sobre os salários e sobre as condições de trabalho –, é acompanhada, ademais, por um refluxo social e pela redução da proteção, que afetam o conjunto dos trabalhadores e atingem até os beneficiários de empregos considerados como protegidos.

Redução da proteção aos trabalhadores e retrocesso social

A forma de organização empresarial que substituiu o contrato de trabalho por um contrato comercial com um prestador de serviços tem como consequência possibilitar, em ampla medida, *evitar as coerções do direito do trabalho*, primeiramente tornando inaplicável grande número de textos legislativos e regulamentares que se referem a condições de efetivos mínimos[54]. As unidades menores, especialmente quando têm o estatuto jurídico de sociedades próprias (mesmo quando são muito dependentes de seus principais terceirizadores), não possuem comitês de empresa e são pouco sindicalizadas. Os riscos de não aplicação do direito do trabalho nas pequenas empresas também são maiores devido ao fato de que os responsáveis por essas estruturas têm menos possibilidades de conhecer suas regras, enquanto os grandes grupos dispõem de departamentos jurídicos. Assim, ocorre a inobservância de fato de certas disposições que deixam de ser aplicadas por uma questão de ignorância. O Ministério Público de Colmar, diante da proliferação de escusas dos pequenos empresários, que invocavam desconhecimento e se queixavam da complexidade do direito, decidiu obrigar os fraudadores a fazer estágios pagos de formação em direito do trabalho[55]. O Ministério do Trabalho, por sua vez, quis transformar a tarefa dos inspetores do trabalho, que passariam de fiscais da aplicação do direito a consultores junto a pequenas e médias empresas... (Sicot, 1993).

Com o aumento do desemprego e a intensificação da concorrência no mercado de trabalho, os trabalhadores do sistema de subcontratação – parte em contrato precário, parte psicologicamente precarizada pelo próprio fato de oferecer trabalho idêntico ao dos colegas temporários –, frequentemente isolados, já não dispõem dos recursos suficientes para pressionar os empregadores ou resistir a eles, especialmente em caso de demandas que extrapolam o âmbito legal. O pessoal das empresas subcontratadas, que em outra época teria sido empregado pela empresa que subcontrata, também se vê excluído do *status* frequentemente mais vantajoso previsto pela convenção coletiva ou pelo acordo em nível de empresa. Por fim, a empresa principal também encontra no *outsourcing* a oportunidade para eximir-se em parte de sua responsabilidade em casos de acidentes do trabalho ou doenças profissionais (mais numerosas nas prestadoras de serviço do que no núcleo estável, conforme se demonstrou, por exemplo, em relação aos "temporários do setor nuclear" – assalariados de empresas de serviços encarregados da manutenção das centrais).

Um dos resultados desses diferentes deslocamentos foi evidenciado pela pesquisa "Condições de trabalho" de 1991, que mostra uma oposição entre as grandes empresas (mais de 1.000 empregados), nas quais "os riscos e as condições de trabalho evoluem de maneira bastante favorável", e as empresas menores "nas quais a situação se degrada"[56]. "Os resultados da pesquisa confirmam as observações de alguns inspetores do trabalho. Há alguns anos, são numerosos os que mostram transgressões frequentes à legislação do trabalho, sobretudo nas pequenas e médias empresas. Nesse sentido também se observa a constatação da recrudescência dos acidentes de trabalho, principalmente no setor de construção civil e obras públicas" (Cézard, Dussert, Gollac, 1993, p. 10; Aquain *et alii*, 1994). Os temporários, evidentemente, estão mais expostos do que os outros assalariados às más condições de trabalho e à insalubridade, por ocuparem a maioria das vezes postos de serviço braçal e, entre estes, frequentemente os postos mais perigosos[57].

Aspecto menos conhecido, porém documentado, é que as dificuldades do mercado de emprego não produziram impacto apenas sobre as condições de trabalho das pessoas que ocupam empregos de menor qualidade. Também alimentaram um processo de regressão social nos empregos mais estáveis ou nas empresas mais sólidas. A novidade que se deve ressaltar é que as convenções coletivas, outrora consideradas capazes de melhorar as condições dos assalariados, agora também podem degradá-las: "Assim, o legislador francês se pronunciou em 1982 [...] pelo direito das partes [patronato e sindicatos] de deteriorar as condições de trabalho, decisão esta que foi expressamente confirmada cinco anos depois". As partes "no que se refere tanto à jornada de trabalho quanto aos salários, ou seja, nos dois campos mais importantes do direito do trabalho, podem rebaixar o limiar das exigências formuladas pelas disposições legais e pelas convenções firmadas pelas respectivas partes" (Simitis, 1997, p. 660). Essa evolução "leva as convenções coletivas a transgredir limites até agora aceitos e a afastar-se de uma concepção das regras que, no pior dos casos, admitia a estagnação, mas nunca um retrocesso coletivamente consentido" (*id.*). Ao estimular o recurso à negociação, especialmente em nível de empresa, a lei deu aos empregadores a oportunidade de validar suas próprias reivindicações, de tal modo que as negociações clássicas em vista de melhoria de direitos e vantagens dos assalariados em relação aos requisitos mínimos legais foram pouco a pouco substituídas por negociações que buscavam acordos "tomalá dá cá", nos quais a relação de forças, desfavorável aos assalariados, redundava na esperança da manutenção do emprego por parte deles, porém em vantagens tangíveis para o empregador, tais como revisão das modalidades de aumento ou de determinação dos salários ou mudanças na jornada de trabalho (Lyon-Caen, Jeammaud, 1986, p. 38[58]). O aumento da participação do "direito negociado" em relação ao "direito legislado", portanto, acentuou a disparidade entre os trabalhadores em termos de direitos (disparidade que já existia, mas não com essa dimensão, devido à técnica do limite de efetivos). Agora se registram, com mais frequência do que antes, variações entre setores, entre empresas e até mesmo entre grupos de assalariados dentro da mesma empresa. A implosão do direito do trabalho sob tal influência não parece realmente favorável à melhoria da condição salarial "real" que, portanto, se afasta cada vez mais das disposições legais que acompanham o chamado contrato de trabalho "normal" (por prazo indeterminado em período integral).

Outro efeito dos novos dispositivos empresariais é o grande crescimento da intensidade do trabalho para um salário equivalente. Trata-se, realmente, de ganhos de produtividade, mas sua obtenção decorre mais de meios que se assemelham à maior exploração dos trabalhadores (falando-se de modo esquemático, estes "trabalham mais e ganham menos") do que de ganhos obtidos com inovações tecnológicas ou organizacionais favoráveis tanto aos assalariados quanto à empresa[59].

Aumento da intensidade do trabalho sem mudança do salário

A precarização do trabalho e o desenvolvimento da terceirização possibilitam, em primeiro lugar, *pagar apenas o tempo efetivamente trabalhado* e subtrair do tempo pago todos os intervalos, o tempo dedicado à formação e as folgas antes parcialmente integradas na definição da justa jornada de trabalho. O desenvolvimento do período parcial na forma frequentemente praticada visa à obtenção de um ajuste quase em tempo real entre número de empregados e demanda, com um custo da hora extra não superior ao da hora normal.

Pelo relato que Damien Cartron (1998) faz de seu trabalho no McDonald's, sabe-se que a empresa lhe dá um calendário indicativo das horas nas quais ele é obrigado a estar presente no trabalho, mas as horas de entrada e saída são gerenciadas pelo responsável do estabelecimento, que pode incentivá-lo veementemente a trabalhar menos ou – na maioria das vezes – mais em certos dias, visto que o calendário faz uma previsão mínima[60]. As horas efetivamente previstas só são respeitadas em cerca de metade das vezes; a contrapartida é que o assalariado obtém de vez em quando a possibilidade de fugir ao calendário imposto por motivos pessoais, o que explica, no caso preciso, cerca de um quarto das inobservâncias do calendário. A menor semana de trabalho nas onze estudadas foi de 11,5 horas, e a mais longa, de

27,3 horas, com uma média de 20,2 horas, para um contrato em período parcial previsto de 10 horas.

No caso da subcontratação, notou-se que exigências dos contratantes em relação "aos fornecedores sempre são mais elevadas do que as que eles podem fazer internamente, e essas exigências mais elevadas repercutem na mão de obra desses últimos, sem contrapartida" (Gorgeu, Mathieu, 1995, p. 55). De maneira geral, o *outsourcing* possibilita aumentar a intensidade do trabalho, valendo-se da pressão do mercado, que se mostra como fator externo não controlável, liberando a supervisão local, que lhe está submetida. Esse modo de controle externo é mais poderoso e legítimo que o controle que poderia ser exercido pela hierarquia dos terceirizadores sobre seu próprio pessoal. O mesmo se pode dizer sobre as "cláusulas de disponibilidade", que proliferaram nos últimos anos, por meio das quais "o empregador garante disponibilidade contínua dos assalariados, obrigando-se apenas à remuneração dos períodos realmente trabalhados", o que faz pesar sobre os assalariados, simultaneamente, "as desvantagens do trabalho autônomo (imprevisibilidade dos rendimentos) e as da subordinação (submissão ao contratante)" (Supiot, 1997).

O aumento da intensidade do trabalho também é obtido internamente graças aos novos métodos de administração. Uma divisão contábil fina dos centros de custos nas empresas possibilita, por exemplo, pedir prestação de contas a cada responsável de departamento, de "equipe autônoma" ou de seção da fábrica, conduzindo em princípio à otimização da utilização do pessoal, visto que os custos salariais constituem frequentemente a maior parte dos custos desses pequenos "centros de responsabilidade"[61]. Dispositivos de faturamento das horas trabalhadas entre departamentos incitam a esforçar-se para que as horas pagas sejam horas efetivamente trabalhadas em projetos identificáveis, portanto faturáveis em termos de contabilidade analítica, o que tende a reduzir ao mínimo o intervalo entre eles, o tempo de espera, as pausas, as "folgas" na jornada ou na semana de trabalho e a desenvolver um contingente de mão de obra externa[62]. O cliente interno, quando arca com esse custo, também procura preencher ao máximo as horas utilizadas, aumentando sem parar as suas especificações contratuais. Quando possível, cria-se uma concorrência entre departamentos da empresa e terceiristas. A criação de "mercados internos", graças às técnicas do controle administrativo (atribuição do controle orçamentário a unidades cada vez menores e recurso a faturamento interno), tem assim o mesmo tipo de consequências do desenvolvimento da terceirização ou dos contratos temporários: transferência para o tempo fora do trabalho de tudo aquilo que não é diretamente produtivo e repasse dos custos de manutenção da força de trabalho para os trabalhadores ou, em caso de desemprego ou de incapacidade profissional, para o Estado (Caire, 1981).

As novas formas de organização do trabalho, sobretudo as inspiradas no toyotismo, também possibilitam "tender a uma situação em que a força de trabalho nunca fique improdutiva e possa ser descartada assim que as encomendas diminuam" (Lyon-Caen, 1980). Shimizu (1995) explica que a redução permanente do custo de produção (mais conhecida com o nome de *Kaizen* ou "melhoria contínua"), objetivo essencial da empresa Toyota, hoje tomada como modelo pelos maiores grupos, era obtida principalmente pela busca de economia com a mão de obra, supondo-se o uso de ardis técnicos e organizacionais, mas também a extinção de todos os intervalos e o aumento máximo do ritmo de trabalho. Os operários se prestavam a esse jogo porque sua remuneração era diretamente indexada à redução de mão de obra já realizada[63].

A pesquisa "Condições de trabalho" de 1991 (confirmada pela pesquisa "Técnicas e organização do trabalho" de 1993) mostrou que um número cada vez maior de assalariados sofria coações em termos de ritmo de trabalho. Esse fenômeno afeta todas as categorias sociais, do executivo ao operário, bem como todos os setores, inclusive o setor terciário, que se poderia acreditar menos exposto do que a indústria. Entre 1984 e 1993, a porcentagem de assalariados que sofreram coerções em termos de ritmo de trabalho em decorrência da movimentação automática de peças ou produtos passou de 3 para 6%; devido ao ritmo automático de máquinas, de 4 para 7%; a normas ou prazos curtos, de 19 para 44%; a demandas de clientes ou do poder público, de 39 para 58%; ao controle permanente da hierarquia, de 17 para 24% (Aquain, Bué, Vinck, 1994). A carga mental dos trabalhadores também sobe, conforme mostra a evolução da porcentagem de assalariados que declaram não poderem desviar os olhos do trabalho – passando de 16 para 26% entre 1984 e 1991 (Cézard, Dussert, Gollac, 1993). Os executivos, tal como os outros, foram submetidos a maiores exigências no trabalho[64]. Eles se queixam de falta de tempo e de colaboradores (Cézard, Dussert, Gollac, 1993). Seus horários de trabalho aumentaram: entre 1984 e 1991, a parcela de executivos que tinham uma jornada diária de trabalho superior a 11 horas passou de 14 para 18%; entre 10 e 11 horas, de 19 para 20%[65]. "O exercício de responsabilidades hierárquicas aumenta até mesmo o risco de ficar dividido entre o mercado e a organização. Embora os executivos funcionais estejam a salvo, a hierarquia intermediária está sempre às voltas com prazos" (Gollac, 1998, p. 62). No toyotismo, a adaptação no dia a dia, ou hora a hora, da mão de obra às vicissitudes da produção desempenha o papel de tampão que era desempenhado pelos estoques.

Seguem-se, como vimos, trabalhos com base em transplantes japoneses nos Estados Unidos (Berggren, 1993), aumento de atividades para além dos horários de trabalho e aumento dos riscos para a saúde, ligados ao cansaço e à ansiedade. Encontra-se grande número de observações no mesmo sentido na obra que Y. Clot, J.-Y. Rochex e Y. Schwartz (1992) dedicaram à reorganização do trabalho no grupo PSA.

Além da pressão dos prazos, impõem-se padrões coercitivos, como ocorre, por exemplo, com a certificação ISO 9000. Caso típico é o "dos terceiristas que trabalham em fluxo logístico direto, devendo ao mesmo tempo atender à demanda dos clientes e respeitar normas estritas de qualidade, pois não há espaço, tempo nem dinheiro para consertar erros. Os assalariados, portanto, estão sofrendo essas duas pressões: a produzida pelas variações da demanda e a produzida pela constância dos padrões" (p. 59). Conforme explica F. Eymard-Duvernay (1998, p. 16), a empresa, quando em condições de fazê-lo, transfere maciçamente para os assalariados e terceiristas a responsabilidade pela garantia de qualidade exigida pelos consumidores que desejam obter produtos e serviços com "defeito zero".

O uso de *novas tecnologias* também é uma oportunidade para aumentar a pressão sobre os assalariados: numa categoria socioprofissional equivalente, o trabalhador que utilizar a informática tem um trabalho mais limpo e fisicamente menos penoso, mas sofre mais pressão da demanda, sobretudo quando é operário ou empregado de escritório. Os trabalhadores são mais autônomos, mais bem pagos, porém a cada dia percebem que os prazos aos quais estão submetidos desempenham papel crescente (Cézard, Dussert, Gollac, 1992). A informatização, assim, é acompanhada "por um nível mais elevado de pressões psicológicas", com o aumento "das exigências de atenção, vigilância, disponibilidade e concentração" (Gollac, Volkoff, 1995).

As novas tecnologias da informação agora podem organizar um controle muito cerrado das realizações dos trabalhadores, eliminando aos poucos os espaços "fora de controle". Grégoire Philonenko menciona o sistema Anabel, utilizado no Carrefour, que, além do interesse funcional de realizar a gestão dos estoques e das encomendas, facilita o conhecimento exato do desempenho de cada gerente de estoque, bem como o sistema de câmeras instaladas na loja, que possibilita tanto evitar roubos por parte de clientes quanto controlar o trabalho do pessoal, principalmente porque outras câmeras são instaladas nos depósitos (Philonenko, Guienne, 1997, pp. 26-8).

Na fábrica de armamentos estudada por Thomas Perilleux (1997), os novos dispositivos de produção dão espaço importante à "polivalência" e à "autonomia" dos "operadores". Mas, como explica um informante, o "diário" do aplicativo usado em gerenciamento das máquinas de comando digital "possibilita acompanhar todas as operações realizadas, cronologicamente, segundo por segundo desde 1988" (p. 268). Assim, novos dispositivos informáticos possibilitam, por um lado, fazer um acompanhamento que extingue os momentos de folga e, por outro, garantem o registro de todos os movimentos, com possibilidade de controle em tempo real e a distância, ou de retrocesso às operações antigas, por exemplo em caso de litígio. Essas duas funções, aliás, podem ser em grande parte confundidas quando os sistemas padronizados de coleta de informações tendem a orientar e a formatar as condutas, no mínimo por precisarem de codificação detalhada da atividade a ser cumprida.

No estudo feito sobre o gerenciamento das redes de terceirização no setor de confecções da região de Cholet, F. Ginsbourger (1985) mostra que um novo tipo de assimetria acompanhou o desenvolvimento das tecnologias informáticas devido ao uso de um aplicativo que possibilitava calcular os tempos operacionais e impô-los às fábricas. Um dos resultados mais evidentes da informatização do trabalho foi, assim, dotar a gestão empresarial de ferramentas de controle muito mais numerosas e sensíveis do que no passado, com condições de possibilitar o cálculo do valor agregado não só no nível da empresa ou do estabelecimento, mas também no da equipe e até do indivíduo, o que é feito de certa maneira a *distância*, levando a diminuir, ao mesmo tempo, o número de supervisores (diminuição da extensão das linhas hierárquicas) que, não precisando estar mais *na presença* dos trabalhadores ou – como se diz – nos seus calcanhares, podiam tornar-se discretos e até quase invisíveis.

Citaremos, para terminar, a atual implantação acelerada do *Enterprise Resources Planning* (ERP), sistema integrado de gestão empresarial, sob pressão do *bug* do ano 2000 que, apresentando-se como oportunidade de renovar os sistemas informáticos, leva a reforçar consideravelmente os controles a distância, de tal modo que, por exemplo, na sede se fica a par, em tempo real, do desempenho exato de cada funcionário, reunindo-se em tempo recorde todas as informações disponíveis sobre ele em todos os bancos de dados da empresa, antes não integrados. Ofícios antigamente caracterizados por grande independência, como o de representante comercial, hoje estão sob pressão em vista da informatização completa dos dossiês dos clientes, do uso de computadores portáteis, das técnicas de transmissão a distância e da obrigação de registrar dados após ou durante cada visita. Começa-se a pedir aos executivos que ponham suas agendas em rede para livre acesso, para que eles possam ser rapidamente encontrados, compilando-se os diferentes usos do tempo e as folgas disponíveis para reuniões que impliquem numerosas pessoas. A cada vez, o ganho em termos de rapidez, confiabilidade de transmissão e tratamento da informação é acompanhado por um ganho em termos de controle que tende a reduzir os intervalos de folga.

Outro modo de aumentar a intensidade do trabalho, menos visível que a aceleração do ritmo, é o *desenvolvimento da polivalência com salário igual*. A. Gorgeu e R. Mathieu (1995) mostram que as qualidades buscadas nos candidatos durante os recrutamentos nunca correspondem às classificações profissionais, portanto não são pagas, e os operários semiqualificados são recrutados em regime de SMIC mesmo quando realizam "operações de controle de qualidade, regulagem, manutenção, gerenciamento de produção, tarefas que eram consideradas qualificadas quando eram da competência de pessoal não produtivo, mas agora já não são, pois ficam a cargo de um trabalhador da produção" (p. 99). As novas organizações do trabalho possibilitaram enriquecer tarefas e desenvolver a autonomia dos operários que podem assumir um pouco mais de iniciativa do que nas organizações mais taylorizadas. Os perfis dos operadores são diferentes, mais qualificados, mais competentes, porém os salários ficaram no mesmo nível. Portanto, é preciso trabalhar mais e ter mais diplomas do que antes para ganhar um salário mínimo. Enquanto no início da década de 70 as tentativas patronais de reestruturar as tarefas encontraram a oposição dos sindicatos fortes que pediam contrapartidas salariais, a pequena combatividade dos últimos anos possibilitou levar a cabo as transformações do trabalho sem a necessidade de pagar mais o pessoal, apesar da intensificação de seu trabalho (Margirier, 1984).

O intuito de valer-se de *novos filões de competências* nos trabalhadores até então submetidos à divisão do trabalho, favorecendo seu maior empenho, também levou a aumentar o nível de exploração. A exploração, de fato, foi reforçada pelo emprego de capacidades humanas (relacionamento, disponibilidade, flexibilidade, envolvimento afetivo, engajamento etc.) que o taylorismo, precisamente por tratar os homens como máquinas, não procurava ou não podia atingir. Ora, essa sujeição das qualidades humanas põe em xeque a separação consagrada pelo direito entre trabalho e trabalhador. O que o trabalhador põe em jogo na tarefa depende cada vez mais de capacidades genéricas ou de competências desenvolvidas fora da empresa e por isso mesmo é cada vez menos mensurável em termos de horas de trabalho, o que ocorre com um número cada vez mais elevado de assalariados. Segundo os termos de um consultor que foi um dos primeiros a instalar círculos de controle de qualidade: "Os patrões nem podiam imaginar o que um operário era capaz de fazer."[66] Com os novos dispositivos de expressão e resolução de problemas, as pessoas foram muito mais solicitadas do que antes no sentido de mobilizar inteligência, senso de observação e astúcia em proveito da empresa. Embora em si essa evolução não seja negativa – ninguém deseja que o trabalho se limite a uma série de movimentos mecanizados –, é verossímil que essa contribuição suplementar dada pelo pessoal tenha sido remunerada tão somente pela manutenção do emprego por parte daqueles que demonstravam tais capacidades, com exclusão dos outros. Em vista do estado do mercado de trabalho e das modalidades de gerenciamento da remuneração segundo as gerações, os empregadores também podem *recrutar pessoas superqualificadas que serão pagas como uma pessoa menos qualificada,* fazendo de conta que não percebem a contribuição real dessa superqualificação[67]. À tendência à exploração cada vez mais profunda dos filões de capacidades dos trabalhadores como pessoas corresponde, paradoxalmente, a tendência a diminuir os custos salariais.

Por fim, a tendência à *individualização das situações de trabalho*[68] (Linhart, Maruani, 1982), especialmente *das remunerações,* possibilitou maior domínio sobre cada assalariado tomado individualmente, conseguindo-se assim exercer pressão muito mais eficaz sobre eles. Os anos 1950-70 tinham sido marcados por relativa autonomização da remuneração em relação ao desempenho individual (aliás, muitas vezes difícil de dimensionar nas formas de organização então dominantes, em especial no caso do trabalho em linha de montagem), por meio de aumentos coletivos de salários em função de ganhos de produtividade avaliados em nível global (Boyer, 1983) e por meio da uniformização da remuneração (refluxo da remuneração com base no rendimento, generalização do regime mensal...) (Eustache, 1986). Durante os anos 80, a autonomização crescente do trabalho é acompanhada pela diferenciação e pela individualização crescentes das remunerações, muito mais diretamente condicionadas pelo desempenho individual (salário de eficiência) ou pelos resultados da unidade à qual o assalariado estava vinculado. As remunerações, que até então estavam vinculadas à ocupação, passaram a estar cada vez mais vinculadas às propriedades pessoais daqueles que as exercem e à avaliação de seus resultados pelas instâncias administrativas[69]. Em 1985, entre as empresas que tinham dado aumentos salariais, duas em cada dez praticavam a individualização dos salários de base. De 1985 a 1990, essa proporção duplicou, e a parcela de assalariados atingidos passou de 45% para 60. A parcela dos operários atingidos pelas medidas de individualização passou de 43 para 51% entre 1985 e 1990. Foi nas grandes empresas que essa tendência começou: já em 1985, 85% das empresas com mais de 1.000 assalariados praticavam a individualização dos salários (Coutrot, Mabile, 1993). Essas práticas se ampliaram depois para empresas de porte menor (Barrat, Coutrot, Mabile, 1996, p. 207). A individualização das competências, das gratificações e das sanções exerce outro efeito pernicioso, quando tende a fazer de cada indivíduo o único responsável por seus bons e maus resultados.

O conjunto dessas transformações, como vimos, possibilitou que as empresas recuperassem um nível de organização que fora comprometido no início dos anos 70, gerando grandes ganhos de produtividade, de tal modo que as empresas francesas que enfrentam os mercados estrangeiros hoje estão bastante competitivas[70]. Não se pode em caso algum considerar que esse resultado não tem valor. No entanto, parece que os assalariados pagaram caro demais por essas transformações, pois, simplesmente para manterem seu nível de vida, tudo parece indicar que eles precisam trabalhar mais; ao mesmo tempo, aqueles que são considerados "inadaptáveis", incapazes de acompanhar essa tendência, são relegados a empregos de menor qualidade, até mesmo fora do mercado do trabalho. *Assim, uma parte da atual falta de empregos deve ser claramente atribuída às práticas que alijaram do tempo trabalhado e pago todos os momentos de folga, assim como parte dos lucros das empresas deve ser atribuída à obtenção de maior valor agregado do trabalho humano em troca de um salário que não muda*[71].

A questão sobre a qual se omitem aqueles que defendem os resultados dessas transformações em termos de "progresso econômico", limitando-se a lamentar seu caráter de desequilíbrio favorável às empresas e ao mercado de trabalho, é a da natureza da troca que realmente ocorre nesse mercado. O trabalho, como se sabe, é uma ficção jurídica quando considerado como mercadoria destacável daquele que o produz (Polanyi, 1983; Supiot, 1997). O "recurso humano" não pode ser consumido como os outros, pois supõe um custo de manutenção e reprodução que deveria ser indissociável de seu custo de utilização. Aquele que compra um tomate paga, em princípio, seu custo de fabricação desde a geração da semente, passando pela terra, pela fertilização e pelos cuidados que lhe foram dispensados[72]. Ele não se limita a alugar o tomate pelo tempo que este demora para passar do prato ao estômago. No entanto, é diante de uma situação desse tipo que nos vemos com frequência cada vez maior no que se refere ao trabalho, pois estão sendo cada vez mais separados dos salários pagos os custos incorridos antes do emprego (escola, formação, sustento durante períodos de inatividade e folgas), ou depois dele (reconstituição das forças, desgaste e envelhecimento), sem contar que o efeito da intensificação do trabalho sobre a saúde física e mental não é positivo. Essa situação é mais problemática porque a "produção" do "recurso humano" é demorada, tal como ocorre com certas árvores que são plantadas muito tempo antes da colheita; os efeitos da situação atual, portanto, se farão sentir ao longo de várias décadas. Os custos de manutenção e reprodução do trabalho foram assim em grande parte transferidos para os indivíduos e para os dispositivos públicos, reforçando nos primeiros as desigualdades associadas aos rendimentos – visto que os mais pobres não podem se manter nem se reproduzir sem ajuda – e acentuando no segundo a crise do Estado-providência, obrigado a impor novas contribuições, o que possibilita às empresas eximir-se cada vez mais de suas responsabilidades, num círculo vicioso de que os fenômenos socioeconômicos oferecem numerosos exemplos.

Repasse dos custos trabalhistas para o Estado

Conforme argumenta Alain Supiot (1997), "nenhum mecanismo de alcance geral (modulação das contribuições) permite imputar a uma empresa uma parte do custo (*malus*) ou da economia (*bonus*) que suas opções administrativas (flexibilidade interna ou externa) acarretam para o seguro-desemprego, portanto para as outras empresas[73]. Certamente é do ângulo da igualdade de tratamento entre empresas que essa questão poderia ser utilmente abordada hoje, e não do ângulo da responsabilidade social da empresa. Porque o importante, do ponto de vista do funcionamento do mercado de trabalho, não é tanto a parcela dos custos sociais que as empresas suportam, e sim a igualdade de tratamento das empresas em relação a esses custos. Ora, essa igualdade não está garantida, para prejuízo das empresas que mais respeitam o 'recurso humano'. Atualmente, para aumentar os lucros, é mais simples fazer a coletividade suportar os custos do que criar mais riquezas" (p. 236).

Mas o Estado foi e continua conivente com a socialização de custos outrora assumidos pelas empresas[74], tal como os custos referentes aos trabalhadores idosos ou considerados menos produtivos. A subvenção do emprego de certas categorias (jovens, desempregados de longo tempo, não qualificados...) passa a ser então uma prática aceita, assim como o custeio de parte do custo dos trabalhadores idosos afastados do emprego, sobretudo por intermédio das alocações especiais do Fonds National pour l'Emploi (FNE)[75], que também atingiram 56.000 pessoas em 1994 (Abrossimov, Gelot, 1996). Quando a Peugeot extinguiu 940 empregos em 1991, o Estado e a Union nationale interprofessionnelle pour l'emploi dans l'industrie et le commerce (UNEDIC) pagaram 210 milhões de francos para o custeio do seguro-desemprego ou do FNE (403 pessoas), contra 32 pagos pela empresa (Guéroult, 1996).

O número de beneficiários da política do emprego (que abrange apenas as ajudas ao emprego, os estágios de formação e as cessações antecipadas de atividade) passou, assim, de 100.000 pessoas em 1973 para 1,5 milhão de pessoas em 1990 e para 2,85 milhões em 1997, ou seja, 10,7% da população ativa. A despesa é cerca de dez vezes mais elevada do que em 1973; em relação ao PIB, ela foi multiplicada por 7 e atinge 1,5% em 1996 (ou seja, 118 bilhões de francos). Cabe acrescentar, desde 1993, as medidas gerais de isenções de encargos patronais para os assalariados ao redor do SMIC, que custaram cerca de 40 bilhões de francos em 1997 para um campo de aplicação que englobava mais de 5 milhões de empregos (Holcblat, Marioni, Roguet, 1999). Esses números não levam em conta o pagamento das subvenções destinadas ao desemprego[76], nem do Revenu minimum d'insertion (RMI) (mais de um milhão de beneficiários em 31 de dezembro de 1997), que se parece cada vez mais com uma espécie de subvenção destinada à inclusão daqueles que estão procurando o primeiro emprego estável e à renovação do seguro-desemprego para os que ficaram fora da cobertura social do desemprego, cada vez mais numerosos porque os critérios de elegibilidade se tornaram mais rigorosos nos últimos anos (Afsa, Amira, 1999). Algumas subvenções ligadas à política familiar, mas também trabalhista, como a Allocation parentale d'éducation (APE), que incentiva a saída do emprego por parte das mães que tenham dois filhos, estando o mais novo com menos de 3 anos, também poderiam entrar nessa conta[77], bem como as diversas medidas de "formalização do trabalho informal", como o Allocation de garde d'enfants à domicile (AGED) e o garde d'enfants chez les assistantes maternelles (AFEMA), que custeiam as contribuições sociais devidas em certas condições ou também os abatimentos de impostos para os empregos familiares. Poderia até ser possível acrescentar a isso uma parte do custo das aposentadorias entre 60 e 65 anos, que oneram muito as contas sociais (Abramovici, 1999), se a redução da idade da aposentadoria, que ocorreu em 1981, não tivesse sido considerada mais como uma conquista social do que como uma medida de redução da população ativa. Por fim, esses elementos não incluem os auxílios oferecidos pelas coletividades locais: subvenções e reduções de impostos a serem implantados em certas regiões, parte dos orçamentos sociais dos conselhos gerais (que devem participar sobretudo no dispositivo do RMI).

Mas aqui nos limitaremos apenas aos dispositivos específicos da política de emprego, que custaram 118 bilhões em 1996, possibilitaram interrupção antecipada das atividades (pré-aposentadoria, dispensa de procurar emprego para desempregados com mais de cinquenta e cinco anos...), formação profissional Association nationale pour la Formation Professionnelle des Adultes (AFPA), estágios de inclusão, reconversão ocupacional...) e subvencionaram empregos no setor comercial (Contrato de Iniciativa de Empre-

go, abatimentos por período parcial, contrato de qualificação...) ou não comercial (empregos-jovens, cheque-emprego – chèque-emploi service (CES)*....
Entre 1973 e 1997, a população potencialmente ativa cresceu 4,2 milhões de pessoas (pessoas empregadas, desempregadas ou afastadas), enquanto a oferta de emprego só aumentou 1 milhão. Portanto, 2,6 milhões de pessoas engrossaram os números do desemprego, e 0,6 saiu do mercado graças às políticas empregatícias, ou seja, um terço graças às medidas de formação e dois terços graças à cessação antecipada das atividades. Como ao mesmo tempo 2,1 milhões de empregos comerciais e não comerciais eram objeto de medidas de subvenção, e o número de empregos não aumentou mais de 1 milhão, isso significa que o número de empregos "comuns", ou seja, não subvencionados, diminuiu em 1 milhão em vinte e quatro anos (Holcblat, Marioni, Roguet, 1999). Esses números, porém, não significam que sem os empregos subvencionados a oferta de emprego teria regredido em 1 milhão. O emprego total, apesar de tudo, teria crescido, mas em um pouco menos de 1 milhão (fala-se de 140.000 desempregados a mais), em vista da importância dos efeitos de barganha (o empregador embolsa a subvenção sem mudar de ideia) e de substituição (a escolha do empregador recai numa pessoa pertencente à população visada, sem mudar sua decisão de contratação como tal) (Charpail *et alii*, 1999[78]). Por outro lado, ao contrário de certas ideias difundidas, os auxílios se destinam prioritariamente aos empregos do setor comercial, cuja participação no conjunto é crescente: em termos de volume, a medida de abatimento das contribuições patronais para a seguridade social, em caso de contratação de assalariados em período parcial ou de transformação de postos de trabalho de período integral em postos de período parcial, tornou-se a principal providência da ação pública no setor de comércio. Assim, entre 1992 e 1994, o número de empregos parcialmente isentos de encargos sociais passou de 32.000 para 200.000 (Abrossimov, Gelot, 1996). *Assim se organizou uma subvenção geral do setor privado.*

Durante o período 1973-95, a indústria e o setor terciário comercial acolheram, respectivamente, 37% dos beneficiários. A indústria, portanto, está super-representada em relação a seu peso no número de empregos. Ela recorreu sobretudo às pré-aposentadorias (67% dos beneficiários estavam na indústria), ao passo que o setor terciário comercial utilizava amplamente as subvenções ao emprego (56% dos beneficiários). Do mesmo modo, as pré-aposentadorias foram maciçamente utilizadas pelos grandes

---

* Procedimento desburocratizado para contratação de empregados domésticos. (N. da T.)

estabelecimentos (78% dos beneficiários), enquanto os estabelecimentos com menos de 10 assalariados acolhiam 63% dos beneficiários de empregos subvencionados (Holcblat, Marioni, Roguet, 1999). Isso significa, portanto, que a transferência do emprego para unidades de menor porte, na maioria das vezes pertencentes ao setor terciário (uma parte do qual, cabe lembrar, é resultado da evolução das estratégias empresariais: *outsourcing*, filialização e concentração na atividade estratégica), ocorreu com auxílios da coletividade nos dois extremos: no da extinção do emprego nas grandes estruturas industriais e no da sua criação (que muitas vezes é mais uma recriação) numa pequena estrutura terciária. Do mesmo modo, a análise das convenções assinadas em decorrência da lei Robien de 11 de junho de 1996 – que possibilita a redução das contribuições sociais em caso de redução da jornada de trabalho como contrapartida de recrutamentos (faceta ofensiva) ou de medidas para evitar demissões (faceta defensiva) – mostra que as convenções ofensivas atingiram principalmente as pequenas empresas do setor terciário, e as convenções defensivas, unidades de maior porte, sobretudo industriais (Bloch-London, Boisard, 1999, p. 213). Esses números nos remetem a um fenômeno bem conhecido por aqueles que acompanham os planos sociais: são dados subsídios simultâneos para acompanhar as reestruturações e para as subcontratadas, a fim de que estas criem empregos. Embora o resultado de conjunto não possa ser visto como fruto de um intuito sistemático de explorar o Estado-providência, embora a coordenação entre os dois tipos de subsídios nas duas pontas da cadeia nem sempre tenha caráter tão simultâneo e ajustado quanto mostra o exemplo utilizado, a verdade é que os custos da mudança de estratégia das empresas foram em grande parte pagos pela coletividade, fato este que é omitido por aqueles que se insurgem neste momento contra as taxas de contribuição compulsória.

Pelo menos – caberá argumentar – o progresso é real quanto ao comportamento das hierarquias das quais foram excluídos os "pequenos chefes", e os esforços para enriquecer o trabalho e aumentar a autonomia deram bons frutos. As pessoas são mais livres em termos de horários, e o desenvolvimento do tempo parcial foi ao encontro de numerosas aspirações. Nada disso é falso, mas a maior autonomia também oculta injunções mais numerosas.

O saldo das transformações do capitalismo durante as últimas décadas, portanto, não é muito glorioso no âmbito do trabalho. Embora seja indubitável que os jovens assalariados, não tendo conhecido os antigos métodos de organização do trabalho, não suportariam mais do que as antigas gerações (que se revoltaram contra esses dispositivos em 1968) as hierarquias dos anos 60, com seu autoritarismo e seu moralismo, e que em numerosos casos o enriquecimento das tarefas, o desenvolvimento das responsabilidades no trabalho e as remunerações com base no mérito atenderam a expectativas importantes dos assalariados, não se pode deixar de ressaltar as numerosas degradações que há vinte anos vêm marcando a evolução da condição salarial.

É evidente que tais retrocessos não teriam sido possíveis com tanta amplitude sem um mercado de trabalho difícil a alimentar um medo difuso do desemprego e a favorecer a docilidade dos assalariados, de tal modo que estes participaram em certa medida daquilo que se poderia descrever como sua própria exploração. Além disso, tais retrocessos certamente teriam sido freados por uma crítica social e por sindicatos fortes. Ora, verifica-se que os deslocamentos do capitalismo também contribuíram para a dessindicalização e refrearam a crítica social. O próximo capítulo é dedicado a essas questões.

V

ENFRAQUECIMENTO DAS DEFESAS
DO MUNDO DO TRABALHO

O enfraquecimento do sindicalismo e a diminuição do nível de crítica que recaía sobre a empresa capitalista, principalmente no início dos anos 80 e em meados dos anos 90, são fortes manifestações das dificuldades enfrentadas pela crítica social para conter a evolução desfavorável para os menos dotados em recursos de todos os tipos (econômicos, escolares, sociais).

No entanto, as transformações do mundo do trabalho durante esse período não deixaram de provocar queixas ou indignação. Mas as instituições nas quais recaía tradicionalmente a tarefa de transformar a queixa – forma de expressão do descontentamento que ainda continua próxima da pessoa, naquilo que ela tem de singular – em denúncia de caráter geral e em protesto público foram amplamente desqualificadas e/ou paralisadas. Aqui nos limitaremos a examinar a situação dos sindicatos, que estão mais próximos dos problemas do trabalho, aparecendo o fenômeno de dessindicalização tanto como sintoma quanto como causa da crise da crítica social[1]. Porém, para completar a análise, seria necessário um exame da evolução dos partidos políticos de esquerda (apenas esboçada no capítulo III), mas também de direita, pois estes apoiaram a construção do Estado-social do pós-guerra e serviram de intermediário reformista a uma crítica social ao capitalismo, expressa decerto com mais radicalismo pelos movimentos de esquerda.

As dificuldades enfrentadas pelos sindicatos e pelos partidos políticos também devem ser relacionadas com a falta de modelos de análise e de argumentos sólidos e demonstrativos, o que é uma das consequências da decomposição dos esquemas ideológicos até agora admitidos, esquemas respaldados em grande parte numa representação da sociedade em termos de classes sociais. Ora, como se verá na segunda parte deste capítulo, os dispositivos de representação (no sentido de representações sociais, estatísticas, políticas e cognitivas) que contribuíam para dar corpo às classes sociais e para conferir-lhes existência objetivada tendem a desfazer-se, especialmente sob o efeito dos deslocamentos do capitalismo, o que conduz numerosos analistas a considerar que esse princípio de divisão agora é obsoleto. Ora, esses questionamentos, embora a longo prazo sirvam de certo modo para a reconstrução da crítica, por chamarem a atenção para as características do novo mundo tal qual ele é, também têm como efeito imediato deslegitimar suas bases ideológicas tradicionais e, assim, acentuar a crise da crítica.

1. DESSINDICALIZAÇÃO

A presença menor dos sindicatos nas empresas e a redução do número de seguidores entre os trabalhadores foram fatores determinantes na diminuição do nível de crítica ao qual foi submetido o processo capitalista a partir do início da década de 80.

De fato, é difícil contrabalançar as análises apresentadas pelas empresas sobre a evolução dos negócios, cujo conteúdo é orientado pela preocupação com o lucro, sem propor uma representação alternativa estabelecida do ponto de vista dos trabalhadores e que também seja fundamentada. Quando os sindicatos estão bem implantados e ativos, os problemas do trabalho referentes a uma empresa, a certas profissões ou a certos setores de atividades podem ser ampliados para nível nacional, podem ser somados e possibilitar o estabelecimento de dados e interpretações gerais nos quais seja possível basear estudos contra-argumentativos. Mas o desequilíbrio de informações hoje favorece amplamente os dirigentes empresariais, que investem somas enormes em sistemas de informação, enquanto os sindicatos só podem organizar uma coleta fragmentária e em parte clandestina. A melhoria do acesso às informações do sistema empresarial, que seria um primeiro passo para a maior igualdade das partes (aliás, ele está parcialmente organizado para os comitês de empresa[2]), não mudaria totalmente a situação, uma vez que esse sistema está essencialmente formatado para responder a questões de rentabilidade, deixando na sombra os problemas que um representante dos assalariados não deixaria de formular. Sem o intermediário sindical da seção de base, as centrais que representam os assalariados nas negociações nacionais ou setoriais – cuja existência parece necessária tanto às empresas quanto aos membros do patronato que desejem ter interlocutores sobre certos assuntos (ou que são a isso obrigados por lei) – se expõem ao risco de serem acusadas de falta de realismo, competência e visão. Elas têm dificuldades para formular as questões de mérito e para frear as evoluções mais destruidoras antes que estas se ampliem demais.

Os inspetores do trabalho, que não são informados pelos assalariados porque estes não sabem ou não ousam fazê-lo, também ficam desmuniciados. Sem a intermediação sindical interna que exerça controle cotidiano, a probabilidade de os direitos dos trabalhadores não serem respeitados cresce exponencialmente[3]. Como saber o que o empregador tem direito de pedir como "esforço"? O empregado será obrigado a ceder? Que contrapartidas deve ele propor? Estará ele respeitando as convenções coletivas? A formação em direito do trabalho não faz parte dos requisitos do emprego. Quem informará os assalariados? Também nesse caso, o conhecimento dos direitos dos trabalhadores e o acesso às "realidades" do trabalho não fazem parte de um jogo justo.

Do ponto de vista que nos interessa aqui, o sindicato também tem a vantagem de propiciar pontos de apoio exteriores à empresa, locais de encontro, comunicação, reflexão, elaboração de convicções diferentes das destiladas pelo patronato, métodos de trabalho, socialização dos meios de resistência, organização para a negociação, coisas às quais um representante isolado não tem acesso.

A dessindicalização à qual assistimos durante os últimos vinte anos num país onde os sindicatos já se apresentavam precariamente implantados e divididos contribuiu muito, graças ao enfraquecimento dos instrumentos e dos meios críticos que induziu, para a mudança da relação de forças entre empregadores e empregados em sentido desfavorável a estes últimos e facilitou o trabalho de reestruturação do capitalismo. Mas seria errôneo ver na dessindicalização uma evolução independente das modificações do processo de realização do lucro. Ao contrário, os deslocamentos do capitalismo tiveram como efeito enfraquecer muito os sindicatos tanto de modo voluntário e planejado quanto por meio de uma combinação de efeitos perversos e de má administração das novas condições por parte dos sindicatos. A suposta ascensão do individualismo e do cada um por si, a crise de confiança na ação política ou o medo do desemprego – costumeiramente apresentados para explicar, por exemplo, as dificuldades da criação de uma resistência ao crescimento da exclusão – não podem assim ser desvinculados do dinamismo do capitalismo e de suas críticas.

Amplitude da dessindicalização

O primeiro sintoma da crise sindical é a diminuição do nível de adesão. Segundo P. Rosanvallon "pode-se estimar que os sindicatos franceses assistiram à queda de mais de 50% no número de adesões entre 1976 e 1988.

O índice de sindicalização (número de sindicalizados em relação à população ativa assalariada), que era de 20% em 1976, atualmente é da ordem de 9%. As quedas às vezes são espetaculares. A federação CGT de metais, coração histórico e simbólico dessa confederação, que alegava 424.000 filiados em 1974, hoje não tem mais do que 80.000 associados ativos" (Rosanvallon, 1988, p. 14). A França possuía em 1990, assim como vinte anos antes, os sindicatos de implantação mais frágil de todos os países europeus; é também um dos países onde a baixa de seu efetivo foi maior (- 12,5 pontos, ou seja, 56% de queda[4]). Esses dados significam que o sindicalismo quase desapareceu nos locais de trabalho. Numa pesquisa feita pelo instituto CSA para a CGT em julho de 1993, 37% dos assalariados do setor privado declararam nunca ter visto nenhum sindicalista da CGT, e 25% disseram ter conhecido algum, mas que agora já não conhecem ninguém, enquanto, na mesma época, a CGT era o primeiro sindicato sustentado por seus afiliados; 63% declararam nunca ter mantido relação alguma com os sindicatos (Duchesne, 1996, p. 229).

A dessindicalização também pode ser observada nas *eleições* que designam representantes dos assalariados em diferentes instâncias (dissídios, comitês de empresa, mútuos, caixas de seguridade social etc.). A abstenção no colégio dos "segurados sociais" nas eleições para a seguridade social passou de 28% em 1947 para 31% em 1962, atingindo 47% em 1983 (Mouriaux, 1995, p. 23). Nas eleições de representantes em dissídios, a abstenção dos assalariados foi de 65% em 1997 (Dirn, 1998, p. 277).

No que se refere aos comitês de empresa ou de estabelecimento, manifesta-se a mesma evolução. Essa eleição ocorre na empresa, o que limita os deslocamentos, e o que está em jogo é a representação numa instituição normalmente conhecida por aqueles que votam. O peso das abstenções cresce, porém, aumentando em cerca de 10 pontos entre 1970 e 1990 (Aquain *et alii*, 1994, p. 86). Em termos de votos válidos, os candidatos não sindicalizados fizeram grandes progressos, indo de cerca de 14% para 28% entre 1967 e 1992, progressão que ocorreu principalmente em prejuízo da CGT, que contava com 50% dos sufrágios no início do período, contra cerca de 22% em 1992 (Dirn, 1998, p. 277). Apesar do grande número de atribuições dos comitês de empresa (por exemplo, informações dos assalariados sobre os resultados econômicos da empresa e defesa do emprego, o que tem implicações nos planos sociais, principalmente), os assalariados os conhecem principalmente por suas atividades sociais e culturais (bibliotecas, colônias de férias, reduções diversas, viagens...). De fato, a maioria dos votantes declara ser essa sua função mais importante. Só os membros eleitos da lista sindical designam outra função como prioritária (resultados econômicos para 27%; o emprego para 26%; e somente depois vêm as atividades sociais e culturais, com 19%) (Fonte Dares, citada por Dirn, 1998, p. 217). Aos comitês de empresa foi concedido já em 1945 o direito (mais ampliado pelas Leis Auroux) de recorrer a peritos externos para ajudá-los a examinar as contas da empresa, a analisar os fundamentos de um plano social ou as repercussões da introdução de novas tecnologias. No entanto, esse direito à peritagem é pouquíssimo utilizado por menos de 9% dos Comitês Centrais de Empresa e por menos de 4% dos comitês de estabelecimento. É essencialmente aplicado por comitês constituídos por sindicalizados, pois 55% deles se valem desse meio (Dufour, 1996). De fato, quase não há comitês de empresa, em que os sindicatos estejam presentes, que cuidem de questões de emprego ou salários (Dufour, 1995). O refluxo dos sindicatos nas estruturas eletivas também é acompanhado, portanto, pela redefinição de sua função efetiva, em detrimento da vigilância social e da proteção dos trabalhadores, pois as instituições existentes assistem à mudança do papel deles, sem que seja necessário mudar as regras legais.

Constatando que os sindicatos sempre tiveram pequena penetração, alguns analistas pretenderam vê-los como estruturas cuja legitimidade seria eletiva, uma vez que a relação entre eleitor e cliente sobrepuja o engajamento militante (Adam, 1983; Rosanvallon, 1988). Mas o crescimento da abstenção e a diminuição dos votos dados aos sindicatos revelam os pontos fracos dessa interpretação: a eleição perde parte do sentido e da eficácia sem a presença sindical no local de trabalho. A perda de adesão medida pelos votos está diretamente ligada à redução da penetração, pois as centrais só conseguem obter votos onde apresentam candidatos; ora, com exceção da CGT, a adesão aos sindicatos praticamente não cai nos estabelecimentos onde estão implantados (Cézard, Dayan, 1999, p. 192).

A crise sindical, que quase nunca deixou de se aprofundar, quaisquer que sejam os indicadores considerados, parece difícil de deter. As jovens gerações nunca conheceram níveis de combatividade muito elevados e frequentemente nem sequer sabem qual a aparência de um sindicalista, apesar de estarem entre as primeiras vítimas das dificuldades que se abatem sobre o mundo do trabalho. Na pesquisa já citada, de 1991, os assalariados mostram seu pouco otimismo quanto à renovação sindical, pois 54% dos assalariados do setor privado acreditam que os sindicatos continuarão a declinar (Duchesne, 1996, p. 223). Embora a confiança na ação dos sindicatos esteja em ascensão nos últimos anos (passou de 40% para 47% dos assalariados entre 1990 e 1997[5]), esse é um fenômeno que não atinge os mais jovens (menos de 25 anos). À pergunta: "para preparar seu futuro e o da sociedade, com quem você mais conta?" 8% dos jovens mencionavam os sindicatos, que vinham bem depois da família (40%), dos empresários (31%), das relações de amizade (27%), dos políticos – prefeitos e deputados – (16%) e do presidente da República (13%) (Groux, 1998, p. 19).

Os conflitos sociais atingiram um nível historicamente baixo sobre um fundo de dificuldades sociais crescentes. Enquanto o número de dias de greve era em média de 4 milhões entre 1971 e 1975, essa estatística se reduz à média anual de 3 milhões entre 1976 e 1980. Os anos 80 são marcados por um refluxo muito maior: uma média de 1,5 milhão de dias de greve por ano entre 1981 e 1985. Esse número ficará abaixo de um milhão durante os cinco anos seguintes, e até abaixo de meio milhão em 1992. Ficaram abaixo de 700 mil em 1990, nível que nunca fora atingido desde 1946. A partir daí, o refluxo continuou. O aumento de 1995, com seus 2 milhões de dias de greve, não deve iludir. Contavam-se menos de 500 mil dias perdidos em 1996; menos de 360 mil em 1997, ano durante o qual apenas 110 mil pessoas entraram em greve (Aquain *et alii*, 1994; Groux, 1998, p. 23; Herault, Lapeyronnie, 1998, p. 183). Ora, esse caráter menos conflituoso está diretamente ligado à menor presença sindical. De fato, "a presença de representantes sindicais exerce efeito mais forte sobre a probabilidade de um conflito, esta é menor quando os representantes do comitê de empresa ou do pessoal foram eleitos sem rótulo sindical. O impacto é especialmente claro quando se trata de uma seção da CGT ou quando essa confederação é majoritária (trata-se então de conflitos iniciados por sua própria iniciativa), enquanto o efeito CFDT é muitíssimo menor. É mais sensível quando pelo menos dois sindicatos estão implantados, especialmente quando se trata da associação CGT-CFDT" (Cézard, Dayan, 1999, p. 195). A recusa a cumprir horas extras constitui, certamente, uma forma de resistência um pouco mais frequente nas empresas sem presença sindical do que nas outras, mas essa forma de protesto, de qualquer modo, é pouco difundida[6]. Mesmo nas empresas não sindicalizadas, ela é menos utilizada do que as greves e os abaixo-assinados (Cézard, Dayan, 1999). Restam então, como único modo de resistência ao trabalho, o absenteísmo e a demissão, difíceis de interpretar.

O efeito cumulativo desses diferentes fenômenos é evidente. Sindicatos mal implantados assistem à diminuição de seu papel, de sua capacidade de funcionar como contrapoder e de seu crédito junto aos assalariados, por essas mesmas razões. Tornando-se assim cada vez menos representativos dos assalariados nas eleições, os sindicatos também estão um tanto desacreditados, sendo acusados de constituir uma nova *"nomenklatura"* beneficiária de prebendas nas Caixas de Seguridade Social e de horas indevidas de representação, além de não conhecerem mais nada sobre os sofrimentos do trabalho por insuficiência de presença *in loco*. Carecendo de novos afiliados, as seções tendem a fazer maior pressão sobre os raros sindicalizados no sentido do engajamento, acentuando a fronteira entre o dentro e o fora (Labbé, Croizat, Bevort, 1989, p. 71). Os representantes sindicais estão, portanto, ainda mais sozinhos para desempenhar as funções ampliadas pelo legislador durante o período em estudo; eles têm cada vez menos contato com os assalariados, já não têm tempo de desenvolver a adesão, nem mesmo de cuidar dos afiliados, o que acentua ainda mais a dessindicalização.

A análise das múltiplas causas desse processo cumulativo depara com duas interrogações sobre a evolução do sindicalismo francês desde 1968. Em primeiro lugar, como se explica que exatamente na Franca, um dos países em que o refluxo dos sindicatos foi mais forte, tenha havido um aumento das suas prerrogativas e de sua proteção? Em 1968, foram corrigidas várias fraquezas do sindicalismo francês, com o fortalecimento considerável de direitos e proteções legais a favor das células de base. A lei de dezembro de 1968 oferece locais, horas extras de representação e multiplica as possibilidades de ação dentro dos estabelecimentos. As leis Auroux, em 1982, marcam um segundo grande avanço para os direitos sindicais: obrigam, por exemplo, as diretorias das empresas a submeter os regulamentos internos aos representantes do pessoal, fortalecem as proteções e os instrumentos das seções sindicais, tornam obrigatória a eleição de representantes do pessoal em todos os estabelecimentos, instituem a obrigação de negociar etc.

A segunda interrogação refere-se à constatação de certo consenso tácito das confederações de assalariados, do patronato e do Estado, para mascarar a amplitude da erosão e não levar em conta as verdadeiras implicações do fenômeno (Baumard, Blanchot, 1994, p. 11). Pois "continua-se a qualificar os sindicatos de 'representativos' e a considerar que existe na França um 'diálogo social' porque eles discutem com a administração e com 'representantes' do patronato, cuja representatividade real tampouco é conhecida" (Labbé, 1996, p. 7). A existência de sindicatos com os quais se fala nos altos escalões, sindicatos teoricamente plenos de recursos e prerrogativas, mas que perderam em grande parte o contato com os trabalhadores, cujas dificuldades e objetivos eles não conhecem realmente, daria satisfação aos empresários e ao Estado, preocupados em obter uma paz social que tenha toda a aparência de uma paz consensual, e não imposta? E, por sua vez, as centrais cederiam ao medo de perder aquilo de que dispõem, revelando a dificuldade que têm para desempenhar suas funções?

A análise dos fatores da dessindicalização que empreendemos agora é muito delicada porque as informações disponíveis são extremamente lacunares. Embora disponhamos já de certo número de informações sobre os dois sindicatos mais bem implantados no setor privado – CGT e CFDT –, estamos relativamente desprovidos de dados para analisar a ação ou a organização dos sindicatos "representativos" tachados de reformistas – CFTC, CFE-CGC e FO –, cujo papel, pelo menos nas estratégias patronais de divisão sindical ou de renegociação das convenções coletivas, é certamente essencial. Por isso, contrariando nossa intenção, nossos exemplos se referirão essencialmente às duas maiores centrais implantadas no setor privado.

Repressão aos sindicatos

A maioria dos trabalhos sobre a dessindicalização não apresenta a repressão aos sindicatos como causa essencial do fenômeno, certamente porque ela sempre existiu, sem que se observasse, simultaneamente, uma dessindicalização dessa amplitude; mas isso talvez ocorra também porque faltam informações sobre o peso que conviria atribuir a essas práticas. Por exemplo, não se conhece com precisão a amplitude da super-representação dos assalariados sindicalizados ou dos ex-representantes entre os assalariados demitidos[7].

No entanto, convém lembrar da existência comprovada, de políticas antissindicais nas empresas, e de uma hostilidade bastante disseminada no patronato em relação ao sindicalismo, principalmente porque, na França, durante muito tempo este foi dominado por um sindicato contestador influente, a CGT, à qual a CFDT nada ficava devendo nesse plano, pelo menos durante toda a década de 70.

A Confederação Internacional dos Sindicatos Livres (CISL), que concentra a maioria dos sindicatos europeus, identificou claramente certo número de multinacionais, frequentemente americanas, que praticam uma política nitidamente hostil em relação aos sindicatos: Kodak, United Fruit, IBM, sobretudo. Na IBM, por exemplo, quem procurar introduzir uma seção sindical será malvisto e frequentemente obrigado a pedir demissão. Mesmo a CGC francesa tem grandes dificuldades com esse tipo de multinacional. Quando dão mostras de um pouco de espírito reivindicativo, os assalariados são demitidos, ocorrendo o recrutamento de novos postulantes mais dóceis. Algumas empresas também criam seus sindicatos domésticos, como a Citroën fez com a Confédération Française du Travail (CFT) para obter caução sindical. A repressão das lutas por milícias patronais sustentadas pela CFT foi registrada em "livros negros" publicados pela CGT e pela CFDT (Launay, 1990, pp. 454-5[8]).

Mais sutil, mas sem dúvida também eficaz, é o uso de sistemas de punições-recompensas informais. As "grandes lideranças" têm a carreira bloqueada e passam a receber apenas as remunerações previstas nas convenções coletivas, enquanto aqueles que demonstram "ter juízo" recebem prêmios (*id.*). Michel Pialoux, que conhece bem as instalações da Peugeot em Sochaux, cita o caso de um militante da CFDT que nunca teve promoção e permaneceu como P2 enquanto seus colegas da escola Peugeot se tornavam contramestres, técnicos e até diretores de departamento (Pialoux, Weber, Beaud, 1991, p. 9). Também menciona o caso de um antigo operário semi-qualificado que, numa conversa com a direção, recebeu nos seguintes termos a oferta de promoção: "Ou você continua esbravejando no seu canto, ou fica mais inteligente e vem para o nosso lado." E o assalariado interpretando: "Era o macacão ou o jaleco. Fiquei com o jaleco." Outro exemplo significativo é o do ex-militante da CGT que passou para a FO por questões de carreira. De modo bem geral, a empresa "propõe promoções, abre um espaço de negociação e dá a entender, diretamente ou não, porém na maioria das vezes com cinismo, que em dado momento é preciso deixar de lado as simpatias políticas" (*id.*, p. 13[9]).

Na pesquisa feita por Dominique Labbé, Maurice Croisat e Antoine Bevort (1989) sobre as razões pelas quais os sindicalizados saíram da CFDT, vários militantes mencionaram a repressão da direção. Alguns saíram do sindicato por acharem que já "tinham sofrido bastante". Alguns poucos disseram que tinham sido mandados embora ou obrigados a pedir demissão (p. 57). Esse tipo de saída do sindicato por motivo de demissão comprovada por motivos disciplinares é raro (1 a 2%, na pesquisa citada), mas esses casos serão úteis ao patronato para impor ao sindicalizado outro destino possível: a dessindicalização por motivo de promoção, que é muito mais frequente. "É interessante notar que o operário qualificado que se torna chefe de equipe, o contramestre que se torna mestre, o executivo promovido ao posto de responsável por um departamento, todas essas pessoas se sentem moralmente obrigadas a sair do sindicato e o fazem frequentemente a contragosto... na tradição francesa, parece evidente que o poder disciplinar é incompatível com a sindicalização"; aliás, os outros sindicalizados que temem comprometer-se junto à hierarquia também desejam essas saídas, entrando na jogada da direção (p. 58).

Uma tática de intimidação também utilizada de maneira mais ou menos consciente pelos diretores consiste em dar mostras de desprezo ou ironia em relação às capacidades interacionais dos operários, de tal modo que eles têm dificuldade de tomar a palavra, provocando com o tempo rarefação dos candidatos a certas funções eletivas[10]. Como um operário eleito, que não disponha do respaldo e da sustentação de um sindicato, pode passar por essa prova, a não ser calando-se ou aderindo às palavras dos patrões?

Podem-se também mencionar, quando vários sindicatos são representados, as tentativas de divisão sistemática de seus representantes ou as tentativas, às vezes bem-sucedidas, de "comprar" o silêncio dos representantes jogando com vantagens próprias à função, tais como horas destinadas à representação, ou com insinuações junto aos assalariados sobre a colaboração de seus representantes com a direção em torno das vantagens que os beneficiam. Florence Weber conta que em Dambront, onde fazia uma pesquisa, "um representante da CGT trabalhava em horário normal das 8 às 17 horas, enquanto quase todos os postos preenchidos por operários são em turno de revezamento. Ele vivenciava isso quase como uma punição que o separava dos outros operários; os outros o acusavam de ter horários mais agradáveis, horários de contramestre" (Pialoux, Weber, Beaud, 1991). As suspeitas lançadas sobre os militantes que tiravam suas horas de representação quando o "aperto era maior", deixando a carga de trabalho para os companheiros, ou que favoreciam sistematicamente os "amigos", são boatos que criam "um clima de desconfiança ou hostilidade muito desfavorável à sindicalização" (Labbé, Croisat, Bevort, 1989, pp. 59 e 63). Tais suspeitas também podem ser inspiradas pela diretoria. Os próprios sindicatos, diante da redução das adesões, concordam às vezes em preparar "um qualquer", gente "menos competente", "preguiçosa", "que quer proveito pessoal", e assim dão ensejo às denúncias e aceleram a perda de confiança.

O repertório das práticas antissindicais, portanto, é muito vasto, do fustigamento às intimidações de todos os tipos, passando pelo trabalho de solapamento da "grandeza sindical" junto aos assalariados. A menor visibilidade dessas práticas para os observadores de hoje decerto decorre em grande parte de sua menor utilidade desde as reestruturações que tiveram efeito mais radical: elas possibilitaram livrar-se dos sindicatos no momento da implantação dos novos dispositivos empresariais.

Existem até alguns casos em que é impossível saber o que mais motiva a mudança de organização, a luta antissindical[11] ou a busca de ganhos de produtividade, visto que os dois, aliás, não são dissociáveis porque os assalariados mais dóceis frequentemente também são os mais produtivos. O fechamento de fábricas das multinacionais, que podem ser justificadas pela superprodução, tendeu a afetar em primeiro lugar as regiões sindicalizadas, onde a greve é mais frequente. E a produção que se procura terceirizar ou relocar geralmente é a de responsabilidade dos trabalhadores mais organizados. Houve tempo, nem tão distante, em que os temporários eram vistos como fura-greves (Ginsbourger, 1998, p. 49). Agora os operários veem seus filhos tornar-se temporários e ser submetidos a condições tão difíceis, em seu ingresso na vida ativa, que os perdoam até pelo fato de trabalharem enquanto eles mesmos estão em greve (Pialoux, Beaud, 1993; Pialoux, Weber, Beaud, 1991, p. 10).

Reestruturações como fonte da dessindicalização

A primeira consequência das reestruturações na qual os analistas da dessindicalização pensam é o desenvolvimento do *desemprego* e dos *empregos precários*. A precarização do trabalho e o medo do desemprego que a acompanha teriam como efeito enfraquecer a combatividade dos trabalhadores e sua propensão a sindicalizar-se. O índice de sindicalização dos trabalhadores precários não chega a 3% (Groux, 1998, p. 20) e quem fica desempregado frequentemente sai do sindicato. "A partir de certo limiar de desemprego, observa-se que a frequência aos sindicatos é menos assídua. É difícil de fixar um limiar, mas parece que a partir de 8% o índice de desemprego provoca uma baixa do índice de sindicalização [...]. O patronato se aproveita do desemprego para mostrar-se mais exigente com as 'referências sociais' dos candidatos ao emprego. O não sindicalista será preferido ao militante. Mesmo os que conservam o emprego sofrem pressão contra o sindicalismo. Um número certamente apreciável de assalariados procura dessindicalizar-se para manter o emprego" (Launay, 1990, p. 449). Também é preciso levar em conta os efeitos da "falta de incentivo" induzidos pelas dificuldades do emprego, especialmente para os que ocupam postos menos qualificados e não veem perspectivas para seu próprio futuro e muitas vezes o de seus filhos[12]. 5% dos ex-sindicalizados estudados por D. Labbé, M. Croizat e A. Bevort (1989) dizem ter saído do sindicato devido a um sentimento de impotência que os pesquisadores analisam como falta de incentivo profissional[13].

O fechamento de numerosos "grandes baluartes" sindicais (minas de carvão, siderúrgicas, minas de ferro, estaleiros, indústrias automobilísticas etc.), sua submissão a fortes reduções de empregos e a demissão preferencial de assalariados mais idosos, ou seja, dos que com mais probabilidade conheceram espaços trabalhistas sindicalizados, também são fatores apresentados, com razão, como fontes conjuntas do aumento do desemprego e da dessindicalização[14].

No entanto, a relação entre o desemprego e o nível de sindicalização não é unívoca. Uma análise da situação relativa dos países europeus em 1981 mostra, ao contrário, a diversidade dos casos[15]. "É falso pensar que, quanto mais fraco o sindicalismo, mais elevado o índice de desemprego.

Também é errôneo acreditar que o índice de desemprego é pequeno quando os sindicatos são poderosos. Raciocinar dessa maneira é ignorar um meio-termo que é a instância política. Não se trata apenas da cor política dos grupos no poder, mas das estruturas políticas, ou melhor, político-sociais herdadas de passado distante" (Launay, 1990, p. 447[16]). O crescimento do índice de desemprego, que já afeta 12% da população ativa, também parece insuficiente para explicar, sozinho, a queda de metade do efetivo sindical, degradação cuja grande amplitude vimos na França.

Por isso, além dos números referentes à precariedade do trabalho e ao desemprego, parece-nos que é preciso dimensionar o impacto da *recomposição do tecido econômico* (terceirização, filialização, relocação etc.) sobre a sindicalização.

A transferência do emprego para o setor de serviços e para as pequenas e médias empresas, que, como vimos, é em grande parte resultado da recomposição dos modos de produzir e, apenas parcialmente, do aparecimento de novas necessidades, teve como consequência colocar os assalariados em estruturas pouco sindicalizadas, sem tradição de oposição, em que a precariedade maior se opõe à eventual vontade de organização. Sabe-se que a existência de instituições representativas e de sindicatos cresce regularmente, junto com o porte da empresa. Assim, em 1992, 83% dos assalariados empregados em estabelecimentos de menos de vinte assalariados não têm nenhum representante. Esse número é de 48% para os assalariados de estabelecimentos que têm de 20 a 50 empregados. Essas pessoas não têm o benefício de um representante sindical, de um representante do pessoal nem, é claro, de um comitê de empresa, pois estes só são obrigatórios além de 50 empregados (Barrat, Coutrot e Mabile, 1996[17]). O nível de conflito também está em grande parte correlacionado com o setor de atividade e com o porte das empresas[18], o que explica o interesse que estas podem ter em fragmentar as grandes estruturas numa miríade de pequenas e médias empresas e em terceirizar no setor de serviços funções antes industriais. Sabe-se, além disso, que os empregadores evitam, sempre que possível, instalar suas novas estruturas nas cidades muito "vermelhas" ou nas proximidades de antigos "baluartes", pois é indubitável o risco de ser forte a cultura política de oposição (Gorgeu, Mathieu, 1995).

A *mobilidade* (incentivada ou forçada) *das pessoas* contribui muito para a dessindicalização (Labbé, Croisat, Bevort, 1989, p. 58). A pessoa chega a um local de trabalho onde não há seção de base, e os elos com o sindicato se desfazem. A partida de um representante sindical eficaz pode bastar a levar uma seção à morte. Os trabalhos de Dominique Labbé mostraram a importância do tecido sindical para a sindicalização, que é resultado da presença intensa dos representantes junto aos sindicalizados e da criação de um ambiente favorável à adesão. Nas grandes empresas, percebe-se, assim, que as adesões se fazem por aglomeração: um setor é muito sindicalizado, outro não é ou está ligado a outra central. Cada enfraquecimento de seção pela mobilidade dos sindicalizados leva ao desaparecimento da rede que ela permitia manter. Ora, pode-se mostrar que os novos afiliados aos sindicatos (adesão depois de 1978) têm a vida profissional marcada pela mobilidade: apenas 40% não mudaram de emprego, ao passo que esse percentual era o dobro para os afiliados da geração sindical anterior. Seu tempo de passagem pelo sindicato, por isso, é mais curto, e suas dificuldades profissionais explicam em parte sua saída. Portanto, para os sindicatos, a evolução do salariato implica dificuldades maiores para estabilizar o trabalho das seções e obter fidelidade dos novos afiliados. A mobilidade das estruturas empresariais é um fator da mesma natureza. Em todas as grandes empresas, as concentrações, absorções, cessões e racionalizações quase permanentes tendem a modificar regularmente os organogramas, a movimentar com muita frequência os interlocutores dos sindicatos e a dificultar o acesso às pessoas "realmente decisivas" (Launay, 1990, pp. 444-5). Elas impedem a criação de relações profissionais de longa duração e, assim, entravam o desenvolvimento sindical.

A *desintegração da comunidade de trabalho* pelo emprego num mesmo lugar de pessoas provenientes de empresas diferentes e com estatutos diversos também contribui para desarmar e desorientar a ação coletiva. Num artigo dedicado ao sucesso jurisprudencial das fórmulas de "disponibilização de pessoal", A. Lyon-Caen e J. de Maillard (1981) escrevem: "Suponhamos empresas aparentadas, com atividades complementares. Elas intercambiam pessoal. Mas seus estabelecimentos são nitidamente distintos, bem como o estatuto coletivo do pessoal. Num mesmo local trabalharão, portanto, assalariados ligados a empresas diferentes, logo submetidos a estatutos variados. Como poderá ser instituída a representação organizada do pessoal? Embora as operações de disponibilização se tenham tornado banais, há motivos para se apostar que os tribunais se recusarão a considerar a existência de uma unidade econômica e social. Talvez admitam a presença de um conjunto econômico, mas é difícil imaginar, apesar da intuição insistente, que admitam 'a existência de uma comunidade de trabalhadores constitutiva de uma unidade social'." A dissociação entre o que J. Magaud (1975) chama de "propriedade jurídica" (quem paga) e "propriedade real" (quem tem o poder de organizar o trabalho dos assalariados no quadro da coletividade de produção) tende a separar a reivindicação salarial (feita a quem paga) da "contestação da organização do trabalho" (feita a "quem divide as tarefas") e, assim, a entravar a implementação de acordos de empresa ou de convenções coletivas. Contribui para problematizar a questão de quem deve ser o destinatário da reivindicação (quem é o patrão real?), para reduzir muito a capacidade de negociação dos assalariados e para devolver à empresa uma "margem de iniciativa" em relação à situação na qual o conjunto dos assalariados está ligado "a uma única entidade". Dificultando a identificação do empregador, atrapalha o exercício dos direitos coletivos dos assalariados. O fato de todos pertencerem à mesma comunidade de trabalho é modificado pelas novas formas de organização, o que prejudica muitíssimo as mobilizações (Simitis, 1997). A análise de F. Ginsbourger e J.-Y. Potel converge para as mesmas conclusões: a partir de meados da década de 70, assiste-se ao declínio das negociações coletivas, atribuído pelos autores às "reestruturações econômico-sociais que rompem a unidade anterior das coletividades de trabalho e provocam o enfraquecimento da força coletiva sindical" (Ginsbourger, Potel, 1984).

As novas modalidades de estruturação das empresas, simultaneamente aos ganhos de produtividade e à redução do custo das operações que exigem pessoal pouco qualificado, possibilitaram em grande parte a extinção da oposição sindical. As novas formas de gestão humana (envolvimento, individualização, participação etc.) tiveram o mesmo tipo de efeito.

Como a nova gestão empresarial se livrou dos sindicatos

No início dos anos 80, a *individualização dos salários*, na maioria das empresas nas quais é praticada, passa pelo aumento da importância do papel do chefe hierárquico direto (ou, mais tarde, do gerente de projeto) na avaliação do assalariado. Uma ou duas vezes por ano, cada assalariado "faz a avaliação de sua situação" com o superior, o que redunda numa "apreciação global" (Grandjean, 1987). Para a empresa, esse método de determinação do salário tem a vantagem de colocar o maior número possível de assalariados em situações nas quais tenham de fazer um julgamento sobre colegas e, de certo modo, um julgamento sobre si mesmos. Mas, quando precisam avaliar-se mutuamente, os assalariados também têm mais dificuldade para criar uma frente conjunta contra a direção central. O desenvolvimento das remunerações extras com base na consecução de objetivos, sejam estes individuais ou de pequeno grupo, também teve como consequência aumentar o espírito de competição entre grupos e assalariados, bem como o envolvimento no trabalho, reduzindo proporcionalmente as possibilidades de unir-se ou opor-se. O representante entrevistado por M. Pialoux (1993) indica, assim, o desenvolvimento das recompensas como uma das causas essenciais de desunião do grupo operário[19]. No fim da década de 70 e meados da de 80, a introdução de todo um conjunto sofisticado de instrumentos de relações humanas – primeiro em grandes empresas e depois em empresas médias e na função pública –, como os *grupos de expressão dos trabalhadores* e os "círculos de qualidade", possibilitou o fortalecimento do controle por parte das direções, que passaram a ficar muito mais informadas que os sindicatos sobre as reivindicações e os descontentamentos dos trabalhadores (Philonenko, Guienne, 1997, p. 54). O caráter puramente local dessas instâncias também possibilita prevenir rapidamente os riscos de difusão de informações, descontentamentos ou formas de resistência (quando há) para outras empresas ou outras unidades de um mesmo grupo. O papel dos sindicatos foi diminuindo à medida que se desenvolvia o hábito de ouvir diretamente as reivindicações; os assalariados hoje em dia têm mais confiança nos chefes hierárquicos das empresas do que nos sindicatos para defender seus interesses[20]. Embora não se possa duvidar das melhorias possibilitadas pela instauração de uma comunicação mais frequente e do aumento da satisfação de numerosos assalariados cujas opiniões passaram a ser levadas em conta, também se verifica que, em bom número de casos, as reivindicações foram simplesmente extirpadas pela raiz quadrilhando-se intensivamente os locais de trabalho.

Por fim, múltiplos dispositivos, entre os quais a individualização dos salários já mencionada, procuraram desenvolver o *envolvimento das pessoas no trabalho*, favorecer o senso de responsabilidade e o autocontrole. A manutenção no emprego ou o acesso a novas organizações mais flexíveis e mais polivalentes do trabalho, que aos poucos substituem as antigas organizações taylorianas, foram a oportunidade de se obter maior engajamento na situação de trabalho e a redução da distância crítica. Exemplo impressionante disso é o da abertura da nova fábrica de carroçarias da Peugeot em Sochaux, chamada HC1. Os operários destinados a trabalhar na nova fábrica foram enviados para fazer um estágio de formação de três semanas num castelo, geralmente reservado à formação de executivos. Na ocasião exigiu-se deles o compromisso formal, perante testemunha, de respeitar os "Dez mandamentos" da nova organização[21]. Durante um dos estágios, um operário que se recusou foi convidado a interromper o estágio e devolvido a seu antigo posto, apesar do caráter ilegal do compromisso exigido (Pialoux, Weber, Beaud, 1991, p. 14).

Os novos métodos de gestão das relações humanas tiveram o efeito de diminuir muito o nível de conflitos nas empresas e evitar os sindicatos. No entanto, para os que defendiam relações profissionais de novo tipo, menos hostis, com um sindicalismo mais envolvido nos negócios, no estilo dos países de forte tradição social-democrata, essas evoluções não eram necessariamente negativas. Do mesmo modo, numerosas inovações patronais tiveram o assentimento dos assalariados. Dessa vez, a ambiguidade dos novos dispositivos, cujas razões e riscos se percebem, tendeu a paralisar ou a tornar ineficaz a crítica feita pelos atores sindicais e a acelerar a perda de confiança neles.

A ambiguidade paralisante dos novos dispositivos

Os novos dispositivos empresariais pegaram os sindicatos desprevenidos, se assim se pode dizer. Frequentemente estes ficaram sem saber o que pensar[22], refugiando-se ora numa atitude oposicionista por princípio a qualquer iniciativa patronal, considerada ruim *a priori,* ora reconhecendo nelas o eco de suas próprias propostas, como ocorreu quando da retomada de ideias de autogestão, desenvolvidas originalmente pela CFDT. Do mesmo modo, a adoção de uma política mais moderada pela CFDT, em virtude da qual essa central, em 1978-79, manifestou a tendência a circunscrever-se ao concreto, ao local, à negociação em nível de empresa, privilegiando as condições de trabalho, a inovação e a vivência ("ação deve partir ao máximo de preocupações cotidianas"), pode parecer, retrospectivamente, em harmonia com a evolução das posições patronais do fim da década de 70[23].

Os sindicatos não souberam, por exemplo, como se posicionar diante dos círculos de qualidade. A seção CFDT de uma grande empresa percebeu que não havia nenhuma unanimidade entre seus afiliados: alguns se mostravam hostis, considerando que organização do trabalho "não é tarefa" de operários; outros pagavam para ver, enquanto um outro grupo identificava-se com as dificuldades da firma e desejava realizar os ganhos de produtividade solicitados, para manterem o emprego. O rótulo sindical deixou de se mostrar determinante para a previsão das atitudes, pois estas evoluíam de modo desordenado em cada sindicato, indo da denúncia virulenta ao apoio ativo (A. Borzeix, citada por Margirier, 1984).

Em torno de outros assuntos, como redução, organização e flexibilização da jornada de trabalho, as posições das diferentes centrais se mostraram mais firmes, porém diferentes (Lyon-Caen, Jeammaud, 1986), pondo a perder a possibilidade de uma frente unida dos assalariados. Embora o sindicalismo à francesa sempre tenha sido marcado pelo pluralismo, nunca como a partir do fim dos anos 70 e do posicionamento moderado da CFDT as brigas foram tão frequentes nem tão desmobilizadoras para os sindicalizados, que se viram como seus reféns. Antes, apesar das diferenças ideológicas, existiam acordos de unidade de ação entre a CFDT e a CGT, e era raro que as centrais concorressem pelos mesmos afiliados, pois nas empresas onde havia várias seções muitas vezes se observava certa repartição (aquela oficina da CFDT, aquele escritório da CGT etc.) (Labbé, Croisat, Bevort, 1989). Os conflitos entre centrais, boa parte dos quais deve ser atribuída à dependência da CGT em relação ao PCF, também se exacerbaram em torno da questão da interpretação da crise. A CFDT, em especial, não compartilhava o ponto de vista puramente "econômico" da CGT e acreditava que a crise era tão cultural e política quanto social e econômica. Segundo seus dirigentes, não bastava "recitar exigências de emprego para retomar o crescimento"; era preciso "'aproveitar' a crise – se assim se pode dizer – para 'pensar' outro crescimento cuja natureza fosse diferente do que possibilitou o sucesso dos trinta anos gloriosos" (Launay, 1990, p. 459). Na primeira metade da década de 70, o conflito entre a CGT e a CFDT girava em torno, por exemplo, do caráter hierárquico ou igualitário dos aumentos de salário. A CGT era favorável a aumentos proporcionais ao nível hierárquico, que respeitassem classificações e qualificações, contra a tendência capitalista à desqualificação dos trabalhadores. Ao contrário, a CFDT considerava as hierarquias salariais como marcas da influência do capitalismo no próprio mundo do trabalho, e, por conseguinte, convinha não levá-las em conta (Dubois, Durand, Erbès-Seguin, 1978, p. 66).

A impossibilidade de decidir com simplicidade que tipo de interesse os novos dispositivos despertavam nos trabalhadores deixou os sindicatos incertos quanto à posição que deveria ser tomada; também os dividiu, gerando um processo de politização que era maciçamente rejeitada pelos afiliados.

A participação mais ou menos ativa nas reestruturações desqualificou quase sistematicamente a ação das células das bases. Segundo D. Labbé, M. Croisat e A. Bevort (1989, p. 72), nenhuma seção sindical estudada saiu incólume do confronto com "planos sociais", independentemente da atitude adotada, pois esta variou consideravelmente, de acordo com o lugar, indo desde a quase cogestão do dossiê até a rejeição das demissões por uma questão de princípio. Na tradição francesa, os chamados sindicatos "representativos" na verdade têm a capacidade de arregimentar os assalariados, mas esta se torna fonte de desqualificação a partir do momento em que já não se trata de negociar melhorias e distribuí-las, mas, ao contrário, de arbitrar na distribuição dos sacrifícios (Lyon-Caen, Jeammaud, 1986, p. 34). As posições oficiais das centrais pareciam às vezes entrar em contradição com as convicções de seus afiliados ou com aquilo que eles estavam vivendo nas empresas[24]. A atitude da CFDT durante as negociações em torno da flexibilização de 1984, quando aceitou seus princípios ao lado de organizações tradicionalmente malvistas por seus militantes, como a FO ou a CGC, pareceu ser uma verdadeira "traição", sendo causa, ao que parece, de numerosas saídas (Labbé, Croisat, Bevort, 1989, p. 75).

Inversamente, os assalariados podiam ser favoráveis a certas disposições, e uma oposição por parte dos sindicatos podia representar outra fonte de perda de confiança. Assim, em numerosas empresas, na primeira metade dos anos 80, vários acordos de aumentos individualizados foram assinados pelos sindicatos, apesar de sua oposição por princípio a essa fórmula. Mas aqueles acordos satisfaziam demais às expectativas de numerosos assalariados para que os sindicatos se arriscassem a enfraquecer-se ainda mais, opondo-se a eles.

Toda uma geração de novos egressos de universidades, nos anos 70, rejeitava as formas de dependência pessoal do mundo doméstico, consideradas humilhantes (e os jovens executivos, por exemplo, não pretendiam exercer esse tipo de autoridade cerrada), bem como as formas burocráticas de controle impessoal, julgadas ineficazes e desumanas. Não queriam ser tratados como "domésticos" nem como "máquinas". As críticas também provinham das mulheres, cada vez mais numerosas em empregos assalariados e cada vez menos dispostas a aceitar o poder frequentemente abusivo e acompanhado de vexações sexuais que lhes era imposto pelos pequenos chefes – ajustadores, contramestres, gerentes de seções burocráticas[25]... Elas também desejavam o desenvolvimento do período parcial para conseguirem equilibrar melhor a vida. Essas reivindicações de liberação, ponto focal daquilo que chamamos de crítica estética, foram ouvidas e satisfeitas em parte. Mas sua satisfação teve como efeito dividir assalariados e sindicatos quanto à interpretação da evolução em curso. Conforme ressaltou Michel Pialoux, os jovens semiqualificados recrutados na Peugeot mostram-se relativamente seduzidos por certos aspectos dos novos dispositivos: competição, valorização do sucesso individual, espírito esportivo (Pialoux, Weber, Beaud, 1991, p. 8). As seções sindicais são então atravessadas por um conflito de gerações e têm grande dificuldade para unir os assalariados.

Pelo menos com a subida da esquerda ao poder, os sindicatos, encabeçados pela CFDT, que teve grande participação na elaboração das leis Auroux, tiveram oportunidade de conseguir a aprovação de numerosas ideias e obtiveram uma melhoria em termos de situação e prerrogativas. Mas o saldo no plano legislativo não foi tão favorável quanto levaria a pensar a leitura apenas do conteúdo das leis, pois o modo como estas foram aplicadas, os ardis encontrados pelo patronato para tirar proveito delas e as próprias fraquezas dos sindicatos acarretaram uma série de efeitos não previstos que alguns analistas designam como causas principais da dessindicalização.

Efeitos não previstos dos avanços legislativos

Parece, de fato, que sob muitos aspectos essas conquistas não produziram os frutos esperados, a começar pelo desenvolvimento da negociação entre parceiros sociais, que devia deixar espaço de escolha para os sindicatos. As leis Auroux procuraram aumentar a negociação em nível de empresa[26], mas a transferência das arbitragens do nível nacional, no qual os sindicatos eram visíveis e relativamente fortes, para o nível local, no qual eram geralmente fracos, tornou-os pouco aptos a opor resistência à vontade patronal. O déficit em termos de eficácia favoreceu a dessindicalização.

No entanto, de início, o patronato teria considerado as leis Auroux muito desfavoráveis. Prova disso é a brochura publicada pelo CNPF em abril de 1983 (*Aplicação das leis Auroux. Recomendações do CNPF*), que alerta os patrões contra essas leis que "podem comprometer gravemente a eficácia das empresas em detrimento daqueles que nelas trabalham e da comunidade nacional como um todo". Eles temiam especialmente – sem razão, pode-se dizer *a posteriori* – que as leis Auroux fortalecessem a posição dos sindicatos como únicos interlocutores da empresa e comprometessem assim a volta ao controle administrativo das empresas e a implantação de grupos de expressão inspirados em círculos de qualidade. A mudança de atitude do patronato em relação às formas da negociação foi de fato quase total: nos anos 60, o patronato preferia negociações setoriais, para evitar que "as empresas mais bem situadas economicamente constituíssem uma referência para as reivindicações dos assalariados das outras empresas"; ao contrário, nos anos 80, o patronato achou que era de seu "interesse negociar em nível de empresa, para poder levar em conta com mais eficácia as injunções da situação econômica" (Eymard-Duvernay, 1987).

Por outro lado, enquanto apresentavam os sindicatos como os interlocutores naturais na negociação, essas leis legitimavam os acordos extrassindicais, com o "direito de expressão dos assalariados", o que tampouco é estranho à perda de receptividade por parte dos sindicatos. As modalidades de exercício do "direito de expressão dos assalariados" deveriam ser fixadas por meio de negociação coletiva; ora, os numerosos acordos concluídos frequentemente atribuíram ao superior hierárquico um papel de animador das reuniões (Bonnechère, 1997, p. 62), o que transformou o direito de expressão em ferramenta comum do instrumental da gestão empresarial participativa.

O princípio de igualdade de tratamento de todas as centrais, observado a partir do pós-guerra por razões democráticas (possibilitar a representação da diversidade dos assalariados), mas também por outras razões menos democráticas (limitar o poder da CGT, que por muito tempo foi majoritária), não foi transformado por favorecer a fragmentação e o enfraquecimento da representação sindical e, sobretudo, por impedir o desenvolvimento de uma verdadeira negociação coletiva que, no entanto, constituía o cerne das leis Auroux. "Só em raríssimas ocasiões a representação majoritária dos assalariados é tomada em consideração pelo direito da negociação coletiva, e em condições tão restritivas, que parecem concebidas para nunca serem preenchidas. Portanto, é lícito aos empregadores firmar convenções com uma organização sindical que represente de fato apenas uma pequena minoria de assalariados. Em tal sistema [...] a intervenção contínua do Estado é inevitável" (Supiot, 1997, p. 237). Alguns, como F. Ginsbourger (1998, pp. 73-4), chegam até a pensar que a emissão (antes mesmo da votação das leis Auroux, entre janeiro e março de 1982) de sete medidas regulamentares do conteúdo normativo daquilo que, já então, escapava à negociação (redução da jornada semanal para 39 horas, quinta semana de férias pagas, limitação das possibilidades de recurso ao trabalho temporário e aos contratos por período determinado, regulamentação do trabalho em período parcial e aposentadoria aos 60 anos) matou no embrião o reinício das negociações pretendidas, uma vez que os parceiros, na maioria das vezes, se restringiram a inscrever as novas disposições legais nas convenções coletivas. Esse caso é exemplar das formas dominantes de regulação social na França, que atribuem papel fundamental ao Estado. Está claro que, em vista de sua fraqueza, associada ao quadro regulamentar que não incentiva à sindicalização e alimenta a concorrência entre as centrais, os sindicatos, por si sós, não poderiam ter obtido do patronato os avanços sociais decretados nas medidas regulamentares de 1982. Logo de saída, o Estado deve intervir e é o verdadeiro motor do progresso social, o que, em contrapartida, contribui para desacreditar os sindicatos.

Outras conquistas de dois gumes dizem respeito à extensão das competências sindicais e ao crescimento dos meios postos à disposição graças, especialmente, às horas de representação. Essas medidas facilitaram o aparecimento de sindicalistas de período integral, que acumulavam as horas de representação das múltiplas instâncias (representantes sindicais, representantes do pessoal, comitê de empresa, comitê de saúde, segurança e condições de trabalho), passando o tempo em reuniões, sindicalistas profissionalizados e tecnicizados, que nessa situação perdiam o contato com os afiliados, deixando de ter tempo para recolher comprovantes de pagamento, obter adesões etc. Do ponto de vista das empresas e dos assalariados, esse sistema de representação à francesa é pesado e pouco compreensível, marcado pela coexistência de numerosas instâncias com competências diversas.

Mas, embora essa multiplicidade prejudique a eficácia da ação, os sindicatos aderiram, devido aos meios oferecidos e às numerosas possibilidades de "proteção" para certos assalariados. A votação da lei Giraud, em 20 de dezembro de 1993, para as empresas com menos de 200 assalariados, tentou remediar essa situação, oferecendo ao empresário a possibilidade de decidir unilateralmente que os representantes do pessoal também fossem os representantes dos assalariados no comitê de empresa. Embora essas disposições tenham sido realmente um fator de simplificação, é de temer que tenham sido utilizadas acima de tudo para reduzir a presença sindical nas pequenas e médias empresas, que contassem com ela, e não para dar vida a instâncias de representação antes inexistentes (Bonnechère, 1997, p. 72). Percebe-se por esse exemplo que a simplificação do dispositivo, para ser eficaz, deveria ser associada a incitações à sindicalização, e é fácil entender que, na falta de tal projeto político, os sindicatos se apeguem fortemente àquilo que alguns denunciam como "vantagens adquiridas" e "prebendas".

O sindicato, assim, tornou-se um negócio de profissionais, mais que de militantes. Parece até que, sob certos aspectos, os afiliados se transformaram em fardo: é preciso ouvi-los e cuidar deles, ao mesmo tempo que a lei atribuiu aos sindicalistas numerosas funções que eles podem assumir sem precisar de afiliados. Como uma parte dos meios está, por outro lado, associada ao sucesso eleitoral das diferentes centrais (postos nas caixas de seguridade social, posto de secretário de comitê de empresa etc.), e como as eleições se sucedem em ritmo rápido, o essencial do esforço na direção do pessoal foi investido nas campanhas eleitorais. A focalização nas eleições contribuiu para que os afiliados fossem um pouco mais esquecidos, até o dia em que se percebeu que o desenraizamento excessivo provoca retrocesso eleitoral e organização de eleições desprovidas de sentido, devido à abstenção, o que alimentou de novo o processo de desqualificação dos sindicatos (Labbé, Croisat, Bevort, 1989).

Assim, as conquistas possibilitadas pelo movimento dos anos 70, cujas numerosas ideias serão concretizadas quando da subida da esquerda ao poder, geraram numerosos efeitos perversos que a crítica teria como função obstar, pois não havia risco de o patronato se insurgir contra a perda de influência dos sindicatos que ele combatia com outras armas. Mas o sentimento de conquista e satisfação impediu de ver durante muito tempo as fraquezas dos novos dispositivos. Esses elementos mostram novamente que o atendimento da crítica, sempre desejável quando se considera que suas reivindicações têm fundamento, é um perigo para a própria crítica, que então demora a submeter o mundo a provas.

Num outro efeito de virada da crítica contra si mesma, a crítica estética não só incitou ao desmantelamento da burocracia empresarial, como também atacou o Estado, os partidos políticos e, na questão que nos interessa aqui, os sindicatos. Estes, aliás – embora em graus diversos segundo as centrais e os setores... –, a acolhiam em seu seio e, portanto, alimentavam forças que não hesitavam em tomá-los por alvo de um projeto de reforma.

O sindicalismo como vítima quase conivente da crítica estética

A crítica aos sindicatos terá pleno desenvolvimento em meados dos anos 80, mas sua origem não era apenas patronal. Ela também se enraizava na oposição esquerdista (à qual os maoistas, embora pouco numerosos, souberam dar grande visibilidade) à burocracia sindical (a CGT era um alvo privilegiado dessas acusações) e ao poder sindical que, em certos setores, frequentemente se confundia com o dos pequenos chefes[27]. Simultaneamente, os ataques violentos de que os sindicatos foram objeto – tal como ocorreu nas obras de François de Closets (publicada no início da década de 80) – invertiam sua imagem (de defensores dos oprimidos eles passavam a defensores dos privilégios das categorias minoritárias protegidas) e encontravam condições favoráveis à divulgação[28]. Principalmente porque os sindicatos, que nunca se haviam enraizado nas pequenas empresas, mantinham presença ativa sobretudo no setor público, nas empresas estatais e nos núcleos das grandes empresas que haviam escapado à onda de terceirização das funções menos específicas. As instâncias sindicais (aliás, assim como os partidos políticos) pertenciam ao mundo hierárquico e burocrático que os participantes dos movimentos de 68 haviam desejado destruir e viam agora finalmente recuar. Não conseguindo renovar com bastante rapidez suas próprias formas de contestação para ajustar-se às novas aspirações[29] – tarefa da qual o capitalismo pareceu desincumbir-se melhor –, os partidos e os sindicatos sobre os quais recaía a crítica foram atraindo cada vez menos militantes, quando não eram acusados de se terem tornado retrógrados e sectários e de se voltarem apenas para o serviço de algumas minorias corporativas indevidamente privilegiadas. A CGT era, por exemplo, muito reticente em relação à autogestão, na qual ela via, com razão, uma crítica às formas tradicionais de representação e às formas de sindicalismo por ela mesma adotadas.

A ambiguidade dessa crítica aos sindicatos decorria do fato de a acusação de corporativismo encontrar adesão internamente por parte dos próprios militantes, pois uma parcela deles sonhava com uma união da classe operária (ou do conjunto dos assalariados em torno da classe operária) transcendente a todos os interesses particulares, em especial aos associados aos corpos profissionais e às empresas, enquanto outra parte era inspirada por um igualitarismo radical que recusava quaisquer hierarquias, inclusive as dos corpos profissionais ou de qualificação, estigmatizadas como outras tantas fontes de opressão. Assim, é espantoso ver que, mesmo antes de ganhar o grande público, no início da década de 80, a acusação de corporativismo foi feita internamente, provocando numerosas mudanças de organização, que *a posteriori* podem ser consideradas uma das fontes da dessindicalização.

Fazia tempo que as confederações eram organizadas por setores e por subdivisão geográfica, e não por profissões ou empresas, mas as estruturas continuavam leves. Ora, essa organização foi depois imposta a todos os sindicatos federados: "A partir dos anos 60, em nome das amplas solidariedades e da unidade dos assalariados perante o empregador, as confederações eliminaram as divisões por categorias e procederam ao desmantelamento dos sindicatos nacionais que eram o prolongamento natural do princípio corporativo." Numa circular de 1974, a CFDT lembrava que uma enfermeira ou uma assistente social atuante numa fábrica não podia estar ligada à federação dos serviços de saúde, mas, por exemplo, à federação HaCuiTex, caso se tratasse de uma indústria têxtil. O mesmo fenômeno ocorreu com as assistentes sociais na CGT. Em 1969, a confederação pediu a seu sindicato nacional que se dissolvesse e espalhasse os afiliados entre as federações correspondentes a seus respectivos empregadores. Esse tipo de obrigação, portanto, condenava à não representação de certas profissões "transversais", tais como as de assistente social, mas também as de informática, formação, marketing etc. (Labbé, 1996, p. 93).

Teve início também uma tendência a confundir as diferentes categorias sociais coexistentes nas empresas: foram assim instituídas na CFDT seções sindicais únicas que supostamente agrupariam em seu seio todas as categorias de pessoal. Mas essa ideia generosa não teve sucesso, pois os afiliados desejavam lugares onde fosse possível tratar de seus problemas profissionais específicos[30]. A CGT, durante os mesmos anos, tinha grande dificuldade para considerar as especificidades de algumas populações, especialmente as dos executivos que, apesar da existência da UGICT, sentiam dificuldade para se fazerem ouvir[31].

Para terminar, as direções sindicais também quiseram transcender as divisões profissionais entre setores, reforçando as uniões geográficas, locais e departamentais, o que levou à multiplicação de órgãos, conselhos e organismos de decisão, ao mesmo tempo que o número de militantes diminuía, com o efeito de absorvê-los ainda mais no funcionamento das engrenagens do sindicato e reforçar seu distanciamento em relação à ação e aos afiliados.

No passado "o sindicalismo à francesa extraía força de sua dimensão corporativa e de sua aptidão para gerir os problemas dos indivíduos ou dos pequenos grupos no próprio local de trabalho. A partir de então, ao pretenderem'transcender o corporativismo' e organizar a 'ampla solidariedade', os sindicatos não destruíam as bases sobre as quais haviam sido construídos? [...] Em muitos casos, essas 'reestruturações' redundaram no desaparecimento puro e simples dos sindicalizados e da seção sindical" (Labbé, 1996, p. 95). Certamente, no início dos anos 80, restam baluartes corporativos que não foram desmantelados por esforços sindicais internos (por exemplo, ferroviários, professores, operários da indústria livreira), mas, se eram tão visíveis e fortes, era porque sua forma corporativa os impediu de perder tantos afiliados.

A crítica estética em nome da liberdade, considerada restrita demais num quadro que levava em conta categorias e supunha direitos e deveres referentes ao grupo ao qual se pertencia, aliou-se ao sonho igualitário da crítica social. Juntas, elas trabalharam as estruturas sindicais para tentar extinguir os espaços nos quais os afiliados poderiam ter construído uma unidade de ação em torno de uma comunhão de destinos mais concreta do que apenas a condição de assalariado.

A crítica estética também atacou todas as instituições (família, religião, política e, especialmente, o partido comunista) consideradas opressivas, cujo caráter normativo e diretivo foi questionado e precisou flexibilizar-se. Mas a liberdade conquistada também foi fonte de esgotamento do recrutamento sindical. A crítica à religião como aliada à moral burguesa contribuiu para acentuar a crise do militantismo de origem religiosa e dos movimentos católicos, que eram uma fonte importante de recrutamento para a CFDT até os anos 70[32]. A crítica aos métodos dirigistas do partido comunista e aos países do "socialismo real" contribuiu, por sua vez, para exaurir o recrutamento da CGT. O sindicalismo francês era um sindicalismo de militantes pouco numerosos, mas animados por fortes convicções: a fé cristã ou o socialismo. O esgotamento das fontes tradicionais de recrutamento, precisamente num período em que, por razões que mencionamos acima, era muito difícil a formação do sindicalismo de massa, mais profissional e menos ideológico, contribuiu também para a dessindicalização[33]. Quanto à crítica à família, ela permeou todas as seções sindicais na forma de um conflito de gerações que, aliás, não pode ser dissociado das outras duas rejeições, ou seja, à moral católica tradicional e à cultura operária dos pais, tampouco da situação do mercado de trabalho e das práticas de remuneração e organização dos assalariados segundo a idade que, como vimos, teve o efeito de exacerbar a concorrência entre os jovens e os mais velhos[34].

Resta-nos mencionar, entre os fatores de dessindicalização, aqueles cuja responsabilidade cabe quase integralmente aos órgãos sindicais. Não se trata dessa vez de manobras patronais que, de modo direto (repressão) ou indireto (reestruturação, nova gestão empresarial), tenham enfraquecido as células de base, nem dos efeitos perversos dos progressos legislativos ou do sucesso crítico dos anos 70, e sim do mau funcionamento sindical. Embora não diretamente ligados aos deslocamentos do capitalismo ou às transformações de suas críticas, devem ser abordados pelo menos rapidamente no âmbito deste estudo, uma vez que sem dúvida desempenharam papel importante no enfraquecimento da crítica e, assim, contribuíram para dissipar as resistências que os esforços de reestruturação do capitalismo poderiam ter encontrado.

O funcionamento sindical desfavorável à sindicalização

Uma primeira disfunção que deve ser buscada é a cegueira demonstrada pelos sindicatos muitas vezes incapazes de dimensionar as preocupações dos assalariados, portanto de defendê-los, devido ao desconhecimento manifesto dos problemas de certas profissões ou de certas categorias de assalariados. Já mencionamos as dificuldades enfrentadas por profissionais "transversais", executivos e engenheiros (fora da CGC) ou pelos jovens para encontrar lugar no movimento sindical. C. Dejours (1998) acusa também o movimento sindical de se ter recusado a levar em conta os riscos que o trabalho provocava sobre a saúde mental[35].

Uma segunda crítica frequentemente feita, aliás ligada à primeira, é a do abandono dos afiliados. Conforme destacou Labbé (1996, p. 75): "Mais de um terço dos afiliados não saiu por querer; o sindicato é que os teria abandonado. De fato, conhecemos muitas pessoas que não se consideravam demissionárias: já não lhes pediam o pagamento da contribuição, a seção não se reunia mais ou essas pessoas já não eram convocadas para as reuniões, não havia plantão, ninguém atendia ao telefone. O fim dos sindicatos é, em primeiro lugar, o fim dos militantes"[36]. Além das razões já mencionadas para essa transformação do sindicalismo (profissionalização, aparecimento de sindicalistas em período integral, rarefação dos viveiros de recrutamento tradicional de militantes...), também é preciso mencionar uma ideologia sindical, então bastante difundida, oriunda do "mito do grande dia da revolução", ou da "crise geral do capitalismo". Segundo essa concepção, é inútil procurar adaptar-se às mudanças da sociedade; basta esperar o momento em que as "contradições do sistema" provocarão uma espécie de levante geral. "O sindicalista não precisa resolver os problemas; ao contrário, ele precisa ajudar o 'amadurecimento' e a explosão das contradições" (Labbé, 1996, pp. 106-7). Esse tipo de freio ideológico, apontado também por C. Dejours e por aqueles que veem no obreirismo tenaz (especialmente da CGT) um dos fatores da crise do sindicalismo, está associado às dificuldades de uma evolução do discurso da crítica social para ajustar-se ao novo mundo. Se em alguns pontos os sindicatos evoluíram depressa, como mostra o desenvolvimento de um sindicalismo profissional, em outros eles mostram uma inércia assustadora, revelando-se, por exemplo, incapazes de renovar suas doutrinas e análises, enquanto o mundo do trabalho se transformava em profundidade. Era como se as instâncias que respaldavam a crítica social já não dispusessem dos instrumentos intelectuais necessários para compreender o que estava sendo criado, instâncias que, por uma espécie de isomorfismo, se haviam constituído na coexistência com o mundo industrial dominado (em termos ideológicos, se não numéricos) pela grande empresa planificada que o patronato estava justamente revolucionando. É difícil saber por que eles não puderam renovar-se ideologicamente com suficiente rapidez: se porque tinham perdido o contato com os afiliados ou porque suas análises anteriores os impediam de ver o que estava acontecendo. Certamente os dois fenômenos se reforçaram mutuamente.

Dominique Labbé menciona, enfim, as práticas de cooptação das centrais sindicais. Os responsáveis em cada nível, quaisquer que fossem as confederações, eram escolhidos pelo nível superior, e nunca pelos afiliados. Portanto, eram as uniões locais ou departamentais, e não a seção, que designavam o representante sindical, que, para manter sua função, precisava agradar à hierarquia sindical, e não a base. A característica comum dos dirigentes atuais das centrais (CGT, FO, CFDT, para só citar as maiores) também é a de ter passado o essencial de sua vida ativa nos aparelhos sindicais, distantes de seus meios profissionais de origem.

Para terminar, precisamos mencionar uma última crítica que acusa a politização e seus excessos, englobando, na realidade, numerosas queixas: o vínculo entre a CGT e o PCF se tornou cada vez mais incômodo à medida que o comunismo francês restringia seu apoio à União Soviética; o vínculo menos estreito, mas real, entre a CFDT e o PS[37], que lançará descrédito sobre a CFDT quando da mudança de política em 1983; a guerra local travada entre as seções CFDT e CGT depois dos anos de ação comum. O que parecia normal na década de 70, ou seja, o apoio dos sindicatos a um projeto político (união da esquerda, apoio eleitoral a certos candidatos por parte das centrais etc.), atraindo na época grande número de afiliados, na década de 80 se voltou contra o movimento sindical, num momento em que as perspectivas políticas se tornavam confusas e eram frequentes as críticas à politização.

O sindicalismo deveria ter sido a primeira força dedicada a refrear ou corrigir a desconstrução do mundo do trabalho provocada pelos deslocamentos do capitalismo; deveria ter tido condições de mobilizar-se para opor-se a seu próprio desbaratamento, parcialmente decorrente das novas práticas empresariais. Mas o sucesso obtido pela crítica bifrontal, cujo portador ele fora (quer se tratasse de ganhos obtidos pela crítica social quanto à institucionalização dos sindicatos, quer se tratasse da adoção de certas propostas da crítica estética), dificultou a avaliação das novidades e retardou a conscientização dos efeitos perversos que estas podiam induzir. Como o mundo havia mudado em parte sob efeito da crítica, esta demorou a recompor-se e a enfrentar as novas tarefas que lhe incumbiam.

Uma das razões da lentidão dessa reação reside na desconstrução das formas e das modalidades de criação de equivalências que, por um lado, possibilitavam a comparação das situações e, por conseguinte, estimulavam o sentimento de solidariedade e favoreciam as mobilizações coletivas e, por outro, forneciam instrumentos para interpretar as medidas e as iniciativas de gestão empresarial. Entre as equivalências desconstruídas, deve-se dar especial importância a uma delas que, não se limitando apenas ao espaço da empresa, desempenhava havia um século e meio papel fundamental na interpretação comum da sociedade e, a partir da guerra, fora integrada de alguma maneira na própria construção do Estado: as classes sociais. Estas delimitavam no espaço social grupos de pessoas que ocupavam posições diferentes na divisão do trabalho, nas relações de propriedade e na distribuição dos recursos capazes de produzir lucro. O espaço das classes sociais que, até a década de 80, constituíra um quadro de referência comum que era ao mesmo tempo prático e cognitivo, sobretudo na forma que lhes fora dada na década de 50 pela classificação das categorias socioprofissionais (CS) do INSEE, tornou-se confuso e deixou de ser indiscutível.

2. QUESTIONAMENTO DAS CLASSES SOCIAIS

Tal como no caso da dessindicalização, é preciso ver nas transformações do capitalismo uma das causas da crise do modelo das classes sociais. Os deslocamentos em direção a novas provas durante os anos 70-80 não afetaram apenas o modo de seleção dos empregáveis e não empregáveis e, no caso dos que conservavam o emprego, os caminhos do sucesso ou da marginalização. Não contribuíram apenas para reduzir a implantação e a adesão dos sindicatos. Também modificaram as estruturas segundo as quais era pensada a sociedade nos discursos sobre o mundo social e nas análises eruditas. De modo muito geral, nas décadas anteriores, quando se falava da *sociedade,* havia um acordo, pelo menos tácito, no sentido de designar um Estado-nação cujas principais clivagens eram constituídas por divisões em classes sociais ou, pelo menos, em grupos socioprofissionais.

Representação da sociedade como conjunto de classes sociais no âmbito de um Estado-nação

A partir de meados da década de 30, a existência de classes sociais e a necessidade de dotá-las de reconhecimento oficial eram objeto de um acordo mais ou menos geral, ainda que a natureza dessas classes e, em especial, seu caráter de conflito ou complementação continuasse a alimentar divergências frequentemente violentas entre os marxistas, por um lado, e, por outro, os corporativistas, os neossocialistas ou também os social-católicos[38]. Impôs-se uma concepção da sociedade: uma sociedade é um conjunto de grupos socioprofissionais no âmbito de um Estado-nação. Essa sociedade é boa quando as relações entre os grupos que a compõem podem ser justificadas em referência a uma divisão mais ou menos equitativa dos bens privados e públicos e, quando existem, dos benefícios de um crescimento calculado em base nacional. O Estado é o árbitro desse equilíbrio e, por isso, da paz social. Portanto, ele desempenha papel preponderante no sistema de regulação social, sobretudo no sistema de regulação das relações industriais, conforme demonstra, por exemplo, o fato de que as organizações econômicas – sindicatos de assalariados e organizações patronais – negociam em nível nacional, na maioria das vezes sob a égide do Estado.

A lentidão com que essa concepção foi instaurada, que, pelo menos na França, demorou um século para se impor, é explicada pelo fato de que ela precisou ser construída *contrariando a concepção de representação nacional oriunda da Revolução Francesa* (em grande parte inspirada em Rousseau). De acordo com esta, a nação é constituída por cidadãos cuja qualificação política supõe o seu desvinculamento de qualquer filiação local ou profissional que remeta a interesses particulares (bandos, no *Contrato Social*), para que eles possam voltar-se para o interesse geral. Não existe espaço algum para a representação dos interesses e, por conseguinte, espaço algum para o reconhecimento, a institucionalização e a representação dos grupos socioprofissionais. Nessa visão política, o cidadão é um homem *sem qualidade*, qualificado unicamente pelo fato de pertencer à nação.

É preciso buscar alhures as origens políticas da concepção da sociedade como conjunto dividido em classes sociais. Conforme mostrou Jean-Philippe Parrot (1974), a introdução progressiva, a partir de meados da década de 30 e dos anos seguintes à Segunda Guerra Mundial, de uma representação dos interesses profissionais no Estado, através de instituições como o Plano Econômico, o Conselho Econômico e Social, a Contabilidade Nacional e as categorias socioprofissionais do INSEE, bem como de um sistema de relações profissionais em que o Estado é fiador das negociações entre patrões e sindicatos, resulta da conjunção de três correntes de ideias políticas: o corporativismo (um de cujos componentes principais foi o social-catolicismo), o movimento sindical e a corrente tecnocrática planificadora de origem saint-simoniana.

A classificação das *categorias socioprofissionais (CS)* constituirá, a partir da década de 50 do século XX, um poderoso instrumento de unificação e representação das classes sociais, nos diferentes sentidos de representação política ou administrativa, representação estatística, representação social e representação mental (Desrosières, 1987; 1993). Essa nomenclatura, criada para o recenseamento de 1954, revista em 1982, apresenta-se rapidamente como um instrumento notável de acumulação de conhecimentos sobre a estrutura social, conforme demonstra a grande quantidade de estudos feitos a partir da década de 40 com o uso de suas segmentações, tanto nos centros públicos quanto nos institutos privados de pesquisa. Assim que se tornou disponível, possibilitou analisar sistematicamente as correspondências entre posições sociais, escolaridade, rendimentos e origens sociais, que se situavam no cerne da concepção meritocrática da sociedade desde o pós-guerra e também no cerne do segundo espírito do capitalismo.

Ora, essa nomenclatura não saiu pronta da cabeça do seu criador (J. Porte). É produto de uma história social da definição dos critérios pertinentes de segmentação. Alain Desrosières (1987) descreve as três etapas que foram necessárias à realização da nomenclatura de 1954. A primeira é marcada pela organização em ofícios, que prevalecia durante o Antigo Regime, cuja pujança é verificada ao longo de todo o século XIX, apesar da abolição das corporações pela lei Le Chapelier em 1791. Ela permite a enumeração de "profissões". A distinção dentro de cada uma delas entre mestres e oficiais ainda não é feita, ao contrário da separação futura entre empregadores e empregados; e os "braçais" estão desvinculados da gente de ofício (são definidos negativamente como "sem ofício"), diferentemente de uma outra categorização, que surgirá mais tarde, na qual os "operários não qualificados" (ex-braçais) serão postos ao lado dos "operários qualificados" (ex-oficiais) para constituir uma "classe operária". A segunda etapa consistirá em separar patrões e assalariados, não assalariados e assalariados. Mas isso só é possível com o nascimento do direito do trabalho e com a definição bem codificada do salariato em fins do século XIX. A terceira etapa, que conduz à nomenclatura das categorias socioprofissionais, é marcada pela codificação de uma hierarquia dentro do salariato, em função dos níveis vinculados à duração e ao tipo de formação. A distinção entre operários e pessoal administrativo, construída em torno da dicotomia manual/não manual, já estava em uso, mas os conjuntos operários e administrativos não eram hierarquizados, tal como conhecemos hoje, havendo, do lado operário, a série: "braçais", "semiqualificados" e "qualificados"; e, do lado administrativo, a série: "burocráticos", "profissões intermediárias", "executivos e profissões intelectuais de nível superior".

Essa terceira etapa se estende da década de 30 à de 50, respaldada nos acordos Parodi e no arcabouço das classificações presentes nas convenções coletivas. Estas últimas, criadas pela lei em 1919, só redundarão em realizações depois dos acordos Matignon em 1936[39] e se tornarão uma das principais instituições com base nas quais se estabelecerão as relações sociais no pós-guerra. Em 1946, os decretos Parodi-Croizat estabelecem classificações destinadas ao cálculo dos salários, em parte para garantir que os "sacrifícios" decorrentes da reconstrução sejam "equitativamente divididos". Assim, generalizam para todos os setores níveis de qualificação operária, inspirados na convenção coletiva da metalurgia dos anos 20 (braçais, OS1 [semiqualificados 1], OS2 [semiqualificados 2], Pl [operário qualificado 1], P2 [operário qualificado 2], P3 [operário muito qualificado]). Cada setor anexará listas de ocupações a cada nível de qualificação. No pós-guerra assiste-se também à criação dos comitês de empresa, cujos membros são eleitos pelos assalariados divididos em três colégios (operários, agentes administrativos-técnicos-supervisores funcionais [ETAM] e executivos), cristalizando também aí fronteiras entre grupos de assalariados. O estatuto da função pública é estabelecido na mesma época, fazendo uma distinção entre executivos A e executivos B, que servirá de modelo para dissociar os "executivos médios" ("profissões intermediárias" na nomenclatura de 1982) e os "executivos superiores". A nomenclatura das CS está, assim, diretamente ligada ao aparecimento, ao longo da história, de regras de segmentação empregatícia utilizadas pelas empresas, mas amplamente instituídas pelo Estado. Essa história singular explica a forma original das CS francesas em relação às estratificações estrangeiras, bem como sua robustez na prática de análises de dados.

As classificações realizadas com o emprego da nomenclatura são mais confiáveis porquanto as profissões estão bem representadas por grupos profissionais e são instituídas por meio de leis e regulamentos. Assim, mostrou-se como os grupos e as classes mais proeminentes na década de 70 (aqueles cuja existência é reconhecida ao mesmo tempo pelos parceiros políticos, pelos representantes profissionais, pelos estatísticos ou sociólogos e pelas pessoas comuns) tinham sido objeto de longo trabalho de construção e institucionalização. Vejamos, por exemplo, a categoria dos executivos, muito heterogênea sob a maioria dos aspectos (funções exercidas, nível de salário, importância do patrimônio, formação etc.): em primeiro lugar, deve a existência à criação de instituições de representação (associações, sindicatos, jornais...) que obtêm a definição de um estatuto e a aplicação de dispositivos regulamentares[40], cujo caráter legislativo garante sua execução em cada empresa e no conjunto do território nacional (Boltanski, 1982[41]). Foi possível mostrar também, por exemplo, ao analisar as operações de codificação realizadas no âmbito do INSEE, que os erros de classificação referentes aos médicos são extremamente raros na nomenclatura, apesar da grande variedade de títulos profissionais que eles podem utilizar, pois a obrigação de ser doutor em medicina para poder exercer é um poderoso instrumento para determinar os contornos da profissão[42].

As *convenções coletivas* constituem um elo essencial entre as CS – que servem ao trabalho estatístico e oferecem uma representação da sociedade em termos de classes sociais[43] – e as práticas empresariais, por serem de algum modo fiadoras da robustez das classificações estatísticas dentro do salariato. Sendo contratos elaborados e assinados na vida profissional entre as organizações profissionais representativas dos empregadores (ou o próprio empregador) e dos assalariados representados por sindicatos, sua vocação é tratar o conjunto das condições empregatícias e trabalhistas (condições de contratação, jornada de trabalho, horas extras, período parcial, férias, formação, modalidades de promoção, pedidos de demissão, dispensas, aposentadorias). Utilizam *tabelas de classificação* de empregos, que, em sua forma tradicional (chamadas de classificações Parodi), classificam os diferentes empregos e profissões da empresa ou do setor, segundo divisões e especificações minuciosas das tarefas e funções dos assalariados. Distinguem regimes convencionais diferentes, segundo uma divisão em categorias (operários, pessoal administrativo, técnicos, supervisores funcionais, executivos) dentro da qual são distinguidos níveis de qualificação (nível, grupo, escalão, grau...). Os níveis de qualificação são os níveis das ocupações, e não das pessoas que as exercem, ainda que se faça referência a diplomas em sua definição. As convenções coletivas mencionam um coeficiente salarial correspondente a um salário mínimo segundo a posição do assalariado na classificação. Portanto, instituem nas empresas divisões entre categorias que são correlacionadas com tipos de formação e níveis de salário. As convenções coletivas não abrangem totalmente o conjunto do salariato do setor privado, apesar das tentativas reiteradas dos poderes públicos no sentido de favorecer sua ampliação. Em 1993 contavam-se 13,5 milhões de assalariados do setor privado e calculava-se na mesma época que cerca de 800.000 não estavam incluídos em nenhuma convenção (Jobert, Tallard, 1995, p. 134).

A força desse modelo nos modos de pensamento é manifesto. Por um lado, as categorias socioprofissionais constituem o formato, em grande parte implícito, em que se baseia o que se pode chamar de sentido ordinário da estrutura social (Boltanski, Thévenot, 1983). Por outro lado, a sociologia francesa das classes sociais – próspera nas décadas 1960-70 – expõe e teoriza as implicações desse quadro de análise. Assim, por exemplo, a insistência com que os trabalhos dos sociólogos que tratam da mobilidade social abordam a distinção entre o espaço das posições sociais (*estrutura*) e as propriedades de seus ocupantes potenciais (*qualidades dos agentes*) reproduz, em nível teórico, a distinção nas convenções coletivas entre a especificação das "ocupações" e a "qualificação" profissional daqueles que são capazes de exercê-las. Do mesmo modo, uma noção como a de "trajetória social" generaliza os modos de promoção ou de carreira que, partindo do setor público, se estendem na mesma época para as grandes empresas, onde figuram nas convenções coletivas.

Crise do modelo das classes sociais

Presentes na década de 70 não só nas ciências sociais, onde já tinham sido objeto de um grande número de trabalhos, mas também na literatura, na mídia e no cinema, as classes sociais foram se apagando progressivamente do campo de representação. Na segunda metade dos anos 80, analistas reconhecidos e acatados podiam acreditar e afirmar seriamente que elas já não existiam.

A elevação do nível de vida dos operários depois do pós-guerra, seu acesso ao consumo de certos bens, tais como automóvel ou televisão, a melhoria do conforto das habitações, assim como o decréscimo regular do efetivo operário a partir de 1975, tudo isso abriu caminho para a teoria da absorção de todas as classes (da classe operária em particular) por uma ampla classe média. As pesquisas transmitem a ideia de que a consciência de classe se enfraqueceu: a comparação entre uma pesquisa Ifop de 1966 e várias pesquisas Sofres (1982, 1983, 1985, 1993 e 1994) possibilita mostrar o aumento do sentimento de *não* pertencer a uma classe[44], e "os que dizem pertencer a uma classe social" referem-se cada vez mais "à classe média, o que pode de certa maneira ser interpretado como a negação da consciência de classe, pois não há oposição a outra classe" (Dirn, 1998, p. 88). Esse fenômeno mostra-se mais marcante porque, entre os operários, os que declaram pertencer às classes médias passam de 13% em 1966 para 30% em 1994[45]. O grupo de estudos Louis Dirn podia, assim, questionar a visão de uma sociedade dividida em classes sociais em sua publicação de 1990[46].

Pierre Rosanvallon (1995) esforça-se por mostrar que as classes se diluíram, e que a sociedade passou a se constituir apenas de uma coleção de indivíduos que já não podem ser agregados em classes ou que pertencem todos à mesma classe média[47]. Para mostrar a inadequação da nomenclatura das CS, ele cita, por exemplo, as estatísticas de rendimentos das "profissões intermediárias" e constata que 21% dos executivos se situam abaixo do salário médio dos intermediários e que 14% dos operários o ultrapassam[48]. A posição de Pierre Rosanvallon é radical no sentido de que seu objetivo não é convidar à reformulação das categorias estatísticas, mas simplesmente prescindir delas: "Nível de rendimento, cabedal cultural e categoria socioprofissional são coisas que só se encaixavam claramente no passado, o que torna a sociedade menos facilmente legível. [...] Já não são as identidades coletivas que devem ser descritas, e sim percursos individuais. [...] Agora que o rendimento cognitivo das grandes máquinas estatísticas se mostra decrescente, está na hora de voltar a um novo uso da monografia, para apreender de modo sensível aquilo que se poderia chamar de grão do social (p. 209). Agora se considera que só contam os percursos individuais, que não poderiam ser agrupados numa categoria, de "excluídos", por exemplo, visto que estes na verdade não passam de uma coleção de indivíduos que sofreram "panes" na existência, sem que possam constituir uma classe homogênea[49].

No trabalho de desrepresentação das classes sociais, o papel da sociologia foi ao mesmo tempo passivo e ativo: passivo no sentido de que, sendo menos autônoma do que frequentemente afirma, ela foi deixando progressivamente de se interessar pelas classes à medida que estas, em seus contornos tradicionais, eram menos representadas na sociedade. Ativo no sentido de que a sociologia dá sua própria contribuição ao trabalho de seleção e representação daquilo que importa socialmente. Deixando de oferecer uma representação das classes, ela, portanto, contribuiu para seu esvanecimento.

O caso da sociologia, que, na qualidade de disciplina com pretensões à validade científica, deveria restringir-se a dar conta das transformações que a afetam, é exemplar nesse aspecto. Nas décadas de 60-80, as análises em termos de classes, categorias, grupos socioprofissionais etc. desempenharam papel fundamental no rápido desenvolvimento da sociologia francesa. A nomenclatura das CS é o arcabouço no qual se enxertam massas de dados acumuladas por organismos públicos ou privados de estudo, que alimentam as interpretações sociológicas. Ora, as análises em termos de classes se tornaram muito mais raras desde o início ou meados da década de 80, ou seja, paradoxalmente, durante um período no qual as importantes transformações que afetaram a atividade econômica dão ensejo à questão dos efeitos que tais transformações possam ter exercido sobre as classes e as relações entre elas[50]. A abundante literatura que se acumulou durante os últimos dez anos sobre as organizações e o trabalho e, em menor medida, sobre a pobreza, o desemprego e o emprego, na maioria das vezes deixa de lado essa questão. De fato, assistimos a uma transformação do debate social: estruturado em torno do tema das desigualdades até o fim da década de 70, aos poucos ele se transferiu para o tema da exclusão. Ora, enquanto a primeira abordagem "dá lugar aos antagonismos entre grupos sociais, a segunda dá a ideia de um amplo consenso, de uma vasta uniformização contrariada apenas por algumas situações extremas" (Sicot, 1996[51]).

O desaparecimento das classes sociais é ainda mais perceptível na filosofia social, sem falar da mídia e do discurso político, particularmente o do partido socialista, no poder durante a maior parte da década de 80. As políticas públicas, ao desenvolverem amplamente os programas de subvenção ao emprego, acompanharam esse movimento, preocupando-se cada vez menos com a divisão de esforços e lucros entre os grupos sociais e focalizando sua ação "naqueles que têm mais necessidade".

Papel dos deslocamentos do capitalismo no processo de desconstrução das classes sociais

Se admitirmos que as classes sociais não são formações derivadas de causas externas por um processo de algum modo natural, mas que seu estabelecimento está subordinado a um trabalho de configuração e representação – na França, particularmente, no Estado –, admitiremos facilmente que as transformações do capitalismo acima mencionadas puderam contribuir, em grau ainda difícil de dimensionar, para tornar indefinidos os pontos focais em torno dos quais as identidades de classe se haviam constituído e para pôr em xeque a validade das equivalências nas quais se baseava a percepção das semelhanças de condições.

Os sindicatos, apesar de sua relativa fraqueza no início do período, desempenhavam papel importante no trabalho de representação das diferentes classes ou grupos socioprofissionais, garantindo sua representação política nas instâncias de negociação arbitradas pelo Estado, mas também contribuindo para a formação das representações sociais ao dar destaque às semelhanças por pertencerem a um mesmo grupo. Portanto, dessindicalização também significa que os sindicatos perderam aos poucos sua capacidade de manter identidades que em grande parte estavam ligadas à isomorfia até então tacitamente reconhecida entre representantes e representados.

A individualização das condições de emprego, associada em numerosas empresas à recomposição das situações de trabalho, teve como efeito tornar subitamente obsoletas as equivalências tácitas nas quais se baseava a percepção das identidades sociais. O enfraquecimento das fronteiras institucionais, a fragmentação em unidades menores e mais efêmeras, entre as quais devem ser mantidas incessantemente relações menos solidificadas, contribuiu para tornar menos definidas as aproximações entre condições baseadas em classificações instituídas. Tampouco se deve subestimar o papel que a nova sensibilidade às diferenças desempenhou no apagamento das identidades sociais, sensibilidade estimulada pela maior competição no mercado de trabalho.

Mas os efeitos dos deslocamentos do capitalismo sobre as classes sociais não se exercem apenas por meio do crescimento das dificuldades sindicais para representar as classes ou pela evolução das situações de trabalho que leve à diluição da "consciência de classe". Um grande número de iniciativas patronais também contribuiu para transformar diretamente o quadro de análise.

Mencionemos, para começar, o trabalho realizado pelos empresários no *vocabulário utilizado*. Acaso a transformação recente do CNPF em Movimento das Empresas da França não terá como efeito o desaparecimento do "patronato" do campo legítimo de representação, visto que nem ele mesmo se reconhece nessa designação, embora o uso do termo esteja cada vez mais associado ao uso da crítica, e com conotações ainda mais denunciatórias? O CNPF apresenta-se agora como o representante das empresas; portanto, por que não de seus assalariados também, embaralhando o conflito de interesses entre os acionistas e assalariados? A separação outrora instituída passa a ser negada, e somente a crítica pode ressuscitá-la.

A substituição do termo "operário" pelo termo "operador", recomendada já em 1971 no relatório patronal sobre os semiqualificados (analisado no capítulo III), constitui outra manipulação simbólica que tem como um dos efeitos o desaparecimento da "classe operária", insistindo na novidade das ocupações exercidas por operários e embaralhando uma continuidade de condição que no entanto é considerável.

Esse tipo de prática facilita a decomposição dos "bons exemplos" aos quais é tradicionalmente associada cada categoria. De fato, as categorias da nomenclatura, lidas, por exemplo, à margem de um quadro ou ouvidas no comentário de uma pesquisa na rádio só são eloquentes, como se diz, caso seja possível preencher cada um dos itens com representações cuja origem nada tem de estatística (donde efeitos de sobreposição: a palavra executivo, por exemplo, é preenchida por representações associadas aos exemplos centrais da categoria, em detrimento de seus membros periféricos[52]). Como agora incluir uma representação sob a categoria "operário", se alguns empresários, ao indicarem o número de operários empregados em sua empresa, se apressam a acrescentar "operários, no sentido do INSEE" e internamente abandonam de vez o uso do termo e o substituem por "operador", desconhecido pela nomenclatura?

A *ação sobre as classificações* utilizadas nas convenções coletivas, que, conforme vimos, teve importância fundamental na representação das classes sociais na França, também foi muito intensa a partir de meados da década de 70, realizando um trabalho de decomposição gradual de hierarquias e categorias anteriormente utilizadas.

Numerosas ações contribuíram, a partir de meados da década de 70 e nos anos 80, para *esquivar-se* a essas classificações consideradas por uma parte do patronato como um dos principais obstáculos à flexibilidade[53].

A partir do início da década de 70, o uso habitual das classificações – provocando reivindicações em cadeia e, assim, aumentos coletivos – era considerado um entrave à individualização das remunerações, portanto um entrave à justiça. Mas as práticas de gestão individualizada do pessoal provocarão, em contrapartida, grandes disparidades de salários entre ocupações e qualificações comparáveis dentro de um conjunto de empresas regidas pela mesma convenção coletiva setorial (Eustache, 1986). A desaceleração da negociação coletiva com o advento da segunda resposta patronal à crise de governabilidade possibilitou dissociar aos poucos as práticas de remuneração dos mínimos presentes nas convenções, agindo ao mesmo tempo sobre mínimos convencionais inferiores ao SMIC[54] e acenando com remunerações extras, o que possibilitava minimizar muito o papel das classificações oficiais. Assim, no relatório do CNPF de 1971 sobre os semiqualificados, preconiza-se "deixar que atue a lei da oferta e da procura", revalorizando os salários dos semiqualificados "em relação ao pessoal administrativo e a certos profissionais", "desde que, evidentemente, o aumento das remunerações dessas categorias não seja automaticamente aplicado aos outros empregos". Ora, as classificações oriundas dos acordos Parodi servem de obstáculo a esse projeto por criar excessiva rigidez nas relações entre remuneração e classificação categorial: "É preciso constatar que, em nosso país, sobretudo depois da aplicação das classificações Parodi de 1945, nós nos chocamos com certa tendência à'funcionarização'. [...] É extremamente difícil modificar as condições de remuneração de um cargo sem afetar toda a escala. [...] A rigidez do sistema se estende até o plano nacional." Para escapar a essa rigidez, o autor aconselha, "numa primeira etapa", a "separar a noção de salário da noção de classificação" por meio "de indenizações" e "remunerações complementares". Numa segunda, a reelaborar a classificação, introduzindo novos critérios, como por exemplo de "responsabilidade" ou "tensão nervosa".

A ação sobre as classificações reais das ocupações nas tabelas classificatórias é outro modo de esquivar-se ao quadro regulamentar que estes propõem. Assim, segundo François Jeger-Madiot (1996, p. 119), a distinção entre "operários qualificados" e "operários não qualificados" não reflete tanto a diferença de competências quanto uma classificação nas convenções coletivas que pode depender do estado do mercado de trabalho para pessoas com competências iguais. Isto está muito claro com referência a jovens portadores de certificado de aptidão profissional e de certificado de conclusão de curso profissionalizante preparatório, agora sistematicamente contratados para ocupações não qualificadas, enquanto nas convenções o primeiro certificado continua associado a empregos de operários qualificados (Jobert, Tallard, 1995; Chenu, 1993, p. 479).

O estudo de F. Eyraud *et alii* (1989) sobre as relações entre as tabelas classificatórias e os salários realmente praticados, a partir do estudo de 27 estabelecimentos escolhidos em quatro setores industriais, mostra que a correlação entre as classificações e os salários continua forte (da ordem de 0,8), mas que, em compensação, o uso das tabelas é variável, de acordo com as empresas que combinam de formas diferentes política de remuneração e política de classificação. Eles distinguem três tipos de práticas: a) a prática aqui mencionada de neutralizar a tabela por meio de uma política ativa; b) a de considerar a tabela como um instrumento administrativo, limitando-se a adaptá-la marginalmente; c) a de conferir às classificações um papel ativo na mudança organizacional desejada, o que implica uma grande renegociação de critérios e hierarquias[55].

Cabe mencionar, precisamente, as práticas que consistem em agir para *transformar as tabelas de classificação*, em vez de tentar evitá-las. A história das tabelas de classificação é marcada pela assinatura de um novo tipo de tabela no setor da metalurgia em 1975; essa tabela era chamada de "critérios classificatórios". Assinaturas desse tipo multiplicaram-se a partir de então, de tal modo que as tabelas com critérios classificatórios estão em vias de substituir aos poucos as classificações Parodi. Contribuem muito para embaralhar a divisão em classes sociais, pois, ao mesmo tempo que representam cerca de metade das convenções coletivas em uso hoje, já não permitem codificar diretamente a CS (Lantin, Fermanian, 1996[56]).

As classificações negociadas nos anos do pós-guerra, na continuidade dos decretos Parodi, caracterizavam-se pela enumeração exaustiva de empregos e ocupações, hierarquizados em linhas distintas de empregos. A convenção dos transportes viários, por exemplo, descreve que o grupo 1 dos cargos administrativos reúne o pessoal de limpeza, segurança sem ronda e vigilantes noturnos sem ronda. No grupo 2, encontram-se o pessoal de limpeza (faxina), recepcionistas, guardas que fazem ronda, vigias noturnos que fazem ronda, porteiros, contínuos, guardas ciclistas, auxiliares de escritório.

Nas tabelas de critérios classificatórios, negociadas a partir de meados da década de 70, a hierarquia é estabelecida a partir da combinação de alguns critérios sobre os quais os negociadores entraram em acordo (nível técnico, nível de conhecimento, iniciativa, responsabilidade). A convenção Metalurgia, equiparada a "critérios classificatórios", define da seguinte maneira o nível I, coeficiente 1 de Administrativos e Técnicos (ou seja, o mesmo nível dos grupos mencionados acima nos transportes viários): "Execução de tarefas simples, repetitivas ou análogas, de acordo com ordens simples e em conformidade com procedimentos indicados e sob o controle direto de um agente de nível de qualificação superior." Esse simples exemplo ilustra bem a margem de manobra introduzida nas novas classificações. Caberá então a cada empresa do setor signatário classificar seus empregos no quadro definido pela convenção, ao passo que com as classificações Parodi as classes já estão prontas e impostas. A classificação da convenção da metalurgia ainda conserva certa subdivisão entre categorias, distinguindo hierarquias diferentes para operários, ETAM [agentes administrativos-técnicos-supervisores funcionais] e executivos, mas outras classificações, tal como a das indústrias farmacêuticas, limitam-se a organizar uma linha contínua que vai do trabalhador braçal ao executivo dirigente, favorecendo aos poucos o desaparecimento das disposições específicas por população.

Assim como ocorre com os outros deslocamentos, a avaliação dessas novas classificações não é simples. A organização de uma linha contínua pode parecer mais favorável à igualdade e à limitação do princípio hierárquico. Formulações mais gerais parecem menos submetidas à caducidade e facilmente modificáveis em caso de surgimento de novas profissões. Também parecem oportunas nos setores que negociam com empresas de ramos muito diferentes. Mas é igualmente evidente que os sistemas com critérios classificatórios, ao darem margem de manobra na classificação dos empregos, também oferecem menos garantias de classificação e tratamento dos assalariados. Essas questões não são anódinas, pois as convenções coletivas conservam um papel de primeiro plano na gestão dos empregos, especialmente para as empresas de pequeno e médio porte cuja importância, como já observamos, está crescendo na divisão dos assalariados. A pesquisa "Estrutura dos salários" feita pelo INSEE em 1992 mostrava que quase uma empresa em três, com 20 a 200 assalariados, havia "atribuído importância primordial" às recomendações setoriais para ajustar os salários no período 1988-92 (para as empresas com menos de 20 assalariados, os resultados financeiros desempenharam papel importante, ao passo que as empresas maiores produzem suas próprias diretrizes). O papel das convenções coletivas setoriais, por outro lado, é dominante para a determinação do salário de referência, para a hierarquização dos empregos e para o cálculo do prêmio por antiguidade (Barrat, Coutrot, Mabile, 1996, p. 203[57]). Portanto, é preciso lembrar que o impacto das modificações das convenções coletivas pode ser considerável. Também é interessante saber, nesse aspecto, que o acordo da metalurgia de 1975, que inaugurou esse tipo de prática, só foi assinado pela FO, pela CFTC e pela CGC, enquanto a CGT e a CFDT, apesar de serem as duas federações mais representativas na metalurgia, se abstiveram (Cézard, 1979). Contudo, em virtude das regras francesas de representatividade dos sindicatos, o acordo foi considerado válido, o que constitui um bom exemplo do vínculo inextricável que há entre os deslocamentos do capitalismo, a redução da proteção aos trabalhadores, o desenvolvimento da flexibilidade, o descrédito sindical e as regras do direito francês que apontam para responsabilidades políticas.

Segundo Annette Jobert e Michèle Tallard (1995, pp. 142-3), "os anos 90 marcam o advento de classificações ainda mais flexíveis do que as baseadas nos critérios classificatórios conhecidos até então: quadros gerais que inovam [...] fornecendo às empresas um método de classificação, em vez de um sistema já construído, o que leva as empresas (ou os subsetores) a elaborar suas próprias hierarquias de empregos a partir de critérios e dentro dos limites fixados pelo setor. [...] No setor de seguradoras é que a concepção de quadro geral é mais explícita. O papel do setor consiste em definir sete classes a partir de cinco critérios. Seu papel quase se limita a isso, pois cabe em seguida à empresa preencher as classes com as funções que ela tiver identificado e avaliado a partir da ponderação dos critérios. [...] Por acordo, as empresas podem fixar classes intermediárias e atribuem às funções as designações de sua escolha. O número de funções não é limitado. De tal modo que, ao cabo dos dois anos destinados a implantar o novo sistema, chegou-se a classificações muito diferentes, segundo a empresa, em decorrência do número de funções identificadas e do seu modo de avaliação"[58]. O papel de equalizar as condições de concorrência entre as empresas do mesmo setor, tradicionalmente atribuído às convenções coletivas, decompõe-se enquanto se reduzem as garantias de equidade para os trabalhadores.

A flexibilização ou a neutralização das classificações têm como efeito direto multiplicar as situações singulares e criar variações nas regras de hierarquização dos assalariados de uma empresa para outra, o que equivale a desconstruir gradualmente os âmbitos coletivos e a esvaziar progressivamente de sentido as categorias estatísticas utilizadas para dar conta da estrutura social, categorias que estavam fundamentadas na organização anterior.

Os esforços de desconstrução às vezes são mais diretos, como ocorre com a categoria de executivo que há algum tempo é objeto de certo número de pressões patronais destinadas a extinguir a sua especificidade. Esse questionamento é outro exemplo impressionante da desqualificação crescente do modelo das classes sociais. Na aparência, nada mudou. O *status* de executivo, com as vantagens (especialmente em termos de aposentadoria) e as injunções (por exemplo, não pagamento das horas extras) que lhe estão vinculadas, continua vigente, e a passagem para o *status* de "executivo" constitui, como no passado, a travessia desejável de uma fronteira social. Os executivos continuam figurando na nomenclatura do INSEE, e as publicações periódicas do mesmo Instituto continuam apresentando regularmente números que mostram o crescimento contínuo do volume da categoria. No entanto, a validade da categoria está sendo cada vez mais contestada, em especial nos setores de ponta e pelas frações inovadoras do patronato. A associação Entreprise et Progrès dedicou um dossiê à questão dos executivos, publicado em outubro de 1992 e intitulado *Executivo/não executivo, uma fronteira superada,* que apresenta um conjunto de argumentos a favor da eliminação do *status* de executivo, do desaparecimento dessa categoria social e, mais geralmente, do questionamento de um "sistema de categorias socioprofissionais que teve utilidade no passado, mas já não permite preparar o futuro" (p. 3). Os argumentos, que aliás retomam temas já encontrados na literatura sobre a nova gestão empresarial, merecem ser enumerados, pois apresentam um quadro quase completo dos motivos alegados para eliminar o *status* de executivo.

Um primeiro conjunto de argumentos insiste no caráter histórico de uma categoria institucionalizada nos anos 30–50 (o que a história fez a história pode desfazer) e, por outro lado, no fato de se tratar de uma categoria pouco definida ("como mostraram os sociólogos"), objeto de uma pluralidade de definições e, portanto, de avaliações estatísticas. Útil e "motivadora" até a década de 70, sua existência hoje desempenha um papel nefasto pelas seguintes razões: a) porque os meios sociais se homogeneizaram e já não há, como antes, diferenças notáveis entre os modos de vida e as atitudes sociais de executivos e não executivos (todos pertencem a uma grande classe média); b) porque, com o desenvolvimento do setor terciário, o número de executivos aumentou consideravelmente, enquanto o número de operários diminuía; c) porque o número de estudantes também aumentou consideravelmente, e é perigoso dar-lhes a esperança de que se tornarão todos executivos; d) porque essa categoria tem especificidades francesas muito nítidas, obstando a internacionalização das empresas francesas.

Os outros argumentos fazem referência à mudança do modo de organização e à passagem do taylorismo à organização "flexível", "modular" ou "matricial": e) os executivos já não exercem função de comando, e o volume da categoria aumentou consideravelmente, enquanto o número de níveis hierárquicos diminuía; f) o título de executivo enfatiza a hierarquia, a centralização, a compartimentação, a comunicação vertical, características de modos superados de organização piramidal aos quais corresponde a rigidez das convenções coletivas; g) o título de executivo supõe nítida diferença entre as tarefas de concepção e execução; ora, essa diferença tayloriana já não existe. Distinguir executivos de não executivos contraria a autonomia, a iniciativa individual e a criatividade em todos os níveis; h) o título de executivo dá excessiva importância ao diploma e freia a valorização da experiência e das competências. "Ele vai de encontro ao reconhecimento das verdadeiras competências e responsabilidades", de modo que, apesar de "motivar" antigamente, agora é percebido como um "fator de exclusão".

O último argumento é bastante pertinente para nosso propósito. Refere-se à questão do período de trabalho e ao modo de remuneração: i) segundo dizem, existia antigamente uma diferença real entre as tarefas esperadas dos executivos – que exigiam "total dedicação", traduziam-se em "objetivos" e não podiam ser objeto de quantificação em termos de tempo (donde o não pagamento das horas extras) – e as tarefas definidas de modo satisfatório pelo tempo de trabalho que lhes é dedicado, que eram as tarefas dos outros assalariados, cuja relação com a empresa também era "mais distante", segundo dizem. Essa diferença era acompanhada por diferentes modos de avaliação, gratificação e estímulo, individuais no primeiro caso e coletivos no segundo: enquanto os executivos, cuja avaliação é feita por "entrevistas periódicas", são "remunerados pelo mérito", os outros assalariados recebem "as mesmas orientações gerais" (p. 18). Ora, doravante, nas novas organizações, "nos não executivos, existem numerosas ocupações cuja produtividade só secundariamente está ligada ao passado", e, como as tecnologias estão cada vez mais sofisticadas, encontram-se operários qualificados cujas "responsabilidades" são superiores às dos executivos.

Esse questionamento redunda em propostas que têm em vista unificar as condições tratando os referidos executivos como assalariados comuns e aplicando aos assalariados não executivos os métodos de gestão até então reservados aos executivos. Assim, os autores desse dossiê propõem, por exemplo, deixar de levar em conta diferenças estatutárias (especialmente diferenças ligadas ao diploma), durante os procedimentos de acolhida dos novos contratados; por outro lado, propõem "estender a todos os níveis os métodos de apreciação dos desempenhos e do potencial em vigor para os executivos" (p. 29), a fim de criar "relações baseadas na confiança e no reconhecimento das competências" e de "valorizar uma concepção dinâmica da hierarquia, baseada em capacidades de incentivo, delegação e promoção de talentos, onde quer que eles se manifestem" (p. 7).

Mas as propostas não se referem apenas à gestão interna das empresas. Também exigem "a revisão e até a supressão de certas regras coletivas convencionais, regulamentares ou legais", ou seja: a) revisão das "diferenciações estatutárias nas convenções e acordos coletivos territoriais setoriais"; b) "flexibilização das regras do código do trabalho referentes à representação coletiva por categorias", em especial com a possibilidade de opção por parte das empresas de constituir apenas um colégio para o conjunto do pessoal; c) "questionamento da distinção executivo/não executivo em matéria de aposentadoria complementar distributiva" (e, concretamente, fusão progressiva entre ARRCO e de AGIRC [sistemas complementares de aposentadoria]) e, de modo mais geral, uniformização das modalidades de indenização por aposentadoria, demissão e previdência. Os autores desse texto manifestam preferência por uma fórmula que privilegie o salário direto, deixando que os assalariados organizem seus complementos previdenciários e suplementos de aposentadoria (p. 29).

Essas propostas não são utopia. Estão começando a ser implantadas, e já se observam pressões sobre as administrações estatais para incitá-las a modificar os regulamentos e os procedimentos atualmente em vigor. Prova disso, por exemplo, é uma carta enviada em outubro de 1996 ao INSEE pelo Sindicato Nacional da Indústria Farmacêutica (SNIP), para comunicar àquela administração que as indústrias farmacêuticas não poderão, no futuro, responder às pesquisas e às declarações obrigatórias baseadas nas categorias socioprofissionais (como, por exemplo, a pesquisa sobre a estrutura dos empregos), argumentando que a indústria farmacêutica revisou em junho de 1994 o seu sistema de classificação de empregos e desde então não faz referência às categorias socioprofissionais, "considerando que essas noções já não refletem as realidades atuais, e que elas preparam mal as empresas e os assalariados para as evoluções econômicas em curso". Na nota que acompanha a carta, a existência de estatutos é apresentada não só como prejudicial à empresa, mas também como perigosa para o próprio assalariado, cujas chances de "encontrar outro emprego" "num universo instável" dependem "do valor agregado que o assalariado possa ter adquirido, com a ajuda de sua empresa", e não do "título de seu emprego e de sua categoria socioprofissional anteriores, por mais lisonjeiros que sejam". A ata de uma reunião posterior sobre a questão explicitava que a atitude do SNIP tinha em vista "promover no setor novos modos de gestão empresarial e de reconhecimento de qualificações que fossem mais adequados a essas novas realidades. Em resumo, trata-se de passar de modos de gestão coletivos, essencialmente centrados em estatutos, a modos de gestão coletivos e individuais, essencialmente centrados na gestão da competência". É de concluir que "as contingências administrativas não devem constituir obstáculo à emergência de novos valores desejados pelo setor. Assim, convém evitar reconstruir a lógica anterior dos estatutos apenas para fins de tratamento estatístico ou administrativo". A importância da batalha aparece nestas últimas frases, pois os especialistas do INSEE puderam determinar que a nomenclatura de empregos estabelecida pelo mesmo sindicato possibilita facilmente codificar os empregos da indústria, segundo a nomenclatura das CS. A dificuldade técnica de apresentar as estatísticas segundo o formato esperado pela administração só se mostra então como pretexto para passar adiante uma reforma ideológica.

Os documentos que acabamos de examinar mostram que deve ser levada a sério a possibilidade de fragmentação próxima da categoria "executivos". Assim, essa categoria, que há uns vinte anos podia ser alvo de tentativas de *desconstrução* – mostrando-se que, em vez de possuir a unicidade e a naturalidade que lhe atribuíam então, ela era heterogênea, permeada por relações de interesses e poder e produzida por uma história econômica e política (enfim, que essa categoria, pelo menos nas versões mais esquemáticas desse paradigma, não passava de encarnação de uma ideologia) –, hoje é objeto de um trabalho de *desmantelamento* por parte do patronato, que se respalda em argumentos frequentemente hauridos na literatura sociológica de inspiração crítica, cuja pertinência antes contestavam. A manutenção de forte solidariedade, de uma unidade, entre direções e quadros administrativos, que parecia essencial nas grandes empresas integradas, com suas concentrações operárias e seus sindicatos combativos, já não é um objetivo prioritário.

A validade das categorias mobilizadas pela nomenclatura das categorias socioprofissionais, na qual se baseava em grande parte a imagem da sociedade francesa como conjunto de classes sociais, dependia muito de sua adequação às divisões vigentes no mundo social. Mas a nitidez dessas divisões era, em grande medida, produto da objetivação de dispositivos regulamentares e de modos de organização do trabalho, cuja nomenclatura era, ela própria, produto. Afinal, era a confirmação cruzada entre as divisões da nomenclatura e as divisões observáveis no mundo que dava credibilidade à nomenclatura. Mas, tal como no caso da moeda, a confiança que as pessoas depositam em sua fundamentação e, mais profundamente, a integração das categorias da nomenclatura às suas categorias mentais contribuíam em grande parte para manter essa adequação e, assim, a confiança na nomenclatura e nas análises em termos de classes que nela se baseavam. O efeito do questionamento dos dispositivos regulamentares e dos modos de organização de acordo com a nomenclatura teve como resultado afastar a nomenclatura do mundo, desligá-la de seu objeto e, assim, romper a adesão tácita que lhe era dada. Por outro lado, além do próprio conteúdo da nomenclatura, a crença em sua validade baseava-se na possibilidade de dar ao mundo social um mínimo de estabilidade. A nomenclatura podia ser emendada em detalhes, sem invalidar a possibilidade de descrever o mundo socioprofissional por meio de uma taxonomia. Inversamente, o questionamento de uma estabilidade, mesmo relativa, do mundo social, em proveito de uma visão que ponha em primeiro plano a incerteza e a complexidade, teve como efeito reduzir a confiança depositada nas descrições que ela possibilitava[59].

No entanto, nada é mais ingênuo do que opor a singularidade das condições reais à suposta uniformidade dos vínculos de classes como fazem hoje aqueles que, baseando-se em técnicas monográficas ou estatísticas associadas à micro-história (por exemplo, Gribaudi, Blum, 1990) ou nela inspirados (por exemplo, Rosanvallon, 1995, pp. 197-216), redescobrem a diversidade das situações de trabalho, das trajetórias sociais, dos trajetos de migração, das identidades reconhecidas ou das redes de relações, e agem como se os fenômenos que trazem à baila (de resto, cabalmente reais) lançassem dúvidas radicais sobre as descrições em termos de categorias, grupos ou classes. Isso é esquecer que – conforme mostraram numerosos trabalhos[60] – a formação dos grupos e das classes sempre pressupõe um trabalho demorado, difícil e frequentemente conflituoso de criação de equivalências, trabalho necessário para, sobre o fundo de uma diversidade maior ou menor de condições, dar relevo às propriedades consideradas comuns, que serão valorizadas para realçar as semelhanças. Mas esse trabalho de criação de equivalência não destrói a singularidade das condições, que sempre pode ser enfatizada para impedir a constituição de equivalências ou desfazer equivalências estabelecidas, que, como mostraram Michel Callon e Bruno Latour (1981), nunca são irreversíveis. Segue-se que todas as medidas que contribuem para desfazer equivalências estabelecidas – quer se trate de medidas no sentido administrativo, quer de medidas no sentido da sociografia e da estatística – têm como resultado dar novamente relevo às singularidades, tanto aos olhos dos observadores quanto aos olhos dos próprios atores e, de modo mais geral, constituir um mundo dominado pela sensibilidade a diferenças que, apesar de não serem menos *reais*, poderiam ser consideradas menores, quando os sistemas de equivalência eram vigentes. Com a desconstrução da representação das classes sociais, voltaram à tona todas as múltiplas singularidades que pareciam uniformizadas sob o efeito homogeneizador das equivalências inscritas em formas instituídas (classificações, dispositivos organizacionais etc.), bem como incorporadas nas competências cognitivas dos atores sociais. Assim, a representação, frequentemente esquemática, portanto facilmente criticável, de um mundo social dividido em grupos ou categorias homogêneas, foi substituída pela visão, não menos sumária, de um universo fragmentado, fracionado, composto unicamente de uma justaposição de destinos individuais, na qual se apoiaram as sociologias que constatavam ou anunciavam o "desaparecimento da sociedade" como "representação peculiar da vida social" (Dubet, 1994, p. 52).

Efeito do questionamento das classes sociais sobre a crítica

A crítica social é a mais diretamente afetada pelo enfraquecimento do modelo das classes sociais, uma vez que por mais de um século ela se baseou na evidenciação de desigualdades de todas as espécies entre classes de indivíduos e esforçou-se por promover uma divisão equitativa das perdas e dos ganhos associados à participação desses diferentes grupos no mesmo processo produtivo. A negação da existência de classes diferentes, com interesses entendidos como total ou parcialmente contraditórios, e o foco das análises num agregado, o dos "excluídos", definido precisamente pela falta de participação no processo produtivo, invalidam quase por princípio o discurso da crítica social tradicional, que, por exemplo, poria em evidência o crescimento das desigualdades entre os "incluídos", uma vez que essa qualidade faz deles novos "privilegiados" (segundo os esquemas de análise hoje dominantes), ou que, recompondo a "classe operária" com a soma de boa parte dos novos trabalhadores administrativos aos operários, mostrasse que ela está longe de desaparecer, e que seu peso demográfico chega a ser muito impressionante.

A crítica estética também foi afetada pela desconstrução das categorias sociais, uma vez que esta embaralha outra oposição que desempenhou papel fundamental na França a partir de meados do século XIX: a oposição entre, de um lado, os intelectuais e artistas e, de outro, as elites econômicas, pois os diferentes indicadores sugerem que ela estaria perdendo a pertinência ou pelo menos se atenuando rapidamente (Chiapello, 1998).

O modo como a figura do *manager* assume hoje as qualidades do artista e do intelectual tende a diluir a separação, instituída desde o romantismo, entre o realismo dos que se dedicam a negócios e o idealismo dos homens de cultura, principalmente porque as mudanças que afetaram o sistema de produção cultural levam os artistas e os intelectuais que queiram realizar seus projetos a desenvolver intensa atividade de conexão com pessoas e diversas instâncias de exploração de redes, instauração de parcerias e montagens de projetos, especialmente em termos financeiros (sobretudo, mas não exclusivamente, no campo da pesquisa ou no dos espetáculos ao vivo, como teatro, música etc.). Assim, por exemplo, a vida do artista, tal como a descrita nos recentes trabalhos de Pierre-Michel Menger (1991, 1994, 1995) sobre as profissões do espetáculo, constitui o limite, bem real, para o qual parece orientar-se o ideal do *"manager"* tal como o que encontramos descrito nas obras dos consultores. Os artistas enfrentam um universo profissional muito móvel e incerto, diversificando os riscos e dotando-se de "portfólios de atividades e recursos portadores de riscos desiguais", o que confere "à organização individual do trabalho artístico certas propriedades de uma miniempresa". Para eles, a intermitência constitui a forma mais comum de emprego, com uma sucessão de breves períodos de trabalho e de períodos mais ou menos longos de não emprego: a carreira não consiste em ocupar "vagas" mas em engajar-se numa multiplicidade de projetos frequentemente muito heterogêneos (5 em média por ano, em 1988, mais de 10 para 10% dos artistas do espetáculo). A estratégia ideal consiste em acumular empregos relativamente estáveis (que garantam um direito de obtenção de seguro-desemprego) e contratos muito curtos e diversificados que possibilitem "explorar novos e fecundos ambientes de trabalho", aumentar o número de contatos não recorrentes, adquirir competências novas, informações e auferir benefícios em termos de "reputação". Trata-se de fatores que aumentam "a empregabilidade", coisa muito dependente da "visibilidade reputacional" e do peso conferido pela participação anterior em projetos notáveis. Quando o ideal do *manager* sem vínculos substitui a figura do proprietário – possuído por suas posses – ou a do diretor – esmagado pela planificação e pela administração racional da produção –, a tensão entre a mobilidade do artista e a fixidez obsessiva de quem prospera no mundo dos negócios tende a se reduzir. Acaso o novo *manager*, tal como o artista, não será um criador, uma pessoa intuitiva, inventiva, de visão, contatos, encontros casuais, sempre em movimento, passando de projeto em projeto, de mundo em mundo? Tal como o artista, não estará livre do peso da posse e das coerções da situação hierárquica, dos signos do poder – escritório ou gravata – e, assim, das hipocrisias da moral burguesa? Mas, inversamente, o artista e até o intelectual ou pesquisador, acaso não será também, hoje, um homem de redes, em busca de produtores, homem cujos projetos, para serem realizados, exigem montagens caras, heterogêneas e complexas, capacidade de entender-se com atores distantes e diversos, ocupando posições muito distintas – do político local ao empresário, passando pelo adido do ministério –, pessoas que eles devem interessar, convencer e seduzir.

Simultaneamente, todo o equilíbrio conflituoso das elites dirigentes é comprometido, visto que os antigos antagonismos regidos pelo jogo das tradições críticas dão lugar a uma alternância de fusões (nas quais cada um dos parceiros corre o risco de perder a identidade) e competições selvagens, praticamente no mesmo terreno. Um dos efeitos dessas mudanças foi tornar mais necessária e em grande parte inoperante a adoção de uma postura crítica, que desde meados do século XVIII e, mais nitidamente, a partir do caso Dreyfus contribuía para definir o artista ou o intelectual como tal. Necessária, por constituir o último parâmetro com que os intelectuais contam para manter sua especificidade e identidade em face dos homens que se dedicam a negócios e dos que detêm o poder. Mas a crítica desenvolvida por esses intelectuais ou artistas é rapidamente saudada como "inovadora", "provocadora" ou "radical" pela grande mídia e pelos adversários que ela deveria escandalizar; estes, mostrando-se dispostos a agir como parceiros e até dublês, apressam-se em assumir a crítica, e esta perde seu ponto de aplicação e fica condenada à eterna mudança ou à vã exacerbação.

Pode-se também relacionar esse fenômeno de osmose com o desenvolvimento considerável, há trinta anos, de um público formado no ensino secundário e na universidade, cujos membros são dotados de esquemas culturais que lhes foram transmitidos pela geração anterior, em particular por professores e mediadores culturais – jornalistas, apresentadores de rádio e tevê, teatrólogos... – que eram estudantes em torno de maio de 1968 e hoje ocupam posições de poder cultural na universidade, em editoras e na mídia. Esses mentores difundiam amplamente as formas e as expressões da crítica estética, que haviam caracterizado as vanguardas da primeira metade do século XX – cubista, dadaísta, surrealista –, da qual eles se alimentaram, contribuindo assim para a constituição de uma demanda comercial de produtos rotulados como "transgressores", ainda que os "tabus" postos em causa só mantenham relações distantes com o conteúdo real das censuras, dos não ditos e dos interditos que pesam hoje sobre a faculdade de pensar e falar.

A desconstrução das categorias sociais, por estar ligada à flexibilização dos formatos de registro estatísticos dos trabalhadores e das classificações utilizadas pelas empresas, também contribuiu para desorganizar as relações de trabalho e, especialmente, as provas que regem o acesso ao emprego, a promoções, a certos níveis de remuneração etc.

Efeito da descategorização sobre as provas do trabalho

Quando estabelecemos o conceito de prova na introdução desta obra, consideramos que se pode definir uma sociedade (ou um estado de sociedade) pela natureza das provas que ela adota (através das quais se efetua a seleção social das pessoas) e pelos conflitos que giram em torno do caráter mais justo ou menos justo dessas provas. Ora, nesse aspecto, a transformação que esta obra tenta explicar é radical. As provas ligadas ao trabalho (de seleção, promoção, isonomia de pessoas e ocupações, determinação de remunerações etc.) eram fortemente institucionalizadas nos anos 60 em torno da organização de carreiras longas, enquadradas por convenções coletivas relativamente coercitivas e pela presença sindical significativa, capaz de fazer que elas fossem respeitadas. A distribuição da renda entre os assalariados era gerida em grandes coletividades nas quais só trabalhavam assalariados ligados ao mesmo empregador, o que possibilitava, ao mesmo tempo, tornar perceptíveis comunidades de condição e interesse, instaurando-se uma justiça formalizada e negociada que associava um nível de renda a um nível de qualificação. O único contrato de trabalho possível era por prazo indeterminado, e os outros estavam sujeitos a fortes restrições.

Trinta anos depois, esse edifício é demolido. A determinação das remunerações passa em grande parte por uma relação desequilibrada de forças no mercado que põe face a face um assalariado individualizado que precisa de trabalho para viver e uma empresa fortemente estruturada e em condições de aproveitar-se de todas as oportunidades oferecidas pela desregulamentação do direito do trabalho. Como as carreiras estão muito menos organizadas, as pessoas são obrigadas a voltar incessantemente ao mercado onde é estimado o seu valor nos diferentes momentos de sua vida profissional. A transformação das grandes coletividades em uma miríade de pequenas estruturas e a multiplicação das condições salariais (tipos de contrato, tipos de empregador, horários, convenções coletivas aplicáveis...) fragmentaram o espaço de cálculo unificado, criando uma multidão de situações singulares que já não se pode reunir facilmente para obter uma imagem de conjunto. A multiplicação dos cálculos locais leva a perder de vista as grandes divisões distribuídas pela rede e difíceis de totalizar. De fato, os obstáculos técnicos contra os quais se choca a agregação de dados díspares são consideráveis, mas, na própria base desse problema, a informação simplesmente não está disponível. Os dispositivos de representação dos assalariados e de coleta de informações estão todos apoiados ou na unidade jurídica "empresa" e, em certas condições, na unidade menor do estabelecimento como coletividade de trabalho vinculada a uma única empresa, com exceção dos trabalhadores ligados a outras estruturas (temporários, empresas de serviços, terceiristas), ou, em um nível de agregação mais elevado, na unidade maior do grupo de empresas ligadas por participações majoritárias, mas estritamente delimitado pelo território do Estado-nação, apesar dos avanços recentes no sentido da criação de "comitês europeus de grupo" em certas multinacionais[61]. Por isso, não dão acesso a dados de amplitude internacional.

Os deslocamentos do capitalismo contribuíram para desfazer provas que mostravam alto nível de controle e tensão em termos de justiça, sob o efeito de décadas de exercício da crítica social, provas que podiam apresentar-se, segundo o vocabulário utilizado nesta obra, como "provas de grandeza". Desfeitas estas, só restam "provas de força".

3. EFEITOS DOS DESLOCAMENTOS DO CAPITALISMO SOBRE AS PROVAS REGULAMENTADAS

A ação exercida pelos deslocamentos sobre as provas regulamentadas é esclarecida pelo papel que eles desempenham na desintegração das categorias de análise que possibilitavam às provas tender à justiça.

Nossa intenção aqui é observar a interação de duas lógicas que, elaboradas em tradições intelectuais diferentes, subjazem a descrições do mundo social que se apresentam na maioria das vezes como incompatíveis e até antagônicas, ou seja, por um lado, a lógica da *categorização* e, por outro, a lógica do *deslocamento*. No idioma associado à primeira, forma-se um discurso que fala em justiça, direito, legitimidade, generalidade. Na linguagem da segunda, elaboram-se descrições em termos de forças, estratégias, posições, redes. Ora, a análise do modo como essas duas lógicas se articulam, a nosso ver, é absolutamente necessária para compreender a força da crítica, mas também as dificuldades que ela enfrenta para exercer influência sobre o mundo.

Papel da categorização na orientação das provas para a justiça

Como definimos, a prova é sempre uma prova de força (introdução). Mas também mostramos um contínuo de situações entre as chamadas provas "de grandeza", num dos polos, para as quais as forças em jogo, que nela se medem, são especificadas com exclusão de outras, que são impedidas de perturbar seus resultados pela própria formatação da prova; no outro polo, estão as chamadas provas simplesmente "de força", cuja característica é a de não serem especificadas nem controladas.

Uma prova de grandeza, ou seja, uma prova que se conforma a um modelo de justiça, pressupõe, em primeiro lugar, a criação de dispositivos que tenham em vista controlar a natureza e a pluralidade das forças que possam ser empregadas. Pode-se ilustrar esse processo de organização da concorrência social por meio de múltiplas figuras extraídas, por exemplo, da história da evolução do sistema escolar, com a introdução do anonimato nos concursos ou com o mapa escolar, que limita as possibilidades de escolha em termos de estabelecimento; tais figuras também podem ser extraídas da história econômica, com as leis antitruste ou a instauração de comissões de fiscalização das operações em Bolsa; também podem ser extraídas da implantação da democracia eleitoral, com a proibição da inscrição, numa mesma lista municipal, dos membros de uma mesma família, o que tem em vista proteger a grandeza cívica da parasitação por parte de forças provenientes do mundo doméstico. Mas também é possível encontrar exemplos no caso da prova esportiva que, como bem viu A. Ehrenberg (1991), constitui por certo um dos paradigmas dos quais se alimenta a nossa concepção de prova justa.

Georges Vigarello (1989) esboçou o estudo da dinâmica da regulamentação no caso da prova esportiva. Esta está ligada primordialmente à autonomização progressiva das diferentes disciplinas ou ao acesso da prática livremente desenvolvida por amadores (cada um com seus meios próprios, portanto pondo em jogo forças diversas e pouco qualificadas) ao *status* de disciplina autônoma com capacidade de figurar como tal em competições internacionais. "Portanto, a história de cada esporte é, fundamentalmente, a história da constituição de um corpo de regulamentos, cada vez mais pormenorizados e precisos, que impõe um código único a maneiras de jogar ou enfrentar-se, que antes eram estritamente locais ou regionais" (Elias, Dunning, 1986, p. 16). Nesse caso, a regulamentação tem em vista especificar o tipo de força que entra em jogo na prova, bem como a maneira como convém organizar a prova para que seja revelada essa força, e não outra, com o fim de impedir o uso de forças de natureza diferente pelos competidores, equiparando assim as chances dos diferentes parceiros de modo que o sucesso ou o fracasso possam ser atribuídos apenas a seu mérito.

Mas o trabalho de regulamentação não termina quando a disciplina é estabelecida naquilo que lhe é específico. Isto porque os esforços feitos pelos esportistas para vencer os levam a introduzir modificações, frequentemente de pequena amplitude, nas técnicas empregadas, quer se trate do modo como eles utilizam o corpo, quer da maneira como são modelados os instrumentos materiais por eles utilizados (varas, bicicletas, dardos...). Essas modificações podem passar despercebidas por algum tempo e favorecer a vitória, sendo depois objeto de regulamentação, sob pressão de adversários que, por não terem sido beneficiados, perderam de um modo que consideram injusto, no sentido de que as condições da prova foram modificadas unilateralmente. Eles podem argumentar que tanto eles mesmos quanto seus adversários mais bem cotados não se defrontaram numa mesma prova organizada de uma mesma disciplina.

Vejamos alguns exemplos. Em 1956, um atleta espanhol, Erausquin, introduziu um novo modo de arremessar o dardo, chamado "rotatório", derivado de um esporte tradicional basco que consiste em projetar troncos de árvore. O sucesso foi estrondoso. No entanto, a técnica foi proibida quinze dias antes dos jogos olímpicos de Melbourne sob a alegação de que era "perigosa" (o dardo pode facilmente fugir de sua trajetória e atingir os espectadores), mas também por modificar radicalmente as "qualidades físicas esperadas até então" de um lançador. Surgiu uma nova regulamentação em 1986, dessa vez em decorrência de uma modificação que incidia no próprio dardo, dois anos depois do lançamento, por Held, de um dardo mais eficiente com modificação do centro de gravidade. Também seria possível tomar como exemplo o salto em altura. Nesse caso, certos deslocamentos no uso do corpo, realizados por certos atletas, levam a mudar o regulamento e as características técnicas do material utilizado. Horine inventou um salto horizontal e dorsal em 1910. Osborn o imitou em 1922, mas acrescentando – novo deslocamento – "um breve apoio da mão no sarrafo rígido".

Em decorrência desse deslocamento, o regulamento foi mudado para "modificar a orientação dos suportes, a fim de que os postes de fixação não pudessem, de modo algum, impedir a queda da barra". Conforme nota com justiça G. Vigarello, a mudança no regulamento – que, no âmbito de análise aqui proposto, é da ordem da categorização – constitui um resultado mais ou menos tardio do deslocamento realizado. Trata-se, portanto, de um "dispositivo reativo".

A evolução da regulamentação dos esportes, portanto, é em grande parte resultado de uma exigência meritocrática de igualdade de oportunidades. As condições da prova devem ser organizadas de tal modo que revelem o mérito dos competidores naquilo que ele tenha de mais pessoal, limitando ao máximo as desigualdades decorrentes do acaso ou da sorte. Essa também é a razão pela qual os adversários devem ter força aproximadamente equivalente antes da prova, o que, nos esportes em que são determinantes certas qualidades físicas não modificáveis – por exemplo, altura e peso –, é obtido com a instauração das classes (como ocorre com o boxe) e, de modo mais geral, com a organização de uma seleção, comportando sequências ordenadas de provas nas quais só são admitidos aqueles cuja classificação tenha sido a melhor nas provas anteriores. No que se refere aos processos de seleção social em geral, a existência de uma sequência ordenada de provas também desempenha papel fundamental, em especial na limitação do número de candidatos a cada prova, de tal modo que as instâncias nas quais se baseie o exercício do julgamento não sejam sobrecarregadas pela presença de uma multiplicidade de postulantes, entre os quais deixe de ser materialmente possível fazer uma escolha justificável por razões de carga mental ou simplesmente de tempo.

Para que a prova seja considerada legítima, é preciso, pois, que tenha sido alvo de uma configuração que a especifique em termos de objeto e finalidade, mas também que seja controlada em sua aplicação, para prevenir que sofra interferências de forças desconhecidas ou, pelo menos, não previstas. Uma prova pode ser formalmente ajustada para só confrontar forças da mesma natureza e, na prática, deixar passar forças múltiplas. Essa é uma das razões pelas quais nenhuma prova, nem as mais impecáveis do ponto de vista formal, está a salvo da crítica.

Além de seu caráter mais ou menos especificado e controlado, ou seja, legítimo, a prova pode ser caracterizada por outras duas dimensões.

A primeira diz respeito ao grau de expressão da mudança de estado que ela revela, portanto refere-se ao *nível de reflexividade* dos seres engajados na prova. Toda mudança de estado de um ser deixa um vestígio, mas este pode passar quase despercebido ou, ao contrário, ser identificado por alguém que o perceba, tornando manifesto que algo mudou. A manifestação da mudança de estado, portanto, pode assumir formas diversas e intensidades desiguais, apresentando, num dos polos, provas cujo vestígio tenha deixado fraca impressão (pode tratar-se de uma preocupação passageira: "Por que X não me olhou quando falei com ele no elevador?"; "Por que não fui convidado para a festa de despedida daquele colega transferido para outro departamento?") e, de outro, provas nas quais a possibilidade de mudança de estado se expresse de um modo que possa ser entendido por qualquer um, o que supõe certo número de condições que satisfaçam critérios de imparcialidade e estabilidade (como ocorre com os exames ou com os testes de recrutamento).

A segunda dimensão diz respeito à *estabilidade relativa dos seres que participam da prova*. Seria caótico o mundo no qual todos os seres vivessem permanentemente na incerteza da prova. Não seria possível dizer nada a respeito. Para que a expressão de uma prova possa "ter sentido, é preciso pelo menos um ser cujo estado permaneça firme" (Chateauraynaud, 1991, p. 166). Nesse aspecto, pode-se traçar um eixo que opõe, numa das extremidades, situações nas quais o estado de um grande número de seres seja incerto e alvo de múltiplas disputas, nas quais não seja nem mesmo possível chegar a um entendimento mínimo sobre o objeto da prova em curso, ou, como se diz, sobre o que está "em jogo"; na outra extremidade, situações nas quais, por um lado, os julgamentos concordem sobre o estado da maioria dos seres que se confrontam, de tal modo que a incerteza só diga respeito a um único deles ou a um número limitado de seres (por exemplo, ao valor dos estudantes que passam no exame, mas não ao valor dos examinadores) e, por outro, exista acordo sobre o que está sujeito à incerteza no estado desse ser ou desse pequeno número de seres (procura-se, por exemplo, provar o conhecimento que o estudante tem de latim, e não o grau de afeição que ele nutre por seus pais).

Essas três sequências de provas – segundo o grau de legitimidade, reflexividade ou estabilidade relativa dos seres envolvidos –, que é útil distinguir analiticamente, não são, porém, independentes entre si. De fato, a estabilização de um grande número de seres que giram em torno da prova pressupõe uma expressão bastante formalizada dos estados (reflexividade). A referência a um princípio de justiça (legitimidade), por sua vez, exige que a relação segundo a qual os seres envolvidos numa prova são confrontados uns com os outros seja precisamente definida. Em geral, quanto mais elevado o nível de convencionalização de uma prova, mais essa prova é objeto de enquadramento regulamentar ou jurídico, e mais especificados são esses diferentes parâmetros. Pode-se falar então de provas *regulamentadas* (como, por exemplo, as eleições políticas, os exames escolares, as provas esportivas, as negociações paritárias entre parceiros sociais), definidas e reconhecidas como tais. Aqueles que estão nelas implicados, por um motivo ou por outro, não podem ignorar que seus juízos e suas ações em tais situações serão seguidos de efeitos duradouros, em oposição a situações nas quais pelo menos um dos participantes tem o sentimento de estar sendo posto à prova e de ser alvo de julgamento, mas, por não terem sido objeto de um trabalho coletivo de qualificação, não são unanimemente reconhecidas como tais. Neste segundo caso, aquele que torna explícito o que ocorreu na situação, redefinindo-a como uma situação de prova, pode deparar com o ceticismo dos outros participantes e ser até desqualificado como "paranoico".

Essas provas muito formalizadas, em relação às disputas da vida ordinária, apresentam vantagens, mas também custos. Limitando o número de seres incertos em confronto e obrigando os atores a entender-se sobre o que está em jogo e sobre o aspecto segundo o qual esses seres podem ser avaliados, têm a vantagem de facilitar o afastamento da violência, a saída da disputa e o retorno ao acordo. Mas, por isso, implicam o custo de obrigar as pessoas a especificar e delimitar os motivos de suas disputas e, assim, exigem o sacrifício da ambivalência, da vaguidez, da mobilidade, do que se desloca, privilegiando aquilo que é estabilizado por meio de uma operação de categorização.

Pois as operações de categorização ocorrem em todos os níveis na transformação de uma prova em prova de grandeza: são especificadas, por um lado, as classes de seres que podem participar da prova (cf. as categorias de pesos ou de idade no esporte) e, por outro, as classes de forças que podem ser empenhadas e as que são descartadas. A própria medida do resultado da prova supõe a aplicação de categorias de julgamento.

A mudança das provas que pudemos observar no mundo do trabalho aparenta uma desorganização geral em relação às antigas provas regulamentadas e uma desregulamentação segundo os três eixos mencionados (especificação e controle, reflexividade, estabilidade).

A natureza do que é julgado para as provas de recrutamento e promoção (a competência efetiva do pessoal, a raridade no mercado, o acesso às informações sobre a vaga que será preenchida, a reputação, a maleabilidade, a empregabilidade a longo prazo, o grau de organização coletiva dos trabalhadores) mostra-se especialmente indistinta e variável segundo o dispositivo adotado. (F. Eymard-Duvernay e E. Marchal [1997] mostraram que as "convenções de competências" utilizadas nos recrutamentos dependem mais do canal de recrutamento utilizado – pequenos anúncios, conhecimentos pessoais, abordagem direta – do que da pessoa avaliada.) Os caminhos de seleção parecem que já não funcionam, visto que os candidatos que se apresentam para os testes não têm termo de comparação com o número de pessoas capazes de obter sucesso. Assim, os consultores encarregados de recrutar por meio de anúncios encontram-se frequentemente diante de quantidades tão grandes de currículos, que os submetem a uma primeira triagem baseada em variáveis demográficas discriminatórias, tais como idade, sexo ou local de moradia, convindo-se que tais variáveis não têm a mínima relação com as competências das pessoas e sua adequação para determinado posto, mas, em contrapartida, reforçam a exclusão dos "jovens demais", dos "velhos demais", de mulheres e imigrantes (Eymard-Duvernay, Marchal, 1997). As pessoas têm mais dificuldades do que nunca para determinar as provas para as quais podem candidatar-se, por exemplo para avaliar se têm alguma probabilidade razoável de sucesso, visto que a distância entre as forças dos diferentes candidatos não parece ser grande demais (senão, a prova é injusta), para obter uma definição estável dos critérios de seleção que serão utilizados ou, de modo mais geral, para ter uma ideia dos títulos e da formação que possibilitam achar trabalho. O número de pessoas inseguras quanto a seu "valor" no mercado de trabalho ou dentro da empresa está crescendo muito, apesar da proliferação das avaliações individuais organizadas pelas empresas que, em vez de estabilizarem os níveis de avaliação, contribuem para difundir a crença de que o valor de cada um é eminentemente mutável, de tal modo que a prova é diária. Se tudo é prova, se cada uma delas é cotidiana, se não há identificação das provas que contam mais ou se ela muda todos os dias, se os critérios de julgamento são múltiplos, variáveis e às vezes não formalizados, não é possível saber muito bem o que ainda pode possibilitar dizer que as seleções são justas e que os julgamentos em termos de acesso ao trabalho, qualidade dos contratos oferecidos ou remuneração são feitos em função do mérito relativo das pessoas. Um universo cujas regras não são seguras para ninguém é um universo que permite aos fortes, dotados de forças diversas e não especificadas, tirar partido de fracos cuja fraqueza também é difícil definir. Pois, na falta de grandes e pequenos, têm-se fortes e fracos, ou seja, ganhadores e perdedores ao cabo de uma série de provas pouco evidentes, pouco especificadas, pouco controladas e pouco estáveis.

Deslocamentos e descategorização: da prova de grandeza à prova de força

A categorização pressupõe uma aproximação entre elementos singulares numa forma que possibilite a equivalência. A criação de equivalências permite absorver, em um gênero comum, elementos distintos mas assemelhados entre si em certo aspecto previamente definido (como se vê nas operações de codificação). A categorização implica, assim, um espaço de dois níveis: o dos elementos singulares e o ocupado por convenções de equivalência com caráter de generalidade. A criação de uma relação entre esses dois níveis é uma operação de natureza reflexiva que exige qualificação e se apoia na linguagem, o que tende a orientá-la para o construto jurídico.

Em contraposição à categorização, o deslocamento prescinde da referência a convenções e não pressupõe exterioridade nem generalidade. A lógica do deslocamento só conhece um único plano. O deslocamento, portanto, é sempre local, factual, circunstancial. Confunde-se facilmente com o acaso e restringe-se a uma reflexividade limitada. Por isso, escapa à obrigatoriedade de justificação em toda generalidade que pressuponha referência a um segundo nível, exatamente o nível em que, numa lógica de categorização, se situa a convenção de equivalência. Nos exemplos citados de provas esportivas, o deslocamento apresenta-se como uma inovação feita um dia por um esportista no âmbito do regulamento oficial. Mas a questão da justificação do deslocamento introduzido se apresenta quando a inovação, em vez de ser relacionada com o regulamento, é relacionada com os princípios subjacentes ao regulamento, ou seja, com construtos pertinentes a um segundo nível, que possibilitem julgar coisas, relacioná-las com situações singulares e classificá-las em pelo menos dois grupos: as autorizadas e as excluídas pela prova. Sem esse movimento de generalização, a ficar-se apenas no nível do regulamento, ou seja, das antigas categorias de análise, sem passar por uma fase de recategorização, o deslocamento é invisível.

Situado num único plano, ou seja, sem referência a convenções de justiça, o deslocamento implica seres diferentes e heterogêneos, quando cada um é visto do ponto de vista dos outros. É do encontro dessas diferenças que procede o deslocamento que vai de diferença em diferença, uma a uma, ou ainda – por analogia com o uso freudiano do termo – segundo cadeias associativas. Assim, por exemplo, os empregadores começaram introduzindo prêmios para livrar-se do cabresto das classificações salariais; depois, sofisticaram e estenderam os sistemas de avaliação individual para poderem outorgar os prêmios em função do mérito; no fim, precisavam procurar precarizar aqueles que, de acordo com as avaliações, se mostravam menos produtivos. Essas ações são muito diferentes das ações plenamente visíveis de renegociação das convenções coletivas e das tabelas de classificação que se mostram como mudanças de categorização e cuja transformação mais acompanha as práticas do que as precede.

Nos regimes de prova baseados na categorização, ou seja, em provas de grandeza, os seres não se acham implicados em todos os aspectos na prova, de modo que se garanta sua permanência durante a passagem por provas sucessivas. Nesse caso, a prova é, por excelência, o momento de criação de correspondência entre uma ação e uma qualificação, tendo em vista uma justificação que pretenda uma validade geral.

A prova adota forma diferente num regime de deslocamento: assume a aparência de um encontro durante o qual os seres se confrontam sob um número ilimitado de aspectos, sem que a força em jogo na prova seja qualificada, de tal modo que a cada prova estão em jogo sua permanência e sua possibilidade de persistir duradouramente. Nesse regime, a prova pode ser definida como o momento em que um ser, encontrando uma resistência, decide persistir modificando-se, ou seja, deslocando sua energia para compor com outros seres, a fim de tirar vantagem de uma diferença que lhe seja favorável, ainda que mínima. A relação entre as forças, então modificada, é, pois, o resultado da prova. Como a prova em regime de deslocamento é uma prova de força, todo deslocamento que ocorra no âmbito de uma prova regulamentada no sentido de evitá-la ou de vencê-la, tirando partido de forças não reconhecidas, empurra a prova de grandeza para a prova de força, de modo tanto mais irremediável quanto mais se acumulem deslocamentos sem que a prova seja recategorizada para levá-los em conta.

A mudança num regime de categorização que se assemelhe à mudança de regulamento não pode deixar de se mostrar, pois envolve o uso de uma linguagem pública e abrange todos os seres que a categoria aproxima e reúne. Mas o deslocamento, como observara Freud (para quem ele constituía o principal recurso do funcionamento inconsciente), na falta de ponto de vista claro, só se manifesta localmente, de modo momentâneo e circunstancial, na melhor das hipóteses. O aumento de força provocado pelo deslocamento é, portanto, acrescido do efeito surpresa de que ele se vale.

Até agora usamos o termo força sem o especificar, mas o exame das condições da prova de grandeza legítima permite agora ver melhor o que entendemos com isso. Ao falarmos de força ou de grandeza não fazemos referência, de modo substancial, a entidades de natureza diferente, mas a regimes diferentes de prova. Chamamos de grandeza uma qualidade dos seres que se revela em provas cuja aplicação se baseie na categorização. Chamamos de força uma qualidade dos seres que se manifesta em provas cujo surgimento se baseie num deslocamento. Dir-se-á, então, que num regime de deslocamento as forças são a resultante do jogo das diferenças, que garante o sucesso das provas sem ter sido objeto de um trabalho de identificação ou de generalização. Ou ainda, mais laconicamente, que as forças são aquilo que se desloca sem coerções de ordem normativa, convencional ou jurídica, ou seja, prescindindo da categorização.

Identificação das novas provas e reconstituição de categorias de julgamento

Para ter condições de submeter, em novas bases, provas transformadas por deslocamentos por uma exigência de justiça, é preciso começar por identificá-los e dar-lhes um *sentido*, ou seja, conferir-lhes um significado para o conjunto das relações preexistentes, comparando-os a outros deslocamentos tentando-se mostrar que caminham na mesma direção, o que pressupõe a seriação, portanto a passagem para um regime de categorização. De fato, para comparar esses deslocamentos, ou seja, construir uma classe[62] ou estabelecer uma série temporal, cumpre sair da lógica do deslocamento, dotar-se da possibilidade de um ponto de vista exterior e, por conseguinte, cair na categorização.

Todo retorno reflexivo para a prova tende a induzir, assim, uma mudança de regime, pois para identificar posteriormente as causas de um sucesso ou de um fracasso é preciso reincidir na categorização. Mas um retorno reflexivo, para ter efeitos duradouros, deve levar à constituição de classes de provas ou, pelo menos, à identificação de precedentes, operação que só terá razão de ser se se procurar evitar a repetição do fracasso ou obter a busca do sucesso, o que seria vão caso todas as provas fossem consideradas perfeitamente singulares ou, digamos, circunstanciais.

Isso também significa que a passagem à categorização, embora seja prioritariamente obra daqueles que, em vista da repetição do fracasso, procuram compreender o que lhes ocorreu, a fim de sustentarem a crítica às provas que lhes foram desfavoráveis, também é realizada por aqueles cujos deslocamentos garantiram o sucesso, quando percebem que o bom resultado não deriva da sorte, mas de alguma coisa que fizeram, mesmo sem compreenderem bem qual de suas ações foi proveitosa, portanto sem terem condições de reproduzir o sucesso. Mas, ao fazerem isso, perdem as vantagens da ignorância (da inocência) que, em regime de deslocamento, constituía uma parte de suas forças.

A passagem à categorização é uma das tarefas que incumbem à crítica que tenha em vista melhorar a justiça das provas, o que – como vimos – leva a "tensioná-las". O paradoxo da crítica, portanto, é que ela deve enfrentar no modo da categorização modificações que, na maioria das vezes, são da ordem do deslocamento. Ela fala em nome daqueles que, na lógica do deslocamento, perdem força a cada prova e, por conseguinte, perdem domínio sobre o mundo. Impotente para aumentar a força de cada um dos perdedores, tomados isoladamente – o que suporia sua inscrição na multiplicidade dos dispositivos que compõem o mundo vivido –, ela tem como principal recurso a visibilização dos sofrimentos numa forma discursiva que, a partir de uma pluralidade de queixas, compõe um único clamor. Portanto, deve aproximar situações individuais e, para constituí-las como injustiças, precisa comensurá-las a uma equivalência geral, o que a põe de saída num regime de categorização orientado para a visão jurídica de definição de regras ou mesmo de constituição de direitos válidos genericamente, portanto acessíveis a todos. Pois para que servem regras e direitos? Em que aumentam a força dos fracos? Eles impõem injunções às provas, com o fito de limitar o deslocamento das forças, tornando visíveis, portanto controláveis (ou sancionáveis), as modificações que, provocadas pela pluralidade dos deslocamentos locais, modificam o campo de forças.

Mas a temporalidade da mudança categorial não é a temporalidade das modificações em regime de deslocamento. Precisamente por ser local, circunstancial, múltiplo e atuar por meio de variações diferenciais num único plano, sem procurar agregar-se sob um nome comum, o deslocamento anda depressa. *Em relação ao deslocamento, a crítica está sempre atrasada*. De fato, cabe-lhe o trabalho que consiste em reunir o heterogêneo para mostrar o que têm em comum situações locais díspares, ou seja, para lhes dar sentido. A ela cabe o ônus da prova de que algo realmente mudou, ainda que as categorias do direito e do pensamento ordinário não tenham, ou ainda não tenham, registrado essa mudança. Ora, durante o tempo em que ela fez esse trabalho, o mundo já mudou, de tal modo que a crítica, visto tomar por base as categorias existentes, tem uma referência normativa inscrita no passado e muitas vezes, quando consegue enfim fazer-se ouvir, já não tem domínio sobre um mundo que não é mais o mesmo.

No capítulo anterior, que tinha o objetivo de dar uma imagem sintética da realidade do trabalho nos tempos de hoje, tivemos diversas oportunidades de constatar as dificuldades da crítica quando suas categorias já não se aplicam ao mundo que ela precisa interpretar. Vimos, assim, que é muito difícil conhecer o índice de concentração do poder econômico na França, pois os novos dispositivos em rede não se deixam categorizar facilmente. Outrossim, já não se sabe muito bem onde situar as fronteiras entre os empregadores, nem como redesenhar os contornos da classe operária, pois ela foi em parte transferida para o setor terciário; tampouco se sabe se cabe ou não considerar os trabalhadores precários como reencarnação de uma classe que se acreditava estar em vias de extinção durante os "trinta [anos] gloriosos": o subproletariado. A dissociação entre os pesquisadores que trabalham com as empresas e aqueles que estudam o trabalho é outro exemplo de classificação inoperante. Os dispositivos regulamentares e legislativos que contribuíam para criar categorias de pessoal ou de empresa foram desfeitos, e a individualização dos trabalhadores e das empresas prosseguiu pelo menos nos termos das dimensões que outrora possibilitavam aproximá-los. Mas a crítica, para retomar o curso, precisa superar a constatação do reaparecimento do singular, uma vez desfeito aquilo que interligava as situações, e buscar novos princípios que lhe possibilitem pôr o mundo em ordem, a fim de voltar a ter domínio sobre ele.

CONCLUSÃO:
O FIM DA CRÍTICA?

Foi preciso perder bem depressa as esperanças que, nos anos 70 e 80, algumas pessoas depositavam numa versão esquerdista do capitalismo. Embora num primeiro momento a reformulação do capitalismo, naquilo que ele podia ter de estimulante, criativo, proliferante, inovador e "libertador", tenha possibilitado reconstituir motivos de engajamento, estes últimos eram essencialmente individuais. As possibilidades oferecidas à autorrealização, como vimos, foram concomitantes à exclusão de indivíduos ou grupos que não dispunham dos recursos necessários para aproveitá-las e, assim, ao crescimento da pobreza e das desigualdades.

Ao longo de todo esse processo dos últimos vinte anos, o capitalismo beneficiou-se do enfraquecimento da crítica. Quais são hoje as possibilidades de ver a crítica recobrar-se com suficiente confiança não só para obter a aceitação da instauração de garantias mínimas, mas também para impor limites mais rígidos ao desenvolvimento de um capitalismo destrutivo? Para esboçar uma resposta a essa indagação, cabe lembrar que uma das particularidades da crise da crítica é ter afetado ao mesmo tempo, mas por razões diferentes, a crítica social e a crítica estética.

No caso da *crítica social*, os deslocamentos do capitalismo engendraram um mundo difícil de interpretar, mundo ao qual é difícil opor-se com os instrumentos forjados ao longo dos cem anos anteriores pelos movimentos de protesto baseados ideologicamente na taxionomia das classes sociais que se impusera a partir da Segunda Guerra Mundial e, na prática, baseados nos movimentos políticos e sindicais capazes de fazer ouvir uma interpretação da sociedade diferente da oriunda das elites econômicas. Essas dificuldades foram acentuadas pela implosão dos regimes comunistas em todo o mundo e, na Europa ocidental, pelos problemas enfrentados pelo

Estado-providência, decorrentes em grande parte das estratégias desenvolvidas por um capitalismo agressivo que, com o desmoronamento do comunismo, já não precisava da aliança selada desde a crise dos anos 30 com o Estado social para fortalecer sua legitimidade ou, simplesmente, garantir sua sobrevivência.

Na segunda metade da década de 80, com o fim da Guerra Fria, o capitalismo viu-se sozinho, sem nenhuma alternativa fidedigna que parecesse em condições de lhe ser oposta. Essa crença não se impôs apenas aos dirigentes de um capitalismo triunfante. Ela foi amplamente compartilhada por simpatizantes e militantes dos antigos partidos de esquerda; estes, na grande maioria, mesmo quando oriundos de partidos comunistas em forte decadência, para manterem uma legitimidade cada vez menos reconhecida, faziam questão de mostrar que tinham renunciado à violência revolucionária, ao projeto de transformação radical da sociedade, ao projeto futuro de uma sociedade nova e de um homem novo, a um porvir risonho, coisas que o pleno reconhecimento dos horrores concomitantes à construção da sociedade soviética – aliás conhecidos havia mais de 50 anos por quem queria enxergar – tornava ao mesmo tempo odiosas, quiméricas e ridículas.

Em diferentes partes da periferia do sistema-mundo, alguns movimentos de importâncias diversas davam prosseguimento à crítica, frequentemente acompanhada de violência e apresentada como alternativa ao capitalismo ou, de modo mais geral, à sociedade ocidental liberal ou mesmo à modernidade – movimentos "antissistêmicos", para retomar a expressão de I. Wallerstein[63], ou também movimentos islâmicos – mas, nas zonas centrais do capitalismo, essas formas de contestação, servindo de contraponto negativo, tiveram mais a tendência de reforçar a dominação ideológica do capitalismo.

O desaparecimento de uma alternativa positiva também explica o caráter específico dos esforços envidados na França, desde meados da década de 90, para reconstituir uma crítica radical; tais esforços, obliterando a referência direta ao comunismo e, frequentemente, até ao marxismo, apresentam a novidade de ser *puramente críticos,* sem nunca revelarem o ponto de apoio normativo que serve de base à crítica nem proporem dispositivos ou ideologias substitutivas.

A falta de alternativa teve dois resultados – um prático e outro teórico –, aliás em harmonia entre si. O resultado prático consistiu em transferir a vontade de agir, provocada pela indignação diante da miséria, para uma postura caritativa ou humanitária, centrada no face a face, na situação presente (em oposição a um futuro distante) e em ações diretas destinadas a aliviar o sofrimento dos infelizes. No plano teórico, ela correspondeu ao abandono das abordagens macrossociológicas e macro-históricas e a um fechamento na microanálise de ações ou de julgamentos contextualizados, frequentemente interpretados como um indicador do "fim da crítica". Esse movimento, por sua vez, estava amplamente subordinado à crise das formas de totalização baseadas em filosofias da história que, de maneira mais ou menos discreta e vergonhosa ao longo dos últimos trinta anos, realizavam abordagens "macro", grandes narrativas e grandes descrições em história e sociologia. Os autores clássicos do século XIX e da primeira metade do século XX, em nome dos quais a sociologia contemporânea continua falando, haviam fundamentado suas descrições numa tendência histórica: sucessão de modos de produção em Marx, passagem da solidariedade mecânica à solidariedade orgânica em Durkheim, desenvolvimento da racionalidade em Weber. Em sociologia, mais do que em história, a possibilidade de projetar um ponto no futuro e, por uma espécie de experiência mental, nele se situar para considerar o presente era uma condição de possibilidade das macrodescrições: sendo história do presente, a sociologia precisa antecipar o futuro para selecionar aquilo que é pertinente no presente, ou seja, nessa óptica, portador de futuro.

As dificuldades da crítica social, que só se agravaram durante as últimas décadas, já estavam presentes nos anos 50-60 com a crítica ao comunismo, que na esquerda assumia a forma de esquerdismo, ou seja, aliança entre crítica estética e crítica social. O caráter social do segundo espírito do capitalismo e sua aliança tática com o Estado-providência também foram objeto de denúncias virulentas, em especial por parte dos intelectuais. A radicalização da crítica social ocorrera em grande parte por meio da repetição e do endurecimento dos temas da crítica estética. O Estado social, associado ao capitalismo, e a social-democracia eram então acusados de provocar o "aburguesamento", a "integração" e a submissão da classe operária, turvando o horizonte revolucionário; eram acusados de favorecer, afinal, o próprio capitalismo, o que, de resto, não era falso, pois fazia parte do papel do segundo espírito do capitalismo, em sua aliança com o Estado social, a obtenção de ganhos de legitimação por meio da autolimitação do nível de exploração.

Quanto à *crítica estética*, sua crise é, antes, resultado do aparente sucesso que obteve e da facilidade com que foi assumida e aproveitada pelo capitalismo. Foram várias as formas com que a crítica foi assumida.

A exigência de *autonomia*, integrada aos novos dispositivos empresariais, possibilitou envolver novamente os trabalhadores nos processo produtivos e diminuir os custos de controle, substituindo-o pelo autocontrole, conjugando autonomia e senso de responsabilidade perante as demandas dos clientes ou perante prazos curtos.

A exigência de *criatividade*, feita sobretudo pelos assalariados portadores de diplomas de nível superior, engenheiros ou executivos, teve um reconhecimento inesperado trinta anos antes, quando ficou evidente que uma parte cada vez maior dos lucros provinha da exploração dos recursos de inventividade, imaginação e inovação, desenvolvidos nas novas tecnologias e sobretudo nos setores em plena expansão dos serviços e da produção cultural, o que provocou, entre outros efeitos, o enfraquecimento da oposição entre intelectuais e homens de negócios, entre artistas e burgueses, oposição na qual se baseara durante um século a crítica estética (Chiapello, 1998).

A exigência de *autenticidade*, cujo foco era a crítica ao mundo industrial, à produção de massa, à uniformização dos modos de vida e à padronização, foi durante certo tempo apaziguada pela proliferação e diversificação dos bens comerciais, possibilitadas pela produção flexível em pequenas séries (Piore, Sabel, 1984), concomitante ao desenvolvimento (especialmente nos setores de moda, lazer e serviços) de produtos de melhor qualidade e até quase luxuosos, que a redução dos custos pelas novas formas de produção[64] tornava repentinamente acessíveis a categorias sociais que – tais como os intelectuais – tinham manifestado até então certo desprezo por demonstrações de *status*.

Por fim, a exigência de *liberação* (que, especialmente no campo dos costumes, se constituíra na oposição à moral burguesa e podia apresentar-se como aliada à crítica ao capitalismo ao fazer referência a um estado já superado do espírito do capitalismo, centrado na poupança, nas virtudes familiares e no puritanismo) foi esvaziada da carga contestadora quando a suspensão dos antigos interditos se mostrou apta a abrir novos mercados, entre os quais constitui exemplo marcante o mercado em expansão dos bens e serviços relacionados ao sexo (filmes, vídeos, serviços de busca de parceiros, objetos).

O fato de o capitalismo ter assumido a crítica estética não teve incidência sobre a crítica social que, como vimos, estava em crise. A maioria dos intelectuais fez de conta que nada estava acontecendo e continuou ostentando as marcas (sobretudo no vestuário) de oposição aos meios financeiros e empresariais e a considerar transgressoras posições morais e estéticas doravante incorporadas a bens comerciais oferecidos sem restrição ao grande público. A espécie de mal-estar, que essa má-fé mais ou menos consciente não podia deixar de provocar, encontrou um derivativo na crítica à mídia e à midiatização como desrealização e falsificação de um mundo no qual eles permaneciam como únicos guardiães da autenticidade. A minoria optou pela adoção da única via ainda disponível: a do silêncio público, do recolhimento aristocrático, da resistência individual e da esperança escatológica numa implosão do capitalismo (a exemplo do comunismo) ou no desmoronamento da modernidade sobre si mesma. Também nesse caso, não era irrealista diagnosticar o fim da crítica.

TERCEIRA PARTE

*O novo espírito do capitalismo
e as novas formas da crítica*

VI

RENASCIMENTO DA CRÍTICA SOCIAL

Os deslocamentos do capitalismo durante a segunda metade da década de 70 e durante a década de 80 não tiveram apenas como efeito destruir o antigo mundo, especialmente enfraquecendo os dispositivos associados ao segundo espírito do capitalismo, nos quais se fundamentavam a definição e o controle das provas de seleção social (tabelas de classificações das convenções coletivas, sindicatos de assalariados, desenrolar das carreiras). Também contribuíram para a implantação progressiva (que continua ocorrendo) de uma miríade de novos dispositivos e novas provas de seleção (mobilidade, passagem de um projeto para outro, polivalência, aptidão para comunicar-se durante estágios de formação) decorrentes de outra lógica que chamamos de "conexionista".

Esse estado do mundo social que, num primeiro momento, não podia ser considerado de modo puramente negativo (dissolução das antigas convenções), nem ser equiparado, de modo pós-modernista, a um caos que não possibilitasse nenhuma interpretação de conjunto, finalmente encontrou um instrumento de representação na linguagem das redes. Mas, como as provas que ele comportava eram novas, pouco institucionalizadas e (na ausência de um trabalho de unificação e criação de equivalências) bastante heterogêneas, foi difícil a sua identificação, não só por parte das instâncias críticas, mas também por parte daqueles que deveriam submeter-se a tais provas. Por isso, esse estado do mundo social pôde constituir-se como sede de novas formas de injustiça e exploração, facilitadas precisamente pelo fato de que elas se baseavam em provas não identificadas e não categorizadas. As formas da crítica social que haviam acompanhado a construção do segundo espírito do capitalismo, com seus sindicatos, suas análises em termos de classes sociais e suas negociações nacionais sob a égide do Estado, revelaram-se amplamente inoperantes para agir sobre o novo mundo.

No entanto, o desenvolvimento da miséria e o crescimento das dificuldades econômicas e sociais enfrentadas por grande número de pessoas não podiam deixar de provocar indignação e incitar à ação, muito embora aqueles que eram afetados – diretamente ou por altruísmo – por tais mudanças nem sempre soubessem muito bem o que fazer. Nessa conjuntura, tornava-se possível uma reestruturação da crítica social, que assumiria como primeira tarefa a reformulação de categorias críticas que possibilitassem ter novamente influência sobre o mundo, movida pela esperança de conseguir um dia reduzir sua injustiça, ou seja, a regulamentar e controlar melhor as provas com as quais as pessoas – sobretudo as mais carentes – agora precisavam se defrontar.

A nosso ver, assistimos atualmente a um momento de renascimento da crítica desse tipo, após a perplexidade dos anos 80. Das duas formas de crítica que se constituíram no século XIX – a *crítica estética*, que desenvolve exigências de libertação e autenticidade, e a *crítica social*, que denuncia a miséria e a exploração –, é de fato esta última que dá mostras de um ressurgimento, por mais hesitante e modesto que ele seja atualmente. Esse fato, aliás, nada tem de surpreendente, desde que lembremos que, no momento do declínio da onda de contestação do fim dos anos 60, ocorrido a partir de meados dos anos 70, o destino das duas críticas foi bem diferente: enquanto alguns temas da crítica estética eram integrados no discurso do capitalismo, de tal modo que essa crítica podia parecer ter sido parcialmente atendida, a crítica social era desmontada, privada de seus apoios ideológicos e relegada à lixeira da história.

Do ressurgimento da crítica social pode-se esperar sobretudo o enraizamento em dispositivos mais robustos das formas e dos princípios de julgamento próprios à cidade por projetos, que detectamos até aqui no nível retórico dos discursos da gestão empresarial. Sem a formação dessa cidade, o novo espírito do capitalismo careceria de bases normativas de que precisa para que possam ser justificados os caminhos de obtenção de lucro que caracterizam o novo mundo capitalista.

Deixaremos para o próximo capítulo os problemas que se apresentam na retomada da crítica estética, que continua paralisada pela incorporação de parte de sua temática ao novo espírito do capitalismo.

1. O DESPERTAR DA CRÍTICA SOCIAL: DA EXCLUSÃO À EXPLORAÇÃO

Das classes sociais à exclusão

A noção de exploração, que até agora só teve formulação teórica elaborada no marxismo e que foi durante mais de um século o fulcro da crítica social, desapareceu da teoria social durante a década de 80, ao mesmo tempo que era abandonado o quadro geral das classes sociais em que ela se situava[1]. A renúncia a essa temática, que, na segunda metade da década de 80, parece um tanto "ultrapassada", não significou, porém, uma adesão unânime à ordem existente e o abandono de toda e qualquer espécie de crítica. Novas categorias foram progressivamente assumindo a tarefa de exprimir a negatividade social e, especialmente, a da exclusão (por oposição à inclusão). Nesse novo modo de configuração da indignação perante a miséria crescente, a noção de exploração tem dificuldade para encontrar seu lugar. Isto porque, na crítica marxista, ela estava ligada às relações entre classes no trabalho. A exploração era, em primeiro lugar, exploração pelo trabalho. Ora, a noção de exclusão designa prioritariamente formas diversas de afastamento da esfera das relações de trabalho. Os excluídos são principalmente os chamados desempregados "de muito tempo" (categoria estatística constituída nos anos 80).

O primeiro uso do termo "excluído", para designar certas pessoas que, em virtude de suas limitações, não conseguem auferir benefícios dos bons resultados gerais do crescimento e do progresso econômico, costuma ser atribuído a René Lenoir em sua obra *Les Exclus*, de 1974[2]. O espírito com que R. Lenoir escreve ainda é o espírito otimista dos anos 60. O crescimento inelutável tem como consequência a melhoria e a uniformização geral das condições de vida que, a longo prazo, levarão ao desaparecimento das classes sociais naquilo que elas têm de negativo, ou seja, como fontes de relações de exploração, para dar lugar a uma divisão do trabalho sem assimetrias outras senão as funcionais. Mas, nesse porvir radioso, permanece uma zona de sombra: os que tinham limitações, eram incapazes de contribuir para a produção de riquezas, já não podem participar do bem-estar que elas propiciam. A limitação é concebida por R. Lenoir principalmente como limitação física ou mental, e não como "limitação social"; o termo, porém, já é amplamente utilizado, na mesma época, para designar aqueles que são alvo de seleção negativa ou de discriminação por causa de suas características sociais ou aqueles que são rejeitados do sistema escolar (a "insuficiência escolar"). O descarte dos "excluídos" (do crescimento), portanto, não tem outras razões além de suas próprias deficiências. Não pode ser atribuído à ação interesseira de outros atores.

Ao contrário do modelo das classes sociais, no qual a explicação da miséria do "proletariado" se baseava na designação de uma classe (a burguesia, os detentores dos meios de produção) responsável por sua "exploração", o modelo de exclusão possibilita designar uma negatividade sem passar pela acusação. Os excluídos não são vítimas de ninguém, muito embora o fato de pertencerem a uma humanidade comum (ou a uma "cidadania comum") exija que seus sofrimentos sejam levados em conta e que eles sejam socorridos, principalmente pelo Estado, de acordo com a tradição política francesa. O tema da exclusão, portanto, está ligado àquilo que chamamos alhures de "tópica do sentimento", em oposição à "tópica da denúncia" (Boltanski, 1993), o que favorecerá dez anos depois sua reapropriação pelo movimento humanitário.

Segundo E. Didier (1995[3]), o tema da exclusão, marginal durante os dez anos que se seguem à publicação do livro de Lenoir (1974), ganhará realmente impulso em meados dos anos 80 numa conjuntura bem diferente, marcada pelo desenvolvimento do desemprego e por aquilo que foi identificado primeiramente pela expressão "nova pobreza", que se tornou cada vez mais manifesta com o reaparecimento de *miseráveis* (no sentido do século XIX) pelas ruas das grandes cidades, gente sem meios de subsistência nem domicílio fixo, que sobrevive graças à caridade pública ou privada. O termo exclusão é agora utilizado para reunir num mesmo vocábulo não só os portadores de limitações, mas todas as vítimas da nova miséria social.

Entrementes, ele transitou pelas associações humanitárias ou caritativas que assumiam o encargo de cuidar dos mais pobres, omitidos pelos dispositivos críticos e, em especial, pelos sindicatos. Entre essas associações, cabe destacar o papel desempenhado pela *Aide à toute détresse** (ATD-Quarto Mundo), criada em 1957 no "acampamento dos sem-teto" de Noisy-le-Grand pelo padre Wresinski, oriundo de um meio extremamente pobre. Para o padre Wresinski, o termo excluído não designa os limitados, mas precisamente aqueles que foram marginalizados pela sociedade, que não têm representação alguma e estão abandonados – inclusive pelas instâncias críticas oriundas das lutas operárias – e reduzidos à assistência humilhante e inoperante[4].

Progressivamente integrado ao discurso do Estado, por intermédio do Comissariat au Plan, em especial através das discussões que acompanharam a instauração do rendimento mínimo de inserção (este fortemente ins-

---

* Auxílio ao desamparo. (N. da T.)

pirado por um relatório do padre Wresinski, entregue em 1987 ao Conselho Econômico e Social), o tema da exclusão perderá o cunho de protesto nos textos da ATD-Quarto Mundo. Retomando o discurso sociológico e administrativo, assumirá então uma nova representação da sociedade da qual é possível identificar duas expressões, aliás compatíveis: a primeira, empregando ainda a palavra "classe", mas retirando-lhe a conotação conflituosa; a segunda aliás, frequentemente de modo implícito, baseada na metáfora da rede.

Numa primeira interpretação, expressa em termos macrossociológicos, a antiga sociedade de classes foi submersa pela expansão de uma classe média mais ou menos uniforme que ocupa a maior parte do espaço social que tem, numa extremidade, uma pequeníssima faixa, superior no aspecto da riqueza e do poder, e na outra um conjunto de excluídos, maior ou menor segundo os métodos de cálculo utilizados, composto essencialmente por desempregados há muito tempo, mas também por homens ou mulheres portadores de limitações sociais ou naturais diversas (filhos de famílias marginalizadas, mães solteiras, estrangeiros sem documentos, "desajustados sociais" etc.). O trabalho social consiste então em reintegrar esses "excluídos", ou seja, na medida do possível, possibilitar sua inclusão na grande classe média ajudando-os a superar as limitações que causam sua marginalização e que são reforçadas pela exclusão.

Uma segunda interpretação, mais microssociológica, desperta nosso interesse por apoiar-se mais nitidamente na representação da sociedade ligada à metáfora da rede. Nessa versão do paradigma da exclusão, incluído é aquele que está conectado, ligado por elos múltiplos e diversificados a outras pessoas ou instâncias de nível mais elevado, tais como administrações, famílias, empresas. Ao contrário, excluído é aquele cujos elos de ligação com os outros foram rompidos, o que o levou a ser rejeitado para as margens da rede, onde os seres perdem a visibilidade, a necessidade e quase a existência. Assim, por exemplo, na elaboração que Robert Castel (1994) faz da noção de *desafiliação* – incontestavelmente a mais importante contribuição recente à análise dos fenômenos de marginalização social –, a exclusão e seu contrário, a inclusão, fazem indiretamente referência às formas do elo social num mundo concebido segundo a modalidade da rede. O indivíduo desafiliado é aquele cujas conexões se romperam umas após outras, aquele que já não está inserido em nenhuma rede, que já não está vinculado a nenhuma das cadeias cuja imbricação constitui o tecido social, sendo assim "inútil para o mundo".

A nosso ver, a rapidíssima difusão da definição do mundo social em termos de redes, que acompanhou a implantação do mundo conexionista, possibilita compreender como a dinâmica da exclusão e da inclusão (inicialmente associada ao destino de grupos marginais) pôde assumir o lugar antes destinado às classes sociais na representação da miséria social e dos modos de remediá-la[5]. Um sinal dessa importante difusão é o fato de que, ao longo dos anos 90, um número crescente de atores (inclusive executivos) viu na "exclusão" uma ameaça pessoal e, por conseguinte, reconheceram algo de seu próprio destino numa situação social (apesar de tudo, distante da sua situação) cujo representante paradigmático ou, digamos, "exemplo típico" era constituído pelos sem-teto Sans Domicile Fixe (SDF), o errante, sem lar nem lugar (Thomas, 1997).

A construção da noção de exclusão também possibilitou àqueles que ocupam os graus mais baixos da escala social encontrar um lugar na representação da sociedade como é mostrada por jornalistas, escritores, cineastas, sociólogos, estatísticos etc. Mas essa nova imagem, ao contrário do que ocorria nos anos 70, não é a de proletários, explorados, ou seja, pessoas pertencentes a classes sociais. Aqueles cuja condição é denunciada assumem agora um lugar na nova representação como pobres, miseráveis, sem domicílio fixo ou então como sem-documentos, imigrantes, habitantes dos subúrbios relegados ao abandono e à violência. Na falta de uma noção clara de exploração e de alguma esperança de mudança social, a rejeição à injustiça social de alguma maneira retrocedeu para aquilo que constitui seu estímulo original: a indignação em face do sofrimento. Mas isso também significa que tendem a desaparecer da representação dos mais carentes todos os traços positivos que um século de lutas operárias e de literatura revolucionária haviam vinculado à figura do homem do povo: coragem, franqueza, generosidade, solidariedade. Essas qualidades, agora relegadas ao estoque dos acessórios mitológicos (quando não suspeitas de dissimular a violência stalinista) são substituídas pelos atributos lastimosos de excluído, definido principalmente pelo fato de ser *sem*: sem voz, sem casa, sem documentos, sem trabalho, sem direitos etc.

O movimento humanitário, que em parte estava na origem do conceito, foi também o que primeiro desenvolveu ações para combater a realidade da exclusão. Mesmo porque essa modalidade de intervenção, durante algum tempo, mostrou-se como a única possível.

Ação humanitária

O crescimento das desigualdades e o reaparecimento da miséria nas sociedades ricas teriam como efeito chamar de novo a atenção para a questão social e suscitar movimentos sociais já em meados da década de 80. Mas, numa situação marcada pela derrota, pela dissolução ou desqualificação das instâncias críticas que haviam dominado as duas décadas anteriores e na falta de uma teoria crítica que possibilitasse transformar a indignação em aparato argumentativo ou fundamentar a revolta na razão, essa preocupação social e os movimentos que a acompanharam adotaram na maioria das vezes a forma da ação humanitária.

Esse tipo de ação, que em princípio não era novo (a Cruz Vermelha pode ser considerada uma das primeiras associações "humanitárias"), fora reatualizado durante a década de 70 por associações de jovens médicos provenientes da esquerda ou da extrema esquerda, que tinham abandonado a luta política na França – luta considerada ineficaz e frívola – para dedicar-se à ajuda direta às vítimas de guerras ou catástrofes naturais nos países do Terceiro Mundo e também para tentar proteger essas populações servindo de intermediários entre seus sofrimentos e a assistência que lhes era dada (Boltanski, 1993). Essa forma de ação era um modo de manifestar a indignação em face da miséria na conjuntura da década de 80 porque enfatizava o engajamento na ação e a ajuda individual com contato direto, de tal modo que possibilitava prescindir de longos encadeamentos, necessários à formulação de acusações a alvos distantes (por exemplo, patrões ou acionistas de empresas multinacionais) ou à generalização, com o objetivo de incriminar determinado tipo de sociedade. Essa reversão para a ação humanitária era tanto mais surpreendente porque grande parte das instâncias críticas do período anterior, ao mesmo tempo que preconizava a solidariedade pelas vítimas de injustiças, atacava intensamente a "caridade" e até mesmo a "assistência social", denunciadas como meios hipócritas, complacentes ou perversos de desviar as pessoas da única ação que importa: a ação política.

O exemplo mais famoso dessas novas associações caritativas, oriundas do movimento esquerdista, e não de meios religiosos, foi sem dúvida o dos Restaurants du coeur [Restaurantes do coração], fundados por Coluche no inverno de 1985-86. Uma miríade de associações de ajuda às pessoas em dificuldade surgiu durante o período, e em 1990 calculava-se em 8 milhões o número de pessoas que haviam realizado algum trabalho filantrópico (das quais 1,2 milhão como voluntárias em alguma associação assistencial). O tempo de trabalho voluntário dedicado a essas associações pode ser calculado em 120 milhões de horas por mês, o que representa cerca de 700 mil empregos equivalentes em período integral, ou seja, 3,4% dos empregos remunerados (Paugam, 1995). Essas associações de cunho humanitário (que também passaram a empregar com frequência cada vez maior jovens formados em cursos superiores como assalariados por um período limitado) a partir da década de 90 começaram a encontrar uma linguagem comum no idioma da exclusão e adotaram como objetivo geral – qualquer que fosse sua orientação prática imediata – a *reinclusão* dos *excluídos*. Atuam em campos muito diversos[6], recebem verbas públicas e frequentemente trabalham em *parceria* com o Estado, visto que assistentes sociais ou membros do pessoal administrativo pertencem às coletividades locais, às quais essas associações estão associadas na instauração de *projetos* locais e limitados no tempo (Paugam, 1995).

Mas essa forma de ação logo se mostrou insuficiente. A precariedade e a pobreza deixaram de ser tratadas unicamente como sofrimentos individuais, cuja mitigação caberia à participação pessoal, atingindo o *status* de problema social de primeira importância, engendrando o aparecimento de novos movimentos sociais.

Novos movimentos sociais

Pode-se datar do início da década de 90 a politização da exclusão. Ela foi favorecida pelos debates que cercaram a votação da lei sobre o Rendimento Mínimo de Inserção (RMI) e, talvez principalmente, pelo espanto diante do número e da diversidade das pessoas que podiam ser por ele beneficiadas. O RMI, assim, serviu de revelador de uma miséria da qual tomaram então consciência os atores (jornalistas, sociólogos etc.) que contribuem de maneira importante para a representação do mundo social[7].

Entre os trabalhos que contribuíram para essa conscientização tardia, desempenhou papel importante o relatório publicado pelo Centro de Estudo dos Rendimentos e Custos (CERC) no terceiro trimestre de 1993 sobre a *Precariedade e o Risco de Exclusão na França*, porque possibilitou traduzir em números uma preocupação difusa de que dava testemunho, entre outros indicadores, o sucesso da obra *La Misère du monde*, publicada mais ou menos ao mesmo tempo sob a direção de Pierre Bourdieu (1993). De fato, esse relatório, feito por Serge Paugam, a partir da pesquisa "Situações desfavorecidas" do INSEE de 1986-87 (em parte reatualizada), estimava o percentual de pessoas que ocupavam "emprego estável não ameaçado" em 51,6%; as que ocupavam emprego estável ameaçado, em 28,5%; as que ocupavam empregos instáveis e estavam desempregadas constituíam mais ou menos 20% das pessoas ativas. Também mostrava fortes correlações entre o grau de estabilidade do emprego e, por outro lado, a pobreza e a vulnerabilidade social, ou seja, o "risco de exclusão" e de "marginalização" (Paugam, 1993).

Seria possível acumular os indícios do aumento dessa preocupação; um dos mais notáveis decerto foi o movimento de solidariedade tácita dos assalariados do setor privado com a greve dos assalariados do setor público – mais protegidos contra os riscos de demissão – em dezembro de 1995 (Touraine *et alii*, 1996). Mas também se pode pensar, por exemplo, na publicação, desde meados da década de 90, de grande número de obras destinadas ao grande público (frequentemente com grandes tiragens) em torno do tema da crítica à sociedade econômica, focalizada no desemprego, no trabalho, na exclusão, na pobreza, na precariedade, nas novas desigualdades, no neoliberalismo, nos perigos da globalização, na disseminação da violência ou no individualismo extremado[8].

Ainda que, com as tentativas de reconstituição de uma "esquerda da esquerda" a partir das greves de 1995, a ação humanitária tenda a ser novamente desacreditada devido a seu "apolitismo", o fato é que a partir da reorientação da militância política para a ação humanitária, na segunda metade da década de 80, formou-se um novo meio no qual ganhou raízes o restabelecimento da crítica nos anos 90. Esse meio é muito diversificado e até heterogêneo, apesar de constituir um tecido contínuo no interior do qual podem estabelecer-se contatos, formar-se oposições e firmar-se acordos parciais para operações tópicas em pontos precisos. Nesse ponto, ele não é diferente do meio no qual foram lançadas, na segunda metade do século XIX, as bases daquilo que viria a ser o Estado-providência, graças aos esforços conjugados de reformadores sociais, juristas, filantropos, associações operárias de ajuda mútua e sindicatos ou partidos revolucionários[9], ainda que fossem frequentes as fortes oposições entre eles. No meio constituído em torno da luta contra a exclusão também entram hoje em interação altos funcionários, juristas, economistas ou sociólogos de inspiração reformista, membros de movimentos de origem religiosa (como o Secours catholique ou o Service oecuménique d'entreaide (CIMADE)) e militantes de associações de um novo tipo[10] – Droit au logement[11] [movimento em defesa dos sem-teto] (DAL), Droits devant!![12] [movimento em defesa dos sem-documento] (Dd!!), Agir ensemble contre le chômage[13] [movimento contra o desemprego] (AC!) – que, constituídas em torno de uma *causa* específica (como moradia, documentação, desemprego etc.), desempenham papel importante, a partir de meados da década de 90, na reformulação da crítica social, não só diretamente por meio de atos, mas principalmente, talvez, por meio da pressão que tais atos e sua divulgação na mídia exercem sobre os reformadores sociais. A ocupação do prédio da rua du Dragon e as greves de 1995 foram a oportunidade para a aproximação entre esses movimentos e sindicalistas, em especial o Solidaires, Unitaires et Démocratiques (SUD), oriundo de uma dissidência de militantes do CFDT no fim da década de 80[14].

Sem chegar à constituição de um partido (cuja forma é rejeitada por lembrar modalidades políticas de mobilização), essas aproximações são bastante estreitas e constantes para que esse movimento militante possa reconhecer-se também na metáfora da rede, pela qual circulam pessoas diferentes sob grande número de aspectos, com muitas opiniões divergentes (o "mosaico"), mas capazes de convergir e ajudar-se mutuamente em ações contra a exclusão baseadas numa definição mínima dos direitos frequentemente reivindicados em torno de uma "cidadania" cuja definição continua imprecisa.

De fato, é no bojo desses novos movimentos que se dá o encontro entre de um lado o tipo de ação (ajuda direta mediatizada) e de justificação (os direitos humanos) desenvolvidos pelas associações humanitárias dos anos 80 e, de outro, um *know-how* contestador, um sentido do gesto transgressor para provocar os poderes e desmascarar sua má-fé, herdados das lutas do início dos anos 70[15]. Esses movimentos, cujos membros mais ativos frequentemente são ex-militantes sindicais ou políticos[16] decepcionados com a ineficácia das organizações instituídas e até enjoados com as manobras políticas ou os interesses pessoais que observaram nos partidos e nos sindicatos, inventam um *repertório do protesto* – segundo expressão de Charles Tilly (1981) – e formas de organização que rompem com formas que vinham dominando o movimento operário há um século. Assim, por exemplo, à *delegação* que dá aos porta-vozes o poder de agir a *distância* e os expõe à acusação de usurpação e abuso de autoridade, eles opõem a ação *presencial*, a ajuda direta aos oprimidos, numa relação de proximidade que é compreendida como uma das condições de autenticidade da participação por exigir um sacrifício (especialmente de tempo) difícil de disfarçar. Do mesmo modo, às organizações *rígidas*, cuja *burocratização* expõe ao risco de antepor os interesses da organização ao interesse das pessoas que ela pretende defender, eles opõem formas maleáveis, *flexíveis*, recorrendo por ocasião de *eventos* precisos (definidos como *projetos* e muitas vezes intencionalmente divulgados pela mídia, como, por exemplo, ocupações de imóveis) a pessoas investidas de títulos diferentes e em torno de aspectos diversos. Não pedem àqueles que ajudam nesses eventos uma adesão total em todos os aspectos, mas apenas uma concordância tópica sobre a validade da ação promovida. Esses movimentos reivindicam respeito à heterogeneidade e à pluralidade de modos e motivos de engajamento, em contraposição à obra de homogeneização ideológica das organizações tradicionais, denunciada como totalitária[17]. Christophe Aguiton, um dos fundadores do SUD-PTT, define nos seguintes termos esse modo de ação: "Uma forma de organização é simbólica dessa situação: a rede, sistema flexível, no qual todos trabalham em conjunto, mantendo suas respectivas identidades" (Aguiton, Bensaïd, 1997, p. 200). É por se definirem dentro da lógica da rede que os novos movimentos formados em torno da defesa dos "direitos" são tão indiferentes à questão do *número* de afiliados, ao contrário das organizações tradicionais – com suas células ou seções fechadas, seus fichários de afiliados e suas cerimônias de entrega de fichas de afiliação etc. –, nas quais essa questão assumia caráter quase obsessivo. Pois, como saber o que está "dentro" e o que está "fora" quando se substitui a questão da afiliação pela questão da ação comum que só se apresenta de modo circunstancial, situada, em ocasiões bem definidas.

Reconhece-se, por essa breve descrição, a homologia morfológica entre os novos movimentos de protesto e as formas do capitalismo instauradas durante os últimos vinte anos. Essa homologia dá a tais movimentos, que são muito móveis, a oportunidade de poder influenciar exatamente nos setores nos quais as organizações tradicionais perdiam pé. Mas isso significa também que eles precisam lidar com o tipo de tensão presente nas formas emergentes do capitalismo, entre as quais não é de subestimar a tensão entre flexibilidade, mobilidade e rapidez, de um lado, e, de outro, continuidade de engajamento que sempre pode dissipar-se caso este não seja incessantemente estimulado por acontecimentos capazes de torná-lo atual, ou seja, real.

Uma das dificuldades enfrentadas por esses novos movimentos é a passagem da noção de exclusão (cuja compatibilidade com a representação do mundo em rede já mencionamos), mas também o fato de pertencerem a uma "política do sentimento", a uma teoria da exploração que possibilite aliviar os "excluídos" do peso da responsabilidade individual e unilateral ou da fatalidade inexorável e assim estabelecer um elo entre a sorte deles e a sorte dos mais aquinhoados, sobretudo daqueles que ocupam posições sociais privilegiadas. Tal operação possibilitaria enriquecer a responsabilidade destes últimos e se apresentaria como melhor garantia para os mais carentes do que apenas o apelo às "qualidades do coração". Por outro lado, a transformação do tema da exclusão em teoria da exploração poderia possibilitar identificar causas novas da exclusão, afora a falta de qualificação que, no momento, é a explicação mais frequente.

Dificuldades da exclusão como conceito crítico

Embora a exclusão seja uma noção crítica[18] tal como a noção de classe social, que, em sua principal acepção, é orientada para a exigência do desaparecimento das classes, essas duas temáticas abrem caminho para formas críticas muito diferentes. A categoria exclusão, mesmo depois de sua generalização para o conjunto da sociedade, conservou alguma coisa do modo como ela servia para designar na origem todos aqueles que eram excluídos da participação no bem-estar social por suas limitações. A exclusão, ao contrário da exploração, não só não dá lucro a ninguém (de modo que ninguém pode ser considerado responsável por ela, a não ser por negligência ou erro), como também continua em ressonância com as propriedades negativas atribuídas àqueles que são suas vítimas. Esse é, aliás, o sentido dos principais trabalhos estatísticos que, por mais bem-intencionados que sejam, identificam grupos ou pessoas "de risco", ou seja, aqueles que estão ameaçados de exclusão devido às limitações de que são portadores, concebidas dessa vez como limitações sociais e também como limitações físicas ou mentais. Ora, foi exatamente esse vínculo entre miséria e deficiência, ou, mais exatamente, entre miséria e características pessoais (facilmente transformáveis em fatores de responsabilidade individual) que a noção de classe e, sobretudo, a de proletariado tinham conseguido romper.

A exclusão apresenta-se, portanto, como um destino (contra o qual é preciso lutar), e não como resultado de uma assimetria social da qual certas pessoas tirariam proveito em prejuízo de outras. A exclusão ignora a exploração. Esse argumento é explicitamente desenvolvido por Jean-Baptiste de Foucauld, membro do Commissariat au Plan no início dos anos 90, certamente um dos altos funcionários que tomou mais a peito a luta contra a exclusão. Mesmo reconhecendo que existem resíduos de exploração em nossa sociedade, ele pretende separar nitidamente exclusão de exploração. A exclusão é de outra natureza. Ela não pode constituir exploração – diz ele – porque a exploração ocorre no trabalho, e os excluídos caracterizam-se primordialmente pelo fato de estarem privados de trabalho[19]. Esse argumento, frequentemente alegado, desempenha hoje papel muito importante porque rompe o elo que, relacionando a felicidade dos ricos e a infelicidade dos pobres, mantinham a referência a uma balança de justiça numa sociedade concebida como um equilíbrio entre grupos socioprofissionais num território nacional. Mas as sociedades ocidentais, sociedades não igualitárias cujo ideal de justiça se baseia no princípio de uma igualdade essencial de todos os seres humanos, não podem prescindir de uma justificação das desigualdades. A partir daí, não é de negligenciar o risco de retrocesso para explicações que façam apelo unicamente às capacidades naturais das pessoas e até a seu patrimônio genético, por menos legítimas que elas sejam: uns, bem dotados de múltiplas capacidades, souberam aproveitar as oportunidades que foram perdidas pelos outros, menos inteligentes ou afetados por limitações (quando não por vícios).

Será então cabível concluir que a exclusão não passa de ideologia (no sentido marxista do termo) que tem em vista apenas mascarar a perenidade de uma sociedade baseada na exploração de classes? Acreditamos, ao contrário, que é preciso levar a sério a noção de exclusão, uma vez que ela aponta para novas formas de miséria correspondentes às formações capitalistas que emergiram na década de 80. Mas também acreditamos que convém levar mais longe sua análise, para ver de que maneira essa noção se relaciona com certos dispositivos atuais de formação do lucro.

No marxismo, a exploração é concebida por referência aos mundos industrial e mercantil nos quais o capitalismo do século XIX ganha força. Mas podem existir formas de exploração diferentes, ajustadas a outros mundos. Na sequência desta análise, desenvolveremos a ideia de que a noção de exclusão é pertinente sobretudo em referência a *uma forma de exploração que se desenvolve num mundo conexionista*, ou seja, num mundo no qual a realização do lucro passa por atividades em rede. Mas, para depreender essa forma de exploração conexionista, falta-nos um elemento, visto que é insuficiente apenas a definição da miséria própria ao novo mundo, que é a exclusão. Precisamos definir a forma específica assumida nesse mundo pelo egoísmo, pois as teorias da exploração sistematizam a intuição de que existe uma relação entre a miséria dos pobres e o egoísmo dos ricos. A exploração de certos atores, mesmo não intencional, supõe que outros atores (ou os mesmos, mas em outros momentos) se esquivem às exigências que têm em mira um bem comum, passando a considerar apenas os seus interesses particulares.

Procuraremos assim encontrar o elo – que a temática da exclusão distendera – entre as duas fontes de indignação que, como vimos, haviam deixado de sustentar a crítica social: ou seja, por um lado a indignação diante da *miséria* e, por outro, a indignação diante do *egoísmo*.

Atitudes egoístas num mundo conexionista

Os novos dispositivos em rede, a nosso ver, favorecem o surgimento e o desenvolvimento de uma forma original de oportunismo, diferente do oportunismo comercial e mais amplo, ou seja, capaz de apresentar-se numa grande variedade de situações, entre as quais a transação comercial não passa de um dos casos possíveis.

Visto que o oportunismo se apresenta primordialmente como uma disposição dos indivíduos, partiremos das características de que as pessoas devem ser dotadas para se sentirem à vontade num mundo conexionista e se comportarem de tal modo que obtenham sucesso pessoal, especialmente gerindo com astúcia o seu capital de relações. Essas características não nos são desconhecidas. Já as encontramos em parte quando, ao expormos o modelo da cidade por projetos, enumeramos as qualidades cuja posse inclina a qualificar alguém de "grande" nessa cidade. São, por excelência, as qualidades do *manager*, gerente de projeto, móvel, leve, capaz de estabelecer e manter conexões numerosas, diversas e enriquecedoras, capaz de ampliar as redes.

Na lógica da cidade (que, vale lembrar, é um modelo de justiça, e não uma descrição empírica dos estados do mundo), essas qualidades são postas a serviço do bem comum, mas esse ideal também traz à tona, em negativo, outro comportamento possível segundo o qual as pessoas que têm sucesso no mundo só usariam suas qualidades para servir a seus interesses pessoais de maneira egoísta e até cínica. Para distingui-lo do "grande" da cidade por projetos (que designaremos pelo termo genérico de *integrador de redes* [*mailleur*]), chamaremos de *redeiro* (equivalente ao *networker* anglo-saxônico) a personagem oportunista que, possuindo todas as qualidades necessárias a esse mundo, delas se vale de maneira puramente egoísta. A distinção entre o integrador de redes e o redeiro está na dissociação analítica das *características que constituem a grandeza* na lógica da cidade em relação às qualidades e às *ações que garantem o sucesso* em certo mundo, ou seja, o acesso aos estados superiores. Assim, essas duas figuras pertencem à mesma escala de valores (redeiros e integradores de redes podem ter sucesso ou fracassar pelas mesmas razões) e, para terem sucesso, ou seja, para desenvolverem elos, precisam aceitar os mesmos sacrifícios (sacrificar a estabilidade, a permanência etc.). Portanto, compartilham do essencial, com a diferença (fundamental na lógica da cidade) de que o sucesso do redeiro só é proveitoso para ele mesmo, ao passo que o acesso do integrador de redes aos estados superiores é proveitoso a toda a cidade, sendo, portanto, um bem comum[20].

Para traçar o retrato do redeiro, buscaremos apoio na literatura sociológica que apresenta a ação num mundo em rede como ação guiada exclusivamente por considerações estratégicas e por interesses, especialmente nos trabalhos de Ronald Burt. Os trabalhos americanos sobre redes, desenvolvidos há cerca de vinte anos, não despertam o interesse por enfatizarem os pequenos grupos, caracterizados por um conjunto denso de relações recíprocas dentro dos quais as escolhas são mútuas, as informações são compartilhadas e cada um se comunica com todos, e sim por enfatizarem espaços desprovidos de elos, que Burt chama de "buracos estruturais", e, mais precisamente, o diferencial criado pela oposição entre os amontoados de elos e os vazios intersticiais. Pela mesma razão que os trabalhos de Michel Callon (1991, 1993), mas com um posicionamento diferente, os trabalhos de Burt abrem caminho para uma análise do modo como se constituem as assimetrias e, em especial, as assimetrias de informação, numa lógica de rede. De fato, se todos se comunicam com todos dentro de um mesmo conjunto, os conhecimentos são comungados, e as informações, compartilhadas, o que tende a limitar o desenvolvimento das assimetrias. Mas, pelas mesmas razões, nenhum ator capitaliza mais do que os outros nem – o que é importante – em prejuízo dos outros. Uma rede cuja malha põe cada nó em comunicação com todos os outros não engendra nenhuma assimetria, mas tampouco apresenta diferenciais que possibilitem o acúmulo das vantagens em certos pontos da rede que, assim, tiram proveito do capital acumulado, em especial do capital informacional e relacional.

É essa intuição que Ronald Burt (1992 a e b) desenvolve numa série de trabalhos interessantes sobretudo por terem um caráter misto, entre a teoria formal e a obra de orientação para administradores ambiciosos. Seu principal argumento pode ser resumido sucintamente da maneira seguinte. Distinguindo três tipos de capital (que ele chama de capital econômico, capital humano e capital relacional), ele atribui a este último o papel mais importante por condicionar a possibilidade de acumular capital nas outras duas formas. O capital social designa o conjunto das relações pessoais que um indivíduo pode totalizar. Mas a acumulação de capital social logo se choca com limites, uma vez que, por se basear num compromisso pessoal, ela exige investimentos em tempo e energia, que são difíceis de delegar. Essa é a razão pela qual – aconselha Burt – ela deve ser feita com discernimento, evitando-se os investimentos duplicados. Se Pedro e João ocupam posições semelhantes no mesmo departamento, é inútil desperdiçar tempo envolvendo-se numa relação permanente com ambos. Os investimentos mais rentáveis não são os realizados dentro do pequeno grupo, e sim os mais distantes. É transpondo *buracos estruturais*, ou seja, estabelecendo relações com pontos ou nós que não estejam ligados aos outros pontos com os quais nos relacionamos, que se pode formar uma assimetria e se torna possível uma acumulação com base nesse *diferencial*. Embora nem sempre de maneira explícita, o construto de Burt se dá num mundo no qual a informação desempenha papel essencial na acumulação das riquezas. Os ganhos obtidos na conexão dos pontos antes separados por buracos estruturais são primordialmente ganhos de assimetria informacional. Assim, segundo Burt, é possível, por um lado, ter acesso a uma informação que os outros membros do pequeno grupo não possuem ou – o que dá na mesma – ter acesso antes deles e assim ganhar tempo; por outro lado, é possível obter ganhos em termos de *reputação* em espaços dificilmente acessíveis, visto que os atores com os quais estabelecemos relações podem falar de nós e nos tornar conhecidos. Por fim, cabe acrescentar que o modelo de Burt pode dar ensejo a verificações empíricas. O autor o põe à prova por meio de uma pesquisa feita com uma população constituída por empregados de nível superior e médio de uma grande empresa de ponta, que revela um elo estreito entre o sucesso e o número de buracos estruturais de posse de cada "jogador", para usar a terminologia empregada[21].

O que Burt não diz (pois ele, como todos os autores da mesma escola, vê o mundo todo como uma rede da qual as outras formas sociais teriam desaparecido) é que os proveitos auferidos das estratégias de transposição de buracos estruturais não seriam tais se os atores não estivessem separados por fronteiras institucionais. A existência de espaços separados, de barreiras legais ou de direitos de entrada para pagar, aumentam os custos vinculados à formação do elo e também os proveitos diferenciais com que podem contar aqueles que conseguiram superar essas barreiras[22]. É porque os atores têm condições desiguais de desvincular-se das filiações institucionais – segundo seu grau de *lealdade* (Hirschman, 1970) e também segundo os trunfos dos quais disponham – que a acumulação de um capital relacional rico em buracos estruturais pode ser fonte de lucros para o redeiro oportunista.

Do mesmo modo, o redeiro procura explorar ao máximo as assimetrias de informações. Ele extrai de sua experiência uma representação dos elos úteis, mas guarda essa representação para si e (ao inverso do integrador de redes) faz tudo o que pode para que aqueles que lhe estão próximos não possam construir uma topologia eficaz da rede. Ele se cerca de segredo e, principalmente, não permite a comunicação dos diferentes espaços nos quais evolui, para evitar que seus múltiplos contatos sejam conhecidos por seu intermédio e que, através de ligações duradouras com os outros, ocorra a possibilidade de que as informações circulem sem passarem por ele. A discrição é muito necessária em relação aos que estão mais próximos (os participantes do mesmo projeto ou, em termos de rede, os membros de um pequeno grupo) que, exatamente por possuírem já grande parte do capital informacional que o redeiro utiliza para agir, podem tirar o melhor partido possível de novas transferências de informações ou de novas conexões. A discrição possibilita neutralizar concorrentes virtuais, mas sem passar por traidor, para que não sejam perdidas as vantagens propiciadas pela confiança e pela dedicação dos amigos de longa data e dos colaboradores mais próximos. De fato, convém afastar a suspeita de duplicidade ou de ação estratégica. Do mesmo modo, cada novo conhecimento, para inspirar confiança e mostrar-se realmente proveitoso, deve apresentar-se como fortuito e desinteressado. Logo, é necessária a mesma discrição para com novos contatos, a fim de se evitar que eles utilizem a conexão para ampliar sua própria rede sem pagar por isso ou para evitar que eles se amedrontem: visto que sempre existem meios diferentes separados por fronteiras mais ou menos rígidas ou as pessoas muitas vezes têm uma história conflituosa, nem todas as conexões são imediatamente compatíveis, de tal modo que a reputação de certos elos (as "más companhias") pode atrapalhar o estabelecimento de outras conexões. Portanto, mantendo separados os diferentes fragmentos de redes entre os quais conseguiu estabelecer uma ponte, o redeiro pode tornar-se *passagem obrigatória*. Sua atividade, assim, concorre para a formação de máfias[23], redes de corrupção, "privilégios", "apadrinhamento" etc. Esses são termos que, na literatura da nova gestão empresarial, designam as más redes, desviadas em sentido puramente egoísta, nas quais, portanto, a cidade por projetos não pode basear-se.

Nem todas as posições são igualmente favoráveis para desenvolver uma atividade de redeiro. Uma solução interessante é ocupar um posto numa instituição (empresa, repartição, associação) que possibilite dispor de recursos (salário de referência, instrumentos de trabalho como telefone, máquina copiadora, computadores, correio eletrônico etc.), de identidade e garantias jurídicas, sem sofrer diretamente as coerções dos mercados (como ocorre com o *empreendedor* independente), nem ter responsabilidades diretas para com subordinados (como ocorre com o diretor[24]). O redeiro oportunista esforça-se mais por fazer que os outros – empresários ou responsáveis por instituições – corram os riscos implicados nas operações que ele realiza, ao mesmo tempo que procura prioritariamente juntar lucros. A melhor posição de partida para desenvolver uma atividade de redeiro, portanto, parece ser aquela que dá acesso ao nível mais elevado de recursos compatível com o nível mais fraco de controle, de tal modo que seja possível pôr *bens sociais* a serviço de uma atividade pessoal de *networker*.

Suponhamos um *redeiro* participante de uma empresa coletiva, que tenha acesso a recursos e esteja relativamente liberto das formas burocráticas de controle. Ele renunciou à ideia de carreira, sabe que o dispositivo do qual participa é temporário e, por conseguinte, não ignora que, em futuro mais ou menos próximo, será levado a mudar de atividade. A estratégia correta não consiste (como recomenda a gestão empresarial) em compartilhar suas informações e seus elos com sua equipe e deixar que ela se beneficie do centro de que ele depende mas, ao contrário, em tirar proveito dos recursos aos quais tem acesso e do pequeno nível de controle de que é beneficiado, para adquirir um capital relacional que lhe dará vantagem sobre os outros membros da equipe. O que se ganha nesse processo é essencialmente tempo. O redeiro, graças à sua mobilidade, ganha vantagens sobre seus concorrentes eventuais – ou seja, em muitos casos, seus colaboradores e amigos – e pode tornar visível antes deles uma forma original (produto, ideia, texto etc.) que passa a ficar ligada a seu nome e à sua pessoa. O redeiro tem sucesso quando, no fim de um projeto, algo lhe pode ser atribuído e publicamente associado a seu nome. Esse *algo* não tem necessariamente as qualidades de estabilidade e objetividade que definem uma obra. O importante para o redeiro (assim como para o artista de "performances") é provocar um *evento* e *assiná-lo*. A competência e os conhecimentos comuns à equipe ficam desvalorizados, o que diminui as chances que os outros membros podem ter de dar prosseguimento à sua atividade ou de se inserir em outro projeto. Mas, antes desse resultado fatal, devido ao isolamento relativo no qual o redeiro tentava mantê-los, suas competências não se desenvolvem; eles não aprenderam mais do que já sabiam e não se enriqueceram em contato com os outros.

A atividade dos redeiros pode ser fonte de grandes dificuldades para as pessoas com as quais eles se relacionam. Ela também cria problemas de controle nas empresas ou nas organizações a partir das quais eles operam. Incentivados pelo fato de auferirem lucros, também causam preocupação porque sua propensão a canalizar esses lucros para a empresa só depende de sua lealdade, que é incerta. De fato, assim como, na empresa burocratizada, os diretores podiam desenvolver interesses diferentes dos de seus proprietários ou acionistas (por exemplo, interesse no crescimento do número de assalariados sob sua direção), também os redeiros podem desenvolver interesses divergentes dos interesses dos diretores, cujo poder se exerce sobre as coisas necessárias ao funcionamento das instituições. Eles não têm o mesmo horizonte temporal. A natureza passageira e fluida das atividades do redeiro o incita a extrair o máximo de proveito pessoal de cada operação, sem se preocupar muito com as consequências para a instituição da qual ele extrai seus recursos. Num mundo visto como extremamente incerto e flutuante, o *eu* constitui o único elemento que vale a pena identificar e desenvolver, por ser o único que se apresenta com alguma *duração*. Logo, cada uma das operações através das quais o redeiro se transporta é uma oportunidade de incrementar o seu *eu*, de enriquecê-lo. Ele é "o empresário de si mesmo". O valor da atividade da qual ele participa, da "missão" que lhe é confiada por uma empresa dependerá em primeiro lugar do grau em que ela lhe permitir ganhar força, enriquecendo e diversificando o universo das coisas e das pessoas que lhe podem estar associadas e que constituem os trunfos de que ele se valerá em novos deslocamentos. Mas, nessa lógica, podem ocorrer conflitos com a unidade – empresa ou repartição – que tenha iniciado o projeto ou fornecido os recursos. Esses conflitos podem girar em torno de questões de propriedade, especialmente quando os bens disputados são difíceis de proteger por não serem objetos, e sim pessoas ou bens imateriais, tais como, por exemplo, clientelas, fornecedores, ideias.

O desenvolvimento de comportamentos oportunistas num mundo conexionista, como vimos, lesa os outros membros das coletividades de trabalho cuja empregabilidade diminui, assim como as instituições que forneceram ao redreiro recursos pelos quais ele não pagou necessariamente. Essas observações sugerem a possibilidade de formas de exploração próprias a um mundo conexionista. Falta construir um conceito de exploração adaptado a uma sociedade na qual o mundo conexionista ganha importância cada vez maior, ao lado dos mundos industrial e comercial, aos quais se referiam as formulações clássicas da exploração. Essa reformulação da exploração possibilitará preencher o espaço que atualmente separa essa noção da noção de exclusão.

Exploração num mundo em rede

Uma teoria da exploração deve mostrar que o sucesso e a força de uns decorrem, *de fato* (pelo menos parcialmente), da intervenção de outros atores cuja atividade não é reconhecida nem valorizada. Essa perspectivação crítica pressupõe, em primeiro lugar, a existência de um mundo comum. Para coadunar exclusão e exploração é preciso, no mínimo, ter condições de fundar um princípio de solidariedade entre a felicidade dos fortes (grandes) e a miséria dos fracos (pequenos). De fato, se de um lado temos fortes bem felizes e, de outro, pequenos em condições miseráveis, não havendo nenhum elo entre eles e movendo-se em mundos completamente diferentes, então a ideia de exploração não terá sentido. Portanto, será preciso, no mínimo, que eles compartilhem um mundo comum. Esse mundo pode ser identificado a partir da intuição da rede. A rede de fato constitui a forma que, focalizando-se nas relações, possibilita inserir num mesmo gráfico os mais fortes e os mais fracos, mas também – visto que os agregados de relações podem ser mais densos ou menos densos – os mais ligados e os menos ligados, os mais conectados e os menos conectados à rede, os incluídos no centro do diagrama e os excluídos, relegados às suas margens.

Mas fortes e fracos não poderão pertencer a um mundo comum, sem que a felicidade de uns dependa da infelicidade de outros, e vice-versa? Para que se possa falar de exploração, é preciso que exista entre eles uma união não apenas estrutural (a supremacia que os fortes devem à riqueza de seus elos só existe diferencialmente em relação à pobreza dos elos que unem os fracos ao restante do mundo), mas também substancial: num mundo em que a capacidade de travar relações é fonte de lucro, ela deve possibilitar identificar a parte faltante, sem a qual a felicidade dos grandes é um *mistério* (como diz Marx a propósito da valorização do capital), esclarecer do que é constituída essa parte faltante e mostrar que, *na realidade*, ela é dada pelos pequenos, sem que lhes seja redistribuída a fração do valor agregado que lhes deveria caber.

Qual é a parte faltante, subtraída aos pequenos, que explicaria a força dos grandes num mundo conexionista? Para afirmar que os pequenos contribuíram com o processo de valorização, é preciso mostrar que eles são úteis à confecção dos elos lucrativos. Se isso não ocorrer, eles serão pobres em elos – é lamentável para eles – e não contribuirão com nada. O que os fracos dão deve ter caráter de visibilidade limitada, não ser objeto de reconhecimento em tal mundo, possuir valor medíocre nesse mundo (senão, a injustiça de que são alvo seria evidente), ao mesmo tempo que contribui para seu enriquecimento. Pode-se propor a seguinte resposta: a contribuição específica dos pequenos para o enriquecimento num mundo conexionista e a fonte de sua exploração pelos grandes residem precisamente no que constitui sua fraqueza no contexto, ou seja, em sua imobilidade.

De fato, num mundo conexionista, a mobilidade, a capacidade de deslocar-se com autonomia, não só no espaço geográfico, mas também entre as pessoas ou mesmo em espaços mentais, entre ideias, é uma qualidade essencial dos grandes, de tal modo que os pequenos se caracterizam primordialmente por sua fixidez (sua rigidez). Também convém não atribuir importância demais à diferença entre a mobilidade propriamente geográfica ou espacial e as outras formas de mobilidade. De fato, as conexões importantes sob qualquer aspecto têm todas as probabilidades de traduzir-se, num momento ou noutro, em aproximação geográfica e, inversamente, as desconexões comportam forte probabilidade de redundar em distanciamento em termos espaciais. Evidentemente, isso será ainda mais verdadeiro se redefinirmos a distância geográfica na linguagem das redes, onde ela é medida pelo número e pela intensidade dos elos (nesse caso, pode-se considerar que alguém que continue morando na mesma cidade, mas tenha mudado completamente de grupo de relações, realizou um movimento no espaço da rede). A mobilidade geográfica ou espacial, portanto, pode ser sempre considerada como expressão paradigmática da mobilidade.

Os grandes não ficam parados. Os pequenos ficam. Deslocando-se, os grandes criam novos elos. Permanecendo, os pequenos perdem os elos que são potencialmente mais lucrativos (processo de exclusão). Alguém está em algum lugar com outras pessoas. As outras pessoas se deslocam, esse alguém fica para trás. No fim, fica sozinho ou vinculado por elos fracos ao coração da rede[25]. Por isso, a "exclusão" pode ser vista como uma sequência de fenômenos, ou seja, como um processo não intencional, que não pressupõe a atribuição a alguns seres humanos da vontade de excluir outros de seu círculo.

Mas isso não basta para compreender como aqueles que não se deslocam (ou se deslocam menos) contribuem para a formação do valor agregado daqueles que se deslocam (mais). Pode-se argumentar que eles não se deslocam porque são caseiros, tímidos, têm manias, hábitos, ou então porque são casados, têm filhos ou mãe idosa etc. Isso é problema deles, ou até erro deles. Não aceitam os sacrifícios necessários ao deslocamento. É verdade que isso os põe em desvantagem, mas não dá vantagem alguma àqueles que se deslocam. A exploração continua indetectável. Para encontrá-la, é preciso compreender que *a imobilidade de uns é necessária à mobilidade de outros*.

Um mundo conexionista é habitado por uma tensão muito forte entre o próximo e o distante, o local e o global. E essa tensão pesa especialmente sobre os maiores, pois eles encarnam a verdade desse mundo. Porque, para adquirir grandeza nesse mundo, convém deslocar-se incessantemente, a fim de tecer novos elos. E é preferível deslocar-se pessoalmente (ir à conferência, entrar em contato com o parceiro comercial etc.). Para designar o tipo de ativo ao qual é atribuída a força num mundo conexionista, Ronald Burt (1992 a), como vimos, fala de capital social, querendo dizer com isso que as relações estabelecidas numa rede são convertíveis em outra coisa, especialmente em dinheiro, caso contrário a referência ao "capital" seria puramente analógica. Mas uma característica do capital social, por oposição, por exemplo, ao capital financeiro, é que ele dispõe de pouca autonomia em relação às pessoas. Está pouco desvinculado delas. Circula mal se as pessoas não circulam com ele. Nisso, o capital social é comparável ao trabalho humano antes da construção da divisão feita pelo liberalismo entre a pessoa e seu trabalho, o trabalho e o trabalhador. Essa é a razão pela qual o crescimento do capital social se choca com um limite temporal. Donde o conselho dado aos investidores, de evitar a constituição de elos redundantes. Mas Burt observa também que uma das vantagens de nos relacionarmos com pessoas bem situadas está em que estas falam bem de nós em nossa ausência, quando não podemos estar presentes na hora H (por exemplo, quando é preciso encontrar um colaborador para uma empresa ou designar o chefe para um novo projeto). Burt (que, como a maioria dos que pensam em termos de rede, adota o ponto de vista dos fortes) evidentemente pensa apenas na reputação. Mas essa observação pode nos pôr no caminho da identificação da contribuição específica que os pequenos dão para a força dos grandes num mundo conexionista.

Permanecendo no lugar, os pequenos garantem a presença dos grandes nesse lugar, pois eles não podem estar em toda parte ao mesmo tempo, e mantêm para eles os elos que eles teceram. Graças a eles, os limites temporais (naturais) que se opõem à ampliação do capital social podem ser superados. Diremos que os pequenos, num mundo conexionista, são *dublês*. O grande estabelece um elo a distância. Conecta-se com uma pessoa (que pode estar no centro de um grupo) e escolhe ou põe, nesse lugar, alguém para manter esse elo. O dublê precisa ficar no lugar onde foi posto. Sua permanência nesse nó da rede permite que o grande se desloque. Sem essa assistência, durante seus deslocamentos, o grande perderia os elos que obteve. Nunca conseguiria acumulá-los. O capital lhe escaparia. De que serviria um celular (grande objeto conexionista) se ele não tivesse a certeza de encontrar na outra ponta da linha, parado, na base, alguém que pudesse agir em seu lugar por dispor, ao alcance da mão, daquilo sobre o que é preciso agir?

Num mundo conexionista, em que a grandeza pressupõe deslocamentos, os grandes extraem uma parte de sua força da imobilidade dos pequenos, que é a fonte da miséria destes últimos. Ora, os atores menos móveis são um fator importante da formação dos lucros que os móveis extraem de seus deslocamentos. Isto porque, num mundo no qual todos se deslocassem, os movimentos se tornariam aleatórios e os lugares entre os quais é possível o deslocamento perderiam a particularidade, a singularidade (pois deixariam de ser mantidos, no que têm de específico, por atores parados); assim, os lucros produzidos pelo deslocamento, em especial pela criação de conexões entre seres ou universos distantes porque diferentes, tenderiam a desaparecer.

Se é verdade que a imobilidade de uns é condição para os lucros que outros auferem de sua aptidão de deslocar-se, e se a mobilidade propicia lucros sem termo de comparação com o que pode ser esperado pelos que ficam parados, então se pode dizer que os que são imóveis são explorados em relação aos que são móveis, no sentido de que o papel por eles desempenhado como fator de produção não é reconhecido como mereceria, e sua contribuição para a formação do valor agregado não é remunerada no nível em que deveria ser para que a divisão possa ser considerada equitativa.

A desigualdade se mostra mais forte ainda quando vista ao longo do tempo, como processo cumulativo. Para os menos móveis são totais as probabilidades de diminuição da parcela de lucro que eles podiam esperar no início do período e de perder, com o passar do tempo, a segurança relativa que, num outro estado das relações de exploração, podia ser esperada como contrapartida da estabilidade e da fidelidade (especialmente a si mesmo), valorizadas em termos de previdência e prudência. Isto porque os pequenos, que ficam parados, não desenvolvem sua capacidade de ser móveis e de estabelecer elos novos (ou seja, no vocabulário em vias de formação nas empresas, sua "empregabilidade"), de tal modo que seu *status* depende do interesse de seu mandante em manter as conexões locais que eles garantem. O valor dos pequenos que ficam parados vem do elo que eles têm com um grande a quem esse valor retorna. Os dublês tiram proveito dos elos que mantêm com o grande. Mas os pequenos não tiram proveito do capital de elos que o grande acumulou, pois o grande, que os têm como agentes, é para eles uma passagem obrigatória, pois eles não têm conexão direta com os seres cuja relação o grande capitaliza. Na maioria das vezes, nem sabem de sua existência. Ora, o grande se desloca (é precisamente isso que constitui sua qualidade de grande). Os elos não são eternos. As empresas se sucedem. Os projetos mudam. Por isso, os dublês se tornam inúteis. Envelhecem com os investimentos em capital relacional do qual dependia sua posição. O elo cuja manutenção esses atores imóveis garantiam perde interesse. O mandante corta os elos (que não custa nada manter) estabelecidos com seu agente. O dublê é desligado, e sua força e até sua capacidade de sobrevivência igualmente diminuem. Desligado daqueles que lhe serviam de passagem obrigatória para conexões mais diversificadas e longínquas, o *dublê* é empurrado para os limites da rede e arrastado para um processo de exclusão.

Num mundo em rede, cada um vive na angústia permanente de ser desconectado, ficar entregue à própria sorte, abandonado no local por aqueles que se deslocam. Essa é a razão pela qual o enraizamento local, a fidelidade e a estabilidade constituem hoje, paradoxalmente, fatores de *precariedade*, sendo, aliás, cada vez mais vivenciados como tais, conforme dão mostras os jovens que ocupam postos periféricos, por exemplo exercendo profissões ou vivendo em regiões em declínio, ao hesitarem em estabelecer-se na vida, tomar empréstimos para a compra da casa própria (em vez de morar de aluguel), casar-se (em vez de viver em concubinato), ter filhos (em vez de abortar, na esperança de manter o emprego) etc. A "desafiliação" pode ser assim provocada por condutas de autoproteção em situação de precariedade, cujo resultado paradoxal é aumentar a precariedade[26].

Um dos efeitos dos novos dispositivos empresariais pertinentes a nosso objeto de estudo é, portanto, o aumento do peso das desigualdades decorrentes da extensão e da diversidade das redes pelas quais as pessoas podem circular. Àqueles cuja sobrevivência depende de redes locais densas e curtas, àqueles que ficam expostos a todos os riscos assim que se afastam delas, opõem-se indivíduos e grupos que, podendo circular por redes extensas, não devem sua segurança ao sustentáculo oferecido por proteções territoriais, mas à manutenção das interligações das quais depende a estabilidade ou, digamos, a interconexão dos circuitos pelos quais eles se deslocam.

As observações acima, porém, não esgotam a carga de indignação contida na ideia de exploração. Ao lado dessas formas de exploração, que poderiam ser qualificadas de fracas (*só* ofendem o senso de justiça, se assim se pode dizer), existe uma *exploração no sentido forte*, que implica agressão contra o que constitui a dignidade dos seres humanos[27]. A crítica se baseia então no princípio de dignidade, no sentido da impossibilidade de destinar as pessoas uma vez por todas a uma única forma de grandeza: quem é pequeno sob certo aspecto deve continuar tendo todas as probabilidades de ser grande sob outro aspecto. Diminuir uma pessoa humana de tal modo que ela deixe de ter condições de manifestar sua grandeza em qualquer campo é atacar aquilo que constitui sua dignidade de ser humano. Ora, o tratamento infligido às pessoas num mundo (no caso, o do trabalho) pode ser tão injusto, que elas ficam impedidas de manifestar aquilo de que são capazes em outros mundos. De que modo a exploração (no sentido fraco) num mundo pode levar à exploração no sentido forte em todos os mundos possíveis? Assumindo uma forma tão intensa, que afeta a própria vitalidade, ou seja, todas as capacidades de reprodução de que um indivíduo dispõe. No mundo industrial, essa forma-limite de exploração é o esgotamento pelo trabalho. Que forma assume num mundo conexionista? É pela privação cada vez mais drástica de elos e pelo aparecimento progressivo da incapacidade não só de criar novos elos, mas até de manter os elos existentes (afastamento dos amigos, rompimento dos laços familiares, divórcio, alienação política), que se manifestam as formas extremas de exploração. Acaso não são a ausência de elos, a incapacidade de criá-los e o alijamento absoluto que constituem a condição do "excluído", no modo como é hoje frequentemente descrita?

É, porém, necessária a comprovação desse modelo de exploração num mundo em rede, para se entender bem o mundo do trabalho com suas injustiças, tal como descrevemos no capítulo IV. Para isso, precisaremos generalizar o esboço que acabamos de ler, construído para servir de demonstração, unicamente a partir das relações interindividuais, para podermos descrever com o mesmo esquema, baseados em diferenciais de mobilidade, tanto a exploração de certas pessoas tomadas individualmente quanto de pessoas pertencentes a coletividades como empresas, países e classes, pessoas desfavorecidas sob o aspecto da mobilidade.

A exploração das pessoas imóveis pelas móveis em momento de prova

O que se costuma denunciar como uma das fontes atuais de desigualdades, a saber, ou o poder dos mercados financeiros ou a globalização, está associado ao diferencial móvel/imóvel que analisamos acima.

Os *mercados financeiros* – já se repetiu bastante – deslocam seus investimentos num ritmo que não tem termo de comparação com as trocas de mercadorias que, há pouco tempo, constituíam o essencial dos movimentos financeiros internacionais[28]. A seguirmos nosso modelo, eles são os primeiros exploradores (porque são os mais móveis) de uma longa cadeia de exploração em cascata. Sua lógica de ação incentiva suas vítimas, quando possível, a tornar-se tão flexíveis quanto os capitais, para conservar maior parte do valor agregado, o que desencadeia, em contrapartida, outros fenômenos de exploração, visto que cada um dos quais é ao mesmo tempo explorador e explorado, com exceção daqueles que estão situados nas duas extremidades da cadeia.

Pode-se considerar que os mercados financeiros exploram países ou empresas. Eles movimentam capitais para um país (compra de divisas, empréstimos ao Estado[29], participação em empresas locais), mas podem retirá-los a qualquer momento (essa possibilidade é exigida como condição de investimento). O país afetado, por sua vez, não tem essa mobilidade. Ele precisa desse dinheiro para se desenvolver, e sua retirada repentina o mergulha numa crise. Sua moeda, em vez de medir sua vitalidade econômica, reflete muito mais a confiança nele depositada pelos mercados e a natureza de sua estratégia de auferir lucros em dado momento. Aliás, se os capitais se retiram, a moeda cai e, invertendo-se a teoria, a saúde econômica do país afetado fica dependente do valor de sua moeda[30]. As taxas de juros sobem então, para que os investidores concordem em não retirar todos os seus capitais, de tal modo que o conjunto dos actantes imóveis, os Estados financiados pelo imposto dos contribuintes que não podem escapar à taxação como os habitantes endividados, veem-se sufocados sob o fardo da dívida, o peso dos custos financeiros. Quem pode decidir retirar-se unilateralmente impõe seu preço, sua taxa de juros, àquele que fica parado, que está "grudado" segundo expressão utilizada pelos operadores financeiros.

A extrema mobilidade dos investidores constitui também uma ameaça permanente para as empresas, cujo capital, como se diz, não está "trancado". Se a empresa não lhes oferece a remuneração esperada, eles a vendem eventualmente a um "desmanchador"; se têm a impressão de que ela poderia ser mais bem administrada, seu preço pouco elevado a torna potencialmente vítima de uma OPA[31]. O industrial que precisa investir a longo prazo, que possui ativos pouco móveis, fábricas, máquinas, está sempre temendo perder o sustento de seus investidores, não conseguir realizar o aumento de capital que deseja ou pagar um preço alto demais por isso, pois, para mobilizar certa soma, vai precisar "diluir" muito seu capital (com o baixo valor das ações, será preciso emitir muitas ações). Tem medo de perder a confiança de seus emprestadores, frequentemente os mesmos que possuem suas ações, desde que os mercados foram desregulamentados[32]; eles lhe imporão altas taxas de juros. Por outro lado, os movimentos dos mercados, prosseguindo numa lógica bastante independente da lógica das empresas, sempre apresentam a possibilidade de reduzir a nada os lucros industriais duramente conquistados, em decorrência de uma modificação nas taxas de câmbio ou de juros, de tal modo que, não contentes em se valer de sua maior mobilidade para exigir remunerações crescentes, eles também podem puncionar lucros diretamente na cadeia de valor: as turbulências que eles criam incentivam as empresas a proteger-se e a comprar, para tanto, produtos financeiros vendidos pelos próprios mercados, que assim encontraram os meios de dar origem à doença e vender o remédio[33].

Em resposta a essa pressão, as empresas se globalizam para se tornarem incontornáveis[34]. Para onde quer que os investidores se dirijam, sempre encontram os mesmos atores, as mesmas marcas, os mesmos produtos. Não falta muito para que, em cada mercado, eles só possam optar entre quatro ou cinco empresas. A mobilidade destas se reduz proporcionalmente. Ao se tornarem gigantescas, as empresas também se livram da tutela dos mercados, pois, a partir de certo porte, nenhum candidato é grande o suficiente para comprá-las, de tal modo que se afasta o risco da OPA. Os acionistas, por sua vez, em conformidade com a teoria dos mercados, exigem o direito de fazerem as escolhas, de aplicar seu dinheiro onde bem desejarem, apenas nos setores e nos países que lhes interessarem. Querem e conseguem às vezes essa mobilidade: as gigantes da química, por exemplo, se dividem para dar origem a dois grupos, um químico e um farmacêutico. Mas as multinacionais reagem por sua vez e, ao se globalizarem, restringem de novo as margens de opção dos mercados, que já não podem escolher o país de implantação. As empresas procuram implantar-se em numerosos países, para fazerem escolhas entre regiões e obterem lucros que, sem isso, os mercados lhes roubariam. E também aprendem a atuar diretamente nos mercados, fazendo concorrência com os atores tradicionais, na obtenção de lucro financeiro[35].

As *multinacionais*, embora menos móveis do que os mercados financeiros, não são muito mais fiéis a países, regiões, instalações. Para retê-las ou atraí-las está convencionado que os governos nacionais ou locais pagarão, que oferecerão terrenos, reduzirão impostos etc. O mais móvel impõe seu preço, mas não se compromete realmente a ficar. Está sempre de partida[36].

Quando o "parceiro explorável" é um país, as empresas mundiais, apesar de sofrerem com os mercados financeiros, podem aliar-se a estes, como se viu no recente projeto Acordo Multilateral de Investimentos (AMI) elaborado na OCDE[37]: esse acordo tinha em vista garantir liberdade de movimentos aos Investimentos Diretos no Exterior (IDE), que podem ser investimentos industriais duradouros ou simples participação financeira[38]. O projeto era completar o leque de acordos multilaterais já pertinentes à troca de bens (GATT) e serviços (AGCS). Entre as cláusulas do acordo, destacava-se que "os pagamentos ligados aos investimentos, especialmente as operações em capital, juros e dividendos, deverão ter a possibilidade de ser efetuados livremente, com destino ao país de acolhida ou a partir dele". Também deviam ser garantidas a entrada e a permanência do pessoal estratégico. Por outro lado, o acordo tinha em vista eliminar a maioria das possibilidades de ação dos Estados sobre os investimentos realizados em seu território: devia ser proibida a imposição de certas obrigações aos investidores, tais como objetivos mínimos de exportação de bens ou serviços; devia ser garantida a igualdade entre os investidores: uma firma com capital nacional, por exemplo, não podia ser beneficiada por subvenções das quais as firmas estrangeiras estivessem excluídas; a compra de terras, por exemplo, não poderia ser reservada aos nacionais; numerosas cláusulas previam a indenização dos investidores e das empresas em caso de intervenção governamental capaz de restringir sua capacidade de auferir lucros de seus investimentos e capazes de produzir efeito discriminatório sobre o capital estrangeiro. Do mesmo modo, o risco político decorrente da situação de um país não deveria ser assumido pelos investidores, apesar de estes estarem desejosos de instalar-se lá, e sim pelos governos: segundo esse projeto, as empresas deveriam ter direito à indenização em caso de "perturbações civis", "revoluções, estados de emergência ou outros acontecimentos semelhantes".

Entre as empresas, as *multinacionais*, por serem as mais móveis, podem valer-se desse diferencial de deslocamento para exercer pressão sobre firmas menores. Têm a capacidade financeira de fechar uma fábrica em algum lugar e reconstruí-la em outro, ou – o que é mais rápido – vender uma em um lugar para comprar outra em outro país. A relocação derruba todos os que viviam da fábrica fechada: assalariados, subcontratados, mas também todos os que extraíam rendimentos destes últimos (comércio, fornecedores de fornecedores etc.). Assim, é uma parte da rede que morre, asfixiada. Em caso de venda da fábrica, e não de fechamento, cabe aos que ficaram no local a tarefa de obter as boas graças do novo proprietário.

A grande tendência à exteriorização e à globalização à qual assistimos pode então ser interpretada, pelo menos em parte, como resultado da vontade de ser leve para deslocar-se mais depressa. Uma empresa integrada, que possua todas as fontes de fornecimento, pensará duas vezes antes de recorrer à relocação. A dificuldade diminui quando se compra, seja lá onde for, 70% do volume de negócios de fornecedores diversos.

Para enfrentar esse risco, fornecedores e subcontratados se globalizam e se desafogam mutuamente. Paga-se mobilidade com mobilidade. Eles precisam conseguir acompanhar o cliente até o fim do mundo para não correrem o risco de também ficarem ao deus-dará mais dia menos dia. Às vezes conseguem até ser mais móveis que os clientes, como se vê, por exemplo, no caso dos fabricantes de autopeças que hoje em dia têm mais lucro que as montadoras. Mas essa diferença se deve, em parte, ao fato de que as montadoras são proprietárias do maquinário *ad hoc* necessário à fabricação das peças específicas para seus diferentes veículos (por exemplo, moldes com os quais os subcontratados fabricam os painéis). O maquinário certamente é transportável pelo mundo, mas não é transponível de um veículo para outro. Os subcontratados, ao contrário, desonerados desses investimentos específicos, incorrem em baixos custos quando há mudança de modelo. Não sofrem prejuízos quando as preferências do mercado se modificam e levam as montadoras a criar outros veículos, desde que eles continuem fabricando as peças sem precisarem arcar com seus custos fixos. Durante um primeiro período, as montadoras descobriram como se desonerar consideravelmente graças às transferências de produção para os fornecedores de autopeças, mas queriam continuar "proprietárias" dos veículos (em conformidade com o segundo espírito do capitalismo), sem perceberem que assim ainda eram muito oneradas. Diante do sucesso de seus fornecedores, hoje elas consideram a possibilidade de se desonerarem de novo, transferindo para aqueles o peso da propriedade do maquinário[39]. Como se vê por esse exemplo, a mobilidade tem uma dimensão geográfica, mas ela se manifesta na maioria das vezes como afastamento de tudo o que é excessivamente específico, ligado a circunstâncias precisas (àquilo que não é transferível a outras produções, no caso presente). Difundem-se equipamentos industriais modulares, flexíveis e pouco específicos. Eles são deslocados com mais facilidade de um lugar para outro, mas também de uma produção para outra.

O *consumidor* é outra fonte de instabilidade. Tal como o acionista anônimo, ele decide comprar ou não e não se sente obrigado a nenhum tipo de fidelidade. As empresas quiseram atingir um nível de mobilidade ajustado à suposta volatilidade do desejo do consumidor. Elas trabalham em regime de *just-in-time* para não se exporem ao risco de ficar com produção encalhada. Produzem exatamente o que *ele* quer e quando quer, e isto só pode ser feito sobrecarregando a mobilidade dos subcontratados, que na maioria das vezes têm estoques mais elevados que seus clientes (Amar, 1992) e executam processos que exigem mais em termos de mão de obra (mais pessoal para menor volume de negócios). Esses terceiristas, por sua vez, vão procurar desonerar-se, ou seja, descarregar sobre outros atores o peso da imobilidade mínima necessária à realização dos negócios, pois é preciso que haja lugares dotados de um mínimo de estabilidade onde seja possível instalar unidades de produção ou centros de comercialização ancorados num território, para que o cliente não precise ir procurá-los onde julgaram conveniente instalar-se. Nessas instalações relativamente estabilizadas, é preciso contar com pessoal local, pelo menos durante o período em que elas estiverem em atividade. Mas, quanto menos capaz de mobilidade for esse pessoal, menor será sua possibilidade de ir procurar emprego em outro lugar e maior a possibilidade de lhe imporem condições precárias, de tal modo que a atividade da instalação poderá ser reduzida de um dia para outro sem precisar demitir ou elaborar um "plano social", simplesmente deixando de utilizar os temporários do país ou da região onde foi feita a instalação, o que possibilita aos outros dispositivos antecedentes a maior leveza e mobilidade possível.

Por isso, constitui um grande erro agrupar na mesma categoria a flexibilidade e a precariedade do temporário e a mobilidade do consumidor ou da multinacional. Num caso, a mobilidade é opcional, é fonte de força, impõe-se; no outro, a flexibilidade é imposta e se revela como o contrário exato da liberdade. A mobilidade de quem explora tem como contrapartida a flexibilidade de quem é explorado. Confinado a uma precariedade angustiante, que não lhe dá a liberdade de ser móvel e não lhe permite desenvolver sua capacidade de ser móvel, quando não a destrói, o trabalhador flexível é candidato à exclusão no próximo deslocamento do mais forte (no fim de seu contrato temporário, por exemplo), tal como ocorre com os assalariados que, por razões de saúde, por exemplo, já não conseguem acompanhar o ritmo frenético que lhes é imposto.

A cada dia, portanto, as empresas procuram reduzir um pouco mais aquilo que poderia prendê-las a um território, a um pessoal. Seus esforços incidem na produção, com o desenvolvimento da subcontratação e de equipamentos leves e modulares, mas também na distribuição, com a tentativa de reduzir as instalações físicas. Sinal disso é o desenvolvimento da venda por correspondência, utilizando todos os meios possíveis (telefone, correio, internet)[40], ou das redes de franquia, que aliviam as cabeças de rede do peso de todos os ativos. Uma empresa que venda por correspondência e terceirize a produção não tem quase nenhum ativo, aluga sua sede social, e seu valor está nos arquivos computadorizados e no *know-how* de um punhado de pessoas que criam, compram e vendem. Ela pode instalar-se praticamente em qualquer lugar, desde que seu pessoal mais indispensável esteja pronto a segui-la, mas também se tornou tão leve, que pode muito bem ficar onde seu pessoal estratégico deseje viver. Assim, as pessoas mais móveis, mais empregáveis, as que constituem esse pessoal estratégico, também são aquelas que têm mais facilidade para exigir que o empregador lhes conceda a imobilidade sem os riscos associados.

Esses processos mostram que os especialistas têm razão quando exortam as pessoas e as empresas a serem móveis. A questão é ser mais móvel e menos pesado do que o cliente ou o empregador, e só então a relação de força se reequilibra. O único problema do superespecialista que todos procuram é escolher. Ele pode sair e encontrar trabalho no dia seguinte, e sua ameaça de saída lhe permite obter alta remuneração. O assalariado que aprende línguas com facilidade e se adapta a novas atividades sem grandes dificuldades pode acompanhar o empregador em sua mobilidade, se integra na empresa e tem menos probabilidade de ser deixado onde está. Todos os outros se sentirão explorados devido à menor mobilidade. Quando sobre eles pesa a ameaça de rompimento do elo, do abandono ao deusdará – o que é muito fácil, visto que tudo está organizado para o rápido deslocamento –, é mais fácil extorqui-los com um mísero salário e condená-los a suportar – pois eles são os últimos elos da cadeia – as incertezas dos mercados. O imperativo de mobilidade está tão bem introduzido nos costumes, que uma empresa que feche uma instalação, propondo recolocação a quinhentos quilômetros de distância, pode alegar que fechou sem demitir: se as pessoas não a seguem, a culpa é delas, afinal; se foram demitidas, foi porque assim quiseram.

Em tal conjuntura, os assalariados com conhecimentos e *know-how* mais especializados e menos específicos são os mais bem pagos, pois podem deslocar-se rapidamente de uma empresa para outra, não sendo fácil prescindir deles. Assim, os membros do pessoal financeiro se apoiam em competências relativamente estabilizadas, visto que os mercados financeiros utilizam os mesmos modelos matemáticos e graças à padronização das regras contábeis num mesmo país e cada vez mais em nível mundial, pelo intermédio das multinacionais, todas cotadas nos mesmos mercados. Ao contrário, o pessoal da produção, que dirige fábricas com várias centenas de pessoas e administra ativos industriais, é comparativamente menos bem remunerado, pois suas competências estão ligadas àquilo que pesa, ou seja, a pessoas e a instalações industriais. Essas pessoas, além disso, também podem ser úteis apenas quando atuam em processos industriais específicos que conhecem bem, nos quais fizeram toda a sua carreira – química pesada, mecânica, indústria têxtil, de transformação de materiais plásticos etc. Seu saber é menos transferível. Precisam ficar naquele setor. Tais pessoas, portanto, precisam aprender a padronizar seus conhecimentos para serem mais transferíveis, a exemplo do pessoal financeiro ou dos consultores, que em toda parte aplicam os mesmos modelos de análise e decisão. Seu interesse, portanto, seria o desenvolvimento de certificados mundiais para profissões hoje muito específicas, para reforçar sua mobilidade. Quem é muito competente num tipo de produto, num setor de atividade ou num tipo de tecnologia é indispensável, pois sem ele as máquinas param, os produtos não saem da fábrica, os avanços técnicos não se realizam, mas é desvalorizado por ser excessivamente local e específico. Só um punhado de especialistas pode esperar tirar proveito de seus conhecimentos muito específicos, mas o risco de serem superados no dia em que tais conhecimentos se tornarem obsoletos é elevado, e, para se manterem atualizados, eles precisam fazer esforços e investimentos consideráveis, muito maiores que os detentores de saberes especializados, mas altamente transferíveis, ou seja, pouco específicos.

Em todos os níveis da cadeia, o mais móvel extorque mais-valia do menos móvel, em troca da desaceleração de sua própria mobilidade. A empresa paga menos seu pessoal e/ou o precariza em troca da suspensão temporária da ameaça de relocação. O investidor exige remuneração mais elevada em troca de um compromisso de longo prazo porque, segundo diz, estará exposto a maiores riscos se não puder se retirar, e é preciso remunerá-lo desse risco. O país subvenciona a multinacional para que ela concorde durante alguns anos em associar-se a seu território: assim, uma mesma empresa, na França, podia ser incentivada em um lugar para fechar uma fábrica e em outro para criar empregos.

Assim, o diferencial de mobilidade é hoje uma nova mercadoria muito apreciada. Seu preço está subindo com rapidez e é pago exclusivamente pelos "lentos", que assim conseguem que os "rápidos" combinem seu ritmo e desacelerem um pouco. No entanto, os rápidos não poderiam sobreviver sem o sustentáculo de atividades sedentárias, e a rede que eles animam não pode prescindir da inserção em territórios nem do trabalho de máquinas e homens, pesos pesados por excelência. Seu projeto é enriquecer-se sem precisar arcar com o peso daqueles, limitando-se a comprar de terceiristas, a colocar sua marca e revender na internet, mas obtendo de passagem a maior parte da mais-valia gerada pelo conjunto da cadeia.

As relações de exploração baseadas em diferenciais de mobilidade mostram-se, pois, inumeráveis: mercados financeiros *versus* países; mercados financeiros *versus* empresas; multinacionais *versus* países; grandes terceirizadores *versus* pequenos terceiristas; especialista mundial *versus* empresa; empresa *versus* pessoal precário; consumidor *versus* empresa.

Uma vez que estamos tratando do capitalismo, processo que tende à acumulação cada vez maior de capital medido por valor monetário e uma vez que as provas de rateio do valor agregado entre os diferentes atores participantes desse processo (consumidores, assalariados, terceiristas, fornecedores, atores financeiros etc.) passam por aquilo que se assemelha a contratos munidos de preço, poderia parecer que os fenômenos acima mencionados são descritíveis apenas com o uso da linguagem da grandeza comercial (tal como fazem os denigridores do "neoliberalismo"). Nada, porém, seria mais incompleto, pois uma análise em termos de extensão das relações comerciais não dá conta da generalização de uma relação de forças associada à mobilidade. A grandeza comercial, ao contrário, entra sempre em composição com a grandeza conexionista, de tal modo que as relações estabelecidas nos mercados são amplamente redefinidas por esse fato.

A relação comercial de forças depende em primeiro lugar de uma diferença de capital acumulado ou de crédito no momento da transação (o rico que pode pagar mais ganha do pobre, caso os dois desejem o mesmo bem) ou do grau com que algo é desejado (um objeto ou serviço custa mais por ser mais desejável; um fornecedor pode impor preços por configurar as coisas de maneira tão diferente, que é impossível prescindir dele). Num modelo padronizado predominantemente comercial, pouco importa se o fornecedor tem capacidade de deslocar-se ou se o executivo de alto nível pode trabalhar em qualquer lugar do mundo, ou ainda se ambos são mais móveis que seus clientes ou seus empregadores, pois essa variabilidade, por si só, não os torna mais desejáveis. Eles são simplesmente menos controláveis. Por outro lado, num mundo conexionista, não são valorizadas apenas a qualidade e a raridade de um bem ou de um serviço. Soma-se ao preço pago o preço oriundo da valorização do diferencial de mobilidade. Os mais móveis podem ameaçar com um "*exit*" a qualquer momento, em função das oportunidades que lhes são oferecidas por seu potencial de variabilidade, estando eles por isso em posição favorável para negociar os preços dos bens ou dos serviços que propõem.

Um bom exemplo da diferença entre a justificação comercial e a justificação conexionista é oferecido pela natureza das razões apresentadas para explicar as políticas de flexibilidade e desenvolvimento da mobilidade organizacional. O argumento mais frequentemente citado é o da rapidez da entrada no mercado de um novo produto. O que está em jogo aí é ser mais rápido que o concorrente, captando primeiro os recursos do mercado potencial. Nesse caso, a mobilidade recomendada é legítima, visto que o "inimigo" é o concorrente direto. Em contrapartida, nunca é citada a ideia de que uma vantagem em termos de mobilidade constitui uma força na negociação com os fornecedores, os assalariados ou os clientes. No entanto, uma empresa que consiga a mobilidade necessária ao lançamento rápido de um novo produto no mercado também ganhará mobilidade nos outros contextos, pois, para chegar a isso, ela precisou fazer uma grande revisão em sua organização. A leveza que ganhou poderá ser em seguida utilizada em outras situações. A mobilidade comercial legítima é aquela que possibilita andar mais depressa que o concorrente, e não aquela que possibilita "chantagear" candidatos a empregos. Para justificar a redução na remuneração do assalariado não móvel, é preciso recorrer a outra justificação – de natureza conexionista –, que deprecie tudo aquilo que seja rígido nele, o que agora está ganhando legitimidade.

2. RUMO A DISPOSITIVOS CONEXIONISTAS DE JUSTIÇA?

Nesta seção examinaremos dispositivos que atualmente são objeto de propostas de juristas, principalmente, dispositivos que se situam no cerne dos debates sobre o trabalho; acreditamos que eles têm em comum o fato de, caso fossem implementados, possibilitarem realizar a cidade por projetos, associando-a a provas capazes de denunciar (em nome dos próprios princípios nos quais ela se funda) os modos injustos de tirar proveito da mobilidade e, assim, limitar o nível de exploração num mundo conexionista. Mas antes, para consolidar o vínculo entre a problemática da exploração e a problemática das "cidades", precisamos mostrar como essa forma específica de exploração, baseada num diferencial de mobilidade (à qual foram dedicados os parágrafos acima), é apenas um caso particular de um modelo mais geral capaz de descrever situações assimétricas tirando partido de uma multiplicidade de diferenciais, entre os quais, evidentemente, o diferencial de propriedade ou o diferencial comercial de raridade, nos quais se baseiam as teorias clássicas da exploração.

Elementos de uma gramática geral da exploração

A ideia de exploração, no âmbito do capitalismo que nos interessa particularmente aqui, pode ser especificada da maneira seguinte. A prova de força típica do capitalismo, que se subdivide numa miríade de provas locais, diz respeito à remuneração das contribuições para a formação do lucro. Denunciar a exploração significa que certas contribuições não foram remuneradas proporcionalmente à sua contribuição.

Essa operação, sempre contestável, pressupõe a instauração de um amplo dispositivo de *equivalências contábeis,* capaz de ampliar a área de cálculo no tempo e no espaço. Uma das características do capitalismo em relação a outros regimes (tais como a escravidão ou a servidão) está no fato de que, nele, a exploração não assume necessariamente uma forma patente, visível. A existência de uma exploração sempre pressupõe uma forma ou outra de coerção. Mas, enquanto nas sociedades pré-capitalistas a exploração na maioria das vezes é direta, no capitalismo ela passa por uma série de desvios que a dissimulam. Por um lado, ela é juridicamente negada – pois os atores que participam juntos da produção estão numa relação contratual. Por outro lado, ela não é redutível a uma relação de coerção que se manifeste numa situação em que os atores estão face a face, mas possui um caráter sistêmico. Envolve atores que atuam a distância, eventualmente na ignorância mútua e com intenções diferentes. Aquele que exerce coerção pessoal (o executivo ou o administrador) não é necessariamente aquele que extrai disso o maior lucro (por exemplo, o acionista). Cadeias muito longas, comportando um grande número de mediações difíceis de interligar, portanto, frequentemente são necessárias para que se faça uma acusação de exploração (por exemplo, para estabelecer a relação entre a atividade de um operador na Bolsa de Londres e a miséria das crianças de rua numa favela de uma cidade africana).

O quadro contábil que é preciso apresentar para que se estabeleça uma discussão sobre a existência ou não de exploração deve possibilitar identificar as instâncias que concorrem para a formação do lucro e as contribuições que cada uma delas dá. Essa identificação deve versar, em primeiro lugar, sobre os seres, em especial as pessoas, entre os quais seja possível tornar manifesta uma união funcional. Ela deve especificar, depois, aquilo com que cada um dos participantes contribuiu para, enfim, especificar qual deve ser o nível de remuneração de cada uma das contribuições para ser considerada justa. A denúncia da exploração – que sempre pode ser posta em dúvida a partir de outro ponto de vista contábil e, assim, dar ensejo a um litígio – poderá basear-se em cada um desses processos de identificação. Poderá consistir na demonstração de que alguns seres que contribuem para a formação do lucro foram esquecidos ou deixados à própria sorte, ou que suas contribuições foram incompletamente identificadas ou subestimadas. A força de persuasão dessas denúncias dependerá em grande parte da distância maior ou menor que separe os seres entre os quais se estabelece uma relação de exploração (a afirmação de uma relação de exploração entre seres muito distantes, dos quais pelo menos um negue qualquer relação com os outros, será facilmente considerada "paranoica") e da robustez do sistema de equivalências contábeis que instrumentalize tais denúncias.

Mas a revelação de uma injustiça contábil não basta. Para sustentar uma acusação de exploração, também é preciso especificar do que é feita *a força na qual se baseia a divisão desigual* e também o que a torna invisível (caso contrário, a revelação seria inútil). Assim, por exemplo, para denunciar uma forma de exploração nas sociedades pré-industriais, nas quais os elos sociais de baseiam em grande parte no parentesco, a antropologia marxista tentou mostrar que o diferencial de força que possibilita a exploração baseia-se nas relações de dependência pessoal fundamentadas no fato de se pertencer a uma linhagem e em formas prescritas de subordinação e fidelidade.

Nas denúncias marxistas clássicas da exploração que grassa nas sociedades industriais, a força que possibilita a divisão desigual baseia-se num diferencial de propriedade (ou seja, numa categoria jurídica): é por terem a propriedade dos meios de produção (instrumentos) que alguns (os capitalistas) têm a possibilidade de submeter à exploração aqueles que, não possuindo os meios de produção, só podem entrar na produção vendendo sua força de trabalho[41]. Nesse caso, o retorno a uma divisão menos desigual pressupõe que quem possui os meios de produção está também sob a dependência daqueles que possuem a força de trabalho. Ora, como a posse dos meios de produção está concentrada, enquanto a posse da força de trabalho é atomizada, o caminho para maior justiça social passa pela união dos trabalhadores, pelo sindicalismo.

Raciocínio do mesmo tipo foi feito para denunciar a exploração nos contextos socialistas e, de modo mais geral, nas organizações burocráticas não controladas por proprietários, e sim por diretores. No entanto, nesse caso, o diferencial em causa já não é um diferencial de propriedade, mas um diferencial de poder (também juridicamente garantido), que permite extorquir um excedente de poder[42]. De fato, aqueles que ocupam os escalões superiores, cujo *status* é garantido por um título (escolar, funcional, político etc.), arrogam-se um poder de decisão que, ao ser formalmente atribuído, é na realidade "composto" e "repartido" em "diversos níveis inferiores", sendo essa captação de poder dissimulada pela identificação dos inferiores com a burocracia que os explora, conforme diz Claude Lefort, de cuja análise nos valemos (Lefort, 1971, pp. 298-9). Nesse segundo caso, o retorno ao equilíbrio passa pela redistribuição do poder oficial, que corresponde à distribuição do poder real, ou seja, pela autogestão.

Pode-se também tomar como apoio o arcabouço de justificações das cidades para identificar os diferenciais que, sendo teoricamente fontes de grandeza, num contexto de provas não controladas podem ser fontes de força que possibilitem partilha desigual. Na qualidade de noção crítica, a exploração é totalmente coerente com a norma de justiça encerrada no conceito de "cidade", de tal modo que não existem duas lógicas, uma orientada para a dissensão, outra para o consenso, e sim dois pontos de vista que podem ser expressos sobre o mundo a partir de uma mesma posição normativa[43]. A denúncia da exploração na realidade inverte a máxima segundo a qual "A felicidade dos grandes faz a felicidade dos pequenos", que constitui a pedra angular da axiomática das cidades, ao afirmar que, ao contrário, *a infelicidade dos pequenos faz a felicidade dos grandes*. O mistério de sua grandeza não deve ser buscado em seus méritos pessoais, mas no fato de que eles se aproveitam da infelicidade dos pequenos[44]. Sua grandeza é o resultado de um diferencial de felicidade. Consequentemente, a máxima "A felicidade dos grandes é benéfica à felicidade dos pequenos" pode ser vista como uma ideologia, no sentido marxista, ou seja, no sentido de ilusão útil a certos interesses, ao inverter a representação daquilo que ocorre de fato e, assim, dissimular a realidade. A uma visão do mundo de cima para baixo, pertencente àqueles aos quais as provas foram na maioria das vezes vantajosas, opõe-se assim uma visão do mundo de baixo para cima, pertencente àqueles que, medidos pelo mesmo padrão, só conheceram fracassos reiterados[45]. Mas esses dois pontos de vista diferentes sobre a realidade se unem no plano da moral. Isto porque os grandes – que podem ser duradouramente cínicos sem pôr em risco sua própria grandeza – aderem à ideia de que as prerrogativas de que gozam são legitimadas por sua contribuição para o bem comum. Os pequenos, por sua vez, não podem acreditar por muito tempo numa fórmula de grandeza invertida sem incorrerem num desespero niilista, a não ser apoiando-se na utopia de um mundo possível onde a prova fosse realmente justa.

A inversão da máxima, que possibilita passar das cidades à exploração, indica também um caminho para combater a exploração, que consiste em levar a sério a norma de justiça contida na cidade e em agir de tal modo que as provas associadas a essa norma sejam efetivamente orientadas para a justiça. No que se refere à exploração própria ao mundo conexionista, baseada no diferencial móvel/imóvel, isso pressupõe o aclaramento das provas de mobilidade tal como elas se apresentam realmente e a instauração de dispositivos que tenham em vista controlar a sua realização, bem como o expurgo das provas não conexionistas, por exemplo consideradas mercantis, não obstante poluídas pelo uso de forças conexionistas adjacentes não reconhecidas. Tal movimento suporia a construção de novos dispositivos que, apesar de isomorfos com o mundo conexionista, possibilitariam enquadrar e delimitar seus efeitos destruidores, mais ou menos como fazem as tabelas de classificações das ocupações do mundo industrial que, mesmo aceitando o princípio de uma hierarquia das qualificações, se esforçava por limitar os abusos que poderiam ser cometidos em seu nome, por meio da fixação de diferenças salariais consideradas aceitáveis. A instauração de novos quadros contábeis que possibilitassem o recenseamento dos diferentes contribuintes e de suas contribuições numa lógica de rede faria parte dos dispositivos necessários. Ela evitaria que os redeiros, ou seja, os exploradores do mundo conexionista, se abstivessem de remunerar ou remunerassem de modo insuficiente aqueles que participam de seu sucesso. No mundo industrial, esse recenseamento era realizado pelo fato de todos os assalariados pertencerem a uma mesma empresa integrada, quadro este que, como vimos, perde hoje grande parte de sua pertinência.

Condições para a instauração da cidade por projetos

A instauração dos dispositivos de uma cidade por projetos que legitime mas também limite as relações de força próprias ao mundo conexionista continua como cenário otimista cuja realização nada indica que seja possível, pelo menos em futuro próximo e sem enfrentar uma crise de grandes proporções. Sua concretização dependerá certamente (como ocorreu no passado com outros quadros reguladores) do encontro de vários atores com diferentes lógicas de ação.

Em primeiro lugar, dependerá da existência de uma crítica tenaz, ameaçadora e inventiva. Os novos movimentos sociais que indicamos rapidamente e cujo desenvolvimento acompanhou a formação e a difusão da noção de exclusão nos últimos vinte anos poderiam constituir o seu embrião. O fato de terem retomado a temática da rede e do projeto, colocando-os em grande proximidade com o novo mundo, torna-os particularmente capazes de inventar os dispositivos da cidade por projetos. Aliás, mesmo permanecendo fora do mundo político *stricto sensu*, eles exerceram pressão constante sobre os responsáveis políticos e sobre os "especialistas" (altos funcionários, juristas, economistas, sociólogos etc.), outros atores indispensáveis à orientação para uma cidade por projetos, que, sem compartilharem seu radicalismo, lançaram os planos de dispositivos de luta contra a exclusão. Seguiu-se uma recuperação de atividade no campo do reformismo social do qual examinaremos algumas propostas mais adiante.

É também necessária, para qualquer ação reformista, a participação de altos funcionários, de políticos e de uma fração dos dirigentes empresariais suficientemente autônomos em relação aos interesses capitalistas e à tutela dos acionistas, isto é, de capitalistas que estejam suficientemente desvinculados do imperativo da acumulação do capital para perceberem os riscos do crescimento das desigualdades e da precariedade a longo prazo e para, simplesmente, mostrarem abertura para o senso comum de justiça. De fato, esses diferentes atores são capazes de desempenhar papel de liderança na experimentação de novos dispositivos, de dar apoio a reformas do quadro regulatório e de pôr a serviço do bem comum seu pragmatismo e seu profundo conhecimento das engrenagens do capitalismo. Pode-se considerar que é mais simples mobilizar o interesse dos altos funcionários. Tendo por tarefa gerir o Estado-providência, eles não podem deixar de se preocupar quando veem as empresas obter lucros máximos desonerando-se dos custos referentes à manutenção da força de trabalho a expensas do Estado e em detrimento dele, o que provoca – conforme previu J. Habermas no início dos anos 70 – uma crise de legitimação do Estado que, "em face das demandas dirigidas aos orçamentos públicos", "já não está à altura das ambições que *ele mesmo se impôs* em seu programa" e "é então punido pela diminuição da sua legitimação" (Habermas, 1978, p. 99). Mas os empresários, especialmente aqueles que estão em posição de poder sobre grandes conjuntos de coisas e pessoas (os *dirigentes*), também têm interesse em limitar as ações dos redeiros que parasitam os conjuntos por eles administrados, bem como em equiparar as condições da concorrência entre eles e em relação aos mercados financeiros.

Os problemas criados pelo desenvolvimento de comportamentos oportunistas num mundo em rede afetam as pessoas (embora de formas diferentes) com um modo e uma intensidade suficientemente preocupantes para que a aliança de atores díspares possa ser realizada. O redeiro oportunista aumenta os lucros pessoais que pode extrair da multiplicação das conexões, mas lesando dois tipos de atores: por um lado, o conjunto (empresa, projeto, centro de lucro, espaço institucional, serviços do Estado, associação) do qual ele depende, e de onde ele extrai uma parte dos recursos de que precisa, mas sem devolver os retornos que tais instâncias esperam de sua atividade; por outro lado, os atores menos móveis, aumentando sua exploração e favorecendo sua exclusão. Suas vítimas, que têm interesses divergentes entre si, podem, porém, aliar-se em aspectos específicos para obter a aceitação deste ou daquele dispositivo. Mais profundamente, parece que a generalização de um mundo conexionista sem freios de nenhuma espécie à exploração é capaz de destruir o tecido social num processo cujas principais linhas de força apresentaremos agora.

Para realizar sua dupla exploração (das instituições e das pessoas menos móveis), o redeiro tira proveito de um diferencial de mobilidade em relação a atores que, por diferentes razões (morais, familiares, institucionais, patrimoniais etc.), permanecem ligados a um lugar, atores cuja confiança ele conseguiu granjear (quer se trate de colaboradores próximos, de mandantes dos quais ele dependa institucionalmente, quer de pessoas afastadas, com as quais ele consiga conectar-se). Nesse sentido, as vantagens de que goza são da ordem do abuso de confiança. Segue-se que as condutas oportunistas do redeiro não são generalizáveis ao conjunto de um mundo.

Um mundo no qual todos, ou pelo menos grande número de atores (e não apenas alguns espertalhões), procurassem aumentar ao máximo as suas redes, selecionando alvos bem colocados e praticando a separação dos espaços de relações, esse mundo tenderia a desmoronar. Por um lado, ninguém mais assumiria responsabilidades institucionais, que implicariam custos altos demais em imobilização de ativos e seriam inexequíveis por falta de autoridade ou de poder de controle sobre os membros. As instituições, por menos duradouras que fossem, desmoronariam uma vez que tais instituições são necessárias para manter os recursos e, em especial, o conjunto de objetos que o redeiro precisa ter à sua disposição para agir, o que acarretaria a longo prazo a destruição do capital fixo sem o qual um mundo capitalista, mesmo em sua forma conexionista, não pode subsistir. Por outro lado, a confiança tenderia a desaparecer, de tal modo que não só o abuso de confiança (que constitui a força do redeiro) se tornaria muito difícil, mas também o aparecimento da desconfiança generalizada[46] tornaria extremamente problemática a ocorrência de quaisquer acertos entre seres humanos. Tal fenômeno seria acompanhado pelo aparecimento de efeitos de reflexividade dos quais a obra de Ronald Burt, já citada, pode dar alguma ideia. De fato, se a utilidade de maximizar as redes e as técnicas capazes de criá-las se tornassem um saber comum – baseado em pesquisas sociológicas, manuais, exercícios de formação –, cada um ficaria na espreita para captar os sinais que pudessem revelar o oportunismo de seus parceiros. Em tal mundo, a vida cotidiana se tornaria difícil, e o tecido social tenderia a desfazer-se.

É de prever que, num mundo em rede que não estivesse submetido ao controle de uma cidade por projetos, as condutas oportunistas, ainda que adotadas inicialmente apenas por alguns, tenderiam a difundir-se rapidamente. Pode-se definir o oportunismo pelo fato de não reconhecer as dívidas contraídas para com outras pessoas – indivíduos ou coletividades (Sarthou-Lajus, 1997). Ora, os dispositivos associados a cada cidade têm por função garantir o respeito às dívidas contraídas. Num mundo mercantil, por exemplo, o oportunismo deve compor com os dispositivos nos quais se baseie a validade das trocas, tais como aqueles que preservam a equivalência monetária ou – quando a troca não é imediata – garantem o respeito aos contratos. Pode-se, pois, acreditar que o surgimento de uma lógica conexionista que escape aos dispositivos de controle associados às cidades já implantadas abre caminho para o grande desenvolvimento das condutas oportunistas, até que elas possam ser contidas pelas injunções que a cidade por projetos possibilitasse instaurar.

O oportunismo conexionista não pode, em primeiro lugar, ser barrado pela cidade mercantil. Os elos lucrativos em rede não se dobram sistematicamente às formas mercantis e, quando são objeto de contratos, estes são incompletos ou só descrevem uma parte da troca, tendo o resto uma natureza inespecífica e variável ao longo da evolução da relação. Um dos interesses despertados pelas conexões prende-se de fato ao reconhecimento de recursos que não eram (pelo menos até período recente) considerados como comercializáveis nem mesmo em termos contratuais: ideias (que, como se sabe, não podem ser objeto de nenhuma proteção legal), informações, por exemplo, sobre relações, estado de saúde, orientações políticas, estéticas, intelectuais etc. das outras pessoas. É essa incompletude que explica o caráter relativamente inoperante das injunções nas quais se baseia a ordem mercantil, bem como o recurso frequente, no caso do mundo conexionista, ao tema da confiança nas relações pessoais, que parece extraído do instrumental do mundo doméstico. Mas o mundo doméstico já não possibilita evitar as condutas oportunistas em rede. Embora a importância atribuída às relações pessoais pareça, à primeira vista, aproximar o mundo conexionista do mundo doméstico, o primeiro se distingue pela ausência dos dispositivos que, no segundo, garantem uma política da dívida. Num mundo doméstico, o respeito às dívidas contraídas baseia-se na coexistência das mesmas pessoas num mesmo espaço e no controle cruzado que elas exercem umas sobre as outras. Ora, num mundo conexionista, a mobilidade, que constitui uma exigência fundamental, possibilita escapar em grande medida das represálias coletivas que, no antigo mundo doméstico, eram provocadas pelo desrespeito às dívidas e pela ingratidão para com aqueles cujo apoio se houvesse obtido. Seria possível fazer observações semelhantes sobre a incapacidade dos dispositivos cívicos para enquadrar o oportunismo conexionista. Conforme observa Nathalie Sarthou-Lajus (1997), a própria noção de contrato social em Rousseau baseia-se no "reconhecimento de dívidas mútuas" (pp. 8-9), de tal modo que ela pode constituir o fundamento de dispositivos de *assistência* (distinta, nisso, da caridade) como "dívida social", como "dívida da sociedade" para com pobres que, pelo próprio fato de pertencerem à sociedade, são detentores de "direitos-créditos" (Rosanvallon, 1990). Mas cabe acrescentar que a realização efetiva de tais dispositivos supõe que seja definido um quadro dentro do qual possa ser estabelecida uma relação entre a infelicidade dos que sofrem e a felicidade dos venturosos. Precisamente esse quadro foi fornecido pela própria noção da sociedade que se estabeleceu no século XIX baseada em grande parte numa concepção espacial do Estado-nação (Wagner, 1996). Ora, a lógica das redes, na qual se baseia o mundo conexionista, não possibilita, por si só, desenhar tal quadro. Desespacializada, sem instância de representação nem posição preeminente, dominada pela exigência de ampliação ilimitada das redes, ela não permite incluir num mesmo conjunto o redeiro de sucesso e aquele para cuja exclusão seu sucesso contribuiu, com o fito de criar entre eles a existência de uma dívida. Desse modo, ela permanece indiferente à justiça e, mais geralmente, à moral (Dodier, 1995, p. 35). Por conseguinte, apenas a instauração de dispositivos pertinentes a uma justiça aparentada à justiça modelizada na cidade por projetos poderia submeter tal mundo a provas que incorporassem a noção de dívida.

Além disso, a exigência de autonomia e o ideal individualista de auto-engendramento, autorrealização como forma superior de sucesso, que constituem valores dominantes do mundo conexionista, contribuem para tornar o homem das redes pouco atento à dívida como fonte legítima de elos sociais. Portanto, os redeiros conseguem explorar os outros estabelecendo com estes relações interpretáveis na lógica de um mundo doméstico (a confiança), mas em contextos em que possam libertar-se das formas de controle nas quais se baseava a estabilidade daquele mundo.

Para o próprio redeiro, o perigo vem do dublê, que pode aproveitar-se da situação e desviar elos em proveito próprio[47]. É preciso mantê-lo sob vigilância. A disciplina industrial, sobre a qual o capitalismo se construiu – frequentemente aliado à disciplina doméstica –, nesse caso não tem utilidade alguma. Depende demais da proximidade espacial e temporal.

Entre as múltiplas propostas debatidas desde o início da década de 90, algumas nos parecem anunciar a instauração de dispositivos capazes de dar corpo à cidade por projetos, enraizando-a no mundo dos objetos e também se inscrevendo nos textos de direito. Cumpre insistir mais uma vez no fato de que, na falta de forte intervenção crítica, também é possível assistir ao crescimento da precariedade, das desigualdades e da desconfiança generalizada (frequentemente interpretada como uma das facetas de um "individualismo triunfante").

Visão de conjunto das propostas para reduzir a exploração conexionista

Os dispositivos – ou melhor, os projetos de dispositivo – que vamos examinar não opõem à expansão das lógicas de rede formas de regulação domésticas, cívicas ou industriais. Apresentam, ao contrário, o interesse de se apoiarem na rede para limitar os efeitos destruidores de um mundo conexionista. Nesse sentido, não decorrem de uma crítica "conservadora" que procurasse recuperar um mundo desaparecido para sempre.

Essas propostas visam a tornar as provas de força conexionistas mais justas para transformá-las em provas de grandeza da cidade por projetos, e não para substituí-las por provas de outra natureza. Essa orientação explica por que elas precisam, ao mesmo tempo, preservar a flexibilidade das redes e obter – por meio do direito – melhor proteção dos atores, em especial dos mais fracos. Os dispositivos considerados não se destinam a proteger as pessoas impedindo-as de ser móveis – o que acabaria por contrapor-se às aspirações à autonomia ou à exigência de flexibilidade, que se tornaram centrais no neocapitalismo –, e sim a organizar essa mobilidade e os roteiros de provas. Trata-se de dar a todos a possibilidade de deslocar-se, acumulando de maneira equitativa, ou seja, sendo remunerado de modo justo a cada etapa do deslocamento. Os dispositivos considerados, portanto, devem conciliar duas temporalidades: uma temporalidade curta ou descontínua, dos projetos limitados nos quais o assalariado temporário deve engajar-se para receber remuneração, e uma temporalidade longa e contínua, que é a temporalidade da vida das pessoas.

Como algumas pessoas podem circular acumulando e transportando consigo aquilo que acumularam? Consideraremos duas possibilidades, associadas a outros tipos de justiça, que não a da cidade por projetos, mostrando que nenhuma convém ao mundo conexionista.

Segundo a primeira possibilidade, que pode ser chamada de doméstica, as pessoas circulam num meio familiar acompanhadas de uma aura de boa reputação. Essa possibilidade não permite circular para longe, a não ser escapando às inter-relações domésticas. Ela não convém à circulação num mundo vasto. Uma segunda possibilidade, baseada numa composição cívico-industrial, subordina o acesso a coletividades – quer se trate de profissões ou *status* – às quais estão associados privilégios oriundos de um título escolar que valida uma formação inicial. Para que a circulação seja possível, é preciso estruturar os espaços de trabalho, criando neles uma série de posições hierarquizadas que as pessoas possam percorrer seguindo certa ordem. Nessa fórmula, que se pode chamar de industrial, baseia-se o sistema das convenções coletivas. Mas essa modalidade exige, por um lado, um vigoroso trabalho de criação de equivalências para homogeneizar as diferentes porções de espaço e torná-las solidárias; por outro lado, exige estabilidade de emprego dentro de grandes empresas planificadas, de tal modo que não convém mais a um mundo que se deseje composto por unidades heterogêneas e independentes, mundo no qual as diferentes entidades – pessoas, empregos, empresas, produtos – são definidas como mutáveis.

As atuais discussões em torno de noções como "empregabilidade", "competência", "atividade" e "contrato de atividade" ou "rendimento universal" etc. desenham a possibilidade de uma nova formulação dos problemas ligados à mobilidade e propõem uma nova composição entre autonomia e garantias, compatível com a lógica de uma cidade por projetos.

As medidas que reunimos são de dois tipos. As mais numerosas se situam na articulação entre política social das empresas e política social do Estado, mas não dizem respeito à natureza das transações entre atores na empresa, nem a ações que conduzam à formação do lucro, e tampouco à organização do trabalho, visto que tais aspectos são tratados como "caixas-pretas" obedientes a outras lógicas nas quais parece vão a seus iniciadores querer intervir. Essas medidas provêm das correntes reformistas que propõem dispositivos para lutar contra a exclusão e adotam como objetivo a defesa das pessoas ameaçadas de um ponto de vista que se pode qualificar de macroeconômico. Essas correntes tomam como ponto de partida uma situação que estaria impondo a todos as mesmas injunções, como se ninguém a tivesse desejado em maior ou menor grau e como se ninguém tivesse maior ou menor interesse nela, situação na qual o desemprego e a precarização são tratados como resultado de forças impessoais a agirem num nível global e a exercerem um efeito mecânico sobre a estratégia das empresas – quer a ênfase seja dada à "globalização", quer às transformações "tecnológicas". Desemprego e precarização são considerados como coisas externas, passíveis de tratamento social. Mas, simultaneamente, aquilo que ocorre no interior das empresas e os novos tipos de relação social instaurados ficam fora de seu campo de investigação. Assim, na maioria das vezes eles deixam de lado a análise dos processos de seleção que ocorrem dentro das empresas e levam à precarização de certos atores, enquanto outros, submetidos às mesmas injunções globais, têm vantagens fortalecidas.

Uma segunda fonte geradora de propostas nada mais é que a própria gestão empresarial. O caráter mais ou menos aceitável das relações na empresa é posto, dessa vez, no centro das preocupações. A literatura de gestão empresarial, cujo objeto favorito é o aumento da produtividade com a perspectiva de lucros máximos, não pode deixar de ter interesse em saber se as remunerações dos diferentes atores são de fato justificadas por sua contribuição para o valor agregado. Apesar do grande enxugamento das empresas, os administradores das novas coletividades enxutas não podem abster-se de dar uma resposta à questão da justiça das diferentes remunerações distribuídas. A persistirem desequilíbrios muito pronunciados, haveria o risco de desestimular os assalariados, de provocar conflitos entre eles e, assim, diminuir sua produtividade. A literatura de gestão empresarial, portanto, possui uma dimensão moral na qual, aliás, já nos apoiamos para traçar o quadro da cidade por projetos no capítulo II.

Classificamos essas propostas em três categorias que nos são sugeridas pela elucidação de uma gramática geral da exploração: a) propostas que visam a facilitar o recenseamento dos atores implicados num projeto; b) propostas que tentam elaborar princípios justos de remuneração em rede; c) certo número de propostas que visam a igualar as chances (ou as forças) dos seres, ou seja, igualar as capacidades de cada um para mostrar-se móvel.

Novos quadros para recensear as contribuições

As fórmulas que examinamos nessa seção tendem a pôr fim às explorações ligadas à pequena visibilidade de certos contribuidores, que recebem remuneração pequena ou nula pelo fato de ocuparem posição marginal na rede. Essas propostas visam a transformar os quadros contábeis calcados na empresa como pessoa jurídica ou mesmo em instituições, como tentativa de englobar de modo mais completo todas as partes constitutivas de fragmentos de redes fortemente ativados. Procuram, portanto, introduzir dispositivos de representação e reflexividade em lógicas de rede. Ora, a representação e, em menor grau, a reflexividade supõem a passagem por operações de categorização, inerentes ao direito, que tendem a impor limites à trama da rede (para poder estatuir sobre o pertencer ou não pertencer) e fixá-la em formas que freiem sua grande abertura e seu ajustamento permanente às condições externas.

O caráter complexo (e às vezes bastante abstrato ou mesmo vago) dessas fórmulas, como veremos, parece decorrer da preocupação que anima seus autores de conferir um estatuto legal às redes, a fim de limitar as possibilidades de oportunismo e exploração que nelas se desenvolvem atualmente, mas sem lhes impor formas jurídicas rígidas, o que as tornaria inoperantes por deixarem de captar a especificidade das configurações às quais elas procuram aplicar-se.

Uma espécie de ideal daquilo que seria um quadro contábil adaptado a um mundo em rede é dado pelas práticas de formulação dos créditos cinematográficos. Projeto de grande amplitude, associando por período limitado uma multidão de pessoas provenientes de empresas diversas ou com estatutos variados (assalariado permanente, trabalhador intermitente do espetáculo, profissional liberal, prestador de serviço etc.), o longa-metragem se insere perfeitamente na lógica conexionista. Destinados a arrolar formalmente todas as pessoas que tenham contribuído, mesmo com parcela mínima, para a realização do filme, os créditos, como sabemos, apresentam uma lista exaustiva dos colaboradores, seja qual for o empregador ou o estatuto. Neles figuram todos os nomes, inclusive os dos colaboradores menores e mais episódicos.

Segundo Gunther Teubner (1993), seria imaginável conferir um *estatuto jurídico às redes*. Em grande parte por se dissimularem "sob um véu contratual" é que essas "quase-empresas", constituídas por redes de fornecedores em regime de *just-in-time*, redes de franquia, de transferência de fundos do setor bancário, alianças estratégicas no campo da pesquisa etc. conseguem livrar-se dos controles e das regulamentações sociais criados pelo Estado-providência e das coerções jurídicas do direito do trabalho ou do consumidor. Segundo G. Teubner, essa dissimulação foi favorecida pela difusão das novas teorias econômicas empresariais (em especial pela abordagem dos "custos de transação", qualificada por ele como "arma política"), que, equiparando a empresa a uma rede de contratos, dissolvem as organizações em seu meio comercial. O fato de tratar essas quase-empresas como redes de contratos, e não como pessoas jurídicas dotadas de um estatuto jurídico, não possibilita, por exemplo, que o cliente de algum dos numerosos bancos intermediários que tenha cometido algum erro em sua atuação em cadeia de transferência de fundos desmaterializados investigue a responsabilidade "contratual ou quase delituosa do banco implicado, embora este não tenha nenhum elo contratual direto com o cliente". Do mesmo modo, "o empresário semiautônomo integrado numa rede por meio de um conjunto de contratos elaborados, firmados com a empresa principal", caso as coisas não corram bem para ele, não pode invocar "a proteção conferida pela legislação do trabalho". Por fim, último exemplo: os assalariados de uma empresa franqueada não podem "gozar da proteção social dispensada pela franqueadora que se encontre no centro de todo o sistema de franquia" porque, "em virtude do regime contratual da franquia, está evidente que o franqueado é seu único empregador". Ora, acrescenta G. Teubner, "um sistema de franquia é *de facto* uma grande empresa" que, graças à sua organização em rede, pode subtrair-se a suas responsabilidades e "escapar à lei". Ele propõe a construção de um direito novo que trate "as formas híbridas como um terceira ordem entre os contratos e as sociedades e implique normas de proteção específicas, apropriadas às redes". Propõe também, por exemplo, a instituição de uma "representação dos interesses coletivos nas redes", não na forma de "instituições rígidas", e sim de "centro de contrapoder" que possua "meios jurídicos de legitimação e controle em virtude de acordos contratuais flexíveis".

O trabalho de Charles Sabel (1993) sobre aquilo que ele chama de *"constitutional orders"* é outra tentativa de dotar as redes de regras específicas para fechá-las de modo intermitente, a fim de pôr à mostra as pessoas ou as organizações envolvidas – a lista dos contribuidores – e dar destaque a seus direitos e deveres. C. Sabel procura, especialmente, superar a referência a "regras sociais comuns" ou a "crenças e valores comuns", que agem como uma espécie de lei não escrita, insuficiente a seu ver. Baseando-se na experiência dos distritos industriais, das relações de terceirização e das equipes de projeto, ele imagina um dispositivo de regulamentação interna à rede que limite o oportunismo. Ao fazer isso, constrói uma forma original e coerente com as características da cidade por projetos que detectamos.

Essa forma consiste, de um lado, numa ordem constitucional (assim chamada por ressaltar suas afinidades com as formas políticas da democracia) composta por um conjunto heterogêneo de unidades e, de outro lado, por um superintendente (*superintendent*). As unidades podem ser constituídas por qualquer coisa, com a única condição de se encontrarem numa relação de forte interdependência: indivíduos, equipes, serviços, empresas, sindicatos, escolas etc. O mesmo ocorre com o superintendente, que pode ser um comitê de arbitragem composto pelas próprias partes ou por seus representantes, um tribunal de justiça, uma pessoa eleita etc. Somente o superintendente deve ser participante de uma ordem mais geral. O papel do superintendente é "definir a justificação e as responsabilidades das unidades constitutivas e estabelecer as regras com as quais elas conduzem suas transações e resolvem suas disputas, desde que as unidades constitutivas não cheguem a isso sozinhas". Mas essa autoridade jurisdicional também é limitada: por um lado, as regras que valem para as unidades constitutivas devem ser coerentes com as regras que o superintendente deve observar na qualidade de membro de um conjunto mais vasto; por outro lado, todas as regras de arbitragem devem ser estabelecidas por meio de consultas entre os participantes. Assim, o superintendente se limita a explicitar e a reforçar as regras que as partes constitutivas extraem de sua própria experiência e de sua história. Seu papel é, acima de tudo, facilitar a comunicação entre as partes constitutivas. Mas o superintendente não é o "patrão" das outras partes constitutivas, e as posições hierárquicas de ambos são indeterminadas. Essa forma de administração não é feita para definir uma ordem estável, mas, ao contrário, é construída para ajustar-se continuamente às modificações na cooperação, visto que o ajuste exige uma reorganização da própria ordem. Arranjos institucionais desse tipo devem possibilitar – segundo C. Sabel – o desenvolvimento de "uma confiança deliberativa" ou "reflexiva", ou também "elaborada" (*studied*). A organização imaginada supõe, assim, um modo de recenseamento dos contribuidores na forma de uma lista das unidades "afiliadas" à rede, ainda que essa lista mude em função do momento. Trata-se, em seguida, de organizar, para essas diferentes unidades, procedimentos interativos que favoreçam a regulação da rede.

Rumo a regras mais justas de remuneração

Mas não se trata apenas de designar aqueles que participaram; também é preciso obrigar os parceiros a pagar-lhes uma remuneração justa, com base no modelo das convenções coletivas do mundo industrial. Se os contratos de trabalho são cada vez mais incompletos – como mostra a análise de F. Eymard-Duvernay (1998) –, é preciso encontrar os meios de voltar a completá-los, pois as omissões contratuais sobre um pano de fundo de forças muito desequilibradas são uma porta aberta para a maior exploração dos mais fracos.

Para ser justa, a remuneração que se deve pagar a dado contribuidor num mundo em rede que compreende uma sucessão de projetos não se limita apenas ao rendimento que este extrai de seu trabalho. De fato, parece ponto pacífico que agora uma remuneração equitativa compreende também uma melhoria ou no mínimo a manutenção da *empregabilidade* do trabalhador.

A remuneração do trabalho não pode ser considerada justa se for avaliada unicamente tomando como referência o tempo de trabalho realizado sem levar em conta também a formação e a reprodução da força de trabalho. Nos modos de coordenação que dão grande espaço a carreiras, ao emprego vitalício ou, pelo menos, a contratos de prazo indeterminado, era difícil (especialmente para os executivos) estabelecer a parcela que, no pagamento global, cabia à remuneração do trabalho prescrito e à remuneração da força de trabalho; também era difícil, em segundo lugar, estabelecer a parte que cabia à remuneração do trabalho atual e à remuneração postergada pelos sacrifícios concedidos no início da carreira. Ora, nos novos dispositivos em redes, as remunerações correspondentes a cada um dos compromissos contratuais assumidos num projeto temporário só se referem à tarefa em vista, definida da maneira mais precisa possível, e deixam inteiramente por conta da pessoa (ou, caso esta se mostre insuficiente, do Estado ou de organizações humanitárias) a formação e a manutenção das qualidades que a tornem apta a cumprir essa tarefa. Nessa óptica, a noção de empregabilidade pode ser utilizada como eixo para esboçar uma redistribuição da manutenção da força de trabalho entre o ativo e aquele que o emprega, sem tocar na exigência de mobilidade. Cada empregador temporário assumiu a parte que lhe cabe na manutenção da força de trabalho quando deu uma contribuição para o desenvolvimento da empregabilidade do colaborador durante o tempo limitado em que este participou deste ou daquele projeto[48]. Na prática, os ganhos ou as perdas de empregabilidade revelam-se quando as pessoas saem em busca de um novo contrato no fim de um projeto. O melhor sinal de que sua empregabilidade aumentou reside no fato de que essas pessoas são ainda mais requisitadas para outros projetos do que eram antes de sua participação no projeto de que acabam de sair, encontrando contratos interessantes sem dificuldade. Em contrapartida, sobre aqueles que têm dificuldade em reintegrar-se num projeto, que são orientados para projetos menos valorizadores ou são relegados a posições marginais, pode-se dizer que sua empregabilidade diminuiu. Nesse caso, a principal indagação, em termos de justiça, é a seguinte: a que instância incumbe a responsabilidade dessa perda de empregabilidade? Na falta do reconhecimento de um direito das pessoas à empregabilidade e de um dever social por parte da empresa de desenvolver a empregabilidade das pessoas que ela emprega, a resposta a essa pergunta remete inevitavelmente para as pessoas. Se elas são menos empregáveis, é porque não souberam manter sua empregabilidade. A constituição de uma exigência de desenvolvimento da empregabilidade por parte das empresas e o estabelecimento progressivo de um *direito da empregabilidade*[49] possibilitaria conceber provas mais complexas (inclusive processos de dissídio coletivo) que visassem a determinar, em casos específicos, a quem cabe a responsabilidade da diminuição de empregabilidade que tenha redundado, por exemplo, numa situação de desemprego prolongado. Desse modo, a responsabilidade pelo desemprego que, na situação atual, só pesa sobre a empresa no momento da demissão e, de resto, recai em grande parte sobre a pessoa que sofre seus inconvenientes, poderia ser redistribuída entre uma multidão de instâncias (sucessão de empregadores) e estendida no tempo.

A noção de *competência* apresenta-se como uma instrumentalização da noção de empregabilidade, redefinida como a soma das competências acumuladas por dado assalariado. A empregabilidade deste último aumenta toda vez que ele adquire uma nova competência ou sobe de nível nas competências já repertoriadas. O aumento de empregabilidade por parte de um empregador, nessa perspectiva, é sancionado por uma evolução do perfil de competências das pessoas.

A chamada convenção coletiva A. Cap 2000 ("Acordo sobre a condução das atividades profissionais"), assinado em de outubro de 1990 pelo Groupement des entreprises sidérurgiques et minières (GESIM) e pelas organizações sindicais de assalariados, com exceção da CGT, constitui um bom exemplo de tentativa de instauração de uma justiça baseada no recenseamento e na avaliação das competências pessoais, bem como na organização de planos de carreiras ligados ao enriquecimento do "portfólio" pessoal de competências[50].

Outros dispositivos se baseiam na noção de competência – tal como o "balanço de competências[51]" ou o "referencial nacional das qualificações", preconizado pelo relatório de Virville[52]. Têm em comum procurar oferecer aos assalariados recursos para que lhes seja atribuído um "valor de uso" (segundo expressão empregada por alguns de seus fomentadores) e para manter esse valor durante seus deslocamentos. A noção de competência difundiu-se ao mesmo tempo que as empresas procuravam organizar a mobilidade externa de seus assalariados (*out-placement*) (Campinos-Dubernet, 1995). O reconhecimento das "competências", adquiridas pela formação inicial, pela formação permanente ou pela experiência e "credenciadas" ou "homologadas" por organismos públicos ou privados[53], na forma de capacidades "ao mesmo tempo elementares e genéricas" (Thévenot, 1997), para poderem ser recombinadas de maneiras múltiplas, é então concebido como um instrumento de luta contra a exclusão no sentido de permitir que as pessoas se dotem de uma bagagem e transmitam confiança aos eventuais empregadores quanto às suas habilidades, enquanto circulam por um espaço extenso e heterogêneo. A instauração de tais dispositivos, outrossim, deveria levar à recuperação dos trabalhos sobre a contabilidade dos recursos humanos (CRH), hoje caídos em desuso, que tinham em vista procurar uma representação contábil mais justa dos assalariados, não só como custos, mas também como "recursos", ou seja, por serem depositários de competências úteis à empresa[54].

A noção de empregabilidade, conforme mostrou Alain Supiot (1993), tem dois prolongamentos no plano jurídico. Em relação às empresas, ela pressupõe uma nova forma de responsabilização que pode moldar-se pelos dispositivos que visam a garantir o respeito ao direito ambiental: "assim como na questão do meio ambiente se impôs o princípio de que o poluidor (e não a coletividade) deve pagar, também está se firmando a ideia de que devem pagar mais as empresas que repassam à coletividade a maior parte possível do custo dos 'recursos humanos' e de, ao contrário, desonerar aquelas que assumam esse custo" (p. 723). A. Supiot não esquece também que "certas empresas transferem esses encargos, não diretamente para a coletividade, mas para empresas que dependem delas econômica ou juridicamente", havendo, pois, necessidade de introduzir "cláusulas sociais" nos contratos de terceirização. Em relação aos ativos, ele leva a dissociar "o estatuto do trabalhador" dos "períodos de prestação contratual de serviço". De fato, "a execução do contrato já não se identifica inteiramente com a realização do trabalho, mas inclui uma parcela crescente de formação, que se tornou inevitável para adaptar os assalariados às mudanças dos conhecimentos necessários à sua realização". Portanto, é preciso parar de "reduzir o trabalho a seu valor de troca no contrato para levar em consideração a capacidade de trabalho encarnada na pessoa do trabalhador" e, ao contrário, incluir o trabalho na noção mais ampla de *atividade*, à qual seria conferido um estatuto jurídico.

A. Supiot enxerga o surgimento dessas novas figuras jurídicas em certas evoluções atuais do direito positivo que dão ao trabalhador o "direito de passar de uma situação de trabalho a outra", cuja primeira manifestação foi certamente constituída "pelos créditos horários atribuídos aos assalariados titulares de algum mandato de interesse coletivo". A isso se somam nos últimos anos diferentes tipos de licenças especiais e direitos de afastamento, tais como créditos-formação, contas-poupança de tempo, subvenções aos desempregados fundadores de empresas, cheques-formação etc. Acrescenta A. Supiot: assiste-se "ao surgimento de um novo tipo de direito social, relacionado ao trabalho em geral (trabalho na esfera familiar, trabalho de formação, trabalho filantrópico, trabalho independente, trabalho de utilidade pública etc.). Dá o nome de *direitos sociais de saque* a esses novos dispositivos jurídicos capazes de "facilitar a passagem de um tipo de trabalho a outro" e, mais geralmente, de manter um novo tipo de composição entre autonomia e garantias. De fato, esses novos direitos, cuja realização decorre da livre decisão dos interessados, são exercidos "nos limites de um crédito anteriormente constituído". Pressupõem a constituição de uma "provisão suficiente". Com base nos dispositivos instaurados nos últimos anos, diz A. Supiot que seria preciso desenvolver "um quadro coerente que extraísse todas as consequências dos princípios de continuidade e de mobilidade do estado profissional das pessoas" e, instituindo esses direitos sociais de saque, conseguissem "libertar do tempo" e propiciassem "o financiamento do trabalho fora do mercado".

O estabelecimento em grande escala de direitos sociais de saque pressupõe uma mudança da unidade de tempo na qual são contabilizadas as horas de trabalho e a passagem de uma unidade curta de tempo (semana, mês ou ano) para uma unidade longa de tempo que pudesse abranger o conjunto da vida ativa. Nesse aspecto, assemelha-se a programas de reestruturação do ciclo de vida, com a substituição de um "plano de vida linear" e "rígido" (estudos, vida ativa, aposentadoria) por um "modelo de vida flexível", caracterizado pela possibilidade de distribuir por toda a vida, de maneira flexível e ao sabor dos desejos individuais, os períodos de trabalho, estudo ou lazer (Best, 1980), ao qual corresponderiam "transferências sociais não especificadas em função das faixas etárias" (Guillemard, 1993). Assim, por exemplo, em qualquer idade seria possível tirar férias prolongadas, que seriam contabilizadas como adiantamento de aposentadoria. G. Rehn (citado por A. Gorz, 1988, p. 259), para designar essa possibilidade de "direito de saque", fala também em "direito de trocar uma forma de vida por outra durante períodos escolhidos".

Pode-se ver num novo dispositivo oriundo da lei quinquenal de 1994 o capital constituído pelo tempo dedicado à formação, prefiguração desses direitos sociais de saque no campo da formação. Esse dispositivo visa a favorecer "a evolução contínua das competências", a garantir "manutenção profissional" (noção desenvolvida no Commissariat Général du Plan para designar a manutenção da qualificação pessoal, a fim de limitar os riscos de demissão), possibilitando aos assalariados gozar de um "tempo de formação acumulável ao longo da vida profissional". Esse capital se distingue da licença individual para formação por precisar ser construído no âmbito do plano de formação da empresa (que resulta do "projeto do empregador, e não da vontade individual do assalariado") e por "não extinguir a relação de trabalho". No entanto, constitui um direito individual vinculado à pessoa do assalariado e deve ser transferível de uma empresa para outra, a fim de acompanhar a pessoa em seus deslocamentos, o que tenderia a uma mutualização dos financiamentos (Arbant, 1994).

B. Girard (1994) integra contrapartidas do trabalho, do tipo que acabamos de mencionar (ganhos de empregabilidade, soma de novas competências, aumento dos direitos sociais de saque), naquilo que ele chama *"novo pacto social"*. Nesse contexto, a submissão à empresa já não se justifica pela garantia de emprego ou pela esperança de promoção social, mas pela possibilidade oferecida pelas empresas a assalariados que se sabem "condenados a voltar regularmente para o mercado do trabalho" no sentido de "constituir um patrimônio profissional" para "adquirir as competências necessárias à obtenção de um trabalho". Ele observa, porém, que um "pacto" que legitime uma forma de justiça social baseada na circulação das pessoas entre projetos diferentes num espaço heterogêneo cria problemas jurídicos novos de partilha dos direitos de propriedade entre as pessoas móveis e as empresas ou os projetos entre os quais elas se movem, especialmente quando os bens raros e procurados são compostos por uma parcela importante de conexões com pessoas, de habilidades ou de informações. Na instauração de tal "pacto", só poderá haver uma multiplicação de conflitos entre, por um lado, assalariados que, já não encontrando na empresa garantias suficientes, utilizarão seu capital específico (ou seja, suas competências) para desenvolver comportamentos oportunistas e, por outro lado, empresas que serão tentadas a "mover ações em tribunais para impedir que outras empresas atraiam seus quadros"[55]. Percebe-se, por tais desenvolvimentos, que a renegociação dos contratos de trabalho em termos de direitos e deveres das duas partes num mundo redefinido em torno da metáfora da rede deveria estar em condições de restringir ao mesmo tempo a exploração dos trabalhadores pelos empregadores e sua recíproca, ou seja, o risco de lucro oportunista por parte de um assalariado que venha a lesar a empresa.

Por analogia com os procedimentos utilizados para garantir a segurança dos sistemas que comportam um número elevado de componentes de origem tecnológica e geográfica diversificada, também se poderia dizer que os diferentes dispositivos até agora mencionados devem possibilitar um *rastreamento* das pessoas ao longo de seus percursos num espaço heterogêneo e aberto. Por construção, um mundo em rede apresenta-se como desterritorializado e já não possibilita identificar os seres tomando como referência a sua posição num espaço estruturado. Em compensação, estes podem conservar os rastros dos diferentes projetos pelos quais passaram.

A contribuição da gestão empresarial e da teoria das organizações para a definição de uma troca justa num mundo conexionista aponta mais para os riscos de oportunismo dos quais as empresas poderiam ser vítimas do que para os riscos de exploração que a empresa pode impor aos assalariados. Mas fica claro que, em certo número de casos, o tratamento de um risco acaba produzindo efeitos sobre outro, e, ademais, que a instauração de limitações para os abusos conexionistas contribui para o progresso da legitimidade de tais regulamentações. Os dispositivos inventados pelas empresas, por tais razões, fazem parte dos dispositivos da cidade por projetos. Outrossim, as empresas têm maior facilidade para impor dispositivos de controle a seus membros do que os poderes públicos para controlar os movimentos das empresas, de tal modo que hoje parece que elas têm mais sucesso para frear a exploração de que poderiam ser vítimas do que os governos e os indivíduos.

A reflexão sobre os riscos de oportunismo tem longa história no âmbito da economia aplicada às organizações. *A teoria da agência* procura, assim, essencialmente explicar dificuldades que o "principal" tem para controlar as ações e a lealdade de seu "agente". Nessa corrente de pensamento, baseada numa antropologia pessimista que, de acordo com a teoria econômica padrão, não conhece outras razões para agir senão motivos egoístas, os dispositivos considerados serão dispositivos de controle que agem diretamente ou por intermédio de mecanismos de dissuasão (tal como a reputação). A formação de dispositivos inspirados nessa teoria pressupõe o fortalecimento dos sistemas de punição-recompensa, a fim de orientar a ação dos *redeiros* para o bem do principal – aqui, a empresa –, bem como a instauração de dispositivos de fiscalização. O desenvolvimento das avaliações e remunerações individuais ou de pequenos grupos, que ocorreu paralelamente ao relaxamento das coerções hierárquicas, pode ser interpretado nessa óptica. Do mesmo modo, a generalização de algumas novas tecnologias da comunicação e da informação (computadores pessoais, celulares, bancos de dados alimentados a distância, agendas publicadas em rede, ERP etc.) possibilita acompanhar a mobilidade das pessoas sem relaxar a vigilância.

A economia das organizações, porém, conhece outra corrente, desta vez baseada numa antropologia otimista que dota as pessoas humanas da capacidade de desapegar-se de seus interesses imediatos para realizar ações conjuntas. Essa corrente procura, especialmente, superar os inconvenientes das teorias centradas no paradigma do interesse, que postulam a ausência de qualquer preocupação ética e excluem a possibilidade de comportamentos altruístas[56]. O conceito central dessas novas abordagens é o da *confiança*, cuja frequente ênfase pela nova gestão empresarial já vimos. A confiança é aquilo que possibilita relaxar o controle apostando num autocontrole que, além de ser pouco custoso para a organização, parece não constituir entrave algum à mobilidade. O ressurgimento das dúvidas sobre o controle, tais como as apontadas pela teoria dos custos de transação (Williamson, 1985) e pela teoria da agência (Pratt, Zeckhauser, 1984), e o recente desenvolvimento de uma enorme literatura sobre a confiança (Gambetta, 1988; Bernoux, Servet, 1997), a nosso ver, são alguns dos indícios dos problemas provocados pelo aparecimento de formas de oportunismo que, ligadas às novas organizações em redes, deixam de ser apreensíveis dentro dos esquemas estabelecidos para definir as normas que regem as relações comerciais ou as relações hierárquicas[57]. As análises da confiança, assim, se desenvolveram principalmente em torno das organizações em rede, que não são redutíveis nem ao mercado (as relações são duradouras), nem à hierarquia (as unidades não estão submetidas a um controle autoritário) (Powell, 1990).

A instrumentalização da noção de confiança, porém, não é simples. Se quiserem o desenvolvimento de "relações de confiança", num mundo que parece cada dia mais recompensar o oportunismo, as empresas deverão recorrer a dispositivos que garantam que as pessoas por elas empregadas sejam "pessoas de confiança", e não "redeiros potenciais". Pode-se ver na *importância atribuída aos títulos escolares* um dispositivo relativamente antigo, utilizado pelas empresas para controlar rigorosamente o acesso às posições ideais para os redeiros, nas quais é alto o nível de acesso aos recursos e baixo o nível de controle. Como o acesso a essas posições depende hoje, mais do que nunca, do nível do diploma, este último parece agir como um penhor da boa moralidade de seu portador, principalmente porque considerado apto a dimensionar a capacidade de uma pessoa a submeter-se, para ter sucesso, a regras exteriores (as do sistema escolar), o que supõe certa docilidade e um oportunismo temperado.

A versão popular da literatura gerencial, que procura apresentar aos gerentes exemplos de vida pelos quais eles possam pautar seus comportamentos, é outra fonte de desenvolvimento das "prescrições para ser uma pessoa de confiança". Essa literatura, como vimos, esboça o tipo ideal do grande da cidade por projetos que chamamos de *integrador de redes*. Este tem em comum com o *redeiro* todas as qualidades necessárias para criar conexões úteis e ampliar a rede. Mas, ao contrário deste último, ele é digno de confiança, ou seja, não age por conta própria, e sim pelo bem comum de todos aqueles que estejam envolvidos num mesmo projeto. A moral do integrador é um penhor de que sua equipe e sua empresa não serão exploradas durante o projeto por ele dirigido. Ao procurar restringir as tentações oportunistas do gerente de projeto, que poderiam redundar na espoliação da empresa, os autores de gestão empresarial foram obrigados a "simetrizar" seu comportamento em relação às pessoas que trabalham com ele.

A importância atribuída nos últimos anos à *ética dos negócios* aponta para outras tentativas de desenvolver nas pessoas uma lealdade que beneficiaria tanto as empresas quanto seus colaboradores. A análise das "cartas de princípios" e dos "códigos de ética" criados no início da década de 90, principalmente nas empresas multinacionais, mostra que em todos os documentos são encontradas duas cláusulas. A primeira diz respeito ao uso oportunístico das informações às quais os assalariados de uma empresa podem ter acesso. As cartas de princípios proíbem formalmente a comunicação de tais informações a pessoas de fora, que possam utilizá-las contra a empresa ou em proveito próprio. Nos bancos mercantis, cujos executivos trabalham com operações altamente confidenciais de fusões ou aquisições de empresas, o objetivo principal é evitar a obtenção de lucro por meio do uso de informações privilegiadas. O direito de expressão dos assalariados sobre suas respectivas empresas, fora destas, em certos casos é garantido por lei[58], mas as organizações percebem os riscos a que se expõem ao concordarem com a divulgação de qualquer informação e tentam circunscrever esses fenômenos por meio de cartas de princípios que às vezes dão ensejo a cerimônias e juramentos. A segunda constante dos códigos de ética é a proibição da corrupção, que constitui um dos modos de ação do redeiro. Pode-se definir a corrupção como o fato de tirar proveito pessoal de uma posição institucional. Visto que essa posição institucional confere certo poder, aquele que o exerce pode mercadejá-lo e auferir lucros pessoais em prejuízo da organização que o nomeou, pois esta, sem saber, será levada, por exemplo, a pagar mais a um fornecedor ou a aceitar o faturamento de serviços fictícios[59].

São relativamente variados e numerosos os diferentes dispositivos que têm em vista organizar a justa remuneração dos contribuidores e formatar as regras da troca justa, tentando, por um lado, instaurar um complemento de remuneração na forma de aumento de empregabilidade real (competências) ou potencial (direitos de saque) e, por outro, evitar a possibilidade de um dos parceiros se eximir de suas obrigações na forma paradigmática do abuso de confiança. Os reformadores parecem mais à vontade nessa situação do que para provocar uma evolução dos quadros contábeis no sentido de não minimizar ou de ignorar a participação de certos contribuidores. Isto porque eles levam a sério o valor de mobilidade do mundo conexionista. E, com o objetivo de não enrijecer as *estruturas* (categoria desvalorizada devido à sua associação com formas industriais de organização), acabam naturalmente por onerar as *pessoas,* quer descarregando todo o peso das condutas corretas sobre seu *senso moral* (como ocorre com a "ética dos negócios"), quer remetendo a responsabilidade de seu destino social para suas *capacidades cognitivas,* codificadas e certificadas com base no modelo da normalização dos objetos (Thévenot, 1997). Essa focalização nas conexões individuais e nas pessoas singulares parece afastá-los da busca de uma posição de conjunto que possibilite criar normas de justiça não só no nível de cada nó, mas também no conjunto da rede. Trata-se de uma abordagem local da rede que, por se concentrar em cada uma das conexões tomadas individualmente, fica cega para as formas específicas oriundas do acúmulo de conexões, cuja força coletiva é superior à soma das pequenas forças que estão em jogo em cada relação individual.

Rumo à igualdade das chances de mobilidade

Os dispositivos estudados nesta seção têm em vista, sobretudo, contrabalançar as desvantagens de certas pessoas que, sem essas compensações, nunca terão condições de enfrentar uma prova na qual desempenhe papel importante a capacidade de ser móvel. Pois a prova conexionista só será justa se todos tiverem chances razoáveis de enfrentá-la com sucesso, com a ressalva de concordar com os sacrifícios solicitados. Certos seres gozam de vantagens ligadas à infância (os pais se mudaram com frequência, eles desenvolveram, por exemplo, grande capacidade de adaptação a diferentes situações) ou ao nível de rendimento (não são muito dotados para a mobilidade, mas podem pagar serviços auxiliares individualizados: motoristas, intérpretes etc.), estando portanto em vantagem na prova conexionista, não por terem concordado com um sacrifício (mérito), mas por disporem de outros recursos. Sua vitória não pode ser legítima nessas condições. Para que o seja, é preciso dar a todos aqueles que não contam com os mesmos recursos a possibilidade de sucesso, apesar de tudo. No mundo industrial, para que fosse considerada justa a prova de competências (que na França se baseava em grande parte no sucesso escolar), era preciso que a prova escolar pudesse ser considerada capaz de medir apenas o desempenho escolar, e não os recursos econômicos dos pais ou o meio social da criança. Sabe-se que essa exigência meritocrática inspirou numerosíssimos trabalhos críticos que tinham em vista melhorar a justiça escolar, redundando em certo número de reformas da Éducation nationale.

Os *dispositivos de reintegração* são um primeiro exemplo de fórmulas destinadas a igualar as chances num mundo em rede. As chamadas políticas "de luta contra a miséria" pertencem aos dispositivos da cidade por projetos, não por pretenderem aliviar a miséria por meio da assistência pública ou da ajuda social, mas por se apresentarem como destinadas sobretudo a frear a exclusão, reintegrando pessoas "em vias de perder elos". Esses dispositivos assumem o objetivo primordial de ajudar as pessoas a reatar elos e, para isso, frequentemente aplicam tecnologias sociais que fazem referência direta às lógicas de rede. O projeto é aquilo que insere ou reinsere, que possibilita desenvolver nas pessoas uma empregabilidade mínima, ou seja, a capacidade de passar com sucesso pela prova de conexão a um primeiro projeto, seguida pela prova de mobilidade, ou seja, de conexão a outro projeto depois que o primeiro terminou. Não se poderia compreender de outro modo como foi possível formar-se (especialmente entre os trabalhadores sociais e no âmbito das políticas urbanas) a ideia de que, em termos de integração, a participação em qualquer atividade constituída na forma de um projeto definido (fosse ele qual fosse – cultural, esportivo, social) é preferível à ausência de atividade.

Seria possível fazer as mesmas observações a respeito do Rendimento minimum d'insertion (RMI). Por um lado, uma das virtudes atribuídas à sua instauração foi trazer à tona misérias até então ignoradas porque aqueles que as sofriam estavam tão isolados, tão desconectados de qualquer instituição, tão definitivamente rechaçados para as margens das redes sociais, que seus sofrimentos eram mantidos aquém do limiar de visibilidade. Por outro lado, uma das inovações introduzidas pelo RMI foi subordinar a concessão de subvenção pública a uma política da "contrapartida". Os fomentadores do RMI pretendiam assim distinguir esse dispositivo da assistência no sentido tradicional. Consideraram que os beneficiários do RMI contraem uma dívida que só podem quitar fazendo tudo o que lhes é possível para reatar os elos sociais que perderam. A obtenção do RMI depende da decisão das comissões locais de integração, que reúnem assistentes sociais, membros da administração, conselheiros gerais, prefeitos, empresários ou dirigentes de associações, que subordinam a concessão dessa alocação a um "contrato de integração" no qual são definidos os esforços que o beneficiário deverá envidar para "reintegrar-se". Visto que a "reintegração" significa principalmente a obtenção de trabalho regular, e esse objetivo, em grande número de casos, é irrealista, será considerado esforço (meritório) todo e qualquer "projeto" que tenha em vista acabar com a "marginalização", seja diretamente, renovando-se elos com outras pessoas (por exemplo, realizando trabalho filantrópico), seja executando consigo mesmo um trabalho considerado preliminar à reconstituição dos elos, como, por exemplo, envidando esforços para parar de beber e, de modo mais geral, "cuidando de sua saúde" (Astier, 1997).

Também são pertinentes em relação ao estabelecimento de uma cidade por projetos todos os *empregos subvencionados que tenham em vista a integração profissional* – contratos Emprego-Solidariedade, missões locais, estágios, contrato de qualificação, contrato de integração etc. – cujos fomentadores, mesmo admitindo que eles propiciam emprego estável em bases desiguais, ressaltam os aspectos benéficos dos quais não é pouco importante o fato de dar "estabilidade durante alguns meses", que "dá a possibilidade de reconstruir projetos" (nos termos de um dirigente de associação citado em Bouget *et alii*, 1995, p. 17).

Mais ou menos a partir de meados da década de 80, multiplicaram-se em torno desses dispositivos atores diversos que, dependendo do Estado ou estando ligados ao novo movimento humanitário (serviços locais da ANPE, serviços municipais, organismos de formação, missões locais, associações, empresas integradoras etc.), constituem "intermediários para a integração profissional", cuja ação, cada vez mais coordenada (não de maneira hierárquica e planificada, mas na forma de *"redes locais de integração"*), se autodefine tomando como referência a tópica da rede. A originalidade desses atores da mediação, em comparação com as intervenções administrativas a distância, que atuam em populações definidas segundo certos critérios, consiste em desenvolver ações presenciais que levam em conta as singularidades dos potenciais candidatos e empregadores. Procuram "convencer empregadores e desempregados a criar elos entre si", a "criar relações de confiança necessárias para ensejar o contrato", dando destaque a "qualidades particulares mal avaliadas nas formas gerais de qualificação, tais como os diplomas", que são preteridas em favor da valorização de "competências" como "saber-fazer e saber-ser não registrados em programas de aquisição de conhecimentos", mas "rapidamente utilizáveis em situação de trabalho" e "negociando o conteúdo da ocupação" com os dirigentes empresariais. Grande parte da aprendizagem ministrada por esse tipo de organismo consiste em desenvolver em pessoas desligadas dos locais de trabalho a capacidade de apresentar-se, "estabelecer elos", "criar contatos", "conseguir encontros" e valer-se, para isso, de instrumentos de comunicação – jornais, terminais de bancos de dados, telefones – e, por outro lado, "incluir na rede" empresas que se empenhem ativamente em dispositivos de integração (Baron *et alii*, 1994). O que se tem em mira é aumentar as chances dos desempregados de passar com sucesso pelas novas provas conexionistas, ajudando-os a desenvolver a capacidade de ser móveis e de se ligar às outras pessoas.

Mas os conceituadores de dispositivos não se interessaram apenas por aqueles que, em termos de elos, já não dispunham de força mobilizável – ou seja, os excluídos –, mas também por todos aqueles que, não tendo tantas desvantagens, ainda têm a possibilidade de enfrentar novas provas, desde que essa força específica seja mantida. Trata-se então de desenvolver as possibilidades de mobilidade, não apenas nos mais fracos, mas em todos.

No mesmo espírito de criação de igualdade entre as partes, incluem-se as propostas de F. Eymard-Duvernay (1998) sobre a constituição de novos intermediários do mercado de trabalho, especialmente entre as escolas e as empresas, e também entre as empresas e o mercado de trabalho (hoje as infraestruturas de inter-relacionamento estão saturadas e drenam apenas cerca de um quinto das mudanças de emprego). Essas propostas possibilitam reorganizar aquilo que chamamos nesta obra de *percursos de seleção*, cuja decomposição durante os últimos trinta anos acarretou provas de recrutamento muito desiguais, pois, no âmbito das mudanças de empregos realizadas por meio de intermediários, uma multidão de candidatos compete por poucas ofertas, criando-se ocasião para processos discriminatórios; além disso, no âmbito das mudanças sem intermediação (24% por candidatura espontânea, 20% por relações profissionais anteriores, 23% por relações pessoais ou familiares), as ofertas não são feitas de maneira igualitária. Destaque-se que os ex-alunos das grandes escolas, graças às suas associações, são beneficiados por uma rede da qual não dispõe a maioria dos egressos das universidades. As associações de ex-alunos, ademais, servem como intermediárias no mercado de trabalho, justamente o que falta aos universitários. Na concepção de F. Eymard-Duvernay (1997; 1998), os novos intermediários deveriam aplicar modalidades de seleção presencial em oposição à seleção a distância, com base em *curriculum vitae* que, por um lado, tende a lidar com variáveis discriminatórias e, por outro, impede de avaliar as verdadeiras competências pessoais.

Outras propostas têm como objetivo não só possibilitar a mobilidade profissional – tal como no caso dos dispositivos de integração e de recrutamento até agora mencionados –, mas também oferecer a todos a autonomia e as possibilidades de desenvolvimento pessoal prometidas pelo novo mundo, ou seja, a possibilidade de entrar numa grande variedade de projetos quaisquer. Trata-se então de equiparar as chances de acesso ao tipo de felicidade proposta pela cidade por projetos.

A noção de *atividade* é, assim, proposta para tentar legitimar todo e qualquer tipo de projeto e mobilidade, e não apenas os que assumem a forma de trabalho. Desse ponto de vista, é importante que haja desenvolvimento pessoal, o que, aliás – conforme pensa certo número de reformadores –, não poderá deixar de desenvolver a empregabilidade. Ao "tempo de trabalho" realizado "nos termos do contrato", A. Supiot (1993) opõe, assim, as "atividades humanas passíveis de desenvolvimento em outros planos", entre as quais ele inclui a "formação", o "consumo" e "todas as outras formas de atividade livremente escolhidas", das quais faz parte o "trabalho desinteressado" executado no âmbito "de atividades familiares, mas também de atividades públicas ou associativas [...] culturais ou de formação" (p. 719). A instauração de um *estatuto da atividade*, portanto, deve garantir a "liberdade de mudar de trabalho", mas também "uma verdadeira liberdade de escolha entre trabalho e não trabalho", pois "aquilo que o homem vivencia como 'trabalho' inclui uma parte daquilo que o direito qualifica hoje como 'não trabalho', quer se trate do trabalho de autoformação (formação geral ou profissional), quer do trabalho desinteressado (especialmente do trabalho doméstico)" (p. 721). Para A. Supiot, a consolidação jurídica da noção de atividade pressupõe a instauração de um "estatuto mínimo do trabalho, que garanta a qualquer pessoa que tenha trabalhado durante certo tempo a possibilidade de dedicar-se durante certos períodos a atividades livremente escolhidas", superando assim a distinção entre, "de um lado, um mínimo social garantido pela coletividade e, de outro, uma remuneração pelo trabalho restrito ao âmbito do contrato"[60] (p. 723).

Mas o desenvolvimento jurídico da noção de atividade não traz tanto à baila a questão da acumulação (de competências, por exemplo) durante um percurso (como no caso dos dispositivos mencionados na seção anterior) quanto a questão da persistência dos direitos. É essa capacidade de abarcar o heterogêneo e conferir-lhe um estatuto que dá à noção de atividade uma extensão superior à de trabalho. Enquanto a noção de trabalho está associada à subordinação, ao trabalho assalariado e à forma jurídica do contrato de trabalho, a atividade – conforme destaca François Gaudu (1997) – é neutra em relação à forma jurídica adotada, de tal modo que essa noção possibilita abarcar situações marcadas pela heterogeneidade[61]. É nesse contexto que se deve entender a proposta de *"contrato de atividade"*, apresentado no relatório da comissão "O trabalho em vinte anos", presidida por Jean Boissonat (Boissonat, 1995), no qual se encontram atualmente esboçados com mais nitidez os dispositivos de justiça ajustados a uma cidade por projetos. O relatório enfatiza as mudanças do sistema produtivo, em especial a sua "organização em rede" (parceria entre grandes empresas e terceiristas, proliferação de terceiristas independentes e "empresas unipessoais em domicílio" etc.), e a necessidade de modificar o quadro jurídico e institucional das relações de trabalho para "enfrentar as mutações atuais do capitalismo" (p. 48) e possibilitar, por exemplo, a fácil passagem de um estatuto de assalariado para um estatuto de empreendedor e vice-versa, a mudança de profissão, de localização etc., enfim, facilitar a circulação das pessoas num espaço de atividades que é vasto, diversificado, heterogêneo e mutável. O contrato de atividade "englobaria o contrato de trabalho, sem eliminá-lo". Ele teria um horizonte temporal bastante extenso (da ordem de cinco anos), "abrangendo períodos de trabalho produtivo em empresas, de trabalho em formação[62] e de licenças de utilidade social (por exemplo, familiar) com conservação das garantias sociais, mas com variabilidade dos modos e dos níveis de remuneração": a remuneração e a proteção dos trabalhadores durante períodos não produtivos poderiam ser "garantidas pelo desenvolvimento de fundos mútuos de rendimentos que autorizassem um tratamento uniforme da remuneração" (Kerbourc'h, 1997). Esse contrato seria firmado com uma "coletividade", que compreenderia "uma rede de empresas livremente constituída" e organismos públicos ou privados de formação, atores públicos (do governo central às coletividades locais, passando pelas diferentes categorias de estabelecimentos públicos), associações, organizações profissionais de assalariados ou não assalariados (Gaudu, 1997)[63].

O contrato de atividade constitui um dispositivo que concilia, por um lado, as demandas patronais de flexibilidade e mobilidade dos assalariados e, por outro, exigências de justiça em vista de "compensar uma divisão unilateral dos riscos de emprego" (Simitis, 1997) e de possibilitar que pessoas adquiram empregabilidade e competências, bem como de transferir as experiências adquiridas enquanto se circula no espaço heterogêneo de um mundo em rede, sem que o término de projetos relegue as pessoas às margens e à exclusão[64]. De fato, no contexto do contrato de atividade, as empresas gozam de grande flexibilidade: "uma empresa temporariamente privada de certo volume de encomendas poderia emprestar alguns assalariados a uma outra empresa, fazê-los trabalhar em período parcial, encaminhá-los portanto a cursos de formação, favorecer seu exercício de uma atividade autônoma durante certo período, ou mesmo conceder-lhe tempo disponível para outras atividades sociais". Nesse sentido, o contrato de atividade prolonga a introdução, cada vez mais frequente, de cláusulas de mobilidade (geográfica ou profissional) no contrato de trabalho, o que, nas organizações em rede, pode levar a uma mudança de fato de empregador[65].

Mas o contrato de atividade apresenta-se ao mesmo tempo como institucionalização e como limitação dessas práticas. Ele deve permitir que as pessoas impelidas à mobilidade nem por isso fiquem entregues sem proteção às incertezas do mercado: "o assalariado conservaria durante esse período as garantias de um contrato de atividade, mediante a execução de tarefas precisas. Ele não seria jogado na lata de lixo do desemprego" e, em caso de demissão, "poderia continuar numa atividade regida por um novo contrato" (Boissonat, 1995, p. 31). O contrato de atividade "comparte os riscos" e "os períodos de emprego e de não emprego" ocupados em formações e até em filantropia (Fouquet, 1998). Nesse contexto, "a *atividade* engloba todas as ações socialmente úteis" (*id.*, p. 31). O contrato de atividade deve, assim, possibilitar "reconstruir a segurança da relação de emprego, dando-lhe por objeto a construção de um itinerário profissional e de um estatuto social de longo prazo, em lugar da incerteza profissional e social à qual estão condenados hoje aqueles que deixam de ser enquadrados no contrato por prazo indeterminado" (Priestley, 1995)[66].

Por alguns aspectos, as diversas propostas de *Rendimento Universal* – rendimento igualitário concedido tanto aos ricos quanto aos pobres[67], o que o distingue das ajudas sociais compensatórias – podem ser consideradas equivalentes à noção de atividade, no plano monetário. Por isso essas propostas merecem figurar nos dispositivos da cidade por projetos, ainda que suas justificações aduzam outros princípios, especialmente de ordem industrial, ou se insiram mais num contexto liberal[68]. De fato, o rendimento universal pretende atenuar a "desconexão entre o econômico e o social", dissociando rendimento e trabalho. A distribuição entre todos de um rendimento de referência a título de direito social (rendimento de subsistência) ou de direito político (rendimento de cidadania) favorece o abrandamento da distinção entre os diferentes tipos de trabalho (assalariado, de formação, doméstico etc.) e, em especial, da fronteira que até então separava o trabalho assalariado do filantrópico. O rendimento universal deve dar a cada um liberdade de trabalhar ou não, ou melhor, escolher sua atividade, definir pessoalmente "atividades independentes" ("formar uma empresa, tentar atividades atípicas, ainda não reconhecidas socialmente") e, no caso do trabalho assalariado, de ter mais possibilidades (ao dispor de um rendimento de referência) "de negociar suas condições de trabalho e remuneração" (Ferry, 1997)[69].

Os adversários do Rendimento Universal enfatizam o custo elevado de um pagamento não diferencial (avaliado em 260 bilhões líquidos, contra 25 bilhões para o RMI), a dificuldade de recuperar com impostos os pagamentos feitos a "pessoas que realmente não precisam dele" e a enorme burocracia necessária à sua administração. Preconizam soluções menos radicais, como o "segundo cheque": pagamento compensatório, alimentado por recursos parcialmente públicos e parcialmente empresariais, oferecido a pessoas que aceitariam, em termos individuais, reduzir seu tempo de trabalho e seu salário para desenvolver alguma atividade "de utilidade social" ou para poderem transitar entre diferentes atividades (Belorgey, 1994).

Os dispositivos acima mencionados procuram, sobretudo, favorecer a mobilidade do maior número de pessoas. Precisam ser completados por outros que, ao contrário, procurem frear mobilidades excessivas. A do mercado de capitais, por exemplo, pode ser julgada excessiva se posta em jogo numa prova em que os outros participantes só possam empenhar a mobilidade de seus ativos industriais. Devido a seu caráter desmaterializado e à instauração de uma rede eletrônica mundial, os capitais ganharão sempre, indubitavelmente.

A *taxa Tobin*, preconizada pelo Prêmio Nobel de economia de 1981, James Tobin, conhecido por seus trabalhos sobre as relações entre o setor financeiro e o setor real da economia, visa, assim, a taxar as transações financeiras internacionais para, essencialmente, reduzir os movimentos especulativos, ou seja, não ligados a trocas comerciais de bens ou de serviços ou a necessidades de financiamentos estatais ou empresariais. Esses movimentos especulativos, principalmente nos mercados cambiais, constituem a maior parte das trocas. O interesse essencial da taxa residiria em tornar custosos os fluxos especulativos de curto prazo. "De fato, com uma taxa de 0,2%, um *day-trade* no mercado cambial acabaria custando 48% ao ano; a mesma taxa, porém, teria impacto desprezível sobre o comércio real e sobre os investimentos de longo prazo" (Warde, 1997). Essa taxa, portanto, teria o efeito de diminuir a velocidade da mobilidade financeira em relação a outros ativos, por essa razão, faz parte dos possíveis dispositivos de uma cidade por projetos[70].

A criação do *euro*, ao eliminar os riscos de câmbio entre onze moedas europeias, também teve o efeito de reduzir a mobilidade dos capitais na região. Essa criação, ao permitir além disso uma redução das taxas de juro, que já não devem possibilitar cobrir certos riscos cambiais, teve o efeito direto de reduzir a sangria realizada sobre a economia real e de relaxar ligeiramente as coerções sobre as empresas das quais se espera uma rentabilidade do capital superior às taxas de juro[71].

Os frequentes apelos à instauração de *controles mais rígidos dos mercados* também expressam o desejo de restrição das possíveis mobilidades. Por ora, só os bancos estão submetidos à vigilância, sobretudo com a razão Cooke[72], mas esta não cobre os compromissos não contabilizados em balanço, realizados com produtos derivados que alimentaram amplamente o crescimento das transações nos últimos anos. Os outros participantes (administradoras de fundos, seguradoras, empresas) não estão submetidos a nenhuma regulamentação "preventiva", ou seja, que as obrigue a tomar precauções (Gervais, 1993).

No que se refere à redução dos diferenciais de mobilidade multinacionais/assalariados de diferentes países, cabe acrescentar ao conjunto de dispositivos da cidade por projetos as práticas crescentes de *certificação* das empresas que permitam restringir as desigualdades de proteção dos trabalhadores e do meio ambiente, de acordo com os países, uma vez que essa constitui uma das motivações da relocação. A certificação concretiza-se na entrega de um rótulo que certifica que uma empresa respeita certo número de critérios reunidos numa norma. Esse rótulo é concedido depois de uma investigação ou uma auditoria realizada por um organismo independente. Por outro lado, ainda que freiem apenas parcialmente as relocações, essas certificações deveriam possibilitar, teoricamente, restringir a exploração dos seres humanos e da natureza por parte dos países nos quais são feitos investimentos. A certificação mostra-se como uma fórmula de controle relativamente ajustada a um mundo em rede. Baseia-se em auditorias frequentes, sistemas encarregados de garantir no interior das empresas a conformidade das práticas a um certo número de regras. Depois de certificadas as cabeças de redes, a tendência é de estender as certificações ao longo das cadeias de terceirização, pois uma empresa, para ser fidedigna em sua certificação (que é uma marca de crédito junto aos clientes e aos consumidores finais[73]), procurará abastecer-se com fornecedores também certificados, no intuito de impedir a escapatória que consiste em transferir as atividades litigiosas para terceiristas menos controlados. A certificação, assim, vai se alastrando gradualmente, de malha em malha, no interior da rede. Existe uma certificação ambiental ISO 14.000 que se desenvolve rapidamente, mas sua lacuna reside no fato de que ela se limita a verificar se as empresas estão organizadas para respeitar as leis ambientais do país, mas não se baseiam no referencial mundial. No campo social, uma norma, chamada SA 8000 Social Accountability 8000 (SA 8000), que tem em vista garantir direitos elementares aos trabalhadores, foi criada em 1997, num acerto de várias empresas de porte internacional e de organizações tais como a Amnesty International (Cosette, 1998), mas ainda é muito cedo para dizer se ela se desenvolverá tanto quanto a ISO 14000 ou tanto quanto o modelo das duas, as normas de qualidade ISO 9000.

CONCLUSÃO:
O LUGAR DO DIREITO

Começaram a surgir propostas de dispositivos que, para limitar os abusos e perigos peculiares ao mundo conexionista, têm em vista inserir a cidade por projetos no mundo das coisas e no mundo do direito (em vez de lhe conferir *status* de simples discurso "ideológico" para mascarar a existência da exploração). Os reformistas foram incentivados a isso pelo crescimento da pobreza e das desigualdades, sob a pressão dos movimentos sociais. No entanto, a concretização dessas disposições, seu aperfeiçoamento à medida que se mostrarem suas limitações e imperfeições (ou seja, com o uso) e a rapidez com que forem experimentados dependerão em grande parte da força da crítica à qual será exposto o processo capitalista e da pressão exercida sobre os governos para utilizar a arma que só pertence a eles: o direito.

Um dos sinais da formação de uma nova cidade é o desenvolvimento de um direito específico. O direito constitui um dispositivo de controle da validade das provas e de recurso em caso de litígio em torno do resultado delas[74]. Um dos atributos da juridicidade de uma norma – conforme dizem A. Lyon-Caen e A. Jeammaud (1986) – é sua "discutibilidade", ou seja, "a faculdade da questioná-la, discutir seu significado, seu alcance ou sua aplicação a situações concretas no contexto de um processo". Os direitos são "oponíveis" às formas tácitas de poder. Possibilitam ultrapassar um uso puramente formal da pretensão à justiça e submetê-la à prova. Na lógica aqui adotada, o direito, portanto, pode ser considerado como o modo de inscrição pública na qual se conserva, na forma de regras gerais, o vestígio das principais regulações – ou seja, dos dispositivos de autolimitação em cada um dos mundos – referentes a diferentes cidades[75]. O direito impõe, assim, coerções sobre o modo de usar recursos próprios a um mundo, para limitar as condutas excessivamente predatórias que poriam em risco a lógica na qual se baseia esse mundo. Ao mesmo tempo, contribui para garantir sua legitimidade[76].

É a associação a um aparato coercitivo que constitui a especificidade do direito (Weber, 1986) e lhe permite criar um elo entre exigências normativas, cujo fundamento é extrajurídico, e meios executórios, que são da ordem da coerção e da punição, ou – como formulou Max Weber – da violência. Sem a necessidade de uma sanção exterior, ou seja, de uma polícia que imponha respeito à organização correta das provas e para que os julgamentos aos quais elas conduzam sejam acompanhados de efeitos, o direito não teria lugar na arquitetura das cidades. Mas isso suporia que as convenções se impõem por si mesmas com força suficiente para garantir a justeza das provas e a convergência dos julgamentos (tendo como única sanção a reprovação), o que está longe de ser verdade. A ordem legítima das cidades terá, assim, mais chances de ser realizada quanto mais se respaldar numa ordem legal que exija ser respeitada.

Assim, é possível olhar o direito (bem como as cidades) de dois modos diferentes: ou enfatizando a maneira como ele encerra as provas julgadas formalmente adequadas e, assim, legitima as desigualdades que se tenham manifestado e favorecido aqueles que tiraram proveito dessas desigualdades[77], ou enfatizando a maneira como ele (na qualidade de depositário do padrão de medida da prova justa) possa servir de recurso àqueles que tenham sido desfavorecidos por uma prova, quer por ela não se basear num princípio legítimo de justiça, quer por sua realização local ter transgredido os procedimentos reconhecidos como válidos (legais), quer por seus resultados desfavoráveis terem sido registrados *ad aeternum* e ter sido recusada aos desfavorecidos a possibilidade de fazer novas provas.

Apesar de não ignorarmos os limites da regulação jurídica (a lógica dos deslocamentos, na qual insistimos, consiste em contornar as provas regulamentadas), aqui enfatizaremos o papel do direito na proteção dos mais fracos. Os deslocamentos, que evitam as provas mais solidamente assentadas em normas jurídicas, transportando as relações de forças para as zonas de menor resistência legal, manifestam, *a contrario*, a força do direito.

Mas, ao escapar ao formalismo e não se regular unicamente em função de uma lógica interna (servindo a exigências normativas externas e respaldando-se em definições políticas do bem comum – as cidades), o direito pode servir para limitar os usos que os mais fortes fazem de sua força, ou seja, no contexto aqui desenvolvido, para identificar e entravar os deslocamentos (ajustes, exceções, derrogações etc.), evocando a norma que, por ter sido objeto de um trabalho de categorização, opõe sua inércia à expansão das forças. A normatização poderia impor à vida social o peso de uma rigidez excessiva caso o direito não fosse também o espaço da composição porque, não estando inserido numa cidade particular, mas conservando os vestígios das diferentes definições legítimas do bem comum, ele é levado incessantemente a trabalhar, ou seja, a reduzir as tensões entre as exigências heterogêneas que compõem sua trama.

No próximo capítulo, examinaremos a situação atual da crítica estética ao capitalismo e também os caminhos que poderiam ser trilhados para tentar recuperá-la. Ainda que a necessidade de trazer novamente à baila a crítica estética possa parecer hoje menos premente do que a da reconstrução da crítica social e também bastante difícil por ter ela contribuído para o advento do neocapitalismo, tentaremos mostrar que a crítica estética é indispensável para compensar certas tendências atuais do capitalismo que julgamos nefastas e que a cidade por projetos pode reforçar, caso ela chegue a instaurar-se, pois, ao regulamentar o novo mundo, ela também legitima seus numerosos aspectos. Talvez convenha, mais do que nunca, procurar articular as duas críticas, apesar das contradições que as opõem.

VII

À PROVA DA CRÍTICA ESTÉTICA

Na década de 90, o restabelecimento da crítica manifestou-se principalmente no campo social, no qual era patente a degradação dos modos de vida associada ao desenvolvimento de um capitalismo liberto de numerosas coerções. Foi essencialmente nesse campo que, com o intuito de enfrentar o egoísmo e a miséria crescentes, foram explorados paliativos durante os últimos anos – conforme vimos no capítulo anterior –, como se bastasse limitar a insegurança econômica dos mais carentes para oferecer aos membros dos países desenvolvidos, especialmente aos jovens, formas de vida estimulantes" numa sociedade que se tornou "aberta", "criativa" e "tolerante".

É verdade que, como o novo espírito do capitalismo incorporou uma parte importante da *crítica estética* amplamente manifestada no fim da década de 60, as coisas ocorriam como se já não tivessem razão de ser as acusações feitas outrora contra o capitalismo a partir da exigência de libertação, autonomia e autenticidade. A crítica estética, em suas formas históricas, subordina a exigência de autenticidade à exigência de libertação – a manifestação dos seres naquilo que eles têm de autêntico é considerada dificilmente realizável caso eles não se libertem das coerções, das limitações e até das mutilações que lhes são impostas pela acumulação capitalista. Nesse contexto, pode-se perguntar se a maior liberação decorrente de maio de 68 não terá dado a grande número de pessoas a possibilidade de ter acesso ao tipo de vida autêntica que até então caracterizava a condição de artista, justamente por ser definida como rejeição a quaisquer formas de disciplina, especialmente as formas associadas à busca do lucro. A liberação e, em especial, a liberação sexual, a autonomia na vida pessoal, afetiva e também profissional, a criatividade, a realização sem coerções individuais, a autenticidade da vida pessoal contra convenções sociais hipócritas e ultrapassadas, se não podiam parecer definitivamente assimiladas, podiam pelo menos ser amplamente reconhecidas como valores essenciais da modernidade.

No entanto, é de perguntar o que, no novo espírito do capitalismo e na cidade por projetos, estaria exposto ao novo ataque dessa crítica. Acaso bastaria hoje dar prosseguimento, como se nada tivesse acontecido, à crítica ao "espírito burguês" e à "moral burguesa" que, desde meados do século XIX, esteve intimamente associada à crítica ao capitalismo, para prolongar o projeto de emancipação que lhe é inerente? Não será necessário, ao contrário, partir de outras bases, ou seja, perguntar se as formas de capitalismo que se desenvolveram durante os últimos trinta anos, incorporando facetas inteiras da crítica estética e subordinando-a à produção do lucro, não terão esvaziado as exigências de libertação e autenticidade daquilo que lhes dava corpo e as ancorava na experiência comum das pessoas?

Para fazer essa pergunta, é preciso em primeiro lugar descartar a rejeição aristocrática à democratização (denunciada como vulgarização) dos valores de criatividade, liberdade e autenticidade nos quais se baseava a distinção do modo de vida estético quando ele ainda se apresentava como exceção. Semelhante enrijecimento elitista, em reação à abertura dos anos 70, veio novamente à tona com força na década de 80, por exemplo com o desprezo a formas culturais pouco legítimas e à reivindicação, por parte daqueles que as praticam, de serem reconhecidos como "criativos" e, mais geralmente, com a ridicularização das aspirações (hoje amplamente difundidas) de "realizar-se no trabalho", de "fazer algo interessante", de "exprimir-se", de "ser autêntico", de "inovar" etc.

Preferiremos depreender as potencialidades de opressão encerradas nos novos dispositivos de acumulação e identificar os riscos que eles impõem à possibilidade de estabelecer relações autênticas, ainda que considerando aceita e legítima a generalização das exigências, de liberação e autenticidade.

Para fundamentar a necessidade da reestruturação da crítica estética, começaremos por detectar sinais de que as fontes de indignação que a sustentam não se esgotaram, não só buscando apontar aquilo que no novo capitalismo continua problemático do ponto de vista das aspirações expressas pela crítica estética, mas também tomando como base manifestações nas quais se pode ler a expressão de uma repugnância à vida. Se é que devemos assistir à reabilitação da crítica estética, esta não partirá apenas da análise "intelectual" de fenômenos associados ao estado atual do capitalismo, mas de seu encontro com um sofrimento difuso – no sentido de que aqueles que o experimentam penam para situá-lo num objeto ou para lhe dar uma origem denunciável – e também da persistência de uma aspiração de dar-lhe fim.

1. MANIFESTAÇÕES DE UMA INQUIETAÇÃO

Os problemas referentes à crítica estética são menos diretamente acessíveis do que os referentes à crítica social, que se tornam patentes no desenvolvimento da mendicância e na proliferação dos sem-teto e perceptíveis no aumento do desemprego, da precariedade e das desigualdades. No entanto, é possível discernir os sinais de uma perturbação, cuja expressão é manifesta na literatura ou nas artes figurativas, aparecendo nos textos dos reformistas sociais sob a temática da "perda de sentido" (de Foucauld, Piveteau, 1995). Utilizaremos o termo *inquietação* (extraído dos trabalhos de L. Thévenot, 1995 b), que exprime um mal-estar associado à dificuldade de identificar de onde vem a ameaça e de elaborar planos para dominá-la. Certamente é naquilo que Durkheim chamava de "indicadores de anomia" que se devem buscar os indícios das inquietações provocadas pela expansão de um mundo conexionista.

A anomia num mundo conexionista

O conceito de anomia, que designa de modo bem geral os efeitos do enfraquecimento das normas e das convenções tácitas que regulam as expectativas mútuas, levando à desagregação dos elos sociais, é adequado para descrever uma sociedade na qual – conforme tentamos mostrar – as antigas provas estão desorganizadas, enquanto as novas, que se instauraram com o mundo conexionista, são fracamente identificadas e pouco controladas.

As distinções introduzidas por Durkheim em *O suicídio* possibilitam especificar melhor a anomia. Ele distingue, em especial, os efeitos da *anomia* e do desenvolvimento do *egoísmo*: enquanto o suicídio *egoísta* se situa num eixo cujo outro polo é ocupado pelo suicídio *altruísta*, o suicídio *anômico*, decorrente do enfraquecimento da presença de regras e normas, se situa num eixo cujo outro polo é ocupado pelo suicídio *fatalista*, que, ao contrário, resulta de um "excesso de regulamentação" e ao qual Durkheim não dedica longas exposições por julgar que ele se tornou muito raro na sociedade de seu tempo (Besnard, 1987, pp. 81-98). Os indicadores de anomia habitualmente utilizados, portanto, não traduzem teoricamente o aumento do individualismo no sentido de egoísmo, mas o crescimento da anomia propriamente dita, ou seja, da *incerteza* quanto às ações que devem ser realizadas, derivando menos da atrofia das normas entendidas como dados "mentais", do que de seu desaparecimento das situações e dos contextos nos quais elas estavam enraizadas.

Como se verá, todos os indicadores nos quais Durkheim nos ensinou a ler o signo da anomia estão em alta desde a segunda metade da década de 70, o que pode ser interpretado não só como resultado mecânico do desenvolvimento da precariedade e da miséria, mas também como marca do desaparecimento dos pontos de preensão que as pessoas podem ter sobre seu meio social, com resultante enfraquecimento da crença que elas podem ter quanto ao futuro, como ponto de fuga capaz de orientar a ação e, portanto, de conferir algum sentido ao presente, por retroação.

Ora, a nosso ver, essa "dificuldade de se projetar no futuro", expressa pelos indicadores de anomia (Chauvel, 1997), deve ser relacionada com a experiência de um mundo conexionista. A perturbação que ela provoca pode ser atribuída, mais precisamente, à existência de um conflito entre, por um lado, normas (particularmente explícitas nos mundos doméstico e industrial) que valorizam o que se mantém ao longo do tempo e, por outro, a condição humana num mundo flexível em que os seres se modificam ao sabor das situações que encontram. Se as pessoas, ou a maioria delas, não dessem valor àquilo que deve durar, não sofreriam com rupturas associadas a separações e ao desânimo diante da tarefa de precisar refazer o que parecia estabelecido. Aliás, é exatamente essa perturbação que a cidade por projetos visa apazigar, conferindo legitimidade àquilo que se apresenta como transitório e organizando as provas que acompanham a transição. O fato é que, em grande número de campos, o valor de um compromisso e o entusiasmo que ele pode provocar continuam sendo associados à sua durabilidade, de maneira explícita ou tácita. Isso, evidentemente, vale para o casamento, que não é contraído por período determinado (ainda que possa ser rompido pelo divórcio), mas também para as relações criadas fora do casamento, às quais as pessoas atribuem mais valor por existir a possibilidade de elas se prolongarem no tempo e por não ser costumeiro prever seu fim no momento em que elas são criadas. Seria possível fazer as mesmas observações para a maioria das chamadas relações pessoais ou de amizade, cujo encanto está no fato de ficar aberta a questão de seu devir. Mesmo na esfera do trabalho, onde o caráter temporário dos compromissos é agora um fato admitido, uma experiência satisfatória normalmente cria esperanças de prolongamento (renovação de um contrato por prazo determinado, transformação em contrato por prazo indeterminado, sem falar de promoções ou evoluções na carreira). Segue-se que o rompimento de uma relação e a interrupção de um projeto são coisas que se prestam a ser vivenciadas como fracassos (e não como uma prova banal, conforme desejaria a lógica da cidade por projetos). A insistência nos valores de autonomia e autorrealização e o esquecimento do caráter desigualmente distribuído das condições de sucesso na autorrealização conferem caráter pessoal a esse fracasso. Aqueles que os sofrem arcam com todo o seu peso. O que está em causa é sua capacidade de "realizar-se" na realização de uma obra qualquer (travar relações, alcançar *status* num emprego, formar família etc.). A desvalorização pessoal daí decorrente, tornando mais difícil a formação de novos elos, contribui para tornar o isolamento uma condição duradoura.

Os diferentes indicadores de anomia que citamos acima apontam com bastante clareza para perturbações decorrentes das incertezas ligadas ao tipo de "libertação" associado à reestruturação do capitalismo que, interligando fortemente autonomia e precariedade, decerto dificulta mais a "projeção no futuro". Mas nisso também se pode ver o sinal de uma incerteza sobre o valor que pode ser atribuído aos dispositivos e às convenções que regulavam o antigo mundo (relações familiares, diplomas, obtenção de um contrato de trabalho, categorias socioprofissionais etc.). Em vista da descategorização descrita no capítulo V, torna-se difícil em grande número de situações aderir como se fosse evidente – conforme diz Schütz – àquilo em que é preciso acreditar ou àquilo que é preciso fazer. Em especial, o aumento para um número cada vez mais elevado de assalariados da indistinção entre tempo de trabalho e tempo fora do trabalho, entre amizades pessoais e relações profissionais, entre o trabalho e a pessoa daquele que o realiza (características estas que haviam constituído, a partir do século XIX, marcas típicas da condição de artista e, especialmente, marcadores de sua "autenticidade"[1]) e a introdução desses modos de funcionamento no cosmos capitalista só puderam contribuir para perturbar os referenciais para julgamento das pessoas, dos atos ou das coisas.

Indicadores de anomia hoje

Mesmo não se estabelecendo uma relação direta de causa e efeito entre a dificuldade de criar elos profissionais duradouros e os fenômenos que marcaram uma profunda mudança da esfera das relações privadas, não é possível deixar de indagar sobre a concomitância entre as modificações ocorridas no ciclo de vida do trabalho e no ciclo da vida afetiva e familiar. O retardo no ingresso na vida profissional e a substituição dos modos de contratação com perspectiva de carreira por contratações segundo as necessidades, foram concomitantes ao desenvolvimento de *compromissos de curto prazo na vida pessoal*, conforme mostram não só a diminuição do número de casamentos e o aumento do número de divórcios, mas também a crescente fragilidade das relações criadas "informalmente" e definidas como "coabitação"[2].

Mais pertinente ainda parece a evolução das estatísticas de *suicídio* que, conforme se sabe, desde seu estabelecimento no século XIX, estavam muito correlacionadas com a situação matrimonial (as pessoas casadas estavam menos expostas ao suicídio do que as solteiras, as divorciadas e as viúvas) e com a idade, já que as tendências suicidas aumentam regularmente com o envelhecimento. Esta última correlação, muito estável no tempo e no espaço até período recente (Besnard, 1997), foi interpretada tomando-se como referência a relação que as pessoas mantêm com o futuro. Desse ponto de vista, o fechamento do campo de possibilidades, a frustração das aspirações e a desagregação dos elos sociais, à medida que a idade avança, seriam responsáveis pela intensificação das tendências suicidas.

Ora, sob esse aspecto, manifestou-se uma guinada de tendência duradoura na passagem da década de 70 para a de 80 que foi marcada pela elevação geral das taxas de suicídio masculino, que cresceram 45% de 1977 a 1985 (passando de 22,9 para 33,1 em 100.000), seguida por uma baixa até 1990 (29,6 em 100.000) e pela retomada a partir dessa data (31,6 em 1994, 30,5 em 1995[3]). Por outro lado, esses mesmos anos registraram uma mudança na divisão das faixas etárias: o crescimento regular com o envelhecimento foi substituído por uma repartição bimodal, com um primeiro pico para a faixa etária de 35-44 anos, seguido por uma diminuição para as faixas etárias seguintes, com novo aumento da tendência ao suicídio depois dos 75 anos (Chauvel, 1997). A evolução das taxas de suicídio e de sua divisão por faixa etária tem forte correlação (superior a 0,8) com a evolução dos outros indicadores clássicos de anomia: idade no primeiro casamento, primonupcialidade, elevação da taxa de desemprego dos jovens, da delinquência etc. (Chauvel, 1997). Segundo esse autor, essas mudanças seriam sinais não tanto de uma transformação dos valores, mas de uma recomposição do ciclo de vida, da "redistribuição do estatuto social aberto às diferentes idades da vida" e da modificação correlativa da relação com o tempo nas diferentes idades: os jovens e as pessoas na fase mais vigorosa da vida teriam cada vez mais dificuldades para "projetar-se no futuro" devido à *incerteza* (no sentido de F. Knight, que a opõe ao risco probabilizável) que afeta todas as relações que as vinculam ao mundo e às outras pessoas. Isso ocorre principalmente com as relações de trabalho, em decorrência do "desemprego e da precariedade do emprego", que contribuem em contrapartida "para o relaxamento dos elos familiares e para o isolamento moral ou físico dos indivíduos": assim, só pode surpreender o fato de que, entre os adultos de 25 a 49 anos, as curvas do desemprego e do suicídio têm o mesmo perfil (Nizard, 1998). Essas incertezas causariam "um 'vazio' de futuro e até de sentido, para usar termos frequentes em Halbwachs e Durkheim" (Chauvel, 1997).

A obra coletiva de diversos estudiosos reunidos sob o nome de Louis Dirn (1998), na esteira de A. Ehrenberg (1995), interpreta nesse sentido o aumento do número de pessoas que declaram ter sofrido de "depressão" e o crescimento do *consumo de psicotrópicos*, que tem a solidão como um dos fatores e é três vezes mais elevada nos desempregados do que nos ativos ocupados.

Os indicadores de anomia apontam para um efeito paradoxal da libertação, pois o aumento do número de pessoas que se encontram em situações ansiogênicas acompanhou as conquistas de autonomia, de tal modo que pode parecer que as promessas de autorrealização não se realizaram para todos. Os mesmos indicadores, que designam uma forma de desorientação quanto ao significado da vida cotidiana, também nos parecem relacionáveis com a inquietação sobre a maneira como se coloca a questão da autenticidade num mundo conexionista, ou seja, a da avaliação das pessoas e das coisas em termos de valor intrínseco.

Portanto, procuraremos identificar em que medida, ao se integrarem no espírito do capitalismo e ao darem sua contribuição para a produção do lucro, as reivindicações da crítica estética, em suas expressões contemporâneas, deixaram de ser inseridas nos mecanismos de cooptação que abrem caminho, por um lado, para novas formas de opressão e, por outro, para uma nova manifestação do tipo de inquietação que a busca de autenticidade tinha em vista aplacar. Portanto, tomando por base as próprias exigências de libertação e autenticidade que se expressaram ao longo dos últimos trinta anos, examinaremos o destino que lhes coube num mundo conexionista.

2. QUE LIBERTAÇÃO?

O discurso da libertação, desde sua formação, constituiu um dos componentes essenciais do espírito do capitalismo[4]. Mas, enquanto na origem a forma de libertação proposta pelo capitalismo ganha sentido essencialmente da oposição entre as "sociedades tradicionais", definidas como opressivas, e as "sociedades modernas", únicas capazes de possibilitar autorrealização individual – oposição que é uma produção ideológica constitutiva da modernidade –, o espírito do capitalismo foi levado, em suas formulações ulteriores, a oferecer uma perspectiva de libertação capaz de integrar também as críticas que denunciavam a opressão capitalista, ou seja, a não realização de fato das promessas de libertação sob o regime do capital. Isso significa que o espírito do capitalismo, em sua segunda expressão e nas formas que ele está assumindo atualmente, segue, nesse aspecto, duas linhas diferentes. A primeira sempre toma por alvo o "tradicionalismo", ao qual é atribuído o poder de ameaçar com um retorno virulento as sociedades ocidentais modernas, sendo denunciado como uma realidade atuante nos países do Terceiro Mundo. A segunda, em resposta (pelo menos implicitamente) às críticas à própria opressão capitalista, comporta uma oferta apresentada como liberadora em relação às realizações anteriores do capitalismo. O espírito do capitalismo, na segunda metade do século XX, apresenta-se assim tanto como meio de acesso à autorrealização por intermédio do engajamento no capitalismo quanto como via de libertação do próprio capitalismo, naquilo que ele teria de opressivo em suas realizações anteriores.

A dinâmica do espírito do capitalismo parece, assim, basear-se em "alças de cooptação", que já encontramos com referência à questão da justiça[5]. Podemos identificá-las também com referência à libertação, ou seja, em grande medida com relação àquilo que confere caráter "estimulante" ao engajamento no processo capitalista: o capitalismo atrai atores que percebem terem sido até então oprimidos, oferecendo-lhes certa forma de libertação que dissimula novos tipos de opressão; pode-se dizer então que o capitalismo "coopta", pela instauração de novas modalidades de controle, a autonomia consentida; mas essas novas formas de opressão revelam-se progressivamente e tornam-se alvo da crítica, de tal modo que o capitalismo é levado a transformar seus modos de funcionamento para oferecer uma libertação redefinida sob os golpes do trabalho crítico. Mas a "libertação" assim obtida encerra, por sua vez, novos dispositivos opressivos que, no contexto do capitalismo, possibilitam um novo controle do processo de acumulação. As alças de cooptação, portanto, criam uma sucessão de períodos de libertação *pelo* capitalismo e de libertação *do* capitalismo. Analisaremos abaixo essa dinâmica com mais pormenores e depois veremos a constituição daquilo que chamamos de primeiro espírito do capitalismo.

A libertação oferecida pelo primeiro espírito do capitalismo

Em relação às sociedades definidas como "tradicionais" na segunda metade do século XIX, o capitalismo apresenta-se como libertador – ou seja, como favorável à realização das promessas de autonomia e autorrealização que o Iluminismo reconhecera como exigências éticas fundamentais –, essencialmente sob dois aspectos que derivam igualmente da primazia atribuída ao mercado: possibilidade de escolher o próprio estado social (profissão, lugar e modo de vida, relações etc.), assim como os bens e os serviços possuídos ou consumidos[6].

A ampliação das possibilidades formais de *escolher (a própria vinculação social)*, redefinida essencialmente em referência ao local de habitação e à profissão exercida – em vez de ser ligada pelo nascimento a uma localidade ou a um estado –, foi um dos atrativos do primeiro capitalismo. Em vista da importância da família nas sociedades tradicionais, essa forma de libertação apresenta-se primeiramente como uma alforria do peso dos vínculos domésticos[7]. Ela se resume na oposição entre "estatuto" e "contrato". Em oposição às sociedades nas quais as pessoas estão destinadas a um estatuto que na prática não têm possibilidade de modificar ao longo da vida – em todo caso, sem mudar de localidade, o que é difícil, dado que todo o valor que lhes é atribuído e sua própria identidade dependem dos enraizamentos locais (Claverie, Lamaison, 1982) –, o capitalismo supostamente oferece a possibilidade de desenraizamento voluntário e protegido pela importância atribuída ao dispositivo jurídico do contrato. Pois, diferentemente do estatuto, o contrato, por um lado, pode ser estabelecido por prazo limitado e, por outro, não compromete a pessoa inteira, mas estipula o aspecto específico sob o qual ela se vincula a uma promessa em sua relação com outrem. Assim, o contrato de trabalho, baseado na distinção formal entre a força de trabalho e a pessoa do trabalhador, define uma forma de dependência que, ao contrário das dependências tradicionais, não se apresenta como total. O mercado de trabalho mostra-se assim como um dispositivo favorável à realização de um ideal de autonomia.

A *distribuição dos bens e dos serviços*, por sua vez, caracteriza-se nas sociedades tradicionais por longos e complexos ciclos de dádivas e contradádivas, de tal modo que a troca, na ausência do reconhecimento de uma esfera autônoma da economia – que, segundo B. Clavero (1996), ainda está longe de generalizar-se na Europa do século XVIII, onde se estabelece lentamente apenas nas cidades comerciais do Norte –, não supõe nítida distinção entre os bens e as pessoas que os possuem ou os adquirem (Mauss, 1960). Não entrando no debate iniciado pelo *Ensaio sobre a dádiva* de M. Mauss, notaremos apenas que essa forma de troca baseia-se num sistema de obrigações das quais a mais coercitiva é, incontestavelmente, a obrigação de *pegar* aquilo que é proposto, obrigação esta amplamente determinada pelos vínculos estatutários; dos quais derivam as outras obrigações, especialmente a de devolver, respeitando normas complexas, não escritas, e podendo dar ensejo a uma casuística sutil de prazos (não devolver imediatamente; não devolver tarde demais) e de equivalências (devolver algo que, embora diferente, possa ser relacionado com a coisa dada e apreciado como tal). Ora, em relação a essas coerções, o mercado apresenta uma oportunidade de libertação, porque substitui um sistema de obrigações por um dispositivo regulado pelos preços, no qual ninguém é obrigado a vender (por qualquer preço) nem comprar (caso o preço não lhe convenha): indivíduos tomados isoladamente, mas habitados por um mesmo desejo dos mesmos bens, coordenam-se aqui e agora em torno desses pontos focais constituídos pelos preços que, supostamente, resumem as qualidades dos bens desejados por tais indivíduos que, para apropriar-se deles, entram em concorrência. Embora cada um dos termos desse esboço minimalista seja problemático e tenha sido efetivamente questionado, o fato é que o ideal do mercado não leva absolutamente em conta qualidades substanciais das pessoas que, sejam quais forem suas vinculações, têm iguais direitos de acesso a ele e de nele operar a seu bel-prazer, em função de suas disponibilidades financeiras e de sua aptidão para aproveitar as oportunidades que ele oferece em dado momento.

Crítica ao capitalismo como fator de libertação

A promessa de libertação contida no capitalismo foi fortemente contestada já na primeira metade do século XIX segundo duas linhas de argumentação que são diferentes e parcialmente contraditórias, embora possam encontrar-se misturadas dentro de uma mesma crítica (Wagner, 1996). A primeira incrimina os efeitos disciplinares do capitalismo, duvidando que este possa ser fonte de libertação, enquanto a segunda questiona a possibilidade de construir uma ordem social viável com base numa busca ilimitada de autonomia e autorrealização.

O primeiro conjunto de críticas esforça-se por mostrar como as novas formas de opressão decorrem, precisamente, do modo como o capitalismo desvia em proveito próprio a reivindicação de libertação, para impor sua disciplina. Sob o império do capitalismo, a promessa de libertação funcionaria como uma ideologia, no sentido marxista do termo, possibilitando garantir a sujeição das pessoas à sua ordem.

A libertação em relação ao estatuto, primeiramente, que supostamente causaria o engajamento no processo capitalista, se traduz de preferência por um desenraizamento[8] que, tirando as pessoas de seus universos concretos de existência e das normas, e também das proteções a estes vinculadas, as expõe sem possibilidades de resistência à disciplina de fábrica e ao poder do mercado de trabalho. Em vez de constituir um fator de libertação, a separação na qual as lança o desenraizamento introduz uma concorrência de todos com todos pela venda da força de trabalho, que reduz o seu preço a ponto de os trabalhadores ficarem condenados a uma condição na qual o tempo de trabalho, a sujeição à disciplina da fábrica e a baixa remuneração já não possibilitam a obtenção de uma vida propriamente humana, precisamente definida pela autodeterminação e pela pluralização das práticas. A libertação prometida é substituída, de fato, por uma nova forma de escravidão. É a razão pela qual as primeiras reivindicações do movimento operário dizem respeito à diminuição da jornada de trabalho sem redução do salário e à organização do dia e da semana de trabalho de tal modo que a vida possa novamente desenvolver-se em atividades não relacionadas com o trabalho assalariado: vida familiar e criação dos filhos, leitura e acesso à cultura e à educação operária etc. (Duveau, 1947).

O caráter falacioso da libertação prometida pelo capitalismo graças ao mercado de bens também pode ser denunciado. Encontra-se, especialmente em Marx, um argumento crítico que será um dos fundamentos, até hoje, da denúncia daquilo que se chama desde a década de 60 de "sociedade de consumo", à qual o desenvolvimento do marketing e da publicidade dará novo vigor. Esse argumento é que o consumidor, aparentemente livre, na verdade está inteiramente submetido ao império da produção. Aquilo que ele acredita ser desejo próprio, proveniente de sua vontade autônoma como indivíduo singular é, sem que ele perceba, produto de uma manipulação por meio da qual sua imaginação é subjugada por aquele que oferece os bens. Ele deseja aquilo que querem que ele deseje. O efeito da oferta subjuga e determina a demanda ou, como diz Marx (1957, p. 157), "a produção não produz somente um objeto para o sujeito, mas também um sujeito para o objeto". Ora, visto que a oferta de bens, por meio da qual se realiza o lucro, é por natureza ilimitada no contexto do capitalismo, o desejo deve ser estimulado incessantemente para se tornar insaciável.

De acordo com a segunda linha argumentativa seguida pela crítica à libertação que o capitalismo supostamente oferece, a exigência de autonomia só poderá conduzir à verdadeira libertação se não encontrar os limites que lhe são impostos por outra exigência: a de constituir uma coletividade. O capitalismo, portanto, não é condenado por impor às pessoas uma disciplina mais severa do que aquela da qual ele as teria possibilitado escapar, mas, ao contrário, por ser impossível, sob seu império, fazer reinar sobre as aspirações individuais e os desejos uma disciplina suficiente para impedir que a sociedade se dissolva.

Sem dúvida, é na crítica durkheimiana ao liberalismo econômico, baseada numa antropologia pessimista, que se encontra a formulação mais elaborada desse argumento. De fato, na antropologia durkheimiana, os seres humanos são impelidos por desejos sem freios (Bernard, 1973) que, diferentemente dos apetites animais, não são naturalmente limitados por um instinto: "não há nada dentro do indivíduo que freie seus apetites"; portanto, para não se tornarem "insaciáveis", eles precisam ser "contidos por alguma força exterior ao indivíduo" (Durkheim, 1971, p. 225). Essa força, em Durkheim, é a força das representações coletivas e, no caso, das representações morais que emanam da sociedade, do ser social, do grupo como instância supraindividual da razão prática. Apenas as coletividades, espaço onde se engendra a moral, possuem a autoridade necessária para frear os apetites individuais cuja expressão desbragada faria a sociedade retroceder para um estado de desagregação e conflito próximo ao estado de natureza que se encontra em Hobbes e para impor a cada pessoa o "sacrifício" necessário para que "a utilidade privada" se subordine à "utilidade comum"[9].

A emergência do segundo espírito do capitalismo é acompanhada por certa consideração desses dois conjuntos de acusações que questionam, por um lado, o caráter opressivo (ou disciplinar, segundo formulação de P. Wagner [1996]) do capitalismo associado ao primeiro espírito e, por outro, sua incapacidade de suscitar a formação de coletividades capazes de exercer ação normativa sobre os apetites e os egoísmos individuais.

Do segundo espírito do capitalismo à sua forma atual

Para sair daquilo que Peter Wagner (1996) chama de "primeira crise da modernidade" – no fim do século XIX e no primeiro terço do século XX –, a ênfase recaiu, por um lado, em dispositivos de estabilização e coordenação das ações, no fortalecimento das fronteiras institucionais, no planejamento e na burocratização e, por outro lado, na melhoria das condições de vida dos assalariados, no aumento de seu poder aquisitivo (por meio da redistribuição dos ganhos de produtividade) e na instauração de dispositivos de garantias graças às quais se constrói progressivamente o Estado-providência (De Swann, 1988).

As instituições associadas ao segundo espírito do capitalismo, que haviam possibilitado um aumento nas garantias dos trabalhadores, puderam ser valorizadas por contribuírem para o desenvolvimento das liberdades reais (em oposição às liberdades formais): elas pareciam diminuir a sujeição ao trabalho e possibilitar escapar às contingências e à pressão da necessidade imediata. As garantias – frequentemente denunciadas pelo liberalismo como limitação da autonomia individual, sobretudo quando resultantes da instauração de medidas governamentais – podem também ser apresentadas como condição de possibilidade de uma libertação efetiva, ou seja, como aquilo que possibilita às pessoas viver plenamente em espaços que não são os do trabalho. Por outro lado, uma vez que essas novas garantias se baseavam em grande parte em dispositivos categoriais, estes puderam funcionar como centro de emergência de novas normas coletivas que vinham limitar os egoísmos destruidores.

Mas o aplacamento da crítica durou pouco: o tempo de se descobrirem as novas formas de opressão que caracterizavam o estado do capitalismo associado ao segundo espírito. Já em fins da década de 60 renasce com força a denúncia de que o capitalismo não respeita suas promessas de libertação. São rejeitadas não só as coerções hierárquicas, por prescreverem as relações preferenciais e os canais pelos quais elas devem ser estabelecidas (o organograma) em benefício da liberdade de, por meio da exploração sistemática da rede, estabelecer todos os elos potencialmente enriquecedores, mas também as limitações vinculadas ao exercício de uma função, pois cada mudança de projeto pode ser ocasião para a redistribuição das tarefas entre as pessoas. A crise de governabilidade dos anos 60-70 será traduzida então pela incorporação dessas reivindicações no capitalismo e pela construção do novo capitalismo, chamado "em rede", que serve de fermento para a emergência de um terceiro espírito.

Neste momento da história das reivindicações de libertação e de sua cooptação pelo capitalismo, será possível mostrar de novo que as promessas não foram cumpridas, e que surgiram novas formas de opressão?

Autorrealização imposta e novas formas de opressão

Não se trata aqui de cultuar uma crítica reacionária que, esquecendo a intensidade e a validade das denúncias feitas ao paternalismo, à burocratização das organizações e, sobretudo, ao taylorismo, idealizasse as formas de controle associadas a um modo "fordiano" de regulação – para retomar o termo popularizado pela escola da regulação. Em contrapartida, não se pode ignorar aquilo que, nas formas atuais do capitalismo, tende a enquadrar e, em certa medida, a cooptar a autonomia que, embora apresentada como possibilidade e também direito, é, de algum modo, *exigida* das pessoas cuja grandeza é cada vez mais apreciada em função de sua capacidade de autorrealização constituída como critério de avaliação.

Todos os dispositivos associados ao novo espírito do capitalismo – quer se trate da terceirização, quer da proliferação nas empresas de centros autônomos de lucro, de círculos de controle de qualidade ou das novas formas de organização do trabalho – de fato vieram, em certo sentido, atender às demandas de autonomia e responsabilidade que se fizeram ouvir no início da década de 70 em tom reivindicativo: os executivos desligados de suas linhas hierárquicas para assumirem "centros autônomos de lucro" ou para realizar "projetos" e os operários subtraídos às formas mais divisionárias de organização do trabalho em linha de montagem, realmente perceberam que seu nível de responsabilidade aumentou, ao mesmo tempo que era reconhecida sua capacidade para agir de maneira autônoma e para demonstrar criatividade. Mas esse reconhecimento não cumpriu as expectativas, por diversas razões.

Em primeiro lugar, apesar da individualização de uma parte do salário e dos prêmios, a recompensa pelos esforços realizados consistiu menos em sanções positivas – como aumentos ou promoções – e mais na suspensão, frequentemente temporária, da sanção negativa da demissão. Os novos modos de organização na verdade, como vimos, tornaram obsoleta, em maior ou menor grau, a esperança de "carreira" que, reservada durante muito tempo à faixa superior dos assalariados, durante as décadas de 60 e 70 se difundiram entre supervisores de nível médio e subalterno, mestres e até mesmo operários profissionais. Deve-se notar, assim, que o aumento da autonomia e da responsabilidade ocorreu à custa da diminuição das proteções de que os assalariados gozavam no início do período, proteções que resultavam não só da conjuntura econômica, mas também do equilíbrio de poder que lhes fora temporariamente favorável. Conforme tivemos ocasião de mostrar no capítulo III, a autonomia foi obtida em troca das garantias, de tal modo que se trata frequentemente de uma autonomia imposta, não escolhida, dificilmente sinônima de liberdade: os "assalariados recém-transformados em empreendedores" continuam a depender do empregador principal, e a subordinação é apenas dissimulada formalmente pela passagem do "direito do trabalho" para o "direito comercial" (Simitis, 1997, p. 663). A forma mais impressionante de opressão, entre as que se instauraram progressivamente a partir da segunda metade da década de 70, outra não é senão a diminuição das garantias de emprego decorrentes dos novos modos de utilização do trabalho (temporário, por prazo determinado etc.) e do desemprego. Ademais, num mundo conexionista, onde está claro que o projeto no qual os atores conseguiram se integrar deve necessariamente terminar, o tempo dedicado à busca ansiosa de novos contratos e ao estabelecimento de novas conexões se sobrepõe ao tempo de trabalho propriamente dito, invadindo os momentos que poderiam ser dedicados a outras atividades.

Em segundo lugar, os esforços realizados e as qualidades pessoais demonstradas na maioria das vezes têm uma visibilidade puramente local, visto que nenhum dispositivo de generalização (tais como diplomas, certificados, meios de comunicação) possibilita estender a reputação para longe do local de trabalho (Dodier, 1995), de tal modo que a mobilidade possível é menor em certos aspectos, porque baseada essencialmente nas redes de conhecimentos pessoais, ao passo que um pouco antes atuavam equivalências nacionais, como as garantidas pelos sistemas de qualificação.

Por fim, no que se refere aos assalariados não precarizados, o fato de a autonomia ter sido concedida em troca de maior responsabilização ou no contexto de uma reforma geral dos modos de trabalho redundou no paradoxo – evidenciado claramente pelas pesquisas sobre as condições de trabalho – de que os assalariados são *ao mesmo tempo* mais autônomos e mais coagidos (Cézard, Vinck, 1996). Já mencionamos, no capítulo IV, a intensificação do trabalho devido ao desaparecimento do tempo vago, à progressão das coerções (ligadas ao ritmo automático das máquinas, a normas e prazos curtos, a demandas de clientes etc.) que pesam sobre os trabalhadores, ou devido à vigilância possibilitada pelas novas tecnologias da informação. Conforme explica Michel Gollac (1998, p. 60-1), os assalariados podem, em princípio, optar entre certas modalidades operacionais, mas, "em razão da intensificação do trabalho, são obrigados de fato a utilizar o modo mais rápido de trabalhar. Ora, este não é, obrigatoriamente, o que mais lhes convém". Ele cita o exemplo "do operário que precisa manipular objetos pesados. Se tiver tempo, escolherá um modo de pegar esses objetos que seja adaptado à sua morfologia, a seus eventuais problemas musculares ou articulares, [...] na pressa, ele deverá 'escolher' a modalidade de ação mais rápida, que não é obrigatoriamente a mesma".

Essa evolução é reforçada pela multiplicação das pessoas capazes de dar ordens ou indicações de trabalho, visto que está em alta a participação de colegas e de pessoas fora da empresa (respectivamente, de 39% para 41% e de 19% para 22% entre 1987 e 1993) (Aquain, Bué, Vinck, 1994). Ora, essa progressão das coerções ocorre simultaneamente ao desenvolvimento da iniciativa dos assalariados. Assim, a parcela de assalariados que resolvem sozinhos incidentes no trabalho ("quando ocorre algo anormal") passou de 43% em 1987 para 54% em 1993. Esse valor está em alta para todas as categorias sociais. Thomas Coutrot (1996) mostra também que as empresas que adotaram pelo menos três "inovações organizacionais" (estando, portanto, na ponta do novo espírito do capitalismo) oferecem mais autonomia (não há exigência de recorrer primeiramente a superiores em caso de incidentes menores), mais polivalência (prática da rotação dos postos de trabalho), mas também mais coerções (descrição precisa das tarefas que devem ser efetuadas, controle sistemático do desempenho individual) do que as empresas que adotaram menos inovações. Outrossim, os assalariados declaram, ao mesmo tempo, que estão mais frequentemente submetidos a prazos apertados e que podem cada vez menos introduzir adaptações nesses prazos. A formação de "zonas de autonomia" no trabalho de fato possibilita a experiência da "dignidade no trabalho" para os operários, "desconhecida na linha de montagem tayloriana" (Hodson, 1996), mas é acompanhada por numerosas injunções novas associadas à diminuição dos estoques, à polivalência e à responsabilização em termos de manutenção, que tendem a aumentar a carga mental. Além disso, essas novas zonas de autonomia estão enquadradas por injunções de procedimentos. As atividades são cada vez mais monitoradas por sistemas informáticos que não só definem as categorias pertinentes reconhecidas pelo sistema, como também lhes conferem "força normativa", o que leva a estruturar as tarefas por intermédio dessas "gramáticas da ação" (Agre, 1997). Aliás, com certeza essa revolução informática do controle contribuiu para possibilitar a conversão do patronato no tema da autonomia.

Como o aumento da autonomia foi acompanhado pelo desenvolvimento do autocontrole e do trabalho em equipe, portanto com um fortalecimento do controle pelos pares, pode-se até acreditar que os trabalhadores estão mais controlados do que antes. É o que mostra o estudo feito por J. Barker (1993) numa fábrica que implantou equipes autônomas para a produção de circuitos elétricos. Um dos informantes do autor do trabalho resume assim a situação: "Quando o chefe não estava por lá, eu podia me sentar, conversar com o vizinho, fazer o que eu queria. Mas agora, a equipe inteira fica em volta de mim, olhando o que estou fazendo" (p. 408). O representante sindical da Peugeot, entrevistado por M. Pialoux (1993), ressalta a mesma evolução. Numerosas tarefas antes executadas pelos chefes foram transferidas para a equipe, que assim exerce um controle permanente sobre seus membros, sobretudo em termos de pontualidade e presença no trabalho, induzindo alguns operários a não tirar licença por doença, em prejuízo de sua saúde. Quando estão em jogo os prêmios de grupos, instaura-se uma polícia interna para reprimir aqueles cujo comportamento possa pôr em risco o prêmio dos outros. A coesão do grupo operário ressente-se disso, necessariamente: "A coesão do grupo era contra os chefes, contra os mestres; agora existe uma adesão dos operários contra outros operários" (p. 425).

O mínimo que se pode dizer, ao ler esses indicadores, é que a coerção não desapareceu no mundo do trabalho. Ao contrário, revela-se extremamente intensa, apesar de exercida hoje de um modo novo. As novas formas de gestão empresarial estão associadas a *novas formas de controle* que são menos visíveis – por implicarem menos a ação de uma supervisão direta, exercida face a face por pessoas investidas de poder sobre outras pessoas que não o têm –, mas nem por isso estão ausentes: autocontrole, controle pelo mercado e controle informático em tempo real, mas a distância, combinam-se para exercer uma pressão quase permanente sobre os assalariados.

Essas transformações dos modos de controle utilizados podem, assim, ser vistas como uma resposta à crise de governabilidade que, como se viu, é um dos aspectos principais dos conflitos trabalhistas do início da década de 70[10]. Para designar essas novas formas de criação de coerções, Michael Power (1994) fala de sociedade por auditoria (*audit society*), que ele distingue da "sociedade da vigilância", no sentido de Foucault, pela passagem das técnicas de controle da "supervisão direta" para o "controle do controle". Operando a distância no tempo e no espaço, esse movimento reconhece a impossibilidade do projeto de vigilância total da organização tayloriana.

A retomada da crítica durkheimiana à libertação, tal como é concebida pelo capitalismo, também seria possível uma vez que a rede se apresenta como a negação da categoria à qual estão vinculadas duradouramente as pessoas e graças à qual elas podem construir normas coletivas que imponham limites às suas paixões individuais. Essa temática é ilustrada hoje principalmente por Charles Taylor (1989, em especial pp. 495-521). A autorrealização só tem sentido como realização de algo. Ora, por mais diversificado que seja aquilo para o que ela possa tender, a autorrealização continua dependente da existência de fins cuja consecução mereça ser buscada. Mas, segundo C. Taylor, esses fins não podem ser puramente individuais; para serem legítimos e valerem os sacrifícios que exigem, eles devem estar inseridos numa coletividade. A autorrealização numa atividade supõe que sejam estabelecidas, fora dela, metas dotadas de valor, de tal modo que a exigência de autorrealização em projetos descontínuos torna muito problemática a construção de uma comunidade no seio da qual possam coordenar-se ações diversas de modo harmonioso.

De fato, é possível dar à ideia de libertação pelo menos *dois significados,* que não são igualmente mobilizáveis pelas duas linhas argumentativas que tecem críticas à pretensão libertadora do capitalismo. Pode-se assim mostrar que as alças de cooptação que se formam no âmbito do capitalismo se valem da confusão entre esses dois significados diferentes, de tal modo que o capitalismo pode parecer estar fazendo concessões e caminhando para maior libertação – num primeiro sentido do termo –, ao mesmo tempo que recupera a capacidade de controle e limita o acesso à libertação – no seu segundo sentido.

Os dois sentidos de "libertação" de que se vale o capitalismo em sua cooptação

Embora já na origem o capitalismo incorpore a exigência de libertação em sua autodescrição, a maneira como ele a desvia para acompanhar e estimular as transformações que marcam a evolução do processo de acumulação baseia-se na confusão entre duas interpretações do sentido que se deve dar ao termo "libertação", que pode ser entendido como *obtenção de liberdade* em relação a uma situação de *opressão* sofrida por um *povo*, ou como *emancipação* em relação a qualquer forma de *determinação* capaz de limitar a autodefinição e a autorrealização dos *indivíduos*.

A primeira interpretação enfatiza formas de *dependência* historicamente situadas, na qual uma coletividade sofre o jugo de um grupo que a domina. A libertação, tomada nesse sentido, é, indissociavelmente, um ato político de reconquista da autodeterminação e um modo de escapar à opressão cultural ou religiosa, mas também, em numerosos casos, de se subtrair a uma forma ou outra de exploração. Assinala *alienações específicas*, no sentido de serem específicas a um grupo, a uma categoria, que sofrem injustamente uma opressão que não é sofrida por outros grupos, quando estes não são os que a exercem. Essa interpretação tem origem, segundo M. Walzer (1985), no texto bíblico do *Êxodo* e vem acompanhando, também segundo esse autor, há quatro séculos, movimentos políticos radicais que vão desde os puritanos ingleses do século XVII até as comunidades da América do Sul reunidas em torno de uma "teologia da libertação".

A segunda interpretação, provavelmente muito verificada desde meados do século XIX, naquilo que chamamos de "crítica estética", orienta o projeto de libertação no sentido de uma liberação em relação a todas as formas de necessidade, quer elas derivem do enraizamento num ambiente social estabilizado por convenções (nacionalidade, por exemplo), quer sejam inerentes à inserção num mundo objetivo (elos de filiação, tipo de profissão exercida que suponha a incorporação de uma competência específica) ou à posse de um corpo próprio (ubiquidade impossível, determinações ligadas à idade ou ao sexo). Portanto, assinala *alienações genéricas*. As reivindicações de autonomia e autorrealização assumem aí a forma que lhes foi dada pelos artistas parisienses da segunda metade do século XIX, artistas que fizeram da *incerteza* um estilo de vida e um valor (Siegel, 1986): o valor de poder dispor de *várias vidas* e, correlativamente, de uma *pluralidade de identidades*[11], o que também supõe a possibilidade de libertar-se de qualquer *dotação* e a rejeição a qualquer *dívida original* (Sarthou-Lajus, 1997), seja lá de que natureza for. Desse ponto de vista, a libertação é concebida acima de tudo como liberação do desejo oprimido de ser outro; de não ser aquele cujo projeto foi concebido por outros (pais, professores etc.); de ser aquele que se deseja ser, no momento em que o deseje, o que deixa aberta a possibilidade de uma pluralidade de identificações adotadas do modo como se adota um estilo (um *look*) e, por conseguinte, de escapar aos vínculos identitários de nação, região, etnia e, sobretudo (pelo menos de meados do século XIX a meados do século XX), da família, entendida na maioria das vezes como "burguesa" ou "pequeno-burguesa". A rejeição à herança social como condição de acesso à vida de artista (Bourdieu, 1992) e, especialmente, a rejeição a ser parte da burguesia provinciana e ao mundo trivial da notabilidade e do negócio, e a adoção de uma pluralidade de identidades no modo da livre escolha ou mesmo do jogo constituem experiências remanescentes da literatura do fim do século XIX e da primeira metade do século XX, fragmentadas numa multiplicidade de figuras: partida, desapego, viagem, perambulação, estar à deriva no anonimato das grandes cidades, transformação, traição, afirmação de uma origem usurpada, teatro (lugar por excelência da multiplicação das identidades), mistificação, conspiração, malandragem, submundo (onde podem ser vividas vidas paralelas).

Pode ser difícil separar os dois tipos de alienação. No caso das alienações ligadas ao sexo, existem as que poderão ser consideradas específicas se o *gênero* (como diz a sociologia anglo-saxônica) servir de pretexto à opressão pelo outro gênero; outras serão julgadas genéricas, caso se trate de uma revolta contra as diferenças de constituição física (força muscular, possibilidade de parir etc.). O caso de pertencer a uma classe é ainda mais complexo: quando se denuncia, como faz a teoria marxista, a exploração de uma classe por outra, designa-se uma alienação específica; mas, quando alguém se revolta contra as coerções ligadas ao exercício de certa profissão ou ao nascimento em certo meio social, isso indica mais uma alienação genérica no sentido de que o indivíduo precisa nascer em algum lugar e ter alguma atividade na idade adulta. É muito raro que as reivindicações de libertação deixem de misturar essas duas figuras, pois as duas formas de alienação estão necessariamente ligadas. Assim, o movimento feminista que desejava a libertação das mulheres do jugo masculino foi levado a denunciar coerções ligadas à constituição física feminina. A gestação e a menor força corpórea eram os fundamentos físicos que possibilitavam a opressão social, donde o interesse de libertar-se da alienação genérica por meio da pílula e do aborto, para eliminar a alienação específica. No caso das alienações ligadas a uma pertença categorial, misturam-se indissociavelmente alienação genérica e alienação específica, quando se põem em evidência as reproduções de classe: a partir daí, o fato de ter nascido em certo meio participa da opressão que alguém sofrerá durante toda a sua vida e determina em grande parte o tipo de profissão exercida e o fato de não poder mudar de profissão, caso haja vontade. Essas diferentes observações explicam por que a qualificação de uma alienação como alienação genérica logo se torna suspeita para a crítica social desejosa de abolir a opressão: diante de uma reivindicação de libertação no sentido de eliminação de uma alienação específica (opressão de um sexo pelo outro, por exemplo), a primeira reação daqueles cuja dominação é questionada consiste em requalificar a reivindicação em reivindicação de libertação genérica e em escarnecer dela ("as mulheres agora querem ter corpo de homem?").

A denúncia do caráter disciplinar do capitalismo se baseará mais na concepção da libertação como eliminação das alienações específicas (alguns grupos são mais oprimidos sob o regime do capital), mas pode facilmente extrapolar para reivindicações de abolição de formas de alienações que tenham um caráter mais genérico, tal como a reivindicação da eliminação do trabalho em virtude do progresso tecnológico que supostamente ofereceria abundância a todos (os seres humanos, no estado atual das técnicas – segundo esse esquema –, poderiam reduzir ao mínimo sua dependência milenar da busca de alimentação e dos bens mínimos necessários à sobrevivência, mas o sistema capitalista, por supor o açambarcamento dos lucros por uma pequena elite, condena a maioria à obrigação de trabalhar para sobreviver).

Em contrapartida, a concepção durkheimiana de uma liberdade que só é real quando temperada por normas coletivas – o que permite denunciar a "falsa liberdade" prometida pelo capitalismo –, embora compatível com a eliminação das opressões específicas, constitui uma crítica virulenta à segunda interpretação da ideia de libertação.

Nossa hipótese é de que o capitalismo, em cada etapa de seu desenvolvimento, não apresenta igualmente os dois tipos de libertação e a tendência a recuperar num plano aquilo que ele oferece no outro. No entanto, como é grande a interdependência das duas formas de libertação, conforme vimos, o que é dado num plano tende a retroceder no outro, redundando num novo estado relativo das duas formas de alienação.

O capitalismo, definido por oposição às sociedades tradicionais, parece comportar libertação nos dois âmbitos. Ele possibilita livrar-se do jugo das coerções domésticas (alienação específica) e experimentar uma libertação em relação à coerção espacial compreendida como alienação genérica. Mas, bem depressa, é identificada uma nova forma de alienação específica, que põe em evidência um proletariado sob a dependência de uma classe burguesa cuja dominação ele sofre. O proletário, porém, tem a liberdade do errante, trabalha num dia e vai embora no outro, ao sabor de sua vontade, desde que a fome o permita. Sua libertação "genérica" (a de se deslocar) é obstada por uma opressão "específica" (a de nunca ser suficientemente pago para parar de trabalhar, a não ser durante o tempo em que vai de um lugar ao outro).

O que o segundo espírito do capitalismo propôs foi, acima de tudo, certa libertação em relação à alienação específica do proletariado (sua exploração). Mas esta ocorreu à custa de um retrocesso na libertação genérica concedida algum tempo antes: as garantias e os rendimentos do trabalho foram melhorados em troca da fixação das populações operárias e do desenvolvimento da disciplina de fábrica. A organização das práticas no contexto da firma burocratizada, além das garantias que trouxe, abriu outro espaço para as reivindicações de libertação genérica ao permitir certa pluralização das identidades. Por um lado, possibilitou uma distinção nítida entre a vida fora do trabalho (familiar, pessoal) e a vida no trabalho, entre a pessoa e função exercida e, por outro lado – sobretudo para os executivos –, ofereceu a possibilidade de carreira, ou seja, de mudança de função ao longo da vida. As próprias funções, naquele contexto, eram definidas de tal modo que não usurpassem demais as qualidades mais singulares das pessoas, sendo indexadas com base em propriedades adquiridas que, tal como o diploma, tivessem sido objeto de uma codificação social e, em grande número de casos, se baseavam em garantias governamentais.

Nas críticas do fim da década de 60 e do início da década de 70, eram feitos os dois tipos de reivindicação de libertação que, aliás, frequentemente se amalgamavam. As reivindicações referiam-se ao mesmo tempo à necessidade de libertar a classe operária da alienação específica que continuava sofrendo e de libertar os seres humanos de opressões que se apresentavam de forma genérica (como, por exemplo, as injunções que pesavam sobre a sexualidade). A pluralização das identidades, oferecida pelo segundo espírito do capitalismo, foi julgada ainda muito limitada, visto que a gama de papéis possíveis era muito restrita no que se refere às mulheres, cujo acesso às identidades derivadas do trabalho estava impedido. Mesmo entre os jovens executivos, cuja representação estilizada constituíra um dos arquétipos dos anos 60, elevaram-se vozes – invocando a psicanálise e a libertação do desejo – para exigir que se abrisse uma brecha no quadro exíguo das convenções e das práticas associadas ao segundo espírito do capitalismo. Foi em grande medida esta segunda reivindicação de libertação que o capitalismo cooptou, aproveitando-a para acompanhar e tornar atraentes transformações favoráveis ao prosseguimento do processo de acumulação: diz-se que a partir de então é possível mudar de atividade e de projeto com a mesma frequência, que todos os elos e pertenças locais podem ser rompidos por serem fonte de rigidez; parece afinal reconhecido o direito formal de cada um poder vir a ser o que quiser e quando quiser.

Mas esses ganhos de liberdade ocorreram em detrimento das reivindicações do primeiro tipo: grande parte das pessoas, em vez de se libertar, foi precarizada, submetida a novas formas de dependência sistêmica, e obrigada a enfrentar com mais solidão exigências indefinidas, ilimitadas e torturantes de autorrealização e autonomia (Ehrenberg, 1998); na maioria dos casos, exigências desvinculadas do mundo vivido onde nada contribuía para a autorrealização. O desenvolvimento dessas novas formas de alienação específica teve, portanto, o efeito de anular, para numerosas pessoas, a libertação "genérica" que parecia ter sido adquirida. Assim, por exemplo, com a ampliação para momentos e situações estranhos à esfera do trabalho propriamente dita, do tipo de preocupação associado à vida e à sobrevivência profissional, a multiplicação dos projetos tende, paradoxalmente, a abolir a forma mínima de pluralidade de vidas e identidades (diversidade de estatutos e de papéis em diferentes contextos – profissionais, familiares, associativos etc.) que seria possibilitada pelas garantias relativas oferecidas pelas formas de organização baseadas em ancoragens institucionais. Embora todas as conexões, seja qual for o modo como se estabeleçam, possam ser aproveitadas para a busca de emprego ou para a construção de projetos, os diferentes espaços de vida estão bem uniformizados numa mesma rede polarizada em direção a atividades destinadas a garantir a sobrevivência econômica das pessoas.

Assim, é como se fosse extremamente difícil, sob o regime do capital, eliminar as alienações reveladas pelas reivindicações de libertação; por um lado, porque a produção de bens e de serviços pressupõe certa disciplina; por outro, porque na forma capitalista ela redunda na acumulação de capital em certos pontos privilegiados. Ora, é sempre possível julgar excessivas as coerções e a disciplina e denunciar, na divisão dos lucros num momento dado, tanto uma forma de opressão quanto o resultado de uma dominação, de uma relação de forças. O capitalismo, mesmo incorporando a exigência de libertação à sua autodescrição desde a sua origem, deve, para sobreviver, detê-la num certo ponto. Mas pode fazê-lo de modo negociado – como ocorre quando, sob o efeito das interações com a crítica, emergem convenções sobre os modos de divisão dos ganhos e sobre as condições de trabalho consideradas aceitáveis – ou impondo sua ordem, como ocorre atualmente, depois de sua reestruturação e da esquiva às provas controladas pela crítica.

Existe, em compensação, uma modalidade de libertação que o capitalismo não precisa frear, pois ela possibilita o seu desenvolvimento: trata-se da libertação oferecida pelo consumo. A aspiração das pessoas à mobilidade, à pluralização das atividades, ao crescimento das possibilidades de ser e fazer apresenta-se como um reservatório quase sem fundo de ideias para a concepção de novos produtos e serviços que serão postos no mercado. Assim, seria possível mostrar que quase todas as invenções que alimentaram o desenvolvimento do capitalismo foram associadas à proposta de novas maneiras de libertar-se. Isso fica evidente com a criação de fontes de energia que não sejam as representadas por homens e animais, com a automatização da produção, inclusive doméstica (máquinas de lavar, robôs domésticos, comida congelada etc.), com os progressos dos transportes de bens e pessoas (ferrovias, automóvel, avião) e com os avanços nas comunicações (correios, telefone, rádio, televisão, redes informáticas). Cabe acrescentar a essa lista outros produtos e serviços que fomentaram o consumo durante os últimos anos e que também podem ser caracterizados em relação à mobilidade, seja por aumentarem a velocidade e a disponibilidade dos deslocamentos (como os "pacotes" turísticos), seja por darem a ilusão de mudança de lugar (tal como a oferta de produtos alimentícios exóticos), seja por possibilitarem ganhar tempo e disponibilidade na prática de uma atividade que não exija que se fique parado, como é o caso do *walkman*, do celular e, mais recentemente, dos sistemas de vídeo adaptáveis a óculos. Estes últimos bens, sem dúvida estimulantes por propiciarem a sensação de liberdade em relação às limitações de espaço e tempo, criam seus próprios interstícios de consumo ao liberarem os espaços de tempo necessários à sua aquisição, o que tende a expandir os limites que a escassez do tempo impõe sobre a expansão do consumo nos grupos sociais solventes, mas saturados. A "privatização dos consumos culturais", possibilitada pelas indústrias culturais em pleno desenvolvimento hoje em dia, também pode ser considerada uma forma de libertação que passa pela mercadoria. O seu arquétipo é o fato de se ouvir uma gravação quando se queira e onde se queira, graças aos aparelhos portáteis, e, assim, ter-se acesso ao tipo de música que se deseje ouvir exatamente no local, no momento e num período escolhido, em oposição à necessidade de locomover-se até um concerto.

Essa vista-d'olhos sobre diferentes formas de incorporação das reivindicações de libertação no espírito do capitalismo, de acordo com as épocas, trazendo à tona alguns dos mecanismos por meio dos quais o capitalismo, enquanto oferece certa libertação, pode desenvolver novas formas de opressão, dá pistas para a retomada da crítica estética do ponto de vista da reivindicação de autonomia, pistas às quais voltaremos na conclusão deste capítulo. Estas deveriam, sobretudo, levar a sério a vocação do capitalismo para mercantilizar o desejo, especialmente o de libertação, e assim cooptá-lo e enquadrá-lo. Por outro lado, uma reformulação da crítica estética deveria levar em conta a interdependência entre as diferentes dimensões da exigência de libertação, a fim de se armar melhor para esquivar-se às armadilhas da cooptação que lhe foram armadas até agora.

Examinaremos agora uma segunda dimensão da crítica estética que denuncia a inautenticidade[12] do mundo sob o regime do capital.

3. QUE AUTENTICIDADE?

Para compreender os problemas enfrentados hoje em dia pela crítica à inautenticidade e o modo como ela pode ser recolocada, precisamos fazer um retorno e lembrar a direção para a qual ela se orientou, quando dominava o segundo espírito, ou seja, para uma crítica à *padronização* e à *massificação*.

Ao contrário do que fizemos na questão da libertação, não voltaremos às expressões da crítica de inautenticidade associadas ao primeiro espírito do capitalismo, que assumiam principalmente a forma de crítica ao espírito burguês, às suas convenções, à sua preocupação com as boas maneiras, com "aquilo que se faz", em detrimento da "verdade" dos sentimentos e da "sinceridade" nas relações. De fato, diferentemente do que se observa no caso da reivindicação de libertação, o capitalismo histórico nunca pretendeu responder à crítica à inautenticidade, que ele realmente só levou em conta com a formação daquilo que chamamos de "terceiro espírito". Segue-se que as mudanças pertinentes nesse aspecto ocorrem no fim dos anos 60.

Crítica à inautenticidade associada ao segundo
espírito do capitalismo: uma crítica à massificação

Para essa crítica, a perda de autenticidade designa então essencialmente a uniformização ou, digamos, a perda da *diferença* entre os seres – objetos ou seres humanos.

Ela deriva, primeiramente, da condenação ao maquinismo e a seu corolário, a *produção em massa*. O déficit em diferenças afeta prioritariamente os objetos, cuja proliferação enche o mundo: tecidos, móveis, bibelôs, carros, utilidades domésticas etc. Objetos técnicos ou produtos da técnica, cada um deles possui uma existência distinta e é alvo de apropriação pessoal. Mas, sob outro aspecto, cada um deles é perfeitamente idêntico a todos os outros da mesma série. Não só não existe entre eles nenhuma diferença, como também cada um deles, para funcionar, exige ser usado exatamente do mesmo modo.

A denúncia da produção em massa, portanto, não ocorre sem uma denúncia correlativa da *massificação dos seres humanos*. A padronização dos objetos e das funções provoca uma padronização semelhante dos usos e, consequentemente, dos usuários, cuja prática acaba sendo por isso massificada, sem que necessariamente eles o desejem ou percebam. Essa massificação dos seres humanos, na qualidade de usuários, por intermédio do consumo, com o desenvolvimento do marketing e da publicidade no fim do período entre as guerras e principalmente após a Segunda Guerra Mundial, estende-se a uma das dimensões das pessoas que parece estar entre as mais singulares e íntimas, ancorada em sua interioridade: o próprio desejo, cuja massificação é, por sua vez, denunciada. Entre meu desejo por um objeto qualquer e o desejo de outra pessoa por um objeto idêntico pertencente à mesma série, já não existe nenhuma distância pertinente. Também entre as libidos é abolida a diferença.

Do mesmo modo, na produção e, em especial, nas *formas de organização do trabalho de tipo tayloriano*, perde-se a diferença entre os seres humanos: os trabalhadores da linha de montagem perdem toda a singularidade, pois num mesmo posto qualquer trabalhador é substituível por qualquer outro. Ao falhar, ele pode imediatamente ser substituído, tal como na guerra moderna, a *guerra de massa*, o soldado de infantaria que tomba é imediatamente substituído por outro no posto de combate que ele ocupava[13].

O mesmo ocorre nas esferas em que o liberalismo do Iluminismo enxergara a própria sede da autonomia: a *ação política* e as representações que as pessoas adotam sobre si mesmas e sobre o mundo, suas ideias, suas ideologias. A tese de que os seres humanos se uniformizam e perdem a singularidade e as diferenças quando reunidos em multidão, tese que culmina, dos anos 30 aos 60, na ideia de que se assistiria ao advento de uma era das massas e da *massificação do pensamento*, constitui decerto uma das temáticas mais frequentes, a partir de horizontes bem diversos, desde o último terço do século XIX até a década de 60 do século seguinte. Inicialmente associada à crítica aos regimes democráticos[14], acusados de dar poder à multidão e favorecer assim o surgimento de demagogos, essa temática será retomada pela crítica aos *totalitarismos* e, em especial, ao nazismo, para tentar explicar por que os alemães se entregaram ao poder do "Führer" como se tivessem abandonado todo e qualquer espírito crítico e até a individualidade. Ela reaparecerá nas décadas de 50-60 na forma de crítica à *massificação provocada pelos meios de comunicação,* acusados de condicionar e uniformizar os consumidores desses produtos culturais de massa, transformando-os em receptores passivos de uma mensagem padrão, receptores predispostos a adotar sem nenhum espírito crítico as ideologias que lhes são impostas de cima para baixo[15].

Ao lado dessa temática política, encontra-se um filosofema, desenvolvido em formas e por autores diferentes (que podem contradizer-se ou contrapor-se em outros aspectos). Ele opõe dois modos (de valor desigual) de viver a condição humana. O primeiro, que a defronta naquilo que ela tem de "trágico", pode ser declarado "autêntico". O segundo, dominado pela intenção de fugir dela para refugiar-se na inércia de uma vida serial, pode ser chamado de "inautêntico". Ou seja, de um lado, o homem que, aceitando sua "facticidade" e sua "contingência", enfrenta corajosamente a "angústia" do "ser para si", lançado num mundo "desde sempre aí", homem que dá um "sentido" à sua existência pondo-se em tensão na direção daquilo que ele tem de ser (o "cuidado" em Heidegger, o "projeto" em Sartre) e, por isso, assume sua "liberdade" ontológica e enfrenta sua "responsabilidade". Do outro lado, aquele que, fugindo à angústia por meio da imersão na "banalidade" cotidiana, refugia-se no "falatório", como degradação da fala, e deixa-se determinar inteiramente pelos outros (a tirania da "opinião", a dominação conformista do "impessoal", no sentido do "faz-se", "diz-se", "sente-se", em Heidegger; e em Sartre, a "má-fé", como mentira para si mesmo ou "sisudez", pelo qual uma coerção externa – quer se trate da submissão às determinações de um mundo objetivo, quer de obediência a valores morais projetados numa transcendência – substitui a liberdade do sujeito responsável).

Pode-se encontrar nos textos tardios dos membros da escola de Frankfurt, ainda vivos após a guerra – como T. Adorno, M. Horkheimer e H. Marcuse –, uma crítica à inautenticidade como massificação e como uniformização das pessoas, que tem em comum com a síntese sartriana dos anos 60 o fato de inserir essa temática num contexto e numa linguagem de inspiração marxista, o que contribuirá para favorecer sua adoção pelo movimento de maio de 68.

Esses autores pretendem distinguir-se do uso do termo "autenticidade" feito por Heidegger, ao qual T. Adorno (1989) dedica um violento panfleto,

Jargão da autenticidade, publicado em alemão em 1964[16]. Mas não podemos nos abster de pensar, ao ler esse ataque, que ele é sobretudo inspirado pela preocupação de afastar qualquer proximidade entre dois modos bastante compatíveis e até similares de denunciar a condição moderna e o domínio da técnica. Assim, por exemplo, em *Dialética do esclarecimento*, cuja primeira edição data de 1947, M. Horkheimer e T. Adorno denunciam, numa linguagem que tem ressonâncias marxistas, mas de um modo totalmente compatível com a temática heideggeriana da inautenticidade (ou pelo menos com a maneira como essa temática foi geralmente entendida), o nivelamento consensual, a dominação conformista de uma sociedade que adotou como finalidade a destruição de toda e qualquer diferença. Eles pretendem levar a termo uma crítica radical à massificação e à padronização que atingem todas as dimensões da existência[17] e até a linguagem, transformando as palavras e mesmo os nomes próprios em "rótulos arbitrários e manipuláveis cuja eficácia pode ser calculada", destinados a desencadear "reflexos condicionados", como no caso das "marcas comerciais" (pp. 173-4). Nessa obra, o totalitarismo e o fascismo são assim tratados como limites do "capitalismo avançado", que revelam sua verdade. Assim, a publicidade é equiparada à propaganda, e os "patrões totalitários da publicidade" a serviço de "trustes" onipotentes são identificados com os mestres da propaganda a serviço dos Estados totalitários: em ambos os casos o indivíduo, fundido na massa, já não passa de "ilusão"[18].

Nos anos que cercam o mês de maio de 68, essa forma de denúncia da inautenticidade tem uma difusão e um sucesso público sem precedentes. A crítica à "sociedade de consumo" põe na rua, se assim se pode dizer, a denúncia da inautenticidade de um mundo dominado pela série, pela produção em massa, pela opinião padronizada ou, como diz Marcuse, pela cultura de *drugstore*, em que "Platão e Hegel, Shelley e Baudelaire, Marx e Freud" coexistem nas mesmas prateleiras com romances policiais ou açucarados e são assim reduzidos à pura função de divertimento (Marcuse, 1968, p. 89)[19]. O sucesso, completamente inesperado, do *Homem unidimensional* na França (publicado de início com tiragem reduzida) nos meses que antecedem os acontecimentos de maio, antes de dar ensejo a várias edições para fazer frente à demanda, marca o ápice dessa crítica à inautenticidade, seguido, aliás, por rápido declínio. Encontra-se em Marcuse a oposição entre a consciência livre, capaz de conhecer seus próprios desejos, e o homem da "civilização industrial avançada", "cretinizado" e "uniformizado" pela produção em massa e pelo "conforto", homem que se tornou incapaz de ter acesso à experiência imediata do mundo, estando inteiramente submetido a necessidades manipuladas por outros.

Mercantilização da diferença como resposta do capitalismo

A resposta do capitalismo à intensa reivindicação de diferenciação e de desmassificação que marca o fim da década de 60 e o início da de 70 consistiu em endogeneizá-la.

Essa cooptação assumiu a forma de mercantilização, ou seja, o ato de transformar em "produtos" (com incidência de um preço e possibilidade de troca num mercado) bens e práticas que – em outro estado – ficavam antes fora da esfera do mercado[20]. É o processo mais simples pelo qual o capitalismo pode reconhecer a validade de uma crítica e adotá-la, integrando-a nos dispositivos que lhe são próprios: os empresários, ouvindo a reivindicação expressa pela crítica, procuram criar produtos e serviços que a satisfaçam e possam ser vendidos. Já vimos esse processo em ação no que se refere à satisfação das exigências de libertação, com a invenção de produtos e serviços que supostamente teria virtudes "libertadoras". Ele também funcionou amplamente para fazer face às reivindicações de autenticidade: passar-se-ia a oferecer aos consumidores produtos "autênticos" e tão "diferenciados", que a impressão de massificação se reduziria.

Foram assim introduzidas modificações na produção em massa para que esta pudesse *propor bens mais diversificados*, destinados a terem vida mais curta e sofrerem mudanças mais rápidas (pequena produção em série, multiplicação das opções oferecidas ao consumidor...), em oposição aos produtos padronizados do fordismo. Nessa nova oferta, os empresários viram uma possibilidade de lutar contra a saturação dos mercados, aguçando o apetite dos consumidores pelo fornecimento de produtos de "qualidade", oferecendo ao mesmo tempo mais segurança e maior "autenticidade"[21]. Essas novas produções eram estimuladas pelo interesse crescente na beleza e na saúde do corpo e incentivadas pela denúncia (que ganhava argumentos da ecologia nascente) do caráter artificial, industrial, insípido e insalubre (especialmente no setor alimentício) dos produtos de grande consumo, assim como pelo crescimento da competência consumista nos países desenvolvidos. Esse fenômeno foi concomitante à mercantilização de *bens que até então haviam ficado fora da esfera do mercado* (razão pela qual, justamente, eram considerados autênticos): o capitalismo penetrou em domínios (turismo, atividades culturais, serviços pessoais, lazer etc.) que até então tinham ficado relativamente afastados da grande circulação comercial.

Teve início uma evolução no sentido da maior *mercantilização de certas qualidades dos seres humanos* com o intuito de "humanizar" os serviços, especialmente os pessoais, bem como as relações de trabalho. Os serviços pessoais costumam ter como contexto a proximidade e a presença, de modo que na transação entram ao mesmo tempo o "serviço" propriamente dito e outras dimensões, especialmente aquelas cuja presença está mais diretamente ligada ao corpo (não só porque este se torna visível, mas também por se criar contato em termos de odor e até mesmo tato), que, provocando, por exemplo, simpatia ou antipatia, atração ou repugnância, influem na satisfação do usuário e, por conseguinte, nos lucros realizáveis. Os elementos pessoais que intervêm na transação, sem entrarem diretamente na definição do serviço vendido, podem estar presentes de maneira espontânea, não premeditada ou, ao contrário, ser resultado de seleção ou de formação específica[22], de tal modo que fica sempre suspensa e frequentemente sem resposta a questão da verdadeira natureza da relação (puramente "comercial" ou também associada a sentimentos "reais"). Dentro de uma coletividade de trabalho, chega a ser recomendada hoje em dia a posse dessas "qualidades interacionais" que antes não entravam na definição daquilo que podia ser trocado pelo salário no contexto do contrato de trabalho. A importância atribuída ao papel de mediador, às relações pessoais, à amizade e à confiança na realização do lucro num mundo conexionista e, correlativamente, o enfraquecimento da distinção entre vida privada e vida dos negócios tendem assim a introduzir na esfera comercial relações que antes se definiam precisamente como "desinteressadas".

A oferta de bens e de relações humanas autênticas na forma de mercadorias era a única possibilidade de atender à demanda de autenticidade compatível com a exigência de acumulação. Mas, evidentemente, nessa nova acepção, a referência à autenticidade já não pressuporia a rejeição ascética aos bens, ao conforto material e ao "materialismo", que ainda impregnava a crítica à sociedade de consumo nas décadas seguintes a maio de 68.

Fracassos da mercantilização da autenticidade e retorno da inquietação

Essa resposta do capitalismo às aspirações à autenticidade, no entanto, estava fadada ao fracasso, conforme tentaremos mostrar. Isto porque a mercantilização de bens e serviços autênticos apresenta caráter paradoxal, se comparada à produção em série de objetos padronizados destinados ao consumo de massa.

Por um lado, para merecer o rótulo "autêntico", esses bens precisam ser buscados fora da esfera da mercadoria, naquilo que poderia ser chamado de "filões de autenticidade". A mercantilização do autêntico supõe, portanto, referência a um original que não seja um bem comercial, e sim puro valor de uso definido numa relação singular com o utilizador. Assim, ela reconhece, pelo menos tacitamente, que os bens não comerciais são superiores "em valor" aos bens comerciais, ou então que o valor de uso, naquilo que ele tem de singular, é superior ao valor de troca naquilo que ele tem de genérico. A mercantilização do autêntico no regime do capital consiste na exploração de seres, bens, valores e meios que, apesar de serem reconhecidos como riquezas ou mesmo "tesouros" – segundo formulação de Hideya Kawakita[23] (1996) –, nem por isso deixavam de estar excluídos até então da esfera do capital e da circulação comercial. De fato, a cada momento, apenas uma parte limitada dos seres – materiais ou imateriais, reais ou virtuais – passíveis de ser objeto de desejo e, assim, potencialmente fontes de lucro, é efetivamente colocada sob o regime do capital, seja porque alguns não foram descobertos como fontes possíveis de satisfação de desejo, portanto de lucro, seja por serem de difícil acesso e transformação cara, seja por serem voluntariamente deixados de lado e protegidos por interdições morais juridicamente sancionadas. Nesse sentido, a mercantilização do autêntico possibilita retomar em novas bases o processo de transformação do não capital em capital (coisa na qual consiste um dos principais motores do capitalismo) e, assim, enfrentar a ameaça de crise do consumo de massa que se esboçava nos anos 70.

Mas, por outro lado, para que a circulação dos bens extraídos da reserva de autenticidade dos bens não comerciais possa dar lucro, esses bens precisam fazer parte da esfera do controle e do cálculo, ser objeto de transações e, no caso das pessoas, de "contratos de objetivos", sanções etc. A passagem do não capital para o capital obedece a uma *série de operações* que podemos chamar de operações de produção – pois têm por efeito criar um "produto" a partir de recursos diversos – mesmo quando digam respeito a bens imateriais cuja transformação é de ordem puramente simbólica ou quando se apliquem às pessoas[24].

A mercantilização do autêntico supõe primordialmente uma prospecção dos filões de autenticidade que sejam potenciais fontes de lucro e ainda não introduzidos na esfera de circulação comercial, tais como seres humanos, paisagens, bares onde as pessoas se sintam bem, gostos, ritmos, maneiras de ser e agir etc. Desenvolvida inicialmente no campo (economicamente marginal durante muito tempo) das empresas culturais – edição, produção de discos, orquestras, galerias de arte... – nas quais o desempenho econômico se baseia fundamentalmente na capacidade do empreendedor de pressentir, na relação pessoal, as possibilidades de um criador e de se antecipar aos gostos e desejos de um público, essa lógica ganhou dimensões consideráveis, durante os últimos trinta anos, com a importância crescente dos investimentos culturais e tecnológicos e com o desenvolvimento dos serviços, especialmente do turismo, da hotelaria, dos restaurantes, da moda, do *prêt-à-porter*, da decoração de interiores e do *design*. É a lógica dos "*managers*", cujas competências são, simultaneamente, competências de artista, organizador e homem de negócios. Procurando explorar filões ainda não identificados, esses "farejadores" não podem basear-se em padrões existentes e – como diz a literatura de gestão empresarial – precisam demonstrar que têm "intuição". As chances de atingir o alvo serão maiores quanto mais "espontânea" ou "natural" for essa lógica, ou seja, quanto menos ela se enraizar na reflexividade desenvolvida durante a atividade profissional, e mais no próprio desejo deles, o que supõe que eles comunguem gostos, interesses e atividades com o público potencial, cuja demanda preveem, ou melhor, provocam.

Uma segunda série de operações consiste em analisar o bem a fim de controlar sua circulação e transformá-lo em fonte de lucro. De fato, com exceção do caso-limite de objetos antigos ou de obras de arte que circulam em certo mercado sem perder sua singularidade substancial[25], os seres, objetos ou pessoas, para se inserirem no processo de acumulação, precisam passar por um tratamento capaz de transformá-los em "reproduções", como diz a linguagem da arte para falar de litografias ou fotografias. O bem ou o serviço destinado à mercantilização é submetido a uma operação de seleção dos traços pertinentes que devem ser conservados (em oposição aos traços secundários, que possam ser descartados ou que sejam caros demais para reproduzir), ou seja, de "codificação", também necessária para avaliar financeiramente o custo da mercantilização do bem autêntico e para servir de base a operações mercadológicas de valorização.

A codificação se distingue da padronização, que era uma exigência da produção em massa, no sentido de possibilitar maior flexibilidade. Enquanto a padronização consistia em conceber já de saída um produto e em reproduzi-lo de maneira idêntica num número de exemplares que o mercado pudesse absorver, a codificação, elemento por elemento, possibilita jogar com uma combinatória e introduzir variações para obter produtos relativamente diferentes, mas do mesmo estilo. Nesse sentido, a codificação possibilita a mercantilização da diferença, que não era possível no caso da produção padronizada. Por essa razão, ela se adapta à mercantilização do autêntico, pois possibilita conservar algo da singularidade que constituía o valor do original. Vejamos o exemplo do barzinho montado de qualquer jeito, na base da intuição, no faro, que funciona. Que funciona muito bem. Está sempre cheio. Vem a tentação de ampliá-lo. Pode-se comprar a casa ao lado, mas não vai levar muito longe. Para ampliá-lo, é preciso reproduzi-lo em outro lugar. Em outro bairro, em outra cidade. É preciso transportá-lo. Mas não se sabe o que deve ser transportado, pois não se sabe o que é responsável pelo seu sucesso. As mesas desemparelhadas? Os pratos caseiros? O serviço familiar? O público simpático que o frequenta? Os preços módicos (mas outros consumidores, em outro lugar, talvez estivessem dispostos a gastar mais)? Para saber, é preciso analisar o bar, ver o que lhe dá o caráter realmente autêntico que constitui todo o seu valor, escolher algumas de suas qualidades, as mais importantes ou as mais transportáveis (o público, por exemplo, é dificilmente transportável) e ignorar outras, julgadas secundárias. Esse é um processo de codificação.

A endogeneização da demanda de autenticidade por parte do capitalismo através da mercantilização, cujo caráter altamente contraditório acabamos de ver, teve como efeito a introdução de *ciclos rápidos de entusiasmo e decepção* na relação com os bens e com as pessoas (modelizados sob outros aspectos por A. Hirschman, 1983). O desejo de autenticidade recai prioritariamente sobre bens considerados originais, ou seja, sobre bens que supostamente tenham ficado fora da esfera comercial e cujo acesso exija um sacrifício não redutível ao gasto monetário (de tempo, esforço físico contínuo, investimento pessoal no estabelecimento de uma relação de confiança etc.). A mercantilização de bens buscados fora da esfera comercial teve como resultado torná-los muito mais facilmente acessíveis em termos monetários e para aqueles que tivessem meios para tanto. Mas, pelo simples fato de que, para serem mercantilizados, esses bens precisam ser reproduzidos e copiados, passando por uma codificação e por um cálculo de rentabilidade, quando chegam ao mercado só podem desapontar, pelo menos uma parte das expectativas neles colocadas. A atração de um bem apreciado como autêntico não decorre apenas de sua capacidade de realizar corretamente e pelo menor custo as funções específicas às quais ele se destina. Depende em grande parte do caráter aberto (portanto, necessariamente não codificado) de suas determinações – cuja lista, por definição, é ilimitada, propriedade que, como viu N. Heinich no caso da obra de arte, o aproxima da pessoa. De fato, no caso do bem autêntico, o prazer não depende apenas do uso que dele se faz, mas também do desvendamento de significados e de qualidades ocultas numa relação singular. Ora, a codificação, na qual se baseia a reprodução, tende a limitar a diversidade dos significados que podem ser extraídos do bem. A partir daí, depois de reconhecidos os significados intencionalmente introduzidos por intermédio da codificação, o bem tende a deixar de despertar interesse e a desencantar, mesmo que seu uso continue desempenhando corretamente determinada função.

Pode-se ver um exemplo típico desse fenômeno na passagem do turismo de massa para o chamado turismo "de aventura", que exige a renovação permanente dos locais de destinação, uma vez que os locais, à medida que se tornam turísticos, perdem a autenticidade (cujo sinal era exatamente ausência de turistas), que lhes dava todo o valor[26]. Os bens comerciais chamados de "naturais" ou "autênticos" apresentam caráter paradoxal porque, ao mesmo tempo que circulam de maneira estritamente comercial, para ganharem destaque e justificarem seu preço (muitas vezes até em circuitos de grande distribuição), precisam apresentar-se com aspectos que façam referência a um estado anterior das relações comerciais, em que o comprador estava diretamente diante de um artesão, que era ao mesmo tempo fabricante e comerciante, numa praça de mercado. Esses objetos são um suporte privilegiado da suspeita, pois é difícil saber se eles se distinguem dos produtos padronizados unicamente na apresentação (acondicionamento) e nos argumentos de venda (publicidade), ou se também se distinguem deles por propriedades substanciais que derivariam de modos diferentes de fabricação[27].

A possibilidade de mercantilizar diferenças dá, assim, início a uma nova era da suspeita. Pois, embora fosse relativamente fácil fazer a distinção entre um objeto artesanal e um produto fabricado em massa, entre um trabalhador "massificado" e um artista "livre", como saber se uma coisa, um acontecimento ou um sentimento é manifestação da espontaneidade da vida ou resultado de um processo premeditado que tenha em vista transformar um bem "autêntico" em mercadoria? Do mesmo modo, como saber se um autor é um "autêntico" revoltado ou um produto "editorial"; se um sorriso, um gesto de amizade ou um convite para jantar é expressão de uma simpatia espontânea e sincera ou produto de um aprendizado, de um estágio de treinamento, por exemplo, destinado a tornar um serviço mais atraente ou – o que é pior – de uma estratégia que tenha em vista despertar confiança ou seduzir com o fim de atingir com mais segurança um objetivo puramente comercial?

Tal como ocorreu com a questão da justiça ou da libertação, é possível evidenciar uma alça de cooptação no que se refere à autenticidade. Neste último caso, assistimos num primeiro momento à crítica aos bens e às relações humanas padronizadas, convencionais e impessoais. Os dispositivos do capitalismo são corrigidos para responder às críticas por meio da instauração de uma mercadização da diferença e pela oferta de novos bens, cujo valor reside precisamente em sua primitiva distância da esfera comercial. Pode-se dizer aqui que em certo sentido o capitalismo cooptou a demanda de autenticidade no sentido de ter extraído lucro dessa demanda.

Em contrapartida, essa forma de cooptação distingue-se na forma utilizada nas questões da justiça e da libertação. Nestes dois exemplos, o momento da cooptação não se caracterizava pela satisfação da reivindicação crítica, como ocorre no caso presente, e sim pelo fato de retomar de outro modo aquilo que acabava de ser concedido. No caso da autenticidade, temos uma retomada do controle pelo capitalismo, no sentido de que este frustra as expectativas que se propunha satisfazer um pouco antes: a mercantilização provoca, assim, novas formas de inquietação sobre a autenticidade das coisas ou das pessoas, por não se saber se elas são "autênticas" ou "inautênticas", espontâneas ou reconfiguradas para fins comerciais. Mas, diferentemente daquilo que se observa nas retomadas associadas à justiça e à libertação, não se pode dizer que o processo de acumulação, neste caso, esteja livre dos entraves que pesavam sobre ele. Quando é retomado, por outro meio, aquilo que fora concedido algum tempo antes em termos de autonomia ou de controle das provas, o processo de acumulação recupera liberdade e capacidade de controlar os "recursos humanos" que ele engaja. No entanto, depara com limites a seu desenvolvimento quando malogra em oferecer bens realmente "autênticos" (coisa de que ele é necessariamente incapaz, uma vez que a qualificação de autêntico remete ao não calculado, não intencional, não mercantilizado).

Suspeita sobre os objetos: o exemplo dos produtos ecológicos

Um bom exemplo do modo como a cooptação da demanda de autenticidade pelo capitalismo provoca ciclos rápidos de entusiasmo e decepção encontra-se no caso dos produtos ecológicos. Esse exemplo mostra como o desejo dos consumidores pelos chamados produtos "naturais", considerados menos poluentes ou menos nocivos para a saúde, pode ser frustrado quando a resposta do capitalismo a tal demanda passa pelo marketing e pela publicidade.

Pode-se ver no consumismo verde, que frequentemente é acompanhado pela crítica ao capitalismo e à sociedade de consumo (pelo menos em seu período de formação durante a década de 70), um dos refúgios atuais da crítica estética. Ele se apoia numa temática que, em suas formulações mais gerais e difundidas, valoriza a natureza como espaço do autêntico, ou seja: por um lado, espaço do "original" que deve ser preservado como tal e está sempre mais ou menos ameaçado de ser "desnaturado" por cópias avaliadas de acordo com sua fidelidade ao modelo; por outro lado, reservatório de diferenças estéticas (paisagem) e orgânicas (diversidade biológica) cuja proliferação é uma riqueza em si mesma. Desse ponto de vista, os produtos industriais podem ser questionados por sua contribuição para a degradação do meio ambiente.

O desenvolvimento do consumismo verde no fim da década de 80 (a "revolução verde", de que falam os especialistas em marketing) teve como resultado pôr em risco certo número de empresas, provocando grande queda do consumo de produtos denunciados pelos movimentos ambientalistas como poluentes ou nocivos à saúde (tais como as águas sanitárias com fosfatos, os aerossóis com CFC, nos Estados Unidos, as batatas tratadas quimicamente, certas embalagens em plástico). Inicialmente, as preocupações ambientais dos consumidores se manifestaram de um modo que Hirschman chama de defecção (em oposição ao protesto). De 1988[28] a 1990, a parcela de consumidores verdes (indivíduos que declaram preferir um produto a outro por razões ecológicas) passa na Inglaterra de 19% a 50% (Cairncross, 1993, p. 173).

Quem primeiro tomou consciência do fenômeno foram os distribuidores que transmitiram o desenvolvimento do consumismo verde para os produtores, dando preferência aos fornecedores que oferecessem produtos considerados menos poluentes. Os próprios produtores passaram a interessar-se mais pelas técnicas utilizadas por seus terceiristas, o que contribuiu para desenvolver as práticas de rastreamento e de normatização contratual. Para reagir à ameaça representada pelo consumismo verde, desenvolveram-se estudos, também no fim da década de 80 e no início da de 90 (sobretudo nos países anglo-saxões), destinados a conhecer melhor as atitudes dos consumidores nesse aspecto, bem como reflexões destinadas a integrar à gestão empresarial a preocupação com a proteção ambiental (gerenciamento ecológico). A partir de 1989, a fabricação de novos produtos ecologicamente menos reprováveis, os produtos ecológicos, e o desenvolvimento de um marketing que enfatizava a proteção do ambiente foram estimulados pelos estudos que mostravam que os consumidores verdes dispunham de um poder aquisitivo e de um nível de instrução acima da média, e que eles estavam dispostos a gastar 25% a mais em produtos menos poluentes ou, no caso dos alimentos, em produtos "orgânicos" (Bennahmias, Roche, 1992, pp. 118, 125). Depois das preocupações do fim da década de 80, numerosas empresas descobriam com esperanças a virtualidade de um novo mercado para as classes mais abastadas[29].

O marketing ecológico desenvolveu-se em várias direções. A primeira direção consistiu em patrocinar campanhas para a proteção do meio ambiente e em divulgá-las por meio de um emblema (mecenato ecológico). Mas era tentador também recorrer à publicidade ecológica que enfatizasse os esforços feitos para tornar os produtos menos poluentes e nocivos, melhorar sua produção no sentido de maior respeito ao meio ambiente ou facilitar sua eliminação no fim do seu ciclo de vida. Os argumentos eram do seguinte tipo: a produção da carne bovina utilizada por tal cadeia de restaurantes não incentivou o desflorestamento; a maneira como foram pescados os atuns enlatados não prejudicou os golfinhos[30]; tais pilhas não utilizam mercúrio; os caminhões de tal empresa trafegam com gasolina sem chumbo; uma outra empresa utiliza papel reciclado em suas embalagens (Cairncross, 1993, p. 178).

Mas, rapidamente, os consumidores se tornaram cada vez mais céticos em relação a argumentos desse tipo. A reação dos especialistas em marketing ecológico consistiu em tentar desmercantilizar suas campanhas, recorrendo a especialistas externos, autoridades públicas, comissões pluralistas, associações de ambientalistas[31] ou institutos de etiquetagem, solicitando auditorias ecológicas a escritórios que dispusessem de instrumentos para tanto (Vigneron, Burstein, 1993), a fim de "construir credibilidade" perante os "cães de guarda ambientais" (Bennett, Frierman, George, 1993). Parece, porém, que a perda de credibilidade do marketing ecológico decorria não só do uso de argumentos bem pouco fundamentados ou do fato de que um produto promovido pela publicidade como menos poluente sob certo aspecto podia ser mais poluente sob outro aspecto omitido, mas também porque a própria linguagem da ecologia foi transformada em argumento comercial. *A mercantilização bastaria para criar dúvidas sobre a realidade e sobre o valor dos produtos ecológicos.* Seguiu-se, já no início da década de 90, uma diminuição da parcela de compradores dispostos a deslocar-se ou pagar mais por produtos verdes (Cairncross, 1993, p. 182). Por exemplo, na França, a Monoprix, um dos primeiros grandes distribuidores que lançaram "produtos verdes" (em 1990), optando assim pelo marketing ecológico em vez do mecenato ambiental, foi tachada *"de écolo-marketing"* (Vigneron, Burstein, 1993). Ao mesmo tempo, movimentos ecológicos mais radicais (como os *Amis de la Terre* [Amigos da Terra]) criticavam o consumismo verde, considerando que, ao favorecer a mercantilização de novos bens, ele contribuíra para fortalecer o capitalismo no momento em que os mercados atingiam a saturação, retardando assim a possibilidade do desaparecimento da sociedade de consumo (Yiannis, Lang, 1995, p. 165).

Uma nova demanda de autenticidade: a crítica ao fabricado

A maneira como o capitalismo incorporou a demanda de autenticidade, mercantilizando-a, provocou a redefinição de autenticidade. A definição de inautenticidade como seriação e padronização que dissolvesse a diferença (à qual podia ser oposta a autenticidade do singular como princípio de resistência à uniformidade da série) foi substituída pela definição de inautenticidade como *reprodução de uma diferença para fins comerciais*, como cópia, à qual pode ser oposta a autenticidade de um original. A tensão entre a verdade do original e a artificialidade daquilo que foi "fabricado" à sua imagem orienta o significado da qualificação de autêntico numa direção que faz menos referência ao objeto em si do que às *intenções* daquele de quem o recebemos: é então autêntico aquilo que foi feito sem segundas intenções estratégicas, ou seja, sem outra intenção além da intenção de fazê-lo (em oposição à intenção de vendê-lo, como no exemplo dos produtos ecológicos), de fazê-lo (ou fazer-se) amar, de fazê-lo (ou fazer-se) admirar[32]. Do mesmo modo, no que se refere às relações entre pessoas, o fato de enfatizar no mundo conexionista o lucro que pode ser extraído das conexões, seja qual for o modo como elas foram estabelecidas, tende a provocar uma generalização da suspeita em torno das intenções que orientaram o estabelecimento da relação. A qualificação de inautêntico tende então a vincular-se a todas as formas de ação que despertem a suspeita de serem inspiradas por uma intenção "de segundo nível", ou seja, por um objetivo estratégico ou "manipulador".

Em vez de girar em torno da problemática da massificação, que dominara a primeira metade do século XX, a forma assumida atualmente pela crítica à inautenticidade retorna a outra tradição na qual se enraíza a denúncia do artificial em oposição ao espontâneo, do mecânico em oposição ao vivo, do sincero em oposição ao estratégico e, consequentemente, da emoção verdadeira, que surge de modo não intencional, em oposição à sua imitação simulada: o questionamento do "espetáculo". Essa tradição, que – como mostrara J. Barish (1981), em sua monumental história dos "preconceitos" contra o teatro – caminha desde a antiguidade grega para culminar no século XVIII (especialmente em Rousseau), hoje assume de novo grande amplitude. A arte do "simulacro" mostra-se como escandalosa toda vez que – conforme ocorreu no século XVIII – a crítica às instituições existentes transfere para as pessoas (por serem capazes de emoções e sentimentos) todo o peso da dimensão ética que, desvinculada do respeito a uma norma exterior, a uma moral imposta, revela-se como pura expressividade espontânea[33]. O teatro é então acusado de basear-se na capacidade dos atores de produzir sinais exteriores de emoção. De fato, o que se valoriza no teatro é a diferença – o que é peculiar de cada personagem, os sentimentos que só o rosto humano é capaz de expressar, com riso ou lágrimas, a singularidade dos gestos como manifestação de uma *hexis* corpórea particular etc. Mas tudo é simulado, premeditado; a realização da diferença está submetida a uma finalidade exterior – o prazer do espectador; tudo é falso[34].

Assim, a mercadização de tudo, tal como a cooptação capitalista da diferença para extrair lucro, também pode ser denunciada – por exemplo, em Debord ou, sob outro aspecto, em Baudrillard – como espetacularização de tudo, como anulação de todo e qualquer elã vital autêntico que, tão logo esboçado, é imediatamente *codificado* para ganhar lugar na circulação comercial dos signos que então substitui a experiência da verdadeira "vida" em contato com o mundo[35]. A suspeita de um simulacro generalizado, da mercantilização de tudo (inclusive dos sentimentos aparentemente mais nobres e desinteressados) faz parte de nossa condição contemporânea, conforme ilustrou, por exemplo, no início da década de 90, o virulento questionamento da ação humanitária como espetáculo televisivo.

Essa suspeita em torno da autenticidade das pessoas e das coisas pode mostrar-se hoje de maneira bastante explícita por ter-se dissociado da crítica à sociedade de massa na qual estava de alguma maneira incorporada desde o fim do século XIX. Por exemplo, em Marcuse, que tem em vista principalmente a sociedade norte-americana de seu tempo, um elemento importante da crítica à sociedade de massa incorpora a temática da cooptação pela mercadização de tudo, mas sem lhe dar verdadeira autonomia[36]. A autocrítica capitalista da sociedade de massa e a mercantilização da diferença abriram caminho para a denúncia da realidade inteira como ilusão e encenação: como espetáculo enquanto forma extrema da mercadoria.

No entanto, conforme tentaremos mostrar agora, essa nova crítica à inautenticidade não pode desenvolver-se completamente porque é neutralizada por outro conjunto ideológico que data da década de 60. Aliás, é isso que confere especificidade à denúncia contemporânea da inautenticidade como algo fabricado, espetáculo ou simulacro: a especificidade de ser permanentemente freada, de algum modo de dentro para fora, no momento em que reencontra autonomia.

4. NEUTRALIZAÇÃO DA CRÍTICA À INAUTENTICIDADE E SEUS EFEITOS PERTURBADORES

Para compreender essa neutralização, é preciso voltar aos anos que cercaram maio de 68. Assiste-se então a dois movimentos contraditórios. Por um lado, como vimos, foi naqueles anos que a crítica à inautenticidade do mundo sob o regime do capital teve uma espécie de sucesso público, o que provocou sua cooptação pelo capitalismo. Mas, por outro lado, durante o mesmo período e também a partir das posições associadas ao movimento de maio de 68, elaborou-se uma *desconstrução radical da exigência de autenti-*

cidade, na forma como ela fora expressa na primeira metade do século. A antiga figura da autenticidade é denunciada, em diferentes aspectos, como ilusão: como elitismo burguês, reacionário e até "fascista"; como ilusão da presença, especialmente da presença para si mesmo de um sujeito "autêntico"; como crença ingênua na existência de um "original" cujas representações poderiam ser mais ou menos fiéis, portanto, mais ou menos autênticas no sentido em que se opõe verdade a mentira (a simulacro).

Formulada inicialmente em círculos relativamente restritos, essa crítica (da qual daremos adiante alguns exemplos) nos vinte anos seguintes terá ampla difusão, o que não deixa de ter relação com a ascensão da figura da rede. A desconstrução da antiga noção de autenticidade – como fidelidade a si mesmo, resistência de um sujeito à pressão dos outros, exigência de verdade no sentido de conformidade a um ideal – está de fato aliada à concepção do mundo em rede. Num mundo conexionista, a fidelidade a si mesmo se mostra como rigidez; a resistência aos outros, como recusa a conectar-se; a verdade definida pela identidade de uma representação com seu original, como desconhecimento da variabilidade infinita dos seres que circulam na rede e se modificam toda vez que entram em relação com seres diferentes, de tal modo que cada um de seus avatares não pode ser tomado como ponto de origem com o qual outras manifestações seriam confrontadas. Num mundo em rede, a questão da autenticidade já não pode ser formalmente formulada, quer na acepção que lhe fora dada na primeira metade do século, quer na formulação que, conforme vimos, emergiu depois da tentativa de cooptação pelo capitalismo da crítica à padronização, que supõe também a possibilidade de um juízo que baseasse suas avaliações numa referência a uma origem.

Ora – esse é um dos argumentos principais desta obra –, a reestruturação do capitalismo associou-se à cooptação da figura da rede, ainda que a emergência desse paradigma seja resultado de uma história autônoma da filosofia e que, em nenhum momento, ele tenha sido direta e intencionalmente elaborado para fazer face aos problemas com os quais o capitalismo se confrontava a partir da década de 60.

Pode-se então dizer, sem exagero nem paradoxo que, ao tentar cooptar (mercantilizando, como se viu) a demanda de autenticidade que estava subjacente à crítica à sociedade de consumo, o capitalismo também (sob outro aspecto e de modo relativamente independente) incorporou, com a metáfora da rede, a crítica a essa exigência de autenticidade, cuja formulação abrira caminho para o desenvolvimento de paradigmas reticulares ou rizomáticos.

Essa dupla incorporação contraditória tende ao mesmo tempo a reconhecer como válida a reivindicação de autenticidade e a criar um mundo no qual essa questão não deveria mais ser colocada, o que, em grande parte, constituiu o princípio – como veremos – de tensões existenciais (indissociavelmente psicológicas e éticas) que pesam sobre as pessoas engajadas no processo de acumulação. Mas, embora essa situação, pelas tensões que exerce, possa ser perturbadora para aqueles que nela estão mergulhados, cumpre reconhecer que ela possibilita ao capitalismo evitar o fracasso ao qual ele parece fadado em suas tentativas de resposta às exigências de autenticidade. Na óptica da acumulação ilimitada, o melhor é que a questão seja eliminada, que as pessoas sejam convencidas de que tudo é ou só pode ser simulacro, de que a "verdadeira" autenticidade está excluída do mundo, ou que a aspiração ao "autêntico" não passava de ilusão. Elas aceitarão com mais facilidade as satisfações propiciadas pelos bens oferecidos, apresentem-se eles ou não como "autênticos", sem sonharem com um mundo que não fosse o do artifício e da mercadoria.

Paralelamente à sua incorporação ao capitalismo, a desqualificação da exigência de autenticidade também exerceu efeito indubitável sobre o modo como se expressaram as novas exigências de autenticidade que, depois da fase de desconstrução, já não podiam ser, digamos, tão "ingênuas" quanto no passado, como se ainda pudesse existir realmente autenticidade preservada em algum lugar. A nova exigência de autenticidade, portanto, deve formular-se o tempo todo, assumindo certa distância irônica de si mesma.

Segue-se que as tensões existenciais derivadas da contradição interna do capitalismo, quando este se gaba de ser mais "autêntico", mesmo se reconhecendo num paradigma para o qual a exigência de autenticidade é desprovida de sentido, são acompanhadas pela falta de saída possível por parte da crítica que se empenha, simultaneamente, em denunciar a inautenticidade e a ingenuidade dessa denúncia.

Antes de examinarmos essas tensões, precisamos rever com mais pormenores o modo como a antiga exigência de autenticidade foi teoricamente desfeita, antes de ser desqualificada em suas manifestações cotidianas a ponto de parecer anacrônica e até ridícula.

Desqualificação da busca de autenticidade

Na segunda metade da década de 60 e na de 70, a temática da autenticidade passa por um trabalho sistemático de desconstrução, por parte de autores cujo nome é frequentemente associado, com ou sem razão, ao "pensamento 68"; esse trabalho decerto deve muito à resolução de acabar com as diferentes formas de existencialismo (sobretudo o existencialismo cristão, sem falar do personalismo) que haviam dominado a filosofia acadêmica dos anos 50. Essa crítica radical é feita de pontos de vista que, mesmo partindo de orientações filosóficas diferentes, têm em comum a vontade de dar fim ao sujeito responsável, a quem a alternativa entre autenticidade e inautenticidade se apresentaria como uma escolha existencial, denunciada como pura ilusão ou como expressão do *éthos* burguês. Com mero intuito de ilustração, daremos três exemplos dessa crítica, em P. Bourdieu, J. Derrida e G. Deleuze.

De uma posição semelhante à que chamamos de "crítica social", P. Bourdieu desvenda a presença de um desprezo aristocrático pelas classes populares, subjacente à crítica à massificação. Toma por alvos, sucessivamente: a sociologia dos meios de comunicação, acusada de ignorar as diferentes interpretações que os membros das diferentes classes sociais fazem de uma mesma mensagem da mídia e os diferentes usos que lhe dão (Bourdieu, Passeron, 1963); o subjetivismo sartriano e o esquecimento das "condições sociais de acesso" a formas de vida "autênticas"[37]; a oposição heideggeriana entre autenticidade e inautenticidade, entre fala autêntica e falatório cotidiano, por ele equiparada a uma ideologia, ou seja, neste caso exatamente, a uma expressão entre outras da aversão inspirada pelas massas industriais aos profetas da "revolução conservadora" dos anos 20-30 na Alemanha (e, assim, a uma antecipação do nazismo) (Bourdieu, 1975[38]); enfim, o "ponto de vista propriamente estético", da "estética pura" e do "gosto natural" desvendados como expressão de uma "ideologia carismática" destinada a dissimular "as condições ocultas do milagre da distribuição desigual entre as classes da aptidão ao encontro inspirado com a obra de arte" e a fornecer aos privilegiados da cultura vantagens de distinção (Bourdieu, 1979, pp. 29 ss.). Assim, a relação do homem de bom gosto com a obra de arte, apresentada como "autêntica" no sentido de sublime – presentificação inspirada de um olhar e de uma obra –, nada mais é que a decifração de um código inculcado, mas que se ignora como tal[39].

O segundo exemplo, contemporâneo do primeiro, é J. Derrida. Este não recrimina diretamente a oposição entre a existência autêntica do ser para si mesmo e a evasão na banalidade cotidiana do "impessoal". Mas em *Da gramatologia*, publicado em 1967, ao assumir a tarefa de desconstruir a oposição na qual, segundo ele, se baseia a metafísica ocidental em sua totalidade, ou seja, a oposição entre "voz" e "escrita", Derrida distancia e, de certo modo, relativiza a primazia ao mesmo tempo ontológica e ética dada à "presença" e, assim, à visão de presença para si. Questionando o privilégio dado à voz, à palavra viva tomada como expressão sem distância nem intermediário da verdade do ser, cuja presença se desvendaria assim naquilo que ela tem de autêntico – por oposição à escrita como presença diferida e como operador da distância, como suplemento e artifício contingente que põe a verdade em risco –, J. Derrida desmonta uma figura que, desde Rousseau, constituíra um dos mais poderosos mecanismos capazes de respaldar a exigência de autenticidade[40].

Por fim, o terceiro exemplo é aquilo que Deleuze desenvolveu em *Diferença e repetição*, publicado em 1968, portanto praticamente ao mesmo tempo que *Da gramatologia*. G. Deleuze desenvolve uma crítica à representação, no sentido de adequação entre coisa e conceito, aliada a uma metafísica na qual já não é possível manter a oposição entre um original e uma cópia. Em tal mundo, "todas as identidades são simuladas, produzidas como um 'efeito' óptico, por um jogo mais profundo que é o jogo entre a diferença e a repetição". Pois – acrescenta Deleuze – "nossa vida é tal que, encontrando-nos diante das repetições mais mecânicas, mais estereotipadas, fora de nós e em nós, não paramos de delas extrair pequenas diferenças, variantes ou modificações. Inversamente, repetições secretas, disfarçadas e ocultas, animadas pelo deslocamento perpétuo de uma diferença, restituem em nós e fora de nós repetições nuas, mecânicas, estereotipadas". O mundo moderno é o mundo dos "simulacros". Ora, não é próprio "do simulacro ser uma cópia, e sim inverter todas as cópias, invertendo também os modelos" (p. 24). No mundo do "simulacro", já não existe nenhuma possibilidade de opor uma "cópia" a um "modelo"; uma existência voltada para a autenticidade, como identidade do eu consigo, a uma existência submetida por forças externas à repetição mecânica; uma diferença ontológica (que seria a do sujeito responsável) à sua perda no indiferenciado. O "plano de imanência" só conhece diferenciais de força cujos deslocamentos produzem ao mesmo tempo (pequenas) diferenças, variações contínuas – entre as quais não existe nenhuma hierarquia – e formas "complexas" de repetição[41].

Os diferentes questionamentos da temática da autenticidade, cujas linhas mestras acabamos de lembrar, tiveram por efeito desobstruir o caminho aberto pela Escola de Frankfurt ou mesmo por Barthes em *Mitologias*[42], que, partindo de uma crítica marxista às ideologias, levava a atribuir como tarefa principal da crítica social e, aliás também, da crítica literária a decifração, o desvendamento das operações de codificação que sustentam clandestinamente (tal como as máquinas do teatro que operam nos bastidores) a pretensão de todo ser à presença autêntica. Essa afirmação da primazia absoluta do código e o desvendamento da ilusão da presença como tal podem muito bem servir de suporte à crítica à inautenticidade do mundo, mas já não possibilitam opor uma expressão autêntica a uma representação ilusória.

Aliás, decerto por não conseguir se libertar dessa desconstrução da noção de autenticidade, realizada na transição da década de 60 para a de 70, a nova crítica à inautenticidade do mundo entregue ao império da mercadoria como simulacro generalizado naufraga facilmente na aporia que consiste em denunciar com grande radicalismo a perda de qualquer realidade "autêntica", ao mesmo tempo que solapa a posição normativa e mesmo cognitiva a partir da qual tal denúncia pode ser feita. Se tudo, sem exceção, nada mais é que construto, código, espetáculo ou simulacro, a partir de que posição de exterioridade o crítico pode denunciar uma ilusão que constitua uma unidade com a totalidade do existente? A antiga crítica à padronização e à massificação pelo menos tinha um ponto de apoio normativo no ideal do indivíduo autêntico, singular, que assumia sua responsabilidade e era surdo ao falatório do "diz-se". Ora, no caso da crítica ao mundo como espetáculo, já não é preservada nenhuma posição da qual possa ser reivindicada uma relação autêntica com as coisas, com as pessoas, consigo. A visão radical da nova crítica, portanto, ameaça incessantemente sua própria posição de enunciação, pois não se pode deixar de perguntar de onde a óptica crítica pode ser adotada, se tudo não passa de simulacro e espetáculo; doravante, se for abolida toda e qualquer referência a um mundo exterior e, por conseguinte, a uma definição clássica da verdade ("A ilusão já não é possível, pois o real já não é possível", Baudrillard, 1981, p. 36); se o "sistema" no qual estamos mergulhados, inteiramente "codificado", "não passa de gigantesco simulacro" que não "se intercambia nunca mais com o real, mas se intercambia em si mesmo, num circuito ininterrupto cuja referência e circunferência não estão em parte alguma" (Baudrillard, 1981, p. 16), encontrando-se, por conseguinte, além ou aquém do verdadeiro e do falso.

O primeiro resultado da tensão entre a dupla incorporação da crítica à autenticidade e da exigência de autenticidade por parte do capitalismo foi a produção de um efeito insidioso sobre a confiança que as pessoas podem depositar umas nas outras.

A inquietação sobre as relações: entre a amizade e os negócios

Se é verdade que a incerteza que afeta a relação com os outros desempenha papel importante ao lado de fatores mais facilmente observáveis, como a insegurança econômica, na formação dos comportamentos tradicionalmente utilizados como indicadores de *anomia*, deve-se dar atenção especial à inquietação engendrada num mundo conexionista pelo desaparecimento da distinção entre relações desinteressadas (consideradas até então como do domínio da vida afetiva pessoal) e relações profissionais que podiam ser situadas sob o signo do interesse.

O estabelecimento de conexões, tal como é concebido no âmbito da cidade por projetos, não pode ocorrer de acordo com procedimentos padronizados que atuem a distância. É só no contato frente a frente que a incerteza radical da relação pode ser reduzida e que as expectativas mútuas podem ser descobertas, negociadas e coordenadas. Nesse processo intervêm necessariamente fatores de aproximação cuja descrição é da alçada da linguagem das relações amistosas ou afetivas, tais como simpatia, descoberta de gostos, interesses ou áreas comuns, capazes de provocar o tipo de confiança frequentemente qualificada de "espontânea". As modalidades segundo as quais se estabelecem esses elos e o papel neles desempenhado pela simpatia estão muito próximos do modo como se formam os elos de amizade, especialmente quando a conexão é distante, nova (inovadora) e não finalizada; sua função, ainda completamente virtual, só pode revelar-se na dinâmica da própria relação que, de algum modo, gera uma utilidade cujo teor ninguém conhecia exatamente antes que a conexão se estabelecesse. Ora, se a busca do lucro continua como horizonte fundamental para a formação dessas relações, segue-se uma confusão bastante perturbadora da distinção entre relação de amizade e relação de negócios, entre comunhão desinteressada de interesses comuns e perseguição de interesses profissionais ou econômicos. Como saber se um convite para jantar, se a apresentação de um amigo querido, se a participação numa discussão é gratuita ou interesseira, contingente ou planejada?[43] E como distinguir os momentos do dia ou do ano dedicados ao trabalho dos momentos de lazer, a vida privada da vida profissional? Uma noção como a de "atividade", que está no cerne da construção da cidade por projetos, por acaso não terá em vista, precisamente, atenuar as fronteiras entre esses diferentes estados pessoais, até então nitidamente separados?

A utilização estratégica de relações, apresentando certos traços atribuíveis à amizade em outros contextos, tem o dom de criar perturbações quando é possível tirar vantagens financeiras das atividades de conexão. Os lucros associados a elas, pouco visíveis quando o empresário tira vantagem de suas relações para desenvolver seus próprios negócios, aparecem com clareza quando a mediação é mercantilizada, ou seja, quando alguém recebe um salário, honorários ou comissão por ter servido de intermediário entre pessoas que entram numa relação de negócio (por exemplo, por ter contribuído para a realização de um novo produto ao pôr em contato, num jantar, um cientista inventivo e um empresário aberto à inovação). Essas atividades constituem um problema por poderem ser acusadas de transgredir o interdito que pesa sobre a mercantilização dos seres humanos. Receber uma gratificação financeira por ter contribuído para ampliar uma rede, criando uma conexão nova entre pessoas e grupos entre os quais não existia até então nenhum elo direto, ser pago para pôr em contato um conhecido com uma terceira pessoa que deseje esse contato são coisas que têm uma semelhança perturbadora com o delito de mercantilizar a pessoa humana: o intermediário intervém como se possuísse um direito de propriedade sobre a pessoa daquele que ele põe em contato com um terceiro que espera um benefício dessa aproximação.

Essa perturbação sobre a natureza das relações que podem ser mantidas com os outros num mundo conexionista provém de uma contradição essencial entre, por um lado, a exigência de adaptabilidade e mobilidade e, por outro, a exigência de autenticidade (que pressupõe conectar-se pessoalmente, inspirar confiança), contradição que permeia o novo mundo e se duplica na cidade por projetos.

Por um lado, está a exigência de deslocar-se, adaptar-se às diversas situações para tirar partido de oportunidades de conexões que se apresentem. Do ponto de vista de um mundo "rizomático", tornou-se perfeitamente obsoleta a autenticidade no sentido do velho existencialismo, o sentido do sujeito que resiste sozinho à massificação das mentes. Numa ontologia baseada na rede, a busca da existência autêntica por meio do afastamento da multidão, a solidão voluntária e a introspecção perdem todo valor e até todo sentido, pois as relações precedem os elementos entre os quais elas se instauram, e as propriedades substanciais das próprias pessoas dependem das relações nas quais estas se encontram. Conhecendo apenas *mediações*, a rede ignora a oposição entre seres qualificados pela diferença que os definiria naquilo que eles têm de mais profundo, de mais íntimo e de mais específico e, por outro lado, ignora também a indiferenciação da massa ou da série à qual eles deveriam se subtrair para ter acesso àquilo que eles realmente são. Em tal mundo, certo sentimento de liberdade pode desenvolver-se, mas está ausente a exigência de autenticidade.

Por outro lado, está a exigência de ser alguém seguro, alguém em quem se possa ter confiança. O questionamento das instituições e da autoridade institucional (denunciada como burocrática), a crítica às convenções no sentido de "conveniências", às relações "convencionadas", às prescrições e às regras que sustentam "a moral convencional" (denunciada como "formal" por oposição à espontaneidade da "ética") e, de modo mais geral, às convenções nas quais se baseavam as ordens domésticas e as relações hierárquicas, tudo isso, impondo todo o peso da relação sobre as pessoas, teve como efeito reativar uma referência "à autenticidade" formulada em termos de "sinceridade", "empenho," "confiança". Assim, para só citar os exemplos mais evidentes, as relações de casal passaram a ser consideradas dignas de serem vivenciadas somente se baseadas num "relacionamento intenso" comparável àquele que dominou no início da relação; as relações de amizade, em "afinidades" espontâneas e, de modo totalmente paradoxal, as relações familiares (apesar de serem as mais estatutárias possíveis), em escolhas "eletivas" (Chalvon-Demersay, 1996). No mundo dos negócios, a mesma desconvencionalização levou a salientar a importância das relações no que elas podiam ter de "pessoal", na necessidade de assentá-las na "confiança", ou seja, na crença interiorizada na sinceridade do elo estabelecido por um certo tempo, ao mesmo tempo que se apresentava o estabelecimento de conexões sempre novas como exigência da obtenção de lucro. A antiga concepção de autenticidade como "interioridade" assumida perante a banalidade do mundo exterior manifesta assim sua remanência no próprio âmago do novo mundo em rede, que no entanto fora construído de certo modo contra ela[44].

Em tal mundo, no qual todo o peso das relações repousa na autenticidade das pessoas, é muito perturbador ver essas relações utilizadas em estratégias destinadas a gerar lucros em rede, conforme recomenda a nova gestão empresarial.

A nova gestão empresarial e as denúncias de manipulação

A tensão entre a valorização da autenticidade nas relações pessoais e a exigência de adaptabilidade e mobilidade está no âmago da nova gestão empresarial, quer porque os dois imperativos figuram nos preceitos apresentados por um mesmo autor, sem que a contradição seja explicitamente assumida, quer – o que é mais raro – porque o esforço de redefinição das formas ótimas de organização do trabalho seja orientado para a busca de dispositivos destinados a reduzir a oposição entre esses diferentes tipos de prescrição.

Encontram-se exemplos do primeiro tipo nos escritos de Bob Aubrey que, numa espécie de apólogo, relata a história de um "cliente" que se tornou "amigo" durante uma discussão qualificada de "franca" e "eficaz": "A partir do momento em que nossa relação se transformou em entendimento mútuo, tive a impressão de que eu estava no âmago daquilo que há de mais verdadeiro e nobre nos negócios, a decisão de 'caminhar juntos', depositar confiança e preocupar-se com o outro [...]. A partir de então [...] privilegio intuitivamente em minha tomada de decisão a possibilidade de criar uma relação de acompanhamento com meu cliente" (Aubrey, 1990 ©). Mas o mesmo autor também é um dos defensores mais entusiásticos da exigência de mobilidade, que ele designa com a expressão "autoempresa". Do mesmo modo, R. Moss Kanter preconiza ao mesmo tempo "a empatia" ("a conclusão de acordos satisfatórios depende da empatia, ou seja, da capacidade de se pôr no lugar de outrem e de apreciar seus objetivos") e a adoção de um "sistema flexível de atribuição de tarefas" com base em "projetos ao mesmo tempo sucessivos e paralelos, de duração e importância variáveis entre os quais circularão equipes cuja importância será variável segundo as tarefas, os desafios e as oportunidades" (Moss Kanter, 1992 ©). Por fim, como último exemplo, H. Landier enfatiza, com algumas páginas de distância, a necessidade de "adaptar-se rapidamente" e desenvolver "relações informais" numa "cooperação livremente consentida e baseada na confiança" (Landier, 1991 ©).

A preocupação em absorver essa tensão, em contrapartida, está presente em I. Orgogozo, quando ela opõe duas formas diferentes de comunicação às antigas formas hierárquicas, por ela condenadas: na primeira, ideal (e inspirada, segundo ela, em J. Habermas e na "ética da discussão"), na qual "a univerzalização dos interesses não desce de cima, mas emerge da discussão livre e honesta entre os interesses particulares num processo de construção progressiva"; a segunda, "perversa", "com aspectos modernos", consiste em manipular os atores da empresa por meio de uma "comunicação mistificadora". Pede-se então aos indivíduos que sejam "leais, sinceros, entusiasmados", mas impondo-lhes pressões tais que na verdade "eles sentem medo, desconfiança e ódio" em contextos nos quais "a valorização dos recursos humanos significa pura e simplesmente a arte de sugar até a última gota" (Orgogozo, 1991 ©). O consultor trata aí de denunciar os usos manipuladores das novas práticas de gestão empresarial e de propor modos de coordenação no trabalho que não passem nem por "ordens ou informações" transmitidas de cima para baixo nem por incitações pessoais ou mesmo afetivas que visem a obter de modo indireto e dissimulado o resultado desejado.

As situações de trabalho nas empresas hoje são de fato bastante passíveis de acusações de *manipulação*. Realmente, se a gestão empresarial consiste sempre em *mandar* alguém fazer alguma coisa, a manipulação e a suspeita de manipulação ocorrem quando se torna difícil recorrer às formas clássicas de comando, que consistem em dar ordens, pressupõem o reconhecimento de uma subordinação e a legitimidade do poder hierárquico. Ora, os últimos vinte anos foram marcados sobretudo pelo enfraquecimento das ordens convencionais e das relações hierárquicas (denunciadas como autoritárias), quer estas pertençam ao mundo industrial, quer ao mundo doméstico, e pela multiplicação das reivindicações referentes à autonomia. Em tal contexto, o comando hierárquico acaba sendo substituído, no maior número de casos possíveis, por práticas destinadas a levar as pessoas a fazer *por si mesmas* e como que sob o efeito de uma decisão voluntária e autônoma aquilo que se quer que elas façam. Assim, como vimos no capítulo I, os "executivos" devem transformar-se em "inspiradores", em "*coaches*" ou em "líderes", cuja marca é formular "visões" entusiasmantes que façam as pessoas agirem por si mesmas pois já não é legítimo coagi-las.

Foi, portanto, muito estimulado o desenvolvimento de técnicas aptas a treinar as pessoas para que elas façam, aparentemente de modo voluntário, aquilo que se deseja que elas façam. Pensemos, por exemplo, no desenvolvimento das técnicas de comunicação (interna e externa), na corrente do desenvolvimento organizacional (OD) que visa especialmente levar as pessoas a "tomar consciência" da existência de "problemas" previamente identificados pela direção, para que depois seja mais fácil introduzir uma mudança no modo de organização; também podemos lembrar a administração participativa, que se baseia na tomada de decisões pelo superior hierárquico com base em pareceres de seus colaboradores, o que leva estes últimos a aderir depois à decisão.

Ora, esses dispositivos, que assentam no consentimento e na adesão, só podem atingir seu objetivo se moldados segundo figuras típicas de uma gramática da autenticidade: a gramática das relações espontâneas e amistosas, da confiança, do pedido de ajuda ou de conselho, da atenção ao mal-estar ou ao sofrimento, da simpatia e até do amor. Aqueles que se encontram envolvidos nesses dispositivos não podem recusar-se categoricamente a participar dessas trocas (o que os levaria diretamente ao esquecimento ou à demissão) nem ignorar (nem mesmo nos momentos nos quais participam dessas trocas sem segundas intenções ou até com prazer) que essas relações mais "autênticas" estão associadas a técnicas de "mobilização" (como dizem Crozier e Sérieyx [1994©], para se distinguirem bem das antigas formas "infantilizadoras" de "motivação", que já não exercem "nenhum fascínio sobre pessoas altamente escolarizadas"). Mas também não podem participar delas, pelo menos durante muito tempo, de modo cínico, do tipo faz-de-conta, sem risco para sua autoestima e para a confiança que têm no mundo, porque essas novas técnicas – uma vez que se baseiam menos em procedimentos ou em dispositivos de objetos (como ocorria com a cadeia) do que em pessoas e no uso que essas pessoas fazem dos recursos que dependem de sua presença física, de suas emoções, de sua gesticulação, de sua voz etc. – estão incorporadas naqueles que as praticam, naqueles cujas qualidades inerentes, enquanto seres singulares, parasitam o uso estratégico que eles fazem de si mesmos e podem o tempo todo excedê-lo, sem que eles saibam, como quando se passa, sem solução de continuidade, de uma emoção inicialmente obrigatória, que se acreditava fingida, para uma emoção real que nos domina e submerge para além de todas as expectativas. Em tais situações, é preciso quase nada para nos deixarmos prender e nos concentrar no que a pessoa incumbida de mandar fazer, de convencer, de levar a desejar oferece efetivamente de si mesma ou, ao contrário, para nos afastarmos e nos desligarmos ao vermos em seus esforços nada mais do que a aplicação cínica de técnicas de manipulação.

Essas tensões entre o envolvimento nas relações interpretadas numa gramática de autenticidade e a denúncia de manobras manipuladoras são máximas quando (como ocorre hoje) pesa sobre as pessoas a forte exigência de singularizar-se no universo profissional. Isso vale para as profissões (atualmente em ascensão) intelectuais e artísticas marcadas pela necessidade de granjear valor reputacional, mas também, cada vez mais, para todas as profissões marcadas pela precarização nas quais esse valor é a condição para encontrar outro projeto. Nessas situações, o que importa é ser aquele que fez, aquele que teve a ideia, e ser reconhecido; por isso, o fato de ter sofrido a ação alheia torna-se insuportável, pois o que está então em jogo é nossa própria capacidade de sobreviver num mundo em que precisamos realizar-nos sozinhos. Descobrir o jogo alheio em nosso próprio comportamento é pôr em questão a crença na realidade de nosso próprio eu. Com o aumento da exigência de singularidade, pode-se prever o aumento dos comportamentos paranoicos em que as pessoas temerão o tempo todo estar sendo manipuladas, plagiadas ou cooptadas. As ordens que podem ser instauradas em referência à cidade por projetos em formação estão assim sempre fragilizadas pela possibilidade (tomando-se por base outros mundos – doméstico ou inspirado, por exemplo) de ser denunciadas como o resultado de *manipulações*, ou seja, de um uso cínico da referência à autenticidade para levar alguém a fazer, aparentemente por vontade própria, aquilo que já não se pode impor de modo hierárquico e, portanto, como um instrumento para desenvolver a "servidão voluntária".

Essa contradição entre a exigência de adaptação e a exigência de "autenticidade" em conexões realizadas se insinua no próprio coração da pessoa, pois os seres humanos, cuja identidade é apresentada como dependente do ambiente, apesar de mudarem conforme os lugares pelos quais são distribuídos (em oposição à figura rejeitada do sujeito singular), precisam conservar consistência, permanência no tempo e memória suficientes para servirem de suporte a uma acumulação sem a qual eles não poderiam enriquecer ao longo dos novos contatos.

Ser alguém e ser flexível

A tensão entre exigência de *flexibilidade* e necessidade de ser alguém, ou seja, de possuir um eu dotado ao mesmo tempo de *especificidade* ("personalidade") e *permanência* no tempo é fonte constante de inquietação num mundo conexionista. Constitui expressão típica dessa tensão o *slogan* que exprime o ideal de vida bem-sucedida, o fato de alguém *se revelar*, ou seja, mudar para vir a ser e descobrir o que era potencialmente, deixando de ser o mesmo e desvendando sua conformidade com um eu original.

Para ajustar-se a um mundo conexionista, é preciso mostrar-se suficientemente *maleável* para passar para universos diferentes mudando de propriedades. A lógica da locação ou do empréstimo temporário das propriedades materiais pode ser transportada para as propriedades pessoais, para os atributos da pessoa, ou seja, para as qualidades que, despojadas de seu caráter permanente, são então adotadas conforme a circunstância. O que permite adotar modos de ação ajustados a esse mundo é primordialmente a competência de reconhecer de que é feita a circunstância e de ativar as propriedades por ela exigidas. A adaptabilidade, ou seja, a capacidade de tratar sua própria pessoa como um texto que poderia ser traduzido para diferentes línguas, constitui uma exigência fundamental para circular nas redes garantindo a passagem através do heterogeneidade de um ser definido minimamente por um corpo e por um nome próprio a ele vinculado. Considerada do ponto de vista desse novo modelo de excelência, a permanência, sobretudo a permanência de si mesmo ou o apego duradouro a "valores", é criticável como rigidez inconveniente e até patológica e, segundo os contextos, como ineficiência, impolidez, intolerância, incapacidade para comunicar-se.

Mas, por outro lado, o sucesso do homem conexionista não depende apenas de sua plasticidade. Isto porque, se ele se limitar a ajustar-se às situações novas que se lhe apresentam, correrá o risco de passar despercebido ou – o que é pior – ser julgado sem grandeza e comparado aos pequenos, aos novos, aos ignorantes, aos "estagiários". Ora, para tirar proveito dos contatos estabelecidos, ele precisa despertar o interesse e, para tanto, adquirir uma notabilidade que só pode lhe advir de sua exterioridade em relação ao mundo que ele aborda. O ideal de adaptabilidade entra aí em tensão com a outra exigência, transacional, da atividade em rede. Isto porque o redeiro, para ligar-se aos outros (principalmente quando os outros pertencem a universos distantes do seu), precisa dar-lhes algo. É quando possui em sua pessoa, em sua personalidade, esse "algo" capaz de interessá-los e seduzi-los que ele pode chamar sua atenção e obter deles informações ou apoio. Mas, para isso, ele precisa ser *alguém*, ou seja, transportar consigo elementos estranhos ao mundo dos outros e percebidos como elementos seus. Se ele nada mais tiver do que sua faculdade de adaptação, se não for alguém, por que ligar-se a ele? O encontro entre exigência de adaptabilidade e exigência transacional pode provocar, portanto, tensões insuperáveis.

Essas tensões peculiares ao mundo conexionista não são eliminadas pela cidade por projetos, na qual elas estão simplesmente duplicadas. O *grande* dessa cidade deve ser polivalente e não se fechar numa especialidade ao dispor de uma competência específica para oferecer, sem o que corre o risco de não ser solicitado por ninguém; poder ter acesso a recursos, mas sem ser prisioneiro dos recursos nos quais se apoia para criar novas conexões; ser capaz de *engajar-se* completamente num projeto, mas permanecer suficientemente disponível para inserir-se em outro. De fato, como cada um desses projetos e desses elos é temporário por definição, ele precisa ter condições de, com a mesma destreza, desprender-se, desligar-se, liberar-se para engajar-se numa nova relação, num novo projeto, mais atual e rentável. Por fim, precisa inspirar confiança, o que pressupõe respeito aos compromissos, apesar do oportunismo suficiente para deslocar os elos, segundo o caráter de maior ou menor rentabilidade das conexões que se lhe apresentem. M. Piore (1995, pp. 76-8) enxerga, assim, na tensão entre a exigência de compromisso e o caráter incerto, múltiplo, mutável e temporário dos projetos um dos principais problemas da nova gestão empresarial. A felicidade prometida para o grande é a autorrealização no sentido da descoberta das potencialidades que ele encerrava em si mesmo. A sucessão dos projetos é concebida como oportunidade de lhe revelar a cada etapa um pouco mais de sua essência, da identidade mais profunda que o constitui e singulariza (mais ou menos como se considerava que a sucessão das vanguardas em arte tinha a missão de ir revelando progressivamente a essência da arte). Mas essa busca de si mesmo passa por uma sucessão de provas que pressupõe ao mesmo tempo a variação das identidades adotadas segundo os projetos e a manutenção de uma personalidade permanente que possibilite a capitalização das conquistas ao longo do deslocamento nas redes.

Em tal mundo, é no mínimo problemática a possibilidade de encontrar equilíbrio entre a permanência de si mesmo, sempre ameaçada de rigidez, e a adaptação constante às exigências da situação, com o risco de dissolução completa no tecido dos elos transitórios. A cidade por projetos, ordem de justiça calcada na representação de um mundo em rede, ao incorporar ao mesmo tempo a exigência de autenticidade (como garantia da validade das relações pessoais nas quais se baseiam os dispositivos de trabalho) e a desqualificação da autenticidade em proveito da exigência de adaptabilidade[45], incorpora assim uma das principais tensões que habitam um mundo conexionista.

Em certos aspectos, a cidade por projetos mostra-se como tentativa de superar essas dificuldades, não fazendo que a tensão deixe de existir, pois ela lhe está incorporada, mas tentando suprimir seu caráter problemático. Essa cidade, de fato, supostamente deve eliminar a questão da autenticidade, reduzindo-a a simples exigências interacionais que não devem, obrigatoriamente, enraizar-se num eu profundo por elas reveladas. Mas, com isso, o que está em jogo na instauração da cidade por projetos é considerável. Vimos que, sobre a questão da justiça, essa cidade se apresentava ao mesmo tempo como regulamentação do mundo conexionista e legitimação da maioria de suas características. Sobre a questão da autenticidade, está em jogo a legitimação de uma nova separação entre as esferas governadas pelo interesse e as reguladas pelo desinteresse, ou seja, um deslocamento das fronteiras entre aquilo que pode ser mercantilizado e aquilo que não pode.

A cidade por projetos e a redefinição do que é mercantilizável

As novas práticas empresariais e a nova moral em rede que as acompanha tendem a questionar a divisão entre as atividades e as qualidades que são da ordem do pessoal e as que são da ordem do profissional, divisão que desempenhara papel considerável na formação do capitalismo. Entre outras coisas, foi precisamente por não admitirem essa divisão que as atividades literárias e artísticas tinham ficado à margem do capitalismo ou entrado em oposição com ele, visto que a obra de arte, por definição e princípio, não tinha preço, ainda que as necessidades materiais obrigassem a vendê-la num mercado (Chiapello, 1998).

No cosmos capitalista, essa divisão é essencial por pelo menos duas razões. A primeira decorre do modo como se constituiu um mercado do trabalho livre no qual pôde desenvolver-se a condição salarial. Sabe-se que nas categorias do liberalismo a possibilidade de um mercado de trabalho livre reside na ficção jurídica (cuja formação pode ser traçada desde o direito romano) da distinção nítida entre a pessoa do trabalhador, que é inalienável, e sua força de trabalho, que pode ser alienada contratualmente. É nessa distinção que se baseia, ainda no século XIX, a oposição entre a condição doméstica – que estabelece um vínculo pessoal entre senhores e empregados, supondo não só subordinação, mas também a fidelidade e a ajuda mútua (por exemplo, da parte dos senhores, o sustento e a manutenção na família dos domésticos idosos) – e, por outro lado, a condição operária que só conhece a relação contratual, incidente unicamente sobre o trabalho, entre o empregador e o empregado[46]. É também essa distinção que fundamenta ainda hoje a proibição da locação de pessoas, que enquadra e freia o desenvolvimento das sociedades de trabalhadores temporários e da subcontratação. Essa distinção, enfim, estimulou a formalização das qualificações em certificados e diplomas, que sancionam conhecimentos adquiridos na prática ou na escola, em oposição às disposições que, incorporadas nas pessoas, permanecem incognocíveis enquanto não forem reveladas por provas.

A segunda razão decorre do modo como é feita a divisão entre interesse e desinteresse. Essa divisão desempenha papel muito importante no campo das relações pessoais. Ela possibilita estabelecer uma distinção nítida – pelo menos formalmente – entre duas categorias de relações. Por um lado, as relações de negócios, em que os parceiros, por mais cordiais que sejam os elos que os unem, podem legitimamente ter como motivação a consecução de seus próprios interesses (sejam eles convergentes ou concorrentes) e, por outro lado, as relações de amizade, que só merecem ser qualificadas como tais desde que perfeitamente desvinculadas de qualquer motivação interesseira e desde que fundamentadas numa inclinação mútua e em gostos comuns. Conforme mostrou A. Silver (1989), essa concepção relativamente recente de amizade instaurou-se precisamente quando, com a formação da filosofia política da economia, foi possível pensar um campo próprio, inteiramente regido pelo concurso dos interesses. Foi a autonomização do interesse e das relações interessadas que, por reação, provocou a redefinição da amizade em termos de desinteresse. Essa distinção, a partir de então, desempenha papel muito importante nos juízos morais, frequentemente formulados em termos de "autenticidade" ou "inautenticidade", que as pessoas fazem umas sobre as outras. Uma relação de amizade é considerada autêntica quando vista como realmente gratuita, ao passo que é denunciada como inautêntica quando é possível revelar motivos interesseiros subjacentes em pelo menos um dos parceiros. *Perceber* que a aparente afeição de um amigo querido, ao qual se é devotado, dissimula *na verdade* motivos interesseiros e objetivos estratégicos constitui em nossa sociedade o paradigma da desilusão que abre caminho para o desencanto, o que serve frequentemente de argumento em literatura.

Essas duas distinções – entre a pessoa e sua força de trabalho e entre as relações gratuitas e as interesseiras – desempenha papel fundamental no capitalismo por serem mobilizadas no sentido de estabelecerem a divisão entre aquilo que é mercantilizável e o que não é, e, assim, constituírem a oposição entre capital e não capital.

Desse modo, tanto as pessoas quanto as relações pessoais são moralmente (e, em grande medida, juridicamente) consideradas não mercantilizáveis, e aqueles que são considerados como transgressores ostensivos dessa norma são alvo de condenação quase geral. Ora, faz parte da lógica capitalista pôr essa norma sob tensão, deslocar a fronteira entre o capital e o não capital, ou seja, mercantilizar bens e serviços que até então escapavam ao mercado, desempenhando papel muito importante na busca da acumulação. Mas esses deslocamentos, que afetam os princípios nos quais se baseiam os juízos ordinários, para se tornarem aceitáveis, exigem *adaptações na relação entre lucro e moral* (e, mais profundamente, sem dúvida, uma redefinição da antropologia como modo de qualificação do propriamente humano) que contribuem, por sua vez, para a mudança daquilo que chamamos de espírito do capitalismo.

É uma adaptação desse tipo, atenuadora das tensões provocadas pelos novos dispositivos empresariais e pelo deslocamento do lucro para novos setores de atividade, que acompanha a formação de uma cidade por projetos. Essas mudanças têm em comum engajar as pessoas na dinâmica do lucro com mais profundidade do que ocorria no período anterior.

Certo número de dispositivos em harmonia com a cidade por projetos (cf. capítulo VI) apresentam-se efetivamente – nós os veremos por meio de alguns exemplos – como meios de aplacar as angústias existenciais provocadas pela tensão entre as exigências contraditórias de adaptabilidade e autenticidade no mundo conexionista, mas esse aplacamento se baseia em grande parte no fato de validar, portanto legitimar, o deslocamento das fronteiras controladas pelas duas divisões ainda pertinentes na época do segundo espírito do capitalismo. Ao fazer isso, eles consagram um deslocamento das fronteiras entre o mercantilizável e o não mercantilizável e, assim, possibilitam e legitimam uma mercantilização maior dos seres humanos.

O argumento utilizado por A. Gorz (1988, pp. 252-5) contra o Rendimento Mínimo de Inserção, que pode ser estendido para o Rendimento Universal, baseia-se numa crítica desse tipo: uma vez que o trabalho "socialmente determinado e remunerado" "me confere a realidade impessoal do indivíduo social abstrato", me dá "uma função essencialmente impessoal, que eu exerço como um qualquer entre outros" sem precisar nela comprometer "toda a minha pessoa, toda a minha vida". Nessa medida ele é a condição de possibilidade da outra esfera, que é a "esfera privada", como espaço de "soberania e reciprocidade voluntária". Ora, o desaparecimento da separação entre trabalho e atividade e dispositivos de tipo Rendimento Universal, ao eliminarem o caráter obrigatório e abstrato do trabalho social, tendem a "despojar-me de minha vida privada".

Do mesmo modo, a aplicação de procedimentos de normalização derivados da normalização dos produtos em relação às pessoas (Thévenot, 1997), pressuposta na operacionalização da noção de "competências" num dispositivo empresarial, tende a conferir forma oficial à mercantilização das pessoas. A referência já não é a divisão do trabalho objetivada numa estrutura de ocupações, e sim as qualidades da pessoa: *"do que ele é capaz?* substitui *o que ele faz?"* (Feutrie, Verdier, 1993). Enquanto as qualificações associadas às classificações reconhecidas pelas convenções coletivas tinham como orientação principal a fixação dos salários relativos, ou seja, problemas de divisão de lucros entre trabalhadores, cujas principais reivindicações eram sustentadas pela crítica à exploração, a lógica das competências atribui um "valor econômico"[47] diretamente às pessoas.

Finalmente, os novos dispositivos (enriquecimento das tarefas, melhoria das condições de trabalho) justificados pela intenção de romper com as formas taylorizadas do trabalho (consideradas com razão como desumanas) também ocupam posição ambígua no aspecto aqui considerado. A taylorização tradicional do trabalho consistia certamente em tratar os seres humanos como máquinas, mas não possibilitava pôr diretamente a serviço da busca do lucro as propriedades mais específicas dos seres humanos: afetos, senso moral, honra. Inversamente, os novos dispositivos empresariais, que exigem engajamento mais completo e se apoiam numa ergonomia mais sofisticada, que integra as contribuições da psicologia pós-behaviorista e das ciências cognitivas, precisamente por serem mais humanos, também penetram mais profundamente na interioridade das pessoas esperando-se que elas "se doem" ao trabalho, como se diz e possibilitam a instrumentalização e a mercadização dos homens naquilo que eles têm de propriamente humano.

A endogeneização pelo capitalismo (depois de muitos desvios) de um paradigma – o da rede – oriundo de uma história autônoma da filosofia e construído em parte contra a noção de autenticidade, acaba hoje por fornecer argumentos e até por legitimar um aumento da mercantilização, especialmente dos seres humanos. As diferentes críticas à autenticidade, difundidas no fim das década de 70 e, sobretudo, na primeira metade da década de 80, contribuíram assim para desacreditar a rejeição estética aos bens de consumo, ao conforto e à "mediocridade cotidiana" – associada a uma postura fora de moda – e, de modo mais geral, para libertar grande número de intelectuais daquilo que, nos anos pós-guerra, era ao mesmo tempo uma coerção ascética e um ponto de honra: o desprezo ao dinheiro e ao conforto que ele propicia[48]. Mas já não está na moda acreditar na possibilidade de uma vida mais "autêntica" longe do capitalismo, nem crer que seja de bom tom zombar daqueles que continuam presos a ele; se todos duvidarem da possibilidade de existência de bens fora das esferas comerciais, bens dotados de um valor irredutível à equiparação com a mercadoria, valor que seria destruído pela introdução no circuito comercial, o que poderá deter o processo de mercantilização? O capitalismo conquistou assim uma liberdade de jogo e de mercantilização que ele nunca tinha atingido no mesmo grau, pois num mundo onde todas as diferenças são admissíveis, mas onde todas as diferenças se equivalem precisamente como tais, nada merece, só por existir, ser protegido do mercado, e tudo poderá então ser objeto de comércio.

É decerto por essas razões que não se pode considerar como solução suficiente para os problemas sociais engendrados pelas novas formas de capitalismo a implantação dos valores da cidade por projetos em dispositivos de prova, o que, no entanto, teria o mérito de reduzir os fenômenos de exploração e o desenvolvimento das desigualdades. A crítica estética mantém-se totalmente pertinente para indagar as legitimações que a cidade por projetos efetua ao mesmo tempo que realiza uma regulamentação do novo mundo. Em especial, parece urgente reconsiderar a questão dos limites que se deve impor à mercantilização. Do mesmo modo, é preciso poder reformular a questão da validade do tipo de liberdade que pode ter livre curso num mundo conexionista, mesmo estando este enquadrado pelas convenções da cidade por projetos.

CONCLUSÃO:
RESGATE DA CRÍTICA ESTÉTICA?

A crítica estética atualmente está paralisada por aquilo que, dependendo do ponto de vista, poderia ser chamado de seu sucesso ou de seu fracasso.

Sucesso porque, reservada até os anos 50 a minorias e a vanguardas, a partir do fim da década de 60 ela coincidiu com as aspirações de um grande público. Esse tipo de crítica hoje possui uma base, porta-vozes, e ocupa posição importante na mídia.

Fracasso porque a liberação do desejo não significou a morte do capitalismo, anunciada pelo marxismo-freudiano dos anos 30 aos 70. Aliás, para acreditar nisso, era preciso ignorar a implicação da liberdade no regime do capital e sua profunda conivência com o desejo, sobre o qual repousa grande parte de sua dinâmica. Ao contribuir para derrubar as convenções ligadas ao antigo mundo doméstico e também para superar a rigidez da ordem industrial – hierarquias burocráticas e produção padronizada –, a crítica estética criou a possibilidade de o capitalismo apoiar-se em novas formas de controle e mercantilizar novos bens, mais individualizados e mais "autênticos".

A crítica estética, por isso, está hoje presa a uma alternativa cujos dois ramos manifestam igualmente sua impotência.

Por um lado, tem-se o prosseguimento da crítica no caminho pelo qual enveredou no século XIX (denúncia da moral burguesa, da censura, do domínio da família e da religião, dos obstáculos à liberação dos costumes e da sexualidade, do conservadorismo das instituições culturais dominantes), sem levar em conta deslocamentos do capitalismo e, sobretudo, o fato de que ele já não está aliado à família ou à religião, sem falar da moral. Ou então acusar (mas nas colunas dos grandes jornais ou na televisão) a conspiração da mídia destinada a calar o livre pensamento, denúncias que, aliás, a mídia está totalmente disposta a acolher como uma mercadoria entre outras, mercadoria capaz de dar o que falar, ou seja, dar o que vender. Essa linha de conduta, que tende perpetuamente a desmoronar por falta de adversários para manter a crença em si mesma, precisa inventar inimigos ou atribuir aos inimigos que lhe restam um poder que eles perderam faz tempo – visto que as afirmações mais devastadoras são quase imediatamente transportadas para um debate público bem organizado e depois integradas à oferta cultural por um duplo movimento de mercantilização de produtos derivados e de celebração oficial de seus autores.

Por outro lado, numa demonstração de "lucidez" conferida pela única postura ainda digna de ser adotada diante do apocalipse que se anuncia (num tom que frequentemente lembra as profecias catastróficas das vanguardas de Weimar que precederam e anunciaram a Revolução Conservadora), tem-se a constatação da capacidade do capitalismo de "cooptar" toda e qualquer coisa, anunciando-se o fim de qualquer valor e até de qualquer realidade (dominação do virtual), a entrada na era do nihilismo e, ao mesmo tempo (mas de modo paradoxal), vestindo de novo a roupagem aristocrática, mas puída do panfletário, "consciência" solitária diante das massas cretinizadas (Angenot, 1983), enrijecendo-se na saudade reacionária de um passado idealizado, com suas comunidades acolhedoras (contra o isolamento individualista), sua disciplina livremente consentida, frequentemente chamada hoje de "republicana" (contra a anarquia escolar e a desordem dos subúrbios), seus amores verdadeiros e honestos (contra a sexualidade desbragada), sua pintura de cavalete (contra a instalação de qualquer coisa), suas paisagens de antanho, seus sábios alimentos, seus produtos regionais...

Para sair desse impasse, a crítica estética talvez devesse, mais do que ocorre atualmente, esperar e deixar em repouso a questão da libertação e a da autenticidade, partindo das novas formas de opressão e de mercadização para cuja possibilidade ela, involuntariamente, contribuiu.

Garantias no trabalho como fator de libertação

Que meios podem ser utilizados para afrouxar as tenazes do capitalismo como instância opressiva? Com poucas diferenças, os mesmos de há um século. De fato, tudo o que hoje aumenta as garantias e a estabilidade das pessoas no trabalho cria uma margem de liberdade e dá oportunidades para resistir à expansão abusiva do autocontrole e para contestar, precisamente com base no ideal de autonomia reconhecido pelo novo espírito do capitalismo, a multiplicação de todos os novos dispositivos de controle, sobretudo informáticos.

Uma orientação crítica aparentemente paradoxal – pois mobilidade e libertação foram até agora estreitamente associadas – pode ser buscada em termos de questionamento da mobilidade como exigência e valor incontestável. O projeto de libertação por acaso será hoje compatível com a extensão ilimitada da exigência de mobilidade, contato e conexão que, como mostramos, pode ser ao mesmo tempo fonte de novas formas de exploração e de novas tensões existenciais? O problema, totalmente concreto, diz respeito ao uso que se faz do tempo. Um passo no sentido da libertação talvez passe hoje pela possibilidade de se diminuir o ritmo das conexões, mas sem que as pessoas tenham receio de deixar de existir para os outros, de mergulhar no esquecimento e, a longo prazo, na "exclusão"; de adiar o engajamento num projeto ou o momento de tornar público um trabalho e de compartilhá-lo – por exemplo numa exposição ou num congresso –, mas sem o temor de ver que o reconhecimento ao qual acreditavam ter direito foi subtraído por outros; de se demorar num projeto em curso, cujas possibilidades não tinham sido vistas de início; de retardar o momento da prova (mas sem eliminar as provas, pois sua eliminação não deixaria de provocar violentos sentimentos de injustiça) e de espaçá-las. Embora um mundo sem provas seja impensável, sabe-se que um mundo de provas perpetuamente renovadas logo se revela insuportável (Eoltanski, 1989, pp. 96-109), de tal modo que a regulagem do ritmo das provas constitui um elemento importantíssimo da justiça.

A valorização da mobilidade tende à avaliação de todos segundo uma modalidade de vida que, além de não ser unanimemente desejada, pressupõe o acesso a recursos desigualmente distribuídos. Por um lado, o valor atribuído à mobilidade e à capacidade de estabelecer novos elos (o que também pressupõe – como vimos – a capacidade de se desfazer de elos mais antigos, visto que o tempo é um recurso raro) e, por outro, a preferência que, na constituição das identidades, é dada aos elos eletivos formados ao sabor do deslocamento nas redes, e não aos vínculos dependentes de coletividades previamente constituídas – como nação, classe social ou família –, tudo isso tende a excluir pelo menos uma forma de liberdade cuja legitimidade é cada vez menos garantida: a liberdade que se exprime na opção pela estabilidade, na valorização da fidelidade e na recepção de uma herança, aceita como tal, sem consideração dos lucros que possa proporcionar. Simplesmente por existir. A pluralização das identidades e dos mundos vivenciados, mesmo sendo de fato um elemento fundamental da modernidade ampliada (Wagner, 1996), só pode constituir um fator de libertação desde que reconhecida também a validade da aspiração a uma existência integralmente compreendida numa identidade privilegiada e num espaço não fragmentado, ainda que hoje esse só possa ser um modo de vida entre outros. Aliás, como se poderia manter um leque de identidades que, numa lógica radical de autoconstituição, os atores (e essa palavra de que a sociologia abusa tem aqui seu sentido próprio) teriam a liberdade de adotar a seu bel-prazer, se não existissem outras pessoas dotadas de um vínculo suficientemente estável para que fossem conservadas nessas identidades uma forma substancial e uma perenidade temporal sem as quais elas tenderiam a desvanecer-se na multiplicidade das apropriações simbólicas passageiras de que seriam objeto? Do mesmo modo que (conforme vimos no capítulo anterior) tenderia a zero o proveito que se poderia extrair da circulação nas redes, caso não continuassem existindo fronteiras entre grupos, instituições, campos etc. (sobre cuja travessia incide certo custo) nem indivíduos imutáveis para manter os elos locais, o paradoxo da fragmentação é que ele supõe a existência de coletividades empenhadas em manter intactas as identidades que outras pessoas adotarão na forma de simulacro. Por isso, também condiz com a exigência de libertação a defesa da legitimidade e das possibilidades de sobrevivência dessas coletividades cuja energia é mobilizada pela luta contra o desenraizamento.

Caminhar nesse sentido levaria, evidentemente, a aproximar a crítica estética da crítica social. Desacelerar, adiar, retardar, espaçar são coisas que supõem a constituição de espaços temporais mais amplos do que o "projeto" – no sentido em que ele é definido na literatura de gestão empresarial – ou o fornecimento às pessoas de meios de subsistência entre os engajamentos em projetos diferentes. Conforme observa A. Supiot, mobilidade e flexibilidade dos trabalhadores não devem significar apenas "sujeição maior e mais barata às necessidades da empresa", mas que eles sejam enquadrados por regulamentos que permitam proteger a mobilidade e conferir um "estatuto" ao "trabalhador móvel"[49]. Praticamente não existe outro meio de dotar as pessoas de uma liberdade relativa em relação ao mercado ou diante da nova exigência de sociabilidade desenfreada, senão dotá-las daquilo que se assemelha a um *estatuto*. O estatuto, na qualidade de texto que regula a situação de um grupo, foi, aliás, concebido inicialmente nos Estados modernos como um instrumento de libertação destinado a livrar os indivíduos da dependência pessoal, da obediência politiqueira e da vigilância detalhista e constante realizada de fora para dentro (por exemplo, com a noção de "segredo profissional") e, assim, garantir a liberdade de pensar e as liberdades políticas, especificando o tipo de prova ao qual as pessoas devem submeter-se, sob certos aspectos, para conservar seu estado e suas condições materiais de existência, de tal modo que sejam protegidas de provas indefinidas ou pouco formalizadas em função das quais possam ser avaliadas a qualquer momento e sob qualquer aspecto[50]. Ora, o estatuto, que exprime a posição de um indivíduo naquilo que ele pode ter de estabelecido por certo tempo e em certo espaço, independentemente do modo como em dado momento se desenvolve sua interação com outras pessoas, pressupõe a referência a algo como *instituições* capazes não só de organizar provas consistentes, para estabilizar as previsões e definir seu ritmo, mas também de exercer uma coerção externa na forma de obrigações e sanções. É apenas na composição de dispositivos simultaneamente coercitivos e garantidores, situados acima das interações cotidianas e das relações contratuais, que a exigência de mobilidade poderá encaminhar-se para uma libertação que escape da alternativa entre a vilipendiada rigidez do burocrata e o nomadismo, hoje unanimemente celebrado, do inovador.

Nesse sentido, a luta pela defesa ou pela obtenção de "estatutos", em vez de ser uma luta obsoleta – como repete o discurso neoliberal –, constitui um objetivo completamente pertinente na óptica da libertação. Somente disposições estatutárias podem contribuir para tornar ilícitas ou, pelo menos, limitar as novas formas de vigilância informática em tempo real que tendem a proliferar em empresas, fábricas, escritórios, espaços comerciais etc.

Mas a obtenção de estatutos só pode desempenhar papel libertador com *duas condições*.

A primeira é que o aumento das garantias não tenha como preço o empobrecimento das tarefas, tal como ocorreu na passagem do capitalismo de mercado para o capitalismo fordiano. Pode-se esperar que o aumento do componente cultural do trabalho dificulte mais do que no passado um desapossamento de tipo tayloriano, ainda que a flexibilidade dos dispositivos informáticos não permita excluir essa possibilidade.

A segunda é que o estatuto não se petrifique a ponto de descartar qualquer forma de prova, seja qual for sua natureza. Um dos interesses do estatuto está em possibilitar o espaçamento do ritmo das provas apoiando-se em seus momentos bem regulamentados (inspeções, entrevistas, pontuações), que despertem confiança nos agentes. O reconhecimento do estatuto terá poucas probabilidades de durar se não for acompanhado pelo reconhecimento do tipo de convenção que se costuma chamar de "consciência profissional". Ele pressupõe também o reconhecimento de uma autoridade capaz de legitimar as provas e as sanções.

O fato é que enveredar por esse caminho pressuporia uma renúncia relativa à busca de libertação definida como autonomia absoluta e desvinculada de ingerência alheia e de qualquer forma de obrigação ditada por uma autoridade externa.

Limitação do campo do mercado

No *front* da autenticidade impõe-se com clareza uma tarefa na era da mercantilização da diferença: a tarefa de limitar a extensão do campo do mercado, especialmente em direção à mercantilização do que é humano. Ora, vimos que a mercantilização do humano era favorecida na cidade por projetos pelo desaparecimento da fronteira entre a esfera do interesse e a do desinteresse, quer se trate de gerar um lucro criando produtos obtidos pela codificação de qualidades humanas pessoais, quer se trate de utilizar o corpo humano como um material entre outros.

Mas isso também pressupõe limitar a margem de ação dos inovadores e romper com uma referência à exigência de libertação suficientemente vaga que possibilite passar – segundo as necessidades do momento – da crítica ao mercado (contra o qual se pede proteção) à concepção estritamente mercantil da liberdade de empreender, inclusive no campo da ciência ou da cultura. Aliás, a grande dificuldade da luta contra a mercantilização de novos bens não se deve apenas ao caráter "globalizador da coordenação dos mercados" (Thévenot, 1998 b), nem às capacidades de conversão de um bem em outro, que são inerentes ao uso da moeda[51], mas também, decerto, ao fato de que ela se choca com interesses libertários de diferentes grupos, que podem divergir em outros aspectos: o dos inovadores no campo intelectual e o dos empreendedores na esfera do capital, sem falar dos consumidores desejosos apenas de obter o maior conforto pelo melhor preço.

Mas por que caberia à "crítica estética", e não à "crítica social" – ou às duas juntas –, cuidar de limitar a mercantilização?

Pode-se procurar uma resposta para essa pergunta voltando à lista dos "bens sociais" que se considera imoral distribuir de modo comercial, lista apresentada por M. Walzer (1977) no capítulo dedicado ao dinheiro em sua obra *Esferas da justiça*. O ponto de vista adotado sobre os bens costuma partir da *demanda*: o que se trata de defender é a dignidade igualitária que possibilita às pessoas acesso idêntico a bens primários, e essa defesa decorre prioritariamente das tarefas cumpridas pela *crítica social*, pois se trata de solucionar as fontes de desigualdade. Assim, numerosos bens são subtraídos ao mercado por se tratar de bens cujo acesso igualitário é considerado moralmente necessário, e sua mercantilização provocaria desigualdades intoleráveis devido à desigualdade de recursos financeiros de que as pessoas dispõem. Isso ocorre, por exemplo, em Walzer, com os serviços públicos básicos (como o da polícia), com o alistamento para o serviço militar (a venda do posto é hoje considerada imoral e proibida), com os direitos políticos fundamentais, como o direito de voto, com o amor e com o acesso ao casamento. Outras proibições levantadas por M. Walzer são pertinentes não em referência a uma exigência de igualdade, e sim de segurança (carros usados perigosos, por exemplo). Mas nesse caso também o ponto de vista adotado é o dos interesses da demanda.

Também é possível ter sobre a mercantilização um outro ponto de vista que só foi adotado pela *crítica estética*, ainda que na maioria das vezes de modo implícito. Esse ponto de vista é o da *oferta*. Nesse caso, o bem não deveria ser subtraído ao mercado porque sua mercantilização seria contrária à igualdade de dignidade dos usuários, e sim porque seriam contrárias à *dignidade própria* de o bem ser "desnaturado" pela codificação, ser transformado em produto ou, se preferirem, "alienado". Aliás, foi do ponto de vista da oferta que se proibiu a mercantilização dos seres humanos na forma de escravidão e de proxenetismo. Mas tal proibição pode ser estendida a outros bens, quer se trate de dimensões pessoais ou de tipos de ação considerados degradados por sua transformação em produtos sobre os quais recaia um preço e que sejam postos num mercado concorrencial: corpos – órgãos, fetos –, ou mesmo artefatos – obras de arte, lugares valorizados pela singularidade – ou seres naturais como animais (conforme observa M. Walzer, alguns deles, tais como os seres humanos, dão valor à sua "liberdade"), rios, montanhas etc. Desse ponto de vista, o resgate da crítica estética passa especialmente por uma aliança com a crítica ecológica, que constitui atualmente uma das únicas posições que atribuem valor em si à pluralidade e à singularidade dos seres, quer se trate de seres humanos, de seres naturais ou, em certas versões, de artefatos.

CONCLUSÃO

A força da crítica

Nesta conclusão, procuramos juntar num espaço relativamente restrito as transformações históricas do capitalismo nos últimos trinta anos, bem como os conceitos e o modelo de mudança que utilizamos para explicá-las. Esta síntese apresenta-se na forma de uma série de etapas que levaram à formação do novo espírito do capitalismo.

Mesmo sem a ambição de construir formalmente uma "teoria da mudança" que tivesse pretensão à validade geral, procuramos abrir caminho para a uma possível generalização no espaço e no tempo[1], distinguindo sequências no processo que levou a uma mudança do espírito do capitalismo e dando a essa história uma forma esquemática ou estilizada[2].

Evocamos, numa primeira etapa, certo número de axiomas pertinentes às relações entre os principais conceitos nos quais se baseia o modelo de mudança aqui proposto, a saber, capitalismo, espírito do capitalismo e crítica.

1. AXIOMÁTICA DO MODELO DE MUDANÇA

As proposições que serão lidas agora são premissas subjacentes ao modelo. Em cada uma delas mencionamos certo número de razões que nos levam a pensar que é possível construir sobre essas bases uma interpretação pertinente dos acontecimentos que afetaram a sociedade em suas relações com o capitalismo durante os últimos trinta anos.

1. O capitalismo precisa de um espírito para engajar as pessoas necessárias à produção e à marcha dos negócios.

Não é possível pôr essas pessoas para trabalhar e mantê-las no trabalho pela força. A primeira razão é prática: o capitalismo não dispõe do poder das armas, visto que o Estado – que continua relativamente autônomo em relação ao capitalismo, embora em graus diversos – tem o monopólio da violência legítima. A segunda razão está no fato de que a liberdade está de algum modo imbricada no capitalismo, e ele se contradiria caso se apoiasse unicamente na arregimentação pela força: ele supõe no mínimo a liberdade de trabalhar (de aceitar um contrato e rescindi-lo, portanto de engajar-se ou não) e a liberdade de empreender (contratar, comprar, vender e, de modo mais geral, combinar meios para extrair um lucro). Por fim, embora o trabalho forçado possibilite levar a termo certas obras realizáveis com o uso, principalmente, de uma mão de obra abundante e não qualificada (trabalhos de terraplenagem, lavoura, trabalhos simples em fábrica ou em construções...), esse tipo de trabalho se mostra totalmente inadequado quando as tarefas requerem um nível mais elevado de competências, uma autonomia e um envolvimento positivo dos trabalhadores (trabalhos intelectuais ou trabalhos que impliquem tomadas de decisão), o uso de máquinas sofisticadas e quando a produção precisa satisfazer a exigências elevadas em termo de inovação, confiabilidade, qualidade de acabamento e respeito a diversas normas de fabricação etc.

É precisamente por estar aliado à liberdade que o capitalismo não tem domínio total sobre as pessoas e pressupõe a realização de numerosos trabalhos não executáveis sem o envolvimento positivo dos trabalhadores, aos quais ele precisa dar razões aceitáveis de engajamento. Essas razões são reunidas no espírito do capitalismo.

2. O espírito do capitalismo, para ser mobilizador, precisa incorporar uma dimensão moral.

Isso significa que precisa oferecer às pessoas a possibilidade, por um lado, de recorrer à condição que lhes é destinada em termos de *justiça* e, por outro, de aspirar legitimamente a uma *garantia* de vida suficiente para perpetuar-se (mantendo-se as condições de sobrevivência biológica e social) e reproduzir-se no ser de seus filhos.

Mesmo onde o capitalismo está mais implantado, as pessoas não deixam de existir fora do trabalho e em tantas outras relações, de tal modo que estão sempre em condições de respaldar-se nessa vida exterior (familiar, de amizades, cultural, política ou associativa) para manter uma distância crítica, pelo menos quando o nível de exploração não é máximo (exploração *no sentido forte*, no capítulo VI, definida por um grau de esgotamento tal que as pessoas a elas submetidas perdem a possibilidade de existir plenamente em outras situações que não as situações de trabalho). Sob o efeito dessa resistência, o capitalismo, para continuar a ser desejável, é levado a dotar-se de uma ideologia que age no mínimo oferecendo justificações, apontando para critérios de justiça e possibilitando resposta às críticas levantadas.

Além da crítica à qual o capitalismo está necessariamente exposto pelo fato de não engajar as pessoas à força e de, em regime normal (ou seja, não totalitário), estas conservarem um espaço que lhes possibilite manter certa distância em relação às exigências do processo de acumulação, existe outra razão pela qual o capitalismo precisa de regulações de ordem moral. Essa razão é que, enquanto ele, por essência, constitui um processo insaciável, as pessoas, ao contrário, são saciáveis, de tal modo que precisam de justificações para envolver-se num processo insaciável. Segue-se que o capitalismo não pode limitar-se a só lhes oferecer de mais específico a sua insaciabilidade inerente.

Isso significa que, diferentemente de Durkheim[3], descarregamos todo o peso dessa insaciabilidade no capitalismo – ou seja, nas suas propriedades sistêmicas –, e não nas propriedades antropológicas da natureza humana. Acreditamos que uma das dificuldades enfrentadas pelo capitalismo para ser admitido está no fato de ele dirigir-se a pessoas que estão longe de dispor-se a sacrificar tudo ao processo de acumulação, precisamente porque elas não se identificam de todo com esse regime, porque continuam conhecendo outros – por exemplo, os do apego familiar, da solidariedade cívica, da vida intelectual ou religiosa etc. –, e porque mesmo aquelas que parecem mais completamente identificadas com o capitalismo (unidimensionalidade que lhes confere, para o mundo exterior, algo de anormal e até de monstruoso) não podem esquecer completamente que conheceram outros regimes, pelo menos na infância, e que foram socializadas segundo outros valores. A existência de uma pluralidade de ordens de valores e o fato de as pessoas pertencerem simultânea ou sucessivamente a vários mundos vivenciados, criando de algum modo uma oposição entre os desejos, tende, pois, a conferir um caráter saciável à natureza humana ou, em outras palavras, a refrear as tendências à insaciabilidade de que fala Durkheim. Estas seriam talvez ilimitadas se os homens só conhecessem uma espécie de bem e um único modo de atingi-la. Mas tais indivíduos unidimensionais – próximos à ficção do *homo oeconomicus* – não se indignariam diante de nada, não teriam compaixão por ninguém, nenhum espírito crítico. Já nada mais teriam de humano[4].

Como não pode encontrar fundamento moral na lógica do processo insaciável de acumulação (por si só amoral), o capitalismo precisa extrair de ordens de justificação que lhe são exteriores (aqui chamadas *cidades*) os princípios de legitimação que lhe faltam. Por intermédio do espírito do capitalismo, o capitalismo incorpora portanto, de certo modo, sua própria crítica, pois incorpora princípios morais nos quais as pessoas podem apoiar-se para denunciar aquilo que nele não respeita os valores que ele assumiu.

3. Para perpetuar-se, o capitalismo precisa, ao mesmo tempo, estimular e frear a insaciabilidade.

O capitalismo, como processo de acumulação ilimitada, deve estimular incessantemente as tendências à insaciabilidade e ativar diferentes formas de desejo de acumular: acumulação de propriedade; concentração de poder, especialmente importante nas formas associadas ao segundo espírito do capitalismo que, a partir da década de 30, acompanha o desenvolvimento de empresas burocratizadas; ou também, como se vê hoje, capitalização de recursos que favoreçam a mobilidade e a criatividade. O capitalismo só pode desenvolver-se apostando na inclinação humana para acumular ganhos, poder, invenções, experiências diferentes.

Mas só essa força é totalmente insuficiente, porque, sem fundamento exterior, o desejo de acumulação em si se torna problemático e, ao longo da vida (ou pelo menos na geração seguinte) tende a esgotar-se. Isso não ocorreria, como vimos, se os homens fossem insaciáveis por natureza. Mas então haveria tendência à autodestruição, porque a busca de lucros ilimitados aumenta a concorrência que, se não for freada nem regulada, redunda em violência. O que seria, por exemplo, do capitalismo sem a proibição do roubo (ou seja, sem o respeito pelo direito de propriedade)?

O espírito do capitalismo pode então ser concebido como uma solução para esse problema, pois ele ativa a insaciabilidade na forma de excitação e de libertação, ao mesmo tempo que estabelece exigências morais que a limitam, impondo sobre ela injunções de bem comum.

Nele há uma *tensão permanente* entre o estímulo ao desejo de acumulação e sua limitação por normas correspondentes às formas assumidas pelo desejo quando imbricado em outras ordens de grandeza. Sendo, por definição, uma mescla instável, seu poder de mobilização pode fortalecer-se ou enfraquecer-se. Ele pode enfraquecer-se quer por perder sua face estimulante, quer por não se orientar o bastante para o bem comum e por parecerem um tanto precárias as justificações que ele apresente para o engajamento das pessoas. Mas o fortalecimento de um de seus componentes, seja ele qual for, age de volta sobre os outros: um mundo perfeitamente justo careceria da capacidade de gerar o tipo de prazer sentido no confronto com a incerteza, pois todas as *provas* de que depende a distribuição dos bens e dos encargos dentro de uma sociedade (provas de seleção e recrutamento, determinação do nível de remuneração, provas de avaliação do trabalho realizado etc.) estariam perfeitamente reguladas, e nada pareceria estar entregue ao acaso. As surpresas ainda seriam possíveis? Em compensação, um mundo no qual tudo parecesse possível, conquanto estimulante, poderia ser muitíssimo desmotivador, pois as pessoas não saberiam com o que poderiam contar.

4. O espírito do capitalismo não pode ser reduzido a uma ideologia no sentido de ilusão sem efeito sobre os acontecimentos do mundo.

Ele precisa, em certa medida, dar o que promete. Está sempre sendo posto à prova pelas pessoas que, apoiando-se nele do modo como se evoca um ideal, denunciam aquilo que na realidade escapa à regra. Isso pressupõe que as pessoas têm verdadeiras capacidades críticas, ou seja, que elas nunca estão suficientemente alienadas para deixarem de ter acesso ao estabelecimento de uma distância crítica. A crítica exerce efeitos reais, pois, para passar na prova, a justificação do capitalismo precisa respaldar-se em dispositivos, ou seja, em conjuntos de objetos, regras e convenções, dos quais o direito é uma das expressões. Esses dispositivos, elaborados em resposta às críticas expressas, são os que forçam o processo de acumulação.

5. O capitalismo tende perpetuamente a transformar-se.

A busca de novos caminhos para o lucro é uma poderosa força de transformação, quer se trate de superar os efeitos da saturação dos mercados com a criação de novos produtos e serviços – especialmente mercantilizando espaços que até então tinham ficado fora da esfera dos mercados –, quer se trate de restaurar margens erodidas pela concorrência, ganhando durante certo tempo alguma vantagem sobre os outros competidores. Tal vantagem (chamada de "concorrencial" nos livros de gestão empresarial) possibilita obter o benefício de uma receita temporária ligada à posse de uma patente ou de segredos de fabricação, ao domínio de uma nova tecnologia ou à implantação de uma nova organização mais eficiente. Ou seja, o papel desempenhado nessa "destruição criativa" permanente (segundo expressão de J. Schumpeter) pela forma muito específica de crítica, que é a concorrência (crítica *exit* na tipologia de A. Hirschman, no sentido de manifestar-se não pela palavra, mas pela defecção). Esta alimenta permanentemente o processo capitalista pelo próprio fato de que os empresários procuram perpetuamente escapar à erosão das margens que ela induz.

As transformações do capitalismo, em contrapartida, são em grande parte independentes da crítica *voice*, no sentido de A. Hirschman (protesto público), embora em certos casos esta possa favorecê-las, retardá-las ou impedi-las.

Acumulando-se, as modificações podem tornar-se tão radicais, que um espírito do capitalismo adaptado a dado período pode mostrar-se totalmente incapaz de realizar sua obra de mobilização algum tempo depois.

6. O principal operador de criação e transformação do espírito do capitalismo é a crítica (*voice*).

Mesmo não sendo o principal agente da mudança do capitalismo, a crítica (*voice*) tem papel fundamental na construção do espírito que, em formas diferentes e em diferentes épocas, acompanha o capitalismo.

Por meio de um trabalho de reflexão realizado pelos responsáveis empresariais e por seus assistentes (com o intuito de reproduzir sucessos e compreender fracassos), assim como pela crítica (no intuito de compreender as origens do que a indigna e de interpelar os primeiros, obrigando-os a produzir interpretações e justificações), estabelece-se uma espécie de cartografia do mundo em certo estado do capitalismo, segundo categorias compartilhadas pelos dois tipos de atores.

Essa cartografia reconhece lugares importantes – pontos focais que possibilitam uma coordenação tácita em situação de incerteza (Schelling, 1960) – que serão considerados como momentos privilegiados do juízo, da apreciação, portanto da seleção, da remuneração e da sanção positiva ou negativa. Demos-lhes o nome de "provas". Em parte sob o efeito da crítica, algumas dessas provas, consideradas muito importantes, são objeto de um trabalho de institucionalização, examinadas e verificadas sob o aspecto do grau em que é considerada justa a ordem oriunda da prova – com seus ganhadores e perdedores, seus grandes e pequenos. Esse processo possibilita que os diferentes parceiros convirjam para pontos de tensão que valem a pena elucidar, e assim favorece a atenuação dos conflitos. Quanto mais atenção a crítica dá a uma prova, maior a possibilidade de instauração de dispositivos destinados a melhorá-la em termos de justiça.

Portanto, nesse processo a crítica desempenha vários papéis: identificação e categorização das forças que podem ser legitimamente empregadas na prova e protesto quando um dos protagonistas é surpreendido utilizando a seu favor forças estranhas ao formato da prova. Assim, ela exerce pressão sobre as provas identificadas, para torná-las mais justas, eliminando forças parasitas, ou, em outros termos, intervém para *dar rigor* as provas. Logo, a crítica desempenha papel importante na formação do espírito do capitalismo que, para ser fidedigno, precisa ter sua correspondência em provas controladas.

Por possibilitar que o capitalismo se dote de um espírito que – como vimos – é necessário ao engajamento das pessoas no processo de criação de lucro, a crítica serve indiretamente ao capitalismo e é um dos instrumentos de sua capacidade a perdurar, o que, aliás, cria problemas temíveis para a crítica, pois ela é facilmente posta diante da alternativa de ser ignorada (portanto inútil) ou de ser cooptada.

7. Em certas condições, a própria crítica pode ser um dos fatores de mudança do capitalismo (e não só de seu espírito).

É possível considerar três casos: a) a crítica exercida de modo tão virulento sobre as provas regulamentadas, que o capitalismo procura escapar delas por meio de deslocamentos, ou seja, transferindo seus trunfos para campos que ainda não foram alvo de um trabalho de identificação e categorização do mesmo grau, com o risco de pôr em perigo "o espírito" no qual se baseava sua legitimidade e suas capacidades de mobilização. Por exemplo, um meio de escapar aos vínculos rígidos entre hierarquias de postos e hierarquias de salários, garantidos pelas convenções coletivas, sendo que todo e qualquer aumento em um de seus pontos tende a repercutir no conjunto da cadeia, consistiu em contratar pessoal precário, não previsto nas tabelas de classificação e não gozando das garantias instituídas; isso, transgredindo as promessas de carreira associadas ao segundo espírito, contribuiu para diminuir sua credibilidade; b) como a crítica é plural, uma mudança do equilíbrio entre os diferentes componentes críticos (que pode ser endógena à história parcialmente autônoma da crítica) leva a ressaltar provas até então pouco regulamentadas ou mesmo a instaurar novos tipos de provas, por meio da identificação-categorização de pontos da carta geográfica até então omitidos ou não qualificados de maneira autônoma. Assim, a importância ganha pelas reivindicações de libertação nos anos que se seguiram a maio de 68 desviou a atenção da crítica da questão até então preponderante do rateio do valor agregado para os comportamentos hierárquicos, de tal modo que os empresários precisaram corrigir as antigas formas disciplinares; c) a crítica, ao obrigar o capitalismo a limitar-se, obriga-o a modificar suas formas de acumulação. Por exemplo, no caso do segundo espírito do capitalismo, a crítica à exploração possibilitou impor um método contábil que tornava visível o valor agregado e sua divisão.

8. A crítica obtém energia em fontes de indignação.

Essas indignações apresentam-se em formulações historicamente situadas, ao mesmo tempo que se enraízam sem dúvida em antropologias de validade muito geral. Podem ser consideradas expressões emocionais de ancoragem metaética e dizem respeito a violações que, pelo menos implicitamente, são consideradas atentatórias às possibilidades de realização da humanidade dos seres. Identificamos quatro fontes principais dessas indignações, no que se refere às críticas dirigidas ao capitalismo. Lembramos que a primeira está associada à exigência de *libertação*, fundamentada na irredutibilidade constitutiva das *pessoas*, cuja *potência* (em oposição ao *ato*) não pode ser contida numa lista finita de propriedades. A segunda, que desvenda a *inautenticidade* das pessoas e dos objetos, respalda-se na oposição entre verdade e mentira. A terceira incrimina o *egoísmo* e aponta para uma exigência de *humanidade comum*, manifestada pela solidariedade nas coletividades. Por fim, a quarta resulta da sensibilidade diante do *sofrimento*, mais precisamente diante dos sofrimentos que, não tendo caráter genérico (como é o caso, por exemplo, da mortalidade), podem ser imputados à ação dos homens, ou seja, no caso que nos ocupa, à dinâmica do capitalismo. Essas fontes de indignação são orientadas para aquilo que, na ordem humana, é considerado corrigível, diferentemente da revolta contra a miséria da condição humana como tal[5].

Ainda que seja possível considerar que essas indignações têm um caráter relativamente intemporal, a crítica, nas formas que conhecemos hoje, está aliada à modernidade e à democracia. Embora provavelmente não exista sociedade sem crítica, esta, enquanto exigência política, é produto do Iluminismo[6]. O direito de denunciar, para nós, passa a fazer parte dos direitos humanos, de tal modo que nos é impossível conceber uma vida aceitável na qual não se dê nenhum espaço à possibilidade de formular críticas e expressá-las em praça pública.

Provavelmente também era no desenvolvimento das capacidades críticas que Durkheim pensava quando opunha a solidariedade mecânica à solidariedade orgânica. Enquanto na primeira a crítica consiste essencialmente em condenar as transgressões, julgadas escandalosas, a segunda – associada a formas extensas de divisão do trabalho, à consciência maior da pluralidade e, portanto, a pretensões diversificadas à legitimidade – abre caminho para um conflito de interpretações e, de algum modo, para a institucionalização da crítica social.

É de observar que o desenvolvimento do capitalismo provavelmente não teria sido possível sem essa abertura da crítica associada à pluralização das práticas, no mínimo porque ele pressupõe a liberdade de trabalhar e de empreender e portanto a concorrência. Esta, como vimos, já constitui por si só uma forma de crítica, a que consiste na defecção. Mas, além de ser raramente "pura e perfeita", verifica-se que a concorrência está longe de ter o poder regulador que lhe é atribuído pelos clássicos, para os quais os protestos deveriam ser postos na conta das imperfeições do mercado. Uma vez que os preços são impotentes para concentrar em si todos os motivos de satisfação ou insatisfação, o capitalismo também está condenado a reconhecer a função do clamor (*voice*).

Depois de lembrarmos as principais capacidades de que dotamos nossos "macroatores", que são o capitalismo e a crítica, bem como certas características do produto de sua interação, constituídas pelo espírito do capitalismo, podemos agora colocá-las em cena numa história seriada da mudança dos componentes do espírito do capitalismo, história que reconstruímos com base nos acontecimentos dos últimos trinta anos.

2. ETAPAS DA MUDANÇA DO ESPÍRITO DO CAPITALISMO

Alternaremos nesta exposição momentos em que o modelo de mudança é apresentado em sua maior generalidade e momentos que, apontando para características do período estudado, são de algum modo sua exemplificação e até oferecem exemplos tomados em épocas anteriores, também marcadas por transformações do espírito do capitalismo (trechos recuados).

A crítica em regime de acordo sobre as provas importantes

A crítica, pelo menos em suas modalidades públicas e quando associada a expressões justificáveis do bem comum, é exercida prioritariamente sobre provas que já foram alvo de um trabalho de formulação, estabilização por procedimentos ou regras e pelo menos de um esboço de institucionalização, o que lhes confere um caráter de objetividade que possibilita o compartilhamento da indignação, em oposição às provas pouco formalizadas, cuja crítica, geradora de uma "inquietação" (Thévenot, 1997) que exige interpretação, é difícil de ser compartilhada com os outros e, quando expressa, pode ser facilmente desqualificada como puramente "subjetiva" ou até como decorrente de uma inclinação à paranoia. Em vista do objeto de nosso trabalho, as provas formalizadas que nos interessam são prioritariamente aquelas através das quais se buscam a acumulação do capital e a realização dos lucros em modalidades com pretensão à legitimidade.

É possível distinguir três tipos de prova entre as que se confrontaram, em seu desenvolvimento, com a questão da justiça no início do período estudado, ou seja, na segunda metade década de 60 e no início da década de 70:

a) foram mencionadas de início as provas das quais dependia a relação salário/lucro, ou seja, o rateio do valor agregado. Trata-se de provas que redundavam na atribuição às pessoas de certo número de qualidades, bens, direitos e deveres relativos ao trabalho: a natureza das tarefas que elas precisam realizar (definida em termos de ocupações, por exemplo), uma remuneração, um tipo de contrato de trabalho caracterizado, segundo sua precariedade e sua flexibilidade, em termos de tempo realmente trabalhado etc. Essas provas, principalmente a partir da década de 30, tinham sido objeto de uma formulação baseada no direito do trabalho que conduziu ao estabelecimento daquilo que se costuma chamar de "sistema de relações profissionais";

b) também foram passadas pelo crivo da crítica as provas que legitimavam as assimetrias em termos de poder ou de posição hierárquica, principalmente quando essa assimetria era de ordem doméstica (ou seja, justificada pela antiguidade, pela propriedade familiar ou pelo gênero), mas também quando se respaldava na pretensão a desigualdades em termos de mérito, validadas pelo resultado de provas de seleção anteriores (como quando um "figurão acadêmico" baseia sua autoridade num título escolar);

c) a crítica, por fim, atacou todas as provas formalizadas e controladas em maior ou menor grau, provas consideradas legítimas e justas, nas quais se fundamentava a seleção social: evidentemente, em primeiro lugar, as provas escolares, mas também as provas de recrutamento profissional, das quais depende o progresso na carreira, os testes psicológicos, as provas destinadas a estabelecer se uma pessoa é normal no trabalho (no sentido psiquiátrico) e capaz de cumprir as tarefas que lhe são confiadas (especialmente minuciosas e legítimas nos setores em que se pode alegar exigência de segurança, como por exemplo nas estradas de ferro – Corcuff, 1989), sem falar de numerosas provas de tipo judiciário destinadas a determinar a culpa ou a inocência das pessoas em diferentes circunstâncias (conselhos disciplinares nos tribunais administrativos ou nos tribunais de justiça).

A crítica revela aquilo que transgride a justiça nessas provas. Essa revelação consiste principalmente em trazer à luz as forças ocultas que parasitem a prova e em desmascarar certos protagonistas que, tendo maior ou menor acesso a recursos diversos, os mobilizam sem o conhecimento dos outros, o que lhes proporciona uma vantagem imerecida.

No caso do rateio do valor agregado, a demonstração consiste em revelar os trunfos ocultos que discretamente engordam os lucros patronais, em termos coletivos ou individuais, ou seja, a exploração de que os trabalhadores são vítimas, no sentido de contradizer justificações patronais que, baseadas em balanços contábeis, pretendem mostrar que é impossível satisfazer a tais reivindicações sem comprometer a empresa.

No caso das provas de seleção e, particularmente, das provas escolares, a figura típica da revelação crítica consiste em mostrar como alguns concorrentes, situados em condições tais que suas chances de sucesso são formalmente iguais – de tal modo que o sucesso de uns e o fracasso de outros só seriam devidos ao mérito –, estão *de fato* em condições radicalmente desiguais porque alguns tiram proveito de forças parasitas estranhas à natureza da prova. Também são identificados e desmascarados os concorrentes que dessas forças tiram um proveito tanto maior quanto menor é o conhecimento oficial de tais forças. As forças reveladas, *a priori*, podem ser quaisquer forças. Não existe propriedade que não possa ser, formalmente, fonte de uma discriminação positiva ou negativa, ainda que esses questionamentos já não sejam feitos, nas últimas décadas, em termos de origem social, sexo, idade, origem étnica ou "deficiências" físicas ou mentais. O questionamento dessas forças parasitas pode ser objeto de disposições jurídicas (tal como a proibição, constante do código eleitoral, da presença numa mesma lista dos membros de uma mesma família; ou, em sentido inverso, como as normas antidiscriminatórias).

Devido à institucionalização de certas provas que desempenham papel de pontos focais e estão associadas a repertórios de crítica e justificação integrados num saber comum, se a crítica tentar se orientar para direções diferentes, terá dificuldade em fazer-se ouvir e sempre correrá o risco de ser canalizada para provas reconhecidas. Isto porque os diferentes atores não sabem como gerir essas novas críticas e desejam convergir para pontos negociáveis. De fato, a consideração de críticas que versam sobre temas cuja definição não está estabilizada e em cujos horizontes não figuram provas formalizadas arrisca-se a tornar a disputa interminável ou mesmo a orientá-la para a violência.

As críticas "sociais" dos anos 65-70, levadas a sério pelo patronato (quer tenham sido consideradas razoáveis e rapidamente levadas em conta, quer descartadas como pouco realistas e perigosas), em oposição às críticas mais "estéticas" rejeitadas, pelo menos num primeiro momento, como incoerentes, absurdas ou "surrealistas", são prioritariamente as que apontam na direção de provas que já tinham sido objeto de importante trabalho de formalização e estabilização (em decorrência de conflitos anteriores).

Assim, como vimos no capítulo III, é sobretudo para provas formalizadas integradas no sistema das relações profissionais que se orientam os porta-vozes dos participantes dos conflitos do trabalho, em busca de uma saída. Tomados de surpresa pela violência dos conflitos, ao mesmo tempo que permanecem numa lógica de competição e de relações de força, eles se empenham em coordenar seus esforços para chegar a uma solução convergindo para as mais robustas dessas provas que, estando bem enquadradas jurídica e institucionalmente, expõem menos ao risco de fazê-los resvalar para disputas desconcertantes e incontroláveis. Isso ocorre, por excelência, com as negociações em nível confederativo entre sindicatos e organizações patronais, nas quais representantes do governo desempenham papel intermediário. Essas provas se baseavam na forte associação entre o capitalismo e Estado, característica do segundo espírito do capitalismo.

Tensão das provas regulamentadas sob efeito da crítica

Quer incida diretamente nas provas mais convencionalizadas, quer seja canalizada para estas, a crítica, se tiver amplitude, não poderá ficar muito tempo sem eco (a não ser que se interrompa o funcionamento democrático do debate político e social: censura da imprensa, proibições de reuniões e greves, prisão dos contestadores...). De fato, essas provas (cuja justificação na maioria das vezes recorre às mesmas posições normativas invocadas pela crítica) precisam ser julgadas válidas e até irrepreensíveis para que seja garantida a legitimidade daqueles que têm algo a ganhar com elas, acusados com justiça pela crítica de ser indevidamente favorecidos. Os responsáveis pela sua aplicação, portanto, não podem ignorar eternamente as críticas que lhes são feitas e precisam levá-las em conta para que essas provas continuem legítimas.

Depois de um período maior ou menor de conflitos durante os quais se desenrolam sequências de crítica e justificação, essas provas frequentemente acabam se tornando mais controladas e depuradas do que eram no passado, para serem postas em conformidade com o modelo de justiça em vigor.

O período considerado oferece numerosos exemplos de providências que conduziram a um maior rigor quanto ao formato das provas para atender às exigências de justiça. Além do reequilíbrio do rateio salários/lucros favorável aos assalariados, o início da década de 70 é marcado por acordos no nível mais elevado, que levaram a leis ou decretos que, no prolongamento do Estado-providência, visam a fortalecer a estabilidade e as garantias dos assalariados (capítulo III).

As provas de seleção, durante esses mesmos anos, também foram examinadas com mais rigor quanto à capacidade de cumprir na prática as exigências de justiça constantes em seus estatutos. Na instituição escolar, principalmente, todo um conjunto de medidas teve como objetivo favorecer o acesso ao ensino secundário ou superior de crianças de categorias até então excluídas na prática[7]. A adesão de numerosos professores à crença de que a escola favorecia de modo dissimulado os alunos ou estudantes privilegiados sob outros aspectos, levou-os a tornar-se mais atentos do que no passado no decorrer das provas escolares e a seus próprios comportamentos perante os alunos de diferentes origens, a fim de controlar aquilo que sua atitude pudesse ter de discriminatória.

Quanto ao exercício da autoridade, chegou a ser alvo de um controle maior, visto que os subordinados exigiam com mais frequência a justificação das ordens dadas e dos pedidos feitos. O desenvolvimento de uma crítica intensa aos elos domésticos no mundo do trabalho – desde a crítica às oligarquias universitárias até a crítica ao poder dos pequenos chefes nas fábricas – constitui então a base da depuração de grande número de provas, de tal modo que as provas foram centradas em forças que as definissem apropriadamente, a "verdadeira" competência em âmbito profissional (ou as qualidades cívicas num âmbito político).

Ao cabo dessas diferentes modificações das provas, tornou-se um pouco mais difícil fazer os assalariados trabalhar além de suas obrigações contratuais sem compensação, comandar de modo opressivo, apoiar-se na autoridade dos títulos escolares para impor decisões sem relação com a competência adquirida, vender produtos de qualidade duvidosa, demitir representantes sindicais etc.

À medida que as provas são depuradas e tornadas mais rigorosas sob o efeito da crítica, o mundo social se torna um pouco mais justo ou, em outra linguagem, com um pouco menos de desigualdades, evidentemente em relação às injustiças ou às desigualdades correspondentes aos formatos de provas reconhecidas e regulamentadas (outras injustiças e outras desigualdades podem manter-se ou até aumentar, com base em provas que tenham sido alvo de pouco retorno reflexivo).

Ainda que seja difícil, por razões ligadas à legitimidade da ordem social, opor-se frontalmente a tal processo, o fato é que o crescimento da tensão das provas regulamentadas não redunda igualmente em vantagem para todos. Alguns ganham, outros perdem. O controle das forças realmente implicadas na prova favorece aqueles que treinaram demoradamente para tal prova, e não para outra – profissionais, especialistas etc. –, ou seja, aqueles que concordaram em fazer os maiores sacrifícios em outros campos e que, pelas mesmas razões, são pouco móveis e perdem sua vantagem relativa assim que precisam mudar de terreno. Mas, inversamente, prejudica aqueles que, tendo acesso a recursos distribuídos numa pluralidade de mundos associados a modos diferentes de apreciar o valor das pessoas e das coisas, podiam deslocá-los sem restrições de uma prova para outra. Os benefícios que obtinham tendem então a diminuir.

Assim, quanto mais a tensão das provas aumenta sob o efeito da crítica, maior é a tentação de evitá-las. Aqueles que até então eram beneficiados por provas relativamente pouco controladas percebem que os ganhos de legitimidade propiciados por provas mais tensas e justas são contrabalançados pela redução dos lucros em outros aspectos, ou, por exemplo, pela diminuição das chances de sucesso para eles ou para seus filhos. Eles podem não se conformar com essa perda de vantagens e tirar proveito dos ativos acumulados quando as provas eram menos tensas, buscando novos caminhos para o lucro. Para evitar perder a vantagem competitiva que lhes era proporcionada pela possibilidade de pôr em ação forças múltiplas e pouco identificadas, eles se deslocam para situações que compreendam provas menos controladas em termos da natureza das forças em confronto.

> As conquistas sociais do fim da década de 60 e do início da década de 70 possibilitaram modificar o rateio do valor agregado a favor dos assalariados, mas essa situação, somada às dificuldades da economia na segunda metade da década de 70, que tendiam a reduzir ainda mais os lucros das empresas, convencerá o patronato a escapar às negociações nacionais e renunciar à "grande política contratual" para explorar novos modos de organização e de relação com os assalariados (capítulo III).

Como as pessoas conseguem perceber que as provas às quais até então parecia normal submeter-se deixaram de oferecer as mesmas possibilidades do passado, de modo que convém procurar outros caminhos de lucro, outras oportunidades? Uma hipótese é que os grandes, aqueles que tiveram sucesso em certo campo, são os primeiros a compreendê-lo, porque sabem (de um saber tácito, dificilmente comunicável, sobretudo publicamente) que só um excedente de força (ilegítima) pode possibilitar àquele que saiba aproveitá-la ganhar valor superior ao mínimo garantido pela prova, em sua realização legítima. Desconfiam que nunca teriam alcançado "sucesso" sem esse excedente de força, cujo poder de agir teria sido destruído por provas excessivamente controladas, ainda que aquilo de que é feito esse poder permaneça como um mistério para eles, ainda que eles acreditem que assim contribuíram para o bem comum, o que, a seu ver e ao ver dos outros, justifica a grandeza que lhes é atribuída.

Os grandes no mundo capitalista são assim confrontados com uma tensão que pode ser resumida da seguinte maneira: assim como estão intimamente associados às provas regulamentadas, de tal modo que podem punir aqueles que tentem subtrair-se a elas, também estão intimamente associados à ordem social tal qual ela é, e mostram-se "conservadores"; mas, visto que estão sempre em busca de novos caminhos para o lucro, principalmente devido à concorrência a que se submetem aqueles que têm pretensão à excelência, eles não podem abster-se de abrir a caixa de Pandora onde estavam encerradas as forças que deviam ter sido dominadas para que o estado do mundo e, por conseguinte, suas próprias vantagens fossem menos contestáveis em termos de justiça.

Essa é razão pela qual, sem chegarem (salvo em raros casos) a exercer ao máximo a força em estado "puro" – ou seja, precisamente porque ela permanece indeterminada, portanto aberta para todas as formas possíveis de qualificação –, eles estão sempre prontos a criticar as regras, as regulamentações, o moralismo etc., como entraves à realização das grandes coisas para as quais se sentem impelidos. O nietzschismo vulgar, derivado da *Genealogia da moral* – aquele, por exemplo, que serviu de tema a Scheler em *Über Ressentiment und moralisches Werturteil** –, encontra ouvidos atentos nos fortes: "é preciso proteger os fortes dos fracos", esse é para eles um pensamento profundo que encontra eco em sua experiência mais íntima. Pertencer à "burguesia", à "classe dominante" ou ao círculo dos "notáveis", na acepção em que esses termos aparecem numa denúncia, mais do que qualquer outra coisa é compartilhar com os *happy few* o saber comum (que não pode ser confiado a todos, muito menos se tornar público) de que nada se torna grande sem um excedente de força e sem mudar as regras[8], seja nos campos da arte, da política ou da indústria.

Como as provas regulamentadas são investidas de forte legitimidade (da qual os "grandes" se beneficiaram até então), a capacidade de perceber que elas perderam o interesse e que está na hora de procurar oportunidades de investimento alternativo e outras vias de lucro, que passem por outras provas, pressupõe, portanto, certa liberdade em relação à moral, uma espécie de amoralismo frequentemente apresentado na linguagem do "realismo".

O "imoralismo" ou o "amoralismo", como disposição favorável à acumulação primitiva do capital, constitui, desde o início do século XIX e pelo menos desde Balzac, um tema clássico da literatura crítica da modernidade, empenhada em compreender onde aqueles que se fizeram sozinhos – as novas di-

---

* "Sobre o ressentimento e o juízo moral", que mais recebeu o nome de *Das Ressentiment im Aufbau der Moralen*, "O ressentimento na construção de sistemas morais", citado aqui com seu título francês *L'Homme du ressentiment*, trad. francesa de 1970.

nastias burguesas – encontraram audácia para aproveitar oportunidades ignoradas ou rejeitadas pelas elites instaladas, tirando proveito das conjunturas políticas conturbadas (resgate de bens nacionais por preços baixos ou fornecimentos especulativos para os exércitos do Império...).

No período que nos interessa – do fim da década de 60 a meados da década de 80 –, pode-se aventar a hipótese de que os inovadores encontraram os recursos (a força moral) de que precisavam para libertar-se do moralismo (pelo menos em parte) na difusão da psicanálise, muito grande na época, especialmente da psicanálise lacaniana. Esta desempenhou papel importante na desconstrução da moral costumeira (ou seja, principalmente uma moral pertinente à lógica doméstica), pondo sob suspeita os motivos ocultos dos esforços de moralização. Mais precisamente, a versão vulgarizada do lacanismo foi entendida durante o período por uma grande parcela dos jovens executivos dos setores público e privado, abertos para os temas libertários de maio de 68, como uma escola de realismo[9]. Qual a utilidade do tratamento psicanalítico? Para os executivos (sobretudo do setor público ou dos setores terciários de ponta, como a publicidade), que nas décadas de 70 e 80 a procuravam em grande número, ela servia principalmente para olhar a realidade de frente, inclusive – ou sobretudo – a do desejo, mas também para reconhecer os limites que a realidade impõe ao desejo e, assim, ter mais condições de abordá-la e dominá-la (em vez de repetir, eternamente, os fracassos decorrentes da busca irrealista de satisfações fantasmáticas).

A virulência da crítica estética, que na mesma época combatia todas as formas de convenção e via na moral e no respeito à ordem estabelecida uma opressão injustificada, também criou um contexto ideológico muito favorável a todas as formas de subversão, inclusive as realizadas pela vanguarda do patronato. No momento em que a palavra de ordem era inventar todos os dias a própria vida, os dirigentes empresariais puderam redobrar a criatividade e a inventividade de seus dispositivos organizacionais e, justamente por isso, mostrar-se progressistas.

Deslocamentos e esquivas às provas regulamentadas

Os deslocamentos possibilitam recuperar forças extraindo forças menos identificadas das novas circunstâncias nas quais se colocaram aqueles que os realizam. São evitadas as provas regulamentadas de grandeza. Alguns, de repente, têm sucesso de outro modo. De início não se sabe qual (pode ser que nem eles mesmos saibam).

Esses deslocamentos – por mais imprevisíveis e audaciosos que possam parecer – nada mais são que a manifestação da dinâmica do capitalismo que tem como uma das propriedades principais – o que fascinava Marx ou

Schumpeter – subverter a ordem existente em vista de sua reprodução, conforme lembrávamos no início desta conclusão. Os efeitos sistêmicos e miméticos da concorrência, ao favorecerem a adoção das inovações e ao diminuírem assim as vantagens que proporcionam, estimulam a procura constante de novos caminhos para obter lucros.

O período considerado oferece numerosos exemplos desses deslocamentos, que assumiram formas muito diversas. Podiam ser de ordem geográfica (relocação em regiões nas quais a mão de obra fosse barata, o direito do trabalho fosse pouco desenvolvido ou pouco respeitado e as regulamentações em questões de meio ambiente, menos coercitivas) ou de ordem organizacional (transformação das grandes estruturas numa miríade de pequenas empresas, precarização de toda uma faixa de trabalhadores etc.). Eles afetaram as provas das quais dependem as relações entre empresas (relações clientes-fornecedores, terceirização, parcerias, formação de redes etc.), a organização do trabalho (desenvolvimento da polivalência ou do autocontrole) e o rateio salário-lucro. Provocaram a formação de novos tipos de provas (capacidade para analisar problemas de qualidade nos operários, avaliação das competências comunicacionais...). Os deslocamentos também consistiram em produzir bens mais variados em séries menores e em mercantilizar objetos e serviços que até então tinham ficado fora do circuito econômico e por isso eram apresentados como mais "autênticos", a fim de responder às críticas contra a "sociedade de consumo", ao mesmo tempo que revitalizavam o consumo.

O acúmulo de deslocamentos contribui para desfazer as provas regulamentadas, que não só são evitadas, mas também se mostram ineficazes, pois cada vez menos possibilitam obter os bens que antes prometiam. Assim são amplamente desqualificados os princípios nos quais elas se baseavam e a sua aplicação prática. Os deslocamentos do capitalismo desfazem assim as composições entre lógicas de ação nas quais assentavam as provas, desde as mais regulamentadas até as mais informais.

As formas de organização da produção que favoreceram a expansão dos anos 50-60 baseavam-se, por um lado, na íntima união entre a divisão taylorista do trabalho e dispositivos estatais de redistribuição dos ganhos de produtividade (a "composição fordista" descrita pelos regulacionistas) e, por outro lado, numa composição entre exigências de ordem industrial (planejamento, controle administrativo etc.) e formas de justificação e controle de natureza doméstica. A presença na empresa de grande número de situações pertinentes a uma lógica doméstica manifestava-se, assim, tanto do lado do patronato, com a manutenção de um capitalismo familiar sustentado por valores burgueses tradicionais, mesmo num mundo onde o segundo espírito do capitalismo era dominante, quanto do lado dos assalariados, com as formas de supervisão pessoal, que combinavam disciplina de fábrica (imposta por "chefinhos" recrutados localmente, que haviam subido na escala hierárquica), dispositivos industriais de controle (indicadores de produção, por exemplo) e formas tradicionais, comunitárias ou familiares, de controle social fora da empresa.

Os dispositivos econômicos, por intermédio da composição entre mundo industrial e mundo cívico, eram conectados a instrumentações e centros de cálculo estatais que favoreciam uma administração impessoal, justificada por referência a um bem comum de natureza cívica. Mas, ao mesmo tempo, devido às composições entre o mundo industrial e o mundo doméstico, eles estavam profundamente implicados no tecido social e ligados às provas da vida cotidiana e às formas da experiência pessoal.

Num primeiro momento, no início da década de 70, a composição cívico-industrial parece sair fortalecida da crise. Mas o prosseguimento das reivindicações leva o patronato a realizar uma série de deslocamentos que têm como principais resultados recobrar, dez anos depois, o aumento nas garantias obtidas no início do período, graças ao sucesso das medidas tendentes a uma flexibilidade generalizada. A composição cívico-industrial sai desses confrontos, a partir de meados dos anos 80, muito enfraquecida na prática, tendo perdido grande parte de sua legitimidade. O período é também marcado pelo crescimento considerável do peso das multinacionais que se reorganizam para se tornarem mundiais e leves, ou seja, para dependerem pouquíssimo de implantações geográficas, o que acarreta a consolidação de grupos de interesses econômicos muito mais autônomos em relação às exigências dos Estados. Enquanto o segundo espírito do capitalismo atuava numa época em que o papel motor era desempenhado por grandes empresas nacionais que buscavam crescimento endógeno num mercado interno – o que justificava a estabilização das relações sociais por intermédio de um sistema nacional de "relações industriais" sob a égide do Estado –, o novo capitalismo se desligou do Estado.

A composição doméstico-industrial, por sua vez, que já em 1968 começou a ser desalojada do mundo acadêmico, mantém-se um pouco mais no mundo da produção, apesar dos questionamentos de que é alvo por parte dos jovens executivos, engenheiros e técnicos de nível superior, que às vezes encontram eco nas frações inovadoras do patronato (reunidas especialmente na associação Entreprise et Progrès), assessoradas por especialistas em gestão empresarial e por sociólogos. Só na segunda metade da década de 70, quando as direções empresariais procurarão pôr termo à expansão do mundo cívico, favorecendo uma gestão empresarial mais atenta às exigências de autonomia e criatividade, é que começará a minguar a legitimidade das ordenações domésticas na empresa e, de maneira mais geral, fora do campo fechado da família nuclear[10].

O desmantelamento da composição cívico-industrial contribuiu certamente para acelerar o desmantelamento da composição doméstico-industrial.

Isto porque a perenidade do mundo doméstico fora da família e em ambientes de trabalho dependia em grande parte dos instrumentos de controle social associados a esse mundo. A dependência pessoal, a longo prazo (no respeito às relações de idade e às relações hierárquicas), de um subordinado a seu patrão pressupunha que o superior estava em condições de controlar os deslocamentos e os contatos de seus inferiores e de orientá-los no sentido que julgasse conveniente. Mas, como contrapartida dessa dependência consentida, o patrão devia dar garantias a seu protegido, sobretudo de lhe possibilitar uma carreira. Nas grandes empresas dos anos 50-60, as relações de dependência doméstica encontravam, assim, apoio nas formas burocráticas de administração que davam aos jovens executivos dos "viveiros" possibilidades de carreira na organização. Por que iriam eles procurar em outro lugar o que lhes era oferecido ali, pondo em risco sua reputação de fidedignidade e fidelidade? A perenidade da composição doméstico-industrial estava então ligada à existência de dispositivos estáveis, de preferências estatutárias, incompatíveis com a procura de flexibilidade máxima.

É preciso evitar ver nos deslocamentos o resultado de uma estratégia de conjunto, elaborada em instâncias secretas e aplicada de cima para baixo. Eles não são interpretáveis em termos de plano preconcebido, planificado, organizado por um ator onisciente e onipotente – patronato ou capitalismo –, nem em termos de processo inconsciente, sem sujeito e reflexão.

Os deslocamentos organizacionais dos anos 70 foram, por certo, preparados por grande número de reflexões e estudos de especialistas – economistas, sociólogos, administradores – e consultores ou jornalistas especializados, preocupados em fazer frente à crítica. A procura de dispositivos mais robustos também foi incentivada pelas organizações patronais. Os mesmos atores desempenharam papel importante na troca de experiências, na sua estabilização e transformação em técnicas e dispositivos transferíveis e reproduzíveis. Mas o modo de agir consistiu principalmente em procurar novos caminhos para os lucros favorecendo mudanças locais, múltiplas e de pequena amplitude. O exercício dessa reflexão limitada teve como fundamento as preocupações e as ações de um número considerável de atores – patrões, dirigentes, diretores de recursos humanos, executivos... –, todos em busca de recuperar o controle onde atuavam, de fazer seus subordinados voltar ao trabalho, de aumentar sua margem de manobra e de restabelecer os lucros. Esses atores estavam ao mesmo tempo concorrendo entre si e desejando cooperar para compreender e, na medida do possível, imitar o que parecia funcionar nos concorrentes.

A pressão concorrencial tende a uma difusão bastante rápida dos deslocamentos (Bayer, Orléan, 1994). Mas é necessário um trabalho de interpretação, comparação e narração (frequentemente realizado por consultores ou em colóquios, seminários etc.), para definir o que parece ter sido proveitoso e tornar reproduzíveis em outros lugares medidas locais ou circunstanciais.

No início da sequência, quando os deslocamentos parecem heteróclitos, fortuitos, locais, o sucesso daqueles que deles se beneficiam pode parecer relativamente misterioso aos próprios interessados. Seu sucesso impressionante, ao qual se opõem os fracassos incompreensíveis dos que demoram a pôr em ação as novas receitas, pode ser atribuído às circunstâncias ou a singularidades psicológicas (por exemplo, a esperteza ou a falta de escrúpulos[11]). Mas, à medida que esses sucessos (ou esses fracassos) se mostram duradouros, a intuição daquilo que constitui o sucesso daqueles que se converteram a tempo começa a ganhar forma na consciência dos atores em concorrência para a formação do lucro e, consequentemente, a ser formulada e comunicada no interior de instâncias de coordenação dos dirigentes empresariais. Um número crescente de atores abandona as antigas provas e procura enveredar por novos caminhos que levem ao lucro. Os deslocamentos tendem então a multiplicar-se. A polarização rumo a novas provas e o abandono das provas antigas tendem então a disseminar-se. Alguns ativos se desvalorizam. Quanto a outros, a demanda cresce em proporções consideráveis.

Cabe observar que existe outra possibilidade, além do deslocamento, quando as provas se mostram tensionadas demais a certo número de atores: a que consiste em tentar recobrar as vantagens perdidas intervindo com força na ordem da categorização, "desregulamentando", recorrendo a tudo para conseguir uma mudança apoiada na estabilidade e na visibilidade da ordem jurídica. Essa possibilidade, porém, tem poucas chances de ser ativada, pois logo depararia com uma crítica fortemente constituída em torno das provas abertamente agredidas e provavelmente deveria passar pela violência política para a consecução de seus fins, a não ser que a própria crítica, por uma razão ou outra, estivesse muito enfraquecida ou desqualificada. O capitalismo, em certas circunstâncias históricas, recorreu a isso, por meio de uma aliança com forças políticas autoritárias, como, por exemplo, para derrubar um jovem regime comunista que punha em causa a propriedade privada ou o livre-comércio. Mas, ao fazê-lo, violou os fortíssimos vínculos que mantém com certas liberdades que lhe estão incorporadas, de tal modo que essa via, que bloqueia a dinâmica das provas, só é adotada como último recurso por não ser favorável à inovação e à mobilidade, que constam entre as principais molas do capitalismo. Mais vale, sempre que exequível, optar por uma via de pouca visibilidade, que evite discretamente os dispositivos instituídos.

Uma possível estratégia, em meados da década de 70, teria sido a de tentar um desmantelamento dos direitos associados ao contrato por prazo indeterminado. Em vista do alto nível de mobilização dos assalariados, tal estratégia teria sido muito custosa, especialmente em termos de legitimidade. Era melhor favorecer a multiplicação de numerosas outras formas de contratos e das possibilidades de transgressão às regras do direito comum, que continuavam intactas, ao mesmo tempo que, por outro lado, eram reforçados os direitos do contrato por prazo indeterminado, o que podia levar a crer que se tratava de novas conquistas sociais, quando na verdade essa forma jurídica se tornava cada vez menos atraente para as empresas, em vista das possibilidades que lhes eram oferecidas por outro lado.

Os deslocamentos encontram seus primeiros elementos de legitimidade ao tirar partido dos diferenciais entre as forças críticas

A crítica não é monolítica. Assim, identificamos dois grandes registros críticos que caminham desde meados do século XIX sob formas diferentes e sujeitos a mudanças: a crítica social e a crítica estética, que, segundo as conjunturas históricas, podem associar-se ou entrar em conflito. Também vimos, na introdução, que a ênfase crítica podia recair ora na inadequação de uma prova à ordem de grandeza que lhe é subjacente (crítica que chamamos de corretiva), ora na própria contestação de uma prova em termos de como ela é fundamentada em princípios de equivalência, refutando-se sua validade nos tipos de situação aos quais essa prova está associada (a chamada crítica radical). Por fim, a crítica, assim como o capitalismo, não é imutável. Num processo de extensão, ela se desloca para novos objetos de inquietação quanto ao caráter equitativo ou não das situações cotidianas. Portanto, pode incidir sobre momentos que não haviam sido até então formalizados em termos de prova, envolvendo seres cujos sofrimentos ou cuja condição injusta não haviam sido detectados[12].

Em vista dessa pluralidade e do fato de que as críticas às vezes são contraditórias, é possível que alguns deslocamentos do capitalismo possam atender a certas demandas, ao mesmo tempo que evitam as provas de primordial importância para outro lado da crítica. Isso tem como efeito ganhar uma parte das forças de protesto para os deslocamentos em curso e tornar as mudanças dificilmente reversíveis.

No período que estudamos, está bastante evidente que os deslocamentos do capitalismo não poderiam ter ocorrido com tanta rapidez nem com tanta amplitude se não tivessem se valido do diferencial entre a crítica social e a crítica estética. Uma das originalidades do movimento crítico que se desenvolve na segunda metade da década de 60 e no início da de 70 é, como vimos, expressar com a mesma intensidade dois conjuntos de reivindicações feitas por grupos diferentes, aliados ou concorrentes, segundo as conjunturas. Ou seja: por um lado, a diminuição da exploração e das desigualdades sociais, a consolidação dos dispositivos estatais de garantias do trabalho e a representação maior dos assalariados no governo – ou seja, aprofundamento daquilo que chamamos de composição cívico-industrial; por outro lado, a abolição das formas domésticas de subordinação e julgamento, justificação e controle social, não somente fora da família, na empresa, mas também no mundo das relações privadas e até na família, especialmente com o movimento antipsiquiátrico.

A fim de evitar as provas para cujo maior rigor a crítica social contribuíra, provas que ela desejava reforçar ainda mais (composição cívico-industrial), grande número de deslocamentos valeu-se da força da crítica estética. Assim, por exemplo, diante da exigência crescente de autonomia no trabalho, a resposta que se mostrou mais realista e proveitosa não consistiu em tentar elevar o nível de controle aumentando o peso da hierarquia e os dispositivos contábeis, mas, ao contrário, em diminuir a extensão das cadeias hierárquicas e caminhar no sentido de satisfazer às reivindicações de cunho libertário, o que contribuiu para substituir o controle externo pelo autocontrole. Traduzidos nos termos da crítica estética – autonomia, espontaneidade, autenticidade, autor-realização, criatividade, vida –, numerosos deslocamentos foram interpretados, inclusive por uma parte dos que os realizavam, como o resultado de um reconhecimento da fundamentação da posição crítica por um capitalismo finalmente esclarecido, ao qual a abertura e o modernismo conferiam nova legitimidade, contribuindo para dissimular o desmantelamento dos elos que associavam o mundo do trabalho ao mundo cívico. Por outro lado, para erradicar os valores domésticos dos locais de trabalho, também era preciso propor novas provas que não fizessem referência a eles, portanto evitar as provas regulamentadas que se baseassem no reconhecimento dos desvios hierárquicos e das dependências ou fidelidades pessoais.

Como vimos (capítulo III), essa fuga às provas que importavam para a crítica social também foi facilitada por mudanças que afetavam a história autônoma da crítica quando, no fim da década de 70 e, sobretudo, na de 80, a decomposição do partido comunista ganhou uma amplitude sem precedentes. Indiretamente, isto contribuiu para desacreditar a crítica social perante um grande número de atores (inclusive antigos marxistas), porque seus tipos de expressão e os tipos de organização nos quais ela se apoiara se mostravam irremediavelmente ligados à retórica e à burocracia do PCF, tornando-se assim um tabu. Durante certo tempo, a crítica estética ficou como única crítica legítima.

A crítica estética, embora tenha contribuído diretamente, portanto, para desfazer a composição industrial-doméstica que se mantivera no período anterior, também serviu de alavanca para separar capitalismo e Estado. De fato, centrada na exigência de libertação e na reivindicação de relações humanas "autênticas", partindo da crítica radical à instituição tradicional por excelência que é a família, ela também contribuiu para reforçar as disposições anti-institucionais das forças de protesto que podiam então investir contra outros alvos. Assim, ela foi orientada para a crítica à outra instituição de peso: o Estado.

A crítica social da década de 30, que contribuíra para a formação do segundo espírito do capitalismo, tomara por alvo principal o caráter anárquico do capitalismo dominado pelos interesses privados, aos quais eram opostos, como solução, o planejamento e a regulamentação sob os auspícios do Estado. A conjuntura social é completamente diferente nas décadas de 60 e 70, pois as reivindicações do período anterior foram parcialmente atendidas, com a instauração do Commissariat au Plan e, mais geralmente, dos institutos do Estado-providência, nos anos do pós-guerra. A década de 60 é marcada pelo dirigismo gaullista e pelo fortalecimento dos elos entre os funcionários estatais e o pessoal das grandes empresas. Essa aproximação é concomitante à crença otimista na convergência entre progresso econômico e progresso social, que supostamente provocaria um "declínio das ideologias", tornadas "obsoletas" pela ascensão das competências técnicas que marca o apogeu do segundo espírito.

Um dos modos como se dará o renascimento da crítica social, de meados da década de 60 a meados da década de 70, consistirá em, precisamente, tomar como alvo o acoplamento entre capitalismo e Estado (denunciado especialmente com a expressão "capitalismo monopolista de Estado"), em vez de opor o desregramento do capitalismo privado à planificação do Estado: o capitalismo dissolveu-se no Estado e pôs o Estado-providência a seu serviço, de tal modo que os avanços sociais oriundos de um estado anterior da crítica já não podiam constituir obstáculo ao renascimento da crítica. Nessa nova perspectiva, que rompe com o progressismo estatal dos anos do pós-guerra, a Renault – símbolo da grande empresa nacional – não vale muito mais do que a Peugeot – encarnação do velho capitalismo familiar.

Mas essa nova crítica precisa de um apoio externo que não seja o liberalismo – também oposto às alianças "antinaturais" entre o Estado e o mercado. Esse apoio será encontrado na extrema esquerda, na tradição antiautoritária e anti-hierárquica da crítica estética que, empenhada em denunciar a "dominação", mais que a "exploração", possibilita confundir todas as instituições (inclusive os sindicatos estabelecidos e o partido comunista) num mesmo posicionamento de rejeição. Em vez de ser considerado como um instrumento de proteção contra a dominação ("arbitrária") dos mais fortes e, por isso também, contra a exploração, o Estado é denunciado não só como servidor do capitalismo – crítica que o marxismo fizera já de início ao Estado liberal –, mas também como aparato central de opressão e exploração, quer direta, quer indireta, por intermédio dos "aparatos ideológicos do Estado" – justiça, instituições culturais e, sobretudo, Escola e Universidade –, segundo fórmula de Althusser repetida à saciedade nos anos 70.

Pode-se aventar a hipótese de que os deslocamentos do capitalismo se baseiam prioritariamente nas reivindicações de libertação, apenas à medida que a esquiva às provas consideradas essenciais até então produz por si só um efeito de libertação, especialmente para os recém-chegados, mas também na imbricação de um projeto de libertação no capitalismo. Esses fatores tornam a crítica estética muito adequada para acompanhar e legitimar os deslocamentos, pelo menos em suas manifestações históricas que preferem a libertação à autenticidade.

Um deslocamento que utilizasse uma legitimidade oriunda da consideração de reivindicações formuladas em termos de justiça parece menos provável, pois pressuporia uma elevação do nível de reflexividade e um trabalho de categorização e codificação que é demorado. Do mesmo modo, parece difícil dar resposta a exigências de garantias no trabalho por meio de um deslocamento, pois elas só se impõem depois que os riscos associados às novas formas de liberdade foram amplamente reconhecidos.

*Neutralização da crítica às provas regulamentadas
sob o efeito dos deslocamentos*

Os deslocamentos do capitalismo e as várias mudanças nos dispositivos mais cotidianos que os acompanham contribuem para desarmar a crítica: por um lado, ao satisfazerem certas exigências expressas por uma das vertentes da crítica, sem a qual, como vimos, os deslocamentos seriam mais difíceis e custosos; por outro lado, ao desmontarem as forças críticas que estavam vinculadas à defesa das provas regulamentadas. Os deslocamentos apresentam a estas últimas um mundo sobre o qual elas têm muito menos controle: no campo cognitivo, porque já não sabem como interpretá-lo; no campo prático, porque já não sabem a que dispositivo se aterão como alvo de sua ação.

Os deslocamentos têm como efeito evidente transportar as provas de situações em que os diferentes parceiros dispunham de relativa simetria de controle (é precisamente o papel da categorização e da regulação favorecer tal simetrização dos controles, especialmente dos que dependam do nível de informação) para situações em que os controles são distribuídos de maneira muito assimétrica entre os representantes do empresariado e os dos assalariados. A crítica e os aparatos críticos associados a um estado anterior das formas de seleção social têm pouco controle sobre provas novas, que não foram alvo de um trabalho de reconhecimento, institucionalização e codificação.

Baseando-se em formas normativas comprovadas, correspondentes a um estado anterior das ordens de legitimidade, as denúncias e as revoltas são afetadas assim por um atraso em relação ao estado das provas oriundas dos deslocamentos, podendo sempre ser desqualificadas como conservadoras, reacionárias ou passadistas.

As greves ou os movimentos de protesto dos últimos anos que pretendiam assentar sua legitimidade na defesa do serviço público, das convenções coletivas, das tabelas de qualificação ou dos sistemas de proteção social foram assim desqualificadas por numerosos comentaristas.

As reações operárias à ascensão das formas capitalistas de exploração no século XIX também oferecem numerosos exemplos desse atraso da crítica e de sua propensão a respaldar-se em formas superadas para formular resistência em períodos de mudança rápida dos modos de submissão à prova. Assim, como mostraram as análises minuciosas de William Sewell (1983), foi primeiramente na linguagem das corporações, das antigas solidariedades corporativas, que antes de 1848 os artesãos e os operários franceses tentaram interpretar a degradação de suas condições de vida, concomitante à industrialização, formular reivindicações e criar dispositivos orientados tanto para a ajuda mútua quanto para o protesto, frequentemente violento, tais como as associações de socorro mútuo ou as de camaradagem, formas de organização entre as quais as fronteiras eram pouco definidas. Foi somente nas semanas que se seguiram à revolução de julho que "os operários tomaram claramente consciência de seu idioma" corporativo e trataram de forjar uma nova linguagem por meio de uma "adaptação criativa da retórica oriunda da Revolução Francesa" (*id.*, p. 272), especialmente começando a atribuir sentido pejorativo, até então desconhecido, aos termos "explorar", "explorador" e "exploração".

Os dispositivos críticos se estabelecem com dificuldade, à custa de grandes sacrifícios e com atraso, numa relação de isomorfismo, relativamente às instituições sobre as quais pretendem ter controle. Esse isomorfismo é, de certo modo, a condição de sua eficácia. Portanto, eles são tomados de surpresa pela mudança rápida dos modos de organização e das formas de justificação dos mundos aos quais eles precisaram colar-se, tornando-se parte integrante deles.

O sindicalismo de massa, assim, estabeleceu-se na óptica da grande empresa, simultaneamente em oposição aos valores burgueses de ordem, trabalho e progresso e em harmonia com eles, aderindo às grandes concentrações industriais do capitalismo planificado, fascinado pelas formas burocráticas de gestão. Mas, quando as pessoas às quais se dirigem deixam de estar concentradas em vastas fábricas em contiguidade física, de ter o mesmo estatuto, de depender juridicamente dos mesmos empregadores, inserindo-se em cadeias coercitivas tais que sua própria sobrevivência depende da capacidade de transferir as coerções para outras pessoas eventualmente mais fracas, fica muito difícil provocar mobilizações baseadas no valor da proximidade no trabalho, da similaridade de condição, da solidariedade entre trabalhadores.

Pelas mesmas razões, também se tornaram ineficazes os centros de cálculo nos quais a crítica podia respaldar-se para contestar as justificações patronais ou apresentar contrapropostas. As razões pelas quais os deslocamentos do capitalismo levam à perda do controle dos dispositivos críticos não são apenas de ordem organizacional, mas também, indissociavelmente, de ordem contábil. Entre as numerosas assimetrias que conferem posição precária aos assalariados em relação aos dirigentes, uma das principais decorre da capacidade de definir os parâmetros contábeis e de instrumentalizá-los em centros de cálculo, segundo expressão de B. Latour (1989), o que constitui praticamente um monopólio das direções empresariais. O âmbito contábil, no qual as forças são convertidas em dinheiro, constitui assim um dos objetos principais do conflito entre capital e trabalho[13].

Os dispositivos críticos só conseguem pesar sobre o quadro contábil à custa de lutas importantes e – embora em graus diferentes segundo os países e a importância dada ao Estado na regulamentação das relações sociais – passando por uma modificação jurídica de validade geral, o que exige que eles encontrem aliados no Estado ou exerçam pressão suficiente sobre este. Mas isso já pressupõe que as instâncias críticas disponham de centros de cálculo independentes daqueles sobre os quais os dirigentes e o empresariado exercem poder. Ora, a criação de tais centros de cálculo alternativos é demorada e cara, e é difícil acumular e validar informações... Sua coleta deve basear-se em observadores situados em diferentes pontos e capazes de criar relatórios acumuláveis, com o fito de constituir um quadro geral; também deve basear-se em dispositivos de controle de como as provas se desenrolam em tal campo. A prova pode atender formalmente a um regulamento, mas transgredi-lo em sua efetivação se ninguém estiver por perto para verificar a relação entre a prova no papel, no relatório feito pela direção, e a prova que ocorreu na realidade.

> Um dos efeitos mais evidentes dos deslocamentos foi dificultar muito mais do que no passado tanto o controle das provas em campo (pois a própria realidade organizacional se diversificou, singularizou e fragmentou – cf. capítulo IV), quanto a acumulação de dados, formatados de tal modo que possam tornar-se públicos de maneira confiável e convincente.

A instauração do Estado-providência fora indissociável da criação de novos dispositivos contábeis que permitiam instrumentalizar a noção de valor agregado e possibilitar um cálculo do rateio salários/lucros em nível nacional e em nível empresarial. Mas a fragmentação das grandes empresas integradas, com a formação de grupos de pequenas empresas que recorrem a numerosos serviços de terceirização, tornou o quadro contábil menos eficaz. A proliferação de pequenos centros de cálculo (tantos quantos o número de empresas) veio assim ocultar os grandes rateios efetuados no conjunto de uma cadeia de produção (de um "setor", como se diria na linguagem do segundo espírito do capitalismo). A "decomposição do capital em entidades jurídicas separadas" foi concomitante, para os dirigentes, à manutenção de um alto nível de integração da "estrutura de informações" (Teubner, 1993), mas, para os assalariados, a informação disponível tornou-se fragmentada, e o horizonte passou a limitar-se à unidade direta de inserção, legalmente seu empregador direto, mas sem autonomia de decisão. Essa situação explica por que introduzimos entre os dispositivos da cidade por projetos aqueles que têm em vista reunir num conjunto identificável todos os participantes de uma rede (cf. capítulo VI).

Do mesmo modo, pode-se considerar que o quadro contábil deixa de ser adequado em termos de estabelecimentos financeiros em decorrência da invenção dos "produtos derivados" que se assemelham a deslocamentos, pois uma de suas vantagens (não das menores) para os bancos submetidos à razão Cooke é constituir compromissos fora do balanço, escapando assim ao controle. O déficit de informação nos mercados é tal, que ninguém tem condições de avaliar com precisão o risco geral ao qual esses novos produtos financeiros expõem a economia mundial, sobretudo em decorrência de compromissos que ultrapassam de longe a solvência dos signatários.

O desenvolvimento de sucursais no estrangeiro por parte das grandes empresas também teve como resultado conferir-lhes uma espécie de invisibilidade e tornar muito mais difícil a imputação de responsabilidades a instâncias representadas por pessoas facilmente identificáveis, a previsão e a identificação das decisões estratégicas, bem como o rastreamento de seus efeitos.

Os deslocamentos, quando em marcha, contribuem também para desmantelar a crítica porque a tornam inoperante, o que tem por efeito desqualificar as instâncias investidas de contrapoder perante aqueles que delas esperavam defesa e proteção. À medida que ocorrem os deslocamentos, aqueles que não os acompanham, que não os entendem, que deixam de obter bons resultados, mas continuam confiando nas provas regulamentadas, sentem-se surpreendidos, atormentados ou indignados. Os efeitos dessa indignação recaem sobre as provas controladas de grandeza (aquelas que foram tensionadas ao extremo por um ciclo de críticas e justificações), agora obsoletas, e sobre os dispositivos críticos, uma vez que estes continuam ganhando uma importância que já não têm.

Assim, pode-se compreender, pelo menos em parte, o declínio do sindicalismo durante os últimos anos. O sindicalismo, que sempre focalizou as provas-chave de um sistema de relações profissionais evitado e extrapolado de todos os lados, perde credibilidade, inclusive junto aos assalariados, o que parece dar razão àqueles que o veem apenas como instrumento corporativista de uma pequena categoria de privilegiados do trabalho, afastados do mundo real, do mundo como ele é, como se tornou.

A crítica é menos móvel que o capitalismo. As instâncias críticas não têm a iniciativa do deslocamento. Têm centros de cálculo precários. Seu modo de agir é direto, pela greve ou pela recusa ao trabalho, mas também e sobretudo indireto, por meio da lei, que lhes confere certa inércia. A necessidade de apoiar-se na lei para defender os interesses dos mais fracos marca as organizações críticas com uma espécie de conservadorismo que o capitalismo não conhece.

Retomada da acumulação e reestruturação do capitalismo

O deslocamento das provas, o desmantelamento da crítica e o estabelecimento de novos controles sobre o mundo, distribuídos de maneira assimétrica, dão oportunidade à retomada da acumulação e à restauração dos lucros. Ao evitar as provas mais categorizadas e mais controladas, a acumulação capitalista liberta-se dos entraves que as injunções do bem comum faziam pesar sobre ela.

Vê-se tal processo em ação na década de 80, quando, sob a cobertura de um discurso sobre a "crise", as formas do cosmos capitalista se reestruturam simultaneamente a um novo impulso da acumulação e ao aumento da parcela dos lucros no rateio do valor agregado.

Efeitos destruidores dos deslocamentos e riscos criados para o próprio capitalismo

A libertação em relação às injunções do bem comum até então impostas pelo espírito do capitalismo em vigor, embora favoreça a retomada da acumulação sem obstáculos, também exerce efeitos destruidores. Um capitalismo fora de controle tem grandes chances de dar origem a diferentes formas de desastre: desigualdades, desemprego, doenças do trabalho ou decorrentes de defeitos de produtos oferecidos ao consumo etc. De fato, um capitalismo sem controle, sem coerções, não conhece outro critério além do interesse particular dos mais fortes e não tem razão nenhuma para levar em conta o interesse geral. Nenhuma "mão invisível" vem guiá-lo quando desmoronam as instituições e as convenções sem as quais o próprio mercado não pode funcionar (Callon, 1998).

Tais momentos históricos, que com razão podem ser qualificados de "revolucionários", são marcados por profundas modificações do mundo social. Alguns grupos desaparecem enquanto outros se formam. O deslocamento das provas provoca mudanças brutais de condições sociais: alguns mundos são derrubados, desfazem-se famílias, desaparecem profissões, esvaziam-se bairros, pessoas se vão, se arruínam, se suicidam, decaem, perdem todos os recursos, enquanto outros atores, considerados até então gente de pouca importância, têm sucessos fulgurantes.

> A literatura do século XIX descreveu tudo isso centenas de vezes, preocupada como sempre esteve com os efeitos ao mesmo tempo misteriosos (um número cada vez maior de pobres num mundo cada vez mais rico) e incrivelmente destruidores do desenvolvimento industrial e da ascensão do "credo liberal" (Polanyi, 1983). A conjuntura que prevalece nos anos 90 é também marcada pela coexistência de um capitalismo regenerado e de um mundo social no qual o aumento das desigualdades, o desemprego, a pobreza, a incerteza quanto ao futuro (especialmente o dos filhos) e a dificuldade para dar sentido ao presente provocam um profundo desalento cujas manifestações podem ser vistas nos indicadores de anomia (cf. capítulo VII).

Tal evolução, marcada pela disjunção entre o crescimento dos lucros, com vantagem de um número restrito de pessoas, e o acúmulo das dificuldades que são fonte de desânimo para a maioria, comporta certo risco para o capitalismo.

São vários os tipos de risco a que o capitalismo se expõe, caso sua marcha não volte a ser enquadrada por injunções estabelecidas com base em exigências externas do bem comum. Esses riscos decorrem, em primeiro lugar, da possibilidade de desengajamento das pessoas. Mesmo estimulado durante certo tempo pela grande elevação dos lucros especulativos, o processo de acumulação não pode prosseguir sem a participação ativa do maior número possível de atores, mobilizados tanto como trabalhadores ou criadores de novos produtos quanto como consumidores ou investidores, cuja confiança só poderá ser mantida se eles se considerarem suficientemente protegidos dos riscos sistêmicos. Pois o processo de acumulação, mesmo se constituindo como sua própria norma precisa estar, para prosseguir – e esse é seu paradoxo –, profundamente incrustado num tecido social que ele sempre esgarçará quando a lógica que o orienta for exercida sem nenhum controle externo. Esse desengajamento, porém, tem chances desiguais de afetar as diferentes categorias de assalariados em função das vantagens que estes possam extrair da reestruturação do capitalismo.

Assim, os executivos dos quais, como vimos, se esperava, de modo geral, alto nível de engajamento, podem aderir por bastante tempo a um modo de funcionamento que, valorizando as qualidades de empreendedor, lhes ofereça (sobretudo na juventude) perspectivas bastante estimulantes em termos de desenvolvimento pessoal (e também a esperança de gratificações financeiras), ainda que em certo número de casos sua condição presente seja marcada pelo aumento da carga de trabalho, sem compensação salarial. Por outro lado, os executivos podem estar hoje menos atentos aos desgastes provocados pelas práticas administrativas do que seus predecessores nas formas de capitalismo associadas ao segundo espírito. De fato, com a autonomia ganha pelas unidades das quais eles estão encarregados, as injunções sistêmicas pesam mais diretamente sobre cada um deles. Por outro lado, tendo menos responsabilidades hierárquicas e exercendo, cada vez menos, controle direto e pessoal sobre os subordinados, mas, em contrapartida, exercendo cada vez mais atividades financeiras, de concepção ou venda, eles estão menos submetidos a exigências de justificação.

No entanto, mesmo no caso deles e, principalmente, no que se refere a assalariados que dispõem de menos autonomia, o atual nível de engajamento que pode parecer elevado, se considerado em seu valor nominal, na verdade é produto de forças e dispositivos cujos efeitos têm grandes chances de diminuir rapidamente com o tempo. Essas forças são, sobretudo, da ordem da pressão e, especialmente, pressão exercida pelo desemprego. Mas o medo do desemprego, por intermédio do desalento que ele não pode deixar de provocar, pode acarretar a longo prazo reações de retração, seja na forma de retração do mercado de trabalho e de retorno a atividades pouco lucrativas, mas situadas fora da esfera do mercado, seja na forma de subtração psicológica ao trabalho, provocando atitudes de "resistência"[14] comparáveis (ainda que indubitavelmente com outras formas) aos processos de redução da produtividade que constituíam um dos meios de resistência contra o taylorismo.

Outrossim, grande parte das tecnologias sociais nas quais se baseia atualmente o recrutamento para o trabalho respaldou-se na substituição de trabalhadores e na contratação de jovens (cf. capítulo IV). Mas, embora à primeira vista a própria dificuldade do processo de seleção constitua um fator de engajamento (os eleitos ou salvos têm a sensação gratificante de terem sido os escolhidos entre outros mil), as aspirações criadas pela sensação de ter sido eleito serão frustradas, em prazo maior ou menor, quando, na falta de carreira, os "felizardos" perceberem que é muito difícil melhorar as condições iniciais. Portanto, é bem possível que a resistência se transforme em protesto ativo, em revolta manifesta – individual ou coletiva, segundo o estado das organizações críticas – e até em violência, num nível suficientemente alto para prejudicar a produção.

Um segundo tipo de risco deriva do desajuste introduzido pelos deslocamentos entre o capitalismo e o Estado. Ora, o capitalismo nunca pôde e ainda hoje não pode sobreviver sem o apoio do Estado. É o poder político que garante, por exemplo, respeito aos direitos de propriedade; é o Estado que dispõe dos meios de coerção capazes de impor respeito aos direitos reconhecidos dos trabalhadores, mas também aos interesses das empresas e aos contratos por elas firmados.

A atual crise do Estado deve ser intimamente associada aos desenvolvimentos recentes do capitalismo. De fato, um dos meios pelos quais o capitalismo saiu da crise que o ameaçava na década de 70 consistiu em transferir para o Estado o ônus dos danos e dos riscos provocados pelo processo de acumulação e, por conseguinte, em aumentar o papel garantidor do Estado como pagador em última instância (cf. capítulo IV). Isso vale para o desemprego, para a degradação da situação sanitária dos trabalhadores precários, para a redução das garantias, associada ao desenvolvimento dos mercados ilegais (Hermine, 1996), mas também, sob outros aspectos, para os riscos industriais e ambientais.

O Estado-providência já constituía uma espécie de "tapa-buraco" do capitalismo. Mas dispunha, em contrapartida, de meios para impor fortes injunções sobre as formas de acumulação, de tal modo que a complementaridade entre capitalismo e Estado podia ser relativamente equilibrada. Esse equilíbrio foi posto em xeque quando o capitalismo se reapropriou de sua margem de manobra e ficou em condições de escapar em grande parte do poder coercitivo do Estado. Esse movimento baseou-se na desregulamentação dos mercados financeiros, que diminuiu a margem de manobra financeira de que os Estados dispunham, e no desenvolvimento da internacionalização das grandes empresas. O estabelecimento de novas formas de organização "em rede" torna as firmas muito mais flexíveis e muito menos frágeis do que as grandes empresas nacionais do passado e os Estados ainda hoje[15]. Assiste-se assim, em grande número de países, ao desenvolvimento de um capitalismo cada vez mais poderoso e autônomo em relação a Estados cada vez mais fracos que comportam uma minoria de cidadãos prósperos e um número crescente de pessoas em dificuldade.

A pauperização provocada pelos deslocamentos do capitalismo constitui outro fator de risco por meio da diminuição do consumo (insuficientemente compensado pelo desenvolvimento do mercado dos produtos de luxo) ou por meio do desenvolvimento de atividades criminosas que oferecem oportunidades de enriquecimento que o capitalismo já não oferece. Um capitalismo que deixa de ser acompanhado pela elevação do nível de vida, especialmente dos mais pobres, perde credibilidade. Pode continuar a apoiar-se na promessa de libertação (ou no medo da paralisação ou da regressão do processo de libertação). Mas a satisfação da exigência de libertação (tomada no sentido amplo e não somente em referência às liberdades políticas) também passa por bens, portanto pela distribuição do poder aquisitivo.

A construção de um novo espírito do capitalismo assume, nessas condições, um caráter necessário não só do ponto de vista humanista – para limitar os sofrimentos provocados por um capitalismo desenfreado –, mas também de um ponto de vista que seria de algum modo interno ao processo de acumulação cujo prosseguimento seria preciso garantir.

No entanto, os riscos incorridos por um capitalismo sem coerções são atenuados por mecanismos inversos; o principal deles é o ingresso incessante de novos atores, na qualidade de consumidores ou de produtores, cujas expectativas ainda não foram frustradas. Devido a esses fatores é difícil prever a chegada de um "ponto sem retorno", além do qual o próprio prosseguimento do processo de acumulação fosse posto em xeque.

> A existência de um exército de reserva, disponível no Terceiro Mundo, nos países emergentes ou nos ex-países comunistas, favorece os deslocamentos e o novo impulso do capitalismo, pois, apesar do desânimo ou da revolta daqueles cujas esperanças foram frustradas, sempre se encontram outros para tentar a sorte por sua vez.
>
> Quanto à insegurança, para tomar outro exemplo, suas consequências sobre o funcionamento do capitalismo podem ser limitadas pela inserção das redes na materialidade do território, tal como ocorre quando bairros residenciais protegidos são interligados por vias reservadas a centros empresariais fortemente vigiados, de onde é possível movimentar capitais e agir sobre o mundo a distância; ou quando "paraísos" turísticos de alto luxo, incrustados em ilhas miseráveis das Caraíbas e protegidos por brigadas paramilitares, são ligados ao resto do mundo por aeroportos privados. A tolerância dos privilegiados em relação ao processo de decomposição dos espaços públicos, portanto, pode ir bem longe.
>
> O exemplo do período entre as guerras na Europa mostra, porém, que o prosseguimento da ordem capitalista não é obrigatoriamente inexorável e que podem ocorrer crises e mudanças políticas tão radicais que os haveres acumulados e os bens econômicos necessários ao prosseguimento da acumulação podem correr perigo.

Papel da crítica na identificação dos perigos

Os perigos a que o capitalismo se expõe quando consegue desenvolver-se sem coerções, destruindo o substrato social sobre o qual prospera, encontram um paliativo na sua capacidade de ouvir a crítica, o que constitui provavelmente o principal fator de sua robustez desde o século XIX. Ora, a função crítica (*voice*) não tem lugar no interior da empresa capitalista, na qual se considera que a regulação é feita unicamente pela concorrência (*exit*), só podendo ser exercida fora dela. Portanto, são os movimentos críticos que informam o capitalismo sobre os perigos que o ameaçam. O papel deles se torna muito necessário devido à tendência do capitalismo a escapar da regulação do mercado, portanto da regulação pela concorrência (*exit*), cuja expressão hoje é constituída pela rede. Mas esse tipo de regulação pelo conflito tem um preço muito elevado, pago principalmente por aqueles que se encarregam da crítica e lhes servem de porta-vozes.

Esta consideração à crítica é tão mais provável que a resposta do capitalismo não pode consistir simplesmente em fugir, deslocando-se para países nos quais o nível da crítica seja mais baixo. O argumento da *fronteira*, utilizado por Sombart (1992) para explicar por que o socialismo não se desenvolvera nos Estados Unidos – segundo esse argumento, a passagem para o estado de camponês nas terras virgens do Oeste americano absorvera os elementos operários mais contestadores –, também vale para o próprio capitalismo, que só é incitado a dar ouvidos à crítica quando é impossível simplesmente fugir dela[16]. É de notar, porém, que os freios à relocação não são unicamente físicos. Podem também decorrer da *lealdade* e – no caso dos Estados, das regiões ou das comunidades locais – de um apego que pode tender a desencorajar a fuga e favorecer, assim, a consideração à crítica (tudo isso sem ter, necessariamente, o caráter excludente, agressivo e expansionista dos nacionalismos).

> Em vista da importância assumida no neocapitalismo pela exigência de mobilidade e dos esforços permanentes dos diferentes participantes para descarregar o peso das atividades econômicas sobre atores menos móveis que suportem todos os seus riscos (cf. capítulo VI), pode-se acreditar que as empresas capitalistas controladas a partir da França, neste fim de século, estão menos dispostas a dar ouvidos à crítica do que em outros lugares onde os valores coletivos são mais fortes ou do que ocorreu em períodos orientados para o desenvolvimento do aparato de produção e do mercado interno (ou para a reconstrução, a exemplo do que ocorreu nos anos do pós-guerra). O preço pago pela crítica para se fazer ouvir pode ser ainda mais elevado.

No entanto, pode-se contar com a capacidade de reflexão do capitalismo, que lhe possibilita levar em conta os sinais de perigo que lhe são enviados. De fato, ele é dotado de outros dispositivos de vigilância, além dos automatismos de mercado, quer se trate de organismos que enquadrem e instrumentalizem o mercado para que os preços incorporem um máximo de informações, quer de centros de cálculo que informem sobre o estado da crítica, quer também de instâncias de coordenação.

Os sindicatos patronais, os grupos de reflexão (*think tanks*), as obras de gestão empresarial e os consultores que põem em circulação as inovações organizacionais agem como instâncias de coordenação. Os centros de cálculo às vezes são os centros da crítica que desempenham a função de sinais de alerta. Assim, nos anos 70, a sociologia do trabalho, do sindicalismo e das classes sociais foi denunciada, a partir de posições esquerdistas, por supostamente ter assumido como papel principal informar as instâncias ligadas ao patronato sobre o estado da crítica e, oferecendo informações precisas sobre os assalariados, ter favorecido o estabelecimento de dispositivos de enquadramento e de volta ao trabalho. Vimos no capítulo III que essa crítica em parte tinha razão de ser, ainda que a sociologia do trabalho também tenha dado importante contribuição para a formulação da crítica ao capitalismo.

A qualidade da consideração da crítica pelo capitalismo depende, pois, da qualidade das diferentes instâncias que possibilitem reduzir a tensão entre os interesses dos empresários que concorrem entre si (o que os leva a ignorar a crítica) e seus interesses como seres solidários ao funcionamento do sistema em seu conjunto (o que os incita, ao contrário, a levar em conta protestos em suas formulações políticas).

A mudança, ao longo do tempo, das preocupações principais de grupos ou organismos, como os sindicatos e os círculos de estudos patronais, a OCDE, a Comissão Trilateral, o G7 etc., constitui excelente indicador do esforço realizado pelas instâncias de reflexão do mundo capitalista para responder à crítica, integrando-a ou descartando-a, o que obriga, apesar de tudo, a construir justificações. Nos últimos anos assistiu-se, em nível internacional, à multiplicação dos estudos destinados a invalidar os efeitos da globalização sobre a queda dos salários nos países mais industrializados e ao desenvolvimento de uma preocupação com os riscos ambientais e com a proteção dos investimentos. Esses foram "riscos" levados em conta pelas instâncias de coordenação do capitalismo, riscos com que elas trabalham, o que não significa que elas estejam, por si sós, em condições de identificá-los e muito menos de resolvê-los.

O fato de o capitalismo ouvir a crítica, porém, não significa que responda concretamente, modificando formas de ação. A primeira reação pode consistir apenas no estabelecimento de argumentos que visem a descartar a crítica, e não no estudo de providências destinadas a corrigir os processos por ela questionados.

Retomada da crítica

Com seus deslocamentos, o capitalismo se reestrutura, livrando-se da crítica. Mas a vantagem assim obtida constituiu um ganho temporário, e não uma vitória definitiva. Mesmo se abstraindo fatores que, do lado da crítica, favoreçam sua perenidade, os efeitos destruidores de um capitalismo sem freios criam, por si mesmos, um terreno favorável à retomada da crítica. Isso ocorre ainda que o momento e a modalidade dessa transformação dependam da conjuntura histórica e tenham, por isso, caráter imprevisível, de tal modo que sua manifestação na maioria das vezes é acolhida como uma "surpresa" que vem invalidar as previsões e as projeções dos futurólogos.

Já vimos (capítulo VI) de que modo uma espécie de espanto aflito, que logo se transformou em indignação, respondeu no fim da década de 80 e na década de 90 à constatação dos efeitos destruidores de uma evolução que foi apresentada na primeira metade dos anos 80 como simultaneamente fatal – porque imposta por forças irreprimíveis e externas à vontade política (globalização) – e desejável – porque afinal orientada no sentido do progresso, mas a longo prazo.

A retomada da crítica muitas vezes ocorre de um ponto de vista anacrônico, que julga o presente pelos padrões de ideais do passado. Mais precisamente, a crítica assume então a forma de defesa conservadora das provas regulamentadas para cuja maior tensão (maior justiça) os movimentos sociais anteriores haviam contribuído.

Num segundo momento, diante do caráter aparentemente inelutável dessa inversão das ordens de grandeza, a vigilância crítica se orienta para a busca das razões de tal fenômeno, ou seja, mais precisamente, para a identificação das novas provas e das forças excedentes e ocultas que garantem o sucesso. Progressivamente, reconstituem-se esquemas de interpretação que possibilitam dar sentido às mudanças em curso e abrem caminho para uma crítica mais específica às novas provas e à formulação de reivindicações e propostas orientadas para um horizonte de justiça.

O tipo de crítica social que, depois do silêncio da década de 80, tende a voltar à tona na França no início da década de 90, portanto, não apresenta uma linha de continuidade direta com a crítica de inspiração essencialmente marxista dos anos 70, pelo menos em seus meios retóricos. Tem a particularidade de respaldar-se, quanto às suas dimensões mais originais, no movimento humanitário que se desenvolveu na transição da década de 80 para a de 90 e também numa temática da *cidadania* e dos *direitos*, parcialmente inspirada pelo pensamento radical anglo-saxônico, de inspiração liberal, que enfatiza menos a exigência de igualdade do que o imperativo de não discriminação no acesso a bens públicos considerados fundamentais. Em vista da desconstrução das formas da crítica que haviam dominado a década de 70 e do enfraquecimento, quando não da desqualificação, de grande número de mecanismos que lhe haviam servido de suporte, a crítica só podia encontrar novo alento numa espécie de relação direta com o sofrimento[17] (cf. capítulo VI). Num período marcado, como a segunda metade da década de 80, pelo acesso a posições de poder por parte de inúmeros atores críticos da década de 70 e pelo seu sucesso social em numerosos campos – da Universidade à mídia e até à empresa –, a reconstrução de uma crítica fidedigna[18] passava pela rejeição relativa ao discurso, especialmente ao discurso teórico, privilegiando-se o engajamento direto junto às pessoas mais profundamente afetadas pelos efeitos destrutivos dos deslocamentos do capitalismo.

Essa transição de uma atitude dominada pela solidariedade e até pela caridade diante do sofrimento alheio para uma atitude de protesto e luta já foi constatada no caso da formação do movimento operário na segunda metade do século XIX, especialmente na Grã-Bretanha. Esse movimento, de fato, foi construído em grande parte com base em associações de ajuda mútua, de formação cultural ou mesmo de moralização dos costumes (luta contra o alcoolismo, incentivo à poupança...). A exacerbação dos conflitos sociais nos anos 70-90 na Grã-Bretanha, na França e na Alemanha, aliás, acarretará o controle policial dessas associações e, frequentemente, sua proibição. (Geary, 1981, pp. 42-3)

A busca de novos esquemas de interpretação ocorre conjuntamente com os representantes das empresas, os consultores e aqueles que estão encarregados da formação das pessoas que nelas já trabalham ou virão a trabalhar: eles não podem merecer crédito por muito tempo caso não apresentem uma cartografia do novo mundo.

Assim, assistiu-se aos poucos à convergência das análises críticas e dos discursos normativos em torno da metáfora da rede que, embora desenvolvida de início de modo totalmente autônomo em relação ao processo capitalista, acabou sendo mobilizada por ele (cf. capítulos I e II). Sobre aquilo que restava das composições cívico-industrial e doméstico-industrial instaurou-se não um mercado propriamente dito, mas o tipo de mundo que chamamos de conexionista, no qual a rede se tornava não só suporte essencial das relações no mercado de trabalho (Granovetter, 1974), mas também constituía a melhor metáfora para representar o estado rumo ao qual o mundo social parecia orientar-se, sem dúvida para estabelecer nessas bases uma interpretação coerente e justificável das mudanças ocorridas durante os últimos trinta anos, especialmente nos países que, tal como a França, não tinham tradição liberal e não dominavam suficientemente o idioma liberal.

Embora compartilhe com os representantes do capitalismo grande parte da representação do mundo nascido dos deslocamentos, a crítica tem como vocação apontar para aquilo que esse novo mundo tem de injusto, ou seja, por exemplo, para o fato de que aqueles que nele alcançam sucesso dispõem de mais bens e recursos do que mereceriam caso o mundo fosse justo, ou para o fato de que aqueles que fracassam não tiveram realmente, desde o ponto de partida, as mesmas chances de sucesso. Essa contribuição específica da crítica assemelha-se a uma teoria da exploração ajustada ao novo mundo que possibilita interligar a felicidade dos grandes às infelicidades dos pequenos e responsabilizar os grandes pelo destino dos menos privilegiados. Sem esse elo criado pela crítica, é difícil perceber o que poderia levar a um mundo menos destruidor de destinos (para não dizer de "recursos") humanos.

As dificuldades da construção de tal teoria da exploração são muito grandes hoje em dia devido à desindividualização do capitalismo que, já perceptível no caso do capitalismo dos diretores (em oposição ao patrão do capitalismo familiar, facilmente identificável), é reforçada pela importância dos capitais anônimos (por exemplo, fundos de pensão) e pelo crescimento do número de pequenos acionistas (os chamados acionistas "populares"). Ainda que o número daqueles que exercem poder de controle sobre os circuitos financeiros continue restrito, a discrição desses servidores que se apresentam como profissionais de um sistema (assim como, por exemplo, existem meteorologistas e especialistas em fenômenos atmosféricos) e a multiplicação de intermediários dificultam a identificação do adversário, ou seja, do responsável final pela miséria dos mais carentes.

A retomada da crítica é acompanhada (mas sempre com atraso) pelo aparecimento de novos tipos de dispositivos de protesto mais afinados com as formas emergentes do capitalismo, segundo o princípio de que a crítica, ao buscar eficácia, tende à isomorfia com os objetos aos quais ela se aplica.

Podem ser interpretados nesse sentido os novos movimentos (tais como as "coordenações" do fim dos anos 80, ou os Droits devant!!, AC!, Droit au logement etc.) que estão surgindo na França na década de 90 e que, rompendo com as formas instituídas do movimento operário, desenvolvem-se com base em esquemas – especialmente com base na figura da rede – também subjacentes ao novo regime de gestão empresarial surgido na década de 80 (cf. capítulo VI).

Pode-se também acreditar que a importância crescente das empresas multinacionais e das práticas de relocação direta ou por intermédio do desenvolvimento da terceirização, bem como a interdependência crescente das políticas econômicas, deveria restabelecer a visão internacionalista dos movimentos críticos que enfraqueceu nas décadas seguintes à guerra, dominadas por políticas keynesianas inseridas no âmbito dos Estados-nação. O atraso da crítica em relação ao capitalismo também aí se manifesta: o capitalismo se internacionaliza com mais facilidade e rapidez do que os movimentos que se lhe opõem, movimentos cuja unificação pressupõe um trabalho demorado e difícil de criação de equivalências nas formas de classificação com as quais as pessoas se identificam e nos valores que as põem em movimento.

Nas fases de reestruturação, a retomada da crítica é facilitada pelo solapamento provocado pelas transformações do capitalismo nas justificações que eram mobilizadoras no estado anterior. Os tipos de justificação associados à forma assumida pelo espírito do capitalismo no período anterior estão em crise, sem que um novo "espírito" ainda se tenha desenvolvido completamente.

A acumulação capitalista realmente ganhou novo impulso, mas à custa de um déficit de legitimidade. Simultaneamente, privados dos argumentos e dos estímulos que até então sustentavam sua participação no processo de acumulação e de busca do lucro, um número crescente de pessoas mergulha num estado de insatisfação e inquietação que as torna mais receptivas à crítica.

Construção de novos dispositivos de justiça

A retomada da crítica, quando a pressão por ela exercida é suficiente, leva à formação de novos pontos de apoio normativos com os quais o capitalismo precisa compor. Essa composição se afirma na expressão de uma nova forma de espírito do capitalismo que, tal como os espíritos anteriores, encerra exigências de justiça e, para respaldar suas pretensões à legitimidade, precisa apoiar-se em ordens de justificação gerais, que identificamos com o termo cidades.

Para que sejam instaurados novos dispositivos de justiça e para que os procedimentos de provas sejam respeitados é preciso que haja uma força externa – a força do direito apoiada num aparato de coerção que, até hoje, tem sido o dos Estados. Isso significa que a possibilidade de autocoerção por parte do capitalismo não depende apenas da força da crítica, mas também da força dos Estados com os quais o capitalismo precisa contar para que aqueles que garantem seu funcionamento se sintam vinculados à sua promessa de autolimitação e respeitem aquilo que, nos contratos, se refira não só aos interesses das partes, mas também ao bem comum.

Sob o efeito da retomada da crítica social em meados da década de 90, estão sendo discutidos alguns dispositivos (cf. capítulo VI), cuja instauração provavelmente possibilitaria tornar o mundo conexionista menos injusto.

Pode-se também acreditar que uma política pública responsável consistiria em contribuir para garantir as condições de possibilidade de tal vigilância da crítica, permitindo que no debate político sejam representadas as pessoas que mais sofrem com as novas condições e subvencionando centros de cálculo independentes, capazes de criar e difundir dados sobre os efeitos das transformações do mundo na esfera do neocapitalismo. Mais do que nunca se faz sentir a necessidade de informações confiáveis sobre os comportamentos das multinacionais, a situação dos mais pobres nos países desenvolvidos e no Terceiro Mundo, os atentados contra a liberdade e a dignidade humana provocados pela mercantilização de tudo[19]. Durante os últimos trinta anos, apesar da escassez de recursos, tais centros independentes desempenharam papel primordial na constituição de novos direitos[20].

Formação das cidades

De acordo com as conjunturas históricas, ou seja, de acordo com a orientação assumida pelos deslocamentos anteriores e com a natureza das provas que convém limitar e justificar, o estabelecimento de novos dispositivos de justiça poderá apoiar-se na formação de novos tipos de composição entre cidades já estabelecidas, explicitadas em argumentos e inseridas no mundo dos objetos (por exemplo, apoiar-se numa composição entre o mundo industrial e o mundo do mercado), ou, para implantar-se, deverá ser acompanhado pela formulação de novas cidades e pela sua inserção em dispositivos.

À medida que emergem novas provas não descritíveis nas tópicas de julgamento utilizadas até então (por exemplo, em termos industriais, mercantis e domésticos) e que novas formas de exploração conseguem manifestar-se, faz-se sentir a necessidade de instaurar outra tópica do julgamento – uma nova "cidade". Assim, fomos levados a modelizar a cidade por projetos para dar conta das formas de justiça completamente peculiares que nos pareciam em vias de instauração para conferir sentido e justiça a tudo aquilo que no mundo remete a ordenações conexionistas, formas que, na formação dessa cidade, não podem ser controladas sob o aspecto da justiça.

As cidades são metafísicas políticas[21] que, tal como as culturas e as línguas, têm existência histórica e são, portanto, situáveis no tempo e no espaço. Por isso, é pertinente apreendê-las numa duração, num devir, a partir do momento de sua formação até seu refluxo, passando pelo seu enraizamento em dispositivos, objetos e direito[22]. Em certo momento da história uma forma de vida é identificada e generalizada com o fito de servir de suporte a uma definição do bem comum e de padrão para juízos sobre o valor dos seres segundo a contribuição que eles dão para o bem de todos, assim concebido. As cidades, ainda que apreendidas sincronicamente em dado momento do tempo, contêm, por isso, o vestígio do período em que a forma de vida que cada uma delas assume como modelo e padrão de julgamento ganhou autonomia e foi valorizada como tal.

Vejamos o exemplo da cidade mercantil. As atividades mercantis, que têm caráter universal, precedem evidentemente a emergência de justificações legítimas baseadas no mercado. Para que o mercado possa servir de medida a uma forma de bem comum, é preciso que a atividade mercantil seja considerada válida por si mesma, e não apenas pela contribuição que ela possa dar para a grandeza em outros mundos (a grandeza do Príncipe, o poder da Igreja...). Tal ganho de autonomia será favorecido se surgirem pessoas cuja atividade seja suficientemente especializada e equipada de dispositivos e objetos específicos, se as relações forem suficientemente densas e se o papel social for suficientemente importante para que sua forma de vida seja objeto de um trabalho coletivo de estilização e justificação. Por exemplo, é difícil conceber a formação de uma justificação baseada no mercado sem um desenvolvimento excepcional das atividades mercantis e do número e do poder dos mercadores em relação às outras classes da sociedade. Assim, os oficiais artesãos que se subtraíam ao poder das corporações, em Paris no fim do século XVIII, para se instalarem como operários independentes nos subúrbios (o que os expunha a processos judiciários), desenvolviam argumentos de um tipo novo para defender-se da acusação feita pelos mestres artesãos de que, fora da disciplina da corporação, nada mais protegeria a qualidade do trabalho. Ora, as justificações elaboradas por esses artesãos, apesar de ignorarem em que estava se transformando a ciência moral do mercado sob o nome de economia política, referiam-se ao caráter mercantil de sua atividade, à concorrência entre os fabricantes dos mesmos produtos, à liberdade de escolha de que gozavam os compradores, ao seu efeito sobre a qualidade e os preços etc. A atividade mercantil atinge assim uma dignidade própria, ganhando autonomia em relação aos princípios de uma moral doméstica (Clavero, 1996).

Assim, há probabilidade de formação de uma cidade quando um grupo de atores, apoiados num mundo estável de dispositivos e objetos, assiste à consolidação de seu poder, de tal modo que seus membros se sintam em condições de reivindicar um reconhecimento próprio e de prevalecer-se de uma contribuição específica para o bem comum, sem necessidade de valorizar ou mesmo de escusar, por outras atividades virtuosas mais aceitáveis, a força adquirida no campo no qual primam. Podem então tender à elaboração por si mesmos e ao reconhecimento pelos outros de um valor e uma grandeza que definam propriamente o modo como eles exercem influência sobre o mundo, conferindo dimensão moral autônoma a esse valor. É só então que se realiza o trabalho de formulação teórica (outrora da alçada da filosofia moral e política; hoje, em grande parte, das ciências sociais) que possibilita estender a validade dos valores assim depreendidos e usá-los como base para uma nova forma de bem comum. Expressando tudo isso na linguagem da obra *De la justification*: os mundos precedem as cidades. Isso ocorre ainda que o movimento que leve à formação de uma cidade possa ser compreendido – mais ou menos na lógica do círculo hermenêutico – como um momento de um processo de reflexividade por intermédio do qual certa forma de vida adquire sentido e certo mundo se dota de coerência e estilo.

Assim, para voltarmos ao objeto de nosso estudo, o desenvolvimento de um mundo conexionista precedeu a definição de uma cidade por projetos. A concepção de dispositivos pertinentes em relação a uma cidade por projetos pôde encontrar apoio nos profissionais da mediação que se multiplicaram nos últimos dez anos, especialmente naqueles que desenvolveram uma atividade – remunerada ou voluntária, profissional ou caritativa – de intermediários na inserção que põe em prática técnicas que recorrem à lógica das redes. Esses profissionais, frequentemente levados a assumir posição reflexiva acerca de sua própria atividade por se verem diante da necessidade de justificá-la com base numa ética da mediação que ainda está em gestação, certamente dão uma contribuição muito importante para a construção das convenções nas quais se fundamenta uma cidade por projetos e para o enraizamento destas em dispositivos reproduzíveis.

Pode-se acreditar, de modo mais geral, que a especialização de atores em certo tipo de atividade é um elemento importante na formação de uma nova cidade. Pensemos, por exemplo, nos engenheiros para a cidade industrial ou nos governantes para a cidade cívica.

A formação de uma cidade pode ser descrita, no nível mais geral, pela passagem progressiva para um regime de categorização. Esse processo é uma empresa coletiva de regulamentação das novas provas de força, oriundas de um conjunto mais ou menos coordenado de deslocamentos, às quais são aplicadas coerções de legitimidade. Portanto, uma nova cidade não tem chances de instaurar-se a não ser em circunstâncias históricas caracterizadas pelo aumento da velocidade e do número dos deslocamentos que provocam mudanças sociais importantes. Nesse sentido, a formação de uma nova cidade pode ser vista, com boas razões nos dois casos, tanto como uma operação de legitimação de um novo mundo e das novas formas de desigualdade ou de exploração nas quais ele se baseia, quanto como uma empreitada que tem em vista tornar esse mundo mais justo, diminuindo o nível de exploração que ele tolera e, também por isso, limitando os lucros que podem ser obtidos por aqueles que ele favorece. Instaurada a cidade, o universo caótico, com seus fortes e seus fracos, é substituído por um mundo mais organizado, que compreende pequenos e grandes.

Portanto, as cidades são ao mesmo tempo operadores de justificação e operadores críticos. Cada cidade, por um lado, serve de ponto de apoio para criticar provas ordenadas segundo a lógica de uma outra cidade e, por outro, revela uma orientação crítica dirigida contra maus usos do mundo específico no qual se inserem as provas de realidade pertinentes do ponto de vista dessa mesma cidade.

> Assim, a cidade por projetos serve ao mesmo tempo para criticar as ordenações "industriais" ou "cívicas" julgadas pouco flexíveis e para apontar aquilo que no mundo conexionista não está em conformidade com a justiça alegada por esse mesmo mundo. A cidade por projetos instrumentaliza, por exemplo, a denúncia de que certo gerente de projeto se apropriou totalmente da reputação decorrente do sucesso de seu projeto e não se preocupou com o novo engajamento de seus colaboradores em outros projetos, reduzindo a empregabilidade destes e explorando suas competências sem procurar propiciar-lhes outras.

A cidade mostra-se então como um *dispositivo crítico autorreferencial*, interno, imanente a um mundo em vias de se fazer, mundo que precisa limitar-se para durar. Uma das características fundamentais da ordem das cidades é, de fato, impor limites à força dos fortes e dizer que eles somente serão grandes (legítimos, autorizados a revelar e usar sua força) se interiorizarem esses limites e a eles se adequarem.

Por exemplo, na cidade doméstica, o grande rei e o bom pai são aqueles que não abusam da força de sua geração, aqueles que se mostram justos com os filhos (e as filhas), que não os maltratam, que limitam (direitos de sucessão) a concorrência com eles e entre eles, que não procuram destruí-los para manterem seu poder... quanto aos filho, pode-se dizer o mesmo na concorrência que os opõe aos pais pela posse das mulheres (da mãe na mitologia freudiana). A esse custo o mundo doméstico pode durar, uma ordem pode basear-se nele, um bem comum pode ser instaurado.

Do mesmo modo, a instauração de uma ordem cívica, que um mundo político conhece, pressupõe que o forte – aquele cujo ativo é um cabedal de seres humanos – não abuse de sua força, no caso, a capacidade de obter submissão, que não a obtenha pelo medo, mas pelo consentimento, que não se comporte como um tirano etc. Pois uma ordem fundamentada inteiramente no medo está fadada a não durar.

Do mesmo modo, o forte, num mundo inspirado, onde os ativos são os poderes do além, não deve procurar dominá-los com o fito de colocá-los inteiramente a seu serviço (magia), pois essas forças, desencadeadas e sem limites, destruiriam aquilo de que decorre seu próprio poder. E assim por diante.

No período atual, a constituição de uma cidade por projetos incumbe-se da legitimação das provas eficazes num mundo conexionista e da justificação das formas novas de sucesso e fracasso próprias a esse mundo. Assim, as novas provas seriam validadas em toda a generalidade, ainda que submetidas a injunções, o que limitaria o nível de exploração.

No entanto, essa possibilidade é apenas uma das saídas pensáveis para a crise ideológica do capitalismo, pois outra eventualidade (que não deve ser descartada) consiste na degradação crescente das condições de vida da maioria das pessoas, no aumento das desigualdades sociais e na generalização de uma espécie de niilismo político. Mas, na hipótese da constituição e do enraizamento em dispositivos duráveis de um novo espírito do capitalismo, o realismo dessa formação ideológica e sua capacidade mobilizadora dependerão em grande parte da pertinência e da intensidade das pressões que a crítica souber exercer sobre a ordem ou – para sermos mais exatos – sobre a desordem que caracteriza as formas atuais da acumulação capitalista.

POST-SCRIPTUM

A sociologia contra os fatalismos

A partir da análise que acabamos de ler, não se pode dizer se o capitalismo será levado a autolimitar-se ou se sua expansão sem restrições prosseguirá com os efeitos destrutivos que o acompanham. Acreditamos ter mostrado que a resposta a essa pergunta depende da ação daqueles que estão envolvidos nas provas do momento e, principalmente, da energia que eles usarão para liberar a força da crítica cujo papel essencial, inclusive negativo, quando se cala, já vimos.

Esperamos ter contribuído para a reativação da crítica e para a reabertura dos caminhos pelos quais ela é capaz de enveredar, não só mostrando que sua ação é real, mas também tentando apresentar um panorama dos deslocamentos do capitalismo que seja capaz de servir de base à recomposição das forças críticas, a fim de desmentir os discursos fatalistas nos quais não há motivo para se deixar de acreditar caso nada mude.

Nenhuma época talvez tenha cultuado mais a crença na ação sem sujeito do que os últimos quinze anos; apesar disso, muitas vezes a ela se credita um "retorno do sujeito". Mas o sujeito em questão era um agente individual, e não um sujeito da história.

O sujeito dos economistas, racional, ocupava-se com seus próprios negócios e estava absorvido pela tarefa de maximizar seus interesses individuais. Tal óptica tende ao fatalismo quanto às evoluções possíveis. Do ponto de vista dessa antropologia, de fato, só podem ser consideradas "realistas" providências que ajam sobre os comportamentos individuais por meio de mudanças de estímulo (diminuição do custo do trabalho para estimular a compra de trabalho; criação de "zonas francas" para favorecer a implantação de empresas nos bairros considerados "difíceis" etc.), excluindo-se as mudanças de formato capazes de modificar os jogos aos quais se submetem as condutas dos atores. Os especialistas racionais, assim, considerarão irrealista o reexame geral do sistema tributário, do direito do trabalho, dos modos de controle dos circuitos financeiros, pois tais medidas pressuporiam ganhadores e perdedores, portanto o questionamento de interesses que, segundo eles, poderiam bloquear a tal ponto as reformas que só seria possível superar esse obstáculo interrompendo o processo democrático.

Eles esquecem que as representações, dependentes dos instrumentos disponíveis de interpretação, influenciam a orientação dos sufrágios políticos tanto quanto os interesses pessoais. Além do mais, a autocompreensão desses interesses também depende dos esquemas disponíveis de interpretação, quer estes provenham de teorias amplamente difundidas, quer de dispositivos regulamentares ou contábeis. As teorias designam aquilo que é interesse, e os dispositivos os revelam, pondo-os à prova. Tal como o desejo, segundo R. Girard, o interesse não tem o privilégio da transparência. Precisa ser apontado para ser reconhecido. Outrossim, é no mínimo apressado, se não abusivo, qualificá-lo de "individual": seu reconhecimento pelos indivíduos depende do modo como eles se identificam com conjuntos por intermédio de um trabalho de categorização e criação de equivalências inteiramente coletivo e histórico. Assim, para que algo pudesse ser determinado como interesse individual dos quadros gerenciais, tomando-se cada pessoa separadamente, era preciso que fosse constituída a categoria como tal por todo um trabalho histórico de comparação, inclusão e exclusão, bem como de institucionalização, para que se desse corpo à categoria (Boltanski, 1982). A orientação desse interesse individual, dada como necessariamente egoísta, depende também, por sua vez, dos âmbitos nos quais o interesse se insere, conforme mostra o desenvolvimento de condutas altruístas quando aos indivíduos são propostas *causas* que, apresentando-se como exteriores, lhes oferecem um objetivo ao desejo de autorrealização, uma meta que lhes é impossível encontrar sozinhos e por conta própria.

O sujeito da filosofia social também nos foi pintado com as cores do inelutável, já que o aumento do individualismo, última das "grandes narrativas", resistiu à revogação das filosofias da história. Ora, embora esse aumento seja de fato provável nos últimos quinze anos, como deixar de ver nele o resultado não de uma evolução invencível, mas simultaneamente da desconstrução dos conjuntos (classes, empresas, sindicatos, partidos, mas também, de outro modo, igrejas ou escolas) nos quais se fundamentava a capacidade de as pessoas se inserirem em perspectivas coletivas e buscarem bens reconhecidos como comuns. Esses conjuntos, nos quais as pessoas se encontravam fisicamente e sabiam como se aproximar em termos de compartilhamento de certas características, que ofereciam toda uma gama de níveis de participação, desde a simples presença às reuniões até o engajamento militante em tempo integral, funcionavam como espaços de construção do coletivo. Mas esses espaços, hoje, estão em tal estado de decomposição que, de algum modo fechados em si mesmos, já não oferecem outras alternativas senão as da indiferença cética ou do engajamento total, aliás logo desqualificado como dogmático. Isto elevou consideravelmente o custo de "pertencer" e contribuiu, em contrapartida, para a formação do sentimento de impotência, de abandono e de isolamento que prevalece atualmente e é traduzido, entre outras manifestações, pelos indicadores de anomia.

Também seria preciso mencionar o efeito de legitimação que não pôde deixar de trazer à baila, incansavelmente, esse "aumento do individualismo" em múltiplas obras, artigos, conversas e mesas-redondas de tevê. Também nesse caso, era fácil só reconhecer como "reais" os interesses individuais, visto que o mundo social estava despojado das instituições das quais dependia a possibilidade de afiliações e de destinos coletivos.

Seria possível prosseguir a exposição das dúvidas e até do mal-estar que suscitados (quando olhamos mais atentamente) pelas diferentes análises da situação presente, análises provindas de horizontes diversos, feitas principalmente em nome das ciências econômicas.

As diferentes modelizações que possibilitam construir o paradigma do ator racional, modelizações que às vezes, evidentemente, também podem ser postas a serviço de uma análise crítica do mundo capitalista contemporâneo, pecam também, com muita frequência, pelo extremo esquematismo de buscar uma causa única, totalizadora, para as mudanças que durante os últimos trinta anos afetaram o capitalismo e as sociedades nas quais ele está imbricado, quer se mencione a concorrência dos "países de baixos salários", a globalização ou a inovação tecnológica. Ora, ao se enfatizar apenas uma determinação que de algum modo atue de acordo com uma lógica imanente e de maneira global, só se pode pensar em intervenções igualmente radicais (isolacionismo econômico, suspensão dos ganhos de produtividade, supressão do conjunto de acionistas privados e organização estatal do trabalho...) ou de um nível tão elevado (uma espécie de governo mundial), que a curto prazo parecerão irrealistas ou piores que o mal que pretendem conjurar. Pode-se fazer a mesma observação quanto a outra figura, a da "complexidade" que, embora não formalmente compatível com a anterior, pode em certos documentos encontrar-se associada a ela. Pois, se tudo é tão imbricado, indissociável e multifatorial que se torna impossível desfazer o emaranhado das causas e dos efeitos, estamos então condenados à mesma impotência. Acreditamos, aliás, que é inútil orientar-se para a busca de uma única solução ou mesmo de um pequeno número delas – o que desgosta aqueles que gostariam de empenhar-se numa campanha baseada em uma ou duas ideias simples –, mas que é certamente mais eficaz provocar uma pluralidade de mudanças que, de um ponto de vista globalizador e grandioso, podem parecer de pequena amplitude. Se o capitalismo, há trinta anos, conseguiu atingir tal transformação valendo-se de pequenos deslocamentos, acaso não será possível pôr em ação a mesma tática para revolucionar de novo o mundo do trabalho, mas dessa vez no sentido de maior justiça e de respeito àquilo que confere autenticidade à vida? Assim, seria preciso que a crítica pudesse enraizar-se de novo nos dispositivos locais dos quais ela foi sendo aos poucos expulsa. Só se conhece bem aquilo que se pratica. Será à custa dessa reinserção nos interstícios da vida cotidiana que a crítica voltará a ser realista e, consequentemente, eficaz.

Entre as causas globalizadoras, cumpre deter-nos por um instante na menção à concorrência feroz entre os atores econômicos (cujo crescimento foi proporcional à globalização), que submeteria o conjunto do mundo a tais injunções sistêmicas que seria impossível escapar delas, a não ser tomando medidas consideradas retrógradas. A concorrência aparece nesses discursos como uma força absolutamente desencarnada, e geralmente se oculta o fato de que ela opõe empresas de porte diferente a multinacionais investidas de imenso poder. Os processos de fusão e de constituição de oligopólios mundiais, que são contraexemplos da teoria da concorrência, mal se revelaram ou também são atribuídos à pressão da concorrência. A literatura de gestão empresarial, por isso, em muitos aspectos é bem mais "realista" quanto à natureza dos processos em andamento do que muitos trabalhos diretamente vinculados à disciplina econômica. Ela pelo menos não encobre esses macroatores que são as empresas e nela é possível ler em livro aberto as múltiplas estratégias de esquiva à concorrência (a obtenção de "vantagens concorrenciais" nada mais é que a possibilidade de escapar durante algum tempo à concorrência), os alvos da organização e da mobilização das pessoas, as maneiras de transformar uma fábrica em centro de produção flexível (sobretudo pela precarização da mão de obra e pela transferência das pressões para os fornecedores), diversas recomendações sobre as boas maneiras de gerir as diferentes relações de força que condicionam os lucros (com os assalariados, os clientes, os fornecedores, as coletividades públicas), o fato, por exemplo, de que uma das vantagens de atingir porte mundial é pura e simplesmente situar-se favoravelmente em todas as negociações (ganhar força), as maneiras de enfrentar as dificuldades de controlar e até de saber o que ocorre nas empresas etc. O termo "concorrência", por indicar as grandezas comerciais que podem servir para construir uma ordem justa (mas apenas em certas condições de igualdade entre competidores e na medida em que estiver circunscrita a situações bem delimitadas), dissimula as relações desiguais de força daqueles que formam concretamente a oferta e a demanda. No estado atual das desigualdades (entre empresas e trabalhadores, entre as próprias empresas, entre mercados financeiros e Estados ou empresas, entre territórios e empresas), essa concorrência, que nada tem de "perfeita", com muita frequência não passa de imposição da lei do mais forte, ou seja, hoje também do mais móvel. Se concordássemos em considerar que existem muitos modos de a oferta e a demanda se encontrarem num mercado, talvez progredíssemos para a redução das formas mais injustas da concorrência, o que, mesmo numa lógica estritamente mercantil (em que a redução do âmbito onde se inserem os dispositivos de justiça está distante), seria um primeiro passo no sentido da atenuação das relações puramente de força que atualmente prevalecem. Aliás, não percebemos que argumentos os competidores que adotaram o discurso liberal poderiam alegar, sempre de boa-fé, para opor-se a tal reequilíbrio que tenderia a igualar as condições da concorrência e, assim, a depurar as provas do mercado. Os liberais, ao aprová-lo, se mostrariam simplesmente fiéis às suas opções básicas.

De qualquer maneira, embora tenha sido realmente uma ideologia a falar em nome do liberalismo que se impôs durante os últimos vinte anos (Dixon, 1998), utilizando os "benefícios da concorrência" para legitimar numerosas situações, às vezes profundamente injustas, inclusive do ponto de vista liberal, nada prova que a característica principal das transformações que marcaram o período seja a instauração de um mundo mais mercantil. Como tentamos mostrar nesta obra, acreditamos mais que o que constituiu a especificidade das recentes evoluções foi o desenvolvimento de uma lógica conexionista, o que não quer dizer que ela tenha invadido a totalidade do mundo social, e que a exploração conexionista tenha substituído todas as outras formas de exploração. Mas foi exatamente, a nosso ver, a raridade das descrições ajustadas à singularidade desse mundo que impediu até agora que a crítica fosse mais eficaz: visto que a necessidade de uma justiça adaptada a essa nova lógica não foi suficientemente levada em conta, a crítica voltou-se para princípios de justiça comprovados de longa data e fechou-se num debate desgastado e estereotipado que opunha o liberalismo ao estatismo ("Então você quer reconstruir a União Soviética?").

Embora a única esperança de abrir de novo o campo das possibilidades, a nosso ver, esteja no restabelecimento da crítica, advogar a favor da crítica não significa aceitar como ponto pacífico todas as formas de acusação ou de invectiva, erigir o protesto e a revolta como valor em si, independentemente da pertinência e da acuidade. Criticar significa em primeiro lugar *distinguir*, mostrar diferenças naquilo que, tomado em seu valor nominal, se apresenta como amalgamado, obscuro ou não dominável. Portanto, é também de análises que a crítica precisa e, como dissemos, de meios para acumular os dados originais nos quais a análise possa apoiar-se, possibilitando-lhe atuar com todo o conhecimento de causa. Como vimos, nosso trabalho se chocou várias vezes com a falta de dados e informações, em parte porque as estatísticas sociais estão em crise e os centros técnicos estão fragmentados, em parte porque uma parcela da coleta de dados é realizada em formatos que tornam invisíveis as novas relações de força.

A cidade por projetos, por sua vez, que poderia mostrar-se como "nossa proposta" – ainda que tenhamos apenas procurado acompanhar a sua formação e cuja concretização também nada tem de fatal –, parece despertar interesse político porque serve, eventualmente, para limitar a violência que reina no mundo conexionista, na forma como ele se instalou nos últimos vinte anos. No entanto, o horizonte da cidade por projetos continua sendo limitado e, como se vê no capítulo VII, esta deixa sem solução grande número de problemas levantados pela crítica ao capitalismo, quando não os agrava. Particularmente, não possibilita realizar ações destinadas a limitar a extensão da mercantilização. No entanto, aí se situam talvez as únicas visões críticas que o capitalismo não pode cooptar porque, de algum modo, é de sua essência a íntima relação com a mercadoria.

Restabelecer a crítica social e procurar reduzir as desigualdades e a exploração no mundo conexionista certamente é essencial, mas não se trata de enterrar a crítica estética pretextando seu desvio (pois, durante os últimos vinte anos, ela fez até certo ponto o jogo do capitalismo) e a urgência no campo social. Os temas da crítica estética são essenciais e continuam atuais. É com base neles que se tem mais chance de opor resistência eficaz ao estabelecimento de um mundo no qual tudo poderia se transformar da noite para o dia em produto de mercado e no qual as pessoas seriam constantemente postas à prova, estariam submetidas à exigência de mudanças incessantes e seriam despojadas daquilo que garante a permanência de seu eu por esse tipo de insegurança organizada. A nosso ver, cumpre preservar a possibilidade de levar uma vida cujo movimento próprio possa desabrochar sem submeter-se a interrupções frequentes e imprevisíveis, não só impostas, mas supostamente acolhidas como alegria, como se a descontinuidade fosse a norma do sucesso na vida. É óbvio que a crítica estética não pode levar essa tarefa a bom termo, salvo se desfizer o elo que até agora associava libertação e mobilidade.

Conforme mostrou um século e meio de crítica ao capitalismo, as duas críticas – social e estética – são ao mesmo tempo contraditórias em muitos pontos e inseparáveis no sentido de que, ao enfatizarem aspectos diferentes da condição humana, equilibram-se e limitam-se mutuamente. Só mantendo ambas vivas podemos ter esperanças de fazer face às destruições provocadas pelo capitalismo e escapar aos excessos aos quais pode levar cada uma delas quando se manifesta de maneira exclusiva e não é temperada pela presença da outra.

APÊNDICES

ANEXO 1

CARACTERÍSTICAS DOS TEXTOS DE GESTÃO EMPRESARIAL UTILIZADOS

Esses textos, com cerca de cinco a vinte páginas, todos escritos em francês, foram escolhidos em revistas de administração ou em obras publicadas por editores especializados. Como nosso objeto de estudo é o espírito do capitalismo na França, era natural que nos limitássemos aos escritos em língua francesa, disponíveis no país – alguns, porém, eram traduções de autores estrangeiros. É evidente que a configuração ideológica francesa não é independente das representações elaboradas nos outros países europeus e nos Estados Unidos (estes, desde o pós-guerra, são os principais fornecedores de inovações administrativas) e até mesmo no Japão, cujos sucessos, estudados e retraduzidos pelos consultores ocidentais, foram importantes fontes de inspiração nas últimas duas décadas. Em contrapartida, também é evidente que cada país adapta, de acordo com sua história e suas "paixões nacionais", as ideias veiculadas internacionalmente. Aliás, em vez de serem "globalizantes" como o capitalismo de que tratam, os textos de gestão empresarial têm, na maioria das vezes, ancoragem geográfica. Fala-se dos países, de seu espírito e de suas dificuldades próprias, de seu avanço ou seu atraso; procura-se adaptar as soluções de um país ao outro, faz-se referência às tradições locais etc., como se a referência nacional mantivesse todo o seu valor sempre que se tratar de fornecer a administradores "nacionais" razões para engajar-se num processo que se diz mundial.

Todos os textos selecionados referem-se, no todo ou em parte, à questão dos executivos, ainda que estes últimos possam receber designações diversas (gerente, diretor, chefe, dirigente...). Encontram-se nesses excertos, por exemplo, descrições das qualidades que se esperam dos executivos, retratos de gerentes ideais, exposição das razões pelas quais a evolução atual das empresas transforma a função e o trabalho dos executivos... Os textos utilizados têm colorido normativo e procuram promover práticas julgadas mais eficazes economicamente. Seu objetivo é ser diretamente úteis às empresas, eles pretendem ser construtivos e apresentam recomendações.

Os textos selecionados foram reunidos a partir do acervo da biblioteca do Grupo HEC. Foram informatizados por meio de uma digitalização para serem tratados, conforme expomos abaixo, por um aplicativo de análise textual.

Quadro 1
Características dos textos selecionados

	Anos 60	Anos 90
Número de textos[1] e dimensões do *corpus*[2]	60 textos 1.393.988 bytes	66 textos 1.398.444 bytes
Número de textos-fonte[3] Número de autores	45 textos-fonte 48 autores	52 textos-fonte 49 autores
Alguns nomes de autores	Louis Allen, Louis Armand e Michel Drancourt, Robert Blake e Jane Mouton, Pierre Bleton, François Bloch-Lainé, Marvin Bower, Philippe De Woot, Octave Gelinier, Jean-Jacques Servan-Schreiber, André Malterre, Louis Salleron	Omar Aktouf, Bob Aubrey, Lionel Bellenger, Michel Crozier, Peter Drucker, Rosabeth Moss Kanter, Hubert Landier, Vincent Lenhardt, Meryem Le Saget, Pierre Morin, Isabelle Orgogozo, Torn Peters, Hervé Sérieyx, Alvin Toffler, Robert Waterman
Número de textos-fonte traduzidos do inglês americano Número de textos de autores franceses ou estabelecidos na França[4]	11 textos-fonte 26 textos-fonte	7 textos-fonte 38 textos-fonte
Anos de publicação[5]	1959 (3); 1960 (1); 1961 (1); 1962 (1); 1963 (7); 1964 (7); 1965 (5); 1966 (8); 1967 (7); 1968 (6); 1969 (14)	1989 (5); 1990 (7); 1991 (11); 1992 (9); 1993 (14); 1994 (20)

---

1. Esse também é o número de arquivos de textos utilizados pelo aplicativo.

2. Tamanho é o espaço ocupado pelo conjunto de arquivos em formato "somente texto" sem nenhuma formatação. Por isso, embora o *corpus* dos anos 90 comporte mais textos, o volume em número de caracteres é a mais ou menos equivalente, pois os textos dos anos 60 são um pouco mais longos, em média.

3. Quando um número excessivo de trechos de uma obra entrava no campo de nossa análise, optávamos por dividir o texto em várias partes para obtermos arquivos de textos de tamanhos mais uniformes. A variedade maior dos anos 90 deve-se simplesmente à maior oferta de "produtos gerenciais", que acompanhou o grande desenvolvimento das escolas de administração de empresas nos anos 80 e a proliferação das revistas e editoras especializadas em língua francesa.

4. Os textos que não são de autores franceses nem traduzidos do inglês são de autores suíços, belgas, quebequenses que escrevem em francês, ou são traduzidos de outras línguas (alemão, por exemplo).

5 Entre parênteses: o número de arquivos de texto publicados no ano em pauta. O *corpus* dos anos 60 apresenta, assim, principalmente a natureza das ideias em fins da década de 60, próximos aos acontecimentos de maio de 68, enquanto o dos anos 90 é representativo do início da década.

ANEXO 2

LISTA DOS TEXTOS-FONTE DOS *CORPORA* DE GESTÃO EMPRESARIAL

CORPUS DOS ANOS 60

ALLEN, Louis, 1964, *Le métier de directeur*, Paris, Editions d'organisation.
ALLUSON, Roger, 1965, *Les cadres supérieurs dans l'entreprise*, Paris, Entreprise moderne d'édition.
ARMAND, Louis, DRANCOURT Michel, 1961, *Plaidoyer pour l'avenir*, Paris, Calmann-Lévy.
AUMONT, Michèle, 1963, *Construire l'entreprise de demain*, Paris, Fayard.
BLAKE, Robert, MOUTON, Jane, 1969, *Les deux dimensions du management*, Paris, Éditions d'organisation.
BLETON, Pierre, 1967, *Mort de l'entreprise*, Paris, Robert Laffont.
BLOCH-LAINÉ, François, 1963, *Pour une réforme de l'entreprise*, Paris, Seuil.
BORNE, Fernand, 1966, *Organisation des entreprises*, Paris, Foucher.
BOUQUEREL, Fernand, 1969, *Management: politique, stratégie, tactique*, Paris, Dunod.
BOWER, Marvin, 1968, *Diriger c'est vouloir*, Paris, Hachette.
CARLSON, Dick, 1963, *La direction moderne*, Paris, OCDE (Manual de formação).
COLIN A. T., 1964, *L'organisation rationnelle du travail dans l'entreprise*, Paris, Dunod.
DEVAUX, Guy, 1959, "Synthèse des débats", *L'homme d'affaires de demain-les 75 ans d'HEC*, CCP Éditions, Paris, Hommes et commerce, pp. 167-74.
DE WOOT, Philippe, 1968, *Pour une doctrine de l'entreprise*, Paris, Seuil.
DRANCOURT, Michel, 1964, *Les clés du pouvoir*, Paris, Fayard.
DUBOIS, Jean, 1969, *Les cadres dans la société de consommation*, Paris, Cerf.
FROISSART, Daniel, 1969, *Déléguer avec succès ses responsabilités*, Paris, Hommes et techniques.
GABRYSIAK, Michel, ALQUIER, Jean-Yves, ANTOINE, Jacques, GRANDMOUGIN, Jean, DE MUN, Pierre-Henri, ROULLEAU, Jean-Pol, Roy Maurice, 1968, *Cadres, qui êtes-vous?*, Paris, Robert Laffont.
GÉLINIER, Octave, 1963, *Fonction et taches de la direction général*, Paris, Hommes et techniques.

GÉLINIER, Octave, 1965, *Morale de l'entreprise et destin de la nation*, Paris, Plon.
GÉLINIER, Octave, 1966, *Le secret des structures compétitives*, Paris, Hommes et techniques.
GUTENBERG, Erich, 1969, *La direction de l'entreprise*, Paris, Dunod.
HUGHES, Charles, 1969, *Négocier les objectifs pour la réussite commune des hommes et de l'entreprise*, Paris, Hommes et techniques.
HUGONNIER, René, 1964, *Former des chefs, promouvoir des hommes*, Paris, Dunod.
HUMBLET, John, 1969, *Comment faire participer les cadres à la réalisation des objectifs*, Paris, Entreprise moderne d'édition.
HUMBLET, Jean, 1966, *Les cadres d'entreprise: France, Belgique, Royaume-Uni*, Editions universitaires.
JAQUES, Elliott, 1965, "Diagnostic de la capacité et de son développement en vue de la sélection et de l'appréciation du personnel", *Techniques modernes de choix des hommes*, ANDCP Éd., Paris, Editions d'organisation, pp. 231-45.
JEANNET, Maurice, 1967, *Le psychologue et la sélection des cadres*, Dessart.
KOOTZ, Harold, 1966, "La formation des directeurs pour le profit", *L'entreprise et l'économie du XXe siécle*, org. Bloch-Lainé e Perroux, tomo 3, pp. 917-28.
LAMBERT, Paul, 1968, *Management ou les cinq secrets du développement*, Cercle du livre économique.
MALTERRE, André, 1969, *Les cadres et la réforme des entreprises*, France-Empire.
MASSIE, Joseph, 1967, *Méthodes actuelles de management des entreprises*, Paris, Éditions d'organisation.
MAURICE, Marc, MONTEIL, Colette, GUILLON, Roland, GAULON, Jacqueline, 1967, *Les cadres et l'entreprise*, Université de Paris, Institut de sciences sociales du travail.
McCARTHY, Dugue, 1962, *La conduite du personnel*, Paris, Dunod.
MONSEN R. J., SAXBERG B. O. e SUTERMEISTER R. A., 1966, "Les motivations sociologiques de l'entrepreneur moderne", *L'entreprise et l'économie du XXe siècle*, orgs. Bloch-Lainé e Perroux, tomo I, pp. 569-94.
NEWMAN, William H., 1969, *L'art de la gestion. Les techniques d'organisation et de direction*, Paris, Dunod.
PATERSON, Thomas, 1969, *Théorie du management*, Paris, Gauthier-Villars.
PATTON, Arch, STARCHER, George, 1965, "L'appréciation des cadres par la programmation des résultats", *Techniques modernes de choix des hommes*. ANDCP Éd., Paris, Editions d'organisation, pp. 163-80.
ROHAN-CHABOT, Guy de, 1959, "La formation des cadres", *L'homme d'affaires de demain – les 75 ans d'HEC*, CCP Éditions, Paris, Hommes et commerce, pp. 328-32.
SALLERON, Louis, 1965, *Le fondement du pouvoir dans l'entreprise*, Paris, Entreprise moderne d'édition.
SERVAN-SCHREIBER, Jean-Jacques, 1967, *Le défi américain*, Paris, Denoël.
STUDDERS, Herbert, 1959, "Comment adapter l'homme d'affaires au monde de demain", *L'homme d'affaires de demain – les 75 ans d'HEC*, CCP Éditions, Paris, Hommes et commerce, pp. 239-43.
TRONSON, Jean, 1967, *Le développement de la carrière des cadres dans la grande entreprise*, Paris, Librairie générale de droit et de jurisprudence.
VATIER, Raymond, 1969, *Le perfectionnement des cadres*, Paris, PUF, col. "Que sais-je?".
VIDAL, André, BEAUSSIER, Jean, 1960, *Organisation des structures de la direction top management*, Paris, Dunod.

CORPUS DOS ANOS 90

ADAM, Edmond, 1993, "Le coaching ou le retour vers la personne", *Management France*, n.º 86, novembro, pp. 12-4.
AKTOUF, Omar, 1989, *Le management, entre tradition et renouvellement*, Montréal, Gaëtan Morin.
ARCHIER, Georges, ELISSALT, Olivier, SETTON, Alain, 1989, *Mobiliser pour réussir*, Paris, Seuil.
ARPIN, Roland, 1994, "*Diriger sans s'excuser*", Revue internationale de gestion, vol. 19, maio, n.º 2, pp. 55-61.
AUDREY, Bob, 1990, *Savoir faire savoir* (prix Dauphine 1990), Paris, InterÉditions.
AUBREY, Bob, 1993, "Repensons le travail du cadre", *Harvard-L'Expansion*, agosto, pp. 56-64.
AUDREY, Bob, 1994, "La métamorphose du travail conduit à l'entreprise de soi" (apresentação de seu livro *Le travail après la crise*), *Management France*, fevereiro, n.º 87, pp. 22-3.
AUBREY, Bob, 1994, *Le travail après la crise*, Paris, InterEdições.
BARON, Xavier, 1993, "Les enjeux de gestion des salariés travaillant dans les structures par projets", *Gestion 2000*, n.º 2, pp. 201-13.
BELLENGER, Lionel, 1992, *Être pro*, Paris, ESF.
BONIS, Jean, 1990, *Le management comme direction d'acteurs: maîtriser la dynamique humaine de l'entreprise*, Paris, CLET.
CROZIER, Michel, 1989, *L'entreprise à l'écoute. Apprendre le management post-industriel*, Paris, InterÉditions.
CROZIER, Michel e SÉRIEYX, Hervé, Orgs., 1994, *Du management panique à l'entreprise du XXe siècle*, Paris, Maxima.
CRUELLAS, Philippe, 1993, *Coaching: un nouveau style de management*, Paris, ESF.
DESCLÉE DE MAREDSOUS, Xavier, 1992, "L'exercice du leadership ou la gestion de sa carrière au jour le jour", *Gestion 2000*, vol. 7, número especial: "Gérer votre carriére", pp. 105-26.
DOYON, Christian, 1991, *L'intrapreneurship: la nouvelle génération de managers*, Montréal, Agence d'Arc.
DRUCKER, Peter, 1993, "Le big-bang des organisations", *Harvard-L'Expansion*, n.º 69, verão, pp. 35-42.
ETTIGHOFFER, Denis, 1992, *L'entreprise virtuelle ou les nouveaux modes de travail*, Paris, Odile Jacob.
GASTALDI, Dino, 1990, "*Le métier de cadre: évolution et prise en compte du management*", Direction et gestion, n.º 126-7, pp. 57-62.
GENELOT, Dominique, 1992, *Manager dans la complexité*, Paris, INSEP.
GIRARD, Bernard, 1994, "Vers un nouveau pacte social", *Revue française de gestion*, n.º 100, setembro, pp. 78-88.
HAMMER, Michael, CHAMPY, James, 1993, *Le reengineering*, Paris, Dunod.
HEC (os professores do Grupo), 1994, "Management et ressources humaines: quelles stratégies de formation", *L'école des managers de demain*, Paris, Economica, pp. 245-68.
LANDIER, Hubert, 1991, *Vers l'entreprise intelligente*, Paris, Calmann-Lévy.

LEMAIRE, Bruno, 1994, "Des entreprises sans hiérarchie?", *L'Expansion Management Review*, outono, pp. 74-82.
LENHARDT, Vincent, 1992, *Les responsables porteurs de sens: culture et pratique du coaching et du team building*, Paris, INSEP.
Le SAGET, Meryem, 1992, *Le manager intuitif*, Paris, Dunod (prix Dauphine 1993).
Le SAGET, Meryem, 1994, *10 conseils pour le manager de demain*, brochura do escritório de consultoria Érasme International, 28 páginas.
MIDLER, Christophe, 1993, "La révolution de la Twingo", *Gérer et comprendre*, junho, pp. 28-36.
MINGOTAUD F., 1993, *La fonction d'encadrement*, Paris, Éditions d'organisation.
MARAN R., XARDEL, D., 1994, *Au-delà des cultures: les enjeux du management international*, Paris, InterÉditions.
MORIN, Pierre, 1994, "La fin du management romantique", *Management France*, n.° 88, maio, pp. 14-7.
Moss, KANTER Rosabeth, 1991, "Les habits neufs du manager", *Harvard-L'Expansion*, n.° 60, primavera, pp. 30-9.
Moss, KANTER Rosabeth, 1992, *L'entreprise en éveil*, Paris, InterÉditions.
ORGOGOZO, Isabelle, 1991, *Les paradoxes du management, du château fort aux cloisons mobiles*, Paris, Éditions d'organisation.
ORGOGOZO, Isabelle, SÉRIEYX, Hervé, 1989, *Changer le changement, on peut abolir les bureaucraties*, Paris, Seuil.
PETERS, Tom, 1993, *L'entreprise liberée*, Paris, Dunod.
QUINN MILLS, D., 1994, *L'entreprise post-hiérarchique*, Paris, InterÉditions.
RAMOND, Philippe, 1993, *Le management opérationnel*, Paris, Maxima.
RAUX, Jean-François, 1994, "Management et mutations", *Futuribles*, n.° 187, maio, pp. 9-26.
RENAUD-COULON, Annick, 1994, *L'entreprise sur mesure*, Paris, L'Harmattan.
SERIEYX, Hervé, 1993, "À propos du big-bang des organisations", *Management France*, n.° 85, pp. 29-30.
SERIEYX, Hervé, 1993, *Le Big-Bang des organisation*, Paris, Calmann-Lévy.
SICARD, Claude, 1994, *Le manager stratège*, Paris, Dunod.
STREBEL, Paul, 1994, "Comment faire évoluer les règles du jeu", *L'Expansion Management Review*, verão, pp. 17-21.
TAPSCOTT Don, CASTON Art, 1994, *L'entreprise de la deuxiéme ère. La révolution des technologies de l'information*, Paris, Dunod.
TARDIEU, Michel, 1994, *Patrons-cadres: la crise de confiance*, Cahiers de l'Institut de l'entreprise, abril, pp. 20-6.
TOFFLER, Alvin, 1991, *Les nouveaux pouvoirs*, Paris, Livre de Poche.
VERMOT GAUD, Claude, 1993, *Mobiliser pour gagner*, Paris, Éditions Liaisons.
VINCENT, Claude-Pierre, 1990, *Des systèmes et des hommes*, Paris, Éditions d'organisation.
WATERMAN, Robert, 1990, *Les champions du renouveau*, Paris, InterÉditions.
WEISS, Dimitri, 1994, "Nouvelles formes d'entreprise et relations de travail", *Revue française de gestion*, n.° 98, março-abril-maio, pp. 95-103.

ANEXO 3

IMAGEM ESTATÍSTICA GLOBAL DOS TEXTOS DE GESTÃO EMPRESARIAL

O APLICATIVO

Os dois *corpora* foram tratados com o aplicativo Prospero@, desenvolvido por Francis Chateauraynaud e Jean-Pierre Charriau, que combina uma abordagem léxicográfica com uma abordagem hermenêutica que possibilita a codificação e a construção interativa de categorias (pessoas, seres coletivos, objetos, ações etc.) e a elaboração de representações adaptadas simultaneamente aos textos em pauta e à problemática de pesquisa. Numa primeira fase, o aplicativo realiza a rotulagem automática das palavras encontradas num texto, combinando um analisador morfológico (que contém certo número de regras, como o fato, por exemplo, de as palavras terminadas em *-ion* serem *entidades*) e a referência a repertórios que contenham rotulagens feitas em outros textos e por outros usuários (o que possibilita o reconhecimento de palavras que o analisador automático não saiba tratar). A rotulagem automática distingue *entidades* (substantivos comuns, próprios e compostos); *qualidades* (adjetivos ou particípios que qualifiquem as entidades); *provas* (principalmente verbos no infinitivo ou conjugados); *palavras funcionais* (pronomes, conjunções etc.); *marcadores* (advérbios, mas também expressões que modalizem o enunciado, tais como "é preciso", "nem sempre" etc.); *números* e palavras *não definidas* (as entidades que o aplicativo não consiga identificar). Terminada essa fase, o tratamento automático pode ser corrigido manualmente pelo usuário para conferir um tipo às palavras *não definidas* ou modificar classificações errôneas. A fase de análise propriamente dita consiste essencialmente na construção de categorias (que contenham uma série de termos ou de instâncias, sendo identificadas abaixo pelo sinal @) e em trabalhar com essas categorias. Assim, por exemplo, pode-se comparar a presença das categorias em diferentes textos de um mesmo *corpus* ou em diferentes *corpora*; verificar quais são as instâncias ou os representantes que personifiquem a categoria em diferentes textos; fazer a lista das qualidades atribuídas a uma instância, conhecer os termos mais frequentemente associados a uma categoria...

CONFIRMAÇÃO DO CONTEÚDO GERAL DOS DOIS *CORPORA*

Esse aplicativo nos permitiu comparar de maneira sistemática os dois *corpora* e confirmar que nossa análise de seu conteúdo, exposta no capítulo I, era um reflexo bastante fiel, e não resultado de um viés interpretativo. Para fazer essa comparação, construímos *seres fictícios* (segundo o vocabulário do aplicativo) que se apresentem como listas de substantivos agrupados em função de suas afinidades semânticas. Assim, por exemplo, o ser fictício COACH@ reúne todas as designações utilizadas para indicar essa nova função de acompanhamento e desenvolvimento das pessoas à qual os autores da década de 90 atribuem tamanha importância. Foram construídos "seres fictícios" para todas as categorias de seres humanos que entraram em cena nos dois *corpora*, o que nos possibilita comparar, graças aos mesmos indicadores, sua presença relativa nas representações das duas épocas. Também construímos certos "seres fictícios" para designar dispositivos (como REDE@ ou PROJETO@). O conteúdo dos seres fictícios é apresentado no fim deste anexo. Com base nisso, o aplicativo fornece uma contagem das ocorrências de cada ser fictício e de cada entidade. O quadro 2 reproduz a lista das primeiras entidades de cada *corpus*, seguidas pelo número de suas ocorrências e precedidas de sua posição em ordem decrescente.

Ele reflete bem as diferenças marcantes entre os dois períodos. No *corpus* da década de 60, os executivos estão no centro das preocupações. Na década de 90, os interesses são mais diversificados, pois entre os primeiríssimos atores do *corpus* encontram-se os "executivos", representantes da antiga empresa que deve ser reformada, bem como os gerentes, novas figuras exemplares destinadas a substituí-los[1], mas também os clientes e os fornecedores cuja importância nos novos dispositivos já observamos, quer se trate de integrá-los em projetos, quer de orientar toda a organização em função das expectativas da clientela. Ademais, embora continuem presentes as categorias "subordinados" e "dirigentes", que se referem ao quadro hierárquico, ainda que nem sempre em formulações positivas, a categoria "assalariados" passa a ocupar posição preponderante. Esse vocábulo, que prima pela neutralidade, possibilita englobar todo o pessoal, executivo e não executivo, sem distinção de *status* ou grau, em conformidade com as novas recomendações[2].

Na década de 60, os outros atores importantes do *corpus* – além dos "chefes" que funcionam em parte como sinônimos de "executivos" – são os acionistas (categoria "capital"), que se encontram numa posição bastante inferior na década de 90 (posição 72 contra 19); não que sua importância tenha diminuído, mas porque sua existência dá ensejo a menos discussões. Na década de 60, ao contrário, ainda há a preocupação com a separação entre a administração e a propriedade, procurando-se eliminar dos negócios os comportamentos ineficientes associados ao exercício do poder pelos proprietários.

---

1. O fato de, nos dois casos, serem fundamentais os "executivos" ou os "executivos e gerentes" é reflexo de nosso modo de constituição do *corpus*. Cabe lembrar que selecionamos prioritariamente textos dedicados a essas figuras.

2. O equivalente "neutro" da década de 60 é a palavra "homem", mas no plural ela remete na maioria das vezes aos subordinados, seguindo uma formulação extraída do exército e cuja conotação hierárquica "doméstica" é bastante clara.

Quadro 2
As primeiras entidades de cada corpus

Década de 60 6.146 entidades diferentes[3]		Década de 90 7.999 entidades diferentes	
1. EMPRESA@	1330	1. EMPRESA	1404
2. EXECUTIVO@	986	2. trabalho	507
3. SUBORDINADOS@	797	3. organização	451
4. DIRIGENTES@	747	4. SEDE@	450
5. direção	549	5. EQUIPE@	392
6. trabalho	507	6. PROJETO@	375
7. CHEFE@	487	7. DIRIGENTES@	369
8. quadro	361	8. CLIENTE-FORNECEDOR@	363
9. organização	343	9. SUBORDINADOS@	343
10. autoridade	316	10. GERENTE@	299
11. objetivos	308	11. gestão empresarial	265
12. função	247	12. tempo	251
13. ação	260	13. processo	227
14. formação	238	14. EXECUTIVO@	219
15. resultados	217	15. desenvolvimento	213
16. funções	212	16. vida	205
17. sistema	207	17. ASSALARIADO@	193
18. problemas	195	18. poder	192
tarefas	195	19. mudança	190
19. CAPITAL@	190	20. sentido	188
20. responsabilidade	189	21. HIERARQUIA@	185
21. homens	188	22. competências	185
22. LIBERDADE@	158	23. sistema	184
23. tempo	178	24. qualidade	180
24. papel (função)	175	25. mundo	175
25. o homem	173	26. administração	172
sociedade	173	27. relações	170
26. grupo	167	28. ação	167
administração	167	29. LIBERDADE@	165

---

3. A diversidade de vocabulário medida por esse número é muito maior na década de 90. Os autores recentes utilizam numerosíssimas referências de conotação científica e filosófica, dão muitos exemplos, citando situações particulares e nomes próprios; introduzem vocabulário ligado às novas tecnologias ou às outras ciências humanas, como a psicanálise, e forjam grande quantidade de neologismos. O conjunto, relativamente heteróclito, comporta uma profusão de substantivos comuns e próprios.

O tema da liberdade ocupa posições semelhantes nas duas épocas, embora em formas diferentes, como vimos. Os autores da década de 60 querem libertar os executivos da centralização patronal e nunca esquecem que as empresas de que estão tratando são as representantes do "mundo livre". Os da década de 90 querem libertar todo o pessoal da hierarquia e da burocracia para favorecer a criatividade, a flexibilidade e a autorrealização (desenvolvimento pessoal). Na década de 90, atribui-se assim lugar privilegiado à hierarquia, pois ela é muito criticada. Na década de 60, esse ser fictício chega um pouco mais tarde (posição 45 contra 22): sua presença é importante, mas, ao contrário dos anos recentes, quase nunca são mobilizadas as referências de conotação negativa às "pirâmides" e aos "funcionamentos piramidais" que incluímos em sua construção.

A presença maciça de um pequeno número de propostas apresentadas como soluções para os problemas expostos e repetidos em todos os textos, seja qual for a época, está bem clara no quadro, quer se trate dos termos "direção" e "objetivos" na década de 60, quer da trilogia Rede-Equipe-Projeto na de 90. As entidades mais presentes na década de 60 aludem a uma gestão empresarial bastante impessoal (funções, sistema, resultado, administração), enquanto os anos 90 atribuem lugar importante à "vida" e ao "sentido". O "poder" da década de 90 (com conotação negativa) corresponde a seus análogos controlados e burocratizados, que são a "autoridade" e a "responsabilidade", apresentadas de maneira positiva no *corpus* da década de 60. Os termos que expressam movimento e mudança (processo, desenvolvimento, mudança) também estão mais presentes na década de 90, como seria de esperar.

O quadro 3, que contém a posição em que os *outros* seres fictícios construídos por nós aparecem em cada *corpus*, dá uma ideia mais precisa do contraste entre as duas épocas. Mostra, especialmente, a diversificação dos modelos destinados a substituir os executivos. Trata-se principalmente de um sinal de insegurança terminológica dos autores da década de 90 e de sua dificuldade para forjar um novo vocabulário. O gerente (*"manager"*), termo cada vez mais frequentemente utilizado nos textos, na verdade se expande numa multidão de personagens, de acordo com as características nas quais os autores queiram insistir. Portanto, no *corpus* da década de 90, como seria de esperar, encontramos o especialista e o consultor, o *coach* e o líder, mas também os treinadores, gerentes-coordenadores-chefes de projeto e integradores de redes (reunimos nesse termo todas as figuras especificamente encarregadas das conexões na empresa matricial). A ênfase dada à inovação e à flexibilidade dá grande proeminência também para os criadores e artistas. Usada nos anos 60, mas de maneira acessória, a metáfora esportiva passa a ser corrente. Quase todos os vilões estão na "burocracia". A categoria "herói" é mais difícil de interpretar, uma vez que é constituída, em parte, por termos laudatórios, que remetem aos novos modelos de homens, como "campeão", "atacante" e "construtor", e em parte por termos utilizados pejorativamente para denunciar os detentores do poder na empresa da década de 60, qualificados ironicamente como "super-homens" ou "semideuses", em oposição aos "não seres" (cf. categoria "alienado") a eles submetidos.

Quadro 3
Posição relativa dos outros seres fictícios em cada corpus[4]

Década de 60	Década de 90
45. HIERARQUIA@	32. ESPECIALISTA-CONSULTOR@
59. EQUIPE@	34. VISÃO@
60. ESPECIALISTA-CONSULTOR@	46. *COACH*@
	58. COLABORADOR@
76. EMPREENDEDOR@	59. ALIANÇA ESTRATÉGICA@
79. ASSALARIADO@	60. LÍDER@
83. SINDICATO@	70. CHEFE@
97. OFICIAL@	CRIADOR@
100. COLABORADOR@	72. CAPITAL@
104. GERENTE@	81. EMPREENDEDOR@
113. CRIADOR@	84. HERÓI@
117. CLIENTE-FORNECEDOR@	
	102. BUROCRACIA@
	106. ESPORTIVO@
	108. ALIENADO@
	111. FORMADOR@
	GERENTE DE PROJETO@
	114. INTEGRADOR DE REDES@

Os outros atores, não "executivos", do *corpus* da década de 60 são de natureza bem diferente dos da década de 90: encontram-se nele os sindicatos, que na época ainda constituem fonte importante de preocupação, bem como os oficiais, que continuam sendo considerados bons exemplos, ainda que se reivindique maior descentralização.

Os empresários/empreendedores, embora presentes nos dois *corpora*, na verdade representam personagens bem diferentes nas duas épocas. Na década de 60, trata-se sobretudo de pequenos patrões, enquanto na de 90 o termo designa todos aqueles que "sacodem a burocracia" e inovam, personagens que a grande empresa deve aprender a utilizar e às vezes a moderar em seus excessos (como no caso do "Caubói", personagem criada por Moss Kanter [1992 ©]).

Deve-se notar, por fim, a forte presença no *corpus* da década de 90 das "alianças estratégicas" e da "visão" cuja importância fundamental nas propostas da nova gestão empresarial já vimos.

---

4. No quadro só figuram seres fictícios que aparecem em posição inferior a 120. Na posição 114, a categoria "integrador de redes" registra 40 ocorrências na década de 90, enquanto na década de 60 a categoria "cliente-fornecedor", que ocupa a posição 117, registra 38 ocorrências. Levando-se em conta as cerca de 500 páginas do *corpus* para cada período, julgamos que a representação de uma categoria era pequena além desse número. Além disso, a posição máxima ocupada, ou seja, a posição de todas as palavras citadas uma única vez, é de 153 na década de 90 e 154 na de 60.

CONTEÚDO DOS SERES FICTÍCIOS

ALIENADO@: prisioneiro(s), Terceiro Mundo, limitados, marginais, vítima(s), infra-humanos, infra-humano, impotente(s), bode(s) expiatório(s), Terceiro Mundo, alienado(s), não sujeito(s), não pessoa(s), não ser(s), miseráveis, sem-teto, desempregado(s), excluído(s), explorado(s), proletário(s), lacaio(s), moleque(s), escravo(s), novos pobres.
ALIANÇA ESTRATÉGICA@: aliança(s), *joint venture*(s), *joint venture*(s), parceria(s).
GERENTE@: responsável(s) por projeto, chefe(s) de projeto, coordenador(s), gerente(s) de projeto.
BUROCRACIA@: burocracia(s), burocrata(s).
EXECUTIVO@: Essa categoria tem em vista reunir todas as designações dos quadros dirigentes empresariais no singular e no plural. Conteúdo: executivos, executivo-típico, executivo aposentado, executivo especializado, executivo desempregado, jovem executivo, executivo americano, executivo francês, executivo ineficiente, executivo incompetente, executivo subalterno, executivo intermediário, executivo hierárquico, executivo produtivo, executivo funcional, executivo comercial, executivo administrativo, executivo médio, executivo superior, técnico-comercial, engenheiro, engenheiros, diretores-gerais, diretor-geral, gerentes de produto, gerente de produto, bom executivo, executivo mais idoso, EXECUTIVO(S), Executivos, função executiva, engenheiro-chefe, engenheiros-chefes, executivo talentoso, alto executivo, executivo de valor.
CHEFE@: subchefe(s), chefe(s).
CLIENTE-FORNECEDOR@: cliente(s), fornecedor(es), franqueadores, terceirista(s), parceiro(s).
COACH@: gerente acompanhante, formador-instrutor, gerente(s) treinador(s), gerente(s)-parteiro(s), gerente(s)-acompanhante(s), impulsionador(es) de vida, criador(es) de vida, acompanhante(s), mentor(es), inspirador(es), *coach*(es), patrono(s), catalisador(es), treinador(es), parteiro(s), gerente-parteiro, facilitador(es), gerente(s)-*coach*(es), *coach*(es)-gerente(s), maiêutico(s).
COLABORADOR@: colaborador(es).
CRIADOR@: descobridor(es), pesquisador(es) científico(s), concertista, autocriador(es), pensador(es), espírito(s) científico(s), pesquisador(es), maestro(s), compositor(es), músico(s), romancista(s), poeta(s), pintor(es), gênio(s), inventor(es), criador(es), inovador(es), artista(s), descobridor(es), escritor(es).
DIRIGENTES@: dirigente-líder, diretor-presidente, patrões-exemplos, empresário(s), capitão(ães) de indústria, Direção, diretoria, Diretoria, dirigente(s), Presidente(s), presidente(s), Diretor(es), Diretora, diretora, diretor(es), grande(s) patrão(ões), grande patrão, executivo(s) dirigente(s), líder-chefe-patrão, engenheiro(s)-patrão(ões). Trata-se aí de reunir todos os assalariados que exerçam as funções mais elevadas: presidente e primeiro escalão de diretores.
EMPRESÁRIO@: aventureiros empreendedores, *self made man*, *self-made-man*, aventureiro(s)-empreendedor(es), empresário(s), empresário(s)-diretor(es), empresário(s)-proprietário(s), caubói(s).
EMPRESA@: reúne todas as ocorrências da palavra empresa no singular e no plural, em maiúsculas e minúsculas.

EQUIPE@: reúne todas as ocorrências da palavra equipe no singular e no plural, em maiúsculas e minúsculas.
ESPECIALISTA-CONSULTOR@: especialista(s), perito(s), consultor(es), assessor(es), conselheiros, perito(s)-contador(es), advogado(s).
FORMADOR@: pedagogo(s), formador(es), instrutor(es), professor(es), educador(es), formador(es)-educador(es).
HERÓI@: mutante(s), vedete(s), imortal(is), suprapessoa, demiurgo(s), combativo(s), super-homem(ns)-dirigente(s), super-homem(ns), lenda-viva, dirigente(s)-herói, campeão(ões), semideus(es), conquistador(es), herói, aventureiro(s), construtor(es), astro(s).
HIERARQUIA@: estrutura(s) piramidal(is), pirâmide(s), organograma(s), hierarquia(s), esquema piramidal, empresa piramidal, organização piramidal.
LÍDER@: condutor(es), dirigente(s)-líder(es), líder(es), condutor(es) de homens.
LIBERDADE@: autonomia, Liberdade, libertações, libertação, livre-arbítrio, livre arbítrio, liberdades, liberdade, independência(s).
INTEGRADOR DE REDES@: negociadores, negociador, diplomata(s), intermediários(s), *strategic brokers*, *networker*(s), tradutor(es), porteiro(s), mediador(es), mediador(es), homem(ns) de rede, homem(ns) de contato, criador(es) de pontes, criador(es) de ponte, intermediário(s), comunicador(es), comunicadores, homens-terminais, embaixador(es), lobista(s), passagem obrigatória, guardião(ães), porteiro(s).
GERENTE@: gerente(s)-organizador(es), GERENTE(S), *manager*(s), *Manager*(s), *euromanager*(s).
OFICIAL@: general do exército, cabos, cabo, General, general, chefe(s) militar(es), capitão(ães), comandante(s), suboficial(is), oficial(is), graduado(s), estado(s)-maior(es), Estado-maior, exército, o exército, Exército, Estado-Maior, subtenente(s).
PROJETO@: reúne todas as ocorrências da palavra projeto no singular e no plural, em maiúsculas e minúsculas.
REDE@: reúne todas as ocorrências da palavra rede no singular e no plural, em maiúsculas e minúsculas.
ASSALARIADO@: assalariado(s).
ESPORTIVO@: tenista campeão, maratonista, corredor, júnior(es), futebolista(s), jogador(s), esportista(s), atleta(s), time de futebol, time de beisebol.
SUBORDINADOS@: subalterno(s), dirigido(s), empregado-reserva de energia, operador de máquina(s), superoperador de máquina(s), supertécnico(s), não executivo(s), técnico(s), executante, trabalhadores, empregado(s), operário(s), operador(es), executantes, mestre(s), subordinado(s), contramestre(s), mão de obra, braçal. Esta categoria reúne todos os designativos das pessoas que trabalham nas empresas, chefiadas por executivos na década de 60.
SINDICATO@: sindicalismo, sindicato(s).
VISÃO@: reúne todas as ocorrências da palavra visão no singular e no plural, em maiúsculas e minúsculas.

ANEXO 4

PRESENÇA RELATIVA DAS DIFERENTES "CIDADES" NOS DOIS *CORPORA*

Os quadros 4 e 5 apresentam uma visão dos corpora *por texto. O aplicativo Prospero tem condições de determinar quais são as lógicas mais importantes em cada texto.*

O predomínio da lógica industrial na década de 60, que evidenciamos (quadro 1, capítulo II , pp. 171-3), é ainda mais marcante quando a análise é feita texto por texto, pois se trata da primeira dominante em 85% dos textos; a lógica seguinte (doméstica) domina em apenas 6% dos textos. Comparativamente, na década de 90, a lógica industrial é a primeira dominante em 63% dos textos, mas a lógica conexionista também é dominante em 28% dos textos.

A análise das segundas dominantes mostra que a lógica doméstica é de fato a segunda em importância nos anos 60, ao passo que atualmente essa posição é ocupada pela lógica de rede. Em contrapartida, esses quadros não nos dão informações sobre a valorização positiva ou negativa das lógicas em pauta. Mas não devemos esquecer que a lógica doméstica, embora frequentemente presente nos textos da década de 60, é neles denunciada, enquanto uma mesma posição de contraponto negativo é ocupada pela lógica industrial nos textos da década de 90.

A natureza das outras transformações ressaltadas no capítulo II ganha mais precisão aqui: embora a lógica inspirada, que não dominava nenhum texto na década de 60, esteja em posição de primeira dominante em três textos recentes e de segunda dominante em três outros, sua ascensão, observada nas pp. 171-2, corresponderia a uma proliferação de pequena amplitude em todos os textos do registro inspirado, mais ou menos como se o tema da criatividade e da inovação estivesse "disseminado" sem realmente chegar a constituir o essencial do argumento. A situação é exatamente simétrica no que se refere à lógica cívica, que está ausente na década de 90 depois de ter estado bastante presente na de 60, mas sem condições de influenciar muito um enorme número de textos.

No que se refere ao registro mercantil, que, conforme vimos (capítulo II , pp. 171-3), era globalmente um pouco mais solicitado nos anos recentes, constatamos nos dois últimos quadros a diminuição de sua importância: enquanto ele tinha condições de informar intensamente mais de um terço do *corpus* da década de 60, sua influência é duas vezes menor hoje. Portanto, devemos concluir que a lógica mercantil era menos difun-

Quadro 4

Primeira e segunda dominantes dos textos do corpus da década de 60

1ª dominante / 2ª dominante	Mercantil	Rede	Inspirado	Industrial	Doméstico	Fama	Cívico	Total da 2ª dominante (N.º de textos)
Mercantil				22				22
Rede				4				4
Inspirado								
Industrial	2				3		2	7
Doméstico				22			1	23
Fama					1			1
Cívico				3				3
Total da 1ª dominante (N.º de textos)	2			51	4		3	60

Leitura do quadro: há 22 textos cuja primeira dominante é a lógica industrial, e a segunda é a lógica mercantil. Ao todo, independentemente de qual seja a segunda dominante, há 51 textos em 60 que são dominados pela lógica industrial. A lógica dominante de um texto é a lógica cuja categoria reúne o maior número de ocorrências.

Quadro 5

Primeira e segunda dominantes dos textos do corpus da década de 90

1ª dominante \ 2ª dominante	Mercantil	Rede	Inspirado	Industrial	Doméstico	Fama	Cívico	Total da 1ª dominante (N.º de textos)
Mercantil				11				11
Rede	1		1	26				28
Inspirado				3				3
Industrial	1	17	2					20
Doméstico		2		2				4
Fama								
Cívico								
Total da 2ª dominante (N.º de textos)	2	19	3	42				66

Leitura do quadro: *idem* ao quadro 5.

dida e mais concentrada em alguns autores na década de 60. Na década de 90, ao contrário, a exemplo da lógica inspirada, ela se encontra disseminada nos textos, mas inspira fortemente um número muito mais reduzido de textos. Isso corresponde, certamente, à maior legitimidade do mundo mercantil na década de 90, na qual se encontra muito difundido, embora com pequenos teores, enquanto o *corpus* da década de 60 era marcado por uma nítida clivagem nesse aspecto. Apesar de mais legítima e amplamente difundida, a lógica mercantil não consegue dominar os discursos, como se ela nunca fosse suficiente, por si só, para justificar os novos dispositivos do capitalismo e conferir-lhes poder de atração.

NOTAS

PRÓLOGO

1. Cf. Juillard, 1995; Juillard, Boyer, 1995; Coriat, 1995.

2. O efeito leniente atribuído à ascensão da esquerda ao poder no início dos anos 80, aliás, não tem o caráter evidente que com frequência lhe atribuem. Em outras conjunturas históricas, o advento da esquerda ao poder esteve associado a uma grande intensificação da crítica – basta pensar, na França, no ano de 1936 ou, mais recentemente, no Chile do início dos anos 70.

3. Da década de 70 à década de 80, o ritmo anual médio de crescimento do PIB diminuiu um terço, tanto no Japão quanto nos Estados Unidos ou nos países da União Europeia. Hoje também está um terço, ou quase, mais baixo.

4. Fonte: Cette e Mahfouz (1996). Essa taxa de margem é definida como a parte do excedente bruto de operação (EBE) no valor agregado, que serve para remunerar os donos de capitais (capital e dívidas) e para pagar o imposto sobre os lucros. O resto do valor agregado serve prioritariamente para a remuneração do trabalho assalariado e para o financiamento do sistema de proteção social, que, como se sabe, pesa mais sobre os salários do que sobre os outros rendimentos, e, secundariamente, para saldar diversas taxas. Em seu estudo, os autores em seguida neutralizam o impacto da evolução dos encargos financeiros sobre o lucro, evolução desfavorável em vista das elevadas taxas de juro reais dos últimos anos, bem como do efeito estrutural associado ao caráter salarial assumido pela economia (visto que todos os tipos de forma de trabalho, ao longo da história, foram sendo aos poucos reduzidos à forma genérica do salariato, no plano contábil isso se traduz por um registro diferente dos encargos, que pode criar um viés perceptivo da evolução do valor agregado). A evolução dos rendimentos do capital (na forma de evolução de uma taxa de margem corrigida) que mencionamos acima é a evolução registrada depois de neutralizados todos os efeitos que pudessem ensejar a contestação de que se trata realmente da evolução dos lucros do capital.

5. Os chamados lucros "não redistribuídos" ficam à disposição das empresas que os realizaram, quer elas façam investimentos com eles, quer os apliquem nos mercados

financeiros. Em todos os casos, o valor das ações aumenta e oferece mais-valias potenciais aos donos de capitais. Os números mencionados são extraídos de *Alternatives économiques*, "Les chiffres de l'économie et de la société 1995-1996" (4º trim. 95).

6. Chesnais (1994, p. 21) analisa a alta das taxas de juro americanas de 1994 como um "sinal da capacidade que têm os rendimentos parasitários [...] de defender suas posições, seja qual for o custo para a economia mundial, e de impedir que o montante de sua fatia sobre o valor (expressa em taxas de juro positivas em termos reais) seja prejudicado [...], mesmo com uma alta dos preços da ordem de 1 ou 2%".

7. Fonte CNUCED, citada por Fremeaux (1996).

8. Passou-se assim da definição de empresa multinacional como grande firma com filiais industriais em pelo menos seis países para a definição de empresa com uma só filial. Em seu último estudo a UNCTNC enumerava 37000 multinacionais e, algumas páginas adiante, reduzia o estudo a apenas 100 empresas que, sozinhas, realizavam em 1990 um terço dos Investimentos Diretos no Exterior (IDE) (Chesnais, 1994, p. 53).

9. Ver, por exemplo, sobre essa questão Louis Dumont (1977) e Karl Polanyi (1983).

10. A categoria 1 da ANPE agrupa os desempregados à procura de emprego, com disponibilidade imediata, que buscam trabalho por prazo indeterminado para jornada integral e trabalharam menos de 78 horas durante o mês anterior.

11. Na mesma época, a categoria 1 da ANPE registrava "apenas" 2,9 milhões de desempregados.

12. O índice médio de desemprego (no sentido do BIT) da Europa nos quinze anos é de 10,8% em janeiro de 1997, mas com grandes disparidades segundo o país (por exemplo, Espanha, 21,7%; Finlândia, 15%; França, 12,5%; Itália, 12,2%; Irlanda, 11,6%; Alemanha, 9,6%; Portugal, 7,3%; Reino Unido, 7,1%; Áustria, 4,4%). Ver Maurin (1997).

13. Sobre os empregos em tempo parcial, cf. Bisault *et alii* (1996) e sobre os empregos atípicos, ver Belloc e Lagarenne (1966).

14. O limiar de pobreza é definido como rendimento bruto por unidade de consumo inferior à metade do rendimento mediano. As unidades de consumo são aqui contabilizadas segundo a chamada escala Oxford: o primeiro adulto vale 1, o segundo, 0,7; e cada criança com menos de 15 anos, 0,5.

15. Já no primeiro ano, o RMI é atribuído a 400.000 pessoas (1989). Eram 946.000 beneficiários em 1995, abrangendo 1,8 milhão de pessoas; 48% dos beneficiários tinham menos de 35 anos.

16. Essa situação é explicada pelo fato de que o poder aquisitivo das alocações mínimas antigas mal se manteve ou até diminuiu no que se refere às alocações destinadas a desempregados (o poder aquisitivo da alocação de solidariedade específica baixou de 15% entre 1982 e 1995; o da alocação de inclusão baixou 20%) e de que as novas alocações mínimas destinadas às novas populações carentes (RMI) foram fixadas em nível inferior às antigas.

17. A mudança de tendência quanto às desigualdades (da tendência à redução ao aumento às vezes muito rápido) ocorre desde o fim da década de 60 nos Estados Unidos, de meados dos anos 70 no Japão, do fim dos anos 70 no Reino Unido e do início dos anos 80 na Alemanha, na Itália e na Suécia (CERC-association, 1994).

18. Em 1996, o INED estimava que em Paris viviam cerca de 8.000 pessoas "sem domicílio fixo" (*Alternatives économiques*, hors série nº 3, "Les chiffres de l'économie et de la société 1996-1997", 4º trimestre 1996).

19. Entre 1981 e 1994, o número de casamentos passou de 315.000 a 254.000 por ano, ao passo que o número de divórcios passava de 87.600 para 115.000. As estatísticas mostram, por outro lado, que os casais que coabitam sem casamento se separam com mais frequência do que os casados. Os nascimentos fora do casamento passaram de 12,7% em 1981 para 34,9% em 1993 (Maurin, 1995). A "pesquisa sobre a situação familiar" (enquête sur les situations familiales (ESF)) feita em 1985, mas só publicada em 1994, mostrava que 2.000.000 de crianças viviam separadas do pai, ao passo que somente 2% nunca tinham vivido com ele. O nível elevado desse número, portanto, não decorre do abandono das mães grávidas pelos pais, mas das separações dos dois; a pesquisa também mostra que essas separações ocorrem em idade cada vez mais precoce das crianças, multiplicando os anos de infância vividos depois da dissolução familiar. Essa pesquisa considera que a probabilidade de viver numa família recomposta dobrou em alguns anos. Por outro lado, 3% dos que nasceram de 1967 a 1971, 8% dos que nasceram de 1971 a 1975 e 11% dos que nasceram de 1976 a 1980 viveram duas rupturas em cinco anos (Sullerot, 1997, pp. 187 ss.).

20. Prova disso é que se contou, acima de tudo, com dispositivos de socorro (seguro-desemprego, auxílio social...) para essas populações, sem se questionar a legitimidade das mudanças que haviam conduzido à sua situação social degradada. Agia-se sobre as consequências sem se perguntar sobre as causas, à maneira da caridade do século XIX que vinha acompanhada pela recusa a ver no nível dos salários a causa da pobreza industrial. Os salários provenientes do jogo do mercado eram necessariamente justos; seu veredicto era irrecorrível; era preciso adaptar-se, já na época.

21. A poupança, a criação de um comércio e a redução da natalidade eram os meios propostos ao povo pelo século XIX para o aburguesamento. O pós-guerra retomando a mesma combinação, substituiu a criação de empresa pela escola e orientou a poupança para o financiamento da escolarização das crianças que, por esse fato, já não podem contribuir com um salário para a manutenção da família.

INTRODUÇÃO

1. O balanço é um instrumento contábil que inventaria em determinado momento todas as riquezas investidas num negócio. A importância fundamental do instrumento contábil para o funcionamento do capitalismo, a tal ponto que alguns veem em sua sofisticação uma das origens do capitalismo, é uma característica geralmente ressaltada pelos analistas. Cf., por exemplo, Weber (1964, p. 12) ou Weber (1991, pp. 295-6).

2. Conforme observa Georg Simmel, só o dinheiro nunca decepciona, contanto que não seja destinado ao gasto, mas à acumulação como fim em si. "Sendo coisa desprovida de qualidades, ele [o dinheiro] não pode sequer dar aquilo que está encerrado no mais pobre dos objetos – a surpresa ou a decepção" (citado por Hirschman, 1980, p. 54). Enquanto a saciedade acompanha a realização do desejo no conhecimento íntimo da coisa desejada, esse efeito psicológico não pode ser provocado por um número contábil duradouramente abstrato.

3. Em Braudel (1979, *Les Jeux de l'échange*) são abundantes os exemplos do modo como os agentes do capitalismo transgridem as regras do mercado para realizar lucros,

sem termo de comparação com as atividades ordinárias de troca; para Braudel, "os grandes jogos capitalistas situam-se no inabitual, no fora de série ou na conexão longínqua, com meses ou até anos de distância" (p. 544): utilização de proteções para "introduzir-se à força num circuito renitente" ou "afastar rivais" (p. 452); "informações privilegiadas" e circuitos confidenciais de informação, "cumplicidade do Estado", que permite mudar "de modo constante e com a maior naturalidade do mundo [...] as regras da economia de mercado" (p. 473) etc. Do mesmo modo, a grande burguesia do século XIX, apesar de sua adesão de fachada ao "credo liberal", como disse K. Polanyi (1983), só é realmente favorável ao *laisser-faire* no mercado de trabalho. Quanto ao resto, na luta que os opõe, os capitalistas lançam mão de todos os meios à disposição, especialmente do controle político do Estado, para limitar a concorrência, entravar o livre-comércio quando este lhes é desfavorável, alcançar situações de monopólio e conservá-las, tirar proveito de desequilíbrios geográficos e políticos a fim de drenar para o centro o máximo de lucros (Rosanvallon, 1979, pp. 208-12; Wallerstein, 1985).

4. Segundo definição do INSEE, a noção de patrimônio rentável (*patrimoine de rapport*) abrange "o conjunto das aplicações físicas e financeiras feitas por particulares quando estes põem à disposição de outra pessoa imóveis, dinheiro ou terras, em vista de uma contrapartida monetária", e exclui o patrimônio de fruição (residência principal, dinheiro líquido e em cheques) e o patrimônio profissional dos que trabalham por conta própria (agricultores, profissionais liberais, artesãos, comerciantes).

5. Em janeiro de 1996, 80% das famílias dispunham de caderneta de poupança (caderneta A ou azul, caderneta B ou bancária, Codevi, caderneta de poupança popular), mas os montantes logo são submetidos a um teto e destinados prioritariamente à poupança popular; 38% possuíam um plano ou uma conta de poupança para crédito imobiliário (a maioria no intuito de comprar casa própria). Em contrapartida, as aplicações capitalistas típicas atingiam apenas 20% das famílias: 22% possuíam valores mobiliários (obrigações, empréstimo do Estado, Société d'Investissement à Capital Variable (SICAN) ou Fonds Communs de Placement (FCP), e ações não Sicav; 19% possuíam um bem imóvel diferente da residência principal. (*INSEE Première*, n.º 454, maio de 1996). Em vista disso, as famílias que podem extrair de seu patrimônio rentável um rendimento igual ao rendimento médio dos franceses ficam no nível dos que vivem de boa renda e, ademais, representam menos de 5% do conjunto das famílias, estando, sem dúvida, mais perto de 1% do que de 5% (Bihr, Pfcfferkorn, 1995).

6. Desde os trabalhos de Berle e Means (1932), sabemos que, ainda que o comportamento dos diretores não consista, obrigatoriamente, em maximizar os interesses dos acionistas, eles pelo menos se comportam de tal maneira que lhes ofereçam uma remuneração satisfatória, na impossibilidade de remuneração máxima.

7. Este último aspecto, segundo Heilbroner (1986, pp. 35-45), é a forma mais dissimulada de exploração capitalista, pois toda a margem restante obtida sobre o produto, seja qual for o seu montante, cabe ao capitalista, em virtude das regras de propriedade referentes ao contrato de trabalho.

8. Segundo os números citados por Vindt (1996), o salariato representava na França 30% da população ativa em 1881, 40% em 1906, 50% em 1931, mais de 80% hoje. O INSEE (1998 b) apresenta para 1993 76,9% de assalariados na população ativa, aos quais é preciso somar 11,6% de desempregados (quadro C.01-1).

9. Thévenot (1977) apresentou, relativamente aos anos 70, uma análise muito elaborada da tendência de assalariamento por categoria socioprofissional. Em 1975 os assalariados representam 82,7% do emprego total, contra 76,5% em 1968. A única categoria de não assalariados que cresceu foi a das profissões liberais – que, ademais, cresce lentamente, devido às barreiras de ingresso nessas profissões –, enquanto todas as outras categorias (proprietários industriais e comerciais, artesãos e pequenos comerciantes, ou seja, aqueles que empregam menos de três assalariados; agricultores; empregados domésticos) regridem. E o salariato progride também nas profissões tradicionalmente liberais, como os médicos, quase tão numerosos em 1975 como assalariados (principalmente nos hospitais) quanto como profissionais liberais, ao passo que os assalariados constituíam apenas um pouco mais da metade dos médicos liberais efetivos sete anos antes. A tendência ao assalariamento está ligada, em parte, ao aparecimento das grandes empresas em setores tradicionais como o comércio, empresas que destroem os pequenos. A grande redução no número de assalariados na agricultura e nos empregos domésticos também confirma que a maior parte do crescimento do salariato está ligada ao crescimento das atividades de um patronato cada vez mais "anônimo" e menos "pessoal", ou seja, às sociedades industriais e ou de prestação de serviços, mas também ao desenvolvimento do serviço público (ensino, em especial).

10. As mulheres representam hoje 45% da população ativa, contra 35% em 1968. Suas taxas de atividade (porcentagem das mulheres com mais de quinze anos pertencentes à população ativa) cresceu de modo contínuo nos últimos trinta anos (Jeger-Madiot, 1996, p. 122).

11. Parece que a expressão "espírito do capitalismo" foi utilizada pela primeira vez por W. Sombart na primeira edição de seu *Capitalismo moderno*. Mas em Sombart, onde nasce "da conjunção do 'espírito faustiano' com 'o espírito burguês'", assume um sentido muito diferente do sentido que lhe será dado por Weber. O espírito do capitalismo está mais centrado no caráter demiúrgico do grande homem de negócios em Sombart, enquanto Weber insiste mais na ética da atividade (Bruhns, 1997, p. 105).

12. "Faz apenas uma geração, teria sido inútil esperar que um camponês da Silésia, cuja tarefa fosse, contratualmente, a de fazer a colheita em determinada superfície, aumentasse sua força de trabalho se lhe duplicassem o salário: ao contrário, ele teria simplesmente reduzido pela metade sua prestação de serviço, calculando que essa metade lhe bastaria para ganhar o dobro daquilo que ele ganhava antes" (Weber, 1991, p. 372). Ver também Polanyi (1983), a propósito da transformação da terra e do trabalho em mercadorias.

13. "O ascetismo considerava o sumo da atitude repreensível a busca da riqueza como *fim* em si mesma e, ao mesmo tempo, considerava sinal da bênção divina a riqueza como *fruto* do trabalho profissional. O mais importante ainda é que a avaliação religiosa do trabalho sem descanso, contínuo, sistemático, numa profissão secular, como o meio ascético mais elevado e também a prova mais segura e evidente da regeneração e da fé autêntica, pôde constituir a mais poderosa alavanca imaginável para a expansão dessa concepção de vida que até agora chamamos de espírito do capitalismo" (Weber, 1964, p. 211).

14. As principais fontes e a apresentação dessas polêmicas podem ser encontradas em Besnard (1970), MacKinnon (1993), Disselkamp (1994), na introdução de J.-C. Passe-

ron e na apresentação de J.-P. Grossein de um volume que reúne trabalhos de M. Weber dedicados à sociologia das religiões (Weber, 1996), bem como na obra coletiva do Grupo de pesquisa sobre a cultura de Weimar, publicada sob a direção de G. Raulet (1997), que também fornece numerosas informações sobre o clima intelectual que cercou a redação da *Ética protestante*. Essa controvérsia, provavelmente uma das mais prolíficas de toda a história das ciências sociais, ainda não está encerrada: ela versou principalmente sobre a validade do nexo entre motivos de inspiração religiosa e práticas econômicas. Os argumentos críticos que põem em causa a correlação entre protestantismo e capitalismo, afirmando (por exemplo em K. Samuelson ou em J. Schumpeter) que o capitalismo se desenvolveu antes do aparecimento do protestantismo ou em regiões da Europa nas quais a influência da Reforma era pequena e, por conseguinte, sob o efeito de uma constelação de fenômenos sem relação com a religião (sem falar da crítica marxista, que vê o capitalismo como causa do aparecimento do protestantismo), tiveram como resposta argumentos de defesa que enfatizavam a distinção entre *causas* e *afinidades* (Weber não teria procurado dar uma explicação causal, mas apenas mostrar as afinidades entre Reforma e capitalismo, por exemplo em R. Bendix ou R. Aron), bem como a diferença entre *capitalismo* e espírito *do capitalismo* (Weber não teria tomado como objeto as causas do capitalismo, mas as mudanças morais e cognitivas que favoreceram o aparecimento de uma mentalidade da qual o capitalismo tirou proveito, como por exemplo em G. Marshall).

15. Essa inversão pôde ocorrer graças à transformação dessa paixão em "interesse", amálgama de egoísmo e racionalidade, dotado das virtudes de constância e previsibilidade. O comércio foi julgado capaz de desenvolver certa brandura de costumes, visto que o comerciante desejava a paz para a prosperidade de seus negócios e mantinha relações benévolas, fora de suas transações, com clientes que ele tinha interesse em satisfazer. A paixão pelo dinheiro mostrava-se assim bem menos destrutiva do que a corrida para a glória e para as façanhas. Por isso, tradicionalmente, só a nobreza era considerada capaz, "*por definição*, de ter virtudes heróicas e paixões violentas. Como um simples plebeu só podia perseguir interesses, e não a glória, todos *sabem* que tudo aquilo que tal homem realiza sempre será 'ameno' se comparado aos divertimentos apaixonados e às proezas terrificantes da aristocracia" (Hirschman, 1980, p. 61). A ideia da erosão moderna das paixões violentas e nobres em proveito de um interesse exclusivo pelo dinheiro foi bastante difundida e, parece, também suficientemente fundamentada para inspirar como reação, já no fim do século XVIII e início do século XIX, a crítica romântica da ordem burguesa, vista como vazia, fria e mesquinha, "materialista" e, precisamente, desprovida de caráter passional, traços estes vistos de uma óptica positiva certo tempo antes, por suas vantagens políticas. Quanto às teses do "comércio ameno" desenvolvidas no século XVIII, se nos parecem hoje ultrapassadas, é porque se tornou evidente, ao longo do século XIX, especialmente em vista da miséria das cidades operárias e da colonização, que a paixão burguesa nada tinha de amena e, ao contrário, produzia destruições até então desconhecidas.

16. Aqui fazemos algumas ressalvas à posição weberiana, segundo a qual "um capitalismo bem consolidado" (Weber, 1964, p. 63) tem menos necessidade de justificação moral, tese corroborada também por seu contemporâneo Sombart (1928), preferindo permanecer fiéis a uma sociologia abrangente que enfatize o sentido que a organiza-

ção social tem para os atores e, por conseguinte, a importância das justificações e das produções ideológicas.

17. A questão de saber se as crenças associadas ao espírito do capitalismo são verdadeiras ou falsas, fundamental em grande número de teorias de ideologias, sobretudo quando tratam de um objeto tão conflituoso quanto o capitalismo, não é fundamental em nossa reflexão, voltada a descrever a formação e a transformação das justificações do capitalismo, e não a julgar sua verdade intrínseca. Para modular esse relativismo, acrescentaremos que uma ideologia dominante numa sociedade capitalista permanece enraizada na realidade das coisas, uma vez que, por um lado, contribui para orientar a ação das pessoas e, assim, modelar o mundo no qual elas agem, e, por outro, se transforma de acordo com a experiência, feliz ou infeliz, que estas têm de sua própria ação. Com isso, uma ideologia dominante, conforme observa Louis Dumont, pode tanto ser declarada "falsa" (caso se leve em conta seu caráter incompleto, pelo fato de se ajustar mais aos interesses de certos grupos sociais do que a outros, ou caso se leve em conta sua capacidade de amalgamar produções de origens e antiguidade diferentes sem as articular de modo coerente) quanto "verdadeira" (no sentido de que cada um dos elementos que a compõem pode ter sido, ou ser ainda, pertinente a um tempo ou lugar dado, sob certas condições). Retomaremos aqui a solução de Hirschman (1984), quando confrontado com teorias aparentemente inconciliáveis, referentes ao impacto do capitalismo sobre a sociedade, mostrou que é possível fazê-las coexistir na mesma representação do mundo, desde que se aceite a ideia de que o capitalismo é um fenômeno contraditório, com capacidade de autolimitar-se e fortalecer-se ao mesmo tempo. Ele sugere que "por mais incompatíveis que sejam essas teorias, cada uma poderia muito bem ter sua 'hora da verdade' ou sua 'terra da verdade'. Uma ou outra poderia ser aplicável num país ou num grupo de países dados, durante um período determinado" (p. 37).

18. Weber, citado por Bouretz (1996), pp. 205-6.

19. Paradoxalmente, ao constituir-se como "ciência", tomando por molde as ciências da natureza do século XIX, ao preço do esquecimento da filosofia política que lhe servira de matriz e da transformação das convenções subjacentes às formas mercantis de acordo em leis positivas (apartadas da vontade das pessoas) (Boltanski, Thévenot, 1991, pp. 43-6), a economia clássica foi instrumentalizada para validar ações.

20. Segundo as teorias morais consequencialistas, os atos devem ser avaliados moralmente em função de suas consequências (um ato é bom se produz mais bem que mal, e se o saldo é superior a um ato alternativo que não pôde ser realizado devido ao primeiro ato). Essas teorias se opõem globalmente a teorias que podem ser chamadas deontológicas por permitirem julgar os atos em função de sua conformidade com uma lista de regras, mandamentos ou direitos e deveres. As teorias consequencialistas possibilitam resolver a espinhosa questão do conflito das regras nas teorias deontológicas e permitem que não se responda à questão do fundamento e da origem dessas regras. Em contrapartida, expõem a outras dificuldades, como o inventário do conjunto das consequências ou a mensuração e a agregação das quantidades aferentes de bem e mal. O utilitarismo de Jeremy Bentham (1748-1832) é o protótipo da teoria consequencialista, sendo também a mais conhecida: ela baseia a avaliação de um ato no cálculo da utilidade produzida por esse ato.

21. Essa reunião extremamente robusta foi resultado da aliança – inicialmente marginal e desnecessária e depois amplamente admitida – entre a economia clássica e o utilitarismo, aliança sustentada por um "materialismo evolucionista", que se remetia ora a Darwin, ora a Condorcet ou a Comte (Schumpeter, 1983, vol. 2, pp. 47-50). Essa mistura de crença liberal, darwinismo social e utilitarismo vulgar nas virtudes do *laisser-faire* constituiu, segundo J. Schumpeter, o solo sobre o qual repousou a visão de mundo da burguesia empreendedora. O utilitarismo, associado ao liberalismo econômico e ao darwinismo social, pôde assim tornar-se, com forma vulgarizada, o principal recurso para, num mesmo movimento, libertar da moral comum e conferir propósitos morais a ações orientadas para o lucro.

22. Uma das razões pelas quais todo crescimento de riquezas de qualquer membro da sociedade é visto como constitutivo da melhora do bem-estar global da própria sociedade é que essa riqueza não é retirada de outra pessoa por alguma forma de roubo, por exemplo, como daria a entender a ideia de uma soma total e estável de riquezas, mas foi criada de forma integrada, que tal modo que a soma total das riquezas da sociedade acabou sendo assim aumentada. Os trabalhos de Pareto no campo da economia, trabalhos que prolongam e renovam a abordagem walrassiana, redundando numa redefinição do melhor estado econômico, ilustram como se foi tornando cada vez mais vã, no âmbito da economia clássica, a questão de se saber quem é enriquecido por esse crescimento das riquezas. Uma das consequências práticas do abandono, em Pareto, da utilidade mensurável, na virada do século XIX para o XX, é a impossibilidade de comparar as utilidades de dois indivíduos diferentes, portanto de responder à indagação que procura saber se o crescimento em dado ponto é mais proveitoso para a sociedade do que teria sido em outro ponto. Do mesmo modo, a teoria do equilíbrio paretiano possibilita afirmar que é impossível julgar em termos de bem-estar global o efeito de uma transferência de riquezas de um ponto para outro, pois a perda de utilidade de certos membros não é compensável pelo ganho de utilidade de outros membros. Percebe-se facilmente que há dois usos possíveis da teoria do equilíbrio paretiano: ou nos limitamos àquilo que ela afirma, reconhecendo que não existe nenhuma divisão de riquezas boa em si passível de determinação científica por meio da economia, e as divisões são aceitas tais como ocorrem; ou registramos a incapacidade da ciência econômica em resolver essa questão e a transferimos tranquilamente para o plano político. Foi assim que Pareto, realmente sem querer, deu argumentos para os defensores do Estado-providência.

23. Isso equivale a considerar o país globalmente como uma "empresa", metáfora bem redutora, mas frequente. O. Giarini (1981, 1983) mostra como a noção de PNB está distante da noção de bem-estar social, mesmo quando se admite reduzir esse bem-estar apenas ao aumento do nível de vida. Incorporando os valores agregados contábeis de todas as empresas, ele não indica, por exemplo, que certos valores agregados estão ligados a mercados de reparação dos danos provocados por outros setores da economia; a soma dos valores agregados daqueles que destruíram o meio ambiente e daqueles que o saneiam não pode, em caso algum, ter a pretensão de expressar uma verdadeira melhoria para o cidadão, visto que ele incrementa duas vezes o indicador do PNB. "O que há é, antes, transferência de despesas, que têm como efeito o crescimento real líquido de riqueza e bem-estar [...] para outras despesas, que são es-

senciais para manter o sistema em funcionamento" (1983, p. 308). Outros valores agregados que vêm somar-se estão simplesmente ligados à de atividades antes mantidas fora da esfera monetária (tal como o desenvolvimento do fornecimento de refeições, que substitui em parte a cozinha familiar, mercado que, sem dúvida, cria lucros monetários, mas não aumenta necessariamente os níveis de vida). Giarini (1983) chega a afirmar: "Há com grande frequência crescimento zero ou crescimento negativo na riqueza e no bem-estar reais, mesmo quando os indicadores econômicos do produto nacional bruto são positivos" (p. 310).

24. Essa posição, segundo a qual a organização do mercado é sempre a mais eficaz, foi desenvolvida recentemente pelos teóricos da economia da burocracia (cf. Greffe [1979] e Terny [1980] para uma introdução).

25. Milton Friedman (1962), em seu famoso ensaio *Capitalism and Freedom,* é um dos mais ardentes defensores da tese de que as liberdades políticas só são possíveis no âmbito das relações capitalistas: "Os ordenamentos econômicos desempenham dois papéis na promoção de uma sociedade livre. Por um lado, a liberdade nos ordenamentos econômicos é um componente da liberdade em sentido lato, de tal modo que a liberdade econômica é um fim em si; por outro lado, a liberdade econômica é um meio indispensável para a realização da liberdade política" (p. 8). Mas ele também admite que o capitalismo em si não garante com total certeza a liberdade: "A história apenas sugere que o capitalismo é condição necessária para a liberdade política. Está claro que essa não é uma condição suficiente. A Itália e a Espanha fascistas, a Alemanha em diversos momentos dos últimos setenta anos, o Japão antes de cada uma das duas guerras mundiais, a Rússia czarista antes da primeira guerra são sociedades que não podem ser descritas como politicamente livres. No entanto, em cada uma, a empresa privada era uma forma dominante de organização econômica. Portanto, é possível ter, ao mesmo tempo, ordenamentos econômicos fundamentalmente capitalistas e ordenamentos políticos não livres" (p. 10).

26. É provável que esse aparato justificativo baste para engajar os capitalistas e seja igualmente mobilizado toda vez que a disputa atinja um nível muito alto de generalização (o porquê do sistema e não porquê desta ou daquela ação ou decisão), bem como toda vez que alguma justificação mais próxima da disputa deixe de ser encontrada, o que ocorre, a nosso ver, quando o espírito do capitalismo é fraco.

27. Sobre a necessidade de incorporar as ideologias (para poderem servir à ação) em formas discursivas que compreendam mediações suficientemente numerosas e diversificadas para alimentar a imaginação em face das situações concretas da vida, cf. Boltanski (1993), pp. 76-87.

28. O número de executivos cresceu muito entre o recenseamento de 1982 e o de 1990. A categoria dos "quadros administrativos e comerciais" ganhou mais de 189 mil pessoas; a dos "engenheiros e quadros técnicos empresariais", mais de 220 mil; a das "profissões intermediárias administrativas e comerciais das empresas", mais de 423 mil. Uma parte do efetivo que determinou o crescimento dessas subcategorias provém de estratos sociais tradicionalmente mais distantes e até hostis ao capitalismo, como ocorre com os filhos de professores que, como se sabe, estão especialmente bem preparados para as provas escolares que abrem as portas do ensino superior e das grandes escolas, porém menos bem preparados normativamente do que os filhos da bur-

guesia negociante para o exercício de um poder hierárquico e/ou econômico. Como se mostrou em numerosos estudos, o crescimento do número de diplomados não tem somente consequências numéricas. Ele também modifica as características dos titulares, especialmente devido a uma mudança na sua origem social sob efeito da democratização do acesso ao ensino superior. Por isso, o efeito de "sinalização" dos diplomas (Spence, 1973) é perturbado. Realmente, o diploma não fornece apenas uma informação sobre o tipo de conhecimento supostamente adquirido, mas também sobre um tipo de cultura, no sentido antropológico do termo, e, enfim, sobre o tipo de pessoa. Apenas o conhecimento da posse de um diploma já não dá, sobre seu portador, as informações tácitas e laterais que, num estado anterior, possibilitavam "ter uma ideia" intuitiva – ou seja, baseada na experiência social comum – sobre o tipo de pessoa "com quem se está lidando", porque os detentores de um mesmo diploma podiam diferir muito uns dos outros, sobretudo dos que possuíam o mesmo título anos antes, sob a maioria dos outros aspectos.

29. Ver, por exemplo, o livro de Charles Morazé (1957), *Les Bourgeois conquérants*, sobretudo o prefácio e a parte dedicada às estradas de ferro (pp. 205-16).

30. Falando do liberalismo econômico na forma como está exposto na economia política inglesa do século XIX, especialmente em Adam Smith, P. Rosanvallon escreve: "A sociedade industrial do século XIX modela um mundo totalmente oposto a essa representação" (Rosanvallon, 1979, p. 222).

31. Ver em Bearl and Means (1932) e Burnham (1941) uma primeira descrição; em Chandler (1977), um trabalho histórico mais recente sobre o advento da gestão empresarial assalariada.

32. A microeconomia é notável no sentido de que sua corrente dominante não se preocupa de modo algum com a história e as transformações sociais. Foi, aliás, exatamente em oposição a Carl Menger e à escola austríaca que, sob o impulso de Gustav Schmoller, se constituiu a escola histórica alemã, à qual estavam ligados Werner Sombart e Max Weber. O que estes economistas-sociólogos tinham em mente era fundar uma posição interpretativa situada entre o puro empirismo histórico e a abstração marginalista, bem como "poder tratar os fatos econômicos sob o ângulo de uma teoria, ou seja, procurando descobrir, com o auxílio de conceitos e tipos ideais, construídos a partir do material histórico, os princípios dos sistemas e dos processos econômicos" (H. Bruhns, 1997, pp. 95-120). Podem-se encontrar vestígios desse projeto intelectual, que visa conciliar abordagem teórica e abordagem histórica, na economia da regulação e na economia das convenções, o que explica, aliás, o modo como essas correntes estão sendo marginalizadas pelas formas dominantes da microeconomia.

33. Seguimos aqui as posições adotadas por Weber: "devemos esperar que os efeitos da Reforma sobre a cultura, em grande parte – se não de maneira preponderante, a nosso ver – tenham sido consequências não previstas, *não desejadas,* da obra dos reformadores, consequências muitas vezes bastante distanciadas de tudo aquilo que eles haviam se proposto atingir, às vezes até em contradição com aqueles fins" (Weber, 1964, pp. 101-2).

34. "Essas representações novas têm também duas faces, uma voltada para o interior, autojustificadora, e outra voltada para a cultura dominante, universalista" (Dumont, 1991, p. 29).

35. A exigência de justiça pode ser associada à exigência de igualdade. Sabe-se, porém, desde Aristóteles que a igualdade na cidade não significa necessariamente distribuição absolutamente idêntica daquilo que tem valor entre todos os membros – quer se trate de bens materiais ou imateriais –, mas, como bem disse Michel Villey (1983, p. 51), uma "justa proporção entre a quantidade de coisas distribuídas e as diversas qualidades das pessoas" (ver também Walzer [1997]). Definir uma relação como não equitativa ou equitativa – o que é feito pela crítica e pela justificação – supõe, portanto, previamente, uma definição daquilo que constitui o valor das coisas e das pessoas, uma escala de valores que exige esclarecimento em caso de litígio.

36. O fato de comparar dados colhidos em campo junto a pessoas comuns e textos eruditos pertencentes à tradição cultural (trabalho que não assusta os antropólogos das sociedades exóticas) era sustentado por uma reflexão sobre o lugar da tradição em nossa sociedade e, mais precisamente, em nosso universo político. Pode-se mostrar que os construtos da filosofia política hoje fazem parte de instituições e dispositivos (como, por exemplo, cartórios eleitorais, fábricas, meios de comunicação de massa, inclusive concertos, reuniões familiares etc.) que informam continuamente os atores sobre aquilo que eles devem fazer para se comportar normalmente. A cidade inspirada foi construída com base na *Cidade de Deus* de Santo Agostinho e nos tratados por ele dedicados ao problema da graça. A cidade doméstica foi estabelecida por um comentário à *Política extraída das próprias palavras da santa escritura* de Bossuet. A cidade da fama foi construída a partir do *Leviatã* de Hobbes, em especial do capítulo dedicado à honra. A cidade cívica, ou coletiva, é analisada em *Do contrato social* de Rousseau. A cidade mercantil é extraída da *Riqueza das nações* de Adam Smith. A cidade industrial foi estabelecida a partir da obra de Saint-Simon.

37. Talvez haja um texto ou vários com possibilidade de realizar essa tarefa. Mas é preciso confessar que o caráter muito contemporâneo do construto que procuramos discernir e o papel desempenhado pelas próprias ciências sociais na elaboração dessa nova esfera de legitimidade teriam tornado muito delicada a escolha de um autor e de um texto que fosse tratado como paradigmático. Além disso, neste caso, teria sido impossível (ao contrário do que ocorre com os textos clássicos) tomar por base uma tradição exegética e justificar a escolha com a sua consagração e com as consequências que ele exercesse sobre a inscrição de temas da filosofia política na realidade do mundo social.

38. Cf. Weber (1964, pp. 58-9; 1991, p. 373; 1996, p. 160).

39. Essa primeira corrente, constituída nos anos 50 na forma como hoje a conhecemos inspirando-se na herança do marxismo na interpretação da Escola de Frankfurt e do pós-nietzschianismo apocalíptico do primeiro terço deste século, tende a projetar todas as exigências normativas para o plano dos conflitos de interesses (entre grupos, classes, povos, indivíduos etc.). Nesse sentido, essa corrente se considera como radicalismo crítico. Nessa óptica, que em grande medida é adotada hoje por Pierre Bourdieu, as exigências normativas, desprovidas de autonomia, não passam de expressão disfarçada das relações de forças: elas somam "sua força às relações de forças", o que supõe atores em perpétuo estado de mentira, de duplicidade ou de má-fé (o primeiro axioma do "Fundamento de uma teoria da violência simbólica" é: "Todo poder de violência simbólica, isto é, todo poder que consegue impor significações e impô-las como legíti-

mas dissimulando relações de forças que estão no fundamento da força, soma sua força própria a essas relações de forças" – Bourdieu, Passeron, 1970, p. 18).

40. Essa segunda corrente, desenvolvida nos últimos quinze anos, em grande medida é uma reação à primeira; partindo das aporias às quais conduzem as hermenêuticas da suspeita (Ricoeur, 1969, p. 148), aprofundou consideravelmente a análise dos princípios de justiça e das bases normativas do juízo, mas frequentemente (cabe dizer) à custa de um déficit no exame das relações sociais efetivas e das condições de realização das exigências de justiça (diante das quais essas teorias estavam pouco armadas) e da subestimação das relações de forças.

41. Pode-se retomar nesse ponto a posição de J. Bouveresse: "No sentido de haver uma dialética da '*Aufklärung*', seria possível falar também de uma dialética do discurso democrático, em virtude da qual ele mesmo acaba por denunciar como ilusórios e mentirosos os seus próprios ideais. Quando os intelectuais considerados democratas convictos proclamam abertamente que a única realidade constatável, com a qual se pode contar, é a do poder e da dominação, o que se poderá objetar àqueles que decidem lançar fora definitivamente a máscara? [...] Quando os princípios de liberdade, igualdade e justiça já não conseguem obter mais que uma aprovação e um engajamento puramente formais, acompanhados por todas as espécies de ressalvas céticas, subentendidos irônicos, autocríticas, autossuspeitas e autodesmistificações, os ditadores potenciais só precisam representar diante da opinião pública o jogo mais eficaz da franqueza e da coragem, revelando claramente aquilo que, conforme sabem, a consciência de seus adversários já concedeu e admitiu implicitamente" (Bouveresse, 1983, p. 384).

42. Essa incerteza refere-se ao estado dos seres, objetos ou pessoas e, em particular, a seu poder respectivo, do qual depende o lugar que ocupam nos dispositivos que enquadram a ação. Num mundo onde todos os poderes fossem fixados de uma vez por todas, os objetos fossem imutáveis (por exemplo, não estivessem sujeitos ao desgaste) e as pessoas agissem segundo um programa estável e conhecido por todos, a prova sempre seria evitada, pois a certeza de seu resultado a tornaria inútil. Visto que as possibilidades dos objetos (como quando se fala em testar as possibilidades de um veículo) e as capacidades das pessoas são incertas por natureza (nunca se sabe com certeza aquilo de que as pessoas são capazes), os seres entram em relações de enfrentamento e confronto, e é aí que seu poder se revela.

43. Organizada no mundo real, e não num universo abstrato, permeada por forças múltiplas, por maior que seja o cuidado, não se pode ter garantias de que na prova entrem forças que não fazem parte de sua definição. Aliás, prova absolutamente impecável é uma impossibilidade lógica, pois isso suporia o estabelecimento de procedimentos específicos para cada situação singular (e para cada pessoa), o que já não possibilitaria o juízo por equivalência e a constituição de uma ordem justificável. Um mundo perfeitamente justo suporia uma espécie de codificação prévia de cada situação e um procedimento de negociação para que os atores pudessem convergir para um acordo sobre a definição da situação, o que é impossível do ponto de vista material (o tempo dedicado à negociação sobrepujaria o tempo dedicado à ação) e lógico (pois também seria preciso definir por negociações as situações de negociações segundo uma especularidade infinita). Nada garantiria, além disso, que a codificação *ad hoc* assim obtida fosse realmente adequada à situação, pois as pessoas, na ausência de pre-

cedentes e de aprendizagem por tentativa e erro, estariam na impossibilidade de identificar forças parasitas e corrigir a padronização da prova.

44. No caso da prova de recrutamento, é a empresa que arca com seu custo direto, ao passo que os beneficiários principais são, por exemplo, os egressos de certas escolas superiores. No caso da prova de distribuição do valor agregado, os beneficiários são os assalariados e os capitalistas em proporções que constituem, precisamente, o objeto da disputa, e o custo recai sobre as empresas, mas também sobre o Estado, na medida em que ele está incumbido de impor respeito às regulamentações e de realizar a fiscalização no sentido de proteger os direitos relativos das partes.

45. Pode-se falar de percursos de provas quando, como ocorre habitualmente com as provas mais institucionalizadas, o acesso a uma prova é fechado, ou seja, condicionado pelo sucesso em prova anterior, com o fim de unificar as propriedades dos concorrentes, o que é uma das condições para que se considere válida a criação de uma equivalência na qual se baseie a prova.

46. Como mostra François Furet (1995, pp. 20-31), os valores burgueses serviram de poderosa alavanca para a crítica à burguesia.

47. Ver Grana (1964), Bourdieu (1992) e Chiapello (1998).

48. Da ausência de vínculos decorre a idealização de um uso particular do espaço e do tempo. De acordo com as abundantes e múltiplas glosas do tema daquele que *passa* (das *passagens* de Paris etc.) em Baudelaire, o artista é sobretudo aquele que só passa. Aquele cuja liberdade se manifesta na passagem de um lugar para outro, de uma situação para outra, um dia no prostíbulo, amanhã em casa da marquesa, sem permanências nem apegos, sem privilegiar um lugar sobre outro e, principalmente, descartando qualquer juízo de valor, no qual pudesse ter peso alguma intenção moral, a favor de um juízo puramente estético cujo único princípio é a *visão* do artista (Froidevaux, 1989).

49. Encontram-se realmente em Marx, assim como na maioria dos pensadores da modernidade, as duas críticas, estética e social. Enquanto a primeira ainda está muito presente no jovem Marx, no *Capital* ela já se encontra claramente retraída – mas não totalmente ausente – em relação à crítica social. Os conceitos de alienação e de exploração remetem a essas duas sensibilidades diferentes. Na alienação, o que se denuncia é, em primeiro lugar, a opressão, mas também o modo como a sociedade capitalista impede que os homens vivam uma "verdadeira" vida, uma vida realmente humana, tornando-os de alguma maneira estranhos para si mesmos, ou seja, para a sua humanidade mais profunda; a crítica da alienação, portanto, é também uma crítica da falta de autenticidade do novo mundo. Quanto à exploração, estabelece o elo entre a pobreza dos pobres e a riqueza dos ricos, pois os ricos são ricos apenas porque empobreceram os pobres. A exploração, portanto, interliga a questão da miséria e da desigualdade à questão do egoísmo dos ricos e de sua falta de solidariedade.

50. Ver, por exemplo, o modo como Proudhon, especialmente, estigmatiza os costumes dos artistas e condena "os cantores do feio e do imundo", que reúnem "as ignomínias morais", as "corrupções físicas" e o "escândalo da complacência perversa, e também da indiferença cínica ao que é infame e escandaloso" (Bourdieu, 1992, p. 160).

51. Sobre a figura propriamente mítica de Sade na Bastilha, como vítima da opressão que reconhece alto e bom som os crimes de que é acusada, portanto símbolo da

transgressão, na literatura de esquerda dos anos 40-60 (em especial em Bataille ou em torno dele), ver Boltanski (1993).

52. Para tomar um exemplo recente, o do situacionismo, estudado por J. Coupat, de quem extraímos essa oposição, tal tensão levou à autodissolução do movimento em consequência da ruptura entre Debord (crítica antimodernista) e Vaneigem (crítica modernista) (Coupat, 1997).

53. Sobre o uso da metáfora "gaiola de ferro", especialmente em filosofia social, ver Wagner (1996), p. 110.

54. "O capitalismo, ao contrário [das formas sociais que o precederam], está construído sobre uma contradição intrínseca – uma contradição verdadeira, no sentido literal do termo. A organização capitalista da sociedade é contraditória no sentido rigoroso em que é contraditório um indivíduo neurótico: ela só pode tentar realizar suas intenções por meio de atos que as contrariem constantemente. Situando-nos apenas no nível fundamental, o da produção: o sistema capitalista só pode viver tentando continuamente reduzir os assalariados a puros *executantes*, mas só pode funcionar à medida que essa redução não se realiza; o capitalismo é obrigado a solicitar constantemente a *participação* dos assalariados no processo de produção, mas, por outro lado, tende a impossibilitar essa participação" (Castoriadis, 1979, p. 106; ver também Castoriadis, 1974, pp. 15 ss.). O próprio conceito de espírito do capitalismo fundamenta-se nessa contradição, no sentido de que ocorre uma mobilização das iniciativas para um processo que não pode, por si mesmo, mobilizar. E o capitalismo está incessantemente sendo tentado a destruir o espírito que o serve, pois este só pode servi-lo entravando-o.

55. Os trabalhos de M. Walzer (1996, em especial) questionam precisamente a representação de uma crítica construída sobre a exterioridade absoluta, vendo, *a contrario*, o enraizamento do crítico na sua sociedade como condição de possibilidade e eficácia da atividade crítica.

56. Karl Polanyi, nas páginas dedicadas à lei de Speenhamland de 1795, já destacava, a propósito de acontecimentos bem anteriores àqueles que nos interessarão neste livro, a imensidão, as armadilhas e a impossível conclusão do trabalho crítico e das medidas reformistas. Essa lei, que tinha em vista garantir um rendimento mínimo de subsistência para todos, combinada com certo estado da sociedade e da legislação (sobretudo leis contra as coalizões), "redunda no resultado irônico de que a tradução financeira do 'direito de viver' acaba por arruinar as pessoas que supostamente deviam ser socorridas por esse 'direito'" (Polanyi, 1983, p. 118). A revogação dessa lei em 1834 foi acompanhada por grandes sofrimentos, com o abandono do socorro domiciliar, e possibilitou a criação inexorável do mercado de trabalho. A condição popular, medida pela renda em dinheiro, paradoxalmente melhorou. Os efeitos desastrosos resultantes do funcionamento do mercado de trabalho deveriam aparecer depois e conduzir a novas medidas de proteção (especialmente a autorização dos sindicatos em 1870), destinadas a limitar sua violência, mas sem procurar revogá-los (Polanyi, 1983, pp. 113 ss.).

57. No entanto, cabe ressaltar, é óbvio, que as sociedades democráticas que garantem a liberdade de expressão, o acesso à mídia e a possibilidade de existência dos movimentos sociais críticos são aquelas que, com mais probabilidade, evoluirão segundo a dinâmica que traçamos.

PRIMEIRA PARTE
EMERGÊNCIA DE UMA NOVA CONFIGURAÇÃO IDEOLÓGICA

Capítulo I. *O discurso empresarial dos anos 90*

1. Diferenciamos a literatura destinada aos executivos da literatura de pesquisa em gestão empresarial, cujo propósito não é normativo e cujo modo de escrita pressupõe um aparato crítico rebarbativo para o leitor médio, o que a torna essencialmente destinada a professores de gestão orientados para a pesquisa.

2. Não datamos a gestão empresarial a partir do surgimento das diferentes práticas que a constituem (caso em que seria possível ir buscar exemplos de gestão empresarial – como não deixam de fazer certos autores – até na Antiguidade, por exemplo na organização da construção das pirâmides egípcias), mas a partir de sua codificação. Passa-se então a falar da disciplina "gestão empresarial", que teria início, de modo geral, com os trabalhos das duas figuras emblemáticas que são o francês H. Fayol (1841-1925) e o americano F. W. Taylor (1856-15). As obras fundadoras datam, no caso dos dois autores, dos anos 10 do século XX.

3. Max Weber, aliás, não está de acordo com a escolha de Sombart e considera que faltam aos textos de Alberti elementos essenciais do espírito do capitalismo, tal como "tempo é dinheiro" (Weber, 1964, pp. 49 ss.).

4. "Necessary hints to those that would be rich", "Advice to a young tradesman".

5. Nosso método de construção das duas imagens da gestão empresarial nas duas épocas assemelha-se, assim, ao método utilizado por Weber: "Se é que existe um objeto ao qual essa expressão possa ser aplicada de modo sensato [espírito do capitalismo], ele será apenas um 'indivíduo histórico', ou seja, um complexo de relações presentes na realidade histórica, que reunimos em um todo conceitual em virtude de seu significado cultural. Ora, tal conceito não pode ser definido de acordo com a fórmula *genus proximum, differentia specifica,* pois se refere a um fenômeno significativo tomado em seu *caráter* individual próprio; mas deve ser *composto* gradualmente, a partir de seus elementos singulares que devem ser extraídos, um a um, da realidade histórica" (Weber, 1964, p. 43).

6. O *Single minute exchange of die* (SMED) é um método de mudança rápida de ferramentas ou referências que possibilita multiplicar as mudanças seriais sem aumentar o tempo em que as máquinas ficam improdutivas; TPM significa *Total Productive Maintenance* e visa a organizar o conjunto da relação com a máquina (manutenção preventiva, prevenção de erros do operador, formação deste para detectar sinais prenunciadores de problemas etc.), de tal modo que as máquinas nunca se avariem; o KanBan, método que possibilita comunicar ao estágio anterior as necessidades do estágio posterior da produção (enviando, por exemplo, uma cuba vazia para ser enchida), é o principal instrumento de criação de uma organização da produção em fluxo contínuo; o 5S, de 5 palavras japonesas que começam com S, tem em vista organizar visualmente um espaço de trabalho para que ele se torne "evidente" de alguma maneira (cada coisa deve ter um lugar e um só, onde seja reposta depois do uso etc.).

7. Vejamos, para só citar um exemplo, os seguintes trechos, escolhidos quase ao acaso, no livro de Vaneigem, que poderiam figurar no *corpus* da nova gestão empresa-

rial: "Alguém se terá preocupado em estudar as modalidades de trabalho dos povos primitivos, a importância do jogo e da criatividade, o incrível resultado obtido com métodos que se tornariam cem vez mais eficazes com a contribuição de técnicas modernas?" (p. 55); "O que as pessoas fazem oficialmente não é nada perto daquilo que fazem às escondidas. Fala-se de criatividade a respeito de obras de arte. O que isso representa ao lado da energia criadora que agita um homem mil vezes por dia, fervilhamento de desejos insatisfeitos, devaneios buscados através da realidade, sensações confusas, porém luminosamente precisas, ideias e gestos portadores de perturbações sem nome" (p. 197); "Reinvestidos sob o signo do qualitativo, os conhecimentos mais diversos criam uma rede imantada capaz de subverter as mais consolidadas tradições. O saber é multiplicado pelo poder exponencial da simples criatividade espontânea. Com meios improvisados e por um preço irrisório, um engenheiro alemão montou um aparelho que realiza as mesmas operações realizadas pelo ciclotron. Se a criatividade individual, com um estímulo tão pequeno, chega a semelhantes resultados, o que esperar de choques qualitativos, reações em cadeia em que o espírito de liberdade, que se manteve vivo nos indivíduos, reapareça coletivamente para celebrar, no fogo da alegria e na ruptura de interditos, a grande festa social?" (pp. 205-6); "A aversão provocada por um mundo desprovido de autenticidade reanima o desejo insaciável de contatos humanos" (p. 260); "Trata-se de organizar sem hierarquizar, em outras palavras, cuidar para que o animador não se torne chefe. O espírito lúdico é a melhor garantia contra a esclerose autoritária" (p. 272).

8. Nas novas organizações orientadas para o cliente, este deve, por exemplo, sempre ter contato com a mesma pessoa, sejam quais foram suas necessidades, e essa pessoa fica encarregada de mobilizar os recursos necessários à satisfação dele. Ao contrário, nas organizações taylorizadas, os guichês ou departamentos aos quais o cliente se dirige são diferentes segundo a necessidade, e ele pode vir a ter vários interlocutores e a precisar descobrir o percurso que deve fazer para ficar satisfeito. Neste segundo caso, o próprio cliente é taylorizado.

Capítulo II. *Formação da cidade por projetos*

1. Assim, por exemplo, o sociólogo Manuel Castells (1998) reúne com essa denominação as numerosas transformações que afetaram os países capitalistas nas últimas duas décadas.

2. Uma correspondência dessas teria sido impossível com uma "cidade *dos* projetos", expressão decerto mais agradável, pois organização "*dos* projetos" ou estrutura "*dos* projetos" remete a cada projeto individualmente, e não à forma que eles, tomados em conjunto, conferem ao mundo social. Convém explicitar que o termo "projeto" deve ser entendido na literatura de gestão empresarial, amplamente inspirada nos autores anglo-saxônicos, como tradução do inglês "*project*", que designa a operação consistente em coordenar recursos diversos com um objetivo preciso e por um período limitado (fala-se, por exemplo, em "*housing project*" para designar um conjunto imobiliário), sem a implicação, no grau existente no termo francês *projet*, das ideias de plano e planificação (que o inglês expressa mais com o uso do termo "*plan*" e deriva-

dos), e sem a encarnação de um projeto existencial na pessoa e no horizonte temporal indefinido.

3. Gilles Deleuze apresenta a genealogia do conceito moderno de prova – no sentido de prova de força – em sua interpretação de Espinosa e Nietzsche. De Espinosa ele extrai as noções de "composição entre corpos" e "encontro". Estas lhe servem para chegar a Nietzsche, substituindo as noções morais de bem e mal por noções de bom e mau: "será chamado de bom (ou livre, ou razoável, ou forte) aquele que se esforçar ao máximo por organizar os encontros, por unir-se àquilo que convém à sua natureza, por compor sua relação com relações combináveis, e, assim, aumentar seu poder" (Deleuze, 1981, pp. 34-5). O que Deleuze chama de "encontros" ou "composições de relações" é o acontecimento que aproxima forças e as põem à prova umas em relação às outras. Nessa lógica, as forças precedem os corpos cuja existência, puramente relacional, é vestígio ou inscrição da relação que há entre eles. É a relação de forças, inerente ao encontro, que constitui os corpos e, assim, os estados do mundo. O deslocamento da ontologia para a prova de força unifica a ordem natural e a ordem social, possibilitando livrar-se da moral: "Eis que a Ética, ou seja, uma tipologia dos modos imanentes de existência, substitui a Moral, que sempre remete a existência a valores transcendentes". O que está em jogo aí, para G. Deleuze, é a questão da consciência e a dos juízos que invocam razões de agir, cabendo reduzi-los a ilusões para obter um mundo despojado de seus apoios normativos. "A ilusão dos valores se confunde com a ilusão da consciência" – *id.*, pp. 35-6).

4. Encontra-se referência a Handy em outros autores, como, por exemplo, Peters (1993 ©) e HEC (1994 ©).

5. "Graças à sua influência, à sua arte da visão e às orientações que dá, ele cria uma corrente que incita cada um à superação, à confiança e à iniciativa" (Cruellas, 1993 ©). "Esse poder imposto tende a ser substituído por um poder de influência, baseado na capacidade de ouvir, na compreensão das situações, na força de convicção e na autoridade moral" (Landier, 1991 ©).

6. "'O lugar onde estou fisicamente não tem estritamente importância alguma, desde que eu esteja na Europa ocidental. Então, preferi a França' – admite ele. Numa estrutura tradicional, Patrick provavelmente estaria chefiando um belo laboratório asséptico. Em vez disso, dirige um laboratório fragmentado que realiza uma centena de projetos" (Ettighoffer, 1992 ©).

7. "[...] uma organização *matricial (em rede)*, cujas regras do jogo, baseadas em relações ao mesmo tempo *informais* e *interpessoais*, são conhecidas somente através da *experiência*, dificilmente transmissível, dos interessados apenas" (Landier, 1991 ©).

8. "[...] exige-se [...] mais igualdade e justiça quando os privilégios tecem uma rede cada vez mais fina na organização" (Girard, 1994 ©).

9. "O apadrinhamento é a face oculta ou hipócrita das redes, doença contagiosa que, se não for contida, poderá pôr em perigo a coesão social" (Bellenger, 1992 ©).

10. As análises liberais da corrupção e das transações ilegais mostram, assim, como estas são possibilitadas pelos obstáculos, principalmente de ordem regulamentar ou estatal, que freiam a formação de um mercado transparente (Cartier-Bresson, 1993).

11. É a esse tipo de mudança que se refere o conceito de tradução em M. Callon (1986).

12. Não sabendo exatamente o que está procurando, o inovador que age por conta própria vê-se diante de *corpora* de textos, artigos, obras e patentes muitas vezes imensos e muito distanciados de suas competências, nos quais a seleção das informações potencialmente utilizáveis para alguma recombinação exige conhecimentos e, mais precisamente, um sentido de orientação que só se adquire com longa prática. Por que tomar esta direção e não outra; por que optar para esta obra e não por outra, nos catálogos das bibliotecas? A informação transmitida numa relação pessoal com alguém de confiança possibilita uma grande economia em termos de tempo e esforços. Mas há mais. É na relação e no intercâmbio pessoal – na conversação – que a informação se dá com as determinações ou, por analogia com a música, com os harmônicos que lhe conferem sentido (aliás, é essa propriedade que justifica a existência dos professores), ou, no caso, que a orienta no sentido das expectativas e dos interesses daquele que a recebe e que, sem essa formatação, não seria capaz "de intuir" aquilo em que ela lhe poderia ser útil.

13. "Mesmo com os concorrentes parece ser indispensável criar oportunidades e até zonas de cooperação que possibilitem que uns aprendam com os outros. Assim serão oferecidas possibilidades de desenvolvimento num sistema mais amplo, porém sem a eliminação ou a diminuição da concorrência, e sim com sua orientação para um jogo de soma diferente de zero" (Crozier, 1989 ©). E também: "Em segundo lugar, os atletas da empresa precisam saber concorrer de tal maneira que favoreçam a cooperação, e não a reduzam ao mínimo. Devem tender à elevação dos padrões de qualidade, e não à eliminação da concorrência. O novo jogo pode levar os atuais concorrentes a se aliarem amanhã, enquanto outros, que são adversários em um setor, colaboram no setor vizinho" (Moss Kanter, 1992 ©).

14. "[...] uma das características da vida em redes é que ela privilegia a comunicação individual ou entre próximos e ignora a comunicação de massas" (Bellenger, 1992 ©).

15. "O grupo Patagonia, que não faz publicidade nem promoção, utiliza o *lobbying*. Graças a suas ações em defesa das florestas e de espécies em vias de extinção, conta com uma rede de cerca de 250 associações ecológicas, às vezes muito ativas, para desenvolver seus 350 pontos de venda" (Ettighoffer, 1992 ©).

16. "Nossas elites são levadas a não dar ouvidos a ninguém. Ora, o desenvolvimento de conjuntos cada vez mais complexos, o declínio das coerções e dos referenciais humanistas tradicionais e a aceleração do turbilhão da mídia tendem a obscurecer cada vez mais a realidade vivida" (Crozier, 1989 ©).

17. "Numa firma familiar, ninguém engana ninguém; cada um sabe demais sobre todos" (Toffler, 1991 ©).

18. A enumeração abaixo, das mudanças que devem ocorrer, segundo Sérieyx (1993 ©), expressam até que ponto o mundo em rede se opõe ao mundo industrial: "da produção de quantidade à produção de qualidade, da pirâmide à rede, do território ao fluxo, da simples delegação ao princípio da função subsidiária, da organização centralizada à autogestão, [...] do pessoal às pessoas, [...] do reducionismo da ordem a qualquer preço ao reconhecimento das virtudes dinâmicas do paradoxal, contraditório e ambíguo, dos regulamentos à regra".

19. Assim, por exemplo, o modelo da *De la justification* que utilizamos aqui para dar forma à cidade por projetos, cujo objetivo original, puramente descritivo, era con-

tribuir para uma antropologia da justiça, pode ser desviado para dar respaldo a uma orientação moral bem condizente com a atividade dos criadores de redes, desde que se veja na possibilidade – com que esse modelo dota as pessoas – de mudar de princípios éticos e de legitimidade segundo as situações ou os mundos atravessados, uma marca de excelência humana ou o fundamento de uma nova moral: os "melhores" não são "rígidos"; eles sabem assumir compromissos e, ao mesmo tempo, modificar seus compromissos; ajustar-se à situação e adaptar-se às novas situações etc. Como outro exemplo da rapidez com que se vulgariza o novo modelo, citaremos também os conselhos dados por uma especialista da família que explicava recentemente, pelas ondas de uma cadeia nacional, que as novas famílias de divorciados, ao contrário do que se acreditou até agora, estão longe de ser prejudiciais à formação dos filhos, porque desenvolvem neles a aptidão à adaptação a um universo complexo, ao ajuste e à construção de elos diversificados, sendo esta precisamente a capacidade de que precisarão para traçar seu caminho na vida e, em especial, para adequar-se ao funcionamento do mercado do trabalho.

20. Somente os autores de gestão empresarial abaixo mobilizam referências relativamente recentes a ciências humanas: Hervé Sérieyx, Qmar Aktouf, Lionel Bellenger, Philippe Cruellas, Isabelle Orgogozo, Hubert Landier, Edmond Adam, abrangendo apenas 11 arquivos em 66. Quanto às referências a cientistas contemporâneos, são feitas, em dois terços, pelos mesmos autores: Hubert Landier, Bob Aubrey, Philippe Cruellas, Hervé Sérieyx, Claude-Pierre Vincent e Lionel Bellenger, abrangendo 13 arquivos em 66. É de notar, porém, que os autores dos anos 90 são mais abertos para os trabalhos científicos do seu tempo do que os dos anos 60, que se restringiam a alguns autores de gestão empresarial quando sentiam necessidade de fazer citações.

21. Assim, por exemplo, Q. Aktouf cita M. Crozier, T. Peters e H. Sérieyx; B. Aubrey cita H. Landier, H. Sérieyx e T. Peters; H. Landier cita B. Aubrey e H. Sérieyx; I. Orgogozo cita B. Aubrey; H. Sérieyx cita B. Aubrey, M. Crozier, D. Genelot, H. Landier, M. Le Saget, I. Orgogozo etc. A rede de citações, porém, estende-se além dos autores do *corpus*, pois em 63 autores de gestão empresarial citados, apenas 15 pertencem a nosso *corpus*. Os outros, na maioria das vezes, dizem respeito a escritos anteriores à data do *corpus* ou a autores anglo-saxões não traduzidos que, por isso, não figuram no *corpus*.

22. O gênio peculiar de I. Illich talvez consista em deslocar o ângulo do olhar e assumir, sobre os ordenamentos mais eficientes e modernos, de que o capitalismo parece ter mais razões para orgulhar-se, o ponto de vista daqueles para os quais esses ordenamentos não foram feitos, aqueles que, na maioria das vezes, eles excluem ou empobrecem ainda mais, ou seja, o ponto de vista dos mais *pobres*. Assim, por exemplo, ele observa a rodovia do ponto de vista do camponês mexicano que precisa ir vender seu porco no mercado e avalia a velocidade de deslocamento (muito pequena, no caso) propiciada por esse instrumento técnico quando examinado por esse aspecto (Illich, 1975). É o efeito dessa conversão do olhar que pode ser chamado de revolucionário. Mas pelas mesmas razões ele não pode ser resgatado pela literatura de gestão empresarial.

23. Também se poderia tomar como exemplo o livro de D. Parrocchia (1993), *Philosophie des réseaux* [Filosofia das redes], que, com grandes intersecções com os autores citados em *La Planète relationnelle* (Prigogine, Varela, Bateson etc.), possibilita completar a lista das referências padrão associadas à constituição desse paradigma, prolongando-o para o campo da filosofia (Wittgenstein, Deleuze, Lyotard), para o das disci-

plinas da comunicação e das ciências cognitivas (Weaver e Shannon, Wiener, Turner etc.), para o da modelização matemática (Benzécri, Mandelbrot, Thom) e para a geografia e o estudo dos sistemas de comunicação.

24. "O pessoal que trabalha fora de seu país de origem e se encontra com outros em escalas e aeroportos, em cidades cosmopolitas do mundo, já conhece esse sentimento. Sentimento que às vezes os afasta de sua comunidade de origem, favorecendo uma relação muito forte entre eles" (Ettighoffer, 1992 ©).

25. Não é preciso demonstrar o papel dos Estados Unidos e da Grã-Bretanha na formação dos mercados financeiros internacionais que escapam às legislações e aos controles financeiros elaborados depois da grande crise de 1929. Admitindo que os bancos britânicos desenvolvessem o mercado dos eurodólares a partir dos anos 60 – com forte crescimento, sobretudo depois de 1973, com a suspensão americana de certas restrições regulamentares –, os governos dos dois países desencadearam um processo que se tornou rapidamente incontrolável, já que todas as praças financeiras precisaram, aos poucos, desregulamentar e suspender todos os controles para resistir à concorrência da City de Londres (Chesnais, 1994).

26. A internet, na origem, foi concebida como um meio de comunicação de absoluta liberdade, o que, evidentemente, favoreceu o seu desenvolvimento muito rápido nos Estados Unidos, antes de conquistar o planeta. Uma vez que a teia mundial foi tecida e a criação anárquica dos *sites* transformada em sistema, é muito mais difícil exercer o mínimo controle sobre a rede, com os desvios detectados hoje em dia (*sites* nazistas, terroristas, tráfico de crianças, prostituição etc.).

27. "[...] obstruções nas redes de comunicação" (Blake, Mouton, 1969 ©).

28. "A dualidade dos circuitos, funcional e operacional, faz que os fios só se juntem no ápice das redes de transmissão. [...] A rede funcional já não está subordinada à rede operacional, que não lhe é superior" (Bloch-Lainé, 1963 ©). "Desenvolvem-se as comunicações horizontais e verticais que caracterizam um trabalho em 'rede'" (*Maurice et alii*, 1967 ©).

29. "Em vez de considerar a organização formal como um instrumento para a realização dos objetivos da firma, eles insistem nas relações informais que se entrecruzam com a estrutura formal da organização, [...] de tal modo que essa rede possa servir de suporte aos objetivos da organização" (Monsen, Saxberg, Sutermeister, 1966 ©). "Tecem-se redes informais em direito, mas estreitamente ligadas às realidades" (Aumont, 1963 ©).

30. O alvo deles é um artigo publicado no jornal *Le Monde* em 14 de maio de 1996, no qual Mike Burke, "sociólogo que estuda os executivos", declara que as redes já não são "clãs à moda antiga, fechadas, excludentes, com sistemas de apadrinhamento", mas unem "transversalmente pessoas de atividades diferentes, mas com centros de interesse em comum".

31. A esses trabalhos, centrados na questão da "influência" e da "liderança", considerada fundamental numa época marcada pela arregimentação das massas em torno da palavra de um chefe, devemos noções que continuam no cerne da sociologia contemporânea das redes sociais, como as de *grupo* (indivíduos conectados de modo mais ou menos estável, formando um subsistema de comunicação no interior do sistema geral), *pontes* (indivíduos que, pertencendo a um grupo, estabelecem elo com outro), *li-*

gações (indivíduos que também funcionam como pontes, mas sem pertencerem a nenhum grupo) etc.

32. Deve-se a J. Boissevain (1974) – antropólogo aluno de Gluckman – a sistematização da abordagem pelas redes no estudo das sociedades mediterrâneas, fundamentando-se em trabalhos seminais da Escola de Manchester e, em especial, nos trabalhos de Barnes e Mitchell (1969). Suas pesquisas versaram, particularmente, sobre fenômenos de clientelismo no sul da Itália e na ilha de Malta. Ele tornou clara a importância daquilo que chama de *brokers*, intermediários e medianeiros entre redes diferentes. Esse termo e as descrições às quais ele está associado a partir de então são retomados, sobretudo pelos historiadores.

33. Esses modelos hoje em dia são frequentemente transpostos ao estudo das sociedades humanas de maneira mais ou menos metafórica. Aliás, é essa referência, implícita porém frequente, que justifica a utilização que fazemos do adjetivo *conexionista*, para designar com uma só palavra algumas das características mais específicas do novo espírito do capitalismo.

34. O estruturalismo, como ressalta V. Descombes, pode ser considerado a "mais recente versão" do projeto modernista: projeto de "ciência unificada" que "cede à tentação do programa grandioso", termo com que Putnam – segundo Descombes – define o projeto de Carnap e do Círculo de Viena. "Carnap acredita com o mesmo ímpeto no *esperanto*, na planificação socialista e na língua ideal da ciência, que é como uma Cidade radiosa do espírito [alusão à Cidade radiosa construída por Le Corbusier, expressão do projeto modernista em arquitetura]. Por isso ele e o Círculo de Viena [...] não param de elaborar programas gigantescos ou manifestos provocadores: logo, o conhecimento humano será reduzido à física, logo a física será traduzida por observações puramente factuais interligadas por relações puramente lógicas". Do mesmo modo, para o estruturalismo: "Um dia se mostrará [segundo essa corrente de pensamento] que as estruturas da representação são as estruturas da mente, que as estruturas da mente são as do cérebro, e que as estruturas do cérebro, que é um sistema material, são as estruturas da matéria" (Descombes, 1989, pp. 165 e 169). Tais programas são *reducionistas* porque pretendem ultrapassar as aparências fenomênicas para desvendar as formas subjacentes (estruturas), mais profundas, originais e reais do que os fenômenos em relação aos quais elas estão em posição de matriz engendradora.

35. "Nesses pontos de conexão, trata-se de receber uma multiplicidade de canais, quaisquer que sejam, de fluxos, seja lá o que transportem, de mensagens, sejam quais forem seus conteúdos, de objetos, seja qual for sua natureza etc., e de redistribuir essa multiplicidade de uma maneira qualquer. No conjunto das trocas que circulam pela rede, certo nó, certo ápice tópico, certo centro estrelado ou polo, desempenha o papel de um receptor e redistribuidor, sintetiza e analisa, mistura, classifica e seleciona, escolhe e emite. Importa e exporta" (Serres, 1972, pp. 130-1).

36. Elas possibilitam descrever "redes sociotécnicas", compostas de reuniões de seres "humanos" e "não humanos" (seres da natureza, animais, artefatos técnicos ou jurídicos etc.), em cujo âmago as conexões – definidas como "provas" nas quais ocorre a possibilidade de um ser da rede expressar ou representar outro ser da rede (ser seu "porta-voz" ou "traduzi-lo") – levariam à formação de associações mais ou menos estabilizadas que já não fossem alvo de interpretações nem controvérsias ("caixas-pre-

tas"), o que ocorre, em especial, com "verdades científicas" que se apresentam como proposições verdadeiras depois de aceitas e já não provocam controvérsias (ver, por exemplo, Callon, 1991, 1993; Latour, 1984, 1989).

37. A seção 12, "Tratado de nomadologia: a máquina de guerra", de *Mille plateaux*, de G. Deleuze e F. Guattari (1980), começa com a oposição entre o jogo de xadrez e o *go*. A imagem do jogo de xadrez, que, como vimos, servia de metáfora ao estruturalismo para insistir no caráter relacional das ordenações pertinentes, nessa óptica é ainda mais densa porque a peça do xadrez tem identidade fixa, jurídica, pois faz parte da regra do jogo, que limita suas movimentações e lhes confere o peso de um *sujeito* dotado de identidade substancial. Inversamente, as peças do *go* são elementos vazios, só preenchidos ou qualificados pelo lugar que ocupam numa ordenação de caráter reticular.

38. Pensemos especialmente nas versões do althusserismo que, na primeira metade dos anos 70, invadiram a reflexão sociológica, por exemplo num autor como N. Poulantzas, cuja influência foi considerável durante alguns anos, antes do esquecimento brusco dos anos 80.

39. Mesmo sem sacralizarmos o simplismo marxizante da infraestrutura *versus* superestrutura, não podemos ignorar a analogia evidente entre essas duas formas de dualismo: na gestão empresarial, a crítica às organizações hierárquicas e planificadas em nome da fluidez das redes; na ordem epistemológica, a crítica ao sistema, em nome da multiplicidade e do caos de que fala J. Bouveresse: "O segredo do sucesso parece residir na aplicação coerente de procedimentos do seguinte tipo: por um lado, uma série de noções de conotação negativa, como razão, sistema, ordem, unidade, uniformidade, lei, determinismo, necessidade, repetição etc.; por outro, seus opostos de conotação positiva: intuição (poética), fragmentação, caos, multiplicidade, polimorfismo, anomalia, acaso, acidente, invenção etc. Consideraremos que os conceitos da primeira categoria, que, evidentemente, tiveram sua época, sempre foram dominantes, e que os da segunda foram escandalosamente desvalorizados, negligenciados, ignorados, reprimidos, ocultados, recalcados etc. Felizmente chegou a hora da revanche e da reparação, que abre perspectivas ilimitadas para a ciência, o pensamento e a humanidade" (Bouveresse, 1983, pp. 387-8).

40. "Na análise das redes sociais [...] os elos relacionais entre atores são primários, e os atributos dos atores são secundários. [...] Na perspectiva da análise de redes, podemos estudar modelos de estruturas relacionais diretamente, sem referência aos atributos dos indivíduos que delas participam" (Wasserman, Faust, 1994, p. 8).

41. Muito explícito, nesse aspecto, é o artigo fundador, que hoje conta vinte anos, publicado em 1976 por H. C. White, S. A. Boorman e R. L. Breiger. Dizem eles, no preâmbulo desse longo trabalho metodológico publicado em dois números sucessivos do *American Journal of Sociology*, que a sociologia continua a veicular noções que, tal como as de "categoria" ou "classe", são heranças do século XIX, que transportam uma visão arcaica de mundo estanque e fechado. Acrescentam eles que está na hora de acabar com essa representação superada para forjar instrumentos de descrição ajustados ao caráter aberto das sociedades modernas: "O discurso de todos os sociólogos conserva termos primitivos –'*status*','papel','grupo','controle social','interação' e 'sociedade' estão longe de esgotar a lista – baseados num princípio de agregação, quer se trate de agregados de pessoas, coletividades, 'posições' interligadas ou 'atores gerais'. Os sació-

logos valeram-se de tais agregados de duas maneiras: por um lado, postulando a existência de agregados categoriais ('subsistemas funcionais', 'classes'), cuja relação com a estrutura social concreta era na verdade muito tênue; por outro lado, valendo-se de estatísticas que cruzam os indivíduos em função de seus atributos categoriais (por exemplo, protestantes brancos da baixa classe média que vivem em centros urbanos e votam em democratas). [...] Opostos a essas ideias muito disseminadas, dispomos de uma lista crescente de provas empíricas referentes aos efeitos e à frequência dos 'acidentes' ou 'acasos' no funcionamento efetivo das sociedades. [ou seja, dos desvios entre o modelo categorial, que procura identificar o efeito específico das 'variáveis', e a realidade]" (White, Boorman, Breiger, 1976, p. 733, tradução nossa).

42. O mais influente desses trabalhos no que se refere a nosso objeto foi certamente a *Teoria do agir comunicativo* de J. Habermas (publicado em 1981 e, na tradução francesa, em 1987), obra volumosa de acesso difícil, cuja difusão foi facilitada por numerosos comentários. Em nosso *corpus* dos anos 90, quem faz referência a ela é Orgogozo (1991 ©).

43. Nossos autores de gestão empresarial, aliás, não se privam de mobilizar essa mesma referência para mostrar que os negócios foram sempre feitos com redes: "De fato, a organização em rede confunde-se em grande parte com a história do desenvolvimento econômico. Fala-se de 'redes comerciais', 'redes bancárias' e, recentemente, 'redes (*networks*) de televisão'. No Ocidente, a passagem do período feudal, dominado pelos chefes guerreiros, para a economia de mercado na qual vivemos hoje, ocorreu progressivamente através de um esforço incessante de criação de novas ligações. Era preciso escoar a mercadoria vinda de regiões distantes e, para tanto, dispor, nessas regiões, de correspondentes fidedignos aos quais fosse possível confiar os próprios interesses. Palavra-chave: confiança. Essa é, de resto, a origem da letra de câmbio. Assim, é impressionante a descrição que Fernand Braudel faz das práticas do século XVI" (Landier, 1991 ©).

44. "A propriedade feudal comporta a dominação da terra sobre os homens, na qualidade de poder que lhes é estranho. O servo é acessório da terra. Do mesmo modo, o senhor de um feudo hereditário e seu primogênito pertencem à terra. É ela que os recebe como herança. [...] A propriedade territorial feudal dá nome a seu senhor, assim como o reino dá nome a seu rei. A história de sua família, a história de sua casa etc., tudo isso individualiza para ele a propriedade territorial e a transforma, formalmente, em casa, em pessoa" (Marx, 1972, pp. 135-6).

SEGUNDA PARTE
TRANSFORMAÇÕES DO CAPITALISMO
E DESARMAMENTO DA CRÍTICA

Capítulo III. *1968, Crise e renovação do capitalismo*

1. "O instituto técnico dos salários publicou um estudo que compara os operários não qualificados ao engenheiro certificado, que tenderia a mostrar que a hierarquia é nitidamente mais aberta na França do que na Alemanha e nesses outros países. Em tal

estudo, fica evidente que a hierarquia dos salários líquidos seria, na Alemanha, na Inglaterra e nos Estados Unidos, da ordem de 2,5 e, na França, da ordem de 4. Outrossim, em certo número de indústrias, no período em referência e em relação à Alemanha que, por sua estrutura, é a mais próxima da França, o executivo francês teria um poder aquisitivo superior em 11% ao do executivo alemão, e o operário francês, um poder aquisitivo inferior em 16% ao do operário alemão" (CNPF, 1971, p. 4). Piketty (1997, p. 19) mostra também que a França é o país ocidental em que as desigualdades salariais são as mais elevadas em 1970, ultrapassando na época até mesmo a dos Estados Unidos.

2. Bourdieu, Boltanski e Saint-Martin (1973).

3. O tema da proletarização dos trabalhadores intelectuais, introduzido em 1963 por Serge Mallet (Mallet, 1963) e Pierre Belleville (1963), é associado pelo movimento estudantil ao tema da desigualdade de oportunidades para terminar estudos universitários e, sobretudo, tirar proveito do diploma no mercado de trabalho, em função da herança social, à qual o livro de Pierre Bourdieu e Jean-Claude Passeron (1964) deu grande repercussão. No discurso do movimento estudantil, a condição proletária à qual os trabalhadores intelectuais estão destinados é caracterizada principalmente pela falta de autonomia e pela sujeição a tarefas de execução, em contraposição ao trabalho criativo.

4. Recusa à "ideologia do rendimento e do progresso" (Zegel, 1968, p. 93).

5. Ver, entre vários exemplos, a obra publicada em 1973 sob a organização de André Gorz, *Critique de la division du travail*. Lê-se na introdução de A. Gorz: "O fracionamento e a especialização das tarefas, a divisão entre trabalho intelectual e manual, a monopolização da ciência pelas elites, o gigantismo das instalações e a centralização dos poderes daí decorrente: nada disso é necessário à produção eficiente. Tudo isso é necessário, em contrapartida, à perpetuação da dominação do capital. Para este, toda e qualquer organização do trabalho deve ser, indissoluvelmente, uma técnica de produção e uma técnica de dominação patronal sobre aqueles que produzem; pois o objetivo da produção capitalista só pode ser o crescimento do próprio capital, e esse objetivo, estranho aos trabalhadores, só pode ser realizado por eles sob coerção (direta ou disfarçada)" (Gorz, 1973, p. 11).

6. É certamente no livro de Raoul Vaneigem, *Traité de savoir-vivre à l'usage des jeunes générations*, escrito entre 1963 e 1965 e publicado em 1967, que se encontram reunidos com maior densidade os temas da crítica estética.

7. De modo significativo em relação à evolução das formas de gestão empresarial que procuramos distinguir, os estudantes tomam como parâmetro negativo a representação do executivo, dominante nos anos 60. Ao falarem de "executivos", seus porta-vozes fazem indissociavelmente referência aos detentores do "poder tecnocrático" e aos donos de "grandes empresas capitalistas", aos "chefinhos" que "tiranizam" os operários, ou aos "trabalhadores intelectuais", "novos proletários", responsáveis por "seguimentos de tarefas" (Boltanski, 1982, pp. 359-360). Uma crônica de Maurice Clavel, publicada em 12 de janeiro de 1972 no *Nouvel Observateur*, expressa bem a repugnância inspirada pela figura do executivo: "Grande programa da Hexagone sobre os executivos [...] havia lá muitos executivos, jovens executivos, aprendizes de executivos. Nível de vida, aposentadoria, leque de salários, impostos, promoção, hierarquia, carreira, falou-se de tudo [...]. Esse mundo é terrível, absolutamente, mas a culpa não é dos ho-

mens [...]. Nenhuma comédia é possível aí. É triste demais [...]. Como não nutrir alguma espécie de ódio absoluto por essas jovens elites [...]. Os executivos [...], serão o inimigo, e aqui cabe um "lamentamos!" Haverá luta.

8. O movimento de protesto nas empresas no fim dos anos 60 e no início dos anos 70 afeta a maioria dos países da Europa Ocidental. Podemos recorrer às comparações estabelecidas por Pierre Dubois entre a França, a Bélgica, a Itália, o Reino Unido e a Alemanha Ocidental. Nesses cinco países, o número de greves e de grevistas e o número de dias parados aumentam em proporções consideráveis no período 1968-73. Essas greves, muito mais do que no passado, têm caráter espontâneo, sendo iniciadas pela própria base em países como a Alemanha Ocidental e a Grã-Bretanha onde as greves não oficiais são ilegais. Além disso, nesses diferentes países, assiste-se durante esse período à radicalização de formas de ação como ocupações, expulsões de diretores, sequestros, greves-trombose, sabotagens, vendas ilegais de produtos pelos assalariados em greve, tomada do controle pelos operários da aprendizagem, da segurança (Grã-Bretanha), horistas, da organização do trabalho (na Itália), etc." (Dubois, 1978). O recrudescimento das lutas também afeta, talvez mais ainda e de maneira mais precoce, os Estados Unidos, onde se desenvolvem formas de lutas abertas (greves selvagens, sabotagens, rejeição dos acordos negociados pelos sindicatos por parte da base etc.) e disfarçadas (faltas, rotatividade) (Margirier, 1984). A revista da Associação Nacional dos Diretores e Chefes do Pessoal (ANDCP), *Personnel,* cujos assinantes são especialmente afetados pela crise das hierarquias, dedica durante esses anos numerosos artigos à "crise de autoridade na empresa", à "indisciplina mais aberta", à "recusa a executar ordens ou observar normas", à "contestação coletiva de certas regras de disciplina", às campanhas de difamação de que são alvo "os mestres e contramestres, ridicularizados como "chefinhos" etc.

9. É possível ter uma ideia da diversidade e da inventividade das formas de ação que se desenvolvem nos anos 70 lendo a descrição das 183 ações recenseadas por Claude Durand em seu estudo do conflito da siderurgia em Usinor-Longwy, entre dezembro de 1978 e agosto de 1979: ocupações, manifestações, bloqueio de rodovias e ferrovias, pichação de trens, ida em massa dos operários ao trabalho em dia de desemprego técnico, ocupação do Banque de France, ocupação da central telefônica, bloqueio do comitê de empresa, saque da União Patronal da Metalurgia, sequestro do diretor da fábrica de Chiers, ataque ao comissariado de polícia, ocupação do escritório do chefe do pessoal da Usinor, descarga de um trem carregado de minério, murro num empregado temporário, ocupação do tribunal de primeira instância, tombamento de caminhões, interrupção de uma tubulação de alimentação de gás da fábrica, bloqueio da alimentação de oxigênio para as fábricas, criação de uma radio "Lorraine Coeur d'Acier" [Lorena Coração de Aço], marcha de 120.000 manifestantes para Paris, bandeirolas nas torres da catedral de Notre-Dame etc. (Durand, 1981). É possível encontrar uma descrição etnográfica das atitudes críticas na relação diária com o trabalho, que vai da operação tartaruga ao questionamento da organização da linha de montagem e dos contramestres, em Bernoux, Motte, Saglio (1973, especialmente pp. 33-7).

10. A revista da Associação Nacional dos Diretores e Chefes do Pessoal (ANDCP), *Personnel,* dedica numerosos artigos, em 1972, às mudanças da juventude e à recusa dos jovens a "trabalhar na indústria" (é o título de um artigo de J. Dupront, relator da Co-

missão de Emprego do VI Plano). Cf. também observações do patronato: "A esses verdadeiros desempregados pouco adaptáveis, pouco móveis ou que enfrentam de algum modo sérias dificuldades, apesar do real desejo de trabalho, cabe somar, além dos cerca de 30 mil jovens inscritos como candidatos a empregos, um contingente de jovens não inscritos, avaliado frequentemente em cerca de 150 mil, e é inegável que em geral a atenção se volta principalmente para essa impressionante multidão de jovens, de braços cruzados e inativos, é verdade, mas muito menos certo é que sejam desempregados (se chamarmos de desempregado o indivíduo que procura realmente emprego e não o acha)" (UPRP, 1969, p. 10).

11. O fato de o número de dias de greve no setor automobilístico, sem dúvida o mais taylorizado, girar em torno de 478 mil em 1971 e de 330.500 em 1974 e de representar de 10 a 12% do total de dias de greve recenseados (contra 5 a 8% entre 1975 e 1980) é um bom indício da revolta contra a divisão do trabalho no início dos anos 70 (Furjot, 1994).

12. O mesmo fenômeno se observa nos Estados Unidos na indústria automobilística, onde a produtividade aumentou 4,5% por ano de 1960 a 1965 e somente 1,5% por ano de 1965 a 1970 (Rothschild, 1974). A redução da produtividade se retroalimenta por um efeito de bola de neve: a diminuição da produtividade provoca taylorização maior e aumento do ritmo de trabalho para aumentar o rendimento das máquinas e da produtividade a menor custo, o que, por sua vez, acarreta a resistência dos operários, que diminui a produtividade.

13. Temos um bom eco disto no número 82 da *Revue du militant* (março-abril de 1969), publicada pela CFDT, que apresenta um relatório das cinco comissões que, em 7 e 8 de dezembro de 1968, reuniram 80 militantes da CFDT para "estudar as experiências vividas em maio-junho". A *comissão n.º 1* relata a "instalação de comitês de greve e comissões"; em certas empresas, essas comissões não foram apenas estruturas de reflexão (exemplo: no hospital de Clermont, o Comitê de Ação Permanente era a instância decisória, visto que o pessoal decidira gerir uma parte dos departamentos do hospital). A *comissão n.º 2* cita o caso de empresas em que "os trabalhadores tomaram nas mãos os instrumentos de produção. Nesses casos, a produção foi garantida qualquer que fosse a posição da hierarquia: quer ela estivesse 'no movimento', quer ela fosse substituída por trabalhadores (caso de Pechiney: Lacq), que então criaram uma estrutura muito mais leve, cujo papel tinha principalmente caráter técnico, estrutura na qual a divisão das responsabilidades era muito flexível: decisão coletiva com a maior frequência possível, decisão tomada pelo interessado em caso de urgência. Nesse contexto, o espírito de iniciativa possibilitou a expressão da engenhosidade dos trabalhadores, que conseguiram resolver problemas que os engenheiros até então consideravam insolúveis". "Primeira constatação – escreve o relator da *terceira comissão* –, a tomada do poder na empresa é possível; o exterior, o contexto podem ajudar, mas o essencial está na empresa e depende de nós." Os membros da *quarta comissão* declaram que, de cada seis casos, em dois eles reivindicaram poderes (Rhône-Poulenc, Centre hospitalier de Nantes). Eles "provaram a capacidade de administração dos trabalhadores em âmbitos técnicos limitados" e a possibilidade de "ter uma experiência de organização do trabalho não hierarquizado". Por fim, o relator da *quinta comissão* relata reivindicações que visam "certo poder sobre a organização do trabalho e a formação" (CFDT, 1969).

14. A expressão foi forjada para ressaltar que não se trata de movimentos "de classe" e, especialmente, para marcar sua diferença em relação ao tipo de movimento social que o movimento operário constituía então. O movimento estudantil foi considerado precursor desse tipo de união que transcendia parcialmente as diferenças de classes – ainda que ele pudesse ter sido desqualificado como "pequeno-burguês", ou seja, incluído nas categorias de pensamento da luta de classes. Essa característica específica do movimento estudantil, aliás, é uma das razões formuladas para explicar a incompreensão dos acontecimentos de 68, manifestada pela CGT e pelo PCF. Como os estudantes não formavam uma "classe", não podiam estar seriamente nos postos avançados da contestação da sociedade capitalista.

15. Os "novos filósofos" (A. Glucksmann. *La Cuisinière et le Mangeur d'hommes*, 1975; B. H. Levy, *La Barbarie à visage humaine*, 1977) marcam a guinada do esquerdismo do anticapitalismo para a crítica do comunismo. Le Goff (1998) dedica um capítulo inteiro – a propósito, bastante crítico – à "nova filosofia" e a vê como uma das transformações essenciais na penetração das ideias de 68.

16. André Barjonet (1968), que, depois de trabalhar por mais de vinte anos como secretário do Centro de Estudos Econômicos e Sociais da CGT, demitiu-se em 1968, conta que a CGT absorveu o imenso movimento de contestação que sacudia o país em reivindicações clássicas, para grande alívio do patronato. "Em 20 de maio, George Séguy, num discurso para os operários da Renault, afirma com veemência os objetivos estritamente reivindicativos da greve. Segue-se o pedido de contato pelo presidente do CNPF, Sr. Huvelin, que quer saber se aquele discurso é uma cilada ou se, realmente, a CGT só tem em vista objetivos reivindicativos, mandando dizer que, se for assim, as negociações poderão ter início..." A CGT e o PCF, não incentivando em nenhum momento a sublevação nem a derrubada do poder gaullista (no que são felicitados por R. Aron no *Le Figaro* de 4 de junho de 1968), mostravam que eram os melhores aliados do poder, no que se referia à manutenção da ordem. Além disso, ao concordarem com as eleições legislativas que não tinham nenhuma chance de ganhar, aceitavam recorrer aos modos institucionais de resolução dos conflitos e a uma saída não inovadora para a crise.

17. Uma declaração do presidente da Alfa-Romeo – publicada em *Il Giorno* de 11 de maio de 1970 – expressa bem o estado de espírito do patronato europeu então: "O salário não é o verdadeiro problema, e a indústria italiana pode digerir aumentos. Mas desde que o trabalho possa ser organizado, e que a produção ande. A Itália realizou seu milagre econômico porque trabalhou com criatividade e ardor. Mas, hoje, parece prevalecer um espírito de contínua rebelião, da política do quanto pior melhor, de agitação desordenada" (citado em Bénot, 1977, p. 113).

18. Nos anos 70, o fortalecimento dos sindicatos "responsáveis" é, geralmente, considerado um dos meios de lutar contra o risco de anarquia provocado pelo excesso de democracia e de igualitarismo nos países desenvolvidos. Cf., por exemplo, Relatório da Comissão Trilateral de 1975: "A governabilidade de uma sociedade em nível nacional depende da medida em que ela é efetivamente governada em níveis infranacional, regional, local, funcional e industrial. No Estado moderno, por exemplo, a existência de patrões fortes à frente dos sindicatos é muitas vezes vista como ameaça para o poder do Estado. Hoje, porém, ter líderes sindicais responsáveis com real autoridade sobre seus membros não é um desafio à autoridade dos líderes políticos nacionais, porém

pré-requisito para o exercício dessa mesma autoridade" (Crozier, Huntington, Watanuki, 1975, p. 7, tradução nossa).

19. Lê-se no relatório da OCDE de 1972, já citado: "Na França [...] os acordos decorrentes de negociações coletivas foram pouco respeitados em muitos casos e ficaram muito expostos aos ataques dos jovens militantes" (p. 20).

20. François Ceyrac é o mentor, do lado patronal, da política social conhecida com o nome de "grande política contratual". A conversão do patronato à negociação é recente (Bunel, Saglio, 1980), já que os responsáveis empresariais, muito zelosos na preservação de sua autonomia tradicionalmente veem com maus olhos qualquer delegação de poder a um CNPF que possa comprometê-los, acordos nacionais ou setoriais, bem como legislações estatais, consideradas como entraves às suas liberdades patronais. Embora preconizada desde o início dos anos 60 pelo Centro dos Jovens Dirigentes, a mudança para uma estratégia de negociação ocorre entre 1965 e 1968, provavelmente por ocasião da chegada de François Ceyrac à vice-presidência do CNPF, no fim de 1967. Essa orientação, anterior aos acontecimentos de maio, será confirmada, pois a revolta parecia dar razão à nova equipe dirigente, marcada pelo acesso de F. Ceyrac à presidência do CNPF em 1972. Embora nenhum dirigente do CNPF jamais tenha dito que negociava "porque, diante da escalada das lutas sociais, considera que esse é o único meio de preservar o desenvolvimento de tipo capitalista", os discursos patronais da época dão fortes indícios disso (Durand, Dubois, 1975, p. 180).

21. "As reformas mais caras (formação profissional contínua, regime mensal de remuneração, participação nos lucros) resultam de iniciativas patronais e governamentais, na falta de verdadeiras pressões sindicais. Fazem parte da lógica da política econômica adotada. As outras reformas, que não fazem parte, diretamente, dessa lógica salário mínimo de crescimento (SMIC), aposentadorias) têm incidências financeiras menores. [...] Vejamos alguns exemplos de custo. Formação profissional contínua: em 1972, primeiro ano de aplicação, cerca de 1,5 bilhão; a partir de 1976, mais de 4 bilhões por ano. Regime de remuneração mensal: custo aproximado global entre 5 e 8 bilhões, divididos basicamente em quatro anos, de 1970 a 1973. Participação nos lucros: reserva de participação no exercício de 1968 (primeiro ano de aplicação) 0,7 bilhão; no exercício de 1973: mais de 2 bilhões. SMIC: incidência do aumento mais rápido do SMIC (em relação ao salário horário médio) em 1971, 0,1 bilhão; em 1972, 0,26 bilhão. Aposentadoria: custo da lei de dezembro de 1971: 1,9 bilhão dividido em quatro anos" (Durand, Dubois, 1975, p. 189).

22. Ao oferecer garantias estatutárias, ou seja, duradouras, não revisáveis em função dos desempenhos econômicos – fossem eles locais ou gerais –, esses acordos contribuem para aliviar os assalariados das preocupações decorrentes das incertezas dos mercados, que são transferidas para outros atores (dirigentes empresariais, acionistas e eventualmente o Estado, por intermédio de incentivos e subvenções). A definição estatutária tende a diminuir o número, a intensidade e a imprevisibilidade das provas que os trabalhadores devem enfrentar. Vejamos, por exemplo, o caso do regime mensal de remunerações. Em meados da década de 60, de 7 a 11% dos operários das indústrias de transformação, segundo as estimativas, estavam enquadrados no regime mensal. Mas o acesso à situação de remuneração mensal, na maioria das vezes, estava subordinado ao julgamento dos contramestres, o que tinha por efeito a criação de hostilidade

em relação àquele que tivesse sido assim beneficiado, o que o dissociava do grupo a que pertencia e de cujas condições de trabalho continuava compartilhando. Por essa razão, os operários escolhidos pela direção acabavam recusando o regime mensal. A generalização do estatuto de trabalhador mensal e a legalização das condições de acesso a essa categoria já não permitem promessas tão fáceis de mudanças estatutárias nas provas cotidianas do trabalho (cf. Bunel, 1973, pp. 60-3).

23. Sabendo-se que a participação lucros/salários no valor agregado, em prazos longos, constitui uma relação bastante estável (em torno de 1/3-2/3), só se pode constatar a amplitude da evolução dessa taxa na França durante os anos 70: a parte dos salários (com encargos sociais incluídos), que era de 66,4% em 1970, aumentou continuamente para atingir 71,8% em 1981; a parte referente ao capital era seu complementar medido pelo excedente operacional bruto. Mais de 5% do rendimento nacional foi redistribuído do capital para o trabalho de 1970 a 1982 (Piketty, 1997).

24. "Segundo ela [a meritocracia], o critério de sucesso é único, e a sociedade se baseia essencialmente em certa hierarquia. Hoje, em nossas sociedades, viceja um modelo de referência que possibilita a uma minoria o acúmulo de todas as vantagens: poder, dinheiro, trabalho interessante, estilo de vida com maior liberdade. [...] A tentação meritocrática de fato existe em todas as sociedades. No entanto, assume formas mais agudas em nosso país e está em profunda contradição com a aspiração à igualdade [...]. Com isso se esquece um dos grandes eixos do socialismo: promoção coletiva" (Delors, 1975, pp. 138-9).

25. "Ambroise Roux acreditava que Charles Piaget [líder sindical no conflito dos "Lip"] devia ser processado e condenado por roubo, e que não se devia ter contemplação com suas ações, para que elas não se alastrassem (Weber, 1987, p. 211). A luta dos "Lip" para salvar sua empresa, cuja liquidação fora decretada em 1973, durou três anos e ficou como conflito simbólico da virada de 1974. Constitui um dos raros exemplos de autogestão na França, pois, em junho de 1973, os assalariados decidem reativar um linha de montagem de relógios, vendê-los e distribuir o produto da venda entre os trabalhadores em bases igualitárias. Contando com o amplo apoio entre as associações e as personalidades anticapitalistas e com uma opinião pública muito favorável, a luta dos "Lip" encarnará os esforços dos assalariados para defender as empresas em que trabalham e seus respectivos empregos antes que, nos anos 80, essas liquidações passem a ser encaradas como resultado fatal dos determinismos econômicos, inclusive por suas próprias vítimas. A história dos "Lip" é contada em Bordet e Neuschwander (1993).

26. As iniciativas patronais referentes à participação nos lucros tiveram início antes de 1968. O primeiro regulamento data de 1959 e o segundo aparece em agosto de 1967. Mas o movimento prosseguirá depois de 1968 (fevereiro de 1970, lei: acionariado na Renault; dezembro de 1970, lei: opções de ações nas sociedades anônimas; janeiro de 1973, lei: acionariado nos bancos e na Société National Industrielle Aerospatiale (SNIAS); dezembro de 1973, lei: acionariado e participação nos lucros [decretos de abril e maio de 1974]).

27. Essa é a tese defendida, sobretudo, por Olivier Pastré (1983) e por certos regulacionistas. Parece-nos, *a posteriori*, que essas interpretações formuladas no momento da crise confundem causas diferentes, válidas para grupos diferentes. Já não se pode imputar a revolta dos semiqualificados a uma elevação do nível de escolaridade. Na

França e na Itália, a segunda metade da década de 60 e o início da de 70 correspondem, ao contrário, a um período de industrialização rápida e de crescimento dos empregos não qualificados, que o patronato enfrenta recorrendo a operários de origem rural, a operários recém-urbanizados, a operários estrangeiros, a migrantes do Sul para as indústrias do Norte da Itália etc. Esses *peasants workers,* como disse Charles Sabel, têm um nível de escolaridade muito baixo. Não têm experiência no trabalho nem experiência política ou sindical. Não se revoltam contra o taylorismo, mas aspiram a um nível de vida decente e a um tratamento que não seja injurioso para sua dignidade, para sua "honra social". As revoltas dos semiqualificados do início dos anos 70, segundo essa interpretação, seriam essencialmente resultado de um aumento do custo de vida que parece impossibilitar uma vida decente, ou de um tratamento injurioso por parte dos patrões ou dos chefes, que põe em xeque a honra social dos migrantes. Assim se explicaria o fato de as grandes greves dos semiqualificados terem começado muitas vezes com um "incidente", local e aparentemente insignificante, com uma ofensa, uma afronta pessoal na fábrica... (Sabel, 1982, pp. 132-3). Por outro lado, a interpretação pela elevação do nível de escolaridade certamente é válida para os jovens técnicos ou para os jovens executivos.

28. Um número restrito de conflitos – 7% em 1971, por exemplo – apresentava as condições de trabalho como principal tema reivindicativo *oficial* (Durand, Harff, 1973), enquanto um estudo sobre as greves do início dos anos 70, feito por C. Durand e P. Dubois em 1975, mostra que em 62% dos casos os militantes sindicais admitem que os pedidos de aumento salarial estão ligados a frustrações quanto às relações hierárquicas e à insatisfação com as condições de trabalho (Dubois, Durand, Erbès-Séguin, 1978).

29. J.-M. Clerc cita o seguinte relatório redigido em 1971 pelos diretores regionais do trabalho: "Num primeiro momento, esse descontentamento é expresso por reivindicações referentes a salário ou seus acessórios, reivindicações malformuladas, imprecisas, que na realidade traduziam, na maioria das vezes, insatisfações mais profundas, às vezes inconscientes, ligadas às condições de execução do trabalho (tarefas repetitivas, falta de interesse pelo trabalho, imposição de ritmo, horário, hierarquia mal aceita etc.). Esse descontentamento frequentemente se mostra em fábricas que empregam numerosos jovens, do nível dos operários semiqualificados, mas também, às vezes, em fábricas que empregam numerosos jovens profissionais: uma proporção excessiva de jovens impede qualquer esperança de promoção e torna mais pesada a carga das injunções cotidianas. A expressão desse descontentamento, então, é brutal" (citado em Clerc, 1973).

30. No fim de 1973, foram instalados vários grupos de estudos no Ministério do Trabalho, para tratarem da melhoria das condições de trabalho. O sociólogo Jean-Daniel Reynaud fica incumbido dos aspectos técnicos, econômicos e financeiros das mudanças que podem ser introduzidas nas empresas. Em 4 de outubro, é aprovado pela Assembleia Nacional um projeto de lei para a melhoria das condições de trabalho. Ele prevê a ampliação das competências do comitê de empresa, com a criação, nas empresas com mais de 300 assalariados, de uma comissão encarregada de estudar essas questões. Finalmente, em plano nacional, é criada uma Agência para a Melhoria das Condições de Trabalho (Caire, 1973). Parece que a criação da ANACT, pelo menos no início, teve papel publicitário. Lê-se, no relatório da Assembleia Nacional para a lei de finanças de 1976, que, "cerca de dois anos depois de sua criação, a Agência não deco-

lou realmente", o que os redatores do relatório escusam, aludindo ao caráter muito modesto de sua dotação.

31. Acha-se expresso, no relatório da Comissão Trilateral já citado, o temor de que a elevação das taxas de imigração na Europa cause problemas raciais do tipo observado nos Estados Unidos na mesma época: "Dar prioridade aos problemas do trabalho e da organização do trabalho [...] é o único modo de reduzir as novas tensões que marcam a sociedade pós-industrial e, sem isso, poderão alimentar chantagens irresponsáveis e novas pressões inflacionárias. Ao mesmo tempo, é necessário restaurar o *status* e a dignidade do trabalho manual, o que deveria ajudar a resolver o problema cada vez mais agudo dos trabalhadores que imigraram para a Europa Ocidental; sem isso, ocorrerá o equivalente ao que ocorre com as minorias raciais nos Estados Unidos" (Crozier, Huntington, Watanuki, 1975, p. 38, tradução nossa).

32. Até 1978, a posição eleitoral do PC se mantinha em bom nível, apesar de uma lenta erosão, sobretudo na região parisiense, ao passo que o PS progredia regularmente (as eleições cantonais de 1976 marcam, assim, a inversão da relação de forças eleitorais entre o PC e o PS, quando o PC perde, pela primeira vez depois da guerra, seu posto de primeiro partido de esquerda). Mas, durante os cinco anos seguintes, o PC perde metade de seus eleitores, passando abaixo da marca dos 10% em 1986.

33. Desde o fim da década de 40, estão disponíveis informações bem documentadas e fidedignas sobre o terror que reinava nos países comunistas. Mas foi preciso que houvesse uma denúncia, aliás muito parcial, proveniente do próprio interior do sistema, o relatório Khruchtchev, de 1956, para que os comunistas franceses reconhecessem os crimes *pessoais* de Stálin, mas sem reconhecerem o caráter criminoso do regime soviético. Para devolver algum colorido ao ideal marxista-leninista, nos anos 60 houve uma multiplicação de outros modelos comunistas (trotskismo, maoísmo, castrismo, titismo), mas isso já era sinal de enfraquecimento do poder das estruturas comunistas sobre a crítica francesa (Furet, 1995). A segunda metade da década de 70 é marcada pela publicação, em 1974, do *Arquipélago de Gulag* de Soljenitsin, com uma tiragem de mais de um milhão de exemplares na França.

34. Inicialmente muito crítico em relação às manifestações estudantis (em 3 de maio de 1968 G. Marchais ataca, no *L'Humanité,* esses "pseudorrevolucionários" "filhos de altos burgueses"), a partir de 17 de maio o PC adotará uma estratégia que parece caminhar no sentido da tomada do poder político. Embora condenasse o esquerdismo e aquilo que era inaceitável no movimento de maio, por contribuir para uma liberação que os comunistas viam como "desordem" inaceitável, o PC abandonou rapidamente sua atitude de início puramente negativa. Por intermédio da CGT, ele inicia ou acompanha o movimento de greves (6 milhões de grevistas em 20 de maio, 10 milhões em 27 de maio), exige a "mudança do regime político" e cria "comitês para um governo popular de união democrática", que devem organizar as bases para uma eventual tomada do poder. Mas essa estratégia não foi levada a termo: a ação dos comunistas foi autolimitada pelo temor de uma guerra civil após a viagem de De Gaulle à Alemanha, pelas advertências dos soviéticos, satisfeitos com os posicionamentos dos gaullistas em relação à política internacional, e pelo medo permanente, durante toda a crise, de ver o movimento escapar-lhe das mãos. Mas, engajando-se numa estratégia explícita de tomada do poder, sem contudo obter os meios, mesmo um esboço de realização, o PC,

durante essa prova, dá demonstrações de relativa impotência, apesar de seu porte e de sua força aparente. A partir daí, *ele nunca mais causará medo,* pelo menos o medo que podia causar no passado. Em certas circunstâncias, para os membros mais esclarecidos do patronato, ele se mostrará até como um aliado totalmente aceitável para enfrentar o perigo do momento: a agitação esquerdista.

35. J. Verdès-Leroux, na obra publicada em 1987 sobre os intelectuais comunistas entre 1956 e 1985, julga o declínio do PC irreversível e considera que esse declínio "se anunciava com evidência ofuscante *pelo menos* desde a primavera 1978", pois – segundo diz ela – a desagregação da organização, então evidente, deveria traduzir-se no plano eleitoral, o que se manifestou em 1981. Mencionando pesquisas feitas no início dos anos 80, ela mostra que o descrédito do PC, principalmente entre os jovens, decorria acima de tudo da relação do partido com a URSS, muito chocante quando da invasão do Afeganistão, mas também em virtude da falta de democracia interna e, mais profundamente, "do distanciamento do PC em relação à evolução da sociedade", da falta de análises e propostas diante dos problemas que se apresentam no início dos anos 80: "A degenerescência do partido também estava presente na estreiteza, no provincianismo e nas limitações da cultura intelectual comunista". Mas J. Verdès-Leroux também mostra que, na mesma época, essas críticas são amplamente comungadas por certo número de membros intelectuais do partido que, por ela interrogados, disseram já não "acreditar" nos princípios nos quais se fundamentava a adesão das gerações mais velhas: "classe operária" (que se tornara "mito"); marxismo, pouco ou mal conhecido pelos militantes; URSS, "paraíso que se transformou em pesadelo"; dirigentes, outrora venerados e cada vez mais desacreditados e desprezados, a começar do principal deles, o secretário-geral Georges Marchais (Verdès-Leroux, 1987, pp. 11-31). Portanto, foi de dentro que o PC implodiu. Mas os efeitos da falência de uma instância crítica que, pelo temor que inspirava nos tempos de esplendor, constituía estimulante eficaz para incitar reformas sociais do capitalismo, também se manifestarão fora dele, nas condições de vida dos assalariados em geral, fossem eles "de esquerda" ou não.

36. Assim, por exemplo, em 1977-78, o Centro de Sociologia das Organizações, com financiamento do CORDES (ou seja, do Plano Econômico), fez um estudo sobre os "funcionamentos das coletividades de trabalho", com o objetivo de compreender a lógica de funcionamento de grupos de trabalho comunitários cuja "finalidade certamente foi sobreviver e produzir, mas cujos resultados mais profundos também tiveram em vista a busca de novas relações humanas na coletividade" ("comunidades monásticas de trabalho intelectual e manual, coletividades rurais de desbravadores e artesãos da América pioneira, mas também entre os kibutzim e os mochavim de Israel, as comunas chinesas, as fazendas autogeridas da Argélia, cooperativas operárias de produção das sociedades industriais nascentes no socialismo e empresas autogeridas da Iugoslávia"). O relatório baseia-se principalmente numa pesquisa feita junto a 21 organizações nas quais ocorrem experiências de autogestão: 4 cooperativas de produção, 5 instituições experimentais de saúde, 4 empresas artesanais de arte, 2 experiências de melhoria das condições de trabalho e de equipes semiautônomas numa metalurgia e numa companhia de seguros do setor público etc. (Marty, Nehmy, Sainsaulieu, Tixier, 1978). O segundo volume desse importante relatório (assinado por Rosa Nehmy) é dedicado às "organizações matriciais". Desenvolve "a noção de projeto na organização",

em suas dimensões funcionais, mas também "socioafetivas", e constitui, por isso, uma peça importante naquilo que se pode chamar "arqueologia" da cidade por projetos. No terceiro volume ("Do experimental ao duradouro"), R. Sainsaulieu e P.-E. Tixier investigam o modo como essas experiências podem contribuir para a administração das grandes empresas em seu esforço de criatividade e imaginação, com o intuito de enfrentar uma nova "sede de coletividade" na empresa moderna.

37. Isso é visto, por exemplo, no caso dos horários flexíveis. É inegável que apresentam vantagem para os assalariados, especialmente para as mães de família. Apresentada com razão como reforma de bom senso (por que exigir que o pessoal de uma empresa esteja todo presente ao mesmo tempo no local, se é suficiente que essa presença ocorra durante um período limitado do dia e em certos dias da semana?), a flexibilidade de horário já em 1972 foi alvo de experiências favorecidas pelo Ministério do Trabalho (um projeto de lei é discutido em 1973 no Conselho Econômico e Social). O número de empresas que experimentam o horário flexível, que é de 42 em 1972, passa a 400 em 1974; segundo outras estimativas, será de 20.000 em 1980. Essas medidas atrapalham os sindicatos, que não podem opor-se frontalmente a uma mudança apreciada por numerosos assalariados e pressentem os riscos de desmantelamento da regulamentação do trabalho presentes na legalização dos horários flexíveis. De fato, a questão da jornada diária e semanal do trabalho foi fundamental na formação do direito do trabalho. Ora, os horários flexíveis devem possibilitar a compensação de horas de trabalho de um dia no outro ou de uma semana em outra (trabalhar, por exemplo, 36 horas uma semana e 44 horas na semana seguinte). Além do problema apresentado pela harmonização com a lei de 1946 sobre a obrigação de pagamento de horas extras, a compensação de horas de trabalho abre as portas para a "flexibilização", ou seja, para a transferência para os assalariados das injunções derivadas das incertezas do mercado. Pois, conforme observam com justiça Philippe Lamour e Jacques de Chalendar, "o empregador, para terminar um trabalho urgente, também pode ter interesse em que seus empregados trabalhem 44 horas numa semana e compareçam ao trabalho 36 horas na semana seguinte, sem lhes pagar as quatro horas extras com tarifa majorada, na primeira semana. Como saber quem está na origem dessas 44 horas? O empregado, por conveniência pessoal, ou o empregador, no interesse da empresa? Trata-se então de hora extra ou de verdadeiro horário suplementar? Nem sempre será fácil decidir, sobretudo nas pequenas e médias empresas, onde os riscos de pressão não são desprezíveis" (Lamour, de Chalendar, 1974, pp. 42-3).

38. Pode-se perguntar se a adesão do patronato à autonomia não foi favorecida pelo exemplo dado, depois de alguns anos, pela lei de orientação do ensino superior apresentada por Edgar Faure no outono de 1968. Essa reforma (que retomava numerosos temas desenvolvidos durante os meses de crise e que foi beneficiada pelo trabalho das comissões instaladas pelos estudantes e por certos professores) tinha em vista introduzir na Universidade uma autonomia maior, seja pessoal (estudantes em relação ao corpo docente, assistentes em relação aos professores), seja autonomia das unidades: universidades concorrentes, divididas em faculdades que comportavam conselhos, nos quais eram representados estudantes, assistentes e professores, por sua vez fragmentadas em unidades de ensino e pesquisa. Essa nova organização, que causara temor nos professores mais conservadores, na verdade se mostrara um dispositivo excelente para integrar, canalizar e enfraquecer a energia contestadora.

39. Michel Crozier decerto foi quem primeiro pressentiu que as críticas anti-institucionais feitas pelo movimento de maio, depois de despojadas de suas referências revolucionárias, podiam abrir caminho para uma sociedade mais liberal, destinando ao mercado um espaço muito maior do que no passado. Essa é a razão pela qual, mesmo se opondo às tendências igualitárias do movimento, ele aprova, por exemplo, a crítica das grandes escolas no sentido de desmantelar as barreiras que se opõem à formação de um grande mercado unificado das competências (Crozier, 1970).

40. O patronato, evidentemente, não é ator único, e os dirigentes empresariais não obedecem unanimemente a palavras de ordem lançadas pelas organizações patronais. Falar de estratégia – no sentido de projeto planificado – do CNPF durante o período é abusivo, embora não se possa ver as transformações dos anos 70 como resultado automático de um processo sem sujeito. Conforme observa Chris Howell, o CNPF e as outras instâncias do patronato (como, por exemplo, o Centro dos Jovens Dirigentes), embora não tenham orquestrado a resposta patronal à crise, pelo menos desempenharam papel importante: por um lado, pressionando o governo; por outro, desempenhando o papel de laboratório de reflexão e inovação na invenção e, sobretudo, difusão de novas formas e novas práticas de gestão empresarial – por meio de conferências, seminários e colóquios... (Howell, 1992, p. 115). Seria possível fazer as mesmas observações sobre um organismo como a OCDE. As associações patronais, nesse sentido, podem ser comparadas a "clubes" (Marin, 1988). Conforme também observa B. Marin, a verdade é que as associações patronais, embora não tenham problemas de adesão (agrupam quase todos os membros de um mesmo setor), têm grandes dificuldades para coordenar a ação de seus membros; "o que é vantajoso para o *conjunto* dos empresários de um setor (alto nível de preço, boa formação profissional dos operários qualificados e dos técnicos, por exemplo) cada uma das firmas, tomadas *individualmente*, teria interesse em minar (e em baixar os preços, não contribuir para a formação dos aprendizes etc.)".

41. Isso significa que seria ilusório querer fazer uma distinção entre as características do "contexto" e as propriedades dos "atores", como deseja uma concepção evolucionista ou neodarwiniana da mudança e, em especial, da mudança econômica, na qual "atores" "reagem" a "injunções do contexto" e conseguem, ou não, "adaptar-se a ele". Ao contrário, é o modo como os atores, interagindo, constroem sua identidade em função das estratégias expostas que tende a modificar e redefinir continuamente as injunções contextuais, de tal modo que a ação constitui o contexto, assim como é orientada por ele para uma crítica da mudança econômica concebida como um processo de adaptação guiado pela defesa dos interesses vitais e das analogias neodarwinianas popularizadas por R. Nelson e S. Winter (1982) [cf. a excelente introdução de C. Sabel e de J. Zeintin ao volume coletivo que publicaram recentemente sobre as alternativas históricas para a produção em massa (1997)].

42. Retrospectivamente, é possível atribuir diferentes funções à insistência na flexibilidade que se observa em meados dos anos 80. A primeira e mais visível é possibilitar às empresas enfrentar as incertezas do mercado modulando seus custos salariais de acordo com a demanda de curto prazo. Para isso, é preciso livrar-se das injunções que pesam sobre: contratações, demissões, horários de trabalho, natureza e, especialmente, duração dos contratos de trabalho, acesso ao trabalho temporário etc. Mas a fle-

xibilidade integra também uma política social que tende ao arrocho do controle sobre os assalariados.

43. A autorização administrativa de demissão havia sido instaurada pela lei em 1975. Mas, antes de sua revogação, em 1986, ela era dada em 90% dos casos. Embora as demissões por razões econômicas aumentem de 17% a 19% imediatamente depois da revogação dessa lei, no fim de 1986 e no início de 1987, seus números voltam depois ao nível anterior (Guéroult, 1996).

44. No entanto, consciente do paradoxo de um governo de esquerda defender medidas favoráveis à flexibilidade, o governo desejou que primeiramente fosse feito um acordo entre o patronato e os sindicatos. As negociações fracassaram em dezembro de 1984. A CGT, apesar de presente, nunca se mostrara entusiasmada, mas os outros sindicatos (CFDT, FO, CFTC e CGC) haviam concordado em discutir e chegaram a um protocolo com o patronato, mas não puderam assiná-lo em decorrência do descontentamento que se manifestava em suas próprias fileiras. Esse malogro foi em grande parte interpretado na imprensa como sinal de incapacidade dos sindicatos de "adaptar-se à modernidade", reforçando sua crise de representação (Soubie, 1985). O governo, por sua vez, precisou entrar de novo no circuito, sendo obrigado a avançar agora "sem rodeios". Mas viu-se numa situação mais legítima para fazê-lo, em vista da consternação da mídia diante do fracasso das negociações.

45. Só pode ser surpreendente, *a posteriori*, a semelhança entre as posições expressas nos dois textos publicados no mesmo ano (em 1986), que tinham em comum, como argumento principal, a defesa do emprego: o primeiro era assinado por Yvon Gattaz, representante do CNPF; o segundo, por Edmond Maire, da CFDT. Y. Gattaz, como era de esperar, critica a "rigidez, a regulamentação e a irreversibilidade das vantagens conquistadas" que "bloqueiam" os empregos. Reivindica um crescimento da flexibilidade e, mais precisamente, a possibilidade de "modular os efetivos", demitir livremente, desenvolver a "flexibilidade dos salários" (de tal modo que "se leve em conta o mérito individual e sejam recompensadas as qualidades daqueles que põem competência e energia a serviço da empresa", contra "o igualitarismo, por muito tempo preconizado" e o "ciúme social"), a "flexibilidade das condições de trabalho" e dos "horários" e a "flexibilidade dos limiares sociais" (Y. Gattaz, "L'emploi, l'emploi, l'emploi", *La Revue des entreprises*, n? 477, março de 1986, pp. 15-8). E. Maire, mesmo criticando a "política liberal do patronato", pergunta de que modo pode ser melhorada a rentabilidade das empresas cuja deficiência principal reside – escreve ele – "numa administração arcaica e centralizada que deteriora a potencialidade dos assalariados e esclerosa suas qualificações". O que ele propõe como solução pode ser facilmente reinterpretado em termos de flexibilidade: "Para dar a nossas empresas a qualidade, a flexibilidade e a capacidade de adaptação e inovação de que elas precisam imperiosamente, cumpre criar formas de organização do trabalho que sejam flexíveis e capacitantes, tipos de gestão que recorram à participação ativa dos assalariados nas empresas e nas administrações. E as adaptações necessárias nas conquistas sociais devem ser definidas contratualmente [...]. A redução da jornada de trabalho ganha então todo sentido" (E. Maire, "Le chômage peut être vaincu", *Le Monde,* 20 de agosto de 1986).

46. Para resolver a questão da recusa ao trabalho entre os jovens, a Association Nationale des Directeurs et Cadres de la fonction Personnel (ANDCP) tomou iniciati-

va de procurar modelos em outros lugares. A revista dedica um número à *Gestão empresarial japonesa*, especialmente ao modo como as empresas japonesas acolhem os jovens (n? 149, fevereiro de 1972). A Associação chega a enviar uma missão para a Iugoslávia, a fim de estudar a *autogestão*, o que dá ensejo a um número especial da revista (n? 156, novembro-dezembro de 1972). Longe de ser negativo, o relatório daquela missão ressalta numerosos traços positivos da autogestão, traços que serão valorizados quando, depois da virada de 1974, a questão da "autonomia" for levada a sério nas empresas francesas. Fica-se assim sabendo que "a autogestão se preocupa com o homem, por ela considerado o único fator de progresso coletivo", que "a autogestão é um sistema no qual é preciso evitar ordens e, ao contrário, convencer as pessoas", e que "esse ponto é muito importante, conhecendo-se na França as dificuldades de chefia em certas empresas, que ainda não perceberam que já não se trata de mandar (no sentido estrito do termo), mas de levar os colaboradores a participar, obtendo-se o seu consenso". Outros "pontos positivos" assinalados: "informação no interior da empresa, pilar da autogestão", "criação de unidades de trabalho que possibilitou enquadrar o trabalho numa escala mais humana. De fato, a unidade de trabalho é uma pequena empresa que tem sua conta operacional e vive com autonomia administrativa".

47. P. Virno mostrou assim como o capitalismo italiano reintegrara e pusera para trabalhar as competências adquiridas pelos jovens contestadores dos anos 70 em atividades militantes ou lúdicas, ligadas à "invenção de novos modos de vida" ou "contracultura" (Virno, 1991). O mesmo ocorreu na França. Assim, por exemplo, os diretores artísticos das gravadoras de variedades, que tinham como uma das tarefas descobrir e selecionar novos talentos com possibilidades de agradar ao público, frequentemente eram pessoas que tinham entrado na organização capitalista vindas de mundos marginais que frequentaram na juventude (Hennion, 1995, pp. 326-36).

48. Conforme observa F. Furet (1995), a condenação à esquerda por parte do anticomunismo, que continua mesmo depois do desmantelamento da União Soviética, é tudo o que resta do poder daquele partido sobre a crítica francesa.

49. No entanto, é preciso considerar que os defensores do "movimento inexorável" não estão totalmente errados, uma vez que a busca de inovações sociais, destinadas a resolver os problemas que o capitalismo enfrenta – por causa da crítica, mas não só por causa dela –, redunda efetivamente na invenção de novos dispositivos mais rentáveis. Descobertos estes, principalmente se não ferirem a moral comum, é quase impossível sem legislação evitar que eles se disseminem, pois os empresários sabem que precisarão adotá-los se os seus concorrentes os adotarem.

50. Conforme ressalta M. Berman, comentando Marx, na obra que ele dedicou à experiência crítica da modernidade, de Goethe à nova esquerda dos anos 70, uma das contradições fundamentais da burguesia, cujo destino está associado ao do capitalismo, é de alegar estar a serviço da ordem enquanto subverte incessantemente e sem escrúpulos as condições concretas de existência com o fito de assegurar a sobrevivência do processo de acumulação, chegando a apropriar-se das críticas mais radicais e, em certos casos, a transformá-las em produtos de mercado (Berman, 1982, especialmente pp. 98-114).

Capítulo IV. *Desconstrução do mundo do trabalho*

1. A parcela do valor agregado correspondente ao capital, medida pelo excedente operacional bruto, estabelecida em torno de 29% na segunda metade dos anos 70, eleva-se para quase 40% em 1995. A parcela dos salários, que aumentara nos anos 70 e atingira 71,8% em 1981, baixa progressivamente a partir de 1982-83, atingindo 62,4% em 1990 e 60,3% em 1995. Enquanto mais de 5% da receita nacional tinha sido redistribuída do capital para o trabalho de 1970 a 1982, dessa vez 10% da receita nacional é redistribuída em sentido inverso, do trabalho para o capital, de 1983 a 1995. Para dimensionar a amplitude dessas variações, Thomas Piketty observa, apresentando um ponto de comparação, que as medidas de redistribuição fiscal tomadas pelo governo socialista, ao subir ao poder em 1981 (denunciadas pela direita como "paulada fiscal"), provocaram uma redistribuição correspondente a 0,3% da receita nacional da época (Piketty, 1997, pp. 40-50).
2. Fonte: Ministério do Trabalho, do Emprego e da Formação Profissional (1993).
3. Esse percentual de pessoas que têm os mesmos horários todos os dias passou para 49% em 1998 (Bloch-London, Boisard, 1999, p. 212).
4. Os estoques das empresas foram muitíssimo reduzidos, em conformidade com as recomendações do *just-in-time*. De 1985 a 1990, o valor dos estoques do conjunto da indústria manufatureira cresceu 4%, enquanto o volume em valor da produção aumentava 32% (Amar, 1992).
5. A normatização de qualidade ISO, que se desenvolveu ainda mais a partir de 1992, poderia parecer inscrever-se na continuidade do segundo espírito do capitalismo, em vista de seu caráter padronizador. No entanto, sua abordagem da qualidade (qualidade total, e não só qualidade de fabricação) e algumas questões tratadas como aplicação de um processo de engenharia simultânea para o desenvolvimento de produtos novos fazem dela um instrumento de gestão marcado pelas concepções do terceiro espírito.
6. A aplicação dos princípios do *just-in-time* atinge 36% dos estabelecimentos pertencentes ao setor das indústrias agrícolas e alimentícias. Esse número é de 49% para o setor de energia e de transformação; de 43% para o de bens de capital; de 56% para o de bens de consumo; de 27% para o setor de construção e obras públicas. Os serviços, um pouco menos atingidos por essa prática que foi desenvolvida de início para a indústria (20% para os setores do comércio e dos transportes e telecomunicações, 17% para os bens e serviços ao consumidor, mas apenas 9% para o setor da saúde e 3% para bancos e seguradoras), em compensação são mais atingidos por outras inovações, como círculos de controle de qualidade (41% em bancos e seguradoras), grupos pluridisciplinares (42% dos estabelecimentos no setor de bens e serviços ao consumidor e 49% no setor da saúde) ou eliminação de um nível hierárquico (30% no setor de bancos e seguradoras, 24% no comércio) (Coutrot, 1996).
7. Aqueles que, apesar disso, quisessem apontar a lentidão relativa das transformações da organização do trabalho – visto que precisamos de mais de vinte anos para chegar ao estágio em que estamos atualmente – devem lembrar que esta nada tem de excepcional se comparada ao ritmo de implantação dos princípios taylorianos (Margirier, 1984). As inovações organizacionais precisam de tempo para impor-se e, uma vez que os preceitos do terceiro espírito do capitalismo pressupõem, como vimos, uma

transformação profunda de hábitos e valores enraizados na educação, pode-se até considerar que sua difusão pressupõe a renovação das gerações no trabalho. O papel dos menos de quarenta anos parece, assim, muito importante, uma vez que eles trouxeram novos comportamentos e novos valores, conforme mostrou o estudo de Frédéric de Coninck (1991).

8. Quase metade das empresas trabalhava com subcontratação em 1988. Os setores que subcontratavam em 1988, eram: serviços auxiliares de transporte, agências de viagens (41% do faturamento), construção aeronáutica (28%), construção civil (15%), indústrias de transformação de metais não ferrosos (14%) e transportes rodoviários (13%) (Bournique, de Barry, 1992). A indústria automobilística atinge cifras de subcontratação muito pequenas, pois os fornecimentos são considerados como compras de peças e componentes, e não como compras de subcontratação.

9. A pesquisa "Interligações industriais" [Liaisons industrielles] de 1995 valeu-se de oito categorias; as quatro primeiras podem ser qualificadas como "parceria industrial" ou "subcontratação total": trabalho sob encomenda, produção com base em especificações, trabalho de concepção e produção, trabalho de concepção, produção sob licença, produção por encomenda com marca de distribuidor, produção autônoma, prestação de serviços.

10. O crescimento do número de grupos certamente é atribuível em grande parte ao crescimento dos "microgrupos" com menos de 500 assalariados, que passam de 1.966, em 1980, para 5.279 em 1995, e aos "pequenos grupos" (entre 500 e 2 mil assalariados), que passam de 383 para 1.027, enquanto os "grupos médios" (de 2 mil e 10 mil pessoas) só aumentam de 223 para 292, e os grandes grupos, com mais de 10 mil pessoas, passam apenas de 73 para 84. Em compensação, ignorar essa realidade falseia a percepção do tecido produtivo: pois aquilo que, por exemplo, teria sido uma única empresa de 150 pessoas há vinte anos hoje é percebido como um conjunto de 4 empresas de menos de 50 pessoas. Poderia parecer que a participação das pequenas empresas realmente aumentou na oferta de emprego, o que já não é muito seguro. Outrossim, o número de grupos de grande porte também aumentou. Logo, é indubitável que a concentração não é menor hoje (Vergeau, Chabanas, 1997).

11. Inversamente, há predominância de grupos nos setores da indústria automobilística, de energia e atividades financeiras. No setor de serviços a empresas, a participação dos grupos é de aproximadamente dois terços do valor agregado, bem como na indústria, tirando-se o setor energético (Vergeau, Chabanas, 1997).

12. No fim de 1990, hipermercados e supermercados controlam juntos 52% do mercado alimentício, contra 31% em 1980 e 13% em 1970. Sua participação no mercado de "produtos de uso pessoal" passou de 18% para 26% entre 1980 e 1990; no de "produtos de uso doméstico", de 23% para 31%; no de "higiene-cultura-lazer-esportes", de 9% para 14%. Também se desenvolveram durante os anos 80 os hipermercados especializados em produtos não alimentícios (mobília, bricolagem, vestuário, esporte). Finalmente, os hipermercados conquistaram importante fatia do mercado na distribuição de combustíveis (mais de um terço em 1990), acelerando o fechamento de postos de gasolina independentes (Amand, 1992).

13. A partir do fim da década de 70, o INSEE recenseou anualmente os elos da propriedade do capital, o que hoje nos possibilita conhecer a evolução dos grupos em-

presariais. Do mesmo modo, a partir de meados da década de 70, o Service des Études et des Statistiques Industrielles (SESSI) do Ministério da Indústria está procurando conhecer o volume da terceirização industrial, o que não explica toda a terceirização, como vimos, e ensejou a elaboração, apenas em 1995, da pesquisa "interligações industriais". Mas é muito difícil realizar a observação das outras formas de organização em rede, que não passam pela terceirização em sentido estrito nem por interligações financeiras importantes. A primeira dificuldade é encontrar um ponto para puxar o fio da meada; inversamente, quando a rede é complexa, é preciso saber onde parar para conferir "identidade" a uma rede e efetuar cálculos com base no agrupamento de empresas que são percebidas de outro modo como independentes (faturamento, número de empregados, valor agregado etc.) (Camus, 1996). Uma dificuldade suplementar decorre do fato de que as cabeças de rede, embora atuem nos mesmos mercados, pertencem a setores muito diferentes, o que impede a coleta de uma boa imagem estatística. Assim, no comércio especializado em vestuário, as cabeças de rede pertencem ora aos serviços (serviços de publicidade, formação), ora à indústria (quando responsável por uma parte da confecção, por exemplo), ora ao comércio atacadista, ora ao comércio varejista. Além disso, os fluxos contábeis característicos (cotização em grupos de compras, direitos de franquia) não estão isolados nas informações contábeis tradicionalmente colhidas (Lemaire, 1996).

14. "Os instrumentos básicos da estatística econômica na França (répertoire SIRENE e Enquête annuelle d'entreprise) tomam como unidades de observação as empresas, no sentido de unidades legais. Os agrupamentos empresariais não são objeto de observações sistemáticas, com a notável exceção dos grupos; [...] no atual estado de coisas, a maioria das redes empresariais é transparente para a estatística. [...] As dificuldades que devem ser vencidas para preencher essa lacuna são evidentes: as interligações empresariais que seria preciso levar em conta são extremamente diversificadas. Numerosos elos de cooperação, bem pouco formais, como os que envolvem pesquisas ou trocas de serviços, são difíceis de discernir, quanto mais de classificar e dimensionar. Além disso, as redes que extrapolam o espaço hexagonal não são raras, e a estratégia das empresas então não pode ser corretamente apreciada apenas por meio da observação das unidades pesquisadas no território nacional" (INSEE, 1998). Essas dificuldades são encontradas no nível das estatísticas internacionais nos acompanhamentos dos movimentos das firmas multinacionais. É maior ou menor a possibilidade de conhecer os montantes dos investimentos diretos no exterior em diferentes países, mas estes só levam em conta a saída efetiva de capitais dos territórios, e não os reinvestimentos dos lucros no local, nem a ida a mercados financeiros internacionais ou a sistemas bancários estrangeiros. Uma estimativa mostra que em 1990 44% dos investimentos americanos diretos no exterior foram financiados pelos fluxos de saída de capitais das matrizes para as filiais estrangeiras; 31%, pelo reinvestimento dos lucros destas; e 25%, por empréstimos tomados pelas filiais no local. Portanto, os investimentos diretos no exterior são bastante subestimados. Além disso, o que os especialistas chamam de "novas formas de investimento", que não são elos de participação, mas elos de tipo "rede" (acordos de licença, de assistência técnica, franquia, terceirização internacional, cooperação industrial etc.) não são alvo de nenhuma avaliação, o que também tende a subestimar o poder das empresas mundiais (Andreff, 1995, pp. 8-9).

15. A maioria dos recém-contratados segundo essa modalidade, porém, deseja trabalhar mais. Entre os que trabalham em tempo parcial há menos de um ano, 67% desejavam trabalhar mais em 1995 contra 33% dos que tinham mais de um ano de antiguidade, o que significa que o contrato para trabalho em tempo parcial hoje é aceito temporariamente na falta de melhor opção em 67% dos casos (Audric, Forgeot, 1999).

16. 74% dos beneficiários de contratos subvencionados no setor público estão subempregados em março de 1995 (isto é, "trabalham involuntariamente menos do que a jornada normal de trabalho em sua atividade e estão em busca de trabalho suplementar ou têm disponibilidade para tal trabalho"); também é o caso de 36% dos titulares de contratos subvencionados do setor privado, de 9% dos temporários, de 17% dos assalariados no regime de contrato de trabalho por prazo determinado, mas apenas de 5% dos assalariados que têm emprego estável (Belloc, Lagarenne, 1996, p. 130).

17. Fonte: Ministério do Trabalho, do Emprego e da Formação Profissional (1993), quadro III. 3.1c, p. 102.

18. Ver também Voisset (1980). O direito do trabalho, que se baseava em noções de empresa e empregador, foi eludido, principalmente, com o uso de técnicas jurídicas do direito comercial para reestruturar as empresas.

19. A eliminação de empregos na PSA e na Renault, de grande amplitude de 1990 a 1992 (saída de 12.575 pessoas), prosseguiu em 1993 e 1994, embora em ritmo mais reduzido. Afetou prioritariamente trabalhadores mais idosos e menos qualificados (Gorgeu, Mathieu, 1995, p. 69). Os novos empregos criados nos terceiristas, porém, beneficiaram pessoas diferentes, pois os fabricantes de autopeças para tais empresas evitam recrutar ex-operários de suas montadoras e preferem mão de obra jovem, mais escolarizada e sem experiência industrial, que é mais maleável, mais produtiva e menos onerosa.

20. Parece que a situação não é muito diferente nas montadoras. A contratação de operadores em regime de prazo indeterminado tornou-se rara (abertura de Sevelnord pela PSA e criação de uma terceira equipe na Renault-Flins), pois a PSA e a Renault continuam a criar planos sociais e utilizam muitos temporários: da ordem de 30 a 40% do pessoal produtivo em certas fábricas e em certos momentos (Gorgeu, Mathieu, 1995, p. 69).

21. Antes de 1981, o período parcial era considerado exceção e estava submetido a um conjunto de regras que restringiam seu uso (designação dos beneficiários, duração do trabalho, remuneração, acordo dos parceiros sociais). Em 1981 e 1982, será suspensa a maioria das restrições: sobretudo, ausência de piso para o número de horas e possibilidade de contratar diretamente por período parcial. A partir de 1992 teve início uma política de isenções de encargos sociais pagos pelo empregador para favorecer o desenvolvimento do período parcial (Audric, Forgeot, 1999, p. 177).

22. No que se refere à organização da jornada de trabalho, será preciso aguardar o regulamento de 16 de janeiro de 1982 para poder modular a jornada coletiva do trabalho. Até 1982, as empresas não podiam variar a jornada de trabalho, a não ser recorrendo a horas extras submetidas à autorização da inspeção do trabalho e por meio de redução da jornada. Ora, a partir de 1982 as empresas têm permissão para recorrer a horas extras sem autorização, dentro de um limite anual, variar sob certas condições a jornada semanal de trabalho dentro do exercício anual e, por via de negociação, organizar o horário coletivo de trabalho. Essa dinâmica foi incentivada pela lei Auroux, de

novembro de 1982, que tornou obrigatória a negociação anual em nível de empresa sobre a jornada efetiva e a organização do trabalho, sempre que existam representantes sindicais. A lei quinquenal de 20 de dezembro de 1993 institui a jornada parcial anualizada, tornando o trabalho intermitente uma modalidade particular da jornada parcial (Bloch-London, Boisard, 1999, p. 208). A aplicação atual das 35 horas com possibilidade de redução da jornada de trabalho em troca de uma reorganização da jornada nem sempre se traduz na melhoria da condição salarial, principalmente quando é preciso trabalhar em horários pouco compatíveis com a vida familiar ou com atividades de lazer. Alguns assalariados, especialmente as mulheres, sofrem muito com a irregularidade dos horários de trabalho, sobretudo quando ela implica grandes e frequentes modificações na organização do dia a dia (cuidado com as crianças, em especial) com concessão de prazos frequentemente muito curtos (*id.*, p. 212).

23. Em 1990, porém, a regulamentação se restringiu de novo, voltando a uma lista limitativa de motivos e estipulando o número de possíveis renovações de trabalhos temporários.

24. Aliás, são esses múltiplos direitos vinculados ao contrato por prazo indeterminado o alvo daqueles que ainda se indignam com a falta de flexibilidade permitida pelo direito francês. Acusam principalmente o custo das demissões (indenizações, obrigação de criar um plano social [demissão responsável], quando é ultrapassado o número de dez demissões etc.), que seria elevado demais, bem como o controle administrativo exercido sobre eles, visto que o juiz pode requalificar eventualmente uma demissão como "sem justa causa" e solicitar a reintegração ou o pagamento de indenizações suplementares. As empresas, diante de vários outros contratos mais *flexíveis* do que o de prazo indeterminado, preferem, sempre que possível, soluções talvez também custosas, pois os contratos de temporários por prazo determinado pressupõem o pagamento de indenizações de precariedade que aumentam a remuneração percebida, mas lhes deixam as mãos totalmente livres e, no caso das pequenas e médias empresas, evitam graves ônus sobre suas contas em caso de dificuldades econômicas que impliquem demissões. A proliferação dos contratos flexíveis dá destaque à menor flexibilidade do contrato "normal", cujos direitos, porém, continuaram a ser fortalecidos sem que se mudassem as possibilidades de acesso aos contratos menos favoráveis, incentivando por isso mesmo as empresas a continuar precarizando o emprego.

25. Para Daniel Cohen (1997), a pouca fluidez do mercado do trabalho, aliás, explica mais as diferenças entre os Estados Unidos e a França do que o impacto do custo do trabalho menos qualificado. Os trabalhadores americanos trocariam de emprego com mais facilidade (portanto, em maior número e com mais frequência), as empresas recrutariam e dispensariam com mais facilidade, o que se traduziria num prazo de retorno ao trabalho muito menor do que na França. O tempo efetivo que as pessoas passam desempregadas, mais breve do que na França, explicaria a diferença dos dois índices de desemprego.

26. Francis Ginsbourger (1998, p. 64) destaca com justiça que "o conteúdo de trabalho dos empregos "terceirizados" raramente é equivalente ao que prevalece nas formas organizacionais e estatutárias anteriores. [...] Os empregos precários, na maioria das vezes, são empregos para um período de aprendizagem reduzido, consumindo competências adquiridas e produzindo poucas competências novas. Quase não ofere-

cem perspectivas de progresso profissional àqueles que os ocupam. Estes são empregados em condições que pouco permitem influir sobre o conteúdo do trabalho, dominá-lo e profissionalizar-se". No que se refere ao acesso às novas tecnologias, ver Cézard, Dussert e Gollac (1993). No que se refere ao acesso à formação, os números abaixo são eloquentes: em 1989, 51% dos técnicos e supervisores funcionais, 47% dos engenheiros e executivos fizeram algum curso, contra 27% dos funcionários da administração e 22% dos operários qualificados. Os operários não qualificados, por sua vez, têm pouco mais de uma chance em dez de beneficiar-se pela formação contínua. Outrossim, os assalariados de pequenas empresas são desfavorecidos em relação aos das grandes: em 1989, as empresas que tinham de 10 a 50 assalariados tiveram uma participação financeira *per capita* (1.600 F/assalariado) quatro vezes menor que as com mais de 2 mil assalariados (6.300 F). Além disso, elas financiam grande parte das despesas de formação das grandes empresas. Não atingindo o orçamento mínimo imposto, muitas pequenas empresas precisam reverter os fundos não inutilizados para o Tesouro, ou para organismos administrativos aos quais elas se vinculam. Nesse caso, os fundos servem para a formação em outras empresas frequentemente maiores (Jansolin, 1992).

27. A correlação entre a precariedade econômica e a precariedade familiar é evidenciada pelo relatório do CERC de 1993 *Précarité et risque d'exclusion*, seja por se retardar o momento de constituir família, seja por se hesitar em constituí-la, seja porque o desemprego tem um impacto muito destruidor sobre a personalidade, sobretudo em se tratando de homens, e a vida conjugal não resiste a médio prazo, ainda que as separações frequentemente ocorram vários anos depois do episódio de desemprego (Paugam, 1993). Grégoire Philonenko relata vários casos em que ele voluntariamente esteve ausente da vida familiar, em situações que para sua família eram excepcionais (nascimento, explosão de gás em seu prédio) tamanho era seu desejo de satisfazer o empregador. O trabalho de seis dias por semana é a norma para gerentes, e o trabalho noturno no reabastecimento de prateleiras é frequente: as semanas "normais" de trabalho sempre são de 65 a 70 horas, e às vezes muito mais em períodos de pico, quando eles podem estar presentes no local de trabalho 24 horas seguidas. Como 80% do trabalho dos gerentes de departamento passou para o setor de manuseio de materiais, seu *status* de gerente parece estar mais ligado à possibilidade de exigir um trabalho permanente sem pagamento das horas extras, do que a qualquer outra razão (Philonenko, Guienne, 1997).

28. Nos fabricantes de autopeças instalados junto a montadoras, estudados por Gorgeu e Mathieu (1995), "as perspectivas nunca são de longo prazo, e não se considera a possibilidade de envelhecimento do pessoal. É como se o investimento em seleção e formação fosse logo amortizado, como se certa rotatividade que possibilite ter um pessoal sempre jovem fosse, afinal, o mais desejável" (p. 107).

29. Do mesmo modo, é muito mais difícil ingressar numa grande empresa quando se sai de uma pequena do que quando se vem de outra grande empresa. Em 1991, em cada 100 pessoas que mudaram de emprego durante o ano para entrar numa empresa com mais de 500 assalariados, 62 já trabalhavam para uma empresa do mesmo porte. Os assalariados das grandes empresas, porém, representam apenas 22% do conjunto dos que mudam de empresa ao longo do ano (Goux, Maurin, 1993).

30. Esse é um passo dado por C. Dejours (1998), cuja obra é inteiramente dedicada à investigação dos mecanismos por meio dos quais os executivos, ainda que dota-

dos de senso moral, podem participar de um processo abjeto de destruição social, comparando – de forma abusiva, a nosso ver – esse enigma ao da participação de numerosos alemães no processo de extermínio dos judeus. Para responder a essa questão, ele elabora uma resposta em três estágios: no alto da escala, aqueles que dão as ordens são perversos que, ademais, organizam uma distorção sistemática da informação para que "ela não seja conhecida". A hierarquia intermediária, que executa o "serviço sujo", é manipulada por intermédio da exaltação à virilidade cuja prova, que sempre deve ser repetida, consistiria em conseguir fazer o mal. Finalmente, os menos implicados sobreviveriam graças a um sistema de viseiras. Essa interpretação, apesar das informações interessantes que dá sobre os processos psíquicos que podem ser mobilizados nas demissões, parece-nos insuficiente pelo próprio fato de desejar desvendar a maneira como *todos* os atores estariam, radicalmente, sob o império do mal e prontos a fazer qualquer coisa. Pressupõe pessoas que saberiam perfeitamente, sem ambiguidade, que estão cometendo "más ações", ainda que essa consciência seja reprimida. Ora, essa pressuposição parece-nos bastante simplista e, de qualquer modo, pouco segura (e não só pelo fato de a informação ser manipulada para camuflar a abjeção do sistema).

31. Baktavatsalou (1996) mostra que as pessoas afetadas por demissões econômicas têm mais dificuldades para "recolocar-se" do que os outros candidatos a empregos. O tempo médio como desempregado no fim 1995 é de 505 dias para aqueles que foram afetados por demissão de caráter econômico contra 361 dias para os outros. Esses números se agravaram em relação ao fim 1993, quando eram, respectivamente, de 420 e 350 dias. Entre os que encontraram emprego, o tempo de desemprego foi mais longo para os demitidos por motivos econômicos do que para os outros.

32. Mas, como observa F. Ginsbourger (1998, p. 94), se a pouca qualificação de uma pessoa for julgada por seu nível de formação inicial, é preciso considerar que sempre houve mais trabalhadores não qualificados do que empregos não qualificados. O recenseamento populacional de 1982 indicava que naquela data mais da metade da população ativa (56%) não possuía certificado de aptidão profissional, conclusão de curso profissionalizante preparatório, conclusão de primeiro ciclo. Essa "pequena qualificação" afetava 56% dos chamados operários "qualificados" da indústria.

33. "As montadoras se desfazem das produções que demandam trabalho manual difícil, pois não querem manter empregos de nível semiqualificado, frequentemente penosos, sobretudo para operários idosos" (Gorgeu, Mathieu, 1995, p. 113). As montadoras sabem por experiência que os trabalhadores, semiqualificados em especial, envelhecem, e que não se pode contar com uma evolução para todos, daí o problema de longo prazo, quando eles já não conseguem executar o trabalho como quando jovens. Portanto, o melhor é desfazer-se desses empregos para também se desfazer dessa mão de obra.

34. Principalmente porque, como veremos adiante, há uma recusa em criar "empregos plenos" para só pagar o tempo diretamente produtivo, de tal modo que a definição de emprego evoluiu muito nas duas últimas décadas.

35. Entre os dois últimos recenseamentos (1982 e 1990), o emprego operário regrediu num ritmo de 11% ao ano nas minas carboníferas e 8% ao ano na siderurgia e nas minas de ferro (- 53.000 empregos), ou seja, a um ritmo mais acelerado do que o do declínio dos agricultores, que só excepcionalmente ultrapassou o ritmo de - 5%/ano. A

construção perdeu 122.000 empregos braçais; a indústria têxtil e de vestuário, 108.000; a automobilística, 62.000; a de construção mecânica, 55.000 (Chenu, 1993).

36. Cf. para esse estudo Mucchielli (1998), Welcomme (1997), Giraud (1996).

37. Giraud (1996), por sua vez, tende a acreditar que as perdas reais de empregos são mais elevadas do que mostram todos os estudos: "Há, porém, fortes razões para se acreditar que o efeito indireto da competição dos países de baixos salários, ou seja, seus efeitos *através da* competição entre países industrializados, não é nada desprezível. Para ilustrar esse fato, basta mencionar que um computador IBM-PC no início dos anos 90, contabilizado na Europa como importação americana, só continha 24% de valor agregado nos Estados Unidos, 46% no Japão, 30% em Cingapura e na Coreia. Outro exemplo: o programa de reservas de passagens "Socrates", comprado pela SNCF à companhia americana Amris, filial da American Airlines, cuja sede social fica em Houston, na verdade foi desenvolvido em grande parte por equipes de programadores situados em Barbados e na República Dominicana. É uma importação de serviços de países com baixos salários, não contabilizada como tal. Assim, o agravamento incontestável da competição pelos preços entre firmas globais oriundas dos países ricos, que caracteriza os anos 80, como vimos, certamente também se deve em parte ao aumento do poder dos primeiros novos países industrializados. Hoje, a competição entre territórios não se reduz a exportações diretas de um para outro. São as empresas globais que criam competição entre os territórios. Esses efeitos indiretos são muito difíceis ou até impossíveis de medir. Wood multiplica por 4 os números obtidos pela avaliação do conteúdo em empregos no comércio direto, para explicar tais fenômenos, mas essa avaliação é bem frágil" (pp. 295-6).

38. Um bom exemplo do desequilíbrio na relação de forças reside na comparação recorrente na maioria da mídia do custo do trabalho menos qualificado na França e em certos países do Leste ou do Sul, que alimenta uma pressão para a baixa dos salários e um debate permanente sobre o nível do salário mínimo francês, que constituiria a fonte dos problemas do desemprego, enquanto o salário mínimo americano, baixando, possibilitou a criação de empregos em proporções muito maiores. A ideia de que um dia os salários dos operários franceses serão fixados em Bangkok está se desenvolvendo e favorecendo com certeza, num mesmo território, o crescimento das desigualdades dos salários que, depois de um período de arrocho, voltaram a subir na maioria dos países ocidentais durante os anos 80 e às vezes muito antes, como nos Estados Unidos (Piketty, 1997). É óbvio que as decisões de relocação não dependem de um critério apenas (o nível do salário-hora do operário), mas essa explicação é simples, fácil de entender e difundir, servindo também aos interesses das empresas, que portanto não a desmentirão nem reduzirão.

39. Principalmente porque os trabalhadores realmente não qualificados sofrem a concorrência dos trabalhadores mais qualificados, sobretudo de estudantes que aceitam trabalhar em período parcial por salários modestos, na execução de tarefas não qualificadas, com demonstrações de maior propensão à cooperação por se tratar de empregos transitórios. Os empregadores, assim, tiram proveito de uma mão de obra globalmente mais qualificada sem pagar mais, não precisando preocupar-se com a sua evolução, uma vez que o prosseguimento dos estudos levará esses trabalhadores a sair espontaneamente do emprego. Assim, os estudantes representam 21% dos temporá-

rios (Jourdain, 1999), e, no setor de serviços, empresas como o McDonald's recrutam quase exclusivamente esse tipo de população (Cartron, 1998). Os contratos, neste último caso, são de prazo indeterminado, pois a maioria das saídas ocorrerá por pedido de demissão; a empresa arcará com poucos encargos de demissão e economizará, em contrapartida, o valor dos encargos por precariedade dos contratos, que já são previsivelmente precários.

40. Os faxineiros, assim como os cozinheiros, duas categorias de empregos com forte crescimento, são empregos "operários" em grande parte ligados à indústria devido à terceirização, mas classificados no setor de serviços, pois se trata de empregados em firmas de prestação de serviço. Por outro lado, as pessoas que trabalham no comércio, no setor de manuseio de materiais, servindo em restaurantes, como vendedores e balconistas, que são empregos com forte crescimento, estão registradas como não braçais, embora compartilhem numerosas características com os operários.

41. Isso é ilustrado por alguns números. Em 1991, 23% dos operários do setor terciário tinham menos de um ano de antiguidade, contra 15% dos operários da indústria (Chenu, 1993). As taxas de rotatividade, mais elevadas no setor terciário, também são mais elevadas nas pequenas empresas. Em 1991, a taxa de rotatividade das pequenas empresas era de 23%, contra 15% nas empresas médias e 13% nas grandes (Goux, Maurin, 1993).

42. Os estudiosos citam o caso de recrutamentos decorrentes da abertura de um novo estabelecimento em 1993. Mais de 3.200 cartas de candidatura foram selecionadas com base em critérios; para os operários, essa triagem foi feita em função do sexo (masculino), da idade (menos de 35 anos), do diploma (certificado de aptidão profissional ou conclusão de curso profissionalizante preparatório) e do lugar de moradia (menos de 36 quilômetros da fábrica). Menos de 50% dos candidatos foram aceitos nesse estágio. Uma entrevista de pré-seleção de meia hora possibilitou rejeitar mais 20% das pessoas. Entra então em cena uma firma de recrutamento que submete os candidatos a testes psicotécnicos (que duram 3 ou 4 horas) e entrevistas que possibilitam rejeitar mais 50% deles. Uma outra entrevista com um psicólogo (de quinze minutos para os operários) possibilita excluir mais 50% dos candidatos. Os que transpuseram com sucesso todas essas etapas nem por isso estão empregados. Os operários da produção entram em estágio de "acesso ao emprego" (financiado e em parte implementado pela Agence nationale pour l'emploi (ANPE) de 7 semanas, antes do recrutamento definitivo. Em abril de 1994, havia 36 operários da produção em regime de contrato por prazo indeterminado, e 17 em estágio. O pessoal "não produtivo" consistia em 33 pessoas (nível mínimo de escolaridade para secretárias, supervisores funcionais e pessoal de manutenção: dois anos de curso superior), todos em contrato por prazo indeterminado (Gorgeu, Mathieu, 1995, pp. 81-2).

43. Cabe notar, porém, que o crescimento muito rápido do número de portadores de diplomas superiores e do número de jovens executivos nos anos 70 dificultava a perenidade de um tipo de relação entre gerações que se fundava no princípio doméstico da sucessão. De fato, o rápido aumento do número de jovens diplomados e de jovens executivos desequilibrava a relação entre os ocupantes de postos superiores e os candidatos à sua substituição e assim provocava verdadeiras guerras de sucessão. O mesmo processo desequilibrara, na Universidade dos anos 60-70, a relação de subordinação na

expectativa da sucessão entre assistentes e professores (cf. Bourdieu, Boltanski, Maldidier, 1971). Desse ponto de vista, pode parecer razoável a opção das empresas pela restrição das possibilidades de carreira e o recurso crescente ao mercado externo do trabalho (em oposição ao mercado interno na empresa).

44. Ver, por exemplo, o número especial de *Travail et emploi* dedicado à cessação antecipada de atividade (Gaullier, Gognalons-Nicolet, 1983). De 1968 a 1975, a parcela de pessoas ativas na população com mais de 55 anos passou de 31,5% para 15%. Entre os homens de 55 a 59 anos, a parcela de ativos passou de 82,5% para 68,9% (Guillemard, 1994). Os índices de inatividade das pessoas com mais de 55 anos aumentaram em todos os países da OCDE a partir de 1975 (com exceção do Japão), mas na França o crescimento foi maior (de 31% em 1975 para 58,5% em 1993), estimulado pelos dispositivos de cessação antecipada de atividade. Esses dispositivos foram mais bem-aceitos, em especial pelos executivos, principalmente porque a norma de aumento por antiguidade, que prevalecia nessa categoria, foi substituída por uma norma tácita que desvalorizava o desempenho dos mais idosos, portanto seu salário: assim, 49% dos homens com formação superior esmerada, acima de 50 anos de idade, que encontraram trabalho depois de um período de desemprego enfrentaram baixas salariais, contra 19% de homens com formação superior menos esmerada (Castel, Fitoussi, Freyssinet, 1997, p. 131).

45. "Em média, um emprego em 7 é preenchido por um jovem de menos de 25 anos, mas metade das contratações e mais de uma demissão em 3 referiam-se a estabelecimentos com mais de 50 assalariados em 1993" (Marchand, Salzberg, 1996). Muito impressionante, nesse aspecto, é a transição imperceptível, na virada dos anos 70 para os 80, de uma situação na qual numerosos jovens são acusados – como vimos no capítulo III – de fugir voluntariamente do trabalho nas empresas, de retardar seu ingresso na estabilidade da vida adulta e de aproveitar-se dos dispositivos do Estado-providência numa sucessão de contratações temporárias e períodos de seguro-desemprego, para a situação que começa a prevalecer então, na qual os membros da mesma faixa etária são apresentados como pessoas que desejam ardentemente um trabalho que se tornou raro ou inacessível – qualquer trabalho – sendo incentivados, especialmente pelos dispositivos estatais de subvenção ao emprego, a aceitar estágios ou bicos, quaisquer que fossem. A representação dos jovens, sobretudo das classes populares, que, através da *informalidade* (Dubet, 1987), procuravam escapar à disciplina do trabalho que lhes fora inculcada na socialização familiar, é substituída pela dos jovens obrigados à inatividade e à busca desesperada de um emprego qualquer.

46. Entre 1973 e 1979, o número de empregos ocupados por imigrantes na indústria automobilística diminuiu em 27.000, enquanto o número de empregos ocupados por franceses aumentava em 40.000. A mão de obra imigrante, mais do que no passado, foi relegada para empregos periféricos, instáveis e muitas vezes perigosos (Paugam, 1993). Caso escandaloso na segunda metade dos anos 70 foi a substituição de lixeiros imigrantes por lixeiros franceses. Assim, por exemplo, uma empresa de coleta de lixo da região de Lyon, que empregava 95% de magrebinos como lixeiros (mas franceses como motoristas) em 1976 demitiu 130 lixeiros imigrantes depois de uma greve e começou a reorganizar sua administração com o intuito de somente recorrer a jovens franceses (trabalho menos pesado, possibilidade de promoção de lixeiro a motorista)

(Mayere, 1983). Já no início dos anos 70, principalmente para não precisar recorrer à mão de obra imigrante, a Volvo ensaiou uma reorganização das tarefas na fábrica experimental de Uddevala, que serviria de modelo antes da generalização do toyotismo (Margirier, 1984).

47. O emprego global aumentou 3% entre os dois últimos recenseamentos (1982 e 1990). Ora, os estrangeiros ocupam 40.000 empregos a menos (- 3%) e são 100.000 desempregados a mais (elevação de 48% para os estrangeiros contra 36% para o conjunto da população). No entanto, a proporção de estrangeiros na população ativa não mudou. Se observarmos uma tendência geral de diminuição de entradas a partir de 1974, veremos que esta afetou sobretudo os agrupamentos familiares, visto que os estrangeiros chamaram a família por medo de não poderem voltar caso partissem, bem como os pedidos de asilo. "O risco de ficar sem emprego é duas vezes maior para um magrebino do que para um português (ou um francês) da mesma idade, com o mesmo nível de escolaridade, que trabalhe no mesmo setor com a mesma qualificação. No entanto, a imigração do Norte da África é mais antiga do que a dos portugueses, e seus vínculos com a língua francesa são mais estreitos" (Echardour, Maurin, 1993, pp. 505-11).

48. No conjunto da população ativa, em março de 1998 a taxa de desemprego dos homens era de 10,2%, contra 13,8% para as mulheres; essa diferença está em parte ligada ao preenchimento de empregos menos qualificados. A mensuração da taxa de desemprego das mulheres é dificultada pelos efeitos da falta de incentivos (quando os empregos ficam muito difíceis, algumas preferem sair do mercado; esses efeitos, aliás, são incentivados pelas medidas que, em certas condições, possibilitam às jovens mães ficar em casa, recebendo indenização mensal), mas pode-se considerar que essas taxas são cerca de 50% superiores às dos homens (Teman, 1994; Maurin, 1995 b; Marchand, 1999).

49. Numerosos trabalhos também mostraram que, em caso de demissão por motivos econômicos, as pessoas prioritariamente afetadas eram portadoras de problemas médicos ou psicológicos (por exemplo, transtornos do sono atribuídos a trabalhos noturnos ou a horários variáveis [Mores, Charpentier, 1987]). Cf., por exemplo, Dessors, Schram e Volkoff (1991), Frigul *et alii* (1993).

50. Ele menciona em especial uma operação em curso na seguridade social que visaria a afastar as mulheres de 35 a 45 anos que "tenham lembrança das práticas de assistência social de outrora" e "resistam em massa às pressões de mestres e contramestres para economizar, lesando os segurados na assistência e nos serviços aos quais estes tenham direito" (Dejours, 1998, p. 79).

51. Os trabalhos de F. Mottay citados por Gollac (1998) mostram que as novas formas de organização no trabalho baseiam-se muito nas capacidades adquiridas ao longo da socialização escolar, pois as novas estruturas são não só "comunicantes", como também mais formalizadas, de tal modo que o que mais se desenvolve é a comunicação escrita. Esses elementos decerto influíram na exclusão relativamente maior dos imigrantes, dos quais, segundo estimativa, cerca de um terço domina mal a língua francesa (Échardour, Maurin, 1993).

52. A partir de um painel de pesquisas sobre empregos (1990-94) e da pesquisa FQP, D. Goux e E. Maurin (1994) trouxeram à tona um efeito próprio ao diploma: "Os anos de escolaridade não certificados (não sancionados por nenhum diploma) não implicam os mesmos salários que os anos certificados. Inversamente, os diplomados 're-

petentes' têm carreiras comparáveis aos diplomados que não tiveram problemas de escolaridade" (pp. 17-8).

53. Mesmo considerando que "as estatísticas de delinquência merecem cuidado" (no mínimo porque nem todos os atos são declarados e porque avaliam ao mesmo tempo as variações da delinquência e as variações das atividades das forças da ordem encarregadas de reprimi-la), os autores que publicam sob o nome de Louis Dirn consideram inegável que houve grande aumento de atentados contra o patrimônio a partir da década de 70 (Dirn, 1998, p. 358). Os atentados contra a pessoa ficaram estáveis desde a Segunda Guerra Mundial. Mas os roubos aumentaram consideravelmente, assim como os vandalismos, roubos de cheques e, em geral, a "pequena delinquência". Os roubos passaram de menos de 200 mil, em 1951, para mais de 2,3 milhões em 1985. Contavam-se 235 mil atos de vandalismo contra bens públicos ou privados em 1984. Mas o aumento da delinquência foi mais marcante nos delitos ligados ao tráfico de drogas. As ocorrências passam de algumas centenas até 1968 para 49.500 em 1987. C. Chiaramonti interpreta esse crescimento como sinal da "não inserção na sociedade de consumo", ou melhor, de acordo com seu comentário, de uma tensão entre a adoção de valores da sociedade de consumo, mais geralmente do mundo capitalista, e a impossibilidade de obter por vias legais um rendimento que permita ter acesso ao consumo. A população carcerária teve crescimento ininterrupto a partir de 1975, passando, em média, de 27 mil naquela data para 46.500 em 1987 (Chiaramonti, 1990, pp. 434 e 442) e 54.269 em janeiro de 1997 (Timbart, 1999).

54. As regras jurídicas referentes aos limiares do efetivo subordinam o exercício de certos direitos (representação do pessoal e atividade sindical, em especial) ou o benefício de certas garantias à condição de que a empresa empregue certo número de assalariados.

55. Cf. artigo de L. Van Eckhout, *Le Monde,* 2 de março de 1999, "Na Alsácia, como castigo, os patrões 'malcomportados' têm aulas de direito do trabalho".

56. Também se degrada no setor público. Omitimos o setor público de nossas análises porque ele não faz parte diretamente do "capitalismo", mas sua evolução não pode ser desvinculada da evolução do setor privado. A falta de meios, o trabalho por turnos (obrigatório para os serviços policiais e médicos), a degradação do estado social que é suportada diretamente por assistentes sociais, pessoal médico, professores, representantes da ordem etc., também contribuíram para piorar consideravelmente as condições do trabalho público, fenômeno certamente ocultado sob o pretexto de que esses trabalhadores têm estabilidade de emprego. Mas com isso também se esquece que o setor público é um importante fornecedor de "pequenos trabalhos subvencionados", que certamente constitui uma maneira de ajudar os desempregados, mas também é um meio de executar com baixos custos certas tarefas do serviço público. As interações da situação do setor público com o setor capitalista e a busca das causas das dificuldades do primeiro mereceriam uma obra. Aqui nos limitaremos a ressaltar apenas alguns dos seus aspectos.

57. Na indústria de transformação, 48% dos temporários declaram aspirar fumaça, e 41%, gazes tóxicos, contra 36% e 32% no conjunto dos assalariados dessa indústria (Cézard, Dussert, Gollac, 1993, p. 90). Ver também os exemplos dados por Ginsbourger (1998).

58. Ver também Supiot (1994, pp. 173 s.) sobre o desenvolvimento das convenções coletivas derrogatórias. Existe até um projeto patronal apresentado por associações como "Entreprise et progrès" ou "ETHIC" de "contrato coletivo empresarial" que permitiria legislar localmente sobre um grande número de assuntos, com exceção de um "núcleo duro" de ordem pública estrita, cuja validade assentaria na assinatura por dois parceiros responsáveis: a direção e os representantes eleitos dos assalariados, que não são obrigatoriamente sindicalizados. Isso possibilitaria derrogar disposições legislativas, regulamentares e convencionais setoriais, caso as partes entrassem em acordo sobre tal dispositivo. "Em vista da fraqueza da presença sindical na maioria das empresas francesas, tais projetos, caso viessem a vingar, mais se pareceriam com uma autorregulamentação patronal" (Supiot, 1994, p. 175).

59. Não afirmaremos aqui que *todos* os ganhos de produtividade foram obtidos por meio de maior exploração do pessoal, o que é certamente falso. Em compensação, realidade que cabe evidenciar é que numerosos assalariados são submetidos a trabalho mais intenso por salários às vezes em baixa.

60. Faz parte do acordo implícito que o assalariado deve estar disposto a trabalhar pelo menos uma hora a mais, pois o responsável tem o costume de perguntar aos assalariados se eles podem ficar mais tempo só depois da segunda hora a mais. Como a maioria dos assalariados quer ganhar mais, em geral eles se mostram dispostos a prolongar o horário de trabalho.

61. Último progresso da contabilidade, a "contabilidade por atividade", que se desenvolve aceleradamente a partir de 1989, teve como objetivo melhorar o controle dos departamentos funcionais, procurando para tais departamentos, considerados incontroláveis, indicadores de desempenho associados aos serviços prestados e a "indutores de custo", que supostamente expressam a quantidade de meios necessários em função dos níveis de desempenho esperados (Johnson, Kaplan, 1987; Shank, Govindarajan, 1995; Lorino, 1995). A fragmentação da empresa na forma de grupo de empresas menores possibilita do mesmo modo circunscrever zonas menores de prestação de contas, que permitem exercer maior pressão. A pesquisa em controle administrativo, portanto, não permanece inativa, buscando aumentar o domínio e a avaliação das atividades que até agora escapavam ao controle (Malleret, 1994; 1999; Chiapello, 1999).

62. Quando a tarefa que deve ser cumprida não parece exigir um assalariado em período integral ou quando ocorrem grandes variações temporais, os responsáveis pelos centros de custos são incentivados a recorrer a temporários ou a contratar trabalhadores por prazo determinado.

63. O mecanismo funcionou bem durante quase quarenta anos até o surgimento de uma "crise trabalhista" que levou a empresa a humanizar o trabalho em fábrica (Shimizu, 1995, p. 31).

64. Evidentemente, os executivos não estão submetidos às injunções de ritmo incorporadas em máquinas ou associadas à movimentação automática produtos ou peças; também estão pouco submetidos ao controle permanente da hierarquia (11% em 1993, mas em alta). Mas o fato de estar submetido a pressões decorrentes de normas ou prazos curtos passou de 8 para 28%; de demandas de clientes ou do poder público, de 51 para 66% entre 1984 e 1993 (Aquain, Bué, Vinck, 1994).

65. Fonte: Ministério do Trabalho, do Emprego e da Formação Profissional da França (1993, p. 102).

66. Shimizu (1995) mostra, porém, que em nenhum caso os dirigentes da Toyota esperaram grandes melhorias da produtividade em decorrência de ideias nascidas nos círculos de controle de qualidade formados por operários (visto que os escritórios de engenharia, contando com muito maior possibilidade de ação e dominando um número maior de variáveis, geralmente inventam dispositivos mais rentáveis). Em contrapartida, o papel dos círculos deve possibilitar manter certa satisfação dos assalariados no trabalho, pois eles têm prazer em resolver problemas e melhorar seu local de trabalho. Também possibilitam reduzir a distância crítica em relação a um sistema, pelo qual é preciso empenhar-se.

67. As classificações presentes nas convenções coletivas, que garantem salários mínimos hierarquizados de acordo com as qualificações, não levam em conta as qualificações reais das pessoas, mas apenas as qualificações exigidas pelos diferentes postos de trabalho. As empresas, portanto, não são obrigadas a super-remunerar alguém superqualificado para determinado posto (Bonnechère, 1997, p. 67). Já citamos o caso da contratação de estudantes. Mas os estudantes não fazem apenas concorrência a pessoas menos qualificadas que eles; fazem concorrência diretamente a si mesmos, depois que estiverem formados. Com o acúmulo das dificuldades para o ingresso dos jovens no mercado de trabalho depois do término do estudo, os centros de formação, no intuito de ajudá-los a médio prazo, procuram multiplicar estágios e períodos de experiência profissional de seus estudantes, durante o curso. Assim, por exemplo, as escolas de comércio tendem a generalizar os estágios longos de até um ano para os estudantes que estão para formar-se, e pouco a pouco os postos de "jovens profissionais", tais como os de subgerente de produto em marketing, são preenchidos por estudantes com menor remuneração e encargos sociais reduzidos.

68. A tendência à individualização das condições de trabalho é acompanhada por grande diversidade nos contratos de trabalho, nos horários e no gerenciamento do tempo de trabalho.

69. Essa evolução ocorreu em conformidade com a demanda de parte dos assalariados: nas empresas nas quais prevalecem os aumentos uniformes (bancos, agroalimentação), mais de 70% deles estariam interessados na instituição de uma remuneração mais individualizada; entre os jovens, os mestres e contramestres, esse percentual ultrapassa 80% (Coutrot, Mabile, 1993). Como vimos no capítulo III, ela foi acompanhada por uma profunda mudança nas concepções de justiça, com a passagem de uma concepção de justiça centrada na divisão equitativa dos benefícios entre categorias socioprofissionais ("justiça social") para uma concepção de justiça centrada na retribuição equitativa do desempenho individual.

70. A rentabilidade econômica que mede o rendimento dos capitais aplicados (excedente operacional bruto sobre imobilizações + necessidade de capital de giro) progrediu muito entre 1979 e 1988, passando de 9% para 18,3%. Quanto à rentabilidade financeira (lucro corrente pré-imposto/patrimônio dos acionistas), progrediu 6 pontos durante o mesmo período (Bricout, Dietsch, 1992).

71. Já mencionamos a evolução do rateio do valor agregado a favor das empresas ao longo dos anos 80, com manutenção aproximada do mesmo nível nos anos 90. Tam-

bém é preciso mostrar que o poder aquisitivo do assalariado não evoluiu: "Para uma mesma ocupação (estrutura de qualificação constante), o poder aquisitivo do salário líquido progredira 4,2% ao ano de 1951 a 1967, e 3% ao ano durante o período 1967-78. A partir de 1978, recua ligeiramente. As perdas de poder aquisitivo do salário líquido vinculado a determinada ocupação, limitadas a 0,1% ao ano de 1978 a 1994, elevam-se a 0,8% ao ano de 1994 a 1996" (Priez, 1999, p. 156). Uma parte dessas dificuldades certamente deve ser atribuída à elevação dos encargos sociais, portanto ao aumento da redistribuição entre assalariados. Mas essa alta também tem a ver com o fato de os organismos sociais terem arcado com certos custos outrora assumidos pelas empresas. Assim, os encargos destinados a financiar a Union nationale interprofessionnelle pour l'emploi dans l'industrie et le commerce (UNEDIC), órgão de seguro-desemprego, cresceram regularmente, com raras exceções. De 0,25% do salário bruto, a taxa de contribuição passou para 3,6% em 1979, 4,8% em 1982 e atingiu, em agosto de 1993, 8,4%. Além disso, o rateio dessas contribuições entre empresas e assalariados evoluiu em prejuízo destes últimos. Na origem, os empregadores arcavam com 80%, hoje, com cerca de 62% (fonte: *Alternatives economiques,* maio de 1994).

72. Se bem que, depois de ouvir os agricultores, é possível perguntar se isso ocorre sistematicamente. Com o trabalho humano, a terra faz parte dos bens que, apesar de oferecidos pela natureza, serão avaliados com o preço de mercado teoricamente estabelecido pelo jogo de oferta e procura, que podem ser fixados num nível inferior a seu custo de reprodução. Cf. Polanyi (1983) sobre as mercadorias fictícias constituídas pela terra, pelo trabalho e pela moeda.

73. Parece que há no Ministério do Trabalho e do Emprego um estudo de dispositivo desse tipo.

74. O exemplo do seguro-desemprego das atividades ligadas ao espetáculo dá uma boa ideia daquilo que poderia vir a ser o regime geral, a continuar essa tendência. Segundo o dispositivo em questão, o artista, que trabalha com intermitência e pertence, portanto, à categoria dos trabalhadores precários, precisa acumular certo número de cachês por período para que lhe sejam concedidos direitos a indenização por desemprego. Equilibrado no início, esse regime é agora deficitário e financiado pelo regime geral. Isso explica por que os empregadores, contando com essa fonte de renda, dão um jeito de oferecer um número de cachês e um montante por cachê tal que o artista tenha garantia de certo nível de vida, mesmo pagando o mínimo. Esse mecanismo, cuja vocação inicial foi deturpada (o objetivo era oferecer garantias a esses trabalhadores precários – historicamente os primeiros – que é o pessoal ligado ao espetáculo), agora serve também para subvencionar em grande parte os estabelecimentos empregadores. Cf. Benghozi (1989), efeito de subvenção à produção cinematográfica; Menger (1991, 1995, 1997), dispositivo de conjunto e evolução do equilíbrio do regime de seguridade social.

75. As convenções Fonds National pour l'emploi (FNE) são assinadas entre o Estado e o empregador. A situação do emprego na região ou na profissão deve ser caracterizada por um grave desequilíbrio que impossibilite o reaproveitamento dos trabalhadores idosos. A convenção tem em vista as pessoas com mais de 57 anos, que até a aposentadoria recebem 65% do salário, dentro do limite de um teto, e 50% do salário para o resto. A contribuição da empresa varia de 6 a 18%.

76. Se aos 118 bilhões dos dispositivos especificamente dirigidos à política do emprego forem somadas as subvenções destinadas ao desemprego e ao funcionamento do serviço público do emprego (ANPE, etc.), chegaremos a 343 bilhões de francos (Holcblat, Marioni, Roguet, 1999). As contribuições decorrentes do desemprego são teoricamente pagas pelos parceiros sociais, mas na verdade, em vista do nível do déficit acumulado pela UNEDIC, o Estado foi obrigado a custear uma parte de suas despesas. Assim, em 1984, o custeio de uma parte das pessoas que foram privadas do emprego foi transferido para os movimentos de solidariedade e para o orçamento do Estado. A isso se somaram, em várias ocasiões, auxílios e empréstimos bonificados para salvar o sistema (4,8 bilhões de francos no início de 1993, por exemplo) (Fonte: *Alternatives economiques,* maio de 1994).

77. Esse dispositivo, no início reservado aos pais de três filhos ou mais, foi estendido às famílias com dois filhos. O aumento do custo previsto para essa ampliação era de 6,8 bilhões de francos em 1994, durante a fase de projeto de lei. O sucesso da medida foi tal, que é preciso contar 2,5 bilhões a mais. A Allocation parentale d'éducation (APE) envolve cerca de 500.000 pessoas em junho de 1997 (AFSA, 1999).

78. Em contrapartida, a política do emprego foi eficaz na redução das elevações conjunturais do desemprego, debelando os efeitos que o aumento súbito das demissões produziria sobre a sociedade: foi o que ocorreu em meados da década de 80 e início da década de 90, quando se evitou que cerca de 500.000 de pessoas ficassem desempregadas. Portanto, ela desempenhou um papel contracíclico importante (Charpail *et alii,* 1999). O fato é que, a cada agravamento, o número de empregos subvencionados aumenta, e depois é muito difícil voltar ao volume anterior, pois é como se os empregos mantidos a poder de subvenções durante os períodos difíceis fossem eternizados quando a conjuntura se recupera (embora as pessoas envolvidas não sejam necessariamente as mesmas), chegando-se ao número atual de 2,1 milhões de empregos subvencionados. Cf. gráfico p. 11 em Holcblat, Marioni e Roguet (1999).

Capítulo V. *Enfraquecimento das defesas do mundo do trabalho*

1. Embora não seja seu veículo exclusivo, o sindicalismo é portador da crítica social na teoria e na prática. Outrossim, a crítica estética não está ausente dele, conforme mostra o exemplo da CFDT, que conjugou de modo original crítica estética e crítica social com o projeto de autogestão orientado para a resolução dos problemas de alienação e também de exploração no trabalho.

2. A lei francesa, em comparação com as leis dos países limítrofes, caracteriza-se por dispositivos bastante favoráveis em termos de direito de informação, mas, ao contrário do que se observa na Alemanha por exemplo, esse direito não pressupõe participação na decisão, à qual, aliás, a tradição sindical francesa de rejeição à "colaboração entre classes" nunca foi realmente favorável; desse modo, o verdadeiro poder de inflexão dos comitês de empresa depende da implantação sindical na base. Além disso, o grande acesso à informação oferecido aos comitês de empresa franceses dá grande margem de manobra para o empregador quanto à determinação do formato e do grau com que os documentos transmitidos serão detalhados.

3. A dessindicalização é uma fonte importante de desorganização tanto para os inspetores do trabalho quanto para os conselhos de arbitragem de dissídios trabalhistas. A extinção de intermediários entre o empregador e os assalariados faz que os problemas cheguem diretamente aos tribunais e aos gabinetes da fiscalização do trabalho. Quanto a estes últimos, o congestionamento é mal recebido, uma vez que a falta de pessoal é um problema crônico, e as dificuldades de emprego, aliadas à complexidade crescente do direito do trabalho, tornam a tarefa dos inspetores mais urgente e árdua (Sicot, 1993).

4. Somente quatro países perderam mais em valor absoluto (Áustria -16 pontos; Holanda , - 13,5 pontos; Portugal, - 29 pontos; Espanha, - 16,4 pontos), mas em valor relativo somente a Espanha teve queda maior (de 60%), que a levou a um índice de sindicalização de 11%; Portugal perdeu 48%, com um índice de sindicalização que ainda é de 31,8% em 1990. Os sindicatos do Reino Unido, objeto de forte repressão e de transformação da lei em seu prejuízo durante os mandatos de Margaret Thatcher, perderam apenas 4,3 pontos e se mantêm com um índice de sindicalização de 39% dos assalariados. Em certos países a sindicalização até aumentou (Bélgica, Dinamarca, Finlândia, Islândia, Itália, Luxemburgo, Noruega, Suécia) (Mouriaux, 1995, p. 5).

5. Pesquisa Sofres-Liaisons sociales, citada por Groux (1998, p. 18).

6. Interrogados numa pesquisa em 1993, 17% dos empregadores com mais de 50 assalariados mencionavam pelo menos uma greve em sua empresa durante os três anos 1990-92; 13%, abaixo-assinados; 10%, reuniões e manifestações; 6%, recusa a fazer horas extras; 3%, operação-tartaruga e "desperdícios de produção" (Cézard, Dayan, 1999, p. 195). Como sinal da hierarquia atual das formas de combatividade, também é possível citar a pesquisa da CGT já mencionada: 78% dos assalariados do setor privado, para defender seus interesses, declaram-se prontos a participar de um abaixo-assinado, mas somente 57% estão prontos a manifestar-se; 48%, a fazer greve; 40%, a sindicalizar-se; 30%, a ocupar a empresa (Duchesne, 1996, p. 229).

7. Maryline Baumard e Michel Blanchot (1994, p. 20) dizem, é verdade, que o número de representantes sindicais demitidos aumenta tanto a partir de 1986, que as centrais ficam preocupadas, mas não sabemos mais que isso. Visto que os inspetores do trabalho deviam homologar demissões de "assalariados protegidos", seria provável a possibilidade de obter algumas informações sobre essa questão, mas não encontramos fonte estatística sobre o assunto.

8. A lista de repressões contra os grevistas e "líderes de greve", apresentada por Robert Linhart (1978) em seu depoimento de ex-trabalhador "estabelecido" na Citroën, é bastante exemplar: convocação individual dos imigrantes grevistas (ou seja, na época, a maioria dos operários) aos quais se explica que a greve é ilegal e passível de demissão sem aviso prévio; intimidação, com menção do alojamento de alguns deles no núcleo Citroën; menção à bondade da França, que lhes dá emprego (p. 106); notificação a cada grevista de que ele está sendo individualmente visado e fichado pela direção (p. 108); cumprimento de ameaças e expulsão sem cerimônia de vinte grevistas do núcleo residencial, que à noite encontram sua mala na soleira da porta (p. 112); transferência, durante a greve, de R. Linhart, um dos líderes, para um entreposto onde só pode ter contato com os grevistas à noite depois do trabalho (p. 114); acachapamento intensivo das últimas resistências (uma dúzia de pessoas), por meio de assédios, vigi-

lância, chantagens, pedidos de refazer o trabalho diversas vezes, até obter um pedido de demissão (p. 124); provocação e insultos por parte de um membro da CFT, que provocou um murro do insultado e sua demissão imediata (p. 127). Quanto a R. Linhart, foi transferido para postos fisicamente massacrantes (p. 146) e, no último dia de trabalho antes das férias, quando ninguém mais podia ser mobilizado, foi demitido e dispensado de cumprir aviso prévio (p. 176). Os acontecimentos datam de 1969, mas não temos nenhuma razão para achar que tais práticas não estejam mais em vigor, pelo menos nas empresas nas quais o pessoal manteve alguma combatividade.

9. Um dos sucessos do patronato desse ponto de vista consistiu em transformar o ato de sindicalização, que em outros tempos seria considerado "normal", em declaração de guerra, o que, evidentemente, é uma boa maneira de contribuir para a dessindicalização. Pode-se achar que ocorreria quase o mesmo com a adesão a um "grupo de reflexão sobre os problemas trabalhistas", a menos que esse grupo se abrigasse numa organização patronal. Apenas as atividades caritativas, por pretenderem cuidar mais do que prevenir, por trabalharem na maioria das vezes mais com as urgências do que com a reforma das causas do sofrimento, parecem capazes de escapar à suspeita dos dirigentes empresariais, o que provavelmente explica o seu dinamismo num momento em que as outras associações estão morrendo. Os assalariados preocupados com a situação social nelas encontram a única participação que podem ter sem medo, com ou sem razão, de represálias ou de perda de confiança por parte do empregador, caso este viesse a saber.

10. "É significativo o fato de ser muito mais difícil encontrar candidatos entre os semiqualificados para as eleições do comitê de empresa, cujas reuniões (que ocorrem mais ou menos de dois em dois meses) implicam um confronto em situação oficial e solene (cada um se expressa após o outro, as falas são gravadas, os "patrões" dão livre curso à ironia etc.), do que para as eleições dos representantes do pessoal, nas quais o confronto, às vezes muito violento, se dá com pequenos executivos, conhecidos de longa data, que podem ser contestados e com os quais se fala em linguagem comum. [...] No relato feito por um militante experiente sobre a maneira como ocorrem as reuniões do comitê de empresa, sua ênfase principal era dada ao desprezo demonstrado pelos executivos em relação aos modos de falar, à retórica de frases prontas que nessas ocasiões é usada pelos representantes da CGT e da CFDT e da incapacidade de se submeterem às regras legítimas de expressão em público. [...] Avalia-se mal o esforço que significa a confrontação com os executivos. Vários ex-representantes me disseram – isso só se diz depois – que muitos representantes tomavam uns tragos antes de irem para as reuniões. A gente bebe junto, é um jeito de criar coragem" (Pialoux, Weber, Beaud, pp. 8-9).

11. A análise das transformações produtivas que afetaram a indústria de roupas na região de Cholet, feita por Francis Ginsbourger (1998, p. 58), afirma que o desejo dos patrões de "evitar o contágio social" foi responsável pela fragmentação das grandes unidades, pela dispersão da produção e pela criação de oficinas de terceiristas que trabalhavam sob encomenda. O mesmo autor dá outros exemplos: as instalações da Solmer em Fos-sur-Mer (p. 48), a Compagnie marseillaise de réparation (estaleiros) (p. 53), e uma empresa de lavanderias da região parisiense (p. 80), que adotaram modos de organização que lhes possibilitavam livrar-se das pressões sindicais.

12. Sob o efeito da "pedagogia da crise" e da repetição infindável de que só com maior qualificação se pode reduzir o índice de desemprego, as famílias operárias pro-

curam saída no sucesso escolar dos filhos, pois todo o resto parece fadado ao fracasso (Pialoux, Weber, Beaud, 1991, p. 16).

13. Eles são guiados por observações do seguinte tipo: "Na fábrica, o briguento só tem dor de cabeça e bate-boca. Vou acabar a minha vida como operário mesmo. Então faço minhas 8 horas e pronto" (Labbé, Croizat, Bevort, 1989, p. 59).

14. Em seu estudo do efetivo sindical de 1912 aos anos 80, H. Bouzonnie mostra a importância dos fatores de estabilização ou desestabilização das comunidades de trabalho. Os períodos de diminuição do número de sindicalizados, entre as duas guerras, estão em parte ligados às "crises que desestabilizam as comunidades de trabalho". Inversamente, a consolidação do enraizamento sindical nos anos 45-60 parece consecutivo à "estabilização dos bastiões industriais edificados antes da guerra" (Bouzonnie, 1987). Ora, desde meados da década de 60, esses "bastiões" foram fechados, muito reduzidos ou desmantelados por dentro pelos fenômenos de terceirização descritos acima.

15. Distingue-se, num primeiro grupo de pequenos países muito sindicalizados, com baixo índice de desemprego, uma legislação que protege substancialmente os trabalhadores, política social-democrata implantada há muitíssimo tempo e colaboração estreita entre as direções políticas e os estados-maiores sindicais (Áustria, Grécia, Islândia, Luxemburgo, Noruega, Suécia, Suíça). Um segundo grupo é constituído por países que em 1981 têm um índice mediano de desemprego (entre 4% e 9%), em que as legislações protegem menos os trabalhadores e as políticas dos governos são mais liberais (Dinamarca, Finlândia, França, Itália, Holanda, RFA). Um terceiro grupo reúne países com grande índice de desemprego (mais de 9%), alguns com setores industriais em forte crise (minas, metalurgia, estaleiros na Bélgica ou no Reino Unido) ou com grande pressão demográfica (Portugal, Espanha). Os países desse terceiro grupo caracterizam-se por um sindicalismo forte e muito reivindicativo (Launay, 1990, pp. 444-6).

16. De fato, é difícil comparar as realidades sindicais dos diferentes países. A noção de adesão e o significado de portar um registro não são transferíveis de um país para outro. Os índices de sindicalização refletem sobretudo graus diversos de incitação e sustentação social (Visser [1991, pp. 103-5], citado por Lallement [1996, p. 47]).

17. Dados referentes às empresas do setor comercial não agrícola com mais de 50 assalariados. Pode-se supor que a situação sindical de seus *estabelecimentos* de menos de 20 empregados seja mais favorável que a das *empresas* com menos de 20 pessoas. Entre os estabelecimentos que dispõem de comitê de empresa (ou seja, apenas 80% dos que têm mais de 50 assalariados), 58% contam com presença sindical em 1995 (Cézard, Dayan, 1999).

18. Entre 1983 e 1995, a indústria concentrou 70% dos dias parados, enquanto só representava um terço do efetivo assalariado. A queda do emprego industrial, portanto, é fator de recuo das greves. Greves e paralisações, por outro lado, são raras nos serviços comerciais e no comércio. No que se refere ao porte do estabelecimento, deve-se notar que apenas 14% dos estabelecimentos que empregam 50 a 100 assalariados precisaram enfrentar greves em 3 anos (1990-92), contra 73% dos empregadores com mais de 1.000 empregados (Cézard, Dayan, 1999, p. 195).

19. "A Peugeot [...] é avarenta nas classificações, mas em compensação distribui bônus: 'Se ficar até meia-noite, ganha um bônus, se vier sábado, ganha um bônus' [...] E depois [...] faz entrevistas com os operários: 'Você tirou este e aquele dia, tem uma

porcentagem para faltar por doença, que você ultrapassou... está precisando de uma porcentagem de qualidade, que foi mais ou menos cumprida... estão pedindo para você chegar todos os dias um pouco antes do começo do trabalho, 5 ou 10 minutos antes, para assistir aos *briefings*, você não tem vindo... Aí já é demais, não vou te dar o bônus!'. [...] A tensão vem daí, e depois o chefe deixa bem claro, ele diz 'é por causa dele que você perdeu seu bônus', e aí o pessoal é tão pobre de espírito que acha que 50 francos vale muita coisa... para eles, 50 francos por causa daquele sujeitinho é coisa inadmissível" (Pialoux, 1993, p. 422).

20. 39% dos assalariados do setor privado têm muita ou razoável confiança nos superiores hierárquicos, contra apenas 33% nos sindicatos (Duchesne, 1996, p. 218).

21. Esses "Dez Mandamentos" na realidade são mais de dez. É possível citar alguns: manterei boas relações com o grupo e com meus superiores hierárquicos; estarei presente ao trabalho; estarei disponível e me organizarei para isso; participarei de um grupo de trabalho, no mínimo; farei esforço para ser móvel (polivalência, mutação etc.); fora da empresa, contribuirei para a boa imagem de sua marca (Pialoux, Weber, Beaud, 1991, p. 12).

22. Analisando a retomada das fábricas da Fiat em Turim no fim da década de 70 e início da de 80, depois de uma década de conturbações (outono quente, movimento dos representantes etc.), Giancarlo Santilli mostra como a aplicação precoce de medidas que prenunciam a nova gestão empresarial dos anos 80, associada a reduções maciças de empregos (de 164.352 em 1980 para 99.722 em 1985), pega os sindicatos completamente desprevenidos e os deixa incapazes de definir uma nova estratégia, porque essas medidas transformam amplamente "a composição da classe operária", as "relações industriais" e "o ambiente sociotecnológico". A partir daí, os sindicatos "passam a enfrentar enormes dificuldades para interpretar as novas tendências percebidas nas bases operárias em relação ao trabalho e à empresa. Em contrapartida, a política observada nos últimos anos pela direção da FIAT constitui uma estratégia coerente, estruturada e complexa" (Santilli, 1987).

23. A adoção de uma política mais moderada pela CFDT segue-se à ruptura da União de Esquerda em 1977 e será corroborada pelo fracasso eleitoral da esquerda em 1978, que acarreta o abandono das esperanças de mudança política de curto prazo. O relatório Moreau, de janeiro de 1978, contém uma autocrítica da política praticada na década de 70: "A afirmação do resultado político das lutas nos levou, no contexto francês, a privilegiar a ação governamental e nacional, com a consequência de reforçar as tendências a privilegiar a ação sindical nesse nível." O mesmo tema é retomado no congresso de Brest de 1979: "Com demasiada frequência, iniciativas nacionais, qualificadas de unificadoras, colidiram com o lento movimento das lutas a partir de reivindicações específicas, detendo a criatividade e a imaginação coletiva das equipes sindicais" (citado em Branciard, 1990, pp. 293-4).

24. Algumas campanhas nacionais da CGT, como a do caso dos dez de Billancourt [representantes da CGT demitidos de uma fábrica da Renault – N. da T.], foram em grande parte ignoradas pelas bases, que tinham outras preocupações (Pialoux, Weber, Beaud, 1991, p. 14).

25. Thomas Perilleux (1997), por exemplo, na tese que dedicou à reorganização de uma grande fábrica de armamento na Bélgica, dá numerosos testemunhos de assédios

sexuais aos quais, ainda na década de 60, os ajustadores submetiam as operárias sobre as quais exerciam uma autoridade discricionária, com o aval tácito de uma direção, que, apesar de muito paternalista e apegada ao respeito à ordem moral, fechava os olhos para esses abusos "inevitáveis".

26. Os acordos em nível de empresa desenvolveram-se continuamente a partir da instituição da obrigatoriedade de negociar salários anualmente na empresa. Contaram-se 17 assinaturas em 1950, 658 em 1970, 6.198 em 1992, 9.109 em 1996 (Groux, 1998, p. 84), 12.000 em 1997. Esses acordos, porém, só abrangem 3 milhões de assalariados dos 7 milhões que trabalham em 30.000 empresas com mais de 50 assalariados. O número elevado de 1997 deve ser atribuído à lei Robien de 1996, que subordinava a concessão da ajuda do Estado à conclusão de um acordo. Esses números devem ser comparados com a estabilidade das negociações setoriais: em torno de 300 convenções firmadas ou modificadas por ano a partir de meados da década de 80 (Cézard, Dayan, 1999, p. 197).

27. Encontra-se um exemplo extremo da crítica esquerdista dos sindicatos numa obra de grande ambição teórica, publicada em 1978 por um jurista, então de inspiração althusseriana, Bernard Edelman: *La Légalisation de la classe ouvrière* [Legalização da classe operária]. B. Edelman pretende mostrar que o direito do trabalho, obtido em decorrência dos conflitos sociais dos séculos XIX e XX, é, na verdade, de total inspiração "burguesa", de tal modo que "a classe operária pode 'sair do bom caminho', precisamente por causa de suas próprias 'vitórias', que podem também se apresentar como um processo de integração no Capital" (p. 11). Nessa óptica, o sindicato é "um aparelho ideológico de Estado, que tem tanto de aparelho de Estado quanto de aparelho ideológico. Portanto, um aparelho que 'gere' a classe operária: planejamento, eficiência, ordem e subordinação, palavras-chave da tecnoestrutura" (p. 159). Assim, o "poder sindical", tal como foi "instituído" pela "burguesia", é comparável ao poder de um "corpo de oficiais encarregados de comandar a tropa": quanto mais distante de suas bases, mais o sindicato está descentrado em relação às lutas, mais ele escapa à "espontaneidade" operária, mais eficiente ele é. A institucionalização da negociação supõe uma "máquina" sindical "concentrada" segundo o modo da concentração estatal ou capitalista (pp. 182-3). Quanto ao direito do trabalho, não passa de ensaio de "direito socialista", ou seja, "direito soviético", em outras palavras, "stalinismo" (pp. 191-7).

28. No fim de 1982, um jornalista, especializado até então em divulgação científica, François de Closets, publicou uma obra chamada *Toujours plus,* que em algumas semanas teve uma tiragem de 700.000 exemplares, provocando grande repercussão na mídia (artigos de jornal, programas de rádio e tevê, pesquisas de opinião). Escrita do ponto de vista de uma justiça liberal (mas, ao que parece, bastante bem recebido nos meios socialistas que acabavam de subir ao poder), a obra ataca os "privilégios" e os "corporativismos", ao mesmo tempo que se apresenta como defesa dos fracos contra os fortes, dos indivíduos isolados contra os *lobbies.* Despertava interesse histórico por enfatizar os privilégios dos assalariados e o papel dos sindicatos na obtenção e na defesa desses "privilégios" que – outro argumento fadado a desempenhar papel muito importante a partir da primeira metade dos anos 80 – são mantidos em prejuízo do emprego (de Closets, 1982). O mesmo autor publicará três anos mais tarde um panfleto de 500 páginas contra os sindicatos: *Tous ensemble pour en finir avec la syndicratie,* o que é muito significativo da guinada dos anos 80: os grandes sindicatos, sem sofrerem

grande oposição, podem então ser apresentados como defensores dos assalariados contra a exploração, mas como defensores dos assalariados privilegiados e, entre estes, sobretudo dos assalariados do setor público cuja estabilidade no emprego começa a ser apresentada como um privilégio exorbitante. Publicado durante as negociações sobre a flexibilização, o livro de F. de Closets tem como principal alvo a luta contra os "corporativismos" e a "rigidez", que impedem a adaptação do aparato produtivo ao mercado (de Closets, 1984).

29. Apesar das inovações importantes nas práticas sindicais da CFDT e da construção de um partido socialista composto por uma pluralidade de correntes. Mas essas novas estruturas (a CFDT nasce em 1964 da dissidência da CFTC, e o PS é fundado durante o congresso de Épinay em 1971) caíram também nas malhas (embora com atraso) da crítica geral às instituições de representação do mundo industrial. O fato, por exemplo, de o tema das condições de trabalho só ter surgido em 1971, e em situação subalterna, no acordo de ação comum CGT–CFDT (o acordo anterior datava de dezembro de 1970, época em que todos os comentadores da crise já ressaltavam a importância desse tema para os assalariados), mostra como as organizações sindicais penavam para acompanhar as novas aspirações, que, de qualquer maneira, não foram reveladas por elas (Durand, Dubois, 1975, p. 27). Uma das numerosas razões do afastamento em relação às instituições comunistas e aos movimentos esquerdistas neoleninistas, maoistas em especial – estes últimos eram quase inexistentes depois de 1973 (Le Goff, 1998) –, foi, por outro lado, seu modo de funcionamento autoritário e centralizado, que dava pouca margem de manobra e autonomia aos diferentes militantes e às situações locais. Tal poder da organização sobre seus membros – cujas sessões de autocrítica destinadas a purificar os militantes maoistas de seu eu pequeno-burguês constituíram um exemplo extremo – foi cada vez menos aceito pela geração que entrara na política por ocasião dos acontecimentos de 68.

30. Vários exemplos são dados na pesquisa de D. Labbé, M. Croisat e A. Bevort (1989, p. 73). Citam-se os técnicos, executivos ou engenheiros que se sentiam deslocados: "As reuniões eram maçantes. Como se entusiasmar com problemas de refeitório, com brigas de operários com esta ou aquela pessoa por motivos aparentemente insignificantes?"; além disso: "A seção única que agrupava todos os assalariados – do faxineiro aos dirigentes – era uma utopia generosa, mas impraticável. A CGT, que montou uma seção 'executivos', surrupiou nossos eleitores e atraiu para si muitos jovens, que estavam assustados conosco."

31. As entrevistas feitas com dirigentes da CGT por D. Labbé e J. Derville (1995) são muito esclarecedoras sob esse aspecto: "As organizações da CGT estão pouco ligando para engenheiros e executivos. Portanto, era preciso a intervenção forte da confederação para transformar essa visão 'obreirista' e obrigá-las a integrar esse problema do peso crescente dos engenheiros e executivos e da posição pouco confortável destes perante os sindicatos operários" (entrevista com René Lomet, p. 179). Ou então: "Havia em seu seio uma forte tendência que considerava que a escola era uma escola burguesa. A CGT durante muito tempo achou que ela mesma deveria formar seus quadros e não recorrer a pessoas com diploma superior. Essas posições não são incompreensíveis, mas era uma herança pesada" (entrevista com Lydia Brovelli, p. 50).

32. Michel Pialoux explica que, nas instalações da Peugeot em Sochaux, a socialização dos operários rurais católicos era em grande parte realizada pela Juventude Operária Cristã (JOC), que constituía um viveiro de recrutamento de jovens militantes da CFDT. A tradição comunista não existia na região e desenvolveu-se essencialmente em torno da fábrica, atraindo operários provenientes de horizontes diferentes.

33. No que se refere à CFDT, a análise das gerações de sindicalizados possibilita chegar à seguinte conclusão: "no fim dos anos 50, o projeto de um sindicalismo não comunista de massa é formulado por uma geração peculiar que dirige a organização durante mais de 25 anos. O sucesso parece manifestar-se nos anos 60 e no início da década de 70, concretizando-se pelo afluxo de afiliados e pela ampliação da área de recrutamento. Mas naquela época começaram a desaparecer os mecanismos sociais que haviam moldado na juventude aquela geração fundadora (corrente democrata-cristã, movimentos católicos, sindicatos estudantis). Os efeitos desse enfraquecimento vêm somar-se às consequências da crise, ameaçando a perenidade da organização, especialmente nas empresas do setor privado" (Labbé, Croisat, Bevort, 1989, p. 149).

34. Os entrevistados de D. Labbé, M. Croisat e A. Bevort (1989, p. 65) mencionam regularmente esse conflito de gerações: "Sou muito velho", "minha vida profissional acabou", "lugar para os jovens", "as pessoas da minha idade (48 anos) eram descartadas, e os jovens achavam que eram os donos da verdade. Quando percebi que estava atrapalhando, caí fora". Essa é uma das explicações dadas por Launay (1990, pp. 450-1), que constrói uma oposição forte entre a juventude do operário hoje aposentado e a de seu filho de 30 anos. O primeiro, segundo seus padrões de vida, sentiu que fazia parte da classe operária, enquanto seu filho nascido nos anos 60 não pode ter a mesma consciência de classe. Frequentou mais tempo a escola, tem os mesmos ídolos esportivos e musicais dos colegas de classe média, tem aparelho de som e moto. Faz parte de uma banda de rock. Vai aos *shows* do estádio de Bercy. "Embora se distinga de um estudante de ciências políticas ou da London School of Economics nas roupas, nos modos, na maneira de falar, nas práticas sociais e nas leituras, não deixa de compartilhar com eles todo um conjunto de referências culturais, diferentemente interpretadas, mas conjuntamente vivenciadas e uniformemente aceitas. As solidariedades de classe importam menos do que as estruturas globalizadoras para esse jovem operário que já não tem uma memória operária tão precisa quanto a de seu pai. Se é francês, a única grande revolta de que ouviu falar foi a de maio de 68. Revolta proletária? Está longe o mês de junho de 36 ou agosto de 45. [...] Como, em tais condições, os sindicatos poderiam ser atraentes? Quem quiser que leia uma página – uma só – de um jornal sindical, em qualquer língua, e verá a distância que separa a apresentação – diríamos hoje o 'look' – dessa folha e a de uma revista para adolescentes. Quem pode crer que uma folha mimeografada chamará a atenção de um leitor da revista *Actuel*?

35. "As pesquisas iniciadas nos anos 70 em psicopatologia do trabalho, na época, se chocaram com a proibição sindical e com a condenação esquerdista. [...] Qualquer abordagem dos problemas psicológicos por psicólogos, médicos, psiquiatras e psicanalistas estava maculada por um pecado capital: o de privilegiar a subjetividade individual, de supostamente levar a práticas individualizantes e de prejudicar a ação coletiva. [...] Consideradas antimaterialistas, essas preocupações com a saúde mental eram suspeitas de prejudicar a mobilização coletiva e a consciência de classe, favorecendo a

atitude 'pequeno-burguesa' de girar em torno do próprio umbigo, coisa de natureza profundamente reacionária" (Dejours, 1998, p. 43).

36. "Em muitas organizações de base, uma das primeiras tarefas dos militantes (sobretudo dos eleitos pelo pessoal), até o fim da década de 70, consistia no 'giro' dos escritórios e das oficinas. A cobrança das contribuições mas, principalmente, o contato com os sindicalizados, a coleta de informações sobre a situação local e das reclamações dos assalariados eram os objetivos essenciais desses giros. [...] Boa parte das reuniões era dedicada aos relatórios desses giros. Evidentemente, os representantes às vezes tinham a sensação de estar perdendo um tempo precioso – as horas dedicadas à representação passavam depressa em discussões estéreis –, ouvindo as mesmas banalidades sobre a sujeira dos locais de trabalho, a incompetência e o autoritarismo de mestres e contramestres, a insuficiência do pagamento, o não reconhecimento das competências e qualificações. Os militantes muitas vezes voltavam desses giros com a sensação de que não tinham nada mais para aprender com seus companheiros de trabalho e, pensando bem, somente uma ética rigorosa podia levá-los a repetir o exercício no mês seguinte. Essa presença dos militantes no local de trabalho engendrava um 'clima sindical', que era uma das primeiras justificações para a afiliação" (Labbé, 1996, pp. 64-5).

37. A CFDT esteve, assim, estreitamente associada à elaboração das leis Auroux e às negociações sobre a flexibilidade em 1984. Numerosos sindicalistas se encontraram nos gabinetes ministeriais quando da subida da esquerda ao poder. Os afiliados das bases muitas vezes viram tal fato como uma traição: muita gente fazia carreira política à custa deles.

38. Depois da crise de 1929 e, sobretudo, depois do movimento social de 1936, ninguém ou quase ninguém negava que numa sociedade existissem grupos de base profissional dotados de concepções, modos de vida e interesses diferentes. A solução para o "problema das classes", portanto, era considerado de modo geral como algo que estava no cerne da "questão social". Esquematizando-se ao extremo, pode-se dizer que a ampla gama das posições adotadas se distribui entre o marxismo e o corporativismo, que constitui a doutrina oficial dos regimes fascistas. As representações das classes sociais inspiradas no marxismo e no corporativismo distinguem-se em dois pontos essenciais. O primeiro diz respeito ao *caráter de conflito ou complementaridade* das classes sociais. No marxismo, a noção de classe incorpora a ideia não só de desigualdade, mas sobretudo de exploração. Ela é indissociável da ideia de luta de classes e tem como horizonte positivo a sociedade sem classes, com o fim da exploração (que deve suceder ao momento paroxístico da luta de classes que constitui a revolução, depois de uma fase transitória de ditadura do proletariado). No corporativismo, as classes não são concebidas como necessariamente antagonistas (ainda que possam às vezes ter interesses divergentes), mas como fundamentalmente complementares. A organização das classes, sua representação em corpos intermediários e a harmonização de seus interesses sob a égide do Estado constituem o horizonte positivo para o qual deve tender a revolução. A segunda diferença fundamental é que no marxismo o sistema de classes é articulado em torno do *conflito central entre o proletariado e a burguesia,* ainda que, em Marx e em seus comentadores posteriores, possa ser invocada a existência de diferentes classes anexas ou intermediárias – subproletariado, campesinato, pequena-burguesia etc. –, em especial para explicar empiricamente momentos cruciais de lutas (como, por

exemplo, em Marx, a revolução de 1848 ou a Comuna). No corporativismo sobretudo nos escritos dos anos 30 do século XX, *as classes médias* constituem o eixo do sistema de classes. Essa posição está ligada a duas oposições ideológicas do corporativismo: por um lado, ao "coletivismo" (associado, nessa simbólica, ao proletariado) e, por outro, ao capitalismo e ao liberalismo (associados à burguesia e em especial aos detentores de capitais sem fronteiras), entre os quais deve ser encontrada uma "terceira via". Ao conflito do proletário "sem raízes" e do capitalista "sem pátria", detentor de ações em sociedades "anônimas", opõe-se assim a reconciliação entre capital e trabalho, que supostamente deve ser encarnado e realizado na prática pelo pequeno proprietário a trabalhar numa empresa patrimonial ao lado de seus operários.

39. Em 1919, em todos os setores, foram firmados acordos, sobretudo para a aplicação da lei que limitava a jornada de trabalho a 8 horas, mas, diante da intransigência do patronato, da fraqueza da CGT e da oposição da CGTU ao princípio de "colaboração", a convenção coletiva caiu em desuso. Depois da lei de 1936, foram assinados 8.000 acordos, na maioria das vezes não em decorrência de um acordo paritário real, mas graças à intervenção de "superárbitros" escolhidos pelo Estado (Reynaud, 1975, p. 176).

40. Terceiro colégio para as eleições dos comitês de empresa, caixas de aposentadoria, disposições específicas do direito do trabalho em termos de remuneração das horas extras, de prazo para aviso prévio ou de duração do período de experiência etc.

41. As classificações em uso em outros países – a inglesa e a alemã em especial – não identificam os executivos com o sentido da taxonomia francesa. Isto porque a história social daqueles países não chegou a dar ênfase ao mesmo tipo de separação entre atividades. As classificações alemãs se organizam em torno da distinção entre profissões manuais e não manuais, correspondendo à identificação, no fim do século XIX, de uma grande classe de empregados burocráticos, ao passo que as classificações inglesas fazem um corte perpendicular, dissociando engenheiros, especialistas (*experts*) e profissões liberais (*professionals*) de responsáveis hierárquicos (*managers*). Ver Kocka (1989), sobre a história da categoria dos empregados burocráticos na Alemanha, e Szreter (1984), sobre a formação da classificação das profissões na Grã-Bretanha.

42. A construção da nomenclatura de 1982 foi também uma oportunidade para o aparecimento das lutas pela regulamentação de certas profissões, em especial paramédicas, que desejavam o reconhecimento de títulos ou a definição de critérios para determinar o tipo de classificação na nomenclatura (Desrosières, Thévenot, 1988).

43. O autor da classificação de 1954, Jean Porte, também é autor da expressão "categoria socioprofissional", que entrou para o uso corrente a partir de então. A. Desrosières e L. Thevenot (1988, p. 1991) contam que, interrogado muito tempo depois sobre essa escolha, em vez do termo "categoria social", ele respondeu: "Se tivéssemos escolhido essas palavras, teríamos sido criticados por todos. A esquerda teria achado que não eram verdadeiras classes sociais, e a direita teria, ao contrário, gritado que eram classes sociais. Ao passo que, com 'socioprofissional', ninguém disse nada."

44. À pergunta "Você tem impressão de pertencer a uma classe social?", 61% das pessoas interrogadas respondiam "sim" em 1966, ou seja, tanto quanto em 1994, mas os que respondiam "não" passaram de 30 para 38% (os que não respondem passam no mesmo período de 9% portanto 1%) (Dirn, 1998, p. 88).

45. Também mencionamos as observações de Michel Launay (1990, p. 451) sobre a menor consciência operária dos jovens como causa da dessindicalização.

46. Vejamos o que eles dizem em 1998, para mostrar em seguida que suas previsões não se realizaram, levando-se em conta a reversão tendencial observada depois: "Na estrutura global da sociedade, havíamos ressaltado duas tendências que punham em xeque a visão de uma sociedade dividida em classes sociais, ainda a mais difundida na época. Por um lado, enfraquecia-se a impressão de pertencer a uma classe social, pois um número cada vez menor de pessoas dizia pertencer à classe operária ou à burguesia, e aqueles que se viam como integrantes da classe média tornavam-se mais numerosos, chegando a ser majoritários no conjunto da população. Essa tendência continuou. Por outro lado, as categorias sociais intermediárias se multiplicavam a tal ponto que o INSEE foi obrigado a modificar sua nomenclatura socioprofissional. Esses dois diagnósticos anunciavam o esvanecimento da própria classe média, pois, deixando de ser intermediária entre duas classes fortes e antagonistas, ela perdia sua característica própria de ser 'média'" (Dirn, 1998, p. 21).

47. Se a chamada sociedade de classes médias corresponde, por um lado, a um movimento de homogeneização dos modos de vida, de redução da hierarquização social, não podemos ficar apenas no nível da constatação. Tal sociedade se caracteriza sobretudo por uma enorme reorganização dos modos de diferenciação. Estes não são apenas coletivos (expressos em categorias de rendimentos, diplomas etc.): tornam-se cada vez mais individualizados" (Rosanvallon, 1995, pp. 207-9).

48. Segundo Fermanian (1997), tais resultados deixam de aparecer com a CS de dois dígitos, que se mostra mais sólida na descrição da diferenças de rendimentos. A CS de um dígito, utilizada aqui por P. Rosanvallon (1995), só comporta sete ocupações (Agricultores, Artesãos-Comerciantes-Empresários, Profissões liberais, Executivos e profissões intelectuais superiores, Profissões intermediárias, Empregados administrativos, Operários) e não dá conta de certo número de distinções, como emprego privado/emprego público, evidentemente importantes no que se refere aos rendimentos. Sabe-se, outrossim, que "as fronteiras são móveis" entre os três CS de um dígito: "empregados administrativos", "profissões intermediárias" e "executivos", pois os codificadores hesitam em classificar, por exemplo, certas pessoas em "executivo médio", e não em "executivo superior" (Chenu, 1997 a e b).

49. "Isso não tem o sentido de tentar apreender os excluídos como categoria. São os processos de exclusão que devem ser levados em conta. [...] São desvios e diferenças que os marcam, e não positividades descritivas comuns (rendimento, profissão, nível de formação etc.). Portanto, não adianta muito 'contar' os excluídos. Isso não permite constituí-los como objeto de ação social. [...] A dificuldade de mobilizar e representar os excluídos explica-se pelo fato de que eles são definidos primeiramente pelas panes de sua existência, portanto pela negatividade. Não constituem, por essa razão, uma força social que se possa mobilizar. Não são os novos proletários da sociedade de desemprego. Não têm, propriamente, interesses comuns. Não formam nenhuma classe objetiva, no sentido dado pela tradição marxista a esse termo (posição no processo de produção). Os excluídos formam até, quase que por essência, uma 'não classe'. Constituem a sombra projetada pelas disfunções da sociedade, resultam de um traba-

lho de decomposição, de dessocialização, no sentido forte do termo. [...] Os excluídos são de algum modo 'irrepresentáveis': não constituem uma classe que poderia ter seus representantes ou porta-vozes. Por isso, não há sindicatos de desempregados, e malograram todas as tentativas de transformar, de um modo ou de outro, os milhões de desempregados em força coletiva organizada" (Rosanvallon, 1988, pp. 202 ss.). Nem é preciso dizer que não concordamos com essa análise, no mínimo porque as probabilidades de ser "excluído" não estão uniformemente distribuídas entre as "classes".

50. Lemel, Oberti e Reillier (1996) empenharam-se na contagem dos termos ligados à estratificação social nos números de 1970-71, 1980-81 e 1990-91 de duas revistas francesas: *Sociologie du travail* e *Revue française de sociologie*. Embora apareça globalmente em 50% dos artigos, a palavra classe está em baixa durante os últimos anos, com presença maior simultânea de artigos que não fazem referência a ela e um número menor de ocorrências em artigos que a usam. Os anos 1970-71 caracterizam-se por forte presença de um registro marxista; o início da década de 80, pelo registro bourdieusiano (*La Distinction* data de 1979); os anos 1980-90, pelo simples uso das CS, ou pelo recurso a estratificações da sociedade segundo certas variáveis, sem nenhuma referência a um quadro que procurasse construir uma teoria das relações entre classes. Os autores se surpreendem porque, "ao contrário do que se observa em outros países (Estados Unidos, Grã-Bretanha, Itália), quase não se vê tentativa de 'reconstrução teórica' da estrutura da sociedade global em termos de 'classes', 'grupos sociais' ou 'estratos'" (p. 205).

51. A evolução do sumário de *Dados sociais*, publicado a cada três anos pelo INSEE, é muito interessante nesse aspecto. Essa obra, constituída a partir de uma coleção de diferentes trabalhos em vias de realização no INSEE, mas também nos departamentos de estatística dos ministérios (Trabalho, Indústria, Educação, Justiça etc.) ou em centros de pesquisa (Centro de Estudos do Emprego, INED, CREDOC...), é por isso bastante representativa das preocupações do mundo da estatística social. Em 1990 e 1993, ainda se encontrava uma seção com um título que se referia a "grupos sociais" (só em 1993, agrupada com "População" em 1990). Em 1996, essa seção desapareceu e deu lugar a uma nova seção intitulada "Pobreza, precariedade", que reapareceu em 1999. A obra publicada em 1999 marca também o aparecimento de uma seção intitulada "Elos sociais", interessante quanto ao desenvolvimento de trabalhos referentes à concepção do mundo social em redes. (Agradecemos a Alain Desrosières, que chamou nossa atenção para essas mudanças.)

52. Alguém que se formou na Hautes études commerciales (HEC) e trabalha na IBM na década de 60 é o representante paradigmático, ou o "bom exemplo" do executivo, muito mais do que o executivo autodidata que trabalha na produção de uma empresa de pequeno ou médio porte. Pode-se mostrar que as características do "bom representante" de categoria não são representativas estatisticamente. Assim, o representante típico dos executivos tem formação superior à da média dos executivos (Boltanski, 1982; Boltanski e Thévenot, 1983). Sobre a análise da estrutura das categorias mentais em termos de pontos focais e de periferia, ver Rosch (1973; 1977).

53. Como lembra François Eymard-Duvernay, as classificações salariais, que de certa maneira instituíram o mercado, possibilitando designar aquilo que se troca, cons-

tituem também um entrave ao funcionamento totalmente "puro" do mercado porque: a) "formam grupos para os quais os salários são idênticos, enquanto os indivíduos podem ter produtividades diferentes; b) "são rígidas, enquanto o mercado pode ensejar modificações das hierarquias salariais"; c) "estão frequentemente ligadas a procedimentos de progresso por antiguidade na escala das classificações" (Eymard-Duvernay, 1987).

54. Em 1985, 80% dos setores com mais de 10 mil assalariados tinham pelo menos um mínimo inferior ao SMIC. O incentivo do Estado à negociação a partir de 1990 melhorou um pouco a situação, de tal modo que em 1993 mais da metade dos setores tinha classificações salariais com níveis mínimos superiores ou iguais ao SMIC. Em compensação, os mínimos garantidos para os níveis superiores foram pouquíssimo modificados, provocando um achatamento das hierarquias salariais setoriais, aumentando a desconexão entre as classificações e as práticas reais de remuneração, mas legitimando assim níveis de remuneração para os operários qualificados muito mais próximos que antes do SMIC e dos níveis dos operários não qualificados (Barrat, Coutrot, Mabile, 1996).

55. A segunda atitude é mais encontrada nas empresas que consideram que as regras de classificação decorrem da negociação setorial, empresas pouco sindicalizadas e por isso pouco afeitas a negociar, quaisquer que sejam os temas. Nelas, os salários estão bem próximos dos mínimos setoriais ou dependem da situação do mercado de trabalho. O terceiro tipo de prática é mais encontrado em empresas líderes de seu mercado, que podem arcar com o custo de uma redefinição das ocupações e das práticas. Essas iniciativas ocorrem em momentos de reestruturação, do desenvolvimento de novas atividades etc., que supõem grande reorganização do trabalho.

56. No entanto, o que garantiu até agora a correspondência é que a maioria das classificações não se baseia em critérios classificatórios "puros", mas conservara algumas referências a empregos-tipo ou à segmentação dos empregos na qual é possível encontrar as antigas categorias. Os próprios parceiros sociais, para fazer essa transição, precisam manter durante certo tempo um vínculo com as antigas formas de classificação.

57. O percentual de empresas que se baseiam na convenção coletiva setorial para esses diferentes assuntos é sempre superior a 50%, qualquer que seja o porte. O único caso em que esse índice não é atingido observa-se nas empresas com mais de 500 assalariados e apenas no item da determinação do salário de referência: é de apenas 48,5% no que se refere ao papel da convenção setorial, mas é preciso acrescentar os 27% que se fundamentam numa convenção específica à empresa. O papel da convenção setorial mostra-se importantíssimo nas empresas que tem 50 a 100 empregados, com 67% que a utilizam para o salário de referência, 69% para a hierarquização dos empregos e 64% para o prêmio de antiguidade (Barrat, Coutrot, Mabile, 1996, p. 203).

58. Em 1990, surgiu um novo tipo de convenção com o acordo do setor siderúrgico, chamado "A. Cap 2000", articulado em torno de uma lógica de competências. Esse acordo organiza um quadro também muito flexível, no qual as hierarquias de classificação se baseiam no acúmulo de competências" pelas pessoas, e não mais em "ponderações" de ocupações segundo certos critérios, de tal modo que as pessoas podem passar por uma progressão de qualificação, sem mudar realmente de ocupação. Esse tipo de convenção é exemplar do desejo de utilizar as convenções coletivas para pro-

mover uma mudança interna, no caso rumo à maior polivalência da mão de obra. Fundamenta-se num conjunto complexo de descrições de competências e empregos, bem como na organização regular de entrevistas individuais de avaliação de competências adquiridas e desejáveis. Ver Chatzis, Coninck e Zarifian (1995). Por ora, esse acordo continua sendo único no gênero, e na realidade só concerne uma empresa, a Usinor-Sacilor, decerto porque é relativamente difícil aplicá-lo, e os setores que negociam costumam preferir aplicar as classificações mais leves possíveis, deixando que seus participantes eventualmente inovem no formato determinado.

59. A confiança na nomenclatura está em baixa, conforme demonstra a missão de revisá-la, confiada pelo INSEE a alguns de seus funcionários. O resultado de sua pesquisa (Faucheux, Neyret, 1999) mostra, porém, que os analistas do mundo social, tal como os parceiros sociais, a consideram insubstituível e limitam-se a propor uma ligeira maquiagem. Do mesmo modo, uma jornada de estudos organizada pelo Observatoire Sociologique du Changement, em 14 de março de 1997, sobre o tema do "enfraquecimento da categoria socioprofissional como fator explicativo dos comportamentos e das opiniões", desmentia globalmente essa opinião. É verdade que Alain Chenu (1997 b) sugeria que a nomenclatura fosse ligeiramente menos "robusta" em 1990 do que em 1982 ou 1975, uma vez que a probabilidade de codificar duas vezes o mesmo indivíduo do mesmo modo não se modificara, ao passo que os métodos de codificação haviam melhorado. Ele atribuía essa situação à "emergência de convenções coletivas com critérios classificatórios" e à "tendência à individualização dos salários", que "tornam mais problemática a identificação do *status* social associado a determinado emprego ou profissão". Também se encontravam alguns casos em que o poder explicativo da CS parecia fraco, tal como a propósito dos comportamentos sexuais ou da atitude dos estudantes em relação aos estudos. No conjunto, porém, a CS não parecera ter perdido muito de seu poder discriminante. Cf. relatório de Fermanian (1997).

60. Pensamos aqui nos trabalhos, na maioria históricos, que, em contraste com o simplismo mecanicista do marxismo estruturalista, mostraram o trabalho (em especial o trabalho político) necessário para construir as equivalências nas quais as classes sociais são respaldadas e estabelecer os instrumentos de suas representações. Ver especialmente Thompson (1988) e Sewell (1983).

61. Depois de mais de vinte anos de esforços da Comunidade Europeia, finalmente surgiu uma diretiva em 22 de setembro de 1994 sobre os comitês europeus de empresa, instituindo a obrigatoriedade de negociação por parte das empresas de dimensões europeias. Em contrapartida, ela dá aos parceiros liberdade para determinar o conteúdo do acordo (lugar, frequência e duração das reuniões, recursos materiais e financeiros, atribuições, procedimentos de informação e consulta), para optar entre criar um comitê europeu ou prever um processo de consulta e coleta de informações junto aos assalariados em nível europeu (Bonnechère, 1997, p. 109). Em caso de malogro das negociações ao cabo de três anos são aplicáveis algumas disposições à revelia. Mas os acordos já assinados antes da entrada em vigor da diretiva dispensam a negociação, o que deve dar ensejo a intensas manobras por parte dos grupos inicialmente mais hostis, tais como a Unilever e a Peugeot (Rehfeldt, 1997). Por outro lado, os acordos assinados podem ser menos favoráveis do que as disposições aplicadas à revelia, e pode-

se até negociar a não criação de processos ou comitês. O patronato, representado em nível europeu pela UNICE, sempre se mostrou hostil a qualquer avanço nesse sentido, tem provocado, desde 1972, o fracasso de vários projetos do mesmo tipo e contribuiu muito para minimizar o impacto da diretiva em questão, que no entanto marca um primeiro passo rumo a uma representação europeia dos assalariados. A posição patronal é que deve-se deixar as multinacionais experimentar dispositivos antes de legislar, visto que certas empresas – principalmente francesas e alemãs, como a Renault, a Bull, a Thomson, a Danone e a Volkswagen – já se comprometeram a criar "comitês europeus de grupo", cujas atribuições são muito variáveis, não abrangem obrigatoriamente toda a empresa, mas apenas um setor etc. (cf. número 15 especial de *Alternatives economiques,* janeiro de 1993). Os próprios sindicatos precisaram de algum tempo para reconhecer a necessidade de uma regulamentação europeia, por temerem que algumas disposições menos favoráveis da Comunidade Europeia se impusessem a seus afiliados e por precisarem pôr-se a par de um trabalho transnacional.

62. Aliás, é mais interessante ver que é exatamente isso o que fazem M. Gribaudi e A. Blum (1990) num artigo que se apresenta de início como crítica às categorias e defesa do retorno aos dados estatísticos individuais. Procurando explicar a mobilidade social entendida como comparação entre as ocupações exercidas pelos filhos e pelos pais, eles mostram que os recortes categoriais utilizados para explicar passagens de uma classe à outra ou, ao contrário, a reprodução da classe, só permitem ver o que as categorias não embaralharam, ocultando, em compensação, as situações específicas dos seres "marginais" que foram ligados a uma classe no âmbito da realização de uma repartição do espaço que englobava todas as pessoas, mas cujas características, afinal de contas, estão distantes dos seres que formam o cerne da categoria. Embora a crítica que fazem às desvantagens da categorização seja totalmente fundada, a alternativa proposta para conferir alguma inteligibilidade ao fenômeno analisado nada mais é que a realização de outro tipo de categorização. Assim, eles constroem classes de pares de profissões pais-filho. As fichas de registros individuais já não são constituídas por pessoas às quais são atribuídas uma hierarquia de geração e uma profissão, e sim de elos pai-filho definidos como elos entre profissões do tipo açougueiro-padeiro, proprietário-notário etc. Chegam a três classes de elos geracionais entre profissões que permitem evidenciar novos fenômenos em termos de mobilidade social.

63. Em Castells, Yazawa e Kiselyova (1996), encontram-se uma descrição e uma comparação de três desses movimentos que, com ideologias e meios bem diferentes e, cabe dizer, desigualmente aceitáveis, opõem resistência ao liberalismo ou à modernidade liberal (zapatistas no México, milícias da América do Norte e a seita Aum Shinrikyo no Japão).

64. Os dispositivos de produção no setor da moda há dez anos têm sido objeto de vários estudos, entre os quais os mais pertinentes para nosso objetivo versaram sobre a Benetton (considerada um exemplo típico de empresa matricial) e sobre o *quartier du Sentier* em Paris, cujos dispositivos, extremamente flexíveis, coordenam de maneira versátil, por um lado, o trabalho de grandes estilistas e do chique *cult* e, por outro, a mão de obra de trabalhadores frequentemente imigrantes, muitas vezes ilegais e condenados a condições de vida próximas à escravidão (ver especialmente Lazzarato *et alii,* 1993).

TERCEIRA PARTE
O NOVO ESPÍRITO DO CAPITALISMO
E AS NOVAS FORMAS DA CRÍTICA

Capítulo VI. *Restabelecimento da crítica social*

1. Seria preciso fazer o histórico do termo "exploração" nas diferentes correntes do marxismo francês. Muito utilizado pelo partido comunista e pelo movimento sindical nos anos 50-70, foi sendo aos poucos suplantado em diferentes correntes influentes de esquerda dos anos anteriores a maio de 68 (*Arguments, Socialisme ou barbarie*) pelo tema da *alienação*, que faz referência principalmente ao jovem Marx e desloca a miséria da pobreza material para a pobreza cultural; depois, na década de 70, foi suplantado pelo tema da *dominação* que parecia mais ajustado a uma sociedade na qual o Estado assumira um papel econômico preponderante, tema que, articulado à crítica à burocracia, possibilitava atacar tanto os países capitalistas quanto os países socialistas. A crítica à dominação, aliada à exigência de liberação, também possibilitava lançar uma ponte entre crítica social e crítica estética, entre denúncia do tratamento sofrido pelos mais carentes e reivindicações de autonomia pelos novos assalariados intelectuais.

2. O termo "exclusão", ao que tudo indica, aparece pela primeira vez com seu sentido atual em 1964, na pluma de Pierre Massé (*Les Dividendes du progrès*), então comissário geral do Plano. Michel Foucault usara essa palavra já no início dos anos 60. Ele declara no *Le Monde*, em 1961, numa entrevista dada quando da publicação de *L'Histoire de la folie à l'âge classique:* "Na Idade Média, a exclusão atinge o leproso e o herege. A cultura clássica exclui dos asilos, da *Zuchthaus*, da *workhouse*, todas as instituições derivadas do leprosário" (citado pelo *Le Magazine literaire*, n° 34, julho-agosto de 1995, com o título "Les exclus", p. 22).

3. E. Didier (1995) esquadrinhou os fichários das bibliotecas do Conselho Econômico e Social e do Ministério dos Assuntos Sociais para detectar os trabalhos referentes à pobreza e, entre eles, aqueles que no título ou na descrição por palavras-chave comportassem o termo exclusão. Esse esquadrinhamento mostra que o número de obras sobre a pobreza, pequeno de 1970 a 1985 (em torno de 5 a 10 livros por ano), aumenta consideravelmente a partir de 1986, com um pico (entre 30 e 45 títulos por ano) entre 1987 e 1992. O termo exclusão, quase ausente entre 1975 e 1986, é abundantemente empregado no fim da década, desembaraçando-se simultaneamente de todos os seus qualificativos (social, econômica, escolar etc.), sinal de aumento da legitimidade da categoria. Enquanto até 1983 se fala com mais frequência de "excluídos" do que de exclusão, essa proporção depois se inverte: a exclusão, elevada ao nível de nova questão social, transcende agora a sorte dos infelizes que são suas vítimas.

4. É interessante saber que o padre Wresinski escolheu o termo exclusão social para afastar-se da noção de "subproletariado", que ele julga excessivamente marxista e, sobretudo, depreciativa demais. No entanto, admite atribuir a paternidade do novo vocábulo a Lenoir. A problemática do fundador da ATD é acima de tudo social: gente que não tem a cultura necessária para pertencer à sociedade e sobreviver na civilização. Ao contrário da abordagem marxista, não enfatiza seu papel econômico na transfor-

mação das relações de produção (é também ao padre Wresinski que devemos a expressão "quarto mundo").

5. A rápida difusão do tema da exclusão não foi peculiar à França. O debate sobre a exclusão, iniciado na França, estendeu-se rapidamente pelo resto da Europa. Em 1989, o Conselho dos Ministros dos Assuntos Sociais da Comunidade Europeia adotou uma resolução para combater a exclusão. O Livro Branco da Comissão Europeia Crescimento, Competitividade e Emprego, publicado em 1993, incita a "combater a exclusão". A Dinamarca, a Alemanha, a Itália, Portugal e a Bélgica criaram novas instituições encarregadas de tomar medidas contra a exclusão. Mas o termo "exclusão" assumiu sentidos diferentes nos diferentes contextos sociopolíticos: nos países anglo-saxônicos de tradição liberal, ele gira em torno da ideia de discriminação. A luta contra a exclusão é então um elemento da luta contra as diferentes formas de discriminação (raciais, sexuais etc.). Na União Europeia, a noção de exclusão fundamenta-se mais na ideia social-democrata de "cidadania social", que "associa a palavra às noções de desigualdades e de direitos sociais" (Silver, 1994).

6. 1) reinclusão dos desempregados e criação de empregos, sobretudo no caso das associações intermediárias e das empresas de reinclusão profissional, aproximadamente um milhar em 1994, que, nessa mesma data, ocupava 46 mil pessoas; 2) ajuda às 200 mil pessoas excluídas das moradias (segundo pesquisa de 1992) e às 470 mil pessoas que ocupam moradias provisórias (abrigos, albergues etc.); 3) ajuda às mães solteiras sem trabalho; 4) atuação nos bairros carentes (500 a 800, segundo estimativas), em especial por meio da organização de "redes de vizinhos"; 5) ajuda às pessoas sem moradia fixa; 6) apoio escolar para filhos de famílias carentes; 7) alfabetização de adultos (4 a 9 milhões de adultos são "iletrados", segundo estimativa da Délégation permanente de lutte contre l'illettrisme); 8) ajuda às prostitutas que desejem mudar de condição (75 mil a 90 mil prostitutas permanentes ou ocasionais são recenseadas em Paris); 9) atuação nas prisões (57.400 pessoas presas em 1994); 10) auxílio aos idosos e abandonados; 11) atendimento médico (por exemplo, 300.000 consultas dadas em sete anos nos centros dos Médicos sem Fronteiras a doentes sem cobertura médica) e, especialmente, auxílio às pessoas afetadas por doenças muito incapacitantes (associações de defesa dos aidéticos etc.); 12) promoção de eventos culturais, sobretudo teatrais, ou associações esportivas para a participação dos jovens moradores de bairros carentes em "projetos" que exijam trabalho em equipe; 13) auxílio aos imigrantes, especialmente aos sem-documentos. (Fonte: número especial de La *Croix-L'Événement*, 23 de novembro de 1994, dedicado à luta contra a exclusão.)

7. Mesmo sem ver aí uma relação entre causa e efeito, cabe notar que foi também durante esse período que o desemprego começou a atingir as pessoas formadas no ensino superior, ameaçando o seu futuro ou o de seus filhos, inclusive as oriundas da burguesia, que até então tinham sido relativamente poupadas. O desemprego dos executivos começa, assim, a aumentar visivelmente no início da década de 90 (André-Roux, Le Minez, 1999).

8. *La Misère du monde*, obra volumosa publicada sob a direção de Pierre Bourdieu em 1993, com 80 mil exemplares vendidos em alguns meses. Seguem-se *J'accuse l'économie triomphante* de Albert Jacquard, Calmann-Lévy, 1995 (37 mil exemplares); em 1996, *L'Horreur économique*, da escritora Viviane Forrester, com 300 mil exemplares vendidos,

traduzido para 18 línguas. *L'Imposture économique*, de Emmanuel Todd, publicado em 1997, teve 50 mil exemplares vendidos. *Ah! Dieu que la guerre économique est jolie*, de P. Labarde e B. Maris, publicado em 1998, teve 70.000 exemplares (cf. artigo de P. Riché, "O horror econômico", *Libération*, 21 de maio de 1998). Também dão testemunho dessa mesma virada crítica nas categorias sociais que passaram pelo sistema universitário (sem dúvida, embora faltem números sobre o assunto, uma parte não desprezível dos jovens executivos) o sucesso crescente de jornais como *Charlie Hebdo* (80.000 exemplares por semana) ou *Le Monde diplomatique* (200 mil exemplares por mês). Também é possível citar a proliferação de clubes: Merleau-Ponty, Marc Bloch, Pétitions, Raisons d'agir, Copernic etc. (Poulet, 1999). Em *L'Exclusion, l'état des savoirs*, publicado em 1996 sob direção de S. Paugam, encontra-se uma rememoração dos principais testemunhos publicados no fim da década de 80 e no início da década de 90 sobre a pobreza ou os sem-teto.

9. Ver, por exemplo, Himmelfarb (1991) sobre o papel dos filantropos na Inglaterra vitoriana, e Didry (1994) sobre o papel dos juristas na terceira república francesa.

10. Na origem dessa nova forma de associação (chamadas por J.-M. Salmon de "*média-associations*"), que não procuram tanto aumentar o número de afiliados, porém dar visibilidade a "atos" através da mídia, encontram-se as *coordenações* que, nos conflitos sociais da segunda metade da década de 80 e, em especial, no movimento das enfermeiras, de outubro de 1988, constituíram-se como reação à crise da representação sindical. As coordenações, que não são sindicais, inventam um novo tipo de manifestação centrada na dignidade profissional e nas dimensões morais da identidade da enfermeira (a serviço dos outros), com gestos simbólicos e representações estilizadas e expressivas muito marcantes (Filleule, 1993, pp. 94-107). Encontram-se essas duas características (dimensão moral e teatralidade) nas manifestações dos anos 90 em que os artistas (plásticos e do espetáculo) desempenharam papel importante, como ocorreu na mobilização a favor dos sem-documentos em 1997-98.

11. O DAL formou-se em 1990 quando a polícia expulsou ocupantes de imóveis da rua Vignoles. Desde sua formação, recebeu apoio de uma "rede" de associações, entre as quais os Médicos do Mundo, a Emmaüs, o Mouvement contre le Racisme et pour l'Amitié entre les Peuples (MRAP), sindicalistas da CFDT e "personalidades" que tinham possibilidade de acesso à mídia: o abade Pierre, René Dumont, Albert Jacquard, Théodore Monod (Salmon, 1998, pp. 173-4). Mas foi principalmente depois da ocupação de um prédio na rua du Dragon, em dezembro de 1994, que aumentou a importância desse movimento e dos movimentos formados a seguir (Dd!!, AC!)., o que contribuiu para tornar o tema da exclusão um *leitmotiv* da campanha presidencial de 1995.

12. Droit devant!! nasceu em 1995 durante a ocupação da rua du Dragon com o apoio do Monsenhor Gaillot, de Albert Jacquard e de Léon Schwartzenberg. Foi promovido por Philippe Chavance, que vem do DAL. O movimento tem como objetivo "globalizar as lutas contra a exclusão" (Salmon, 1998, p. 187).

13. *Agir ensemble contre le chômage* nasce no bojo da revista sindical *Collectif*, rede de sindicalistas oriundos da esquerda da CFDT (como Claire Villiers, que militou na JOC) e do sindicato SUD-PTT (como Christophe Aguiton). A revista *Collectif* lança em outubro de 1993 um apelo em prol de um grande movimento contra o desemprego. Uma das primeiras manifestações de vulto do AC! será a marcha contra o desemprego na primavera 1994 de cuja organização o SUD-PTT participará (Salmon, 1998, pp. 200-5; Combesque, 1998, pp. 112-3).

14. Segundo Christophe Aguiton, a dissidência de sindicalistas da PTT [Postes, Télégraphes et Téléphones] da CFDT, que dará origem ao SUD, bem como a dissidência dos sindicalistas da saúde (que dará origem à CRC santé [Coordonner – Rassembler – Construire – setor da saúde]) no fim da década de 80 situa-se na sequência da repressão desencadeada pelos sindicatos contra as coordenações. O SUD-PTT foi criado em 1989 com cerca de 1.000 afiliados. Progrediu muito nos anos seguintes, com 9.000 afiliados em 1995. Seu eleitorado na France Télécom passou de 5% para 25% durante o mesmo período. Foram criados novos sindicatos SUD depois das greves de 1995 (SUD-Rail, SUD-éducation) (Aguiton, Bensaïd, 1997, pp. 147-58).

15. Um dos métodos utilizados tanto pelo DAL quanto pelo AC! consiste em avisar discretamente a imprensa e a televisão de que está previsto um ato para tal dia e tal hora, sem indicar o lugar preciso. Marca-se um encontro numa das estações de metrô. Esses atos consistem em "autorrequisições" de moradia: no caso do DAL, ocupações temporárias; no caso do AC!, por exemplo, uma empresa é ocupada, e a direção é requisitada a prestar contas sobre as demissões ou sobre a existência de vagas de trabalho. O AC! se instala na rua du Dragon durante o inverno de 95 e lá se junta ao DAL. A coordenação entre o AC! e comitês da CGT de desempregados redundará no movimento dos desempregados do inverno 1997, marcado por numerosas ocupações da Association pour l'Emploi dans l'Industrie et le Commerce (ASSEDIC).

16. Jean-Baptiste Eyraud, fundador do DAL, foi maoísta no liceu, depois militou na CFDT, ocupou uma fábrica fechada em 1982 e entrou em contato com várias associações, em especial a Emmaüs, fundada pelo abade Pierre (Salmon, 1998, p. 171). Christophe Aguiton, um dos fundadores do SUD, é dissidente da CFDT (Combesque, 1998, p. 145). J. Dessenard, representante nacional do movimento nacional dos desempregados e dos precários, militou na Ligue communiste révolutionnaire (LCR) até 1997 (Poulet, 1999).

17. Assim, as mesmas pessoas podem mobilizar-se sob uma sigla ou outra, de acordo com a causa defendida: "Afiliados do SUD podem preferir a bandeira do AC! à sua, caso estejam em marcha contra o desemprego, ou a dos peticionários, caso se manifestem contra a lei Debré" (Aguiton, Bensaïd, 1997, p. 199).

18. Ninguém é *pela* exclusão. Todas as tendências políticas concordam em denunciar a exclusão, exceto o Club de l'Horloge, que, em 1995, produziu sob a pena de P. Millan (*Le Refus de l'exclusion*, "Lettres du Monde"), um texto que, criticando as "ideologias" dos direitos humanos, empenha-se em estabelecer uma separação entre "exclusões legítimas" e "exclusões ilegítimas".

19. "A exclusão está para a sociedade de amanhã assim como a questão operária esteve para a sociedade de ontem, e é preciso livrá-la de sua ganga caritativa ou humanitária para fazer dela um conceito político, ou seja, um conceito de luta." "A exclusão fora da empresa começa frequentemente com a exploração dentro da empresa, especialmente entre trabalhadores pouco qualificados ou intermitentes." Mas "uma classe 'explorada' mantém pelo menos relações econômicas com os 'exploradores' que a oprimem. Era o que ocorria – retomando a célebre enumeração do *Manifesto do Partido Comunista* de 1848 – com os escravos antigos e os plebeus, os servos da Idade Média ou os oficiais perante os mestres artesãos e, evidentemente, com o proletariado operário dos séculos XIX e XX. O explorado é útil ao explorador, porque está lá, trabalhando. O ex-

cluído talvez também seja 'útil' ao excludente, se considerarmos que, ao se afastar deste, permite que ele se livre daquele que via como um peso morto. Mas então só é útil graças à ausência. Só é útil porque se tornou inútil. Exploradores e explorados, opressores e oprimidos compartilham da mesma esfera econômica e social. Formam um par, ainda que este não seja igualitário e se mostre tempestuoso. Excludentes e excluídos romperam seus vínculos, e as esferas de ambos se divorciaram" (de Foucauld, Piveteau, 1995, pp. 13 e 144-5).

20. A distinção entre o integrador de redes e o malheiro não se define em termos da respectiva capacidade para obter lucro. Assim como existem atores que, mesmo desenvolvendo uma lógica de redeiros, fracassam em suas tentativas e não chegam a tornar-se passagens obrigatórias para os outros (eles estão incessantemente à espreita de novas conexões, têm grande quantidade de nomes na agenda, mas não estão na agenda de ninguém), também as qualidades oblativas do integrador de redes não bastam para garantir seu sucesso. Diremos que um integrador fracassa quando, dominado por uma generosidade sem limites, deixa passar tudo – pessoas, informações etc. –, sem que nada se acumule em torno dele. Ele multiplica as malhas, mas não consegue coordená-las em vista de um objetivo por um tempo limitado. Tece redes incansavelmente, mas sem ter condições de instaurar essas formas de estabilização provisória ou, digamos, de retardamento dos deslocamentos e das conexões, que os projetos constituem.

21. Num artigo recente (Burt, Jannotta, Mahoney, 1998), Ronald Burt, com base num trabalho empírico junto a cerca de cinquenta estudantes de MBA da universidade de Chicago (aliás, que trabalhavam em empresas em regime de período integral) faz um paralelo entre a posição desses estudantes nas redes (com o fulcro na oposição entre aqueles que ficaram fechados em pequenos grupos ou em estruturas hierárquicas rígidas e aqueles que transpuseram buracos estruturais) e seus "traços de personalidade", avaliados por meio de um teste autoadministrado, preparado por um escritório de consultoria. Naqueles cuja posição nas redes é rica em buracos estruturais, ele encontra muitos traços semelhantes àqueles que atribuímos ao homem conexionista, com a diferença de que os adjetivos utilizados em Burt são sempre lisonjeiros, quando ele fala das pessoas que se sentem à vontade nas redes, e um tanto depreciativos quando fala daqueles que não souberam abandonar seu pequeno grupo: os primeiros se veem como jogadores, são profundamente independentes, têm a capacidade de criar em torno de si uma aura estimulante, gostam de mudanças, interessam-se pelos outros e pelas informações que eles podem fornecer. São *outsiders* independentes. Inversamente, aqueles que vivem em pequenos grupos têm repulsa pelo risco, gostam da segurança e da estabilidade, praticam a obediência, concentram-se em detalhes técnicos, enfatizam os sistemas e os procedimentos: são os *insiders* conformistas.

22. O raciocínio aqui é semelhante ao raciocínio desenvolvido pelas análises econômicas da corrupção, centradas na procura de renda. Só é possível uma economia da corrupção se existirem fronteiras e regulamentos cujas transposição e transgressão impliquem um custo. O que oferece a possibilidade de lucro é o diferencial entre um espaço institucionalizado e um espaço de redes que possibilite superar as separações e os regulamentos institucionais (Cartier-Bresson, 1992).

23. É esse princípio que limita a extensão das redes de tráfico de drogas. Aquele que consegue se estabelecer numa sucessão de graus precisa fazer de tudo para aque-

les que estão abaixo dele não tenham as suas informações sobre as fontes de fornecimento, de tal modo que sejam obrigados a passar por ele para abastecer-se; e aqueles que estão acima não possam negociar diretamente com os revendedores do varejo. Ele precisa fazer de tudo (inclusive por meios violentos) para impedir que os novatos criem raízes. Os traficantes de drogas que tiveram sucesso são conservadores nisso. Eles não procuram ampliar a rede, mas, ao contrário, fechá-la: formar uma máfia (Schiray, 1994). Como numa rede desse tipo a informação é muito fragmentária e compartilhada de modo muito desigual, a rede só existe como tal para os policiais que procuram acumular informações, subir ao longo dos diversos graus.

24. A ocupação de um posto de responsabilidade ou poder, embora dê certa visibilidade favorável ao desenvolvimento de conexões, se tomada a sério, freia a formação de um capital relacional rico em buracos estruturais. Por um lado, o caráter oficial do poder institucional impõe injunções sobre a natureza dos elos que podem ser tecidos. Por outro lado, o detentor do poder, guardião das coisas e daqueles que garantem sua manutenção, está sob a injunção daquilo sobre o que o seu poder é exercido.

25. A dor e a saudade ligadas à emigração está num modo inverso de vivenciar a partida, o que decerto é um sinal da mudança do mundo e dos valores. Para o emigrante que se afasta, é ele próprio que está só e sem elos, deixando todos os outros para trás, de tal modo que, ao partir, ele já sonha em voltar. O excluído de hoje, ao contrário, está desmuniciado porque os outros partiram sem nem sonhar em voltar, deixando-o isolado.

26. A relação do capitalismo com a família, portanto, modificou-se consideravelmente ao longo dos últimos trinta anos. A associação de dois tipos de valor que outrora ocupavam posição central no retrato do burguês – valores familiares e valores monetários – quando o capitalismo se baseava em fundamentos patrimoniais e procurava estabilizar e domesticar uma mão de obra operária móvel e turbulenta, tende agora a ser substituída por outra figura, que, insistindo na mobilidade, transforma o apego à família em desvantagem. A família desfeita – "recomposta" ao longo de mudanças de situações e deslocamentos e, se é que se pode dizer, "flexível" – parece assim ter afinidade com um capitalismo em rede.

27. É a essa exploração, no sentido mais forte, que se refere, por exemplo, Simone Weil, com o termo "opressão", descrevendo-a em seu diário de fábrica (Weil, 1951). S. Weil escreve numa carta a Albertine Thévenon, publicada no mesmo volume: "Aí está o que quis dizer trabalhar numa fábrica. Quis dizer que todas as razões exteriores (antes eu achava que eram interiores), nas quais se baseava o meu sentimento de dignidade e o respeito por mim mesma, foram radicalmente destruídas em duas ou três semanas sob o golpe de uma coerção brutal e cotidiana" (p. 27); e, algumas páginas adiante, numa carta a um desconhecido: "Quando diz, por exemplo, que o trabalhador braçal semiqualificado, ao sair da fábrica, deixa de ser prisioneiro da série, o senhor evidentemente tem razão. Mas o que conclui disso? Se concluir que todo homem, por mais oprimido que seja, ainda assim conserva no dia a dia ocasião demonstrar que é homem, muito bem. Mas se concluir que a vida de um operário semiqualificado da Renault ou da Citroën é uma vida aceitável para um homem que deseja conservar sua dignidade humana, então não posso concordar" (p. 44).

28. O montante das transações no mercado cambial, ligadas a trocas de mercadorias, representava apenas 3% do montante das transações em 1992 (Chesnais, 1994, p. 209).

Enquanto em 1980 as movimentações ligadas a importações e exportações de bens e serviços representavam mais de 70% dos fluxos da balança de pagamentos da França, em 1992 essa participação caiu para cerca de 31%, sendo o restante constituído pelas movimentações de capitais (medidas aqui por variações periódicas das movimentações em curso, sem levar em conta todas as movimentações diárias). Esses números, notáveis em si mesmos, devem ser interpretados sobre o pano de fundo de um enorme crescimento das movimentações de capitais, considerando-se o conjunto de todos os tipos, que, durante o mesmo período, passam de 14% para 89% do PNB (Chesnais, 1994, p. 228).

29. O recurso dos Estados ao financiamento por parte dos mercados financeiros internacionais acelerou muito o processo de globalização dos mercados. Em 1970, a dívida federal americana era de 322 bilhões de dólares; em 1992, de 4061 bilhões; para 1998 há previsão de 6141 bilhões; essas necessidades são em grande parte financiadas pelo recurso a capitais estrangeiros (Chesnais, 1994, p. 221).

30. No dia seguinte à derrocada do sistema de Bretton-Woods sob o efeito da suspensão da convertibilidade do dólar em ouro em 1971, era consenso entre os especialistas, com base nas teses do monetarista Milton Friedman, que o sistema das taxas de câmbio flutuantes desestimularia a especulação, pois os valores de câmbio refletiriam automaticamente os 'fundamentos' das economias subjacentes" (Warde, 1997). O que ocorreu foi exatamente o contrário. Segundo Chesnais (1994, p. 207), "os mercados cambiais agora estão em condições de modificar o valor relativo *de todas as moedas, sem exceção*, inclusive do dólar, para poderem auferir o tipo específico de lucro especulativo de que se alimentam".

31. As ofertas públicas de aquisição (OPAs) costumam incidir em empresas cujo valor é julgado baixo em relação ao potencial de rentabilidade. É feita uma oferta de aquisição das ações da empresa por preço superior a seu valor para tentar obter seu controle. A empresa, principalmente se adquirida por um *"raider"*, ou seja, com o objetivo de lucratividade a curto prazo (e não, por exemplo, por um concorrente que faça por aumentar seu peso mundial), pode em seguida ser desmanchada, vendida "em fatias" e de qualquer modo submetida a uma reestruturação para se obter a rentabilidade de que é considerada capaz e para recuperar o investimento inicial da operação. As empresas consideradas passíveis de OPA (pois seu capital está amplamente difundido no público), para contrabalançarem esse risco, precisam exibir alta rentabilidade.

32. A desregulamentação dos diferentes mercados (de câmbio, créditos, obrigações e ações) foi amplamente favorecida pelo surgimento de novos produtos financeiros. Na França, a medida mais importante de desregulamentação foi a introduzida pela lei de 1984, que eliminou a separação entre créditos e empréstimos de longo prazo e créditos de curto prazo (Chesnais, 1994, p. 226). A desintermediação, por outro lado, possibilitou às multinacionais recorrer diretamente aos mercados sem passar pelos bancos. Essas evoluções contribuíram para centralizar todas as fontes de financiamento internacional em pouquíssimas mãos. Os atores dos mercados financeiros na verdade são muito menos numerosos e mais fáceis de identificar do que leva a crer a expressão anônima "mercados".

33. Num grupo multinacional, qualquer decisão industrial, de curto, médio ou longo prazo, deve levar em conta uma miríade de variáveis financeiras: evolução das

taxas de câmbio, comparação entre taxas de juro, de acordo com prazos e países etc. E o que está em jogo é considerável, pois os custos financeiros associados aos riscos cambiais são passíveis de variar em termos de duplicação, ao contrário dos outros custos operacionais. Para dar um exemplo simples, um grupo em que metade da receita é expressa em dólares perde 5% do volume de negócios (expressa em moeda nacional) caso o dólar caia 10%. De acordo com números apresentados por Serfati (1995), que valem para a época em que ele escrevia, para cobrir-se em relação ao dólar a 5,30 francos por 6 meses, é preciso pagar 2,6% do montante nominal do contrato, e 4,4% para dois anos. No mercado das opções de taxas de juros, para garantir uma taxa de juros a 6,5%, a opção para dois anos custa 1,7% e 6,5% para 5 anos. Portanto, para poder tomar um empréstimo a 6,5%, acrescido do custo da opção de garantia dessa taxa, será preciso conseguir auferir rentabilidade a uma taxa ainda superior, para poder pagar o empréstimo e satisfazer os acionistas que, considerando que seu risco é mais elevado que o do emprestador, querem uma proporção maior.

34. As operações de concentração industrial realizadas na Comunidade Europeia ocorrem em ritmo acelerado, sobretudo depois de 1987, na perspectiva do mercado único e da moeda única. Segundo números citados por Chesnais (1994, p. 70), as operações de fusão-aquisição de interesses majoritários em 1988-89 foram quatro vezes mais numerosas do que em 1982-83. O montante das fusões e aquisições em nível mundial bateu um recorde histórico em 1998. O recorde anterior datava de 1997.

35. Mostrando que as oportunidades e os riscos gerados pelos mercados financeiros (especialmente cambiais) são frequentemente superiores aos criados pelas atividades industriais, certo número de grandes grupos dispõe de áreas destinadas à gerência de investimentos que não ficam atrás (a não ser talvez no tamanho) dos estabelecimentos bancários, além de criarem bancos e estabelecimentos próprios de crédito. Também adquiriram o hábito de investir uma parte de suas disponibilidades nos mercados financeiros (e não em novos projetos industriais), para atenderem com mais facilidade aos operadores financeiros. Desse modo, eles extraem dos próprios mercados a remuneração que estes exigem deles, o que, evidentemente, não agrada muito aos operadores financeiros, que pressionam de todas as maneiras para que as empresas lhes restituam essas disponibilidades (argumentando que seria trabalho exclusivo deles investir). Uma das técnicas que possibilitam fazer essa transferência consiste em a empresa resgatar suas próprias ações. Ao fazer isso, transfere efetivamente uma parte de suas disponibilidades para as mãos dos ex-possuidores de suas ações, contribui para elevar os valores e garante melhor rentabilidade para os acionistas restantes, pois o número de ações em circulação é menor, para um lucro a distribuir teoricamente estável. Essa transferência de capitais, além disso, do ponto de vista dos mercados, tem a vantagem de reduzir a autonomia das empresas, que precisarão ir pedir-lhes empréstimos para financiar seus próximos projetos industriais.

36. Nesse aspecto, foi marcante o caso da Hoover. No início de 1993, o grupo Maytag decidiu fechar sua fábrica de aspiradores de Dijon e reunir toda a produção numa outra fábrica de Longvic, na Escócia, onde de fato há mais espaço disponível, ainda que os dirigentes deem mais valor ao custo salarial menor da Escócia. O que a versão oficial não disse é que a direção havia ameaçado a Escócia de encerrar atividades para arrancar dos sindicatos uma revisão a menor do acordo de empresa e, principal-

mente, para impor condições de recrutamento bastante duras para as novas contratações necessárias à transferência de Dijon (contrato por prazo determinado de 24 meses e exclusão do sistema de pensões da empresa durante esse período). Só depois de obtido esse acordo, a direção anunciou o fechamento da fábrica de Dijon, certamente já decidido antes das negociações. Além disso, essa simples operação de transferência, com a extinção de empregos em nível europeu, é considerada uma nova implantação na Escócia, o que lhe permite embolsar incentivos locais (10 milhões de libras). Segundo a direção da Hoover, as autoridades francesas ofereciam o mesmo em caso de transferência em sentido contrário, o que não teria pesado na escolha final. Mas não é de perguntar se a empresa teria simplesmente fechado uma fábrica caso não tivesse sido beneficiada por incentivos na ocasião daquela reestruturação? (Sohlberg, 1993.)

37. Diante das fortes resistências provocadas pela publicação do projeto de acordo, sua negociação foi transferida para a Organização Mundial do Comércio (OMC), que tem a vantagem, para corrigir as cláusulas mais desfavoráveis aos países, de representar apenas os países ricos.

38. A parcela dos IDE proveniente do setor financeiro (bancos, sociedades corretoras, seguradoras, fundos de pensão) na verdade aumentou no bojo do crescimento geral dos IDE. No AMI, o "investimento" era definido de tal modo que levava em conta os investimentos diretos, mas também os investimentos de portfólio, os investimentos imobiliários e os direitos decorrentes de contratos.

39. As montadoras de automóveis pedem cada vez mais aos fornecedores que lhes forneçam "módulos" completos (dianteira já montada, jogo completo de assentos com respectivos suportes, painéis equipados), supondo, portanto, a transferência para os fornecedores das numerosas operações de junção e montagem dos componentes que constituem o módulo. Aos poucos, a montagem final dos veículos nas montadoras, que ainda deve ocorrer perto do consumidor final, se resumirá à reunião de alguns módulos. O automóvel, produto complexo e "pesado" devido à enorme quantidade de componentes necessários, nesse momento se tornará um produto industrialmente "leve". Poderia até ocorrer que as montadoras pedissem a seus terceirizados que financiassem uma parte de suas instalações de montagem final; foi o que se observou com a construção da fábrica Smart (ex-Swatch) da Mercedes-Benz na Lorraine.

40. O recente sucesso da Dell no mercado da informática é exemplar. Vendendo seus computadores diretamente na internet, essa empresa economiza os custos de distribuição e oferece serviço superior, pois, estando em contato direto com o cliente final, pode configurar seus computadores na fábrica diretamente com os programas desejados.

41. Como existem vários modos de exploração, a passagem de uma forma para outra pode ser vivenciada ora como libertação relativa, ora como sujeição sem precedentes. K. Polanyi observa que as novas formas de exploração implantadas com a revolução industrial logo foram consideradas insuportáveis pelos camponeses ingleses, que gozavam de relativa autonomia, mas foram acolhidas com menos hostilidade pelos camponeses da Europa central, cuja condição até então estivera próxima da servidão (Polanyi, 1983). É possível fazer as mesmas observações em relação às mudanças atuais no modo de exploração, que podem ser vivenciadas pelos que a sofrem como ganho de autonomia ou como precarização, segundo o rigor com que incidam sobre eles as formas industriais e burocráticas de controle.

42. Claude Lefort observa, em oposição àqueles que enfatizam "a abolição da propriedade privada", que a burocracia na URSS, embora seja como é "em virtude da planificação e das nacionalizações que lhe garantem um fundamento material", sua origem decorre de uma "burocracia política", ou seja, "da concentração da autoridade nas mãos de uma minoria dirigente, da exclusão das massas do âmbito no qual circulam informações e são tomadas decisões, da hierarquização das funções, da diferenciação dos salários, da divisão rigorosa das competências, enfim, de uma organização científica da desigualdade, de tal modo que ela se tornou o princípio de uma nova opressão de classe". Nesse caso, "participar da apropriação da mais-valia é a mesma coisa que participar de um sistema de dominação" (Lefort, 1971, pp. 308-9).

43. Conforme mostrou de modo convincente Jon Elster, a necessidade de fundamentar as críticas à exploração numa norma de justiça e, por conseguinte, em princípios morais, também vale para Marx, apesar dos numerosos trechos de sua obra nos quais ele toma as pretensões morais como alvo de sua ironia (Elster, 1989, pp. 299-306). Ver também a excelente análise de J. Hoarau sobre "A filosofia moral de Marx e o marxismo", em *Dictionnaire de philosophie morale,* publicado em 1997 pela PUF.

44. Assim, o explorado do mundo doméstico é, por exemplo, o caçula obrigado a servir o primogênito, num mundo governado pelo direito de primogenitura. O explorado do mundo mercantil é o pobre que não pode comprar o instrumento de produção de que precisa para tirar proveito de seu trabalho. O explorado do mundo industrial é aquele que não obtém o salário correspondente à sua qualificação, uma vez que ele contribui para produzir valor agregado; por essa razão, a hierarquia dos salários num mundo industrial é objeto de numerosas controvérsias destinadas a chegar à justa remuneração. O explorado do mundo cívico é o simples cidadão, despojado de poder, explorado por seus representantes que lhe arrancam impostos que servem para enriquecê-los. O explorado do mundo da fama é aquele que contribui para celebrizar uma pessoa sem auferir proveito disso. O explorado do mundo da inspiração é o auxiliar que sopra ideias ao pintor genial sem auferir dividendos. Como a exploração é uma noção ligada ao capitalismo, é normal que seja formulada todas as vezes em termos de remuneração monetária injusta.

45. Isso significa que só se encontrará exploração ouvindo-se atores críticos que denunciem a exploração e acusem exploradores. Mas nunca se encontrará ninguém que reivindique o fato de ser explorador. Essa é a razão pela qual a existência de uma ou outra forma de exploração sempre pode ser negada, uma vez que a vítima ou seu defensor arcam com todo o ônus da prova.

46. Tomemos o exemplo do efeito da introdução no mundo dos negócios da lógica da *assinatura,* reservada até então a intelectuais e artistas. Ela modifica fundamentalmente as condições da concorrência entre *atores.* Numa lógica hierárquica, é na qualidade de quem ocupa um posto e cumpre suas obrigações que o diretor tem o direito de atribuir-se o sucesso de uma coletividade (divisão, departamento, repartição etc.). Mas a dimensão formal dessa atribuição atenua o caráter pessoal e lhe confere certas propriedades da representação: na reunião para a qual só ele é convidado, o diretor *representa* seus colaboradores, que podem dominar seu sentimento de expropriação considerando-o uma espécie de delegado. Ora, no caso do redeiro que monta uma operação e já se prepara para a operação seguinte, a atribuição assume o caráter pessoal de

uma assinatura. A concorrência torna-se então, diretamente, uma concorrência pelo nome, seja, diretamente pela assinatura, ou – quando esse objetivo é inatingível – pela associação como o sucesso de um nome (trabalhei com fulano, fui assistente de sicrano em tal projeto etc.). Mas, por isso mesmo, a preocupação identitária, que estava relativamente dominada pela subordinação hierárquica, reaparece com todas as forças e, com ela, a suspeita permanente de desvio e usurpação. A postura oportunista ajustada a um mundo conexionista está assim – conforme observa Paolo Virno – "tingida pelo medo": "O medo de perigos determinados, mesmo que simplesmente virtuais, *habita* o tempo de trabalho como uma tonalidade da qual não é possível desfazer-se." Mas esse medo – acrescenta Virno – constitui um dos motores de ajustamento às novas condições de trabalho: "A insegurança em relação a sua própria disponibilidade para a inovação periódica, o temor de perder prerrogativas mal conquistadas, a angústia de 'ficar para trás', tudo isso se traduz em maleabilidade, docilidade, pronta disposição para a mudança de atividade" (Virno, 1991, pp. 16-7).

47. Os dublês não podem ser controlados diretamente, e sua lealdade é uma questão de confiança. Mas aqueles que desempenham esse papel, ao perceberem que são alvo de abuso de confiança por parte dos que os empregam (consciência que só pode reforçar a difusão de conhecimentos estratégicos sobre as formas de sucesso num mundo em rede), podem procurar tirar proveito da situação que ocupam, desviando em proveito próprio os elos cuja manutenção eles garantem. Exemplo paradigmático desse caso encontra-se num filme de Mankiewicz: *All about Eve*. Eve é a dublê de uma grande atriz. Astuciosamente, consegue introduzir-se nos elos dessa atriz e tirar proveito deles (agindo sobre as competições internas do círculo no qual ela vive), conseguindo aumentar seus trunfos. No momento propício (a atriz está ausente, afastada por um ardil, ninguém consegue estar em todos os lugares), ela empreende a prova de força e suplanta aquela cujo poder desafiou. No fim do filme, aparece-lhe uma estreante, semelhante àquela que ela já havia sido antes. O ciclo recomeça.

48. Pode-se ver no tema da "organização capacitante" (desenvolvido em decorrência de um relatório de Antoine Riboud de 1987) uma tentativa de fazer o desenvolvimento da empregabilidade sair da situação de "objetivo social" (ou seja, de algo que beneficia os assalariados sem contribuir para a formação do lucro) e entrar na situação de "alvo econômico". De fato, nas correntes de gestão empresarial que desenvolvem essa abordagem (Zarifian, 1994), organização capacitante é aquela que possibilita aos participantes de um projeto desenvolver suas competências, não por meio de um afastamento da produção para frequentar cursos, mas por meio do próprio contato com "eventos" mais ou menos imprevisíveis (avarias, modificações feitas nos produtos etc.) que pontuam a realização do projeto e são aproveitados por meio de alças de reflexividade que favoreçam a divulgação do aprendizado e a capacidade de "transferir o que foi aprendido em certas situações para outras circunstâncias". Supõe-se então que a formação capacitante concilia a oferta de empregabilidade com a busca de desempenho máximo. "O produto puxa e mantém a dinâmica", de tal modo que o "desenvolvimento das competências" é resultado do "desempenho econômico" (Parlier, Perrien, Thieny, 1997).

49. Tal direito desenvolve-se atualmente com base, em especial, na decisão da Corte de Cassação de 25 de fevereiro de 1992 que considera que "o empregador, obrigado a executar de boa-fé o contrato de trabalho, tem o dever de assegurar a adaptação dos

assalariados à evolução de sua ocupação". Essa sentença limita o princípio até então prevalente de que o empregador seria o "único juiz da aptidão" do assalariado, visto que o contrato de trabalho do direito comum não impunha em princípio obrigatoriedade de cursos de formação a cargo do empregador. "A partir de agora a formação poderá ser exigida pelo juiz, como meio de que o empregador se valerá para desincumbir-se de seu dever", uma vez que a alegação de insuficiência profissional não poderá ser julgada válida para justificar uma rescisão de contrato, caso o empregador tenha faltado à sua obrigação de oferecer formação. Inversamente, "os casos de recusa de formação por parte do assalariado, quando submetidos a juízo, serão punidos com a demissão" (Luttringer, 1994).

50. O acordo A. Cap 2000, na linha da "organização capacitante", adota por princípio o desenvolvimento das competências individuais, definidas como "habilidades operacionais validadas". A noção de competência, institucionalizada nessa convenção, deve muito aos recentes desenvolvimentos da psicologia cognitiva, enfatizando-se a formação na ação, em face de eventos imprevisíveis, bem como a transferibilidade das assimilações de esquemas, em vez da aprendizagem de conhecimentos. É acompanhada pela criação de uma metodologia de avaliação e validação – oriunda de trabalhos desenvolvidos há vinte anos em meios da formação – que se baseia em "referenciais", ou seja, em descritivos de ações em situação, o que supõe uma codificação elaborada das formas de ação humana. A validação de uma competência é submetida a provas e respalda-se na apreciação do correto centrada nas propriedades do indivíduo que são reveladas por seus desempenhos ("a cada um segundo suas competências"), e não por sua posição numa representação cartográfica da divisão do trabalho ("a posto igual, salário igual") (Tanguy, 1994).

51. O direito ao balanço de competências faz parte da esfera de aplicação das disposições relativas à formação profissional no livro IX do Código de Trabalho francês. Tem semelhança com a licença individual para formação. É um direito individual que cada assalariado pode pôr em prática durante a vigência de seu contrato de trabalho, sem que seu empregador possa opor-se. Mas esse direito só passou a ter realmente efeito em 1993 e, segundo o escritório de consultoria CEGOS, continua relativamente mal conhecido pelos assalariados, tendo sido utilizado por apenas 20.000 deles. Na prática, o balanço de competências, estabelecido por psicólogos, formadores ou recrutadores, assemelha-se ao *coaching*: seu beneficiário não extrai dele nenhuma vantagem direta, a não ser um melhor conhecimento sobre si mesmo, seus meios e seus desejos, o que lhe abre as portas para um maior realismo. Trata-se, nesse sentido, de uma espécie de democratização do *coaching* ou de transformação do *coaching* em direito para todos.

52. Um "referencial nacional de qualificações construído por domínios profissionais e níveis, constituído por elementos simples, mas capitalizáveis, correspondente às competências profissionais básicas" (de Virville, 1996). A função do referencial nacional de qualificações seria "Pôr em pé de igualdade três vias de aquisição da qualificação": formação inicial, formação profissional contínua, experiência profissional.

53. Tradicionalmente, na França os certificados são uma "prerrogativa do poder público". Até período recente, a maioria dos diplomas era entregue pela Éducation nationale, o que já não ocorre hoje, uma vez que houve uma proliferação de certificados redefinidos e reconhecidos apenas pelos setores profissionais. A referência a diplomas

(essencialmente CAP e BTS) figura na maioria das convenções coletivas. Na amostragem de acordos setoriais estudada por A. Jobert e M. Tallard, 88% das tabelas citam pelo menos um diploma e 41% mencionam pelo menos cinco. Desde o início da década de 90, novas instâncias – Comissões Paritárias Nacionais do Emprego – validam Certificados de Qualificação Profissional, o que rompe o monopólio da Éducation nationale. Os CQPs não são definidos em termos de conteúdos, e sim de objetivos por atingir ("ser capaz de"), o que é coerente com uma lógica das competências. Não são muito desenvolvidos na metalurgia (120 CQPs em meados da década de 90) (Jobert, Tallard, 1995).

54. Cf. Capron (1995), Sackman, Flamholtz e Bullen (1989). A corrente da CRH (Contabilidade dos Recursos Humanos) abrange uma grande faixa de trabalhos, dos quais alguns parecem tender mais ao fortalecimento da pressão sobre os assalariados, enquanto outros, ao contrário, são inspirados pelo projeto de modificação dos instrumentos contábeis para "incentivar os empregadores a imaginar os empregados como um recurso avaliável da organização, que pode ser valorizado ou depreciado de acordo com o modo como é administrado" (Capron, 1995, p. 46). Tal esforço deve ser concebido paralelamente à reflexão sobre as obrigações de publicação de informações pelas empresas, cujo primeiro passo foi constituído pelas disposições sobre o "balanço social", comunicado ao comitê de empresa (Danziger, 1983). O apogeu da CRH situa-se em 1976, com a publicação de um número especial da revista *Accounting, Organizations and Society*. Na França, cumpre mencionar a obra precursora de E. Marquès (1980) e os trabalhos sobre os custos ocultos de H. Savall (Savall, Zardet, 1993), que ilustram mais a utilização da CRH para fins de produtividade. A Agence Nationale pour l'Amélioration des Conditions de Travail (ANACT), por sua vez, elaborara na década de 70 trabalhos sobre os custos das más condições de trabalho (ANACT, 1979; Martory, 1980).

55. O autor dá o exemplo do grupo alemão Adam Opel SA, que obteve a condenação da Volkswagen em 1993 por esse motivo. O temor de que os assalariados saíssem da empresa com o capital de competências nela adquirido levou a associar às "formações capacitantes" cláusulas contratuais de fidelidade (chamadas *"dédit-formation"*) impostas aos assalariados selecionados para cursos de formação que propiciavam mobilidade profissional (Guilloux, 1990).

56. Essa limitação gerou numerosas críticas (cf., por exemplo, Sabel [1993] no caso dos custos de transação) que recentemente ensejaram reflexões que tinham em vista recobrar preocupações "éticas" nas teorias da agência, em especial levando em conta obrigações do agente para com o principal (como na teoria padrão) e também do principal para com o agente (Bowie, Freeman, 1992).

57. Essas teorias clássicas da agência só contemplam indivíduos em busca de seu interesse pessoal, que têm interesse em coordenar-se para compartilhar o risco, mas também tendem a enganar seus associados. Elas levam de maneira circular do mercado à hierarquia e da hierarquia ao mercado (Baudry, 1994). Sabe-se, de fato, que em Williamson a firma é um "substituto funcional da confiança" (Granovetter, 1985). A possibilidade de comportamentos oportunistas, associada à impossibilidade de estabelecer *ex ante* contratos completos (racionalidade limitada) faz da autoridade e do controle hierárquico – baseados numa troca de direitos de propriedade – paliativos (caros) para a incerteza comercial. Mas, por outro lado, os agentes que atuam na firma burocrática

(por exemplo, os diretores), cujos comportamentos não são totalmente observáveis nem mensuráveis (a não ser por um custo exorbitante), têm interesses específicos e podem interpretar as instruções do *principal* (por exemplo, acionistas) em proveito próprio – mas as mesmas observações valem para as burocracias públicas –, de tal modo que a procura de paliativos para a incerteza burocrática remete, como que por um movimento pendular, ao mercado como dispositivo autocoercitivo. Nem mesmo a análise da confiança escapa ao conflito das antropologias, o que lhe confere caráter instável, quer quando reduzida ao interesse bem entendido – tal como na teoria da agência, em que a confiança é consequência dos efeitos de reputação –, quer quando se tenta fazê-la derivar diretamente das disposições altruístas das pessoas humanas, o que lhe confere um caráter individual e voluntarista pouco favorável à procura de dispositivos estabilizadores.

58. "O caso Clavaud consagrou a liberdade de expressão do assalariado fora da empresa sobre suas condições de trabalho. Alain Clavaud fora demitido pela Dunlop após a publicação de uma entrevista concedida ao *L'Humanité* na qual ele falava de seu trabalho. O tribunal de recursos de Riom considerara que, se o direito de expressão dentro da empresa não é punível, não há por que ser diferente fora da empresa, e a Corte de Cassação homologou esse raciocínio." "Mais recentemente, a liberdade de expressão dos assalariados fora da empresa fundamentou-se claramente no artigo 11 da Declaração de 1789, o que marca a intervenção das regras constitucionais nas relações de trabalho" (Bonnechère, 1997, p. 62).

59. As grandes empresas teriam interesse coletivo na redução da corrupção de seus intermediários, para não precisar desempenhar o papel de corruptor obrigado de pagar para obter certos mercados, seja na França, seja no exterior, o que sem dúvida prejudica sua rentabilidade. Mas as iniciativas nesse plano parecem fadadas a originar-se principalmente nos mercados financeiros, preocupados porque uma parte dos fluxos monetários que concedem destina-se à remuneração de intermediários sem criação de valor.

60. Num artigo recente, A. Supiot (1997) volta à noção de *atividade,* que, sendo "inseparável da vida", ele critica por remeter aos direitos sociais universais da vida, não sendo "de índole a fundamentar direitos específicos" e, por conseguinte, a permitir a redefinição de um "estado profissional" ou seja, de um *estatuto* diferente do *emprego,* constituído na França – segundo diz A. Supiot – com base num modelo do estatuto de funcionário. Atualmente, ele prefere o termo *trabalho,* não definido pelo salariato, mas pela obrigação. Segundo essa acepção, é trabalho toda atividade submetida a *obrigação,* seja sua origem contratual ou estatutária, seja o trabalho realizado a título oneroso ou gratuito. O critério aí é o da inserção do trabalho num espaço jurídico que implique punição em caso de inobservância (Supiot, 1997). Dominique Méda, num artigo que faz eco ao de Alain Supiot, indaga sobre o papel do Estado no financiamento desse novo estatuto e sobre a passagem progressiva ao abandono da noção individualista de contrato de trabalho e de salário, "que vem recompensar a contribuição de um indivíduo particular", a fim de que seja reconhecido "o caráter profundamente coletivo do trabalho" (Méda, 1994).

61. F. Gaudu (1997) mostra que, durante os últimos vinte anos, a atividade penetrou a esfera do trabalho através dos contratos derrogatórios "que têm como finalidade a formação ou a integração dos trabalhadores", e que o trabalho se imbricou na atividade com a inclusão do contrato de trabalho em "percursos personalizados", o que exige

sua articulação com outros atos jurídicos. Ele dá o exemplo dos "contratos de integração" e das "convenções de percurso" – dispositivos associados à criação do RMI – que definem uma *trajetória* que tem como objetivo, "somente a longo prazo, a conclusão de um contrato de trabalho", mas também o "crédito-formação" que dá direito a um "projeto personalizado de percurso de formação", associado ao "balanço de competências" e ao "procedimento de validação de competências adquiridas".

62. Os redatores do relatório veem na importância atribuída na França à formação inicial dispensada pelo sistema educacional um dos principais obstáculos a essa mobilidade (e, indiretamente, uma das principais causas do desemprego e também das desigualdades perante o desemprego, que estão muito ligadas aos diplomas), opondo-lhe uma "pluralidade de vias de formação", uma formação escalonada ao longo da vida, com uma sequência de períodos de estudos e de períodos de atividade, o que exige "envolvimento profundo, organizado e duradouro da empresa no processo de formação" e a passagem "do contrato de trabalho ao contrato de trabalho-formação, em outras palavras, ao contrato de atividade".

63. O contrato de atividade não é pura utopia, e existem quadros jurídicos que se aproximam dessa fórmula. É o que ocorre com o Groupement d'employeurs (constituído pela lei de 25 de julho de 1985, modificada em 1993), pelo qual "empresas, pequenas ou médias, [podem] constituir uma nova pessoa jurídica, empregadora de assalariados que são depois postos à disposição dos afiliados, de acordo com suas respectivas necessidades". A associação de empresas "permite que os assalariados sejam beneficiados por um emprego estável no âmbito de um único contrato de trabalho", e "o assalariado é coberto pela convenção coletiva escolhida na criação da associação de empresas". Outros dispositivos oferecem possibilidades comparáveis: as associações locais de empregadores Groupements locaux d'employeurs (GLE) e as associações de empregadores para a integração e a qualificação Groupements d'employeurs pour l'insertion et la qualification (GEIQ). Todas essas formas têm o objetivo de oferecer ao assalariado "um estatuto único" e evitar "a multiplicação de contratos de trabalho por período parcial e de prazo determinado". São acompanhadas pela definição de uma ética que tem a finalidade de "excluir toda veleidade de procura de mão de obra pelo menor custo, bem como qualquer prática contrária ao conjunto da legislação e da remuneração em vigor". A esses dispositivos formais se somam numerosas iniciativas locais de organização da pluriatividade em dado território (Mouriaux, 1998).

64. Num artigo notável, Gérard Lyon-Caen, já em 1980, apresentava uma descrição sintética das novas formas precárias de emprego e dos objetivos de flexibilidade: "[para o patronato] o importante é tender para um estado em que a força de trabalho *nunca será improdutiva* e poderá ser descartada assim que as encomendas diminuam". Mas – acrescentava – "cumpre observar que a contrapartida dessa tendência ainda não surgiu: não existe *estatuto da mobilidade*, que comporte uma continuidade por trás da precariedade, uma recolocação após cada emprego" (Lyon-Caen, 1980). O contrato de atividade, tal como apresentado em suas versões otimistas, poderia constituir o esboço de tal "estatuto da mobilidade" (e em suas versões pessimistas, uma nova forma de locação de serviços).

65. Assim, a Corte de Cassação recentemente considerou que "uma cláusula que previa a realização de tarefas na França, cuja implementação foi concretizada pela dis-

ponibilização junto a outra empresa, não era constitutiva de modificação substancial [do contrato de trabalho]; ainda que a disponibilização – conforme afirmava o assalariado – implicasse mudança de empregador, a definição da tarefa numa norma unilateral interna permitia prever essa possibilidade" (Daugareilh, 1996).

66. Conforme observa Jean-Yves Kerbourc'h, o contrato de atividade cria problemas que não deixam de lembrar os problemas criados pelo trabalho temporário. Referem-se ao caráter contínuo ou descontínuo do serviço prestado e à natureza do contrato. O contrato de atividade estende disposições jurídicas provocadas pelo desenvolvimento do trabalho temporário que têm em vista "atenuar os efeitos da descontinuidade do emprego, reconstituindo uma continuidade profissional dissociada do contrato de trabalho" (Kerbourc'h, 1997). Mas, assim como no caso do trabalho temporário, a circulação das pessoas dentro de uma coletividade não deve suscitar a possibilidade de ser equiparada a um comércio de homens ou a uma locação de pessoas. A maioria das numerosas críticas feitas ao contrato de atividade insiste no risco de que esse dispositivo seja utilizado para efetuar empréstimos de mão de obra num contexto menos coercitivo do que o das empresas temporárias e, assim, reforçar e institucionalizar a precarização do emprego (Mouriaux, 1998).

67. Mas, em certos cenários, o Rendimento Universal está submetido a um imposto proporcional, portanto desigualmente redistribuído segundo a riqueza do beneficiário.

68. Encontram-se justificações industriais em J.-M. Ferry, nas quais o Rendimento Universal decorre da necessidade de atenuar crises de superprodução, exigindo que o Estado aloque às famílias um rendimento incondicional de referência, porque, com o desenvolvimento da robotização, as empresas criam riquezas sem contrapartida em salários e deixam de desempenhar o papel de distribuir de rendimentos, que até então desempenhavam no circuito monetário (Ferry, 1995; 1997). Em P. Van Parijs, o Rendimento Universal é concebido como um mecanismo de inspiração cívico-industrial compensatório das injustiças decorrentes da formação de um novo tipo de divisão em classes, associado a uma nova forma de exploração (sendo a exploração definida como posse de um recurso raro que afete a distribuição dos rendimentos). Essa nova "luta de classes" opõe aqueles que dispõem de um emprego estável e corretamente pago àqueles que são privados do acesso ao emprego – os ricos em empregos e os pobres em empregos. A luta pelo rendimento universal deve favorecer a organização dos pobres em empregos numa classe consciente de si mesma. De fato, o Rendimento Universal, segundo P. Van Parijs, não tem o poder de igualar a distribuição de empregos entre todos aqueles que querem trabalhar (o que só é possível num sistema socialista, mas à custa da centralização e da supressão das liberdades), e sim de neutralizar os efeitos da desigual distribuição da posse dos empregos (*job assets*) (Van Parijs, 1986). Serão postas na conta das justificações liberais as propostas de reformas do sistema tributário e dos dispositivos de redistribuição, feitas por F. Bourguignon e P.-A. Chiappori (1997), que, mesmo propondo "um rendimento mínimo para todos" (associado a um imposto com taxa uniforme recolhido na fonte com sobretaxa dos rendimentos mais elevados), situa-se na linha dos trabalhos sobre o imposto negativo, introduzido na literatura econômica por M. Friedman.

69. Sobre este último ponto, Robert Castel, num debate reproduzido no número da *Revue du Mauss* dedicado ao rendimento universal (Castel, 1996), apresenta um contra-

argumento interessante que se baseia na experiência do capitalismo histórico. Ele ressalta que, na sociedade pré-industrial do século XIX, a situação dos artesãos rurais sempre foi mais desfavorável que a dos artesãos urbanos, visto que os mercadores, donos do capital, aproveitavam-se do fato de que os artesãos rurais dispunham de um rendimento complementar, ligado a atividades agrícolas, para os explorar de modo "impiedoso". Por analogia, ele teme que os empregadores tirem proveito da existência de um pré-salário para achatar os salários pagos. Nesse caso, o Rendimento Universal facilitaria "uma reorganização ultraliberal do mercado de trabalho". Encontra-se um argumento do mesmo tipo em I. Wallerstein (1996, pp. 22-7), que mostra que a manutenção de uma pequena produção agrícola cria excedentes que abaixam proporcionalmente o limiar do salário mínimo aceitável.

70. Em 1995, um grupo dos melhores especialistas em finanças internacionais fez um estudo (Haq, Kaul e Grunberg, 1996) que analisou especialmente a capacidade que tal taxa teria para estabilizar os fluxos financeiros. Afora alguns raros céticos, a taxa Tobin parece "muito promissora" [citado por Warde (1997)]. As críticas que lhe são feitas aludem às possibilidades de fuga por meio da instalação dos mercados em "paraíso fiscais" que se recusassem a cobrar a taxa; mas, ao que parece, seria possível instaurar um sistema de sanções por intermédio de uma reforma do FMI, que proibisse, por exemplo, o acesso desses paraísos fiscais a empréstimos multinacionais. Outra crítica ressalta o fato de que tal dispositivo só desaceleraria as especulações que tivessem em vista ganhar pouco mas desempenhassem algum papel na formação, a cada etapa, de uma única taxa de câmbio para uma moeda em todo o mundo. Em contrapartida, a taxa seria pouco dissuasiva para os "grandes golpes" capazes de desestabilizar uma moeda. Mais do que uma taxa sobre o volume de negócios, seria preciso instaurar uma taxa sobre o valor agregado, ou seja, sobre o lucro das operações consideradas. Outros acreditam que os interesses dos Estados Unidos e da Grã-Bretanha, associados aos lucros obtidos por seus mercados, são fortes demais para que esses Estados colaborem com a instauração de um dispositivo desse tipo, ou que os países que aplicaram uma parte de suas dívidas nos mercados financeiros internacionais têm muita resistência a opor-se aos interesses dos mercados, seja lá como for, pois as sanções sobre as taxas de juro pedidas seriam imediatas. Em compensação, os recursos financeiros que eles extrairiam da cobrança da taxa, no período atual, em que suas dificuldades financeiras são inegáveis, poderiam constituir um verdadeiro incentivo.

71. Ver o artigo "Stabiliser les changes", *Alternatives économiques*, n.° 148, maio de 1997.

72. O razão Cooke, elaborada em 1987 por um comitê composto por bancos centrais e autoridades de fiscalização dos dez países sediados junto ao Bank for International Settlements (BIS), define a proporção dos fundos próprios em relação ao montante de créditos à disposição, ponderados com um coeficiente de 0% a 100% segundo os riscos de não cobertura. É estabelecido em torno de 8%.

73. Cf. abundante publicidade que figura nos documentos das firmas que tenham obtido esta ou aquela certificação. No caso das certificações sociais, estas se desenvolveram de início na forma de política de marketing visando atender aos consumidores dos países ocidentais que se comoviam, por exemplo, com o trabalho infantil noTercei-

ro Mundo, quer se tratasse de marcas de roupa, como a Gap, de calçados esportivos, como a Nike, ou de gigantes da distribuição, como o Carrefour ou o grupo Auchan.

74. O direito reforça o caráter quase jurídico das cidades, que também pode manifestar-se por outros meios. O dispositivo processual pode permanecer em grande parte informal, consuetudinário. Mas a regulamentação, a promulgação de códigos de boa conduta (como os manuais de civilidade), a acumulação de exemplos (como as hagiografias), a redação de regulamentos (regras monacais, regulamentos internos de empresas etc.), a adoção de uma série de regras de procedimentos (como condições de acesso a um exame ou a um concurso) são coisas que constituem uma de suas tendências principais. Portanto, a inserção jurídica no ordenamento das cidades é uma forma de concretização.

75. Por isso, seria inútil querer inscrever o direito num mundo em vez de outro, ainda que seu caráter público lhe confira um componente *cívico,* ou que as regulações associadas a diferentes mundos nele estejam desigualmente representadas em diferentes momentos. Conforme lembra G. Teubner (1997) – retomando a metáfora weberiana do politeísmo dos valores –, o direito, principalmente nas sociedades modernas complexas, "forma um amálgama das racionalidades sociais heterogêneas" oriundas de "máquinas de produção normativas" diversas, tais como as relações comerciais, as relações políticas, as práticas científicas e técnicas, às quais correspondem definições diferentes da justiça, ainda que o direito – como diz G. Teubner – "observa por assim dizer o pluralismo das outras racionalidades sociais na óptica de sua racionalidade própria" centrada na distinção entre o legal e o ilegal.

76. Essas observações valem também para um mundo mercantil. Contrariando a crença liberal na inutilidade das regulamentações (fora do direito dos contratos) e na existência de um mercado autorregulador, cabe ressaltar que, conforme mostraram numerosos trabalhos (ver, por exemplo, Thévenot, 1985; Garcia, 1986), a própria possibilidade do mercado não se fundamenta apenas em dispositivos coercitivos (leis antitruste, Comissão de Controle das Operações da Bolsa) e em sanções legais (multas, prisões), mas também numa pluralidade de convenções cuja inobservância pode ter efeitos judiciários, especialmente sobre convenções de qualidade. Essas convenções, conforme mostraram os trabalhos de F. Eymard-Duvernay (1989) e de L. Thévenot (1998), são necessárias para identificar os bens", para "proferir um juízo sobre eles" e para introduzir uma pretensão à "justiça nas relações mercantis" que apenas a avaliação monetária não basta para garantir. A ampliação dos mercados só foi possível porque acompanhada "por todo um equipamento de artefatos técnicos e convencionais" (por exemplo, as "marcas"), protegidas por um direito de propriedade (Thévenot, 1998). Em suma, tal como lembra Alain Supiot (1997), "o direito não é um instrumento exterior ao mercado; não há mercado sem direito que o institua".

77. Max Weber toma o exemplo do "direito formal de um operário firmar um contrato qualquer de trabalho com um empregador qualquer", que "para o operário não representa a mínima liberdade na determinação de suas condições de trabalho" porque "o mais poderoso no mercado, normalmente o empregador, tem a possibilidade de fixar livremente as condições". Nesse caso, "a liberdade contratual [...] oferece a possibilidade, por meio da utilização inteligente de bens num mercado livre, de adquirir poder sobre outras pessoas. Os interessados no poder no interior do mercado, portanto,

são os interessados numa ordem jurídica desse tipo" (Weber, 1986, p. 113). O princípio de igualdade entre as partes do contrato, que "constituiu o cerne do desenvolvimento do direito do trabalho", provoca, assim, "temíveis dificuldades jurídicas [...] pois a simples declaração da igualdade formal só serve, num primeiro momento, para despojar os mais fracos das proteções que lhes cabem. Foi preciso um século e o surgimento dos direitos econômicos e sociais, para que a igualdade entre operários e empregadores se tornasse algo mais do que justificação para a exploração de uns pelos outros" (Supiot, 1997).

Capítulo VII. *À prova de crítica estética*

1. A vida de artista, no século XIX, podia ser considerada "autêntica", principalmente porque não era estanque, mas, ao contrário, conseguia unir todas as facetas de uma mesma existência e orientá-la para a realização de uma obra e para a singularidade de seu criador.

2. Assim, 80% dos homens entre 25 e 44 anos eram casados em 1973, contra apenas 54% em 1995, ao passo que no mesmo período o número de solteiros mais que duplicou, e o de divórcios triplicou. Quanto às uniões "informais", por um lado mostram-se menos duradouras que o casamento, visto que 58% das uniões desse tipo que começaram em 1980 se desfizeram em menos de dez anos, contra 12% dos casos nos quais a vida comum começou com o casamento; por outro lado, sua precariedade tende a aumentar: "11% das uniões desse tipo constituídas em 1970, 23% das uniões que começaram em 1980 e, segundo cálculos prospectivos, 34% das uniões iniciadas em 1990 se desfizeram ou se desfarão em menos de dez anos" (Nizard, 1998).

3. As taxas de suicídio feminino seguiram evolução análoga, embora em níveis mais baixos em valores absolutos, visto que as mulheres fazem mais tentativas que os homens, mas as consumam com menos frequência.

4. Por subverter incessantemente as condições da produção, o capitalismo precisa dar espaço à ideia de libertação. Remetemos aqui ao livro de M. Berman (1982) e ao célebre trecho do *Manifesto comunista* do qual aquele constitui uma espécie de grande comentário: "Essa subversão contínua da produção, esse abalo constante de todo sistema social, essa agitação e essa insegurança perpétuas distinguem a era burguesa de todas as anteriores. Todas as relações sociais, tradicionais e fixadas, com seu cortejo de concepções e ideias antigas e veneráveis, se dissolvem; aquelas que as substituem envelhecem antes de poderem ossificar-se. Tudo o que tinha solidez e permanência se evapora, tudo o que era sagrado se profana, e os homens são obrigados, por fim, a encarar suas condições de existência e suas relações recíprocas com um olhar desenganado" (Marx, Engels, 1966, pp. 34-5).

5. Sua lógica era a seguinte: provas, que as pessoas convencionam considerar centrais, são tensionadas aos poucos sob o efeito de uma crítica que revela os pontos nos quais elas são injustas, até que certo número de atores veja interesse em esquivar-se a essas provas, realizando uma série de deslocamentos; esses atos de esquiva constituem o momento de resgate dos sacrifícios consentidos no período anterior pelos "fortes" para serem "grandes" e de nova manifestação das forças sem entraves; depois, a crítica recomeça progressivamente, levando à qualificação e à categorização das novas pro-

vas que, por sua vez, podem ser criticadas e tensionadas no sentido de maior justiça. Durante essa transformação, surgem valores que se incorporam ao novo espírito do capitalismo.

6. Deixamos aqui de lado a questão da democracia e, mais geralmente, as dimensões propriamente políticas do ideal de emancipação e de autorrealização que, não estando diretamente ligadas ao capitalismo, mas ao liberalismo (com o qual o capitalismo mantém relações complexas), não podem ser abordadas no contexto necessariamente limitado desta obra.

7. A libertação, evidentemente, não será total, pois, embora o primeiro espírito do capitalismo proponha certa liberdade em relação aos vínculos domésticos, conforme ilustra o êxodo rural, sua dimensão securitária se baseia – como se viu – na moral burguesa (cf. Introdução).

8. O desenraizamento é precisamente aquilo que define o *proletariado*. A genialidade do jovem Marx consistiu em ter baseado nessa propriedade negativa a esperança depositada no proletariado como força de libertação – numa página célebre da *Crítica da filosofia do direito de Hegel,* escrita em 1843: "Onde reside a possibilidade *positiva* da emancipação alemã? Resposta: na formação [...] de um estado social que seja a dissolução de todos os estados sociais, de uma esfera que possua um caráter de universalidade pela universalidade de seus sofrimentos e não reivindique nenhum *direito particular,* visto que o que lhe é imposto não é uma *injustiça particular,* mas uma *injustiça tout court,* que não possa mais se gabar de um título *histórico,* mas apenas do título *humano*" (Marx, 1980, p. 211).

9. Por essa razão, Durkheim, no segundo prefácio *Da divisão do trabalho social* (1960), se mostrará favorável à reinstauração das corporações para que, apresentando-se como um corpo intermediário entre os indivíduos e o Estado, elas possam garantir a presença da coletividade e reavivar a orientação para uma ação comum.

10. James Beniger (1986) mostrou que a evolução das técnicas de controle, que levou àquilo que frequentemente se chama de "sociedade da informação", foi provocada por aquilo que ele chama de "crise do controle", provocada na segunda metade do século XIX pelo desenvolvimento do maquinismo industrial nos campos dos transportes, da produção, da distribuição e do consumo. Segundo Beniger, surge a crise de controle quando cresce a defasagem entre a velocidade de transformação dos sistemas tecnológicos e a capacidade de processamento da informação. O desenvolvimento das grandes burocracias no início do século XX constitui, assim, para esse autor, uma resposta à crise do controle do fim do século XIX.

11. F. Ehrenberg (1995) interpreta assim o desenvolvimento do uso de drogas, drogas ilícitas ou psicotrópicos, como um "atalho químico para fabricar individualidade, meio artificial de automultiplicação" (p. 37).

12. Cabe partir da questão da inautenticidade, e não da autenticidade, pois – conforme observou L. Trilling (1971, p. 94) em sua análise da gênese histórica da noção moderna de autenticidade –, a autenticidade é uma noção polêmica cujo sentido só se estabelece por diferença e oposição à acusação de inautenticidade feita a pessoas ou objetos.

13. Sobre a relação entre o poder de uniformização e de desumanização da técnica e a experiência do front, na guerra de 1914-18, nas vanguardas literárias e artísticas dos anos 20-30, cf. Dodier (1995, pp. 42-5).

14. G. Le Bon, por exemplo, em sua *La Psychologie des foules* [Psicologia das multidões], publicada em 1895, dá forma sistemática a uma interpretação cujos vestígios podem ser encontrados em numerosos autores na segunda metade do século XIX. Le Bon prevê o início daquilo que ele chama de "era das multidões", em que o indivíduo será engolido pela massa e perderá a independência de espírito sob o império de um "contágio mental". Em Le Bon, a noção de "multidão" abrange um conjunto amplo de diferentes grupos, entre os quais as assembleias parlamentares. Observa-se um filão semelhante na maioria dos autores que retomaram o tema da multidão e das massas, até a década de 30, por exemplo na obra de enorme sucesso escrita por J. Ortega y Gasset, *A rebelião das massas,* publicada em 1930 – baseada na oposição aristocrática entre "homem de massa" e "homem de elite".

15. Esse tema é desenvolvido na França por Edgar Morin durante a primeira metade dos anos 60 no âmbito do Centre d'étude des communications de masse e da revista publicada por esse centro, *Communication.*

16. Adorno denuncia em Heidegger um uso fetichizado, ou seja, ideológico, da linguagem que, desvinculada de sua história, transforma a alienação sob o reinado do capitalismo em abismo ontológico a espreitar o ser toda vez que ele se dispersa no falatório. No centro de sua crítica, está o conceito heideggeriano de "ser-sempre-meu" ("o ser unificado" como "condição de possibilidade da autenticidade") sob o qual se desvenda uma "identidade encoberta", um travestimento do ideal burguês da "personalidade" (com seus atributos, "interioridade", "consciência" etc.).

17. A padronização mais escandalosa, evidentemente, é a que atinge os intelectuais, precisamente porque estes encarnam a singularidade, a autonomia, a resistência ao banal. Assim, pode-se ler no fragmento 132 de *Minima moralia:* "Mesmo os intelectuais que conhecem perfeitamente todos os argumentos políticos contra a ideologia burguesa sucumbem a um processo de padronização [...]. Os bens e os valores a favor dos quais eles se pronunciam são há muito reconhecidos como tais. [...] Enquanto eles declaram guerra ao *kitsch* oficial, suas opiniões, como se eles fossem crianças obedientes, são orientadas para um alimento pré-selecionado, para clichês de anticonformismo. [...] O fato de todos os produtos culturais, mesmo os não conformistas, serem incorporados no mecanismo de distribuição do grande capital, de num país desenvolvido um produto que não tenha obtido aprovação para fabricação em massa quase não ter chances de atingir um leitor, um espectador, um ouvinte, tudo isso priva a nostalgia dissidente de suas razões de ser (Adorno, 1980, pp. 192-3). O mesmo tema (a tolerância em relação à dissidência é a forma de totalitarismo do capitalismo avançado) será desenvolvido por H. Marcuse em *O homem unidimensional.*

18. "A maneira como uma jovem aceita um encontro inevitável e se desincumbe, o tom de uma voz ao telefone e na intimidade, a escolha das palavras na conversa e toda a vida interior, na forma como é organizada pela psicanálise vulgarizada, são testemunhos da tentativa que o ser humano faz para transformar-se em aparelho capaz de se adaptar até em suas emoções profundas ao modelo apresentado pela indústria cultural." Assim, "na indústria cultural, o indivíduo não é apenas uma ilusão por causa da padronização dos meios de produção. Ele só é tolerado desde que sua total identidade com o geral não deixe dúvida alguma" (Horkheimer, Adorno, 1974, pp. 163-4).

19. Marcuse não recorre às categorias de autêntico e inautêntico. Baseia-se em outras oposições que, em seu construto, desempenham mais ou menos o mesmo papel. Isso ocorre, especialmente, com a oposição entre *sublimação* e *dessublimação*. A sublimação é associada por ele ao "distanciamento artístico", e a dessublimação, à "racionalidade tecnológica". A primeira, na qualidade de "satisfação mediada", permite o refúgio a uma exterioridade a partir da qual pode ser realizada uma crítica à realidade; a segunda, na qualidade de "satisfação imediata", possibilita a imersão na viscosidade do cotidiano. Assim, a degradação da "cultura superior" em "cultura popular" pode ser interpretada nos termos freudianos como uma "dessublimação crescente" (Marcuse, 1968, p. 96).

20. Uma parte da dinâmica do capitalismo e do "crescimento econômico" deve ser atribuída à "transformação de atividades que engendram valores de uso ou de prazer em atividades que também deem lucro a seus autores. [...] A passagem de trabalhos como lavagem de roupa, feitura de alimentos, limpeza e saúde (para não falar do divertimento e do lazer) do domínio exclusivo da vida familiar para o mundo dos negócios demonstra a expansão interna do capital nos interstícios da vida em sociedade. Grande parte daquilo que se chama "crescimento" nas sociedades capitalistas consiste nessa transformação da vida por dentro, mais do que no aumento de produções não modificadas ou mesmo melhoradas" (Heilbroner, 1986, p. 51).

21. O capitalismo precisou enfrentar duas demandas em grande parte contraditórias: oferecer bens mais autênticos (mais pessoais e também capazes de incorporar uma parcela de incerteza) e pôr no mercado produtos mais confiáveis, estáveis, sem imprevistos, demanda à qual se respondeu com o desenvolvimento de técnicas de "qualidade total".

22. Assim, por exemplo, as jovens que se apresentam nos restaurantes do McDonald's para trabalhar em cozinha são sistematicamente encaminhadas para a recepção, quando consideradas bonitas pelo recrutador (Cartron, 1998). No que se refere aos casos de treinamento, cabe citar o exemplo das aeromoças estudadas por A. Hoschild (1983), que, durante o curso, aprendem a controlar as emoções e a expressá-las de forma estilizada e codificada, facilmente interpretável.

23. Encarregado da promoção de uma região do Japão (prefeitura de Fukui), H. Kawakita optou por partir daquilo que, para os habitantes, fosse "motivo de orgulho". Para isso, organizou uma "caça aos tesouros", destinada a recolher tudo aquilo que para os habitantes constituísse um "valor", tal como uma "bela paisagem", uma "velha que falasse bem o dialeto local", um "pôr-do-sol" ao pé de determinada montanha etc. Os "tesouros" foram coletados sobretudo por meio de "redações" organizadas nas escolas da região com estudantes. Assim, foram coletados 4500 "tesouros". Para tratar dessa coleção e organizar sua campanha de promoção, o autor as classificou em categorias, tais como "relações pessoais", "tesouros ambientais", "acontecimentos" etc., o que, evidentemente, os privava de seu caráter singular.

24. É de notar que o uso comum do termo "produto" passou por grande expansão nos últimos vinte anos, e que hoje se fala habitualmente em "produtos financeiros", "produtos turísticos", "produtos imobiliários", não para falar de objetos materiais, mas de conjuntos específicos de serviços. Chega-se mesmo a ouvir falar, em certos meios

científicos, de uma nova teoria ou de um novo paradigma em termos de "produto" (essa teoria é "um produto que funciona").

25. Isto apesar de o valor das obras de arte e das antiguidades depender de sua seriação simbólica por historiadores da arte, aficionados ou especialistas, que constituem categorias nas quais se baseiam a identificação e a apreciação das obras, identificando "escolas", hierarquizando artistas, estabelecendo catálogos etc.

26. Uma das formas de inovação nesse setor de atividade econômica consiste em propor serviços individualizados que supostamente restabeleçam o sentido da "viagem", em oposição ao turismo de massa e, por exemplo, permanência em lugares "autênticos", ou seja, lugares que não tenham ainda sido afetados pelo turismo: "verdadeiras aldeias indígenas", "ruínas" acessíveis apenas em lombo de cavalo etc. Mas, evidentemente, ao introduzirem turistas nesses lugares, as agências de turismo destroem o valor do bem que propõem.

27. Caso clássico é o dos *camemberts* cuja embalagem tradicional (caixa de folhas de choupo, inventada no fim do século XIX) pode conter uma gama muito ampla de produtos, que diferem no gosto, mas também nas possibilidades de conservação e transporte, como resultado de processos diferentes de produção (com leite cru ou pasteurizado; molde enchido automaticamente, enformado à mão ou por um "robô enformador" que reproduz o gesto do queijeiro etc.) (Boisard, Letablier, 1989).

28. Em setembro de 1988 é publicado na Grã-Bretanha o *Green Consumer Guide*, que atribui estrelas às empresas e aos produtos em função do grau em que eles respeitam o ambiente. Em quatro semanas o livro fica em primeiro lugar nos mais vendidos (Cairncross, 1993, p. 175).

29. Dois especialistas americanos em marketing de produtos ecológicos descrevem nos seguintes termos o entusiasmo provocado pela descoberta desse novo mercado: "Quando, no fim da década de 80, o ambiente apareceu de repente em primeiro lugar na parada de sucesso das 'boas causas', os empresários e os especialistas em marketing se prontificaram a agarrar aquilo que se mostrava como a mais perfeita das máquinas. 'É a melhor oportunidade de negócio do século' – dizia-se. O que haveria de mais simples? Transformar belas e limpas ações verdes em belas notas verdes" (Frause, Colehour, 1994, p. 1).

30. A Heinz, para enfrentar o boicote ao atum enlatado, afirmou que fez uma pesquisa para ter certeza de que o material de sua pesca não prejudicava os golfinhos. Mas esse argumento de venda foi questionado pelo Greenpeace, que provou que os terceiristas da Heinz sempre utilizavam peixe pescado segundo métodos mais antigos, que não eram *"dolphin-safe"*, o que provocou a perda de credibilidade da empresa (Frause, Colehour, 1994, pp. 186-7).

31. O McDonald's é um bom exemplo. Quando esta empresa percebeu que era considerada um *"bad guy"* pelos ambientalistas, usou como argumento de sinceridade o fato de que a decisão de reciclar as embalagens de poliestireno tinha sido tomada num acordo com o *Environmental Defense Fund*, associação ambientalista que promovera uma campanha contra o lixo criado pelas embalagens de *fast food* (Frause, Colehour, 1994, pp. 184-5).

32. Nesse sentido, a autenticidade dos bens é uma extensão da autenticidade das pessoas que, superando a sinceridade como vontade de dizer a verdade – de dizer as

coisas como elas são –, o que supõe reflexividade, faz referência a um estado no qual a pessoa está integrada naquilo que ela expressa, sem que se possa distinguir aquilo que é da ordem do ser e daquilo que é da ordem da comunicação e, por conseguinte, sem que seja necessário fazer referência à reflexividade e à intencionalidade. Para ilustrar a diferença entre sinceridade e autenticidade, Lionel Trilling toma o exemplo do protagonista do poema de Wordsworth, "Michael", e diz que ele se mostra unificado com a sua tristeza, de tal modo que nós só podemos apreender o seu ser como o ser da tristeza (Trilling, 1971, p. 93).

33. Assim, por exemplo, nos autores escoceses do Iluminismo, o momento de compaixão manifestada numa emoção diante do espetáculo do sofrimento alheio é o momento em que se revela a plena humanidade das pessoas humanas. Em vista do papel atribuído às emoções na vida moral, torna-se então crucial ter condições de fazer a distinção entre as emoções reais, diretamente arraigadas no "coração", e as emoções figuradas, puramente exteriores, imitadas, sem nenhum referente na interioridade.

34. Em Rousseau, na Carta a d'Alembert (mas também na Nova Heloísa), à "opacidade do teatro" que aprisiona o espectador, fascinado pela ilusão, em sua "solidão", afastando-o assim da verdadeira "vida", opõe-se o "mundo da transparência" da festa, como "autoafirmação da transparência das consciências", em que cada um é ao mesmo tempo "ator e espectador" (Starobinski, 1971, pp. 116-21).

35. Em J. Baudrillard, a denúncia à "sociedade de consumo" dos anos 70 se radicaliza, nos anos 80-90, numa crítica à "sociedade de simulação", em que a dominação da mercadoria redunda na proliferação sem fim de imagens, em que nada é dado a ver (imagens sintéticas, vídeo etc.). Ver, por exemplo, sua análise da guerra do Golfo como orgia virtual (Baudrillard, 1991). Essa mercantilização não poupa o projeto moderno de libertação – política ou sexual –, que se torna então uma mercadoria como qualquer outra, apresentada à mídia e comentada, ou seja, consumida segundo essa lógica. Em G. Debord, a oposição entre espetáculo e vida é central (Coupat, 1997). A *Sociedade do espetáculo*, escrito em meados da década de 60, prefigura a passagem da primeira crítica à autenticidade (que continua presente em numerosas páginas, conforme demonstra, por exemplo, a denúncia da centralização administrativa [p. 27], das "mercadorias produzidas em série" [p. 163]) à segunda crítica, da qual esse texto constitui uma das primeiras expressões sistemáticas. A crítica ao espetáculo, em Debord, não é redutível à crítica à mídia, à qual ela foi frequentemente reduzida. Ela pretende ser uma crítica radical ao estado do mundo sob o império do mercando ao qual nada escapa. O espetáculo, signo de um "deslizamento generalizado do *ter* ao *parecer*" (p. 22) que leva à "*mostrar* [...] o mundo que já não é diretamente apreensível" (p. 23), é negação da "vida": quanto mais o espectador "contempla, menos vive; quanto mais aceita reconhecer-se nas imagens dominantes da necessidade, menos compreende sua própria existência e seu próprio desejo" (p. 31). A partir daí, ele está "separado de sua vida" (p. 32). Ora, em Debord, o espetáculo é o último estágio da mercadoria, o momento em que, visto que tudo é passível de ser transmudado em mercadoria, "a mercadoria chega à *ocupação total* da vida social" (p. 39): "o mundo ao mesmo tempo presente e ausente que o espetáculo *mostra* é o mundo da mercadoria que domina tudo o que é vivido" (p. 36). O espetáculo, no qual tudo se equivale, assim como o dinheiro, tornou-se "o equivalente geral abstrato de todas as mercadorias" (p. 44) (Debord, 1992).

36. Marcuse transforma o tipo de tolerância e de liberdade oferecido pela sociedade democrática em fonte de uma nova forma de totalitarismo "sem terror". A sociedade democrática, para ele, só é opressiva por ser equiparada ao desejo cego da multidão em concordância com a onipotência de um demagogo – tal como em Le Bon e seus sucessores; é opressiva precisamente por oferecer liberdade pelas mesmas razões e da mesma maneira com que é oferecido qualquer outro bem de consumo de massa. A tolerância, a falta de repressão mata, já no início, a própria possibilidade de transgressão como caminho de acesso à verdade do desejo e, por conseguinte, à vida autêntica. M. Walzer critica *O homem unidimensional,* resumindo a tese defendida por Marcuse com a máxima "Quanto melhor, pior" e, por essa razão, vê em Marcuse "um crítico antidemocrático. Praticamente o único entre os esquerdistas do século XX", que ele aproxima de Ortega y Gasset (Walzer, 1995, p. 199).

37. Numa longa nota (nota 33) de *Esboço de uma teoria da prática,* P. Bourdieu critica aquilo que ele chama de "ultrassubjetivismo" de Sartre que, ignorando "a questão das *condições econômicas e sociais da tomada de consciência das condições econômicas e sociais",* considera como "princípio da ação revolucionária um ato absoluto de doação de sentido, uma 'invenção' ou uma conversão". O "mundo da ação" então nada mais é do que "esse universo imaginário de possibilidades intercambiáveis que dependem inteiramente dos decretos da consciência que o cria, estando, pois, totalmente desprovido de *objetividade".* "Esse artificialismo – acrescenta P. Bourdieu – não reconhece nenhum limite na liberdade do ego, a não ser o limite que a liberdade se autoimpõe por meio da abdicação livre do juramento ou isenção da má-fé, nome sartriano da alienação, ou o limite que a liberdade alienadora do *alter ego* lhe impõe nos combates hegelianos entre senhor e escravo" (Bourdieu, 1972, pp. 248-9).

38. "Está claro que a oposição entre *Eigentlichkeit,* ou seja, 'autenticidade' e *Uneigentlichkeit,* 'inautenticidade', 'modos cardeais do *Dasein',* como diz Heidegger, em torno dos quais se organiza toda a obra, mesmo do ponto de vista de leituras estritamente internas, nada mais é que uma forma particular e particularmente sutil da oposição comum entre 'elite' e 'massas'" (Bourdieu, 1975, p. 113). A continuação desse trecho é bastante esclarecedora porque nela se pode ler, nas entrelinhas, a crítica a outros adversários contra os quais P. Bourdieu nunca deixou de lutar, os personalistas (alusão à "pessoa aqui chamada *Dasein")* e os sociólogos dos meios de comunicação inspirados na Escola de Frankfurt ("as forças niveladoras, diriam outros, 'massificantes'"): "Caberia recensear, ao longo do comentadíssimo trecho sobre o 'impessoal', os lugares-comuns do aristocratismo acadêmico do mérito e da cultura, alimentado de *topoi* sobre a *ágora,* antítese da *scholè,* lazer-e-escola: o horror à estatística (é o tema da 'média'), símbolo de todas as operações de 'nivelamento' que ameaçam a 'pessoa' (aqui chamada *Dasein)* e seus atributos mais preciosos, a 'originalidade' e o 'segredo'; o ódio a todas as forças 'niveladoras' (diriam outros 'massificantes')" *(id.).*

39. A bem da verdade, em La Distinction, permanece algo como uma posição de autenticidade, mas nunca explicitamente enunciada como tal: a autenticidade da "estética popular", "baseada na afirmação da continuidade entre arte e vida" e na "subordinação da forma à função" (p. 33). É a partir dessa posição que podem ser desvendadas duas figuras do inautêntico. Por um lado, uma inautenticidade primordial, a do "gosto puro" (p. 46); e, por outro, uma inautenticidade que se poderia qualificar de *derivada –*

a do "pequeno-burguês" que, preocupado em distinguir-se do gosto popular sem dispor dos recursos para o acesso ao gosto burguês, é condenado à "imitação", "espécie de blefe inconsciente que engana principalmente o blefador, primeiro interessado em tomar a cópia pelo original e o falsificado pelo autêntico, tal como os compradores de 'imitações', saldos ou liquidações, que querem convencer-se de que 'é mais barato e produz o mesmo efeito'" (p. 371).

40. É o que Derrida chama de *fonocentrismo*, identificado por meio de um longo comentário sobre Rousseau, em especial o seu *Ensaio sobre a origem das línguas*, que ocupa toda a segunda parte de *Da gramatologia* (Derrida, 1967). Em Rousseau, onde se pode encontrar provavelmente a primeira expressão sistemática da exigência de autenticidade em sua forma moderna, a voz, como presença autêntica e proximidade absoluta do eu consigo (e, por conseguinte, como verdade) em oposição à escrita, como distância, mediação, perda de presença que abre caminho para a mentira, do mesmo modo que a imediatez da festa popular se opõe à artificialidade do espetáculo teatral ou, sob outro aspecto, ao modo como a democracia direta realizada pela assembleia dos cidadãos se opõe à democracia representativa, na qual a vontade geral, assumida por porta-vozes, é ameaçada de desvio e degradada em interesse particular.

41. No entanto, algo permanece como fonte de uma posição moral que aponta para algo mais autêntico: o *primado da vida* como abertura (infra ou pré-individual) para o ilimitado, para a proliferação, para a criatividade e como resistência às ordens fechadas, aos bloqueios; a valorização nietzschiana das forças ativas sobre as forças reativas (aquelas que em Nietzsche inspiram o ressentimento e, assim, a moral no sentido da crítica ao "moralismo").

42. Pode-se ver em numerosas páginas de *Mitologias* (Barthes, 1955) a prefiguração de um tema bastante promissor: o do mundo como *look*. Veja-se, por exemplo, o capítulo dedicado ao abade Pierre que desmonta o traje do abade do mesmo modo como se descreveria um guarda-roupa de teatro destinado a transmitir certa imagem da personagem, na qual cada peça do vestuário é tratada como um signo cuja decifração pressupõe o conhecimento de um código. O abade Pierre não está vestido como abade em conformidade com as regras da instituição à qual pertence na época em que vive. Ele criou um *look* de abade. Ele tem um *novo visual,* como se diz hoje dos astros da música, modalidade *padre de choque*.

43. Um exemplo desse tipo de relação ambígua é dado pelos mundos da arte. A análise das características dos contextos organizacionais aptos a favorecer o surgimento de criações artísticas consideradas inovadoras trouxe à tona o papel essencial de certas relações que misturam a amizade e a atuação de uma pessoa diferente do artista (que poderia ser chamado de "*coach*") em sua obra, na forma de uma crítica empática, ou seja, de uma crítica teoricamente exercida do ponto de vista do projeto do artista, e não do ponto de vista das preocupações de rentabilidade da organização. Mas esse tipo de dispositivo pode mostrar-se como desvio de produção, visto que a amizade e a "crítica construtiva" se mostram *de fato* útil à produção de um bem de qualidade, de tal modo que podem ser, em contrapartida, denunciadas como manipulação (Chiapello, 1998).

44. Aliás, encontra-se a mesma tensão na definição dos bens produzidos por um mundo em rede. Sabe-se que esse mundo valoriza muito a inovação, mas esta se apresenta como o resultado de encontros, conexões e hibridações que ocorrem constante-

mente na rede, de tal modo que a inovação nunca pode ter caráter absoluto: nada mais possibilita afirmar a primazia de um "original" sobre "cópias", pois qualquer mudança ocorre sob a égide da multiplicidade e da variação infinita.

45. É possível fazer as mesmas observações sobre os novos usos da psicoterapia que não têm em vista tratar na raiz o sofrimento psíquico (reconhecido naquilo que ele teria de autêntico), mas em ensinar o paciente a manter distância de seu mal, em "administrá-lo", para ter condições de adaptar-se às situações de interação com os outros e satisfazer exigências transacionais na relação com outrem, consideradas exigências normativas por excelência (Baszanger, 1995, pp. 343-56).

46. A Assembleia Constituinte excluiu os domésticos (que, às vésperas da Revolução, constituíam 17% da população ativa parisiense) porque eles "simbolizavam a dependência em relação a um terceiro" (Rosanvallon, 1992, p. 120). Sieyès, citado por P. Rosanvallon, fala do assunto como "daqueles que, por dependência servil, se mantêm vinculados não a um trabalho qualquer, mas às vontades arbitrárias de um senhor".

47. A possibilidade de denunciar o distanciamento entre, de um lado, a natureza da ocupação e, de outro, sua remuneração e as qualificações de quem a exerce (desvalorização dos diplomas) desaparece com a utilização da noção de competência que, tendo em vista evitar fixar conhecimentos em classificações que possibilitem estabilizar expectativas, designa potenciais inerentes às pessoas naquilo que elas têm de singular, habilidades ou modos de ser, frutos de experiências pessoais que só podem se revelar em contextos locais, de tal modo que seus certificados passam pela observação das condutas e pela prova individual em situação real. Nesse contexto, a formação já não visa a transmitir competências, homologáveis por um diploma, mas a favorecer a transferibilidade profissional por meio do estímulo de disposições que podem ser suscitadas numa multiplicidade de tarefas diferentes (Dugué, 1994).

48. No que se refere às organizações culturais, a desconstrução da aura atribuída ao artista ou ao autor como sujeitos originais de uma obra autêntica deve muito aos esforços da sociologia da arte, especialmente de inspiração marxista, para mostrar que os artistas são trabalhadores como os outros. Essa empreitada de desencanto certamente contribuiu para o desenvolvimento do uso de técnicas de gestão empresarial para enquadrar a produção e a comercialização de "produtos" artísticos e para a inserção de um número cada vez maior de artistas no circuito capitalista, que só se apresentava com traços tão negativos e perigosos para a autenticidade do criador e de sua obra durante o período anterior (Chiapello, 1998).

49. Tem esse sentido aquilo que A. Supiot (1997) chama de "liberdade profissional", na qual ele distingue a "liberdade de empreender" e a "liberdade do trabalho". A ideia geral é transformar os direitos que não só enquadram mas instituem o mercado de trabalho em direitos que não sejam apenas protetores, mas também estejam dotados de virtudes positivas. Assim, o direito de empreender, segundo A. Supiot, deveria levar a "conferir direitos particulares àquele que empreende" (tem esse sentido a licença para a criação de empresa ou a subvenção aos desempregados fundadores de empresas). Do mesmo modo, a liberdade de trabalho não deve ser concebida como direito restritivo, que limite as possibilidades de ação coletiva dos assalariados (por exemplo, em caso de greve), mas também como direito dotado de "virtudes positivas", dando "fundamento jurídico à autonomia das pessoas no trabalho [...] que, conforme nos dizem os admi-

nistradores, é uma característica fundamental dos novos modos de gestão empresarial". A. Supiot menciona, entre essas liberdades positivas cujo reconhecimento pelo direito está em andamento, o direito à iniciativa (direito de rescisão), ao treinamento (licença individual), à crítica (direito de expressão). A multiplicação desses direitos decorrentes da liberdade do trabalho poderia contribuir, segundo o autor, "para cercear as novas formas de subordinação que se desenvolvem por trás do anteparo dessa autonomização. É o que ocorre com as múltiplas cláusulas de disponibilidade (obrigatoriedade de ficar próximo ao local de trabalho, de atender ao chamado do empregador, intermitência etc.) que possibilitam ao empregador contar com "uma disponibilidade contínua dos assalariados obrigando-se apenas à remuneração dos períodos realmente trabalhados". Ora, essas cláusulas "comportam um evidente atentado contra a liberdade de trabalho do assalariado, que não pode exercer outro emprego durante seus períodos de tempo 'livre'" (Supiot, 1997).

50. No caso dos professores, por exemplo, a ação sindical do fim do século XIX tinha em vista dotar os membros dessa profissão de um estatuto capaz de livrá-los do poder das autoridades locais e de lhes dar acesso à liberdade política.

51. Nesse sentido, o dinheiro é um dos principais meios que favorecem a imbricação entre as diferentes esferas de justiça, conforme ressalta P. Ricoeur (1995), comentando M. Walzer.

CONCLUSÃO

1. Tal generalização no espaço mostra-se desejável porque nesta obra nós nos limitamos voluntariamente ao caso francês; mesmo quando nossa elaboração teórica nos levava a abarcar um horizonte mais amplo (como nas reflexões sobre a exploração num mundo em rede), nossos exemplos foram majoritariamente escolhidos na França. Essa focalização numa única nação mostrara-se como o único modo de detalhar uma história já muito complexa. Além disso, análises feitas diretamente em nível mundial tendem a subestimar a importância representada por tradições, instituições, direito e conjunturas políticas, que dependem principalmente do âmbito do Estado-nação, para a evolução das práticas econômicas e das formas de expressão ideológicas concomitantes. Ao se eliminar a escala nacional, elimina-se de modo quase automático o nível mais operacional para pensar numa ação política em resposta às mudanças que afetam as sociedades quando há uma transformação nos modos de obtenção do lucro capitalista.

2. Em relação à classificação das teorias da mudança social feita por Raymond Boudon (1984, pp. 13-37), o esboço de modelo aqui apresentado refere-se ao *terceiro tipo*, que reúne construtos cuja particularidade consiste em enfatizar as *formas da mudança*, sendo um de seus exemplos célebres *Estrutura das revoluções científicas* de Thomas Kuhn (1983), que distingue três fases na dinâmica científica. Aliás, conclui-se que o papel atribuído nessa dinâmica às "anomalias" e aos conflitos que têm por alvo levá-las em consideração, interpretá-las e categorizá-las aproxima nosso modelo do de Kuhn. Assim, tal como as "anomalias" no modelo de Kuhn, as mudanças provocadas pelos deslocamentos do capitalismo, que favorecem alguns atores e mergulham outros na precariedade e na miséria, são inicialmente consideradas atípicas, circunstanciais, pas-

sageiras, antes de serem reconhecidas naquilo que têm de novo e de serem objeto de um trabalho de interpretação prévia à retomada da crítica. Em contrapartida, não procuramos estabelecer leis históricas (no sentido da crítica de Popper), fossem elas tendenciais (*primeiro tipo*, em Boudon) ou estruturais (*segundo tipo*); tampouco pretendemos descobrir as causas da mudança analisada (*quarto tipo* em Boudon), como teria sido o caso, por exemplo, se tivéssemos tentado *explicar* a reticulação do mundo por meio do desenvolvimento dos instrumentos de comunicação ou pelo aumento dos intercâmbios.

3. Na esteira de toda a filosofia política ocidental, pelo menos a partir de Hobbes, Durkheim já identificara os problemas criados pelo caráter insaciável das sociedades modernas.

4. Em Durkheim, como vimos no capítulo VII, apenas as normas coletivas têm condições de frear a insaciabilidade dos serem humanos, de modo que é absolutamente irrealista e perigoso querer basear uma ordem social (a do capitalismo) na liberação dos apetites individuais. Digamos aqui, para conciliar nossa posição com a de Durkheim, que consideramos não ser absolutamente possível que uma pessoa seja movida unicamente por interesses egoístas insaciáveis, salvo talvez em certos casos patológicos, exatamente porque ela foi socializada. Isso também significa que em Durkheim a possibilidade de um mundo dominado por apetites individuais insaciáveis – equiparado a uma espécie de estado de natureza mítico –, nunca encontrado na realidade, está na condição de pura experiência mental.

5. Ao contrário dos profetas do Antigo Testamento, mencionados por M. Walzer (1996), que denunciam a infidelidade de seus contemporâneos aos desígnios de Deus, Jó não é um crítico, ainda que sua revolta se encontre no princípio de todo *éthos* crítico.

6. Ela é indissociável da constituição de uma nova forma de crítica social – a *forma "caso"* [*affaire*] – cujo aparecimento pode ser datado da segunda metade do século XVIII, quando do envolvimento de Voltaire na defesa de pessoas acusadas de escândalos: blasfêmia no caso do cavaleiro de La Barre; crime ritual no de Calas (Claverie, 1994; 1998).

7. Em 1970, três quartos dos trabalhadores oriundos de famílias operárias, camponesas ou de pequenos empregados burocráticos (que, portanto, tinham frequentado a escola entre 1950 e 1960) não tinham obtido certificado de estudos. Vinte anos depois, a maioria deles (que frequentaram a escola na década de 70) tem pelo menos um diploma profissional, e um em cinco, o *baccalauréat*. Por fim, 10% são formados no ensino superior. É verdade que os diferentes meios sociais foram beneficiados "de modo mais ou menos equivalente pelo esforço de abertura realizado em cada um dos escalões do sistema escolar", mas não se pode extrair argumento da relativa estabilidade dos desvios para negar, *a posteriori*, qualquer valor positivo dos esforços de democratização envidados na década de 70 (Goux, Maurin, 1997).

8. Nos campos da arte ou da ciência, a transgressão às regras comuns é menos ilegítima porque, mais facilmente do que em outros campos, pode ser justificada em termos de inspiração.

9. O que contrariava totalmente o modo como a psicanálise fora interpretada nos anos 30 pelos escritores e artistas que primeiro tiveram contato com ela e, em especial, pelos surrealistas fascinados pelas forças do inconsciente, que justamente prometiam libertação em relação ao realismo burguês.

10. O desmantelamento das ordenações domésticas, porém, não ocorreu sem a hostilidade de grande número de assalariados, especialmente os mais idosos. Nos anos 80, a resistência dos assalariados, com apoio dos sindicatos, à extinção dos abonos por antiguidade, aos quais a maioria do patronato se tornara hostil (Grandjean, 1989), é um indicador entre outros das oposições com que se chocou a extinção da grandeza doméstica das principais situações de trabalho, nos anos 70-80. A aposentadoria antecipada dos assalariados de mais de 50 anos constituiu o modo mais simples de tratar o problema criado então pelos "velhos servidores da empresa", como ainda se dizia nos anos 60.

11. William Sewell dá numerosos exemplos para os primórdios do capitalismo industrial: "No Antigo Regime, recorrer a subcontratados, confiar trabalho a operários em casa, produzir bens padronizados e de qualidade medíocre, acentuar a divisão do trabalho ou introduzir operários não qualificados no ofício constituíam violações ao estatuto das corporações, sendo, pois, práticas ilegais. Isso não quer dizer que essas práticas não existissem, e sim que, em geral, tinham alcance limitado [...]. Foi porque os empresários desejavam fugir às regulamentações draconianas e aos custos elevados da mão de obra das corporações urbanas que a manufatura têxtil se tornou uma atividade essencialmente rural nos séculos XVII e XVIII. Mas, no século XIX, com a abolição das corporações pela Revolução e com a redefinição dos direitos de propriedade, todas essas práticas passaram ao âmbito do exercício dos direitos legítimos do proprietário individual. Não havia nenhuma lei que proibisse o empresário de contratar operários não qualificados pelo salário que ele pudesse negociar, a fim de produzir em série calçados desprovidos das polainas regulamentares. Somente uma ação combinada dos operários, eventualmente sustentada de diversas maneiras, claro, por pequenos proprietários que temessem a concorrência de rivais mais empreendedores, podia refrear essas práticas, se é que os havia. Mas essas ações combinadas eram ilegais e, por conseguinte, difíceis de organizar e executar. Em suma, os papéis estavam invertidos no século XIX: o que havia consistido em práticas fraudulentas tornava-se exercício legítimo da indústria privada, e o que havia consistido em restrições legais impostas à cupidez e à fraude dos proprietários desonestos tornava-se manobra ilegal contra os direitos de propriedade" (Sewell, 1983, pp. 218-9).

12. Foi o caso dos seres da natureza – animais, paisagens etc. –, cuja submissão a coerções industriais foi considerada naquilo que ela tinha de violento, provocando a constituição de novas provas submetidas a exigências de justificação.

13. Encontram-se vários exemplos desses conflitos na obra coletiva organizada por A. Hopwood e P. Miller (1994), sobre a história social das práticas contábeis que contribuem para definir as unidades sociais básicas – tais como empresas, organizações, departamento, divisões – e os atores pertinentes, bem como para estruturar o quadro no qual se inserem as relações entre esses atores e seus conflitos, em especial quanto ao cálculo do valor agregado e de seu rateio.

14. Transpondo as análises de C. Hélou sobre a resistência à escola (1998), definiremos a resistência ao quadro traçado por A. Hirschman em *Exit, Voice and Loyalty*. A resistência pode ser definida como recusa de *lealdade* em situações nas quais a crítica (*voice*) não é realmente possível e nas quais a defecção (*exit*) se mostra custosa demais, porque o mercado não oferece alternativa, tal como ocorre atualmente no mercado de trabalho, com o aumento do desemprego.

15. Cf. diferencial de mobilidade entre as multinacionais e os Estados (capítulo VI). É de observar também que os Estados que têm autoridade num território estão muito mais expostos à crítica do que as firmas em redes, porque em tal quadro as mobilizações se tornaram mais fáceis graças à existência de formas de equivalência, e os responsáveis se tornaram mais facilmente identificáveis (ainda que, no caso da França, os efeitos conjugados da regionalização e da transferência de competências para a Comissão Europeia também tendam a aumentar a opacidade das decisões e das responsabilidades).

16. Um exemplo de fuga à crítica (no caso, a ambientalista) é o das relocações das indústrias poluidoras e da estocagem dos detritos sempre que possível (o que explica por que a crítica se polarizou na energia nuclear, que não podia ser mandada para fora da Europa em vista do caráter não estocável da energia elétrica).

17. Muito significativa, nesse aspecto, é a obra organizada por P. Bourdieu, publicada em 1993, com o título *A miséria do mundo*. Sob o aspecto que aqui nos interessa, a característica principal dessa obra, composta por uma série de entrevistas introduzidas por textos que apresentam as personalidades e as circunstâncias dos dramas que tais entrevistas põem à mostra, é o fato de que, ao contrário de todas as outras obras publicadas até então por aquele sociólogo, ela é praticamente desprovida de qualquer metadiscurso e de ambição teórica manifesta. A miséria deve apresentar-se nua, no singular, e provocar uma indignação não mediada por dispositivos teóricos de generalização.

18. Isto porque a crítica, para ser fidedigna, precisa estar relacionada com um sacrifício. A existência de um sacrifício é, de algum modo, a prova pela qual se mede a validade da crítica. A crítica sempre teve um custo, e aqueles que a fazem muitas vezes têm o destino dos mártires. A eles são imputados motivos vis, interesseiros; são censurados por prejudicarem o bem comum, interrompendo o curso das ações; são acusados de loucura (e às vezes impelidos à loucura – Boltanski, 1990). A crítica sem custo nenhum ou mesmo a crítica que parece render ganhos a quem a faz (não só ganhos monetários, mas também, por exemplo, ganhos em termos de honras oficiais – posições institucionais, prêmios literários ou científicos... –, ou de notoriedade na mídia) é pouco fidedigna e facilmente denunciável. Pode-se suspeitar de que se trate de uma crítica de palavras, verbal, mas sem consequências em termos de ação.

19. Atualmente as pesquisas não registram, por exemplo, a porcentagem de temporários e/ou de pessoal disponível utilizado por cada empresa em cada categoria de pessoal. Também é muito difícil avaliar os níveis de terceirização e as redes: mesmo os da franquia são invisíveis, embora seus membros compartilhem pelo menos uma marca em comum (cf. capítulo IV). Em nível internacional, a falta de informação é maior ainda. Quase nada se sabe sobre as empresas multinacionais, estruturas superpoderosas responsáveis pela maior parte do PIB mundial, que movimentam o comércio internacional e dominam a pesquisa. Ao mesmo tempo que os instrumentos de investigação deveriam ser fortalecidos, assistiu-se à desativação do centro de estudos das multinacionais das Nações Unidas, que foi transferido com recursos reduzidos para a CNUCED (cf. prólogo). A única informação de que dispomos, muito lacunar, baseia-se nas comunicações financeiras que essas empresas realizam junto às Bolsas mundiais, mas às quais não são obrigadas as empresas de capital fechado. Quanto aos mercados financeiros, gozam da maior opacidade.

20. Cabe lembrar a ação da Anistia Internacional no caso dos direitos humanos, da ATD-Quarto Mundo no caso da exclusão, do CERC no reconhecimento do aumento das desigualdades, sem falar das associações com preocupações ecológicas que – como, por exemplo, a CRII-RAD, no caso da radioatividade – exercem vigilância atenta sobre os locais de risco, ocupando o espaço deixado pelos organismos oficiais.

21. No sentido de se basearem em construtos que comportam dois níveis: o primeiro, ocupado por particulares, seres humanos ou objetos; o segundo, por convenções que possibilitam o estabelecimento de equivalências capazes de superar as particularidades das pessoas e das coisas. Com base numa axiomática comum, cada cidade propõe, assim, uma arquitetura que especifica as qualidades dos seres por ela compreendidos e desenha assim os contornos de um mundo.

22. Várias temporalidades de fato habitam as cidades. A *primeira,* de longuíssima duração, diz respeito à axiomática na qual se baseia o construto do bem comum cujos vestígios se encontram ao longo de toda a filosofia política ocidental. Nada permite dizer que não continuamos mergulhados nessa temporalidade longa. Essa axiomática se baseia na tensão entre um axioma de humanidade comum (equivalência fundamental entre os membros de uma sociedade por pertencerem todos à humanidade) e uma coerção de ordem (princípio de dessemelhança) que comporta a possibilidade de as pessoas terem acesso a vários estados de grandeza ordenados numa escala de valor (para um desenvolvimento, cf. Boltanski, Thévenot, 1991). A *segunda* temporalidade diz respeito aos termos nos quais são qualificadas as diferentes espécies legítimas de grandeza (industrial, mercantil ou cívica) e à seleção das formas de existência que cada uma delas valoriza. Esses operadores de equivalências são objeto de variações segundo uma temporalidade mais breve em função de mudanças que, consideradas do ponto de vista do modelo das cidades, podem ser consideradas contingentes (pode tratar-se, por exemplo, de mudanças em tecnologias, em formas de poder, na organização da família...). A produção social de uma nova cidade é sempre possível, visto que a lista das qualidades capazes de servir de padrão a um julgamento não pode ser fechada, e a pessoa humana tem a possibilidade de existir em potência sob uma multiplicidade incalculável de aspectos.

BIBLIOGRAFIA

ABRAMOVICI, G., 1999, "La protection sociale", *Données sociales 1999,* INSEE, pp. 390-7.
ABROSSIMOV, C., GELOT, D., 1996, "La politique de l'emploi de 1990 à 1994 entre croissance économique et action publique", *Données sociales 1996,* INSEE, pp. 131-7.
ADAM, G., 1983, *Le pouvoir syndical,* Paris, Dunod.
ADORNO, T., 1980, *Minima moralia,* Paris, Payot (primeira edição: 1951; traduit de l'allemand par J.-R. Ladmiral et E. Kaufholz).
ADORNO, T., 1989, *Jargon de l'authenticité: de l'idéologie allemande,* Paris, Payot (traduit de l'allemand et préfacé par E. Escoubas; postface de G. Petitdemange).
AFSA, C., AMIRA, S., 1999, "Le RMI: un dispositif en mutation", *Données sociales 1999,* INSEE, pp. 406-12.
AGLIETTA, M. (Entretien avec), 1998, "Nouveau régime de croissance et progrès social", *Esprit,* novembro, pp. 142-63.
AGRE, R., 1997, "Surveillance et saisie. Deux modèles de l'information personnelle", *in* Conein, B., Thévenot, L. (orgs.), *Cognition et information en société,* série "Raisons pratiques", n.º 8, Edições de l'EHESS, pp. 243-66.
AGUITON, C., BENSAÏD, D., 1997, *Le retour de la question sociale. Le renouveau des mouvements sociaux en France,* Lausanne, Editions Page deux.
AKERLOF, G., 1970, "The market for 'lemons': quality, uncertainty and the market mechanism", *Quarterly Journal of Economics,* vol. 84, pp. 488-500.
AKERLOF, G., 1984, *An Economic Theorist's Book of Tales,* Cambridge, Cambridge UP.
AMAND, F., 1992, "Petit et grand commerce", *L'Entreprise,* numéro especial "La France des entreprises" en collaboration avec l'INSEE, n.º 2518, pp. 61-2.
AMAR, M., 1992, "Les effets du 'flux tendu'», *L'Entreprise,* número especial "La France des entreprises" en collaboration avec l'INSEE, n.º 2518, pp. 234-5.
AMAR, M., BRICOUT, J,-L., 1992, "La concentration financière", *L'Entreprise,* número especial "La France des entreprises" en collaboration avec l'INSEE, n.º 2518, pp. 70-1.

ANACT, 1979, *Les coûts des conditions de travail. Guide d'évaluation économique*, 3 vol., Paris.
ANDREFF, W., 1995, *Les multinationales globales*, Paris, La Découverte, col. "Repères".
ANDRÉ-ROUX, V., LE MINEZ, S., 1999, "Dix ans d'évolution du chômage des cadres. 1987-1997", *Données sociales 1999*, INSEE, pp. 140-7.
ANGENOT, M., 1983, *La parole pamphlétaire. Typologie des discours modernes*, Paris, Payot.
ANSART, P., 1969, *Marx et l'anarchisme*, Paris, PUF.
AQUAIN, V., BUÉ, J., VINCK, L., 1994, "L'évolution en 2 ans de l'organisation du travail: plus de contraintes mais aussi plus d'autonomie pour les salariés", *Premières synthèses*, n° 54, 16 junho 1994, DARES.
AQUAIN, V., CÉZARD, M., CHARRAUD, A., VINCK, L., 1994, "Vingt ans d'évolution des conditions de travail", *Travail et emploi*, n° 61, abril, pp. 81-91.
ARBANT, P., 1994, "Le capital de temps de formation", *Droit social*, n° 2, fevereiro, pp. 200-3.
ARENDT, H., 1983, *Condition de l'homme moderne*, Paris, Calmann-Lévy.
ASTIER, I., 1997, *Revenu minimum et souci d'insertion*, Paris, Desclée De Brouwer.
AUDRIC, S., FORGEOT, G., 1999, "Le développement du travail à temps partiel", *Données sociales 1999*, INSEE, pp. 177-81.
BAECHLER, J., 1995, *Le capitalisme*, Paris, Gallimard (2 volumes).
BAKTAVATSALOU, R., 1996, "Licenciements économiques et mesures d'accompagnement au début des années 90", *Données sociales 1996*, INSEE, pp. 150-6.
BALAZS, G., MATHEY, C., 1975, "Opinions sur le marginalisme: analyse d'interviews de spécialistes de la jeunesse", in J. Rousselet et alii, *Les jeunes et l'emploi*, Cahiers du CEE n° 7, Paris, PUF.
BARISH, J., 1981, *The Antitheatrical Prejudice*, Berkeley, Univ. of California Press.
BARJONET, A., 1968, *La CGT*, Paris, Seuil.
BARKER, J. B., 1993, "Tightening the iron cage: concertive control in self-managing teams", *Administrative Science Quarterly*, vol. 38, pp. 408-37.
BARON, C., BUREAU, M.-C., LE DANTEC, E., NIVOLLE, P., 1994, *Les intermédiaires de l'insertion*, Paris, CEE.
BARRAT, O., COUTROT, T., MABILE, S., 1996, "La négociation salariale en France: des marges de manoeuvre réduites au début des années 90", *Données sociales 1996*, INSEE, pp. 199-268.
BARTHES, R., 1955, *Mythologies*, Paris, Seuil.
BASZANGER, I., 1995, *Douleur et médecine, la fin d'un oubli*, Paris, Seuil.
BAUDELOT, C., GOLLAC, M., 1997, "Le salaire du trentenaire: question d'âge ou de génération", *Économie et statistique*, n° 304-305, abril.
BAUDRILLARD, J., 1970, *La société de consommation*, Paris, Denoël.
BAUDRILLARD, J., 1981, *Simulacres et simulation*, Paris, Galilée.
BAUDRILLARD, J., 1991, *La guerre du Golfe n'a pas eu lieu*, Paris, Galilée.
BAUDRY, B., "De la confiance dans la relation d'emploi et de sous-trai-tance", *Sociologie du travail*, n° 1, pp. 43-61.
BAUMARD, M., BLANCHOT, M., 1994, *Crise du syndicalisme*, Paris, Hatier.
BEAUD, S., PIALOUX, M., 1991, "Être OS chez Peugeot: changements techniques et usure au travail", *Critiques sociales*, n° 1, maio de 1991, pp. 11-24.

BECKER, G., 1965, "A theory of the allocation of time", *The Economic Journal*, vol. LXXV, n° 299, pp. 493-517.
BELL, D., 1979, *Les contradictions culturelles du capitalisme*, Paris, PUF (primeira edição americana, 1975).
BELLEVILLE, P., 1963, *Une nouvelle classe ouvrière*, Paris, Julliard.
BELLOC, B., LAGARENNE, C., 1996, "Emplois temporaires et emplois aidés", in *Données sociales 1996*, Paris, INSEE, pp. 124-30.
BELORGEY, J.-M., 1994, entretien avec D. Gelot et S. Volkoff, *Collectif*, n° 24, dezembro.
BÉNÉTON, P., TOUCHARD, J., 1970, "Les interprétations de la crise de mai juin 1968", *Revue française de science politique*, vol. XX, junho, n° 3, pp. 503-41.
BENGHOZI, P.-J. (1989), *Le cinéma entre l'art et l'argent*, Paris, L'Harmattan.
BENIGER, J., 1986, *The Control Revolution. Technological and Economic Origins of the Information Society*, Cambridge (Mass.), Harvard UP.
BENKO, G., LIPIETZ, A. (orgs.), 1992, *Les régions qui gagnent. Districts et réseaux: les nouveaux paradigmes de la géographie économique*, Paris, PUF.
BENNAHMIAS, J.-L., ROCHE, A., 1992, *Des Verts de toutes les couleurs. Histoire et sociologie du mouvement écolo*, Paris, Albin Michel.
BENNETT, S., FRIERMAN, R., GEORGE, S., 1993, *Corporate Realities and Environmental Truths. Strategies for Leading your Business in the Environmental Era*, New York, John Wiley & Sons.
BÉNOT, Y., 1977, *L'autre Italie, 1968-1976*, Paris, Maspero.
BERGER, S., PIORE, M., 1980, *Dualism and Discontinuity in Industrial Societies*, New York, Cambridge UP.
BERGGREN, C., 1993, "Lean production. The end of history?", *Actes du GERPISA*, n° 6, fevereiro, pp. 15-36.
BERLE, A., MEANS, G., 1932, *The Modern Corporation and Private Property*, London, Macmillan.
BERMAN, M., 1982, *All that is Solid Melts into Air. The Experience of Modernity*, New York, Simon and Schuster.
BERNOUX, P., MOTTE, D., SAGLIO, J., 1973, *Trois ateliers d'OS*, Paris, Les Éditions ouvrières.
BERNOUX, P., 1974, *Les nouveaux patrons. Le centre des Jeunes dirigeants d'entreprise*, Paris, Les Éditions ouvrières.
BERNOUX, P., SERVET, J.-M. (orgs.), 1997, *La construction sociale de la confiance*, Paris, Montchrestien.
BESNARD, P., 1970, *Protestantisme et capitalisme. La controverse postweberienne*, Paris, Armand Colin.
BESNARD, P., 1973, "Durkheim et les femmes ou le *Suicide* inachevé", *Revue française de sociologie*, XIV, pp. 27-61.
BESNARD, P., 1987, *L'anomie, ses usages et ses fonctions dans la discipline sociologique depuis Durkheim*, Paris, PUF.
BESNARD, P., 1997, "Mariage et suicide: la théorie durkheimienne de la régulation conjugale à l'épreuve d'un siècle", *Revue française de sociologie*, vol. XXXVIII, pp. 735-58.
BESSY, C., 1994, "La sélection des salariés licenciés: économie d'une réglementation", *Travail et emploi*, n° 58, pp. 38-54.

BESSY, C., 1997, "Cabinets de recrutement et formes d'intermédiation sur le marché du travail", in Bessy, C., Eymard-Duvernay, F. (orgs.), pp. 103-42.
BESSY, C., CHATEAURAYNAUD, F., 1995, *Experts et faussaires. Pour une sociologie de la perception,* Paris, Métailié.
BESSY, C., EYMARD-DUVERNAY, F. (orgs.), 1997, *Les intermédiaires du marché du travail,* Cahiers du CEE, Paris, PUF.
BEST, F., 1980, *Flexible Life Scheduling. Breaking the Education-Work-Retirement Lockstep,* New York, Praeger.
BIHR, A., PFEFFERKORN, R., 1995, "Peut-on définir un seuil de richesse?" *Alternatives économiques,* hors-série n.º 25 "Les riches", 3.º trimestre.
BISAULT, L., BLOCH-LONDON, C., LAGARDE, S., LE CORRE, V., 1996, "Le développement du travail a temps partiel", in *Données sociales 1996,* INSEE, pp. 225-33.
BLOCH-LONDON, C., BOISARD, P., 1999, "L'aménagement et la réduction du temps de travail", *Données sociales 1999,* INSEE, pp. 107-214.
BOISARD, P., LETABLIER, M.-T., 1989, "Un compromis d'innovation entre tradition et standardisation dans l'industrie laitière", *in* Boltanski, L., Thévenot, L. (orgs.), *Justesse et justice dans le travail,* Paris, CEE-PUF, pp. 209-18.
BOISSEVAIN, J. 1974, *Friends of Friends. Networks, Manipulations and Coalitions,* Oxford, Blackwell.
BOISSONAR, J., (sous la présidence de), 1995, *Le travail dans vingt ans,* Commissariat général du Plan, Odile Jacob et Documentation française.
BOLTANSKI, L., 1975, "Pouvoir et impuissance. Projet intellectuel et *sexualité* dans le Journal d'Amiel", *Actes de la recherche en sciences sociales,* I (5-6), pp. 171-99.
BOLTANSKI, L., 1982, *Les cadres. La formation d'un groupe social,* Paris, Minuit.
BOLTANSKI, L., 1990, *L'amour et la justice comme compétences*, Paris, Métailié.
BOLTANSKI, L., 1993, *La souffrance à distance,* Paris, Métailié.
BOLTANSKI, L., 1993 b, "Dissémination ou abandon: la dispute entre amour et justice. L'hypothèse d'une pluralité de régimes d'action", in Ladrière, P., Pharo, P., Quéré, L., *La théorie de l'action. Le sujet pratique en débat,* Paris, Éditions du CNRS, pp. 235-59.
BOLTANSKI, L., THÉVENOT, L., 1983, "Finding one's way in social space: a study based on games", *Social Science Information,* vol. 22, n.º 4-5, pp. 631-80.
BOLTANSKI, L., THÉVENOT, L. (éds.), 1989, *Justesse et justice dans le travail,* Paris, CEE-PUF.
BOLTANSKI, L., THÉVENOT, L., 1991, *De la justification. Les économies de la grandeur,* Paris, Gallimard.
BONNECHERE, M., 1997, *Le droit du travail,* Paris, La Découverte, col. "Repères".
BORDET, G., NEUSCHWANDER, C., 1993, *Lip 20 ans après, Paris,* Syros.
BOUNDON, R., 1984, *La place du désordre. Critique des théories du change-ment social,* Paris, PUF.
BOUGET, D., CADIO, J., GUÉRY, H., NOGUÈS, H., 1995, *Les politiques de lutte contre la grande pauvreté,* Centre d'économie des besoins sociaux, Nantes, 4 vol.
BOURDIEU, P., 1972, *Esquisse d'une théorie de la pratique,* Genève-Paris, Droz.
BOURDIEU, P., 1975, "L'ontologie politique dc Martin Heidegger", *Actes de la recherche en sciences sociales,* 5-6, novembre, pp. 109-56.

BOURDIEU, P., 1979, *La distinction. Critique sociale du jugement*, Paris, Minuit.
BOURDIEU, P., 1980, *Le sens pratique*, Paris, Minuit.
BOURDIEU, P., 1992, *Les règles de l'art. Genèse et structure du champ littéraire*, Paris, Seuil.
BOURDIEU, P. (sous la direction de), 1993, *La misère du monde*, Paris, Seuil.
BOURDIEU, P., BOLTANSKI, L., MALDIDIER, P., 1971, "La défense du corps", *Information sur les sciences sociales*, t. X, n.º 4, pp. 45-86.
BOURDIEU, P., BOLTANSKI, L., SAINT MARTIN, M. de, 1973, "Les stratégies de reconversion. Les classes sociales et le système d'enseignement", *Information sur les sciences sociales*, 12 (5), pp. 61-113.
BOURDIEU, P., BOLTANSKI, L., 1976, "La production de l'idéologie dominante", *Actes de la recherche en sciences sociales*, junho, n.º 2-3, pp. 4-73.
BOURDIEU, P., PASSERON, J.-C., 1963, "Sociologues des mythologies et mythologies de sociologues", *Les Temps modernes*, 211, dezembro, pp. 998-1021.
BOURDIEU, P., PASSERON, J.-C., 1964, *Les héritiers*, Paris, Minuit.
BOURDIEU, P., PASSERON, J.-C., 1970, *La reproduction. Éléments pour une théorie du système d'enseignement*, Paris, Minuit.
BOURETZ, P., 1996, *Les promesses du monde, philosophie de Max Weber*, Paris, Gallimard.
BOURGUIGNON, F., CHIAPPORI, P.-A., 1997, *Fiscalité et redistribution. Plans pour une reforme*, Paris, Notes de la Fondation Saint-Simon.
BOURNIQUE, Y., BARRY, C. de, 1992, "Donneurs d'ordres et sous-traitants", *L'Entreprise*, número especial "La France des entreprises" en collaboration avec l'INSEE, n.º 2518, pp. 224-5.
BOUVERESSE, J., 1983, "La vengeance de Spengler", *Le temps de la réflexion*, IV, Gallimard, pp. 371-402.
BOUZONNIE, H., 1987, "L'évolution des effectifs syndicaux depuis 1912: un essai d'interprétation", *Revue française des affaires sociales*, vol. 41, outubro-dezembro, n.º 4, pp. 59-82.
BOWIE, N., FREEMAN, E. (orgs.), 1992, *Ethics and Agency Theory*, Oxford, Oxford UP.
BOYER, R., 1983, "L'introduction du taylorisme en France à la lumière de recherches récentes", *Travail et emploi*, n.º 18, outubro-dezembro, pp. 17-41.
BOYER, R., ORLÉAN, A., 1994, "Persistance et changement des conventions", *in* Orléan, A. (org.), *Analyse économique des conventions*, pp. 219-47.
BRANCIARD, M., 1990, *Histoire de la CFDT*, Paris, La Découverte.
BRAUDEL, F., 1979, *Civilisation matérielle, économie et capitalisme, xve-xviie siècle*, 3 vol. (1. *Les structures du quotidien*, 2. *Les jeux de l'échange*, 3. *Le temps du monde*), Paris, Armand Colin. [Trad. bras., *Civilização material, economia e capitalismo*, vol. 3, São Paulo, Martins Fontes, 1996.]
BRAUDEL, F., 1985, *La dynamique du capitalisme*, Paris, Arthaud.
BRESSAND, A., DISTLER, C., 1995, *La planète relationnelle*, Paris, Flammarion.
BRICOUT, J.-L., 1992, "La montée des services", *L'Entreprise*, número especial "La France des entreprises" en collaboration avec l'INSEE, n.º 2518, pp. 38-41.
BRICOUT, J.-L., DIETSCHE, M., 1992, "Un bilan de santé favorable", *L'Entreprise*, número especial "La France des entreprises" en collaboration avec l'INSEE, n.º 2518, pp. 172-4.

BROUDIC, J., ESPINASSE, J.-M., 1980, "Les politiques de gestion de la maind'œuvre", *Travail et emploi,* outubro 1980, p. 10-25.
BRUHNS, H., 1997, "Économie et religion chez Werner Sombart et Max Weber", in Raulet, G. (org.), pp. 95-120.
BUÉ, J., 1985, "L'expression des salariés avant la loi du 4 août 1982. Les expériences d'initiative patronale", *Travail et emploi,* março, nº 23, pp. 55-65.
BUÉ, J., 1989, "Les différentes formes de flexibilité", *Travail et emploi,* nº 41, 3, pp. 29-35.
BUNEL, J., 1973, *La mensualisation. Une réforme tranquille?,* Paris, Les Éditions ouvrières.
BUNEL, J., SAGLIO, J., 1980, "La redéfinition de la politique sociale du patronat français", *Droit social,* nº 12, dezembro, pp. 489-98.
BURNHAM, J., 1947, *L'ère des organisateurs,* Paris, Calmann-Lévy (traduction de *The managerial revolution; what is appening in the world,* publié à New York en 1941).
BURT, R., 1980, "Models of network structure", *Annual Review of Sociology,* vol. 6, pp. 79-141.
BURT, R., 1992 a, *Structural Holes,* Cambridge, Harvard UP.
BURT, R., 1992 b, "The social structure of competition", *in* Nohria, N., Eccles, R. (orgs.), *Networks and Organizations: Structure, Form, and Action,* pp. 57-91.
BURT, R., JANNOTTA, J., MAHONEY, J., 1998, "Personnality correlates of structural holes", *Social Networks,* 20, pp. 63-87.
CAIRE, G., 1973, "La France est-elle encore à l'heure de Lip?", *Droit social,* nº 11, novembro, pp. 522-9.
CAIRE, G., 1981, "Précarisation des emplois et régulation du marché du travail", communication aux IIes *Journées d'économie sociale,* Faculté des sciences économiques de Dijon, 24-25 setembro.
CAIRNCROSS, F., 1993, *Les marchés verts. Réconcilier croissance économique et écologie,* Paris, Les Éditions d'organisation.
CALLON, M., 1986, "Éléments pour une sociologie de la traduction. La domestication des coquilles Saint-Jacques et des marins-pêcheurs dans la baie de Saint-Brieuc", *L'Année sociologique,* nº 36, pp. 169-208.
CALLON, M., 1989, *La science et ses réseaux. Genèse et circulation des faits scientifiques,* Paris, La Découverte.
CALLON, M., 1991, "Réseaux technico-économiques et irréversibilité", *in* Boyer, R. (org.), *Réversibilité et irréversibilité en économie,* Paris, EHESS, pp. 195-230.
CALLON, M. (org.), 1993, *Ces réseaux que la raison ignore,* Paris, L'Harmattan.
CALLON, M. (org.), 1998, *The Laws of the Markets,* Oxford, Blackwell.
CALLON, M., LATOUR, B., 1981, "Unscrewing the big Leviathan", *in* Knorr-Cetina, K., Cicourel, A.V. (orgs.), *Advances in Social Theory and Methodology,* Boston, Routledge and Kegan Paul, pp. 277-303.
CAMPINOS-DUBERNET, M., 1995, "La gestion des sureffectifs, la fin des illusions des ressources humaines?", *Travail et emploi,* nº 64, pp. 23-34.
CAMUS, B., 1996, "Les débuts de la mesure", *INSEE Méthodes,* nº 67-8, "Les réseaux d'entreprises: des collectifs singuliers", 20 de novembro, pp. 139-41.
CAPRON, M., 1995, "Vers un renouveau de la comptabilité des ressources humaines", *Revue française de gestion,* novembro-dezembro, pp. 46-54.
CARTIER-BRESSON, J., 1992, "Éléments d'analyse pour une économie de la corruption", *Revue Tiers-Monde,* nº 131, pp. 581-609.

CARTIER-BRESSON, J., 1993, "De la définition d'un marché de la corruption à l'étude de ses formes organisationnelles: un premier bilan des analyses économiques de la corruption", communication au séminaire: "La corruption dans les systèmes pluralistes", Poitiers, novembro.
CARTRON, D., 1998, "Autonomie et contrôle dans un restaurant McDonald's", papier de travail discuté dans le séminaire de L. Boltanski à l'EHESS.
CASTEL, R., 1991, "De l'indigence à l'exclusion: la désaffiliation", *in* Donzelot J., *Face à l'exclusion, le modèle français,* Paris, Le Seuil-Esprit.
CASTEL, R., 1994, *Les métamorphoses de la question sociale,* Paris, Fayard.
CASTEL, R., 1996, "Débat sur le revenu minimum inconditionnel", *Revue du Mauss* (número dedicado au revenu universal), n.° 7, pp. 174-87.
CASTEL, R., FITOUSSI, J.-P., FREYSSINAR, J., 1997, *Chômage: le cas fiançais,* Paris, La Documentation française.
CASTELLS, M., YAZAWA, S., KISELYOVA, E., 1995, "Insurgents against the global order: a comparative analysis of the Zapatistas in Mexico, the American Militia and Japan's AUM Shinrikyo", *Berkeley Journal of* Sociology, vol. XXXX, pp. 21-37.
CASTELLS, M., 1998, *La société en réseaux,* Paris, Fayard.
CASTORIADIS, C., 1974, *L'expérience du mouvement ouvrier,* vol. 2, Paris, Union générale d'édition.
CASTORIADIS, C., 1979, *Capitalisme moderne et révolution,* vol. 2, Paris, Union générale d'édition.
CERC-ASSOCATION, 1994, "Tendances de la distribution des revenus dans une perspective intrenationale", *La note de Cerc-Association,* n.° 1, outubro.
CERC-ASSOCIATION, 1997 a, "Chiffrer le chômage" *Dossiers du Cerc-Association,* n.° 1.
CERC-ASSOCIATION, 1997 b, "Les minima sociaux. 25 ans de transformations", *Dossiers du Cerc-Association,* n.° 2.
CERTEAU, M. de, 1968, *La prise de parole,* Desclée De Brouwer.
CETTE, G., MAHFOUZ, S., 1996, "Le partage primaire du revenu: un constat descriptif sur longue période", *Économie et statistique,* n.° 296-297, junho–julho, pp. 165-84.
CEZARD, M., 1979, "Les classifications: les grandes étapes", *Économie et statistiques.*
CEZARD, M., DAYAN, J.-L., 1999, "Les relations professionnelles en mutation", *Données sociales 1999,* INSEE, pp. 189-98.
CEZARD, M., DUSSERT, F., GOLLAC, M., 1992, "Taylor va au marché. Organisation du travail et informatique", *La lettre d'information du CEE,* n.° 26, dezembro.
CEZARD, M., DUSSERT, F., GOLLAC, M., 1993, "Conditions, organisation du travail et nouvelles technologies", *Dossiers statistiques du travail et de l'emploi,* DARES, n.° 90-91-92.
CEZARD, M., VINCK, L., 1996, "Contraintes et marges d'initiative des salariés dans Ieur travail", *Données sociales 1996,* INSEE, pp. 217-24.
CFDT, 1969, "Pour la démocratie dans l'entreprise. Mai juin 68, des expériences, des documents, des faits", *La revue du* militant, mars-avril, n.° 82.
CHALVON-DEMERSAY, S., 1996, "Une société élective. Scénarios pour un monde de relations choisies", *Terrain,* n.° 27, setembro, pp. 81-100.
CHANDLER, A., 1988, *La main visible des managers: une analyse historique,* Paris, Economica (primeira edição americana: 1977).

CHARPAIL, C., GELOT, D., GUBIAN, A., ZILBERMAN, S., 1999, "L'évaluation des politiques de l'emploi", *Données sociales 1999*, INSEE, pp. 117-27.
CHATEAURAYNAUD, F., 1991, *La faute professionnelle. Une sociologie des conflits de responsabilité*, Paris, Métailié.
CHATZIS, K., CONINCK, F. de, ZARIFIAN, P., 1995, "L'accord A. Cap 2000: la 'logique compétence' à l'épreuve des faits", *Travail et emploi*, n.º 64, pp. 35-47.
CHAUVEL, L., 1997, "L'uniformisation du taux de suicide masculin selon l'âge: effet de génération ou recomposition du cycle de vie?", *Revue française de sociologie*, vol. XXXVIII, pp. 735-58.
CHENU, A., 1993, "Une classe ouvrière en crise", *Données sociales 1993*, INSEE, pp. 473-85.
CHENU, A., 1997 a, "Le codage professionnel à l'épreuve d'investigations réitérées, 1975-1990", Communication à la journée de travail sur l'évolution de la catégorie socioprofessionnelle et des déterminants de la stratification sociale, 14 de março de 1997, Observatoire sociologique du changement.
CHENU, A., 1997 b, "La descriptibilité statistique des professions", *Sociétés contemporaines*, n.º 27.
CHESNAIS, F., 1994, *La mondialisation du capital*, Paris, Syros.
CHIAPELLO, E., 1996, "Les typologies des modes de contrôle et leurs facteurs de contingence – un essai d'organisation de la littérature", *Comptabilité – Contrôle – Audit*, tomo 2, vol. 2, setembro, pp. 51-74.
CHIAPELLO, E., 1997, "Les organisations et le travail artistiques sont-ils contrôlables?", *Réseaux*, novembro-dezembro, pp. 77-114.
CHIAPELLO, E., 1998, *Artistes versus managers. Le management culturel face á la critique artiste*, Paris, Métailie.
CHIAPELLO, E., 1999, "Art, innovation et management: quand le travail artistique interroge le contrôle", in L. Collins (org.), *Questions de contrôle*, Paris, PUF, pp. 194-218.
CHIARAMONTI, C., 1990, "L'asocialité dénoncée par ses victimes", *Données sociales 1990*, Paris, INSEE, pp. 434-7.
CLAIRMONT, F., 1997, "Vers un gouvernement planétaire des multinationales. Ces deux cents sociétés qui contrôlent le monde." *Le monde diplomatique*, abril.
CLAVERIE, E., LAMAISON, P., 1982, *L'impossible mariage. Violence et parenté en Gévaudan, xvii.ᵉ, xviii.ᵉ, xix.ᵉ siècles*, Paris, Hachette.
CLAVERIE, E., 1994, "Procès, Affaire, Cause, Voltaire et l'innovation critique", *Politis*, n.º 26, pp. 76-86.
CLAVERIE, E., 1998, "La naissance d'une forme politique: l'affaire du chevalier de La Barre", in Roussin, P. (org.), *Critique et affaires de blasphème aa l'époque des Lumières*, Paris, Honoré Champion.
CLAVERO, B., 1996, *La grâce du don. Anthropologie catholique de l'économie moderne*, Paris, Albin Michel (primeira edição italiana: 1991).
CLERC, J.-M., 1973, "Les conflits sociaux en France en 1970 et 1971", *Droit social*, n.º 1, janeiro, pp. 19-26.
CLOSETS, F. de, 1982, *Toujours plus!*, Paris, Grasset.
CLOSETS, F. de, 1984, *Tous ensemble pour en finir avec la syndicratie*, Paris, Seuil.
CLOT, Y., ROCHEX, J.-Y., SCHWARTZ, Y., 1992, *Les caprices du flux. Les mutations technologiques du point de vue de ceux qui les vivent*, Vigneux, Editions Matrice.

CNPF, 1971, *Le problème des OS*, Paris, CNPF.
CNPF, 1977, *L'amélioration des conditions de vie dans l'entreprise*, 4es Assises nationales des entreprises, 15-18 outubro, 2. vol., Paris, CNPF.
COBLENCE, F., 1986, *Le dandysme, obligation d'incertitude*, Paris, PUF.
COHEN, D., 1997, *Richesse du monde, Pauvreté des nations*, Paris, Flammarion.
COIGNARD, S., GUICHARD, M.-T., 1997, *Les bonnes fréquentations: histoire secrète des réseaux d'influence*, Paris, Grasset.
CONINCK, F. de, 1991, "Evolutions post-tayloriennes et nouveaux clivages sociaux", *Travail et emploi*, n.º 49, pp. 40-29.
COMBESQUE, M.-A., 1998, *Ça suffit! Histoire du mouvement des chômeurs*, Paris, Pion.
CORCUFF, P., 1989, "Sécurité et expertise psychologique dans les chemins de fer", *in* Boltanski, L., Thévenot, L. (orgs.), *Justesse et justice dans le travail*, pp. 307-18.
CORIAT, B., 1979, *L'atelier et le chronomètre*, Paris, Christian Bourgois.
CORIAT, B., 1991, *Penser à l'envers – Travail et organisation dans la firme japonaise*, Pads, Christian Bourgois.
CORIAT, B., 1995, "France: un fordisme brisé mais sans successeur", *in* Boyer, R., e Saillard, Y. (orgs.), *Théorie de la régulation. L'état des savoirs*, Paris, La Découverte, pp. 389-97.
COSETTE, M., 1998, "Les vertus du socialement correct", *Alternatives économiques*, n.º 161, julho-agosto.
COUPAT, J., 1997, *Perspective et critique de la pensée situationniste*, mémoire de DEA sous la direction de N. Tertulian, EHESS.
COURTOIS, S., LAZAR, M., 1995, *Histoire du Parti communiste français*, Paris, PUF.
COUTROT, T., 1996, "Les nouveaux modes d'organisation de la production: quels effets sur l'emploi, la formation, l'organisation du travail?", *Données sociales 1996*, INSEE, pp. 209-16.
COUTROT, T., MABILE, S., 1993, "Le développement des politiques salariales incitatives", *Données sociales 1993*, INSEE, pp. 218-24.
CROSNIER, P., 1992, "Les PMI dans le sillage des groupes", *L'Entreprise*, número especial "La France des entreprises" en collaboration avec l'INSEE, n.º 2518, pp. 22-3.
CROUCH, C., PIZZORNO, A. (orgs.), 1978, *The Resurgence of Class Conflict in Western Europe since 1968*, New York, Holmes & Meier, 2 vol.
CROZIER, M., 1970, *La société bloquée*, Paris, Seuil.
CROZIER, M., HUNTINGTON, S., WATANUKI, J., 1975, *The Governability of Democracies*, The Trilateral Commission, Mimeo.
DANZIGER, R., 1983, *Le bilan social, outil d'information et de gestion*, Paris, Dunod.
DAUGAREILH, I., 1996, "Le contrat de travail à l'épreuve des mobilités", *Droit social*, fevereiro, n.º 2, pp. 128-40.
DEBORD, G., 1992, *La société du spectacle*, Paris, Gallimard (1.ª edição: Suchet-Chastel, 1967).
DEGENNE, A., FORSÉ, M., 1994, *Les réseaux sociaux*, Paris, Armand Colin.
DEJOURS, C., 1992, "Pathologie de la communication. Situation de travail et espace public: le cas du nucléaire", *Raisons pratiques*, n.º 3, pp. 177-201.
DEJOURS, C., 1998, *Souffrance en France. La banalisation de l'injustice sociale*, Paris, Seuil.
DELEUZE, G., 1968, *Différence et répétition*, Paris, PUF.

DELEUZE, G., GUATTARI, F., 1980, *Mille plateaux*, Paris, Minuit.
DELEUZE, G., 1981, *Spinoza. Philosophie pratique*, Paris, Minuit (version augmentée et remaniée d'un ouvrage publié d'abord en 1970 aux PUF).
DELORS, J., 1975, *Changer*, Paris, Stock.
DERRIDA, J., 1967, *De la grammatologie*, Paris, Minuit.
DESCOMBES, V., 1989, *Philosophie par gros temps*, Paris, Minuit.
DESROSIÈRES, A., 1987, "Éléments pour l'histoire des nomenclatures socio-professionnelles", *in* Affichard, J. (org.), *Pour une histoire de la statistique*, t. 2, Paris, INSEE-Economica, pp. 35-56.
DESROSIÈRES, A., 1993, *La politique des grands nombres*, Paris, La Découverte.
DESROSIÈRES, A., THÉVENOT, L., 1988, *Les catégories socio-professionnelles*, Paris, La Découverte, col. "Repères".
DESSORS, D., SCHRAM, J., VOLKOFF, S., 1991, "Du handicap de 'situation' à la sélection-exclusion: une étude des conditions de travail antérieures aux licenciements économiques", *Travail et emploi*, n.º 2, pp. 31-47.
DE SWANN, A., 1988, *In Care of the State*, Oxford, Polity Press.
DIDIER, E, 1995, *De l'exclusion*, mémoire de DEA, Paris, GSPM, EHESS.
DIDRY, C., 1994, *La construction juridique de la convention collective en France: 1900-1919*, thèse de l'École des hautes études en sciences sociales, Paris.
DIRN, L., 1998, *La société française en tendances, 1975-1995*, Paris, PUF.
DISSELKAMP, A., 1994, *L'éthique protestante de Max Weber*, Paris, PUF.
DIXON, K., 1998, *Les évangélistes du marché*, Paris, Raisons d'agir Éditions.
DODIER, N., 1995, *Les hommes et les machines. La conscience collective dans les sociétés technicisées*, Paris, Métailié.
DUBET, F., 1987, *La galère. Jeunes en survie*, Paris, Fayard.
DUBET, F., 1994, *Sociologie de l'expérience*, Paris, Seuil.
DUBOIS, P., 1978, "New forms of industrial conflict", *in* Crouch, C., Pizzorno, A., *op. cit.*, vol. 2, pp. 1-34.
DUBOIS, P., DURAND, C., ERBES-SEGUIN, S., 1978, "The contradiction of french trade unionism", *in* Crouch, C., Pizzorno, A., *op. cit.*, vol. 1, pp. 53-100.
DUCHESNE, F., 1996, "Le syndicalisme à venir", *in* Durand, J.-P. (org.), *Syndicalisme au futur*, Paris, Syros, pp. 207-29.
DUCROT, O., SCHAEFFER, J.-M., 1995, *Nouveau dictionnaire encyclopédique des sciences du langage*, Paris, Seuil.
DUFOUR, C., 1995, "Le repli sur soi des comités d'entreprise", *Alternatives économiques*, n.º 125, março.
DUFOUR, C., 1996, "Comités d'entreprise: le savoir sans le pouvoir", *Alternatives économiques*, n.º 142, novembro.
DUGUÉ, É, 1994, "La gestion des compétences: les savoirs dévalués, le pouvoir occulté", *Sociologie du travail*, n.º 3, pp. 273-92.
DULONG, R., 1971, "Les cadres et le mouvement ouvrier", *in Grèves revendicatives ou grèves politiques?*, Éditions Anthropos, pp. 161-326.
DUMONT, L., 1966, *Homo hierarchicus*, Paris, Gallimard.
DUMONT, L., 1977, *Homo aequalis*, Paris, Gallimard.
DUMONT, L., 1991, *L'idéologie allemande. France-Allemagne et retour, Homo-Aequalis II*, Paris, Gallimard.

DUMONT, L., 1983, *Essais sur l'individualisme. Une perspective anthropologique sur l'idéologie moderne,* Paris, Esprit-Seuil.
DURAND, C., DUBOIS, P., 1975, *La grève. Enquête sociologique,* Paris, FNSP-Armand Colin.
DURAND, C., 1978, *Le travail enchaîné. Organisation du travail et domination sociale,* Paris, Seuil.
DURAND, C., 1981, *Chômage et violence. Longwy en lutte,* Paris, Galilée.
DURAND, M., HARFF, Y., 1973, "Panorama statistique des grèves", *Sociologie du travail,* n.° 4.
DURAND, M., 1979, "La grève: conflit structurel, système de relations industrielles ou facteur de changement social", *Sociologie du travail,* julho-setembro, n.° 3, pp. 274-96.
DURKHEIM, É., 1960, *De la division du travail social,* Paris, PUF (1.ª edição: 1993; 1.ª edição de la seconde préface: 1902). [Trad. bras., *Da divisão do trabalho social,* São Paulo, Martins Fontes, 2008.]
DURKHEIM, G., 1971, *Le socialisme: sa définition, ses débuts, la doctrine saint-simonienne,* Paris, PUF (introduction de M. Mauss, préface de P. Birnbaum; 1.ª edição: 1928).
DUVEAU, G., 1947, *La pensée ouvrière sur l'éducation pendant la Seconde République et le Second Empire,* Paris, Domat-Montchrestien.
ÉCHARDOUR, A., MAURIN, E., 1993, "La main-d'œuvre étrangère", *Données sociales 1993,* INSEE, pp. 504-11.
EDELMAN, B., 1978, *La légalisation de la classe ouvrière,* Paris, Christian Bourgois.
EHRENBERG, A., 1991, *Le culte de la performance,* Paris, Calmann-Lévy.
EHRENBERG, A., 1995, *L'individu incertain,* Paris, Calmann-Lévy.
EHRENBERG, A., 1998, *La fatigue d'être soi,* Paris, Odile Jacob.
ELIAS, N., DUNNING, E., 1986, *Sport et civilisation. La violence maîtrisée,* Paris, Fayard.
ELSTER, J., 1989, *Karl Marx. Une interprétation* analytique, Paris, PUF (1.ª edição em inglês, 1985).
ELSTER, J., 1992, *Local justice. How Institutions Allocate Scarce Goods and Necessary Burdens,* New York, Russel Sage.
Entreprise et Progrès, 1992, *Cadre/non cadre. Une frontière dépassée,* Paris, Entreprise et Progrès.
EPISTÉMON, 1968, *Ces idées qui ont ébranlé la France,* Paris, Fayard.
ERICKSON, B., 1996, "Culture, class and connections", *American Journal of Sociology,* vol. 102, n.° 1, pp. 217-51.
EUSTACHE, D., 1986, "Individualisation des salaires et flexibilité. Le cas des entreprises chimiques et de leurs ouvriers de production au début des années quatre-vingt", *Travail et emploi,* setembro, n.° 29, pp. 17-35.
EYMARD-DUVERNAY, F., 1987, "Droit du travail et lois économiques: quelques éléments d'analyse", *Travail et emploi,* setembro, n.° 33, pp. 9-14.
EYMARD-DUVERNAY, F., 1989, "Conventions de qualité et pluralité des formes de coordination", *Revue économique,* n.° 2, março, pp. 329-59.
EYMARD-DUVERNAY, F., 1997, "Les contrats de travail: une approche comparative", *in* Bessy, C., Eymard-Duvernay, F. (orgs.), *op. cit.,* pp. 3-34.
EYMARD-DUVERNAY, F., 1998, "Les marchés du travail: une approche institutionnaliste pluraliste", Communication au séminaire Politique économique, FORUM, Université Paris X Nanterre.

EYMARD-DUVERNAY, F., MARCHAL, E., 1996, *Façons de recruter: Le jugement des compétences sur le marché du travail,* Paris. Métailié.
EYRAUD, F., JOBERT, A., ROZENBLATT, P., TALLARD, M., 1989, "Les classifications dans l'entreprise: production des hiérarchies professionnelles et salariales", *Travail et emploi,* n.º 38, pp. 64-78.
FAUCHEUX, H., NEYRET, G., avec la collaboration de FERMANIAN, J.-D., FERRAGU, A., 1999, *Évaluation de la pertinence des catégories socio-professionnelles (CSP),* INSEE, Inspection générale, n.º 49/B005.
FAVENNEC-HERY, F., 1992, "Le droit et la gestion des départs", *Droit social,* junho, n.º 6, pp. 581-9.
FERMANIAN, J.-D., 1997, "Compte rendu de la journée d'étude à l'Observatoire sociologique du changement du 14 mars 1997", *Note INSEE,* Département de l'emploi et des revenus d'activité, 10 de julho de 1997.
FERRY, J.-M., 1995, *L'allocation universelle: pour un revenu de citoyenneté,* Paris, Cerf.
FERRY, J.-M., 1997, "Pour une autre valorisation du travail. Défense et illustration du secteur quaternaire", *Esprit,* n.º 234, julho, pp. 5-17.
FEUTRIE, M., VERDIER, E., 1993, "Entreprises et formations qualifiantes. Une construction sociale inachevée", *Sociologie du travail,* n.º 4, pp. 469-92.
FILLIEULE, O. (org.), 1993, *Sociologie de la protestation. Les formes de l'action collective dans la France contemporaine,* Paris, L'Harmattan.
FORSE, M., DEGENNE, A., 1994, *Les réseaux sociaux: une analyse structurale en sociologie,* Paris, Armand Colin.
FOUCAULD, J.-B. de, PIVETEAU, D., 1995, *Une société en quête de sens,* Paris, Odile Jacob.
FOUQUET, A., 1998, "Travail, emploi et activité", *La lettre du Centre d'études de l'emploi,* abril, n.º 52.
FRAUSE, B., COLEHOUR, J., 1994, *The Environmental Marketing Imperative. Strategies for Transforming Environmental Commitment into a Competitive Advantage,* Chicago, Probus Publishing Company.
FREMEAUX, P., 1995, "Le bilan économique des années Mitterrand", *Alternatives économiques,* fevereiro, pp. 14-22.
FREMEAUX, P., 1996, "Mondialisation: les inégalités contre la démocratie", *Alternatives économiques,* n.º 138, junho, pp. 30-3.
FRIEDKIN, N., 1993, "Structural bases of interpersonnal influence in groups: a longitudinal case study", *American Sociological Review,* vol. 58, dezembro, pp. 861-72.
FRIEDMAN, M., 1962, *Capitalism and Freedom,* Chicago, University of Chicago Press.
FRIEZ, A., 1999, "Les salaires depuis 1950", *Données sociales 1999,* INSEE, pp. 154-60.
FRIGUL, N., BRETIN, H., METENIER, I., AUSSEL, L., THEBAUD-MONY, A., 1993, "Atteintes à la santé et exclusion professionnelle: une enquête auprès de 86 femmes au chômage de longue durée", *Travail et emploi,* n.º 56, pp. 34-44.
FROIDEVAUX, G., 1989, *Baudelaire. Représentation et modernité,* Paris, Corti.
FURET, F., 1995, *Le passé d'une illusion. Essai sur l'idée communiste au xxe siècle,* Paris, Robert Laffont-Calmann-Lévy.
FURJOT, D., 1994, "Conflits collectifs: les conditions de travail en mauvaise posture", *Travail et emploi,* n.º 61, pp. 92-5.
GALBRAITH, J. K., 1952, *American Capitalism: the Concept of Contervailing Power,* Boston, Houghton Mifflin.

GALBRAITH, J. K., 1968, *Le nouvel état industriel. Essai sur le capitalisme américain*, Paris, Gallimard (1.ª edição americana: 1967).
GAMBETTA, D., 1988, *Trust: Making and Breaking Cooperative Relation*, Cambridge, Cambridge UP.
GARCIA, M.-F., 1986, "La construction sociale d'un marché parfait: le marché au cadran de Fontaines-en-Sologne", *Actes de la recherche en sciences sociales*, n.º 65, pp. 2-13.
GAUDU, F., 1996, "Les notions d'emploi en droit", *Droit social*, n.º 6, junho, pp. 569-76.
GAUDU, F., 1997, "Travail et activité", *Droit social*, n.º 2, fevereiro, pp. 119-26.
GAULLIER, X., GOGNALONS-NICOLET, M., 1983, "Crise économique et mutations sociales: les cessations anticipées d'activité (50-65 ans)", *Travail et emploi*, n.º 15, janeiro-março.
GEARY, D., 1981, *European Labour Protest, 1848-1939*, London, Croom Helm.
GERVAIS, D., 1993, "Contraintes internationales et démission des États. Les marchés financiers ou l'irresponsabilité au pouvoir", *Le Monde diplomatique*, janeiro, pp. 18-9.
GIARINI, O., 1981, *Dialogue sur la richesse et le bien-être*. Rapport au Club de Rome, Paris, Economica.
GIARINI, O., 1983, "La notion de valeur économique dans la société post-industrielle: éléments pour la recherche de nouveaux paradigmes", *Économies et société*, fevereiro, pp. 299-334.
GINSBOURGER, F., POTEL, J.-Y., 1984, "La pratique de la négociation collective. Négociations de branches et négociations d'entreprises de 1972 à 1981", *Travail et emploi*, junho, n.º 20, pp. 7-15.
GINSBOURGER, F., 1985, "Marie-Thérèse, le rendement et le Lectra", *Travail*, n.º 10, novembro, pp. 30-9.
GINSBOURGER, F. (org.), 1996, *Pour une gestion intentionnelle de l'emploi*, document de travail du collectif "Instrumentation de gestion et emploi", ANACT.
GINSBOURGER, F., 1998, *La gestion contre l'entreprise. Réduire le coût du travail ou organiser sa mise en valeur*, Paris, La Découverte.
GIRARD, B., 1994, "Vers un nouveau pacte social", Revue française de gestion, n.º 100, setembro-outubro, pp. 78-88.
GIRAUD, P.-N., 1996, *L'inégalité du monde. Économie du monde contemporain*, Paris, Gallimard, col. "Folio".
GOLLAC, M., VOLKOFF, S., 1996, "Citius, altius, fortius. L'intensification du travail", *Actes de la recherche en sciences sociales*, n.º 114, setembro, pp. 54-67.
GOLLAC, M., 1998, *À marches forcées? Contribution à l'étude des changements du travail.*, document de synthèse en vue d'une habilitation à diriger des recherches, Université de Paris-VIII.
GORGEU, A., MATHIEU, R., 1995, "Recrutement et production au plus juste. Les nouvelles usines d'équipement automobile en France", *Dossiers du CEE*, n.º 7, nouvelle série.
GORGEU, A., MATHIEU, R., 1996, "Les ambiguïtés de la proximité. Les nouveaux établissements d'équipement automobile", *Actes de la recherche en sciences sociales*, pp. 44-53.
GORZ, A. (éd.), 1973, *Critique de la division du travail*, Paris, Seuil. [Trad. bras., *Crítica da divisão do trabalho*, São Paulo, Martins Fontes, 2001.]

GORZ, A., 1983, *Les chemins du Paradis. L'agonie du capital*, Paris, Galilée.
GORZ, A., 1988, *Métamorphoses du travail. Quête du sens. Critique de la raison économique*, Paris, Galilée.
GOUX, D., MAURIN, T., 1993, "La mobilité est plus forte, mais le chômage de longue durée ne se résorbe pas", *Données sociales 1993*, INSEE, pp. 170-5.
GOUX, D., MAURIN, E., 1994, "Éducation, expérience et salaire. Tendances récentes et évolutions à long terme", *Documents d'études*, n.º 4, Paris, DARES.
GOUX, D., MAURIN, É., 1997, "Démocratisation de l'école et persistance des inégalités", *Économie el statistiques*, n.º 306, pp. 27-40.
GOUX, D., MAURIN, É., 1997 b, "Les entreprises, les salariés et la formation continue", *Economie et statistiques*, n.º 306, pp. 41-56.
GRANA, C., 1964, *Bohemian versus bourgeois: french society and the french man of letters in the nineteenth society*, New York, Basic Books.
GRANDJEAN, C., 1987, "L'individualisation des salaires. La stratégie des entreprises", *Travail et emploi*, junho, n.º 32, pp. 17-29.
GRANDJEAN, C., 1989, "Modalités nouvelles de la rémunération à l'ancienneté", *Travail et emploi*, n.º 41, pp. 7-17.
GRANOVETTER, M., 1973, "The strength of weak ties", *American Journal of Sociology*, vol. 78, pp. 1360-80.
GRANOVETTER, M., 1974, *Getting a Job*, Cambridge (Mass.), Harvard UP.
GRANOVETTER, M., 1985, "Economic action and *social* structure: the problem of embeddedness", *American Journal of Sociology*, vol. 91, n.º 3, novembro, pp. 481-510.
GREFFE, X., 1979, "La gestion du non-marchand", *Revue française de gestion*, setembro-outubro, pp. 53-63.
GRIBAUDI, M., BLUM, A., 1990, "Des catégories aux liens individuels: l'analyse statistique de l'espace social", *Annales ESC*, novembro-dezembro, n.º 6, pp. 1365-402.
GROSSEIN, J.-P. (org.), 1996, Max Weber, *Sociologie des religions*, Paris, Gallimard.
GROUX, G., 1998, *Vers un renouveau du conflit social*, Paris, Bayard Editions.
GUÉROULT, F., 1996, "Faut-il rétablir l'autorisation de licenciement?", *Alternatives économiques*, n.º 140, setembro.
GUILLEMARD, A.-M., 1993, "Emploi, protection sociale et cycle de vie: résultats d'une comparaison internationale des dispositifs de sortie anticipée d'activité", *Sociologie du travail*, n.º 3, pp. 257-84.
GUILLEMARD, A.-M., 1994, "Attitudes et opinions des entreprises à l'égard des salariés âgés et du vieillissement de la main-d'oeuvre", *in Emploi et vieillissement*, La Documentation française, pp. 57-70.
GUILLOUX, P., 1990, "Négociation collective et adaptation professionnelle des salariés aux évolutions de l'emploi", *Droit social*, novembro, n.º 11, pp. 818-32.
HABERMAS, J., 1978, *Raison et légitimité. Problèmes de légitimation dans le capitalisme avancé*, Paris, Payot (1.ª edição alemã: 1973).
HABERMAS, J., 1987, *Théorie de l'agir communicationnel*, 2 vol., Paris, Fayard (traduit par J.-M. Ferry e J.-L. Schlegel; 1.ª edição alemã: 1981).
HANNOUN, M., 1996, "Présentation d'une investigation", *INSEE Méthodes*, n.º 67-68. "Les réseaux d'entreprises: des collectifs singuliers", 20 de novembro de 1996, pp. 155-60.
HAQ. M., U., KAUL, I., GRUNBERC, I., *The Tobin Tax: Coping with Financial Volatility*, Oxford, Oxford UP.

HEILBRONER, R.L., 1986, *Le capitalisme, nature et logique*, Paris, Economica.
HÉLOU, C., 1998, *Entre violence et justice: une sociologie de la résistance ù l'école*, thèse de sociologie de l'EHESS.
HENNION, A., 1995, *La passion musicale*, Paris, Métailié.
HERAULT, B., LAPEYRONNIE, D., 1998, "Le statut et l'identité. Les conflits sociaux et la protestation collective", *in* Galland, O., e Lemel, Y. (orgs.), *La nouvelle société française. Trente années de mutation*, Paris, Armand Colin.
HERMITTE, M.-A., 1996, "L'illicite dans le commerce international des marchandises", in *L'illicite dans le commerce international, travaux du CREDIMI*, 16.
HIMMELFARB, G., 1991, *Poverty and Compassion. The Moral Imagination of the Late Victorians*, A. Knopf, New York.
HIRSCHMAN, A., 1970, *Exit, Voice and Loyaulty*, Cambridge (Mass.), Harvard University Press (traduction de C. Eeysseyrias: *Face au déclin des entreprises et des institutions*, Paris, Les Editions ouvrières, 1972).
HIRSCHMAN, A., 1980, *Les passions et les intérêts*, Paris, PUF.
HIRSCHMAN, A., 1983, *Bonheur privé, action publique*, Paris, Fayard.
HIRSCHMAN, A., 1984, *L'économie comme science morale et politique*, Paris, Hautes Études-Gallimard-Seuil.
HIRSCHMAN, A., 1991, *Deux siècles de rhétorique réactionnaire*, Paris, Fayard.
HOARAU, J., 1996, "La philosophie morale de Marx et le marxisme", *in* Canto-Sperber, M. (org.), *Dictionnaire d'éthique et de philosophie morale*, Paris, PUF.
HODSON, R., 1996, "Dignity in the workplace under participative management: alienation and freedom revisited", *American Sociological Review*, vol. 61, outubro, pp. 719-38.
HOLCBLAT, N., MARIONI, P., ROGUET, B., 1999, "Les politiques de l'emploi depuis 1973", *Données sociales 1999*, INSEE, pp. 108-116.
HOPWOOD, A., MILLER, P. (orgs.), 1994, *Accounting as Social and Institutional Practice*, Cambridge, Cambridge UP.
HORKHEIMER, M., ADORNO, T., 1974, *La dialectique de la raison*, Paris, Gallimard (traduit de l'allemand par E. Kaufltolz; 1.ª edição: 1947).
HOSCHILD. A., 1983, *The Managed Heart. Commercialization of Human Feeling*, Los Angeles, University of California Press.
HOWELL, C., 1992, *Regulating Labor. The State and Industrial Relations Reform in Postwar France*, Princeton, Princeton UP.
ILLICH, I., 1973, *La convivialité*, Paris, Seuil.
INSEE, 1998, *L'économie française. Edition 1998-1999*, Paris, Livre de Poche.
INSEE, 1998 b, *Annuaire statistique de la France*, Paris, INSEE (versão em CD-ROM).
JANSOLIN, P., 1992, "Une formation à deux vitesses", *L'Entreprise,* número especial, "La France des entreprises" en collaboration avec l'INSEE, n.º 2518, pp. 162-163.
JEGER-MADIOT, F., 1996, "L'emploi et le chômage des familles professionnelles", *in Données sociales 1996*, INSEE, pp. 117-23.
JOBERT, A., 1974, "Vers un nouveau style de relations professionnelles ?", *Droit social*, n.º 9-10, setembro-outubro, pp. 397-410.
JOBERT, A., TALLARD, M., 1995, "Diplômes et certifications dc branches dans les conventions collectives", *Formation emploi*, n.º 52, outubro-dezembro.

JOBERT, B., THÉRET, B., 1994, "France: La consécration républicaine du néo-libéralisme", *in* Jobert, B. (org.), *Le tournant néo-libéral en Europe,* Paris, L'Harmattan.
JOHNSON, H. T., KAPLAN, R. S., 1987, *Relevance Lost: the Rise and Fall of Management Accounting,* New York, John Wiley & Sons.
JOURDAIN, C., 1999, "L'intérim, une voie d'accès à l'emploi", *Données sociales 1999,* INSEE, pp. 169-76.
JUILLARD, M., 1995, "Régimes d'accumulation", *in* Boyer, R., e Saillard, Y. (orgs.), *Théorie de la régulation. L'état des savoirs,* Paris, La Découverte, pp. 225-33.
JUILLARD, M., BOYER, R., "Les États-Unis: adieu au fordisme!", *in* Boyer, R., e Saillard, Y. (orgs.), *Théorie de la régulation. L'état des savoirs,* Paris, La Découverte, pp. 378-88.
KARPIK, L., 1989, "L'économie de la qualité", *Revue française de sociologie,* vol. 30, pp. 187-210.
KAWAKITA, H., 1996, "The Dignity of Man", *Iichiko Intercultural,* n.º 8, pp. 40-65.
KERBOURC'H, J.-Y., 1997, "Le travail temporaire: une forme déjà élaborée de 'contrat d'activité'", *Droit social,* n.º 2, fevereiro, pp. 127-32.
KOCKA, J., 1989, *Les employés en Allemagne, 1850-1980. Histoire d'un groupe social,* Paris, Éditions de l'EHESS.
KREYE, O., FROBEL, F., HEIRICHS, J., 1980, *The New International Division of Labour,* Cambridge, Paris, Cambridge University Press – Maison des sciences de l'homme.
KUHN, T., 1983, *La structure des révolutions scientifiques,* Paris, Flammarion (1.ª edição: 1962).
LABBÉ, D., 1996, *Syndicats et syndiqués en France depuis 1945,* Paris, L'Harmattan.
LABBÉ, D., CROIZAT, M., BEVORT, A., 1989, *La désyndicalisation. Le cas de la CFDT, étude réalisée pour le compte du PIRTTEM-CNRS,* Institut des études politiques de Grenoble.
LABBÉ, D., DERVILLE, J., 1995, *Annexe du rapport "La désyndicalisation en France depuis 1945",* CERAT, Institut des études politiques de Grenoble.
LACAN, J., 1980, *De la psychose paranoïaque dans ses rapports avec la personnalité,* Paris, Seuil (1.ª edição: 1932).
LACROIX, M., 1992, "Les services aux entreprises", *L'Entreprise,* número especial "La France des entreprises" en collaboration avec l'INSEE, n.º 2518, pp. 56-8.
LAGARENNE, C., MARCHAL, E., 1995, "Les recrutements sur le marché du travail de 1990 à 1994", *Lettres du CEE,* n.º 9, maio.
LALLEMENT, M., 1996, *Sociologie des relations professionnelles,* Paris, La Découverte, col. "Repères".
LAMOUR, P., DE CHALENDAR, J., 1974, *Prendre le temps de vivre. Travail, vacances et retraite à la carte,* Paris, Seuil.
LANTIN, J., FERMANIAN J.-D., 1996, "Présentation des conventions collectives", *Notes INSEE,* Département de l'emploi et des revenus d'activité, 16 de dezembro.
LATOUR, B., 1984, *Les microbes, guerre et paix, suivi de Irréductions,* Paris, Maillé.
LATOUR, B., 1989, *La science en action,* Paris, La Découverte.
LATOUR, B., 1991, *Nous n'avons jamais été modernes,* Paris, La Découverte.
LAUNAY, M., 1990, *Le syndicalisme en Europe,* Paris, Imprimerie nationale, col. "Notre siècle".

LAZZARATO, M., MOULIER BOUTANG,Y., NEGRI, A., SANTILLI, G., 1993, *Des entreprises pas comme les autres. Benetton en Italie, le Sentier à Paris*, Aix-en-Provence, Publisud.
LEFORT, C., 1971, *Éléments d'une critique de la bureaucratie*, Genève-Paris, Droz.
LE GOFF, J.-P., 1998, *Mai 1968. L'héritage impossible*, Paris, La Découverte.
LEIFER, E., 1988, "Interaction preludes to role setting: exploratory local action", *American Socin logical Review*, vol. 53, dezembro, pp. 865-78.
LEMAIRE, M., 1996, "Les réseaux d'enseigne. Le cas de la distribution des articles d'habillement", *INSEE Méthodes*, n° 67-8, "Les réseaux d'entreprises: des collectifs singuliers", 20 de novembro, pp. 161-72.
LEMEL, Y., OBERTI, M., REILLER, F., 1996, "Classe sociale, un terme fourretout? Fréquence et utilisation des termes liés à la stratification sociale dans deux revues", *Sociologie du travail*, n° 2, pp. 195-207.
LEMIEUX, C., 1999, *Le devoir et la grâce*, Paris, Cerf (à paraître).
LENOIR, R., 1974, *Les exclus, un Français sur dix*, Paris, Seuil.
LEPETIT, B. (org.), 1995, *Les formes de l'expérience. Une nouvelle histoire sociale*, Paris, Albin Michel.
LINHART, D., 1993, "A propos du post-taylorisme", *Sociologie du travail*, n° 1, pp. 63-73.
LINHART, D., MARUANI, M., 1982, "Précarisation et déstabilisation des emplois ouvriers", *Travail et emploi*, n° 11. janeiro-março, pp. 27-36.
LINHART, R., 1978, *L'établi*, Paris, Minuit.
LORENZ, E. H., 1993, "Flexible Production Systems and the social construction of trust", *Theory and Society*, vol. 21, setembro, pp. 307-24.
LORINO, P., 1995, *Comptes et récits de la performance. Essai sur le pilotage des entreprises*, Paris, Les Editions d'organisation.
LUTTRINGER, J.-M., 1994, "'L'entreprise formatrice' sous le regard des *juges*", *Droit social*, março, n° 3, pp. 283-90.
LYON-CAEN, A., MAILLARD, J. de, 1981, "La mise à disposition de personnel", *Droit social*, n° 4, abril, pp. 320-35.
LYON-CAEN, A., JEAMMAUD, A., 1986, "France", in Lyon-Caen, A., e Jeammaud, A. (orgs.), *Droit du travail, démocratie et crise*, Arles, Actes Sud, pp. 19-49.
LYON-CAEN, G., 1980, "Plasticité du capital et nouvelles formes d'emploi", *Droit social*, setembro-outubro, n° 9-10, pp. 8-18.
LYON-CAEN, G., 1985, "La bataille truquée de la flexibilité", *Droit social*, n° 12, dezembro, pp. 801-10.
MACKINNON, M., 1993, "The longevity of the thesis: a critique of the critics", in Lehmann, H., Roth, G. (orgs.), *Weber's Protestant Ethic Origins, Evidence, Contexts*, Cambridge, Cambridge UP, pp. 211-44.
MAGAUD, J., 1975, "L'éclatement juridique de la collectivité de travail", *Droit social*, dezembro, n° 12, pp. 525-30.
MAILLARD, J. de, MANDROYAN, P., PLATTIER, J.-P., PRIESTLEY, T., 1979, "L'éclatement de la collectivité de travail: observations sur les phénomènes d'extériorisation de l'emploi", *Droit social*, n° 9-10, setembro-outubro, pp. 322-38.
MALLERET, V., 1994, "Méthode d'évaluation des performances des services fonctionnels", *Revue française de comptabilité*, n° 259, setembro, pp. 44-53.
MALLERET, V., 1999, "Les évaluations des situations complexes: des processus â maîtriser", in Collins, L. (org.), *Questions de contrôle*, Paris, PUF, pp. 149-72.

MALLET, S., 1963, *La nouvelle classe ouvrière*, Paris, Seuil.
MARCHAND, O., 1999, "Population active, emploi, chomâge au cours des années 90", *Données sociales 1999*, INSEE, pp. 100-16.
MARCHAND, O., SALZBERG, L., 1996, "La gestion des âges à la française, un handicap pour l'avenir?", *Données sociales 1996*, INSEE, pp. 165-73.
MARCUSE, H., 1968, *L'Homme unidimensionnel*, Paris, Minuit (traduit de l'anglais par M. Wittig; 1.ª edição americana: 1964).
MARGIRIER, G., 1984, "Crise et nouvelle organisation du travail", *Travail et emploi*, dezembro, n.º 22, pp. 33-44.
MARIN, B., 1988, "Qu'est-ce que le patronat? Enjeux théoriques et résultats empiriques". *Sociologie du travail*, n.º 4, pp. 515-44.
MARQUES, E., 1980, *La gestion des ressources humaines*, Paris, Hommes et techniques.
MARTORY, B., 1980, "Les coûts des conditions de travail. Fondements et outils", *Revue française de comptabilité*, n.º 101, março, pp. 136-41.
MARTORY, B., 1990, *Contrôle de gestion sociale*, Paris, Vuibert.
MARTY, M.-O., NEHMY, R., SAINSAULIEU. R., TIXIER, P.-E., 1978, *Les fonctionnements collectifs de travail*, Paris, Mimeo., CSO, 3 vol.
MARX, K., 1957, *Contribution à la critique de l'économie politique*, Paris, Éditions sociales. [Trad. bras., *Contribuição à crítica da economia política*, São Paulo, Martins Fontes, 2003.]
MARX, K., 1972, *Critique de l'économie politique (Manuscrits de 1844)*, Paris, UGE.
MARX, K., 1980, *Critique du droit politique hégélien*, Paris, Éditions sociales.
MARX, K., ENCELS, F., 1966, *Manifeste du parti communiste*, Paris, Éditions sociales.
MAURICE, M., CORNU, R., 1970, *Les cadres en mai-juin 68 dans la région d'Aix-Marseille*, Rapport du commissariat général au Plan, LEST.
MAURIN, L., 1995, "Le bilan social des années Mitterrand", *Alternatives économiques*, janeiro, n.º 123, pp. 14-8.
MAURIU, L, 1995 b, "Le travail des femmes", *Alternatives économiques*, maio, n.º 127.
MAURIN, L., 1997, "La grosse déprime de l'emploi", *Alternatives économiques*, n.º 149, junho, pp. 27-9.
MAUSS, M, 1960, "Essai sur le don. Formes et raison de l'échange dans les sociétés archaïques", in *Sociologie et anthropologie*, Paris, PUF, pp. 145-284 (introduction de C. Lévi-Strauss ; 1.ª edição: 1923).
MAYERE, A., 1983, "Revalorisation qualitative des emplois et substitution de jeunes travailleurs français à des travailleurs immigrés. Le cas d'une entreprise de collecte des ordures", *Travail et emploi*, n.º 17, julho-setembro, pp. 41-7.
MEDA, D., 1994, "Travail et politiques sociales", *Droit social*, n.º 4, abril, pp. 334-42.
MENGER, P.-M., 1991, "Marché du travail artistique et socialisation du risque. Le cas des arts du spectacle", *Revue française de sociologie*, XXXII, pp. 61-74.
MENGER, P.-M., 1993, "L'hégémonie parisienne. Économie et politique de la gravitation artistique", *Annales ESC*, novembro-dezembro, n.º 6, pp. 1565-600.
MENGER, P.-M., 1994, "Appariement, risque et capital humain: l'emploi et la carrière dans les professions artistiques", *in L'art de la recherche. Essais en l'honneur de Raymonde Moulin*, textos reunidos por P.-M. Menger e J.-P. Passeron, Paris, La Documentation française.
MENGER, P.-M., 1995, "Être artiste par intermittence. La flexibilité du travail et le risque professionnel dans les arts du spectacle", *Travail et emploi*, n.º 60, pp. 4-22.

MENGER, P.-M., 1997, "Les intermittents du spectacle: croissance de l'emploi et du chomâge indemnisé", *Insee-Première*, n° 510, fevereiro.
MERCKLING, O., 1986, "Transformation des emplois et substitution travailleurs français-travailleurs immigrés: le cas de l'automobile", *Sociologie du travail*, n° 1, pp. 58-74.
MEURS, D., CHARPENTIER, P., 1987, "Horaires atypiques et vie quotidienne des salariés", *Travail et emploi*, n° 32, junho, pp. 47-56.
Ministère du Travail, de l'Emploi et de la Formation professionnelle, 1993, "Horaires de travail en 1991. Résultats de l'enquête Conditions de travail", *Dossiers statistiques du travail et de l'emploi*, n° 98-9, outubro.
MITCHELL, J., 1969 (éd.), Social *Networks in Urban Situation,* Manchester, Manchester UP.
MORAZÉ., C., 1957, *Les bourgeois conquérants,* Paris, Armand Colin.
MORENO, J.-L., 1934, *Who shall Survive? A New Approach to the Problem of Human Interrelations,* New York, Beacon House.
MORENO, J.-L., 1947, "La méthode sociométrique en sociologie", *Cahiers internationaux de sociologie,* vol. II (cahier double), pp. 88-101.
MOURIAUX, M.-F., 1998, "La pluriactivité entre l'utopie et la contrainte", *La lettre du Centre d'études de l'emploi,* n° 51, fevereiro.
MOURIAUX, R., 1995, *Analyse de la crise syndicale en 1995,* document de travail n° 68.
MUCCHIELLI, J.-L., 1998, *Multinationales* et *mondialisation,* Paris, Seuil, col. "Points".
NELSON, R., WINTER, S., 1982, *An Evolutionary Theory of Economic Change,* Cambridge (Mass.), Harvard UP.
NIZARD, A., 1998, "Suicide et mal-être social", *Population et société,* abril, n° 334.
NOHRIA, N., ECCLES, R. (orgs.), 1992, *Networks and Organizations: Structure, Form, and Action,* Cambridge, Harvard UP.
OCDE, 1972, *Les nouvelles attitudes et motivations des travailleurs,* Direction de la main-d'œuvre et des affaires sociales, Paris.
PADGETT, J., ANSELL, C., 1993, "Robust action and the rise of the Medici, 1400-1434", *American Journal of Sociology,* vol. 98, n° 6, maio, pp. 1259-319.
PARLIER, M., PERRIEN, C., THIERRY, D., 1997, "L'organisation qualifiante et ses enjeux dix ans après", *Revue française de gestion,* novembro-dezembro, n° 116, pp. 4-17.
PARROCHIA, D., 1993, *Philosophie des réseaux,* Paris, PUF.
PARROT, J.-P., 1974, *La représentation des intérêts dans le mouvement des idées politiques,* Paris, PUF.
PASTRÉ, O., 1983, "Taylorisme, productivité et crise du travail", *Travail et emploi,* n° 18, outubro-dezembro, pp. 43-70.
PAUGAM, S. (sous la direction de), 1993, *Précarité et risque d'exclusion en France,* document du CERC, Paris, La Documentation française.
PAUGAM, S., 1995, "L'essor des associations humanitaires. Une nouvelle forme de lien social ?", *Commentaire,* n° 68, pp. 905-12.
PAUGAM, S. (sous la direction de), 1993, *L'exclusion. L'état des savoirs,* Paris, La Découverte.
PÉRILLEUX, T., 1997, *Le travail des épreuves. Dispositifs de production et formes de soaffrance dans une entreprise industrielle,* Paris, thèse de l' EHESS.

PHILIPPE, J., 1998, "Réseaux de commercialisation de l'habillement: l'imbrication des logiques de distribution et de production", *Économie et statistique,* n° 314, 1998-4.

PHILONENKO, G., GUIENNE, V., 1997, *Au carrefour de l'exploitation,* Paris, Desclée De Brouwer.

PIALOUX, M., 1993, "Le désarroi du délégué", *in* Bourdieu, P. (org.), pp. 413-32.

PIALOUX, M., BEAUD, S., 1993, "Permanents et temporaires", *in* Bourdieu, P. (org.), pp. 317-29.

PIALOUX, M., WEBER, P., BEAUD, S., 1991, "Crise du syndicalisme et dignité ouvrière", *Politis,* n° 14, pp. 7-18.

PIKETTY, T., 1997, *L'économie des inégalités,* Paris, La Découverte, col. "Repères".

PIORE, M., 1995, *Beyond Individualism,* Cambridge, (Mass.), Harvard UP.

PIORE, M., SABEL, C., 1984, *The Second Industrial Divide,* New York, Basic Books.

PIORE, M., SABEL, C., 1985, "Le paradigme de la production de masse et ses alternatives; le cas des États-Unis et de l'Italie", *Conventions économiques, Cahiers du Centre d'études de l'emploi,* Paris, PUF, pp. 1-20.

POLANYI, K., 1983, *La grande transformation. Aux origines politiques et économiques de notre temps,* Paris, Gallimard (1.ª edição americana: 1944).

POMMIER, P., 1992, "Le monde des entreprises", *L'Entreprise,* número especial "La France des entreprises" en collaboration avec l'INSEE, n° 2518, pp. 12-3.

POULET, B., 1999, "À gauche de la gauche", *Le Débat,* janeuri-fevereiro, n° 103, pp. 39-59.

POULET, P., 1996, "Allongement de la scolarisation et insertion des jeunes: une liaison délicate", *Économie et statistique,* n° 300, pp. 71-82.

POWELL, W., 1990, "Neither market nor hierarchy: network forms of organization", *Research in Organizational Behavior,* vol. 12, pp. 295-336.

POWER, M., 1994, "The Audit Society", *in* Hopwood, A., Miller, P. (orgs.), *Accounting as social and institutionnal practice,* pp. 299-316.

PRATT, J., ZECKHAUSER, R. (orgs.), 1985, *Principals and Agents: the Structure of Business,* Boston, Harvard Business School.

PRIESTLEY, T., 1995, "À propos du 'contrat d'activité' proposé par le rapport Boissonnat", *Droit social,* n° 12, dezembro, pp. 955-60.

PROCACCI, G., 1993, *Gouverner la misère. La question sociale en France,1789-1848,* Paris, Seuil.

RAULET, G., (org.), 1997, *L'éthique protestante de Max Weber et l'esprit de la modernité,* publication du Groupe de recherche sur la culture de Weimar, Paris, Éditions de la MSH.

REHFELDT, U., 1997, "Les syndicats face à la mondialisation des firmes: le rôle des comités d'entreprise européens", *Actes du GERPISA,* n° 21, dezembro, pp. 35-8.

REICH, R., 1993, *L'économie mondialisée,* Paris, Dnnod.

REYNAUD, J.-D., 1975, *Les syndicats en France,* Paris, Seuil.

RICOEUR, P., 1965, *De l'interprétation. Essai sur Freud,* Paris, Seuil.

RICOEUR, P., 1969, *Le conflit des interprétations. Essais d'herméneutique,* Paris, Seuil.

RICOEUR, P., 1995, *Le juste,* Paris, Esprit-Seuil.

ROBERTS, B., OKAMOTO, H., LODGE, G., 1981, "Collective bargaining and employee participation in Western Europe, North America and Japon", Trilateral task for-

ce on industrial relations (1979) *in* Trilateral Commission, *Task force reports: 15-19,* New York, NYU Press, 1981, pp. 221-314.
ROSANVALLON, P., 1979, *Le libéralisme économique. Histoire de l'idée de marché,* Paris, Seuil.
ROSANVALLON, P., 1988, *La question syndicale,* Paris, Calmann-Lévy.
ROSANVALLON, P., 1990, *L'État en France de 1790 à nos jours,* Paris, Seuil.
ROSANVALLON, P., 1992, *Le sacre du citoyen. Histoire du suffrage universe, en France,* Paris, Gallimard.
ROSANVALLON, P., 1995, *La nouvelle question sociale,* Paris, Seuil.
ROSCH, E., 1977, "Classification of real-world objects: origins and representation in cognition" in Johnson-Laird, P. N., Wason, P. C. (orgs.), *Thinking. Readings in cognitive science,* Cambridge, Cambridge UP, pp. 212-22.
ROSCH, E., 1973, "On the internal structure of perceptual and semantic categories", *in* Moore, T. E. (org.), *Cognitive Development and the Acquisition of Language,* New York, Academic Press.
ROTHSCHILD, E., 1974, "Automation et O.S. à la General Motors", *Les Temps modernes,* n° 314-5, setembro-outubro, pp. 467-86.
ROUSSELET, J., 1974, *L'allergie au travail,* Paris, Seuil.
SABEL, C., 1982, *Work and Politics. The Division of Labor in Industry,* Cambridge, Cambridge UP.
SABEL, C., 1993, "Constitutionnal ordering in historical context", *in* F. Scharpf (org.), *Games in Hierarchy and Networks,* Boulder (Colo.), Westview Press, pp. 65-123.
SABEL, C., ZEITLIN, J. (orgs.), 1997, *World of Possibilities. Flexibility and Mass Production in Western Industrialization,* Cambridge-Paris, Cambridge UP-Éd. de la MSH.
SACKMANN, S. A., FLAMHOLTZ, E., BULLEN, M. L., 1989, "Human Resource Accounting: a State-of-the-Art Review", *Journal of Accounting Literature,* vol. 8, pp. 235-64.
SALMON, J.-M., 1998, *Le désir de société. Des Restos du coeur aux mouvements de chômeurs,* Paris, La Découverte.
SANTILLI, G., 1987, "L'évolution des relations industrielles chez Fiat, 1969-1985", *Travail et emploi,* n° 31, março, pp. 27-36.
SARTHOU-LAJUS, N., 1997, *L'éthique de la dette,* Paris, PUF.
SAVALL, H., ZARDET, V., 1993, *Le nouveau contrôle de gestion,* Paris, Males-Herbes, Eyrolles.
SCHELLING, T., 1960, *The Strategy of Conflict,* New York, Oxford UP.
SCHELER, M., 1970, *L'homme du ressentiment,* Paris, Idées/Gallimard (1ª edição alemã: 1919).
SCHIRAY, M., 1988, "La précarisation du travail", *Dossiers d'actualité mondiale,* La Documentation française, n° 575, janeiro.
SCHIRAY, M., 1994, "Les filières-stupéfiants: trois niveaux, cinq logiques", *Futuribles,* março.
SCHNAPP, A., VIDAL-NAQUET, P., 1988, *Journal de la commune étudiante. Textes et documents, novembre 1967-juin 1968,* Paris, Seuil (reedition augmentée de l'ouvrage publié en 1969).
SCHUMPETER, J., 1963, *Capitalisme, socialisme et démocratie,* Paris, Payot.

SCHUMPETER, J., 1983, *Histoire de l'analyse économique,* Paris, Gallimard, 3 vol. (1ª edição inglesa: 1954).
SENNET, R., 1998, *The Corrosion of Character. The Personnal Consequences of Work in the New Capitalism,* New York, Norton & Company.
SERFATI, C., 1995, "Les groupes industriels acteurs de la mondialisation financière", *Le Monde diplomatique,* nº 23, hors-série, janeiro.
SERRES, M., 1968, *Hermès ou la communication,* Paris, Minuit.
SERRES, M., 1972, *Hermès II. L'interférence,* Paris, Minuit.
SEWELL, W., 1983, *Gens de métier et révolutions. Le langage du travail de l'Ancien Régime à 1848,* Paris, Aubier (1ª edição: 1980).
SHANK, J.-K., GOVINDARAJAN, V., 1995, *La gestion stratégique des coûts,* Paris, Éditions d'organisation.
SHIMIZU, K., 1995, "Kaizen et gestion du travail chez Toyota Motor et Toyota Motor Kyushu: un problème dans la trajectoire de Toyota", *Actes du GERPISA,* nº 13, março, pp. 14-42.
SICOT, D., 1993, "Cent ans de galère pour l'inspection du travail", *Alternatives économiques,* nº 104, fevereiro.
SICOT, D., 1996, "Sous la fracture, les classes", *Alternatives économiques,* nº 29, hors-série, julho.
SIEGEL, J., 1986, *Bohemian Paris. Culture, Politics and the Boundaries of Bourgeois Life, 1830-1930,* New York, Penguin Books.
SILVER, A., 1989, "Friendship and trust as moral ideal: an historical approach", *Journal européen de sociologie,* vol. XXX, pp. 274-97.
SILVER, H., 1994, "Exclusion sociale et solidarité sociale: trois paradigmes", *Revue internationale du travail,* vol. 133, nº 516, pp. 585-638.
SIMITIS, S., 1997, "Le droit du travail a-t-il encore un avenir?", *Droit social,* julho–agosto, nº 718, pp. 655-68.
SKLAR, H. (org.), 1980, *Trilateralism. The Trilateral Commission and Elite Planning for World Management,* Boston, South End Press.
SMITH, A., 1982, *The Wealth of Nations,* livros I à III, Penguin Books (introduction de A. Skinner, 1979; 1ª edição: 1976). [Trad. bras., *A riqueza das nações,* São Paulo, Martins Fontes, 2003.]
SOFRI, A., 1974, "Sur les conseils de délégués: autonomie ouvrière, Conseils de délégués et syndicats en 1969-1970", *Les Temps modernes,* nº 335, junho, pp. 2194-2223.
SOHLBERG, P., 1993, "Les leçons de l'affaire Hoover", *Alternatives économiques,* nº 106, abril.
SOMBART, W., 1966, *Le bourgeois,* Paris, Payot (traduction de S. Jankélévitch, 1ª edição alemã: 1913; 1ª edição francesa: 1928).
SOMBART, W., 1992, *Pourquoi le socialisme n'existe-t-il pas aux États-Unis?,* Paris, PUF (1ª edição: 1906; traduit de l'allemand par P. Weiss avec la collaboration de G. Krezdorn).
SOUBIE, R., 1985, "Après les négociations sur la flexibilité", *Droit social,* março, pp. 221-7.
SPENCE, M., 1973, "Job market signaling", *The Quarterly Journal of Economics,* vol. 87, nº 3, pp. 355-74.

STARK, D., 1996, "Recombinant property in east european capitalism", *American Journal of Sociology*, n° 101, pp. 993-1027.
STAROBINSKI, J., 1971, *Jean-Jacques Rousseau. La transparence et l'obstacle*, Paris, Gallimard (primeira edição: 1957).
SULLEROT, É., 1997, *Le grand remue-ménage: la crise de la famille*, Paris, Fayard.
SUPIOT, A., 1993, "Le travail, liberté partagée", *Droit social*, n° 9-10, setembro-outubro, pp. 715-24.
SUPIOT, A., 1994, *Critique du droit du travail*, Paris, PUF.
SUPIOT, A., 1997, "Du bon usage des lois en matière d'emploi", *Droit social*, n° 3, março, pp. 229-42.
SURAULT, P., 1992, "Nuptialité, divortialité et suicidité: des ruptures à rapprocher?", *Population*, n° 4, pp. 1042-4.
SWEDBERG, R., 1990, *Economics and Sociology*, Princeton, Princeton UP.
SZRETER, S., 1984, "The genesis of the Registrar-General's social classification of occupations", *The British Journal of Sociology*, vol. XXXV, pp. 529-46.
TADDEI, B., CORIAT, B., 1993, *Made in France. L'industrie française dans la compétition mondiale*, Paris, Libraire générale française.
TANGUY, L., 1994, "Compétences et intégration sociale dans l'entreprise", in Ropé, F., Tanguy, L. (orgs.), *Savoirs et compétences. De l'usage de ces notions dans l'école et l'entreprise*, Paris, L'Harmattan.
TAYLOR, C., 1989, *Sources of the Self. The Making of the Modern Identity*, Cambridge (Mass.), Harvard UP.
TEMAN, D., 1994, "L'inégalité devant le chômage", *Alternatives économiques*, julho, hors-série, n° 21.
TERNY, G., 1980, "Éléments d'une théorie de la bureaucratie", *Vie et sciences économiques*, n° 87, pp. 147-97.
TEUBNER, G., 1993, "Nouvelles formes d'organisation et droit", *Revue française de gestion*, novembro-dezembro, pp. 50-68.
TEUBNER, G., 1997, "*Altera pars audiatur*: le droit dans la collision des discours", *Droit et société*, 35, pp. 99-123.
THÉRY, I., 1994, *Le démariage*, Paris, Odile Jacob.
THÉVENOT, L., 1977, "Les catégories sociales en 1975: l'extension du salariat", *Économie et statistique*, n° 91, julho-agosto, pp. 3-31.
THÉVENOT, L., 1985, "Les investissements de forme", in *Conventions économiques, Cahiers du centre d'études de l'emploi*, Paris, PUF, pp. 21-72.
THÉVENOT, L., 1995, "Rationalité ou normes sociales: une opposition dépassée?", in *Le modèle et l'enquête. Les usages du principe de rationalité dans les sciences sociales*, Paris, Éditions de l'EHESS, pp. 149-89.
THÉVENOT, L., 1995 b, "Émotions et évaluations dans les coordinations publiques", in Paperman, P., Ogien, R. (orgs.), *La couleur des pensées, Raisons pratiques*, n° 6, Paris, Éditions de l'EHESS, pp. 145-74.
THÉVENOT, L., 1997, "Un gouvernement par les normes. Pratiques et politiques des formats d'information", in Conein, B., e Thévenot, L. (orgs.), *Cognition et information en société*, série "Raisons pratiques", n° 8, Éditions de l'EHESS, pp. 205-42.

THÉVENOT, L., 1998, "Pragmatique de la connaissance", *in* Borzeix, A., Bouvier, A., Pharo, P. (orgs.), *Sociologie et connaissance. Nouvelles approches cognitives,* Paris, CNRS Éditions.
THÉVENOT, L., 1998 b, "Les justifications du service public peuvent-elles contenir le marché?", à paraître *in* Lyon-Caen, A., Champeil-Desplat, V. (orgs.), *Services publics et droits fondamentaux dans la consruction européenne,* Paris, Institut international de Paris-La Défense – Dalloz.
THOLLON-POMMEROL, V., 1992, "L'armature des groupes", *L'Entreprise,* número especial, "La France des entreprises" en collaboration avec l'INSEE, n.º 2518, pp. 18-9.
THOMAS, H., 1997, *La production des exclus,* Paris, PUF.
THOMPSON, E. P., 1988, *La formation de la classe ouvrière anglaise,* Paris, Gallimard-Seuil-EHESS.
THUROW, L., 1997, *Les fractures du capitalisme,* Paris, Village mondial.
TILLY, C., 1981, *Class and Collective Action,* Beverley Hills, Sage Publications.
TIMBART, O., 1999, "La délinquance mesurée par l'institution judiciaire", *Données sociales 1999,* INSEE, pp. 373-7.
TOURAINE, A., DUBET, F., LAPEYRONNIE, D., KHOSROKHAVAR, F., WIEVIORKA, M.,1996, *Le grand refus. Réflexions sur la grève de décembre 1995,* Paris, Fayard.
TRILLING, L., 1971, *Sincerity and Authenticity,* Cambridge (Mass.), Harvard UP.
TROGAN, P., 1992, "Nettoyage et sécurité", *L'Entreprise,* número especial "La France des entreprises" en collaboration avec l'INSEE, n.º 2518, pp. 240-1.
UPRP (Union des organisations patronales de la région parisienne), 1969, *Combien de chômeurs?,* Paris, CNPF.
URLACHER, B., 1984, *La protestation dans l'usine et ses modes d'objectivation: des graffiti aux tracts,* DEA dc sociologie, Paris, EHESS.
UZZI, B., 1996, "The sources and consequences of embeddedness for the economic performance of organizations: the network effect", *American Sociological Review,* vol. 61, agosto, pp. 674-98.
VAN PARIJS, P., 1986, "A revolution in class theory", *Politics and Society,* vol. 15, pp. 453-82.
VANEIGEM, R., 1967, *Traité de savoir-vivre à l'usage des jeunes générations,* Paris, Gallimard.
VERDÈS-LEROUX, J., 1987, *Le réveil des somnambules. Le parti communiste, les intellectuels et la culture (1956-1985),* Paris, Fayard-Minuit.
VERGEAU, E., CHABANAS, N., 1997, "Le nombre des groupes d'entreprises a explosé en 15 ans", *INSEE Première,* n.º 533, novembro.
VERLEY, P., 1997. *L'échelle du monde. Essai sur l'industrialisation de l'Occident,* Paris, Gallimard.
VIGARELLO, G., 1988. *Une histoire culturelle du sport. Techniques d'hier et d'aujourd'hui,* Paris, Revue BPS-Robert Laffont.
VIGNERON, J., BURSTEIN, C. (orgs.), 1993, *Écoproduit. Concepts et méthodologies,* Paris, Economica.
VILLEY, M., 1983, *Le droit et les droits de l'homme,* Paris, PUF.
VINDT, G., 1996, "Le salariat avant guerre: instabilité et précarité", *Alternatives économiques,* n.º 141, outubro, pp. 58-61.

VIRNO, P., 1991, *Opportunisme, cynisme et peur*; Combas, Éditions de l'Éclat.
VIRVILLE, M. de (sous la présidence de), 1996, *Donner un nouvel élan à la formation professionnelle*, Paris, Rapport de la mission confiée par le ministre du Travail, du Dialogue social et de la Participation.
VISSER, J., 1991, "Tendances de la syndicalisation", *Perspectives de l'emploi*, Paris, OCDE.
VOISSET, M., 1980, "Droit du travail et crise", *Droit social*, n.º 6, junho, pp. 287-98.
WARDE, I., 1997, "Les maîtres auxiliaires des marchés. Le projet de taxe Tobin, bête noire des spéculateurs, cible des censeurs", *Le Monde diplomatique*, fevereiro, pp. 24-5.
WAGNER, P., 1996, *Liberté et discipline. Les deux crises de la modernité*, Paris, Métailié (traduit de l'allemand par J.-B. Grasset).
WALLERSTEIN, L, 1980, *Système du monde du xve siècle à nos jours*, vol. 1: *Capitalisme et économie-monde (1450-1640)*, Paris, Flammarion.
WALLERSTEIN, I., 1984, *Système du monde du xve siècle à nos jours*, vol. 2: *Le mercantilisme et la consolidation de l'économie-monde européenne (1600-1750)*, Paris, Flammarion.
WALLERSTEIN, I., 1985, *Le capitalisme historique*, Paris, La Découverte.
WALLERSTEIN, I., 1989, *The World-System III. The Second Era of Great Expansion of the Capitalist World-economy, 1730-1840s*, San Diego, Academic Press, inc.
WALZER, M., 1985, *Exodus and Revolution*, New York, Basic Books.
WALZER, M., 1996, *La critique sociale au xxe siècle*, Paris, Métailié (traduit de l'anglais par S. McEvoy).
WALZER, M., 1997, *Sphères de Justice. Une defense du pluralisme et de l'égalité*, Paris, Seuil (traduction de P. Engel; primeira edição americana: 1983). [Trad. bras., *Esferas da justiça*, São Paulo, Martins Fontes, 2003.]
WASHIDA, K., 1995, "Who owns me? Possessing the body or current theories of ownership", *Iichiko Intercultural*, n.º 7, pp. 88-101.
WASSERMAN, S., FAUST, K., 1994, *Social Network Analysis*, Cambridge, Cambridge UP.
WEBER, H., 1987, *Le parti des patrons. Le CNPF 1946-1986*, Paris, Seuil.
WEBER, M., 1964, *L'éthique protestante et l'esprit du capitalisme*, Paris, Pion (1.ª edição: 1920).
WEBER, M., 1971, *Économie et société*, Paris, Plon.
WEBER, M., 1986, *Sociologie du droit*, Paris, PUF.
WEBER, M., 1991, *Histoire économique. Esquisse d'une histoire universelle de l'économie et de la société* (texte de 1923; traduction de C. Bouchindhomme, prefácio de P. Raynaud), Paris, Gallimard.
WEBER, M., 1996, *Sociologie des religions*, Paris, Gallimard (textes réunis et traduits de l'allemand par J.-P. Grossein; introdução de J.-P. Passeron).
WEIL, S., 1951, *La condition ouvrière*, Paris, Gallimard.
WELCOMME, D., 1997, "Mondialisation et emploi: les éléments du débat", *Lettre du CEE*, n.º 24, novembro.
WHITE, H., BOORMAN, S., BRERCER, R., 1976, "Social structure from multiple networks. 1. Blockmodels of rotes and positions", *American Journal of Sociology*, vol. 81, n.º 4, pp. 730-80.
WHITE, H., 1992, "Agency as control in formal networks", *in* Nohria, N., Eccles, R. (orgs.), *Networks and Organizations: Structure, Form, and Action*, pp. 92-117.

WILLENER. A., GADJOS, C., BENGUIGUI, G., 1969, *Les cadres en mouvement*, Paris, Editions de l'Épi.
WILLENER, A., 1970, *L'image-action de la société et la politisation culturelle*, Paris, Seuil.
WILLIAMSON, O., 1985, *The Economic Institutions of Capitalism*, New York, Free Press.
WOMACK, J. P., JONES, D. T., ROOS, D., 1992, *Le système qui va changer le monde*, Paris, Dunod (1.ª edição americana: 1990).
YIANNIS, G., LANG, T., 1995, *The Unmanageable Consumer. Contemporary Consumption and its Fragmentation*, London, Sage.
ZARIFIAN, P., 1994, "Compétences et organisation qualifiante en milieu industriel", *in* Minet, F., Parlier, M., de Witte, S. (orgs.), *La compétence, mythe, construction ou réalité*, Paris, L'Harmattan.
ZEGEL, S., 1968, *Les idées de mai*, Paris, Gallimard.

ÍNDICE DOS NOMES PRÓPRIOS

ABADE PIERRE, 623-4, 646
ABRAMOVICI G., 281
ABROSSIMOV C., 280, 282
AC! (Association Agir ensemble contre le Chômage), 359, 518, 623-4
ADAM E., 289, 573
ADORNO T., 442-3, 641
AFEGANISTÃO, 223-4, 586
ÁFRICA, 100-1
AFSA C., 281, 606
AGCS (Accord Général sur le Commerce des Services) ou GATS, 377
AGLIETTA M., 111
AGRE P., 432
AGUITON C., 361, 624
AKERLOF G., 163
AKTOUF O., 99, 110, 114, 573
ALBERTI L. B., 86, 569
ARGÉLIA, 586
ALEMANHA (e ex-RFA), 100-1, 204, 212, 233, 250, 516, 556, 563, 577-8, 585, 606, 615, 620, 622.
ALEMANHA ORIENTAL, 100
ALLEN L., 98
ALTERNATIVES ÉCONOMIQUES (Periódico), 556-7, 605-6, 620, 637
ALTHUSSER L., 503, 576, 611
AMAND F., 592
AMAR M., 245, 379, 591

AMÉRICA LATINA, 100-1
AMIRA S., 281
ANISTIA INTERNACIONAL (Associação), 414, 652
ANACT (Agence Nationale d'Amélioration des Conditions de Travail), 584, 633
ANDCP (Association Nationale des Directeurs et Chefs du Personnel), 579, 589
ANDREFF W., 593
ANDRÉ-ROUX V., 622
ANGENOT M., 473
ANPE (Agence Nationale Pour l'Emploi), 23, 407, 556, 599, 606
ANSART P., 88
ANSELL C., 146, 187
AQUAIN V., 241, 248, 271, 274, 290, 431, 603
ARBANT P., 401
ARCHIER G., 148, 175
ARENDT H., 30
ARGENTINA, 100
ARMAND L., 120
ARON R., 560, 581
ARPIN R., 148
ÁSIA, 100-1
ASTIER I., 407
ATD-Quart Monde (Aide à toute détresse. Associação), 354, 652

ATLAN H., 175
AUBREY B., 102, 105, 113, 122, 125-6, 141, 148, 154, 156, 161, 169, 462, 573
AUDRIC S., 594
AUMONT M., 90, 92, 574
AUSTRÁLIA, 100
ÁUSTRIA, 607, 609

BAECHLER J., 72
BAGNASCO A., 115
BAKTAVATSALOU R., 597
BALAZS G., 206
BALZAC H. (de), 495
BANCO MUNDIAL, 27
BARBADOS, 598
BARISH J., 453
BARJONET A., 581
BARKER J. B., 432
BARNES, J. E., 575
BARON C., 408
BARRAT O., 278, 296, 323, 618
BARRY C. (de), 592
BARTHES R. 458, 646
BASZANGER L., 647
BATAILLE G., 568
BATESON G., 174, 573
BAUDELAIRE C. (de), 74, 567
BAUDELOT C., 265
BAUDRILLARD J., 454, 459, 644
BAUDRY B., 633
BAUMARD M., 291, 607
BEAUD S., 293, 295, 299, 302, 608-9
BECKER G., 189
BÉLGICA, 579, 607, 609-10, 622
BELL D., 62, 64
BELLENGER L., 91, 105, 107, 128, 144-6, 152, 154, 156, 158, 167, 571-3
BELLEVILLE P., 578
BELLOC B., 247-8, 252, 257, 556, 594
BELORGEY J.-M., 412
BENDIX R., 560
BÉNÉTON P., 200-1
BENGHOZI P.-J., 605
BENGUIGUI G., 217
BENNAHMIAS J.-I., 451

BENIGER J., 640
BENKO G., 115
BENNETT S., 452
BÉNOT Y., 216, 581
BENSAÏD D., 361, 624
BENTHAM J., 561
BENZECRI, J.-P., 574
BERGER S., 253
BERGGREN C., 275
BERLE A., 558, 564
BERMAN M., 590, 639
BERNOUX P., 403, 579
BESNARD P., 419, 422, 428, 559
BESSY C., 259, 268
BEST F., 401
BEVORT A., 291, 293-6, 301-2, 305, 609, 612-3
BISAULT L., 249, 556
BIT (Bureau international du Travail), 556
BLAKE R., 90, 574
BLANCHOT M., 291, 607
BLETON P., 95
BLOCH M. (club), 623
BLOCH-LAINÉ F., 92, 574
BLOCH-LONDON C., 283, 591, 595
BLUM A., 328, 620
BOISARD P., 283, 591, 595, 643
BOISSEVAIN J., 575
BOISSONAT J., 410-1
BOLTANSKI L., 26, 51, 55, 68, 72, 96, 108, 124, 134-5, 169, 315-6, 354, 357, 474, 528, 561, 563, 568, 578, 600, 617, 651-2
BONNECHÈRE M., 303, 305, 604, 619, 634
BOORMAN S., 187, 577
BORDET G., 583
BORNE F., 92-3, 117-20
BORZEIX A., 300
BOSSUET J.-B., 565
BOUDON R., 648-9
BOUGET D., 407
BOURDIEU P., 134, 149-50, 169, 358, 435, 457, 565, 567, 578, 600, 617, 622, 645, 651

BOURETZ P., 561
BOURGUIGNON F., 636
BOURNIQUE Y., 592
BOUVERESSE J., 566, 576
BOUZONNIE H., 609
BOWER M., 93, 95-6
BOWIE N., 633
BOYER R., 278, 499, 555
BRANCIARD M., 610
BRAUDEL F., 36, 49, 89, 187-8, 557-8, 577
BREIGER R., 187, 577
BRASIL, 101
BRESSAND A., 175
BRICOUT J.-L., 244-5, 604
BRODA J., 254
BROUDIC J., 255
BROVELLI L., 612
BRUHNS H., 559, 564
BUÉ J., 274, 431, 603
BULLEN M. L., 633
BUNEL J., 213, 222, 582
BURKE M., 574
BURNHAM J., 564
BURSTEIN C., 452
BURT R., 149, 157, 167, 174, 364, 389, 625

CAIRE G., 248, 254, 274, 584
CAIRNCROSS F., 451-2, 643
CALLON M., 145, 149, 174, 182, 329, 365, 509, 571, 576
CAMPINOS-DUBERNET M., 399
CAMUS B., 593
CANADÁ, 100
CAPRON M., 633
CARNAP R., 575
CARTIER-BRESSON J., 571, 625
CARTRON D., 272, 599, 642
CASTEL R., 160, 355, 600, 626
CASTELLS M.. 570, 620
CASTON A., 103, 149
CASTORIADIS C., 568
CEE (Centre d'Études de l'Emploi), 206
CERC (Centre d'Etude des Revenus et des Coûts) e CERCASSOCIATION), 23, 220, 233, 266, 358, 556, 596, 652
CERTEAU M. (de), 201
CETTE G., 555
CEYRAC F., 213, 221, 226, 582
CÉZARD M., 242, 271, 274, 289, 323, 431, 596, 602, 607, 611
CFDT (Confédération Française Démocratique du Travail), 201, 203, 208-9, 213, 215, 220, 223-4, 232, 290-3, 300-3, 307-10, 323, 359, 580, 589, 606, 608, 610-4, 623-4
CFT (Confédération Française du Travail), 292, 608
CFTC (Confédération Française des Travailleurs Chrétiens), 292, 323, 589, 608
CGC (Confédération Générale des Cadres) ou CFE-CGC, 292, 302, 323, 589
CGT (Confédération Générale du Travail), 201, 208, 210, 215, 220, 223-4, 235, 267, 287-93, 301, 304, 306-10, 323, 399, 581, 585, 589, 608, 610, 612, 615, 624
CHABANAS N., 245, 592
CHABAN-DELMAS J., 209, 213-4
CHALENDAR J. (De), 587
CHALVON-DEMERSAY S., 169, 173, 462
CHAMPY J., 103
CHANDLER A., 85, 175, 564
CHARLIE HEBDO (Periódico), 623
CHARPAIL C., 282, 606
CHARPENTIER P., 601
CHATEAURAYNAUD F., 215, 229, 337, 543
CHATZIS K., 619
CHAUVEL, L., 420, 422-3
CHAVANCE P., 623
CHENU A., 244, 262, 321, 598-9, 616, 619
CHESNAIS F., 21, 556, 574, 626-7
CHIAPELLO È., 72, 76, 108, 110, 330, 347, 468, 567, 603, 646-7

CHIAPPORI P.-A., 636
CHIARAMONTI C., 602
CHICAGO (Escola de), 183
CHILE, 100, 555
CHINA, 100, 232, 586
CHOTARD Y., 222
CIMADE (Centre Inter Mouvements d'Aide aux personnes Déplacées), 359
CINGAPURA, 101, 598
CISL (Confédération Internationale des Syndicats libres), 292
CJD (Centre des Jeunes Dirigeants), 217, 582, 588
CLAIRMONT F., 22
CLAVEL M., 201, 578
CLAVERIE E., 168, 425, 649
CLAVERO B., 425, 521
CLERC J.-M., 220, 260, 584
CLOSETS F. (de), 306, 611-2
CLOT Y., 275
CNPF (Conseil National du Patronat Français), 199, 209, 211, 213, 216, 221, 222, 226, 303, 319, 578, 581-2, 588-9
CNUCED (Conférence des Nations Unies sur le Commerce et le Développement), 22, 538, 651
COBLENCE F., 74
COHEN D., 595
COIGNARD S., 178
COLEHOUR J., 643
COLIN A. T., 92
COLÔMBIA, 100
COLUCHE, 357
COMBESQUE M.-A., 624
COMMISSARIAT AU PLAN, 220, 232, 313, 362, 401, 503
COMUNIDADE EUROPEIA, 212, 620, 628
COMTE A., 562
CONDORCET M. (de), 562
CONINECK F. (de), 241, 265, 592, 619
CONSEIL ÉCONOMIQUE ET SOCIAL, 313, 355, 587, 621
COPERNIC (Club), 623

CORCUFF P., 490
CORÉIA DO SUL, 100-1, 598
CORIAT B., 21, 111, 205, 229, 555
COSETTE M., 414
COUPAT J. 568, 644
COURTOIS S., 223
COUTROT T., 242, 247, 278, 296, 323, 431, 591, 604, 618
CRII-RAD (Commission de Recherche et d'Information Indépendante sur la Radioactivité), 652
CRUZ VERMELHA (Associação), 357
CROISAT M., 291, 293-6, 301, 305, 612-3
CRONIN M., 175
CROSNIER P., 244
CROZIER M., 99, 105, 110, 113, 144, 151, 226, 464, 572-3, 582, 585, 588
CRUELLAS P., 105, 127, 571, 573

DAL (Association Droit Au Logement), 359, 518, 623
DINAMARCA, 607, 609, 622
DANZIGER R., 633
DARWIN C., 562
DAUGAREILH I., 636
DAYAN J.-L., 289-90, 607, 609, 611
DEBORD G., 454, 568, 644
DEBRAY R., 175
DEGENNE, A., 174
DEJOURS C., 256, 267, 309, 596, 601, 614
DELEUZE G., 137, 156, 182, 186, 457-8, 571, 573, 576
DELORS J., 213-6, 583
DERRIDA J., 457-8, 646
DERVILLE J., 612
DESCOMBES V., 181, 575
DESROSIÈRES A., 55, 313, 615, 617
DESSENARD J., 624
DESSORS D., 601
DE SWANN A., 428
DEVAUX G., 93, 118-9
DE WOOT P., 95, 177
DIDIER E., 354, 621
DIDRY C., 623

Índice dos nomes próprios

DIETSCH M., 604
DIRN L., 288, 317, 423, 602, 615-6
DISSELKAMP A., 559
DISTLER C., 175
DIXON K., 531
DODIER N., 391, 431, 640
DOMENACH J.-M., 201
DRANCOURT M., 118, 120
DROITS DEVANT (Dd!!, Associação), 518, 623
DRUCKER P., 90, 99
DUBET F., 329, 600
DUBOIS P., 204-5, 212-5, 218, 301, 579, 582, 584, 612
DUCHESNE F., 288-9, 607, 610
DUCROT Q., 183
DUFOUR C., 289
DUGUÉ É., 647
DULONG R., 208
DUMONT L., 33, 44, 53-4, 87, 556, 561, 564
DUMONT R., 623
DUNNING E., 335
DUPRONT J., 579
DUPUY J.-P., 174, 176
DURAND C., 204-5, 207, 212, 214-5, 218, 301, 579, 582, 584, 612
DURAND M., 212, 584
DURKHEIM É., 346, 419-20, 423, 428, 433, 483, 488, 640, 649
DUSSERT F., 271, 274-5, 596, 602
DUVEAU G., 427

ECCLES R., 176
ECHARDOUR A., 266, 601
EDELMAN B., 611
EHRENEBRG A., 219, 334, 423, 438, 640
ELIAS N., 335
ELSTER J., 123, 187, 630
EMMAÜS, 623-4
ENA (École Nationale d'Administration), 233
ENGELS F., 639
ENSAE (École Nationale de la Statistique et de l'Administration Économique), 233

ENTREPRISE ET PROGRÈS (Associação patronal), 218, 326, 498, 603
ÉPISTÉMON, 201
ERBÈS-SÉGUIN S., 301, 584
ERICKSON B., 150
ESCANDINÁVIA, 100
ESPANHA, 563, 607, 609
ESPINASSE J.-M., 255
ESPINOSA, 571
ESTADOS-UNIDOS, 23, 100, 204, 212, 537, 555-6, 574, 578-9, 585, 598, 617, 620, 637
ETHIC (Entreprises de Taille Humaine Indépendantes et de Croissance ; Association patronale), 603
ETTIGHOFFER D., 122, 571-2, 574
EUROPA, 23, 100-1, 198, 204, 537, 556, 581, 598, 622
EUSTACHE D., 278, 320
EVANS R. W., 204
EYMARD-DUVERNAY F., 165, 259, 275, 303, 338, 397, 408, 617-8, 638
EYRAUD F., 321
EYRAUD J.-B., 624

FABIUS L., 230
FÁBRICA DE RELÓGIOS, 624
FAUCHEUX H., 619
FAURE E., 225, 587
FAUST K., 174, 576
FAVENNEC-HERY F., 262
FAYOL H., 85, 100, 109, 569
FERMANIAN J.-D., 322, 616, 619
FERRY J.-M ., 412, 636
FEUTRIE M., 471
FILLIEULE O., 623
FINLÂNDIA, 607, 609
FITOUSSI J.-P., 600
FLAMHOLTZ E., 633
FMI (Fonds Monétaire International), 27, 637
FO (Force Ouvrière) ou CGT FO, 292, 310, 323, 589
FORGEOT G., 594
FORRESTER V., 622

FORTUNE (Revista), 22
FORSÉ M. 174, 185
FOUCAULD J.-B. (de), 362, 419, 625
FOUCAULT M., 233, 621
FOUQUET A., 411
FRANKFURT (Escola de), 442-4, 565, 645
FRANKLIN B., 40, 86
FRAUSE B., 643
FREEMAN, E., 633
FREMEAUX P., 21, 556
FREUD S., 201, 340-1, 472
FREYSSINET J., 254, 600
FRIEDMAN M., 563, 627, 636
FRIEDKIN N., 158
FRIERMAN R., 452
FRIEZ A., 605
FRIGUL N., 601
FROIDEVAUX G., 567
FROISSART D., 90, 95, 120
FURET F., 50, 210, 567, 585, 590
FURJOT D., 580

GABRYSIAK M., 177
GADJOS C., 217
GAILLOT (Monsenhor), 623
GALBRAITH J. K., 51
GAMBETTA D., 403
GARCIA M.-F., 638
GATTAZ Y., 589
GATT (General Agreement on Tariff and Trade), 377
GAUDU F., 59, 228, 410, 634
GAULLE C. (de), 585
GAULLIER X., 600
GEARY D., 516
GELINIER O., 94-8, 121, 177
GELOT D., 280, 282
GENELOT D., 91, 573
GEORGE S., 452
GERVAIS D., 413
GIARINI O., 563
GINSBOURGER F., 263, 276, 294, 298, 304, 595, 597, 602
GIONO J., 91
GIRARD B., 401, 571

GIRARD R., 528
GIRAUD P.-N., 598
GISCARD D'ESTAING V., 219, 223
GLUCKMAN M., 575
GLUCKSMANN A., 581
GOETHE J. W. (von), 590
GOGNALONS-NICOLET M., 600
GOLLAC M., 271, 271, 274-5, 431, 596, 601-2
GORGEU A., 250-1, 255, 264, 267-9, 273, 277, 296, 594, 596-7, 599
GORZ A., 401, 470, 578
GOUX D., 248, 264, 596, 599, 601, 649
GOVINDARJAIAN V., 603
GRANA C., 567
GRÃ-BRETANHA, 204, 212, 516, 556, 574, 578, 607, 609, 615, 617, 637
GRANDJEAN C., 298, 650
GRANOVETTER M., 146, 169, 176, 185, 517, 633
GRÉCIA, 609
GREENPEACE (associação), 643
GREFFE X., 563
GRIBAUDI M., 328, 620
GROSSEIN J.-P., 560
GROUX G., 290, 295, 607, 611
GRUNBERG I., 637
GRUSON C., 233
GUATTARI F., 156, 576
GUÉROULT F., 280, 589
GUICHARD M.-T., 178
GUIENNE V., 252, 275, 299, 596
GUILLEMARD A.-M., 401, 600
GUILLOUX P., 633

HABERMAS J., 85, 137, 174, 388, 463, 577
HALBWACHS M., 423
HAMMER M., 103
HANDY C., 141, 571
HANNOUN M., 243
HAQ M. U., 637
HARFF Y., 584
HEC (Os professores do grupo), 90, 103, 144, 152, 571
HEGEL G. W. F., 190, 645

HEIDEGGER M., 442-3, 442, 457, 641
HEILBRONER R. L., 35, 44, 72, 558, 642
HEINICH N., 448
HEISENBERG W., 175
HÉLOU C., 650
HENNION A., 590
HERAULT B., 290
HERMITTE M.-A., 615
HERZBERG F., 90
HIMMELFARB G., 623
HIRSCHMAN A., 40-1, 47, 77-8, 88, 253, 366, 448, 451, 485-6, 557, 560-1, 650
HOARAU J., 630
HOBBES T., 428, 565, 649
HODSON R., 432
HOFSTADTER D., 175
HOLANDA (PAÍSES BAIXOS), 204, 607, 609
HOLCBLAT N., 281-3, 606
HONG KONG, 101
HOPWOOD A., 220, 650
HORKHEIMER M., 442-3, 641
HOSCHILD A., 642
HOWELL C., 200, 213, 222, 231, 588
HUGHES C., 97
HUGONNIER R., 97
HUMBLE J., 94, 119
HUNTINGTON S., 582, 585
HUVELIN M., 581

ILLICH L., 175, 573
ÍNDIA, 100
INED (Institut National d'Études Démographiques), 556
INSEE (Institut National de la Statistique et des Études Economiques), 233-4, 243, 246, 247-8, 313, 320, 323, 326-7, 358, 558, 592-3, 616-7, 619
ISLÂNDIA, 607, 609
ISRAEL, 586
ITÁLIA, 100-1, 204, 556, 563, 575, 579, 581, 584, 607, 609, 617, 622

JACQUARD A., 622-3
JANNOTTA J., 625

JANSOLIN P., 242, 596
JAPÃO, 100-1, 204, 232, 265, 537, 555-6, 563, 598, 600, 620, 642
JEAMMAUD A., 253, 271, 300-1, 414
JEGER-MADIOT F., 321, 559
JOBERT A., 215, 220, 233-4, 316, 321, 323, 633
JOC (Jeunesses Ouvrières Chrétiennes), 613, 623
JOHNSON H. T., 603
JOURDAIN C., 243, 248, 599
IUGOSLÁVIA, 232, 586, 590
JUILLARD M., 555

KANT E., 186
KAPLAN R. S., 603
KARPIK L., 163
KAUL I., 637
KAWAKITA H., 446, 642
KERBOURC'H J.-Y., 410, 636
KISELYOVA E., 620
KNIGHT F., 422
KOCKA J., 615
KhRUCHTCHEV N. (Relatório), 585
KUHN T., 648

LABARDE P., 623
LABBÉ D., 291, 293-6, 305, 309-10, 609, 612-4
LACAN J., 496
LA CROIX (Periódico), 622
LACROIX M., 244
LAGARENNE C., 247-8, 252, 257, 556, 594
LALLEMENT M., 609
LAMAISON P., 168, 425
LAMOUR P., 587
LANDIER H., 109, 115-6, 121, 143, 147, 153, 156, 161-2, 462, 571, 573, 577
LANG T., 452
LANTIN J., 322
LAPEYRONNIE D., 290
LASLETT P., 89
LATOUR B., 176, 182, 329, 506, 576
LAUNAY M., 292, 295-7, 301, 609, 613, 616

LAZAR M., 223
LAZZARATO M., 620
LCR (Ligue Communiste
    Révolutionnaire), 624
LE BON G., 641, 645
LE CORBUSIER, 575
LEFORT C., 375, 630
LE GOFF J.-P., 581, 612
LEIFER E., 144
LEMAIRE B., 122, 147
LEMAIRE M., 246, 593
LEMEL Y., 617
LEMIEUX C., 146
LE MINEZ S., 622
LENHARDT V., 127
LENOIR R., 353-4, 621
LE SAGET M., 107-8, 110, 116, 124, 131,
    143, 147-8, 155, 573
LETABLIER M.-T., 643
LÉVY B.-H., 581
LINHART D., 241, 268, 278
LINHART R., 608
LIP, 207, 216, 583
LIPIETZ A., 115
LODGE G., 222
LOMET R., 612
LORINO P., 603
LUTTRINGER J.-M., 632
LUXEMBURGO, 607, 609
LYON-CAEN A., 253, 271, 297, 300-1, 414
LYON-CAEN G., 249, 274, 635
LYOTARD J.-F., 573

MABILE S., 278, 296, 323, 604, 618
MACKINNON M., 559
MAGAUD J., 254, 297
MAHFOUZ S., 555
MAHONEY J., 625
MAILLARD J. (de), 250, 255, 297
MAIRE E., 589
MALÁSIA, 100
MALDIDIER P., 169, 600
MALLERET V., 603
MALLET S., 578
MALTERRE A., 120

MARCHAIS G., 585-6
MARCHAL E., 165, 252, 259, 338
MARCHAND O., 244, 266, 600-1
MARGIRIER G., 277, 300, 579, 591, 601
MARIN B., 588
MARIONI P., 281-3, 606
MARIS B., 623
MARQUÈS E., 633
MARSHALL G., 560
MARTORY B., 633
MARTY M.-O., 586
MARUANI M., 268, 278
MARX K., 37, 44, 58, 61, 89, 190, 201,
    203, 346, 363, 385, 427, 472, 496, 565,
    567, 577, 590, 614-5, 621, 630, 639-40
MASLOW A., 90, 119, 125
MASSÉ P., 621
MATHEY C., 206
MATHIEU R., 250-1, 255, 264, 267-9,
    273, 277, 296, 594, 596, 599
MAURICE M., 208, 574
MAURIN E., 248, 264, 266, 596-7, 601,
    649
MAURIN L., 556-7, 601
MAUROY P., 234
MAUSS M., 425
MAYERE A., 601
MCCLELLAND D., 90
MCLUHAN M., 175
MCNAMARA, 118
MEAD G. H., 184
MEANS G., 558, 564
MÉDA C., 634
MÉDICOS DO MUNDO, 623
MÉDICOS SEM FRONTEIRAS, 622
MEDEF (Movimento das empresas da
    França), 319
MENDEL, 201
MANDELBROT, 574
MENGER C., 564
MENGER P: M., 330, 605
MERCKLING O., 265
MERLEAU-PONTY (Club), 623
MORES D., 601
MÉXICO, 100, 620

MIDLER C., 103
MILLER P., 650
MINISTÉRIO DA INDÚSTRIA, 243, 247, 593
MINISTÉRIO DAS FINANÇAS, 233
MINISTÉRIO DO TRABALHO, 247, 270, 584, 587, 591, 594, 604-5, 617
MITCHELL J., 575
MONDE DIPLOMATIQUE (Periódico), 623
MONOD T., 623
MONSEN R. J., 574
MORAZÉ C., 564
MORENO J.-L., 180, 185
MORIN E., 174, 201, 641
MORIN P., 103
MOSS KANTER R., 90, 100, 102, 105, 107, 113, 125, 128, 155-6, 463, 572
MOTTAY F., 601
MOTTE D., 579
MOURIAUX M.-F., 635
MOURIAUX R., 288, 607
MOUTON J., 90, 574
MRAP (Mouvement contre le Racisme, l'Antisémitisme et pour la Paix), 623
MUCCHIELLI J.-L., 598

NEYRET G., 619
NIZARD A., 423, 639
NEHMY R., 586
NELSON R., 588
NEUSCHWANDER C., 583
NIETZSCHE F., 61, 201, 495, 565, 571, 646
NOLLAN R., 176
NORUEGA, 607, 609
NOVA ZELÂNDIA, 100

OBERTI M., 617
OCDE (Organisation pour la Coopération et le Développement Économique), 27, 199, 204, 227, 377, 514, 588, 600
OCDE (Países da), 22-3, 600
OKAMOTO H., 222

ORGOGOZO I., 122, 152, 463, 573, 577
ORLÉAN A., 499
ORTEGA Y GASSET J., 641, 645

PADGETT J., 146, 187
PAPERT S., 175
PARETO W., 562
PARK R. E., 183
PARLIER M., 631
PARROCHIA D., 180-1, 573
PARROT J.-P., 313
PASSERON J.-C., 457, 559-60, 566, 578
PASTRÉ O., 205, 207-8, 220, 583
PATTON A., 94
PAUGAM S., 261, 266, 357-8, 596, 600, 623
PAÍSES DO LESTE EUROPEU OU (Ex-) PAÍSES COMUNISTAS, 41, 101, 512, 586, 598
PAÍSES EM DESENVOLVIMENTO, 41, 511
PCF (Partido Comunista Françês), 223-4, 235, 301, 310, 502-6, 581, 585-6, 612, 621
PCUS (Partido Comunista da União Soviética), 223
PEIRCE C. S., 183
PERILLEUX T., 268, 275, 610
PERRIEN C., 631
PETERS T., 110, 571, 573
PÉTITIONS (Club), 623
PFEFFERKORN R., 558
PHILIPPE J., 246
PHILONENKO G., 252, 275, 299, 596
PIAGET C., 583
PIALOUX M., 293-4, 299, 302, 432, 608-10, 613
PIKETTY T., 578, 583, 591, 598
PIVETEAU D., 419, 625
PIORE M., 115, 132, 253, 467
PLATÃO, 85
POLANYI K., 54, 77, 279, 509, 556, 558-9, 568, 605, 629
POLÔNIA, 100
POLYTECHNIQUE (Escola), 233

POMMIER P., 244
POPPER K., 649
PORTE J., 313, 615
PORTUGAL, 607, 609, 622
POTEL J.-Y., 298
POULANTZAS N., 576
POULET B., 623-4
POULET P., 268
POWELL W., 114, 403
POWER M., 433
PRATT J., 403
PRIESTLEY T., 411
PRIGOGINE L., 175, 573
PROCACCHI G., 50
PROUDHON P. J., 88, 567
PS (Partido Socialista), 33, 198, 223-34, 310, 318, 585, 612
PSU (Partido Socialista Unificado), 232
PUTNAM H., 575

RAISONS D'AGIR (Club), 623
RAULET G., 560
REHFELDT U., 619
REHN G., 401
REICH R., 104
REILLER F., 617
REPÚBLICA DOMINICANA, 598
RESTAURANTS DU COEUR (Associação), 357
REYNAUD J.-D., 584, 615
RIBOUD A., 631
RICHÉ P., 623
RICOEUR P., 157, 566, 648
ROBERTS B., 222
ROCHE A., 451
ROCHEX J.-Y., 275
ROGUET B., 281-3, 606
ROSANVALLON P., 288, 289, 317, 328, 391, 558, 564, 616-7, 647
ROSCH E., 617
ROTHSCHILD E., 580
ROUSSEAU J.-J., 56, 178, 312, 453, 458, 565, 644, 646
ROUSSELET J., 206
ROUX A., 583

SABEL C., 115, 132, 396, 584, 588, 633
SACKMAN S. A., 633
SADE D. (de), 75, 567
SAGLIO J., 213, 222, 579, 582
SANTO AGOSTINHO, 565
SAINT-MARTIN M. (de), 578
SAINT-SIMON L. (de), 124, 565
SAINSAULIEU R., 586-7
SALMON J.-M., 623
SALZEERG L., 600
SAMUELSON K., 560
SANTILLI G., 216, 610
SARTHOU-LAJUS N., 389-90, 435
SARTRE J.-P., 442, 457, 645
SAUSSURE F. (de), 180
SAVALL H., 633
SAXBERG B. O., 574
SCHAEFFER J.-M., 183
SCHELER M., 495
SCHELLING T., 486
SCHIRAY M., 626
SCHMOLLER G., 564
SCHNAPP A., 200
SCHRAM J., 601
SCHUMPETER J., 79, 485, 497, 560, 562
SCHÜTZ A., 421
SCHWARTZ Y., 275
SCHWARTZENBERG L., 623
SECOURS CATHOLIQUE (Associação), 359
SÉGUIN P., 231
SÉGUY G., 581
SENNET R., 257
SERFATI C., 628
SÉRIEYX H., 105, 107, 110, 113, 116, 122, 144-5, 151, 155, 175, 464, 573
SERRES M., 176, 181, 575
SERVAN-SCHREIBER J.-J., 95, 100, 118, 120, 177
SERVET J.-M., 403
SEWELL W., 505, 619, 650
SHANK J.-K., 603
SHANNON C. E., 574
SHIMIZU K., 274, 603
SICARD C., 108, 145

Índice dos nomes próprios 689

SICOT D., 270, 318, 607
SIEGEL J., 74, 435
SIEYÈS E. J., 647
SILVER A., 469
SILVER H., 622
SIMITIS S., 271, 298, 411, 430
SIMMEL G., 557
SKLAR H., 222
SMITH A., 44, 124, 139, 164, 564-5
SOFRI A., 216
SOHLBERG P., 629
SOLJENITSYNE A., 585
SOMBART W., 49, 86, 513, 559-60, 564, 569
SOUBIE R., 589
SPENCE M., 564
STÁLIN J., 585
STARCHER G., 94
STARK D., 163
STAROBINSKI J., 644
STENGERS I., 175
SUD (Syndicat Solidaire, Unifié, Démocratique), SUD-PTT, 359-60, 624
SUDREAU P. (Rapport), 216
SUÉCIA, 556, 607, 602
SUÍÇA, 609
SULLEROT É., 25, 557
SUPIOT A., 253, 255, 257, 273, 279-80, 304, 399-400, 409, 475, 603, 634, 638-9, 647-8
SUTERMEISTER R. A., 574
SZRETER S., 615

TADDEÏ D., 21
TAIWAN, 101
TALLARD M., 316, 321, 323, 633
TANGUY L., 632
TAPSCOTT D., 103, 149
TAYLOR C., 433
TAYLOR F. W., 109, 433, 569
TCHECOSLOVÁQUIA, 100
TEMAN D., 601
TEMPS MODERNES, LES (Revista), 75
TERNY G., 563
TEUBNER G., 395, 507, 638

TIXIER P.-E., 586-7
THATCHER M., 607
THÉRET B., 220, 233-4
THÉRY I., 173
THÉVENOT L., 55, 68, 124, 135, 316, 399, 405, 419, 471, 477, 489, 559, 561, 615, 617, 626, 638, 652
THIERRY D., 631
THOLLON-POMMEROL V., 245
THOM R., 574
THOMAS H., 356
THOMPSON E. P., 619
THUROW L., 23, 101
TILLY C., 360
TIMBART O., 602
TIROLE J., 175
TODD E., 623
TOFFLER A., 134, 162, 167, 175, 572
TOUCHARD J., 200-1
TOURAINE A., 359
TRILATERAL (Comissão), 222, 514, 581, 585
TRILLING L., 640, 644
TRIST E., 222
TROGAN P., 244
TURKLE S., 175
TURNER, V., 574

UIMM (Union des Industries Métallurgiques et Minières), 220
UNCTNC (Centre des Nations Unies sur les Multinationales), 22, 556, 651
UNIÃO SOVIÉTICA, 100-1, 224, 235, 310, 345, 531, 585, 630
UNICE (Syndicat patronal européen), 620
UPRP (Union des organisations patronales de la région parisienne), 580
URLACHER B., 168
UZZI B., 165

VAN ECKHOUT L., 602
VAN PARUS P., 636
VANEIGEM R., 132, 568, 578
VARELA F., 175, 573

VENEZUELA, 100
VERDÈS-LEROUX J., 586
VERDIER E., 471
VERGEAU E., 245, 592
VIDAL-NAQUET P., 200
VIGARELLO G., 336
VIGNERON J., 452
VILLEY M., 565
VILLIERS C., 623
VINCENT C. P., 148, 573
VINCK L., 242, 274, 431, 603
VINDT G., 558
VIRNO P., 233, 590, 631
VIRVILLE M. (de) (Rapport), 399, 632
VISSER J., 609
VOISSET M., 594
VOLKOFF S., 275, 601
VOLTAIRE, 649

WAGNER P., 391, 426, 428, 475, 568
WALLERSTEIN I., 27, 52, 345, 558, 637
WALRAS L., 562
WALZER M., 434, 478, 565, 568, 645, 648-9
WARDE I., 413, 627, 637
WASHIDA K., 190
WASSERMAN S., 174, 576
WATANUKI J., 582, 585

WATERMAN R., 90, 161
WATZLAWICK P., 174
WEAVER W., 574
WEBER F., 293, 294, 299, 302, 608-10
WEBER H., 217, 222, 583
WEBER M., 30, 37, 39-43, 46, 48, 59, 86, 192-3, 346, 415, 557, 559-61, 564-5, 569, 610, 638-9
WEIL S., 122, 626
WEISS D., 151
WELCOMME D., 598
WHITE H., 144, 185, 187, 576
WIENER N., 574
WILLENER A., 201, 217
WILLIAMSON O., 114, 175, 403, 633
WINTER S., 588
WITTGENSTEIN L., 573
WOMACK J, P., 102
WRESINSKI (Père), 355, 621

YAZAWA S., 620
YIANNIS G., 452

ZARDET V., 633
ZARIFIAN P., 619, 631
ZECKHAUSER R., 403
ZEGEL, S., 578
ZEITLIN J., 588

ÍNDICE REMISSIVO

acionistas, 35-6, 50, 85, 376, 378, 544, 558, 628.
acontecimento, 361.
acordo, 34, 338, 489-92; -s de Bretton-Woods, 627; -s de Grenelle, 210, 212; -s de empresa, 231, 302, 610-1; -s entre categorias, 213-4, 582-3; -s Matignon, 314; multilateral sobre os investimentos (AMI), 377, 629; -s Parodi, 314; princípio de, 139.
acumulação (de capital), 35-8.
adaptabilidade, 150, 155.
administração, 96; – por objetivos, 91-8.
agência (teoria da), 402-3.
alienação, 130-1, 200, 567, 621; -ões ligadas ao sexo, 435-6; -ões específicas e genéricas, 434-8.
amizade, 469-72; v. também relações pessoais.
amoralismo, 48, 495-6: v. também moral.
anomalias, 648.
anomia, 419-23, 460, 509, 529.
antiguidade, 265, 600, 650.
antipsiquiatria, 502.
aposentadoria, 26, 51; – antecipada, 26, 253, 269, 282, 605.
assalariado, 25-6, 37, 39, 51, 73, 141, 202, 558; direitos do -, 51, 298; dualização do -, 254-8, 263-70.

assinatura (lógica da), 630-1.
atividade, 141, 143, 193, 460, 634-5; contrato de, 410-1, 634-6; portfólio de, 141, 330; estatuto jurídico da, 400, 409-10.
auditoria, firma de, 433.
autenticidade (e inautenticidade), 73, 129-31, 163, 200, 346-7, 418, 423, 440, 466, 468-72, 639-40, 643-6; desqualificação da -, 454-9; filões de -, 445-6.
autocontrole; v. controle.
autogestão, 130, 201, 206, 209, 232, 300, 306, 385, 580, 583, 586, 590.
autonomia, 48-9, 85, 93, 111, 119, 224-5, 346, 417, 424-9, 587 (v. também libertação, liberdade).
auto-organização, 104-5, 151, 170, 174.
autorrealização, 29, 48, 237, 417, 421, 423-4, 429-33, 640 (v. também desenvolvimento pessoal).
avaliação, 94; v. também prova, juízo.

banco, 404; v. também mercados financeiros.
bem comum, 39, 44, 49-50, 55-8, 85, 117, 121, 137, 147, 363, 386, 415-6, 484, 519-20.
buracos estruturais, 149, 364-7, 625.

burguesia, 25-6, 96, 187, 191, 347, 435, 495-6.
burocracia, 50, 73, 93, 96, 98, 116, 182, 189, 302, 360, 385, 629-30; – sindical, 237, 306-7, 310-1, 505-6.

cálculo, 49, 446; centros de, 498, 506-8, 511, 514, 651; disposição para o, 42; espaços de, 47, 333, 384-5.
capitalismo, 34, 37, 344-7, 482-9; – e crítica, 33-4, 62-5, 234-8, 344, 486-9, 513-5; – e Estado, 502-3, 511; – e família, 626; – e libertação, 424-9; – e mercado, 36, 245-7, 557-8; – e religião, 473, 564-5; – familiar, 49-50, 91-2, 497; autolimitação do, 36, 518-9; caráter amoral do, 53; dinâmica do, 78-9, 287, 485-7, 496-7, 642; efeitos destrutivos do, 508-13; surgimento do, 40; engajamento no, v. engajamento; estados históricos do, 47-8, 49-52; expansão do, 19-20, 45; instituições do, 27, 509, 513-4, 588; neocapitalismo, 29; reestruturação do, 29, 198, 287, 439, 508
carreira, 26, 50, 94, 106-7, 117-21, 203, 332, 397, 421, 499.
casamento, 420, 639.
categoria, 108, 185, 202, 214-5, 353, 620; -s de juízo, 342-4; -s mentais, 617; -s socioprofissionais, 313-29, 615-7, 619.
categorização (lógica de), 333-42, 415-6, 500, 504, 521-2.
certificação, 413, .
charme, 146.
chefe, 122; – de projeto, 108, 148-50, 298, 404, 522; pequenos chefes, 99, 225, 233, 267, 302, 579; v. também gerente.
ciclo de vida, 119, 401, 421.
cidade (modelo de), 55-8, 134, 173, 175, 364, 376, 519-23, 565, 638, 652.
cidade por projetos, 124, 135, 138-62, 167, 173, 186, 188-9, 352, 383, 390, 466-72; dispositivos da, 386, 392-414, 421, 531; formação da, 521-2.
círculo hermenêutico, 521.
classe (social), 173, 182, 185, 197-8, 225, 285, 311, 353-6, 581, 617; – e história, 313-4, 324, 327-8, 520, 613, 619; -s médias, 25, 317, 355, 615-6; – operária, 197-8, 235, 314, 317, 319, 330, 343, 346, 436, 586, 610-1; -s populares, 26; consciência de, 317, 613, 616; desconstrução das, 312-33; os capitalistas como -, 35-6, 52, 514; luta de, 51, 235, 636; sociologia das, 316, 318, 617; v. também burguesia, executivos, categoria, empregados administrativos, operários.
classificações, 263, 313, 616; – critérios classificatórios, 322-6, 618-9; – e mercado de trabalho, 617-8; tabelas de -, 315-6 , 320-7, 387, 618; objetivação das, 325.
cliente, 98, 102-4, 111, 113, 123, 544, 570.
clientelismo, 575.
coach, 105, 107-8, 127, 148, 192, 464, 544, 646.
codificação, 447-9, 454, 458-9.
comparativismo, 87.
competência, 115-6, 119, 125-7, 158, 189, 267, 338, 368, 401, 471, 590, 619, 632, 647; -s relacionais, 267; balanço de , 399, 632; filões de, 277; referenciais de -s, 632. complexidade, 174.
composição, 25, 54, 137, 152, 161-2, 416, 484, 497, 519; desmantelamento das -, 497-8.
comunicação, 137, 143, 151, 170, 174-5, 181, 183, 269, 464, 601; – de massa, 167.
comunidade, 75, 168, 434, 513; – de trabalho, 297-8, 586-7, 609.
comunismo, 25, 51, 54, 61, 75, 93, 210, 223, 232, 235, 344, 586; v. também Partido Comunista Francês no índice de nomes.
concentração, 245.

concorrência, 26, 36, 44, 52, 60, 78, 98, 100, 111, 121, 123, 166, 237, 497, 529-30; – e crítica, 484-5; – e deslocamentos, 499.
conexão, 143-6, , 149, 151, 156-8, 165, 173, 176, 181, 185, 188, 191, 330, 366-9, 371-2, 405, 460; v. também elo, rede.
conexionismo, 180.
confiança, 107, 113-5, 128, 143, 147, 151-2, 163, 166-7, 366, 403-5, 449, 459, 462; abuso de, 389-91, 631.
conhecimento pessoal, 148, 572.
consultores, 103, 130, 232, 381, 514.
consumismo, 444, 449-51.
consumo, 45, 378, 439, 511-2; crédito ao -, 119; sociedade de, 427, 442-3, 445, 448, 454, 602.
contabilidade, 192, 384, 506, 556, 593, 650; – analítica, 273; – de atividade, 603; – dos recursos humanos, 399, 633.
contestação, 199-200, 210, 213, 267, 581.
contexto (e ação), 588.
contrato, 114, 384, 425; por prazo determinado, 250-1, 501, 594; comercial, 270; de trabalho, 120; -s incompletos, 390, 397; -s precários, 262; redes de, 395-6.
controle (e autocontrole), 95, 104, 109-12, 114, 128, 205, 225-6, 277, 346, 367-9, 390, 402, 432-3, 502, 603; – pelos pares, 432; – pela informática, 275-6, 432; – social, 184; custos do, 220; perda de -, 217.
convenções, 55, 58, 137, 140, 165, 337, 340, 419, 439, 462, 638; – coletivas, 270-1, 287, 292, 298, 316, 320-7, 340, 394, 603, 615, 618, 619, 632-3; – sociais, 418; economia das -, 165-165, 259-60, 338, 399, 403, 406, 471, 477, 496, 561, 618, 638.
coordenações, 623-4.
corporativismo (e corporações), 306-8, 505, 520, 611-2, 615, 640, 650.
corrupção, 405, 571, 625, 634.

criatividade, 73, 108, 163, 201, 346, 418, 570.
crise, 199, 204, 214, 301; – da modernidade, 198, 428; – do consumo de massa, 446; – da crítica social, 285; – do Estado-providência, 280, 388, 507; – maio de 1968, v. maio de 1968; – dos anos 30, 26, 50, 85, 199, 236, 345; – do capitalismo, 28, 203-6, 216 , 218; – do controle, 640; – do sindicalismo, 285-311; – do taylorismo, 241; – do trabalho, 207-8.
crítica, 46, 55, 59. 61-5, 193, 197, 220, 234-8, 305-6, 311, 361, 386; – conservadora, 392, 427, 516; – corretiva, 67, 501; – da mídia, 347, 442, 472; – dos sindicatos, 305-6, 611; – de produtos fabricados, 452-4; – elitista, 418, 473, 645; – e negócio, 650; – e cidade, 522; – e prova, 67-71. 334-42; – e história, 29: – e gestão empresarial, 129-32; – e sociologia, 19; – marxista, 74, 118, 353, 363, 385, 435, 458, 560, 616, 621; – radical, 68, 77, 129, 345; – reformista, 68, 129; enfraquecimento da, 28, 223, 285, 309; demanda de pensamento crítico, 27; diferencial entre forças -s, 501-3; dispositivos – s, 28; eficácia da -, 235; elevação do nível de, 30, 199; formas históricas da -, 71-6; incompletude da -, 76-7; intelectuais -s, 330; neutralização da -, 504-8; cooptação da -, 30, 346-7, 590, v. também incorporação; restabelecimento da -, 65, 73, 344-7, 352, 417, 472-8, 503, 515-8, 527, 555; atraso da -, 343, 505; silêncio da -, 27-8, 33, 347.
crítica estética, 75-6, 129, 132, 199-203, 210, 218-31, 235-6, 306-9, 311, 330, 344-7, 352, 417, 423-478, 496, 501-4, 567, 578.
crítica social, 74, 129, 199-203, 209-17, 231, 235, 308, 311, 330, 344-7, 352, 419, 457, 475-6, 501-7, 532-3, 567.

custos de transação, 395, 403, 633.

dádiva, 425-6.
darwinismo social, 229, 260, 562, 588.
decepção, 448, 450.
delinquência, 422, 511-2, 602.
demissões, 90, 97, 257-9, 379, 516, 589, 595-7; – coletivas, 262, 268.
denúncia, 46, 285, 294, 384-6, v. também crítica.
dependência (pessoal), 49, 184, 301, 385, 475, 498-9, 647.
depressão, 423.
desaceleração, 77, 475-6.
descentralização, 93.
desejo, 132, 157, 380, 382, 427, 439, 472, 496.
desempenho, 202-3, 239.
desempregados de longo prazo, 270, 355, 400.
desemprego, 23, 39, 98, 120, 123, 194, 231, 256, 259-60, 270, 283, 287, 419, 430, 509, 556, 598, 623-4; – e suicídio, 422; – e sindicalização, 295-6-, 609; seguro-, 605; v. também precariedade.
desencanto, 73, 130, 200, 469.
desenraizamento (e enraizamento), 373, 426-7, 475, 640.
desenvolvimento pessoal, 122-7, 192, 409.
deserção, 47.
desigualdades, 73, 129, 234, 493, 531; aumento das -, 24, 198, 509, 556; v. também precariedade.
desinteresse (e interesse), 460, 469-72, 528.
deslocamento, 186; – da crítica, 64, 501-6; – do capitalismo, 30, 64-5, 69, 78, 228-30, 235-7, 239-84, 288, 311, 318-32, 487-8, 496-507, 527, 648; lógica do -, 333, 339-42, 415.
desregulamentação, 228.
dessindicalização, 285-311, 508, 607-8, 609.

diferencial (exploração de um), 364-75, 381, 383, 385.
dignidade (princípio de), 160, 374, 478, 626.
dinheiro, 189-93, 478, 557-8, 560, 648; desprezo pelo -, 472.
diplomas, 26, 51, 95, 112, 203, 208, 268, 268, 326, 404, 437, 602; efeito de sinalização dos -, 564; validação dos -, 632-3.
direito, 192, 232, 334, 343, 391, 414-6, 520, 638-9; – comercial, 228, 594; -s humanos, 488, 626, 652; -s de propriedade, 650; -s sociais de afastamento, 400; – das sociedades, 249-50; – de expressão na empresa, 634; – do trabalho, 51, 59, 191, 228, 230-2, 250, 270-1, 587, 594, 611, 639, 647; – e cidade, 415; -s intelectuais, 191; v. contrato.
diretor, 50, 191, 385, 388, 558.
disciplina, 426-8, 436, 438.
discriminação, 256, 259-62, 266, 353, 491, 622.
disponibilidade, 144, 191; cláusulas de -, 273.
disposições psicológicas, 266.
dispositivo, 59, 61, 88, 94, 117, 131, 143, 151, 169, 300-3, 333, 351, 383, 392-414, 485, 505.
distância, 103, 147, 150, 176, 370; – em relações ao papel social, 147; exploração à -, 384.
dívida, 389-91, 407, 435.
divórcio, 422, 557, 639.
dominação, 621.
dublês, 372-3, 391, 631.

ecologia, 236, 444, 450-2, 478, 643, 652; – social, 183.
ecologia, fiscalização, 421; v. também normalização.
economia, 40-7, 527-8, 529, 562; – da regulação, 19, 111-2, 206, 210, 221, 279; – e especialização, 233-4; escola

histórica da, 564; leis da -, 39, 44, 561; micro-, 233, 564; v. também convenções.
educação, 86, 609; elevação do nível da, 99. 208, 218, 584, 600, 649.
egoísmo, 73, 129, 200, 236, 363-5, 419.
eleições (sindicais), 288, 608.
elo, 143, 150, 158, 163, 173-4, 176, 369-51, 421, 460; – social, 178, 407, 422, 617; v. também conexão.
emoções, 453, 465, 488, 641-2.
empirismo, 181, 183.
empregabilidade, 125-6, 128 143, 148, 154-5, 177, 257, 330, 397-8, 631.
empregados administrativos, 263, 600, 616.
empregos, – subvencionados, 281-4, 407, 594, 606; – atípicos, 23; – não qualificados, 263, 598; – precários, 27, 247-54, 285; qualificados, 268; – temporários 248, v. também precariedade; Fundo nacional para os (FNE), 280, 605.
empresa, 26, 374-83; -s em rede, 98-117, 246; -s enxutas, 102; comitês de -, 231, 288, 296, 314, 608-9; grande, 50, 246, 596; grupos de, 244-6, 592; quase -s, 246; porte das -s, 244-5, 296.
engajamento, 117, 131, 138, 142-3 152, 161, 267, 299; – no capitalismo, 39, 46 89, 509; – pela força, 39; capacidades de, 267; motivos de, 48, 53.
engenheiros, 26, 91, 130, 200, 208, 264, 522; v. também executivos.
entusiasmo, 48, 105, 123, 142-3.
equipes autônomas, 102-3, 115, 146-51, 586.
equivalência (criação de), 56, 73, 136, 139, 183, 311, 319, 328, 339, 343, 384, 393, 426, 518, 619, 652.
escala (mudanças da), 67.
especialista, 109, 148-9, 381; -s econômicos, 233-4.
espetáculo, 454, 459, 644, 646.

espírito do capitalismo, 34, 38-43, 83, 117, 423, 481, 559, 568-9; – e acumulação, 60; mudanças de, 43, 49-52, 517-8; primeiro, 49-50, 57, 86, 116, 640; segundo, 51, 54-5, 57, 86, 125, 184, 193, 236, 313, 346, 353, 378, 424, 428-9, 503; terceiro , 52, 237, 357, 417-8, 424, 429, 591.
esquerdismo, 130, 215, 223, 232, 238, 305, 346, 581, 586, 612.
Estado, 25, 51, 172, 182, 185, 236-8, 274, 280-4, 304, 311, 313, 358, 377, 482, 498, 503, 511, 519, 651; – providência, 55, 121, 236-7, 283, 345, 388, 429, 503, 507, 649; ajuda do -, 280-3; aparatos do -, 182, 612.
estágios, 250, 604; v. também empregos subvencionados.
estatística, 88, 247, 317, 332, 532, 593, 617, 645.
estatuto, 106-7, 153, 184, 202-3, 213, 216, 425, 476, 583, 635, 648.
estética, crítica, 148, 329-31, 346, 434, 567-8, 605, 630, 639, 646-8.
estoques, 113; v. também *just-in-time*.
estrutura, 106, 170, 189.
estruturalismo, 182, 184, 575; – marxista, 182.
estudantes, 200-3, 207-8, 578, 581, 587, 598, 604.
ética, 39, 127, 151, 456, 462; – dos negócios, 97, 127, 404-5.
Euro, 413.
exclusão, 136, 143, 160, 175, 194, 253, 257, 318, 329, 353-6, 351, 361-3, 393, 406, 616, 621, 624-6; testemunhos sobre, 623, 652.
executivos 25, 39, 46-7, 51, 83-5, 89-98, 104-7, 109-22, 130, 189, 200-1, 208-9, 224, 257-9, 264, 309, 314, 381, 498, 510, 528, 537, 545, 578-9, 617; – autodidatas, 208, 617; desemprego, 622; desconstrução da categoria, 324-8; origem social, 564,
exército de reserva, 512.

existencialismo, 457, 461.
experiência, 145; – social comum, 564.
exploração, 61,131, 200, 236, 272, 277, 346, 353, 361-2, 505, 517, 531, 558, 567, 603, 629-30; – nos diferentes mundos, 629-30; – e exclusão, 361-75, 626; – e libertação, 629; – fraco e forte, 374-5, 626; gramática da -, 383-7; teorias da -, 621.

falatório (Heidegger), 442, 641.
família, 25, 49, 156, 167-8, 173, 192, 200, 462, 557, 573, 596; – burguesa, 185, 201, 4355.
farejador, 447.
fascismo, 25, 54, 61, 237, 443.
fatalismo, 28-9, 527-8.
filosofia política; v. política.
flexibilidade, 22, 100, 103, 115, 121, 131, , 152, 170, 215, 228-34, 240-83, 300, 361, 411, 466, 499, 587, 589, 595, 644; – e controle, 589; – interna e externa, 240.
fluxo, 152, 180-1, 575; – logístico direto, 275.
folga, 279, 431.
força, 66, 186, 334-5, 338-9, 341, 385, 491, 495, 565-6; excedente de -s, 494-5; relações de -s, 61, 65, 197, 271, 341, 531, 532, 571
força de trabalho, 192-3; custo de reprodução da -, 280, 397.
formação, 255-6, 631, 634; – permanente, 214-5, 242, 399, 582; acesso à -, 264, 596; aumento no nível de -, 130, 264.
fronteiras, 149, 185, 366-7, 513.
fusões-aquisições, 628.
futuro, 420, 422.

garantias (e falta de -s), 25-7, 39, 48, 51, 85, 117-9, 153, 201-2, 220, 225, 231, 235, 428, 474-7, 499.
generalização, 340, 357, 520.
gerações, 599; concorrência entre -, 266; conflitos de -, 302, 308, 613.

gerente, 84, 106-9, 148, 329-31, 364, 447, 544-5.
gestão, 105-6, 280, 299, 326; controle de -, 273, 603; v. também gestão empresarial.
gestão empresarial, 46, 58, 105-6, 109-10, 174-7, 209, 221, 232, 246, 367, 393-4 402-4, 569-70, 610; e ecologia, 451-2, 462-6, 572; história da -, 109-10; literatura de -, 83-9, 135, 530, 537-42; nova -, 109, 114, 129-32, 185, 299-300; v. também controle, gestão.
globalização, 33, 52, 101, 375-83, 393, 515, 529, 627.
grandeza, 56, 66, 136, 155, 158, 176, 202, 341, 371-2, 386; v. também prova.
greves, 199, 204-5, 290, 294, 585, 609; – de 1936, 25, 234; – de 1995, 28, 359, 624; – dos anos 70, 206-7, 222, 578-9, 607.
grupos de expressão, 264, 299, 303.

hierarquia, 96, 99, 102-3, 158, 180, 182, 202; rejeição à -, 98-9, 283, 464.
hipermercados, 592.
historicismo, 187.
honra social, 584.
horários, 249, 594, 603; – flexíveis, 226-7, 587.
humanitária (ação), 28, 198, 345, 354, 356-8, 359, 454, 516, 608, 624; associações -s, 356-7, 357, 407.

identidade, 202; pluralização das -s, 435, 437, 475.
ideologia, 27-8, 33-4, 41, 52-5, 83, 87, 327, 345, 363, 386, 423, 426, 441-2, 457-8, 483, 503, 523, 563; – dominante, 561; -s sindicais, 309-10, 611.
imanência, 186; plano de, 137, 186, 458.
imigrantes (trabalhadores), 26, 221, 265, 585, 600-1.
incerteza, 65, 240, 328, 337-8, 420, 422, 460, 485-6, 566.

incorporação (da crítica ao capitalismo), 63, 234-8, 417-8, 447-8, 590.
indignação, 28, 63, 72, 199, 285, 353, 356, 363, 419, 488-9.
individualismo, 287, 391, 419, 528-9.
individualização, 225, 230; – das condições de trabalho, 278, 319, 604.
informação, 104, 145, 155, 163-5, 183, 190-1; – dos sindicatos, 606; assimetrias da -, 365-9; desequilíbrio da -, 286.
informação privilegiada, delito de, 404.
informática, 134, 151, 275-6.
injustiça (acusações de), 49, 383-5; v. também crítica, denúncia.
inovação, 49, 79, 163, 460, 482; -ões organizacionais, 226-30, 242-7, 588-9 v. também deslocamento.
inovador, 148, 150, 496.
insaciabilidade, 35, 38, 428, 483-5, 649.
inserção (e reinserção), 355, 358; dispositivos de -, 405-9; empresas de -, 622; redes locais de -, 407-8.
instituição, 157, 160, 367, 389, 428, 461, 529.
integrador de redes, 364, 404, 546, 625.
intenções, 453, 644.
interacionismo, 183-4.
interesse, individual e geral, 44, 52; capacidade de despertar o -, 145-6, 467.
interioridade, 158, 163.
intermediários (do mercado de trabalho), 407.
internacionalização, 263, 518, 598, 620; v. também globalização.
interpretação (trabalho de), 70, 183-5, 198, 311, 344, 434, 488, 499, 505, 516-7, 528, 648-9.
intuição, 145, 447.
investimento, 21, 36, 375-83, 593, 629.
isomorfismo, 505-6, 517-8.

jovens, 26, 200, 205-6, 221, 309, 580, 582, 600, 613.

juízo/julgamento, 137, 137, 139, 159, 176, 186, 188, 202-3, 338, 342-4, 415, 519-20, 567.
just-in-time, 228, 242, 251, 269, 379, 591.
justiça, 42, 44; 48, 55-8, 118-9, 123-5, 136, 139, 154-60, 162, 186, 333-42, 394, 411, 415, 483, 565-6; – local, 123; – social, 51, 61, 202, 215, 219, 237, 385, 497-8, 604; reivindicações de -, 29, 516; dispositivos de -, 518-9; norma de -, 386; sentido da -, 124, 257, 374, 388.
justificação, 22, 25, 94, 137, 162, 186, 188, 340, 386, 510, 514, 520, 522-3, 560; – do capitalismo, 41, 44-55, 563; imperativo de -, 55.

legitimação (e deslegitimação), 42, 61-2, 83-4, 96, 116, 136, 185, 286, 386, 388, 492, 522-3; – da forma rede, 177-9.
legitimidade, 45, 55-8, 61, 66, 334, 420.
lei(s); – Auroux J., 230, 289, 291, 302-3, 614; – Robien G. (de), 283, 611.
leveza, 156, 191, 378.
liberalismo, 25, 46, 166, 192, 198, 377, 382, 516-7, 531, 562-3, 588, 616, 636, 640; néo-, 29, 182, 192, 237, 246, 428, 441, 476.
liberdade, 45, 73, 93, 118, 436, 442, 461, 482, 545, 570; – profissional, 647.
libertação/liberação, 45, 49, 132, 185, 200, 237, 302, 347, 417-8, 423-40, 472-8, 503, 639; – e mobilidade, 474-7, 532; – sexual, 417, 437; os dois sentidos de -, 434-8.
locação, 157, 191-2, 244, 466.
local, 146, 153, 164, 371.
lucro, 23, 36, 79, 90, 104, 110, 117, 125, 127, 130-1, 286, 347, 370, 366-8, 370-1, 375-82, 384, 460, 494-5, 509; – e moral, 470-2; – e divisão do valor agregado, 555, 583, 591; – especulativo, 627; centros de -, 108, 112, 127, 388, 417, 447.

maio de 1968, 33, 130, 182, 199-234, 331, 417, 443, 445, 454, 581, 585.
manipulação, 427, 462-6, 646.
marketing, 50, 73, 84, 109, 132, 427, 441, 449-51.
massificação, 132, 441-2, 457, 641.
mecanismos de cooptação, 423-4, 429, 433, 436-7, 444, 449-50.
mediação, 138, 384, 460-1.
mediador, 138, 153, 445, 521.
mercadização, 45, 73, 186, 347, 443, 444-54, 461, 468-72, 477-8, 532, 643-4.
mercado, 36, 73, 109, 163-6, 246, 380-2, 425-6, 531, 557; – das competências, 588; – de trabalho, 165, 261, 264, 266, 270, 280, 332, 407, 425-6, 468, 568, 638; -s financeiros, 22, 27, 375-83, 413, 507, 511, 555, 573, 626-8, 637; equipamento jurídico do -, 638.
meritocracia, 93, 95, 119, 123, 216, 219, 313, 406, 583.
mestre, 227.
mídia, 176, 347, 379, 442, 473, 572.
miséria, 24, 73, 353-4, 356, 363, 369, 407, 651.
mobilização (formas de), 117-29, 464; v. também engajamento, mobilidade (e imobilidade), 108, 117, 126, 145, 157, 169, 267-8, 369-83, 439, 461, 463, 474-6, 626; escolhida ou imposta, 379; – e dessindicalização, 296; – e justiça, 392-4.
monopólios, 79, 121, 530.
moral, 85, 186, 189-94, 386, 391, 394, 428, 468-72, 483-4, 571, 573; – burguesa, 157, 308, 331, 347, 418; – consequencialista, 561; – convencional, 461; – do trabalho, 193.
motivação, 89-90.
movimento (social), 62, 224, 344, 435, 581; – dos desempregados, 624; – em rede , 360; – *hippie*, 200; novos -s, 358-61, 387, 516, 518, 624.
mudança (modelo de), 29-30, 64, 88, 100, 235-6, 481-523, 639, 648-9.

mulheres, 26, 200, 221, 266, 436, 559; desemprego das -, 601.
multinacionais (empresas), 22, 27, 52, 99, 104, 222, 294, 333, 377-81, 413, 498, 530, 556, 593, 627, 651.
mundo cívico, 50, 57, 172, 334, 392, 498, 523, 550.
mundo comum, 369-70.
mundo conexionista, 135, 151, 165-6, 168-70, 172, 186, 186, 188-9, 191, 193, 351, 355, 355, 363-83, 386, 388, 391-2, 419-21, 430, 445, 453, 455, 459-66, 517, 520, 523, 531, 550.
mundo da fama, 57, 140, 166-7; v. também reputação.
mundo doméstico, 49, 55, 57, 95, 97, 140, 150, 167-70, 172, 334, 390, 392, 425, 464-5, 550; desmantelamento do -, 497-8, 522-3, 650.
mundo industrial, 50, 57, 60, 140-1, 170-1, 172, 363, 369, 392, 406, 464, 498, 550.
mundo inspirado, 57, 140, 163, 172, 465, 523, 550.
mundo mercantil, 57, 60, 114, 163-6, 172, 188, 363, 369, 382, 390, 519, 531, 553.

naturalização, 186-9.
natureza, 139, 161, 186, 450.
nômade, 156, 182.
nomenclaturas, 263; v. também categoria, classificação.
normatização, 471, 591; v. também qualidade.
nova sociedade, 213-4.

objetos, 140, 191, 368, 389, 393, 405, 437, 440, 447, 450-2.
operadores, 111-2, 319.
operário, 25, 111-2, 200, 206-9, 225, 286, 316-7, 319-25, 330, 505, 596, 598-9, 609-10; -s semiqualificados, 201, 206-7, 584, 608; movimento, 210, 356; v. também classe operária, operador.

oportunismo, 73, 126, 147, 152, 363-9, 388, 402-4, 631, 633-4.
opressão, 73, 418, 423, 428, 434, 567, 645; novas formas de -, 429-33; v, também libertação.
ordem constitucional, 396-8.
organização, 50; – matricial, 103-5, 165, 404, 593; – hierárquica, 98-9, – capacitante, 631.
original (e cópia), 453, 455-6, 458, 646.

padronização, 50, 73, 132, 440-4, 447-8, 641.
países (comparação entre), 100-1, 375-83, 413, 537, 607, 609, 622, 649.
paixões, 41, 157, 560.
parceria, 115, 151.
passagem obrigatória, 149.
paternalismo, 200.
patrimônio, 25, 157, 558.
patronato, 25, 51, 96, 192, 209-17, 234, 287, 319, 324, 492, 497-8, 581, 582, 588, 608, 620.
período parcial, 272, 282, 594-5.
permanência (dos seres), 341, 364-5, 420, 466-8.
personalidade, 158, 170.
personalismo, 151, 645.
planificação, 29, 50, 55, 113, 116, 428,
plano social, 259, 262, 269, 283, 289, 301.
plasticidade (do eu), 466-8.
pluralidade (das ordens de valores), 483, 494; v. também mundos.
poder, 92, 158, 191, 200, 217, 230, 233, 385, 464, 490, 566.
política, 30, 198-9, 287, 357, 441, 520, 528, 640, 649; – de emprego, 252-3, 265, 280-3, 606; – econômica, 214; -s públicas, 255, 318; – social, 218-9, 222, 393; discurso -, 318; direitos -s, 478; liberdades -s, 476, 563; metafísica -, 137, 520; filosofia -, 57-8, 67, 137, 174, 186, 521, 565, 649; responsáveis -s, 387; violência; v. violência

polivalência, 131, , 228, 242, 265, 268, 277, 428-32.
poupança, 49, 189-90, 557.
pragmática, 14, 33, 186.
pragmatismo, 183.
precariedade, 25, 228, 247-71, 358-61, 373, 388, 419, 438; – e sindicalização, 295; – e vida familiar, 596.
precarização, 198, 230, 247-54, 258-63, 269, 270-4, 379, 596, 639.
precedente, 342.
preocupação, 28, 419-21, 459-66.
presença, 146; – sindical, 289-90, 297, 614; ação presencial, 360-1; desenvolvimento da ilusão da -, 455, 457, 646.
privacidade, 192-3.
produção; – cultural, 641, 646-7; – de massa, 50, 62, 132, 347, 441-2, 444; – flexível, 132, 347, 620; subversão das condições de -, 639; desorganização da -, 199, 203-7, 210, 216; dispersão da -, 608, 629; operações de -, 446, 643; v. também capitalismo, gestão empresarial, mundo industrial, terceirização.
produtividade, 50, 199, 202, 207, 220, 280, 298, 394, 581, 603.
produto nacional bruto, 563.
produtos, 197, 444-54, 461, 643; eco-, 450-2, 478, 643.
progresso (crença no), 27, 45, 50, 117-21.
projeto, 102, 105, 107, 121-9, 135-7, 141, 160, 191, 330, 360, 364, 368, 466-7, 570, 586, 625; – sartriano, 442; v. também cidade por projeto,
propriedade, 51, 157, 191-2, 385; conflitos de -, 369; divisão dos direitos de -, 401.
proteção social, 270-2.
prova, 59-60, 65-71, 79, 123, 158-9, 176, 202, 211, 216, 228, 267, 332-42, 485, 486-7; -s conexionistas, 405-6; – de força e – de grandeza, 66, 137, 332-42, 383, 566, 571; – e cidade, 519-20; – e incerteza, 566; -s regulamentadas, 68, 88, 209, 211, 337, 489-92; -s-

modelo, 158-9; -s escolares, 221, 491, 493; – esportiva, 335-8, 340; esquiva às -s, 496-501; custo das -s, 567; desorganização das -s, 337-9, 419, 497-8; percurso das -s, 567; tensão das -s, 68, 342, 392, 486, 492-6.
psicanálise, 127, 157, 186, 438, 496, 641, 649.
psicologia da empresa, 268-70.
psicoterapia, 647.

qualidade, 163-4, 198, 200; – total, 102, 275, 642; círculos de controle de -, 102, 224, 242, 268, 277, 299-302, 591, 604; convenções de -, 638; normas de -, 242, 275, 591.
qualificação, 66, 131, 165, 256, 340, 598; tabelas de -, 277, 604; super-, 278.

rastreabilidade, 402, 451, 507.
razão Cooke, 413, 507, 637.
realismo, 157, 495-6, 530.
recrutamento, 259-61, 277, 594, 599.
rede, 133-8, 160-2, 174, 245, 355, 363-75, 455, 466-72, 572-6, 625-6, 646; – de corrupção, 367: – de franquia, 379, 395; – de influência, 178; – e história, 134, 187; – e ciências sociais, 180-8; – fechadas, 153; – s sociotécnicas, 575; extensão das -, 143, 148, 153, 156, 461, 625; lógica de -, 172, 386; metáfora da -, 173, 355, 516-7; paradigma da -, 174-86; poder em -, 158; estatuto jurídico das -, 394-7; v. também contrato, empresa, movimento, organização matricial, representação, terceirização, trabalho.
redeiro, 138, 153, 364-69, 387-8, 392, 403, 573, 625, 630.
reducionismo, 181, 187, 575.
reengenharia, 103, 143.
reestruturações, 90, 296; – e dessindicalização, 295-8.
reflexividade, 55, 72, 137, 336, 342, 389, 499-500, 514, 521; – numa rede, 394-6; – limitada, 340, 499.

reformismo social, 388, 393, 405, 414, 419, 568.
reivindicações, 209-12, 299-300.
relações; – de amizade, 156; eletivas, 169; – face a face, 151, 167, 357, 459-60; – humanas, 90, 299; – industriais, 211, 213, 222, 231-2, 234-5; – pessoais, 115-6, 146, 164, 167-9, 420-1, 459-62, 469-72; – profissionais, 34, 297, 299, 421, 490; v. também conexão, elo.
relocação, 228, 263, 377, 413, 598, 651, 651.
remuneração (regras de), 397-405.
renda, 25, 625.
Rendimento Mínimo de Inserção, 24, 358-9, 406-7, 470-1, 556.
rendimento universal, 411, 363-7.
representação, 286, 291-2, 298, 319, 356, 386, 528, 564; -ões coletivas, 428; – numa rede, 394-6 – das classes, 619; – dos excluídos, 617-8; – dos interesses, 312; – europeia dos assalariados, 620; – sindical, 303-4, 306, 589; crítica à -, 458; des-, 317; falta de -, 391; formas de -, 313; instituições de -, 316; trabalho de -, 319.
representantes sindicais, 292, 296, 304, 607-8.
repressão (antissindical), 292-5, 607-8.
reputação, 128, 164, 167, 330, 366, 403, 465, 634.
resistência, 206, 347, 650; – ao capitalismo, 46, 510, 620; – ao fatalismo, 29, 527-33.
responsabilidade, 158, 192, 389, 399, 430, 442, 457-8, 507, 626.
reticular, 108, 134-7, ; v. também rede.
revolta, 200, 218, 511.
risco, 49, 144, 202, 330, 362, 367, 378, 381, 627.
rotatividade, 220, 252, 579.

sacrifício, 39, 50, 155-6, 158, 406, 433, 448, 651.
salário, 25, 214, 235, 263, 269, 279, 316, 490, 559, 637; individualização dos -

s, 278-9, 299-301, 319-20, 604, 619; caráter mensal do -, 214, 583; poder aquisitivo do -, 604-5.
saúde (estado de), 266, 613.
segurança, 374, 402, 411, 444, 478.
seleção (processo de), 67, 247, 251, 287, 332, 336, 393, 490, 596; – e exclusão, 258-70; critérios de -, 268-9, 339, 599; percurso de -, 338-9, 408.
semiótica, 183.
série, 342.
serviços, 243, 263, 347, 444-5, 447, 599.
setor público, 603, 612.
simulacro, 453-4, 456, 458-9, 475.
sindicato, 29, 197-8, 207-8, 213, 218, 222, 225, 228, 230-4, 285-311, 360, 505-6, 547, 581, 589, 606, 610-3, 624; -s de executivos, 96, 307; -s domésticos, 292; politização dos -s, 610; v. também dessindicalização, eleição, repressão.
singularidade (exigência de), 465.
situação, 144, 146, 158, 337, 343, 419, 466, 566.
situacionismo, 568.
sociologia, 197, 317, 346, 564; – da arte, 647; – da mídia, 457; – das redes, 186-7, 364-7; – das ciências, 182, 185; – do trabalho, 218, 514; micro- e macro-, 345-6; v. também classe.
sociometria, 180, 184.
sofrimento, 28, 343, 356, 420, 516; espetáculo do -, 72, 644.
sublimação (e dessublimação), 642.
subordinação, 73, 430.
subvenção (do setor privado pelo Estado), 282-3, 381, 629.
suicídio, 422, 639.
suspeita, 444-52, 566.

taxa Tobin, 413, 637.
taxas de juros, 375.
taylorismo, 111, 116, 131, 201, 218, 241-2, 433, 441, 591.
tempo, 145, 149, 164, 191, 202, 367, 392, 420-1, 430, 439, 516; – organização do – de trabalho, 594.

tempo livre, 279, 431.
temporário, 103, 240, 243, 248, 251, 270, 379, 594, 603.
terceirização, 102-3, 112, 148, 225, 242-3, 248, 251, 254, 270, 272, 379, 592; redes de -, 248, 373-4
terceirização/*outsourcing*, 102-3, 242-3, 248, 251, 254-5, 263, 379, 609.
território, 176, 379, 381.
tesouros, 446, 642.
testes, 269.
tipo ideal, 44, 89, 135.
tolerância (e intolerância), 147, 152, 156, 645.
totalização (formas de), 184, 346.
toyotismo, 102, 111, 113, 274.
trabalho, 141, 165, 189, 192-4; à distância, 103; – em redes, 103; – e atividade, 410, 634; – e pessoa, 421, 444; – precário, 250-1; – temporário, 248; acidentes do -, 270; condições de -, 206-7, 211, 218-21, 224-30, 584, 586, 612; conflitos do -, 207, 211-2. 267; injunções ao -, 430-1; contratos de -, 120, 230, 250, 411; custo do -, 598; fluidez do -, 595; intensidade do -, 272-9, 431; inspetores do -, 270, 287, 607; organização do -, 234, 247-288; postos de -, 170; racionalização do -, 207, 218; recusa ao -, 208, 213, 290, 589; v. também comunidade, contrato, direito, mercado.
tradução, 571.
transgressão, 75, 568, 645, 649.
transparência, 167.

utilitarismo, 44, 50, 561-2.

violência, 61, 66, 198, 204, 211, 338, 345, 415, 484, 491; – política, 500; – simbólica, 238, 565.
visão, 100, 105, 107, 110, 122, 147, 547.
vocação, 40.